lonely planet

Inde du sud et Kerala

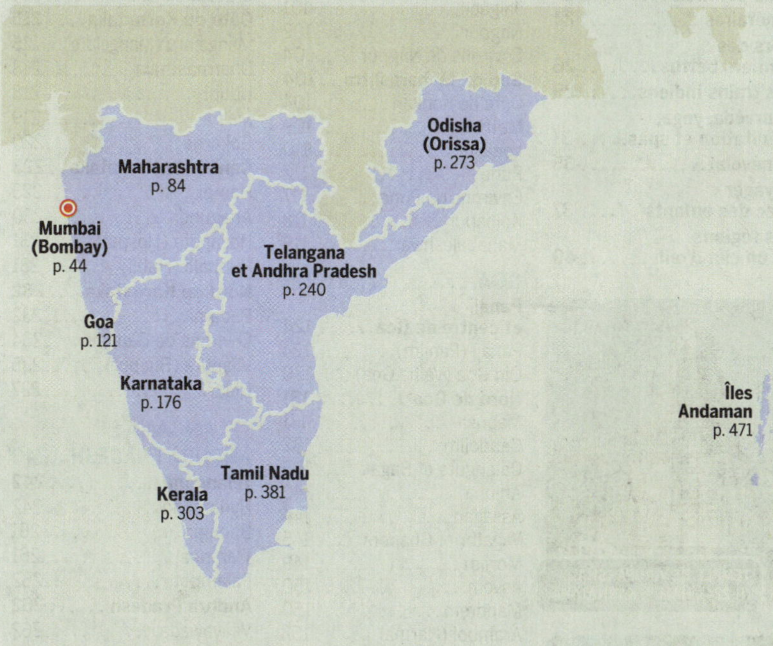

Édition écrite et actualisée par
Isabella Noble,
Michael Benanav, Paul Harding, Kevin Raub, Iain Stewart

PRÉPARER SON VOYAGE

NATALIIA SOKOLOVSKA / SHUTTERSTOCK ©

TEMPLE DE VIRUPAKSHA (P. 224), HAMPI, KARNATAKA

GUZEL GASHIGULLINA / SHUTTERSTOCK ©

PLAGE DE PALOLEM (P. 160), GOA

SUR LA ROUTE

Sommaire

COMPRENDRE L'INDE DU SUD

INDE DU SUD PRATIQUE

COUPS DE PROJECTEUR

Bienvenue en Inde du Sud

Plongeant dans l'océan Indien, la péninsule méridionale du sous-continent contraste par sa luxuriance avec les montagnes et les plaines du Nord.

Un riche patrimoine

Partout en Inde du Sud, le patrimoine architectural témoigne des civilisations qui se sont succédé depuis deux millénaires : temples bouddhiques, hindous et jaïns taillés dans la roche à Ajanta et Ellora, palais, forteresses et mausolées des dynasties musulmanes du Deccan, sculptures Pallava et imposants temples Chola au Tamil Nadu... Le tout forme une mosaïque d'une richesse culturelle sans équivalent, dans une terre qui a aussi vu naître le yoga. Pour approcher la quintessence de l'âme indienne, il convient de s'immerger dans la spiritualité.

Une nature luxuriante

Les plaines fertiles, les *backwaters* ou les collines verdoyantes dessinent un paysage sans cesse changeant auquel la double mousson confère une beauté luxuriante. Le littoral frangé de palmiers et les canaux qui sillonnent l'arrière-pays à l'ouest cèdent la place aux jardins d'épices, aux plantations de thé et aux forêts tropicales des Ghats occidentaux. Plus sec, le plateau du Deccan est traversé par des chaînes montagneuses ponctuées de forteresses remontant à l'ère moghole. Partout, des espaces protégés abritent une faune sauvage très diverse, dont les éléphants, les tigres, les singes, les cerfs et les ours lippus sont les représentants les plus emblématiques.

Les villes, moteurs du pays

Les villes dynamiques du Sud sont l'un des moteurs du pays. Mumbai (Bombay) se distingue par son authenticité mâtinée d'un peu de provocation, Chennai (Madras) par sa sophistication et Hyderabad par son caractère patrimonial bien marqué ; Kochi (Cochin) et Puducherry (Pondichéry) conservent de beaux quartiers datant de la période coloniale, tandis que Bengaluru (Bangalore) demeure la reine incontestée des nouvelles technologies.

Des saveurs épicées

La large palette gastronomique de l'Inde du Sud met l'eau à la bouche, qu'il s'agisse d'en-cas méridionaux typiques, comme les *dosa* (crêpes salées) et les *idli* (petits pains ronds), ou de mets emblématiques : le *vindaloo* goanais, les *byriani* d'influence moghole, typiques de Hyderabad, ou les fantaisies fusion des restaurants huppés de Chennai. Mumbai est la destination gourmande par excellence, tant pour sa cuisine de rue que pour ses tables haut de gamme. À Goa, les épices et l'influence portugaise ont donné naissance à une cuisine inventive, tandis que le Kerala est réputé pour ses fruits de mer au lait de coco. Où que vous alliez, vous trouverez toujours une tasse de *kaapi* (café filtre) ou de *chai* (thé) pour vous revigorer.

Pourquoi j'aime l'Inde du Sud

Par Isabella Noble, auteure

Il m'a suffi d'un *masala dosa* dégusté au Karnataka pour savoir que l'Inde du Sud allait me séduire ! Que ce soient les couchers de soleil flamboyants du Kerala, les temples saturés d'encens du Tamil Nadu, les Ghats occidentaux tapissés de forêts ou un sari chatoyant aperçu dans un bazar, les charmes de cette vaste région composent un ensemble aussi subtil que les mélanges d'épices de sa cuisine. J'aurai toujours un faible pour les *backwaters* et les palmiers du Kerala, les eaux turquoise des îles Andaman et l'architecture du Chettinadu. L'Inde du Sud peut être étouffante et souvent chaotique, mais elle ne manque jamais de surprendre, et d'inciter le voyageur à revenir.

Pour en savoir plus sur nos auteurs, reportez-vous p. 640.

Ci-dessus : plantations de thé près de Munnar (p. 338), au Kerala

Inde du Sud et Kerala

0
400 km
Jharkhand
Kolkata (Calcutta)
BANGLADESH
Chittagong
Réservoir de Hirakud
Delta du Gange
MYANMAR (BIRMANIE)
Sambalpur
Tadoba-Andhari Tiger Reserve
Un lieu de choix pour observer les tigres (p. 102)
Mahanadi
Bhubaneswar
20°N
Odisha (Orissa)
Hyderabad
Palais, forts et bazars animés (p. 242)
Bheemunipatnam
Visakhapatnam
Îles Andaman
Plongée, snorkeling et plages de sable blanc (p. 471)
Hampi
De superbes vestiges au cœur d'un paysage irréel (p. 223)
15°N
Golfe du Bengale
Puducherry (Pondichéry)
Un parfum de France au Tamil Nadu (p. 414)
Îles Andaman
Port Blair
Mer d'Andaman
Ooty et les Ghats occidentaux du Tamil Nadu
Des collines plantées de théiers et de jardins d'épices (p. 461)
10°N
ALTITUDE
3 000 m
2 000 m
1 000 m
750 m
500 m
250 m
0
Îles Nicobar
Madurai
La ville du temple de Sri Meenakshi, joyau de l'architecture sacrée d'Inde du Sud (p. 441)
85°E
90°E

12 façons
de voir l'Inde du Sud

1

Backwaters du Kerala

1 Entrelacs de rivières limpides, de lacs scintillants et de canaux, les sublimes *backwaters* du Kerala s'étendent sur 900 km au milieu de la végétation tropicale. Pour les parcourir, rien de mieux qu'un house-boat en teck coiffé d'un toit de palmes (photo ci-dessous) au départ d'Alappuzha (Alleppey ; p. 326). À défaut, optez pour une balade en kayak ou dans une pirogue manœuvrée à la perche. Glissez au fil de l'eau tandis que le soleil décline derrière les palmiers, savourez du poisson frais, découvrez les villages lacustres, regardez le jour se lever dans le clapotis des vagues et oubliez quelque temps la terre ferme.

Goa la dorée

2 Du sable fin, de douces vagues, des cocotiers, des couchers de soleil flamboyants... Si une destination en Inde correspond aux clichés des plages paradisiaques, c'est bien Goa ! De la tranquille Mandrem (p. 150) à la charmante Palolem (p. 160), toutes ces stations balnéaires débordent d'animation, avec leurs innombrables restaurants servant des fruits de mer savoureux, leurs rangées de transats sur le sable ou le ballet incessant de vendeurs de paréos. Goa est aussi réputée pour ses plantations d'épices dans l'arrière-pays et son patrimoine architectural, en particulier ses belles églises et ses demeures de l'époque portugaise. Vagator Beach (p. 145)

DMITRY RUKHLENKO / SHUTTERSTOCK ©

2

SAIKO3P / SHUTTERSTOCK ©

Énigmatique Hampi

3 Hampi (p. 223) fut jadis Vijayanagar, la glorieuse capitale d'un puissant royaume hindou. Édifiés dans un paysage très minéral, les temples et les palais aujourd'hui en ruine se combinent avec la nature pour créer un décor féerique : énormes rocs en équilibre sur de minces piédestaux à côté d'un ancien abri pour les éléphants, sanctuaires nichés dans des crevasses, coracles naviguant le long de palmeraies et de rizières. Au crépuscule, cet environnement lunaire évoque assurément l'astre nocturne.

Saisissantes grottes sacrées

4 Les grottes d'Ajanta (p. 98) comprennent 30 temples et monastères bouddhiques taillés dans la roche d'une falaise boisée en forme de fer à cheval. Façonnés au IIe siècle av. J.-C., ces sanctuaires rupestres furent ornés de gravures et de peintures plusieurs siècles plus tard. À moins de 150 km au sud-ouest, le long d'un escarpement à Ellora (p. 95), s'étendent 34 autres grottes sacrées, aménagées sur une période de cinq siècles par des bouddhistes, des jaïns et des hindous, ainsi que l'impressionnant, et magnifique, temple de Kailash.

3

4

ARUN KUMAR M P / SHUTTERSTOCK ©

SAIKO3P / SHUTTERSTOCK ©

En pleine nature

5 L'Inde méridionale renferme des dizaines de parcs et de réserves nichés dans la forêt tropicale ou les collines. La Tadoba-Andhari Tiger Reserve (photo ci-dessus ; p. 102), au Maharashtra, est l'un des meilleurs sites du pays pour observer des tigres, tandis que la Mudumalai Tiger Reserve compte la plus forte concentration de ces fauves. Pour observer les éléphants, cap sur le Nagarhole National Park, la Periyar Tiger Reserve ou le Wayanad Wildlife Sanctuary. Et partout, vous croiserez des cerfs, des buffles, des singes et d'innombrables oiseaux, au cœur de merveilleux paysages.

Ooty et les Ghats occidentaux

6 Pour fuir la chaleur accablante des plaines, les princes indiens et les colons britanniques avaient coutume de se réfugier dans leurs villégiatures d'altitude, telles Ooty (Udhagamandalam ; p. 461), Kodaikanal (p. 451), Kotagiri (p. 461) ou Coonoor (p. 459). Aujourd'hui, l'air vivifiant, les forêts, les vastes plantations de thé et de cardamome, sans compter le panorama à couper le souffle de ces stations de montagne du Tamil Nadu exercent toujours un puissant attrait.

Joyaux architecturaux à Mumbai

7 Mumbai (Bombay, p. 44) a su absorber des influences plurielles, avec pour résultat un patrimoine aux influences variées. Si les édifices modernes lui confèrent un air cosmopolite, la ville doit sa beauté à ses bâtiments d'époque victorienne, classés par l'Unesco, qui panachent le néogothique européen aux éléments décoratifs moghols et hindous pour créer le style indo-sarracénique. Les flèches, les arches et les dômes qui se découpent sur les palmiers et les banians composent un tableau remarquable.

MILOSK50 / SHUTTERSTOCK ©

Temples du Tamil Nadu

8 Ces temples se distinguent par leurs immenses gopuras, ces tours sculptées à l'entrée des sanctuaires, mais aussi leurs forêts de piliers, leurs fresques aux couleurs vives et leurs bassins sacrés. Entouré de douze gopuras colorés, ornés de représentations de divinités, de démons et de héros, le flamboyant temple de Meenakshi Amman (photo ; p. 441) marque l'apogée de l'architecture sacrée en Inde du Sud, suivi de près par l'élégant temple de Brihadishwara (p. 430), à Thanjavur (Tanjore), érigé au XIe siècle et classé au Patrimoine mondial au titre des grands temples Chola.

Hyderabad, ville d'histoire

9 L'effervescente Hyderabad (p. 242) séduit les passionnés d'histoire et de culture avec son riche passé. En témoignent ses monuments, parmi lesquels l'imposant fort de Golconde, le gracieux Charminar et de magnifiques palais royaux et tombeaux, tels ceux de la dynastie musulmane des Qutb Shahi (photo ; p. 248). La ville est également réputée pour la beauté de l'interprétation des chants religieux *qawwali*, pour ses bazars étourdissants et sa cuisine inventive, emblématique des mets traditionnels moghols.

Mélange de cultures à Pondichéry

10 Dans cet ancien comptoir français du Tamil Nadu, les rues pavées sont bordées de maisons couleur mangue, les églises sont richement ornementées... et on trouve des croissants pour le petit-déjeuner. Mais Puducherry (Pondichéry ; p. 414) est aussi une ville indienne typique et un haut lieu de la méditation, puisqu'elle accueille l'ashram de Sri Aurobindo et ses ramifications dans la proche Auroville. Yoga et viennoiseries, divinités hindoues et architecture coloniale : un cocktail étonnant !

Mysuru, la majestueuse

11 Bienvenue à Mysuru (Mysore ; p. 195), une ville qui doit son nom à l'endroit où une courageuse déesse tua un féroce démon. En dehors de son histoire et de son remarquable palais, la cité invite à flâner au fil des bazars qui embaument le bois de santal et les fleurs fraîches. Mysuru est aussi réputée pour ses centres de yoga, notamment ashtanga, et ses festivités. Dussehra, qui célèbre la victoire du Bien sur le Mal, est l'une des fêtes les plus spectaculaires. Elle est marquée par l'illumination du palais de Mysore (photo ci-dessous ; p. 195 et p. 198).

Paradisiaques îles Andaman

12 Si vous aimez la plongée et le farniente sur la plage, loin de la cohue urbaine, mettez le cap sur les Andaman, un archipel idyllique à la beauté préservée, où vivent des peuples autochtones et des descendants des colons venus du Sud et d'Asie du Sud-Est. Avec leurs eaux bleu-vert et leurs étendues de sable blanc adossées à une épaisse forêt tropicale, ces îles, surtout Havelock (Swaraj Dweep ; photo ; p. 482), sont idéales pour le snorkeling et la plongée. D'autant que les règles d'entrée ont été assouplies en 2018.

11

12

L'essentiel

Pour des informations détaillées, voir l'*Inde du Sud pratique* (p. 567)

Monnaie
Roupie indienne (₹)

Langues
Tamoul, kannada, konkani, malayalam, marathi et télougou, en plus de l'hindi et de l'anglais

Visa
Un visa est nécessaire. Les demandes de visa électronique (e-Tourist Visa, eTV) sont possibles jusqu'à quatre jours avant le départ.

Argent
Nombreux distributeurs automatiques de billets ; cartes acceptées dans les hôtels, magasins et restaurants de catégorie moyenne, même si les espèces dominent.

Téléphone portable
L'itinérance est possible dans les villes mais plus aléatoire en zones rurale et montagneuse. Avec une carte SIM locale, prévoyez 24 heures pour l'activation.

Heure locale
L'Inde avance de 5 heures 30 sur l'heure GMT/UTC (voir aussi p. 580).

Quand partir

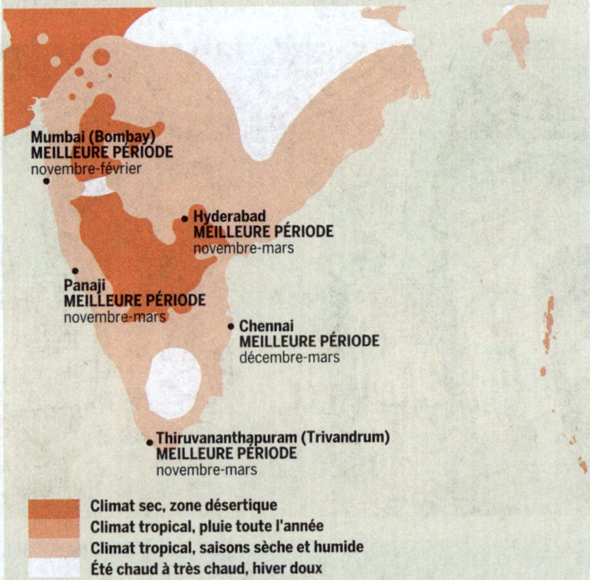

Haute saison
(novembre-mars)

- Climat agréable ; journées chaudes, nuits assez fraîches.
- Fréquentation touristique et prix au plus haut. Festivals incessants.
- Nuits froides en décembre-janvier dans les collines et plus au nord.
- Temps plus clément à partir de février.

Saison intermédiaire
(avril et août-octobre)

- La mousson persiste jusqu'en septembre.
- La côte est, les îles Andaman et le sud du Kerala sont touchés par de fortes pluies, et parfois par des cyclones, d'octobre à début décembre.
- Nombreux festivals.

Basse saison
(mai-juillet)

- Mai et juin sont torrides. Les hôtels affichent des prix intéressants.
- À partir de juin, la mousson venue du sud apporte une humidité intense.
- Fuyez la chaleur (pas les foules) en vous rendant dans les montagnes !

Sites Web

Incredible India (incredibleindia.org). Site officiel de l'office du tourisme indien. Plusieurs États et territoires possèdent leur propre site : **goa-tourism.com** ; **karnatakatourism.org** et **kstdc.co** (Karnataka) ; **keralatourism.org** ; **tamilnadutourism.com** ; **tourism.pondicherry.gov.in**

Lonely Planet (www.lonelyplanet.fr). Informations sur la destination, réservations, forum de voyageurs...

Inde à Paris (www.indeaparis.com). Culture, arts et actualités.

Inde en France (www.indeenfrance.com). Blogs en français consacrés à l'Inde.

Un œil sur l'Inde (unoeilsurlinde.blogspot.fr). Le blog d'un journaliste.

Les blogs et médias locaux constituent aussi de bonnes sources d'information.

Numéros utiles

Indicatif du pays	☎91
Code d'accès international	☎00
Urgences (police, pompiers, ambulance)	☎112
Hotline touristique gratuite	☎1800 111363

Taux de change

Zone euro	1 €	77 ₹
Suisse	1 FS	70 ₹
Canada	1 $CA	53 ₹

Pour des taux de change actualisés, rendez-vous sur : www.xe.com/fr.

Budget quotidien

Moins de 2 500 ₹

- Lit en auberge de jeunesse : 400-1 000 ₹
- *Thali* (repas complet servi sur un plateau) : 80-300 ₹
- Transports locaux : 200-600 ₹

2 500-7 500 ₹

- Chambre double en hôtel ou en B&B : 1 500-5 000 ₹
- Repas dans un restaurant : 300-1 000 ₹
- Entrée dans les sites et les musées : 200-800 ₹
- Voyage en train 2AC : 700-2 000 ₹

Plus de 7 500 ₹

- Chambre dans un hôtel de charme : à partir de 5 500 ₹
- Dîner avec vin : 2 000-4 000 ₹
- Location d'une voiture avec chauffeur : 2 000-3 000 ₹/jour
- Visite guidée ou cours de cuisine : 1 200-3 000 ₹

Horaires

Certains sites associés à des activités de plein air modifient leurs horaires pendant la mousson (juin-septembre).

Banques 10h-16h lun-ven, 10h-13h sam

Bars 12h-23h (jusqu'à 1h30 à Mumbai)

Marchés 7h-20h (très variable)

Restaurants 8h/9h-22h/23h. Certains ferment de 15h à 19h et d'autres, dans les grandes villes, restent ouverts jusqu'à 1h30.

Magasins 10h/11h-20h/21h (parfois fermés le dimanche)

Arriver en Inde du Sud

Aéroport international Chhatrapati Shivaji Maharaj, Mumbai. Les taxis prépayés demandent 670/810 ₹ (sans/avec clim) jusqu'à Colaba et le Fort, et 400/480 ₹ pour Bandra. En voiture UberGo, comptez 250-560 ₹ hors heures de pointe. Les trains de banlieue pour le Fort (à partir de 10 ₹) partent d'Andheri, accessible en auto-rickshaw (50-70 ₹) depuis l'aéroport.

Aéroport international Kempegowda, Bengaluru. Un taxi climatisé pour le centre-ville coûte 750-1 000 ₹ ; les tarifs Uber/Ola vont de 550 à 650 ₹. Des bus climatisés rejoignent régulièrement la ville (170-260 ₹) ; Flybus dessert Mysuru, Tirupati et d'autres destinations.

Aéroport international de Kochi (Cochin). Des bus climatisés circulent depuis/vers Fort Cochin (88 ₹) via Ernakulam ou Vyttila. Un taxi prépayé/réservé via une application coûte 880/700 ₹ (Ernakulam), 1 250/1 000 ₹ (Fort-Cochin).

Aéroport international de Chennai (Madras). Comptez 450-650 ₹ pour un taxi prépayé vers le centre-ville, et environ 300 ₹ en Ola ou Uber. Le réseau Metro Rail (50-70 ₹) dessert Teynampet, Egmore, CMBT et la gare ferroviaire centrale.

Comment circuler

Avion Vols abordables.

Bus Réseau étendu et liaisons rapides. Certaines lignes fonctionnent 24h/24, d'autres n'offrent qu'un ou deux départs par jour.

Train Réseau étendu. Services fréquents et bon marché.

Voiture avec chauffeur Pratique pour faire des étapes et sortir des sentiers battus.

Moto De nombreux voyageurs louent un scooter ou une moto pour se déplacer.

Pour plus de détails sur les **transports** voir p. 587.

Quoi de neuf ?

De nouveaux aéroports

L'aéroport international de Kannur a ouvert en 2018 dans le nord du Kerala, tandis que la construction d'un aéroport international sur un site vierge à Mopa, dans le nord de Goa, est prévue pour mi-2020. L'aéroport Jindal Vijaynagar, rénové, (p. 230) permet de rallier Hampi.

Applications de VTC

Uber et Ola Cabs (p. 596) ont révolutionné les déplacements urbains en Inde. Goa a lancé sa propre appli, Goa Miles (p. 123), en 2018.

Des croisières Mumbai-Goa

Depuis 2018, Angriya Cruises (p. 82) propose des croisières de luxe entre Mumbai et Goa, avec trois départs par semaine.

Les îles Andaman sans tracas

La réglementation pour accéder aux îles Andaman ont été assouplies en 2018, même si les départs en circuits organisés sont toujours d'actualité. Deux nouveaux hôtels de luxe – le Taj Exotica et le Jalakar – rendent cet archipel éloigné plus séduisant que jamais.

Auberges de jeunesse à gogo

Les auberges de jeunesse (p. 580) continuent de pousser comme des champignons : Zostel à Kochi, Alappuzha (Alleppey), Gokarna et Chennai, Chettinad Packer au Chettinadu, Backpacker Panda à Goa et Mumbai, Rainbow Lining et Wonderland Hostel à Goa, Beehive Hostel à Mysuru (Mysore) et Lost Hostel à Varkala, entre autres.

Dhanushkodi

Une route récente mène désormais à travers des dunes dorées jusqu'au bourg de Dhanushkodi (p. 447), à la pointe sud-est de l'Inde. Abandonné après un cyclone, le village qui fait face au Sri Lanka reçoit aujourd'hui la visite des voyageurs.

Les saveurs de Mumbai

La scène gastronomique de Mumbai s'est encore étoffée, avec le restaurant Miss T (p. 67), fondé par le célèbre Colaba Cartel et inspiré du Sud-Est asiatique, et Bohri Kitchen (p. 66), des repas maison à aller déguster chez le chef.

Les crus de Nasik

Le mouvement viticole poursuit son essor à Nasik (Nashik) et on peut désormais passer la nuit à The Source at Sula (p. 87), dans les anciens bâtiments de l'excellent domaine Sula Vineyards.

La vague du café et de la bière artisanale

Il est possible aujourd'hui de siroter de vrais expressos chez Koinonia Coffee Roasters (p. 73) et Blue Tokai (p. 72), à Mumbai (Bombay), tandis que des chaînes comme Third Wave Coffee Roasters (p. 116) font les délices des habitants de Bengaluru (Bangalore). À Kochi (Cochin), les cafés branchés se sont multipliés.

La passion de Goa pour la bière a favorisé l'ouverture de micro-brasseries sur ses plages tropicales. Et, partout en Inde du Sud, la tendance pour les bières artisanales se confirme.

Pour des idées et des adresses supplémentaires, voir lonelyplanet.fr

Envie de...

Plages

L'Inde du Sud possède un littoral époustouflant.

Kerala Des plages paradisiaques à l'image de celles de Varkala, adossée à des falaises, de Marari en plein essor, et de Thottada et de Bekal, moins fréquentées et bordées de palmiers. (p. 374)

Goa Malgré la foule, les plages de Cola, d'Agonda, de Palolem et de Mandrem gardent tout leur charme. (p. 164)

Îles Andaman Les étendues préservées des îles Havelock (Swaraj Dweep), Neil (Shaheed Dweep) et Little Andaman semblent à des années-lumière du sous-continent. (p. 471)

Mumbai (Bombay) Cap sur Girgaum Chowpatty pour manger des *bhelpuri*, observer les passants et admirer le coucher du soleil. (p. 55)

Maharashtra La côte de Konkan, autour de Ganpatipule, est mémorable. (p. 106)

Kovalam (Covelong) Surf, yoga et sports nautiques au Tamil Nadu. (p. 404)

Temples

Des temples dravidiens du Tamil Nadu aux grottes sacrées d'Ajanta et d'Ellora, les sanctuaires du sous-continent sont d'une rare diversité.

Hampi Les temples roses et les palais en ruine de l'ancienne capitale du puissant royaume de Vijayanagar s'égrènent dans un paysage de rochers et de collines. (p. 223)

Temple de Meenakshi Amman Cet imposant sanctuaire de Madurai, au Tamil Nadu, dresse dans le ciel d'exubérantes sculptures de divinités multicolores. (p. 441)

Thanjavur (Tanjore) L'apogée de l'architecture religieuse Chola (et tamoule). (p. 430)

Ajanta Ces temples taillés dans la roche sont inscrits au Patrimoine mondial. (p. 98)

Ellora De merveilleux temples rupestres, sculptés au fil de cinq siècles par des générations de moines bouddhistes, hindous et jaïns, au Maharashtra. (p. 95)

Mamallapuram (Mahabalipuram) Une ville côtière tamoule, jalonnée de remarquables sculptures Pallava et de temples taillés dans la roche. (p. 171)

Forts et palais

L'histoire de l'Inde du Sud est marquée par une succession de dynasties rivales, et par l'influence de marchands venus de la mer. De superbes édifices témoignent de ce passé tumultueux.

Palais de Mysore Œuvres rares, vitraux, mosaïques et boiseries sculptées : un ensemble spectaculaire. (p. 195 et p. 198)

Fort de Daulatabad Magnifique forteresse au faîte d'une colline, construite au XIIe siècle par des souverains Yadava. (p. 94)

Fort de Golconde Ce fort complète les palais de la cité des Perles, Hyderabad. (p. 247)

Fort de Janjira Forteresse insulaire, édifiée en 1571 au large de la côte de Konkan. (p. 105)

Fort de Bidar Ce magnifique ensemble du XVe siècle, usé par le temps, fut jadis le siège d'un puissant sultanat. (p. 237)

Fort de Gingee Un ensemble de trois citadelles en ruine dans les plaines du Tamil Nadu. (p. 413)

Méditation et yoga

L'art du bien-être est une tradition bien ancrée dans le Sud. Les thérapies comme les cours de méditation et de yoga ne manquent pas pour soigner le corps et l'esprit.

Mysuru (Mysore) Berceau du yoga ashtanga, Mysuru est une ville de choix pour pratiquer et se former. (p. 195)

Goa Yoga, méditation et thérapies sont enseignés et pratiqués sous des formes variées à Goa, surtout d'octobre à avril. (p. 145)

Krishnamacharya Yoga Mandiram Cours, thérapies par le yoga et formations pour les enseignants à Chennai (Madras). (p. 391)

Sivananda Yoga Vedanta Dhanwantari Ashram Au Kerala, un ashram connu pour son enseignement. Autres cours à Kovalam, Varkala et Kochi. (p. 310)

Vipassana International Academy Stages intensifs de méditation dans l'un des plus grands centres *vipassana* du monde. (p. 90)

Gokarna Cours de yoga sans réservation dans un cadre sublime, sur la plage. (p. 221)

Isha Yoga Center Yoga et méditation dans un ashram près de Coimbatore. (p. 391)

International Centre for Yoga Education & Research Excellente école à Puducherry (Pondichéry). (p. 417)

Nature

L'exceptionnelle biodiversité permet d'observer des espèces endémiques.

Wayanad Wildlife Sanctuary Des éléphants se montrent souvent dans cette réserve isolée du Kerala. (p. 364)

Nagarhole National Park Un parc peu visité du Karnataka, intéressant pour observer les éléphants et, avec beaucoup de chance, un tigre. (p. 208)

Tadoba-Andhari Tiger Reserve Une réserve peuplée de tigres, de gaurs, d'axis (cerfs), de nilgauts (antilopes), d'ours lippus et de léopards. (p. 102)

Periyar Tiger Reserve Des gaurs, des cerfs sambars, quelques tigres et près de 2 000 éléphants, au Kerala. (p. 333)

Mudumalai Tiger Reserve La réserve la plus connue du Tamil Nadu pour observer cerfs, gaurs, sangliers, langurs, éléphants et tigres. (p. 468)

Bandipur National Park Un parc très apprécié, au Karnataka. (p. 208)

Bazars

Si les immenses *malls* se multiplient, les bazars traditionnels conservent leur charme, avec leurs dédales d'allées où des boutiques vendent épices fraîchement moulues, guirlandes de fleurs, ustensiles de cuisine et saris colorés.

Goa Les marchés aux puces d'Anjuna et de Baga attirent les foules ; les bazars de Margao, de Mapusa et de Panaji (Panjim) sont plus pittoresques. (p. 121)

Mumbai (Bombay) Chacun de ses marchés et bazars fabuleux a sa spécialité : tissus à Mangaldas, bijoux à Zaveri, alimentation à Crawford, antiquités à Chor. (p. 76)

Mysuru (Mysore). Le Devaraja Market, plusieurs fois centenaire, voit s'amonceler fleurs, fruits et épices sur ses étals. (p. 196)

Hyderabad Les bazars du quartier du Charminar vendent aussi bien des perles et des bracelets que du bétail ou des robes de mariées. (p. 257)

Chennai (Madras) Les rues commerçantes de George Town couvrent tous les domaines, de la papeterie aux bijoux. (p 399)

Villes tendance

Les grandes villes du Sud de l'Inde sauront vous séduire avec leur style de vie raffiné, leur scène artistique florissante et leurs excellents restaurants.

Mumbai (Bombay) Mode, cinéma, art, restaurants et vie nocturne sur fond d'architecture extravagante et de panoramas sur la mer. (p. 44)

Hyderabad Les merveilles architecturales des dynasties passées composent le cadre d'une scène artistique passionnante et d'une vie nocturne animée. (p. 242)

Bengaluru (Bangalore) Libérale et moderne, la capitale indienne des technologies de l'information compte aussi d'excellents bars, restaurants et boutiques. (p. 178)

Nasik La capitale indienne de la viticulture accueille les œnologues amateurs dans une ambiance raffinée. (p. 86)

Puducherry (Pondichéry) Cet ancien comptoir français aligne boutiques bobos et cafés arty au bord du golfe du Bengale. (p. 414)

Chennai (Madras) L'heure est ici à la sophistication, avec hôtels de luxe, restaurants, boutiques et lieux de sortie tendance. (p. 383)

Pune Dans cette ville progressiste, le capitalisme contemporain côtoie un spiritualisme millénaire. (p. 112)

Kochi (Cochin) Le cœur historique du Kerala compte un nombre croissant de lieux artistiques, de cafés et de boutiques. (p. 343)

Stations d'altitude

Les notables se réfugiaient autrefois dans les Ghats occidentaux pour fuir la chaleur des plaines. L'engouement pour les stations climatiques ne s'est pas démenti depuis.

Ooty (Udhagamandalam) Bungalows de l'époque du Raj britannique et train miniature sur fond d'énergie typiquement indienne dans la "reine des stations climatiques", au Tamil Nadu. (p. 461)

Kodaikanal (Kodai) Moins fréquentée qu'Ooty, Kodai possède un joli lac entouré de *shola* (forêt vierge), qui ajoute à son charme. (p. 451)

Munnar Explorez les plantations de thé du Kerala au gré d'un séjour chez l'habitant. (p. 338)

Matheran Cette belle retraite, où aucun véhicule motorisé ne circule, attire les habitants de Mumbai le week-end. (p. 109)

Kodagu (Coorg) Les effluves du café et des épices embaument l'air montagneux de cette région du Karnataka, autour de Madikeri. (p. 209)

Coonoor Hôtels au charme suranné, plantations de thé et beauté sauvage des Nilgiri Hills, près d'Ooty. (p. 459)

Enclaves de voyageurs

Posez vos bagages dans des lieux propices à la détente et aux échanges avec d'autres voyageurs.

Hampi Ici, la beauté du paysage et du patrimoine incitent à s'attarder. (p. 223)

Anjuna Si Goa est un repaire de voyageurs, Palolem et Arambol, à Anjuna, en marquent l'épicentre. (p. 140)

Gokarna Belles plages accueillantes et décontractées dans une ville sacrée. (p. 220)

Mamallapuram (Mahabalipuram) Architecture, hébergements bon marché et surf en plein essor. (p. 171)

Colaba Stands de rue, bars, hébergements pour les petits budgets et curiosités touristiques sont au rendez-vous dans ce quartier de Mumbai (Bombay). (p. 47)

Varkala Au Kerala, charmantes pensions, *shala* (écoles) de yoga et cafés accrochés à la falaise au-dessus d'une plage propice au surf. (p. 316)

Sports nautiques

La plongée, le snorkeling, le surf, le paddle et le kayak connaissent un succès grandissant en Inde du Sud.

Îles Andaman Spots de plongée et de snorkeling dans des eaux cristallines, riches en coraux et en vie marine, à 1 370 km à l'est du sous-continent. (p. 486)

Tamil Nadu Le surf décolle à Kovalam, Mamallapuram et Puducherry ; et on peut pratiquer le kitesurf, le kayak, le snorkeling et le paddle à Rameswaram. (p. 403)

Goa Douces vagues, parfaites pour surfeurs débutants, à Aswem et Agonda, et plongée à Grande Island. (p. 136)

Malvan Grottes immergées, coraux et riche faune marine à découvrir avec une excellente école de plongée. (p. 108)

Îles Laquedives À 300 km au large du Kerala, cet archipel possède des lagons et des récifs coralliens adaptés à la plongée et au snorkeling. (p. 371)

Varkala Surf, kayak et paddle dans le sud du Kerala. (p. 316)

Balades fluviales

Depuis le pont d'un bateau, vous découvrirez l'Inde du Sud sous un jour nouveau.

Alappuzha (Alleppey) Pour un circuit en house-boat, en kayak ou en canoë au cœur des *backwaters* du Kerala. (p. 322)

Kollam (Quilon) La vie des villages kéralais au gré d'une balade en pirogue sur les canaux autour de Munroe Island. (p. 323)

Goa Excursions sur la Mandovi pour observer les dauphins et les crocodiles. (p. 132)

Îles Andaman Découvrez en bateau des îles de toute beauté près du Mahatma Gandhi Marine National Park. (p. 481)

Malvan Au Maharashtra, les splendides *backwaters* de la Karli sont méconnus. (p. 107)

Elephanta Island Un site de Mumbai (Bombay), classé au Patrimoine mondial. (p. 57)

Fêtes du Sud

Certaines festivités ont typiques de l'Inde du Sud – ne les manquez pas si vous le pouvez !

Nehru Trophy Boat Race Des embarcations de 40 m de long s'affrontent dans une régate à Alleppey, au Kerala. (p. 326)

Chennai Festival of Music & Dance Pendant un mois, l'ancienne Madras met à l'honneur la musique, la danse et le théâtre carnatiques. (p. 384)

Pongal Cette fête tamoule marque la fin des moissons. Des vaches décorées se régalent de *pongal* (riz, sucre, *dhal* et lait), au Tamil Nadu. (p. 20)

Carnaval de Goa Cette fête de quatre jours précédant le Carême donne lieu à des défilés, des concerts et de nombreuses autres réjouissances. (p. 20)

Ganesh Chaturthi La folie s'empare de Mumbai lors de l'immersion rituelle de statues du dieu Ganesh dans la mer d'Oman. (p. 22)

Dussehra Le palais de Mysore est illuminé la nuit et les festivités s'enchaînent dans la ville. (p. 22, p. 201)

Mois par mois

LE TOP 5

Pongal, janvier

Carnaval, février/mars

Ganesh Chaturthi, août/septembre

Navratri et Dussehra, septembre/octobre

Divali, octobre/novembre

Janvier

La fraîcheur persiste mais le climat reste plaisant et les fêtes attirent les touristes. Réservez tôt !

Sankranti

La fête hindoue Makar Sankranti marque le passage du Soleil dans le Capricorne et la fin des moissons, le 14 ou le 15 janvier. Elle est célébrée par des offrandes de bananes et des lâchers de cerfs-volants, notamment au Maharasthra.

Pongal

La fête tamoule de Pongal (p. 324), alignée sur Sankranti, marque la fin des moissons. Les familles préparent des marmites de *pongal*, symbole de prospérité et d'abondance, et en nourrissent les vaches, décorées pour l'occasion. Cette fête est associée à la pratique controversée du *jallikattu* (dressage des taureaux).

Republic Day

La fête nationale commémore l'entrée en vigueur de la Constitution, le 26 janvier 1950.

Vasant Panchami

Au 5e jour du printemps, les hindous (notamment les élèves et les étudiants) portent des vêtements jaunes et déposent des livres, des instruments de musique et d'autres objets devant des statues de Sarasvati, la déesse de la Connaissance. Parfois en février.

Février/mars

La météo est agréable dans la plupart des régions et une chaleur estivale s'installe, notamment en mars. C'est encore le pic de la saison touristique.

SulaFest

Le vin est alors à l'honneur à Nasik, sur le domaine de Sula Vineyard (p. 86) ; c'est aussi l'un des meilleurs festivals musicaux indépendants du pays.

Maha Shivaratri

Shivaratri, une journée de jeûne pour les hindous en février ou en mars, rappelle le *tandava* (danse cosmique) de Shiva. Les processions aux temples sont suivies de psalmodies de mantras et d'onctions de lingams. Prochaines dates : 21 février 2020 et 11 mars 2021.

Carnaval de Goa

Le carnaval est dignement célébré à Goa (p. 124), otamment à Panaji (Panjim). Il dure quatre jours et débute le Sabado Gordo (Samedi gras) avant le Carême, avec des défilés, et se poursuit avec des fêtes de rue, des concerts et d'autres réjouissances. Il a parfois lieu en mars.

CALENDRIERS LUNAIRE ET MUSULMAN

La plupart des fêtes suivent le calendrier lunaire indien, basé sur l'astrologie, ou le calendrier musulman, qui avance d'environ onze jours tous les ans. Ainsi, leurs dates changent chaque année par rapport au calendrier grégorien. Renseignez-vous en ligne ou localement dans les offices du tourisme.

Holi

Marquant l'arrivée du printemps (février/mars), Holi (www.holifestival.org) est une fête hindoue associée à Krishna mais également à la fertilité, à l'amour et à la victoire du Bien sur le Mal. Plus largement fêtée dans le Nord, elle est également célébrée à Mumbai (Bombay) et dans d'autres villes du Sud. On s'asperge alors d'eau colorée et de *gulal* (poudre). Prochaines dates : 9 mars 2020 et 28 mars 2021.

Avril

La chaleur règne partout en Inde du Sud, les touristes se raréfient, et les prix baissent.

Anniversaire de Mahavir

En mars ou en avril, Mahavir Jayanti commémore la naissance du 24e *tirthankar* le plus important grand maître du jaïnisme : il s'agit pour les fidèles de décorer les temples, d'immerger rituellement les statues de Mahavir, de suivre des processions et de faire preuve de charité.

Anniversaire de Rama

Pendant Rama Navami, qui peut durer entre un et neuf jours en mars ou avril, les hindous célèbrent la naissance de Rama par des processions, de la musique, une alternance de privations et de festins, et par des représentations du *Ramayana*. Certains temples organisent l'union d'effigies de Rama et de Sita. Prochaines éditions : 2 avril 2020 et 21 avril 2021.

Ramadan

Un jeûne de 30 jours, de l'aube au crépuscule, marque le 9e mois du calendrier islamique. Le ramadan débutera autour du 24 avril 2020 et du 13 avril 2021.

Mai

Il fait (très) chaud dans la majeure partie du pays. La haute saison bat donc son plein à Ooty (Udhagamandalam), à Kodaikanal (Kodai) et dans les autres stations d'altitude.

Thrissur Pooram

En avril ou mai, la plus grande fête hindoue du Kerala (p. 359) s'accompagne de défilés d'éléphants caparaçonnés.

Aïd al-Fitr

Les musulmans marquent la fin du ramadan par trois jours de réjouissances (prières, achats et cadeaux). Prochaines dates : aux alentours du 24 mai 2020 et du 13 mai 2021.

Juin

Juin n'est pas idéal pour voyager en Inde du Sud. Il faudra composer avec les pluies ou la chaleur qui précède la mousson.

Juillet

Il pleut beaucoup et les petites routes sont inondées. Selon la tradition indienne, ce mois est idéal pour une retraite de méditation ou d'ayurvéda.

Naag Panchami

Très célébrée à Pune et à Kolhapur (Maharashtra), ainsi qu'au Karnataka, cette fête honore Ananta, le serpent sur les anneaux duquel Vishnu se reposait entre deux univers. Les femmes jeûnent chez elles et on vénère les serpents protecteurs. Prochaines dates : 25 juillet 2020 et 13 août 2021.

Aïd al-Adha

Les musulmans commémorent le sacrifice d'Abraham, prêt à immoler son fils pour Dieu. Ils tuent une chèvre ou un mouton, qu'ils partagent. Vers le 31 juillet 2020 et le 19 juillet 2021.

Août

C'est encore la mousson et des établissements touristiques restent fermés. Pour certains voyageurs, il s'agit de la meilleure période pour visiter les régions tropicales, comme le Kerala ou Goa, lorsque la végétation scintille sous la pluie.

Janmastami

Les célébrations de Janmastami, l'anniversaire de Krishna, prennent diverses formes : jeûne, pujas, réalisation de *rangoli* (p. 521) sur le seuil des maisons. Vers le 11 août 2020, et le 30 août 2021.

Nehru Trophy Boat Race

Le 2e samedi d'août, sur le lac Punnamada, près d'Alappuzha (Aleppey, Kerala ; p. 326), cette course voit s'affronter des bateaux-serpents de 40 m de long, avec jusqu'à cent rameurs à leur bord.

Indépendance

Le 15 août, férié, célèbre l'indépendance de l'Inde en 1947. Les festivités sont autant de manifestations de patriotisme, avec lever du drapeau, défilés et programmations culturelles.

Nouvel An parsi

Les parsis fêtent Pateti, le dernier jour du calendrier zoroastrien, suivi du Nouvel An, surtout à Mumbai (Bombay). Les maisons sont nettoyées, puis décorées de fleurs et de *rangoli* (p. 521) ; les familles, parées de leurs plus beaux atours, dégustent des plats particuliers et font des offrandes au temple du Feu.

Ganesh Chaturthi

Les hindous, notamment à Mumbai (p. 47), célèbrent l'anniversaire du dieu à tête d'éléphant pendant dix jours. Des statues à son effigie sont placées dans les rues, puis promenées à travers la ville, avant d'être immergées rituellement dans les rivières, les lacs ou la mer. Prochaines dates : 22 août 2020, 10 septembre 2021.

Achoura

Le 10e jour du mois saint de *mouharram*, les chiites commémorent le martyre de l'imam Hussein, petit-fils du prophète Mahomet, avec de magnifiques processions, en particulier à Hyderabad. Vers le 28 août 2020 et le 18 août 2021. Achoura marque aussi le jour où Noé a quitté l'arche et où Moïse a été sauvé des Égyptiens.

Onam

C'est la plus grande fête du Kerala : les hindous commémorent dix soirs de suite l'âge d'or du mythique roi Mahabali, au début du premier mois du calendrier malayalam, en août ou septembre. Prochaines dates : 30 août 2020, 21 août 2021.

Septembre

Les averses sont plus rares, mais les températures restent assez élevées et l'air est saturé d'humidité.

Octobre

La saison touristique commence en Inde du Sud, même si la côte sud-est et le sud du Kerala peuvent demeurer pluvieux.

Gandhi Jayanthi

Jour férié national, Gandhi Jayanti célèbre la naissance du Mahatma (p. 511), le 2 octobre, par des rassemblements de prière – il aurait eu 150 ans en 2019. On ne vend pas d'alcool en Inde ce jour-là.

Navratri

La fête hindoue des Neuf Nuits, qui précède Dussehra, célèbre toutes les incarnations de la déesse Durga. Les festivités, en septembre ou octobre, sont particulièrement ferventes au Maharashtra. Prochaines dates vers le 17 octobre 2020, et le 7 octobre 2021 ; à certains endroits, Dussehra commence bien avant et coïncide donc avec Navratri, ce qui prête à confusion.

Dussehra

Très animée à Mysuru (Mysore), Dussehra (p. 201) fête le triomphe du Bien sur le Mal. Dans le Sud, elle est centrée sur la défaite du démon Mahishasura face à Durga ; dans l'Ouest, notamment au Maharashtra, elle célèbre la victoire de Rama sur Ravana. Vers le 25 octobre 2020, et le 14 octobre 2021.

Divali

Durant le mois lunaire de Kartika, les hindous fêtent Divali pendant cinq jours avec des présents, des feux d'artifice, des *rangoli* et des lanternes pour guider Rama lors de son retour d'exil. Dans le Sud, cette fête est souvent associée à la victoire de Krishna sur Naraka. Prochaines dates : 14 novembre 2020, 4 novembre 2021.

Novembre

La mousson du Sud balaie le Tamil Nadu et le Kerala. C'est en revanche la haute saison dans les autres États et les températures sont agréables.

Eid-Milad -un-Nabi

La fête musulmane du Mawlid célèbre la naissance du prophète Mahomet par des prières et des processions. Prochaines dates : vers le 10 novembre 2019, le 29 octobre 2020 et le 19 octobre 2021.

Anniversaire de Guru Nanak

Nanak Jayanti, l'anniversaire du fondateur du sikhisme, est marqué durant trois jours par des prières, des *kirtan* (chants religieux) et des processions. Prochaines dates : vers le 30 novembre 2020 et le 19 novembre 2021.

En haut : la fête de Ganesh Chaturthi, à Mumbai (Bombay)

En bas : des *rangoli* (ou *kolam*), motifs dessinés à la farine de riz lors des fêtes

International Film Festival of India

L'International Film Festival of India (IFFI ; www.iffi.nic.in), le plus grand festival de cinéma du pays, réunit la crème de Bollywood à Panaji (Goa).

Décembre

Pic touristique : le temps est délicieux, l'humidité moindre, et l'ambiance est à la fête !

Saint-François-Xavier

Le 3 décembre, des milliers de pèlerins affluent à Old Goa pour honorer la dépouille du missionnaire jésuite, canonisé au XVIIe siècle. Une semaine de célébrations s'ensuit (p. 124).

Karthikai Deepam

Cette fête des Lumières, de dix jours (p. 384), commémore la restitution de la lumière au monde par Shiva. Elle revêt une importance particulière à Tiruvannamalai, au Tamil Nadu. Les pèlerins arrivent pour la nuit de la pleine lune. Prochaines dates : 29 novembre 2020 et 19 novembre 2021.

Noël

Cette fête chrétienne est surtout célébrée à Goa, au Kerala et dans les quartiers catholiques de Mumbai, qui scintillent de lumières.

Biennale de Kochi-Muziris

Tous les deux ans en décembre (2020, 2022, etc.), Kochi (Cochin) un festival d'art contemporain de quatre mois réunissant des artistes indiens et étrangers.

Itinéraires

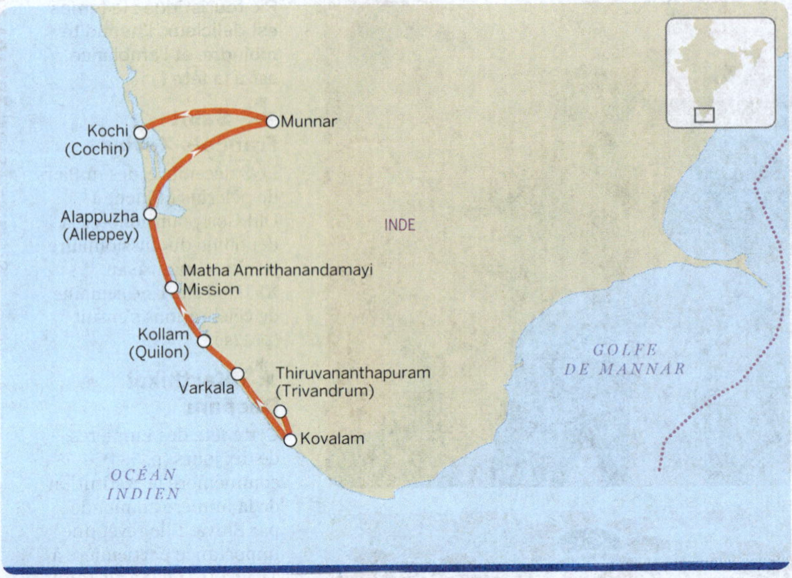

2 SEMAINES Le Kerala classique

Avec ses plages bordées de cocotiers et ses *backwaters*, le Kerala passe à juste titre pour le plus décontracté des États indiens. Outre le charme de ses villes, encore jalonnées d'un patrimoine évoquant les comptoirs européens, ce paradis tropical a bien d'autres atouts. Vous y savourerez une cuisine gorgée de saveurs et assisterez à des spectacles de kathakali, à des festivals hauts en couleur ou à des courses de bateaux-serpents.

Consacrez une journée aux musées et aux restaurants de **Thiruvananthapuram** (Trivandrum), la capitale, puis allez profiter de la plage à **Kovalam**, à 30 minutes au sud-est. Mettez le cap sur la ville sacrée de **Varkala**, où vous pourrez aussi garder la forme en pratiquant le yoga, le paddle ou le surf. Continuez vers le nord pour rejoindre **Kollam** (Quilon) et offrez-vous une croisière sur les *backwaters* jusqu'à **Alappuzha** (Alleppey) où vous serez à même de découvrir cette région lacustre en kayak, en canoë ou à bord d'un house-boat. Partez ensuite à l'est vers les collines de **Munnar**, couvertes de plantations de thé et propices à la randonnée, avant de redescendre vers **Kochi** (Cochin) pour un séjour exceptionnel, avec la découverte des demeures de l'époque coloniale et du quartier juif de Mattancherry, des spectacles de kathakali, d'accueillantes chambres chez l'habitant, des cafés arty et des festins de fruits de mer grillés…

4 SEMAINES

Métropoles, grottes sacrées et réserve naturelle

Entre lumières des villes, sites anciens, architecture indo-sarracénique ou portugaise, plages de rêve et forêt tropicale, cet itinéraire rassemble le meilleur de l'Inde du Sud.

Commencez par **Mumbai** (Bombay), la cosmopolite ville de Bollywood, où vous profiterez des plaisirs urbains (shopping, restaurants, bars...). Au crépuscule, flânez au bord de l'eau sur Marine Drive, illuminée la nuit avant de terminer la soirée avec une assiette de *bhelpuri*, une spécialité locale, sur Chowpatty Beach. Prenez un ferry pour Elephanta Island, un site classé par l'Unesco, pour admirer les temples rupestres et la statue de Shiva aux trois visages. Ensuite, cap sur la région de **Nasik** et ses domaines viticoles. Continuez vers le nord-est pour découvrir les chefs-d'œuvre que sont les **grottes sacrées d'Ajanta et d'Ellora**, distantes de 150 km et proches d'Aurangabad. Les grottes bouddhiques d'Ajanta, aux superbes fresques, sont creusées dans une gorge en forme de fer à cheval ; celles d'Ellora, qui abritent des sanctuaires hindous, bouddhiques et jaïns, s'étirent le long d'un escarpement de 2 km. La prochaine étape, le paradis tropical de **Goa**, est bien différente. Là, vous flânerez dans les plantations d'épices, visiterez les églises de l'ère portugaise d'Old Goa et vous délasserez dans les hébergements sur la plage. Repartez vers l'est en direction de **Hampi**, dans le Karnataka, où le paysage minéral jalonné de vestiges conserve le souvenir de la capitale du puissant royaume hindou de Vijayanagar. Faites ensuite le long trajet jusqu'à **Mysuru** (Mysore), pour admirer le palais de son maharaja, l'un des plus beaux édifices du pays. La ville vous promet un séjour mémorable avec ses cours de yoga ashtanga et ses marchés aux étals chargés de soieries et de bois de santal. De Mysuru, prenez le bus ou un taxi le long de la magnifique route des Ghats occidentaux et franchissez la frontière avec le Kerala. Rejoignez le **Wayanad Wildlife Sanctuary**, l'un des meilleurs endroits d'Inde du Sud pour voir des éléphants sauvages. Prenez enfin la route vertigineuse qui descend jusqu'à la côte de Malabar et **Kochi** (Cochin), principal port du Kerala et comptoir d'où partaient les épices, où se mêlent les influences portugaise, française, hollandaise et britannique. Vous y trouverez d'excellentes chambres chez l'habitant, des cafés pleins d'originalité et une forte animation touristique.

L'Inde du Sud et le Kerala hors des sentiers battus

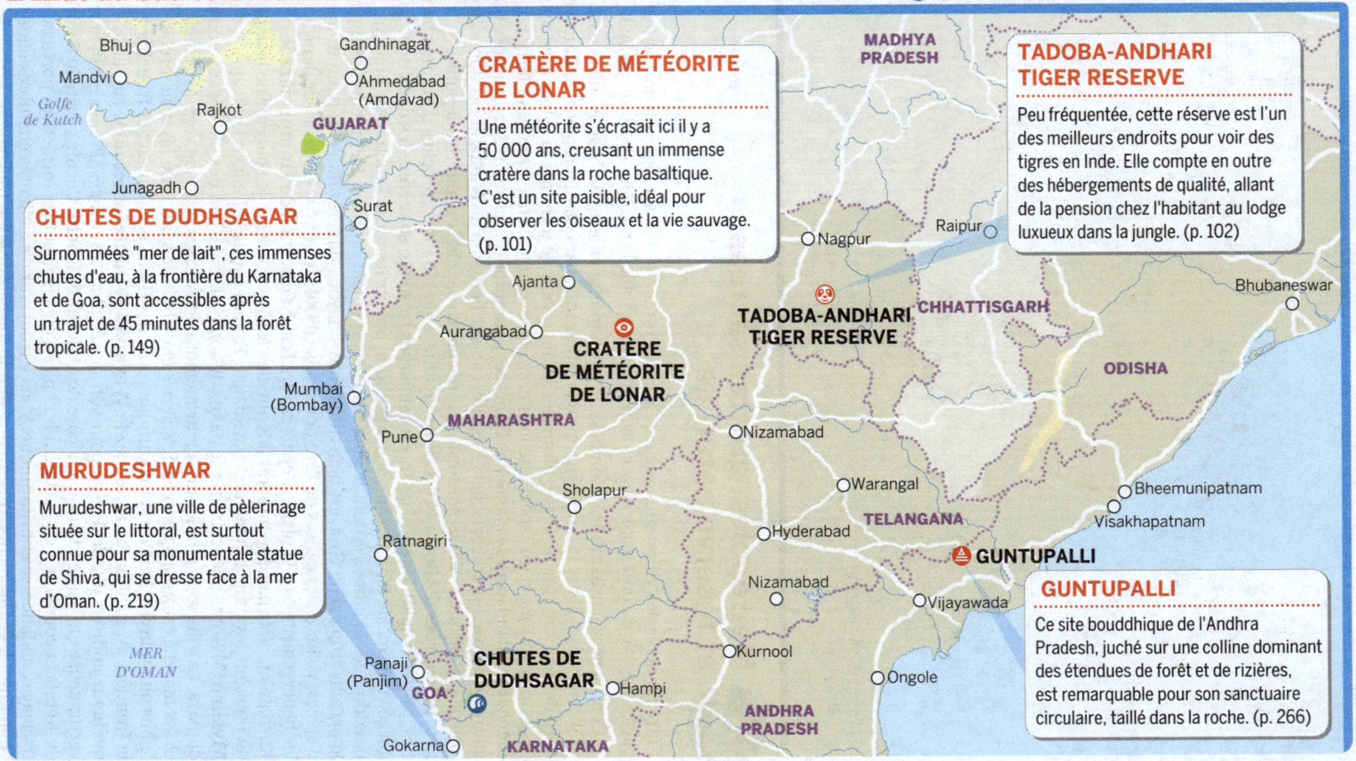

CHUTES DE DUDHSAGAR

Surnommées "mer de lait", ces immenses chutes d'eau, à la frontière du Karnataka et de Goa, sont accessibles après un trajet de 45 minutes dans la forêt tropicale. (p. 149)

CRATÈRE DE MÉTÉORITE DE LONAR

Une météorite s'écrasait ici il y a 50 000 ans, creusant un immense cratère dans la roche basaltique. C'est un site paisible, idéal pour observer les oiseaux et la vie sauvage. (p. 101)

TADOBA-ANDHARI TIGER RESERVE

Peu fréquentée, cette réserve est l'un des meilleurs endroits pour voir des tigres en Inde. Elle compte en outre des hébergements de qualité, allant de la pension chez l'habitant au lodge luxueux dans la jungle. (p. 102)

MURUDESHWAR

Murudeshwar, une ville de pèlerinage située sur le littoral, est surtout connue pour sa monumentale statue de Shiva, qui se dresse face à la mer d'Oman. (p. 219)

GUNTUPALLI

Ce site bouddhique de l'Andhra Pradesh, juché sur une colline dominant des étendues de forêt et de rizières, est remarquable pour son sanctuaire circulaire, taillé dans la roche. (p. 266)

BACKWATERS DE VALIYAPARAMBA

Évadez-vous dans les *backwaters* du nord du Kerala, moins fréquentés que ceux du Sud. Ce réseau de canaux, alimenté par cinq rivières dont la Thejaswini, est bordé de palmeraies d'un vert éclatant. (p. 369)

PARAMBIKULAM TIGER RESERVE

Dans un décor naturel digne des romans de Rudyard Kipling, cette réserve vous donnera de bonnes chances d'apercevoir des éléphants, des gaurs, des tigres et des panthères, au milieu de tecks géants. (p. 341)

DHANUSHKODI

Le site de Dhanushkodi, à la pointe est de l'île de Pamban dans le Tamil Nadu, possède une beauté naturelle envoûtante, à seulement 30 km du Sri Lanka. (p. 447)

MAYABUNDER ET LES VILLAGES KAREN

À Middle Andaman, dans un archipel éloigné des côtes indiennes, plusieurs villages sont habités par des Karen, membres d'une ethnie birmane qui fut déplacée ici sous les Britanniques. (p. 493)

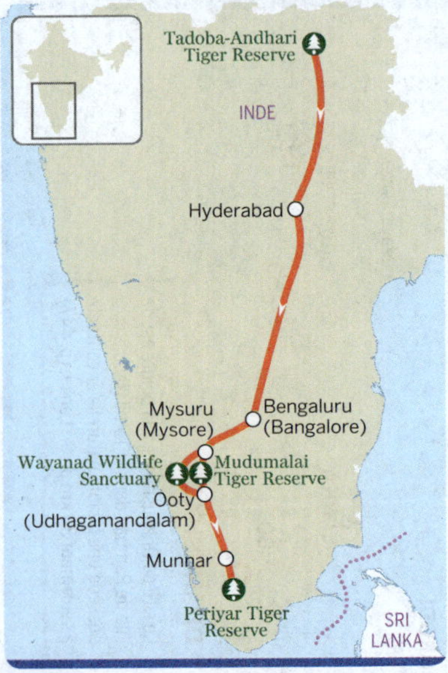

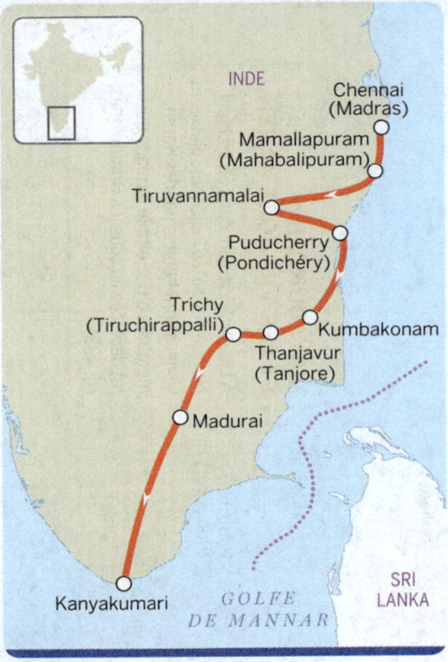

3 SEMAINES Du Deccan aux Ghats occidentaux

Ce parcours hors des sentiers battus relie le plateau du Deccan au relief vallonné des Ghats occidentaux pour en découvrir les joyaux culturels et les réserves naturelles de toute beauté.

Commencez par le Maharashtra et la **Tadoba-Andhari Tiger Reserve**, une réserve peu visitée qui offre de bonnes chances d'observer des tigres. Puis descendez vers l'ancienne capitale princière de **Hyderabad**, avec son architecture musulmane et ses bazars. Continuez au sud vers **Bengaluru** (Bangalore), reine des nouvelles technologies, puis vers le palais de Mysore, à **Mysuru**. Poussez vers la **Mudumalai Tiger Reserve** au Tamil Nadu ou le **Wayanad Wildlife Sanctuary** au Kerala, où vous croiserez des éléphants lors d'un safari à travers la forêt. Poursuivez vers **Ooty** (Udhagamandalam), l'une des stations d'altitude les plus appréciées du pays. Prenez le petit train (*toy train*) jusqu'à Mettupalayam, près de Coimbatore, puis rejoignez le Kerala et les plantations de thé de **Munnar**, où vous attendent des sentiers de randonnée. Terminez par un trek dans la **Periyar Tiger Reserve**, avec l'espoir d'apercevoir un tigre ou un éléphant !

2 SEMAINES Temples du Tamil Nadu

Une plongée dans l'âme de l'Inde du Sud ! Immergez-vous dans la riche histoire de **Chennai** (Madras) : flânez du côté du Government Museum, puis visitez les temples de Kapaleeshwarar et de Parthasarathy. Filez ensuite au sud pour rejoindre la mer et les sanctuaires de **Mamallapuram** (Mahabalipuram). Gagnez **Tiruvannamalai**, dans les terres, afin de visiter le temple d'Arunachaleswar, l'un des plus vastes sanctuaires du pays. Passez quelques jours à explorer les vestiges coloniaux de l'ancien comptoir français de **Pondichéry**, aujourd'hui Puducherry, puis regagnez l'arrière-pays et les admirables sanctuaires de **Kumbakonam** et de **Thanjavur** (Tanjore), inscrits au Patrimoine mondial. Continuez vers **Trichy** (Tiruchirappalli), qui abrite le spectaculaire Rock Fort Temple et le temple de Sri Ranganathaswamy. Puis rejoignez **Madurai**, au sud, où le temple de Meenakshi Amman représente l'apogée de l'architecture sacrée dravidienne. Votre périple peut s'achever à **Kanyakumari**, la pointe méridionale de l'Inde, avec son temple dédié à la divinité marine Devi Kanya Kumari.

Préparer son voyage

Les trains indiens

Le simple fait de prendre un train en Inde pourrait justifier à lui seul le voyage. C'est une expérience en soi, et parfois une expérience de rêve ! Le réseau ferré du sous-continent est très étendu et à la portée de tous les budgets. La principale difficulté reste la réservation, en particulier depuis l'étranger.

L'Inde est connue pour ses voyages en train, souvent de luxe, et la partie méridionale du sous-continent en compte plusieurs (voir l'encadré p. 30). Pour des voyages plus quotidiens, il est utile de connaître quelques particularités du réseau ferré indien – lisez également la rubrique *Train* (p. 594) du chapitre *Transports*.

Les trains express et postaux sont les plus courants. Toutes les classes ne sont pas nécessairement disponibles dans un train donné. Sur la plupart des lignes longue distance, des compartiments classiques (appelés "general") de 2e classe sont accessibles sans réservation ; des voitures plus confortables le sont sur réservation, avec souvent l'option couchette pour les trajets de nuit. Les trains couchettes ("sleeper") permettent de parcourir de longues distances pour un prix à peine plus élevé qu'une chambre d'hôtel de catégorie moyenne. Les trains express *Shatabdi* arrivent à destination dans la journée et ne comptent que des places assises ; les trains express *Rajdhani* sont des services de nuit longue distance entre Delhi et les capitales d'État (ils comptent les classes 1AC, 2AC, 3AC et 2e classe – voir ci-contre). Les draps sont fournis dans la classe "sleeper", plus onéreuse. Quelle que soit la catégorie choisie, prévoyez une chaîne et un cadenas pour attacher vos bagages.

Classes de train

1AC (Air-Conditioned First Class)

1re classe climatisée (AC), la plus onéreuse : compartiments fermant à clé, à deux ou quatre couchettes ; repas compris.

2AC (Air-Conditioned 2-Tier)

2e classe climatisée (AC) : quatre couchettes sur deux niveaux dans un compartiment ouvert, plus deux superposées de l'autre côté du couloir central. Les couchettes servent de banquettes pendant la journée.

3AC (Air-Conditioned 3-Tier)

3e classe climatisée (AC) : couchettes sur trois niveaux par groupe de six (pas de rideau).

Air-Conditioned Executive Chair (ECC)

Fauteuils confortables et inclinables, dans des voitures climatisées et spacieuses ; généralement dans les trains express *Shatabdi*.

Air-Conditioned Chair (CC)

L'Executive Chair en moins luxueux.

Sleeper Class

Couchettes sur trois niveaux dans une voiture sans porte ni climatisation ; les fenêtres s'ouvrent.

II/SS ou 2S (Unreserved 2nd Class), 2e classe

La classe dite "general" ; banquettes matelassées avec généralement plus de passagers que de places. Aucune réservation n'est nécessaire.

Réserver son voyage

Vous pouvez réserver en ligne ou par l'intermédiaire d'une agence de voyages

DES TRAINS DE NABAB

Un voyage en Inde du Sud peut être l'occasion d'un inoubliable voyage en train.

Nilgiri Mountain Railway Très apprécié, ce petit train (*toy train*) inscrit sur la liste du patrimoine mondial par l'Unesco circule entre Mettupalayam et Ooty (Udhagamandalam), dans les Ghats occidentaux du Tamil Nadu, à travers des forêts épaisses et des collines tapissées de plantations de thé (1re/2e classe 205/30 ₹ ; entre 3 heures 30 et 4 heures 30). Voir aussi p. 467.

Goa Express : Vasco da Gama-Londa (www.irctc.co.in) Le Goa Express relie Vasco da Gama (Goa) à la gare Nizamuddin de Delhi. Ce tronçon vous conduit des plages dorées aux forêts des Ghats occidentaux ; c'est l'un des nombreux trains Goa-Londa à passer devant les chutes de Dudhsagar (603 m ; p. 149), deuxièmes du pays par la taille. (3AC/sleeper 495/160 ₹, 33 heures 30).

Konkan Railway (www.irctc.co.in) De Mumbai, cette ligne suit la côte sur 765 km presque jusqu'au Kerala à travers Goa et le Karnakata. Le Mandovi Express, entre Mumbai et Margao, franchit 200 ponts et le viaduc le plus haut d'Inde en longeant rizières, cocoteraies et plantations de manguiers (3AC/sleeper 1 070/390 ₹, 12 heures 30). Voir aussi p. 123.

Deccan Odyssey (www.deccan-odyssey-india.com) Luxueux circuit de sept nuits dans le Maharashtra et à Goa, notamment (simple/double à partir de 6 100/8 750 $US).Si vous en avez les moyens, vous pourrez goûter à la vie de maharaja en optant pour un circuit à bord d'un train luxueux. Les tarifs incluent généralement l'hébergement, les excursions et les repas.

Golden Chariot (www.goldenchariottrain.com) Parcours au départ de Bengaluru (Bangalore) pour un périple dans le Karnataka, via Hampi et Badami, entre autres sites ; le train était en rénovation lors de nos recherches, il devait reprendre du service en octobre 2019 avec des tarifs plus abordables.

indienne avant de partir, ce qui vous garantira une place dans le train souhaité.

La réservation, quelle que soit sa forme, est obligatoire dans les compartiments des catégories "chair", "sleeper", 1AC, 2AC et 3AC. Les billets se vendent rapidement ; mieux vaut s'y prendre au moins une semaine à l'avance, et le plus tôt possible pour les trajets de nuit ou pendant les périodes de vacances ou de fêtes.

Pour les courts trajets, acheter un billet de 2e classe "general" reste une option pratique et bon marché, même si vous risquez de voyager debout. Les billets indiquent les numéros de la place/couchette et de la voiture. Ce dernier est inscrit sur le côté du train. La liste des noms et des couchettes est généralement affichée sur les voitures avec réservation.

Réserver en ligne est la solution la plus facile, même si les choses ne sont pas aussi simples que cela. Le système de réservation n'est ouvert que de 12h30 à 23h45 (heure locale), 120 jours avant le départ pour les trains longue distance (le délai est moins long pour les courts trajets).

Le site gouvernemental Indian Railway Catering & Tourism Corp (IRCTC ; www.irctc.co.in) permet de réserver des trains réguliers ou des trains de luxe. Le processus d'enregistrement est assez compliqué. Les sites ci-dessous permettent également de réserver en ligne ; tous ont une application pour téléphone mobile et acceptent les cartes bancaires nternationales.

12Go (www.12go.asia). Site pratique, concernant les mille lignes les plus fréquentés.

Cleartrip (www.cleartrip.com). Agence privée fiable. Elle exige un numéro IRCTC associé à votre compte Cleartrip.

Make My Trip (www.makemytrip.com). Agence privée réputée.

Si vous prévoyez de réserver vos places une fois arrivé en Inde, prenez le temps de vous renseigner sur les lignes que vous emprunterez. En préambule, consultez le site Web d'Indian Railways (www.indianrailways.gov.in). Pour plus d'informations, voir p. 594.

Préparer son voyage

Ayurvéda, yoga, méditation et spas

Berceau de trois grandes religions, l'Inde offre un voyage d'une rare intensité aux personnes portées sur la spiritualité. Les autres trouveront aussi leur bonheur dans les écoles de yoga, les centres ayurvédiques ou les spas.

Ayurvéda

L'ayurvéda (voir l'encadré p. 314) vise à rétablir l'équilibre du corps au moyen de deux méthodes principales : le *panchakarma* (purification intérieure) et les massages aux plantes.

Goa

Shanti Ayurvedic Massage Centre, Mandrem (p. 151)

Palm Trees Ayurvedic Heritage, Patnem (p. 166)

Karnataka

SwaSwara, Gokarna (p. 222). Thérapies et expression artistique.

Arya Ayurvedic Panchakarma Centre, Gokarna (p. 222). Ayurvéda en bord de mer.

Ayurvedagram, Bengaluru (Bangalore ; p. 184). Dans un beau jardin.

Indus Valley Ayurvedic Centre, Mysuru (Mysore ; p. 197). Thérapies se basant sur d'anciens textes sacrés.

Swaasthya Ayurveda Retreat Village, Kodagu (Coorg ; p. 211). Retraites et thérapies.

Kerala

Ayurdara, Kochi (Cochin ; p. 346). Traitements d'une à trois semaines au bord de l'eau.

À savoir

Ashrams

L'Inde compte d'innombrables ashrams – lieux de vie communautaires fondés sur la philosophie d'un *guru* (gourou, guide spirituel).

Ayurvéda

L'ayurvéda est une médecine traditionnelle indienne, reposant sur une approche holistique de la santé, et ayant recours aux extraits de plantes, aux massages et à d'autres traitements naturels pour garantir le bien-être du corps et de l'esprit.

Méditation

Dans les régions bouddhistes, de nombreux centres sont dédiés à la méditation vipassana ("développement de la vision supérieure") et à la philosophie bouddhiste. Beaucoup exigent des participants qu'ils fassent vœu de silence et interdisent la cigarette, l'alcool et le sexe.

Spas

Les spas d'Inde du Sud sont réputés pour leurs soins et traitements variés, mêlant traditions ayurvédiques et thérapies internationales.

Yoga

Le yoga est fermement enraciné dans la culture indienne. D'où une multitude d'écoles pour tous les niveaux.

Neeleshwar Hermitage, Bekal (p. 371). Centre cinq étoiles sur le front de mer.

Dr Franklin's Panchakarma Institute, Chowara (p. 315). Au sud de Kovalam.

Harivihar, Kozhikode (Calicut ; p. 363). Dans une demeure royale du XIXe siècle.

AyurSoul, Varkala (p. 318). Soins et hébergement.

Mumbai (Bombay)

Yogacara (p. 58). Ayurvéda et massages.

Tamil Nadu

Sita, Puducherry (Pondichéry ; p. 417). Ayurvéda et yoga.

Yoga

En Inde du Sud, on peut pratiquer le yoga presque partout, des stations balnéaires aux retraites dans les montagnes. Certaines écoles proposent des formations approfondies.

Goa

Bamboo Yoga Retreat, Patnem (p. 166). Yoga au bord de la mer.

Himalaya Yoga Valley, Mandrem (p. 151). Formation appréciée pour futurs enseignants.

Himalayan Iyengar Yoga Centre, Arambol (Harmal ; p. 152). Des cours réputés.

Swan Yoga Retreat, Assagao (p. 145). Une retraite paisible, entourée de jungle.

Anand Yoga Village, Palolem (p. 161). Cours sans réservation et formation professionnelle.

Îles Andaman

Jalakara, Havelock Island (Swaraj Dweep ; p. 485). Boutique-hôtel sélect, avec yoga au bord de la piscine et massages.

Karnataka

Mysuru a vu naître le yoga ashtanga et il existe de nombreux centres dans tout le Karnataka.

IndeaYoga, Mysuru (p. 202). Hatha yoga et yoga ashtanga.

Namaste Yoga Farm, Gokarna (p. 222). Pour pratiquer le yoga dans un écrin de végétation.

Yoga Bharata, Mysuru (p. 202). Yoga ashtanga et hatha yoga.

Soukya, Bengaluru (p. 184). Yoga et ayurvéda dans une ferme en culture bio.

Shankar Prasad, Gokarna (p. 221). Dans une demeure du siècle dernier.

Kerala

Kovalam, Varkala et Fort Cochin sont très prisées pour le yoga, avec de nombreux cours sans réservation. La plupart des hôtels et pensions offrent séances de yoga et soins ayurvédiques.

Sivananda Yoga Vedanta Dhanwantari Ashram (p. 310). Stages de hatha yoga réputés à coté du barrage de Neyyar, près de Thiruvananthapuram (Trivandrum).

Soul & Surf, Varkala (p. 318). Yoga sur le toit-terrasse, retraites, méditation et surf.

Secret Beach Yoga Homestay, Kattoor (p. 331). Yoga personnalisé et *kalarippayat* (un art martial).

Maharashtra

Kaivalyadhama Yoga Institute & Research Center, Lonavla (p. 110). Associe yoga et naturopathie.

Mumbai (Bombay)

Yoga Institute (p. 58). Cours à la journée et stages longue durée.

Yogacara (p. 58). Yoga Iyengar et hatha yoga.

Tamil Nadu

International Centre for Yoga Education & Research, Puducherry (Pondichéry ; p. 417). Cours d'initiation et formation avancée.

Krishnamacharya Yoga Mandiram, Chennai (Madras ; p. 391). Stages de yoga, soins et formations.

Sivananda Vedanta Yoga Centre, Madurai (p. 443). Cours sans réservation et intensifs.

Isha Yoga Center, Poondi (p. 457). Centre bien établi, près de Coimbatore.

Méditation

Qu'il s'agisse d'une simple initiation ou d'un enseignement plus approfondi, vous aurez l'embarras du choix en matière de cours, de stages et de retraites.

En haut : méditation à Hampi (p. 223), Karnataka

En bas : yoga sur une plage du Kerala (p. 303)

DMITRY RUKHLENKO / SHUTTERSTOCK ©

Maharashtra

Vipassana International Academy, Igatpuri (p. 90). Des sessions de dix jours de méditation vipassana réputées.

Mumbai (Bombay)

Global Vipassana Pagoda, Gorai Island (p. 56). Cours de méditation vipassana, de dix jours.

Telangana et Andhra Pradesh

De nombreux stages de méditation vipassana suivant les méthodes birmanes sont proposés dans la région.

Dhamma Nagajjuna, Nagarjunakonda (p. 265)

Vipassana International Meditation Centre, Hyderabad (p. 249)

Ashrams

De nombreux ashrams (littéralement "lieu d'effort") sont dirigés par des gourous charismatiques. Dans certains, la frontière entre communauté spirituelle et culte de la personnalité est assez floue. Des gourous ont amassé une fortune personnelle sur le dos de leurs disciples ; certains ont même été accusés de les exploiter sexuellement. Avant d'entrer dans un ashram, renseignez-vous toujours bien sur sa réputation.

La plupart des ashrams proposent un programme d'enseignement typique basé sur la philosophie, le yoga et la méditation. Ils imposent à leurs pensionnaires des règles strictes. Prévoyez de faire un don pour couvrir les frais de nourriture, d'hébergement et de fonctionnement de l'ashram.

Kerala

Matha Amrithanandamayi Mission, Amrithapuri (p. 327). Le centre réputé d'Amrithanandamayi, surnommée Amma (Mère) ou la "Mère qui étreint".

Maharashtra

Osho International Meditation Resort, Pune (p. 113). Suit les enseignements parfois controversés d'Osho.

Ashram de Sevagram (p. 104). L'illustre ashram fondé par le Mahatma Gandhi.

Tamil Nadu

Ashram de Sri Aurobindo, Puducherry (Pondichéry ; p. 416). Ashram réputé, proche par ses fondateurs de la communauté d'Auroville.

Ashram de Sri Ramana, Tiruvannamalai (p. 412). Fondé par Sri Ramana Maharshi.

Centres de soins et spas

Vous trouverez des spas dans toute l'Inde du Sud, de la petite entreprise individuelle aux établissements haut de gamme. Méfiez-vous des massages en tête-à-tête avec des prestataires privés, souvent non qualifiés ; renseignez-vous autour de vous et suivez votre instinct.

Goa

Les hôtels cinq étoiles et de nombreux établissements de catégorie moyenne possèdent un spa.

Îles Andaman

Barefoot at Havelock, Havelock Island (p. 486). Soins ayurvédiques ou à l'occidentale.

Karnataka

Emerge Spa, Mysuru (p. 197). Des soins ayurvédiques.

Meraki, Bengaluru (p. 183). Spa professionnel.

Kerala

Taj Bekal Resort & Spa, Bekal (p. 371). Luxe, calme et bien-être.

Jiva Spa, Kovalam (p. 211). Soins, yoga et méditation dans un luxueux établissement de la chaîne Taj Group.

Niraamaya Retreats Surya Samudra, Pulinkudi (p. 315). Spa ayurvédique haut de gamme près de Kovalam.

Mumbai (Bombay)

Palms Spa (p. 58). Un spa réputé, à Colaba.

Tamil Nadu

Hyatt Regency, Chennai (Madras ; p. 385). Spa de l'hôtel.

Palais de Mahé, Puducherry (Pondichéry ; p. 420). Massages et ayurvéda dans une demeure de l'époque coloniale.

Préparer son voyage

Bénévolat

La beauté, la culture et l'histoire de l'Inde ne doivent pas faire oublier la pauvreté et les difficultés de certaines populations. De nombreux voyageurs, désireux d'apporter leur aide, sont encouragés dans cette démarche par des organisations caritatives qui travaillent sur place.

Actions humanitaires

De nombreuses organisations caritatives et agences d'aide internationales travaillent en Inde du Sud, où les opportunités de bénévolat abondent. Il est parfois possible de trouver une mission une fois sur place, mais les associations et les ONG préfèrent les candidats qui ont postulé à l'avance et dont la demande a été approuvée pour le type de travail concerné (qui demande parfois un visa particulier, une vérification des antécédents ou certains vaccins). L'encadré page suivante recense des organismes utiles en France.

Vous trouverez une liste d'associations et d'ONG locales sur le site **NGOs India** (www.ngosindia.com) et pourrez contacter la **Concern India Foundation** (☎011-26210998 ; www.concernindiafoundation.org), à Delhi, ou **Indicorps** (www.indicorps.org), basé à Ahmedabad et qui répertorie des missions dans le sous-continent, en particulier dans le secteur du développement social.

Notez que nous ne cautionnons aucune association avec laquelle nous ne travaillons pas directement. Il vous appartient d'effectuer des recherches approfondies pour évaluer la qualité et la pertinence du projet proposé avant de vous engager.

Auprès des populations

De nombreux projets communautaires promeuvent la santé et l'éducation. Les organismes sérieux vérifient les antécédents des personnes souhaitant travailler avec des enfants.

Mode d'emploi

Choix de l'organisme

Demandez-vous à quelle communauté et à quel organisme vos compétences pourraient être utiles et choisissez en conséquence. Méfiez-vous des missions de courte durée qui n'exigent aucune connaissance particulière.

Durée

Évaluez de façon réaliste le temps que vous êtes prêt à accorder à une action caritative. Il est souvent plus utile de s'engager pour un mois au minimum ; les experts recommandent un engagement de trois mois au minimum.

Coût

Il ne suffit pas toujours de donner de son temps : il faut fréquemment assumer les frais d'hébergement, de nourriture et de transport.

Temps de travail

Sachez à quoi vous vous engagez : beaucoup de bénévoles doivent travailler à temps plein, cinq jours par semaine.

Transparence

Vérifiez la réputation de l'organisation et sa transparence sur les questions financières. Dans la mesure du possible, renseignez-vous auprès d'anciens bénévoles.

Recherches personnelles

Prenez le temps de vous informer et de planifier votre séjour ; contactez l'organisation de votre choix suffisamment à l'avance.

Goa

El Shaddai, Assagao (p. 144). Aide aux enfants pauvres et sans abri. Un mois au minimum.

Mango Tree Goa (www.mangotreegoa.org). À Mapusa (p. 131). Recherche d'infirmiers et d'enseignants pour venir en aide aux enfants démunis.

Karnataka

Kishkinda Trust, Hampi (p. 231). Missions d'aide au développement durable.

Mumbai (Bombay)

Slum Aid (www.slumaid.org). Missions de deux semaines à six mois dans les bidonvilles.

Vatsalya Foundation (www.thevatsalyafoundation.org). Action auprès des enfants des rues. Missions de courte ou de longue durée (cours d'anglais, d'informatique ou de sport).

Lok Seva Sangam (loksevasangam.wordpress.com). Améliore le quotidien des habitants des bidonvilles depuis 1976. Recherche des médecins parlant l'hindi ou le marathi, ainsi que des bénévoles chargés de la relation aux donateurs.

Tamil Nadu

RIDE (p. 411). Œuvre à l'autonomisation des femmes, avec des missions à Kanchipuram.

En faveur de l'environnement

Îles Andaman

ANET, Wandoor (p. 481). Cherche parfois des spécialistes pour des projets environnementaux.

Reef Watch Marine Conservation, Chidiya Tapu (p. 482). Protection de la vie marine. Engagement d'une semaine au minimum, selon qualification.

Karnataka

Rainforest Retreat, Kodagu (p. 211). Agriculture bio et durable, et gestion des déchets, dans une plantation d'épices.

Kerala

Kaiya House, Varkala (p. 318). Cette pension organise des opérations de nettoyage des plages.

Maharashtra

Nimbkar Agricultural Research Institute (Nari ; www.nariphaltan.org). À Phaltan, stages de deux à six mois dans l'agriculture durable pour des diplômés en agriculture, en ingénierie et en sciences.

Tamil Nadu

Keystone Foundation, Kotagiri (p. 461). Missions auprès de communautés adivasi. Engagement d'un mois au minimum.

Auprès des animaux

Les possibilités de s'occuper d'animaux sont légion en Inde du Sud et l'on peut parfois se présenter spontanément pour soigner les pensionnaires. Un conseil : faites-vous vacciner contre la rage avant votre départ.

Goa

Goa Animal Welfare Trust, Curchorem (www.gawt.org ; Curchorem). Le GAWT combat la cruauté envers les animaux, qui sont recueillis, soignés et stérilisés ; bénévoles bienvenus.

International Animal Rescue, Assagao (p. 144). Refuge réputé ; missions de courte durée.

Mumbai

Welfare of Stray Dogs (www.wsdindia.org). Soins aux chiens errants, tenue de stands ou sensibilisation des enfants dans les écoles.

Tamil Nadu

Arunachala Animal Sanctuary, Tiruvannamalai (p. 412). Missions de courte ou de longue durée dans ce refuge de 200 animaux (chiens et chats).

Madras Crocodile Bank, Vadanemmeli (p. 404). Deux semaines au minimum.

ORGANISMES DE BÉNÉVOLAT À L'ÉTRANGER

En France, vous pourrez vous renseigner auprès du **Comité de coordination pour le service volontaire international** (CCVIS, en anglais ; ☎01 45 68 49 36 ; ccivs.org ; Maison de l'Unesco, 1 rue Miollis, 75015 Paris), émanant de l'ONU, de **France Volontaires** (☎01 53 14 20 30 ; www.france-volontaires.org ; 6 rue Truillot, BP220, 94203 Ivry-sur-Seine Cedex), la plateforme des volontariats solidaires à l'international, qui fournit également des informations sur le service civique à l'étranger, du **Centre d'information sur le volontariat international** (www.civiweb.com) et de **Cotravaux** (☎01 48 74 79 20 ; www.cotravaux.org ; 11 rue de Clichy, 75009 Paris), un "réseau d'acteurs du travail volontaire".

Préparer son voyage

Voyager avec des enfants

Un voyage en Inde peut être une aventure tout aussi exaltante pour les enfants que pour leurs parents. Les parfums, les sons, l'accueil chaleureux et les activités ne manqueront pas d'éveiller l'imagination des jeunes esprits et de les marquer positivement... À condition de bien préparer le séjour et de faire preuve de vigilance.

À bien des égards, voyager en famille en Inde est un vrai bonheur. Vous serez très bien accueillis et de nombreux habitants voudront se faire prendre en photo avec vos enfants ! Les activités à faire en famille et les sites destinés aux plus jeunes ne manquent pas. Toutefois, si l'expérience ravit les enfants les plus sociables, elle peut se révéler fatigante, voire intimidante pour les plus réservés.

Aussi, la clé consiste-t-elle à rester à l'écoute des besoins de vos enfants. L'attention dont ils feront l'objet sera presque toujours bienveillante. Les petits sont le centre du monde dans beaucoup de foyers indiens et les vôtres ne feront pas exception. Ils peuvent cependant trouver cela agaçant et lassant. En cas d'attention trop insistante, n'hésitez pas à vous interposer : un "non" poli devrait faire l'affaire.

La plupart des hôtels vous fourniront un ou deux lits supplémentaires, et de nombreux restaurants servent des plats occidentaux, ainsi que quelques spécialités indiennes adaptées aux papilles délicates.

Les plages constituent l'attrait majeur de l'Inde du Sud pour les familles, surtout celles de Goa, mais les enfants apprécieront aussi les réserves naturelles, les immenses centres commerciaux et les bazars animés, les plantations d'épices et de thé, les sorties en house-boat, en kayak ou en canoë sur les *backwaters*.

Le top de l'Inde du Sud en famille

Goa

Les plages de sable blanc bordées de palmiers, la cuisine locale bon marché et la brièveté des temps de transport font de Goa une destination idéale pour les familles, avec des appartements, des cabanes, des hôtels et des pensions pour tous les budgets.

Kerala

Balade fluviale en house-boat ou en pirogue, farniente et jeux sur la plage, couchers de soleil sur la mer d'Oman, courses de bateaux-serpents, rencontre avec des animaux... Des montagnes jusqu'au splendide littoral, le Kerala, très apprécié des familles, promet autant d'action que de détente.

Karnataka

Dans un cadre étonnant, les vestiges de Hampi, classés au Patrimoine mondial, charment petits et grands, tandis que l'excitation est à son comble dans le Bandipur National Park et le Nagarhole National Park, où l'on peut observer des éléphants sauvages et apercevoir des tigres ou des léopards. Quant aux plages de Gokarna, elles sont tout simplement... paradisiaques.

À ne pas manquer

Rencontres en pleine nature

Éléphants Les enfants adoreront observer les éléphants sauvages à l'occasion de safaris en jeep dans des zones protégées comme le Wayanad (p. 364) et le Periyar (p. 333) au Kerala, le Bandipur (p. 208) et le Nagarhole (p. 208) au Karnataka, et à Mudumalai (p. 468) au Tamil Nadu.

Dauphins, Goa Des bateaux partent de la plupart des plages de Goa pour aller observer les dauphins qui nagent au large.

Tigres, Tadoba-Andhari Tiger Reserve (p. 102). Une sortie en jeep dans cette réserve peu visitée du Maharashtra est l'occasion de suivre les traces des grands félins.

Espèces marines, Havelock Island (Swaraj Dweep ; p. 483). Du snorkeling, ou pour les plus âgés, de la plongée, dans les eaux tièdes et cristallines des îles Andaman.

Les plages les plus sûres

Prenez garde à la présence possible de forts courants lors de la baignade.

Palolem, Goa (p. 160). Installez-vous dans une hutte au toit de palmes pour regarder vos enfants jouer sur cette jolie plage ou faire du kayak ou du surf dans les eaux les plus sûres de Goa.

Arambol (Harmal), Goa (p. 152). Une destination prisée des familles pour la diversité de ses hébergements, la baignade en toute sécurité, les sports nautiques et le surf.

Havelock Island, îles Andaman (p. 482). Snorkeling (ou plongée pour les plus grands) dans les eaux peu profondes de la paisible île Havelock.

Gokarna, Karnataka (p. 220). Loisir et détente en famille sur le sable doré de Kudle Beach et d'Om Beach !

Kovalam (p. 310) et **Varkala** (p. 316), **Kerala**. Ces deux stations balnéaires possèdent de belles plages de sable doré, mais attention aux courants.

Transports atypiques

Auto-rickshaw, partout Filez à vive allure dans ces triporteurs photogéniques, à taille d'enfant.

Carrioles à cheval et rickshaws, Matheran (p. 109). Dans cette station climatique du Maharashtra envahie par les singes, on peut circuler à cheval ou à bord d'un rickshaw traditionnel tiré par un coureur.

House-boat, Backaters (p. 322). Quoi de mieux qu'un house-boat pour découvrir les *backwaters* du Kerala ? À moins de préférer un kayak ou un canoë. Si vous êtes dans la région le 2e dimanche d'août, assistez à la spectaculaire course de bateaux-serpents du Nehru Trophy Boat Race (p. 326).

Nilgiri Mountain Railway, Ooty (Udhagamandalam ; p. 467). Parcourez en train les somptueux paysages, classés par l'Unesco, des Nilgiri Hills, dans le Tamil Nadu.

Vélo, Fort-Cochin (p. 343). Pédalez dans les rues plates et (relativement) calmes de l'ancien quartier européen de Kochi.

Préparer son voyage

Pour des informations et des conseils d'ordre général, consultez l'ouvrage *Voyager avec ses enfants*, publié par Lonely Planet.

Avant de partir

- Renseignez-vous sur les conditions météorologiques et choisissez vos dates afin d'éviter les températures extrêmes.
- Bien avant le départ, consultez votre médecin pour vous informer sur les vaccins nécessaires et les précautions à prendre en matière de santé.

Alimentation

- Dans les régions où il est facile de voyager en famille, comme Goa et le Kerala, ainsi que dans les grandes villes, les plats familiers abondent.
- Sur la route, des en-cas faciles à transporter – bananes, samosas, *puri* (sorte de beignet) et paquets de biscuits – sont disponibles partout.
- Les plus audacieux et les végétariens découvriront des goûts et des textures très variés : plats de *paneer* (fromage), *dhal*, *korma* crémeux, *biryanis*, naans, *paratha* (pains feuilletés), *pilau* (plats de riz), lassis et *momo* tibétains (raviolis frits ou à la vapeur)... Peu d'enfants résistent au plaisir de manger avec les mains un *dosa* (grande crêpe fine et salée).

Hébergement

- L'Inde du Sud offre un vaste choix d'hébergements, des huttes de plage aux luxueux hôtels, apte à séduire toute la famille.
- Partout, les enfants sont bien accueillis. De nombreux établissements acceptent d'entasser plusieurs bambins avec leurs parents dans une chambre double. Il y a souvent des chambres communicantes pour les familles.

DANS LA VALISE

La plupart des articles ci-dessous sont disponibles en Inde mais ils sont souvent vendus au prix fort et vous ne trouverez pas forcément vos marques familières.

- Pour un bébé ou un jeune enfant, prévoyez des couches jetables ou lavables, des crèmes de soin pour les érythèmes (la crème au calendula est utile pour les irritations dues à la chaleur), des biberons de rechange, une réserve de carrés de coton, du lait maternisé, des aliments en pots ou déshydratés.
- Un lit pliable ou une nacelle légère et compacte seront préférables aux petits lits fournis dans les hôtels, souvent instables – pour des enfants un peu plus grands, vous pouvez opter pour une tente pliable, équipée d'un matelas autogonflant.
- Oubliez la poussette – les trottoirs sont rares. Préférez le porte-bébé, qui place les petits au-dessus de la foule.
- Prenez quelques jouets qu'ils ne regretteront pas s'ils sont perdus ou abîmés, ainsi que des livres et des cahiers d'activités.
- Prévoyez un gilet gonflable ou de sauvetage, et des brassards pour la baignade.
- Une bonne paire de chaussures s'impose.
- De la crème solaire, un chapeau, une moustiquaire et un répulsif contre les insectes.
- Vous pourrez prévoir un lecteur MP3, ou une tablette ou un ordinateur portable avec des jeux et de la musique. N'oubliez pas le casque !

- Les meilleurs cinq-étoiles sont équipés de pataugeoires, de salles de jeux et de clubs pour les enfants. Certains proposent même des services de baby-sitting.

Transports

- En taxi, en bus, en train ou en avion, voyager en Inde peut être éprouvant pour toute la famille. Il est souvent difficile de trouver des toilettes publiques propres, des espaces pour changer les bébés et des aires de jeux sécurisées. Pour compenser les longs trajets dans des transports souvent bondés, prévoyez des journées amusantes.
- Emportez de quoi les distraire (voir aussi l'encadré ci-dessus). On trouve partout des jouets et des jeux bon marché en Inde.
- Si vous louez une voiture avec chauffeur – une option judicieuse qui procure une certaine liberté –, vous aurez peut-être besoin d'un siège pour bébé ou d'un rehausseur. Ces articles sont rares : faites-en part le plus tôt possible à la société de location. N'hésitez pas à demander à votre chauffeur de ralentir et de respecter les règles de conduite.

Santé

- Reportez-vous au chapitre *Santé*, p. 599.
- Bien avant le départ, consultez votre médecin pour connaître les vaccins et les traitements nécessaires, évoquer d'éventuels problèmes de santé que pourrait avoir votre enfant et préparer le contenu de votre trousse de premiers secours.
- L'accès aux soins est très inégal en Inde du Sud. Il est meilleur dans les destinations les plus touristiques, telles Goa et le Kerala, où il est presque toujours facile de trouver un médecin rapidement (la majorité des hôtels sauront vous indiquer un praticien fiable et parlant anglais).
- Il existe de nombreuses pharmacies, souvent regroupées autour des hôpitaux, qui délivrent rapidement des médicaments peu onéreux.
- La diarrhée peut avoir des conséquences graves chez les jeunes enfants. Il est impératif de bien les réhydrater, et de les faire examiner par un médecin si elle se prolonge et s'accompagne de fièvre.
- Les irritations dues à la chaleur, les infections cutanées (comme l'impétigo), et les morsures ou piqûres d'insectes peuvent souvent être prises en charge avec une trousse de premiers soins correctement garnie.
- Empêchez les enfants de s'approcher d'animaux errants et expliquez-leur les dangers de la rage.
- Lavez-vous souvent les mains ou utilisez un gel hydroalcoolique pour éviter les maux d'estomac.

Les régions en un clin d'œil

L'Inde du Sud se compose d'États à la géographie contrastée, dont les langues et les coutumes sont distinctes. Les férus de patrimoine et de culture, les gourmands, les amoureux de la nature, les inconditionnels de la plage (sans oublier ceux que tout attire...) auront matière à se forger de beaux souvenirs.

Pour les voyageurs, la remarquable variété de l'Inde du Sud se déploie à travers l'extraordinaire richesse de l'architecture, de la cuisine, de la faune, des paysages, des fêtes, de l'artisanat et des arts du spectacle. Partout, en outre, le mélange de technologies de pointe et de traditions séculaires est renversant. Enfin, la spiritualité qui imprègne le pays se ressent de la cosmopolite Mumbai (Bombay) aux jungles des plaines les plus méridionales.

Mumbai (Bombay)

Architecture
Cuisine
Vie nocturne

Vestiges du Raj

Les Britanniques ont laissé à la ville des édifices emblématiques du style indo-sarracénique, mêlant des éléments victoriens, moghols et rajpoutes, comme le Chhatrapati Shivaji Maharaj Terminus (l'ancienne gare Victoria), inscrit sur la liste du Patrimoine mondial.

Saveurs métissées

À Mumbai, le choc des cultures profite aux gourmets, avec un choix de saveurs de toute l'Inde et du monde entier.

Soirées festives

Plateforme financière et capitale de l'industrie du cinéma la plus prolifique de la planète, Mumbai invite à la fête. Les bars, clubs et soirées Bollywood dévoilent une facette moins sage de l'Inde.

p. 44

Maharashtra

Grottes sacrées
Plages
Vin

Art rupestre

Véritables prouesses artistiques, les grottes sacrées d'Ajanta et d'Ellora, inscrites au Patrimoine mondial, recèlent un ensemble splendide de peintures et de sculptures rupestres.

Littoral secret

Sur la côte de Konkan, au Maharashtra, de belles plages isolées séduisent les romantiques, les aventuriers, les solitaires et les contemplatifs, tandis que des villages de pêcheurs et des forteresses invitent à l'exploration.

Vignobles

Dans la région de Nasik, porte-étendard d'une industrie viticole indienne en plein essor, de nombreux domaines produisent des crus admirables.

p. 84

Goa

Plages
Cuisine
Architecture

Plages de rêve

Même les voyageurs les plus blasés s'inclinent devant la splendeur des plages de Goa, pour la plupart frangées de palmiers et parsemées de huttes au toit de palmes.

Épices et coco

Goa est connue pour la fraîcheur de ses produits de la mer et l'inventivité de ses recettes, marquées par l'influence portugaise et l'omniprésente noix de coco – des délices à savourer dans une simple paillote ou à des tables plus chics.

Vestiges portugais

Les majestueuses demeures de Chandor, les maisons de Panaji (Panjim), les églises d'Old Goa et les petites maisons et édifices religieux dispersés dans tout l'État sont un plaisir pour les yeux.

p. 121

Karnataka

Temples
Parcs nationaux
Cuisine

Architecture religieuse

Des splendeurs Hoysala à Belur, Halebid et Somnathpur au temple de Virupaksha à Hampi, le Karnataka est parsemé de sanctuaires remarquables.

Faune et flore

La Nilgiri Biosphere Reserve englobe des poches de forêt parmi les mieux préservées d'Inde, et les très appréciés parcs nationaux (Bandipur, Nagarhole...) abritent une riche faune.

Thali et microbrasseries

Succulents *thali* végétariens à Udupi, produits de la mer épicés à Mangaluru (Mangalore) et bière bien fraîche à Bengaluru (Bangalore), le bastion indien du houblon !

p. 176

Telangana et Andhra Pradesh

Sites religieux
Cuisine
Plages

Sanctuaires multiculturels

La ville de Hyderabad recèle de majestueux édifices islamiques, tandis que les hindous affluent au temple de Venkateshwara et que les vestiges de sites bouddhiques jadis florissants jalonnent toute la région.

Plats délicieux

Véritable institution, le *biryani* aux saveurs subtiles vous laissera des souvenirs inoubliables, tout comme le *haleem* de Hyderabad (épaisse soupe à base de viande, lentilles et blé), une appellation déposée !

Stations balnéaires

Visakhapatnam possède une belle côte sablonneuse, surtout fréquentée par des vacanciers indiens.

p. 240

Odisha (Orissa)

Temples
Cultures locales
Faune sauvage

Temples

L'Odisha comptait jadis des milliers de temples. Ceux encore debout racontent l'histoire captivante de royaumes anciens, dont les dirigeants dépensaient sans compter pour leurs divinités.

Adivasi

Les marchés d'Onkadelli et de Chatikona donnent un bel aperçu du mode de vie traditionnel des Adivasi, ces communautés aborigènes de l'Inde.

Animaux de la jungle

Paradis pour les amoureux de la nature, l'Odisha englobe des réserves de tigres, des mangroves hantées par les crocodiles et des marécages côtiers peuplés d'oiseaux.

p. 273

Kerala

Backwaters
Faune
Cuisine

Au fil de l'eau

Dans l'arrière-pays, les ravissants *backwaters* forment un réseau de lacs, de canaux et de lagunes. Leur exploration en bateau est mémorable.

Dans la jungle

Au cœur de luxuriants paysages montagneux, les nombreuses zones protégées permettent d'apercevoir des éléphants, des gaurs, des cerfs, des sangliers, des oiseaux de toutes sortes et, avec de la chance, des tigres.

Cuisine fusion

La cuisine du Kerala, le "pays des épices", est le fruit de multiples influences, d'une riche histoire et d'une géographie d'exception. Les plats relevés, à la noix de coco, sont souvent servis sur des feuilles de bananier.

p. 303

Tamil Nadu

Temples
Stations d'altitude
Hôtels historiques

Temples

L'architecture des temples hindous, avec leurs gopuras (tours d'entrée) et leurs *mandapa*, des salles au décor finement sculpté, comme les rites et les fêtes qui s'y déroulent, attirent des pèlerins de tout le pays.

Échappées belles

Les stations d'altitude des Ghats occidentaux offrent fraîcheur, panoramas montagneux, randonnées faciles et *guesthouses* de l'époque coloniale.

Adresses de charme

Des hébergements superbement restaurés vous attendent : vieilles demeures romantiques du quartier français de Pondichéry, bungalows des stations climatiques et maisons chettiar dans le Sud.

p. 381

Îles Andaman

Plongée et snorkeling
Plages
Faune sauvage

Monde du silence

Les eaux peuplées de coraux et de poissons tropicaux sont le principal attrait des îles pour beaucoup de visiteurs, plongeurs débutants ou chevronnés.

Sable blanc et mer turquoise

Des plages parmi les plus belles du pays, pour enfoncer ses orteils dans du sable blanc, barboter dans des eaux turquoise et admirer des couchers de soleil rose vif.

Biodiversité

Poissons multicolores, macaques crabiers, cochons sauvages ou pigeons de Nicobar, les îles sont peuplées d'une incroyable variété d'espèces, pour la plupart endémiques. La plage de Kalipur est connue pour être un lieu de nidification des tortues.

p. 471

Sur la route

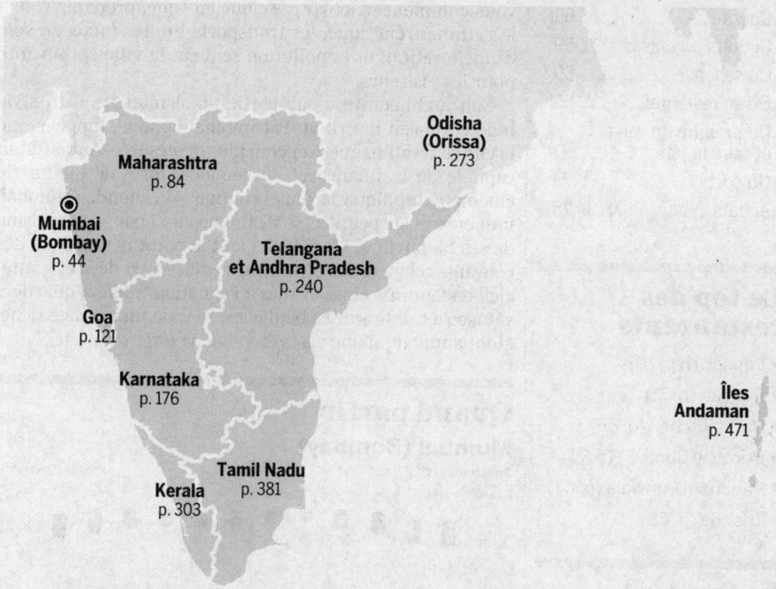
Maharashtra
p. 84
Odisha
(Orissa)
p. 273
Mumbai
(Bombay)
p. 44
Telangana
et Andhra Pradesh
p. 240
Goa
p. 121
Karnataka
p. 176
Îles
Andaman
p. 471
Tamil Nadu
p. 381
Kerala
p. 303

Mumbai (Bombay)

022 / 21,1 MILLIONS D'HABITANTS

Dans ce chapitre ➡

Le top des restaurants

- Peshawri (p. 70)
- Bastian (p. 71)
- Bohri Kitchen (p. 66)
- Bombay Canteen (p. 71)
- Pancham Puriwala (p. 67)
- Trishna (p. 68)

Le top des hébergements

- Taj Mahal Palace, Mumbai (p. 63)
- Abode Bombay (p. 62)
- Residency Hotel (p. 63)
- Sea Shore Hotel (p. 62)
- Juhu Residency (p. 63)

Pourquoi y aller

Mumbai est une ville chaotique et sublime, peuplée de rêveurs et de travailleurs acharnés, d'acteurs et de brigands, de pêcheurs et de *crorepati* (millionnaires)... Si vous commencez ici votre séjour en Inde, préparez-vous : le rythme frénétique, les transports limités (mais en voie d'amélioration) et la pollution rendent la ville éprouvante pour les visiteurs.

Son architecture, pour partie emblématique d'un style indo-européen inscrit au Patrimoine mondial, rappelle que la cité se rêvait naguère encore plus démesurée. Aujourd'hui capitale de la finance et de la mode, forte de l'industrie cinématographique la plus prolifique du monde, Mumbai, immense et surpeuplée, se distingue aussi par le gigantisme de ses bidonvilles. C'est également le point névralgique des courants religieux du pays. Entre édifices Art déco et gratte-ciel, restaurants chics et rues à l'agitation intense, quartiers vétustes et séduisantes banlieues, se tisse un paysage riche, étonnamment, d'une vaste étendue de forêt tropicale.

Quand partir

Mumbai (Bombay)

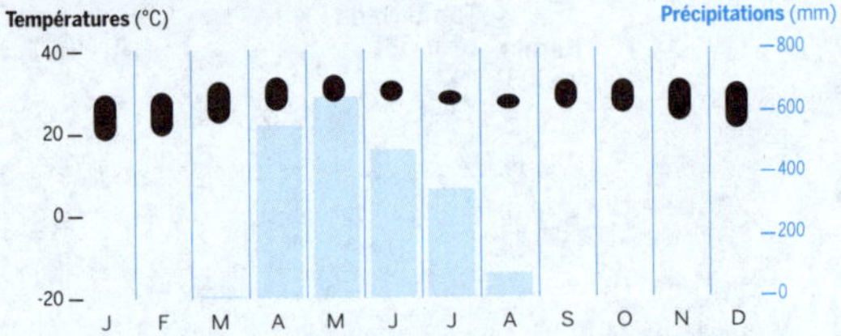

Décembre-janvier Temps idéal, moins étouffant que le reste de l'année.

Août-septembre Durant la grande fête de Ganesh Chaturthi, un vent de folie souffle sur la ville.

Octobre-avril Les averses sont rares ; c'est la meilleure période pour assister à des festivités.

À ne pas manquer

1. La splendeur Art déco de l'immense gare de **Chhatrapati Shivaji Maharaj** (p. 49), inscrite sur la liste du Patrimoine mondial.
2. Un florilège de sons, d'odeurs et d'images aux **Sassoon Docks** (p. 49), à l'heure du retour de pêche.
3. Un dîner de maharaja dans l'un des meilleurs **restaurants** (p. 65) du pays, comme le Peshawri (p. 70).
4. La ferveur des fidèles de Krishna dans le **temple de l'Iskcon** (p. 55)
5. Le **Dharavi Slum** (p. 56), plus grand bidonville d'Asie et véritable monde en soi.
6. Une nuit de rêve au **Taj Mahal Palace** (p. 63), ou au moins un verre au bar (p. 71).
7. L'intérieur néo-Renaissance du **Dr Bhau Daji Lad Mumbai City Museum** (p. 54).
8. L'imposante sculpture du Shiva à trois visages sur **Elephanta Island** (p. 57), dans le port de Mumbai.
9. L'en-cas emblématique de la ville, le *bhelpuri* (riz soufflé et épices), à déguster face à la mer, sur **Girgaum Chowpatty** (p. 55).

Histoire

Les pêcheurs koli furent les premiers à occuper les sept îles formant Mumbai à partir du IIe siècle av. J.-C. Des vestiges de la culture koli subsistent, nichés le long des rives de la ville actuelle. Une succession de dynasties hindoues domina les îles à partir du VIe siècle, jusqu'à ce que les sultans musulmans du Gujarat annexent la région au XIVe siècle, puis la cèdent en 1534 au Portugal – dont la seule contribution mémorable consista à la baptiser Bom Baia ("bonne baie"). En 1665, les Portugais laissèrent la place aux Anglais, qui louèrent les îles à la Compagnie des Indes orientales (East India Company).

Bombay devint un port marchand prospère. Le fort fut construit dans les années 1720 ; un siècle plus tard, d'ambitieux projets d'extension permirent de réunir les îles en un seul territoire. L'expansion de la ville se poursuivit et, au XIXe siècle, les remparts du fort furent démantelés. D'importants travaux de construction transformèrent la cité en une opulente ville coloniale. Quand Bombay devint le principal fournisseur de coton de la Grande-Bretagne, pendant la guerre civile américaine, la population monta en flèche : l'argent afflua et le commerce explosa.

Bombay joua un rôle majeur lors du mouvement pour l'indépendance : la campagne "Quit India", enjoignant les Britanniques à quitter le pays, y fut lancée en 1942 par le Mahatma Gandhi. Après l'Indépendance, elle devint la capitale de l'État de Bombay, puis celle du Maharashtra en 1960, après la division de l'État de Bombay entre le Maharashtra et le Gujarat, sur la base de critères linguistiques.

L'émergence dans les années 1980 du mouvement pro-Marathes dirigé par le parti Shiv Sena (littéralement "Armée de Shivaji"), régionaliste et pro-hindou, ébranla son creuset pluriculturel. Les non-Marathes et les musulmans furent victimes de discriminations et les tensions entre les communautés s'exacerbèrent. L'image cosmopolite de la ville fut ternie par la mort de près de 900 personnes, lors d'émeutes à la fin de l'année 1992 et en 1993. L'année 1993 fut marquée par une dizaine d'attentats à la bombe menés en représailles, qui coûtèrent la vie à 257 personnes.

Sous l'influence du Shiv Sena, quantité de rues et de bâtiments publics, ainsi que la ville elle-même, perdirent leur nom colonial. En 1996, Bombay devint officiellement

MUMBAI EN...

Deux jours

Visitez l'un des chefs-d'œuvre architecturaux de la ville, le Chhatrapati Shivaji Maharaj Vastu Sangrahalaya (p. 50), puis déjeunez à la mode gujaratie au Samrat (p. 68).

L'après-midi, rejoignez Colaba pour découvrir les sites emblématiques de la ville : la Gateway of India (p. 48) et l'hôtel Taj Mahal Palace (p. 63). Le soir, sirotez un cocktail et dînez chez Miss T (p. 67) ou mangez sur le pouce aux échoppes Bademiya (p. 68), spécialistes des grillades, avant de célébrer la nuit au très branché Social (p. 72).

Le lendemain, réservez vos premiers regards à l'ancêtre des géants coloniaux de Mumbai, le Chhatrapati Shivaji Terminus (p. 49). Perdez-vous dans le labyrinthe du Crawford Market (p. 76) à la recherche des temples cachés dans le foisonnement des étals du bazar. Déjeunez au Revival (p. 70) puis flânez dans les allées de Khotachiwadi (p. 58) avant de savourer un *bhelpuri* face à la mer à Girgaum Chowpatty (p. 55). Pour boire un verre en soirée, direction Lower Parel, au Toit Tap Room (p. 73). Terminez cette journée à la Bombay Canteen (p. 71) ou chez Koko (p. 71).

Quatre jours

Montez dans un bateau pour Elephanta Island (p. 57), classée au Patrimoine mondial, avant de regagner la ville pour déjeuner au Burma Burma (p. 68), dans le secteur arty de Kala Ghoda. En fin de journée, place aux fruits de mer chez Bastian (p. 71) avant de sortir dans Bandra.

Le dernier jour, visitez le Mahalaxmi Dhobi Ghat (p. 54), le **temple de Shree Mahalaxmi** (carte p. 52 ; www.mahalakshmi-temple.com ; près de Bhulabhai Desai Marg ; ⌚6h-22h) et le Haji Ali Dargah (p. 54), ou promenez-vous dans le Sanjay Gandhi National Park (p. 57). Terminez avec un repas indien moderne au Bombay Canteen (p. 71).

Mumbai (un nom d'origine marathie renvoyant à la déesse Mumba, vénérée par les premiers résidents koli). L'aéroport, le Victoria Terminus et le Prince of Wales Museum furent renommés Chhatrapati Shivaji, en l'honneur du grand chef marathe.

Les tensions religieuses s'intensifièrent et se mêlèrent aux conflits intercommunautaires nationaux et aux relations tendues entre l'Inde et le Pakistan. Une vague d'attentats à la bombe dans des trains tua plus de 200 personnes en juillet 2006. Puis, en novembre 2008, une série de violents attentats coordonnés par des terroristes pakistanais visa des bâtiments emblématiques : l'hôtel Taj Mahal Palace brûla, des passagers furent abattus dans le Chhatrapati Shivaji Terminus et dix personnes furent tuées au Leopold Café, point de passage obligé des *backpackers* à Mumbai.

Fin 2012, lorsque Bal Thackeray, le charismatique fondateur du Shiv Sena, mourut, l'emprise du parti commença à faiblir. Aux élections législatives de 2014, le Bharatiya Janata Party (BJP) du président Modi devint le plus grand parti de Mumbai.

Malgré leur lot de drames, les Mumbaikars ont su s'adapter. Ici également, la sécurité au quotidien s'est accrue. Malgré l'insuffisance du réseau de transports, les embouteillages, la pollution et la crise du logement, la ville demeure un moteur de premier plan de l'économie indienne.

À voir

Mumbai est une île reliée au continent par des ponts (les sept îles originelles ont été regroupées au fil du temps au moyen de terre-pleins artificiels). Le gros des activités économiques et culturelles occupe l'extrême sud de l'île, appelé South Mumbai. Colaba, centre névralgique du tourisme qui regroupe des sites majeurs, occupe la pointe méridionale de la péninsule.

Au nord de Colaba s'étend le Fort, un secteur commerçant et animé, où s'élevait jadis le fort britannique. Il est bordé à l'ouest par de grandes étendues herbeuses, appelées *maidan*. En continuant vers le nord, on entre dans la "banlieue" (*suburbs*), où se trouvent l'aéroport et bon nombre des meilleurs restaurants, boutiques et discothèques de Mumbai. Les quartiers chics de Bandra, Juhu et Lower Parel sont incontournables (les artistes et les hippies qui occupaient autrefois Bandra sont aujourd'hui installés plus au nord, à Andheri West et Vesova).

LES PLUS BELLES FÊTES

Mumbai Sanskruti (www.asiaticsociety.org.in ; gratuit ; jan). Pendant deux jours, la musique hindoustanie est à l'honneur sur les marches de l'Asiatic Society Library dans le quartier du Fort.

Kala Ghoda Arts Festival (www.kalaghodaassociation.com ; fév). Deux semaines de performances et d'expositions à Kala Ghoda (p. 49), dans le quartier du Fort.

Elephanta Festival (www.maharashtratourism.gov.in ; Elephanta Island ; fév). Musiciens, danseurs et dramaturges prennent possession de l'île d'Elephanta, le temps de ce festival de deux jours dédié à la danse et à la musique classique. Il se tient généralement en février.

Nariyal Poornima (août). À Colaba, célébration de la saison de la pêche et de la fin de la mousson, par les Koli, un peuple du Maharashtra.

Ganesh Chaturthi (www.ganeshchaturthi.com ; août/sept). Mumbai se déchaîne durant cette fête hindoue de 10 à 12 jours en l'honneur de Ganesh, le dieu à tête d'éléphant. Les 1er, 3e, 5e, 7e et 11e jours, les familles se rendent aux plages de Chowpatty et de Juhu pour immerger leurs statues du dieu et se placer sous ses auspices.

Jio Mami Mumbai Film Festival (MFF ; www.mumbaifilmfestival.com ; oct/nov). Projection de films récents pendant une semaine dans les cinémas de la ville.

Colaba

Sur la péninsule la plus au sud, le quartier animé de Colaba abrite de belles demeures Art déco de l'époque coloniale, des hébergements bon marché ou de catégorie moyenne, des bars, des restaurants, des stands de rue et un "village" de pêcheurs. L'artère Colaba Causeway (Shahid Bhagat Singh Marg) traverse le quartier. En août, ne manquez pas la fête de Nariyal Poornima (ci-dessus).

Taj Mahal Palace, Mumbai PATRIMOINE (carte p. 48 ; taj.tajhotels.com ; Apollo Bunder). Icône de Mumbai et deuxième monument le plus photographié du pays, cet éblouissant hôtel (p. 63) est un mélange féerique des

Colaba

styles islamique et victorien. Il fut construit en 1903 par l'industriel parsi J. N. Tata, après, semble-t-il, que celui-ci eut été refusé à l'entrée d'un hôtel européen au seul motif qu'il était indien.

Des dizaines de personnes périrent dans l'hôtel lors des attaques terroristes qui frappèrent Mumbai en novembre 2008. Les images de la façade en flammes ont fait le tour du monde. L'établissement a rouvert en 2010, le jour de la fête de l'Indépendance.

Bien plus qu'un bâtiment emblématique, le Taj est intrinsèquement lié à l'histoire de la nation : ce fut le premier hôtel à employer des femmes, le premier à se doter de l'électricité et de ventilateurs, et il accueillit des combattants de la liberté (gratuitement) pendant la lutte pour l'indépendance.

Aujourd'hui, l'hôtel (p. 63) fait face au port et à la Gateway of India, mais il avait été conçu pour donner sur la ville – l'entrée a été déplacée.

Gateway of India PORTE DE L'INDE, MONUMENT
(porte de l'Inde ; carte p. 48 ; Apollo Bunder). Cet imposant arc de triomphe en basalte de l'ère coloniale fait face au port de Mumbai, au bout d'Apollo Bunder. Bel exemple d'architecture indo-sarracénique signé

Colaba

Les incontournables
1 Taj Mahal Palace, Mumbai ... D3

À voir
2 Gateway of India ... D3
3 National Gallery of Modern Art ... C1

Activités
4 Palms Spa ... D2
5 Reality Tours & Travel ... C2

Où se loger
6 Abode Bombay ... C2
7 Backpacker Panda ... B4
8 Hotel Suba Palace ... D2
9 Sea Shore Hotel ... C5
10 Taj Mahal Palace, Mumbai ... D3
11 YWCA ... C1

Où se restaurer
12 Bademiya Restaurant ... C3
13 Bademiya Seekh Kebab (annexe) ... C2
14 Basilico ... B4
15 Bombay Vintage ... C1
16 Indigo Delicatessen ... D2
17 Miss T ... C3
Table ... (voir 8)
18 Theobroma ... B4

Où prendre un verre et faire la fête
19 Cafe Mondegar ... C2
20 Harbour Bar ... D3
21 Leopold Café ... C2
22 Social ... C3
23 Woodside Inn ... C1

Où sortir
24 Regal Cinema ... C2

Achats
25 Clove ... C3
26 Cottonworld ... C3
27 Good Earth ... C3
28 Nappa Dori ... C3
29 Phillips ... C1

Renseignements
30 Kiosque de la MTDC ... D2

Transports
Vedettes pour Elephanta Island ... (voir 31)
31 Vedettes pour Mandwa ... D3
Maldar Catamarans ... (voir 30)
PNP ... (voir 30)

George Wittet, il intègre des éléments caractéristiques des édifices islamiques du XVIe siècle au Gujarat. Élevé pour commémorer la visite du roi George V en 1911, il ne fut achevé qu'en 1924. Ironie de l'histoire, il servit 24 ans plus tard à l'ultime parade des régiments britanniques alors que l'Inde marchait vers l'indépendance.

Aujourd'hui, la Gateway of India est un lieu de rendez-vous apprécié des habitants. Les photographes et les vendeurs de ballons géants ou de *bhelpuri* se mêlent ici aux habitants et aux touristes, dans une ambiance de bazar. En février/mars, des danseurs et des musiciens classiques invités pour l'Elephanta Festival (p. 47) se mêlent à la foule.

Des bateaux assurent la liaison avec Elephanta Island.

Sassoon Docks FRONT DE MER
(Sassoon Dock Rd ; 24h/24). Ouverts en 1875, les docks de Mumbai constituent le plus ancien et plus vaste marché au poisson de la ville. Sassoon Docks s'éveille à 5h. Entre odeur omniprésente, tenues colorées des pêcheurs koli triant la prise du jour fraîchement débarquée et éclats de voix, l'animation se poursuit toute la matinée.

Quartier du Fort et Churchgate

D'imposants bâtiments victoriens s'alignent le long d'Oval Maidan. À l'époque du Raj, cette esplanade, de même que le Cross Maidan et l'Azad Maidan au nord, jouxtait la côte. Cette série d'édifices grandioses faisait alors face à l'ouest et à la mer d'Oman.

Kala Ghoda ("cheval noir") est un micro-quartier branché au nord de Colaba. Repérez la statue "Spirit of Kala Ghoda", installée en 2017 et représentant une monture sans cavalier. Jalonné de nombreux bâtiments de l'époque coloniale, le secteur compte des musées, des galeries et des boutiques de créateurs, ainsi que d'excellents restaurants et cafés.

Chhatrapati Shivaji Maharaj Terminus (Victoria Terminus) ÉDIFICE HISTORIQUE
(CSMT ; carte p. 60 ; Chhatrapati Shivaji Terminus Area, Fort). Imposante et bondée, l'ancienne gare Victoria est le bâtiment le plus extravagant de la ville. Son architecture indo-sarracénique (voir aussi p. 51) est emblématique de l'Inde coloniale. Les styles victorien, hindou et islamique se mêlent dans cette étonnante construction, avec arcs-boutants, dômes, tourelles et flèches.

Certains détails sont remarquables, telles les gargouilles à tête de chien de la magnifique tour centrale et les fenêtres ornées de paons de la cour principale. Dessinée par Frederick Stevens, la gare fut achevée en 1887, 34 ans après le départ du premier train.

Chhatrapati Shivaji Maharaj Vastu Sangrahalaya ART INDIEN
(Prince of Wales Museum ; carte p. 60 ; www.csmvs.in ; 159-161 MG Rd, quartier du Fort ; Indien/étranger 83/500 ₹, portable/app photo 50/100 ₹ ; 10h15-18h). Le plus grand et le meilleur musée de Mumbai présente une vaste collection d'artefacts provenant de toute l'Inde : sculptures hindoues et bouddhiques, figurines en terre cuite de la vallée de l'Indus, miniatures indiennes, armes… On doit cet édifice, coiffé d'un dôme et relevant d'un audacieux exemple de style indo-sarracénique, à George Wittet, également architecte de la Gateway of India.

Vous trouverez sur place un audioguide disponible en sept langues, dont le français. Cinq des galeries sont climatisées : un répit bienvenu dans la chaleur estivale. Vous trouverez une bonne cafétéria à l'entrée. La boutique mérite le détour.

High Court ÉDIFICE HISTORIQUE
(carte p. 60 ; www.bombayhighcourt.nic.in ; Eldon Rd ; 10h30-17h30). Ruche bourdonnante d'activité, la Haute Cour est un beau bâtiment néogothique de 1848. Inspirée d'un château allemand, elle semble avoir été conçue pour dissiper tout doute quant à l'autorité de la justice rendue à l'intérieur.

Keneseth Eliyahoo Synagogue SYNAGOGUE
(carte p. 60 ; Dr VB Gandhi Marg, Kala Ghoda ; 11h-18h dim-jeu). Édifiée en 1884 et amoureusement entretenue par la communauté juive (en déclin) de Mumbai, cette synagogue tout en blanc et indigo est sortie de sous les échafaudages en 2019, après une restauration qui lui a rendu ses couleurs d'origine. On en aime l'aspect néoclassique, les ornements en teck birman et les vitraux victoriens. Si l'accueil y est amical, le site est sous haute protection – apportez une copie de votre passeport pour pouvoir entrer.

Marine Drive PROMENADE
(carte p. 60 ; Netaji Subhashchandra Bose Rd ; 24h/24). Marine Drive fut construite sur un terre-plein artificiel en 1920. Elle appartient désormais à l'ensemble architectural de la ville inscrit au patrimoine mondial de l'Unesco. Ce long boulevard en arc de cercle, qui donne sur la mer d'Oman, part de Nariman Point et s'achève au pied de Malabar Hill après avoir longé Girgaum Chowpatty (p. 55). Bordé d'immeubles Art déco, il est particulièrement fréquenté au coucher du soleil. Les lumières qui scintillent à la nuit tombée lui ont valu le surnom de "Queen's Necklace" ("Collier de la Reine").

University of Mumbai ÉDIFICE HISTORIQUE
(Bombay University ; carte p. 60 ; www.mu.ac.in ; Bhaurao Patil Marg). Dans Bhaurao Patil Marg, l'ensemble architectural néogothique de l'université de Mumbai a été conçu par Gilbert Scott, l'architecte de la gare londonienne de Saint-Pancras. Il inclut les splendides **University Library** (bibliothèque) et **Convocation Hall** (salle de l'Assemblée), ainsi que la **Rajabai Clock Tower** (tour de l'Horloge), haute de 84 m et ornée de délicates sculptures. Depuis les attentats de 2008, le campus est fermé au public. La pression populaire pourrait toutefois bien avoir raison de la détermination des autorités. Renseignez-vous au moment de votre venue.

Jehangir Art Gallery INSTITUTION ARTISTIQUE
(carte p. 60 ; www.jehangirartgallery.com ; 161B MG Rd, Kala Ghoda ; 11h-19h). GRATUIT Cette galerie fraîchement rénovée accueille des artistes de Mumbai, d'autres États indiens et de l'étranger. Les arts visuels y sont célébrés à travers plusieurs expositions.

National Gallery of Modern Art MUSÉE
(NGMA ; carte p. 48 ; www.ngmaindia.gov.in ; MG Rd ; Indien/étranger 20/500 ₹ ; 11h-18h mar-dim). Des œuvres d'artistes indiens et étrangers sont présentées dans un vaste espace lumineux, sur cinq niveaux.

Delhi Art Gallery (DAG) MUSÉE
(carte p. 60 ; www.discoverdag.com ; 58 Dr VB Gandhi Marg, Kala Ghoda ; 10h30-19h lun-sam). GRATUIT Cette galerie de premier plan, distribuée sur les trois niveaux d'un bel édifice de l'ère coloniale, accueille de nouvelles expositions tous les quatre mois. Les œuvres montrées proviennent de la plus vaste collection au monde d'art moderne indien du XXe siècle. Des pièces en sont d'ailleurs régulièrement exposées ailleurs dans le pays, ainsi qu'à New York.

St Thomas' Cathedral ÉGLISE
(carte p. 60 ; 3 Veer Nariman Rd, Churchgate ; 7h-18h). La charmante cathédrale Saint-Thomas, dont la construction débuta en 1672

Promenade à pied
L'architecture classée de Mumbai

DÉPART GATEWAY OF INDIA
ARRIVÉE LIBERTY CINEMA
DISTANCE ET DURÉE 3,5 KM ; 1 HEURE 45

Le cœur de Mumbai se distingue par ses édifices de style Art déco ou de style indo-sarracénique, mêlant le néogothique de l'époque victorienne à l'esthétique moghole ou rajpoute. L'ensemble, construit à l'époque du Raj, a été inscrit sur la Liste du patrimoine mondial en 2018.

De la 1 **Gateway of India** (p. 48), remontez Chhatrapati Shavaji Marg, en passant par le 2 **Dhunraj Mahal**, un ensemble Art déco résidentiel et commercial, pour atteindre 3 **Regal Circle**. Faites le tour de la place et admirez les édifices comme le 4 **Regal Cinema**, de style Art déco, et l'ancien 5 **Majestic Hotel**, reconverti en magasin (le Sahakari Bhandar). Suivez MG Rd : contemplez la façade restaurée de la 6 **National Gallery of Modern Art** (p. 50) et, en face, le majestueux 7 **Chhatrapati Shivaji Maharaj Vastu Sangrahalay** (p. 50). Retraversez la rue pour atteindre 8 l'**Elphinstone College** et la 9 **David Sassoon Library & Reading Room**. Continuez vers le nord pour admirer le 10 **New India Assurance Company Building**. Sur l'île, en face, la 11 **Flora Fountain** représente la déesse romaine des Fleurs. Tournez à l'est dans Veer Nariman Rd en direction de 12 **St Thomas' Cathedral** (p. 50). Non loin, les bâtiments à arcades du 13 **Horniman Circle**, qui datent des années 1860, entourent un jardin botanique. Ils sont dominés par le 14 **Town Hall**, l'hôtel de ville néoclassique. Retournez à la fontaine, continuez à l'ouest, et prenez vers le sud dans Bhaurao Patil Marg pour contempler la 15 **High Court** et 16 l'**University of Mumbai** (p. 50). Admirez 17 la **Rajabai Clock Tower** depuis 18 l'**Oval Maidan**, puis retournez-vous pour voir les édifices Art déco de Maharshi Karve (MK) Rd – à l'image du 19 **cinéma Eros** (carte p. 60 ; www.facebook.com/Eroscinema ; Maharshi Karve Rd, Churchgate). Bifurquez à l'est en direction de New Marine Lines et poursuivez vers le nord sur 1 km pour rejoindre le 20 **Liberty Cinema**, petit bijou Art déco de 1 200 places, fondé en 1949.

De Kalbadevi à Mahalaxmi

A
B
C
D
E
F
G
5
6
7
8
Tour du silence
August Kranti Maidan
A Kranti Marg
Laburnum Rd
7
Sitaram Patkar Rd
8
Hanging Gardens
Kamala Nehru Park
Babulnath Marg
Malabar Hill (600 m)
Ridge Rd
Walkeshwar Marg
12
Tukaram Omble
Girgaum Chowpatty
Back Bay
19
14
Grant Rd Railway Station
Dr D Bhadkamkar Rd (Lamington Rd)
Allibhai Premji Tyrewalla
Grant Rd
St Teresa's Church
RR Roy Marg
13
4
24
V Patel Marg
Sardar V Patel Rd
Charni Rd Railway Station
Marine Dr
2
GIRGAUM
Gymkhanas
Marine Lines Railway Station
Jagannath Shankarsheth Marg (JSS Marg)
BHULESHWAR
KALBADEVI
16
23
Kalbadevi Rd
11
Maulana Azad Rd
Mutton St
Dhabu St
Sir JJ Rd
26
20
22
Merchant Rd
Meheralli Rd
Abdul Rehman St
25
9
21
Lokmanya Tilak Rd
MRA Marg
Billetterie des bus privés longue distance
Jail Rd
Sandhurst Railway Station
Masjid Railway Station
Nandalal Jani Rd

De Kalbadevi à Mahalaxmi

Les incontournables
1 Dr Bhau Daji Lad Mumbai City Museum ... G2

À voir
2 Girgaum Chowpatty ... D7
3 Haji Ali Dargah ... B1
4 Khotachiwadi ... D6
5 Mahalaxmi Dhobi Ghat ... E1
6 Temple de Mahalaxmi ... A2
7 Mani Bhavan ... B5

Activités
8 Bharatiya Vidya Bhavan ... B6

Où se restaurer
9 Badshah Cold Drinks ... F8
10 Cafe Noorani ... B2
11 Kyani & Co ... E8
12 New Kulfi Centre ... B6
13 Panshikar ... D6
14 Revival ... C6
15 Sardar ... C3
16 Shree Thakkar Bhojanalay ... E7
17 Swati Snacks ... C4

Où prendre un verre et faire la fête
18 Haji Ali Juice Centre ... B2

Où sortir
Quarter ... (voir 18)
19 Royal Opera House ... C6

Achats
20 Chor Bazaar ... F6
21 Crawford Market ... F8
22 Haji Mohammad Bashir Oil Shop ... F6
23 M/S KN Ajani ... E7
24 No Borders ... D6
25 No-Mad Fabric Shop ... F8
Play Clan ... (voir 18)
26 Poster Stuff ... F5
27 Shrujan ... A2

pour s'achever en 1718, fut la première église anglicane de Mumbai. Il s'agit du plus vieil édifice britannique de la ville encore debout. Elle mêle des éléments architecturaux néobyzantins et coloniaux et marquait autrefois l'entrée est du fort de l'East India Company (la "Church Gate" proprement dite). Sa nef conserve des souvenirs du Raj.

De Kalbadevi à Mahalaxmi

Dr Bhau Daji Lad Mumbai City Museum HISTOIRE LOCALE
(carte p. 52 ; www.bdlmuseum.org ; Dr Babasaheb Ambedkar Rd ; Indien/étranger 10/100 ₹, audioguide 30/50 ₹ ; 10h-18h jeu-mar). Ce superbe musée de style néo-Renaissance, construit en 1872, renferme plus de 3 500 objets liés à l'histoire de Mumbai – photographies, cartes géographiques, textiles, livres, manuscrits, artefacts en *bidri* (artisanat en métal de Bidar, un alliage à base de zinc, de plomb, de cuivre et d'étain), laques, armes et délicates poteries. Dans les années 2000, une vaste rénovation a redonné leur lustre passé au carrelage Minton, aux moulures dorées au plafond, aux colonnes, aux lustres et aux escaliers.

Haji Ali Dargah SANCTUAIRE SOUFI
(carte p. 52 ; www.hajialidargah.in ; près de V Desai Chowk ; 5h30-22h). GRATUIT Ce sanctuaire soufi de style indo-islamique flotte tel un mirage sacré sur un îlot. Construit au XIXe siècle, il renferme le tombeau de Pir Haji Ali Shah Bukhari. Selon la légende, ce saint musulman mourut lors d'un pèlerinage à La Mecque et son cercueil vogua miraculeusement jusqu'ici.

Le sanctuaire n'est accessible qu'à marée basse, par une chaussée (consultez les horaires des marées). Des milliers de pèlerins l'empruntent, notamment les jeudis et vendredis (on entend parfois des chants dévotionnels *qawwali*), et beaucoup font l'aumône aux mendiants installés tout du long. Malheureusement, certaines parties du sanctuaire, victimes des éléments, sont en mauvais état (la rénovation serait en projet). L'édifice est ouvert aux personnes de toutes confessions.

Mahalaxmi Dhobi Ghat GHAT
(carte p. 52 ; Bapurao Jagtap Marg, Mahalaxmi ; 4h30-crépuscule). Ce *dhobi ghat* (quai où l'on fait la lessive), vieux de 140 ans, est un vaste lavoir en plein air : chaque jour, des centaines de *dhobi-wallah* (blanchisseurs) battent des tonnes de linge dans 1 026 bassins. Vous pourrez les observer depuis le pont de l'autre côté des voies ferrées, près de la gare ferroviaire de Mahalaxmi.

Malabar Hill QUARTIER
(environs de BG Kher Marg). Le quartier huppé de Malabar Hill s'étend au nord de Back Bay. Il englobe l'un des bassins les plus sacrés de la ville, niché parmi des

immeubles d'habitation, à la pointe sud : le **Banganga Tank**, dans lequel les pèlerins viennent se baigner, est entouré de temples, de rues piétonnières sinueuses et de vieux *dharamsala* (auberges pour pèlerins). Selon la légende, Rama l'aurait créé en perçant la terre d'une flèche.

Pour une belle vue sur Chowpatty et l'arc gracieux de Marine Drive, visitez le **Kamala Nehru Park**, à 600 m à l'ouest.

Babu Amichand Panalal Adishwarji TEMPLE JAÏN
(Walkeshwar, Malabar Hill ; ⏲5h-21h). La splendeur de ce petit temple est célèbre parmi les jaïns. On y admire d'extraordinaires peintures, notamment une admirable représentation colorée des signes du zodiaque sur la coupole. Il s'agit d'un lieu très fréquenté par les fidèles : veillez à rester discret et portez des vêtements couvrants.

Girgaum Chowpatty PLAGE
(plage de Chowpatty ; carte p. 52). Cette plage est, en soirée, un lieu de rendez-vous prisé : on y vient en amoureux, en famille, entre amis ou militants politiques pour respirer l'air marin. Qui vient à Mumbai se doit d'y savourer un *bhelpuri* (du riz soufflé accompagné de lentilles, d'oignons, d'herbes aromatiques, de chutneys et de petits craquelins). Or la plage de Chowpatty en est un des hauts lieux. En revanche, n'espérez pas vous baigner : l'eau est polluée. Au 11e jour des festivités de Ganesh Chaturthi (p. 47), des millions de personnes se pressent ici pour baigner d'immenses statues du dieu éléphantin, dans une joyeuse cohue.

Mani Bhavan MUSÉE DÉDIÉ À GANDHI
(carte p. 53 ; ☎23805864 ; www.facebook.com/manibhavangandhimuseum ; 19 Laburnum Rd, Gamdevi ; don bienvenu ; ⏲9h30-18h). Cet émouvant petit musée consacré au Mahatma Gandhi, dont on a commémoré en 2019 les 150 ans de naissance, est installé dans le bâtiment où séjourna le grand homme lors de ses visites à Bombay, entre 1917 et 1934. Vous verrez la pièce austère dans laquelle Gandhi formula sa philosophie du *satyagraha* (vérité, non-violence et sacrifice de soi) et lança, en 1932, la campagne de désobéissance civile.

La collection comprend des photos retraçant sa vie, des dioramas et des documents originaux, comme les lettres qu'il écrivit à Hitler et à Roosevelt et les hommages de Hô Chi Minh et d'Albert Einstein.

Banlieue ouest

Temple de l'Iskcon TEMPLE HINDOU
(Iskcon Juhu ; carte p. 64 ; www.iskconmumbai.com ; Hare Krishna Land, Sri Mukteshwar Devalaya Rd, Juhu ; ⏲4h30-13h et 16h-21h). Ce temple, où le fondateur de la secte, A. C. Bhaktivedanta Swami Prabhupada, a séjourné de longues périodes, a joué un rôle clé dans l'histoire de Hare Krishna, l'association internationale pour la conscience de Krishna. Le temple prend vie lors des prières, quand les fidèles exécutent des danses *kirtan* au son des cymbales et des tambours.

LES PARSIS DE MUMBAY

Mumbai abrite la plus grande communauté parsie au monde, qui constitue une minorité religieuse très active dans la ville. Les parsis, fidèles au zoroastrisme, sont originaires de la Perse (Iran actuel) dont ils se seraient enfuis au Xe siècle lors de la conquête arabe. "Parsi" signifie littéralement Persan. Les zoroastriens croient en un dieu unique, Ahura Mazda, qui est vénéré dans les *agiari* (temples du Feu) de Mumbai, non accessibles aux non-parsis. Leur croyance interdit d'inhumer les défunts ou de les incinérer, aussi les rites funéraires consistent-ils à laisser les morts en plein air dans des *dakhma* ("tours du silence") où ils se déssèchent au soleil et sont dévorés par les vautours. La **tour du silence** la plus connue est située près des Hanging Gardens de Malabar Hill.

La communauté parsie de Mumbai est extrêmement influente et prospère, avec un taux d'alphabétisation de 98,6% (le plus élevé de la ville). La famille Tata, de grands industriels, et l'auteur Rohinton Mistry en font partie – le chanteur de Queen, Freddie Mercury, était lui aussi parsi. Pour appréhender cette culture, rendez-vous dans l'un des cafés ou restaurants parsis de la ville. Ils sont en voie de disparition, mais plusieurs subsistent, comme l'excellent restaurant Brittania & Co. (p. 68), le **Kyani and Co** (carte p. 52 ; 657 JSS Marg, Jer Mahal Estate, Marine Lines ; en-cas 10-180 ₹ ; ⏲7h-20h30 lun-sam, 7h-18h dim) et le Cafe Mondegar (p. 71), très fréquenté par les touristes.

DHARAVI SLUM

Les stéréotypes véhiculés par le film *Slumdog Millionaire*, sorti en 2008, n'ont pas toujours été bien perçus par les habitants de Mumbai (*slum* signifiant "taudis" en anglais), bien que les bidonvilles fassent partie intégrante de la ville. Une proportion impressionnante – près de 60% – de la population vit dans ces bidonvilles, dont l'un des plus importants est Dharavi. Ces zones étaient autrefois habitées par des pêcheurs, à l'époque où il n'y avait encore que des criques, des marais et des îlots. Les travailleurs de South Mumbai s'y sont intéressés lorsque les marais ont commencé à disparaître sous l'action conjointe de la nature et de l'homme. Dharavi, qui s'étend désormais sur 2,2 km^2 entre les deux principales lignes ferroviaires, abriterait plus d'un million de personnes.

Malgré son aspect désordonné, ce labyrinthe de ruelles et de rues jonchées de détritus s'organise en quartiers contigus. Certains accueillent des habitants venus d'un peu partout en Inde, d'autres rassemblent des maisons et de petites fabriques tenues par des Indiens originaires d'une même région et spécialisés dans un type d'activité. Les potiers du Saurasthra (Gujarat) vivent dans un quartier, les tanneurs musulmans dans un autre, les brodeurs de l'Uttar Pradesh travaillent à côté des forgerons, d'autres recyclent le plastique, des femmes font sécher des *pappadam* (galettes) au soleil... Certaines de ces industries (près de 20 000) exportent leurs produits : le chiffre d'affaires annuel de l'industrie de Dharavi est estimé à plus de 635 millions d'euros.

La vie dans les bidonvilles est moins anarchique qu'on l'imagine. Les habitants paient un loyer, et la plupart des maisons sont équipées d'une cuisine et alimentées en électricité – les constructions vont des baraques en tôle ondulée aux édifices en béton à plusieurs niveaux. Le problème majeur reste les installations sanitaires. L'approvisionnement en eau est irrégulier et chaque foyer dispose d'un bidon de 200 litres destiné à servir de réserve. Très peu possèdent des toilettes ou une salle de bains ; certains quartiers en ont construit (tous les résidents participent alors financièrement), tandis que d'autres utilisent les installations publiques souvent délabrées.

De nombreuses familles vivent ici depuis des générations, et la réussite scolaire est plus élevée que dans certaines zones rurales : environ 15% des enfants font des études supérieures et trouvent un emploi de bureau. Beaucoup choisissent de continuer à vivre dans le quartier où ils ont grandi.

Le tourisme dans les bidonvilles fait débat ; à vous de faire votre choix. L'agence Reality Tours & Travel (p. 59), dont le projet a été salué, propose un circuit intéressant (à partir de 900 ₹) et réinvestit 80% des bénéfices dans des programmes sociaux à Dharavi. Elle peut également organiser des repas avec des familles. Les photos sont prohibées. Certains étrangers préfèrent visiter le quartier par eux-mêmes, ce qui ne pose pas de problème, à condition de ne pas prendre de photos. Depuis la gare de Churchgate, prenez le train jusqu'à Mahim, sortez du côté ouest et traversez le pont.

Pour en savoir plus sur les bidonvilles de Mumbai, vous pourrez lire *Annawadi : vie, mort et espoir dans un bidonville de Mumbai*, de Katherine Boo (Buchet/Chastel, 2013), un ouvrage consacré à un bidonville proche de l'aéroport.

Juhu Beach PLAGE

(carte p. 64 ; Juhu Tara Rd, Juhu). Cette vaste plage suburbaine baignée par la mer d'Oman s'étire sur 6 km jusqu'à Versova. Elle n'est certes pas paradisiaque, mais c'est un endroit agréable pour prendre un verre ou goûter la cuisine de rue sur les stands alentour. La plage est particulièrement animée durant Ganesh Chaturthi (p. 47).

Gilbert Hill COLLINE

(carte p. 64 ; Sagar City, Andheri West ; ⏲24h/24). Aujourd'hui au beau milieu des immeubles résidentiels d'Andheri West, cette éminence de basalte noir s'est formée au mésozoïque, il y a de cela 66 millions d'années, à la suite d'une coulée de lave en fusion. Gravissez l'escalier raide taillé dans la roche pour découvrir la vue panoramique et les deux temples hindous aménagés dans un jardin.

Gorai Island

Global Vipassana Pagoda TEMPLE BOUDDHIQUE

(☎022-62427500 ; www.globalpagoda.org ; Global Pagoda Rd, Borivali West ; Gorai ; ⏲9h-19h, cours de méditation 9h30-18h30). S'élevant tel un mirage au-dessus de la pollution de Gorai

Creek, cette pagode dorée, haute de 96 m, est inspirée de celle de Shwedagon, au Myanmar (Birmanie). Le dôme, qui abrite des reliques du Bouddha, a été intégralement construit selon l'ancestrale technique des pierres à emboîtements. Il abrite une salle de méditation de 8 000 places. Le site accueille aussi une galerie d'art consacrée à la vie et aux enseignements du Bouddha. Des cours de méditation gratuits (20 minutes) sont délivrés chaque jour. Le centre de méditation propose par ailleurs un stage de dix jours.

Pour y accéder, prenez un train à Churchgate pour Borivali (sortie côté ouest), puis le bus n°294 (10 ₹), un auto-rickshaw (60-65 ₹) ou un Uber (environ 420 ₹) jusqu'au ponton des ferries, d'où les bateaux d'Esselworld (aller-retour 50 ₹) partent toutes les 30 minutes. Le dernier ferry pour la pagode est à 17h30.

Elephanta Island

Elephanta Island SANCTUAIRE HINDOU

(Gharapuri ; Indien/étranger 40/600 ₹ ; grottes 9h-17h mar-dim). Au nord-est de la Gateway of India, dans le port de Mumbai, l'île de Gharapuri, plus connue sous le nom d'Elephanta Island, abrite des grottes sacrées dédiées à Shiva, classées au Patrimoine mondial. Les sanctuaires de cette "cité des grottes", créés entre 450 et 750, sont ornés de sculptures impressionnantes.

Le temple principal forme un entrelacs de cours, de salles, de piliers et de sanctuaires : la pièce maîtresse, une statue haute de plus de 6 m, représente Sadhashiva – un Shiva à trois faces, destructeur, créateur et protecteur de l'Univers, les yeux fermés en signe d'éternelle contemplation.

Les Portugais appelèrent l'île Elephanta en référence à un grand éléphant de pierre qui se dressait près de la rive – celui-ci s'effondra en 1814 et fut ensuite transporté par les Britanniques dans les Jijabai Udyan (anciens Victoria Gardens), à Mumbai. Sur place, un petit musée présente quelques panneaux illustrés sur l'origine des grottes.

Des guides insistants proposent leurs services (chers) sur place. Vous pourrez aussi vous procurer *A Guide to the Elephanta Caves*, de Pramod Chandra (en anglais).

C'est ici que se tient l'Elephanta Festival (p. 47), le plus souvent au mois de février.

De la Gateway of India, des **vedettes** (carte p. 48 ; Apollo Bunder, Colaba ; billets éco/deluxe 145/200 ₹) partent pour l'île toutes les 30 minutes de 9h à 15h30. Les billets s'achètent au **comptoir MTDC** (Maharashtra Tourism Development Corporation ; carte p. 48 ; 022-22841877 ; www.maharashtratourism.gov.in ; 9h-15h mar-dim) à l'Apollo Bunder. La traversée dure environ une heure. Les bateaux accostent au bout d'une jetée en béton, d'où une courte marche ou un petit train (10 ₹) mène à l'escalier qui conduit aux grottes. Celui-ci est bordé de stands d'artisanat et surveillé par des singes. Chaque passager doit s'acquitter d'une taxe de 5 ₹. Prévoyez de bonnes chaussures

VAUT LE DÉTOUR

LE SANJAY GANDHI NATIONAL PARK

Difficile d'imaginer qu'à 1 heure 30 de la ville s'étendent 104 km² de **forêt tropicale protégée** (022-28868686 ; sgnp.maharashtra.gov.in ; Borivali ; adulte/enfant 53/28 ₹, véhicule 177-266 ₹ ; 7h30-18h mar-dim, dernière admission 16h). Ici, adieu béton et pollution, bonjour papillons, oiseaux, flore chatoyante et discrets léopards. La lisière du parc fait l'objet d'un développement urbain, mais son cœur demeure un havre de paix, préservé par des collines boisées. À l'entrée principale nord, un centre d'information comprend une présentation de la faune et de la flore du parc. La meilleure période pour observer les oiseaux s'étend d'octobre à avril ; venez d'août à novembre pour les papillons. Évitez le "safari", car les animaux sont enfermés dans des cages et des enclos.

Pour des renseignements ou une excursion, vous pouvez contacter la Bombay Natural History Society (BNHS ; p. 58), mais la réservation des activités se fait désormais également en ligne. Le site le plus intéressant reste les **grottes de Kanheri** (sgnp.maharashtra.gov.in ; Indien/étranger 25/300 ₹ ; 9h-17h mar-dim) qui forment un ensemble de 109 cellules monastiques taillées dans la roche entre le Ier siècle avant J.-C. et le XIe siècle. Des moines bouddhistes y vivaient, étudiaient et méditaient.

La gare la plus proche, Borivali, est desservie par des trains de la Western Line au départ de la gare de Churchgate (15-165 ₹, 30 minutes, départs fréquents).

VAUT LE DÉTOUR

KHOTACHIWADI

Le *wadi* (hameau) de Khotachiwadi (carte p. 52), qui forme une enclave chrétienne parmi des quartiers hindous et musulmans, a conservé par certains aspects un mode de vie traditionnel – celui qui prévalait bien avant la construction des gratte-ciel. Ce faubourg, fondé il y a près de 180 ans et situé à 500 m au nord-est de Girgaum Chowpatty, donne un aperçu d'une vie indienne tranquille, loin de l'effervescence actuelle.

Khotachiwadi n'est pas très étendu ; il est agréable de s'égarer dans ses ruelles sinueuses pour admirer les élégantes demeures en bois de style portugais, à deux niveaux (dont 23 sur 65 ont survécu jusqu'à nos jours), en particulier à Noël, lorsqu'elles sont décorées. On peut aussi organiser un festin indien (ou passer la nuit) chez le célèbre créateur de mode, défenseur de Khotachiwadi et chef amateur James Ferreira (www.jamesferreira.co.in – trouvez-le sur Airbnb).

Pour vous rendre à Khotachiwadi, rejoignez St Theresa's Church (carte p. 52), à l'angle de Jagannath Shankarsheth Marg (JSS Marg) et de Rajarammohan Roy Marg (RR Rd/Charni Rd), puis prenez JSS Marg, en face de l'église, et engagez-vous dans la troisième ruelle sur la gauche (repérez le mur à la carte défraîchie peinte au pochoir indiquant "Khotachiwadi Imaginaries").

(ceux qui préfèrent marcher auront 1,2 km à parcourir). Les *doli* demanderont 1 200 ₹ pour porter une personne âgée ou à mobilité réduite.

Activités

Pour un bol d'air, et la joie d'observer oiseaux et papillons, ralliez le Sanjay Gandhi National Park (p. 57), réputé pour ses oiseaux des bois, ou les mangroves de Godrej, à 13 km à l'est de Bandra, qui attirent des échassiers. La **Bombay Natural History Society** (BNHS ; carte p. 60 ; 022-22821811 ; www.bnhs.org ; Hornbill House, Colaba Causeway, quartier du Fort ; 9h30-17h30 lun-ven) organise d'excellentes excursions le week-end.

Outbound Adventure ACTIVITÉS DE PLEIN AIR
(9820195115 ; www.outboundadventure.com). Ce prestataire organise des descentes en rafting d'une journée sur l'Ulhas, de juillet à début septembre (2 300 ₹/personne). Après une bonne averse, les rapides peuvent atteindre le niveau III+, même si la descente est, en règle générale, plutôt calme. Également : sorties nature, observation des oiseaux, camping (à partir de 2 000 ₹ par personne et par jour) et excursions en canoë dans les Ghats occidentaux.

Antara Day Spa SPA
(022-66117777 ; theclubmumbai.com/room/antara-spa ; 197 DN Nagar, Andheri West ; massage 1 heure à partir de 2 500 ₹ ; 10h-19h30). Spa de catégorie moyenne au sein d'un club privé. Personnel compétent proposant divers types de soins tels que les massages suédois, thaïlandais ou aux pierres chaudes. Les non-résidents doivent s'acquitter d'un droit d'entrée de 100/120 ₹ (semaine/week-end).

En semaine, 30% de réduction sur les massages entre 10h30 et 16h.

Palms Spa SPA
(carte p. 48 ; 022-66349898 ; palmsspa.in ; rdc, Dhanraj Mahal, Chhatrapati Shivaji Marg, Colaba ; massage de 1 heure à partir de 3 400 ₹ ; 10h-22h). Offrez-vous un massage, un bain bouillonnant ou un gommage dans ce spa ouvert de longue date à Colaba. Gommage à la citronnelle et au thé vert à 2 500 ₹.

♥ **Yoga Institute** YOGA
(carte p. 64 ; 022-26122185 ; www.theyogainstitute.org ; Shri Yogendra Marg, Prabhat Colony, Santa Cruz East ; cours 1er/2e mois à partir de 700/500 ₹). Cet institut renommé, proche de Santa Cruz, propose des cours quotidiens, ainsi que des formules sur un week-end, une semaine ou plus. Également : formation à l'enseignement (7 jours de cours prérequis).

Yogacara YOGA
(carte p. 64 ; 022-26511464 ; www.yogacara.in ; 1er niv., SBI Bldg, 18A New Kant Wadi Rd, Bandra West ; yoga 700 ₹/cours, massage 1 heure à partir de 1 850 ₹, illimité par semaine/mois 1 900/5 600 ₹). Cet institut de hatha yoga et de yoga Iyengar propose aussi des massages et d'autres soins de qualité (mention spéciale pour le massage rajeunissant Abhyangam), ainsi que des cours de cuisine ayurvédique, de méditation et d'alignement des chakras.

Cours

Pour perfectionner votre enseignement du yoga, contactez les centres indiqués dans la rubrique *Activités* p. 58.

Flavour Diaries CUISINE
(carte p. 64 ; ☎9820143404 ; www.flavourdiaries.com ; 3e niv., Rohan Plaza, 5th Rd, Khar West ; cours à partir de 4 000 ₹ ; ⏲11h-18h). Si vous aimez cuisiner et souhaitez rencontrer des Mumbaikars, rendez-vous chez Flavour Diaries à Khar. Le chef britannique Anjali Pathak dirige cette école renommée. Thématiques de cours très variées.

Circuits organisés

Khaki Tours EN VILLE
(carte p. 60 ; ☎8828100111 ; www.khakitours.com ; 3e niv., Hari Chambers, 58/64 Shadid Bhagat Singh Marg, Fort ; balade à partir de 4 000 ₹, tour en jeep à partir de 10 000 ₹ ; ⏲9h-17h). On ne saurait mieux découvrir Mumbai qu'en allant à la rencontre de ses habitants. Les sorties imaginées par Bharat Gothoskar sont menées par des Mumbaikars avides de faire découvrir leur ville après leur journée de travail ou le week-end : balades commentées dans la ville, circuit dégustation, sortie en mer à la voile, "safaris urbains" en jeep privée.

Reality Tours & Travel CIRCUITS
(carte p. 48 ; ☎9820822253 ; www.realitytoursandtravel.com ; 1/26, Unique Business Service Centre, Akber House, Nowroji Fardonji Rd, Colaba ; circuit 750-1 700 ₹ ; ⏲8h-21h). Ce prestataire organise une passionnante visite du bidonville de Dharavi (p. 56), pour laquelle 80% des bénéfices après imposition sont reversés à Reality Gives (www.realitygives.org), son ONG. Cuisine de rue, poterie, marché, sorties vélo et balades commentées sont également proposés.

Bombay Heritage Walks À PIED
(☎9821887321 ; www.bombayheritagewalks.com ; circuit 2 heures à partir de 3 750 ₹ jusqu'à 5 pers). BHW a été lancé par deux architectes, qui collaborent avec de nombreux journalistes, collègues et historiens de l'art, pour proposer de formidables circuits à travers les quartiers anciens de la ville.

Mumbai Magic Tours EN VILLE
(☎9867707414 ; www.mumbaimagic.com ; circuit 2 heures pour 2/4 pers à partir de 1 750/1 500 ₹ ; ⏲10h-17h lun-ven, 10h-14h sam). Des circuits thématiques (curiosités, culture, cuisine, bazars, fêtes, patrimoine juif...), conçus par les auteurs du blog Mumbai Magic (www.mumbai-magic.blogspot.com).

Où se loger

Les tarifs des hébergements de Mumbai, les plus élevés d'Inde, se justifient rarement.

Colaba est un quartier ramassé où l'animation touristique est à son comble. On y trouve maints hébergements pour petits budgets et catégorie moyenne, mais les désagréments y sont fréquents (ce quartier interlope réunit des trafics en tout genre). Pratique pour accéder aux gares ferroviaires principales, le quartier voisin du Fort regroupe boutiques et restaurants branchés. La plupart des hôtels de catégorie supérieure se trouvent sur Marine Drive et dans la banlieue ouest.

Colaba

Backpacker Panda AUBERGE DE JEUNESSE $
(carte p. 48 ; ☎9607900991 ; www.backpackerpanda.com ; 15 Walton Rd ; dort 800-1 200 ₹, d avec

MUMBAI AVEC DES ENFANTS

Kidzania (www.kidzania.in ; 3e niv., R City, LBS Marg, Ghatkopar West ; enfant/adulte à partir de 1 000/500 ₹ ; ⏲10h-20h mar-ven, 10h-15h et 16h-21h sam-dim). Kidzania organise, parfois en partenariat avec des industriels locaux, des activités ludo-éducatives qui permettent aux enfants de découvrir le métier de leur rêve : pilote d'avion, musicien, docteur, créateur de dessins animés, potier et même *dabba-wallah* (livreurs de repas)... En périphérie de la ville, à 10 km au nord-est du Bandra Kurla Complex.

Esselworld (☎022-61589888 ; www.esselworld.in ; Global Pagoda Rd, Borivali West ; adulte/enfant à partir de 1 050/750 ₹, avec le Water Kingdom 1 390/950 ₹ ; ⏲11h-18h lun-jeu, jusqu'à 19h ven-sam). Ce parc d'attractions sur Gorai Island est bien entretenu et ombragé. On y profite de nombreux toboggans et manèges. Départ en ferry toutes les 15 minutes (50 ₹) depuis l'embarcadère Borivali de Gorai Creek, facilement accessible avec le bus n°294 au départ de Borivali Station.

Quartier du Fort et Churchgate

0
500 m
E
F
G
H
1
2
3
4
5
6
7
Kadamba Transport
Mahapalika Marg
Azad Maidan
Chhatrapati Shivaji Maharaj Terminus
1
Kiosque MTDC
Centre de réservation Central Railway (billetterie ferroviaire)
Arrêt des bus BEST
Nagar Chowk
Poste
Akbar Travels
Walchand Hirachand Marg (St Georges Rd)
28
Ashok Packingwala
13
Mahatma Gandhi (MG) Rd
42
Cross Maidan
Hazarimal Somani Marg
Wallace St
41
Consulat général des Pays-Bas
Amrit Path
Marché de rue du Fort
Pursthttamdas Thakurdas Marg
BALLARD ESTATE
18
Bora Bazar St
Perin Nariman St
Mody St
Mint Rd
Colaba Causeway (Shahid Bhagat Singh Marg)
Shri Shiv Sagar Ramgulam Marg
17
Rustom Sidhwa Marg
Citibank
19
27
Sir P Mehta Rd
Shoorji Vallabhdas Marg
21
Janmabhoomi Marg
Blue Dart/DHL
34
Hutatma Chowk
FORT
SA Brelvi Rd
Homji St
5
11
Horniman Circle
Bhaurao Patil Marg
6
Eldon Rd
Consulat général du Sri Lanka
M Samachar Marg
20
Bank St
University Rd
10
12
Dalal St
38
Voir l'agrandissement
15
A S D Mello Rd
Dr VB Gandhi Marg
Shahid Bhagat Singh Marg
Mer d'Oman
K Dubash Marg
7
KALA GHODA
45
2
14
Chhatrapati Shivaji Maharaj Vastu Sangrahalaya
Madame Cama Rd

Quartier du Fort et Churchgate

Les incontournables
1 Chhatrapati Shivaji Maharaj Terminus G2
2 Chhatrapati Shivaji Maharaj Vastu Sangrahalaya E7

À voir
3 Delhi Art Gallery (DAG) B2
4 Eros D5
5 Flora Fountain E5
6 High Court E5
7 Jehangir Art Gallery E7
8 Keneseth Eliyahoo Synagogue B2
9 Marine Drive B6
10 Rajabai Clock Tower E6
11 St Thomas' Cathedral F5
12 University of Mumbai E6

Activités
13 Bollywood Tours G3
14 Bombay Natural History Society F7
15 Khaki Tours F6
16 Welfare of Stray Dogs B1

Où se loger
17 Residency Hotel F4
18 Traveller's Inn G3

Où se restaurer
19 A Taste of Kerala F4
20 Bademiya Restaurant F5
21 Britannia & Co. H4
22 Burma Burma B1
23 Chetana B2
24 K Rustom C4
25 Khyber A2
26 La Folie du Chocolate B2
27 Mahesh Lunch Home F4
28 Pancham Puriwala G3
29 Pantry A1
30 Rue du Liban B2
31 Samrat C5
32 Khau Galli (cuisine de rue) D3
33 Suzette B7
Trishna ..... (voir 26)

Où prendre un verre et faire la fête
34 Raju Ki Chai F5

Où sortir
35 Liberty Cinema D1
36 National Centre for the Performing Arts (NCPA) A7
37 Billetterie du NCPA A7

Achats
38 Bombay Paperie F6
39 Bombay Shirt Company A1
40 Chetana Book Centre B2
41 Chimanlals F3
42 Fashion Street E3
43 Kulture Shop B1
44 Nicobar B1
45 Sabyasachi F7

clim 2 600-4 200 ₹ ; ❄@📶). La meilleure auberge de jeunesse de Mumbai est distribuée sur quatre niveaux dans un bâtiment ancien gris et rose, impossible à rater. Les dortoirs de quatre, six et huit couchages sont spacieux, climatisés, équipés de sdb correctes et de casiers. Les chambres privatives déçoivent par leur simplicité mais toutes disposent de sdb modernes.

Espace détente sur le toit, salle de jeux, coin fumeurs et, à tous les étages, eau filtrée. Pas de petit-déjeuner. L'immense Garage Inc. Public House occupe le même bâtiment. Autre adresse à **Andheri** (carte p. 64 ; ☎022-28367141 ; Shaheed Bhagat Singh Society ; dort avec clim 650-750 ₹ ; ❄📶).

Sea Shore Hotel GUESTHOUSE **$**
(carte p. 48 ; ☎022-22874237 ; 4e niv., 1/49 Kamal Mansion, Arthur Bunder Rd ; s/d sans sdb 700/1 230 ₹ ; 📶). Cet établissement fait un véritable effort, avec ses petites chambres impeccables et attrayantes, pourvues de TV à écran plat, ouvrant sur un couloir aux faux airs de wagon de chemin de fer. La moitié donne sur le port (les autres n'ont pas de fenêtre). Les sdb communes sont modernes et étincelantes. Wi-Fi à la réception et dans certaines chambres.

♥ **YWCA** GUESTHOUSE **$$**
(carte p. 48 ; ☎022-22025053 ; www.ywcaic.info ; 18 Madame Cama Rd ; s/d/tr avec clim, petit-déj et dîner 2 678/4 457/6 478 ₹ ; ❄📶). Efficacement gérée et accessible à pied depuis tous les sites des quartiers de Coloba et du Fort, la YWCA est une bonne affaire, prisée à juste titre. Elle loue des chambres spacieuses et bien tenues, avec bureau, armoire et TV. Buffet du petit-déjeuner, dîner, journal quotidien et thé servis en chambre inclus. Des frais d'adhésion de 59 ₹ s'ajoutent au prix des chambres.

♥ **Abode Bombay** BOUTIQUE-HÔTEL **$$$**
(carte p. 48 ; ☎8080234066 ; www.abodeboutique-hotels.com ; 1er niv., Lansdowne House, MB Marg ; d avec clim et petit-déj 5 310-14 975 ₹ ; ❄📶). Voici un superbe hôtel de 20 chambres, avec des meubles de styles colonial et Art déco, du teck recyclé au sol et des œuvres d'art originales. Splendides baignoires sur pied

dans les chambres *luxury*. Service attentif, et excellent petit-déjeuner (jus de fruits frais et mets provenant de tous les horizons). Un établissement un peu difficile à trouver, derrière le Regal Cinema.

Taj Mahal Palace, Mumbai HÔTEL HISTORIQUE **$$$**
(carte p. 48 ; 022-66653366 ; www.tajhotels.com ; Apollo Bunder ; s/d tour à partir de 13 000/15 000 ₹, palace à partir de 25 000/27 000 ₹ ;). Ce vénérable hôtel (voir p. 47) a accueilli bon nombre de présidents et de têtes couronnées. Les arches, les escaliers et les dômes, le splendide jardin, la piscine… Tout garantit un séjour inoubliable. Les chambres de la tour adjacente sont dépourvues des éléments d'époque, présents ailleurs. En revanche, plusieurs d'entre elles ont une vue spectaculaire sur la Gateway of India. Avec d'excellents restaurants sur place, un spa, des équipements de loisirs et même une petite galerie d'art, l'hôtel est parfois difficile à quitter. Une visite guidée, organisée chaque jour à 15h30, explique aux clients sa place dans l'histoire de la ville.

Hotel Suba Palace HÔTEL **$$$**
(carte p. 48 ; 022-22020636 ; www.subahotels.com/hotel/suba-palace ; Battery St ; s/d avec clim et petit-déj à partir de 5 900/7 320 ₹ ;). Si l'appellation "Palace" est un brin exagérée, cet hôtel moderne et bien situé, rénové en 2015, n'en est pas moins confortable et au goût du jour. Le restaurant sur place est plutôt bon, et on trouve également ici Table (p. 66), le repaire de gourmets branchés.

Quartier du Fort et Churchgate

Traveller's Inn HÔTEL **$**
(carte p. 60 ; 022-22644685 ; www.hoteltravellersinn.co ; 26 Adi Marzban Path, quartier du Fort ; dort avec/sans clim 700/600 ₹, d avec/sans clim 2 300/1 800 ₹ ;). Situé dans une paisible rue arborée, ce petit hôtel est une adresse sûre. Les chambres, propres, avec TV câblée et lits king-size, sont d'un bon rapport qualité/prix. Les deux dortoirs sont exigus (en été, celui qui n'est pas climatisé tient d'une fournaise ; l'autre n'est disponible qu'à partir de trois personnes) mais le tarif est imbattable pour Mumbai. Le nouvel espace commun, avec sa belle mosaïque au sol, est agréablement bercé par la brise. Excellent emplacement et équipe à l'écoute. Petit-déjeuner à 100 ₹.

TARIFS HÔTELIERS

Les prix indiqués valent pour une chambre double, taxes incluses :

$ moins de 3 000 ₹

$$ 3 000-7 000 ₹

$$$ plus de 7 000 ₹

Residency Hotel HÔTEL **$$**
(carte p. 60 ; 022-22625525 ; www.residencyhotel.com ; 26 Rustom Sidhwa Marg, quartier du Fort ; s/d avec clim et petit-déj à partir de 5 080/5 550 ₹ ;). Le Residency est un établissement fiable, où l'on vient se reposer (et se faire dorloter) après un long voyage. Il s'agit sans doute de l'hôtel de catégorie moyenne le mieux géré de Mumbai, avec un bon rapport qualité/prix pour des chambres contemporaines – éclairage d'ambiance, minibar, écran plat et sdb moderne pour certaines. Le personnel se distingue par son amabilité et sa courtoisie, sans excès. L'hôtel est idéalement situé, mais le bruit pourra poser problème : des travaux d'ouverture d'une nouvelle ligne de métro juste en face sont prévus jusqu'en 2022.

Banlieue ouest et nord

Cohostel AUBERGE DE JEUNESSE **$**
(carte p. 64 ; 9856564545 ; bandra@cohostels.com ; 43 Chapel Rd, Bandra West ; dort avec petit-déj 800-1 000 ₹ ;). Dans ce qui fut naguère le village de Ranwar, et en conserve d'ailleurs certains traits, Chapel Road mène à la première auberge de jeunesse notable du quartier. Cohostel occupe le dernier étage d'une maison traditionnelle antérieure à la Partition. Elle compte six dortoirs de six couchages (lits en bois) avec casiers, climatisation et sdb attenante. L'un d'eux est réservé aux femmes. On apprécie surtout le grand toit-terrasse et la cuisine équipée. Thé et café à la demande.

Juhu Residency BOUTIQUE-HÔTEL **$$**
(carte p. 64 ; 022-67834949 ; www.facebook.com/JuhuResidency ; 148B Juhu Tara Rd, Juhu ; d avec clim et petit-déj à partir de 5 900 ₹ ;). Un doux parfum de citronnelle embaume le hall de cet excellent boutique-hôtel de 18 chambres, à seulement 5 minutes à pied de la plage de Juhu. On y trouve des chambres tendance aux jolis tons chocolat et café, avec sol en marbre, boiseries sombres, couvre-lits

Banlieue ouest

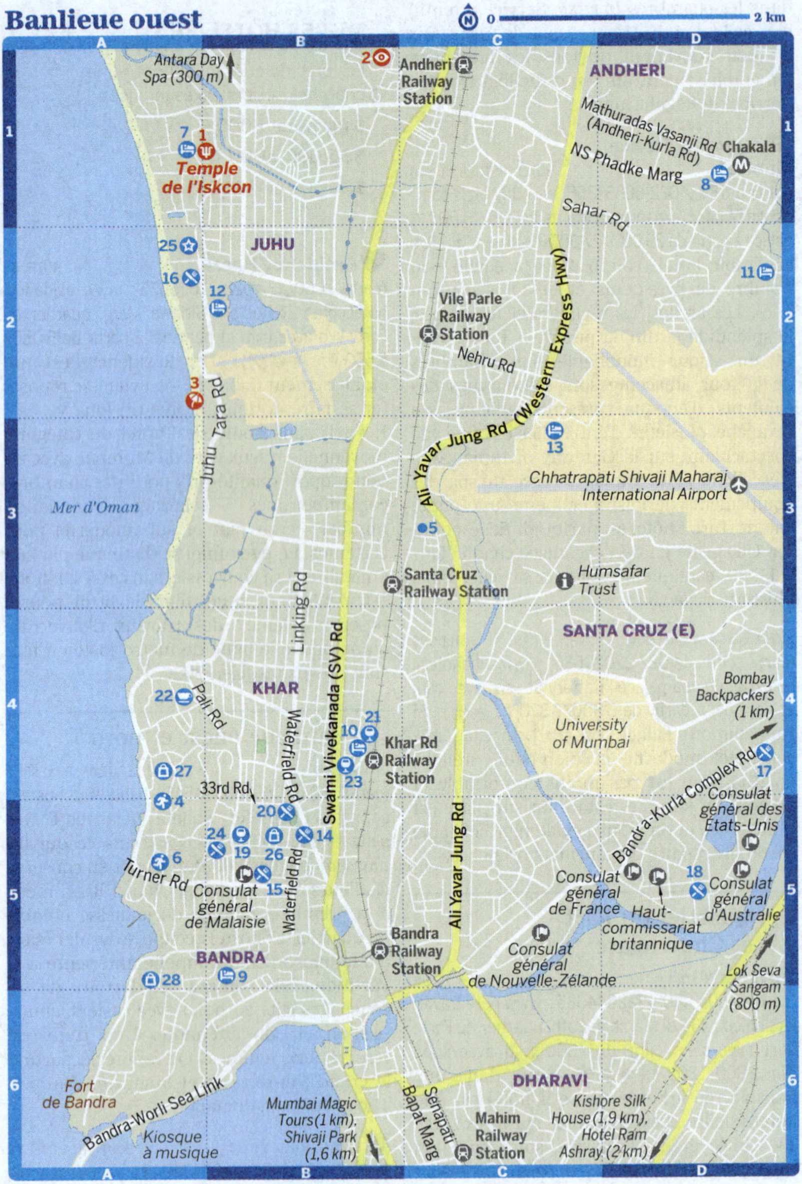

colorés et TV à écran plat. Transferts gratuits depuis l'aéroport.

Anand Hotel HÔTEL $$

(carte p. 64 ; ☎022-26203372 ; anandpremises@gmail.com ; Gandhigram Rd, Juhu ; s/d avec clim à partir de 2 464/4 130 ₹ ; ❄📶). Tout en nuances de beige, l'Anand possède des chambres confortables et spacieuses, d'un bon rapport qualité/prix, au regard de l'emplacement de choix, dans une rue calme, voisine de la plage de Juhu. C'est en outre une adresse particulièrement avantageuse pour les voyageurs en solo. Enfin, l'excellent

Banlieue ouest

restaurant Dakshinayan (p. 70) prépare des plats authentiques et bon marché. Bref, un excellent choix !

ITC Maratha HÔTEL $$$
(carte p. 64 ; ☎022-28303030 ; www.itchotels.in ; Sahar Rd, Andheri East ; s/d avec petit-déj à partir de 15 360/17 900 ₹ ;). Ce cinq-étoiles, salué pour son écoconception, ne boude pas son plaisir en matière de luxe à l'indienne. Chaque détail séduit : *jharokas* (fenêtres à croisillons) comme sur Muhammed Ali Road, bar inspiré de l'imagerie marathe, réservé aux résidents et donnant sur le salon, mise en avant de l'art des Warli dans les chambres de la tour. Cette dernière attire l'œil depuis l'extérieur par son marbre d'un orange éclatant... Les chambres, elles, tiennent d'une débauche de couleurs et d'opulence. Le Peshawri (p. 70), meilleur représentant, à Mumbai, de la cuisine des confins du Pakistan, est installé ici.

Taj Santacruz BOUTIQUE-HÔTEL $$$
(carte p. 64 ; ☎022-62115211 ; www.tajhotels.com/en-in/taj/taj-santacruz-mumbai/ ; aéroport international Chhatrapati Shivaji (T1), Airport Rd, Santa Cruz East ; s/d à partir de 12 000/14 000 ₹ ;). Un hôtel de luxe récent, proche de l'aéroport (il est relié au terminal des vols intérieurs) dont les éléments du décor frappent l'imagination : les 3 500 ampoules en verre soufflé des lustres, l'aquarium aux 75 espèces du hall, relié au terminal des vols intérieurs, et la somptueuse installation intitulée *Tree of Life* (Arbre de Vie), composée de 4 000 pièces de verre brisé, suivant une technique rajasthanie, à découvrir dans le bar-restaurant Tiqri.

Hotel Regal Enclave HÔTEL $$$
(carte p. 64 ; ☎022-67261111 ; www.regalenclave.com ; 4th Rd, Khar West ; d avec clim et petit-déj à partir de 7 670 ₹ ;). Un emplacement enviable dans un coin arboré de Khar, juste à côté de la gare (certaines chambres donnent sur les voies), et proche de tous les restaurants, bars et boutiques de Bandra. Les chambres sont spacieuses et confortables, mais avec des sdb minuscules. Décoration plaisante, quoique standardisée (hormis dans les huit chambres récemment rénovées). Transfert compris depuis/vers l'aéroport.

Où se restaurer

À Mumbai, les saveurs de toute l'Inde se mêlent aux grandes tendances internationales. Colaba rassemble le plus grand nombre d'adresses touristiques à prix doux, tandis que le quartier du Fort, Churchgate, Lower Parel, Mahalaxmi et la banlieue ouest sont plus chics et branchés. C'est là que sont établis les restaurants les plus cosmopolites de Mumbai, où il fait bon voir et être vu (moyennant une addition en regard...).

Colaba

Bademiya MUGHLAI, FAST-FOOD $

(carte p. 48 ; www.bademiya.com ; Tulloch Rd ; repas légers 130-250 ₹ ; ⏲17h-4h). Ici, à l'adresse historique de Bademiya, s'alignent des stands de rue (végétariens ou non) particulièrement fréquentés tard le soir. Il s'agit d'une destination phare de Colaba, prisée pour son animation et ses plats de viande. Au menu : kebabs épicés, rouleaux *tikka* fraîchement grillés… Bademiya possède aussi des restaurants avec places assises à **Colaba** (carte p. 48 ; 19A Ram Mention, Nawroji Furdunji St ; repas 80-370 ₹ ; ⏲13h-2h) et dans le quartier du **Fort** (carte p. 60 ; ☎022-22655657 ; Botawala Bldg, Horniman Circle ; plats 180-410 ₹ ; ⏲12h-1h).

Theobroma CAFÉ, PÂTISSERIE $$

(carte p. 48 ; www.theobroma.in ; 24 Cusrow Baug, Colaba Causeway ; pâtisseries 70-250 ₹, repas légers 125-240 ₹ ; ⏲9h-minuit ; wifi). Les douceurs de cette pâtisserie incontournable se marient bien avec le café. L'offre change régulièrement, mais tout est excellent. Avec un peu de chance, vous pourrez vous délecter du très prisé gâteau au chocolat et au pavot. Pour un brunch, commandez de l'*akoori* – œufs brouillés à la mode parsie – à la mangue verte. La **succursale de Bandra** (carte p. 64 ; 33rd Rd, près de Linking Rd ; pâtisseries 70-250 ₹ ; ⏲8h-minuit ; wifi) est claire et spacieuse, mais son offre est plus limitée.

Bombay Vintage INDIEN $$

(carte p. 48 ; ☎022-22880017 ; www.facebook.com/bombayvintage ; Regal Circle, Oriental Mansion Bldg, Madame Cama Rd ; plats 350-970 ₹ ; ⏲12h-minuit ; wifi). Imaginé par la même bande que celle à qui l'on doit le Woodside Inn (p. 73), le Miss T (p. 67) et le **Pantry** (carte p. 60 ; www.thepantry.in ; RDC, Yashwanth Chambers, Military Square Ln, B Bharucha Marg, Kala Ghoda ; petit-déj 345-1 275 ₹, plats 320-600 ₹ ; ⏲8h30-21h ; wifi) 🍃, ce restaurant à l'ambiance décontractée célèbre la gastronomie du Bombay d'antan, revisite la cuisine de rue et sert des plats sur le pouce, façon pub. La carte est plutôt originale. Une adresse bienvenue à Colaba.

♥ **Bohri Kitchen** TABLE D'HÔTE $$$

(☎9819447438 ; www.thebohrikitchen.com ; 1 500 ₹ ; ⏲12h30 ven-sam). Une véritable expérience gastronomique et humaine que celle imaginée par Munaf Kapadia, ancienne employée chez Google. On profite ici des talents culinaires de sa mère, Nafisa, inspirée par la communauté musulmane des Bohra et ses traditions venues du Yémen et du Gujarat. Le concept a rencontré un tel succès que le gouvernement du Maharashtra a proposé de le décliner pour en faire un levier d'émergence et de croissance touristique au sein d'autres communautés. Nafisa prépare sept plats succulents dont la dégustation reste un moment magique. Le menu, diffusé sur Facebook, change toutes les semaines mais inclut invariablement les samosas au mouton et le *raan* de 48 heures.

La réservation est obligatoire, tout comme le paiement d'arrhes – il ne s'agit pas d'un restaurant comme les autres ! L'adresse est révélée 24 heures à l'avance. Il ne vous restera ensuite qu'à profiter de ce déjeuner prolongé passé en compagnie de la famille Kapadian.

Indigo Delicatessen CAFÉ-RESTAURANT $$$

(carte p. 48 ; www.indigodeli.com ; Pheroze Bldg, Chhatrapati Shivaji Marg ; plats 665-710 ₹ ; ⏲8h30-0h30 ; wifi). Cette adresse tendance sert, dans une agréable ambiance musicale, le petit-déjeuner toute la journée (300-710 ₹), des sandwichs originaux et des plats internationaux. Du fait de la fréquentation, le service peut être lent.

Table FUSION $$$

(carte p. 48 ; ☎022-2282 500 ₹0 ; www.thetable.in ; Kalapesi Trust Bldg, Apollo Bunder Marg ; petites portions 575-1 200 ₹, plats 700-1 375 ₹ ; ⏲12h-16h et 23h30-1h, salon de thé 16h30-18h30 lun-sam, 12h-16h dim ; wifi). Un menu à base de produits frais et des recettes fusion. L'offre change tous les jours et prend soin d'éviter le sempiternel curry. On ne peut que se régaler : salade de chou kale aux dattes iraniennes et pistaches torréfiées, spaghettis de courgettes aux amandes et parmesan, *taglierini* maison à la truffe noire…

Basilico MÉDITERRANÉEN $$$

(carte p. 48 ; www.cafebasilico.com ; Sentinel House, Arthur Bunder Rd ; plats 320-680 ₹ ; ⏲9h-0h30 ; wifi). Cette adresse à l'européenne, qui attire une clientèle indienne aisée, prépare des mets végétariens et végans bien inspirés, dont de délicieuses salades (à partir de 330 ₹), avec quinoa, papaye et avocat bio par exemple, et de nombreuses autres options intéressantes telles que des tajines végétariens. Pâtisseries délicieuses.

INÉGALABLES DABBA-WALLAH

Petit miracle de logistique, les 5 000 *dabba-wallah* (livreurs de repas – de *dabba*, "boîte", et *wallah*, "celui qui fait" –, aussi appelés *tiffin-wallah*) de Mumbai travaillent sans relâche pour livrer des déjeuners chauds aux employés de bureau de la ville (et à des personnes démunies plus tard dans la soirée, grâce à une initiative lancée en 2015).

Les boîtes contenant les repas sont collectées chaque jour dans les restaurants et les domiciles, transportées par centaines sur des têtes, à vélo ou en train jusqu'à un centre de tri, où un code sophistiqué de chiffres et de couleurs (de nombreux *wallah* sont analphabètes) indique l'adresse de livraison de chaque déjeuner. Plus de 200 000 repas sont ainsi livrés tous les jours, toujours à l'heure et par tous les temps.

Ce système complexe existe depuis plus d'un siècle et les *wallah* tirent une immense fierté de leur travail. À juste titre, car il n'y a en moyenne qu'une seule erreur tous les 6 millions de livraisons ! (Dans une enquête de 2002, *Forbes Magazine* a établi le taux de fiabilité des *dabba-wallah* à 6 décimales, soit 99,999999%.) L'une de leurs rares erreurs est d'ailleurs le point de départ du joli film de Ritesh Batra, *The Lunchbox* (2013). Ce système a fait par ailleurs l'objet d'une étude de la Harvard Business School en 2010.

Vous verrez ces livreurs experts vers 10h, autour de la gare de Churchgate et du Chhatrapati Shivaji Maharaj Terminus (CST).

castagnole, homard, crabe... La **succursale de Juhu** (carte p. 64 ; ☎022-66955554 ; Juhu Tara Rd ; plats 275-1 475 ₹ ; ⏲12h-15h30 et 19h-0h30 ; 📶) est plus grande, avec une carte plus étendue.

De Kalbadevi à Mahalaxmi

Badshah Cold Drinks INDIEN $

(carte p. 52 ; www.badshahcolddrinks.com ; 52/156 Umrigar Bldg, Lokmanya Tilak Marg, Lohar Chawl ; en-cas et boissons 38-240 ₹ ; ⏲7h-0h30). En face du marché de Crawford, le Badshah prépare, depuis 1905, des en-cas, des jus de fruits et ses fameux *falooda* (boisson à la rose composée de lait, de crème, de noix ou de graines, de vermicelles ou de perles de tapioca), *kulfi falooda* (à la glace) et *kesar pista falooda* (au safran et aux pistaches), pour les gourmands. Incontournable.

New Kulfi Centre GLACIER $

(carte p. 52 ; 556 Marina Mansion, Sukh Sagar, Sardar V Patel Rd, Girgaon ; kulfi 50-100 ₹/100 g ; ⏲9h30-1h). C'est ici que l'on trouve les meilleures *kulfi* (glaces indiennes très fermes) ! Parmi les 36 parfums, la pistache, la *malai* (crème) et la mangue sont à se damner.

Swati Snacks FAST-FOOD $

(carte p. 52 ; www.swatisnacks.com ; 248, Karai Estate, Tardeo Rd, Tardeo ; en-cas 20-310 ₹, plats 135-315 ₹ ; ⏲12h-22h45). Attendez votre tour pour savourer une cuisine de rue galonnée, principalement venue du Gujarat et servie ici depuis 1963. Installé sur une banquette en bois face à une table en aluminium, on découvre les *panki chatni* (crêpes de riz salées, cuites à la vapeur dans une feuille de banane), les *mung dal chilla* (crêpes aux lentilles) et *sabudana khichdi* (perles de sago, une sorte de tapioca, cuisinées avec de la noix de coco, du piment vert et des épices).

Sardar CUISINE DE RUE $

(carte p. 52 ; 166A Tardeo Rd Junction, Tulsiwadi ; pav bhaji à partir de 140 ₹ ; ⏲12h-2h). Si vous vous méfiez de la cuisine de rue, venez dans cette institution de Mumbai pour goûter l'une des spécialités de rue les plus appréciées de la ville, le *pav bhaji*, un curry de légumes cuit et recuit sur une série de *tawa* (plaques chauffantes), généreusement agrémenté de beurre. Faites la queue – la clientèle se renouvelle rapidement.

Panshikar INDIEN $

(carte p. 52 ; www.panshikarfoods.com ; Mohan Bldg, Jagannath Shankar Sheth Rd, Girgaon ; plats sur le pouce 40-80 ₹ ; ⏲9h-21h). On s'arrête à tout moment à cette adresse de Khotachiwadi, sympathique et peu onéreuse, mais le petit-déjeuner y reste un plaisir tout particulier. *Subudani wadi* (boules de tapioca frites), *misal pav* (pousses de soja et légumineuses épicées), *batata wada* (gougères de pomme de terre), *kothimbir vadi* (gâteau à la farine de pois chiches, aux feuilles de coriandre et épices) : un régal.

Accompagnez vos plats d'un *chai masala* ou d'un *sharbat* (jus) des fruits du kokum, un arbre originaire de l'Inde.

Revival INDIEN $$
(carte p. 52 ; 39B Chowpatty Seaface, Chowpatty ; thali 450 ₹ ; 12h-15h30 et 19h-23h30 ;). Les serveurs de cette Mecque du *thali* s'agitent dans leur *dhoti* en soie pour remplir vos assiettes de curries, chutneys, pain et plats à base de riz (tout est végétarien) jusqu'à plus faim. Les plats changent quotidiennement. Sans doute le meilleur *thali* de Mumbai.

Cafe Noorani MUGHLAI $$
(carte p. 52 ; www.cafenoorani.com ; Tardeo Rd, Haji Ali Circle ; plats 80-575 ₹ ; 8h-minuit). Un restaurant économique à l'ancienne, incontournable avant ou après la visite du Haji Ali Dargah (p. 54). Les classiques *mughlai* et punjabis dominent, avec des kebabs au feu de bois et d'excellents *biryani* – goûtez le *chicken tikka biryani* (330 ₹).

Banlieue ouest

Hotel Ram Ashraya INDIEN DU SUD $
(Bhandarkar Rd, King's Circle, Matunga East ; en-cas 40-90 ₹ ; 5h-21h30). Tapi depuis 80 ans dans l'enclave tamoule de King's Circle, le Ram Ashraya est révéré des familles du Sud pour ses succulents *dosa* (crêpes salées), *idli* (petits pains ronds et spongieux à base de lentilles noires fermentées et de riz) et *uttapa* (galettes de riz garnies), et son café filtre. La carte (sur une ardoise) change quotidiennement. Situé à la sortie est de la gare de Matunga Road.

Hoppumm SRI-LANKAIS $
(carte p. 64 ; 8, Rafi Mansion, 28th Rd, Bandra West ; plats 180-300 ₹ ; 11h30-15h30 et 19h30-23h30). Ce nouveau restaurant à prix doux est minuscule – quatre tables et un comptoir – mais vaut le détour. Ici, la cuisine sri-lankaise se veut branchée. Le curry de crevettes (*moilee*) ou de poulet grillé (servi dans une galette en forme de bol, à base de farine de riz fermenté et de lait de coco) sont mémorables, et davantage encore accompagnés d'un *sambal* (condiment) kéralais. Les portions ne sont pas énormes, n'hésitez pas à voir double au moment de la commande.

Dakshinayan INDIEN DU SUD $$
(carte p. 64 ; Anand Hotel, Gandhi Gram Rd, Juhu ; plats 100-280 ₹ ; 11h-23h lun-ven, 8h-23h sam-dim). Avec ses *rangoli* (motifs élaborés) aux murs, ses serveux en *lungi* et ses clientes en sari, *chappals* (sandales) sous la table, le Dakshinayan fleure bon le Tamil Nadu. Au menu : *dosa*, *idli* et *uttapam* (crêpes de riz salées) à la texture délicate, chutneys et peut-être le meilleur *rasam* (soupe de tomate aux épices et tamarin) de Mumbai. Terminez par un café filtre d'Inde du Sud, servi dans de la vaisselle en Inox.

Les amateurs de piment choisiront le *molagapudi idli*, à savoir une dizaine d'*idli* recouverts de “poudre à canon”, un puissant mélange d'épices.

Kitchen Garden by Suzette CAFÉ $$
(carte p. 64 ; www.facebook.com/KitchenGardenbySuzette ; 9 Gasper Enclave, St John's St, Bandra West ; repas légers 360-770 ₹ ; 9h-23h ;). Tenu par le même trio français que le Suzette (p. 68), ce café bio met à l'honneur la cuisine saine. Ses salades, sandwichs, cafés et jus pressés à froid, dont les ingrédients sont issus de coopératives locales et de fermes bio du Maharashtra et d'ailleurs, sont un remède contre le mal du pays. La burrata fabriquée au Gujarat est délicieuse – comme tout ce qui est proposé ici.

O Pedro GOANAIS $$$
(carte p. 64 ; 022-26534700 ; www.opedromumbai.com ; BKC Bldg, No 2, Bandra Kurla Complex, Bandra East ; plats 295-1 400 ₹ ;). Voici enfin une très bonne raison de venir se restaurer à l'intérieur du Bandra Kurla Complex. Les plats goanais, revisités avec brio, sont sublimes : tacos *bhakri* au chorizo, ceviche de bar au tamarin, *sukkhe* de crevettes sautées et noix de coco fraîche, piments de Goa au tamarin, *rawas* frits fourrés au chutney noix de coco-piment, pour n'en citer que quelques-uns. Une véritable explosion de couleurs et de saveurs.

Peshawri INDIEN DU NORD $$$
(carte p. 64 ; 022-28303030 ; www.itchotels.in ; ITC Maratha, Sahar Rd, Andheri East ; plats 1 600-3 225 ₹ ; 12h45-14h45 et 19h-23h45). Voisin de l'aéroport, ce restaurant spécialisé dans la cuisine du Nord-Ouest mérite bien que vous lui consacriez votre premier – ou dernier – repas à Mumbai. C'est une copie conforme du célèbre **Bukhara** (011-26112233 ; ITC Maurya, Sardar Patel Marg ; plats 1 500-3 000 ₹ ; 12h30-14h45 et 19h-23h30 ; M Durgabai Deshmukh South Campus) de Delhi, avec la même carte et la même décoration. Si le *dhal bukhara* au beurre (*dhal* noir, mijoté pendant 24 heures ; 945 ₹) est le plat le plus demandé, ne manquez pas les kebabs, le *murgh malai* (poulet mariné, puis grillé au *tandoor*) ou le *raan* (souris d'agneau fondante à souhait).

♥ **Bastian** PRODUITS DE LA MER $$$
(carte p. 64 ; www.facebook.com/bastianmumbai ; B/1, New Kamal Bldg, Linking Rd, Bandra West ; plats pour 2 pers 1 100-3 200 ₹ ; ⏲12h-15h et 19h-minuit ; 📶). Tous les éloges dont fait l'objet ce restaurant branché sont légitimes. Le chef sino-canadien Boo Kwang Kim et son acolyte, l'Américano-Coréen Kelvin Cheung, ont atteint des sommets gastronomiques mêlant Orient et Occident. Choisissez d'abord entre crevettes, poisson, crabe des palétuviers et homard, tous fraîchement pêchés, puis faites votre choix parmi une liste de sauces asiatiques absolument délicieuses ; un véritable casse-tête !

♥ **Bombay Canteen** INDIEN $$$
(☎022-49666666 ; www.thebombaycanteen.com ; Process House, Kamala Mills, SB Marg, Lower Parel ; petites assiettes 225-650 ₹, plats 450-975 ₹ ; ⏲12h-1h ; 📶). Floyd Cardoz, l'ancien chef new-yorkais vainqueur de Top Chef Masters, et Thomas Zacharias, passé par Le Bernardin, un restaurant new-yorkais triplement étoilé au Michelin, ont fait de cette table l'une des plus tendance de Mumbai. Des plats de toutes les régions de l'Inde et des saveurs traditionnelles dominent la carte, à l'exemple du toast Kejriwal, des tacos au vindaloo goanais de porc effiloché ou du curry de poulet à la moutarde...

Koko JAPONAIS $$$
(☎8451011124 ; www.facebook.com/KOKOAsianGastropub ; C2, Trade World, RDC, Kamala Mills, SB Rd, Lower Parel ; rouleaux de sushis 900-1 350 ₹, plats 590-3 100 ₹ ; ⏲12h30-16h30 et 19h-0h30 lun-jeu, jusqu'à 1h ven-sam ; 📶). Fantastiques sushis et plats de toutes l'Asie concoctés par Eric Sifu, un chef chinois de Malaisie salué par le guide Michelin. Les cocktails sont inventifs, à l'image du Tom Yum Cup (une soupe *tom yam* arrosée de vodka, en somme), et mixés derrière le long comptoir en teck par une équipe chaleureuse et talentueuse. Réservation impérative, tenue élégante conseillée.

Masala Library INDIEN MODERNE $$$
(carte p. 64 ; ☎022-66424142 ; www.masala-library.co.in ; rdc, First International Financial Centre, G Block, BKC Rd, Bandra East ; plats 575-1 250 ₹, menu dégustation 2 500-2 700 ₹, avec vin 4 250-4 450 ₹ ; ⏲12h-14h15 et 19h-23h). Dans ce restaurant contemporain, audacieux et créatif, les gastronomes sont incités à porter un regard nouveau sur la cuisine du sous-continent. Les menus dégustations font voyager sans quitter la table – *chai* de champignons sauvages séchés aux croûtons parfumés à l'huile de truffe, curry de langoustines, barbe à papa à la feuille de bétel. La réservation est impérative.

Où prendre un verre et faire la fête

Colaba compte pléthore de pubs, mais également des adresses plus haut de gamme. Bandra, Juhu et Andheri ont la prédilection des mannequins et des acteurs. Lower Parel s'est fait une vraie place sur la scène gastronomique de Mumbai, alors qu'Andheri surfe sur la vague de la bière artisanale, en vogue partout actuellement.

Le mercredi et le jeudi, la fête bat son plein dans certaines boîtes (en plus des traditionnels vendredi et samedi), dont l'entrée est généralement payante. Sachez que les hommes seuls s'en voient souvent refuser l'accès. Une tenue correcte (ni tongs ni shorts...) y est par ailleurs attendue. À Mumbai, la tendance est au resto-boîte plus qu'aux clubs indépendants. Officiellement, l'État du Maharashtra exige que vous soyez en possession d'une autorisation de consommer de l'alcool. Certains établissements pourront vous demander d'en acheter une (temporaire), mais c'est un cas de figure que nous n'avons jamais rencontré.

Colaba

Cafe Mondegar PUB
(carte p. 48 ; www.facebook.com/cafemondegar ; Metro House, 5A Colaba Causeway ; ⏲7h30-23h30). Le "Mondy's" attire une foule festive d'étrangers et de Mumbaikars depuis 1871. C'est avant tout un bar bruyant servant des chopes glacées de Kingfisher (220 ₹), mais il vaut aussi le détour pour ses petits-déjeuners parsis ou occidentaux (130-350 ₹).

Harbour Bar BAR D'HÔTEL DE LUXE
(carte p. 48 ; www.tajhotels.com/en-in/taj/taj-mahal-palace-mumbai/restaurants ; Taj Mahal Palace, Mumbai, Apollo Bunder ; ⏲11h-23h45). Avec sa vue inégalable sur la Gateway of India et le port, le bar intemporel du Taj Mahal Palace (p. 63) est incontournable. Le prix des boissons n'est pas exagéré (bière/vin/cocktail à partir de 500/700/750 ₹), si l'on considère le cadre et les généreuses portions d'amuse-bouche qui les accompagnent.

Leopold Café BAR
(carte p. 48 ; www.leopoldcafe.com ; angle Colaba Causeway et Nawroji F Rd ; 7h30-1h). On l'aime ou on le déteste, mais le Leopold est une institution à Mumbai, et les voyageurs finissent toujours par y faire halte un jour ou l'autre. L'atmosphère turbulente de ce bar aux ventilateurs chancelants invite à partager ses expériences autour d'un verre. DJ à l'étage à partir de 20h.

Hammer & Song BAR À COCKTAILS
(www.flamboyante.in ; Shop 10, The Arcade, World Trade Centre, Cuffe Parade ; 12h-1h30 ; wi-fi). En marge du radar touristique, ce nouveau bar caché dans le World Trade Centre de Cuffe Parade attire une clientèle élégante, prête à faire la fête. Bières et cocktails se savourent au son des musiciens (cuivres) ou des DJ. Les fauteuils sont particulièrement confortables : faites-vous plaisir.

♥ **Social** BAR
(carte p. 48 ; www.socialoffline.in ; rdc, Glen Rose Bldg, BK Boman Behram Marg, Apollo Bunder ; 9h-1h30 ; wi-fi). La meilleure adresse de cette chaîne en vogue tient à la fois d'un bar-restaurant branché et d'un espace de *coworking*. Au bar : des cocktails (à partir de 295 ₹) comme l'Acharroska, mariage parfait entre piquant indien et douceur brésilienne. La carte (plats 190-490 ₹) est très variée : *fish and chips* à la mode locale, poutine québécoise (frites et fromage en grains recouverts de sauce brune), *thali* thaïlandais et excellents mets parsis au petit-déjeuner. Autres établissements Social au **Todi Mill** (www.socialoffline.in ; 242 Mathuradas Mill Compound ; 9h-1h ; wi-fi) à Lower Parel, et au **Khar** (carte p. 64 ; www.socialoffline.in ; Rohan Plaza, 5th Rd, Ram Krishna Nagar ; cocktails à partir de 295 ₹ ; 9h-1h ; wi-fi).

Quartier du Fort et Churchgate

Raju Ki Chai SALON DE THÉ
(carte p. 60 ; www.facebook.com/rajukichai ; Shop 4, Kamar Bldg, Cowasji Patel Rd, Kala Ghoda ; 9h-minuit lun-sam, 14h-minuit dim). Impossible de manquer ce petit salon de thé, tant sa façade colorée et son intérieur façon kaléidoscope attirent l'œil. Le Raju Ki Chai réussit parfaitement le mariage entre modernité et tradition. Le thé (35-50 ₹) y est servi dans des tasses en argile, qu'on ne jette cependant pas sur le trottoir, comme cela se fait parfois ailleurs.

De Kalbadevi à Mahalaxmi

♥ **Haji Ali Juice Centre** BAR À JUS
(carte p. 52 ; www.hajialijuicecentre.in ; Lala Lajpatrai Rai Rd, Haji Ali Circle ; 5h-1h30). Jus de fruits frais, milk-shakes (50-400 ₹), *falooda* et salades de fruits. Situé à l'entrée de la mosquée Haji Ali, c'est l'endroit idéal pour se rafraîchir après la visite. Essayez le Triveni, un trio mangue, fraise et kiwi (270 ₹).

Blue Tokai CAFÉ
(www.bluetokaicoffee.com ; Unit 20-22, Laxmi Woollen Mill, Dr E Moses Marg, Mahalaxmi ; 9h-21h ; wi-fi). La troisième vague du café a déferlé sur l'Inde ! Chez Blue Tokai (quatre adresses à Mumbai), le café 100% indien, de provenance unique et à la traçabilité garantie, est torréfié sur place. Il est issu de la production d'arabica au sein de plantations comme celles de Vethilaikodaikanal (Tamil Nadu) et de Thogarihunkal (Karnataka). Chaud, on le boit en expresso (à partir de 100 ₹), *cortado* ou *flat white* (lait et mousse de lait). Froid, il est préparé en filtre (avec grains entiers pour ajouter du goût) ou à la pression.

Banlieue ouest

♥ **Independence Brewing Company** BIÈRE ARTISANALE
(IBC ; www.independencebrewco.com ; Boulanl Estate Owners Premises Co-Op, New Link Rd, Andheri West ; pinte 400 ₹ ; 13h-1h lun-sam, 12h-1h dim ; wi-fi). L'IBC, dont la maison mère est à Pune, est un nouveau lieu branché à Andheri West. Un maître brasseur indien supervise la fabrication sur place. Citons la quatre-céréales, les Indian Pale Ales (IPA) délicatement fruitées, les acides (*sour*) et l'une des uniques double IPA du pays. On s'y restaure également sur le pouce.

♥ **Doolally Taproom** BIÈRE ARTISANALE
(carte p. 64 ; www.doolally.in ; Rajkutir 10A, E854, 3rd Rd, Khar West ; pinte 300 ₹ ; 7h-1h ; wi-fi). Venu de Pune, le Doolally a été créé sous la houlette d'Oliver Schauf, un Allemand, pionnier de la bière artisanale en Inde. L'offre change chaque semaine, avec des références incontournables telles que l'IPA, la Belgian Wit ou le cidre. Burgers gourmets et frites maison. À deux pas de la gare de Khar.

Wine Rack BAR À VINS
(www.facebook.com/TheWineRackMumbai ; RDC, High Street Phoenix, Tulsi Pipe Rd, Lower Parel ;

LES BIÈRES ARTISANALES À MUMBAI

Si la dégustation d'une Kingfisher glacée dans un bar enfumé est sans conteste une expérience typiquement indienne, les amateurs de bière artisanale se lasseront assez rapidement de l'omniprésente lager nationale. Certains brasseurs sont toutefois décriés pour leur emploi de glycérine comme conservateur. Avec un temps de retard par rapport à Pune, Bangalore ou Gurgaon, Mumbai a finalement "embrassé" le phénomène de la micro-brasserie. Aujourd'hui, les IPA riches en houblon, les porters aux arômes grillés et chocolatés, et les bières de saison rafraîchissantes y coulent à flots.

Dans Andheri West, l'Independence Brewing Company (p. 72), le **Brewbot** (www.brewbot.in ; Morya Landmark 1, en retrait de New Link Rd ; pinte 295 ₹ ; 16h-1h lun-ven, 12h-1h sam ;) et le **Woodside Inn** (carte p. 48 ; www.facebook.com/WoodsideInn ; Indian Mercantile Mansion, Wodehouse Rd ; 11h-1h30 ;) à Colaba, sont assez proches pour être visités l'un après l'autre. Ne manquez pas non plus le Doolally Taproom (p. 72) à Khar (également à Andheri et à Kemps Corner) et le **Gateway Taproom** (carte p. 64 ; www.gatewaybrewery.com ; BKC Bldg, n°3, G Block Bandra Kurla Complex ; 12h-1h30 ;) dans la partie est de Bandra. Dans Lower Parel, le **Toit Tap Room** (www.toit.in ; Zeba Centre, Mathuradas Mill Compound, Senapati Bapat Marg ; 12h-1h30 ;) est l'un des bars à bières les plus animés de Mumbai. Thirsty City 127 (ci-dessous), à côté, sert de délectables créations dans une ambiance un peu plus chic.

Les meilleures brasseries sont la Great State Ale Works de Pune, qui fait souvent des apparitions dans les bars de Mumbai (son ale salée au kokum est l'une des meilleures bières indiennes) et la White Owl (www.whiteowl.in). La rafraîchissante Belgian Wit, aux arômes d'agrumes, est rapidement devenue la bière star de Mumbai. De fait, c'est un parfait antidote au climat chaud et humide local !

12h-1h ;). Le premier bar à vins (sérieux) de la ville devrait plaire aux connaisseurs. Espaces boutique et dégustation (48 références dont 21 indiennes ; 325-995 ₹). La clientèle est plutôt sophistiquée.

Thirsty City 127 BAR, BRASSERIE
(www.facebook.com/pg/thirstycity127 ; Todi Mills, Mathuradas Mill Compound, Tulsi Pipe Rd, Lower Parel ; 18h-1h30 mar-dim ;). Ce qui fut la première microbrasserie de Mumbai est désormais un lieu élégant, imaginé par l'artiste et biérologue averti Vir Kotak. L'espace séduit par ses cuves en cuivre et ses banquettes de velours turquoise. Huit bières à la pression (Neipa, Kölsch, Hefeweizen...) servies dans des verres Teku et cocktails (800 ₹) autour des ingrédients de brasserie.

Cafe Zoe BAR
(www.cafezoe.in ; Mathurdas Mills Compound, NM Joshi Marg, Lower Parel ; 7h30-1h30 ;). Ce bar pour hipsters est une ancienne filature de coton en brique, sur le domaine de Mathurdas Mills. Les 40 vins peuvent être servis au verre ; les cocktails sont, quant à eux, bien servis tout court (700 à 1 200 ₹), à l'image de la *caïpiroska* au raisin noir ou du martini sauge-citron vert. Ambiance animée sur fond de photos en noir et blanc évoquant le passé du lieu. Soirée jazz le mercredi à 21h.

Toto's Garage BAR
(carte p. 64 ; 022-26005494 ; 30th Rd, Bandra West ; 18h-1h). Un bar simple et convivial sur le thème de la mécanique, où l'on vient pour boire une bière à la pression (200 ₹) et écouter du bon vieux rock. Une Coccinelle est suspendue au-dessus du bar.

Bonobo BAR
(carte p. 64 ; www.facebook.com/BonoboBandra ; Kenilworth Mall, 33rd Rd, à hauteur de Linking Rd, Bandra West ; 18h-1h). Place à la musique underground et alternative dans ce bar avec toit-terrasse : concerts de folk et de blues certains soirs. Soirée sympa garantie au milieu d'une clientèle éclectique.

Koinonia Coffee Roasters CAFÉ
(carte p. 64 ; www.koinoniacoffeeroasters.com ; 66 Chuim Village Rd, Chuim Village, Khar West ; 7h-22h ;). Même si l'endroit, au cœur du pittoresque Chium Village, est exigu, les grains sont torréfiés sur place. On boit son café infusé à froid, en expresso (140 ₹) ou avec de la glace (caramel au beurre salé, vanille de Pondichéry, truffe et chocolat noir...).

☆ Où sortir

Mumbai possède une intéressante scène musicale, de bons théâtres, de plus en plus de *comedy clubs* et, bien sûr, des cinémas.

MUMBAI LGBTIQ

Si la Haute Cour de justice indienne a dépénalisé l'homosexualité en 2018, la scène LGBTIQ de Mumbai reste encore discrète, notamment pour les femmes. Les choses évoluent, mais lentement – aucun bar ou boîte spécifiquement LGBTIQ n'a encore ouvert. Quelques adresses "sûres" organisent cependant des soirées gay privées.

Gay Bombay (www.gaybombay.org) est une excellente source d'information : liste d'événements – réunions dans Bandra, soirées dans des bars et projections de films (soirées gay assez régulières le samedi au Liquid Lounge, à Girgaum Chowpatty), randonnées, pique-nique, etc.

Gaylaxy (www.gaylaxymag.com). Le meilleur magazine gay en ligne du pays. Mérite le coup d'œil. Fournit de nombreux renseignements sur Mumbai.

Gaysi (www.gaysifamily.com). E-magazine d'art de vivre à Mumbai.

Humsafar Trust (carte p. 64 ; ☎ 022-26673800 ; www.humsafar.org ; 3e ét., Manthan Plaza Nehru Rd, Vakola, Santa Cruz East ; ⏲ 10h-18h30 lun-ven). La première organisation LGBTIQ de la ville, également liée au magazine *Bombay Dost* (www.bombaydost.co.in), qui paraît de manière intermittente.

Kashish Mumbai International Queer Film Festival (☎ 022-28618239 ; www.mumbaiqueerfest.com ; ⏲ mai). Excellent festival de cinéma. En 2019, 160 films en provenance de 43 pays y ont été projetés, dont 29 films LGBTIQ indiens.

LABIA (Lesbian & Bisexuals in Action ; www.sites.google.com/site/labiacollective/home). Groupe de soutien lesbien et bi installé à Mumbai – service de conseils pour les femmes.

Queer Azaadi Mumbai (www.facebook.com/qam.mumbaipride). Organise la Pride Parade de Mumbai (www.mumbaipride.in), qui se tient généralement début février.

Queer Ink (www.queer-ink.com). Cette maison d'édition en ligne diffuse des livres, des DVD et d'autres produits de qualité. Programme aussi des événements – ateliers, poésie, comédie, musique et marché.

RAGE-by D'kloset Soirées et manifestations (www.instagram.com/ragebydkloset).

Salvation Star. Communauté Facebook (www.facebook.com/SalvationStar) et Twitter (@SalvationStar) qui organise et promeut des événements et soirées gay.

Les amateurs de manifestations sportives ne seront pas en reste.

Time Out Mumbai (www.timeout.com/mumbai) et **Insider** (insider.in/mumbai) donnent l'agenda des spectacles et manifestations. On peut réserver en ligne, sur le site **Book My Show** (in.bookmyshow.com), des places de cinéma, de théâtre et pour des événements sportifs.

♥ Royal Opera House OPÉRA

(carte p. 52 ; ☎ 022-23668888 ; www.royalopera-house.in ; Mama Parmanand Marg, Girgaon ; ⏲ 10h-18h). Après une restauration méticuleuse qui lui a permis de recouvrer sa splendeur de l'époque du Raj, le seul Opéra qui subsiste encore en Inde a rouvert ses portes en grande pompe en 2016, avec une représentation de Patricia Rozario, soprano britannique originaire de Mumbai. Pour rénover la salle à trois niveaux, l'architecte Abha Narain Lambah s'est appuyé sur des photos anciennes des plafonds dorés, des vitraux et du foyer baroque indo-européen.

Quarter CONCERTS

(carte p. 52 ; ☎ 8329110638 ; www.facebook.com/atthequarter/; Mathew Rd, Royal Opera House, Girgaon ; ⏲ 22h-1h). Dépendant du Royal Opera House, le Quarter affiche un intérieur original, avec un café tout en verre, un bar à mozarella et un restaurant. La pépite reste toutefois la salle de concert, inspirée des clubs de jazz Art déco des années 1950.

Canvas Laugh HUMOUR

(www.canvaslaughclub.com ; 3e niv., Palladium Mall, High Street Phoenix, Lower Parel ; place 200-750 ₹). *Comedy club* très prisé, avec près de 50 spectacles par mois et deux représentations les soirs de week-end. La plupart des humoristes prennent la parole en anglais. À 900 m à l'ouest de la gare de Lower Parel, dans le centre commercial High Street Phoenix. Achetez vos places en ligne.

National Centre for the Performing Arts THÉÂTRE, CONCERTS

(NCPA ; carte p. 60 ; www.ncpamumbai.com ; NCPA Marg, Nariman Point). Ce vaste centre culturel est dédié aux arts de la scène (musique, théâtre et danse). Pièces expérimentales, lectures de poésie, expositions de photographies, jazz-band ou musique classique indienne : le NCPA est en constante effervescence, avec des représentations souvent gratuites. **Billetterie** (carte p. 60 ; ☎022-66223724 ; ⏲9h-19h) au bout de NCPA Marg.

Prithvi Theatre THÉÂTRE

(carte p. 64 ; ☎022-26149546 ; www.prithvitheatre.org ; Juhu Church Rd, Juhu). Cette institution de Juhu programme des pièces en hindi et en anglais et projette des films d'art et d'essai. Admirable vitrine du théâtre indien contemporain, le festival organisé en novembre invite des troupes et artistes du monde entier. Le **Prithvi Cafe** (repas légers 40-180 ₹ ; ⏲10h-22h30) est installé sur place.

Regal Cinema CINÉMA

(carte p. 48 ; ☎022-22021017 ; www.regalcinema.in ; Colaba Causeway, Regal Circle, Apollo Bunder, Colaba ; billets 80-200 ₹). Le plus vieil édifice Art déco de Mumbai (1933) fut aussi le tout premier cinéma d'Asie à être équipé d'une climatisation. Il a perdu de son lustre, mais reste tout indiqué pour voir un blockbuster bollywoodien.

Liberty Cinema CINÉMA, CONCERTS

(carte p. 60 ; ☎022-22084521 ; www.facebook.com/TheLibertyCinema ; 41/42 New Marine Lines, quartier du Fort ; billets 100-200 ₹). Ce somptueux cinéma Art déco était autrefois un temple du film hindi ; son tapis rouge fut foulé par Dev Anand... Après une zone de turbulences, il connaît un nouvel essor et affiche de nouveau une programmation ciné. Proche du Bombay Hospital.

Achats

Mumbai compte d'excellentes adresses pour le shopping. Pour une expérience 100% locale, passez une journée dans les marchés au nord du CSMT. Les libraires ambulants s'installent chaque jour sur la grande artère qui relie Colaba et le quartier du Fort. **Fashion Street** (carte p. 60 ; MG Rd, Marine Lines ; ⏲horaires variables) se prête à renouveler sa garde-robe à petits prix. Et pour découvrir des boutiques de créateurs, cap sur Kemp's Corner et Kala Ghoda.

BOLLYWOOD

Mumbai est l'épicentre pailleté de l'industrie cinématographique indienne. C'est ici, au Watson Hotel, qu'eut lieu la toute première projection publique de film en Inde, en 1896, par les frères Lumière. Depuis les débuts du cinéma muet avec la saga *Raja Harishchandra*, où ne figuraient que des acteurs masculins (certains travestis) et le premier film parlant *Alam Ara* (1931), Bollywood n'a cessé de croître, jusqu'à produire aujourd'hui plus de mille films par an, soit deux fois plus qu'à Hollywood. Un chiffre qui n'a rien de surprenant, puisque Bollywood s'adresse à une audience représentant un sixième de la population mondiale.

Si des industries cinématographiques existent dans chaque État indien, Bollywood continue d'enchanter toute la nation avec ses divertissements : des chants et des danses ponctuent la lutte, menée contre des forces hostiles, dans la quête éternelle de l'amour véritable. De nos jours, des thrillers inspirés de Hollywood et des films d'action rivalisent avec les mélos à l'eau de rose, qui s'adressent plutôt aux familles.

Les stars de Bollywood sont considérées comme des demi-dieux par certains de leurs admirateurs. Leurs visages couvrent les panneaux publicitaires dans tout le pays, et les repérer est l'un des passe-temps favoris dans les bars et les restaurants branchés de Mumbai. Les circuits de **Bollywood Tours** (carte p. 60 ; ☎9820255202 ; www.bollywoodtours.in ; 8 Lucky House, Goa St, Fort ; circuit demi-journée/journée 8 140/12 580 ₹ par pers ; ⏲9h-18h lun-ven, 9h-17h sam) permettent de découvrir le domicile des stars et un studio de cinéma/télévision – attention, vous ne verrez pas forcément de chorégraphie et vous risquez de perdre du temps dans les embouteillages.

Colaba

Cottonworld VÊTEMENTS

(carte p. 48 ; www.cottonworld.net ; Mandlik Marg ; ⏲10h30-20h). D'élégants articles en coton, lin et autres matériaux naturels.

LES BAZARS DE MUMBAI

Le principal quartier des marchés de Mumbai précipite les visiteurs dans un monde à part. Si vous arrivez tout juste de l'étranger, ou si vous avez pris un taxi depuis Bandra, accrochez-vous ! Ce quartier s'étend du nord du Crawford Market jusqu'au Chor Bazaar, 2,5 km plus loin. La foule (et l'étroitesse des ruelles) est telle qu'il faut prévoir deux à trois heures pour bien explorer les lieux. Les boutiques et les étals s'adressent surtout aux Mumbaikars. Venez pour observer la vie des rues et explorer les allées, plutôt que pour acheter des souvenirs. Les marchés se rejoignent et forment un ensemble, dans lequel quelques points de repère vous aideront à vous orienter.

Crawford Market (Mahatma Jyotiba Phule Mandai ; carte p. 52 ; angle DN Rd et Lokmanya Tilak Rd, quartier du Fort ; ⏲10h-20h, 10h-12h dim). C'est le plus grand marché de Mumbai. On y trouve les dernières traces du Raj britannique, avant le tumulte des bazars du centre. Des bas-reliefs du père de Rudyard Kipling, Lockwood Kipling, ornent la façade romano-gothique. Les étals sont chargés de fruits et de légumes, de viande et de poisson. C'est un excellent endroit pour faire le plein d'épices. Si vous venez pendant la saison de la mangue Alphonso (mai-juin), profitez-en !

Mangaldas Market (carte p. 52). Ce marché, qui accueille traditionnellement des commerçants du Gujarat, est une ville miniature, avec des ruelles spécialisées dans la vente de tissus et de vêtements. Juste au nord, le **Zaveri Bazaar** (carte p. 52) réunit des marchands de bijoux et le **Bhuleshwar Market** (carte p. 52 ; angle Sheikh Memon St et M Devi Marg ; ⏲10h-21h) des vendeurs de fruits et légumes. En continuant un peu dans Sheikh Menon Street après le Bhuleshwar Market, on croise une mangeoire jaïne pour les pigeons, un marché aux fleurs et un marché d'articles religieux.

♥ **Chor Bazaar** (carte p. 52 ; Mutton St, Kumbharwada ; ⏲10h-21h). Réputé pour ses antiquités, ce bazar compte aussi beaucoup de reproductions. Mutton Street, son épicentre, est bordée de boutiques spécialisées dans l'"ancien" et les pacotilles. À l'est, il y a de bons articles en cuir dans Dhabu Street. C'est un lieu authentique, plaisant pour passer un après-midi et dénicher des objets pour la maison.

Phillips ANTIQUITÉS
(carte p. 48 ; www.phillipsantiques.com ; Wodehouse Rd ; ⏲10h-19h lun-sam). Mobilier et objets Art déco ou de l'ère coloniale, masques de cérémonie en bois, argenterie, verreries, et belles reproductions de photos, cartes et peintures anciennes.

Clove CONCEPT-STORE
(carte p. 48 ; www.clovethestore.com ; Churchill Chambers, JA Allana Marg ; ⏲11h-20h). Dans un bâtiment du XIXe siècle à Colaba, ce concept-store sous l'égide de Samyukta Nair (déjà à la tête de plusieurs restaurants en Inde et à Londres) propose un choix aussi pointu que pléthorique d'objets pour la maison (tasses, vaisselle en cuivre et céramique...), de bijoux, de gommages pour le corps, de *chappals* (sandales) de créateurs, d'*anarkali* (robes indiennes évasées), de tuniques et de vêtements de nuit pour adultes et enfants.

Nappa Dori MAROQUINERIE
(carte p. 48 ; www.nappadori.com ; Shop 2, Sunny House, Merewether Rd ; ⏲10h30-21h). Cette enseigne de maroquinerie venue de Delhi vend de beaux articles confectionnés dans toute l'Inde : portefeuilles, étuis à passeport, mallettes, carnets et autres objets pour l'écriture et le voyage. Une très bonne adresse pour les amateurs.

Quartier du Fort et Churchgate

♥ **Sabyasachi** VÊTEMENTS
(carte p. 60 ; www.sabyasachi.com ; Ador House, 6 K Dubash Marg, quartier du Fort ; ⏲11h-19h lun-sam). Cette boutique de vêtements traditionnels de qualité mérite le détour pour les articles signés du propriétaire et styliste Sabyasachi Mukherjee, mais aussi pour le cadre – un vaste espace parfumé à l'essence de rose et orné de lustres, d'antiquités, de céramiques, de peintures et de tapis.

♥ **Kulture Shop** CRÉATEURS
(carte p. 60 ; www.kultureshop.in ; 9 Examiner Press, 115 Nagindas Master Rd, Kala Ghoda ; ⏲11h-20h). La boutique de créateurs la plus sympathique de Mumbai a désormais son pendant dans le sud de la ville. L'enseigne

pop art de **Bandra** (carte p. 64 ; 241 Hill Rd, Bandra West ; ⏲11h-20h) s'est installée dans Kala Ghoda avec ses affiches, ses tasses, ses articles de papeterie et ses tee-shirts tendance. Derrière ces créations, on trouve un collectif d'artistes indiens.

Chimanlals ART ET ARTISANAT
(carte p. 60 ; www.chimanlals.com ; A2 Taj Bldg, Wallace St, quartier du Fort ; ⏲9h30-18h lun-ven, 9h30-17h30 sam). Les beaux papiers imprimés traditionnels de Chimanlals pourraient bien vous redonner envie d'écrire des lettres !

Nicobar ARTICLES POUR LA MAISON, VÊTEMENTS
(carte p. 60 ; www.nicobar.com ; 10 Ropewalk Ln, Kala Ghoda ; ⏲11h-20h). Cette boutique chic est une excellente adresse pour qui souhaite s'offrir de beaux articles pour la maison, un sac de voyage en tissu ou une tenue de hipster. On doit ce concept à la même équipe que celle de **Good Earth** (carte p. 48 ; www.goodearth.in ; 2 Reay House, Colaba ; ⏲11h-20h).

Bombay Shirt Company VÊTEMENTS
(carte p. 60 ; ☎022-40043455 ; www.bombayshirts.com ; rdc, 3 Sassoon Bldg, Fabindia Ln, Kala Ghoda ; chemises à partir de 2 000 ₹ ; ⏲10h30-21h). Des chemises pour homme et femme, faites sur mesure. Col, boutons, manchettes, sergés : tout peut être personnalisé. Le résultat est sensationnel. La confection d'une chemise prend deux semaines. Votre commande pourra vous être livrée ou expédiée à l'étranger. Autre adresse à **Bandra** (carte p. 64 ; ☎022-26056125 ; www.bombayshirts.com ; rdc, Kamal Vishrantee Kutir, 24th Rd ; chemises à partir de 2 000 ₹ ; ⏲10h30-21h).

Bombay Paperie ART ET ARTISANAT
(carte p. 60 ; ☎022-66358171 ; www.bombaypaperie.com ; 63 Bombay Samachar Marg, quartier du Fort ; ⏲10h30-18h lun-sam). Ce magasin vend de magnifiques cartes, sculptures et abat-jour élaborés à partir de papier artisanal à base de coton.

Chetana Book Centre LIVRES
(carte p. 60 ; www.chetana.com ; 34 K Dubash Marg, Kala Ghoda ; ⏲10h30-19h30 lun-sam, 11h30-17h dim). Une excellente librairie dédiée à la spiritualité, avec de nombreux livres sur l'hindouisme, le yoga et la philosophie. Sur place, un **restaurant** (thali 500-635 ₹ ; ⏲12h30-15h, 16h-19h et 19h30-23h30) sert de délicieux *thali* gujaratis et rajasthanis (499-635 ₹).

De Kalbadevi à Mahalaxmi

♥ **Haji Mohammad Bashir Oil Shop** BIEN-ÊTRE ET SANTÉ
(carte p. 52 ; 426A Hamidiya Masjid, Bapu Khote Rd, Bhuleshwar ; ⏲10h-22h30 lun-sam, 9h-21h dim). On se rend dans cette boutique presque centenaire, qui dépend de la jolie mosquée Hamidiyah, pour acheter des huiles pressées à la main, généralement à la demande, ou simplement pour voir les lieux. Curcuma, avocat, bois de santal, basilic sacré, amande, jojoba, cardamome : la liste est longue et peut servir pour la santé, la cuisine ou le bien-être. Renseignez-vous au préalable, car certaines plantes, comme le margousier (dont on tire l'huile de *neem*), sont potentiellement nocives. Prix au kilo, de 400 à 25 000 ₹.

♥ **Play Clan** SOUVENIRS
(carte p. 52 ; www.theplayclan.com ; Shop 1 & 2, Royal Opera House, Parmanand Marg, Girguam ; ⏲11h-19h). Articles de créateurs, kitsch et tendance : tee-shirts colorés, tasses, broderies à perles, impressions sur bois. Certaines pièces sont chères mais belles et uniques.

M/S KN Ajani ARTICLES DE MAISON
(carte p. 52 ; Shop 102, Krishna Galli, Swadeshi Market, Kalbadevi Rd, Kalbadevi ; ⏲12h-19h lun-sam). L'une des plus vieilles boutiques de Mumbai (1918), et l'une des dernières dans son genre. L'affaire est restée familiale et l'on y trouve des ciseaux, casse-noix, cadenas et couteaux en cuivre, aluminium et acier au carbone. Au sein du Swadeshi Market, où l'on vend surtout du textile.

No-Mad Fabric Shop ARTICLES DE MAISON
(carte p. 52 ; ☎022-22091787 ; www.no-mad.in ; 3C-209, 1er niv., Mangaldas Market bldg, Kitchen Garden Ln ; ⏲11h-19h lun-sam). Dans le Mangaldas Market, cette petite boutique fait fureur. Nandi, le taureau sacré, y préside. Articles de déco, encens, vaisselle et linge de maison.

No Borders VÊTEMENTS
(carte p. 52 ; www.facebook.com/nobordersshop ; 47G, 1er niv., Khotachi Wadi Ln, Kotachiwadi ; ⏲11h-19h mar-dim). Cette boutique de vêtements chics occupe l'ancien atelier du styliste James Ferreira dans une maison traditionnelle au cœur du village citadin de Kotachiwadi. Créations et imprimés ethniques signés par des lanceurs de tendance venus de toute l'Asie du Sud-Est, mais aussi pièces de stylistes indiens, norvégiens, israéliens...

Lalbaug Market ÉPICES

(Putibal Chawl, Dr Baba Saheb Ambedkar Rd, Lalbaug ; 11h-16h30 lun, 9h-19h mar-dim). À Mumbai, on peut acheter des épices en sachets dans le Crawford Market, ou faire comme les habitants et les choisir au Lalbaug Market de Dadar. Tout sent bon, tout est frais, y compris les piments, et moulu à la main.

Shrujan ART ET ARTISANAT

(carte p. 52 ; 022-23521693 ; www.shrujan.org ; Krishnabad Bldg, 43 Bhulabhai Desai Marg, Breach Candy ; 10h-19h30 lun-sam). Cette organisation à but non lucratif œuvre en faveur des femmes des villages du Kutch (Gujarat) et de la préservation de leur savoir-faire artisanal en matière de broderie fine. Les vêtements, tentures et porte-monnaie vendus dans la boutique feront des heureux.

Poster Stuff ART

(carte p. 52 ; 8976605743 ; 113 Mutton St, Kumbharwada ; 11h-21h). L'échoppe de Haji Abu dans Chor Bazaar renferme quelque 500 000 affiches, affichettes et publicités de films remontant aux années 1930 (originales et reproductions). Et encore, cela ne représente-t-il qu'une partie de la collection d'origine du grand-père... Fans de Bollywood, ne cherchez plus !

Banlieue ouest

Indian Hippy ART

(carte p. 64 ; 8080822022 ; www.hippy.in ; 17/C Sherly Rajan Rd, près de Carter Rd, Bandra West ; portraits 7 500-15 000 ₹ ; sur rdv). Envie d'être mis en scène en grand, sur une toile peinte à la main, dans le style des posters de Bollywood ? Les artistes de cet atelier original perpétuent un métier en voie de disparition depuis l'arrivée du numérique. Apportez une photo (ou envoyez-la par e-mail) et donnez libre cours à votre imagination (ou faites-vous guider par le personnel). Objets déco autour des vinyles et de Bollywood, parfois déroutants. Expédition dans le monde entier.

Kishore Silk House VÊTEMENTS, ARTISANAT

(Dedhia Estate 5/353 Bhandarkar Rd, Matunga East ; 10h-20h30 mar-dim). Saris tissés main (à partir de 300 ₹) et *dhoti* (étoffes que les hommes drapent autour de leur taille ; à partir de 250 ₹) du Tamil Nadu et du Kerala.

High Street Phoenix CENTRE COMMERCIAL

(www.highstreetphoenix.com ; 462 Senapati Bapat Marg, Lower Parel ; 11h-22h). Ce royaume de la consommation, réparti entre des espaces intérieurs et extérieurs, englobe le Palladium, un centre commercial dédié au luxe. Il abrite des boutiques de premier choix, d'excellents restaurants, des bars et clubs festifs, un bowling et un multiplexe IMAX.

Renseignements

ACCÈS INTERNET

Les cybercafés sont de plus en plus rares, mais tous les hôtels, restaurants, cafés et bars (sauf les plus modestes) sont aujourd'hui équipés du Wi-Fi. Les établissements commerciaux vous demanderont généralement de vous connecter via un compte de réseau social ou un numéro de téléphone portable, vers lequel un mot de passe unique, utilisable une seule fois (*one-time password*, OPT), sera envoyé.

Le gouvernement de l'État du Maharastra a aussi mis en place un réseau de plus de 500 hotspots Wi-Fi, connu sous le nom d'Aaple Sarkar Mumbai Wi-Fi. Renseignez-vous sur aaplesarkar.maharastra.gov.in/file/Mumbai-Wifi-hotspots.pdf pour localiser le plus proche de l'endroit où vous vous trouvez. **RailWire** (www.railwire.co.in) a également des relais Internet dans certaines gares, dans le cadre d'une initiative qui en couvre quelque 700 à travers le pays.

AGENCES DE VOYAGES

Akbar Travels (carte p. 48 ; 022-22823434 ; www.akbartravels.com ; 30 Alipur Trust Bldg, Colaba Causeway, Colaba ; 10h-22h). Extrêmement utile. Se charge de réserver des voitures et des bus longue distance. Il existe une succursale dans le **quartier du Fort** (carte p. 60 ; 022-22633434 ; 167/169 Dr Dadabhai Naoroji Rd, Fort ; 10h-19h lun-sam).

Magnum International Travel & Tours (carte p. 48 ; 022-61559700 ; www.magnuminternational.com ; 10 Henry Rd, Colaba ; 10h-18h lun-ven, 10h-13h sam). Agence de voyages utile, dans Colaba.

ARGENT

On trouve des DAB partout, et les bureaux de change ne manquent pas. Nombreuses agences Citibank, notamment celle du **quartier du Fort** (carte p. 60 ; Bombay Mutual Bldg, 293 Dr Dadabhai Naoroji Rd, Fort), qui autorise les retraits jusqu'à 20 000 ₹.

DÉSAGRÉMENTS ET DANGERS

Pour une ville de cette taille, Mumbai est relativement sûre. Il convient en revanche de garder à l'esprit les points suivants :

- Mumbai a été victime du terrorisme à de nombreuses reprises. Soyez vigilant – si quelque chose vous semble anormal ou si vous repérez un bagage abandonné, signalez-le sans tarder à la police.
- Restez sur vos gardes dans les lieux particulièrement bondés, comme le Crawford Market, le temple de Shree Mahalaxmi, la Gateway of India ou certaines lignes de train : des pickpockets pourraient y être à l'œuvre.
- Comme dans toute grande ville, les femmes doivent être particulièrement prudentes – lisez les conseils p. 568, p. 570 et p. 575.

OFFICES DU TOURISME

Indiatourism (Government of India Tourist Office ; carte p. 60 ; ☎ 022-22074333 ; www.incredibleindia.com ; RDC, Air India Bldg, Vidhan Bhavan Marg, Narimen Point ; ⏲ 8h30-18h lun-ven, 8h30-14h sam). Renseignements sur tout le pays et coordonnées de guides et de logements chez l'habitant à Mumbai.

MTDC (Maharashtra Tourism Development Corporation ; carte p. 60 ; ☎ 022-22845678 ; www.maharashtratourism.gov.in ; 4ᵉ niv., Apeejay House, 3 Dinsha Vachha Marg, Churchgate ; ⏲ 19h-17h30 lun-sam, fermé 2ᵉ et 4ᵉ sam du mois). Le siège de la MTDC est tenu par un personnel serviable, qui distribue des brochures, délivre des renseignements sur le Maharashtra et se charge des réservations dans les hôtels MTDC. Il s'agit du seul grand bureau de la MTDC qui accepte les cartes bancaires. On trouve des kiosques à l'**Apollo Bunder** (carte p. 48) et au **Chhatrapati Shivaji Terminus** (carte p. 60 ; ☎ 022-22622859 ; www.maharashtratourism.gov.in ; Chhatrapati Shivaji Maharaj Terminus, quartier du Fort ; ⏲ 10h-17h30 lun-sam, fermé 2ᵉ et 4ᵉ sam du mois).

POSTE

Poste (GPO ; carte p. 60 ; www.indiapost.gov.in ; Walchand Hirachand Marg, quartier du Fort ; ⏲ 9h-20h lun-sam, 9h-16h dim). La poste principale occupe un imposant édifice près du CSMT. Face à la porte 4 du bureau de poste face à Marine Supply se trouve **Ashok Packingwala** (carte p. 60 ; ☎ 9323693870 ; en face de GPO, Gate (porte) 4, Walchand Hirachand Marg, quartier du Fort) – où des *wallahs* s'occuperont de votre colis (60 à 300 ₹). Autre poste à **Colaba** (carte p. 48 ; Henry Rd ; ⏲ 10h-17h lun-ven, jusqu'à 13h sam).

Blue Dart/DHL (carte p. 60 ; ☎ 022-22049333 ; www.bluedart.com ; RDC, Shri Mahavir Chamber, Cawasji Patel St, Fort ; ⏲ 9h-21h lun-sam). Service d'envois internationaux.

SERVICES MÉDICAUX

Bombay Hospital (carte p. 60 ; ☎ 022-22067676 ; www.bombayhospital.com ; 12 New Marine Lines, Marine Lines ; ⏲ 24h/24). Hôpital privé doté d'équipements médicaux dernier cri.

Breach Candy Hospital (carte p. 52 ; ☎ 022-23672888, urgences 022-23667809 ; www.breachcandyhospital.org ; 60A Bhulabhai Desai Marg, Breach Candy). Le meilleur hôpital de Mumbai, voire du pays. À 2 km au nord-ouest de Girgaum Chowpatty.

Royal Chemists (carte p. 60 ; www.royalchemists.com ; 89A Queen's Chambers, Maharshi Karve Rd, Marine Lines ; ⏲ 8h30-20h30 lun-sam). Cette pharmacie assure un service de livraison.

Sahakari Bhandar Chemist (carte p. 48 ; Colaba Chamber, rdc Colaba Causeway, Colaba ; ⏲ 10h-20h30)

ℹ Depuis/vers Mumbai

AVION

Le **Chhatrapati Shivaji Maharaj International Airport** (carte p. 64 ; ☎ 022-66851010 ; www.csia.in ; Santa Cruz East), qui affiche un bilan carbone neutre, est à environ 30 km du centre-ville. Il a récemment bénéficié de vastes travaux de modernisation. Le terminal 2 (T2), l'impressionnant terminal international, accueille désormais toutes les arrivées internationales. Il abrite le plus grand projet d'art public du pays, un Art Wall de 3,2 km le long des tapis roulants, sur plusieurs niveaux, illuminé par des puits de lumière et présentant plus de 5 000 œuvres d'art provenant des quatre coins de l'Inde. Le terminal international a son application dédiée (Android/iPhone ; Mumbai T2 App).

Les vols intérieurs partent à la fois du nouveau T2 et de l'ancien terminal 1 (T1), appelé localement "aéroport de Santa Cruz" et distant de 5 km. Un service de taxis à prix fixe relie les terminaux (avec/sans clim 260/230 ₹ du T1 au T2, 230/250 ₹ du T2 au T1). Les deux terminaux possèdent des DAB et des comptoirs de change ; le T2 comprend en outre le luxueux **Niranta Transit Hotel** (☎ 022-67296729 ; www.nirantahotels.com ; s/d 4 heures 5 510/5 900 ₹, 7 heures 7 080/7 670 ₹, 24 heures 11 529/13 800 ₹ ; @ 📶). Consigne près de l'hôtel.

Air India (carte p. 60 ; ☎ 1800-1801407, 022-22023031 ; www.airindia.com ; Air India Bldg, angle Marine Dr et Madame Cama Rd, Nariman Point ; ⏲ 9h15-18h30 lun-jeu, 9h15-18h15 ven, 9h15-13h et 13h45-17h sam), **Vistara** (www.airvistara.com) utilisent le T2, tandis que **GoAir** (www.goair.in), **IndiGo** (www.goindigo.in) et **SpiceJet** (www.spicejet.com), entre autres, empruntent le T1 ; informez-vous à l'avance

PRINCIPAUX BUS LONGUE DISTANCE AU DÉPART DE MUMBAI

DESTINATION	BUS PRIVÉ COUCHETTE SANS/AVEC CLIM	BUS PUBLIC SANS CLIM	DURÉE
Ahmedabad	500-2 000/670-2 500 ₹	-	7-12 heures
Aurangabad	650-1 100/550-2 500 ₹	À partir de 560 ₹ (4/jour)	9-11 heures
Hyderabad	1 200-2 000/1 310-3 000 ₹	-	16 heures
Mahabaleshwar	1 550/450-1 349 ₹	À partir de 300 ₹ (4/jour)	7-8 heures
Murud	2 500 ₹ (sièges uniquement)	À partir de 210 ₹ (8/jour)	8-10 heures
Nashik	350-1 500/400-2 510 ₹	A partir de 240 ₹ (12/jour, 6h-22h45)	13-16 heures
Panaji (Panjim)	475-1 500/1 430-2 500 ₹	-	14-16 heures
Pune	600-2 000/350-3 000 ₹	A partir de 210 ₹ (toutes les 30 min, 6h35-0h30)	3-5 heures
Udaipur	600-1 400/1 210-1 810 ₹	-	14-17 heures

de tout changement au sol. En règle générale, il vaut mieux réserver son vol auprès des agences de voyages ou en ligne sur les sites Internet des compagnies aériennes.

BUS

De nombreuses compagnies privées et publiques assurent des liaisons longue distance depuis/vers Mumbai.

Les bus publics longue distance partent de la **Mumbai Central Bus Terminal** (carte p. 52 ; ☎1800-221250, renseignements 022-23024076 ; Jehangir Boman Behram Marg, RBI Staff Colony), gare routière principale qui jouxte la gare ferroviaire du même nom. Ils sont moins chers et plus nombreux que les bus privés, mais moins confortables, à l'exception des ShivShahi (moyenne gamme) et Shivneri (haut de gamme). Visez ces véhicules en premier. Pour les horaires, consultez le site de la **Maharashtra State Road Transport Corporation** (MSRTC ; ☎022-23023900 ; www.msrtc.gov.in). La réservation peut se faire sur public.msrtcors.com/ticket_booking/index.php, mais uniquement avec une carte bancaire indienne (vous pourrez demander à quelqu'un de confiance de s'en charger pour vous).

Les bus privés, généralement plus confortables et plus faciles à réserver, sont aussi un peu plus chers. La plupart démarraient de Dr Anadrao Nair Road à côté de la gare de Mumbai Central, mais des travaux sur les lignes de métro ont bousculé l'organisation. Si vous êtes dans le quartier, **National NTT/CTC** (carte p. 52 ; ☎022-23015652 ; Dr Anadrao Nair Rd, RBI Staff Colony ; ⏲6h-23h) est fiable et reste ouvert derrière le chantier.

À l'heure actuelle, les bus privés se retrouvent pour la plupart autour de Dadar TT Circle (Dadar East), sous le pont éponyme (le transfert est généralement gratuit depuis les différents guichets), mais, à l'exception des **bus Shivneri MSRTC à destination de Pune** (www.msrtc.org.in ; Dadar TT Flyover, Dadar East), il vous faudra de l'aide pour trouver le vôtre.De part et d'autre, le pont est une enfilade de vendeurs de billets – venez tôt et demandez d'où partira exactement votre bus. **Neeta Tours & Travels** (☎022-24162565 ; www.neetabus.in ; guichet 9, face au bureau de poste de Dadar, Dr Ambedkar Rd, Dadar East) est une valeur sûre.

L'achat est également envisageable en ligne, par exemple sur le site de redBus (www.redbus.in), mais certains autres exigent un numéro de portable et/ou un moyen de paiement indien(s). Les départs se font le plus souvent aux "*pickup points*" : insistez bien pour qu'on vous indique précisément le vôtre, car les bus privés partent d'un peu partout en ville.

Des guichets pour les bus longue distance se trouvent également sur **Dr Anadrao Nair Road** (carte p. 52 ; RBI Staff Colony) près de la gare routière de Mumbai Central, sur les trottoirs de Dr Baba Saheb Ambedkar Road à côté du **pont Dadar TT** (Dadar TT Flyover, Dr Baba Saheb Ambedkar Rd) dans Dadar East et autour de **Paltan Road** (carte p. 52 ; Sitaram Bldg, F-Block, face à Paltan Rd) dans le quartier du Fort.

Pour Goa, il est souvent plus pratique de prendre un bus privé. Les prix vont de 760 ₹ (à éviter) à 3 000 ₹. Les départs ont souvent lieu en banlieue, mais ceux de la compagnie d'État **Kadamba Transport** (carte p. 60 ; ☎9969561146 ; www.goakadamba.com ; 5 Mahapalika Marg, quartier du Fort ; ⏲7h30-17h30 lun-sam) circulent depuis un arrêt situé en face d'Azad Maidan, dans le centre. Le trajet dure 14 heures.

Pendant les vacances, les tarifs s'envolent (jusqu'à 75% en plus) pour les destinations courues comme Goa.

TRAIN

Pour des renseignements généraux sur les trains, voir p. 29 et p. 594. Trois réseaux ferroviaires relient Mumbai au reste du pays. Les voyageurs en empruntent principalement deux : Central Railway et Western Railway. Les billets s'achètent dans n'importe quelle gare informatisée.

Central Railway (www.cr.indianrailways.gov.in) dessert l'Est, le Sud, plus quelques destinations vers le nord – ses trains partent du CSMT (aussi connu sous le nom de VT). On peut acheter des billets réservés aux touristes étrangers (*tourist quota*) et des pass Indrail au guichet n°4 situé au 1er étage du **centre de réservation** (carte p. 60 ; ☎139 ; www.cr.indianrailways.gov.in ; Chhatrapati Shivaji Maharaj Terminus Area, Fort ⏲8h-20h lun-sam, 8h-14h dim). Un système de taxis prépayés est proposé près du kiosque d'information touristique de la MTDC (p. 79). Les tarifs sont de 160 ₹ pour Colaba, 360 ₹ pour Bandra, 430 ₹ pour le terminal des vols intérieurs et 500 ₹ pour le terminal international).

Quelques trains de Central Railway partent de Dadar (D), à quelques arrêts au nord du CSMT. D'autres partent de Lokmanya Tilak (T), à 16 km au nord.

Western Railway (www.wr.indianrailways.gov.in) assure des liaisons vers le nord depuis la gare de Mumbai Central, généralement dénommées Bombay Central (BCT). Le **centre de réservation pour passagers** (carte p. 60 ; ☎139 ; www.wr.indianrailways.gov.in ; Station Bldg, Vithaldas Thackersey Marg, Churchgate ; ⏲8h-20h lun-sam, 8h-14h dim) fait face à la gare de Churchgate. Il dispose d'un guichet pour les billets réservés aux touristes étrangers.

Les infrastructures liées au transport ferroviaire ont fait près de 19 000 morts depuis 2013. Effondrements de passerelles, mouvements de foule, accidents divers : un audit a été lancé en 2019 afin de mettre un terme à ces tragédies.

PRINCIPAUX TRAINS AU DÉPART DE MUMBAI

DESTINATION	TRAIN (N° ET NOM)	TARIF	DURÉE	DÉPART
Agra	12137 *Punjab Mail*	585/1 555/2 250/3 855 ₹ (A)	22 heures	19h35 CSMT
Ahmedabad	12901 *Gujarat Mail*	315/815/1 150/1 940 ₹ (A)	8 heures 30	22h05 BCT
	12009 *Shatabdi Exp*	1 030/1 885 ₹ East	6 heures 30	6h25 BCT
Aurangabad	11401 *Nandigram Exp*	235/630/900/1 510 ₹ (A)	7 heures	16h35 CSMT
	17617 *Tapovan Exp*	140/505 ₹ (C)	7 heures	6h15 CSMT
Bengaluru (Bangalore)	11301 *Udyan Exp*	500/1 355/1 975/3 370 ₹ (A)	24 heures	8h10 CSMT
Chennai (Madras)	12163 *Chennai Exp*	570/1 505/2 175/3 720 ₹ (A)	23 heures 30	20h30 CSMT
Delhi	12951 *Mumbai Rajdhani*	2 725/4 075/4 730 ₹ (D)	15 heures 45	17h BCT
Hyderabad	12701 *Hussainsagar Exp*	425/1 075/1 555/2 625 ₹ (A)	14 heures 30	21h50 CSMT
Indore	12961 *Avantika Exp*	440/1 165/1 660/2 815 ₹ (A)	14 heures	19h10 BCT
Jaipur	12955 *Mumbai Central Jaipur Superfast Exp* (MMCT JP SF)	535/1 420/2 050/3 495 ₹ (A)	18 heures	18h50 BCT
Kochi (Cochin)	16345 *Netravati Exp*	615/1 655/2 430 ₹ (B)	27 heures	11h40 LTT
Madgaon (Goa)	10103 *Mandovi Exp*	390/1 070/1 540/2 610 ₹ (A)	13 heures	7h10 CSMT
	12133 *Mangalore Exp*	420/1 150/1 590 ₹ (B)	10 heures 45	22h02 CSMT
	11085 *Mao Doubledecker*	840 ₹ (F)	12 heures	5h33 mer, ven et dim LTT
Pune	11301 *Udyan Exp*	140/495/700/1 165 ₹ (A)	3 heures 30	8h10 CSMT

Abréviations des noms des gares : CSMT (Chhatrapati Shivaji Maharaj Terminus) ; BCT (Mumbai Central) ; LTT (Lokmanya Tilak) ; D (Dadar).

Tarifs : (A) sleeper/3AC/2AC/1AC ; (B) sleeper/3AC/2AC ; (C) 2e classe/CC ; (D) 3AC/2AC/1AC ; East CC/Exec CC ; (F) CC.

ℹ Comment circuler

M-Indicator (m-indicator.soft112.com) est une application très précieuse pour tout ce qui concerne les transports publics à Mumbai ; elle renseigne notamment sur les horaires des trains et les prix des rickshaws.

DEPUIS/VERS L'AÉROPORT

Terminal 1

Auto-rickshaw En dehors des heures de pointe (7h-11h et 16h-20h), vous pourrez prendre un auto-rickshaw (25-48 ₹) jusqu'à la gare de Vile Parle, puis un train pour Churchgate (à partir de 10 ₹, 45 minutes).

Taxi Le hall des arrivées abrite un comptoir de taxis prépayés. La course en taxi sans/avec clim et avec un bagage coûte 570/695 ₹ pour Colaba ou le quartier du Fort, et 295/350 ₹ pour Bandra (un peu plus le soir).

VTC En heures creuses, la course avec UberGo depuis l'aéroport revient à 220 ₹ pour le Bandra Kurla Complex ou Bandra West, 400 ₹ pour le quartier du Fort et 425 ₹ pour Colaba. La prise en charge Uber ou Ola se fait dans le parking juste après la sortie du hall des arrivées, au repère Z1–7 (un comptoir Uber permet de commander une course à ceux qui n'ont pas de connexion mobile).

Terminal 2

Auto-rickshaw Ils ne vont pas plus au sud que Bandra ; sortez du terminal et suivez les panneaux. Le tarif s'élève à 50-60 ₹ pour Vilz Parle, 50-70 ₹ pour Andheri (un responsable de la circulation est en principe garant de leur honnêteté).

Taxi prépayé Les taxis à prix fixe coûtent 670/810 ₹ (sans/avec clim ; un bagage compris) pour Colaba et le quartier du Fort, et 400/480 ₹ pour Bandra. Le trajet jusqu'à Colaba dure environ 1 heure de nuit (via le pont Sea Link) et 1 heure 30 à 2 heures en journée.

Train Si vous arrivez en journée (sauf aux heures de pointe) et n'êtes pas trop chargé, prenez un auto-rickshaw pour la gare d'Andheri, puis un train pour Churchgate ou le CSMT (à partir de 10 ₹, 45 minutes).

Taxi La course en taxi climatisé de South Mumbai à l'aéroport international coûte en principe de 700 à 750 ₹, auxquels s'ajoutent 70 ₹ de péage si vous empruntez le Sea Link Bridge, qui permet de gagner du temps. Prévoyez 2 heures de trajet entre 16h et 20h, 45 minutes à 1 heure 30 sinon.

VTC Pour les courses Uber et Ola, la prise en charge a lieu respectivement aux niveaux ouest et est du P7. Dans le hall des arrivées, un comptoir vous permet de commander une course à ceux qui n'ont pas de connexion mobile. En heures creuses, la course avec UberGo depuis l'aéroport revient à 250 ₹ pour le Bandra Kurla Complex, 260 ₹ pour Bandra West, 460 ₹ pour le quartier du Fort et 560 ₹ pour Colaba. Les frais de prise en charge (105 ₹) sont inclus dans le tarif final.

BATEAU

Les ferries réguliers de **PNP** (carte p. 48 ; ☎ 022-22885220 ; Apollo Bunder, Colaba) et **Maldar Catamarans** (carte p. 48 ; ☎ 022-23734841 ; Apollo Bunder, Colaba) naviguent jusqu'à Mandwa (aller 135-185 ₹). C'est une solution commode pour rejoindre Murud-Janjira et le reste de la côte de Konkan en évitant le long trajet en bus depuis Mumbai. Les billets sont en vente dans les billetteries du Taj Gateway Plaza.

Les bateaux pour Elephanta Island (p. 57) sont à destination de Gharapuri et au départ de la Gateway of India (1 heure ; toutes les 30 minutes de 9h à 15h30). Les billets s'achètent au comptoir MTDC (p. 79) au Taj Gateway Plaza. Il y a des **bateaux** (carte p. 48 ; Apollo Bunder, Colaba) pour Mandwa également : billets à se procurer auprès de PNP et Maldar Catamarans.

Le premier bateau de croisière de luxe – le premier du genre en Inde pour les traversées intérieures – a été lancé en 2018. **Angriya Cruises** (☎ 8314810440 ; www.angriyacruises.com ; Victoria Docks 15, Purple Gate, sur le Ferry Wharf, Mazagão ; d avec/sans fenêtre à partir de 6800/5300) relie Mumbai à Goa les lundis, mercredis et vendredis à 16h aux Victoria Docks juste au nord du quartier du Fort. Il accoste à Mormugao (30 km au sud de Panaji) le lendemain à 10h.

BUS

L'appli M-Indicator a une fonctionnalité de recherche d'itinéraire. Elle n'est intéressante que si vous voyagez avec un budget extrêmement serré – il vous faudra également déchiffrer les numéros des bus en devanagari (sur les plus anciens) et ne pas lâcher vos affaires, ou vos poches, de vue. Les tickets démarrent à 8 ₹. Pour connaître les horaires et itinéraires : routenetwork.bestundertaking.com.

Les arrêts de la compagnie BEST (www.bestundertaking.com) sont nombreux en ville. Vous en trouverez notamment à l'**est** (carte p. 48 ; MG Rd, Colaba) et à l'**ouest** (carte p. 48 ; MG Rd, Colaba) de Mahatma Gandhi Road (MG Rd), à la gare de **CSMT** (carte p. 60 ; Chhatrapati Shivaji Maharaj Terminus Area, Fort) et au **Colaba depot** (carte p. 48 ; Colaba Causeway).

MÉTRO

La ligne n°1 du métro (www.reliancemumbaimetro.com) a ouvert en 2014. Les travaux du Mumbai Metro devraient s'achever en 2025. Elle relie 12 stations des lointains quartiers nord à la station Ghatkopar, dans l'est – bien loin de la plupart des lieux d'intérêt pour les visiteurs, à l'exception des secteurs de bars et clubs qui se développent à Andheri West et Versova, et qui sont accessibles respectivement depuis les stations DN Nagar et Versova. La ligne 1 du monorail devait être prolongée vers le sud jusqu'à Jacob Circle (à 5 km au nord du CSMT) lorsque vous lirez ces lignes, après des retards répétés dans les travaux. Elle desservira ainsi le centre de vie nocturne de Lower Parel.

En fonction de la distance, un billet aller coûte entre 10 et 40 ₹. Des Trip Passes (forfaits ; 750-1 350 ₹) mensuels sont aussi disponibles. L'accès aux stations se fait par des escalators. Les voitures sont climatisées ; des places sont réservées aux femmes et aux invalides.

La ligne n°3 (Colaba-Bandra-SEEPZ) se déroulera sur 33,5 km en souterrain. Avec ses 27 stations, elle desservira Cuffe Parade au sud de Colaba, Fort, les principales gares ferroviaires, Dadar, le Bandra Kurla Complex, Bandra et les deux terminaux de l'aéroport, poursuivant ensuite jusqu'à Andheri. Elle devrait représenter un vrai intérêt pour les touristes, mais son ouverture n'est prévue (au mieux) que pour 2021. En attendant, les travaux le long de la ligne posent d'importants problèmes de circulation (entre autres) sur les grandes artères de la ville.

TAXI ET AUTO-RICKSHAW

Les taxis noir et jaune, bon marché, offrent le moyen le plus pratique pour se déplacer dans le sud de Mumbai – les chauffeurs utilisent *presque* toujours le compteur sans qu'on le leur demande. Le tarif minimal est de 22 ₹ (jusqu'à 1,5 km) ; une course de 5 km coûte environ 80 ₹. **Meru Cabs** (www.meru.in) est un service local fiable de taxis à réserver par téléphone. La réservation peut se faire en ligne ou sur appli, y compris pour les trajets longue distance.

Les deux principales applis de VTC sont Uber (www.uber.com) et Ola (www.olacabs.com). Cette dernière permet également de réserver un auto-rickshaw, ce qui évite les interminables négociations ou les arnaques. L'appli vous donnera un mot de passe unique (*one-time password* ou "OTP") au moment de la réservation, qu'il vous faudra impérativement communiquer au chauffeur pour lancer la course.

Au nord de Bandra, les auto-rickshaws sont à l'honneur. Le tarif minimal est de 18 ₹, jusqu'à 1,5 km ; comptez environ 36 ₹ pour un trajet de 3 km pendant la journée.

De minuit à 5h du matin, les tarifs des taxis et auto-rickshaws sont majorés de 50%. Une augmentation de 2 ₹ pourrait en outre être appliquée sur ces derniers dans un avenir proche. Les Mumbaikars s'orientent davantage grâce à des points de repère qu'à des noms de rues (surtout s'ils sont nouveaux), aussi retenez quelques détails.

TRAIN

Le réseau ferroviaire de la banlieue de Mumbai est l'un des plus fréquentés du monde – évitez les heures de pointe (7h-11h et 16h-20h). Les trains circulent de 4h15 à 1h.

Faites attention à vos objets de valeur. Enfin, nous conseillons aux femmes d'emprunter les wagons qui leur sont réservés, sauf la nuit, quand il est important de ne pas voyager dans un compartiment vide.

Les deux lignes les plus intéressantes pour les voyageurs sont les suivantes :

Western Line La ligne la plus utile remonte depuis Churchgate vers le nord et dessert notamment Charni Rd (pour Girgaum Chowpatty), Mumbai Central, Mahalaxmi (pour le Dhobi Ghat), Bandra, Vile Parle (pour le terminal des vols intérieurs), Andheri (pour l'aéroport international) et Borivali (pour le Sanjay Gandhi National Park). Notez qu'il existe des trains lents et express ; consultez les écrans qui indiquent respectivement "S" (Slow) ou "F" (Fast) sous "Mode".

Le premier train régional climatisé a été mis en service sur cette ligne en 2017. Il circule au minimum cinq fois par jour du lundi au vendredi (8h54, 11h50, 14h55 et 19h49 pour Virar et un départ à 17h49 pour Borivali).

Central Line Depuis le CSMT, elle s'arrête à Byculla (pour Veermata Jijabai Bhonsle Udyan, anciennement Victoria Gardens), Dadar, puis continue jusqu'à Neral (pour Matheran).

Au départ de Churchgate, les tarifs de 2e/1re classe sont de 5/50 ₹ pour Mumbai Central, de 10/105 ₹ pour Vile Parle et de 15/140 ₹ pour Borivali. Les "billets touristiques" permettent un nombre de trajets illimité en 2e/1re classe pendant 1 jour (75/275 ₹), deux jours (115/445 ₹) ou 5 jours (135/510 ₹). Les tarifs avec climatisation depuis Churchgate sont de 60 ₹ pour Mumbai Central, 85 ₹ pour Bandra, 125 ₹ pour Andheri et 165 ₹ pour Borivali.

Pour éviter les queues, achetez une **SmartCard** (100 ₹, dont 50 ₹ de crédit utilisable et 50 ₹ de caution remboursable lors de la restitution) rechargeable, valable sur les deux lignes. Imprimez votre ticket à l'un des nombreux automates avant de monter à bord du train. (Placez votre carte sur le lecteur, sélectionnez la zone, puis la station, choisissez le nombre de billets et confirmez avec "Buy Ticket", puis "Print"). Les e-tickets sont obtenus via l'appli UTS (Android ; www.utsonmobile.indianrail.gov.in), mais son installation est plus compliquée qu'autre chose pour les non-résidents.

Maharashtra

Dans ce chapitre ➡

Le top des restaurants

- Savya Rasa (p. 115)
- Malaka Spice (p. 115)
- Sadhana (p. 89)
- Bhoj (p. 93)
- Grapevine (p. 120)

Le top des hébergements

- The Machan (p. 111)
- Beyond by Sula (p. 87)
- Tiger Trails Jungle Lodge (p. 102)
- Anandvan Resort (p. 90)
- Dune Barr House (p. 109)

Pourquoi y aller

Troisième État du pays par la superficie et deuxième par la population, le Maharashtra compte des curiosités figurant parmi les plus emblématiques de l'Inde du Sud. Les voyageurs y découvrent en effet des sites classés au Patrimoine mondial et des villes cosmopolites dans un paysage où alternent les plages frangées de palmiers, les montagnes boisées et même des coteaux plantés de vignobles ! À l'extrême est, des enclaves naturelles protégées, à l'exemple de la Tadoba-Andhari Tiger Reserve, sont propices à l'évasion. Si les grottes sacrées d'Ellora et d'Ajanta demeurent les joyaux du Maharashtra, impossible d'ignorer le charme de Matheran, une station climatique desservie par un petit train de montagne, ou celui de Pune, tournée vers les spiritualités alternatives. À l'ouest, la jolie côte de Konkan, qui borde la mer d'Oman, est jalonnée de forts en ruine et de plages de sable, dont les meilleures entourent la plaisante Malvan, l'un des grands sites de plongée du pays.

Quand partir

Nasik

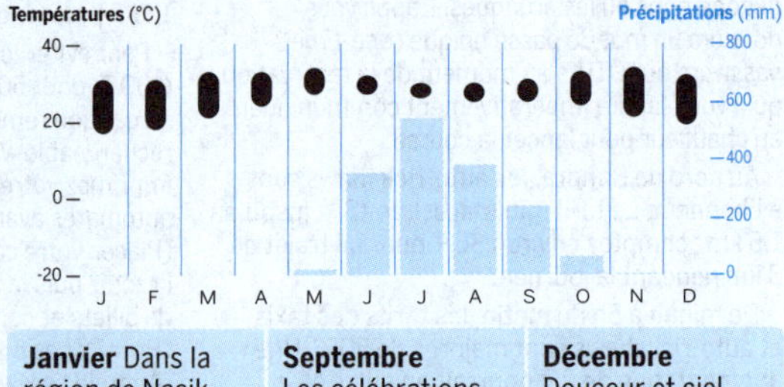

Janvier Dans la région de Nasik, l'ambiance est festive pendant la saison des vendanges.

Septembre Les célébrations de Ganesh Chaturthi atteignent leur paroxysme.

Décembre Douceur et ciel dégagé : cap sur les plages isolées de Murud, Tarkarli et Ganpatipule.

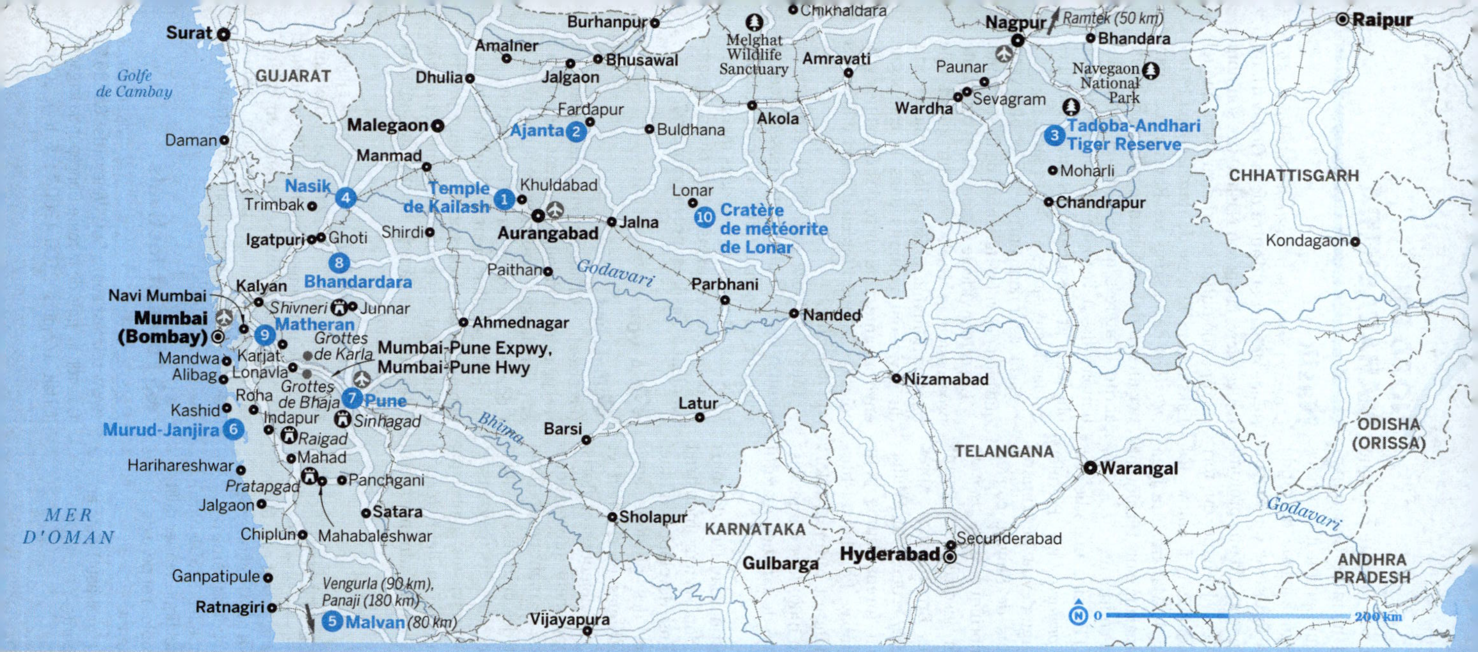

À ne pas manquer

1 Le **temple de Kailash** (p. 95), à Ellora.

2 Les galeries ornées de sculptures bouddhiques des **grottes d'Ajanta** (p. 98).

3 La **Tadoba-Andhari Tiger Reserve** (p. 102), sur la piste des grands félins.

4 La dégustation d'un cru local près de **Nasik** (p. 86).

5 Une sortie plongée ou snorkeling au large de **Malvan** (p. 107).

6 L'imposant fort de **Murud-Janjira** (p. 104), qui domine la mer d'Oman.

7 Spiritualité new age et cuisine indienne moderne à **Pune** (p. 112).

8 La mousson dans le paysage montagneux autour de **Bhandardara** (p. 90).

9 La station climatique de **Matheran** (p. 109) et ses extraordinaires points de vue.

10 Le **cratère de météorite de Lonar** (p. 101), fruit d'un impact colossal.

Histoire

Le Maharashtra doit son identité politique et culturelle au chef marathe Chhatrapati Shivaji (1627-1680), qui parvint à contrôler le Deccan et une grande partie de l'Inde occidentale depuis sa forteresse de Raigad. Objet, aujourd'hui encore, d'un profond respect, Shivaji serait à l'origine du fort sentiment d'indépendance qui anime les Marathes. Grâce à lui, le Maharashtra joua un temps un rôle majeur sur l'échiquier diplomatique du sous-continent.

Au XVIIIe siècle, l'Empire marathe fut gouverné par un *peshwa*, un Premier ministre dont la charge devint héréditaire. Les rajas, descendants de Shivaji, conservèrent un rôle honorifique. Les *peshwa* gardèrent le pouvoir jusqu'en 1819, avant d'être évincés par les Britanniques. Après l'Indépendance en 1947, l'ouest du Maharashtra et le Gujarat furent réunis pour former l'État de Bombay. Le Maharashtra actuel, dont la capitale est Mumbai (alors Bombay), fut créé en 1960, lors d'une scission entre les régions de langues marathi et gujarati.

Depuis, cet État est devenu l'un des plus prospères du pays. Son secteur industriel est désormais le plus développé d'Inde, entre transformation des produits agricoles, centrales électriques (à charbon et nucléaires), parcs technologiques et florissants pôles de développement informatique. Ces dernières années, le manque de pluie a nui au rendement des cultures, ce qui a entraîné des suicides chez les paysans et attisé les violences intercastes, alors que les Marathes exigent qu'on leur réserve davantage de postes dans l'administration et l'enseignement.

LES PLUS BELLES FÊTES

Dussehra (ou Dasara ; sept-oct). Cette fête hindoue célèbre aussi l'anniversaire de la conversion au bouddhisme de Bhimrao Ramji Ambedkar (1891-1956), juriste et homme politique, leader dalit (caste des intouchables) et père de la Constitution indienne.

Naag Panchami (juil/août). Fête en hommage aux serpents.

NORD DU MAHARASHTRA

Nasik

0253 / 1,57 MILLION D'HABITANTS / ALTITUDE 565 M

Située de part et d'autre de la Godavari, un fleuve sacré, Nasik (ou Nashik) tire son nom de l'épisode du *Ramayana* au cours duquel Lakshmana, le frère de Rama, coupa le nez (*nasika*) de la sœur de Ravana. Le quartier ancien de cette grande ville provinciale abrite d'intéressants édifices en bois, des temples liés à l'épopée hindoue, ainsi que plusieurs grands ghats, ces larges marches qui facilitent l'accès au fleuve sacré.

Nasik est mieux entretenue et plus verte que bien des villes indiennes de même taille.

Le secteur viticole indien est en constante progression et Nasik joue un grand rôle dans ce domaine, puisque les meilleurs crus du pays sont produits dans la campagne environnante. Une visite des domaines viticoles (p. 88) mérite bien d'inscrire la ville à son itinéraire.

Tous les douze ans, Nasik accueille la **Kumbh Mela**, le plus grand rassemblement religieux au monde qui se déroule tous les trois ans alternativement dans quatre hauts lieux religieux indiens. Le prochain rassemblement à Nasik est prévu pour 2027.

À voir

Ramkund GHAT

(Panchavati). Chaque jour, des centaines de pèlerins hindous viennent se baigner et prier dans ce bassin sacré au bord de la Godavari, au cœur du vieux quartier, qui accueille régulièrement la Kumbh Mela. Ils y répandent aussi les cendres de leurs proches défunts, car ses eaux procurent la *moksha* (libération de l'âme). Le marché adjacent vaut le détour.

Temple de Kala Rama TEMPLE HINDOU

(Panchavati Rd ; 5h-22h). Le sanctuaire (1794) le plus important de la ville renferme de singulières représentations en pierre noire de Rama, Sita et Lakshmana. Selon la légende, c'est ici que Lakshmana trancha le nez de Surpanakha.

Fêtes et festivals

SulaFest VIN ET MUSIQUE

(www.sulafest.com ; Sula Vineyards, Gat 36/2, Govardhan, près de la route Gangapur-Savargaon ; forfait 1/2 jours 2 600-4 300 ₹ ; fév). Cette

Nasik

célébration de la divine bouteille, orchestrée par Sula Vineyard (p. 88), a lieu le premier week-end de février. Elle se double d'un festival de musique réputé et les amateurs se pressent pour assister aux performances de plus de 120 groupes et DJ de renommée internationale, répartis sur trois scènes. Billets sur in.bookmyshow.com.

Où se loger

Hotel Samrat HÔTEL $

(☎0253-2306100 ; www.hotelsamratnasik.com ; Old Agra Rd ; d à partir de 1 000 ₹, s/d avec clim 1 720/2 130 ₹ ; ❄📶). Même si la clientèle locale semble délaisser son restaurant végétarien, cet hôtel reste une bonne affaire. Les chambres sont confortables ; certaines ont de grandes fenêtres et sont meublées de pin. Pratique : l'établissement donne juste à côté de la gare routière et d'une agence de bus privés. Le Wi-Fi est rapide mais s'y connecter relève d'un parcours d'obstacles.

Ginger HÔTEL $$

(☎0253-6616333 ; www.gingerhotels.com ; Plot P20, Satpur MIDC, Trimbak Rd ; s/d 2 580/ 3 130 ₹ ; ❄📶). Un confortable hôtel d'affaires d'une chaîne indienne. Moins animé que d'autres établissements Ginger, il loue 92 chambres fraîches et accueillantes, avec bois blond, propreté irréprochable et belles sdb. À environ 4,5 km à l'ouest du centre.

The Source at Sula BOUTIQUE-HÔTEL $$$

(☎7875555735 ; www.sulawines.com ; Gat 36/2, près de la route Gangapur-Savargaon, Govardhan Village ; d/ste à partir de 9 140/11 750 ₹ ; ❄📶🏊). Ce nouvel hôtel d'inspiration toscane occupe les anciens bâtiments de Sula Vineyards. Ses 31 chambres confortables, avec sdb spacieuses, donnent pour la plupart sur les vignes, la piscine ou la cour pavée. Pour plus d'intimité, louez l'un des quatre bungalows sur pilotis, ou *tree houses*. Spa (massage à l'huile de pépins de raisin 3 100 ₹).

Beyond by Sula COMPLEXE HÔTELIER $$$

(☎7875555725 ; www.sulawines.com ; Gangavarhe ; d avec petit-déj 10 240 ₹ ; ❄📶🏊). Les sept chambres du domaine Sula Vineyard sont à quelques kilomètres de l'entreprise viticole, près du lac artificiel de Gangapur Dam. Les chambres sont ultracontemporaines, avec sol en béton ciré et baies vitrées dévoilant la beauté du paysage. Mention spéciale à l'imposante Sky Villa (trois chambres, 38 400 ₹), remarquable sur le plan architectural.

Vallonné Vineyards PENSION $$$

(☎9819129455 ; www.vallonnevineyards.com ; Gat 504, Kavnai Shivar ; d vue jardin/vignes avec

LES RAISINS DE NASIK

Des maigres raisins desséchés aux vins charpentés, les vignes de Nasik ont parcouru un long chemin. Si l'on cultive ici du raisin de table depuis des temps immémoriaux, il fallut attendre le début des années 1990 pour que des viticulteurs se rendent compte que Nasik jouissait de conditions climatiques et de sols similaires à ceux de la région de Bordeaux. En 1997, **Sula Vineyards**, exploitation pionnière, investit dans une culture de sauvignon blanc et de chenin blanc. Les premiers crus locaux furent commercialisés en 2000. Depuis, leur succès ne s'est pas démenti. Actuellement, les domaines de Nasik cultivent plusieurs cépages (syrah, merlot, cabernet, sémillon, zinfandel).

Il est possible de visiter l'un des domaines de la région. **Wine Friend** (9822439051 ; www.winefriend.in ; sortie une journée 6 000 ₹, hors dégustations) propose des circuits œnologiques à la découverte des producteurs locaux. Vous pouvez aussi louer une voiture avec chauffeur (8 heures, 1 450 ₹) via Ola (p. 596) ou contacter le sympathique Sanil, qui parle anglais, chez **SCK Rent-A-Car** (8888080525 ; scktravels2015@gmail.com).

Sula Vineyards (9970090010 ; www.sulawines.com ; Gat 36/2, en retrait de la route Gangapur-Savargaon, village de Govardhan ; dégustations 400 ₹ ; 11h-23h). À 15 km à l'ouest de Nasik, l'excellente visite (environ 45 minutes) de ce domaine équipé d'installations high-tech se conclut par un choix de six dégustations thématiques, comme Beat the Heat (400 ₹ ; vins blancs et mousseux) et Best of Sula (400 ₹ ; les meilleurs crus de la maison, notamment deux Rasa), organisées sur une terrasse avec vue sur la campagne.

York Winery (0253-2230701 ; www.yorkwinery.com ; Gat 15/2, route Gangapur-Savargaon, Gangavarhe ; 5/7 vins 150/250 ₹ ; 12h-22h). À quelques kilomètres de Sula Vineyards, ce domaine familial propose des visites et des dégustations dans une salle au dernier étage, avec vue panoramique sur le lac et les collines. Le domaine produit quatre rouges (son produit phare est un cabernet-syrah vieilli en fût), trois blancs, un rosé et deux mousseux. Des en-cas occidentaux (olives, fromages) sont servis dans le jardin.

Soma Vine Village (7028066016 ; www.somavinevillage.com ; Gat 1, Gangavarhe ; cinq vins 350 ₹ ; 11h30-18h30). À 17 km à l'ouest de Nasik, sur la même route que Sula et York, les visites (45 minutes) se terminent par une dégustation de vins choisis parmi les onze crus de la maison, dont le Chenin Blanc Gold primé et un rosé spécial dessert, excellents.

Chandon (9561065030 ; www.chandon.co.in ; Gat 652/653, Taluka-Dindori ; dégustation 500 ₹ ; 10h-18h lun-ven). Cette installation haut de gamme, située dans un parc, est le domaine le plus récent de Nasik et sans doute l'un des plus beaux. On y déguste (500 ₹ déductibles en cas d'achat) les meilleurs mousseux du pays, un Chandon Brut (chenin blanc/chardonnay/pinot noir) et un Brut Rosé (syrah/pinot noir). Des bulles à savourer dans le luxueux salon contemporain, dans la salle d'exposition ou sur la terrasse. À 26 km au nord de Nasik.

Grover Zampa (02553-204379 ; www.groverzampa.in ; Gat 967/1026, village de Sanjegaon, Tallgatpuri ; 5/7 vins 500/650 ₹ ; 10h-17h30, visites 10h30, 14h30 et 16h). Grover Zampa a d'abord produit des vins dans le Karnataka, à partir de variétés importées de France en 1992. Aujourd'hui, c'est le plus ancien viticulteur en activité et, de loin, le plus récompensé. Les visites et les dégustations organisées au domaine, à 53 km au sud-ouest de Nasik, se déroulent dans une cave. Si vous venez jusqu'ici, allez dîner au Malaka Spice, le meilleur restaurant de la région, dans un cadre de choix, et passez la nuit au Valloné Vineyards (p. 87).

petit-déj 6 500/7 500 ₹). Connu pour son cabernet sauvignon, son vin de Passerillage liquoreux (dégustations 400 ₹ ; 11h-16h30) et son restaurant Malaka Spice (p. 115), ce domaine loue aussi deux chambres, s'ouvrant sur une belle vue. Service hôtelier réduit au strict minimum.

The Vern at BLVD BOUTIQUE-HÔTEL **$$$**
(0253-6644000 ; www.blvdnashik.com ; 1er niv., BLVD, P20, Trimbak Rd, MIDC ; s/d à partir de 5 900/7 080 ₹ ;). L'hôtel le plus récent de Nasik fait partie d'un ensemble comprenant des restaurants, des bars et des salles de banquet. Un ascenseur mène à des couloirs

moquettés et des chambres très confortables et modernes, dotées de TV écran plat et de sdb en marbre gris. Une adresse un cran au-dessus des hôtels d'affaires quelconques qu'on trouve ailleurs en ville.

Où se restaurer et prendre un verre

Sadhana PETIT-DÉJEUNER $
(www.sadhanamisal.com ; Hardev Baug, route Gangapur-Satpur, Barden Phata ; repas 90-100 ₹ ; 8h-15h). Cette institution, à la sortie de la ville, sert le meilleur *misal pav* de Nasik, un plat du Maharashtra préparé avec des haricots germés et des légumineuses, recouvert de riz soufflé aplati, de nouilles de farine de pois chiches croquantes, d'oignons, de citron et de coriandre et servi avec un petit pain beurré. Jusqu'à 5 000 personnes se pressent ici le week-end. Espèces uniquement. À ne pas manquer ! Prenez un Uber (125 ₹ environ) pour vous y rendre.

Divtya Budhlya Wada MAHARASHTRAIS $$
(Anadwali, Gangapur Rd ; plats 160-310 ₹, thali 210-350 ₹ ; 11h-15h30 et 19h-23h). Vous trouverez ici une authentique et très piquante cuisine du Maharashtra, à savourer sous des bambous, à la lueur des lanternes. Du *thali* spécial au mouton (290 ₹, un peu chiche toutefois) aux plats rustiques (à la carte), tout est savoureux. À 5 km au nord-ouest du centre – 85 ₹ avec un chauffeur Uber. Enseigne en marathi.

Malaka Spice ASIATIQUE $$$
(www.malakaspice.com ; Vallonné Vineyard, Gat 504, Kavnai Shiver ; plats 360-660 ₹ ; 11h30-23h30). Annexe du meilleur restaurant de Pune, cet excellent établissement est de loin le plus bel endroit pour un dîner dans la région de Nasik. Les paysages de carte postale englobent le Vallonné Vineyard, le lac Mukane et les monts Sahyadri. Ajoutez à ce décor les saveurs de l'Asie du Sud-Est et l'approche Slow Food et locavore, et vous obtenez une adresse qui mérite le détour.

The Foundry DISCOTHÈQUE
(www.blvdnashik.com ; 2e niv., BLVD, P20, Trimbak Rd, MIDC ; 19h30-minuit sam). Malgré les vignobles environnants, Nasik est une ville axée essentiellement sur la spiritualité. La vie nocturne y est donc limitée mais cette petite boîte récente voit affluer les amateurs. Musique techno, piste de danse en béton, affiches de films bollywoodiens et étrangers et déco industrielle.

TARIFS HÔTELIERS

Les hôtels du Maharashtra ajoutent une taxe au prix de la nuitée : nulle jusqu'à 999 ₹, elle est de 12% entre 1 000 et 2 500 ₹, de 18% entre 2 501 et 7 499 ₹, et de 28% à partir de 7 500 ₹.

Les fourchettes de prix suivantes correspondent à une chambre double avec sdb, taxes comprises.

$ moins de 2 000 ₹

$$ 2 000-5 000 ₹

$$$ plus de 5 000 ₹

Renseignements

Office du tourisme de la MTDC (Maharashtra Tourism Development Corporation ; 0253-2570059 ; www.maharashtratourism.gov.in ; T/I, Golf Club, Old Agra Rd, Matoshree Nagar ; 9h45-18h45 lun-sam, fermé 2e et 4e sam du mois)

Depuis/vers Nasik

BUS

Le **nouvelle gare routière centrale** (New Central Bus Stand, New CBS ; 0253-2309308 ; Thakkar Bazar) est reliée à Aurangabad (sans/avec clim 250/425 ₹, 4 heures 30, toutes les heures 5h-0h15) et Pune (sans/avec clim 300/410 ₹, 4 heures 30, toutes les heures, 4h30-1h).

L'**ancienne gare routière centrale** (Old Central Bus Stand, Old CBS ; 0253-2309310 ; Police Staff Colony) accueille des bus pour Ghoti (120 ₹, 1 heure, toutes les 2 heures, 5h-22h), Igatpuri (140 ₹, 1 heure, toutes les 2 heures 5h-22h) et Trimbak (40 ₹, 45 minutes, toutes les 30 minutes 4h15-23h). Au sud de la ville, la gare routière de Mahamarg (Gaikwad Nagar) permet de rallier Mumbai (sans/avec clim 220/365 ₹, 4 heures 30, toutes les heures, 6h-20h) et Shirdi (sans/avec clim 150/200 ₹, 2 heures 30, toutes les heures 6h-19h30).

Des bus privés desservent Ahmedabad (sleeper sans/avec clim à partir de 1 000/1 200 ₹, 12 heures, 10-15/jour), Kolhapur (sleeper avec clim à partir de 600 ₹, 10 heures, 10/jour, 19h30-21h), Mumbai (à partir de 500 ₹, 4 heures, toutes les heures), Pune (à partir de 300/450 ₹, 6 heures, toutes les heures) et Nagpur (sleeper avec clim 2 200 ₹, 12 heures, 5/jour, 17h-19h). Pratique, l'agence de bus privés **Samrat Travels** (92604484820 ; Hotel Samrat, Old Agra Rd) est voisine de l'Hotel Samrat.

De nombreux bus privés partent de Dwarka Circle. À Mumbai, ils ont généralement pour terminus Dadar TT Circle.

TRAIN

La gare ferroviaire de Nashik Rd (NK ; Iali Gaon) est à 8 km au sud-est du centre-ville. Une **billetterie ferroviaire** (1er niv., Palika Bazaar, Sharanpur Rd ; ⏲8h-20h lun-sam, 8h-14h dim) est située à 500 m à l'ouest de l'ancienne gare routière centrale. Pour Mumbai, l'attente ne sera pas longue, avec plus de 25 trains par jour – le *Pushpak Express* (1re/2AC/sleeper 1 245/745/170 ₹, 4 heures 30) part à 15h15. Il n'y a que 4 départs quotidiens pour Aurangabad ; le *Tapovan Express* (2e classe/chair 85/325 ₹, 3 heures 30, 9h50) est intéressant. Il en coûte environ 175 ₹ pour un véhicule Uber entre la gare et Panchavati.

Environs de Nasik

Bhandardara

Le joli bourg de Bhandardara, peu visité, est perché dans les monts Sahyadri, à 70 km de Nasik. Entouré de reliefs accidentés, ce hameau bucolique est l'un des meilleurs endroits du Maharashtra pour échapper au tumulte urbain. Le paysage montagneux, luxuriant pendant la mousson, est extraordinaire.

La plupart des habitations se trouvent près du **lac Arthur**, une des plus grandes retenues d'eau du pays, alimentée par les eaux de la Pravara. D'un côté du lac, l'imposant barrage Wilson (Wilson Dam) a été construit à l'époque coloniale, en 1910. Les randonneurs pourront grimper jusqu'au sommet du **mont Kalsubai** (1 646 m), dont les Marathes avaient jadis fait un point d'observation. On peut aussi rejoindre les ruines du **fort de Ratangad**, autre ancienne forteresse de Shivaji, ou des cascades chères aux tournages bollywoodiens comme celles de **Randha** ou d'**Umbrella**. Un circuit guidé à la découverte des principales curiosités coûte 700 ₹ – les guides attendent généralement devant l'**Anandvan Resort** (☎02424-257320 ; www.anandvanresorts.com ; Ghatghar Rd, Village Shendi ; ❄📶).

Depuis l'ancienne gare routière centrale de Nasik (p. 89), prenez un bus pour Ghoti (120 ₹, 1 heure, toutes les 2 heures 5h-22h), puis un taxi collectif (Bhandardara Rd) pour parcourir les derniers kilomètres jusqu'à Bhandardara (50 ₹, 45 minutes, 7h-17h30). Comptez environ 1 650 ₹ pour un trajet en véhicule Mini Ola. Sinon, vous pouvez aussi rejoindre Ghoti en prenant un taxi collectif (CBS Rd, Shalimar ; 50 ₹ par personne, 30 minutes, 8h-22h), à côté de l'Hotel Priya, à Nasik.

De Mumbai, empruntez un train rapide Central Line depuis le CST jusqu'au terminus, à Kasara (30 ₹, 2 heures 15). De là, un bus vous conduira à Shendi Village (Bhandardara ; 60 ₹, 2 heures).

Igatpuri

À 44 km au sud de Nasik, Igatpuri accueille le plus grand centre de la **Vipassana International Academy** (☎02553-244076 ; www.giri.dhamma.org ; Dhamma Giri, Igatpuri ; don accepté ; ⏲centre d'accueil des visiteurs 9h30-16h30), qui propose des stages de méditation de dix jours, sur réservation, toute l'année. Les professeurs soulignent l'importance d'une discipline rigoureuse. Les simples visiteurs pourront visionner une vidéo de présentation de 20 minutes ou participer à une mini-séance de méditation *anapana* (10 minutes). Le logement (spartiate), les repas et l'enseignement de la méditation sont gratuits. Les dons sont acceptés à l'issue de la formation.

Cette forme de méditation fut enseignée par le Bouddha Gautama au VIe siècle av. J.-C., et réintroduite en Inde dans les années 1960 par S. N. Goenka.

Des bus (140 ₹, 1 heure, toutes les 2 heures, 5h-22h30) et des taxis collectifs (60 ₹/personne, 1 heure, 6h-22h) pour Igatpuri partent à côté de l'Hotel Priva à Nasik. De nombreux trains desservent chaque jour Igatpuri depuis la gare ferroviaire de Nasik et le Chhatrapati Shivaji Terminus (CST) de Mumbai.

Trimbak

Trimbak, à 33 km à l'ouest de Nasik,compte l'un des douze plus importants sanctuaires dédiés à Shiva, le **temple de Trimbakeshwar** (200 ₹ pour le billet coupe-file ; ⏲18h-22h). Cet édifice austère au centre du bourg renferme un *jyoti linga*, objet d'une vénération toute particulière. La pancarte indiquant qu'il est réservé aux hindous n'est plus d'actualité et les non-hindous sont les bienvenus (vous risquez de ne passer que quelques secondes dans le saint des saints car le service de sécurité presse la foule). Les téléphones portables sont interdits.

Non loin, la Godavari alimente le **bassin d'ablutions de Gangadwar**, où chacun est invité à se laver de ses péchés.

On visite facilement Trimbak sur la journée depuis Nasik et rares sont les visiteurs qui y passent la nuit. Pour autant, les *guesthouses* et *resorts* ne manquent pas et beaucoup offrent une vue panoramique sur le massif du Brahmagiri. Vous trouverez quantité d'échoppes alimentaires et de restaurants sur la route du temple.

Des bus pour Trimbak partent de l'ancienne gare routière de Nasik toutes les heures de 5h à 23h (45 minutes). Le dernier bus pour Nasik est à 22h30.

Aurangabad

☎0240 / 1,28 MILLION D'HABITANTS / ALTITUDE 515 M

Cité paisible pendant une grande partie de la période tourmentée de l'Inde médiévale, Aurangabad connut son heure de gloire lorsque Aurangzeb, le dernier Grand Moghol, en fit sa capitale en 1653. À la mort du souverain, en 1707, la ville s'endormit aussi vite qu'elle s'était éveillée. Ce bref âge d'or fut marqué par l'édification de quelques monuments, dont une réplique du Taj Mahal, qui attirent, aujourd'hui encore, beaucoup de visiteurs. Ces édifices moghols et des sanctuaires rupestres font d'Aurangabad une destination de choix pour un week-end depuis Mumbai. Toutefois, la ville constitue surtout une excellente base pour visiter les grottes sacrées d'Ellora et d'Ajanta, ainsi que la citadelle de Daulatabad (p. 94).

Les soieries et autres tissus luxueux représentaient autrefois la principale source de revenus de la ville (voir l'encadré).

À voir

Bibi-qa-Maqbara MONUMENT

(Begumpura ; Indien/étranger 40/300 ₹ ; 6h-20h). Construit en 1679 par Azam Khan, le fils d'Aurangzeb, pour sa mère Rabia-ud-Daurani, ce tombeau est surnommé le "Taj du pauvre". Avec ses quatre minarets qui encadrent le dôme du mausolée central, cet édifice blanc ressemble à s'y méprendre au Taj Mahal d'Agra. Il est cependant bien moins grandiose, car seuls la plate-forme et le dôme sont revêtus de marbre, le reste de l'édifice étant fait de mortier de chaux.

Ayant imaginé un édifice tout en marbre, le prince se serait heurté à un refus catégorique de son père, qui tenait la dépense pour extravagante. Malgré ses matériaux moins nobles et l'usure due au passage du temps, le site n'en est pas moins impressionnant.

Les jardins se prêtent à une charmante balade, avec les collines du Deccan à l'arrière-plan. Le Bibi-qa-Maqbara est à 3 km au nord de la gare routière centrale ; comptez 50 ₹ en auto-rickshaw Ola.

Grottes d'Aurangabad SANCTUAIRE BOUDDHIQUE

(Grishneswar Temple Rd ; Indien/étranger 40/300 ₹ ; 6h-18h). D'un point de vue strictement esthétique, les grottes d'Aurangabad ne sauraient être comparées à celles d'Ellora ou d'Ajanta. Elles n'en témoignent pas moins des débuts de l'architecture bouddhique et se prêtent à une agréable sortie. Creusées à flanc de colline au VIe ou au VIIe siècle, ces dix grottes sacrées sont réparties en deux groupes, distants de 1 km l'un de l'autre (conservez votre billet d'entrée). Ornée de bas-reliefs représentant des couples dénudés dans des positions suggestives, la grotte n°7 attire de nombreux visiteurs.

Le site est à quelque 2 km au nord du Bibi-qa-Maqbara. Un aller-retour en auto-rickshaw depuis le mausolée ne devrait pas coûter plus de 250 ₹, temps de la visite compris.

Circuits organisés

Ashoka Tours & Travels CIRCUITS

(☎0240-2359102, 9890340816 ; www.touristaurangabad.com ; Hotel Panchavati, Railway Station Rd West ; 7h-21h). Cette remarquable agence tenue par Ashok T. Kadam, un ancien chauffeur d'auto-rickshaw qui connaît bien son sujet, organise d'excellentes visites de la ville et de la région et loue des voitures à prix corrects. Une voiture climatisée (jusqu'à

L'ART DE TISSER LE HIMROO

Le *himroo* est un tissus réputé d'Aurangabad. En coton, en soie et en fils d'argent, la plupart des saris et des châles en *himroo* sont aujourd'hui produits sur des métiers électriques, même si quelques boutiques en ville possèdent encore des ateliers artisanaux. Les prix des saris en *himroo* débutent à 1 500 ₹ environ pour un mélange de coton et de soie. Les saris *paithani*, de qualité supérieure, valent de 9 000 à 20 000 ₹ et nécessitent, pour certains, plus d'un an de travail. Vous trouverez aussi des étoles et des châles en himroo. Au moment d'acheter, vérifiez qu'il s'agit bien de véritable *himroo* et non de "soie d'Aurangabad".

Aurangabad

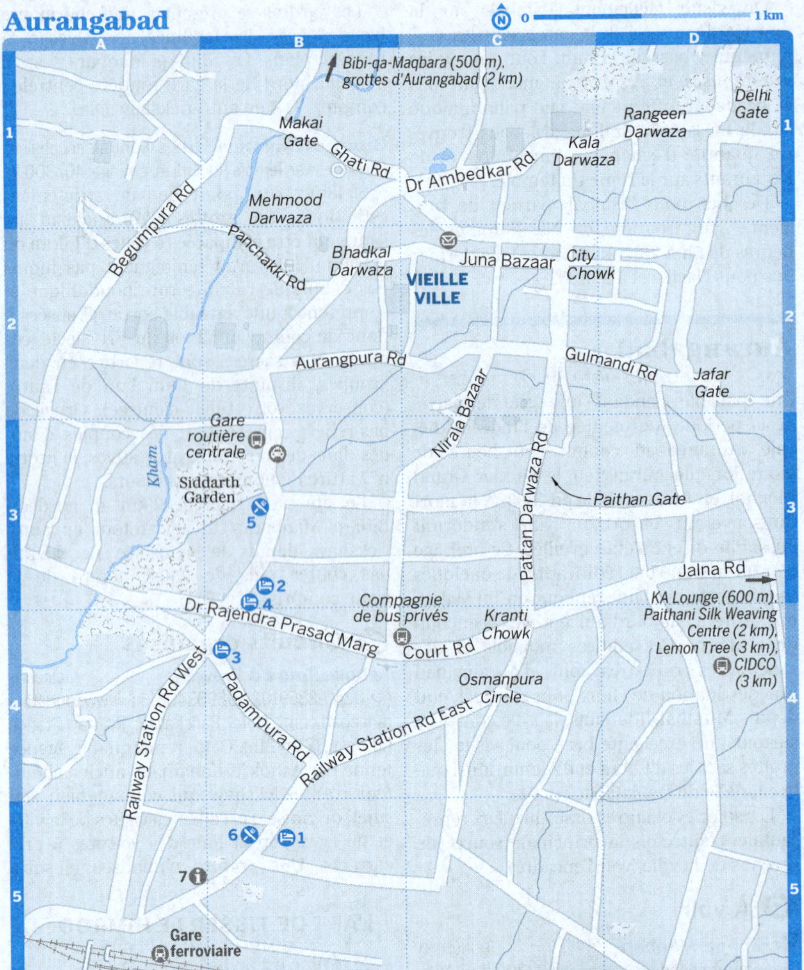

quatre personnes) coûte 1 550 ₹ pour Ellora et 2 550 ₹ pour Ajanta.

Où se loger

Hotel Panchavati HÔTEL $

(0240-2328755 ; www.hotelpanchavati.com ; Railway Station Rd West ; s/d 1 000/1 260 ₹, d avec clim 1 400 ₹ ;). Voici un hôtel tenu par une équipe invariablement aimable, serviable et au fait des besoins des voyageurs ! Les chambres, compactes et bien équipées, possèdent des lits confortables (avec dessus-de-lit à imprimé cachemire) ; on y trouve même des serviettes de toilette bien épaisses et des sdb récemment rénovées. Le Panchavati compte deux restaurants corrects ainsi qu'un "bar" (plutôt un salon où l'on consomme). C'est une bonne adresse pour rencontrer d'autres voyageurs.

Hotel Raviraj HÔTEL $

(0240-2352124 ; www.hotelraviraj.in ; Rajendra Prasad Marg ; d avec clim à partir de 1 680 ₹ ;). Linge de lit douillet, belles sdb (avec éclairage déclenché par un détecteur de mouvement), Wi-Fi (signal faible) : les chambres standards de cet établissement spacieux et agréable affichent, de loin, le meilleur rapport qualité/prix d'Aurangabad.

Aurangabad

Activités

Ashoka Tours & Travels .... (voir 3)

Où se loger

1 Ginger Hotel B5
2 Hotel Green Olive B3
3 Hotel Panchavati B4
4 Hotel Raviraj B3

Où se restaurer

5 Bhoj B3
6 Tandoor B5

Renseignements

7 Indiatourism A5
Office du tourisme MTDC .... (voir 7)

Les "executive", plus chères, sont sensiblement identiques – avec du mobilier un peu plus haut de gamme. Autres atouts : un service sympathique, des plantes vertes dans le hall, un restaurant/bar et une terrasse à l'étage : difficile de faire mieux pour le prix !

Ginger Hotel HÔTEL $$
(☎0240-6713300 ; www.gingerhotels.com/ginger-aurangabad ; Railway Station Rd East [Dr hapkar Marg], Venkateshwar Colony ; s/d avec petit-déj à partir de 3 000/3 500 ₹ ; ❄@📶). Cet hôtel ouvert en 2018 est venu bousculer le marché de l'hébergement de catégorie moyenne à Aurangabad, avec ses chambres propres, modernes, agréables et parmi les plus spacieuses (30 m²) de la chaîne Ginger. Leurs sols parquetés, leurs sdb modernes et leurs climatiseurs en font un havre minimaliste et branché au cœur de l'animation.

♥ **Lemon Tree** HÔTEL $$$
(☎0240-6603030 ; www.lemontreehotels.com ; R7/2 Chikalthana, Airport Rd ; s/d avec petit-déj à partir de 7 780/10 140 ₹ ; ❄@📶🏊). Chic et stylé, le Lemon Tree a un petit parfum méditerranéen. Toutes les chambres donnent sur une piscine de 50 m, qui pourrait bien être la plus belle du Deccan. Les chambres standards, assez petites, sont bien décorées et égayées de couleurs vives, qui ressortent sur les murs blancs. L'hôtel est situé près de l'aéroport, à 6 km du centre. On y trouve de bonnes options de restauration, depuis la cuisine locale jusqu'aux nouilles asiatiques, ainsi qu'un bar agréable, avec piscine, baby-foot et *carom* (billard indien).

Hotel Green Olive HÔTEL $$$
(☎0240-2329490 ; www.hotelgreenolive.com ; 13/3 Bhagya Nagar, CBS Rd ; s/d à partir de 4 130/5 310 ₹ ; ❄📶). Cet hôtel d'affaires loue des chambres stylées et bien entretenues, aux sdb exiguës. Le sympathique personnel, qui soigne la clientèle, peut organiser transports et circuits. Bar-restaurant sur place, avec *thali* du Maharashtra.

Où se restaurer et prendre un verre

♥ **Green Leaf** INDIEN $$
(www.greenleafpureveg.com ; Shop 6-9, Fame Tapadiya Multiplex, Town Centre ; plats 160-330 ₹ ; ⏲12h-23h ; 📶). Ce restaurant végétarien moderne est très apprécié pour ses spécialités gorgées de saveurs (essayez le Veg Handi ou le Paneer Hyderabadi, qui ne figure pas sur la carte). La force en épices est indiquée au moyen de symboles : un piment = moyennement fort. Pour les plats qui en affichent quatre, à vous d'imaginer... À 400 m au nord de la gare routière CIDCO.

♥ **Bhoj** INDIEN $$
(Railway Station Rd West ; thali 260 ₹ ; ⏲11h-15h et 19h-23h). Réputé à juste titre pour ses délicieux *thali* rajasthanis et gujaratis à volonté, le Bhoj est une adresse formidable pour manger et se détendre après une longue journée de voyage. Installé au 1er étage d'une petite galerie commerçante délabrée, il ne s'en distingue pas moins par son cadre, son ambiance, son service et la présentation de ses plats, dont des *thali* parmi les meilleurs du Maharashtra, hors Mumbai.

Tandoor INDIEN DU NORD $$
(Railway Station Rd East, Shyam Chambers ; plats 130-470 ₹ ; ⏲11h-23h). Ce restaurant sert d'excellents tandooris, des plats d'Inde du Nord parfumés (végétariens ou non) et un choix de bières relativement important. Goûtez les merveilleux kebabs sur plaque chauffante. On y sert aussi quelques plats chinois... préparés au *tandoor*. Bizarrement, le décor évoque l'Égypte des pharaons ! On peut commander de l'alcool.

KA Lounge BAR
(Satya Dharam Complex, Akashwari Cir, Jalna Rd ; ⏲10h-23h30 ; 📶). Le seul bar-restaurant branché de la ville vous accueille dans une salle douillette aux murs de pierres apparentes, où une clientèle aisée vient siroter des cocktails (350-450 ₹), tel ce mojito épicé au basilic et piment vert. La cuisine fusion indienne/asiatique/occidentale (plats 150-690 ₹) invite à s'attarder.

À NE PAS MANQUER

LA FORTERESSE DE DAULATABAD

On ne saurait visiter Aurangabad sans voir la splendide **forteresse de Daulatabad** (NH52 ; Indien/étranger 25/300 ₹ ; 6h-18h), érigée sur un affleurement rocheux haut de 200 m connu sous le nom de Devagiri ("la colline des dieux"), à 15 km de la ville sur la route d'Ellora. Cinq kilomètres de remparts entourent cette citadelle en ruine construite par les rois Yadava au XIIe siècle. En 1328, elle fut rebaptisée Daulatabad, "la ville de la fortune", par Mohammed Tughlaq, le sultan de Delhi, qui décida d'y transférer sa capitale. L'excentrique souverain exigea de ses sujets qu'ils partent s'établir à Daulatabad, à 1 100 km au sud. Ironie du sort, la nouvelle capitale – malgré un emplacement plus stratégique – devint vite inhabitable en raison d'une grave pénurie d'eau, et Tughlaq obligea la population à regagner Delhi, devenue entre-temps une ville fantôme.

L'ascension jusqu'au sommet, une marche d'environ 45 minutes, vous fera découvrir une série d'ingénieuses défenses. Remarquez les portes hérissées de piques pour empêcher les charges des éléphants. Sur la droite, une tour de la victoire, appelée Chand Minar (tour de la Lune), bâtie en 1435 et haute de 60 m, ne se visite pas. Plus haut, on peut se promener dans le Chini Mahal, où Abul Hasan Tana Shah, le souverain de Golconde, fut emprisonné pendant douze ans, avant de mourir en 1699. Non loin de là, un canon de 6 m, gravé du nom d'Aurangzeb, le dernier des Grands Moghols, fut fondu à partir de cinq métaux différents. Une partie de la montée passe par un tunnel en colimaçon obscur et suintant, habité par des chauves-souris. Des guides (1 600 ₹ jusqu'à cinq personnes) attendent près du guichet : moyennant un petit pourboire, ils vous le feront visiter en compagnie de leurs assistants munis de torches. Pour redescendre, vous serez livré à vous-même : pensez à emporter une lampe de poche.

La forteresse, en ruine, est accessible par une pente raide. Avec ses escaliers croulants et ses à-pics, elle n'est pas recommandée aux enfants, aux personnes âgées et à celles sujettes au vertige ou à la claustrophobie. Prévoyez une provision d'eau et comptez 2 heures 30 pour explorer l'ensemble.

Il n'y a guère de possibilités d'hébergement à Daulatabad – voyez plutôt à Aurangabad ou à Ellora. Pour manger, l'entrée du site fourmille de *dhaba* (gargotes) et de stands vendant des fruits frais et de la glace pilée parfumée.

Les bus qui quittent la gare routière MSRTC toutes les demi-heures à destination d'Ellora (sans climatisation 20 ₹, 30 minutes, 5h30-20h) vous déposeront devant la citadelle. Pour rentrer à Aurangabad, l'arrêt est à 500 m au sud de l'entrée, sur la NH52. Les rickshaws collectifs facturent 30 ₹ l'aller ou 100 ₹ l'aller-retour.

Achats

Paithani Silk Weaving Centre TEXTILES (9970092700 ; www.paithanisilk.com ; 54, P-1, Town Centre, Lokmat Nagar ; 9h30-21h). Un des meilleurs endroits pour voir les tisserands à l'œuvre. Le Paithani Silk Weaving Centre vend des articles de qualité, à 6 km à l'est de Kranti Chowk (en face du MGM Medical College). Prenez un taxi.

Renseignements

Indiatourism (Government of India Tourism ; 0240-2364999 ; www.incredibleindia.org ; MTDC Holiday Resort, Railway Station Rd East ; 10h30-17h30 lun-ven)

Office du tourisme de la MTDC (Maharashtra Tourism Development Corporation ; 0240-2343169 ; www.maharashtratourism.gov.in ; MTDC Holiday Resort, Railway Station Rd East ; 10h-17h30 sam, fermé 2e et 4e sam du mois).

Poste (www.indiapost.gov.in ; Buddi Ln, Naralibag ; 10h-17h lun-ven, 10h-13h sam)

Depuis/vers Aurangabad

BUS

Des bus partent toutes les 30 minutes environ pour Pune (sans/avec clim 400/775 ₹, 5 heures 30, 5h-18h), et toutes les heures pour Nasik (sans/avec clim 350/425 ₹, 4 heures 30, 5h-22h) de la **gare routière centrale** (0240-2242164 ; Railway Station Rd West). Les bureaux de compagnies de bus privées sont regroupés dans Dr Rajendra Prasad Marg et Court Rd ; on en trouve aussi plus près de la gare routière. Des bus deluxe de nuit desservent Mumbai (sleeper avec clim 800-1 450 ₹, 7 heures 30-9 heures 30), Ahmedabad (sleeper sans/avec clim à partir de 850/1 200 ₹, 13-15 heures) et Nagpur (sleeper sans clim à partir de 1 100 ₹, avec clim 1 000-2 900 ₹, 8 heures 30-

10 heures). Les bus partent de trois arrêts en ville, notamment en face de l'Hotel Panchavati et à côté du supermarché DMart.

Des bus ordinaires partent toutes les 30 minutes de la gare routière centrale pour Ellora (sans/avec clim 37/345 ₹, 30 minutes, 5h30-20h) et pour Jalgaon (sans clim 200 ₹, 4 heures, 5h45-20h) via Fardapur (180 ₹, 3 heures), d'où l'on rejoint Ajanta.

De la **gare routière CIDCO** (☎ 0240-2240149 ; Airport Rd), près de l'embranchement pour l'hôtel Lemon Tree, 12 bus ordinaires vont directement au cratère de météorite de Lonar toutes les 45 minutes à 1 heure (200 ₹, 4 heures 30) de 4h45 à 16h45.

TRAIN

La **gare ferroviaire d'Aurangabad** (AWB ; Railway Station Rd East) ne donne pas sur une ligne principale. Toutefois, il y a chaque jour quatre trains directs depuis/vers Mumbai. Le *Tapovan Express* (2e classe/chair 235/505 ₹, 7 heures 30) part d'Aurangabad à 14h35 ; le *Janshatabdi Express* (2e classe/chair 170/585 ₹, 6 heures 30) quitte Aurangabad à 6h. L'*Ajanta Express* (sleeper/2AC 300/1 165 ₹, 10 heures, 22h45) dessert Hyderabad. Pour rejoindre le nord ou l'est de l'Inde, prenez un bus pour Jalgaon, puis un train.

Ellora

☎ 02437

À 30 km d'Aurangabad, les **grottes sacrées d'Ellora** (Ellora Cave Rd ; Indien/étranger 40/600 ₹ ; ⏲ 6h-18h mer-lun), inscrites au Patrimoine mondial, sont le joyau de l'architecture rupestre de l'Inde ancienne, témoins de l'histoire religieuse du pays entre 600 et 1000. Ces sanctuaires, à la fois monastères et lieux de dévotion, ont été édifiés dans la paroi d'une longue falaise de basalte, cinq siècles durant, par des générations de moines bouddhistes, hindous et jaïns. Ils sont tous décorées d'une profusion de sculptures et de motifs ciselées.

Le merveilleux temple de Kailash, dédié à Shiva, est indubitablement le plus abouti de tous ces sanctuaires.

À voir

Ellora compte 34 grottes : 12 bouddhiques (600-800), 17 hindoues (600-900) et 5 jaïnes (800-1000) – les dates exactes de leur construction continuent de faire débat.

À la différence des grottes d'Ajanta (p. 98), sculptées sur l'à-pic d'un ravin, les grottes d'Ellora sont réparties le long d'un escarpement en pente douce de 2 km de longueur. Les architectes purent ainsi concevoir de magnifiques cours en face des sanctuaires et les orner de sculptures d'une qualité remarquable.

Il est généralement admis que le site d'Ellora illustre la renaissance de l'hindouisme sous les dynasties Chalukya et Rashtrakuta, le déclin du bouddhisme indien qui s'ensuivit et la brève résurgence du jaïnisme grâce à un soutien officiel. Toutefois, en l'absence d'indications épigraphiques, il est impossible de dater avec précision la plupart des monuments d'Ellora. Des spécialistes avancent que certains temples hindous ont pu précéder les temples bouddhiques. Une chose est sûre : leur coexistence sur un même site indique une longue période de tolérance religieuse.

Des guides officiels proposent leurs services à la billetterie devant le temple de Kailash pour 1 370 ₹ (jusqu'à cinq personnes). N'hésitez pas à faire appel à eux, car ils ont une connaissance approfondie de l'architecture rupestre. Si votre programme vous oblige à choisir entre Ellora et Ajanta, sachez qu'Ellora se distingue sur le plan architectural tandis qu'Ajanta brille par son cadre, plus agréable à visiter.

Vu la popularité d'Ellora, venez de préférence en semaine pour éviter la foule. S'il est ouvert (ce n'était pas le cas lors de notre passage), l'**Ellora Visitor Centre** (NH211 ; ⏲ 9h-17h mer-lun) mérite également la visite.

♥ **Temple de Kailash** TEMPLE HINDOU
(Kailasa Temple ; grotte n°16). Au nombre des plus beaux monuments de l'Inde, ce temple rupestre fut commandé par le roi Krishna Ier en 760 pour représenter le mont Kailash, la demeure de Shiva dans l'Himalaya. Il s'agirait de la plus grande sculpture monolithique au monde. Entièrement taillé dans une paroi d'un seul bloc, il constitue l'un des plus beaux héritages de l'architecture indienne ancienne. Il mobilisa quelque 7 000 ouvriers pendant sa construction qui dura 150 ans. Le projet était pour le moins audacieux : il fallut d'abord creuser trois gigantesques tranchées dans la paroi de la falaise, nécessitant l'évacuation de 200 000 tonnes de roche au marteau et au burin, avant de donner sa forme au temple, et d'ajouter sa remarquable décoration sculpturale. D'une surface égale à deux fois celle du Parthénon d'Athènes, et une fois et demie plus haut, le temple de Kailash est une merveille d'ingénierie qui force, aujourd'hui encore, l'admiration des architectes.

Grottes d'Ellora

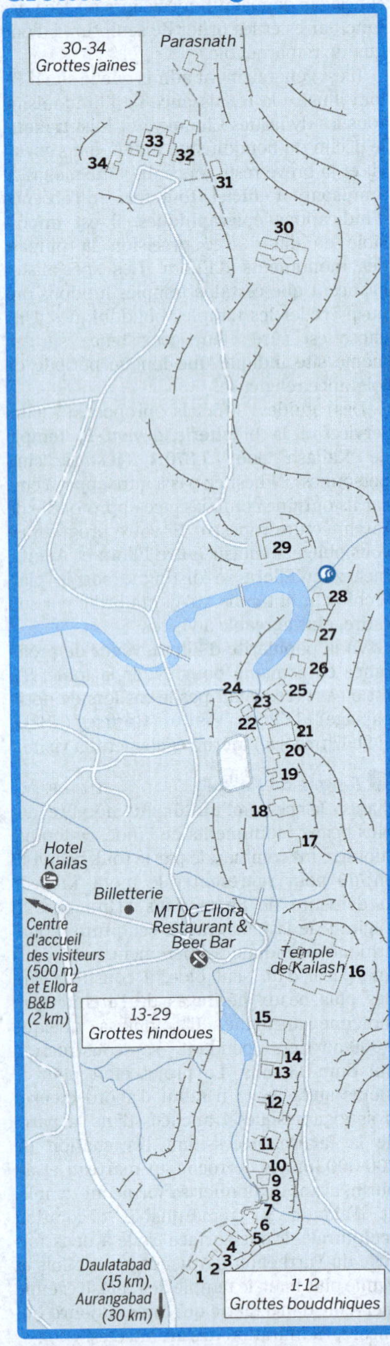

De spectaculaires bas-reliefs finement sculptés illustrent des scènes du *Ramayana* et du *Mahabharata*, ainsi que les aventures de Krishna. Vous admirerez aussi les immenses colonnes monolithiques érigées dans la cour, de part et d'autre de l'entrée, et la galerie sud-est, dotée de dix immenses bas-reliefs représentant les différents avatars de Vishnu.

Après avoir visité l'enceinte principale, évitez les foules de touristes et allez plutôt explorer les recoins investis par les chauves-souris, où se cachent de nombreuses sculptures oubliées. Puis, marchez directement sur la roche au sud du site (en contournant les échafaudages) pour atteindre le périmètre supérieur de la "grotte", d'où l'on domine l'ensemble du sanctuaire.

Grottes bouddhiques SITE SACRÉ

La sérénité imprègne les douze grottes bouddhiques au sud du temple de Kailash. Ces vihara (monastères), qui servaient à l'étude et au culte, comprenaient sur différents niveaux des espaces à usage plus profane (cuisine, dortoir, silos à grains, etc.). Seule exception, la grotte n°10 était un *chaitya* (stupa, reliquaire). Les grottes les plus anciennes sont simples, alors que les grottes n^{os}11 et 12 sont plus ambitieuses : elles possèdent trois niveaux et supportent la comparaison avec les temples hindous les plus remarquables.

La **grotte n°1**, le vihara le plus simple, servait peut-être de réserve à grains. La **grotte n°2** se distingue par ses piliers ornementés et son imposant bouddha assis, qui fait face au soleil couchant. Les **grottes n^{os}3 et 4**, inachevées, sont assez mal conservées.

La **grotte n°5**, le plus grand vihara du groupe, mesure 18 m de largeur sur 36 m de longueur. Les rangées de bancs en pierre suggèrent qu'il s'agissait peut-être d'une salle d'assemblée.

La **grotte n°6** est un vihara orné de magnifiques effigies de Tara, l'épouse du bodhisattva Avalokiteshvara, et de Mahamayuri, la reine du Savoir dans le bouddhisme qui ressemble à Sarasvati, la divinité hindoue de la Connaissance. La **grotte n°7** est une salle sans ornements. La **grotte n°8** est la première dans laquelle le sanctuaire se détache de la paroi du fond. La **grotte n°9**, située au-dessus de la précédente, se distingue par un bandeau merveilleusement sculpté.

LE CHANVRE, UN SINGULIER CONSERVATEUR

Le remarquable état de conservation des grottes d'Ellora et de leurs peintures a plusieurs explications, en particulier la "thèse du chanvre". Une étude publiée en 2016 a révélé que du chanvre (une variété de *Cannabis sativa*, l'une des plantes cultivées les plus anciennes de la planète) a été découvert mêlé à l'argile et au mortier de chaux utilisé à Ellora ; cet ingrédient aurait ralenti, sur une période de 1 500 ans environ, la dégradation de ce site inscrit au Patrimoine mondial. Les moines qui occupèrent Ellora au fil des siècles connaissaient donc les propriétés de cette plante.

Les chimistes de l'Archaeological Survey of India ont découvert que des échantillons prélevés à Ellora contiennent 10% de *Cannabis sativa*, ce qui aurait eu pour effet de réduire l'activité des insectes à Ellora – à titre de comparaison, 25% environ des peintures d'Ajanta ont été détruites, dans des zones où l'on n'avait pas utilisé de chanvre. En dehors des grottes d'Ellora, le chanvre a été employé également par les Yadava pour édifier la forteresse de Daulatabad (XIIe siècle), près d'Aurangabad. De nos jours encore, de nombreux artisans sont convaincus des propriétés du chanvre, qui est de plus en plus utilisé, souvent mêlé à de la chaux, pour des travaux de construction et de rénovation.

La **grotte n°10**, le seul *chaitya* du groupe bouddhique, est particulièrement raffinée. Au plafond, des nervures creusées dans la pierre accueillaient jadis des panneaux de bois. Le balcon et la galerie supérieure permettent de l'admirer de plus près, ainsi qu'une frise de couples enlacés. Une petite lucarne décorative éclaire une immense représentation du Bouddha dans la posture de l'enseignement.

On pénètre dans la **grotte n°11**, Do Thal (Deux Étages), par un troisième sous-sol, découvert seulement en 1876. Comme la grotte n°12, elle doit sans doute ses dimensions à la rivalité avec les vastes grottes hindoues de la même période.

Une cour donne accès à la **grotte n°12**, l'immense Tin Thal (Trois Étages). Le sanctuaire (fermé) du dernier étage abrite un gigantesque bouddha flanqué de ses sept incarnations précédentes. Les murs sont ornés de bas-reliefs. Les temples sont fermés le mardi.

Grottes hindoues
SITE SACRÉ

L'énergie et l'intensité dramatique caractérisent les grottes hindoues (nos13 à 29) que leurs dimensions, la créativité de leur conception et le talent de la réalisation placent dans une catégorie à part.

Tous ces temples furent creusés du haut vers le bas, ce qui évita d'avoir recours à des échafaudages – les bâtisseurs commençaient par le toit et descendaient jusqu'au sol. Les plus belles grottes portent les nos14, 15, 16, 21 et 29.

La **grotte n°13**, sans ornements, servait sans doute de silo à grains. La **grotte n°14**, la Ravana-ki-Khai, est un vihara transformé au VIIe siècle en un temple dédié à Shiva. La **grotte n°15**, appelée Das Avatara (Dix Incarnations de Vishnu), compte parmi les plus belles d'Ellora. Ce temple à deux niveaux contient un fabuleux Shiva Nataraja et un Shiva émergeant d'un lingam, tandis que Vishnu et Brahma lui rendent hommage.

Les grottes nos17 à 20 et nos22 à 28 sont de simples monastères.

La **grotte n°21**, ou grotte Ramesvara, renferme d'intéressantes interprétations de scènes shivaïtes familières, dépeintes dans les temples les plus anciens. Admirez notamment la déesse Ganga, debout sur son *makara* (créature marine mythologique).

La grande **grotte n°29**, la Dumar Lena, témoignerait de la transition entre les grottes simplement excavées et les temples plus élaborés, comme le Kailash. Elle donne sur une cascade proche, à laquelle mène un sentier qui était impraticable lors de nos recherches. Empruntez le bus de la MSRTC pour y accéder.

Grottes jaïnes
SITE SACRÉ

Si les cinq grottes jaïnes, les dernières créées à Ellora, n'ont pas les ambitieuses dimensions des plus beaux temples hindous, elles se distinguent par leurs détails exceptionnels, et par de remarquables peintures et sculptures.

Ces grottes sont à 1 km au nord du dernier temple hindou (grotte n°29), au bout de la route goudronnée. Un bus de la MSRTC, qui part devant le temple de Kailash, fait la navette (20 ₹ aller-retour ; 9h15-18h).

À l'écart des autres temples jaïns, la **grotte n°30**, la Chhota Kailasa (Petit Kailash), est une pâle imitation du superbe temple de Kailash. Pour la rejoindre, il faut emprunter un escalier sans signalisation, situé entre les grottes n[os]31 et 32.

La **grotte n°32**, l'Indra Sabha (salle d'assemblée d'Indra), est le plus beau temple jaïn. Le plan du rez-de-chaussée est semblable à celui du Kailash. L'étage, aussi richement décoré que le rez-de-chaussée est sobre, comporte des effigies des *tirthankar* (grands maîtres jaïns), Parasnath et Gomateshvara – ce dernier est entouré de plantes sculptées. Le sanctuaire est orné d'une représentation en position assise de Mahavira, le dernier *tirthankar*, considéré comme le fondateur du jaïnisme sous sa forme actuelle.

La **grotte n°31** est le prolongement de la grotte n°32. La **grotte n°33**, la Jagannath Sabha, suit le même plan que la n°32 et possède quelques sculptures bien conservées. Le dernier temple, la petite **grotte n°34**, abrite également des sculptures intéressantes. Au sommet de la colline qui surplombe les temples jaïns, une statue de Parasnath, haute de 5 m, domine Ellora.

Où se loger et se restaurer

Ellora B&B GUESTHOUSE $

(☎9960589867, 9822534157 ; ellorabedandbreakfast@gmail.com ; Ellora ; s/d avec petit-déj à partir de 800/1 000 ₹ ; 📶). Pour une plongée dans la campagne locale, le généreux Sadeek et son oncle Rafiq louent quatre chambres simples dans leur maison de village, à 2 km des grottes (et de la foule). Les trois meilleures donnent sur une terrasse, avec vue sur les champs et la montagne ; elles disposent de sdb privatives rénovées, avec toilettes à l'occidentale et eau chaude 24h/24.

Hotel Kailas HÔTEL $$

(☎02437-244446 ; www.hotelkailas.com ; NH211 ; d avec/sans clim 4 130/2 570 ₹ ; ❄📶). Seul hôtel correct situé à proximité du site, cet établissement se compose de jolies maisonnettes climatisées en pierre, nichées dans un cadre verdoyant. Il possède un excellent restaurant (plats 70-280 ₹), où le menu est inscrit à la craie sur un tableau – petit-déjeuner, sandwichs, curries et tandooris. Le tarif du Wi-Fi est exorbitant : 100 ₹ les 3 heures (les clients bénéficient de 3 heures gratuites).

MTDC Ellora Restaurant & Beer Bar INDIEN $

(www.maharashtratourism.gov.in ; Ellora Cave Rd ; plats/thali à partir de 80/150 ₹ ; ⏲9h-17h). À l'intérieur du site, cette adresse est pratique pour déjeuner ou se désaltérer.

Depuis/vers Ellora

Des bus partent de la gare routière centrale d'Aurangabad toutes les 30 minutes (sans/avec clim 37/345 ₹, 30 minutes, 5h30-20h) ; le dernier dans l'autre sens quitte Ellora à 19h. Des 4x4 collectifs, souvent bondés, démarrent une fois complets et s'arrêtent devant la gare routière d'Aurangabad (30 ₹). Un circuit d'une journée à Ellora, avec des arrêts en chemin, coûte 1 550 ₹ en voiture climatisée – contactez **Ashoka Tours & Travels** (p. 91). En auto-rickshaw, comptez 800 ₹.

Ajanta

☎02438

Dans une vallée reculée, à 105 km au nord-est d'Aurangabad, les remarquables temples rupestres d'Ajanta sont inscrits au Patrimoine mondial. Antérieurs à ceux d'Ellora, ces sanctuaires sculptés dans une falaise en à-pic entre le IIe siècle av. J.-C. et le VIe siècle figurent parmi les plus anciennes institutions monastiques du pays – d'abord bouddhiques, puis hindoues. Les historiens pensent que le site fut progressivement abandonné, tandis que l'attention des fidèles se portait sur les grottes d'Ellora.

Au fil du temps, la forêt du Deccan envahit et masqua les grottes, étranglant les sculptures de ses racines et de ses branches. Le site resta désert durant presque mille ans, jusqu'à ce qu'un groupe de chasseurs britanniques, conduits par l'officier John Smith, tombât dessus par hasard en 1819.

À voir

Les fresques exécutées à la détrempe qui ornent l'intérieur de nombreuses grottes sont d'une valeur patrimoniale inestimable : peu d'autres exemples de l'Antiquité atteignent leur excellence artistique et la qualité de leur réalisation.

L'absence de tout contact humain pendant des siècles contribua sans doute à la préservation de ces peintures rupestres. Toutefois, les outrages du temps sont aujourd'hui bel et bien à l'œuvre. On pense que les pigments des peintures ont été mélangés avec des colles issues de produits animaux et des pâtes végétales afin qu'elles adhèrent à la

Grottes d'Ajanta

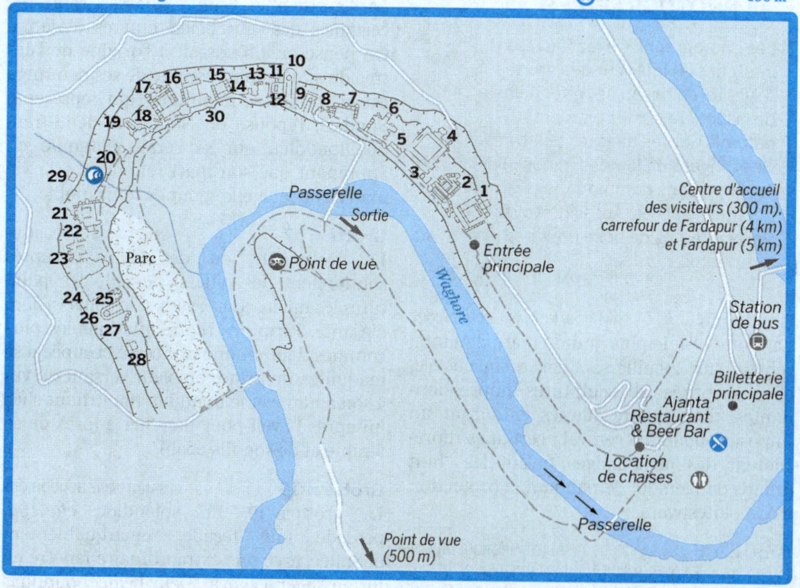

paroi sèche (voir aussi l'encadré p. 97). Beaucoup de cavités présentent de petits trous au sol, qui servaient de palettes.

Deux sites offrent une vue imprenable sur l'ensemble de la gorge en fer à cheval. Le premier est à une courte distance de la rivière, que l'on franchit par un pont en contrebas de la grotte n°8. Une montée de 40 minutes à pied (à ne pas tenter pendant la mousson) mène au point de vue d'où les Britanniques découvrirent les grottes.

La plupart des bus de tourisme n'arrivent pas avant midi. Pour profiter du site tôt, logez à Fardapur ou partez d'Aurangabad de très bon matin. Fermé lors de nos recherches, l'**Ajanta Visitor Centre** (route Aurangabad-Jalgaon ; ⏲9h-17h30 mar-dim) mérite pourtant la visite pour ses expositions et ses audioguides. Café sur place.

♥ Grottes sacrées d'Ajanta — SANCTUAIRES

(Indien/étranger 40/600 ₹, caméra 25 ₹, guide autorisé 1 600 ₹ ; ⏲9h-17h30 mar-dim). Les grottes d'Ajanta sont creusées dans la paroi abrupte d'une gorge rocheuse en forme de fer à cheval, bordant la Waghore, en contrebas. Cinq sont des *chaitya* (stupa, reliquaire) ; les 25 autres sont des *vihara* (monastères bouddhiques). Les grottes n°8, 9, 10, 12 et 13, ainsi qu'une partie de la grotte n°15 datent de la première période bouddhique ; les autres remontent aux alentours du Ve siècle (période mahayana). L'austère école de la première période bouddhique ne représentait jamais le Bouddha. Elle le suggérait par un symbole : une empreinte de pied ou la roue de la Loi (ou roue du Dharma).

Grotte n°1 — SANCTUAIRE BOUDDHIQUE

La grotte n°1, un vihara mahayana, est l'une des plus récentes et la plus somptueusement décorée. Elle renferme une représentation du bodhisattva Padmapani, icône et chef-d'œuvre d'Ajanta le plus connu. En face, une véranda donne sur une salle qui accueillait les congrégations, dans laquelle on trouve des sculptures et des fresques célèbres pour leurs perspectives et le sens du détail avec lequel sont représentés les vêtements, la vie quotidienne et les visages.

Grotte n°2 — SANCTUAIRE BOUDDHIQUE

Vihara tardif de style mahayana, la grotte n°2 renferme des colonnes et des chapiteaux richement travaillés, ainsi que quelques belles peintures. Le plafond est décoré de motifs floraux et géométriques. Les peintures murales illustrent des scènes des jataka (récits des vies antérieures du Bouddha), dont celle du rêve de la mère du Bouddha, où un éléphant à six défenses lui annonça sa conception.

PHOTOGRAPHIES

Les photographies avec flash sont interdites à l'intérieur des grottes à Ajanta, en raison de l'effet néfaste de la lumière sur les pigments naturels utilisés dans les peintures. Des rangées de lampes minuscules, éclairant sans dommage, légèrement, ont été installées. Aussi, prévoyez un long temps de pose pour prendre des photos.

Grotte n°4 SANCTUAIRE BOUDDHIQUE

La grotte n°4, le plus grand vihara d'Ajanta, repose sur 28 piliers. Bien qu'inachevée, elle est ornée de sculptures impressionnantes, dont quatre statues entourant un imposant bouddha central : certaines représentent des personnages fuyant les "huit grands dangers" et demandant la protection d'Avalokiteshvara.

Grotte n°6 SANCTUAIRE BOUDDHIQUE

Dans la grotte n°6, le seul vihara à deux étages d'Ajanta, une partie du niveau inférieur s'est effondrée. À l'intérieur, remarquez le bouddha assis et la porte finement sculptée ouvrant sur le sanctuaire. À l'étage, la salle est entourée de cellules aux portes joliment peintes.

Grotte n°7 SANCTUAIRE BOUDDHIQUE

L'architecture de la grotte n°7 est atypique, avec des porches qui précèdent la véranda, donnant directement sur les quatre cellules et le sanctuaire finement sculpté.

Grotte n°9 SANCTUAIRE BOUDDHIQUE

La grotte n°9, l'un des plus anciens *chaitya* d'Ajanta, remonte à la première période bouddhique – mais les deux sculptures qui flanquent l'entrée datent probablement de la période mahayana. Des colonnes s'alignent de part et d'autre de la grotte et autour du *dagoba* (pagode), haut de 3 m, au fond.

Grotte n°10 SANCTUAIRE BOUDDHIQUE

Première grotte redécouverte par les chasseurs britanniques au XIXe siècle, la grotte n°10 est sans doute la plus ancienne (200 av. J.-C.). De conception analogue à la grotte n°9, c'est aussi le plus grand *chaitya* du site. La façade s'est effondrée et les peintures intérieures ont été endommagées, parfois par des graffitis. L'officier John Smith a même gravé son nom sur l'un des piliers à droite, pour la postérité.

Grotte n°16 SANCTUAIRE BOUDDHIQUE

La grotte n°16, un vihara, renferme certaines des plus belles œuvres d'Ajanta. On pense qu'il s'agissait à l'origine de l'entrée du site. La plus connue de ses peintures est la "princesse mourante" qui représente Sundari, l'épouse de Nanda, le demi-frère du Bouddha, qui se serait évanouie en apprenant que son mari renonçait à la vie matérielle (et à elle) pour devenir moine.

Grotte n°17 SANCTUAIRE BOUDDHIQUE

La grotte n°17, où des nains sculptés soutiennent des piliers, possède les peintures les mieux conservées et les plus variées d'Ajanta. Parmi les représentations les plus connues figurent une princesse occupée à se maquiller, un prince enjôleur versant du vin à son amante et le Bouddha retournant chez lui après l'Éveil pour mendier auprès de sa femme et de son fils ébahi.

Grotte n°19 SANCTUAIRE BOUDDHIQUE

La grotte n°19, un splendide *chaitya*, possède une façade remarquablement détaillée, avec une extraordinaire fenêtre en forme de fer à cheval. Deux beaux bouddhas debout flanquent l'entrée. À l'intérieur, la façade d'un *dagoba* à trois niveaux est ornée d'un bouddha. À l'extérieur, à l'ouest de la grotte, une fascinante effigie du roi Naga comporte sept capuchons de cobras autour de la tête. Son épouse, coiffée d'un seul serpent, est assise à ses côtés.

Grotte n°26 SANCTUAIRE BOUDDHIQUE

La grotte n°26 est un *chaitya* très détérioré, admirablement mis en lumière, qui mérite le détour pour ses sculptures. Sur le mur de gauche, un gigantesque bouddha couché se prépare à atteindre le nirvana. Parmi les autres scènes figure une longue description de la tentation du Bouddha par Maya.

Points de vue

Deux sites offrent une vue imprenable sur l'ensemble de la gorge en fer à cheval. Le premier est à une courte distance de la rivière, que l'on franchit par un pont en contrebas de la grotte n°8. Une montée de 40 minutes à pied (à ne pas tenter pendant la mousson) mène au point de vue d'où les Britanniques découvrirent les grottes.

Où se loger et se restaurer

MTDC Ajanta Tourist Resort HÔTEL $$

(☎ 02438-244230 ; www.maharashtratourism.gov.in ; Aurangabad-Jalgaon Hwy, Fardapur ; d avec/sans clim 2 130/1 790 ₹ ; ❄). Cet hôtel d'État un peu cher est le meilleur hébergement d'Ajanta. Il occupe un site tranquille, agrémenté de pelouses, en retrait de la route principale, à 5 km des grottes. Les chambres climatisées, spacieuses, occupent des bâtiments vert pomme. Les chambres sans climatisation, moins intéressantes, n'en sont pas moins correctes. Sur place : un jardin et un restaurant servant des *thali* végétariens (150-250 ₹).

Hotel Radhe Krishna DHABA $
(Aurangabad-Jalgaon Hwy, Fardapur ; plats 70-180 ₹, thali à partir de 180 ₹ ; 24h/24). Voici le meilleur *dhaba* (gargote) de Fardapur. Il propose des plats économiques et roboratifs, à base de produits frais. Babu, le chef, et son équipe aiment régaler les étrangers : c'est un vrai spectacle que de les regarder préparer curries, fritures et *thali*.

Depuis/vers Ajanta

D'Aurangabad ou de Jalgaon, des bus vous déposeront au carrefour en T de Fardapur, où la route principale croise la route des grottes, à 4 km. De là, après avoir payé un droit pour les "équipements" ("*amenities*" ; 10 ₹), gagnez le point de départ des bus verts (avec/sans clim 30/20 ₹ ; 9h-18h), qui grimpent jusqu'aux grottes. Ces mêmes bus retournent toutes les 30 minutes au carrefour en T (dernier départ à 18h). Méfiez-vous : les grottes sont fermées le lundi.

Tous les bus de la MSRTC (www.msrtc.gov.in) qui traversent Fardapur font halte au carrefour en T. Après la fermeture des grottes, vous pourrez prendre un bus pour Aurangabad ou Jalgaon devant le MTDC Holiday Resort à Fardapur, à 1 km de la grand-route de Jalgaon. À Fardapur, les taxis demandent 2 000/3 000 ₹ pour rallier Jalgaon/Aurangabad.

En travaux lors de notre passage, la route Aurangabad-Jalgaon comportera bientôt quatre voies, ce qui réduira le temps de trajet entre ces deux villes et jusqu'à Ajanta.

HORS DES SENTIERS BATTUS

LE CRATÈRE DE MÉTÉORITE DE LONAR

Il y a quelque 50 000 ans, une météorite s'écrasait ici, laissant derrière elle un cratère large de 2 km et profond de 170 m (le troisième plus grand du monde). Il s'agit du seul cratère de la planète creusé dans la roche basaltique par un impact naturel en hypervitesse. En termes profanes, c'est un lieu tranquille et reposant, hors des sentiers battus. On y trouve un lac vert et peu profond, dans une nature sauvage peuplée d'oiseaux aquatiques. L'eau alcaline du lac serait excellente pour la peau. Les scientifiques pensent que la météorite est toujours enfouie à 600 m en dessous du bord sud-est. Des temples hindous ponctuent le bord du cratère, où l'on observe des entelles, des paons, des cerfs et des oiseaux.

Le **MTDC Tourist Complex** (8806363498 ; rathod.dilip95@gmail.com ; dort 250 ₹, d avec clim 2 015 ₹ ;), situé face au cratère, loue des chambres deluxe en parfait état, avec de belles sdb.

Des bus directs circulent toutes les 45 minutes ou toutes les heures entre Lonar et la gare routière CIDCO d'Aurangabad (200 ₹, 4 heures 30, 4h45-16h45), mais vous devrez prendre celui de 7h30 au plus tard, à moins de passer la nuit sur place. Au retour, le dernier bus quitte Lonar à 14h.

Vous pouvez aussi visiter Lonar dans la journée depuis Aurangabad ou Jalgaon en louant une voiture avec chauffeur (environ 3 060 ₹ avec clim).

Jalgaon

0257 / 468 300 HABITANTS / ALTITUDE 208 M

Point de chute pratique pour visiter le site d'Ajanta, à 60 km, la cité industrielle de Jalgaon est essentiellement un lieu de transit.

Où se loger et se restaurer

Hotel Plaza HÔTEL $
(0257-2227354, 9370027354 ; hotelplaza_jal@yahoo.com ; Station Rd ; dort 300 ₹, s/d à partir de 650/950 ₹, d avec clim 1 500-2 000 ₹ ;). Cet hôtel particulièrement bien tenu est à deux pas de la gare. Avec de faux airs d'hôtel de charme un brin minimaliste, il loue des chambres aux tailles et agencements divers, avec des murs chaulés et des sdb impeccables. Tout, de l'hospitalité aux draps de lit, dépasse les espérances. Un excellent rapport qualité/prix !

Hotel Arya INDIEN $
(Old Mamurabad Rd ; plats 40-150 ₹ ; 11h-22h30). Une délicieuse cuisine végétarienne, notamment du Punjab, et quelques plats chinois et d'Inde du Sud. Descendez Station Rd vers le sud, tournez à gauche

VAUT LE DÉTOUR

LA TADOBA-ANDHARI TIGER RESERVE

Peu visitée, la **Tadoba-Andhari Tiger Reserve** (Chandrapur ; entrée semaine/week-end 4 000/8 000 ₹ ; 6h-10h et 15h-18h, horaires variables selon les saisons), à 150 km au sud de Nagpur, est l'un des meilleurs endroits pour voir des tigres en Inde. On peut s'approcher des animaux sauvages sans se retrouver au milieu de camions chargés de touristes abrités derrière des stores. Au lieu d'interdire l'accès à certaines zones, la Tadoba-Andhari limite le nombre quotidien de véhicules de safari (48 par jour), mais ces derniers peuvent en revanche accéder à tout le domaine. Les possibilités d'observation de la faune sont excellentes et le parc est ouvert toute l'année, ce qui est rare en Inde.

Il existe 15 lodges officiels aux alentours, pour la plupart à Moharli, allant des B&B à des établissements plus haut de gamme. Pour une véritable immersion dans la nature, rien ne vaut cependant le **Tiger Trails Jungle Lodge** (0712-6627649, 9763168010 ; www.tigertrails.in ; Khutwanda Gate ; s/d en pension complète à partir de 9 500/15 000 ₹ ;) , qui possède son propre accès au parc.

La plupart des visiteurs rejoignent la réserve avec un véhicule privé. L'aller-retour depuis Nagpur peut atteindre 13 000 ₹, mais une berline Ola Outstation ne vous coûtera que 10 ₹/km, soit 2 620 ₹. Pour gagner la Khutwanda Gate par les transports publics depuis Nagpur, prenez un bus tôt le matin vers Chandrapur et descendez à Warora (sans clim/ShivShahi 150/200 ₹, 3 heures, toutes les 30 minutes, 5h-22h). De là, un seul bus (10h45) parcourt les 42 km restants jusqu'à la Khutwanda Gate (70 ₹, 1 heure 30). Il repart le lendemain matin à 6h. Pour accéder au parc par Moharli, restez à bord du bus jusqu'à Chandrapur (sans clim/ShivShahi 190/250 ₹, 4 heures), où un autre bus vous conduira jusqu'à Moharli (35 ₹, 1 heure, 6h, 8h, 10h, 14h30 et 17h30). Dans l'autre sens, les bus partent de Moharli à 7h, 10h30, 13h et 17h30.

dans MG Rd, puis encore à gauche à la tour de l'Horloge. Il faut parfois faire la queue pour obtenir une table au déjeuner.

Depuis/vers Jalgaon

Les **gares ferroviaire** (JL ; Station Rd) et **routière** (0257-2229774 ; Mahatma Gandhi Rd) de Jalgaon sont distantes de 2 km environ (30 ₹ en auto-rickshaw).

Plusieurs trains express desservant Mumbai (sleeper/2AC 280/1 017 ₹, 8 heures), Delhi (550/2 020 ₹, 18 heures), Ahmedabad (340/1 255 ₹, 10 heures) et Varanasi (485/1 970 ₹, 20 heures) s'arrêtent à la gare de Jalgaon Junction. Chaque jour, 10 trains rejoignent Nagpur (215/1 015 ₹, 5-9 heures).

Des bus non climatisés desservant le carrefour en T de Fardapur (82 ₹, 1 heure 30) – pour aller à Ajanta – partent de la gare routière toutes les demi-heures de 5h à 22h ; ils vont ensuite jusqu'à Aurangabad (235 ₹, 4 heures). Il existe aussi un bus climatisé quotidien pour Nagpur (1 200 ₹, 9 heures, départ 1h du matin).

Dans Station Rd, des compagnies de bus privées offrent des liaisons en bus climatisés à destination de Mumbai (800 ₹, 9 heures 30) et Nagpur (750 ₹, 9 heures). Essayez Durga Travels ou Mahalaxmi Travels.

Nagpur

0712 / 2,43 MILLIONS D'HABITANTS / ALTITUDE 305 M

Très à l'écart des principaux circuits touristiques, la ville isolée de Nagpur a le privilège d'être le centre géographique de l'Inde. Dépourvue de curiosités majeures, elle sert de porte d'accès vers plusieurs réserves et parcs, comme la Tadoba-Andhari Tiger Reserve et le Pench National Park. Nagpur est également proche des temples de Ramtek et de l'ashram de Sevagram. L'été est la meilleure saison pour déguster les fameuses oranges locales (à condition de supporter la chaleur accablante).

Où se loger

Legend Inn HÔTEL $$

(0712-6658666 ; www.thelegendinn.com ; 14 Modern Society, Wardha Rd ; s/d avec petit-déj à partir de 4 130/4 720 ₹ ;). Sur la route principale menant à la Tadoba-Andhari Tiger Reserve, cet hôtel bien géré appartient à un grand nom de l'alpinisme indien. Il possède des chambres bien équipées (abstraction faite de la pression de l'eau, insuffisante), un bon restaurant et un bar (enfumé). Le personnel est très sympathique. On vient vous chercher gratuitement à l'aéroport, à 1 km, mais le métro s'arrêtera, à terme, juste devant l'établissement.

Hotel Hardeo HÔTEL $$$
(☎0712-6684888 ; Munje Marg, Sitabuldi ; s/d avec petit-déj à partir de 3 540/4 130 ₹ ; ❄📶). Situé dans le haut de la catégorie moyenne et parfaitement géré, cet hôtel d'affaires est le meilleur qui se puisse trouver aux environs de la gare, à 1,3 km de distance. Les sdb modernes, les TV à écran plat LED, les boiseries vernies, les tons ocre apaisants et les grands *dosa* au petit-déjeuner vous seront bienvenus après un long voyage en train couchette. Le prix comprend le transfert depuis l'aéroport ou la gare ferroviaire.

Où se restaurer

Varadi That MAHARASHTRAIS $
(Ganesh Chamber, Mehadiya Chowk, Dhantoli ; plats 80-200 ₹ ; ⏲11h-16h et 19h30-23h). Un lieu simple et sans indications en anglais, mais parfait pour se régaler d'une cuisine maharashtraise fort relevée. Goûtez le *jhunka* (bouillie de farine de pois chiches aux piments et aux épices), le *kacha bharit* (aubergine pimentée et épicée cuite au four et servie froide) et le *bhakri* (pain au sorgho fait maison). Espèces uniquement.

Breakfast Story CAFÉ $$
(www.facebook.com/thebreakfastorynagpur ; Sai Sagar Apt, Hingna Rd ; plats 110-345 ₹ ; ⏲8h-14h30 et 15h30-19h lun et mar, jeu-sam, 8h-15h dim ; 📶). Dans un immeuble résidentiel à 7 km au sud-ouest du centre, ce café ne sert que des petits-déjeuners, toute la journée. Assortiments anglais, américains ou belges, sandwichs, pancakes, gaufres et spécialités du jour : tout est servi sur des tables en bois originales, décorées de planches de bandes dessinées. Les cassettes audio, les journaux et la déco pop art aux murs complètent l'ambiance, douillette et branchée.

Majestic Masala INDIEN DU NORD $$$
(☎0712-6653666 ; www.tulihotels.com/tuli-imperial.html ; Hotel Tuli Imperial, 37 Central Bazar Rd ; plats 350-900 ₹ ; ⏲12h-15h et 19h-minuit). Dans l'un des plus beaux hôtels de Nagpur, ce restaurant, pittoresque en diable, prépare les savoureuses recettes de la noblesse indienne, notamment des plats de *paneer* Amritsari et d'autres de viande, qu'on trouve rarement ailleurs (jarret d'agneau cuit lentement, mouton fumé, poulet de Hyderabad au fenugrec), servis sur des assiettes en laiton. L'une des adresses les plus chics de la ville.

Renseignements

Office du tourisme de la MTDC (Maharashtra Tourism Development Corporation ; ☎0712-2533325 ; www.maharashtratourism.gov.in ; West High Court Rd, Civil Lines ; ⏲10h-17h lun-sam, fermé 2e et 4e sam du mois). Le personnel pourra vous indiquer comment rejoindre les parcs nationaux près de Nagpur. Un **guichet** (zone des arrivées ; ⏲9h-18h lun-sam) est installé à l'aéroport.

Depuis/vers Nagpur

AVION

L'**aéroport international Dr Babasaheb Ambedkar** (☎0712-2807501 ; Sonegaon) est à 8 km au sud-ouest du centre. Des compagnies nationales comme Air India (www.airindia.in), IndiGo (www.goindigo.in) et GoAir (www.goair.in) assurent des vols directs pour Delhi, Mumbai (Bombay), Kolkata (Calcutta), Hyderabad, Bengaluru (Bengalore), Indore, Chennai (Madras) et Pune. Pour l'étranger, Qatar et Air Arabia desservent respectivement Doha et Sharjah.

BUS

La **gare routière MSRTC/Ganesh Peth** (☎0712-2726221 ; Chopkar Rd), la plus importante, est à 2 km au sud de la gare ferroviaire. Des bus ordinaires rallient Aurangabad (sans clim/ShivShahi 566-840 ₹, 17/jour, 4h-20h), Pune (sans clim/ShivShahi 1 250/1 370 ₹, 13h, 16h, 17h et 18h), Ramtek (60 ₹, 1 heure 30, toutes les 30 minutes, 6h-22h), Jalgaon (sleeper sans clim/ShivShahi 410-1 210 ₹, 9 heures, 19h et 20h45) et Wardha (sans clim/ShivShahi 150/200 ₹, 3 heures, toutes les 30 minutes 5h à 16h30 et 22h15).

Pour le Madhya Pradesh, des bus publics partent de la **gare routière MP** (☎0712-2533695 ; Sitabuldi), à 350 m au sud de la gare ferroviaire. Ils desservent Khawasa (pour la Pench Tiger Reserve ; 100 ₹, 1 heure 45, toutes les 30 minutes, 6-22h) et poursuivent vers Jabalpur (300 ₹, 6 heures). Pour cette dernière ville, mieux vaut toutefois prendre un bus privé ; **Saini Travels** (☎0712-6654321 ; www.sainitravels.com ; 1149 Central Ave, Prem Bhawan ; ⏲8h-22h) assure une liaison à 8h30 et 23h au départ de Central Rd (siège/sleeper avec clim à partir de 475/520 ₹, 6 heures).

Des bus privés partent de la station-service Bhole Petrol Pump, à 3 km au sud-ouest de la gare ferroviaire. **Sanjay Travels** (☎0712-2528925 ; www.sanjaytravels.in ; près de la station Bhole Petrol Pump, Nagpur-Aurangabad Hwy ; ⏲7h30-22h) assure les réservations de sièges et de couchettes dans des bus climatisés des meilleures compagnies – comme Purple (www.purplebus.in) – à destination de Mumbai (avec clim à partir de 1 210 ₹, 16-20 heures, 15h, 16h, 16h30 et 17h), Pune (avec clim à partir de 1 100 ₹, 12/jour, 15h-22h30), Aurangabad (sans/avec clim 600/625 ₹, 9-13 heures, toutes les heures, 15h-22h), Jalgaon (sans/avec clim à partir de 720/900 ₹, 9 heures, toutes les heures 16h30-21h45) et Hyderabad (750-1 000 ₹, 21h et 22h30). **Nandan Bus** (☎ 0712-6641724 ; www.nandanbus.com ; Central Rd, Gitanjali Cinema Sq) dessert chaque jour Jabalpur depuis Central Ave (sans/avec clim à partir de 320/551 ₹, 6-8 heures, 14h30, 18h, 18h30, 19h30 et 23h).

TRAIN

Depuis la gare ferroviaire CST de Mumbai, le *CSMT NGP Duronto* dessert quotidiennement **Nagpur Junction** (NGP ; Sitabuldi ; sleeper/2AC 705/2 785 ₹, 11 heures, 8h15). Dans l'autre sens, il quitte Nagpur à 20h40 et arrive à 8h05 le lendemain matin. Le *Gitanjali Express* rallie Kolkata (sleeper/2AC 530/2 020 ₹, 17 heures 30, 19h), au nord. Plusieurs trains express pour Delhi et Mumbai s'arrêtent à Jalgaon (pour les grottes d'Ajanta ; sleeper/2AC 280/1 015 ₹, 8 heures).

Environs de Nagpur

Ramtek

D'après le *Ramayana*, le roi Rama aurait séjourné à Ramtek, à 40 km au nord-est de Nagpur, lors de son exil avec sa femme Sita et son frère Lakshmana. Le site regroupe une dizaine d'anciens **temples** (⏲6h-21h), peuplés de langurs, au faîte de la colline de Rama. Des projets sont en cours pour faire de Ramtek une destination d'activités de plein air. De fait, le lac Khindsi constitue un beau spot pour le kayak, le parapente ou la montgolfière. Mansar, à 7 km à l'ouest de Ramtek, est un site archéologique majeur. Il s'agirait des vestiges de Pravarapura, capitale du roi vakataka Pravarasena II (Ve siècle).

Des bus circulent entre Ramtek et la gare Ganesh Peth de Nagpur (p. 103 ; 60 ₹, 1 heure 30, toutes les 30 minutes, 6h-21h).

Sevagram

À 85 km de Nagpur, Sevagram ("village de service") fut choisi par le Mahatma Gandhi comme base de son mouvement pour l'indépendance de l'Inde. Pendant la lutte pour la liberté, le village a accueilli de nombreux leaders nationalistes qui venaient régulièrement rendre visite au Mahatma dans son **ashram de Sevagram** (☎ 07152-284754 ; www.gandhiashramsevagram.org ; ⏲6h-17h30). Les responsables de ce paisible ashram, construit sur 40 ha de terres agricoles bordées d'arbres, ont restauré et conservé avec soin les huttes dans lesquelles vivait et travaillait Gandhi, et où l'on trouve désormais certains de ses effets personnels. Il y a aussi un **petit musée** (Sevagram Ashram ; ⏲10h-18h).

À 3 km de Sevagram, le village de Paunar abrite le **Brahma Vidya Mandir Ashram** (☎ 07152-288388 ; Paunar ; dort avec repas 250 ₹ ; ⏲6h-12h et 14h-19h) créé par Vinoba Bhave, un disciple de Gandhi qui poursuivit les efforts du Mahatma et œuvra à l'émancipation de son pays. L'ashram, géré presque exclusivement par des femmes, fonctionne sur la base du consensus, sans direction centralisée, et permet de faire l'expérience de la *swarajya* (autosuffisance rurale).

On rejoint Sevagram en prenant à Nagpur un bus pour Wardha (sans/avec climatisation 125/1 100 ₹, 3 heures, toutes les 30 minutes, 4h30-22h15), puis un auto-rickshaw collectif (20 ₹) ou le bus pour Sevagram (10 ₹, 10 minutes), qui s'arrête à Medical Square, à 1 km de l'ashram.

SUD DU MAHARASHTRA

Côte de Konkan

Un littoral peu construit s'étire de Mumbai à Goa, au sud. Cette portion côtière au climat tropical est parsemée de belles plages, de villages de pêcheurs et de forteresses en ruine. Traverser cette région reculée est un vrai bonheur : profitez du sable de Ganpatipule avec les citadins de Mumbai en escapade, visitez l'imposant fort de Janjira à Murud-Janjira ou piquez une tête dans la mer à Malvan, dernière ville balnéaire importante avant Goa.

Murud-Janjira

☎ 02144

Cette paisible bourgade vivant de la pêche, à 165 km de Mumbai, devrait figurer dans tous les itinéraires sur la côte de Konkan. Le rythme de vie, les fruits de mer frais et le remarquable fort de Janjira au large valent bien le détour.

LE LONG DE LA KONKAN RAILWAY

La *Konkan Railway* suit la côte sud-ouest de l'Inde sur 738 km, entre le Maharashtra, Goa et le Karnataka. Cette ligne ferroviaire, qui accueille des trains de passagers depuis 1998, est considérée comme le plus grand chantier d'infrastructure entrepris (et terminé) en Inde depuis l'Indépendance. Les Britanniques en avaient rejeté l'idée d'emblée au début du XXe siècle, décrétant le projet impossible. Il fallut plusieurs décennies pour le mener à bien et il coûta malheureusement la vie à dix travailleurs.

Aujourd'hui, cet itinéraire d'une beauté inouïe, traverse une succession de rizières, de collines verdoyantes, de sommets escarpés, et offre des vues sur la mer ou des chutes d'eau. La ligne a nécessité de nombreux ouvrages d'art, dont 92 tunnels et 2 000 ponts, comme le Panval Viaduct, haut de 64 m (c'est le plus haut du pays).

La plupart des voyageurs le parcourent à bord du *Mandovi Express* entre Mumbai et Goa, mais les amoureux du rail pourront effectuer la totalité du parcours à bord du *Mangalore Express*, un trajet de 14 heures entre Mumbai et Mangalore.

Pour les détails pratiques, voir aussi p. 30 et p. 123.

La plage de Murud-Janjira est l'endroit rêvé pour courir ou jouer au cricket en compagnie des habitants. Elle s'anime en soirée, avec des stands de rue et des distractions balnéaires. On peut aussi jeter un coup d'œil au palais d'Ahmedganj (à travers le portail car il est interdit au public), propriété du nabab Siddi de Murud, et se balader parmi les tombes et la mosquée vétustes, situées dans la partie sud de la ville.

À voir

Fort de Janjira FORT

(Rajpuri ; 7h-coucher du soleil). GRATUIT L'imposant fort de Janjira, édifié en granit sur une île à 500 m au large, est le plus beau et le plus impressionnant de ceux qui bordent la côte de Konkan. Fief d'un État princier à l'histoire unique, la citadelle fut achevée en 1571 par les Siddi, des descendants d'esclaves-soldats venus de la corne de l'Afrique. Grâce à leur mérite, ces guerriers finirent par acquérir un rang de nabab, de véritables dignitaires indiens.

Au fil des siècles, l'alliance des Siddi avec les Moghols provoqua un conflit avec les rois locaux, dont Shivaji et son fils Sambhaji, qui tentèrent respectivement d'escalader les murailles et de creuser un tunnel sous le fort. Avec ses remparts de granit de 12 m de haut, le fort resta imprenable, tant pour les Marathes que pour les Britanniques, les Français et les Portugais. Il finit toutefois par succomber aux assauts du temps : lorsque le dernier nabab partit s'installer à Murud au XXe siècle, ses puissants remparts tombèrent en ruine et la végétation reprit peu à peu ses droits.

Il n'en reste pas moins beaucoup à voir, notamment des sculptures et le remarquable ouvrage en pierre qui a protégé la citadelle des tempêtes et des assauts. On accède au fort par une porte en pierre grise, puis l'on peut explorer ses remparts, ponctués de canons, et ses nombreux bastions, en grande partie intacts. À l'intérieur, le donjon, le palais et la mosquée sont en ruine. Avancez prudemment en explorant le site, qui est malheureusement jonché de détritus.

On ne peut accéder à Janjira qu'en empruntant les voiliers (61 ₹ aller-retour, 20 minutes) au départ du port de Rajpuri. Ils partent avec 20 passagers minimum, de 9h à 17h du samedi au jeudi et de 9h à 12h et de 14h à 17h le vendredi ; une fois sur place, ils laissent 45 minutes pour visiter le fort. Pour aller de Murud-Janjira à Rajpuri, prenez un auto-rickshaw (60-100 ₹) ou louez un vélo (attention : la montée est rude).

Où se loger et se restaurer

Sea Shell Resort HÔTEL $$

(9833667985 ; www.seashellmurud.com ; Darbar Rd ; d avec/sans clim à partir de 3 190/2 020 ₹ ;). Cet accueillant établissement est en retrait de la route côtière, en face d'un terrain de cricket improvisé sur la plage. Les chambres, spacieuses, propres et dotées de sdb avec eau chaude, douche effet pluie et serviettes épaisses, donnent sur la mer. Il y a également une petite piscine. Le fils du propriétaire, Zaid, qui travaille ici le week-end, est extraordinairement serviable. Wi-Fi uniquement dans le hall.

Golden Swan Beach Resort HÔTEL $$$

(9225591131 ; www.goldenswan.com ; Darbar Rd ; d avec petit-déj à partir de 5 190 ₹ ;). Ces villas et chambres occupent une superbe portion de plage, avec vue sur le palais d'Ahmedganj et le fort de Kasa. Les chambres, toutes avec sdb carrelées récentes, ont, pour certaines, des lits en mezzanine et de petits patios, parfaits pour prendre une bière en contemplant la mer. On peut aussi dormir non loin, dans de charmants vieux bungalows. Les prix augmentent le week-end.

Hotel Vinayak PRODUITS DE LA MER **$$**
(Darbar Rd ; plats 75-450 ₹ ; ⏲7h-22h). La terrasse donnant sur la mer offre un cadre de choix pour savourer un *thali* fortement épicé à la mode de Konkan (110-450 ₹), avec curry de poisson, poisson frit sur *tawa* (plaque chaude), *sol kadhi* (digestif rose, légèrement aigre à base de lait de coco et de beurre de kokum, issu de la noix de gurgi)... On y sert aussi du poisson frais, des plats à base de crevettes et de bons petits-déjeuners.

ℹ Depuis/vers Murud-Janjira

De 8h15 à 20h15, des ferries et catamarans climatisés (125-165 ₹) font la traversée entre la Gateway of India (Mumbai) et l'embarcadère de Mandwa. Le billet comprend la navette en bus jusqu'à Alibag (30 minutes). D'Alibag, des bus locaux bringuebalants descendent la côte jusqu'à Murud-Janjira (70 ₹, 2 heures, toutes les 30 minutes, jusqu'à 2 heures). Autre possibilité : entre 6h et 1h, depuis la gare routière de Mumbai Central, 8 bus rallient Murud-Janjira en 6 heures (sans clim à partir de 220 ₹). Cinq bus poussent chaque jour jusqu'à Pune (sans clim à partir de 180 ₹, 7 heures, 7h, 8h45, 9h, 14h15 et 16h) depuis Murud-Janjira.

Dans l'autre sens, des bus partent de la **gare routière** de Murud-Janjira (☎ 02144-274044 ; Revdanda Murud Rd) à destination d'Alibag (70 ₹, 2 heures, toutes les 2 heures, 5h-23h) – ceux de 6h30, 10h, 12h, 13h et 19h30 sont des bus express (1 heure 30). Pour gagner le sud de Mumbai, la combinaison bus/bateau est la meilleure option ; pour les banlieues ouest, l'aéroport, etc., prenez plutôt le bus.

La gare ferroviaire la plus proche se trouve à Roha, à deux heures de route, et elle est mal desservie ; rejoindre Murud depuis le sud, par exemple depuis Ganpatipule, est tout aussi pénible (il faut prendre une succession de bus et de bateaux – mieux vaut partir de Mumbai !).

Le **Golden Swan Beach Resort** (p. 105) loue des vélos (90 ₹ par heure) et des voitures (à partir de 14 ₹/km).

Fort de Raigad

Isolé sur une colline à 24 km de la Hwy 66, le **Raigad** (Indien/étranger 25/300 ₹ ; ⏲6h-19h) servit de capitale au chef marathe Chhatrapati Shivaji de 1648 à sa mort, en 1680. Le fort fut ensuite pillé par les Britanniques, qui y ajoutèrent leurs propres quartiers. On passe facilement une journée parmi les vestiges de ce haut lieu historique, qui comprennent la cour royale, les socles des chambres royales, la place du marché principal, ainsi que la tombe de Shivaji.

Vous pourrez grimper les 1 475 marches jusqu'au sommet (un exploit en soi) ou prendre le **téléphérique** (www.raigadropeway.com ; station inférieure, Hirkaniwadi, Mahad ; aller-retour 300 ₹ ; ⏲8h-18h) qui gravit la falaise et offre une vue imprenable sur les gorges en contrebas. Le site est très apprécié par les vacanciers et il faut parfois patienter jusqu'à une heure en haute saison pour y accéder. Des guides (400 ₹) proposent leurs services dans l'enceinte du fort.

ℹ Depuis/vers le fort de Raigad

Des auto-rickshaws font la navette depuis Mahad sur la Hwy 66 (repérez le panneau "Raigad Ropeway") et le téléphérique (800 ₹ aller-retour, attente comprise). Mahad est à 158 km au sud de Mumbai et à 88 km de Murud-Janjira. Pour une excursion d'une journée au départ de Murud-Janjira, les taxis facturent à partir de 8/10 ₹/km sans/avec clim (les prix augmentent en fonction du type de voiture). Un bus climatisé part de Mahad pour Mahabaleshwar (110 ₹, 2 heures, 7h).

Ganpatipule

☎ 02357

La localité côtière de Ganpatipule, à 375 km de Mumbai, attire de longue date un flot continu d'amoureux de la mer, avec ses eaux limpides et son sable immaculé qui s'étire jusqu'à l'horizon. La vie s'y écoule paisiblement... sauf en période de fêtes comme Divali ou Ganesh Chaturthi. Des foules de touristes affluent alors au **Shree Ganpatipule Mandir** (www.ganpatipule.co.in ; Ganpatipule Beach ; ⏲6h-21h), qui abrite une statue de Ganesh peinte en orange vif. Les plages situées immédiatement au sud de la plage principale (Neware Beach, par exemple) sont plus spectaculaires et moins encombrées – allez-y en auto-rickshaw.

Pour rejoindre Ganpatipule, il faut passer par Ratnagiri, un nœud des transports où se dresse le **Thibaw Palace** (Thibaw Palace Rd, Ratnagiri ; adulte/enfant 3/1 ₹ ; ⏲10h-17h mar-dim) GRATUIT, un palais vétuste où les Anglais assignèrent le dernier roi birman.

LA RÉSERVE MARINE DE MALVAN

Le littoral de la région de Malvan présente plusieurs visages : il englobe des marécages, des plages sablonneuses et rocheuses, des mangroves et des *backwaters* (lagunes). Les coraux et les grottes sous-marines abritent une faune abondante et de vastes forêts de sargasses, une sorte d'algues, où évoluent les jeunes poissons. Au large, les îles rocheuses attirent des bans de vivaneaux, de gros mérous, des poissons-papillons, des fusiliers à bande jaune, des raies mantas et pastenagues, et des langoustes. Des groupes de dauphins passent régulièrement entre octobre et mai. Le plus grand poisson du monde, le requin-baleine, fait même quelques apparitions.

À l'heure actuelle, le **Malvan Marine Sanctuary** ne protège qu'une infime partie du littoral (dont le fort de Sindhudurg). Pourtant, la diversité est telle que des biologistes marins comme Sarang Kulkarni, directeur de l'Indian Institute of Scuba Diving & Aquatic Sports (IISDA, p. 108), jugent essentiel d'élargir le périmètre de la zone de protection. À 72 milles nautiques au large s'étend l'Angria Bank, un plateau immergé de 40 km de long et 20 km de large qu'on compare à la Grande Barrière de corail en raison de ses coraux en bonne santé et de son abondante vie marine. L'État du Maharashtra prévoit de bâtir des infrastructures dernier cri par le biais de l'IISDA pour proposer des excursions d'une ou plusieurs journées en bateau jusqu'au site. Autre projet en cours : celui du tout premier sous-marin touristique d'Inde. Basé à Vengurla, à 51 km au nord de Malvan, il devrait permettre des sorties dans la réserve marine – renseignez-vous sur place.

Où se loger et se restaurer

MTDC Resort HÔTEL $$
(☎02357-235248 ; www.maharashtratourism.gov.in ; d à partir de 2 750 ₹, avec clim 2 240 ₹ ; ❄📶). Sur le front de mer, ce grand hôtel aux allures de camp de vacances familial a la faveur des habitants de Mumbai. Ses chambres et ses bungalows en béton, qui auraient certes besoin d'être rafraîchis, ont vue sur la mer. Restaurant correct sur place.

♥ **Bhau Joshi Bhojnalay** MAHARASHTRAIS $
(plats 55-135 ₹ ; ⏲11h30-15h et 19h30-22h30). Il n'y a ni enseigne en anglais ni serviettes de table, mais la délicieuse cuisine du Maharashtra servie dans ce restaurant propre et ordonné, à quelque distance de la plage, compense amplement ces aléas. Goûtez l'extraordinaire *baingan masala* (curry d'aubergine ; 90 ₹). On y sert aussi des plats jaïns et du Punjab.

Depuis/vers Ganpatipule

Depuis la petite gare routière (sans personnel), un bus public ordinaire dessert quotidiennement Pune (470 ₹, 8 heures 15, 6h45). D'autres bus partent pour Ratnagiri (33 ₹, 11 heures 15, toutes les 30 minutes, 10-20h). De là, vous pourrez prendre une correspondance vers des villes plus éloignées, comme Pune (sans/avec clim à partir de 450/610 ₹, 9 heures 15, 6h, 7h45, 11h, 19h15, 21h30 et 22h), Mumbai (sans/avec clim à partir de 440/590 ₹, 9 heures, 9h30, 21h et 22h) et Kolhapur (sans/avec clim à partir de 172/230 ₹, 4 heures, 9/jour, 5h30-22h30).

Des bus privés desservent par ailleurs Mumbai (Volvo sans clim siège/avec clim couchette à partir de 600/900 ₹, 10 heures, 18h30, 19h et 19h45) et Pune (Volvo avec clim couchette à partir de 800 ₹, 9 heures, 18h45 et 19h).

Depuis l'ancienne gare routière de Ratnagiri, des bus semi-deluxe vont à Goa (380 ₹, 6 heures, 5h30) et à Kolhapur (sans/avec clim à partir de 172/255 ₹, 4 heures, toutes les 30 minutes, 5h30-19h30).

La gare ferroviaire de Ratnagiri est sur la ligne de la *Konkan Railway*. De Ratnagiri, le *Mandovi Express* dessert Mumbai (2e classe/sleeper/2AC 155/260/1 000 ₹, 7 heures 45, 14h05). Le train du retour, à destination de Goa (2e classe sleeper/2AC 130/215/830 ₹, 5 heures 30), est à 13h15.

Malvan

☎02365

Une publicité officielle compare la région de Malvan, en plein développement, à Tahiti. L'image est certes osée, mais la station indienne offre bel et bien du sable blanc, une mer scintillante et un arrière-pays bordé de jungle. Au large, on trouve des récifs coralliens, des grottes et une vie marine éclatante. Autant d'attraits pour les plongeurs, qui pourront s'appuyer sur un centre d'envergure internationale.

La ville de Malvan est la plus plaisante de la côte de Konkan. La vie s'écoule ici avec une langueur toute tropicale. C'est un endroit où l'on peut circuler à vélo, au fil des nombreuses constructions en bois, du petit port et du marché animé. Immédiatement au sud du centre-ville s'étend la belle plage de Tarkali, ponctuée d'hôtels et de *guesthouses*.

À voir et à faire

Tarkali PLAGE

Au sud de Malvan, ce croissant de sable doré bordé de palmiers et de casuarinas et fréquenté par quelques vaches et chameaux offre une image typique de l'Inde tropicale. D'octobre à février, au crépuscule, des pêcheurs se réunissent pour ramener des filets long d'un kilomètre, remplis de *bangda* (maquereau), de *tarli* (sardines), de *pomfret* (poissons plats) et/ou de *zinga* (crevettes). La course en rickshaw depuis Malvan revient à 150 ₹.

Fort de Sindhudurg FORT

(5 ₹ ; 8h-17h30). Construit par Shivaji à partir de 1664, ce fort imposant se dresse sur une île au large, desservie fréquemment (adulte/enfant 90/50 ₹, 8h-17h30) depuis le port de Malvan. Le ferry ne part qu'à compter de 20 passagers. Aujourd'hui en ruine, l'édifice est moins impressionnant que celui de Janjira, plus haut sur la côte. On peut suivre ses remparts et la vue sur la côte est saisissante. Les bateliers laissent les visiteurs une heure sur l'île.

IISDA PLONGÉE

(Indian Institute of Scuba Diving & Aquatic Sports ; 02365-248790 ; www.maharashtratourism.gov.in ; Tarkali Beach ; plongée avec 1/2 bouteilles 4 130/8 260 ₹, PADI Open Water 25 960 ₹ ; 9h-18h). Ce centre de plongée PADI, cinq étoiles et dernier cri, le meilleur du pays, a été créé à l'initiative de Maharashtra Tourism. Dirigé par Sarang Kulkarni, biologiste marin et plongeur professionnel, il offre un enseignement professionnel, une piscine de 20 m de longueur pour les entraînements, des salles de formation climatisées et un hébergement confortable pour les étudiants. Il se double d'un centre de conservation. À 7 km au sud de Malvan.

Où se loger et se restaurer

Vicky's Guest House GUESTHOUSE $

(9823423046 ; vickyfernandes11@gmail.com ; près de Heravi Batti, Dandi Beach ; d avec/sans clim à partir de 1 500/1 000 ₹ ;). Dans une rue résidentielle tranquille entourée de palmiers luxuriants, à 400 m de Dandi Beach et à deux pas de Malvan, cette *guesthouse* paisible loue cinq chambres (d'autres sont annoncées). Si elles ne paient pas de mine, elles n'en sont pas moins vraiment spacieuses, bien équipées et très confortables pour le prix. Vicky est un hôte charmant !

Visava Beach Resort COMPLEXE HÔTELIER $$

(9423304304 ; www.visavaresorttarkarli.com ; Tarkali Beach ; d 2 500-3 500 ₹ ;). Plutôt rustique, ce complexe balnéaire familial à l'ambiance détendue plaira aux adeptes du farniente. Ses 11 chambres (12 autres sont en projet), assez ordinaires, offrent eau chaude, confort moderne et terrasses idylliques. Le terrain sablonneux, ponctué de plantes et de cocotiers, s'étend dans le quartier tranquille de Tarkali.

Hotel Chaitanya CUISINE RÉGIONALE $$

(502 Dr Vallabh Marg ; thali 100-220 ₹, plats 70-450 ₹ ; 11h-23h). Cette maison tenue en famille donne dans l'artère principale de la ville ; elle est spécialisée dans la cuisine du Konkan, et notamment dans le *bangda tikhale* (poisson dans une épaisse sauce coco), les crevettes à la mode de Malvan et le crabe *masala*, très parfumé. Les portions ne sont pas généreuses, mais les produits sont de première qualité – les habitants ne s'y trompent pas ! Savoureux plats végétariens également. Une partie climatisée.

Depuis/vers Malvan

La **gare ferroviaire** (KUDL ; Railway Station Rd) la plus proche est à 38 km, à Kudal. Elle est desservie par des bus fréquents (35 ₹, 1 heure, 4h50-19h45) au départ de la **gare routière de Malvan** (02365-252034 ; Shri Babi Hadkar Marg). Comptez sinon 600 ₹ environ en auto-rickshaw. Des bus ordinaires partent de Malvan pour Kolhapur (sans clim à partir de 210 ₹, 5 heures, 7h, 14h15 et 15h15), Mumbai (avec clim 840 ₹, 12 heures, 8h), Panaji (avec clim à partir de 150 ₹, 4 heures, 6h45, 7h45, 14h30 et 15h15) et Ratnagiri (sans clim à partir de 225 ₹, 5 heures, 6h, 7h45 et 11h15). Les bus bleu et blanc de Kadamba (la compagnie de l'État de Goa) à destination de Panaji, Margao et Vasco permettent de rejoindre Goa un peu plus vite (200-250 ₹, 3 heures 30, 7h45, 14h15 et 15h).

Des agences de bus privés installées dans Dr Vallabh Marg vendent des places pour Mumbai et Pune à bord de bus Volvo plus confortables, mais ces véhicules partent de Kasal, à 33 km de Malvan, à l'intérieur des terres, et le transfert n'est pas assuré.

Malvan n'est qu'à 80 km du nord de Goa ; des chauffeurs privés demandent entre 3 000 ₹ (sans clim) et 3 500 ₹ (clim) – prévoir 2 heures.

En direction du nord, comptez 3 500 ₹ pour Ratnagiri et 4 500 ₹ pour Ganpatipule.

Un nouvel aéroport régional, le Sindhudurg Chipi Airport, à Parule-Chipi, à 16 km au sud-est de Malvan, était sur le point d'ouvrir lors de notre passage. Situé à 62 km au nord-ouest d'Aswem Beach, il sera également pratique pour rejoindre le nord de Goa.

Matheran

☎02148 / 5 750 HABITANTS / ALTITUDE 803 M

Non loin du chaos urbain que constitue Mumbai, Matheran (littéralement "couronné de jungle") est sans conteste la plus belle station climatique du Maharashtra. Avec ses forêts sillonnées de sentiers menant à de splendides points de vue, elle conserve une élégance et une atmosphère surannée qui lui confèrent un certain charme, entamé toutefois par un développement anarchique (on se passerait volontiers de la grande roue et du musée de cire, par exemple).

Auparavant, le trajet faisait partie du plaisir d'aller à Matheran : bien qu'il existe des moyens de transport plus rapides, rien ne valait l'arrivée en ville à bord du petit train qui grimpait jusqu'au cœur de la bourgade. Des déraillements ont cependant entraîné la fermeture de la ligne en 2016 et le train circule désormais, pour l'essentiel, sur une portion de 2 km à partir de l'Aman Lodge.

Une fois à Matheran, l'absence des véhicules motorisés, interdits ici, contribue au calme et à la pureté de l'air. Ce qui vaut bien de faire un peu d'exercice !

À voir et à faire

Des sentiers forestiers ombragés mènent, en quelques heures de marche facile, à la plupart des points de vue. Pour admirer le lever du soleil, allez à **Panorama Point** ; **Porcupine Point** (Sunset Point) est plus prisé (et donc surpeuplé) au crépuscule. **Louisa Point** et **Little Chouk Point** offrent également une vue superbe sur les monts Sahyadri. Le week-end et les jours fériés, vous voudrez peut-être éviter les sections les plus fréquentées autour d'**Echo Point**, de **Charlotte Lake** et de **Honeymoon Point**, investies par les visiteurs venus pour la journée. Vous pourrez rejoindre la vallée en contrebas de One Tree Hill par le sentier de **Shivaji's Ladder**, que le chef marathe en personne aurait foulé.

Où se loger et se restaurer

Hope Hall Hotel HÔTEL $

(☎7066715973 ; www.hopehallmatheran.com ; MG Rd ; d à partir de 1 200 ₹). Cet hôtel familial très accueillant séduit depuis longtemps les voyageurs (bien que la lenteur de son accès Internet ne lui permette pas toujours d'enregistrer – et donc de recevoir – les étrangers). La maison date de 1875. Les chambres, spacieuses et hautes de plafond, sont agrémentées de touches artistiques. Elles sont distribuées dans deux bâtiments, au fond du jardin arboré. Bons petits-déjeuners et boissons.

MTDC Resort LODGE $$

(☎02148-230277 ; www.maharashtratourism.gov.in ; d 1 680 ₹, avec clim à partir de 2 576 ₹ ; ❄📶). Géré par l'État, cet établissement compte des chambres économiques et fonctionnelles, d'autres, familiales, décevantes, et de très belles chambres modernes et climatisées dans la Shruti Heritage Villa (3 546 ₹). Il est malheureusement situé à côté du parking Dasturi, loin du centre-ville. Restaurant sur place.

♥ **Dune Barr House** HÔTEL HISTORIQUE $$$

(Verandah in the Forest ; ☎9152519989 ; www.dunewellnessgroup.com ; Barr House ; d avec petit-déj 6 000-8 000 ₹ ; 📶). Une puissante nostalgie émane de cette villa vieille de 150 ans, merveilleusement conservée et dotée de chambres au luxe suranné. Les tapis orientaux, le mobilier d'époque en teck, les tableaux victoriens et les horloges anciennes renvoient à une époque révolue. La véranda, bien orientée, est tournée vers les collines boisées de Matheran.

Shabbir Bhai INDIEN $

(Merry Rd ; plats 130-290 ₹ ; ⏰9h-22h30). Surnommé "Byrianiwala" par les habitants, ce restaurant pittoresque propose une carte de plats d'Inde du Nord. On y vient surtout pour ses *biryani*, des plats de riz épicés au poulet, au mouton ou végétariens. Pour le trouver, prenez le sentier qui grimpe près de la mosquée Jama Masjid dans MG Rd et laissez-vous guider par les alléchants effluves.

Renseignements

L'accès à Matheran coûte 50 ₹ (enfants 25 ₹), à régler au parking Dasturi.

Depuis/vers Matheran

TAXI

Des **taxis collectifs** (Neral Matheran Rd ; 80 ₹) partant juste à côté de l'entrée ouest de la gare ferroviaire de Neral rejoignent le **parking Dasturi à Matheran** (Neral Matheran Rd ; 30 minutes), d'où des rickshaws tirés à la force des bras (700 ₹) ou des calèches (550 ₹ pour aller au Verandah in the Forest, 350 ₹ pour rejoindre n'importe quel autre hôtel) conduisent au marché principal de Matheran. Les *horse-wallahs* (conducteurs de calèches) sont syndiqués et affichent leurs tarifs. Consultez le tableau situé 50 m *après* le guichet de Matheran avant d'accepter une course (les tarifs pour les hôtels sont en bas à droite, en caractères plus petits). Vous pourrez rejoindre le centre de Matheran à pied (2 km en pente douce). Comptez alors 250 ₹ pour faire transporter vos bagages.

TRAIN

Suspendu en 2016 après deux déraillements, le petit train de Matheran a été partiellement remis en service début 2018. Il circule désormais entre Matheran et **Neral Junction** (Ratnadeep Colony, Neral ; 1re/2e classe 300/75 ₹) une fois par jour, partant de Neral à 6h40 et revenant à 15h40 (14h20 le lundi). Le reste de la journée, il se contente de parcourir les 2 km entre Aman Lodge Station (à quelques mètres du parking Dasturi) et Matheran Station (1re/2e classe 300/45 ₹), ce qui peut être pratique si vous avez de lourds bagages. Le premier départ a lieu à 9h02 (8h40 le week-end), puis toutes les 45 minutes à 1 heure jusqu'à 15h05 (18h05 le week-end). De Matheran, le service commence à 9h30 (8h15 le week-end) et se termine à 14h40 (17h40 le week-end).

Deux trains express s'arrêtent chaque jour à Neral Junction au départ du Chhatrapati Shivaji Terminus (CST) de Mumbai. Sur le site de l'IRCTC, Neral et Mumbai appartiennent à la même zone métropolitaine. Aussi, il n'est pas possible de réserver en ligne, à moins de choisir une destination plus lointaine (Lonavla, par exemple ; 2e classe/chair 75/260 ₹) – tout en descendant à Neral (1 heure 30). De nombreux trains locaux assurent la liaison entre le CST et la gare de Dadar à Mumbai.

Lonavla

02114 / 57 400 HABITANTS / ALTITUDE 625 M

Lonavla est une station balnéaire bruyante à 106 km au sud-est de Mumbai. L'artère principale est bordée presque exclusivement de boutiques à l'éclairage criard vendant des *chikki*, des pralines dures comme du bois fabriquées dans la région. On trouve aussi dans la ville des attractions destinées aux familles comme un musée de cire, des autos tamponneuses et le plus grand parc aquatique du pays. Mais il y a également d'agréables rues secondaires, des quartiers résidentiels tranquilles et des centres de yoga, ainsi qu'une campagne bucolique – à vous de faire votre choix.

Le principal attrait de Lonavla est toutefois la proximité des grottes de Karla et de Bhaja, les plus belles du Maharashtra après celles d'Ellora et d'Ajanta.

Les hôtels, les restaurants et la route des grottes se trouvent au nord de la gare ferroviaire. La majeure partie de la ville et ses marchés s'étendent au sud de la gare.

À voir et à faire

Lion Point POINT DE VUE

(Lonavla-Aamby Valley Rd, Hudco Colony ; 24h/24). Ce belvédère à 12 km au sud de Lonavla est l'une des plus belles curiosités de la ville. Par temps dégagé, on aperçoit de petites cascades qui s'écoulent sur les flancs boisés d'une vallée encaissée, et la vue s'étend même jusqu'aux Ghats occidentaux. Les habitants se pressent ici, beaucoup franchissant les balustrades pour faire des selfies (à déconseiller !) et grignotant les épis de maïs grillés et les oignons frits proposés par une ribambelle de vendeurs. Le lever et le coucher du soleil sont les moments les plus appréciés. Les rickshaws facturent 600 ₹ l'aller-retour depuis Lonavla, avec un peu de temps pour admirer la vue.

Nirvana Adventures PARAPENTE

(022-26053724 ; www.flynirvana.com ; cours débutant de 2 jours 12 000 ₹/pers en pension complète, vols en tandem à partir de 2 500 ₹). Cette agence de Mumbai organise des cours de parapente et des vols en tandem à partir de son camp de base, établi dans un cadre bucolique près de Kamshet, à 25 km de Lonavla. Vous devrez vous rendre sur place par vos propres moyens.

Kaivalyadhama Yoga Institute & Research Center YOGA

(8551092986, 02114-273039 ; www.kdham.com ; Kaivalyadhama Ashram Kaivalyadhama ; cours de 40 jours pension complète 1 200 $US). À 2 km environ de Lonavla en allant vers les grottes de Karla et de Bhaja, ce centre de yoga installé dans un domaine soigneusement entretenu fut fondé en 1924 par Swami Kuvalayananda. Il associe yoga et naturopathie. Les tarifs incluent la pension complète, des cours de yoga, des activités et des conférences.

Où se loger

Ferreira Resort HÔTEL $$
(02114-272689 ; www.ferreiraresort.in ; DT Shahani Rd ; s/d lun-jeu 1 680/2 015 ₹, ven-dim 2 015-2 465 ₹, avec clim lun-jeu 1 790/2 240 ₹, ven-dim 2 240-2 465 ₹ ;). À défaut d'être vraiment un *resort*, le Ferreira est un hôtel à prix étudiés, tenu en famille et sis dans un quartier résidentiel calme proche de la gare ferroviaire – ce qui en fait une rareté à Lonavla. Dix des 15 chambres défraîchies, propres et climatisées, possèdent un balcon. Petit jardin et service d'étage.

The Machan BOUTIQUE-HÔTEL $$$
(7666622426; www.themachan.com ; Private Rd, Atvan ; bungalows lun-jeu 11 520-38 400 ₹, ven-dim 44 800 ₹ ;). Cet établissement, caché dans des montagnes boisées à 16 km au sud de Lonavla remporte haut la main le titre de meilleur hôtel du Maharashtra. De toutes formes et tailles, ses 28 *tree houses* en pin et meranti rouge, perchées à une hauteur de 10 à 13 m tiennent d'un hébergement paradisiaque dont on peine à s'arracher. Les Starlight Villas, idylliques, disposent d'un toit ouvrant pour contempler les étoiles, d'une baignoire victorienne, d'une terrasse avec hamacs et vue sur les montagnes, et de deux chambres reliées par un escalier en colimaçon, parfaites pour deux couples, sans oublier une piscine de bonne taille dans la forêt. L'établissement utilise dans la mesure du possible le bois recyclé et l'énergie solaire. Les délicieux repas maison sont pris dehors, et il y a des cours de yoga, des sentiers pour se promener, des feux de camp et un spa. Vous serez en pleine nature, au milieu des écureuils géants de Malabar (méfiez-vous en revanche des scorpions et des serpents). Réservez tôt.

Où se restaurer et prendre un verre

Kinara Dhaba Village INDIEN DU NORD, CHINOIS $$$
(www.thekinaravillage.com ; Vaksai Naka, Old Mumbai-Pune Hwy ; plats 310-600 ₹ ; 11h-23h30 ;). À 5 km à l'est de Lonavla, en direction des grottes de Karla et Bhaja, on se croirait ici dans une sorte de petit parc de loisirs au bord de la route. Au programme : repas sous des *shamiana* (auvents traditionnels) brillamment éclairés, balades à dos d'âne ou de chameau, vendeurs ambulants de *jalebi* (beignets imbibés de sirop de sucre), bassins pour *fish pedicure* et astrologues du Rajasthan. Concert de *ghazal* (chansons d'amour ourdoues) tous les soirs (19h).

German Bakery Wunderbar CAFÉ
(Mumbai-Pune Rd, en face du Kumar Resort ; 7h-23h). Ce petit frère de la German Bakery de Pune attire une clientèle jeune et branchée grâce à ses cocktails (190-310 ₹), ses pichets de bière pression Bira (630 ₹) et sa cuisine de bistrot (plats 220-450 ₹), servis dans une grande salle semi-ouverte avec tables et chaises en fer forgé et tabourets de bar confectionnés à partir de pots à lait.

LES GROTTES DE KARLA ET DE BHAJA

Il faut grimper durant 20 minutes depuis le petit bazar au pied de la colline pour accéder à la spectaculaire **grotte de Karla** (Indienétranger 30/300 ₹, caméra 25 ₹ ; 9h-17h) qui renferme le plus grand *chaitya* (stupa, reliquaire) de la première période bouddhique en Inde. Achevé en 80 av. J.-C., le sanctuaire rupestre mesure 40 m de long et 15 m de haut, et présente un intérieur voûté, orné de sculptures du Bouddha, d'hommes et d'animaux.

De l'autre côté de la voie rapide, les **grottes de Bhaja** (Bhaja Caves Rd ; Indien/étranger 30/300 ₹, caméra 25 ₹ ; 9h-17h30) ont l'attrait d'un cadre luxuriant et paisible. Elles dateraient du IIe siècle av. J.-C. Dix d'entre elles sont des *vihara* (monastères bouddhiques) ; la grotte n°12 est un *chaitya* ouvert, renfermant un reliquaire.

Karla est à 11 km à l'est de Lonavla et Bhaja, à 9 km. On peut visiter les deux sites en prenant un bus local jusqu'au point d'accès aux grottes, d'où il faut marcher 6 km aller-retour pour accéder à chaque site. Ce qui peut être éprouvant quand il fait très chaud. Le circuit en auto-rickshaw depuis Lonavla revient à environ 1 200 ₹ (selon le jour de la semaine), attente comprise, mais beaucoup refusent la course. Une voiture avec chauffeur vous coûtera de 1 200 à 1 500 ₹, en fonction de vos talents de négociateur.

Depuis/vers Lonavla

Neeta Tours & Travels (☎8652222640 ; www.neetabus.in ; Valvan Dam, Old Mumbai Pune Hwy) assure jour et nuit des liaisons en bus deluxe climatisé vers Mumbai (à partir de 400 ₹, 2 heures, toutes les heures, 7h-1h) et Pune (à partir de 250 ₹, 2 heures, toutes les heures, de 8h15 à 23h30), depuis son élégante gare routière située à l'hôtel Neeta's Inn, à 3 km au nord-est de la gare ferroviaire.

Tous les trains express Mumbai-Pune marquent l'arrêt à **Lonavla** (LNL ; Siddharth Nagar) (2e classe/chair 65-90/260-305 ₹, 2 heures 30-3 heures).

Pune

☎020 / 5,14 MILLIONS D'HABITANTS / ALTITUDE 535 M

Métropole vivante et prospère, centre universitaire et d'affaires, Pune incarne la "Nouvelle Inde", où se côtoient de manière déroutante capitalisme, spiritualité, tradition et modernité.

Le renom de la ville vint en premier lieu de Shivaji, puis des *peshwa*, qui en firent leur capitale, avant qu'elle ne tombe aux mains des Britanniques en 1817. Son climat frais et sec incita bientôt la présidence de Bombay à s'y retirer pendant la mousson. Rattrapée par la mondialisation, Pune changea radicalement d'image dans les années 1990. Elle a toutefois conservé le charme de ses édifices datant de l'époque coloniale et a su allier, avec succès, le nouveau et l'ancien. Malgré la pollution et les embouteillages, c'est un merveilleux endroit à découvrir.

À voir

♥ Raja Dinkar Kelkar Museum ARTS POPULAIRES

(www.facebook.com/rajakelkarmuseum ; 1377-78 Kamal Kunj, Bajirao Rd, Shukrawar Peth ; Indien/étranger 50/200 ₹, portable/caméra 100/200 ₹ ; 10h-18h). Cet intéressant musée est un vrai joyau, même s'il n'expose qu'une petite partie des quelque 20 000 artefacts de la vie quotidienne indienne minutieusement rassemblés par Dinkar Kelkar, mort en 1990. Cette collection excentrique d'objets de toute l'Inde comprend des centaines de narguilés, du matériel d'écriture, des lampes, des textiles, des jouets, des portes et fenêtres, des ustensiles de cuisine, des meubles, des marionnettes, des cartes à jouer en ivoire et des couteaux à noix de bétel.

♥ Joshi's Museum of Miniature Railway TRAINS MINIATURES

(www.minirailways.com ; 17/1 B/2 GA Kulkarni Rd, Kothrud ; 90 ₹, minimum 4 pers pour une démonstration de 25 min ; 9h-17h lun-mer et ven, 9h30-13h jeu, 9h-16h sam, 17h-20h sam-dim). La petite fabrique d'instruments de musique Soudamini Instruments, dans l'est de la ville, abrite ce qui serait la seule ville miniature du pays, façonnée tout au fil de sa vie par Bhau Joshi, passionné de maquettes de train. Il s'agit d'une grande maquette ferroviaire détaillée, merveille d'ingéniosité et de mécanique entièrement animée.

Palais de l'Aga Khan PATRIMOINE

(Pune Nagar Rd, Kalyani Nagar ; Indien/étranger 25/300 ₹ ; 9h-17h30). Cette demeure gracieuse, construite en 1892 pour le prince Aga Khan III dans un parc de 6,5 ha au nord-est du centre-ville, emprunte aux canons de l'esthétique victorienne. C'est ici que Gandhi et d'autres leaders nationalistes furent enfermés par les Britanniques, à la suite du lancement du mouvement "Quit India" en 1942. La demeure principale accueille d'ailleurs aujourd'hui le **Gandhi National Memorial** (www.mkgandhi.org/museum/pune.htm ; Aga Khan Palace, Pune Nagar Rd, Kalyani Nagar ; 9h-17h30). On peut jeter un coup d'œil à la pièce où séjourna l'artisan de l'indépendance. Des photos et des peintures retracent les moments clés de son extraordinaire parcours. Kasturba Gandhi, l'épouse du Mahatma, et Mahadeobhai Desai, son secrétaire pendant 35 ans, sont morts reclus ici. Leurs cendres sont conservées dans un autel, dans un paisible jardin à l'arrière.

Osho Teerth Gardens JARDIN

(www.osho.com ; DH Dhunjibhoy Rd, Koregaon Park ; 6h-9h et 15h-18h). Ce parc de 5 ha, cher aux amoureux, planté de bambous géants et sillonné de sentiers et de ruisseaux, offre un refuge verdoyant à l'écart de la vie urbaine.

Shaniwar Wada PALAIS FORTIFIÉ

(Shivaji Rd ; Indien/étranger 25/300 ₹ ; 9h-17h30). Les ruines de ce palais aux allures de forteresse se dressent dans la vieille ville. Construit en 1732, il fut détruit par un incendie en 1828. Les murs, les remparts massifs et l'imposante porte ont été conservés. Un spectacle son et lumière de 40 minutes est organisé tous les soirs du mercredi au lundi à 19h (en marathi) et 20h (en hindi). Pas de commentaires en anglais

Activités

Osho International Meditation Resort AHSRAM

(☎020-66019999 ; www.osho.com ; 17 Koregaon Park). Cet ashram installé dans la banlieue nord de Pune, chic et arborée, attire d'innombrables *sanyasin* (adeptes) – et ce, malgré la personnalité controversée de son gourou mort en 1990 (voir l'encadré). Avec sa piscine, son sauna, son spa, son "zennis" (tennis zen) et sa *guesthouse* aux faux airs de boutique-hôtel, ce serait, selon certains, l'endroit idéal pour pratiquer la méditation.

Où se loger

Bombay Backpackers AUBERGE DE JEUNESSE $

(☎7028826713 ; www.bombaybackpackers.com ; 40B, Lane C, Ragvilas Society, Koregaon Park ; dort avec/sans clim 600/500 ₹, d 2 200 ₹, tous avec petit-déj ; ❄📶). Dans une zone résidentielle tranquille de Koregaon Park, le Bombay Backpackers de Pune compte des dortoirs de six et dix lits, une salle et une cuisine communes au sous-sol et un personnel assez peu empressé. Plutôt spacieuses, avec sol parqueté, tables et chaises en bambou et déco inspirée des enseignements d'Osho, les chambres privatives sont d'un bon rapport qualité/prix pour la ville.

Hotel Surya Villa HÔTEL $

(☎020-26124501 ; www.hotelsuryavilla.com ; 294/1 German Bakery Ln, Koregaon Park ; d avec/sans clim à partir de 2 240/1 680 ₹ ; ❄📶). Des chambres carrelées, fonctionnelles, bien tenues et assez grandes, avec sdb (eau chaude), Wi-Fi et TV câblée. Bien situé dans une rue calme de Koregaon Park, proche des cafés fréquentés.

The Samrat Hotel HÔTEL $$

(☎020-26137964 ; www.thesamrathotel.com ; 17 Wilson Garden ; s/d avec petit-déj à partir de 2 020/2 470 ₹, avec clim à partir de 2 800/3 420 ₹ ; ❄📶). Moins grandiose que son élégante réception ne le laisserait augurer, cet hôtel central n'est qu'à deux pas de la gare ferroviaire. Ses 49 chambres, spacieuses et bien tenues, affichent un bon rapport qualité/prix. Le personnel, courtois, veille à satisfaire la clientèle.

Hotel Lotus HÔTEL $$

(☎020-26139701 ; www.hotelsuryavilla.com ; Lane 5, Koregaon Park ; s/d avec clim et petit-déj 2 130/2 690 ₹ ; ❄📶). Dans le secteur calme de Koregaon Park, cet hôtel d'un bon rapport qualité/prix loue des chambres de taille modeste, lumineuses et aérées ; toutes, sauf quatre, ont un balcon. Pas de restaurant sur place, mais un service d'étage et beaucoup de bonnes tables à proximité.

OSHO : LE SALUT PAR LE SEXE

Bhagwan Shree Rajneesh (1931-1990), ou Osho comme il préférait être appelé, fut l'un des gourous indiens les plus controversés. Il ne suivait aucune religion ou philosophie particulière, mais préconisait le sexe pour parvenir à l'Éveil. Une position qui lui obtint les faveurs des médias et lui valut le surnom de "gourou du sexe", mais qui aurait aussi, selon certains témoignages, conduit des fidèles à se livrer à des actes pédophiles.

Initialement établi à Pune, il exporta en 1981 son curieux mélange de "psychologie pop" californienne et de mysticisme indien dans l'Oregon, aux États-Unis, où il établit une communauté agricole. Sa notoriété et sa flotte de Rolls-Royce (achetées pour prouver le non-sens des possessions matérielles !) ne cessèrent alors de croître, de même que les rumeurs et les soupçons sur les activités de l'ashram. Rajneesh fut finalement accusé de fraude à l'immigration, dut payer 400 000 $US d'amende et fut expulsé. Commença alors un voyage épique au cours duquel Osho et ses adeptes, à la recherche d'une nouvelle patrie, furent chassés ou se virent interdire l'entrée de 21 pays. En 1987, il revint dans son ashram de Pune, où des milliers d'étrangers affluèrent bientôt à ses conférences nocturnes et à ses séances de méditation. Et cela continue aujourd'hui. La demande est telle que les tarifs des prestations ne cessent d'augmenter et que les équipements deviennent toujours plus luxueux. Curieusement, en dépit des proclamations d'Osho affirmant que personne ne devrait être pauvre, pas une roupie générée par le centre n'aide à soutenir les défavorisés. L'institut s'est récemment tourné vers les technologies numériques, avec un portail Internet offrant des programmes iMeditate, une radio et une bibliothèque, le tout sur abonnement. L'histoire mouvementée d'Osho a fait l'objet d'un documentaire Netflix en six épisodes, *Wild Wild Country*.

Pune

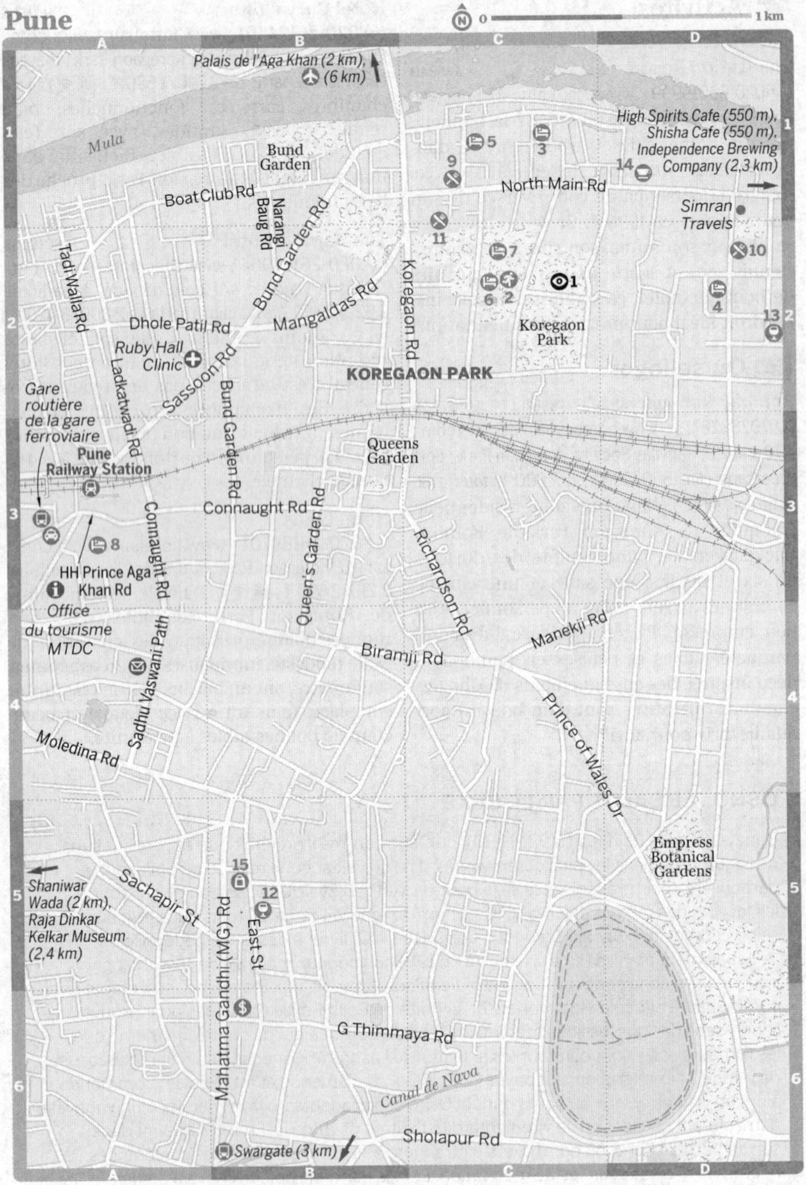

Sunderban Resort & Spa HÔTEL **$$$**
(☎020-26124949 ; www.tghotels.com ; 19 Koregaon Park ; s/d avec petit-déj à partir de 4 720/ 5 900 ₹ ; ❄ 📶). À côté de l'Osho Resort, cet hôtel Art déco rénové marie le chic d'un édifice historique disposé autour d'une pelouse soignée au charme d'un design contemporain. Les chambres deluxe du bâtiment principal se distinguent par leur mobilier ancien ; les moins chères sont tout aussi bien agencées et spacieuses. Face à la pelouse, les studios, récemment rénovés, offrent le meilleur rapport qualité/prix.

Pune

À voir

1 Osho Teerth Gardens C2

Activités

2 Osho International Meditation Resort C2

Où se loger

3 Bombay Backpackers C1
4 Hotel Lotus D2
5 Hotel Surya Villa C1
6 Osho Meditation Resort Guesthouse C2
7 Sunderban Resort & Spa C2
8 The Samrat Hotel A3

Où se restaurer

Dario's .... (voir 7)
9 German Bakery C1
10 Malaka Spice D2
11 Savya Rasa C1

Où prendre un verre et faire la fête

12 Badshah B5
13 Botequim Cervejaria D2
14 Third Wave Coffee Roasters D1

Achats

15 Bombay Store B5

Osho Meditation Resort Guesthouse GUESTHOUSE $$$

(☎020-66019900 ; www.osho.com ; Osho International Meditation Resort, 17 Koregaon Park ; s/d 5 310/5 900 ₹ ; ❄📶). Réservée aux clients de l'Osho International Meditation Resort, cette pension ultra chic compte 60 chambres et des espaces communs au style minimaliste moderne que soulignent quelques touches de luxe, comme l'air frais purifié dans chaque chambre.

Où se restaurer

German Bakery BOULANGERIE $$

(www.germanbakerypune.in ; 292 North Main Rd, Koregaon Park ; gâteaux 115-230 ₹, plats 180-440 ₹ ; ⏱7h45-23h45 ; 📶). Cette institution est réputée pour sa cuisine fusion (côtelettes de porc *vindaloo* à la purée d'ail) et ses plats internationaux : omelettes, petits-déjeuners complets, salades grecques, expressos et nombreuses gourmandises (goûtez le cheese-cake à la mangue). Située à un carrefour très fréquenté.

♥ **Savya Rasa** INDIEN DU SUD $$$

(☎9130095522 ; www.savyarasa.com ; Gera Serenity Bldg, CTS n°15, Koregaon Park ; plats 400-800 ₹ ; ⏱12h-15h et 19h-23h ; 📶). Cette adresse moderne met à l'honneur les meilleures spécialités de l'Inde du Sud. Les serveurs n'hésiteront pas à vous reprendre si vous commandez le mauvais type de pain avec votre curry. Écoutez leurs conseils pour composer un repas succulent.

♥ **Malaka Spice** ASIATIQUE $$$

(www.malakaspice.com ; Lane 5, North Main Rd, Koregaon Park ; plats 340-710 ₹ ; ⏱11h30-0h30 ; ❄📶). 🍃 Cette grande table sert une délicieuse cuisine d'Asie du Sud-Est. On ne sait que choisir parmi les sautés, les nouilles et les curries, face à une abondance de produits de la mer, de plats végétariens, de poulet, de canard et de mouton. Installez-vous dehors, sous des lanternes colorées, et savourez les assemblages d'épices et de parfums concoctés par des chefs renommés défenseurs du Slow Food et du locavore.

♥ **Le Plaisir** BISTROT $$$

(☎020-25650106 ; www.facebook.com/pg/leplaisirpune ; Rajkamal Survey n°759/125, Prabhat Rd, Deccan Gymkhana ; plats 290-420 ₹ ; ⏱9h-21h45 ; 📶). Les gastronomes avertis ne tarissent pas d'éloges sur ce bistrot moderne, installé dans le quartier ouest huppé de Pune. Formé à Sydney, le chef Siddarth Mahadik prépare une cuisine authentique et sans chichis : des recettes fusion parfaitement exécutées, joliment présentées et succulentes.

♥ **Dario's** ITALIEN $$$

(www.darios.in ; Hotel Sunderban, Koregaon Park ; pâtes 470-550 ₹, pizza 390-650 ₹ ; ⏱8h- 23h30). À l'arrière de l'Hotel Sunderban, ce paradis végétarien tenu par un Italien est l'une des tables les plus chics de Pune – installez-vous dans sa superbe cour pour dîner en plein air. Il sert des pâtes maison, des pizzas et des salades (goûtez la Bosco ; 490 ₹), ainsi que plusieurs plats au blé complet, végans ou sans gluten.

Où prendre un verre et faire la fête

♥ **Independence Brewing Company** BRASSERIE ARTISANALE

(☎020-66448308 ; www.independencebrewco.com ; Zero One, 79/1, Pingle Vasti, Mundhwa Rd, Mundhwa ; ⏱13h-1h30 lun-sam, 12h-1h30 dim). Réservez une table dans le remarquable *beer garden* au cadre industriel et branché de cette brasserie artisanale. Les huit bières proposées à la pression changent régulièrement.

Badshah BAR À JUS
(1 East St, Camp ; jus 90-200 ₹ ; ⌚8h-23h30). Né à Bombay, ce bar spécialisé dans les *falooda* (boissons parfumées à la rose), les *sharbat* (boissons glacées) et les jus frais est installé à Pune depuis quarante ans. Par une chaude journée, rien ne vaut son *falooda* emblématique (à la crème et aux fruits secs) ou un jus d'*anar* (grenade) fraîchement pressé, à siroter sur sa plaisante terrasse. Sert aussi des repas indiens plus consistants.

Botequim Cervejaria BAR
(302 Power Plaza, Lane n°7, Koregaon Park ; ⌚18h30-0h30). Dans un cadre au thème brésilien, ce bar récemment ouvert sur un toit de Koregaon Park sert dix bières artisanales à la pression.

Third Wave Coffee Roasters CAFÉ
(www.thirdwavecoffee.in ; 1 Vimal Kunj, North Main Rd, Lane E, Koregaon Park ; ⌚9h-23h ;). Cette chaîne fondée à Bengaluru (Bangalore) a détourné les habitants de Pune du banal café filtre pour les convertir aux expressos indiens 100% arabica (110 ₹) et autres méthodes de préparation en vogue (Aeropress, Chemex, Syphon, etc.). Installez-vous dans une grande salle moderne de Koregaon Park pour déguster un *latte* original (pâte aux noisettes et beurre salé) ou une boisson froide (goyave-piment) dans une ambiance propice au travail.

Achats

Studio Coppre ARTISANAT
(☎9168908484 ; www.studiocoppre.com ; Beverly Estates, 852/4 Bhandarkar Rd, Lane n°12, Deccan Gymkhana ; ⌚10h-18h lun-sam). Lancé par quatre femmes, ce projet visant à faire revivre les techniques artisanales de travail du métal, vend des objets créés par des dinandiers de Pune, de la côte de Konkan et du Rajasthan. Sont ainsi exposés des bols *mathar* en cuivre, martelés à la main, des carafes et des mugs, des objets votifs, des vases, des plateaux à *thali* en bronze et gravés, ou encore des boîtes ornées d'incrustations.

Bombay Store ARTISANAT, SOUVENIRS
(www.thebombaystore.com ; 322 MG Rd, Camp ; ⌚10h-21h). Artisanat de qualité, souvenirs, sacs originaux, accessoires et objets contemporains, notamment des cosmétiques Khadi et des pendules kitsch Elephant Company.

Renseignements

Ruby Hall Clinic (☎020-66455100 ; www.rubyhall.com ; 40 Sasoon Rd). L'une des meilleures cliniques privées de Pune, près de la gare ferroviaire.

Il y a des DAB partout, notamment dans la **Citibank** (www.citibank.com ; Ground Onyx, North Main Rd, Tower 37, Koregoan Park) qui accepte un plafond de retrait supérieur à celui des banques indiennes (20 000 ₹).

Office du tourisme de la MTDC (Maharashtra Tourism Development Corporation ; ☎020-26126867 ; www.maharashtratourism.gov.in ; I Block, Central Bldg, Dr Annie Besant Rd ; ⌚10h-17h lun-sam, fermé les 2e et 4e samedis du mois)

Poste principale (GPO Pune ; www.indiapost.gov.in ; Sadhu Vaswani Path ; ⌚10h-20h lun-sam)

Depuis/vers Pune

AVION

Le nouvel aéroport international Chattrapati Sambhaji est en projet à Purandar, à 36 km au sud-est de Pune. En attendant, Air India (www.airindia.in), GoAir (www.goair.in), IndiGo (www.goindigo.in) et Spicejet (www.spicejet.com) décollent tous les jours de l'**aéroport international de Pune** (PNQ ; New Airport Rd, Lohgaon), à 11 km au nord-est de Koragoan Park, à destination notamment de Mumbai (Bombay), Delhi, Jaipur, Bengaluru (Bangalore), Nagpur, Goa, Patna et Chennai (Madras), ou encore Abu Dhabi et Dubai.

BUS

Pune compte trois gares routières. Depuis **celle proche de la gare ferroviaire** (☎020-26126218 ; Agarkar Nagar), Goa est desservie par les bus publics du Maharashtra (clim 900 ₹, 10 heures, 5h, 5h45, 16h30, 19h30 et 21h) et par ceux de l'État de Goa (Kadamba Transport, 600-1 000 ₹, 18h30, 19h et 19h30). Des bus gagnent aussi la gare Dadar TT Circle de Mumbai (300-520 ₹, 4 heures, toutes les 15 minutes, 5h30-22h30) en marquant un arrêt à Lonavla (70 ₹).

Des bus pour Aurangabad (sans/avec clim à partir de 400/800 ₹, 5-6 heures, toutes les 30 minutes, 5h-23h) et Nasik (sans/avec clim à partir de 250/410 ₹, toutes les 30 minutes, 15h30-23h) partent de la **gare routière de Shivaji Nagar** (☎020-25536970 ; Shivajinagar Railway Station Rd). Quelques bus climatisés semi-luxe assurent aussi une liaison vers Mahabaleshwar (265 ₹, 4 heures, 6h15, 7h45 et 9h30).

De la **gare routière de Swargate** (☎020-24441591 ; Satara Rd), des bus publics rejoignent

Kolhapur (300-450 ₹, 6 heures, toutes les 30 minutes, 4h30-23h30) et Mahabaleshwar (175-250 ₹, 4 heures, toutes les heures, 5h40-19h30). Pour Donje (Golewadi), porte d'accès au fort de Sinhagad, les bus n°50 ou n°52 partent fréquemment d'un arrêt dans Shankar Sheth Rd, juste devant Swargate (30 ₹, 45 minutes, toutes les 30 minutes, 5h20-21h30).

Vous trouverez des agences vendant des tickets de bus privés longue distance en face de la gare de Shivaji Nagar – allez chez **Sana Travels** (☎ 8888808984 ; www.sanakonduskarbus.com ; 2, Sita Park, Shivajinagar). Ces bus (tous climatisés avec couchettes) desservent notamment Bengaluru (à partir de 1 200 ₹, 14 heures, 10/jour, 14h30-22h), Hyderabad (à partir de 1 000 ₹, 10 heures, 15/jour, 18h30-minuit), Goa (à partir de 1 600 ₹, 10 heures, 81/jour, 18h30-1h45), Mangalore (à partir de 1 700 ₹, 14 heures, 13/jour, 16h-23h) et Nagpur (1 000 ₹, 14 heures, 86/jour, 15h30-22h30). Ceux pour Bengaluru, Goa et Mangalore partent de Swargate ; ceux pour Hyderabad, de la gare ferroviaire de Pune ; et ceux pour Nagpur, de Shivaji Nagar.

TAXI

Des taxis collectifs (jusqu'à 4 personnes) relient Pune à l'aéroport de Mumbai 24h/24. Ils partent de la **station de taxis** (☎ 020-26121090 ; Sanjay Ghandi Rd) devant la gare routière de Pune (400-475 ₹/siège, 2 heures 30). Il y a aussi un point de prise en charge Uber juste à la sortie de la gare.

Pour louer une voiture avec chauffeur, contactez **Simran Travels** (☎ 020-26153222 ; www.mumbaiairportcab.com ; 1er niv., Madhuban Bldg, Lane N°5, Koregaon Park ; ⏲ 24h/24).

TRAIN

La **gare ferroviaire de Pune Junction** (Agarkar Nagar) est au cœur de la ville, sur HH Prince Aga Khan Rd. Il existe des services très réguliers, presque toutes les heures, pour Mumbai, et des correspondances pour des villes comme Delhi, Chennai et Hyderabad.

Environs de Pune

Sinhagad

Aujourd'hui en ruine, le **Sinhagad** (Lion Fort ; Sinhagad Ghat Rd ; ⏲ lever-coucher du soleil) GRATUIT, ou "fort du Lion", à environ 24 km au sud-ouest de Pune, était jadis contrôlé par les souverains de Bijapur. Il fut conquis par Shivaji, le héros marathe, à l'issue d'une bataille épique livrée en 1670, au cours de laquelle son fils Sambhaji trouva la mort. Shivaji aurait utilisé des varans domestiqués auxquels il aurait fait attacher des cordes pour escalader les parois de la forteresse.

Si le fort a perdu de sa superbe, il mérite pourtant le détour pour la vue imprenable et la balade dans les collines alentour.

Sinhagad se visite facilement depuis Pune et vous n'aurez donc guère motif à manger ou dormir sur place. Il existe toutefois de nombreux hôtels et *resorts* avec restaurants dans les environs et près du lac de Khadakwasla, bien qu'ils soient quasiment inexistants sur la route qui mène au fort.

Dans Shankar Sheth Rd, près de la gare routière de Swargate, à Pune, les bus n°50 ou n°52 (30 ₹, 45 minutes, toutes les 30 minutes, 5h20-21h30) desservent fréquemment le village de Donje (Golewadi), d'où vous pourrez rejoindre le fort à pied (4 km) ou prendre un 4x4 collectif (60 ₹) qui vous déposera au pied après un parcours de 10 km.

Shivneri

À environ 90 km au nord-ouest de Pune, le **fort de Shivneri** (Imam Raza Nagar, Junnar ; ⏲ lever-coucher du soleil) GRATUIT, perché sur une colline au-dessus du village de Junnar, est le lieu de naissance du chef marathe Shivaji. À l'intérieur des remparts de la

PRINCIPAUX TRAINS AU DÉPART DE PUNE

DESTINATION	TRAIN (N° ET NOM)	TARIF	DURÉE	DÉPART
Bengaluru (Bangalore)	11301 *Udyan Express*	450/1 775 ₹	20 heures 30	11h45
Chennai (Madras)	12163 *Chennai Express*	515/1 970 ₹	19 heures 30	12h10
Delhi	11077 *Jhelum Express*	620/2 455 ₹	27 heures 45	17h20
Hyderabad	17031 *Hyderabad Express*	330/1 295 ₹	13 heures 30	16h35
CST de Mumbai (Bombay)	12124 *Deccan Queen*	105/375 ₹	3 heures 15	7h15

Les tarifs indiqués pour les Express valent pour une place en sleeper/2AC ; pour le *Deccan Queen*, ils correspondent à une place en 2e classe/AC chair.

forteresse, en ruine, on trouve les anciennes écuries royales, une mosquée datant de l'ère moghole, ainsi que plusieurs réservoirs d'eau taillés dans la roche. Le bâtiment le plus important est le Shivkunj, le pavillon où naquit Shivaji.

À 8 km de Shivneri, de l'autre côté de Junnar, **Lenyadri** (Lenyadri Ganapati Rd, Junnar ; Indien/étranger 25/300 ₹ ; ⏲8h-18h) forme un ensemble intéressant de grottes reliées au bouddhisme hinayana. Parmi les 27 grottes, la n°7 est la plus impressionnante – de manière intéressante, elle abrite une représentation du dieu hindou Ganesh.

La vue est splendide, aussi bien depuis le fort que des grottes. Des bus (130 ₹, 2 heures, 5h-16h) circulent presque toutes les heures entre la gare routière de Shivaji Nagar, à Pune, et Junnar (comptez à partir de 2 026 ₹ l'aller-retour en voiture Ola). Un aller-retour en rickshaw depuis la gare routière de Junnar (une heure d'attente incluse) coûte 300 ₹ pour Shivneri et 400 ₹ pour Lenyadri.

Kolhapur

☎0231 / 561 300 HABITANTS / ALTITUDE 550 M

Malgré son riche passé et son intéressant patrimoine, un ensemble de temples notamment, Kolhapur, assez proche de Goa, reste peu visitée. En août, la fête de Naag Panchami (p. 86), célébrée ici ainsi qu'à Pune, rend hommage aux serpents. En matière de gastronomie, la ville est le berceau de la fameuse cuisine épicée kolhapurie, qui se caractérise notamment par de délicieux plats de poulet et de mouton.

À voir

♥ Shree Chhatrapati Shahu Museum HISTOIRE, ARCHITECTURE

(New Palace ; Indien/étranger café inclus 35/80 ₹ ; ⏲9h15-17h30). Ce mastodonte de style indo-sarracénique fut conçu en 1884 par l'architecte britannique Charles Mant, dit "le Fou", pour les rois de Kolhapur. Un délirant musée renferme d'innombrables trophées de chasse du roi, à la gâchette facile, dont des cannes en vertèbre de léopard et des cendriers en crâne de tigre ou en sabot de rhinocéros.

♥ Mahalaxmi Mandir TEMPLE HINDOU

(Mahadwar Rd ; ⏲3h-23h). Ce temple dédié à Amba Bai, la déesse-mère, figure parmi les lieux de culte les plus importants et les plus vivants du Maharashtra. Ses origines remontent à l'an 10, mais sa forme actuelle date principalement du XVIIIe siècle. Le temple attire un flux incessant de pèlerins et de musiciens. Les non-hindous sont les bienvenus.

Motibag Talim Mandal CENTRE DE FORMATION

(Guru Maharaj Gali, Mangalwar Peth, C Ward ; ⏲4h-16h). Kolhapur est célèbre pour ses lutteurs, qui s'entraînent sur le ring sablonneux du Motibag Thalim, une cour à gauche de l'entrée du Bhavani Mandap (demandez votre chemin). On peut observer le spectacle.

Où se loger et se restaurer

Hotel K Tree HÔTEL $$

(☎0231-2526990 ; www.hotelktree.com ; 517E, Plot 65, Shivaji Park ; s/d avec petit-déj à partir de 3 660/4 010 ₹ ; ❄📶). Service de grande qualité et 26 chambres modernes et très engageantes. Cet hôtel, bien que récent, commence à montrer des signes de vieillissement, mais il affiche un bon rapport qualité/prix et les Indiens l'apprécient pour son savoureux buffet du petit-déjeuner (avec notamment du *misal*, un curry épicé). Choisissez entre les chambres "deluxe", avec sdb camouflée et les chambres "executive", avec lit surélevé de style asiatique.

Hotel Pavillion HÔTEL $$

(☎0231-2652751 ; www.hotelpavillion.co.in ; 392E Assembly Rd, Shaupuri ; s/d avec petit-déj 2 130/2 350 ₹, avec clim à partir de 2 520/2 740 ₹ ; ❄📶). Cet hôtel, situé au bout d'un secteur englobant un parc et des bureaux, garantit un séjour paisible – même si les sdb ne sont pas toujours heureuses. Les chambres, bien équipées (certaines un peu démodées), donnent sur des parterres de fleurs.

♥ Dehaati INDIEN $$

(Ayodha Park, Old Pune-Bangalore Hwy, Nimbalkar Colony ; thali 220-530 ₹ ; ⏲12h30-15h30 et 19h30-22h30). Ce spécialiste local du *thali* kolhapuri propose aussi de nombreux plats de mouton, de poulet et végétariens : curries éclatants, *dhal* épicés, riche *aakkha masoor* (curry de lentilles à la mode kolhapurie), *tambda rassa* (mouton au curry rouge) élaboré, *chapati*... Tout est délectable.

Renseignements

Guichet touristique de la MTDC (☎0231-2652935 ; www.maharashtratourism.gov.in ; près du Mahalaxmi Mandir)

Office du tourisme de la MTDC (Maharashtra Tourism Development Corporation ; ☎0231-2665816 ; www.maharashtratourism.gov.in ; 254B Udyog Bhavan, Assembly Rd ; ⏲10h-18h lun-sam, fermé 2e et 4e samedis du mois)

ℹ Depuis/vers Kolhapur

BUS

Des bus réguliers partent de la **gare routière** (CBS ; ☎0231-2650620 ; Benadikar Path, Shahupur) pour Pune (ShivShahi avec clim 420 ₹, 5 heures, toutes les 30 minutes, 5h-23h30), Ratnagiri (ordinaire/ShivShahi 172/255 ₹, 4 heures 30, toutes les 30 minutes, 1h et 5h30 à 18h30) ; trois bus ordinaires vont à Malvan (210 ₹, 5 heures, 5h15, 6h15 et 12h30) et 11 bus desservent chaque jour Mumbai (express ordinaire/ShivShahi 485/710 ₹, 10 heures, 6h30-22h). Un guichet se charge des réservations pour tous les bus.

Les agences des meilleures compagnies privées sont regroupées dans l'immeuble Royal Plaza de Dabholkar Corner, à 300 m au nord de la gare routière. **Paulo Travels** (☎9326012763 ; www.paulotravels.com ; B/22, Royal Plaza, Dhabolkar Cnr) dessert Goa (Volvo avec clim siège/couchette à partir de 1 300/1 600 ₹, 8 heures, 10/jour, 2h30-minuit). **Neeta Tours & Travels** (☎0231-3290061 ; www.neetabus.in ; B/16, Royal Plaza, Dabholkar Cnr) propose des bus de nuit climatisés à destination de Mumbai (Volvo avec clim couchette à partir de 1 200 ₹, 9 heures, 9h, 15h, 17h et 22h45) et Pune (Volvo avec clim siège à partir de 550 ₹, 5 heures, 7h, 9h, 15h, 16h, 17h, 20h et 23h30).

TRAIN

La **gare ferroviaire** (KOP ; Railway Colony, New Shahupuri), connue sous le nom de Chattrapati Shahu Maharaj Terminus, est à 10 minutes de marche à l'ouest de la gare routière. Il y a chaque jour 3 trains express pour Mumbai, dont le *Sahyadri Express* (sleeper/2AC 305/1 180 ₹, 13 heures) via Pune (sleeper/2AC 210/815 ₹, 8 heures). Le *Rani Chennama Express* parcourt le long trajet jusqu'à Bengaluru (sleeper/2AC 400/1 575 ₹, 16 heures 30, 14h05). Il n'existe pas de train direct pour Goa.

Mahabaleshwar

☎02168 / 12 750 HABITANTS / ALTITUDE 1 372 M

Capitale estivale au temps du Raj, la station climatique de Mahabaleshwar (1 327 m) n'a plus aujourd'hui pour elle que l'extraordinaire paysage montagneux traversé par la route d'accès. Désormais chaotique et urbanisée à l'accès, défigurée par un boom de la construction, elle est en outre embouteillée, de par l'afflux des touristes qui tentent d'enchaîner tous les points de vue et cascades. S'il n'y a guère de raison d'explorer ce qui n'est plus qu'un bazar bouillonnant entouré de *resorts* et de jolies vues, Mahabaleshwar peut toutefois servir de base pour découvrir l'imposant fort de Pratapgad ou le plateau de Kaas, tous deux à proximité.

Inutile de venir durant la mousson : tout est alors fermé ou presque (la ville reçoit alors près de 6 m de précipitations). Si vous avez une heure à occuper entre deux bus, le **Nature Care Spa** (☎9168816683 ; Hotel Shreyas, Main Rd ; massages à partir de 1 500 ₹ ; ⏲9h-20h), un centre de soins à prix doux installé dans l'Hotel Shreyas, est exactement ce qu'il vous faut !

Où se loger et se restaurer

Glenogle BUNGALOW $$$
(☎8888999018 ; www.glenogle.in ; Sasoon Rd ; bungalow 5 ch 15 000-30 000 ₹ ; ❄📶). Ce bungalow au toit de tôle (1840) n'a pas

VAUT LE DÉTOUR

LE FORT DE PRATAPGAD

Le spectaculaire **fort de Pratapgad** (Poladpur-Mahabaleshwar Rd ; ⏲9h-coucher du soleil) fut érigé en 1656 par Shivaji (il appartient d'ailleurs toujours à ses descendants) sur une crête montagneuse, à 24 km au nord-ouest de Mahabaleshwar. C'est ici qu'en 1659, Shivaji, pris au piège, voulut bien rencontrer le général bijapuri Afzal Khan, pour négocier un compromis. Il accepta de déposer les armes avant d'éventrer son ennemi à coups de *waghnakh* (griffes de tigre en métal). La tombe d'Afzal Khan, interdite d'accès, occupe le site de cette rencontre fatale, au pied du fort.

Les 500 marches conduisant au fort offrent une belle vue. Des gargotes et des vendeurs de fruits, de jus et d'en-cas sont installés tout au long du parcours.

Un bus public (150 ₹ aller-retour, 1 heure, 9h30) fait la navette tous les jours depuis Mahabaleshwar ; il attend environ 1 heure sur place. Les taxis de Mahabaleshwar appliquent un prix fixe de 1 000 ₹ pour faire l'aller-retour, 1 heure d'attente comprise.

changé depuis que le gouvernement britannique l'a fait construire pour l'un de ses capitaines. Blotti dans une forêt privée à seulement 1,3 km du bazar principal, il donne l'impression de se trouver à des années-lumière de la ville et compte cinq chambres joliment remplies d'œuvres d'art et d'antiquités.

Grapevine CUISINE DU MONDE **$$$**
(02168-261100 ; Masjid Rd ; plats 170-950 ₹ ; 9h30-15h et 17h-22h). Impossible de manquer ce restaurant et bar à vins d'une élégance qui détonne à Mahabaleshwar. Son propriétaire, le chef Raio, qui a notamment travaillé pour la chaîne Taj Hotels, revisite avec brio la cuisine parsie et la préparation des fruits de mer frais. L'énorme burger d'agneau (avec feta et mayonnaise à la harissa) et le burger au crabe en mue méritent à eux seuls le détour, sans parler des crevettes géantes tigrées épicées, du jarret d'agneau et du homard.

Depuis/vers Mahabaleshwar

De la **gare routière de Mahabaleshwar** (Hwy 72), des bus publics partent régulièrement vers Pune (sans clim/ShivShahi 190/210 ₹, 4 heures, toutes les 30 minutes, 5h30-18h30) et Kohlapur (sans clim/ShivShahi 365/475 ₹, 5 heures 30, 6h30, 8h et 12h30) mais aussi Satara (sans clim 75 ₹, 2 heures, toutes les 30 minutes, 7h-18h30), avec des correspondances plus fréquentes pour Kolhapur (sans clim 175 ₹, toutes les 30 minutes). Chaque jour, quatre bus rejoignent Mumbai entre 9h et 21h30 (sans clim 450 ₹, 7 heures) et un bus ordinaire rallie Goa (sans clim 780 ₹, 12 heures, 8h).

L'agence **RB Travels** (9422405772, 02168-260251 ; 49 Dr Sabne Rd ; 8h-23h), qui est installée à l'angle du bazar et d'une ruelle servant de raccourci vers Masjid Rd (en face du restaurant Meghdoot), réserve des bus deluxe pour Goa (siège sans clim/Volvo couchette avec clim 1 100/1 400 ₹, 12 heures). Les passagers sont conduits en voiture depuis le bazar (19h30) jusqu'à l'embranchement de Surur Phata, à 42 km de là, où passe le bus venant de Pune. On peut aussi rejoindre Mumbai (Volvo avec couchette 800 ₹, 6 heures, 9h30, 10h30, 12h, 16h et 21h30).

Un bus public dessert le fort de Pratapgad quotidiennement (150 ₹ aller-retour, 1 heure, 9h30) ; il attend une heure sur place. En taxi, comptez 1 000 ₹ l'aller-retour.

Goa

0832 / 1,82 MILLION D'HABITANTS

Dans ce chapitre ➡

Le top des restaurants

- Black Sheep Bistro (p. 128)
- Go With the Flow (p. 137)
- Baba Au Rhum (p. 143)
- Bomra's (p. 135)
- Ourem 88 (p. 165)

Le top des hébergements

- Mandala (p. 151)
- Dreams Hostel (p. 146)
- Panjim Inn (p. 127)
- Ciarans (p. 161)
- Vaayu Waterman's Village (p. 150)

Pourquoi y aller

Ce petit État se distingue par sa culture teintée de spiritualité, où s'imbriquent les traditions indienne et portugaise. La région centrale, cœur historique de Goa, englobe la capitale, Panaji, et Old Goa, deux bourgs réputés pour leur patrimoine, mais aussi les paysages vallonnés des Ghats occidentaux, plantés d'épices, des îlots et des poches de biodiversité que sont les réserves ornithologiques. Bien différent, le Nord attire les foules avec ses plages, sa vie nocturne, ses fêtes *trance*, sa cuisine, ses marchés et ses centres de yoga. Le Sud est plus calme : l'ambiance villageoise règne à Benaulim tandis que Palolem, Patnem et Agonda séduisent avec de simples paillotes posées sur des plages de sable étincelant. Si Goa est parfois débordé par la prédilection grandissante que lui vouent les vacanciers, indiens comme étrangers, le voyageur y trouvera malgré tout un point de chute où s'offrir un moment de détente, loin de la frénésie qui règne ailleurs en Inde.

Quand partir

Panaji

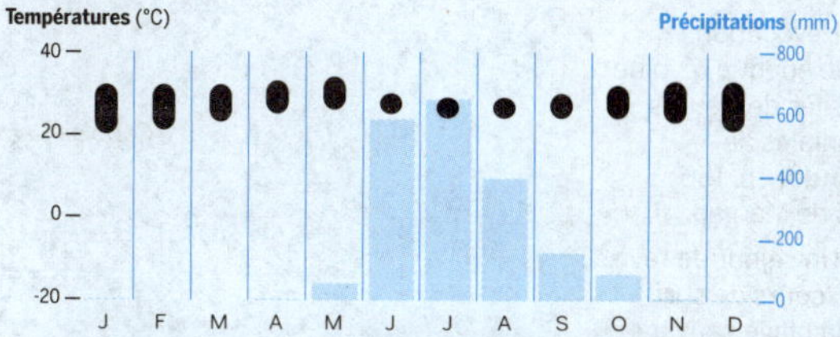

Septembre-novembre Des restaurants ferment ; les prix et la fréquentation sont en baisse.

Novembre-mars Temps splendide et fêtes à profusion. Tarifs et affluence en hausse 15 déc-début janvier.

Mars-avril C'est le temps du carnaval et des fêtes de Pâques, alors que la haute saison s'achève.

À ne pas manquer

1 Le quartier portugais de **Panaji** (p.124), paisible capitale de l'État, où vous pourrez faire du shopping et vous attabler dans un restaurant traditionnel.

2 Un cours de cuisine ou de yoga à **Assagao** (p. 144), Anjuna, Arambol ou Mandrem.

3 Le **marché aux puces d'Anjuna** (p. 144), le mercredi – touristique et néanmoins sympathique.

4 Les églises et les cathédrales d'**Old Goa** (p. 130).

5 Une randonnée jusqu'à la plage isolée de **Cola Beach** (p. 158), l'une des plus jolies de Goa.

6 Un moment de farniente et de lecture sur la plage de **Mandrem** (p. 150).

7 Sortie en kayak, cours de cuisine, ou simple détente à **Palolem** (p. 160) – avec hébergement dans une hutte sur une plage de rêve.

8 L'évocation d'une époque révolue dans les demeures coloniales de **Chandor** (p. 156), près de Margao.

9 Un séjour de rêve, avec cours de surf, sur la plage sauvage d'**Agonda** (p. 159).

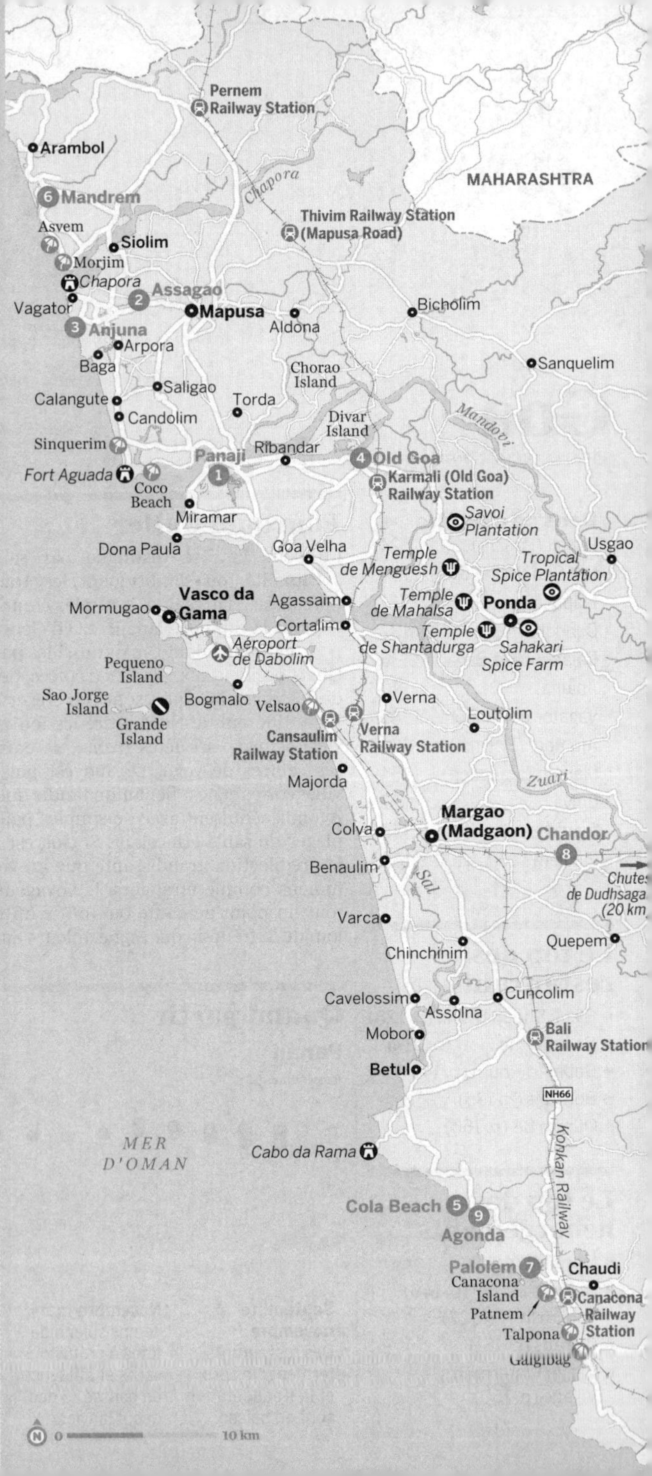

Histoire

De l'empereur maurya Ashoka, au IIIe siècle av. J.-C., à la longue dynastie des Kadamba, qui exerça son pouvoir à partir du IIIe siècle de notre ère, Goa fut gouverné par de très nombreux souverains. Plus tard, des conflits opposèrent des sultanats ennemis à l'Empire hindou de Vijayanagar pour le contrôle du territoire. Au XVe siècle, la dynastie des Adil Shah du sultanat de Bijapur (Vijayapura aujourd'hui, dans le Karnataka) fonda la capitale, aujourd'hui appelée Old Goa (Velha Goa).

Les Portugais, qui arrivèrent en 1510, étendirent progressivement leur pouvoir depuis la capitale, jusqu'aux provinces du Sud, tout en évangélisant les populations par l'intermédiaire des missionnaires jésuites. La domination portugaise s'acheva en 1961, après un siège de trois jours conduit par l'armée indienne, suivi d'une annexion. Aujourd'hui, on retrouve encore des traces de l'héritage portugais dans l'architecture, la cuisine, la religion ou la langue des Goanais.

La vague hippie déferla sur Goa à la fin des années 1960. Depuis, l'État reste un passage obligé pour qui sillonne le pays, même si l'on croise aujourd'hui, sur ses plages bondées, moins de baroudeurs que d'Indiens en vacances.

ℹ Renseignements

Goa Tourism Development Corporation (GTDC ; ☎ 0832-2437132 ; www.goa-tourism.com ; Paryatan Bhavan, Dr Alvaro Costa Rd, Panaji ; ⏲ 9h30-17h45 lun-ven). Chapeauté par le gouvernement de Goa, l'office du tourisme agit pourtant comme un acteur privé. Il gère de nombreux hôtels, l'application Goa Miles (voir l'encadré) et propose divers types de circuits.

ℹ Depuis/vers Goa

AVION

L'aéroport de Goa, **Dabolim** (Goa International Airport ; ☎ 0832-2540806 ; NH566), est desservi par des vols intérieurs directs, par quelques vols internationaux en provenance du Moyen-Orient et par des charters saisonniers arrivant essentiellement d'Europe et de Russie.

Depuis l'étranger, vous devrez le plus souvent transiter par Mumbai (Bombay) ou Delhi et prendre un vol intérieur (compagnies Air India, SpiceJet ou IndiGo).

Un nouvel aéroport (piste non goudronnée) à Mopa, au nord de Goa, est attendu en 2020.

BATEAU

Les bateaux de croisière, le plus souvent en provenance des Émirats arabes unis ou faisant la navette entre Mumbai et les Maldives, jettent l'ancre au débarcadère de Mormugao.

Depuis 2018, trois liaisons maritimes hebdomadaires sont proposées entre Mumbai et Goa. **Angriya Cruises** (☎ 8314810440 ; www.angriyacruises.com ; Mormugao Cruise Terminal ; ⏲ 16h mar, jeu, dim oct-mai) fait la traversée de nuit. On dort en couchette dans un dortoir (4 300 ₹), en couchette solo haut de gamme (4 650 ₹), en chambre double spacieuse (8 950 ₹/personne) ou en chambre familiale (5 700 ₹/personne). Repas en supplément pour 2 000/1 000 ₹ par adulte/enfant.

BUS

De nombreux bus longue distance inter-États, publics ou privés, circulent depuis/vers Goa. Les billets peuvent être réservés en ligne, auprès d'agents installés à proximité des arrêts, d'agences de voyages ou d'hôtels. Notez que la route jusqu'à Mumbai est interminable ; le train est plus rapide et plus confortable.

La compagnie publique **Kadamba** (www.goakadamba.com) dessert l'État et les régions limitrophes. Pour les bus, privés ou gérés par l'État, la réservation est possible en ligne sur **www.redbus.in**.

TRAIN

Longue de 760 km et achevée en 1998, la **Konkan Railway** (www.konkanrailway.com) est la principale ligne ferroviaire de l'État. Elle relie Goa à Mumbai (au nord) et à Mangalore (au sud). La gare ferroviaire "Madgaon" (p. 156), à Margao, est la plus grande gare goanaise. De nombreux trains passent aussi par la gare de Karmali, près d'Old Goa, à 12 km de Panaji. Parmi les gares secondaires, citons celles de Pernem pour Arambol, de Thivim pour Mapusa et les plages du Nord, et de Canacona pour Palolem.

GOA MILES : UNE APPLI UTILE

Les applis de VTC comme Uber ou Ola sont interdites, mais Goa Tourism a son propre service : Goa Miles (www.goamiles.com), qui ne va pas sans rappeler ses concurrents. Les tarifs sont environ moitié moins chers que ceux des taxis hélés dans la rue (plus proches de ceux facturés en mode prépayé). Le succès de l'appli dépendra cependant du nombre de chauffeurs disponibles.

Comment circuler

Bus Pour se déplacer à moindre coût et à la manière des habitants.

Taxi et auto-rickshaw Pratiques pour de courts trajets dans, ou entre, les villages et les plages. Pour une course plus longue, mieux vaut convenir du tarif avant de partir.

Train Deux lignes sillonnent l'État, mais ce moyen de transport n'est ni le plus rapide, ni le plus pratique.

Voiture et moto La moto et le scooter sont les moyens de transport privilégiés des voyageurs (250-500 ₹/jour). Un permis international est demandé aux étrangers. Il est moins courant de louer une voiture, mais vous pouvez en revanche utiliser Goa Miles (voir p. 123).

PANAJI ET CENTRE DE GOA

Pour beaucoup de voyageurs, Goa évoque une vaste étendue de sable bordée de paillotes et d'hôtels. La partie centrale de l'État recèle pourtant bien moins de belles plages que de richesses historiques et culturelles.

Panaji (Panjim)

☎0832 / 241 000 HABITANTS

Panaji, la capitale de l'État à l'ambiance décontractée, surplombe l'embouchure de la Mandovi où, la nuit, les lumières des bateaux et des casinos flottants se reflètent dans l'eau.

La découverte de Panaji constitue une part essentielle d'un séjour à Goa. Consacrez un ou deux jours à la ville.

À voir

On a plaisir à déambuler dans Fontainhas, ancien quartier colonial au charme tranquille, ou dans Sao Tomé et Altinho Hill.

Le lacis de ruelles du “quartier latin” (ou quartier portugais) de **Fontainhas** forme le secteur le plus agréable. Nulle part ailleurs l'influence lusitanienne n'est aussi visible : en fin d'après-midi, le soleil réchauffe les maisons jaunes aux portes pourpres et chaque coin de rue révèle des demeures couleur ocre, avec des toits de tuiles rouges, des balcons en fer forgé et des fenêtres à *carepas* (petits carreaux de nacre taillés dans des coquilles d'huître).

Les **Campal Gardens**, à l'ouest du centre-ville, et **Miramar Beach**, à 4 km au sud-ouest de Panaji, sont aussi très appréciés.

♥ Church of Our Lady of the Immaculate Conception ÉGLISE
(angle Emilio Gracia Rd et Jose Falcao Rd ; ⏲9h-12h30 et 15h-19h30 lun-sam, 11h-12h30 et 15h30-17h dim, messe en anglais 8h tlj). Centre spirituel et géographique de la ville, cette haute église d'un blanc de nacre fut construite en 1619 à l'emplacement d'une chapelle datant de 1540. Alors que Panaji n'était guère plus qu'un bourg de pêcheurs, l'oratoire d'origine constituait la première escale pour les marins arrivant de Lisbonne ; ils rendaient grâce pour une traversée sans encombre avant de continuer vers Ela (Old Goa), plus à l'est. L'édifice est joliment éclairé la nuit.

Goa State Museum & Secretariat Building HISTOIRE LOCALE
(☎0832-2438006 ; www.goamuseum.gov.in ; Avenida Dom Joao Castro ; ⏲9h30-17h30 lun-ven).

LES PLUS BELLES FÊTES

Fête des Trois Rois (⏲6 jan). De jeunes villageois interprètent les Rois mages.

Shigmotsav de Holi (Shigmo ; ⏲fév/mars). Version goanaise de la fête hindoue de Holi ; lancers de pigments colorés sur les passants et défilés dans les villes.

Sabado Gordo (Panaji ; ⏲fév/mars). Défilé de chars et fêtes de rue le samedi précédant le carême.

Carnaval (⏲mars). Quatre jours de fêtes, avant le carême ; très joyeux à Panaji.

Feast of the Menino Jesus (Colva ; ⏲2e lun oct). La statue de l'Enfant Jésus est conduite en procession dans les rues de Colva.

Fête de saint François Xavier (Old Goa ; ⏲3 déc). Dix jours de célébrations à la mémoire du missionnaire jésuite, dont le corps repose à Goa.

Fête de Notre-Dame-de-l'Immaculée-Conception (Margao, Panaji ; ⏲8 déc). Foire et concerts autour de l'église (Church of Our Lady of the Immaculate Conception).

VAUT LE DÉTOUR

TEMPLES ET PLANTATIONS D'ÉPICES À PONDA

La région de Ponda, à quelque 30 km au sud-est de Panaji, mérite une espacade d'une journée pour ses temples hindous et ses plantations.

Le territoire (*taluk*) de Ponda est resté sous gouvernance musulmane ou hindoue durant près de 250 ans après l'arrivée des colons portugais en 1510. Il doit nombre de ses temples à l'arrivée massive de fidèles hindous, contraints à fuir la persécution portugaise. Ils y reconstruisirent aux XVIIe et XVIIIe siècles les édifices détruits ailleurs par le régime colonial. On peut encore les voir aujourd'hui. Si vous manquez de temps, commencez par le Shri Manguesh et le Shri Mahalsa, près du village de Mardol.

La région est également le centre des plantations d'épices de Goa. Elles ouvrent leurs portes pour une visite guidée, comprenant un buffet du déjeuner sous forme de *thali*, voire un spectacle culturel. Citons, dans le lot :

Pascoal Spice Farm (0832-2344268 ; visite guidée et déj 400 ₹ ; 9h-16h30)

Sahakari Spice Farm (0832-2312394 ; www.sahakarifarms.com ; entrée avec déj 400 ₹ ; 8h-16h30)

Savoi Plantation (9423888899, 0832-2340272 ; www.savoiplantations.com ; adulte/enfant 700/350 ₹ ; 9h-16h30)

Tropical Spice Plantation (0832-2340329 ; www.tropicalspiceplantation.com ; Keri ; visite guidée avec déj 400 ₹ ; 9h-16h)

GRATUIT Le Secrétariat, bâtiment le plus ancien de l'ère coloniale à Goa, abrite une collection modeste mais très éclectique autour de l'histoire de l'État. Outre de superbes sculptures et bronzes hindous et jaïns, il renferme de beaux meubles de l'époque portugaise, des monnaies, un char finement sculpté et deux curieuses roues de loterie anciennes.

Goa State Central Library BIBLIOTHÈQUE
(Sanskruti Bhavan, Patto ; 9h-19h30 lun-ven, 9h30-17h45 sam-dim). GRATUIT Cette bibliothèque d'État moderne comprend une librairie, une galerie et un fonds réparti sur six niveaux. Le 2e niveau abrite une section de livres pour enfants et un espace Internet (réservé aux recherches universitaires). Le 4e niveau rassemble des livres consacrés à l'histoire de Goa et le 6e niveau recèle une importante collection de livres portugais.

Mario Gallery GALERIE, BOUTIQUE
(0832-2421776 ; www.mariodemiranda.com ; Duarte Pacheco Rd ; 10h-17h30 lun-ven, 10h-13h sam). GRATUIT Ce lieu est dédié au dessinateur préféré des Indiens et résident de Loutolim, Mario de Miranda, mort en 2011 à l'âge de 85 ans. Affiches, livres, dessins mais aussi tasses, tee-shirts et sacs sont en vente dans la boutique. Son œuvre est appréciée, pour preuve les trois autres galeries qui lui sont consacrées à Calangute, Margao et Porvorim.

Activités

GTDC River Cruise CROISIÈRE
(Avenida Dom Joao Castro, Tourism Jetty ; croisière au coucher du soleil 300 ₹ ; 18h). Goa Tourism programme une agréable croisière d'une heure sur la Mandovi à bord du *Santa Monica*, avec concerts et/ou danses et chants traditionnels goanais. Des dîners-croisières de 2 heures ont lieu deux fois par semaine. Départ de Santa Monica Jetty, un embarcadère à côté du Mandovi Bridge.

Make It Happen CIRCUIT À PIED
(www.makeithappen.co.in ; 1/143 Dr Cunha Gonsalves Rd ; promenade guidée à partir de 700 ₹) Laissez-vous conter l'histoire de Fontainhas ou du vieux Goa, partez arpenter l'île de Divar, Chandor ou Saligao avec un guide. La visite dans Fontainhas vous fera découvrir une maison d'époque sur un air de fado. Réservation en ligne.

Où se loger

À Panaji, les hébergements conviennent à tous les budgets (voir l'encadré p. 128) et sont généralement moins pris d'assaut qu'ailleurs.

Old Quarter Hostel AUBERGE DE JEUNESSE $
(7410069108 ; www.thehostelcrowd.com ; 5/146 31st January Rd ; dort 600-650 ₹, s/d avec clim à partir de 1 100/1 700 ₹ ;). Une adresse immanquable pour un séjour à petit prix dans une vieille demeure portugaise

GOA PANAJI (PANJIM)

Panaji
0
400 m
Mandovi
Mandovi Bridge
Betim (2 km), Torda (4 km), Mapusa (13 km)
Old Goa (9km); Karmali (12km); Ponda (34km)
Dabolim (29 km), Vasco da Gama (32 km), Margao (34 km)
Dabolim (29 km), Margao (34 km)
Campal Gardens (300 m), Kala Academy (700 m)
Kala Academy (400 m)
Caculo Mall (800 m)
Panaji Jetty
Ferry pour Betim
New Patto Bridge
Old Patto Bridge
Ourem Creek
PATTO
Amberdkar Park
SAO TOMÉ
FONTAINHAS
MALA
ALTINHO
Avenida Dom Joao Castro
MG Rd
GP Rd
31st January Rd
Ourem Rd
Passerelle
Dr Alvaro Costa Rd
Emilio Gracia Rd
CA Rd
Rua de Natal
St Sebastian Rd
Jose Falcao Rd
Dr RS Rd
Cunha-Rivara Rd
Avenida Pe Agnelo
Church of Our Lady of the Immaculate Conception
Ormuz Rd
Azad Maidan
Malaca Rd
Dayanand Bandodkar Marg
Dr Pisurlekar Rd
Menezes Braganza Rd
Dr P Shirgaonkar Rd
Dr Dada Vaidya Rd
Swami Vivekanand Rd
18th June Rd
Dr Atmaram Borkar Rd
Gen Costa Alvares Rd
General Bernado Guedes Rd
Heliodoro Salgado Rd
Marché municipal
1
2
3
4
5
6
7
8
9
10
11
12
13
14
15
16
17
18
19
20
21
22
23
24
25
26
27
28
29
30
A
B
C
D
E
F
G

Panaji

Les incontournables
1 Church of Our Lady of the Immaculate Conception D2

À voir
2 Goa State Central Library E4
3 Goa State Museum et Secretariat Building D1
4 Mario Gallery C2

Activités
5 GTDC River Cruise G2
6 Make It Happen E2

Où se loger
7 A Pousada Guest House E2
8 Afonso Guesthouse E3
9 La Maison E3
10 Old Quarter Hostel D4
11 Panjim Inn E3

Où se restaurer
12 Anandashram E2
13 Black Sheep Bistro B3
14 Cafe Bodega C4
15 Hotel Venite E2
16 Route 66 .... E2
17 Viva Panjim E3

Où prendre un verre et faire la fête
18 Cafe Mojo B2
19 Joseph Bar E2
20 Riverfront & Down the Road E2

Où sortir
21 Deltin Royale E1
22 INOX Cinema A2

Achats
23 Marché municipal A2
24 Singbal's Book House D2

Renseignements
25 Disability Rights Association of Goa E2
26 Forest Department B3
27 Goa Tourism F2
Office du tourisme Government of India .... (voir 27)

Transports
28 Gare routière de Kadamba G3
Bureau de réservation de la Konkan Railway .... (voir 28)
29 Paulo Travels F3
30 Compagnies de bus privés F3

du quartier historique de Fontainhas. Beaux dortoirs quatre couchages, chambres doubles privées dans un autre bâtiment, très agréable café (le Bombay Roasters), bon Wi-Fi et location de vélos. Les chambres doivent être libérées avant midi.

A Pousada Guest House — GUESTHOUSE $

(☎0832-2422618, 9850998213 ; sabrinateles@yahoo.com ; Luis de Menezes Rd ; s/d 950/1 200 ₹, d avec clim 1 800 ₹ ; ❄📶). Cette pension jaune vif loue cinq chambres simples et propres, avec lits confortables et TV. Sabrina, la propriétaire, est accueillante et pragmatique. L'établissement est l'une des meilleures *guesthouses* de sa catégorie dans Fontainhas.

♥ Panjim Inn — HÔTEL HISTORIQUE $$

(☎9823025748, 0832-2226523 ; www.panjim-inn.com ; 31st January Rd ; s/d à partir de 5 900-6 500 ₹, supérieure 8 200/8 700 ₹ ; ❄📶). Le Panjim Inn, qui fut l'un des premiers hôtels de Fontainhas, est depuis longtemps prisé pour son caractère et son charme. Il est tenu par l'aimable famille Sukhija, qui emploie une équipe efficace et serviable. Cette belle bâtisse du XIXe siècle compte 12 chambres de caractère. D'autres chambres sont à disposition, avec lit à baldaquin, mobilier de style colonial et touches modernes.

Afonso Guesthouse — GUESTHOUSE $$

(☎0832-2222359, 9764300165 ; www.afonsoguesthouse.com ; St Sebastian Rd ; ch 2 500-3 250 ₹ ; ❄📶). Gérée par la sympathique Jeanette, cette jolie maison de ville portugaise abrite huit grandes chambres bien tenues, avec plafond en bois. Le petit toit-terrasse est parfait pour prendre le petit-déjeuner (en supplément) au soleil, avec vue sur Fontainhas. Une adresse paisible au cœur du quartier le plus pittoresque de la ville. Libération des chambres à 9h ; réservation par Internet uniquement.

La Maison — BOUTIQUE-HÔTEL $$

(☎0832-2235555 ; www.lamaisongoa.com ; 31st January Rd ; ch avec petit-déj 4 700-5 300 ₹ ; ❄📶). La Maison compte parmi les nouvelles adresses soignées, dont le charme ancien prévaut. On y célèbre le mariage de l'Orient et de l'Occident. Les huit chambres, simples et douillettes, offrent un confort digne d'un cinq-étoiles : lit et oreillers moelleux, secrétaire et TV à écran plat. Petit-déjeuner compris. Restaurant de cuisine fusion d'inspiration française, le Desbue, sur place.

TARIFS HÔTELIERS

Les tarifs des hébergements goanais varient fortement selon la saison et la demande. Les prix indiqués ci-dessous valent pour une chambre double avec sdb dans l'État de Goa :

$ moins de 1 500 ₹

$$ 1 500-7 500 ₹

$$$ plus de 7 500 ₹

Où se restaurer

Chacun trouvera, à Panaji, matière à se régaler. Le "quartier latin" se distingue par une scène culinaire en pleine évolution : vous pourrez goûter aux spécialités goanaises.

Anandashram GOANAIS $

(31st January Rd ; thali 90-140 ₹, plats 100-350 ₹ ; 12h-15h30 et 19h30-22h30 lun-sam, 12h-15h dim). Réputé pour ses produits de la mer, ce petit restaurant sert de simples et délicieux curries de poisson, ainsi que des *thali* végétariens (ou non) midi et soir.

Viva Panjim GOANAIS $$

(0832-2422405 ; 31st January Rd ; plats 160-300 ₹ ; 11h30-15h30 et 19h-23h lun-sam, 19h-23h dim). Prisée des touristes, cette table installée dans une vieille maison portugaise, avec quelques places sur le trottoir, sert une savoureuse cuisine goanaise à des prix raisonnables. Nombreux plats de porc sur la carte, qui comprend également du curry *xacuti* et du *cafreal* (voir l'encadré p. 154).

Cafe Bodega CAFÉ $$

(0832-2421315 ; www.cafebodegagoa.in ; Altinho ; plats 170-340 ₹ ; 10h-19h lun-sam, 10h-16h dim ;). Grimpez jusqu'à Altinho Hill pour rejoindre ce paisible café-galerie installé dans la cour intérieure d'une maison portugaise azur et blanc, dans l'enceinte du Sunaparanta Centre for the Arts. Dégustez un bon café, un jus de fruit et un gâteau fraîchement sorti du four, ou déjeunez d'un excellent sandwich ou d'une pizza.

Hotel Venite GOANAIS $$$

(31st January Rd ; plats 320-440 ₹ ; 9h-22h30). Le Venite figure depuis longtemps parmi les adresses de charme de Panaji, avec de jolies tables perchées sur des balcons au-dessus d'une rue pavée. On y sert une cuisine traditionnelle : saucisses épicées, curry de poisson avec riz, steak au poivre et *bebinca* (gâteau typique à 16 couches ou moins). Du fait de sa popularité auprès des touristes, les prix sont plutôt élevés. Vous pourrez vous y arrêter pour une simple bière ou un shot de *feni* (alcool goanais).

Black Sheep Bistro EUROPÉEN $$$

(0832-2222901 ; www.blacksheepbistro.in ; Swami Vivekanand Rd ; tapas 250-400 ₹, plats 350- 600 ₹ ; 12h-16h et 19h-minuit). Excellente adresse récente. Derrière une imposante façade jaune pâle, le Black Sheep possède un bar de bois sombre et une salle confortable. Les tapas, fraîches et légères, sont préparées de façon experte avec des ingrédients locaux. Salades, pâtes, plats de poisson et de viande figurent aussi sur la carte. Sommelier expérimenté.

Route 66 AMÉRICAIN $$$

(9623922796 ; Ourem Rd ; plats 200-850 ₹ ; 12h-23h30 ;). Dans le style du *diner* américain, ce grand restaurant, face à Ourem Creek, a fait sienne la tradition du burger, mais aussi celle du hot dog, des frites au fromage et piment, des travers de porc au barbecue et des pizzas à la new-yorkaise. Poids lourd de sa catégorie, le Route 66 s'anime de surcroît des prestations de musiciens les jeudis, vendredis et samedis soirs.

Où prendre un verre et faire la fête

Cafe Mojo BAR

(0832-2431973 ; www.cafemojo.in ; Menezes Braganza Rd ; 10h- 5h lun-jeu, 10h-6h ven-sam). Ambiance pub anglais sombre et confortable, clientèle jeune et toujours prête à faire la fête jusqu'au petit matin. Chaque table est équipée d'une tireuse à bière (en self-service) et d'un écran LCD : vous achetez une carte (500 ₹), vous vous installez et vous vous servez ; les consommations sont déduites automatiquement. La carte est aussi valable pour les autres boissons et les en-cas.

Joseph Bar BAR

(Gomes Pereira Rd, Sao Tomé ; 18h-23h30). Un petit bar où se mêlent touristes et habitants pour un verre en terrasse ou à même la selle d'un scooter. On y discute dans une ambiance chaleureuse, rafraîchie par une bière artisanale brassée localement.

Riverfront & Down the Road BAR

(angle MG Rd et Ourem Rd ; 11h-1h). Meublé de tonneaux sculptés, le balcon de ce restaurant-bar qui surplombe l'Ourem Creek et l'Old Patto Bridge est idéal pour une bière ou un cocktail. Au rez-de-chaussée (à partir de 18h), un bar à l'ancienne où se tiennent des concerts certains soirs.

☆ Où sortir

Plusieurs bateaux-casinos, amarrés sur la Mandovi, permettent de passer une soirée très distrayante.

Deltin Royale BATEAU-CASINO
(9819698196 ; www.deltingroup.com/deltin-royale ; Noah's Ark, RND Jetty, Dayanand Bandodkar Marg ; semaine/week-end 2 500/3 500 ₹ ; 24h/24, spectacles 21h-1h). Le plus grand casino flottant de Goa compte 123 tables de jeux, le Vegas Restaurant, le Whisky Bar et une halte-garderie. Le prix d'entrée comprend des jetons pour un montant de 1 500/2 000 ₹ (en semaine/le week-end). En-cas et boissons à volonté.

INOX Cinema CINÉMA
(0832-2420900 ; www.inoxmovies.com ; Old GMC Heritage Precinct ; billets 210-240 ₹). Installez-vous confortablement dans l'une des salles de ce multiplexe pour un blockbuster hollywoodien ou, mieux, bollywoodien. Pour choisir votre fauteuil, rendez-vous sur le site Internet.

Kala Academy SPECTACLES
(0832-2420452 ; kalaacademygoa.co.in ; Dayanand Bandodkar Marg). Dans la partie ouest de la ville, à Campal, le principal centre culturel de Goa propose un programme de danse, de théâtre, de musique et d'expositions d'art tout au long de l'année. De nombreux spectacles sont en langue konkani, quelques-uns en anglais. Le calendrier des événements est habituellement à jour sur Internet.

Achats

Marché municipal MARCHÉ
(Heliogordo Salgado Rd ; à partir de 7h30). Un endroit plein de charme, avec un marché couvert aménagé dans des rues étroites. On y vend produits frais et vêtements. Le marché au poisson est particulièrement intéressant. Petits restaurants sur place.

Singbal's Book House LIVRES
(0832-2425747 ; Church Sq ; 9h30-13h et 15h30-19h30 lun-sam). À la diagonale de la plus grande église de Panaji, le Singbal's a rang d'institution locale, avec un excellent choix de magazines et de journaux internationaux, ainsi que de nombreux livres sur Goa et des guides de voyage.

Caculo Mall CENTRE COMMERCIAL
(0832-2222068 ; www.caculomall.in ; 16 Shanta, St Inez ; 10h-21h). Le plus grand centre commercial de Goa, fort de quatre niveaux climatisés, est adapté à une séance shopping en famille, avec des boutiques de marque, un espace de restauration, une aire de jeux pour les enfants, des pistes de bowling et des jeux d'arcade.

Renseignements

RENSEIGNEMENTS

Offices du tourisme

Goa Tourism (p. 123). La GTDC occupe le grand édifice de Paryatan Bhavan, de l'autre côté de l'Ourem Creek et près de la gare routière. Plutôt orientée vers les entreprises, elle n'est guère utile pour les voyageurs, à moins de réserver l'un des nombreux circuits.

Office du tourisme Government of India (0832-2438812 ; www.incredibleindia.org ; Paryatan Bhavan, Dr Alvaro Costa Rd ; 9h30-13h30 et 14h30-18h lun-ven, 10h-13h sam). Le personnel de cet office du tourisme, dans le même bâtiment, vous renseignera également sur les autres États indiens.

SERVICES MÉDICAUX

Goa Medical College Hospital (0832-2458700 ; NH66, Bambolim ; 24h/24). Un hôpital de mille lits à 9 km au sud de Panaji sur la NH66, à Bambolim.

Depuis/vers Panaji

AVION

L'aéroport de Dabolim (p. 123), à environ 30 km au sud de Panaji, est desservi (sur demande) par une nouvelle ligne de bus (www.goakadamba.com) reliant Dabolim à Calangute. Certains hôtels haut de gamme assurent un service de navette, inclus dans le prix de la chambre.

BATEAU

Un **car-ferry**, gratuit pour les passagers et les véhicules, traverse la Mandovi jusqu'à Betim, un village de pêcheurs, et permet de raccourcir le trajet vers les plages du Nord. Il part de l'embarcadère à Dayanand Bandodkar Marg. Depuis Betim, des lignes de bus régulières vous conduiront à Calangute et Candolim.

BUS

Tous les bus publics quittent la **gare routière de Kadamba** (renseignements bus inter-États 0832-2438035, bus locaux 0832-2438034 ; www.goakadamba.com ; Patto Centre ; réservations 8h-20h) – départs en continu pour les sites régionaux. Les principales destinations desservies sont les suivantes :

Mapusa (30 ₹, 30 minutes) au nord, Margao (40 ₹, 1 heure) au sud et Ponda (25 ₹, 1 heure) à l'est. La plupart des bus circulent de 6h à 22h. Faites-vous indiquer le bon bus au comptoir dédié ou lisez les affichages sur le pare-brise des véhicules.

Pour rejoindre les plages au sud de Goa, prenez un bus express jusqu'à Margao, puis une correspondance ; pour les plages du nord de Baga, mieux vaut aller jusqu'à Mapusa et changer. Des bus directs desservent Candolim (20 ₹, 35 minutes), Calangute (25 ₹, 25 minutes) et Baga (30 ₹, 30 minutes).

Les bus publics longue distance partent de la gare routière de Kadamba. Toutefois, des prestataires privés proposent des tarifs similaires, avec un choix plus vaste, tant au niveau du type de bus que des horaires. Nombre d'entre eux ont des **stands** sur Patto Place, devant la gare routière. Consultez les horaires et tarifs pour trouver l'offre qui convient le mieux. Lors de la mise jour de ce guide, les départs se faisaient à Kadamba, mais il était question de les déplacer sur la rocade de Ponda – renseignez-vous sur place.

TRAIN

La gare ferroviaire la plus proche de Panaji est **Karmali**, à 12 km à l'est. De nombreux trains longue distance s'y arrêtent – en particulier ceux de Mumbai –, et beaucoup de trains en provenance de Margao y font aussi souvent une halte (vérifiez au préalable). Le **bureau de réservation de la Konkan Railway** (www.konkanrailway.com ; Patto Place ; ⏲8h-20h lun-sam), à Panaji, se trouve à l'étage de la gare routière de Kadamba (et non à la gare ferroviaire). Les horaires, tarifs et itinéraires sont consultables sur www.konkanrailway.com et www.indianrail.gov.in.

ℹ Comment circuler

Il est facile d'explorer à pied le centre de Panaji et le quartier de Fontainhas, ce qui est bienvenu car les taxis et les auto-rickshaws proposent des tarifs exorbitants pour de petites courses (au moins 100 ₹). Des auto-rickshaws et des motos-taxis stationnent en face du bureau de poste, sur la 18th June Rd, et au sud de l'église. La course en taxi de Panaji à l'aéroport coûte autour de 900 ₹. Comptez une heure de trajet avec la circulation.

Des bus locaux desservent Miramar (5 ₹, 10 minutes), Dona Paula (8 ₹, 15 minutes) et Old Goa (10 ₹, 20 minutes).

Le **bus touristique de Goa Tourism** (*Hop on Hop off bus* ; ☎7447473495 ; www.hohogoa.com ; forfait 1/2 circuits 400/700 ₹) suit un itinéraire qui longe le front de mer et passe devant le musée d'État, la Kala Academy, Miramar Beach et Dona Paula, puis fait demi-tour et rejoint Old Goa avant de retourner à son point de départ.

Old Goa (Velha Goa)

Du XVIe au XVIIIe siècle, quand la population d'Old Goa dépassait celle de Lisbonne ou de Londres, l'ancienne capitale de Goa était considérée comme la "Rome de l'Orient". Ses églises et ses couvents témoignent de sa grandeur passée. Conquise par les Portugais en 1510, elle connut un essor fulgurant, avant que des épidémies de choléra et de paludisme ne contraignent la population à l'abandonner au XVIIe siècle. En 1843, la capitale fut officiellement transférée à Panaji. Certaines églises et la cathédrale, toujours en activité, sont remarquablement conservées. D'autres édifices ont été reconvertis en musée. Old Goa mérite une excursion d'une journée, même s'il peut y avoir foule : arrivez de préférence le matin en semaine.

À voir

♥ **Basilica do Bom Jesus** PATRIMOINE

(⏲7h30-18h30). L'imposante basilique du Bon-Jésus renferme la tombe de saint François Xavier, "l'apôtre des Indes". Les voyages missionnaires en Orient de ce jésuite sont entrés dans l'histoire. Son corps intact repose dans le mausolée sur la droite, dans un cercueil aux parois de verre, au milieu d'une pluie d'étoiles dorées. Des guides indépendants postés à l'entrée proposent une visite guidée pour quelque 100 ₹.

♥ **Sé de Santa Catarina** CATHÉDRALE

(⏲8h-18h ; messe 7h et 18h lun-sam, 7h15, 10h et 16h dim). Avec plus de 76 m de longueur et 55 m de largeur, la Sé, ou cathédrale Sainte-Catherine, est la plus grande église d'Asie. Sa construction débuta en 1562, sur l'ordre du roi Sébastien du Portugal, et la touche finale fut apportée quelque 90 ans plus tard. L'extérieur se distingue par un style dépouillé, et par une certaine asymétrie due à l'effondrement de l'un des clochers, frappé par la foudre en 1776.

Église Saint-François PATRIMOINE

(⏲9h-17h). Près de la Sé, cette église du XVIIe siècle fut édifiée par des moines franciscains (et dédiée à François d'Assise) puis remaniée au siècle suivant. Elle n'est plus dédiée au culte. Moins bien entretenue que les autres édifices religieux, elle mérite malgré tout une visite pour son décor, en particulier le retable d'autel, typique du baroque lusitanien. Le Musée archéologique se trouve dans les murs du couvent adjacent.

Old Goa

Old Goa

Les incontournables

1 Basilica de Bom Jesus A3
2 Sé de Santa Catarina B2

À voir

3 Archaeological Museum A2
4 St Cajetan (église et couvent) B1
5 Église Saint-François A2

Archaeological Museum HISTOIRE LOCALE
(adulte/enfant 10 ₹/gratuit ; 9h-17h). Le Musée expose notamment des tableaux de l'époque coloniale, des fragments de sculptures provenant de temples hindous de Goa et quelques pierres qui marquaient autrefois le lieu où une veuve hindoue se livra au rituel de la *sati*, en se jetant sur le bûcher funéraire de son époux.

San Cajetan ÉGLISE ET COUVENT
(9h-17h30). Inspirée de la basilique Saint-Pierre de Rome, l'église de Saint-Gaétan fut érigée par des frères italiens de l'ordre des Théatins, envoyés par le pape Urbain VIII pour évangéliser le royaume de Golconde, près de Hyderabad. Ne pouvant prêcher à Golconde, ils s'établirent à Old Goa vers 1640. La construction débuta en 1655. Quoique moins intéressant que d'autres édifices goanais, ce bel édifice est la seule église à coupole de Goa.

Autres sites
Bien d'autres édifices, églises et vestiges méritent la visite : l'arc des Vice-Rois, le porche du palais des Adil Shah, la Chapel of St Anthony, la Chapel of St Catherine, **Santa Monica** (église et couvent ; 8h-17h), St John (église et couvent), le Sisters' Convent, la **Church of Our Lady of the Rosary** (8h-17h), le Monastery of St Augustine et, à 2 km à l'est du centre, la Church of Our Lady of the Mount.

Depuis/vers Old Goa

Des bus fréquents pour Old Goa (10 ₹, 20 minutes) démarrent depuis l'arrêt Kadamba, à Panaji. Ils rejoignent la **gare routière d'Old Goa**, sur Old Goa Road, au niveau du grand rond-point. Les bus à destination de Panaji ou Ponda au départ d'Old Goa partent une fois qu'ils sont complets (toutes les 10 minutes environ), soit depuis l'arrêt du grand rond-point, soit depuis l'arrêt (sur Old Goa Rd également) au niveau du DAB à l'extrémité ouest de la rue.

Le ferry à destination de l'île de Divar quitte le quai proche de la Viceroy's Arch.

Une station-service jouxte le grand rond-point.

NORD DE GOA

Le nord de Goa vous plaira si vous aimez l'effervescence et l'activité : restaurants de cuisine cosmopolite, plages bondées, nuits enflammées, marchés populaires et retraites de yoga y sont monnaie courante.

Mapusa

40 500 HABITANTS

Mapusa (prononcez "Mapsa") est la plus grande ville du nord de Goa. Les voyageurs s'y rendent principalement le vendredi pour son **marché** (8h-18h30, lun-sam), qui attire une foule de vendeurs et d'habitants des villages alentour. C'est un bon endroit pour acheter du linge brodé et d'autres articles à des prix inférieurs à ceux de la côte.

De nombreux voyageurs passent par Mapusa, qui est le principal carrefour des bus en direction du nord de Goa. Les principaux services sont concentrés autour des Municipal Gardens (jardins municipaux), au nord de la gare routière de Kadamba et du principal marché.

L'**Hotel Vilena** (☎0832-2263115 ; hotelvilena@gmail.com ; Feira Baixa Rd ; d 1700-2000 ₹ ; ❄📶) a opéré une belle mue : ses chambres avec sdb sont climatisées et très bien tenues, et les prix n'ont pas flambé. Bar-restaurant au 1er niveau et possibilité de dîner sur le toit, au Goan & Grills.

Les abords du marché comptent leur lot d'étals et de cafés-restaurants. Pour vous imprégner de l'esprit des lieux, attablez-vous en haut, au **Pub** (Market Rd ; 🕐10h-16h30 et 18h30-23h lun-sam), face au marché.

Depuis/vers Mapusa

BUS

Si vous arrivez en bus de Mumbai, descendez à la **gare routière Kadamba de Mapusa** (☎0832-2232161 ; Calangute-Mapusa Rd) pour rejoindre les plages du Nord, desservies par des bus locaux (départs toutes les quelques minutes). Repérez les destinations sur les pare-brise des bus. Pour les plages du Sud, prenez l'un des bus fréquents pour Panaji, puis pour Margao, et une autre correspondance.

Des services longue distance sont assurés par des bus publics et des compagnies privées – ces dernières possèdent des bureaux à l'extérieur de la gare routière, en face des Municipal Gardens. Pour les horaires et tarifs des bus publics, consultez le site www.goakadamba.com.

La plupart des bus longue distance partent en fin d'après-midi ou en soirée. Quelques tarifs et temps de trajet : **Bengaluru** (Bangalore, 900 ₹, avec clim 1200 ₹ ; 13-14 heures), **Hampi** (couchette 1000 ₹ ; 9 heures 30), **Mumbai** (Bombay, 850 ₹, avec clim 900 ₹ ; 12-15 heures) et **Pune** (700 ₹, avec clim 900 ₹, 11-13 heures).

TAXI

Un stand de taxis prépayés se tient sur la place de la ville, avec un panneau affichant les tarifs fixes ; les véhicules desservent Anjuna (300 ₹), Calangute (300 ₹), Candolim (400 ₹), Panaji (350 ₹), Arambol (700 ₹) et Margao (1100 ₹) et l'aéroport de Dabolim (1150 ₹). Les auto-rickshaws pour Anjuna ou Calangute coûtent environ 200 ₹.

TRAIN

Thivim, à 12 km au nord-est de la ville, est la gare ferroviaire la plus proche sur la Konkan Railway. Un auto-rickshaw depuis/vers Thivim revient à 250 ₹ environ.

Candolim

8 600 HABITANTS

La longue plage de Candolim s'étend jusqu'à Sinquerim, sa petite voisine au sud. Elle a la prédilection des touristes britanniques et russes. Des paillotes saisonnières fournissent transats et parasols à leurs clients.

À voir et à faire

Fort Aguada FORTERESSE
(🕐8h30-17h30). GRATUIT Sur un promontoire qui surplombe l'embouchure de la Mandovi, ce fort occupe un emplacement superbe et inexpugnable, ce que confirme son histoire. Il fut construit en 1612 par les Portugais de Goa, pour faire face à la menace croissante des Hollandais, entre autres rivaux. Il est très prisé aujourd'hui au coucher du soleil pour la vue dégagée qu'il offre au nord et au sud.

John's Boat Tours CIRCUITS ET CROISIÈRES
(☎9822182814, 0832-6520190 ; www.johnboattours.com ; Fort Aguada Rd ; 🕐10h-21h). Ce tour-opérateur, réputé et bien organisé, propose un grand choix d'excursions en bateau et en jeep, ainsi que des croisières de deux jours en house-boat (6500 ₹/personne, repas compris). La sortie à la demi-journée est à 1200 ₹ (satisfait ou remboursé). L'excursion baptisée "Crocodile Dundee" (1400 ₹) vous donnera peut-être à voir les crocodiles des marais qui peuplent la Mandovi. Pour rejoindre le marché d'Anjuna en bateau, comptez 1000 ₹.

Sinquerim Dolphin Trips CIRCUITS EN BATEAU
(300 ₹/pers ; 🕐8h30-17h30). Les bateliers de la Nerul, au pied de Fort Aguada, se sont associés pour organiser des excursions à prix fixes. Un circuit d'une heure, incluant l'observation des dauphins, coûte 300 ₹ par personne (dix passagers au minimum). Il passe par Nerul (Coco) Beach, la prison de Fort Aguada et le fort.

Où se loger

Backpacker Panda AUBERGE DE JEUNESSE $
(☎9172313995 ; www.backpackerpanda.com ; 1116 Anna Vaddo ; dort à partir de 500 ₹ ; ❄📶). Donnant au bout d'une route sinueuse et à deux pas de la plage, le Panda est la meilleure adresse pour les petits budgets. Dortoirs très propres, de quatre à huit couchages (certains mixtes, d'autres réservés aux femmes), avec sdb. Café en terrasse avec fauteuils confortables. Location de vélos. Suivez les panneaux pour Sonesta Inns, puis prenez l'allée en direction du nord.

Shanu's Seaside Inn GUESTHOUSE $
(☎9823016187 ; www.shanu.in ; Escrivao Vaddo ; d 1000 ₹, avec clim 1500-3400 ₹ ; ❄📶). La Shanu compte parmi les grandes *guesthouses* bâties dans cette petite baie, juste au-delà des dunes de Candolim Beach. C'est

une bonne adresse, forte de 18 chambres, depuis les plus simples, confortables, jusqu'aux supérieures, avec vue sur mer, climatisation, grands lits et réfrigérateur. Le propriétaire tient le très animé Pete's Shack, les pieds dans le sable.

Bougainvillea Guest House GUESTHOUSE $$
(☎9822151969, 0832-2479842 ; www.bougainvilleagoa.com ; Sinquerim ; ch avec petit-déj 4 200-5 400 ₹ ; ❄📶). Un jardin luxuriant conduit à cette superbe pension, tenue par une famille et proche de Fort Aguada Rd. Elle comporte huit chambres spacieuses et claires, très bien tenues, avec sdb, réfrigérateur, TV à écran plat, balcon ou terrasse privée. L'appartement-terrasse (*penthouse*, 7 800 ₹), au dernier étage, a du charme. De nombreux clients reviennent chaque année. Réservez.

Marbella Guest House BOUTIQUE-HÔTEL $$
(☎0832-2479551, 9822100811 ; www.marbella-goa.com ; Sinquerim ; ch 4 200-4 900 ₹, ste 6 100-7 800 ₹ ; ❄📶). Cette splendide villa portugaise, remplie d'antiquités et entourée d'un paisible jardin, évoque le charme et le raffinement d'autrefois. Chaque chambre est associée à un thème différent – Moghol, Rajasthani, Bougainville, etc. La suite *penthouse* est une merveille : salon, salle à manger, beau carrelage, lit à baldaquin et terrasse. La cuisine sert des plats créatifs. Les moins de 12 ans ne sont pas acceptés.

D'Hibiscus BOUTIQUE-HÔTEL $$
(☎0832-2479842 ; www.dehibiscus.com ; 83 Sinquerim ; d 4 200 ₹, penthouse 6 600 ₹ ; ❄📶). De grandes chambres modernes avec balcon font le succès de cette maison portugaise, près de la plage de Sinquerim. Les chambres du dernier étage sont pourvues de baignoire balnéo, de grandes TV à écran plat et de chaises longues sur les balcons. Elles méritent bien de faire une folie !

D'Mello's Sea View Home HÔTEL $$
(☎0832-2489395 ; www.dmellos.com ; Monteiro's Rd, Escrivao Vaddo ; d avec/sans clim 3 500/2 500 ₹, vue mer 4 750/4 150 ₹ ; ❄📶). Le D'Mello's, tenu en famille, s'est agrandi et occupe quatre bâtiments autour d'un ravissant jardin, juste en retrait de la plage. Les chambres avec vue sur la mer, dans le bâtiment de devant, sont impeccables et se prolongent sur un balcon. Volets aux fenêtres et lit à baldaquin. Wi-Fi dans l'espace central.

GOA LA VERTE ?

Le tourisme en constante augmentation depuis plus de quarante ans, conjugué à l'exploitation forestière et minière, et aux effets néfastes de certaines traditions (les œufs de tortue sont considérés comme un mets raffiné) ont affecté l'environnement goanais. Les constructions continuent de se développer, sans que soient pris en considération les limites des infrastructures et l'écosystème.

La **Goa Foundation** (☎0832-2256479 ; www.goafoundation.org ; St Britto's Apartments, G-8 Feira Alta), installée à Mapusa, est la principale organisation écologique de l'État. Elle a été le fer de lance de plusieurs projets de conservation, visant la fin de l'exploitation minière illégale. Son site Internet est une bonne source d'information sur les problèmes environnementaux de Goa. Autre bonne source d'information : la librairie **Other India Bookstore** (☎0832-2263305 ; www.otherindiabookstore.com ; Mapusa Clinic Rd ; ⏲9h-17h lun-ven, 9h-13h sam), également à Mapusa.

Où se restaurer

Newton's SUPERMARCHÉ $
(Fort Aguada Rd ; ⏲9h30-1h). S'il vous vient une envie soudaine de fromage ou d'une autre denrée occidentale, ou simplement le souhait de cuisiner, vous trouverez votre bonheur chez Newton's, le plus grand supermarché de Goa. Épicerie fine et vins, mais aussi produits d'hygiène et jouets : tout y est.

Viva Goa! GOANAIS $
(Fort Aguada Rd ; plats 100-210 ₹ ; ⏲11h-minuit). Ce petit restaurant à prix doux est apprécié des habitants et des touristes avisés pour son poisson frais et ses autres spécialités goanaises, comme la fricassée de moules épicées. Renseignez-vous sur les prix des fruits de mer avant de commander.

Café Chocolatti CAFÉ $$
(409A Fort Aguada Rd ; pâtisseries 50-200 ₹, plats 250-450 ₹ ; ⏲9h-17h lun-sam ; 📶). Ce charmant salon de thé, installé dans un jardin, est un havre de paix où l'on déguste gâteau au chocolat, gaufres ou *banoffee pie* (tarte banane-caramel), accompagnés d'un

Candolim, Sinquerim et Fort Aguada

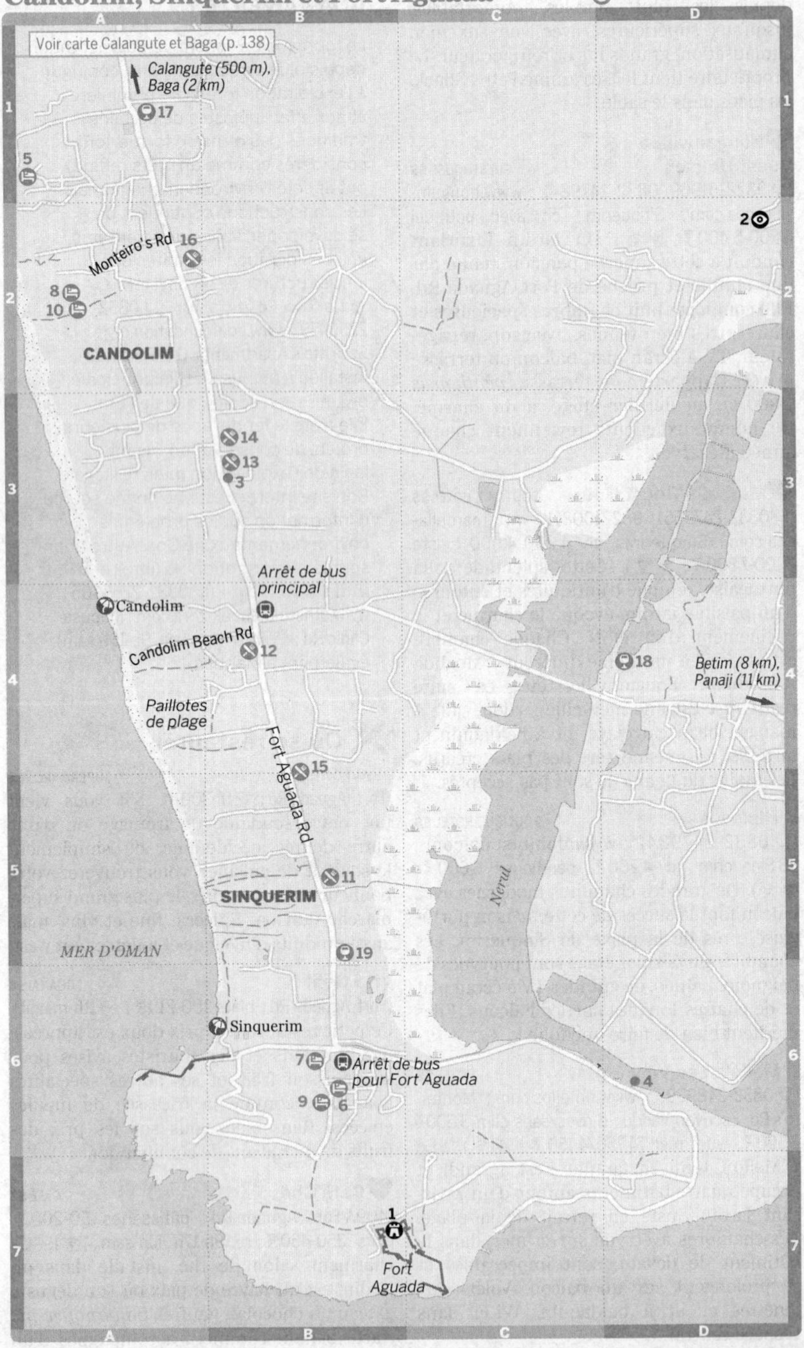

Candolim, Sinquerim et Fort Aguada

À voir
1 Fort Aguada B7
2 Museum of Goa D2

Activités
3 John's Boat Tours B3
4 Sinquerim Dolphin Trips D6

Où se loger
5 Backpacker Panda A1
6 Bougainvillea Guest House B6
7 D'Hibiscus B6
8 D'Mello's Sea View Home A2
9 Marbella Guest House B6
10 Shanu's Seaside Inn A2

Où se restaurer
11 Bomra's B5
12 Café Chocolatti B4
13 Fisherman's Cove B3
14 Newton's B3
15 Stone House B4
16 Viva Goa! A2

Où prendre un verre et faire la fête
17 Bob's Inn A1
18 LPK Waterfront D4
19 SinQ B5

café serré ou d'un thé vert biologique. Un excellent choix de salades, paninis, galettes et quiches est aussi proposé au déjeuner. Offrez-vous un assortiment de truffes confectionnées par le chocolatier de la maison !

Stone House GRILLADES $$
(Fort Aguada Rd ; plats 200-800 ₹ ; ⏲11h-15h et 19h-minuit). Cette institution, spécialisée dans les plats de viande et de poisson, occupe une maison en pierre face à une cour verdoyante. La carte met aussi à l'honneur l'insolite "homard suédois", ainsi que des plats goanais. La Stone House se double d'un club de blues fréquenté, où des musiciens jouent presque tous les soirs en saison.

Fisherman's Cove FRUITS DE MER $$
(☎9822143376 ; Fort Aguada Rd ; plats 160-350 ₹ ; ⏲9h-16h30 et 18h-23h30). Ce restaurant ouvert sur la rue ne désemplit pas : il est réputé pour ses fruits de mer et sa cuisine indienne. On s'y régale, mais il faut s'armer de patience. Concerts fréquents et bar agréable.

♥ **Bomra's** BIRMAN $$$
(☎9767591056 ; www.bomras.com ; 247 Fort Aguada Rd ; plats 520-650 ₹ ; ⏲12h-14h et 19h-23h). Cet élégant restaurant sert une cuisine birmane moderne et créative, avec une touche fusion. Mention spéciale pour les moules au curry, le phô de poulet ou la salade birmane aux pâtes et riz. Des huttes sont réparties dans une jolie cour-jardin.

Où prendre un verre et faire la fête

Bob's Inn BAR
(Fort Aguada Rd ; ⏲12h-16h et 19h-minuit). Les tentures africaines, le toit de palmes, les tables communes et les sculptures en terre cuite composent un joli cadre pour savourer des moules panées à la *rava* (farine de semoule). Cette institution de Candolim est aussi une bonne adresse pour boire un verre.

LPK Waterfront CLUB
(couples 1 700 ₹ ; ⏲21h30-4h). Love, Peace and Karma : voici ce que veulent dire les trois lettres de cette boîte (la plus grande des environs) pour laquelle une foule festive, majoritairement indienne, n'hésite pas à traverser la Nerul depuis Candolim. La fête y bat son plein les jeudis, vendredis et samedis. Prix d'entrée variable, incluant des boissons.

SinQ CLUB
(☎8308000080 ; www.sinq.co.in ; Fort Aguada Rd ; couples 1 500 ₹, femmes 500 ₹ ; ⏲22h-3h). Face au Taj Holiday Village, le SinQ attire une clientèle branchée, et comporte désormais un gastropub (le Showbar), un bar lounge de plage jouxtant la piscine et une boîte de nuit. Programmation variée, le mercredi étant généralement une *ladies' night*.

Depuis/vers Candolim

Des bus circulent toutes les 10 minutes depuis/vers Panaji (20 ₹, 35 minutes) ; ils s'arrêtent à l'arrêt central (Fort Aguada Rd) près de John's Boat Tours. Certains poursuivent leur route en direction du sud vers l'arrêt de bus de Fort Aguada, au début de Fort Aguada Rd, puis repartent pour Panaji par la route qui longe la Mandovi, en passant par les villages de Verem et de Betim.

Des bus fréquents relient Candolim à Calangute (10 ₹, 15 minutes) – faites signe au chauffeur sur Fort Aguada Rd.

Calangute et Baga

16 000 HABITANTS

C'est dans ce secteur que les jeunes Indiens de Bengaluru et de Mumbai, ainsi que les Européens en voyage organisé (entres autres !) viennent faire la fête. Les soirées hippies et les raves ont cédé la place aux bars et aux boîtes de nuit assourdissantes. Il y a souvent foule autour du marché de Calangute et le long de la route principale de Baga, où l'on trouve absolument tout, du massage thaïlandais au salon de tatouage. La plage est juste à côté. Les paillotes s'améliorent d'année en année, avec chaises longues, Wi-Fi et équipes attentionnées.

À voir et à faire

Chaque saison voit fleurir les cours de yoga à Calangute et à Baga, souvent sur un mode moins organisé que dans les *resorts* ou les retraites un peu plus au nord. Consultez les prospectus et panneaux d'affichage.

Vous trouverez facilement un centre de sports nautiques entre Calangute et Baga.

Museum of Goa CENTRE D'ART

(MOG ; voir carte p. 134 ; ✆7722089666 ; www.museumofgoa.com ; 79 Pilerne Industrial Estate, Calangute ; Indien/étranger 100/300 ₹ ; ⏲10h-18h). Le MOG n'est pas tant un musée qu'un grand espace dédié à d'art contemporain, avec des expositions, des ateliers, des sculptures, des cours, des concerts de sitar et un excellent café et boutique. À l'origine de ce lieu, le Dr Subodh Kerkar, artiste et sculpteur, souhaite rendre l'art accessible à tous.

Benz Celebrity Wax Museum MUSÉE DE CIRE

(Calangute-Anjuna Rd, Baga ; 200 ₹). Au sein du bâtiment, un musée de cire où l'on reconnaît sans trop de mal des stars hollywoodiennes et bollywoodiennes, ainsi que divers héros et athlètes de renom. Sur place également, un cinéma 9D (200 ₹) et des auto tamponneuses (150 ₹). De quoi occuper les enfants s'il pleut.

Baga Snow Park SPORTS D'HIVER

(✆9595420781 ; www.snowparkgoa.com ; Tito's Lane 2, Baga ; 495 ₹ ; ⏲11h-19h ; 👪). Ouvrez la porte de ce réfrigérateur géant pour vous lancer dans des batailles de neige, construire un igloo, faire un tour en luge ou admirer des sculptures de glace. L'établissement vous fournira parka, pantalon et gants. Les enfants adorent.

Goa Aquatics PLONGÉE

(✆9822685025 ; www.goaaquatics.com ; 136/1 Gaura Vaddo, Calangute ; sortie plongée/stage à partir de 5 000/22 000 ₹). Agence de plongée professionnelle avec stages PADI et sorties plongée aux îles Grande et Netrani. Cours de découverte à 5 000 ₹ et stage PADI Open Water à 22 000 ₹.

Barracuda Diving PLONGÉE

(✆0832-2279409, 9822182402 ; www.barracudadiving.com ; Sun Village Resort, Baga ; sortie plongée/stage à partir de 5 000/18 000 ₹). Barracuda est une agence aux reins solides qui propose de longue date des cours PADI et SSI, sorties plongée et stages ainsi qu'une initiation pour les enfants de plus de huit ans (1 heure 30, 1 500 ₹). Stage de découverte à 6 500 ₹ et stage PADI Open Water à 22 000 ₹. Pour les plus chevronnés, plongée avec deux bouteilles à Grande Island à 5 000 ₹ (1 500 ₹ en snorkeling).

Où se loger

L'offre d'hébergements à Calangute et à Baga est assez vaste et diverse, mais peut-être un peu plus chère qu'ailleurs en saison.

♥ **Indian Kitchen** GUESTHOUSE $

(✆0832-2277555, 9822149615 ; www.indian-kitchen-goa.com ; en marge de Calangute-Baga Rd, Baga ; s/d à partir de 770/880 ₹, chalet/app avec clim 2 100/3 500 ₹ ; ❄📶🏊). Malgré son nom, le lieu n'est plus un restaurant mais une sympathique *guesthouse* familiale. Elle compte différentes chambres, de diverses superficies, des appartements confortables et des chalets près de la piscine. Jolie cour intérieure et bibliothèque. Chaque chambre a un coin terrasse.

Johnny's Hotel HÔTEL $

(✆0832-2277458 ; www.johnnyshotel.com ; Khobra Vaddo, Calangute ; s 800 ₹, d 1 000-1 500 ₹, avec clim 1 600-2 000 ₹ ; ❄📶). Apprécié des *backpackers* pour son ambiance conviviale, cet hôtel loue 12 chambres basiques et un bar-restaurant au rez-de-chaussée, et propose des cours réguliers de yoga et de reiki. Plusieurs appartements et maisons sont aussi disponibles pour les longs séjours. Il donne dans une rue bordée d'hôtels quelconques, à courte distance de la plage.

Aerostel AUBERGE DE JEUNESSE $

(✆9833345744 ; 2/201 Naikawaddo, Calangute ; dort 500-750 ₹). Une nouvelle adresse à petit prix, en plein centre de Calangute (à deux pas du grand marché, dans une allée au calme face au KFC). Dortoirs de six, huit et dix couchages avec sdb attenante et cuisine simple.

Ospey's Shelter GUESTHOUSE $
(☎7798100981, 0832-2279505 ; ospeys.shelter@gmail.com ; Calangute ; d 1 000 ₹). Entre la plage et St Anthony's Chapel, dans un secteur tranquille et verdoyant avec palmiers et sentiers sablonneux, cette adresse, à deux minutes à pied de la plage, compte parmi les favorites des voyageurs. Les chambres impeccables à l'étage (avec balcon) ont un réfrigérateur et l'ensemble se distingue par une ambiance douillette et familiale. Prenez la route à l'ouest de la chapelle. L'établissement est difficile à trouver : téléphonez au préalable.

Melissa Guest House GUESTHOUSE $
(☎9822180095 ; Baga River Rd, Baga ; d 1 000 ₹ ; wifi). De l'autre côté de la Baga, quatre chambres proprettes avec salle d'eau et douche chaude. Joli jardin. Tarifs intéressants au vu de l'emplacement.

♥ **Alidia Beach Cottages** GUESTHOUSE $$
(☎9822876867, 0832-2279014 ; Calungute-Baga Rd, Saunta Waddo ; d 2 400 ₹, avec clim à partir de 3 900 ₹ ; clim, wifi, piscine). Derrière une chapelle chaulée proche de Baga Rd, cette pension conviviale et paisible loue des chambres de style méditerranéen bien tenues, distribuées autour d'une ravissante piscine. Les moins chères, à l'arrière et sans climatisation, restent correctes même si leur attrait est moindre. Service attentionné. Un chemin mène à la plage de Baga.

Beach Box BOUTIQUE-HÔTEL $$
(☎9607473627 ; boxhotels.in ; Baga River Rd, Baga ; d 4 200-5 400 ₹ ; clim, wifi, piscine). Aménagées dans des conteneurs, les chambres sont confortables, toutes équipées, climatisées et avec sdb. Elles occupent un demi-conteneur ou un tout entier. La piscine est elle aussi un ancien conteneur et le bar-restaurant laisse la part belle aux matériaux recyclés.

Resort Fiesta BOUTIQUE-HÔTEL $$$
(☎9822104512 ; www.fiestagoa.com ; Tito's Lane, Baga ; d/ste avec petit-déj 8 000/10 200 ₹ ; clim, wifi, piscine). Situé à l'arrière du restaurant de plage du même nom, ce boutique-hôtel admirablement conçu propose de grandes chambres lumineuses. Fruit du travail passionné du propriétaire, Yellow Mehta, cet établissement est pourvu d'un joli jardin, d'une piscine et de grandes vérandas. TV et minibar dans les chambres, lavabo double dans les sdb.

Où se restaurer

Les paillotes de plage sont très fréquentées. De bonnes adresses bordent l'artère principale et il y a d'excellents restaurants haut de gamme sur la rive nord de la Baga.

Plantain Leaf INDIEN $
(☎0832-2279860 ; Calangute Beach Rd, Calangute ; thali végétarien 150 ₹, plats 130-270 ₹ ; ⏲11h-17h et 19h-23h45). Au cœur du marché animé de Calangute, le Plantain Leaf (au 1er étage) est de longue date le meilleur restaurant végétarien du coin. Au menu : le classique *thali* d'Inde du Sud servi sur des feuilles de bananier et des *dosa*, ainsi que des plats d'Inde du Nord. Le tout généralement adapté aux voyageurs à petit budget.

Infantaria ITALIEN, INDIEN $$
(Calangute-Baga Rd, Calangute ; pâtisseries 80-200 ₹, plats 200-780 ₹ ; ⏲7h30-minuit ; wifi). La boulangerie phare de Calangute s'est métamorphosée en un restaurant très fréquenté. Mais on y prépare toujours des gâteaux maison, des croissants et du vrai café. Venez tôt pour le petit-déjeuner, car les viennoiseries partent vite. Bar animé le soir, avec des musiciens en saison.

Cliff's Beach Restaurant INDIEN $$
(Baga ; plats 180-400 ₹ ; ⏲9h-23h ; wifi). Pour échapper à la foule de Baga, suivez la falaise au nord de la rivière et poussez la porte du Cliff. Le menu n'a rien d'ébouriffant mais l'endroit est parfait pour une boisson fraîche avant ou après une baignade dans les eaux calmes. De nuit, un membre de l'équipe pourra vous indiquer le chemin pour rentrer.

Cafe Sussegado Souza GOANAIS $$
(☎09850141007 ; Calangute-Anjuna Rd, Calangute ; plats 230-480 ₹ ; ⏲12h-23h). Dans une petite maison portugaise de couleur jaune, au sud du quartier du marché de Calangute, ce restaurant sert une authentique cuisine goanaise : curry de poisson et riz, poulet *xacuti*, porc *sorpotel* (un ragoût vinaigré de foie, cœur et rognons)... À accompagner d'un verre de *feni*. Ambiance agréable et animée.

♥ **Go With the Flow** INTERNATIONAL $$$
(☎7507771556 ; www.gowiththeflowgoa.com ; 614 Baga River Rd, Baga ; portions 180-420 ₹, plats 430-840 ₹ ; ⏲12h-22h30 ; wifi). Beau jardin avec du mobilier en osier blanc, éclairé

Calangute et Baga

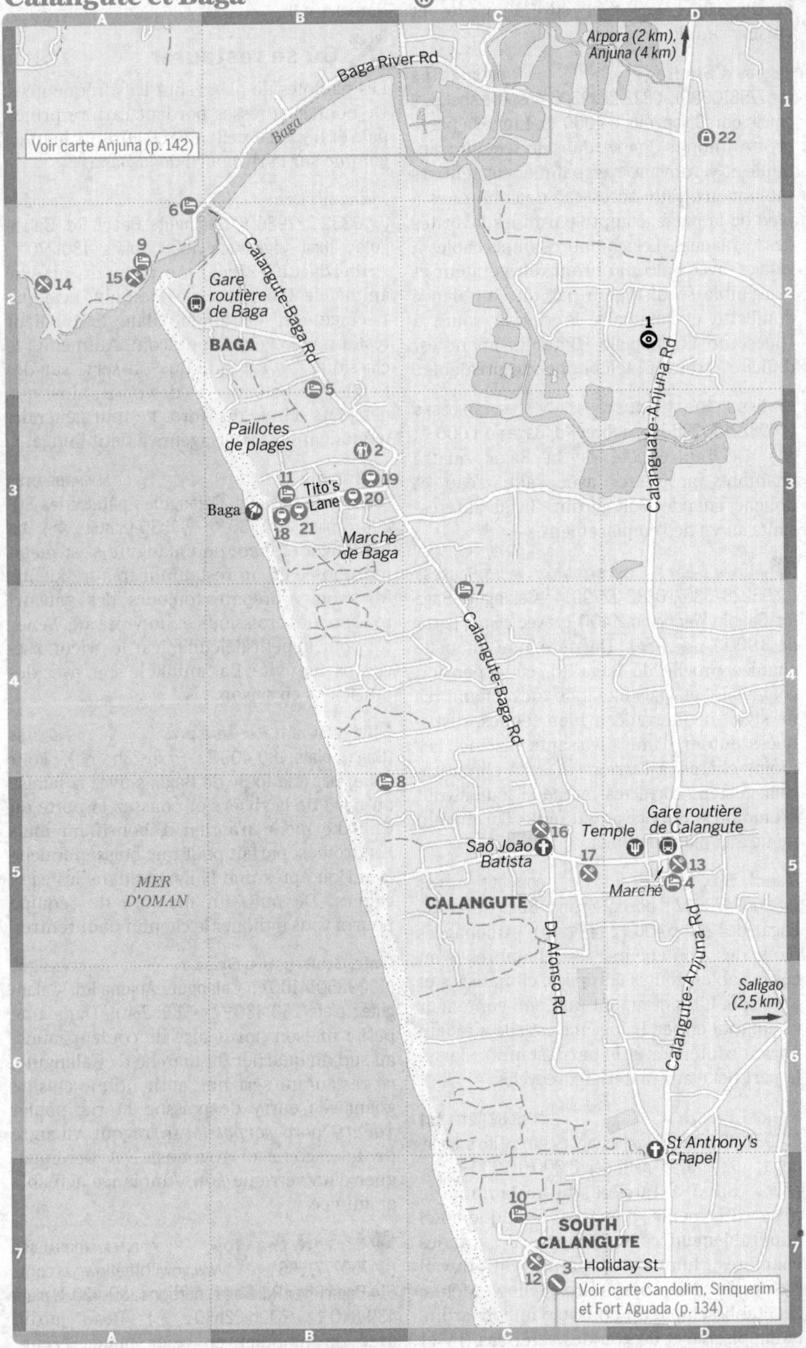

Calangute et Baga

À voir

1 Benz Celebrity Wax Museum D2

Activités

2 Baga Snow Park B3
3 Goa Aquatics C7

Où se loger

4 Aerostel D5
5 Alidia Beach Cottages B2
6 Beach Box A2
7 Indian Kitchen C4
8 Johnny's Hotel B5
9 Melissa Guest House A2
10 Ospey's Shelter C7
11 Resort Fiesta B3

Où se restaurer

12 A Reverie C7
13 Cafe Sussegado Souza D5
14 Cliff's Beach Restaurant A2
15 Go With the Flow A2
16 Infantaria C5
17 Plantain Leaf C5

Où prendre un verre et faire la fête

18 Café Mambo B3
19 Cape Town Cafe B3
20 Keventers B3
21 Tito's B3

Achats

22 Saturday Night Market D1

aux néons, où l'on mange toujours bien. La carte aux saveurs européennes, africaines et asiatiques fait de cette adresse l'une des meilleures de Baga. Offrez-vous une assiette de dégustation ou choisissez un petit plat comme le riz épicé aux crevettes ou le plus aventureux estomac de porc.

A Reverie INTERNATIONAL $$$

(☎8380095732 ; www.areverie.com ; Holiday St, Calangute ; plats 450-800 ₹ ; ⌚19h-tard ; 📶). Ce somptueux bar lounge, avec fauteuils, musique de jazz et superbe terrasse, est l'endroit idéal pour se régaler de tapas et autres amuse-bouche, de fromages italiens et de vins français. Ambiance décontractée.

Où prendre un verre et faire la fête

Keventers MILK-SHAKES

(Tito's Lane, Baga ; milk-shakes 80-230 ₹ ; ⌚11h-3h). Enseigne célèbre à Delhi, Keventers s'est installée sur Tito's Lane à Goa. Saveurs classiques, servies dans des bouteilles en verre, ou plus tendance (Oreo, bubblegum ou caramel au beurre salé...).

Café Mambo CLUB

(☎7507333003 ; Tito's Lane, Baga ; couples 1 000 ₹ ; ⌚18h-3h). Le Mambo, qui appartient au Tito's, est l'une des boîtes les plus prisées de Baga, avec *dancefloor* en intérieur et en extérieur face à la mer, et des DJ faisant vibrer la foule au son de la house, du hip-hop ou des rythmes latinos. Couples ou femmes uniquement. Le vendredi, c'est Bolly(wood).

Tito's CLUB

(☎9822765002 ; www.titos.in ; Tito's Lane, Baga ; droits d'entrée variables ; ⌚20h-3h). Géant de la nuit à Goa, Tito's s'est assagi et organise des soirées à thème qui attirent la jeunesse indienne. Le samedi soir, l'heure se fait bollywodienne. Généralement réservé aux couples ou aux femmes. Les hommes seuls (célibataires) peuvent entrer certains soirs moyennant un supplément élevé et selon l'humeur des videurs.

Cape Town Cafe BAR

(www.capetowncafe.com ; Tito's Lane, Baga ; ⌚18h-1h ; 📶). Ambiance décontractée comme nulle part ailleurs dans l'empire Tito's. Bar ouvert sur la rue avec Wi-Fi et sport sur écran géant. À l'intérieur, des DJ venus du monde entier se mettent aux platines. Plats goanais ou assiettes sur le pouce et narguilés.

Depuis/vers Calangute et Baga

Depuis les gares routières de Baga et de Calangute (Calangute Beach Rd), des bus partent fréquemment pour Panaji (20 ₹, 45 minutes) et Mapusa (15 ₹, 30 minutes).

Une navette Kadamba relie Calangute à l'aéroport (4 fois par jour, 150 ₹, 1 heure 30).

Un taxi depuis Calangute ou Baga jusqu'à Panaji coûte environ 600 ₹ (30 minutes). De l'aéroport à Calangute, comptez 1 200 ₹ en taxi prépayé.

Comment circuler

Il est très facile de louer une moto ou un scooter à Calangute et à Baga (renseignez-vous là où vous logez). Les prix sont à peu près partout les mêmes : 300 ₹ pour une Honda Kinetic sans boîte de vitesses et de 350 ₹ à 400 ₹ pour une Enfield. En haute saison, la forte demande fait grimper les prix. N'hésitez pas à négocier si vous louez pour plus d'une semaine ou en basse saison.

MARCHÉS NOCTURNES

Deux marchés de nuit, le **Saturday Night Market** (Calangute-Anjuna Rd ; ⏲ à partir de 18h sam, fin nov-mars) à Arpora et le **Mackie's** (Baga River Rd ; ⏲ à partir de 18h sam, déc-avr) à Baga, constituent d'intéressantes alternatives au marché du mercredi d'Anjuna (p. 144), avec des stands de restauration et de souvenirs, et des animations. Vous y trouverez diverses babioles, des bijoux clinquants, des épices, des vêtements et des étoffes.

Un bus local (5 ₹) circule très fréquemment entre Calangute et Baga ; vous pourrez le héler n'importe où en chemin. Si la circulation est dense, toutefois, vous irez plus vite à pied !

La course en taxi entre Calangute et le nord de la plage de Baga revient à 100 ₹, un prix exagéré.

Anjuna

9 640 HABITANTS

Haut lieu de la scène hippie dans les années 1960, Anjuna continue d'attirer les visiteurs chaque mercredi en saison pour son fameux marché aux puces. La ville séduit toujours les *backpackers*, mais aussi un nombre croissant de touristes de la classe moyenne, indiens ou étrangers, qui viennent découvrir son ambiance bohème. Anjuna poursuit sa transformation : l'heure y est à la fête, et restaurants, bars et auberges de jeunesse s'y multiplient.

Le bourg, assez étendu, ne présente pas qu'un aspect avenant. Pour l'apprécier à sa juste valeur, louez un scooter ou une moto pour vous aventurer dans les petites rues et sur les plages du Sud.

À voir et à faire

La **plage** étroite, bien connue, d'Anjuna s'étire sur près de 2 km, des falaises peu élevées au nord du village jusqu'au marché aux puces au sud. En haute saison, vous trouverez des prestataires de sports nautiques – Jet-Ski, banane gonflable géante, parachute ascensionnel...

Les offres dans les secteurs du yoga (p. 145), de l'ayurvéda et des autres thérapies et régimes alternatifs ne manquent pas ici en saison ; consultez les annonces dans les cafés populaires tels que l'Artjuna Cafe (p. 141).

Brahmani Yoga YOGA
(☎9545620578 ; www.brahmaniyoga.com ; Tito's White House, Aguada-Siolim Rd ; cours 700 ₹, forfait 10 cours 5 000 ₹ ; ⏲ cours 9h30). L'accueil est souriant et l'entrée libre dans ce centre où des cours (yoga ashtanga, vinyasa, hatha ou dynamique, ainsi que méditation pranayama) se tiennent quotidiennement de la fin novembre au mois d'avril. Nul besoin de réserver : présentez-vous 15 minutes avant le début du cours.

Goa Muay Thai ARTS MARTIAUX
(☎9767479486 ; www.goamuaythai.com ; Tito's White House, Aguada-Siolim Rd ; cours 500 ₹, forfait semaine 2 000 ₹ ; ⏲ 9-10h30 et 17h-18h45 lun-ven). Ces cours, dispensés en matinée et l'après-midi, sont davantage tournés vers l'exercice physique et la technique que la pratique à deux, et s'adressent donc plutôt aux débutants. Le ring et la salle de gym ouvrent en novembre.

Où se loger

Wonderland Hostel AUBERGE DE JEUNESSE $
(☎8692993770 ; www.wonderlandhostel.com ; 69/6 Govekar Vaddo ; dort 500-600 ₹, d 2 000-2 500 ₹, sans sdb 1 200-1 500 ₹ ; ❄📶). La très branchée Wonderland, située le long du sentier derrière Anjuna Beach près de Lilliput, comprend de nombreux dortoirs avec sdb, quelques chambres privatives (certaines climatisées), des emplacements de camping et une poignée de cabanes dans les arbres en bambou, assez rudimentaires. Sandeep, le propriétaire, accueille les voyageurs dans l'espace détente comprenant une petite cuisine et un café. Cours de yoga gratuits tous les matins à 9h.

Red Door Hostel AUBERGE DE JEUNESSE $
(☎0832-2274423 ; reddoorhostels@gmail.com ; dort avec/sans clim à partir de 500/400 ₹, d avec/sans clim 2 200/1 900 ₹ ; ❄📶). Auberge accueillante pour les petits budgets, le Red Door est situé près du carrefour central d'Anjuna. Il comprend des dortoirs bien tenus de quatre ou six lits avec casiers, quelques chambres particulières, un jardin, d'agréables espaces communs, une cuisine bien équipée, le Wi-Fi gratuit et un café-bar.

Florinda's GUESTHOUSE $
(☎9890216520 ; s/d 800-1 000 ₹, avec clim 1 500 ₹ ; ❄📶). L'une des meilleures adresses pour petits budgets près de la plage, un peu en retrait à côté de Janet & John's. Chambres propres, eau chaude en continu,

moustiquaires aux fenêtres et autour des lits. Joli jardin. Les chambres climatisées partent rapidement.

Headquarters AUBERGE DE JEUNESSE $
(☎0832-2274510 ; dort avec/sans clim 500/400 ₹ ; ❄📶). Voisine de la German Bakery, Headquarters mérite tous les éloges quant à la propreté et au confort. Dortoirs à l'étage, cuisine et espaces partagés au rez-de-chaussée. Plaisant jardin à l'arrière.

Lazy Lama AUBERGE DE JEUNESSE $
(☎9717000955 ; lazylamagoa@gmail.com ; dort 300-500 ₹). Ambiance décontractée pour cette auberge au calme dans le village. Les dortoirs de six ou dix couchages occupent une maison portugaise partiellement reconvertie. L'endroit attire une clientèle branchée.

Paradise GUESTHOUSE $
(☎9922541714 ; janet_965@hotmail.com ; Anjuna-Mapusa Rd ; d 1 000-1 200 ₹, avec clim 1 500-2 000 ₹ ; ❄@📶). Cette pension accueillante, qui occupe une maison de l'époque portugaise, loue des chambres propres et soignées dans une annexe plus récente. Les plus plaisantes ont une TV, un réfrigérateur et des hamacs sur le balcon. Janet, la sympathique propriétaire, et sa famille gèrent aussi la pharmacie du coin, une épicerie, un restaurant, un cybercafé, l'agence de voyages Connexions et un bureau de change !

Banyan Soul BOUTIQUE-HÔTEL $$
(☎9820707283 ; www.thebanyansoul.com ; d 3 000 ₹ ; ❄📶). Cet hôtel discret, niché dans une ruelle près de Market Rd, est tenu par le jeune Sumit, originaire de Mumbai (Bombay), qui l'a décoré avec soin. Il compte 12 chambres élégantes et bien équipées, avec climatisation et TV, une charmante bibliothèque et un coin détente à l'ombre d'un banian.

Sea Horse BUNGALOWS $$
(☎9764465078 ; www.vistapraiaanjuna.com ; ⏲bungalow avec/sans clim 3 500/2 000 ₹ ; ❄📶). D'un bon rapport qualité/prix vu son emplacement, le Sea Horse loue des bungalows en bois, alignés derrière le restaurant de plage du même nom. Ils sont petits et la chaleur peut y être accablante ; préférez ceux avec climatisation commandée à distance si le temps est trop humide. Bon service. Les propriétaires tiennent un établissement plus onéreux en bord de plage, non loin, le Vista Praia.

The Village MAISONNETTES $$
(☎9988882021 ; d 3 800-4 500 ₹). Ces maisonnettes en bois et ciment, les pieds dans l'eau, ne manquent pas de charme. Entourées d'un beau jardin, elles ont l'attrait d'un grand lit, d'une sdb et de la climatisation. D'où le prix un peu plus élevé. Derrière l'Elephant Art Cafe (p. 142).

Où se restaurer

♥ **Choco Cream Gelati** GLACIER $
(Mazal Vaddo ; glaces 120-180 ₹ ; ⏲9h-minuit). S'agirait-il de la meilleure adresse à Goa pour se régaler d'une bonne glace ? Oui, aux dires des habitués qui s'y pressent. En pot ou en cornet, on l'accompagne d'un milk-shake, d'un jus ou d'un café. On peut s'installer en terrasse pour savourer sa boule parfum cheese-cake au citron, caramel au beurre salé ou tiramisu, par exemple.

FlourPower Bakeria BOULANGERIE $
(☎9867276541 ; Market Rd ; pains et pâtisseries à partir de 80 ₹ ; ⏲11h-20h mer, 19h-23h ven-dim). Boulangerie artisanale avec pain au levain, croissants, cakes, cookies et pizzas.

♥ **Artjuna Cafe** CAFÉ $$
(☎0832-2274794 ; www.artjuna.com ; Market Rd ; plats 130-480 ₹ ; ⏲7h30-22h30 ; 📶). Voici l'un de nos cafés favoris à Anjuna. Dans un charmant jardin, il sert des petits-déjeuners toute la journée, d'excellents expressos, des salades, des smoothies, des sandwichs et des *mezze*, comme le *baba ganoush* (caviar d'aubergine) ou les falafels. Il est doublé d'une belle boutique d'artisanat et de décoration, propose des cours de yoga, des soirées cinéma et possède un utile panneau d'annonces.

DROGUES ET VOLS

Malgré des interventions policières régulières et diverses restrictions, Anjuna et Vagator restent des plaques tournantes du commerce de substances illégales. Notez que les policiers de la cellule antinarcotique de Goa n'hésitent pas à fouiller les touristes et que la prison d'État n'a rien d'une villégiature. Et nul ne saurait compter sur les bakchichs pour se tirer d'affaire.

Par ailleurs, prenez garde à vos objets de valeur (appareil photo, portefeuille et téléphone, etc.) les jours de marché.

Anjuna

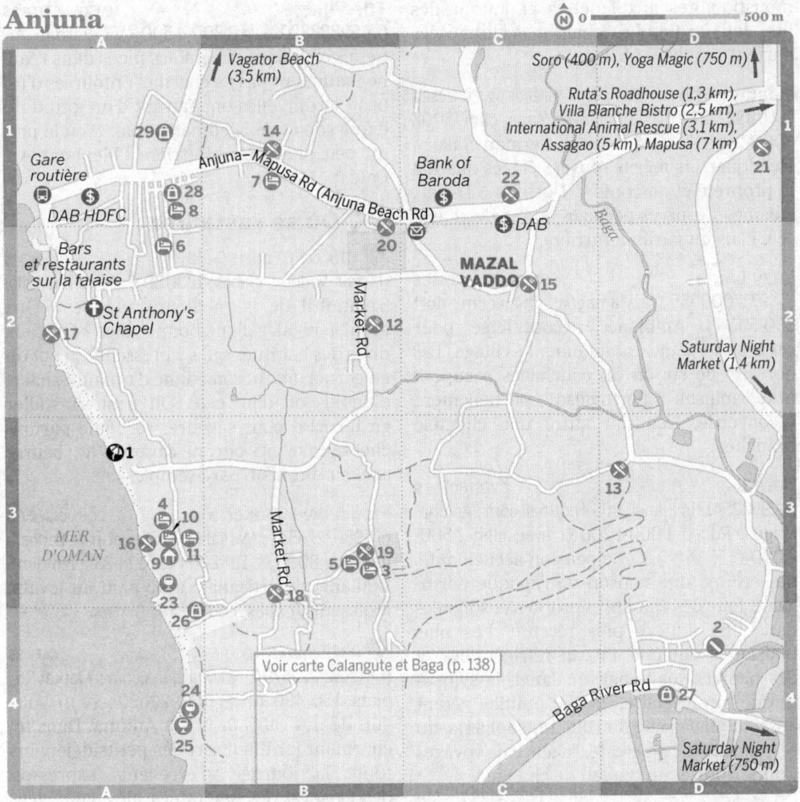

German Bakery INTERNATIONAL $$

(www.german-bakery.in ; petit-déj 60-240 ₹, plats 190-570 ₹ ; ⌚8h30-23h ; 📶✍). Avec son cadre verdoyant, ses lanternes et ses chaises moelleuses, la German Bakery est de longue date un incontournable du petit-déjeuner. Recettes saines et généreuses, produits bio et pain frais. Plus tard dans la journée, on y commande un plat indien, des pâtes, un burger ou des fruits de mer. Jus frais (herbe de blé, kombucha...) et café. Concerts.

Elephant Art Cafe CAFÉ $$

(☎9970668845 ; plats 250-450 ₹ ; ⌚8h-22h ; 📶). L'Elephant Art Cafe sort du lot avec ses tapas, ses sandwichs, son *fish and chips* et ses pâtes. Le petit-déjeuner, copieux et original, est un délice.

Goa's Ark MÉDITERRANÉEN $$

(☎9145050494 ; www.goas-ark.com ; Anjuna Beach Rd ; plats 150-670 ₹, mezze à partir de 50 ₹ ; ⌚10h-23h ; 📶). Situé dans un charmant jardin, Goa's Ark se distingue avec bonheur de ses voisins. Au programme, des saveurs moyen-orientales et méditerranéennes : mezze, viande grillée, falafels. La carte offre un bon choix aux végétariens.

Eva Cafe CAFÉ $$

(☎7350055717 ; plats 210-350 ₹ ; ⌚9h-20h ; 📶). Face à l'océan, sur la promenade de la falaise, ce petit café accueillant permet de se régaler aussi bien d'un sandwich ou d'une salade légère que d'un petit-déjeuner délicieux avec pain frais et bon café. Le soir, on savoure des *nachos* et du fromage autour d'un verre de vin, le tout face au couchant.

Lila Café CAFÉ $$

(www.lilacafegoa.com ; Tito's White House, Aguada-Siolim Rd ; plats 100-290 ₹ ; ⌚8h30-18h). Une adresse que l'on se transmet entre voyageurs depuis des années, d'abord à Baga et aujourd'hui à la Tito's White House. Pains, croissants et galettes de pommes de terre maison, avec une prédilection marquée pour

Anjuna

le fromage au lait de bufflonne et le jambon fumé, sans oublier les cappuccinos réussis.

Baba Au Rhum FRANÇAIS $$$
(9657210468 ; Anjuna-Baga Rd ; sandwichs 210-300 ₹, plats 480-550 ₹). Installé en retrait sur la route entre Anjuna et Baga, le Baba Au Rhum, anciennement à Arpora, ne désemplit pas. À la fois boulangerie et café-restaurant, le Baba sert sandwichs, croissants, quiches, plats carnés ou de pâtes, que l'on peut accompagner d'une bière artisanale. Jardin.

Burger Factory BURGERS $$$
(Anjuna-Mapusa Rd ; burgers 300-500 ₹ ; 11h30-15h30 et 18h30-22h30 jeu-mar). Pas de surprise dans ce petit *diner* en plein air. Si les burgers sont un peu chers, ils sont bien préparés et copieux. Choisissez-en un au bœuf ou au poulet, avec fromage bleu, bacon ou avocat.

Oltremarino ITALIEN $$$
(8412967105 ; Anjuna Beach Rd ; plats 450-800 ₹ ; 13h-minuit ;). Dans l'agréable jardin d'une ancienne demeure portugaise, ce restaurant italien haut de gamme plaît pour ses pâtes maison et ses pizzas cuites au feu de bois. L'équipe, souriante, saura vous aider à choisir et ne manquera pas de vous proposer un digestif maison.

Où prendre un verre et faire la fête

Curlies BAR
(www.curliesgoa.com ; 9h-3h). Mélange de bar de plage décontracté et de boîte de nuit chic, le Curlies règne en maître sur le sud de la plage d'Anjuna. Il est réputé pour ses soirées endiablées et possède un bar lounge sur le toit-terrasse ; un club en intérieur permet de danser jusque tard dans la nuit. Les plus grosses soirées ont lieu le jeudi et le samedi, ainsi que les soirs de pleine lune.

Cafe Lilliput CLUB
(0832-2274648 ; www.cafelilliput.com ; 8h-1h, jusqu'à 4h lors des soirées spéciales ;). Surplombant la mer, à deux pas de l'emplacement du marché aux puces, le Lilliput s'est fait un nom sur la scène nocturne à Goa, mais mérite aussi un arrêt à toute heure de la journée côté restaurant. Chambres très correctes louées à l'arrière.

Shiva Valley CLUB
(9689628008 ; 8h-3h). À la pointe sud d'Anjuna Beach après le Curlies, Shiva Valley est une ancienne paillote devenue une grosse boîte de nuit, notamment le mardi, où l'on ne se couche qu'au lever du soleil.

Achats

Oxford Arcade SUPERMARCHÉ
(Anjuna-Vagator Rd ; 9h-21h). À 100 m du carrefour de Starco sur la route de Vagator, ce grand supermarché sur deux étages se prête à faire le plein de produits de beauté, boissons et petits plaisirs d'ici ou d'ailleurs.

Manali Guest House LIVRES
(9h30-20h30). Librairie et agence de voyages établie de longue date.

LE MARCHÉ AUX PUCES D'ANJUNA

Chaque mercredi, en saison, le **marché aux puces d'Anjuna** ("flea market" ; 8h-crépuscule mer nov-avril) est un rendez-vous incontournable à Goa. Il fut instauré il y a plus de trente ans par des hippies désireux de partager avec d'autres voyageurs leur expérience de l'Inde. Ils y vendaient des Levi's et des bijoux faits main pour financer leur séjour. Aujourd'hui, les marchands viennent du Cachemire, du Gujarat, du Karnataka et d'autres États indiens, et surchargent les étals de tee-shirts, couvre-lit, épices, saris et sacs, des objets parfois sans grande originalité. On passe là un bon moment, d'autant qu'il s'y donne des concerts l'après-midi. Visitez-le de préférence tôt le matin (dès 8h) ou en fin d'après-midi (de 16h jusqu'à la fermeture, juste après le coucher du soleil). Le premier marché de la saison ouvre autour de la mi-novembre. Le dernier a lieu fin avril.

Depuis/vers Anjuna

Des bus partent pour Mapusa (15 ₹, 30 minutes) environ toutes les 30 minutes du principal arrêt de bus au bout d'Anjuna-Mapusa Rd, près de la plage. Certains bus en provenance de Mapusa continuent jusqu'à Vagator et Chapora.

Chaque jour, deux bus directs partent pour Calangute. À défaut, il faut aller jusqu'à Mapusa et prendre une correspondance.

De nombreux motos-taxis et auto-rickshaws se rassemblent aux principaux carrefours. Vous pourrez facilement louer un scooter ou une moto – comptez entre 250 et 400 ₹. La plupart des voyageurs séjournant à Anjuna se déplacent à deux-roues.

Assagao

Ce joli village dans la campagne, entre Mapusa et Anjuna ou Vagator, est l'un de ceux à ne pas manquer dans la partie nord de Goa. Ses rues, presque désertes, sont jalonnées de demeures et d'églises d'un blanc éclatant de l'époque coloniale. Ce n'est pas un hasard si l'on y trouve des centres réputés de yoga et un nombre croissant d'excellentes tables.

L'association **El Shaddai** (0832-2461068, 0832-6513286 ; www.childrescue.net ; El Shaddai House, Socol Vaddo), qui vient en aide aux enfants, y gère plusieurs écoles.

L'**International Animal Rescue** (0832-2268272 ; www.internationalanimalrescuegoa.org.in/ ; Madungo Vaddo ; 9h-16h), qui recueille des animaux en détresse, fait parfois appel à des bénévoles pour promener les chiens, et jouer avec les chiots et les chatons. Il est obligatoire d'avoir été vacciné contre la rage.

Activités

Spicy Mama's — COURS DE CUISINE

(9623348958 ; www.spicymamasgoa.com ; 517 Bouta Vaddo ; 1 jour de cours végétarien/non végétarien 2 000/3 000 ₹, 3 jours 5 000/7 000 ₹, 5 jours 10 000/12 000 ₹). Spicy Mama est spécialisé dans la cuisine d'Inde du Nord : poulet au beurre, *aloo gobi* (curry de chou-fleur et de pommes de terre) et *palak paneer* (fromage dans une purée d'épinards) sont préparés dans la maison familiale de Suchi. On peut y suivre un cours de 4 heures ou un stage plus long, à réserver en ligne.

Où se loger et se restaurer

Namaste Jungle Garden — GUESTHOUSE $$

(9850466105 ; 138/3 Bairo Alto ; bungalows et app avec petit-déj 3 500 ₹ ;). Ces bungalows spacieux et joliment meublés semblent ne faire qu'un avec la nature. Deux studios avec kitchenette sont également disponibles. On profite de ce bel écrin pour s'offrir un massage ou un cours de yoga.

Gunpowder — INTERNATIONAL $$

(plats 200-475 ₹ ; 8h-10h30, 12h-15h30 et 19h-22h30 mar-dim ;). Cette adresse, au vert derrière le People Tree, témoigne d'une tendance à Assagao : la restauration de qualité, même en campagne, avec service efficace et délicieuses assiettes. Curries et sautés, végétariens ou non, sont notamment au menu. Les desserts et cocktails sont tout aussi tentants.

Ruta's Roadhouse — INTERNATIONAL $$

(8380025757 ; www.rutas.in ; Mapusa Rd ; petit-déj 300 ₹, petit/grand plat 200/300 ₹ ; 8h30-18h30 lun-sam). La cheffe Ruta est désormais installée dans une vieille demeure portugaise d'Assagao. Les petits-déjeuners et les plats – jambalaya au *laksa* épicé – sont excellents.

Villa Blanche Bistro — CAFÉ $$

(www.villablanche-goa.com ; 283 Badem Church Rd ; petit-déj 100-380 ₹, plats 350-480 ₹ ; 9h-23h tlj sauf mer nov-mai ;). Ce sympathique café en extérieur, tenu par des Allemands, mérite bien un détour par les ruelles d'Assagao. Salades, sandwichs, bagels et cakes y sont les spécialités, mais vous pourrez également commander un curry thaïlandais ou une saucisse allemande. Nombreux plats végétariens et végans. Au petit-déjeuner, craquez pour les gaufres ou les crêpes ! Le brunch du dimanche (à partir de 10h) est réputé.

Prendre un verre et faire la fête

Soro PUB

(☎9881934440 ; Siolim Rd, Badem junction ; ⏲18h-2h). Le "pub du village" a trouvé sa place et réveille Assagao l'endormie avec de la musique live le week-end, des sessions de salsa le dimanche et une atmosphère invariablement gaie sitôt qu'il y a un peu de monde. Côté déco : briques au mur, tonneaux servant de tables et billard. On y sert quelques plats sur le pouce, mais l'endroit se prête davantage à prendre un verre et à danser.

Depuis/vers Assagao

Les bus locaux qui relient Mapusa à Anjuna (15 minutes de trajet) ou Siolim passent par Assagao, mais il est plus aisé de venir en louant un scooter ou en prenant un taxi depuis une station balnéaire.

Vagator et Chapora

Avec de spectaculaires falaises ocre, des palmeraies et un vieux fort portugais du XVIIe siècle, Vagator et sa petite voisine Chapora forment l'un des plus beaux endroits de la côte nord. Autrefois réputée pour ses fêtes trance débridées et son ambiance hippie, Vagator s'est assagie. Aujourd'hui, si les restaurants haut de gamme semblent avoir pris le dessus, on y trouve encore quelques-uns des meilleurs clubs de l'État.

À voir et à faire

Chapora est un port de pêche en activité, grain de beauté sur l'embouchure de la Chaporan, principalement connu pour le fort qui le surplombe. Au pied des grandes falaises de Vagator, s'étendent trois belles criques léchées par les vagues.

Fort de Chapora FORT

GRATUIT Bâti en latérite, cette forteresse surveille l'embouchure de la Chapora depuis sa construction par les Portugais, en 1617. Il protégeait la région de Bardez, tombée aux mains des colons en 1543. Il ne conserve aujourd'hui que ses murs d'enceinte et la sortie de deux tunnels. Vue panoramique.

Mukti Kitchen COURS DE CUISINE

(☎800-7359170 ; www.muktikitchen.com ; en marge de Vagator Beach Rd, Vagator ; cours de cuisine végétarienne/non végétarienne/goanaise 2 000/2 500/3 000 ₹ ; ⏲11h-14h et 18h-21h). Deux fois par jour, Mukti partage ses talents culinaires lors de cours (pour 4-6 personnes) – cinq plats choisis selon les goûts, végétariens ou non, goanais, indien ou ayurvédique. À réserver la veille. Face au Leoney Resort à Vagator.

Où se loger

Les hébergements bon marché, en chambres privées pour la plupart, sont alignés le long d'Ozran Beach Rd et de Vagator Beach Rd – vous verrez de nombreux panneaux indiquant *"rooms to let"*. À Chapora, prenez la route du port, où vous trouverez une

ATELIERS DE YOGA À GOA

Dans le secteur d'Anjuna, de Vagator et d'Assagao, des retraites de yoga permettent de s'immerger dans une ambiance zen en suivant des cours et des stages d'octobre à mars.

Purple Valley Yoga Retreat (☎0832-2268363 ; www.yogagoa.com ; 142 Bairo Alto ; dort/s 1 semaine 770/850 £, 2 semaines 1 150/1 400 £). Ce centre apprécié est situé à Assagao.

Swan Yoga Retreat (☎8007360677, 0832-2268024 ; www.swan-yoga-goa.com ; cours 500 ₹, 1 semaine s/d à partir de 42 000/52 000 ₹). Dans un coin de jungle paisible à Assagao, le Swan garantit une expérience très zen.

Yoga Magic (☎0832-6523796 ; www.yogamagic.net ; Mapusa-Chapora Rd ; ch partagée/s 7 700/11 600 ₹ ;). L'éclairage à l'énergie solaire, le potager et les toilettes sèches ne sont que quelques-unes des initiatives louables de ce luxueux domaine d'Anjuna.

multitude de chambres – et des maisons entières – à louer. Ces locations sont principalement disponibles pour des séjours longs, à partir d'environ 15 000 ₹ le mois. Vous aurez sinon le choix parmi des auberges de jeunesse et adresses plus haut de gamme.

Dreams Hostel AUBERGE DE JEUNESSE $
(9920651760 ; www.dreams-hostel.goa-india-hotels-resorts.com ; en marge de Vagator Beach Rd, Vagator ; dort 400-550 ₹, cabines climatisées 2 400 ₹ ;). Dans un esprit "art, musique et bien-être", l'ancien baroudeur et DJ Ravi a construit ici une auberge accueillante pour les âmes créatives et voyageuses comme lui. Grand jardin, dortoirs propres, maisonnettes en bois haut de gamme et espaces communs très agréables. Le lieu a également rang de résidence artistique – en témoignent les fresques et œuvres aux murs.

Jungle Hostel AUBERGE DE JEUNESSE $
(0832-2273006 ; www.thehostelcrowd.com ; Vagator Beach Rd, Vagator ; dort avec/sans clim 650/550 ₹, s/d à partir de 1 100/1 800 ₹ ;). Le Jungle fut l'une des premières auberges de jeunesse de Vagator à cultiver une ambiance internationale. Il regroupe désormais trois propriétés et reste une très bonne adresse. Trajets à prix réduit vers ses établissements de Panaji et Palolem. Dortoirs de quatre à six couchages propres et lumineux et chambres privatives. Casiers, cuisine commune, Wi-Fi et petit-déjeuner gratuits.

Pappi Chulo AUBERGE DE JEUNESSE $
(9075135343 ; pappichulohostel@gmail.com ; Ozran Beach Rd, Vagator ; dort avec/sans clim 550/450 ₹, d 2 000 ₹). Cette auberge de jeunesse pour fêtards, forte de son ambiance internationale, possède un bar dans le jardin et organise des soirées cinéma. Dortoirs à thème, avec casiers et lits superposés.

Baba Guesthouse & Villa GUESTHOUSE $
(9822161142 ; babavilla11@yahoo.in ; Main St, Chapora ; d avec/sans clim 1 000/700 ₹ ;). Petit havre tranquille à Chapora, le Baba est souvent complet, avec des voyageurs installés pour de longs séjours. Les 14 chambres sont propres, simples et bien pensées.

Casa de Olga GUESTHOUSE $
(9822157145, 0832-2274355 ; eadsouza@yahoo.co.in ; Harbour Rd, Chapora ; ch 800-1 350 ₹, sans sdb à partir de 500 ₹). Cette *guesthouse* tenue par une famille accueillante occupe un bâtiment de trois étages entouré d'un charmant jardin sur la route du port. Les chambres, étincelantes, varient en taille : les plus plaisantes sont celles du dernier étage, avec élégantes sdb et balcon.

Shalom GUESTHOUSE $
(919881578459, 0832-2273166 ; www.shalom-guesthousegoa.com ; Ozran Beach Rd, Vagator ; d 900-1 500 ₹, avec clim 2 000 ₹ ;). Autour d'un jardin au calme non loin du sentier menant à Little Vagator Beach, cet établissement familial et accueillant propose divers types de chambres extrêmement bien tenues et un appartement avec deux chambres, pour les plus longs séjours.

Bean Me Up Guest House GUESTHOUSE $$
(7769095356 ; www.beanmeup.in ; 1639/2 Deulvaddo, Vagator ; d avec petit-déj 1 500-2 500 ₹ ;). Autour d'une cour verdoyante ombragée, où se cache le meilleur restaurant végétarien de Vagator (le Bean Me Up), chacune des chambres décline un thème exotique, avec des tons ocre, des moustiquaires et des vérandas communes. Ambiance chaleureuse. Petit-déjeuner très copieux. La pension attire des adeptes du yoga (cours dispensés le matin).

Baba Place GUESTHOUSE $$
(9822156511 ; babaplace11@yahoo.com ; Chapora Fort Rd, Chapora ; d 2 500 ₹ ;). À l'ombre du fort de Chapora, Baba Place ne cesse de s'améliorer, avec des chambres impeccables et de taille correcte. Véranda, petite piscine et bar-restaurant.

Alcove Resort HÔTEL $$
(0832-2274491 ; www.alcovegoa.com ; Little Vagator Beach ; d 5 400-8 500 ₹ ;). Superbement situé au-dessus de Little Vagator Beach, cet hôtel possède des chambres, quatre suites et des bungalows, tous joliment aménagés autour d'une piscine centrale, ainsi qu'un bar et un restaurant. C'est une bonne adresse pour profiter, près de la plage, d'un peu de luxe à prix raisonnable. Supplément de 500 ₹ pour la climatisation.

Où se restaurer

Jaws INDIEN $
(Vagator Beach Rd, Vagator ; plats 50-300 ₹ ; 9h-21h30). Alliant coin boulangerie, *dosa* et *thali* à petits prix, Jaws connaît, depuis longtemps, un succès mérité. Idéal pour un petit-déjeuner prolongé ou une bière de fin d'après-midi.

Vagator et Chapora

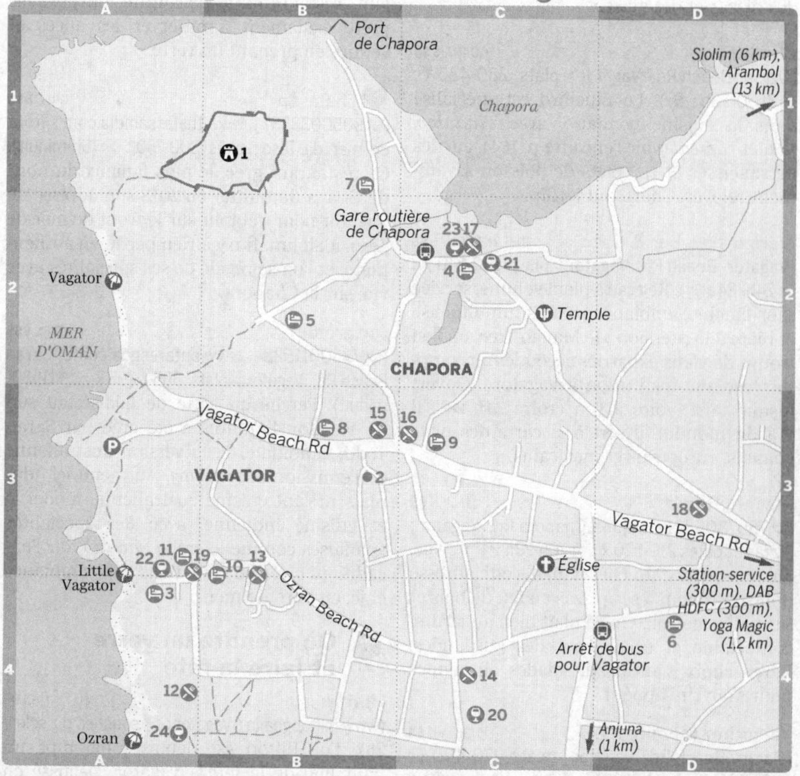

Vagator et Chapora

À voir
1 Fort de Chapora B1

Activités
2 Mukti Kitchen B3

Où se loger
3 Alcove Resort A4
4 Baba Guesthouse & Villa C2
5 Baba Place B2
6 Bean Me Up Guest House D4
7 Casa de Olga B1
8 Dreams Hostel B3
9 Jungle Hostel C3
10 Pappi Chulo B3
11 Shalom A3

Où se restaurer
12 Antares A4
Bean Me Up ..... (voir 6)
13 Bluebird B3
14 Food Chord C4
15 Jaws B3
16 Mango Tree Bar & Cafe C3
17 Midnight Toker C2
18 Piccolo Roma D3
19 Yangkhor Moonlight A3

Où prendre un verre et faire la fête
20 Hilltop C4
21 Jai Ganesh Fruit Juice Centre C2
22 Nine Bar A3
23 Paulo's Antique Bar C2
24 Waters Beach Lounge A4

♥ Bean Me Up VÉGAN $$
(www.beanmeup.in ; 1639/2 Deulvaddo, Vagator ; plats 200-400 ₹ ; ⌚8h-23h ; 📶). Même les inconditionnels de la viande craqueront pour les plats savoureux, variés et roboratifs de ce restaurant à l'atmosphère détendue, installé dans le jardin d'une pension appréciée. La longue carte, souvent créative,

comprend des curries, des *dhal*, des salades, des pizzas et des glaces.

Bluebird GOANAIS $$
(Ozran Beach Rd, Vagator ; plats 280-480 ₹ ; 8h30-23h ;). Le Bluebird est spécialisé dans la cuisine goanaise, avec *vindaloo*, poulet *cafreal* (voir l'encadré p. 154), curries de saucisses et riz, plats de poisson savamment relevés. Charmant jardin.

Mango Tree Bar & Cafe INTERNATIONAL $$
(Vagator Beach Rd, Vagator ; plats 190-510 ₹ ; 24h/24 ;). Reggae à plein volume, service sans chichis, ambiance parfois tumultueuse et bière à la pression : le Mango Tree, où l'on trouve de vieux expatriés accoudés au comptoir, est une institution à Vagatore. Ouvert jusque tard (voire à l'en croire 24h/24 s'il y a du monde), il sert à la carte des plats goanais, européens et mexicains.

Piccolo Roma ITALIEN $$
(7507806821 ; Anjuna-Chapora Rd, Vagator ; pizzas et pâtes 210-520 ₹ ; 10h-23h ;). Avec, aux fourneaux, un chef italien, cette adresse doit son renom à ses pizzas au feu de bois et ses pâtes maison. On se plaît bien au jardin, confortable et éclairé par des guirlandes. Large choix d'antipasti, salades ou soupes pour s'ouvrir l'appétit.

Yangkhor Moonlight TIBÉTAIN $$
(Ozran Beach Rd, Vagator ; plats 170-400 ₹ ; 8h-23h ;). Une table bien connue pour ses plats à base de produits frais, typiquement tibétains, comme les *momos* (gros raviolis), le *thukpa* (soupe) et le plus rare *thali* tibétain (250 ₹), mais aussi pour ses plats de pâtes et même ses sushis. L'intérieur est simple mais les recettes et l'ambiance, très plaisantes.

Food Chord AMÉRICAIN $$
(0832-6745000 ; 544/2, Ozran Beach Rd, Vagator ; plats 175-550 ₹ ; 7h-23h30 ;). Au sein de l'hôtel I Love Bellbottoms, délicieusement rétro, ce restaurant façon *diner* américain, avec banquettes et climatisation (polaire), sert club-sandwichs, burgers, hot dogs et pizzas. Il donne sur la piscine, où les non-résidents peuvent se baigner moyennant 1 500 ₹ (à soustraire de votre addition si vous consommez sur place). Bar et bières à la pression.

Midnight Toker INTERNATIONAL $$
(Main St, Chapora ; plats 140-240 ; 9h-1h ;). S'il sert l'habituel florilège de spécialités indiennes, russes ou chinoises, cet accueillant restaurant, à devanture ouverte, se prête également à observer les allées et venues en prenant un verre.

Thalassa GREC $$$
(9850033537 ; www.thalassaindia.com ; front de mer de Teso ; plats 300-750 ; 16h-minuit). Ce restaurant grec, le plus fameux du nord de Goa, a dû quitter en 2018 son adresse de Vagator pour s'établir sur le front de mer de Teso, à Siolim. Il n'y a rien perdu en authenticité, et l'on se régale de ses spécialités avec vue sur la Chapora.

Antares INDIEN $$$
(7350011528 ; www.antaresgoa.com ; Ozran Beach Rd, Vagator ; plats 395-1 295 ₹ ; 11h30-minuit). Perché en crête de falaise, au sud de Vagator, l'Antares a été créé par Sarah Todd, candidate de la version australienne de l'émission *Masterchef*. Au menu ici : des plats mêlant cuisine australienne moderne et cuisine indienne, avec des spécialités goanaises comme le crabe *xacuti* (voir l'encadré p. 154). Le tout dans une ambiance chic, en bord de mer.

Où prendre un verre et faire la fête

Hilltop CLUB
(www.hilltopgoa.in ; Vagator ; coucher du soleil-3h). Le Hilltop est depuis longtemps un haut lieu de la fête à Vagator. Délaissé en journée, il s'anime au coucher du soleil. Son emplacement à la lisière de la ville, dans une cocoteraie éclairée aux néons, lui permet, à l'occasion, d'outrepasser la législation et d'accueillir des concerts et des fêtes – avec des DJ de renommée internationale, à l'intérieur comme à l'extérieur. La session du dimanche (17h-22h) est très courue.

Nine Bar BAR
(Little Vagator Beach ; 17h-4h). Autrefois l'épicentre de la scène trance à Goa, ce bar en plein air, sur la falaise qui surplombe Little Vagator Beach, compte désormais un espace intérieur insonorisé, où les fêtes durent parfois toute la nuit. L'ambiance ne bat d'usage son plein qu'à compter de décembre. Consultez les flyers ou renseignez-vous sur place pour connaître les dates des soirées.

Paulo's Antique Bar BAR
(Main St, Chapora ; 15h-23h). En haute saison, cette gargote donnant sur la rue principale de Chapora allie bonne musique et bière

fraîche. En fin d'après-midi, les quelques tables sous la véranda invitent à observer les allées et venues.

Waters Beach Lounge CLUB
(☎9767200012 ; Ozran Beach, Vagator ; ⏰12h-4h). Avec plusieurs terrasses en contrebas des falaises de Vagator, ce restaurant, bar et club est connu pour ses bruyantes soirées, avec des pistes de danse en plein air face à la mer d'Oman et une salle insonorisée pour la nuit, jusqu'à 5h. Il accueille des DJ réputés.

Jai Ganesh Fruit Juice Centre BAR À JUS
(Main St, Chapora ; ⏰8h30-minuit ; jus à 60-80 ₹). Grâce à son emplacement avec vue sur la rue principale de Chapora, ce bar à jus de fruits est particulièrement prisé. La plupart des clients rechignent à partir !

Renseignements

Il y a un **DAB HDFC** à la station-service sur la petite route menant à Anjuna.

Depuis/vers Vagator et Chapora

Dans la journée, des bus relient fréquemment Chapora et Vagator à Mapusa (15 ₹, 30 minutes), souvent via Anjuna. Il y a des arrêts de bus à **Chapora** (Main St, Chapora), ainsi que sur Vagator Beach Rd et **Anjuna-Vagator Rd** (Anjuna-Vagator, Vagator). Vous pourrez louer un scooter/une moto pour 300/500 ₹ par jour.

Vagator possède une **station-service** (Mapusa-Chapora Rd) très fréquentée.

Morjim

Morjim Beach était auparavant presque déserte. Aujourd'hui, l'extrémité sud de la plage est protégée, car c'est un lieu de ponte des tortues olivâtres de novembre à février.

Désormais très prisée des touristes russes (au point d'y avoir gagné le surnom de "Little Russia"), Morjim est devenue un lieu festif, avec son lot de clubs, de restaurants et de paillotes de plage. Si la vue sur le fort de Chapora est agréable, on doit le sable noir de la plage sud aux sédiments fluviaux.

Établi au sein du Marbela Beach Resort, **Banana Surf School** (☎7218063571 ; www.goasurf.com ; Marbela Beach ; cours de surf 2 heures 70 $US, stage 3 jours 180 $US, location de planche 25/60 $US heure/jour) loue des planches et propose cours et stages de surf.

HORS DES SENTIERS BATTUS

LES CHUTES DE DUDHSAGAR

À la frontière orientale avec le Karnataka et à l'extrémité sud du Bhagwan Mahavir Sanctuary, les **chutes de Dudhsagar** (603 m ; entrée/appareil photo 50/300 ₹) sont les plus impressionnantes de Goa, surtout après la mousson, en octobre, quand le niveau de l'eau est à son maximum. On y accède par Colem, à 7 km au sud de Molem, en voiture ou par le train qui part à 8h15 de Margao et permet d'admirer de beaux paysages (l'horaire du retour varie selon la saison). À Colem, des jeeps (500 ₹/personne jusqu'à six passagers) effectuent le pittoresque et cahoteux trajet de 45 minutes. Toutefois, le plus simple est de prendre un taxi ou de participer au circuit d'une journée de Goa Tourism "Dudhsagar Special" (2 300 ₹, départ à 6h30), au départ de Calangute ou de Panaji.

Où se loger et se restaurer

♥ **Wanderers Hostel** AUBERGE DE JEUNESSE $
(☎9619235302 ; www.wanderershostel.com ; Morjim Beach Rd ; dort avec ventil/clim 400/500 ₹, tentes partagées 300 ₹, tentes luxe d 1 500 ₹ ; ❄📶🏊). Cette auberge, à 5 minutes à pied de la plage de Morjim, tient d'une aubaine pour les petits budgets. Le bâtiment principal, orné de fresques, compte d'impeccables dortoirs avec casiers et lampes de chevet, une cuisine équipée, de confortables espaces communs, une table de billard et le Wi-Fi. Camp de tentes avec piscine, centre de yoga et cinéma en plein air dans le jardin adjacent.

Goan Café & Resort COMPLEXE HÔTELIER $
(☎0832-2244394 ; www.goancafe.com ; app et bungalows à partir de 1 800 ₹, avec clim 2 200 ₹, cabane sur pilotis sans sdb à partir de 1 200 ₹ ; ❄📶). À Morjim Beach, cet excellent complexe hôtelier tenu par une famille loue des cabanes sur pilotis (*treehouses*) parmi les arbres, en bord de plage, et des chambres en dur (certaines avec clim) à l'arrière. Bon restaurant, face à la mer. Petit-déjeuner inclus.

Bora Bora INTERNATIONAL $$$
(☎8888558614 ; plats 270-550 ; ⏰24h/24). À la fois restaurant, boîte de nuit et bar de plage, le Bora Bora est le seul établissement des environs ouvert 24h/24. Au menu : cuisines

indienne, russe et thaïlandaise, mais aussi fruits de mer et pizzas... On vient cependant en premier lieu pour boire un verre ou profiter de la présence d'un DJ. Au début de l'enfilade de restaurants à Morjim.

Depuis/vers Morjim

Des bus locaux relient Siolim et Morjim (10 ₹, 15 minutes). Toutefois, la plupart des voyageurs prennent un taxi jusqu'à leur hébergement, puis louent un scooter/une moto ou circulent en taxi.

Asvem

Asvem (parfois écrit Aswem ou Ashwem) est une longue étendue de sable, qui attire une foule croissante mais reste à l'ombre de Mandrem, plus au nord. Des huttes de plage et des paillotes fleurissent en saison sur la bande de sable blanc et propre, investie par quelques marchands ambulants. La route Morjim-Mandrem est assez éloignée de la plage.

Activités

Vaayu Waterman's Village SURF
(☎9850050403 ; www.vaayuvision.com ; location planche 500/1 500 ₹ heure/jour, cours 2 500 ₹). Voici sans doute la meilleure boutique de surf de Goa. Elle se double d'un centre artistique et sportif, où vous pourrez prendre des cours et louer du matériel – surf, kitesurf, paddle (SUP, stand-up paddle), kayak et wakeboard. Mention spéciale à la sortie paddle d'une journée, à la découverte du Paradise Lagoon au Maharashtra. Les propriétaires, jeunes et dynamiques, tiennent aussi une galerie d'art et un café, et proposent des **hébergements** en face de la plage d'Asvem.

Arti Spa SOINS AYURVÉDIQUES
(☎9049209597 ; www.artifabulousbodycare.com ; soins 500-2 000 ₹ ; ⌚8h-21h) Ce spa réputé est situé sur la route principale derrière le Sea View Resort. La carte des soins inclut massage kéralais, aromathérapie et *shirodhara* (filet d'huile tiède versé sur le front).

Où se loger et se restaurer

Beachside by Bombay Backpackers AUBERGE DE JEUNESSE $
(☎9781040244 ; Asvem Beach Rd ; dort 400-450 ₹, d 1 650 ₹ ; wifi) Au bout d'une allée en marge de la route principale qui borde la plage, cette auberge occupe une demeure ancienne et propose des couchages corrects, avec ventilateur individuel et casier. On y retrouve moins l'âme des baroudeurs que dans le nord de Goa, mais l'emplacement et les tarifs sont intéressants.

Vaayu Waterman's Village BOUTIQUE-HÔTEL $$
(☎9850050403 ; www.vaayuvision.com ; hutte 2 500-4 400 ₹, d avec clim 4 500 ₹ ; clim, wifi). Au sein d'une agence de sports aquatiques, de très belles chambres dans l'esprit artistique de la galerie voisine. Studio de yoga, café spécialisé dans le manger sain et école de surf. Il y a de l'autre côté de la rue, face à la plage, de jolis bungalows en bambou avec toit de chaume.

Wellness Inn GUESTHOUSE $$
(☎9075006776 ; www.wellnessinn.in ; d/f à partir de 3 200/4 800 ₹ ; clim, wifi). Les adeptes du yoga trouveront leur bonheur dans cet établissement avec cours en entrée libre sur le toit-terrasse et restaurant végétarien. Il comporte 13 chambres spacieuses et climatisées. Il est souvent complet : pensez à réserver.

Yab Yum HUTTES $$$
(☎0832-6510392 ; www.yabyumresorts.com ; hutte/bungalow à partir de 10 600/12 050 ₹ ; clim, wifi). Cet établissement haut de gamme loue des hébergements originaux (huttes au toit de palmes tressées, huttes en forme de dôme et "pods"), construits avec des matériaux naturels de la région (torchis, pierre, bois de manguier, etc.), ainsi que des bungalows climatisés. Choix complet de massages et de cours de yoga, et superbe jardin tropical isolé, face à la plage.

Depuis/vers Asvem

Des bus locaux circulent entre Siolim et Asvem, mais il est plus facile de prendre un taxi direct jusqu'à l'hébergement choisi, puis de louer un scooter/une moto, ou encore de circuler en taxi à partir de votre point de chute.

Mandrem

Mandrem se prête à l'indolence estivale, avec ses kilomètres de sable blanc isolés du village par une crique. Si l'endroit a perdu de sa quiétude du fait d'un succès touristique grandissant, on y passe encore de très agréables moments en bord de mer. De nombreux cours de yoga, de méditation, et des soins ayurvédiques sont organisés ; les bons restaurants se multiplient. Pour de nombreux voyageurs, la plage de Mandrem est la plus plaisante du nord de Goa.

Activités

Kite Guru SPORTS AQUATIQUES
(☎8788314974 ; www.kiteguru.co.uk ; sorties 2/ 6/8 heures 7 000/14 000/21 000 ₹, cours de paddle 2 000 ₹). Au sein du Riverside, voici la meilleure adresse goanaise pour se mettre au kitesurf. Des instructeurs professionnels y proposent des cours particuliers ou en groupe certifiés IKO et fournissent tout l'équipement. Cours et sorties en paddle également. Les pratiquants en solo pourront louer une planche pour 1 000 ₹ l'heure.

Shanti Ayurvedic Massage Centre AYURVÉDA
(☎8806205264 ; massage 1 heure à partir de 1 000 ₹ ; ⏲9h-21h). La charmante Shanti propose des massages ayurvédiques. Essayez le massage rajeunissant de 1 heure 15 et le forfait visage, ou, plus original, optez pour le massage "poulti" (cataplasme à base de 12 poudres de plantes). Le centre est situé du côté droit de la route menant à la plage.

Ashiyana Retreat Centre YOGA
(☎9850401714 ; www.ashiyana-yoga-goa.com ; Junas Waddo ; cours entrée libre 600 ₹). Cette "retraite tropicale" face à Mandrem Beach s'étend sur l'arrière jusque dans la jungle. Nombreux stages et cours d'octobre à avril, ainsi que des massags et soins. L'hébergement (cours de yoga inclus) se fait dans de jolies chambres et huttes traditionnelles.

Himalaya Yoga Valley YOGA
(HYV ; ☎9960657852 ; www.yogagoaindia.com ; Mandrem Beach). Le HYV est spécialisé dans les cours de formation à l'enseignement du hatha yoga et de l'ashtanga yoga sur 200 heures à Goa, mais aussi à Dharamsala et en Irlande.

Où se loger et se restaurer

Riverside HUTTES $
(☎9049503605 ; www.riversidemandrem.com ; Junas Waddo ; huttes 800-1 200 ₹ ; wi-fi). À l'extrémité sud de la plage, le Riverside surplombe une crique. Il compte un restaurant avec terrasse et loue des huttes en bois et en chaume abordables. École de kitesurf et location de paddle sur place.

♥ **Dunes Holiday Village** HUTTES $$
(☎0832-2247219 ; www.dunesgoa.com ; hutte 1 500-1 750 ₹, d avec clim 2 200 ₹ ; clim, wi-fi). De jolies huttes sont distribuées autour d'une allée bordée de palmiers menant à la plage ; le soir, l'éclairage fait de la palmeraie un lieu magique. Les logements vont du plus rudimentaire au plus imposant (huttes sur pilotis), avec quelques chambres climatisées. Bref : un établissement sympathique, d'un bon rapport qualité/prix, avec un restaurant de plage, des services de choix (cours de yoga...) et une absence appréciable de soirées trance.

♥ **Mandala** COMPLEXE HÔTELIER $$
(☎9158266093 ; www.themandalagoa.space ; ch et huttes 1 600-7 000 ₹ ; clim, wi-fi). Cet éco-village paisible et bien conçu comprend des huttes, quelques chambres climatisées dans l'"Art House" et de grandes villas sur deux niveaux, inspirées des house-boats du Kerala. L'emplacement, au-dessus de la lagune, est paisible, avec un grand jardin. Cours de yoga quotidiens, un restaurant bio et un bar à jus.

Beach Street COMPLEXE HÔTELIER $$
(Lazy Dog ; ☎9403410679 ; Mandrem Beach ; huttes 4 300-6 900 ₹, bungalows 8 600-11 800 ₹ ; wi-fi, piscine). Les huttes de plage du Beach Street sont charmantes, tout comme la piscine à deux pas de là. Elles vont des plus simples, avec sdb et terrasse, aux versions supérieures pouvant accueillir jusqu'à cinq personnes. Le personnel du restaurant, le Lazy Dog, se veut aussi raffiné que la cuisine qu'on y sert.

Riva Beach Resort COMPLEXE HÔTELIER $$
(☎0832-2247612 ; www.rivaresorts.com ; d 5 000-9 500 ₹ ; clim, wi-fi, piscine). Ce tentaculaire complexe hôtelier, alliant bungalows et chambres, s'étend de la route à la crique en contrebas, où l'on rejoint la plage par des pontons en bambou. Matelas à ressorts, balcon avec vue sur les flots, bon restaurant et cours de yoga. La fête y bat souvent son plein, notamment le dimanche au bord de la piscine.

Karma Kitchen INTERNATIONAL $$
(☎8894204735 ; Junas Waddo ; plats 220-650 ₹ ; ⏲9h-22h ; wi-fi). On peut déguster un peu de tout dans ce café sur cour à l'ambiance détendue, même si ses spécialités restent les *thali*, les *tandoor kebab* et les fruits de mer. L'endroit invite également à prendre un verre sur fond de musique live, y compris le dimanche. Vin au verre.

Bed Rock INTERNATIONAL $$
(Junos Vaddo ; plats 150-400 ₹ ; ⏲8h-23h ; wi-fi). Le Bed Rock change agréablement des paillotes sur le front de mer, avec de bonnes assiettes indiennes et occidentales, un

confortable espace détente à l'étage et une équipe accueillante. Les habitués le confirment. Concerts en saison.

Achats

Arambol Hammocks ARTICLES DE MAISON
(☎7798906816, 9619175722 ; www.arambol.com ; 327, Junas Waddo). Arambol Hammocks s'est installé à Mandrem. Créations originales, parmi lesquelles le "tapis volant" et la "chaise volante".

Comment s'y rendre et circuler

Des bus relient toutes les heures Siolim et Mandrem (10 ₹, 20 minutes). Toutefois, il est peu pratique de se déplacer par les transports publics. La plupart des voyageurs prennent un taxi pour rejoindre leur hôtel, puis louent un scooter ou une moto, ou circulent en taxi.

Arambol (Harmal)

5 320 HABITANTS

Arambol est la station balnéaire la plus septentrionale de Goa. Elle a rang de destination de choix pour maints voyageurs à petit budget qui séjournent longuement dans le nord de l'État.

Arambol fut dans les années 1960 un paradis de baroudeurs, peu pressés d'en partir – et qui préféraient cet endroit à Calangute. Les prix ne s'envolent pas, et l'ambiance reste joyeuse. On peut loger à moindres frais dans une hutte ou une chambre à flanc de falaise. La plage principale, aujourd'hui bordée de paillotes, d'hôtels et de *guesthouses*, a cependant changé d'aspect.

Activités

Arambol Paragliding PARAPENTE
(vol 10 minutes 2 000 ₹ ; ⏲11h-18h). Le promontoire qui domine Kalacha Beach (et le lac d'eau douce) est une base idéale pour le parapente. De nombreux prestataires indépendants proposent leurs services : renseignez-vous dans les paillotes de plage. Les vols, qui durent en général une dizaine de minutes, peuvent se prolonger quand les conditions climatiques le permettent.

Himalayan Iyengar Yoga Centre YOGA
(www.hiyogacentre.com ; Madhlo Vaddo ; cours 5 jours 5 500 ₹ ; ⏲9h-18h nov-mars). Ce centre réputé, qui organise des stages de hatha yoga de cinq jours de mi-novembre à mi-mars, est l'établissement hivernal du centre de yoga iyengar de Dharamkot, près de Dharamsala (Inde du Nord). Les débutants doivent suivre une initiation de cinq jours, avant de poursuivre avec des cours plus avancés de cinq jours à prix réduits.

Surf Wala SURF
(☎9011993147 ; www.surfwala.com ; Arambol Beach ; cours 1 heure 30 à partir de 2 500 ₹, cours 3/5 jours 7 000/11 500 ₹). L'équipe internationale de surfeurs, basée au club de surf d'Arambol, accueille volontiers les débutants. Les tarifs comprennent le prêt d'une planche, la cire et un tee-shirt *rashguard*. Consultez le profil des moniteurs sur le site Internet du centre ; certains parlent peut-être français. La location d'une planche revient à 500/1 500 ₹ par heure/jour.

Où se loger

L'hébergement proposé à Arambol se compose de huttes basiques le long de la falaise, de *guesthouses* dans le village, d'un Palolem miniature, avec paillotes, le long de la plage principale et de plusieurs auberges de jeunesse pour *backbackers*. Prenez l'entrée de la "Glanstonbury St" et dirigez-vous vers le nord pour dénicher un logement sur le promontoire, entre la plage principale et Kalacha Beach. Ou bien entrez par l'extrémité sud et renseignez-vous directement auprès des huttes, sur la plage.

♥ **Happy Panda** AUBERGE DE JEUNESSE $
(☎9619741681 ; www.happypanda.in ; dort 500-650 ₹, tente à partir de 400 ₹ ; ❄📶). Des peintures réalisées par des voyageurs recouvrent les murs de cette auberge très décontractée, près du bourg. Les jeunes propriétaires ont travaillé dur pour que cet établissement soit accueillant et bien équipé, avec ses dortoirs, un espace commun éclairé par des néons, un bar et un jardin. Les artistes de tout crin, cuisiniers et voyageurs bricoleurs sont invités à mettre leur savoir-faire au service des lieux. Location de vélos et tentes pour dormir sur place.

Om Ganesh GUESTHOUSE $
(☎9404313206 ; ch 600-800 ₹ ; 📶). Située au milieu du chemin de la falaise, cette pension établie de longue date loue des chambres et, en saison, des huttes avec vue sur les flots.

Pitruchaya Cottages BUNGALOWS $
(☎9404454596 ; ch 700-800 ₹ ; 📶). Ces logements en bois face à la mer figurent parmi les meilleurs des falaises – avec sdb, ventilateurs et vérandas.

Chilli's HÔTEL $
(☎9921882424 ; Glastonbury St ; d 700 ₹, app avec clim 1 200 ₹ ; ❄📶). Près de l'entrée de la plage dans Glastonbury St, cet hôtel jaune poussin, propre et chaleureux, est l'une des meilleures affaires en retrait de plage d'Arambol. Il loue dix chambres correctes, avec sdb, ventilateur et eau chaude, ainsi qu'un appartement climatisé, avec TV, au dernier étage, d'un excellent rapport qualité/prix. Motos et scooters en location.

Surf Club GUESTHOUSE $
(www.thesurfclubgoa.com ; d 1 000-1 800 ₹ ; 📶). Situé dans un lieu calme au bout d'une petite rue, à l'extrémité sud de la plage d'Arambol, le Surf Club est un endroit sympathique, aux chambres simples et propres. Concerts dans le bar, leçons de surf et location de planche : il y en a pour tous les goûts !

Lotus Sutra COMPLEXE HÔTELIER $$
(☎9146096940 ; www.lotussutragoa.com ; d et bungalows 4 000- 5 500 ₹ ; ❄📶). L'établissement le plus chic du front de mer d'Arambol propose plusieurs chambres lumineuses dans un édifice original sur deux niveaux, ainsi que des maisonnettes en bois. Le bar-restaurant organise des concerts.

Où se restaurer

Dylan's Toasted & Roasted CAFÉ $
(☎9604780316 ; www.dylanscoffee.com ; café et dessert 80-200 ₹ ; ⌚9h-23h fin-nov à avr). Incarnation hivernale d'une institution de Manali (ville himalayenne du Himachal Pradesh), le Dylan's est une bonne adresse pour un expresso, des cookies et d'autres desserts occidentaux. Il est situé derrière l'entrée sud de la plage et programme parfois des concerts ou des soirées *open mic* ("micro ouvert", accessibles aux chanteurs amateurs).

German Bakery BOULANGERIE $
(☎9822159699 ; Welcome Inn, Glastonbury St ; pâtisseries 30-100 ₹ ; ⌚8h-minuit). Ce snack, très prisé et à l'écart de l'agitation, sert d'alléchants gâteaux, ainsi qu'un menu petit-déjeuner.

♥ **Shimon** MOYEN-ORIENTAL $$
(☎9011113576 ; Glastonbury St ; plats 160-250 ₹ ; ⌚9h-23h ; 📶). En retrait de la plage et apprécié des *backpackers* israéliens, le Shimon sert d'excellents falafels et des *sabich* (pitas garnis de tranches d'aubergine, d'œuf dur, de pommes de terre et de salade). Le *thali* (450 ₹) fusion donne un aperçu de toutes les saveurs que l'on trouve sur la carte. À arroser d'un café turc ou de celui, glacé, de la maison. Pas d'alcool.

This Is It MULTICUISINE $$
(☎7775078620 ; plats 160-370 ₹ ; ⌚8h-23h ; 📶). Ce lieu remporte un franc succès auprès des voyageurs, avec ses fruits de mer, ses pâtes et son large choix de plats goanais et, plus largement, indiens, mais aussi chinois, toujours bien préparés et servis avec le sourire. La *happy hour* est intéressante. Concerts réguliers. Le Holy Cow Backpackers, également apprécié, est situé derrière.

Fellini ITALIEN $$
(☎9881461224 ; Glastonbury St ; plats 200-450 ₹ ; ⌚à partir de 18h30). Sur la gauche juste avant la plage, ce restaurant italien, établi de longue date, ne sert que le soir. À la carte : des pâtes et une quarantaine de pizzas cuites au feu de bois (dont un *calzone*). Gardez de la place pour le tiramisu ! Musique live durant la saison haute.

Double Dutch INTERNATIONAL $$
(plats 120-450 ₹, steaks 420-500 ₹ ; ⌚8h-22h). Dans un paisible jardin en retrait de la route principale vers la plage (côté Glastonbury St), le Double Dutch est depuis longtemps réputé pour ses steaks, ses salades, ses plats thaïlandais et indonésiens, et ses fameuses tartes aux pommes. C'est un endroit détendu, avec des livres d'occasion, des journaux et un panneau d'affichage sur les activités prévues à Arambol.

Rice Bowl ASIATIQUE $$
(☎9822748451 ; plats 110-290 ₹ ; ⌚8h-23h ; 📶). Plats chinois et japonais préparés d'une main de maître. On apprécie la vue sur Arambol Beach tout autant que les gyozas et le billard.

Renseignements

Un DAB se trouve sur la route principale du village d'Arambol, à 1,5 km en retrait de la plage. S'il ne fonctionne pas, il y en a d'autres à Paliyem, à 3 km au nord, et à Mandrem, à 3 km au sud.

Depuis/vers Arambol

Il y a des bus fréquents depuis/vers Mapusa (40 ₹, 1 heure). L'arrêt est sur la route principale à l'arrière du village d'Arambol, près de l'église, de l'école et des commerces. La plage est à 1,5 km de là (tout droit pour l'entrée sud, ou vers la droite pour l'entrée "Glastonbury St", 500 m plus loin). Nombreuses possibilités de louer un scooter/une moto (300/400 ₹ par jour).

La course prépayée en taxi de Mapusa à Arambol coûte 700 ₹. Pour un taxi hélé dans la rue, comptez plutôt 1 000 ₹ d'Arambol à Mapusa ou Anjuna/Vagator. Pour Mumbai, au nord, vous devrez acheter un billet de bus dans une agence de voyages.

SUD DE GOA

Ici règne une ambiance plus paisible. C'est d'ailleurs le principal atout de la région, aux yeux des voyageurs. Les activités sont moins nombreuses, les plages plus propres dans l'ensemble et la foule est moins dense que dans le Nord.

Margao (Madgaon)

122 500 HABITANTS

Capitale du sud de Goa, Margao est une ville de marché animée, parfois même embouteillée. C'est le principal carrefour de la région : de nombreux voyageurs passent par la gare ferroviaire ou par la gare routière de Kadamba, mais rares sont ceux qui choisissent d'y passer la nuit. On peut toutefois facilement y faire ses courses, assister à un événement sportif ou simplement profiter de l'effervescence propre aux villes indiennes. On peut aussi en profiter pour faire une excursion jusqu'à Chandor, charmant bourg au patrimoine datant de l'époque portugaise.

À voir

Promenez-vous dans le **quartier de Largo de Igreja** pour découvrir d'anciennes demeures portugaises, dont la célèbre **Sat Burnzam Ghor** (maison à sept pignons), qui date de 1790. À ne pas manquer également : la **Church of the Holy Spirit**, une église construite en 1565 sur le site d'un important temple hindou.

L'HÉRITAGE PORTUGAIS

Après quatre siècles de présence, les Portugais ont laissé leur empreinte sur Goa, un héritage encore visible sur les plans culturel, architectural, religieux ou scolaire.

Fêtes religieuses

Environ un quart de la population goanaise est chrétienne, et principalement catholique, depuis le prosélytisme des missionnaires. Le paysage est ainsi ponctué d'églises blanchies à la chaux et les Goanais célèbrent volontiers Noël et Pâques, honorent François d'Assise et François Xavier, et festoient lors du carnaval.

Gastronomie

Goa se distingue des États voisins par sa cuisine agrémentée de sauces relevées comme le *xacuti*, un curry à base de piment rouge et de coco notamment, le *cafreal* (plat de poulet épicé, mariné dans une sauce au piment, à l'ail et au gingembre), et le *recheado* et faisant librement usage du porc. Le *vindaloo* est une version goanaise du mijoté de porc portugais, à l'ail et au vinaigre de vin. Les produits phares restent les fruits de mer. La tradition du curry de poisson et riz y est antérieure à l'arrivée des colons. Les noix de cajou, introduites par ces derniers, inspirèrent la distillation du *feni*, l'alcool national.

Architecture

Les demeures et les *palacios* de Goa sont les premiers témoins de la présence portugaise. Ne manquez pas le "quartier latin" de Fontainhas et celui de Sao Tomé à Panaji, où les anciennes bâtisses sont devenues de charmants hôtels. Plus au sud, des villages tels que Chandor (p. 156), Loutolim et Quepem comptent de belles demeures d'époque coloniale, mais vous trouverez également des petits trésors d'architecture dans les ruelles de stations balnéaires fréquentées comme Candolim et Calangute.

Susegad

Moins tangible mais présent dans la vie de tous les jours, le *susegad* décrit une approche décontractée et souriante de la vie. Ce mot goanais est un dérivé du portugais *sossegado* ("tranquille"). Si le terme de quiétude n'est pas celui qui vient à l'esprit en pleine saison à Calangute, le principe du *susegad* inspire pourtant les habitants autant que possible.

Où se loger et se restaurer

L'offre est peu étoffée et rien n'impose de séjourner dans Margao, puisque les plages ne sont pas loin.

Nanutel Margao HÔTEL $$
(☎0832-6722222 ; www.nanuhotels.in ; Padre Miranda Rd ; s/d avec petit-déj 5 300/5 900 ₹ ; ❄ 📶 🏊). De loin, le meilleur hôtel d'affaires de Margao. Le Nanutel, chic et moderne, a l'attrait d'une jolie piscine, d'un excellent restaurant, d'un bar, d'un café et de chambres climatisées bien tenues. Son emplacement, entre les Municipal Gardens et le quartier de Largo de Igreja, est très pratique.

Hotel Tanish HÔTEL $$
(☎0832-2735858 ; www.hoteltanishgoa.com ; Reliance Trade Centre, Valaulikar Rd ; s/d 1 200/1 700 ₹, avec clim 1 500/2 000 ₹ ; ❄ 📶). Singulier emplacement pour un hôtel, que ce centre commercial. Les chambres ont du style et sont bien équipées et certaines, donnant sur l'extérieur, ont une belle vue sur la campagne alentour.

Café Tato INDIEN $
(Valaulikar Rd ; thali 100 ₹ ; ⏲7h-22h lun-sam). Le midi, cette petite enseigne fait le plein d'habitués. Nichée dans une petite rue, elle sert de délicieux plats végétariens et des *thali* à volonté.

♥ **Longhuino's** GOANAIS $$
(☎0832-2739908 ; Luis Miranda Rd ; plats 180-320 ₹ ; ⏲8h30-22h). Cette institution fondée en 1950 prépare de délicieux plats indiens, goanais et chinois, très appréciés des habitants et des touristes. Choisissez une spécialité goanaise comme l'*ambot tik* (curry légèrement aigre et très épicé), et gardez un peu de place pour les desserts (boules au rhum, tiramisu).

Chikoo Tree Project INTERNATIONAL $$
(☎9920064597 ; 85 Dr Miranda Rd ; plats 150-300 ₹ ; ⏲9h-22h mar-dim). On vient s'offrir des *masala dosas* au petit-déjeuner, ainsi que des *momo* au poulet et un généreux wrap au déjeuner, dans ce café-resto à l'âme artiste et éclectique. Une agréable nouvelle adresse à Margao. Bon café et jus frais.

Viva Goa GOANAIS $$
(plats 150-400 ₹ ; ⏲11h-15h et 19h-23h). À l'étage du Clube Harmonia, la plus ancienne boîte du sud de Goa, cette table est une déclinaison du Colva, un restaurant établi depuis longtemps à Margao. On y sert des mets goanais et des fruits de mer.

Achats

MMC New Market MARCHÉ
(Rua F. de Loiola ; ⏲8h30-21h lun-sam). Le marché couvert de Margao, tout en étals colorés, est un lieu plaisant où les visiteurs apprécient de flâner parmi la foule en humant les épices ou les savons et en jetant un œil aux articles ménagers.

Golden Heart Emporium LIVRES
(Confidant House, Abade Faria Rd ; ⏲10h-14h et 16h-19h30 lun-sam). Cette librairie, l'une des meilleures de Goa, vend pléthore de romans, de livres pour enfants et d'ouvrages illustrés sur l'histoire, l'architecture et la cuisine de la région. Il y a également des titres d'auteurs goanais, difficiles à trouver ailleurs. Dans une petite rue près d'Abade Faria Rd.

Depuis/vers Margao

BUS

Les bus locaux et longue distance partent de la gare routière de Kadamba, sur l'autoroute, à environ 2 km au nord des Municipal Gardens. Les bus pour Palolem (40 ₹, 1 heure), Colva (15 ₹, 20 minutes), Benaulim (15 ₹, 20 minutes) et Betul (25 ₹, 40 minutes) desservent la gare routière de Kadamba, ainsi que des arrêts situés à l'est et à l'ouest des Municipal Gardens. Pour Panaji, vous pourrez prendre n'importe quel bus local pour Kadamba, puis prendre un bus express (fréquent, 40 ₹, 1 heure). De là, correspondance pour Mapusa et les plages au nord.

Des bus publics avec climatisation vont jusqu'à Mumbai (900 ₹, 16 heures), Pune (735 ₹, 13 heures) et Bengaluru (660-1 200 ₹, 12 heures). On peut les réserver en ligne sur www.goakadamba.com. Les bus non climatisés sont un tiers moins cher mais se font rares sur les trajets au long cours. Pour davantage de choix et de flexibilité, mais des tarifs équivalents, vous pourrez opter pour des bus longue distance privés, en face de l'arrêt Kadamba. Guichets partout dans la ville. **Paulo Travels** (☎0832-2702405 ; www.paulobus.com ; NH66) qui compte parmi les meilleurs est le seul à proposer le trajet jusqu'à Hampi (fauteuil/couchette 900/1 500, 11 heures), mais le site de réservation **Red Bus** (www.redbus.in) reste le plus pratique.

TAXI

Les taxis ne manquent pas autour des Municipal Gardens et de la gare routière de Kadamba. Ils sont confortables et rapides pour rejoindre les plages. Des bornes de taxis prépayés se trouvent à la gare et au niveau du principal arrêt de bus. Les tarifs sont jusqu'à deux fois moins chers que

PRINCIPAUX TRAINS AU DÉPART DE MARGAO

DESTINATION	TRAIN (N° ET NOM)	TARIF	DURÉE	DÉPART
Bangalore	02779 *Vasco da Gama-SBC Link* (D)	380/1 025 ₹	15 heures	15h50
Chennai (Madras ; via Yesvantpur)	17312 *Vasco da Gama-Chennai Express* (C)	495/1 325/1 905 ₹	21 heures	15h20 jeu
Delhi	22633 *Nizamuddin Exp* (A)	2 040/2 965 ₹	30 heures	8h25
Ernakulam (Kochi)	12618 *Lakshadweep Express* (C)	465/1 215/1 715 ₹	15 heures	19h40
Mangaluru (Mangalore)	12133 *Mangalore Express* (C)	310/785/1 085 ₹	6 heures	7h15
Mumbai (Bombay)	10112 *Konkan Kanya Express* (C)	410/1 105/1 575 ₹	12 heures	18h
Pune	12779 *Goa Express* (C)	375/975/1 365 ₹	12 heures	15h50

Tarifs : (A) 3AC/2AC ; (B) 2S (places assises, sans clim)/CC (places assises, clim) ; (C) sleeper/3AC/2AC ; (D) sleeper/3AC

ceux des taxis de rue. Parmi les destinations : Panaji (1 050 ₹), Palolem (1 050 ₹), Calangute (1 355 ₹), Anjuna (1 500 ₹) et Arambol (2 000 ₹).

Pour Colva et Benaulim, la course en auto-rickshaw coûte autour de 150 ₹, contre 500 ₹ en taxi. Les motos-taxis, encore courantes à Margao, sont intéressantes pour de courts trajets.

TRAIN

La gare ferroviaire de Margao ("Madgaon" sur les horaires), bien conçue, est à environ 2 km au sud de la ville. Elle est desservie à la fois par la *Konkan Railway* et par les lignes de la *South Central Railways*. C'est le principal nœud ferroviaire pour les trains qui relient Mumbai à Goa et, plus au sud, à Kochi et au-delà. Le **hall des réservations** (☎ 0832-2712790 ; gare ferroviaire ; ⏲ 8h-14h et 14h15-20h lun-sam, 8h-14h dim) se trouve au 1er étage. Le guichet *foreign-tourist quota* (quota réservé aux touristes étrangers) est situé à l'étage.

Au sortir de la gare, vous éviterez tout tracas en commandant, au guichet, une course en taxi prépayé, idéal pour rejoindre votre hébergement moyennant un prix correct. Un taxi ou un auto-rickshaw du centre-ville à la plage (et vice versa) coûte quelque 100 ₹.

Chandor

Le village de Chandor, à 15 km à l'est de Margao, constitue une agréable excursion, à la découverte des grandes demeures portugaises – beaucoup sont agrémentées de coqs lusitaniens sculptés en bois. La splendide maison Bragança en est un bel exemple ; l'imposante église blanche Nossa Senhora de Belem est également remarquable.

Entre la fin du VIe siècle et le milieu du XIe siècle, Chandor répondait au nom de Chandrapur. C'était alors la principale ville de la côte de Konkan et elle demeura jusqu'en 1054 le siège de la dynastie des Kadamba. Les souverains se déplacèrent ensuite sur un site plus grand, à Govepuri, où se trouve aujoud'hui Old Goa (Velha Goa). Lorsque Govepuri fut prise par les musulmans, en 1312, les Kadamba revinrent à Chandrapur. Mais la ville fut saccagée en 1327, ce qui mit fin à ses jours de gloire.

À voir

Maison Bragança MONUMENT HISTORIQUE

La maison Bragança (Braganza), construite au XVIIe siècle, s'étend tout le long de la place de Chandor. C'est la plus grande demeure portugaise de l'État et sans doute le plus bel exemple des anciennes et somptueuses maisons de Goa. Édifiée par la famille Bragança sur un terrain offert par le roi du Portugal, la maison fut divisée en deux ailes (est et ouest) quand deux sœurs de la famille en héritèrent.

Maison Fernandes MONUMENT HISTORIQUE

(☎ 0832-2784245 ; don apprécié ; ⏲ 9h-18h). À 1 km à l'est de l'église de Chandor, le bâtiment d'origine de la maison Fernandes date de plus de 500 ans ; la partie portugaise fut construite par la famille Fernandes en 1821. La cachette secrète au sous-sol, criblée de balles et comprenant un tunnel menant à la rivière, fut utilisée par la famille pour fuir des agresseurs. L'entrée comprend une visite guidée.

Depuis/vers Chandor

Des bus relient de manière irrégulière Margao et Chandor (10 ₹, 30 minutes). Toutefois, mieux vaut être motorisé. Un taxi depuis Margao coûte environ 400 ₹ (aller-retour, attente comprise).

Colva

3 140 HABITANTS

Ancien village de pêcheurs, puis rendez-vous des hippies ayant quitté Anjuna dans les années 1960, Colva reste la principale station balnéaire de cette partie de la côte. Depuis longtemps, elle n'a plus rien, en termes de calme, du paradis balnéaire d'autrefois, et il faut continuer vers le nord ou le sud pour trouver des endroits paisibles.

Le **Goa Animal Welfare Trust shop** (0832-2653677 ; www.gawt.org ; 9h30-13h et 16h-19h lun-sam), voisin du Leda Lounge, est tenu par une association soucieuse du bien-être animal. On y vend des livres d'occasion et des souvenirs.

Où se loger et se restaurer

Si Colva compte quelques *guesthouses* à prix très abordables, disséminées au nord de la route de la plage, le bourg manque de bonnes adresses. De nombreuses paillotes bordent la plage de novembre à avril, pour des fruits de mer frais ou des plats traditionnels et occidentaux.

Sam's Guesthouse HÔTEL $

(0832-2788753 ; ch 800 ₹ ;). À l'écart de l'animation, au nord de l'artère principale de Colva sur la route parallèle à la plage, ce grand hôtel accueillant est une aubaine : chambres spacieuses autour d'un jardin plaisant, bon restaurant et petit bar sympathique. Wi-Fi dans le restaurant uniquement.

Skylark Resort HÔTEL $$

(0832-2788052 ; www.skylarkresortgoa.com ; d avec clim 3 350-4 500 ₹, f 5 000 ₹ ;). Bien supérieur aux établissements pour voyageurs à petit budget, le Skylark possède des chambres propres et fraîches, avec des meubles en teck fabriqués localement et des couvre-lits typiques de la région. Les meilleures chambres (et les plus chères) donnent sur la charmante piscine.

La Ben HÔTEL $$

(0832-2788040 ; www.laben.net ; Colva Beach Rd ; ch avec/sans clim 1 800/1 650 ₹ ;). Coquet, propret et pourvu d'un certain charme, La Ben est un repaire de baroudeurs au cœur de l'effervescence. Les tarifs sont très raisonnables et l'établissement a pignon sur rue depuis bien longtemps. Bar sur le toit-terrasse et délicieux **Garden Restaurant** (plats 170-370 ₹ ; 7h30-23h30 ;), au rez-de-chaussée.

Soul Vacation HÔTEL $$$

(0832-2788147 ; www.soulvacation.in ; 4th Ward ; d avec petit-déj 6 300-8 300 ₹, villas à partir de 10 400 ₹ ;). À 400 m de la plage, cet établissement haut de gamme dans le centre de Colva loue trente chambres blanches et élégantes, distribuées autour d'un beau jardin et d'une piscine. Les prix sont assez élevés, mais les prestations le valent. Spa ayurvédique, café et bar en plein air.

Sagar Kinara INDIEN $

(Colva Beach Rd ; plats 70-190 ₹ ; 7h-22h30). Ce restaurant végétarien à l'étage (avec une section non végétarienne au rez-de-chaussée), propre et bien géré, sert en continu une délicieuse cuisine indienne à prix doux.

Leda Lounge & Restaurant BAR

(12h-15h et 19h-23h). Bar sportif, restaurant et salle de concerts : le Leda est le rendez-vous festif du village, avec cuisine goûteuse pour le déjeuner et le dîner, cocktails (mojitos, thés glacés Long Island) en soirée et concerts du jeudi au dimanche. Fermé l'après-midi.

Depuis/vers Colva

Des bus circulent entre Colva et Margao toutes les 15 minutes environ, de 7h30 à 19h (15 ₹, 20 minutes), au départ du parking (Colva Beach Rd) au bout de la route de la plage. Un taxi/auto-rickshaw pour Margao revient à 500/150 ₹.

Location de scooters, même si c'est un peu difficile, près de l'arrêt de bus (300 ₹ par jour).

Benaulim

Les plages de Benaulim et celle de Sernabatim, au nord, sont de longues étendues de sable quasi désertes. On y trouve quelques paillotes et prestataires de sports nautiques, mais l'ensemble est beaucoup plus paisible qu'à Colva, en partie parce que le village est situé à un bon kilomètre en retrait du front de mer.

À voir

Goa Chitra ARTS POPULAIRES

(0832-2772910 ; www.goachitra.com ; St John the Baptist Rd, Mondo Vaddo, Benaulim ; 300 ₹ ; 9h-18h mar-dim). Artiste et restaurateur, Victor Hugo Gomes remarqua très tôt la lente disparition de l'artisanat traditionnel – des outils agricoles aux ustensiles de cuisine. Pendant plus de vingt ans, il collecta dans tout l'État quelque 4 000 objets, qui

VAUT LE DÉTOUR

LA PLAGE DE COLA

Cola Beach, en forme de croissant de lune et difficile à atteindre, est encadrée par des falaises boisées, et cache une lagune d'eau émeraude en retrait de la plage. Si plusieurs *resorts* y sont ouverts de novembre à avril, à l'image du **Blue Lagoon Resort** (☎9673277756 ; www.bluelagooncola.com ; bungalows 3 800-5 400 ₹ ; Wi-Fi), la plage n'a cependant rien perdu de son charme, notamment pour une escapade d'une journée depuis Agonda ou Palolem.

Plus au nord, en contournant le promontoire, se trouve la plage encore plus reculée de **Khancola**, ou Kakolem. On y accède par un escalier raide depuis la falaise. Il y a un petit hébergement sur place.

constituent le fonds de ce musée ethnographique. La visite guidée (obligatoire), qui dure une heure, débute à l'heure pile. Le musée est à 3 km à l'est de Maria Hall ; demandez votre chemin.

San Thome Museum SCIENCES ET TECHNIQUES
(☎9822363917 ; www.goamuseum.com ; Colva Rd ; 200 ₹ ; ⊙9h-18h). Ce petit musée original, côté Varca (au sud de Benaulim), retrace l'histoire des techniques à travers les âges. Sa collection éclectique présente sur trois niveaux appareils photo, machines à écrire, gramophones, horloges et projecteurs, entre autres objets… Vous pourrez aussi admirer le piano à queue Schiedmayer, un vélo de la marque *Bristish* Raleigh ou l'ancre issue du même moule que celle du *Titanic*.

Où se loger et se restaurer

♥ **Blue Corner** HUTTES $
(☎9850455770 ; www.bluecornergoa.com ; huttes 1 300 ₹ ; Wi-Fi). Les jolies huttes traditionnelles sont rares sur ce pan du front de mer. Le Blue Corner peut se targuer de louer les plus belles du genre à Benaulim. Terrasse, ventilateur, Wi-Fi dans chacune d'elles. Le restaurant face à l'océan reçoit les éloges des vacanciers.

Anthy's Guesthouse GUESTHOUSE $
(☎0832-2771680, 9922854566 ; www.anthysguesthousegoa.com ; Sernabatim Beach ; d avec/sans clim 1 900/1 600 ₹ ; clim, Wi-Fi). Parmi les quelques hébergements qui bordent la plage de Sernabatim, Anthy's est le plus plébiscité par les voyageurs pour son restaurant, sa bibliothèque (troc) et ses chambres impeccables, avec vue sur le jardin. Il y a également quelques confortables bungalows en bois.

Rosario's Inn GUESTHOUSE $
(☎0832-2770636 ; rosariosinn@ymail.com ; ch avec/ sans clim 900/600 ₹ ; clim, Wi-Fi). Face à un terrain de foot où jouent les enfants, cet établissement familial dispose de chambres simples, rutilantes, et d'un restaurant. Intéressant pour les longs séjours.

Palm Grove Cottages HÔTEL $$
(☎0832-2770059 ; www.palmgrovegoa.com ; Vaswado ; d avec petit-déj 3 800-4 250 ₹ ; clim, Wi-Fi). Un charme suranné, un jardin luxuriant, des chambres climatisées et au calme, avec balcon. Cet hôtel de catégorie moyenne loue également des chambres supérieures, spacieuses, dans un bâtiment à part, de style portugais. Le Palm Garden Restaurant est remarquable.

Cafe Malibu INDIEN $
(plats 120-200 ₹ ; ⊙8h-23h). Ce petit café sans prétention, tenu en famille et installé dans un jardin, sert de bons repas. Il est situé dans une petite rue, non loin de la plage à pied. Au menu : spécialités goanaises, indiennes et européennes.

Farm House GOANAIS $$
(☎9822130430, 0832-2770534 ; Ascona ; plats 180-340 ₹ ; ⊙11h30-15h et 19h30-minuit mar-dim ; Wi-Fi). Sous un kiosque à toit de chaume entouré d'un bassin où nagent librement des poissons, on s'offre un plat typique goanais, des fruits de mer ou une pièce de viande. Le week-end, la clientèle se presse pour assister aux concerts ou pêcher (11h-15h). En marge de la route principale, au sud du village.

Johncy Restaurant INTERNATIONAL $$
(Vasvaddo Beach Rd ; plats 150-450 ; ⊙7h-minuit). Plus restaurant que paillote de plage, le Johncy est une véritable institution où se régaler, face à l'océan, d'un plat goanais, indien ou occidental. Concerts le week-end.

Pedro's Bar & Restaurant INTERNATIONAL $$
(Vasvaddo Beach Rd ; plats 120-500 ₹ ; ⊙7h-minuit ; Wi-Fi). Dans un jardin ombragé en bord de plage, le Pedro's est aussi prisé de la clientèle locale que des voyageurs. Le chef y concocte des plats indiens, chinois et italiens, ainsi que des spécialités goanaises et des grillades servies sur leur plaque en fonte. Concerts en saison.

Goodfellas ITALIEN $$$
(☎9657531631 ; pizzas et pâtes 400-650 ₹ ; 18h-minuit ; wi-fi). Ce bistrot, italien et fier de l'être, sert de la pizza au feu de bois. Pâtes fraîches, lasagnes et raviolis figurent aussi au menu, de même que du fromage, des cèpes et de la charcuterie fine d'importation.

Depuis/vers Benaulim

Les bus entre Benaulim et Margao (15 ₹, 20 minutes) sont fréquents ; certains continuent vers le sud jusqu'à Varca et Cavelossim. Ils s'arrêtent au carrefour de Maria Hall, ou au croisement pour Sernabatim ou au Taj Exotica : demandez pour descendre. De Maria Hall, un auto-rickshaw devrait revenir à environ 60 ₹ pour 5 minutes de trajet jusqu'au front de mer.

Si vous séjournez à Benaulim, il sera plus commode de vous déplacer par vos propres moyens. Repérez les panneaux *"Bike for rents"* (vélos à louer) dans le village ou les paillotes de plage. Comptez autour de 300 ₹ par jour.

Agonda

3 800 HABITANTS

Destination appréciée depuis longtemps par les voyageurs, Agonda voit désormais les camps de huttes, certains très luxueux, occuper la majeure partie du front de mer en saison. Cette localité est toutefois bien plus calme que Palolem et constitue un bon choix pour quelques jours de détente. La route côtière qui relie Betul à Palolem passe par Agonda. Les vacanciers se concentrent dans une ruelle parallèle à la plage.

La plage, longue et tranquille, pourrait figurer sur les cartes postales. La houle y est parfois forte et la baignade, dangereuse – soyez prudent. Côté nord, un centre de protection des tortues olivâtres, leur lieu de ponte sur cette partie du littoral.

La première école de surf à l'extrême sud de Goa, **Aloha Surf India** (☎8605476576 ; location planche de surf 1 heure/2 heures/journée 400/700/1 500 ₹, cours de groupe/particulier à partir de 1 500/2 500 ₹ ; 8h-18h oct-mai) est tenue par une équipe locale de passionnés. Apprenez à surfer sur les douces vagues "vertes" d'Agonda ou louez une planche. Cours de paddle et circuits surf sont également proposés.

Où se loger

Fatima Guesthouse GUESTHOUSE $
(☎0832-2647477 ; www.fatimasguesthouse.com ; d 1 000-1 500 ₹, avec clim 1 500-2 500 ₹ ; clim, wi-fi). Une *guesthouse* populaire, en retrait de la plage, avec des chambres propres et un restaurant très correct. Service attentionné. Cours de yoga sur le toit-terrasse en saison.

Abba's Gloryland GUESTHOUSE $
(☎0832-2647822, 9423412795 ; www.abbasglory-land.com ; Agonda Beach Rd ; huttes 1 200 ₹, ch avec clim 1 900 ₹ ; clim, wi-fi). Derrière la plage, Abba est une adresse correcte, avec des bungalows en bois et des chambres climatisées. Agréable jardin.

♥ **Agonda White Sand** HUTTES $$
(☎9823548277 ; www.agondawhitesand.com ; Agonda Beach ; bungalows à partir de 4 600-5 200 ₹ ; clim, wi-fi). Des bungalows bien conçus, avec sdb à ciel ouvert et matelas à ressorts, entourent un bar central et un restaurant en bord de plage. Certains sont climatisés.

H2O Agonda HUTTES $$
(☎9921836730 ; www.h2oagonda.com ; Agonda Beach ; d avec petit-déj à partir de 5 700-9 300 ₹ ; clim, wi-fi). Avec des rideaux de mousseline et une ambiance digne des *Mille et Une Nuits*, le H20 est l'un des plus beaux établissements haut de gamme d'Agonda. Depuis la réception (dans le style de celle des hôtels), traversez le jardin verdoyant jusqu'aux spacieux bungalows climatisés, aux vastes sdb en plein air. Les plus chers, avec de grands lits, font face à la mer.

Où se restaurer et prendre un verre

Mandala Cafe CAFÉ $
(☎8554091819 ; Agonda Beach Rd ; chai 15 ₹, plats 100-250 ₹ ; 8h-23h ; wi-fi). Envie d'un *chai masala* ou d'un pancake végan ? Installez-vous sur les coussins de ce petit café zen, aux antipodes de la frénésie d'Agonda.

Kopi Desa EUROPÉEN $$
(☎7767831487 ; petites assiettes 150-295 ₹, plats 350-695 ₹ ; 8h-23h ; wi-fi). En indonésien, ce nom signifie "village du café", mais le Kopi Desa est davantage connu pour sa terrasse, ses cocktails et ses plats européens inventifs. Musique live en saison haute.

La Dolce Vita ITALIEN $$
(☎90799911 ; plats 250-500 ; 9h-22h ; wi-fi). Très bonne cuisine italienne, servie sur des nappes vichy devant une grande ardoise. Les pizzas au feu de bois sont savoureuses.

Zest Cafe VÉGÉTARIEN $$
(☎8806607919 ; Agonda Beach Rd ; plats 190-360 ₹ ; 8h-22h ; wi-fi). L'enseigne Zest affiche

ici un jardin luxuriant, propice à la détente. Plats végans et végétariens, spécialités mexicaines, pizzas, teriyaki, tofu balinais et desserts à base d'aliment crus. Parfait pour le petit-déjeuner.

Blue Planet Cafe VÉGÉTARIEN $$
(☎0832-2647448 ; plats 140-250 ₹ ; 9h-15h et 18h-21h30 ;). Tofu brouillé et pancakes végans sont au menu du Blue Planet, un lieu paisible à l'écart de l'agitation de la plage. On s'y régale de salades, de smoothies et de plats végétariens ou végans. L'établissement donne dans la forêt, à 2 km du village d'Agonda (suivez les panneaux depuis la route principale reliant Agonda à Palolem).

Riverside Bar & Restaurant BAR
(☎7517634728 ; Agonda Beach Rd ; 9h-minuit ;). Avancez en direction de la pointe nord de la plage, mais côté rivière. Danse du feu, soirées *open mic* et concerts sont organisés dans ce bar tout en bambou.

Depuis/vers Agonda

Il y a des scooters et des motos à louer sur la route de la plage pour environ 300 à 400 ₹. Depuis le carrefour principal près de l'église, des auto-rickshaws vont à Palolem (300 ₹) et Patnem (300 ₹). Les taxis sont environ 50 ₹ plus chers.

Des bus locaux arrivent de Chaudi de façon irrégulière toute la journée (15 ₹). Demandez à descendre à Agonda Beach – à défaut, ils vous déposeront au village, 1 km plus loin.

Palolem

12 440 HABITANTS

Palolem possède l'une des plus belles plages de Goa : un croissant de sable frangé de palmiers face à une baie paisible. Malheureusement, en saison, la plage se transforme en une petite ville de huttes en bois et en bambou de plus en plus sophistiquées, derrière des restaurants coiffés de palmes. Elle continue néanmoins d'attirer les *backpackers*, les touristes au long cours et les familles. Grâce à sa baie protégée, c'est l'une des plus sûres de Goa pour la baignade, le kayak et le paddle (SUP).

De l'autre côté des rochers à l'extrémité sud de la plage, Colomb Bay – accessible à pied ou par la route – est un autre site au calme, avec quelques *resorts* et restaurants tranquilles.

Vous pourrez également participer à des cours de cuisine et de yoga, et louer une moto pour partir à la découverte des plages, cascades et réserves naturelles alentour.

Activités

En saison, l'offre de cours de yoga, de reiki et de méditation est pléthorique. Les professeurs changent selon les années (tout comme les lieux où ils exercent) : prenez conseil autour de vous.

Les eaux calmes de Palolem se prêtent au **kayak** et au **paddle**. Vous pourrez louer un kayak (environ 200 ₹ l'heure) et un paddle (500 ₹). Pour un **VTT** (150 ₹/jour), contactez **Seema Bike Hire** (Ourem Rd).

Vous trouverez aisément un pêcheur avec qui partir observer les dauphins ou taquiner le poisson. On vous demandera sûrement 2 000 ₹ pour une sortie d'une heure, mais il est possible de négocier. Les marins du coin peuvent aussi rallier en bateau les plages de Butterfly et de Honeymoon, ou celles d'Agonda ou de Cola, un peu plus loin.

Goa Jungle Adventure ACTIVITÉS DE PLEIN AIR
(☎9850485641 ; www.goajungle.com ; circuits trekking et canyoning 2 390-3 990 ₹ ; oct-mai). Cette agence spécialisée dans les circuits d'aventure est dirigée par Manu, un guide français expérimenté qui organise de mémorables circuits de trekking et de canyoning dans la région de Netravali, au pied des Ghats occidentaux, avec escalade, sauts et descentes en rappel dans des gorges reculées. Les sorties – "survie dans la jungle" ou "saut de falaise", par exemple – durent de quelques heures à quelques jours. Réservation et point de rencontre à Palolem. Appelez pour organiser un rendez-vous avec Manu. Location de chaussures 200 ₹ par jour.

Tanshikar Spice Farm PLANTATION
(☎9421184114, 0832-2608358 ; www.tanshikarspicefarm.com ; Netravali ; visite avec déj 500 ₹ ; 10h-16h). Tanshikar Spice Farm est une ferme (familiale) à épices bio. On y trouve de la vanille, des noix de cajou, du poivre, de la noix de muscade, des piments... et des ruches ! Ici, pas de circuit en bus, mais une visite en compagnie du jeune propriétaire, Chinmay. Découvrez l'exploitation et le lac à bulles voisin. Cours de cuisine et trek dans la jungle (cascade à la clé) sont aussi envisageables.

Pour une sérénité prolongée, offrez-vous un séjour dans un écobungalow à murs en torchis (2 000 ₹) et terrasse en bambou, dans une jolie cabane dans les arbres (3 000 ₹) ou une chambre de la maison, à la déco d'inspiration hindoue.

Anand Yoga Village YOGA
(☎7066454773 ; www.anandyogavillage.com ; en retrait d'Ourem Rd ; cours en entrée libre 400 ₹, forfait 5 cours 1 500 ₹). Cours de hatha, vinyasa et ashtanga dispensés par des professeurs venus du monde entier dans ce nouveau village de yoga. Stage sur un week-end (330 € par personne) avec hébergement en bungalow, petit-déjeuner, déjeuner et pratique (yoga et méditation) en illimité. Formation professionnelle (200 heures) également possible.

Aranya Yoga YOGA
(www.aranyayogaashram.com ; sur Palolem Beach Rd ; 400 ₹ ; ⏲cours en entrée libre 8h, 10h et 16h sept-mars). Studio réputé où suivre des cours de hatha yoga et d'ashtanga. Pour les débutants ou stage intensif de cinq jours pour les plus chevronnés (7 500 ₹). Formation professionnelle également envisageable.

Rahul's Cooking Class COURS DE CUISINE
(☎7875990647 ; www.rahulcookingclass.com ; Palolem Beach Rd ; 1 500 ₹/pers ; ⏲11h30-14h30 et 18h-21h). Cette école, qui fut l'une des premières de Palolem, assure trois heures de cours le matin et l'après-midi, tous les jours. Vous préparerez cinq plats, dont un *chapati* et un curry de coco. Deux personnes au minimum ; réservez la veille au plus tard.

Masala Kitchen COURS DE CUISINE
(☎8390060421 ; www.aranyayogaashram.com/cooking-classes ; Palolem Beach Rd ; 1 300 ₹/pers). École de cuisine établie de longue date au sein d'Aranya Yoga sur Palolem Beach Road ; réservez la veille. Cuisine sattvique (c'est-à-dire comprenant des aliments à privilégier selon les maîtres de yoga) et *thali* sont notamment au programme.

Où se loger

En saison, la plupart des hébergements sont concentrés sur la plage, où l'on trouve des huttes saisonnières. On trouve également, en retrait de la mer, des nombreuses *guesthouses* à l'ancienne et des maisons de particuliers.

Rainbow Lining AUBERGE DE JEUNESSE $
(☎8390248102 ; 76 Ourem Rd ; dort 450-600 ₹, d 2 500 ₹ ; ❄📶). Cette maison rénovée est une bonne adresse pour les baroudeurs, avec ses dortoirs de quatre à dix couchages (lits isolés par des rideaux) et quelques chambres privatives. Les propriétaires sont très accueillants, et des cours de yoga sont dispensés sur le toit. Petit-déjeuner envisageable. L'ouverture d'un bar-restaurant, le MOG (Mad Over Goa) était prévue à l'heure où nous écrivions ces lignes.

Camp San Francisco HUTTES $
(☎9158057201 ; www.campsanfrancisco.com ; huttes et ch 800-3 500 ₹). Ce village de huttes, auquel s'ajoute une *guesthouse* (Casa San Francisco) descend jusqu'à la plage depuis Palolem Beach Road, avec des logements pour à peu près tous les goûts. Tarifs intéressants en moyenne saison. Le restaurant fait face à la mer.

Summer AUBERGE DE JEUNESSE $
(☎0832-2643406 ; www.thehostelcrowd.com/summerhostel ; 99/1 Ourem Rd ; dort avec/sans clim 550/450 ₹, d 1 500-1900 ₹ ; ❄📶). Dernier-né chez Hostel Crowd, le Summer est minimaliste par son style mais ne manque de rien. Petit-déjeuner, casiers, cuisine partagée et espace détente. Sur place, on trouve le très prisé Bombay Roasters.

Sevas HUTTES $
(☎9422065437 ; www.sevaspalolemgoa.com ; Colomb Bay ; d huttes 800-1 500 ₹ ; 📶). Dans la jungle du côté de Colomb Bay, Sevas loue, moyennant des prix en regard, des huttes rudimentaires. L'endroit est au calme, et le jardin ombragé se révèle très agréable.

♥ **Ciarans** HUTTES $$
(☎0832-2643477 ; www.ciarans.com ; huttes avec petit-déj 4 200-6 300 ₹, ch avec clim 5 500 ₹ ; ❄📶). 🍃 Les huttes du Ciarans comptent parmi les plus belles de la plage. John, l'aimable propriétaire, s'efforce depuis deux décennies de conserver une qualité irréprochable. Ses logements, superbement conçus autour d'un jardin verdoyant, sont de premier ordre. Restaurant international prisé, avec concerts tous les soirs, bar à tapas et excellent **spa et centre de massage** (massage 1 heure à partir de 1 900 ₹ ; ⏲9h-20h).

Ici, on se veut écoresponsable, avec une station d'épuration et de l'eau chauffée par l'énergie solaire, qui alimente aussi l'établissement en électricité. Autres belles adresses sur les plages de Talpona et Galgibag.

♥ **Cozy Nook** HUTTES $$
(☎9822584760, 9822382799 ; www.cozynook-goa.com ; huttes 2 500-4 000 ₹). À l'extrémité

Palolem

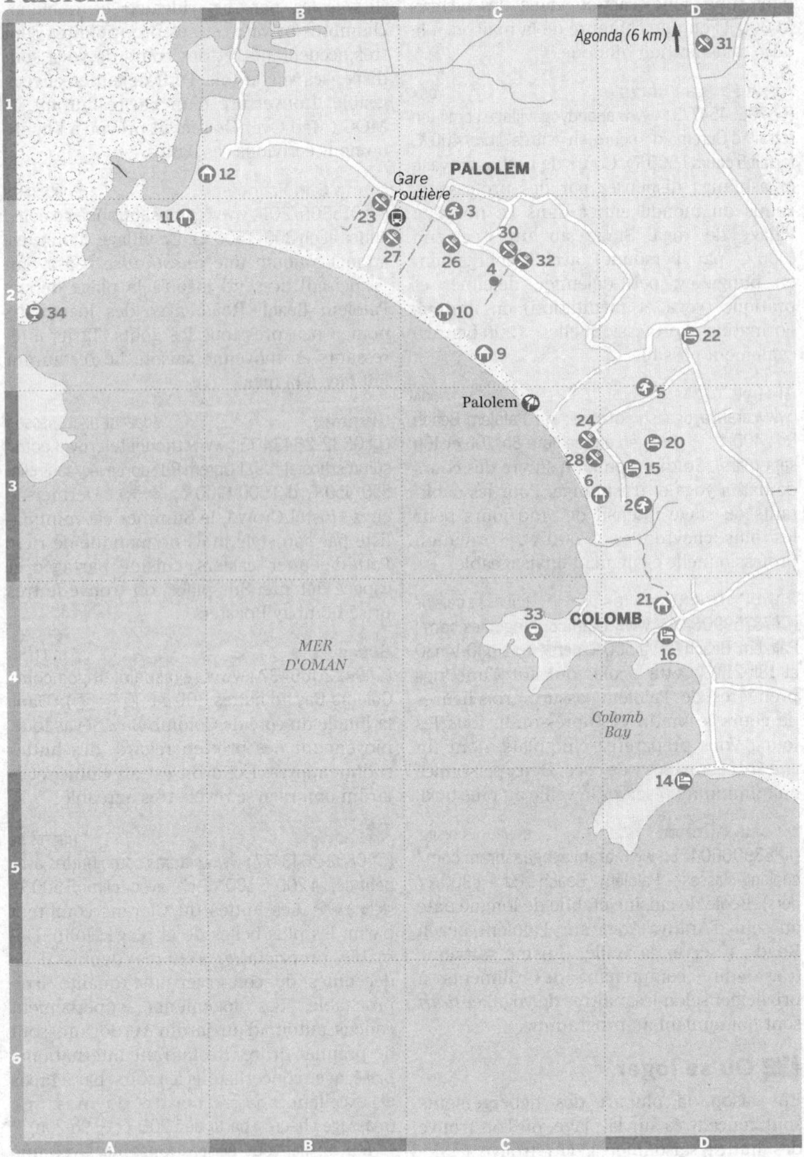

nord de la plage, le Cozy Nook est installé de longue date à Palolem mais continue de bâtir de beaux bungalows, certains en bambou, à deux niveaux et à la déco inspirée du Rajasthan, et propose également des chambres de plain-pied. Bar et restaurant sous les cocotiers. Cours de yoga et location de kayaks.

Kate's Cottages GUESTHOUSE **$$**
(☎9822165261 ; www.katescottagesgoa.com ; Ourem Rd ; d 4 000-5 000 ₹ ; ❄📶). Les deux chambres au-dessus du restaurant Fern's

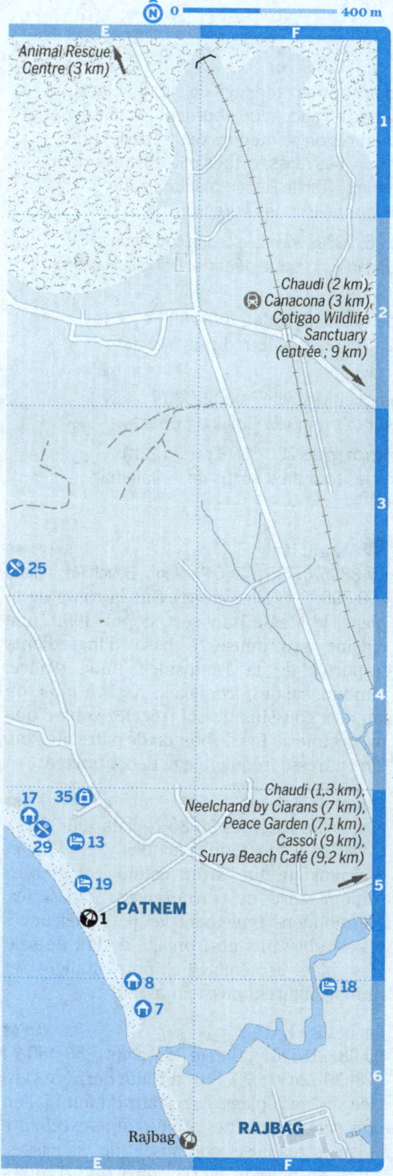

sont admirablement conçues, avec de grands lits à baldaquin, des boiseries, des sdb modernes et la vue sur la mer depuis le balcon (TV également). Quelques bungalows également, moins chers. Jack et Kate sont des hôtes très sympatiques.

Palolem

À voir

1 Plage de Patnem E5

Activités

2 Anand Yoga Village D3
3 Aranya Yoga C2
Humming Bird Spa .... (voir 10)
Masala Kitchen .... (voir 3)
4 Rahul's Cooking Class C2
5 Seema Bike Hire D3

Où se loger

6 Art Resort C3
7 Bamboo Yoga Retreat E6
8 Bougainvillea Patnem E6
9 Camp San Francisco C2
10 Ciarans C2
11 Cozy Nook A2
12 Dreamcatcher B1
13 Home E5
14 Kala Bahia D5
15 Kate's Cottages D3
16 La La Land D4
17 Micky's E5
18 Palm Trees Ayurvedic Heritage F6
19 Papaya's E5
20 Rainbow Lining D3
21 Sevas D4
22 Summer D2

Où se restaurer

23 Café Inn B2
Fern's By Kate's .... (voir 15)
24 German Bakery C3
Jaali Cafe .... (voir 35)
25 Karma Cafe & Bakery E3
26 Little World C2
27 Magic Italy B2
28 Ourem 88 .... C3
29 Salida del Sol E5
30 Shiv Sai C2
31 Space Goa D1
32 Zest Cafe C2

Où prendre un verre et faire la fête

33 Neptunes C4
34 Sundowner A2

Achats

35 Jaali E5

Dreamcatcher HUTTES $$

(☎9878550550, 9646872700 ; www.dreamcatcher.in ; d huttes 2 500-6 800 ₹ ; 📶). Ce complexe de plus de 60 huttes en dur, l'un des plus grands de Palolem, est isolé dans une cocoteraie juste derrière la pointe nord de la plage. Excellents restaurant et bar à cocktails au bord de la rivière, et vaste gamme de soins holistiques et de massages.

VAUT LE DÉTOUR

PLAGES DE RÊVE ET TORTUES

Dans le sud de Goa, Galgibag et Talpona sont deux autres étendues de sable isolées entre les deux rivières, Talpona au nord et Galgibag au sud, et que bordent les pins et les palmiers bercés par une douce brise. Seul bémol : on y entendra peut-être le bruit lointain des travaux de l'autoroute en construction. Les rares tortues olivâtres viennent nicher près de l'extrémité sud, de novembre à mars. "Turtle Beach" est une zone protégée, en théorie gardée durant la saison de ponte. Bonnes adresses :

Neelchand by Ciarans (☎7796783663, 0832-2632082 ; www.neelchand.com ; bungalow 4 000 ₹ ; ❄📶). Les pieds dans l'eau à Talpona Beach, presque déserte. Dans un jardin délicat, sept jolis bungalows en bois.

Peace Garden (☎9168350727 ; www.peacegardengoa.com ; hutte 2 100-4 800 ₹ ; 📶). Un village de huttes bien conçu. Les journées s'articulent autour du yoga et de la relaxation.

Cassoi (☎7796456453 ; www.cassoibyciarans.com ; hutte et tente 3 000-5 000 ₹ ; ❄📶). Une adresse séduisante, bordée de palmiers, sur la tranquille Galgibag Beach.

Surya Beach Café (☎9923155396 ; Galgibag Beach ; plats 200-350 ₹ ; ⏲9h-22h). Pour déguster huîtres, palourdes, moules et crabes tout droit sortis de la Galgibag.

Cours quotidiens de yoga et de reiki. On y accède par la route qui longe la plage.

La La Land COMPLEXE HÔTELIER $$
(☎7066129588 ; www.lalaland.in ; Colomb Bay ; hutte 4 200-8 700 ₹ ; ❄📶). Sur Colomb Bay, le La La Land comprend de somptueuses huttes du Kerala, ainsi que des chalets en forme de A, le tout dans un beau jardin. Spa ayurvédique et *shalas* Yoga Land (www.yokoyoga.co.uk) dans la jungle, pour une vraie retraite.

Art Resort HUTTES $$$
(☎9665982344 ; www.art-resort-goa.com ; Ourem Rd ; huttes 6 200-9 500 ₹ ; ❄📶). Jolies huttes bien pensées, les pieds dans le sable. Très bon restaurant. Moustiquaires omniprésentes et bienvenues, œuvres d'art contemporaines aux murs. Expositions artistiques et concerts réguliers sur place.

Où se restaurer

Entre plage, soleil et restaurants, Palolem ne manque de rien. Promenez-vous et faites votre choix. Le Ciarans et l'Art Resort ont l'un comme l'autre un bon restaurant où se produisent des musiciens.

Shiv Sai INDIEN $
(thali 100 ₹, plats 100-200 ₹ ; ⏲9h-23h). Ce petit restaurant dans la rue parallèle à la plage sert de savoureux *thali* végétariens, avec poisson et spécialités du Gujarat, ainsi que des plats goanais.

♥ **Magic Italy** ITALIEN $$
(☎8805767705 ; 260 Palolem Beach Rd ; plats 260-500 ₹ ; ⏲13h-23h ; 📶). Sur la route de la plage, le Magic Italy sert, depuis 1999, une cuisine savoureuse, à base d'ingrédients importés de la Péninsule : huile d'olive, jambon, salami, fromage... Assis à table ou sur des coussins de sol, régalez-vous d'une pizza cuite au feu de bois ou de pâtes maison. Une adresse fréquentée et décontractée.

German Bakery BOULANGERIE $$
(Ourem Rd ; pastries 30-80 ₹, plats 100-300 ₹ ; ⏲7h-22h ; 📶). Tenu par des Népalais et donnant sur un jardin calme, cet établissement sert de savoureuses pâtisseries. Mentionnons également les petits-déjeuners et les croissants au fromage de lait de yak. Des plats israéliens, chinois, italiens et indiens figurent aussi au menu.

Fern's By Kate's GOANAIS $$
(☎9822165261 ; Ourem Rd ; plats 250-450 ₹ ; ⏲8h30-22h30 ; 📶). Sur la route derrière l'entrée sud de la plage, ce restaurant familial en bois sert, depuis des années, une excellente cuisine goanaise composée de saucisses, curry de poisson et riz, ainsi que d'autres plats indiens, des grillades et, depuis peu, des pizzas.

Little World VÉGÉTARIEN $$
(☎9887956810 ; Palolem Beach Rd ; plats 200-400 ₹ ; ⏲8h-23h ; 📶). Little World est un charmant restaurant végétarien et végan, au menu inventif et au cadre original.

Pancakes au sarrasin, gaufres et tofu au petit-déjeuner, pain maison et salades généreuses au déjeuner.

Space Goa CAFÉ **$$**
(☎7066067642 ; 261 Devabag ; plats 180-350 ₹ ; ⌚8h30-17h30 ; 📶). Sur la route d'Agonda, le Space Goa comprend un excellent café bio, une épicerie fine, une boutique d'artisanat et un centre de bien-être avec méditation, acupuncture et autres soins. La nourriture est fraîche et délicieuse, avec de succulents desserts, tels que le gâteau chocolat-betterave. Cours de yoga le matin sans réservation (500 ₹).

Zest Cafe VÉGÉTARIEN **$$**
(☎8806607919 ; www.zestgoa.com ; Palolem Beach Rd ; plats 190-360 ₹ ; ⌚8h-21h ; 📶🖉). Zest est célébré pour ses *pad thaï*, ses mezze ou assiettes véganes, ses *raw cakes* (gâteaux végans sans cuisson) ou encore ses milk-shakes au lait de soja ou d'amande fraîchement préparés. Le café a un jumeau à Agonda.

Café Inn CAFÉ **$$**
(☎7507322799 ; Palolem Beach Rd ; plats 100-450 ₹ ; ⌚8h-23h ; 📶). Si vous rêvez d'un café corsé ou d'un café frappé au rhum, filez au Café Inn, en marge de la plage. C'est l'un des repaires favoris de Palolem, plébiscité pour ses grains moulus sur place. Les petits-déjeuners sont copieux, et les burgers et paninis, irrésistibles. Des concerts et des soirées y sont aussi organisés.

♥ **Ourem 88** EUROPÉEN **$$$**
(☎8698827679 ; plats 550-800 ₹ ; ⌚18h-22h mar-sam). Cette adresse tenue par des Britanniques, qui ne compte que quelques tables, affiche une courte carte gastronomique, et des plats du jour inscrits sur une ardoise. Essayez le brie au four, les calamars farcis de saucisse goanaise, le jarret d'agneau braisé et le soufflé. L'endroit mérite bien une petite folie. Menu anglais le dimanche.

Où prendre un verre et faire la fête

Si la fête est moins omniprésente à Palolem que dans les plages au nord, les soirées y sont toutefois animées. En haute saison, certains bars de plage restent ouverts 24h/24, on y organise des fiestas silencieuses au moins une fois par semaine et les soirées DJ y sont monnaie courante. Certains bars, comme le Ciarans, accueillent des concerts. Vous n'y serez donc jamais en reste, côté festivités.

Leopard Valley CLUB
(www.facebook.com/leopardvalley ; Palolem-Agonda Rd ; à partir de 600 ₹ ; ⌚21h-4h ven). Le plus grand club en plein air du sud de Goa est une valeur sûre, avec ses jeux de lumières (laser) en 3D, ses spectacles pyrotechniques et son sound system haut de gamme – DJ locaux et internationaux (vendredi soir). Dans un site isolé et facilement accessible (en taxi), entre Palolem et Agonda. Consultez la page facebook pour la programmation.

Neptunes CLUB
(www.facebook.com/neptunesgoa ; Neptune Point, Colomb Bay ; 800 ₹ ; ⌚21h-4h sam nov-avr). L'unique club silencieux de Palolem à l'heure actuelle : enfilez votre casque et choisissez parmi trois sons de DJ. Ceux qui ne dansent pas n'entrent pas. Situé sur les hauteurs au sud de Palolem Beach.

Sundowner BAR
(www.sundowner-palolem.com ; ⌚9h-minuit ; 📶). À l'extrémité nord de la plage, de l'autre côté du petit estuaire (que l'on traverse aisément à pied par marée basse), le Sundowner est l'endroit par excellence où admirer un coucher de soleil. Le bar, ouvert en saison haute, est agréablement isolé et donne sur l'île (inaccessible) de Canacona. Quelques bungalows à la location. Pizzas pour les fringales.

ℹ Depuis/vers Palolem

Depuis la **gare routière** (Palolem Beach Rd) à l'angle de la rue descendant vers la plage, des bus rallient fréquemment la localité voisine de Chaudi (8 ₹). Du même arrêt, des bus partent pour Margao toutes les heures (40 ₹, 1 heure), via Chaudi. À Chaudi, vous pourrez aussi prendre un bus régulier pour Margao, puis changer pour Panaji, ou pour la plage de Polem et Karwar (Karnataka), au sud.

La gare ferroviaire la plus proche est Canacona, à 2 km de l'entrée de la plage de Palolem.

De Palolem, en auto-rickshaw, comptez 100 ₹ jusqu'à Patnem et 150 ₹ jusqu'à Chaudi. En taxi, vous débourserez environ 2 500 ₹ jusqu'à l'aéroport de Dabolim, 2 500 ₹ pour Margao.

Patnem

Plus petit et moins fréquenté que Palolem, ce joli village, idéal pour les familles, s'apparente à un havre. La mer n'est pas aussi calme et protégée qu'à Palolem, mais la **plage** est surveillée par des maîtres-nageurs. On peut y faire du paddle.

Bien entendu, les paillotes de plage et huttes y sont légion, mais l'ambiance reste propice à la quiétude. Il est facile de rejoindre la baie de Colomb ou Palolem en marchant vers le promontoire, au nord.

Où se loger et se restaurer

Patnem regroupe une douzaine de *resorts* les pieds dans l'eau et une poignée d'hôtels à l'écart de la plage, ainsi que des maisons dans le bourg et des appartements à louer, parfaits pour un long séjour (comptez entre 15 000 et 50 000 ₹ par mois).

Micky's HUTTES $$
(9850484884 ; www.mickyhuts.com ; d 1 500-2 000 ₹ ;). Le Micky's est installé de longue date à l'extrémité nord de la plage de Patnem. Il dispose de différentes huttes et chambres simples et bon marché. Tenu par une famille, l'établissement est ouvert une grande partie de l'année. Café et bar agréable sur le front de mer, au milieu des palmiers.

Kala Bahia GUESTHOUSE $$
(9764863073 ; www.kalabahia.com ; ch 3 100-4 300 ₹ ; restaurant 8h-22h lun-sam, 8h-16h dim ;). Au nord de Patnem Beach (par la route via Colomb), le Kala Bahia associe une agréable *guesthouse*, un restaurant végétarien et un petit espace où se tiennent des cours de yoga, des concerts et des soirées cinéma. Le spectacle du crépuscule, avec cocktail à la main et vue sur Patnem Beach, est un pur bonheur. Chambres sûres et confortables, ainsi que quelques cabanons.

Papaya's HUTTES $$
(9923079447 ; huttes 2 000-3 000 ₹, bungalows avec clim 4 500 ₹ ;). Derrière le restaurant du Papaya's, très apprécié, on trouve des huttes robustes et soigneusement aménagées, construites dans une palmeraie avec des matériaux naturels. Lit à baldaquin et intérieur soigné. Les deux maisonnettes en brique sont climatisées et bien équipées.

Palm Trees Ayurvedic Heritage COMPLEXE HÔTELIER $$
(9673178731 ; www.thepalmtreesayurvedagoa.com ; huttes 5 300-6 800 ₹ ;). Joli emplacement près de la rivière, au cœur d'une palmeraie, au sud du village de Patnem (accès par la route Patnem-Rajbag). Soins et séjours ayurvédiques.

Home GUESTHOUSE $$
(9923944676 ; www.homebeachresort.com ; ch 2 000-3500 ₹ ; 8h-22h ;). Home est un charmant *resort* familial dont l'ambiance tient davantage de celle d'une *guesthouse*. Le restaurant, face à la mer, a aussi son petit succès – notamment pour ses desserts à tomber comme le brownie, la tarte aux pommes ou le cheese-cake. Pas de hutte sur la plage, mais huit chambres coquettes et lumineuses derrière le restaurant, et des chambres familiales sur le jardin côté rue. Deux nuitées minimum.

Bougainvillea Patnem HUTTES $$
(9822189913 ; www.bougainvilleapatnem.com ; huttes 2 000-3 500 ₹ ;). Chambres simples mais propres derrière le restaurant et quelques huttes face à la mer. Tarifs intéressants. Retraites de yoga et cours en entrée libre, soins ayurvédiques.

Bamboo Yoga Retreat HUTTES $$$
(9637567730 ; www.bamboo-yoga-retreat.com ; bungalows 82-92 €/pers ;). Cette paisible retraite de yoga possède de magnifiques *shala* (espaces dédiés au yoga) sur le front de mer à l'extrémité sud de la plage de Patnem, et trois autres *shala* au milieu de huttes en bois et en chaume superbement conçues. Le tarif des retraites comprend le brunch, des séances de méditation et deux cours de yoga par jour. Le centre propose aussi des formations et des traitements ayurvédiques.

♥ **Karma Cafe & Bakery** CAFÉ $
(9764504253 ; Patnem Rd, Colomb ; pâtisseries à partir de 60 ₹, plats 120-230 ₹ ; 6h30-21h30 ;). Installez-vous sur un coussin dans ce paisible café doublé d'une boulangerie face à la route de Colomb, pour vous régaler de pains frais, de croissants, de pâtisseries, de café et de smoothies... voire de *momo*, de *thali* népalais ou de rouleaux de printemps vietnamiens.

♥ **Jaali Cafe** CAFÉ $$
(8007712248 ; petits plats 180-220 ₹ ; 9h-18h mar, 9h-23h mer-dim). Ce joli petit café installé dans un jardin propose des "tapas" inspirées de la cuisine méditerranéenne et du Moyen-Orient – commandez deux ou trois plats par personne et partagez. Le brunch du dimanche est très prisé des expatriés. L'établissement, qui possède aussi une excellente **boutique** (8007712248 ; 9h30-18h30 nov-avr), s'est alloué les services d'un masseur très réputé.

Salida del Sol INTERNATIONAL **$$**
(☎7507404102 ; www.salida-patnembeach.com ; plats 180-390 ₹ ; ⏲8h-23h ; 📶). À Patnem, chaque restaurant de front de mer a son identité. Or le Salida del Sol en cultive plusieurs, avec une équipe souriante et aux petits soins, des produits frais de qualité et une ambiance à la mode des Mille et Une Nuits. Les *momo* et menus népalais y sont particulièrement bons, mais les intéressés trouveront également des plats occidentaux, parmi lesquels des pâtes et pizzas. Il est possible de loger sur place, dans l'une des jolies huttes.

ℹ Depuis/vers Patnem

La plage de Patnem est accessible par une petite route de campagne depuis le sud de Palolem – bifurquez à droite au niveau de l'hôtel Sea View. Vous pourrez aussi marcher 20 minutes sur un sentier qui part de Palolem et passe par Colomb Bay, ou prendre un bus en direction du sud (5 ₹). En auto-rickshaw, comptez environ 80 ₹ depuis Palolem.

Patrimoine historique

L'Inde du Sud possède de remarquables monuments, témoins de la splendeur des cultures qui ont façonné son territoire. Ce patrimoine très diversifié offre d'innombrables occasions de s'émerveiller du génie des peuples bâtisseurs et de l'opulence des empires éteints, entre temples bouddhiques ou hindous, palais, mausolées, splendides forteresses perchées sur des collines, somptueux palais et citadelles de dynasties anciennes.

Sommaire

Ci-dessus palais de Mysore (p. 195 et p. 198), Karnataka

Tombeaux des Qutb Shahi (p. 248), Hyderabad, Telangana

Palais et mausolées

Les souverains des anciens royaumes et sultanats d'Inde du Sud ne se contentaient pas d'affirmer leur puissance de leur vivant en édifiant de magnifiques palais. Beaucoup furent inhumés dans de fastueux tombeaux, dont certains comptent parmi les merveilles architecturales de cette partie du pays.

Palais du Sud

Le premier prix des flamboyantes résidences royales d'Inde du Sud revient au palais de Mysore (p. 195), suivi de près par la cité princière de Hyderabad, avec le palais de Chowmahalla (p. 244), et le palais de Falaknuma (p. 251), au sommet d'une colline – ce dernier, un éblouissant édifice néoclassique, a été reconverti en hôtel de luxe. Dans le Tamil Nadu, le palais de Padmanabhapuram (p. 448), en teck, est le plus beau témoin dune architecture traditionnelle dsparue.

Les mausolées de Bijapur et de Hyderabad

Bijapur (Vijapura) fut l'un des cinq sultanats du Deccan aux XVIe et XVIIe siècles. Édifié par le sultan pour son épouse, le mausolée d'Ibrahim Rouza (p. 235) aurait inspiré le Taj Mahal avec ses minarets. Le massif Gol Gumbaz (p. 235), un autre tombeau royal édifié à partir de 1656, est coiffé d'un dôme impressionnant par ses dimensions, et doté d'une exceptionnelle acoustique.

À la lisière de Hyderabad résident pour l'éternité les souverains de Golconde et leurs proches. Les magnifiques tombeaux des Qutb Shahi (p. 248) laissent entrevoir leurs dômes depuis les remparts et sont susceptibles d'être inscrits prochainement sur la Liste du patrimoine mondial de l'Unesco. Leurs coupoles reposent sur un édifice carré à deux niveaux ornés de colonnades et de stucs.

Sanctuaires hindous

L'Inde du Sud abrite certains des monuments sacrés les plus majestueux de ce pays majoritairement hindou : vous admirerez notamment les hauts gopuras marquant l'entrée des temples et les ravissants *mandapa* (salle hypostyle, pavillon). Les ornements sculptés dans la pierre, en particulier les divinités finement ciselées, figurent parmi les plus remarquables au monde.

Madurai

Madurai, l'une des villes les plus anciennes de l'Inde, abrite le temple de Meenakshi Amman (ou temple de Sri Meenakshi ; p. 441), demeure de la déesse guerrière Meenakshi Amman, pourvue de trois seins. Considéré comme la quintessence des temples classiques d'Inde du Sud, avec ses douze gopuras, il fut édifié pour l'essentiel au XVIIe siècle, mais ses origines remontent toutefois à 2 000 ans, lorsque Madurai était la capitale du royaume de Pandyan.

Hampi

Hampi (Karnataka) fut le centre prospère du puissant royaume de Vijayanagar entre 1336 et 1565. Classés au patrimoine mondial de l'Unesco, ses vestiges gisent dans un environnement très minéral, façonné par l'activité volcanique et l'érosion. Le temple de Virupaksha (XVe siècle ; p. 224), toujours en activité, et celui de Vittala (XVIe siècle ; p. 223) constituent de superbes exemples d'art sacré.

Thanjavur

Le vimana (tour à étages) qui s'élève au-dessus du temple de Brihadishwara

SHARPTOYOU / SHUTTERSTOCK ©

SAIKO3P / SHUTTERSTOCK ©

AJAYTVM / SHUTTERSTOCK ©

1. Temple de Meenakshi Amman (p. 441), Madurai, Tamil Nadu **2.** Temple de Virupaksha (p. 224), Hampi, Karnataka **3.** Temple du Rivage (p. 406), Mamallapuram (Mahabalipuram), Tamil Nadu

(p. 430), à Thanjavur (Tanjore), au Tamil Nadu, reflète le pouvoir et la créativité de la dynastie médiévale des Chola. Ce temple de granit couleur miel du XIe siècle, toujours en activité, est orné de gracieuses sculptures de divinités hindoues et s'enorgueillit de gopuras ouvragés.

Mamallapuram

Les sculptures raffinées qui caractérisent Mamallapuram (Mahabalipuram), une cité côtière du Tamil Nadu, furent réalisées par des artisans de la dynastie des Pallava aux VIIe et VIIIe siècles. Parmi les joyaux de la cité, figurent le temple du Rivage (p. 406), les Cinq Ratha (p. 406) – des temples creusés dans la roche, flanqués de superbes représentations d'animaux – et le bas-relief de l'Ascèse d'Arjuna (p. 404), représentant des épisodes de la mythologie hindoue.

LE PATRIMOINE DE MUMBAI

Au temps du Raj, les Britanniques édifièrent à Bombay des bâtiments publics dans le style néogothique de l'époque victorienne puis, au début du XXe siècle, dans le style Art déco – un ensemble architectural inscrit sur la Liste du patrimoine mondial en 2018. Ces édifices (p. 49-50) – la High Court, l'université de Mumbai, la Rajabai Clock Tower, le Chhatrapati Shivaji Maharaj Terminus et les bâtiments disposés le long de Marine Drive – intègrent des éléments de décor empruntés à la tradition indienne, donnant naissance à une esthétique spécifique, appelée indo-sarracénique.

1

Forts

Cette partie du sous-continent, où des royaumes rivaux ont livré maintes batailles, est parsemée de forteresses qui ont survécu au déclin des dynasties et aux caprices du temps.

Golconde

Proche de Hyderabad, le fort de Golconde (p. 247), perché à 120 m sur une colline de granit, fut dès la fin du XVe siècle une citadelle inexpugnable du Deccan aux mains d'un sultanat puissant, les Qutb Shahi. Ces souverains, à la tête d'une richesse considérable née des mines de diamants, gagnèrent en puissance et en prestige. Au point de faire de l'ombre au Grand Moghol. L'empereur Aurangzeb dut soudoyer un général adverse pour s'emparer du fort en 1687, après un siège d'un an. Golconde reste un modèle d'ouvrage fortifié, avec ses remparts crénelés, ses bastions surmontés de canons, et ses portes imposantes, hérissées de piques afin de repousser les attaques des éléphants.

Daulatabad

Le bastion central de la forteresse en ruine de Daulatabad (p. 94) est accessible après une ascension d'une heure, empruntant des tunnels en colimaçon et des portes hérissées de pointes. En 1328, l'extravagant sultan de Delhi, Mohammed Tughlaq, décida de déplacer sa capitale à Daulatabad et obligea toute la population de Delhi à rejoindre à pied la nouvelle cité, distante de 1 100 km. Mais Daulatabad, rapidement inhabitable en raison d'une grave pénurie d'eau, fut abandonnée, et Delhi réinvestie.

ANINDO ROY / SHUTTERSTOCK ©

SHAILENDRA SOOD / SHUTTERSTOCK ©

1. Fort de Golconde (p. 247), près de Hyderabad, Telangana
2. Fort de Bidar (p. 237), Karnataka
3. Fort de Gingee (p. 413), Tamil Nadu

IKHWAN AMEER / SHUTTERSTOCK ©

Bidar

Jadis capitale prospère de la majeure partie de la région, Bidar (p. 237) abrite le plus vaste fort d'Inde du Sud, aujourd'hui à l'abandon. Cette forteresse du Karnataka conserve des traces de son passé glorieux, avec notamment le Rangin Mahal (Palais peint) et la mosquée Solah Khamba (mosquée aux Seize Piliers).

Janjira

Le fort de Janjira (p. 105) émerge de la mer, à 500 m de la côte de Konkan. Construit au XVIe siècle, il ne fut jamais conquis. Et, seule la végétation a réussi à s'emparer de l'édifice, désormais abandonné.

Gingee

Exemple architectural spectaculaire, le fort délaissé de Gingee (p. 413), au Tamil Nadu, est composé de trois citadelles entourées de 6 km de falaises et de remparts. Il fut en grande partie construit à l'époque du royaume de Vijayanagar, au XVIe siècle, puis successivement annexé par les Marathes, les Moghols, les Français et, enfin, les Britanniques.

1

2

LANA KRAY / SHUTTERSTOCK ©

Temple de Kailash (p. 95), grottes d'Ellora, Maharashtra
Grottes d'Ajanta (p. 98), Maharashtra **3.** Grottes d'Ajanta

Grottes sacrées

Inscrits au Patrimoine mondial, les sanctuaires rupestres d'Ajanta et d'Ellora, distants de 150 km au cœur du Maharashtra, témoignent d'un art sacré pluricentennaire émanant de trois grandes religions et spiritualités qui ont façonné l'Inde – l'hindouisme, le jaïnisme et le bouddhisme.

Ajanta

Les trente grottes bouddhiques d'Ajanta (p. 98), qui datent du IIe siècle av. J.-C., sont regroupées le long d'une gorge en forme de fer à cheval, au-dessus de la Waghore. Des peintures à la détrempe (semblables à des fresques), à base de pigments naturels, décorent plusieurs de ces sanctuaires troglodytiques. Certains ont été colorées avec des pierres semi-précieuses broyées, tel le lapis-lazuli, apporté d'Afghanistan. Ne manquez pas la grotte n°1 (p. 99), qui recèle de superbes créations picturales, dont une représentation du bodhisattva Padmapani, et la grotte n°16 (p. 100), aux peintures parfaitement conservées, comme celle de la célèbre "princesse mourante".

Ellora

Les 34 grottes d'Ellora (p. 95), un ensemble de sanctuaires hindous, jaïns et bouddhiques construits entre 600 et 1000, bordent un escarpement de 2 km de long. La plus réputée est celle du temple de Kailash (p. 95), dédié au dieu hindou Shiva. Il fallut le travail de milliers d'ouvriers et plus de 150 ans pour tailler ce qui serait la plus grande sculpture monolithique du monde.

Guntupalli

Parmi la centaine de sites bouddhiques remontant à l'Antiquité et disséminés dans les campagnes de l'Andhra Pradesh, le monastère de Guntupalli (p. 266), du IIe siècle av. J.-C., s'élève sur une colline surplombant forêts et rizières. Les cellules des moines creusées dans la falaise comptent de remarquables entrées voûtées, sculptées dans la pierre ocre rouge.

Karnataka

68,3 MILLIONS D'HABITANTS

Dans ce chapitre ➡

Le top des restaurants

- Karavalli (p. 188)
- Mavalli Tiffin Rooms (p. 186)
- Girimanja's (p. 217)
- SodaBottleOpenerWala (p. 188)
- Raintree (p. 211)

Le top des hébergements

- Dhole's Den (p. 208)
- Electric Cats B&B (p. 184)
- Uramma Cottage (p. 231)
- Heritage Resort (p. 233)
- Waterwoods Lodge (p. 209)

Pourquoi y aller

Superbe introduction à l'Inde du Sud, le Karnataka est un État prospère où vous découvrirez des instantanés de vie citadine tendance, un patrimoine foisonnant et une grande spiritualité, mais aussi l'art du farniente sur les plages ou des loisirs plus sportifs dans des parcs nationaux de toute beauté.

Sa capitale, Bengaluru (Bangalore), ville progressiste, est réputée pour ses as de l'informatique, sa bière artisanale et ses restaurants. Au-delà, on découvre le paysage vallonné du Kodagu (Coorg), parsemé de plantations d'épices et de café, la splendeur du palais de Mysore, sans compter des étendues de forêt tropicale peuplée de singes, de tigres et de la plus importante population d'éléphants de toute l'Asie.

Pour sortir des sentiers battus, rejoignez Hampi, enclave tranquille proche des ruines de l'ancienne Vijayanagar, la côte préservée de Gokarna ou les magnifiques vestiges islamiques du nord du Karnataka, notamment ceux de Vijapura (Bijapur) et de Bidar, des joyaux encore méconnus.

Quand partir

Bengaluru (Bangalore)

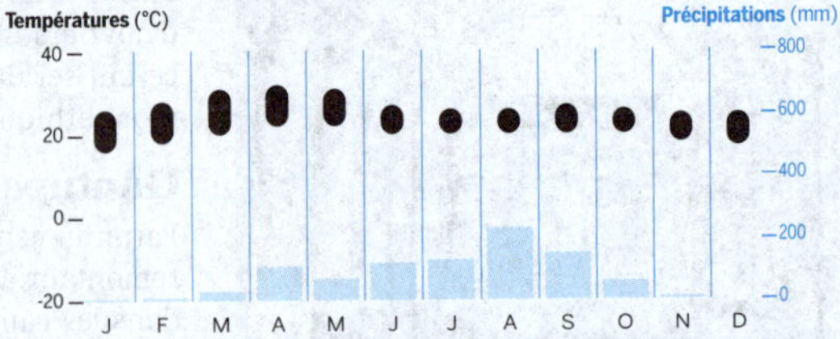

Mars-mai La meilleure saison pour voir des tigres et des éléphants dans les parcs nationaux.

Octobre À Mysuru, Dussehra (Dasara) est célébrée par des nuits de festivités et une parade d'éléphants.

Décembre-janvier Saison idéale pour visiter Hampi, ainsi que le patrimoine du Nord.

À ne pas manquer

1 **Hampi** (p. 223), une bourgade à l'atmosphère magique. Elle retient les visiteurs pour ses ruines grandioses au milieu de paysages irréels.

2 Le somptueux palais de Mysore et le chatoyant bazar dans l'actuelle **Mysuru** (p. 195), une ville au patrimoine remarquable.

3 La discrète station côtière de **Gokarna** (p. 220), où l'on peut chercher la crique de ses rêves et visiter des temples magnifiques.

4 **Bengaluru** (Bangalore ; p. 178), la capitale cosmopolite du Karnataka, est pleine d'attraits avec ses musées, ses palais, ses microbrasseries et ses cafés.

5 Les temples rupestres de **Badami** (p. 232), ornés de saisissantes sculptures et surplombant un lac ravissant.

6 Les hautes terres tempérées et toujours vertes de la **région du Kodagu** (p. 209), à explorer au gré des sentiers de randonnée à travers les plantations d'épices.

7 L'observation des éléphants qui peuplent les forêts entourant le lac Kabini, dans le **Nagarhole National Park** (p. 208).

8 Une balade à **Vijapura** (Bijapur ; p. 235), cité au passé glorieux, emplie de ravissants monuments islamiques des XVIe et XVIIe siècle.

Histoire

Territoire de jeu de différents royaumes, religions et cultures, le Karnataka a connu plusieurs dynasties emblématiques de l'Inde du Sud. Le premier grand empereur indien, Chandragupta Maurya, s'y retira quand il se convertit au jaïnisme à Sravanabelagola au IIIe siècle av. J.-C. Du VIe au XIVe siècle, différentes dynasties se succédèrent, telles que les Chalukya, les Chola, les Ganga et les Hoysala, qui laissèrent un patrimoine architectural et artistique de toute beauté.

En 1327, l'armée de Mohammed Tughlaq mit à sac Halebid, alors capitale de la dynastie des Hoysala. Vingt ans plus tard, Hasan Gangu, un général persan de l'armée de Tughlaq, prit la tête d'une rébellion pour fonder le royaume bahmani (avec Gulburga pour première capitale), qui fut divisé par la suite en cinq sultanats du Deccan. Dans le même temps, le royaume hindou de Vijayanagar, avec Hampi pour capitale, gagna en puissance. Il atteignit son apogée au XVe siècle, avant d'être mis à sac en 1565.

Au cours des années qui suivirent, la dynastie hindoue des Odeyar (ou Wodeyar) de Mysore étendit sa domination sur une grande partie de l'Inde du Sud. Les maharajas conservèrent leur pouvoir jusqu'en 1761, quand Haidar Ali, l'un de leurs généraux, s'empara du trône. Soutenus par les Français et opposés à l'expansion britannique, Haidar Ali et son fils Tipu Sultan (ou Tipu Sahib ; règne 1782-1799) installèrent leur capitale à Srirangapatna, non loin de Mysore (Mysuru). Mais, en 1799, les Britanniques vainquirent Tipu Sultan et réinstallèrent les Odeyar, consolidant grâce à cette victoire leur expansion dans le sud de l'Inde.

Mysore resta aux mains des Odeyar jusqu'à l'Indépendance ; après 1947, le maharaja devint le premier gouverneur. Les frontières de l'État furent redéfinies selon des critères linguistiques en 1956, donnant naissance à l'État de Mysore agrandi, de langue kannada. Il fut rebaptisé Karnataka en 1973, avec Bangalore (aujourd'hui Bengaluru) pour capitale.

BENGALURU (BANGALORE)

☎ 080 / 11,7 MILLIONS D'HABITANTS / ALTITUDE 920 M

Cette ville cosmopolite, au réseau de métro moderne, est l'une des plus progressistes et des plus développées du pays. Avec un nombre croissant de bars, de restaurants et de boutiques, elle offre des plaisirs providentiels au voyageur fatigué par la route. C'est une cité au climat agréable, parfaite pour se mêler aux Indiens dans les bars à bière

LES PLUS BELLES FÊTES

Udupi Paryaya (jan-fév). Organisée les années paires, avec une procession et l'arrivée d'un nouveau *swami* (guide spirituel) au temple de Krishna à Udupi.

Festival de danse classique (jan-fév). Danse indienne de qualité à Pattadakal.

Vijaya Utsav (p. 226). Trois jours de manifestations culturelles à Hampi.

Nouvel An tibétain (jan-fév). Les lamas des villages de réfugiés tibétains se relaient à Bylakuppe pour une semaine de célébrations et de prières.

Fête de Vairamudi (mars-avr). Au temple de Cheluvanarayana, à Melukote (Melkote). Vishnu est paré de bijoux, avec une couronne de diamants qui appartenait jadis aux maharajas de Mysore. La fête attire quelque 400 000 pèlerins.

Bengaluru Poetry Festival (p. 184). Rencontres littéraires.

Ganesh Chaturthi (sept). Au coucher du soleil, des familles vont immerger leur statue de Ganesh dans la mer à Gokarna.

Dussehra (Dasara ; p. 201). Pour voir le palais de Mysore illuminé et assister à une procession devant une foule enthousiaste.

Lakshadeepotsava (nov). Des milliers de lampes éclairent Dharmasthala, une ville de pèlerinage jaïn.

Huthri (nov-déc). Une semaine durant, les Kodava célèbrent le début des récoltes par une cérémonie, de la musique, des danses traditionnelles et des festins.

artisanale et les cafés branchés. Il n'y a pas de curiosités mondialement connues, mais on y trouve de jolis parcs et de beaux édifices de l'époque victorienne.

Se développant à un rythme effréné, Bengaluru subit en parallèle, depuis une dizaine d'années, d'importants problèmes de circulation et de pollution. Toutefois, le quartier central datant du Raj britannique est pratiquement inchangé. Les sièges de sociétés et les parcs d'activités dédiés aux technologies de l'information, en plein essor dans cette Silicon Valley indienne, occupent principalement les faubourgs périphériques.

Histoire

Bengaluru, littéralement "ville des haricots bouillis" en kannada, devrait son nom à une vieille femme qui aurait servi un plat de légumes secs à un roi hoysala perdu et affamé. Kempegowda, un seigneur féodal, fut le premier à tracer les limites de la cité en édifiant un fort en terre en 1537. La ville demeura méconnue jusqu'en 1759, date à laquelle elle fut offerte à Haidar Ali par le maharaja de Mysore. Les Britanniques firent de la ville leur base administrative régionale en 1831 et la renommèrent Bangalore. Durant le Raj, la cité accueillit de nombreux officiers britanniques, dont Winston Churchill, qui y vécut plusieurs années. Le Vieux Lion aurait même laissé une ardoise de 13 ₹ (toujours dans les registres) au Bangalore Club.

Bengaluru, aujourd'hui site de très nombreuses sociétés des secteurs de l'informatique, de l'électronique et de la sous-traitance, révéla très tôt son intérêt pour la technologie. En 1905, ce fut la première ville indienne à se doter d'un éclairage public électrique. Depuis les années 1940, elle est le siège de Hindustan Aeronautics Ltd (HAL), le premier constructeur aéronautique du pays. La ville a retrouvé son nom d'origine, Bengaluru, en novembre 2006. Toutefois, peu d'habitants l'utilisent.

À voir

National Gallery of Modern Art MUSÉE

(NGMA ; ☎080-22342338 ; www.ngmaindia.gov.in/ngma_bangaluru.asp ; 49 Palace Rd ; Indien/étranger 20/500 ₹ ; 11h-18h30 mar-dim). Aménagé dans une demeure centenaire, ancienne villégiature du raja de Mysore, ce remarquable musée renferme une impressionnante collection permanente, et accueille aussi de grandes expositions temporaires. L'aile ancienne abrite des œuvres antérieures à l'Indépendance, dont des peintures de Raja Ravi Varma (1848-1906) et d'Abanindranath Tagore (1871-1951), neveu du prix Nobel de littérature 1913 Rabindranath Tagore (1841-1941). Dans la nouvelle aile, à laquelle on accède par une passerelle, sont présentées des œuvres postérieures à l'Indépendance, d'artistes comme Sudhir Patwardhan (né en 1949) et Vivan Sundaram (né en 1943 et marié à la grande historienne de l'art Geeta Kapur. Les visites guidées (11h30 mercredi, 15h samedi) sont une excellente occasion d'en apprendre plus sur les grandes œuvres du musée.

Sur place également : une bibliothèque spécialisée dans l'art, un café et la boutique du musée.

Cubbon Park JARDIN, MUSÉES

(www.horticulture.kar.nic.in/cubbon.htm ; Kasturba Rd ; M Cubbon Park). C'est dans cet immense parc de 120 ha, bien entretenu, au cœur du quartier des affaires, que les habitants de Bengaluru viennent échapper un moment au rythme trépidant de la ville. Le parc est aussi le site de la **State Central Library** (bibliothèque centrale d'État), un édifice de style gothique peint en rouge. Cubbon n'est malheureusement pas complètement interdit à la circulation, sauf le dimanche, où il accueille des concerts, des courses amusantes, des cours de yoga et même un petit marché de producteurs.

On peut découvrir d'autres superbes édifices de l'époque coloniale dans le parc et alentour, comme l'immense **Vidhana Soudha** (Dr Ambedkar Rd ; M Vidhana Soudha), de style néodravidien (1954), siège des assemblées législatives et du gouvernement du Karnataka, et l'**Attara Kacheri** (Haute Cour de justice ; 1864) néoclassique, tous les deux fermés au public.

Côté musées, vous pourrez visiter, en lisière du parc, le **Government Museum** (Kasturba Rd ; 4 ₹ ; 10h-17h mar-dim ; M Cubbon Park), installé dans un bel édifice de style colonial d'un rouge éclatant (1877), et qui donne à voir une collection de statues de pierre et d'artefacts découverts à Halebid, à Hampi et à Attriampakham. Vous y verrez des œuvres datant des dynasties des Hoysalas et des Chalukyas, ainsi que des miniatures indiennes provenant de divers états.

Le billet donne également accès à la **Venkatappa Art Gallery** (VAG ; Kasturba Rd ;

Bengaluru (Bangalore)

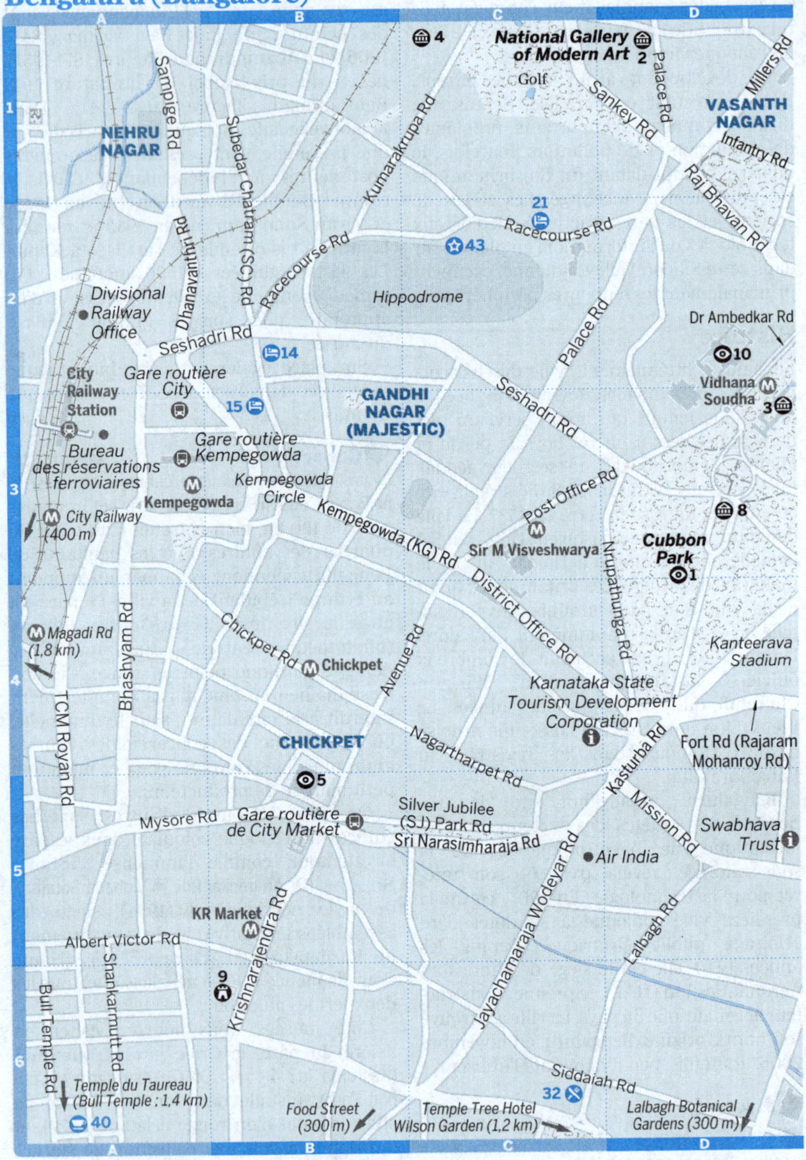

⌚10h-17h mar-dim ; Ⓜ Cubbon Park) GRATUIT, un site voisin qui renferme des objets personnels et des œuvres, en particulier de remarquables aquarelles, de K. Venkatappa (1887-1965), un artiste né dans une famille de peintres de la cour des Odeyar, les anciens maharajas de Mysore.

Opera House ÉDIFICE HISTORIQUE
(☎9513899866 ; 57 Brigade Rd ; ⌚11h-22h ; Ⓜ MG Rd). GRATUIT Rénové par Samsung, l'Opéra a retrouvé sa splendeur d'antan... et fait un bond dans le XXIe siècle. Converti en temple dédié aux nouvelles technologies, entre espaces de réalité virtuelle et

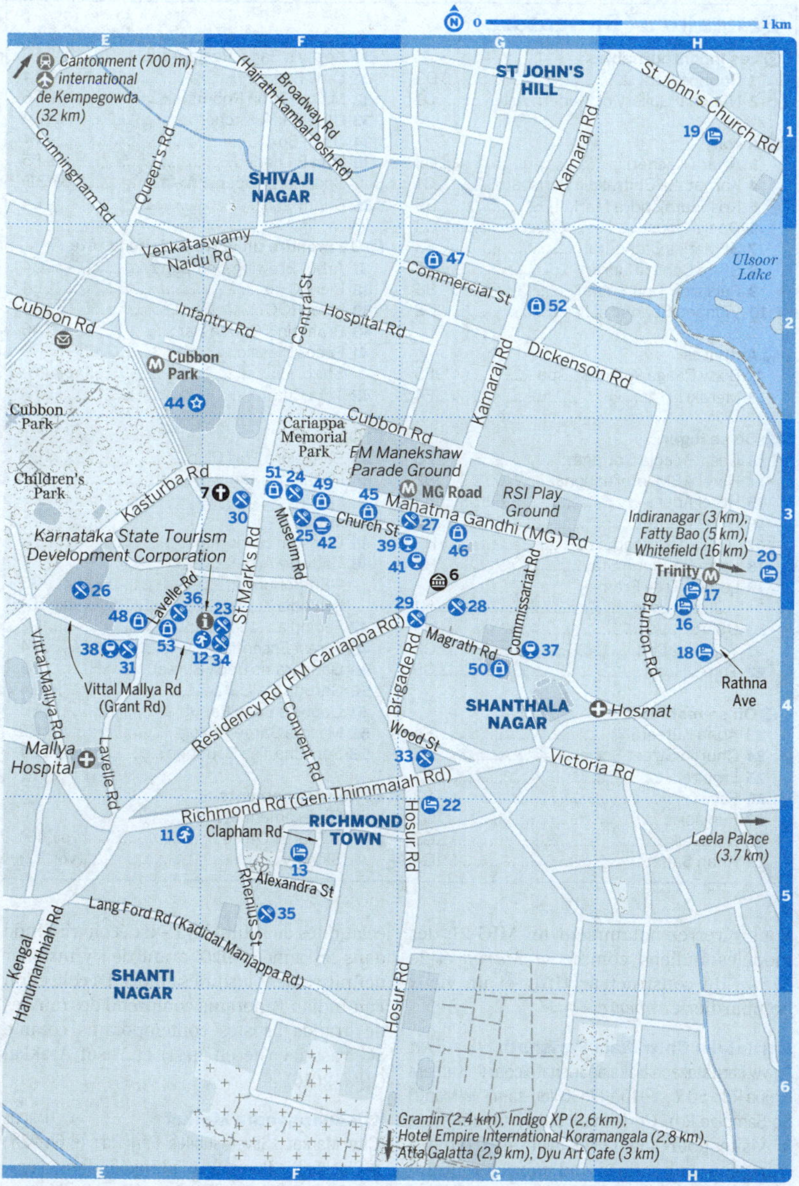

exposition-vente d'appareils high tech, ce bâtiment de l'ère coloniale – avec son patio à colonnade, ses balcons incurvés et sa scène flanquée de colonnes – n'en a pas moins été restauré avec soin. Vous y trouverez un café et pourrez réserver sa salle de projection pour regarder un film.

HAL Aerospace Museum & Heritage Centre AÉRONAUTIQUE
(www.hal-india.com ; Airport-Varthur Rd ; 50 ₹, portable/appareil photo/caméra 20/50/75 ₹ ; 9h-17h mar-dim). Pour découvrir l'histoire de l'aéronautique en Inde, visitez ce musée situé après l'ancien aéroport.

Bengaluru (Bangalore)

Les incontournables
1 Cubbon Park D3
2 National Gallery of Modern Art D1

À voir
3 Attara Kacheri D3
4 Karnataka Chitrakala Parishath C1
5 Krishnarajendra Market B5
6 Opera House G3
7 St Mark's Cathedral F3
8 State Central Library D3
9 Palais de Tipu Sultan B6
10 Vidhana Soudha D2

Activités
11 Body Raaga Wellness Spa E5
12 Meraki F4

Où se loger
13 Casa Piccola Cottage F5
14 Hotel ABM International B2
15 Hotel Adora B3
16 Hotel Ajantha H3
17 JüSTa MG Road H3
18 Laika Boutique Stay H4
19 Lemon Tree Premier Ulsoor Lake H1
20 Oberoi H3
21 Taj West End C2
22 Tom's Hotel G5

Où se restaurer
23 Anna Kuteera F4
24 Church Street Social F3
25 Empire F3
26 Fava E3
27 Funjabi G3
28 Karavalli G3
29 Khan Saheb G4
30 Koshy's Bar & Restaurant F3
31 Lady Baga E4
32 Mavalli Tiffin Rooms C6
33 Olive Bar & Kitchen G4
34 Open Box F4
35 Plan B Loaded F5
SodaBottleOpenerWala .... (voir 31)
36 Sunny's E4

Où prendre un verre et faire la fête
37 Arbor Brewing Company G4
38 Biere Club E4
39 blueFROG G3
40 Brahmin's Coffee Bar A6
41 Pecos Classic G3
Shiro .... (voir 26)
42 Tata Cha F3

Où sortir
43 Bangalore Turf Club C2
44 M Chinnaswamy Stadium E2

Achats
45 Blossom Book House F3
46 Cauvery Arts & Crafts Emporium G3
Fabindia .... (voir 50)
47 Fabindia G2
48 Forest Essentials E4
49 Gangarams Book Bureau F3
50 Garuda Mall G4
51 Goobe's Book Republic F3
52 Mysore Saree Udyog G2
53 San-Cha Tea Boutique E4

Renseignements
Government of India Tourist Office .... (voir 49)
Skyway .... (voir 12)

Vous y verrez notamment un MIG-21, des modèles indiens comme le *Marut* et le *Kiran*, du constructeur HAL, et un vieux bombardier *Canberra*.

Karnataka Chitrakala Parishath ART

(www.karnatakachitrakalaparishath.com ; Kumara Krupa Rd ; 50 ₹ ; 10h-17h30 lun-sam ; M Mantri Sq Sampige Rd). Ce remarquable musée vaut la visite pour son large éventail d'œuvres d'art contemporaines indiennes et étrangères. On peut aussi y voir des expositions permanentes réunissant notamment des peintures dans le style de l'école de Mysore, ainsi que des artefacts et des œuvres d'art populaire (dont des textiles et des poupées) des différents États de l'Inde. Une section est consacrée au maître russe Nicholas Roerich (1874-1947), connu pour ses peintures éclatantes de l'Himalaya – il découvrit l'Inde dans les années 1920, avant de s'y installer définitivement jusqu'à sa mort. La collection Pan Indian Panorama comprend des œuvres de grands artistes contemporains comme SG Vasudev (né en 1941) et Yusuf Arakkal (1945-2016).

Krishnarajendra Market MARCHÉ

(City Market ; Silver Jubilee Park Rd ; 6h-22h ; M Chickpet). Pour une plongée dans l'ambiance traditionnelle des villes indiennes, arpentez ce marché typique et toujours plein de monde, véritable régal pour les sens. Faufilez-vous dans les rues alentour au fil des étals chargés de produits frais, de pigments colorés, d'épices et d'ustensiles en cuivre. Ne manquez pas le magnifique **marché aux fleurs**.

Wonderla PARC D'ATTRACTIONS
(☎080-22010333 ; www.wonderla.com ; Mysuru-Bengaluru Rd ; adulte/enfant lun-ven 908/725 ₹, sam-dim 1 168/932 ₹ ; ⌚11h-18h lun-ven, 11h-19h sam-dim). Faites le plein de sensations fortes dans cet immense parc proposant plus de 60 attractions bien entretenues, une piscine à vagues, des toboggans aquatiques et une "discothèque sous la pluie". À 28 km du centre-ville, à la sortie de la route de Mysuru ; desservi par les bus de la BMTC (réseau de transports de la ville).

St Mark's Cathedral CATHÉDRALE
(www.saintmarks.in ; Mahatma Gandhi (MG) Rd ; Ⓜ MG Rd). Cet édifice tout blanc, de style néoclassique, érigé en 1812, se distingue par ses toits-terrasses, et son dôme inspiré de celui de la cathédrale Saint-Paul de Londres. Remarquez les riches sculptures de l'entrée.

Temple du Taureau (Bull Temple) TEMPLE HINDOU
(Bull Temple Rd ; ⌚7h-20h30 ; 🐾 ; Ⓜ National College). Construit par Kempegowda dans le style dravidien (XVIe siècle), le temple du Taureau contient une immense statue monolithique de Nandi (taureau de Shiva), toujours ornée de somptueuses guirlandes de fleurs. Situé dans un petit parc, au bout d'un sentier ombragé, il est l'un des temples les plus envoûtants de la ville.

Lalbagh Botanical Gardens JARDINS
(www.horticulture.kar.nic.in/lalbagh.htm ; Lalbagh Rd ; 20 ₹ ; ⌚6h-19h ; Ⓜ Lalbagh). Ce vaste jardin botanique de 98 ha fut créé en 1760 par le sultan Haidar Ali, le père de Tipu Sultan. Outre des arbres centenaires, il compte diverses espèces de plantes, dont des bonsaïs, un gigantesque kapokier (fromager) et des jardins japonais. Venez de préférence de bon matin, pour profiter du chant des oiseaux. Bangalore Walks (p. 184) y organise des visites guidées.

Palais de Tipu Sultan PALAIS
(Albert Victor Rd ; Indien/étranger 25/300 ₹, caméra 25 ₹ ; ⌚8h30-17h30). L'élégant palais d'été de Tipu Sultan, le farouche "tigre de Mysore", est un superbe exemple d'architecture indo-islamique. Construit sur deux niveaux, il se distingue notamment par ses doubles piliers en teck, ses décors floraux et ses fresques ornementales. Le jardin est très agréable.

Palais de Bangalore PALAIS
(Palace Rd ; Indien/étranger 230/460 ₹, portable/app photo/caméra 285/685/1 485 ₹ ; ⌚10h30-17h30). Résidence privée des Odeyar, cet immense palais, édifié à la fin du XIXe siècle dans le style Tudor (et inspiré du château de Windsor), donne un aperçu de la splendeur royale d'autrefois. Il est toujours habité par l'actuel maharaja, mais on peut en visiter certaines parties. Un audioguide fournit des explications détaillées sur le bâtiment, et vous pourrez découvrir l'intérieur somptueux, des salles garnies de trophées de chasse et de photos de famille, ainsi qu'une collection de nus. Le parc du palais fait plus de 180 ha.

Activités

Bangalore Mountaineering Club RANDONNÉE
(☎7406319666 ; www.bmcadventures.com ; 778 9th A Main Rd, Indiranagar ; treks de 3 jours à partir de 5 666 ₹ ; ⌚10h-18h lun-jeu et sam, 10h-22h ven ; Ⓜ Indiranagar). Organise des treks dans diverses régions d'Inde du Sud – dont le mont Pushpagiri, dans les Ghats occidentaux du Karnataka, et les collines du Kodagu –, mais aussi dans l'Himachal Pradesh (à partir de 8 900 ₹) et l'Himalaya.

Equilibrium ESCALADE
(☎8861684444 ; equilibriumclimbing.com ; 3e ét., 546 Chinmaya Mission Hospital Rd, Indiranagar ; forfait journée 399 ₹ ; ⌚6h30-22h lun-ven, 8h-22h sam-dim ; Ⓜ Indiranagar). Un excellent centre d'escalade aux installations de qualité. Différentes leçons (escalade en cordée, de vitesse, etc.) sont proposées, et le centre organise aussi des sorties d'escalade de 2 jours ou plus à Badami et à Hampi.

Meraki SPA
(☎7619613118 ; www.merakispa.in ; 8 Papanna St ; massage à partir de 3 000 ₹/heure ; ⌚11h30-21h30). Cet institut haut de gamme abrite un spa et on peut y profiter d'agréables massages, soins, gommages et séances de réflexologie. Durant l'*happy hour* (11h30-13h30), le massage complet est au prix raisonnable de 2 500 ₹. En retrait de St Marks Road ; **autre institut** (777, 100 Feet Rd ; ⌚11h-22h) dans le quartier d'Indiranagar.

Body Raaga Wellness Spa SPA
(☎7829995050 ; www.bodyraaga.com ; 93 Richmond Rd ; massage 45 min à partir de 1 250 ₹). En plein centre-ville, masseurs professionnels et spécialistes de la santé prodiguent ici des soins à prix modérés. Le massage des tissus

profonds (*deep-tissue massage*) est un pur bonheur après une longue journée de voyage. Autre institut à **Indiranagar** (080-50002828 ; www.bodyraaga.com ; 1096 12th A Main Rd, Indirangar ; massage 45 min à partir de 1 250 ₹).

Soukya YOGA
(080-28017000 ; www.soukya.com ; Soukya Rd, Samethanahalli, Whitefield ; journée avec soins, hébergement et repas à partir de 10 500 ₹ ; 6h-20h30). Cette retraite haut de gamme permet de suivre une cure ayurvédique, un stage de yoga ou des soins de la peau thérapeutiques (3 300 ₹ l'heure)... Elle occupe une belle ferme, en culture bio, de 12 ha.

Total Yoga Oneness Centre YOGA
(9740980200 ; total-yoga.org ; 872/A 80 Feet Rd, Indiranagar ; 7h-21h lun-sam ; M Indiranagar). Ce vaste studio professionnel propose des cours de vinyasa yoga, de hatha yoga et de *power* yoga. Chaque séance inclut 15 minutes de *pranayama* (respiration profonde) et de méditation.

Ayurvedagram AYURVÉDA
(080-65651090 ; www.ayurvedagram.com ; Hemmandanhalli, Whitefield ; forfaits journée à partir de 4 000 ₹). Une retraite magique, dans un parc verdoyant paisible de plus de 3 ha, parsemé de maisons traditionnelles (appelées Mana) transplantées du Kerala et réassemblées ici. Ce centre est spécialisé dans les traitements ayurvédiques sur mesure, le yoga et les cures de rajeunissement. Il est situé dans la banlieue éloignée de Whitefield, à 25 km du centre de Bengaluru.

Circuits organisés

Unhurried Tours À PIED
(919880565446 ; www.unhurried.in ; circuit demi-journée 2 500 ₹). Sous la houlette de Poornima Dasharathi, auteure et passionnée d'histoire, des balades vous font découvrir les petites rues, les temples, l'animation et la cuisine locale. Les circuits durent 2 à 3 heures. L'agence propose aussi des "*open walks*" (visites en groupes) mensuelles, des excursions à vélo et à pied et des voyages à Mysuru (Mysore).

Bangalore Walks À PIED
(9845523660 ; www.bangalorewalks.com ; circuits 600-900 ₹ ; 7h-10h sam-dim). Des visites chaudement recommandées, avec des balades à pied dans le Cubbon Park, une visite historique de la vieille ville et une autre sur le thème du XIXe siècle victorien. Un délicieux petit-déjeuner est généralement compris. Possibilité de visites sur mesure.

Bus Tours EN BUS
(kstdc.co ; circuit ville 485 ₹/jour). Les autorités touristiques du Karnataka organisent d'intéressantes visites de la ville – même si elles couvrent de nombreux sites en peu de temps. Autres propositions : excursions d'une journée dans les environs de Bengaluru (950 ₹), avec notamment un départ quotidien pour Srirangapatna et Mysuru (Mysore), pour découvrir temples, palais et jardins.

Fêtes et festivals

Bengaluru Poetry Festival LITTÉRATURE
(080-41600677 ; www.facebook.com/bengalurupoetryfestival ; fin juil-début août). Ce festival de poésie réunit chaque année, depuis 2016, des auteurs et des musiciens venant d'Inde et d'ailleurs.

Où se loger

Les chambres correctes à petit prix sont rares à Bangalore. La plupart des hôtels sont plutôt excentrés, mais vous en trouverez toute une collection le long de Subedar Chatram (SC) Road, à l'est des gares routières et autour de la gare ferroviaire.

Electric Cats B&B AUBERGE DE JEUNESSE $
(080-41104143 ; www.facebook.com/electriccatshostel ; 1794 6th Cross Rd ; dort 500-600 ₹ ; ; M Indiranagar). Particulièrement bien organisée et conviviale, l'Electric Cats est située à proximité du quartier bouillonnant d'Indiranagar. Cette auberge se distingue par ses bons dortoirs (dont un réservé aux femmes) avec sdb commune. Draps de qualité, lampes de lecture individuelles et équipement pour recharger les appareils électroniques au niveau de chaque lit. Eau potable et Wi-Fi gratuits ; pas de couvre-feu. Barbecues et séances de yoga gratuites organisés par le personnel, très serviable.

Cuckoo Hostel AUBERGE DE JEUNESSE $
(7204156880 ; www.facebook.com/cuckoohostel ; 561 17th A Main Rd, Koramangala ; dort/s 399/1 100 ₹ ; @). Tenu par des gens créatifs (à l'image de sa clientèle), le Cuckoo accueille régulièrement des ateliers d'art et d'artisanat et des concerts, et parfois des débats sur l'environnement et les problèmes mondiaux. Dortoirs propres et soignés ; vélos à louer ; buanderie. À 6 km environ au sud-ouest du centre.

Hotel Adora HÔTEL $$
(080-22200024 ; 47 Subedar Chatram Rd ; s/d 650/890 ₹, avec clim 1 150/1 780 ₹ ; ; Kempegowda). Cet hôtel bon marché loue, sur sept étages (avec ascenseur), des chambres correctes, bien que sommaires, près de la gare ferroviaire et de la gare routière Kempegowda. Le personnel est aimable et serviable. Bon restaurant végétarien au rez-de-chaussée.

Casa Piccola Cottage HÔTEL HISTORIQUE $$
(080-22990337 ; www.casacottage.com ; 2 Clapham Rd ; ch avec petit-déj à partir de 4 500 ₹ ;). Rénové avec goût, cet hôtel s'est bâti une solide réputation grâce au remarquable sens de l'hospitalité de ses propriétaires et de son personnel. C'est un véritable havre de tranquillité, aux chambres pleines de charme (sol carrelé et couvre-lits traditionnels). Jardin planté de papayers et d'avocatiers. Tarifs avantageux en réservant sur le site Internet.

Laika Boutique Stay B&B $$
(9482806630 ; www.laikabangalore.in ; Rathna Rd ; ch avec petit-déj 4 235 ₹ ; ; Trinity). Cachée dans une petite rue arborée, cette *guesthouse* chaleureuse séduira ceux qui recherchent un cadre plus local, alliant style et confort. Avec un service attentionné et des petits-déjeuners maison, c'est une excellente adresse.

JüSTa MG Road BOUTIQUE-HÔTEL $$
(080-41135555 ; www.justahotels.com/mg-road-bangalore ; 21/14 Craig Park Layout, MG Rd ; ch/ste avec petit-déj 3 810/5 120 ₹ ; ; Trinity). Cet hôtel de charme ne compte qu'une vingtaine de chambres, spacieuses et raffinées, ornées de motifs d'inspiration japonaise. Très bien situé, il est proche d'une station de métro et de galeries marchandes. Personnel très professionnel et attentif.

Tom's Hotel HÔTEL $$
(080-25575875 ; 1/5 Hosur Rd ; s/d avec petit-déj et ventil 2 300/2 500 ₹, clim 2 480/2 610 ₹ ;). Un hôtel central (à 15 minutes à pied de MG Road) et d'une propreté sans faille, aux chambres lumineuses et gaies. Accueil sympathique ; Wi-Fi gratuit. Bon restaurant sur place, servant des spécialités de Mangaluru (Mangalore), dont des fruits de mer à bon prix.

Purple Cloud Hotel HÔTEL $$
(080-48091100 ; www.purplecloudhotels.com ; Down Town Park 2, Sadahalli Gate ; ch à partir de 3 850 ₹ ;). Une adresse élégante, bien commode si l'on veut loger pour peu cher près de l'aéroport Kempegowda (à 15 km). Les chambres sont contemporaines ; le restaurant Fiery Indian Kitchen est réputé pour sa cuisine du nord et du sud de l'Inde.

Hotel ABM International HÔTEL $$
(080-41742030 ; www.hotelabminternational.com ; 232 Subedar Chatram Rd ; ch avec ventil à partir de 1 650 ₹, avec clim 1 900-2 650 ₹ ; ; Kempegowda). Non loin d'Anand Rao Circle, un hôtel moderne et bien tenu, aux jolies chambres sobres et propres, avec room-service et connexion Wi-Fi rapide. Un restaurant-bar à jus prisé occupe le rez-de-chaussée. On peut rejoindre à pied la gare routière Kempegowda et sa station de métro.

Temple Tree Hotel Wilson Garden HÔTEL $$
(080-46622000 ; www.templetreehotel.com ; 9th Cross Rd, Mavalli ; ch 3 860-4 600 ₹ ;). Près des Lalbagh Botanical Gardens (p. 183), voici un hôtel branché, aux belles touches design. Les chambres sont dotées d'élégantes sdb et de superbes balcons, pour celles donnant sur le jardin. Restaurant sur le toit idéal au petit-déjeuner.

Mass Residency GUESTHOUSE $$
(9945091735 ; massresidency@yahoo.com ; 18 2nd Main Rd, 11th Cross, JP Nagar ; ch avec petit-déj et ventil/clim 1 600/2 000 ₹ ;). Tenue par deux frères très chaleureux (et eux-mêmes globe-trotteurs), cette *guesthouse* dispose de chambres plutôt confortables et d'un toit-terrasse très agréable, idéal pour faire des rencontres. Le lieu, à 8 km au sud du centre, est assez calme.

Hotel Empire International Koramangala HÔTEL $$
(080-40222777 ; www.hotelempire.in ; 103 Industrial Area, Koramangala ; s/d 2 160/2 620 ₹ ;). Les fêtards apprécieront cet hôtel de Koramangala – quartier tendance, aux nombreux bars et restaurants. Il compte des

TARIFS HÔTELIERS

Les gammes de prix indiquées valent pour une chambre double avec sdb au Karnataka (taxes incluses) :

$ moins de 1 750 ₹

$$ 1 750-5 000 ₹

$$$ plus de 5 000 ₹

chambres correctes pour leur prix, malgré leurs petites sdb, et un restaurant correct (sur place ou en room-service).

Hotel Ajantha HÔTEL $$

(☎080-25584321 ; www.hotelajantha.com ; 22A MG Rd ; s/d avec petit-déj et ventil 1 450/1 950 ₹, clim à partir de 2 370 ₹ ; ❄ 📶 ; Ⓜ Trinity). Une adresse pour les petits budgets fiable et prisée, proche de la station de métro Trinity. Les chambres (TV câblée) sont correctes et bien entretenues. Restaurant réputé sur place. Petit-déjeuner copieux.

♥ **Oberoi** HÔTEL $$$

(☎080-41358222 ; www.oberoihotels.com ; 39 MG Rd ; s/d à partir de 12 900/13 800 ₹ ; ❄ @ 📶 🏊 ; Ⓜ Trinity). Idéalement situé en plein centre-ville, le luxueux Oberoi est pourtant niché dans un jardin luxuriant où trône un bel arbre vieux de 120 ans. Le style colonial est rehaussé d'équipements high-tech – dispositifs commandés avec des tablettes, TV dans les sdb. Les chambres possèdent des balcons donnant sur le jardin. Le spa et les restaurants sont excellents.

♥ **Taj West End** HÔTEL HISTORIQUE $$$

(☎080-66605660 ; www.tajhotels.com ; Racecourse Rd ; s/d avec petit-déj à partir de 13 400/14 500 ₹ ; ❄ 📶 🏊). Sis dans un superbe jardin tropical de 8 ha, ce magnifique hôtel à l'architecture de style colonial, bâti en 1887 pour loger des officiers britanniques, vous transportera au temps du Raj. Le service est remarquable. Ses restaurants, notamment le Blue Ginger (cuisine vietnamienne) et le Masala Klub (cuisine indienne), sont parmi les meilleurs de la ville.

Lemon Tree Premier Ulsoor Lake HÔTEL $$$

(☎080-44802000 ; www.lemontreehotels.com ; 2/1 St Johns Rd ; s/d avec petit-déj 6 340/6 620 ₹ ; ❄ 📶 🏊). Un hôtel bien tenu, situé à 2 km au nord de MG Road, à proximité du meilleur quartier de la ville pour faire les boutiques et sortir. Les chambres ont tout le confort moderne, et un beau restaurant sert de cadre au somptueux buffet au petit-déjeuner.

Leela Palace HÔTEL $$$

(☎080-25211234 ; www.theleela.com ; 23 Kodihalli, Old Airport Road ; s/d à partir de 12 700/13 600 ₹ ; ❄ @ 📶 🏊). S'il n'est pas réellement un palais (il ne date que de 2003), le luxueux Leela n'en est pas moins royal. Marbre étincelant, tapis épais, balcons majestueux, objets anciens : tout y est sublime, et il en va de même du parc, des bars, des restaurants et des boutiques qui s'y trouvent. Un parcours de golf jouxte les lieux. Le *mall* Leela Galleria est situé dans le même ensemble architectural. À 5 km à l'est de MG Road.

Où se restaurer

La scène culinaire de Bengaluru va des restaurants haut de gamme aux pubs gastronomiques en passant par les échoppes et les gargotes bon marché, appréciées par les habitants. Dans le centre, MG Road, Lavelle Road et leurs environs feront le bonheur des gourmets ; plus loin, les quartiers d'Indiranagar et de Koramangala sont aussi réputés pour leur choix de restaurants et de cafés.

♥ **Food Street** CUISINE DE RUE $

(Dev Sagar ; Sajjan Rao Circle, VV Puram ; plats à partir de 100 ₹ ; 🕒à partir de 17h30). Pour un repas typiquement indien, rejoignez VV Puram, alias **Food Street**, où des échoppes servent des classiques de la cuisine de rue, issus de toute l'Inde. C'est un véritable spectacle : les cuisiniers font virevolter les *roti* et plongent les *bhajia* (beignets de légumes) dans l'huile sous les yeux d'une foule compacte.

♥ **Mavalli Tiffin Rooms** INDIEN DU SUD $

(MTR ; ☎080-22220022 ; www.mavallitiffinrooms.com ; 14 Lalbagh Rd, Mavalli ; en-cas à partir de 52 ₹, repas à partir de 90 ₹ ; 🕒6h30-11h et 12h30-21h30 mar-dim). Ce restaurant, qui existe depuis 1924, est une adresse légendaire pour la cuisine classique d'Inde du Sud. À l'étage, faites la queue pour avoir une table et des serveurs vous apporteront bientôt de délicieux *idli* (petits pains ronds et spongieux à base de lentilles noires fermentées et de riz) et *dosa* (crêpes typiques de l'Inde du Sud, à la farine de lentilles, de pois chiches ou de riz), suivis d'un café servi dans de l'argenterie.

Samosa Party INDIEN $

(www.samosaparty.co.in ; 11 10th Main Rd, Indiranagar ; samosas 25-70 ₹ ; 🕒8h-21h). Ce restaurant de samosas à petits prix est idéal pour casser la croûte dans le sud-est du quartier d'Indiranagar. Vous pourrez y faire un festin de samosas traditionnels ou revisités (dont un aux macaronis au fromage !), à déguster avec un délicieux *adrak chai* (thé au gingembre).

Khan Saheb INDIEN $

(www.khansaheb.co ; 9A Block, Brigade Rd ; galettes à partir de 50 ₹ ; ⏲12h-23h30 ; Ⓜ MG Rd). Une adresse réputée pour ses épatantes galettes (*chapati* au blé complet) aux garnitures variées : viande grillée ou crevettes tandoori, *paneer* ou maïs doux *tikka*...

Gramin INDIEN $

(☎080-41104104 ; 20, 7th Block Raheja Arcade, Koramangala ; plats 136-180 ₹ ; ⏲12h-15h30 et 19h-23h lun-jeu, 12h-23h ven-dim). Le Gramin propose, à prix doux, une myriade de plats végétariens issus des campagnes de l'Inde du Nord. Faites votre choix parmi la sélection de lentilles et de curries, à accompagner d'un *roti* (pain) sortant du four et d'un lassi sucré à la rose, dans un gobelet en cuivre. Le *thali* du déjeuner (155 ₹) inclut deux plats végétariens, un *roti* et du *dhal* (curry de légumineuses) – une valeur sûre !

Funjabi INDIEN DU NORD $

(6A Church St ; plats 95-250 ₹ ; ⏲11h-23h). Dans une petite ruelle, un escalier peu engageant mène à cet établissement sans prétention. L'endroit, sans grand charme et pas très bien situé, mérite une halte pour sa cuisine, riche et authentique, rappelant les *dhaba* (gargotes) d'Inde du Nord. Goûtez aux *tandoori roti* ainsi qu'au *butter murg* (curry de poulet crémeux) ou au *malai kofta* (curry crémeux aux *paneer*).

Anna Kuteera INDIEN DU SUD $$

(14 St Marks Rd ; en-cas à partir de 35 ₹, plats 160-220 ₹). Pour un repas rapide et peu coûteux, rendez-vous dans ce restaurant végétarien si fréquenté, qu'au déjeuner, il ne reste souvent plus que des places debout. Vous pourrez vous y régaler de savoureux *ravi dosa* (crêpes de semoule croustillantes), *idli* et *vada* (beignets salés à base de lentilles), ainsi que de plats d'Inde du Nord et de Chine.

Smoor Chocolates Signature Lounge CAFÉ $$

(www.smoorchocolates.com ; 1131, 100 Feet Rd ; en-cas et plats 190-625 ₹ ; ⏲8h-23h dim-jeu, 8h-1h ven-sam ; 📶). La meilleure chocolaterie de la ville dispose d'une belle et vaste salle climatisée, où apprécier de délicieuses pâtisseries et, forcément, un ou deux chocolats. On y sert aussi de bons petits-déjeuners, wraps, sandwichs, burgers, thé et expresso.

SlimSins Cafe INTERNATIONAL $$

(☎9535582766 ; www.facebook.com/slimsins ; 34/1 36th Cross Rd, 4th Block, Jayanagar ; plats 190-450 ₹ ; ⏲11h-21h30 lun-sam, 9h-21h45 dim ; Ⓜ Rashtreeya Vidyalaya Rd). La carte fait la part belle aux plats à base d'ingrédients sains. La cuisine ouverte permet d'observer les cuisiniers préparer des burgers au pain de *ragi* (millet), cuire des aubergines au parmesan et concocter des sauces légères dans lesquelles tremper ses frites de patates douces. Idéal après une journée d'exercice.

Chinita Real Mexican Food MEXICAIN $$

(www.chinita.in ; 218 Double Rd, Indiranagar II Stage, Hoysala Nagar ; plats 275-325 ₹ ; ⏲12h30-15h30 et 19h30-23h ; Ⓜ Indiranagar). Pour d'authentiques saveurs mexicaines, rien ne vaut ce restaurant. Ici, tout est savoureux, des *tostadas* (tortillas frites à tremper dans des sauces) aux *burritos* au porc braisé, en passant par du poulet ou du tofu nappé d'une délicieuse *mole* (sauce riche et très épicée). En revanche, ni tequila ni mescal (ni même de bière) à la carte.

Lady Baga GOANAIS $$

(☎080-49652751 ; www.facebook.com/ladybaga-blr ; 24/5 Lavelle Rd ; plats à partir de 200 ₹ ; ⏲12h-minuit lun-jeu, 12h-1h ven-dim ; 📶). Avec ses produits de la mer, ses spécialités régionales et son ambiance décontractée, cette nouvelle adresse fait souffler un air de Goa sur Bangalore ("Baga" est d'ailleurs le nom d'une plage de Goa). Cuisine délicieuse (essayez le crabe de mangrove à l'ail) et atmosphère plutôt hippie, comme il se doit.

Koshy's Bar & Restaurant INDIEN $$

(39 St Mark's Rd ; plats 95-400 ₹ ; ⏲9h-23h30 ; Ⓜ MG Rd). Ce resto-pub animé et résolument rétro est un lieu de rendez-vous prisé de l'intelligentsia locale. On vient y déguster de savoureux plats d'Inde du Nord, entre deux bières et deux discussions enfiévrées. Côté cadre : ventilateurs grinçants au plafond, fenêtres poussiéreuses, stores en bois et nostalgie à la louche. Entre le déjeuner et le dîner, on ne mange que des "short eats" (toasts, haricots blancs à la sauce tomate et autres en-cas d'inspiration britannique).

Enerjuvate Studio & Café INTERNATIONAL $$

(www.facebook.com/enerjuvatestudio ; 82 7th Main Rd, 4th B Block, Koramangala ; plats 190-450 ₹ ; ⏲11h30-22h lun-ven, 8h30-22h sam-dim ; 📶). Des plats sains et une connexion Wi-Fi rapide – ce café a tout pour plaire à la jeunesse branchée ! Ses salles, lumineuses et en partie ouvertes sur l'extérieur, sont idéales pour travailler en buvant des jus et en grignotant des mets légers, comme des *dosa* au riz rouge et au millet (180 ₹) et des plateaux divers (150-350 ₹).

Tippler – On the Roof RUSSE **$$**
(276, 100 Feet Rd, HAL 2nd Stage, Indiranagar ; plats à partir de 165 ₹ ; 12h-0h30 ;). Si vous rêvez d'une soirée animée, cette adresse propose bien plus que de la vodka : une carte entière de plats et de boissons d'inspiration russe. Le plateau "Vodka" à partager comprend ainsi des pommes de terre frites à la sibérienne, du chou mariné et de la vodka bien forte. Le lundi, la soirée *Molotov* vous réserve une sélection spéciale de mets et boissons.

Carrots VÉGANE **$$**
(080-41172812 ; www.carrots-india.com ; 607, 80 Feet Rd, 6th Block, Koramangala ; plats 150-375 ₹ ; 12h-15h30 et 19h-22h30 lun, 11h-16h et 19h-22h30 mer-ven, 11h30-22h sam-dim ;). Une table 100% végane dédiée aux plats bio, sans gluten, peu gras et en grande partie sans sucre ajouté : *enchiladas* aux légumes (220 ₹), pancakes de lentilles (150 ₹), salade thaïlandaise, glaces végétales, etc. Vaste et lumineuse, la salle est agrémentée de chaises en rotin et jouit d'une ambiance détendue.

Empire INDIEN DU NORD **$$**
(www.facebook.com/hotelempire ; 36 Church St ; plats 120-250 ₹ ; 11h-23h ; M MG Rd). Des tandooris authentiques et bon marché et des plats de viande font le succès de ce restaurant au cadre sans prétention (banquettes recouvertes de plastique, faux bois). Goûtez le *butter chicken*, une des viandes grillées ou le mouton *biryani*. L'Empire est fréquenté à toute heure, et les clients pressés commandent directement de savoureux *shawarma* (viande grillée) au comptoir de la cuisine sur rue. Nombreuses succursales à Bengaluru.

♥ **SodaBottleOpenerWala** INDIEN **$$$**
(7022255299 ; www.sodabottleopenerwala.in ; 25/4 Lavelle Rd ; en-cas à partir de 55 ₹, repas 300-500 ₹ ; 8h30-minuit ;). Filiale loufoque d'une chaîne de cafés iraniens de Bombay, cette nouvelle adresse est épatante. Les repas sont composés de soupes persanes et de spécialités parsies, tel le *salli boti* (mouton et fines frites). Le décor est un peu farfelu, avec des chaises dépareillées, des couleurs disparates et des objets extravagants. Concluez sans hésiter votre repas par un *Phateli coffee* (café crémeux et mousseux) ou un *Irani chai*.

♥ **Sly Granny** INTERNATIONAL **$$$**
(080-48536712 ; www.facebook.com/slygranny ; 618 12th Main Rd, Indiranagar ; plats à partir de 369 ₹ ; 12h-23h30 lun-jeu, 12h-1h ven, 9h-1h sam, 9h-23h30 dim ;). Une cuisine pleine de saveurs et de fraîcheur, entre Asie et Europe, vous attend au Sly Granny. Attablé dans la salle à manger chic ou sur le toit-terrasse plus décontracté, goûtez aux udon (nouilles japonaises de blé tendre), à la salade de quinoa ou au curry *massaman* et à la tarte aux noix, puis restez pour profiter des concerts.

♥ **The Fatty Bao** ASIATIQUE **$$$**
(080-44114499 ; www.facebook.com/thefattybao ; 610 12th Main Rd, Indiranagar ; plats 380-650 ₹ ; 12h-15h et 19h-22h30 dim-jeu, jusqu'à 23h30 ven-sam ; ; M Indiranagar). Chaises colorées et tables en bois pour ce restaurant branché avec salle à l'étage et toit-terrasse, qui attire la jeunesse locale. L'accent est mis sur cuisine asiatique rapide (sushis, *dim sum*, curries thaïlandais, en-cas de rue malaisiens) et des cocktails aux notes asiatiques, comme le mojito à la citronnelle. Mets et boissons sont bien présentés.

♥ **Karavalli** PRODUITS DE LA MER **$$$**
(080-66604545 ; Gateway Hotel, 66 Residency Rd ; plats 525-1 575 ₹ ; 12h30-15h et 18h30-23h30 ; M MG Rd). Cette table haut de gamme, spécialisée dans les produits de la mer, possède un charme fou, de la salle (toit de chaume, boiseries anciennes et ustensiles en cuivre martelé) à la terrasse du jardin. On y sert des plats de poisson très relevés à la mode de Mangalore, des crevettes à la coriandre et au safran (1 100 ₹), du crabe *milagu* (au *masala* poivré ; 1 575 ₹), mais aussi des plats carnés et végétariens.

♥ **Olive Bar & Kitchen** MÉDITERRANÉEN **$$$**
(080-41128400 ; www.olivebarandkitchen.com ; 16 Wood St, Ashoknagar ; plats 525-795 ₹ ; 12h-15h30 et 19h-23h ;). Cette villa aux murs blancs évoque la Grèce et sa cuisine rappelle la côte méditerranéenne baignée de soleil. La carte, qui change avec les saisons, comprend généralement des salades de Thessalonique, des crevettes *pil pil* (à l'ail et aux piments) et de nombreux plats végétariens. Côté desserts (tous à 390 ₹), laissez-vous tenter par le gâteau chocolat-noisette ou le *tres leches* (génoise imbibée de lait et de crème).

Church Street Social GASTROPUB $$$
(socialoffline.in ; 46/1 Church St ; plats 195-700 ₹ ; ⌚9h-1h ; 📶 ; Ⓜ MG Rd). Ce bar-restaurant aux allures d'entrepôt est fréquenté par les citadins branchés. On y sert des cocktails au pichet, et les serviettes sont distribuées au rouleau. À la carte : de bons petits-déjeuners, des plateaux de mezze, du poulet rôti au *ghee* et des tacos *tikka* (250 ₹).

Fava MÉDITERRANÉEN $$$
(www.fava.in ; UB City, 24 Vittal Mallya Rd ; plats 325-850 ₹ ; ⌚11h-23h ; 📶 ; Ⓜ Cubbon Park). Sur une terrasse couverte d'un auvent, on se régale de grandes assiettes de mezze, de brochettes d'agneau haché ou de crevettes géantes au sésame noir frites. *Happy hour* (17h-20h) intéressant, avec réduction sur les cocktails notamment.

Ciclo Cafe CAFÉ $$$
(12th Main Rd, Indiranagar ; plats 250-550 ₹ ; ⌚11h-minuit lun-jeu, 11h-13h ven, 7h30-1h sam-dim ; 📶). À la fois magasin de vélos et café, voici une bonne halte dans le quartier frénétique d'Indiranagar. Nourriture et alcool y sont servis dans un lieu remarquable, orné de bicyclettes anciennes, et d'accessoires et pièces détachées à vendre. Goûtez au poulet *tikka* au combava (350 ₹) ou à la saucisse de porc de Goa (450 ₹).

Siam Trading Company THAÏLANDAIS $$$
(☎7619415931 ; www.facebook.com/siambangalore ; 1079 12th Main Rd, HAL 2nd Stage, Indiranagar ; plats 258-438 ₹ ; ⌚12h-1h mer-sam, 12h-23h dim-mar). Filiale du pub très prisé One Night in Bangkok, un agréable restaurant au joli cadre de style asiatique, avec un éclairage très tamisé. La cuisine thaïlandaise est fraîche et savoureuse. Le poulet au poivre frais et au basilic vous transportera dans les rues de Bangkok.

Open Box INTERNATIONAL $$$
(☎080-41290055 ; www.facebook.com/theopenboxblr ; 4e ét., Halcyon Complex, St Mark's Rd ; plats 250-425 ₹ ; ⌚12h-23h30 dim-jeu, 12h-1h ven-sam ; 📶). Atmosphère relaxante, bonne cuisine et soirées *open bar* : l'Open Box a plus d'un atout ! La carte a été composée avec soin, et les noms des plats sont pleins de jeux de mots (à décrypter en anglais...) et de formules kitsch.

Plan B Loaded GASTROPUB $$$
(holycowhospitality.com ; 13 Rhenius St, Richmond Town ; plats 275-475 ₹ ; ⌚12h-1h ; 📶). D'excellents mets de brasserie aux accents indiens sont proposés dans ce pub gastronomique au style industriel chic. À la carte : porc du Kodagu (Coorg), burgers aux steaks copieux, gratin épinard-maïs, petit-déjeuner toute la journée, etc. Pichet de bière à 345 ₹.

Sunny's ITALIEN $$$
(☎080-41329366 ; 50 Lavelle Rd ; plats 350-750 ₹ ; ⌚12h30-23h30 ; 📶). Une valeur sûre parmi les restaurants de Bengaluru, que cet établissement chic à la charmante terrasse en plein air. La carte comprend des pizzas à pâte fine, des salades grecques, des pâtes maison, des fromages d'importation et des desserts parmi les meilleurs de la ville.

Où prendre un verre et faire la fête

Réputée pour ses soirées festives et ses nombreux bistrots chics, Bengaluru se prête à une joyeuse tournée des bars. Les nombreuses microbrasseries produisent des bières de qualité et servent à manger.

Les clubs les plus fréquentés facturent environ 1 000 ₹ l'entrée par couple, une somme souvent remboursable en boissons ou en en-cas.

♥ **Third Wave Coffee Roasters** CAFÉ
(thirdwavecoffee.in ; 984, 80 Feet Rd, Koramangala ; ⌚9h-23h ; 📶). Ce temple de l'arabica attire les amateurs de café. On y sert une multitude de boissons raffinées, des expressos classiques aux recettes saisonnières, en passant par de surprenants cafés glacés, comme le *coffee colada* (à l'eau de coco et au *jaggery* – sucre de palme non raffiné). Le tout sur fond de musique acoustique, dans une salle au sol en béton ciré, où de jeunes free-lances travaillent sur leur ordinateur.

♥ **Brahmin's Coffee Bar** CAFÉ, INDIEN DU SUD
(Ranga Rao Rd, Basavanagudi ; en-cas 16-22 ₹ ; ⌚6h-12h et 15h-19h lun-sam ; Ⓜ National College). Ce formidable *darshini* (café d'Inde du Sud) est réputé pour son café filtre (16 ₹). Côté assiette, vous aurez le choix entre quatre mets seulement : des *idli*, des *vada*, des *khara bath* (gâteaux à la semoule et aux noix de cajou) et des *kesari bath* (gâteaux au *ghee*). Idéal pour se restaurer entre le centre-ville et le temple du Taureau (p. 183).

Tata Cha MAISON DE THÉ
(www.tatacha.com ; 2985 12th Main Rd, HAL 2nd Stage, Indiranagar ; ⌚10h-23h ; 📶). Ses thés, classiques ou inédits, et ses associations de saveurs – *butter chicken* et *khichdi* (purée

de lentilles), par exemple – font le bonheur des amateurs de thé de Bengaluru. Avec son service dynamique et son atmosphère agréable, l'adresse surpasse les établissements voisins plus onéreux. Il y a d'autres Tata Cha en ville, dont une dans **Church Street** (www.tatacha.com ; 28 Church St ; 10h-23h ; ; MG Rd).

blueFROG CLUB

(bengalurubluefrog.club ; 3 Church St ; 12h-23h30 dim-jeu, 12h-1h ven-sam ; MG Rd). Cette "grenouille bleue" est un club haut de gamme qui séduit une clientèle branchée et dynamique avec sa programmation : des DJ mixent house, techno et trance, et des groupes variés jouent de tout, du jazz au hip-hop. Selon les soirs, le droit d'entrée va de 0 à 500 ₹.

Atta Galatta CAFÉ

(080-41600677 ; www.attagalatta.com ; 134 KHB Colony, 5th Block, Koramangala ; 11h-20h30 ;). Les sandwichs préparés avec du pain à haute valeur nutritive, les cookies et les en-cas (40-80 ₹) sont à l'honneur dans ce café-boulangerie. L'Atta Galatta est aussi une librairie et un lieu artistique accueillant des lectures et des spectacles.

Straight Up Pub PUB

(www.facebook.com/straightupblr/ ; 37 Hennur Bagalur Rd, Kuvempu Layout, Kothanur ; 11h30-1h ;). Avec les pieuvres pour thème, ce pub surprenant promet des soirées déjantées, arrosées, entre autres de Jocose Juleps (cocktail à base de Bourbon et de crème de menthe). Les souches d'arbres en guise de tabourets et les tables suspendues ajoutent à l'atmosphère décalée. Soirées quiz occasionnelles ; *ladies night* le mercredi ; musiciens et DJ le samedi.

Barebones BAR

(www.barebonesbar.com ; 303 Ashok Terrace, 100 Feet Rd, Indiranagar ; 11h30-1h ; ; Indiranagar). Misant davantage sur sa cuisine et ses prix que sur sa décoration, le Barebones est situé au cœur du quartier nocturne de Bengaluru. Sa salle aux allures de café est parfaite pour prendre un verre et dîner. Si divers mets carnés et végétariens figurent à la carte, les habitués ne jurent que par le rôti au *ghee*, grande spécialité de la ville.

Bartin's Restobar BAR

(1211 Milestone, 100 Feet Rd, Indiranagar ; 11h-1h). Quoi de mieux qu'un poulet au piment de l'Andrah Pradesh accompagné d'une bière bien fraîche, sur le toit d'un bar caressé par la brise du soir dans le quartier bouillonnant d'Indiranagar ? Le week-end, l'ambiance est à la fête, et tout le monde danse.

What's in a Name? BAR

(9591941003 ; www.facebook.com/whatsinanameblr ; 146 5th Block, Koramangala ; 11h-1h ;). Dans la profusion de bars qui animent de plus en plus les nuits de Koramangala, voici une adresse idéale pour décompresser. Les cocktails ne sont pas trop chers et les plats sont bons, de la cuisine de pub aux petits-déjeuners servis toute la journée et toute la nuit. À l'étage d'un immeuble de 1st Cross Road.

Dyu Art Cafe CAFÉ

(www.dyuartcafe.yolasite.com ; 23 MIG, KHB Colony, Koramangala ; 10h-22h30 mar-dim, 12h-22h30 lun ;). Dans un quartier verdoyant, un café-galerie d'art très apprécié – une demeure privée reconvertie dont la paisible cour évoque un temple zen. Les bons cafés filtres, expressos et cafés glacés sont préparés avec du café du Kerala. Également : petits-déjeuners (120-320 ₹), plats, sandwichs et gâteaux faits maison.

Pecos Classic BAR

(www.pecospub.com ; Rest House Rd ; 10h30-23h30 ; MG Rd). Cette chaîne de bars locale, sans prétention, met le *classic rock* à l'honneur – des posters de Hendrix, des Grateful Dead et de Frank Zappa ornent les murs – mais ne se refuse pas, de temps en temps, un peu de jazz, de blues et de reggae. Bières à partir de 105/525 ₹ le verre/pichet. Ce Pecos-là est l'établissement d'origine, ouvert en 1989.

Shiro BAR

(www.facebook.com/experienceshiro ; UB City ; 24 Vittal Mallya Rd ; 12h30-minuit dim-jeu, 12h30-1h ven-sam ;). Voici un bar lounge tendance à l'intérieur spectaculaire – une immense salle à la hauteur de plafond vertigineuse, ornée de gigantesques bustes du Bouddha et de statuettes des apsaras (nymphes célestes). Il y a également une terrasse. Côté cuisine, attendez-vous à des mets japonais et du Sud-Est asiatique. Les cocktails "Special Shiro" sont sensationnels !

UNE VILLE D'AMATEURS DE CAFÉ

Si l'Inde est le pays du thé, Bengaluru est aussi la ville la plus "caféophile" du pays. Depuis des siècles, l'arabica et le robusta sont cultivés sur les vertes collines du Karnataka, et le café filtre se boit depuis des décennies dans les *darshini* (cafés d'Inde du Sud). Dans les meilleurs de ces établissements, comme le Brahmin's Coffee Bar, vous verrez les clients prendre leur petit-déjeuner debout, en grignotant des *idli* et des *vada* et en buvant du café dans des verres ou des timbales en inox.

En 1996, c'est dans Brigade Rd qu'a ouvert le tout premier Café Coffee Day, dont on compte aujourd'hui plus de 1 500 franchises dans tout le sous-continent indien et au-delà. Un empire de l'expresso dont le siège demeure à Bengaluru. Ces dernières années, de nouveaux établissements, tel Third Wave Coffee Roasters, ont introduit une vision nouvelle, et parfois savante, de la préparation du café, faisant découvrir à la ville les cafetières Chemex ou à siphon, et le café infusé à froid. Et si vous vous demandez où déguster le café le plus savoureux de Bengaluru, rendez-vous au SodaBottleOpenerWala (p. 188) pour un *Phateli coffee*.

Microbrasseries

The Biere Club PUB
(www.facebook.com/thebiereclub ; 20/2 Vittal Mallya Rd ; 11h-23h dim-jeu, 11h-minuit ven-sam ;). Ce temple de la bière artisanale, qui s'étend sur plusieurs étages, fait toujours autant parler de lui. On y sert bien sûr des mousses brassées sur place, et il y a toujours une ou deux bières de brasseries invitées. À la carte : plateaux, burgers, etc., si vous voulez aussi manger un morceau.

Prost MICROBRASSERIE
(www.prost.in ; 811 5th Cross Rd, Koramangala ; 12h-23h30 dim-jeu, 12h-1h ven-sam ;). Un intérieur à la décoration de style industriel, un toit-terrasse, plusieurs bières artisanales proposées à la pression et une carte alléchante font le succès du Prost. Spectacle de magie le mercredi, stand-up le jeudi, DJ et piste de danse enflammée le week-end.

Brewsky MICROBRASSERIE
(4e-5e ét. Goenka Chambers, 19th Main Rd, JP Nagar ; 12h-0h30 ;). Un toit offrant une superbe vue sur la ville, une salle avec mezzanine et un restaurant excentrique à la décoration vintage : vous passerez toujours une bonne soirée au Brewsky ! Six bières sont brassées sur place. Savoureux en-cas et plateaux à partager plus substantiels d'un bon rapport qualité/prix.

Barleyz MICROBRASSERIE
(80 Feet Rd, Koramangala ; 11h-23h30 dim-jeu, 11h-1h ven-sam ;). *Beer garden* sur un toit-terrasse avec plantes vertes, gazon artificiel et gril incorporé aux tables. Bières de saison et dégustation gratuite de six bières. Pizzas cuites au feu de bois, en-cas indiens et plats occidentaux côté cuisine. *Happy hour* tous les jours de 17h à 19h.

Vapour BAR
(www.vapour.in ; 773, 100 Feet Rd, Indiranagar ; 12h-1h ;). Dans ce complexe de plusieurs étages composé de divers bars et restaurants, rejoignez de préférence le toit-terrasse, équipé d'un grand écran : vous pourrez y goûter un échantillon de six bières artisanales, dont une bière de riz et une *guest ale*. Les soirs de week-end, on danse sur les sets des DJ dans une ambiance survoltée.

Toit Brewpub MICROBRASSERIE
(298, 100 Feet Rd, Indiranagar ; 12h-23h30 lun-mar, 12h-0h30 mer, jeu et dim, 12h-1h ven-sam ; ; M Indiranagar). Un pub gastronomique aux murs de brique, sur trois niveaux. Bonnes bières brassées sur place, dont deux saisonnières et une blanche (*wheat beer*) à la pression. La Bittersweet Symphony est une IPA aux accents d'agrumes.

Arbor Brewing Company MICROBRASSERIE
(www.arborbrewing.in ; 8 Magrath Rd ; 12h-0h30 ; ; M Trinity). Ce pub fut parmi ceux qui lancèrent la vogue de la bière artisanale à Bengaluru. Vous aurez le choix entre de la stout, de la porter, de l'IPA, des bières belges, épicées, aigres ou aux fruits... On y sert aussi des plats de pub (pizzas, tacos, etc.), du café et des thés recherchés.

☆ Où sortir

Humming Tree CONCERTS
(9945532828 ; www.facebook.com/thehummingtree ; 12th Main Rd, Indiranagar ; 11h-23h30 dim-jeu, 11h-1h ven-sam ; ; M Indiranagar). Une salle prisée, aux faux airs d'entrepôt,

qui accueille des groupes (à partir de 21h environ) et des DJ. Toit-terrasse en prime. L'entrée varie de gratuit à 300 ₹. Bonne carte de plats à manger avec les doigts et *happy hour* jusqu'à 19h.

M Chinnaswamy Stadium CRICKET
(www.ksca.cricket ; MG Rd ; Ⓜ Cubbon Park). De nombreux matchs se disputent chaque année dans ce temple des passionnés de cricket. Consultez les dates des rencontres – test-match, ODI ou Twenty20.

Indigo XP CONCERTS, SPORT
(☎080-25535330 ; www.facebook.com/indigoxpblr ; 5/6e ét., Elite Bldg, Jyoti Nivas College Rd, Koramangala ; ⏲16h-1h ; 📶). Musiciens, DJ et humoristes : il y a toujours de l'animation dans cet immense bar très fréquenté. On peut manger ou lézarder sur la grande terrasse à l'étage. Retransmission de matchs de cricket et de football.

B Flat CONCERTS
(☎9591126639 ; www.facebook.com/bflatindiranagar ; 776, 100 Feet Rd, Indiranagar ; entrée 300-500 ₹ ; ⏲12h-minuit ; 📶 ; Ⓜ Indiranagar). Dans ce pub prisé se produisent certains des meilleurs musiciens de blues et de jazz d'Inde, des groupes alternatifs, des humoristes et même des troupes de théâtre expérimental.

Ranga Shankara THÉÂTRE
(☎080-26592777 ; www.rangashankara.org ; 36/2 8th Cross, JP Nagar). Ce centre culturel accueille toutes sortes de pièces (dans des langues et des genres variés) et spectacles de danse intéressants, ainsi qu'un mini-festival fin octobre/début novembre.

Bangalore Turf Club COURSES HIPPIQUES
(☎080-22262391 ; www.bangaloreraces.com ; Racecourse Rd). Les courses de chevaux ont du succès à Bengaluru. Elles ont habituellement lieu les vendredis et samedis après-midi.

Achats

Des bazars aux galeries marchandes, Bengaluru est un bon endroit pour le shopping. Commercial Sreet, Vittal Mallya Road et le quartier de MG Road comptent parmi les principaux secteurs commerçants.

♥ **Goobe's Book Republic** LIVRES
(www.goobes.wordpress.com ; 11 Church St ; ⏲10h30-21h lun-sam, 12h-21h dim ; Ⓜ MG Rd). Cette petite librairie vend des livres et des BD neufs et d'occasion. Bonne sélection d'ouvrages sur l'Inde du Sud ; personnel averti et serviable.

♥ **Mysore Saree Udyog** VÊTEMENTS
(www.mysoresareeudyog.com ; 1er ét., 316 Kamaraj Rd ; ⏲10h30-20h30). Cette boutique ouverte depuis plus de 70 ans vend des saris, blouses, tissus et chemises d'homme en soie de qualité, pour tous les budgets. La plupart des vêtements sont en soie de Mysore, mais il y a aussi des pashminas (en cachemire fin).

San-Cha Tea Boutique THÉS
(☎080-22272028 ; www.sanchatea.com ; 54 Lavelle Rd ; ⏲11h30-20h30). Cette boutique épatante propose plus de 70 variétés de thé, des grands crus aux modestes sachets. Nombre d'entre eux sont sélectionnés par le grand maître de thé Sanjay Kapur lui-même. Prix à partir de 240 ₹.

Forest Essentials COSMÉTIQUES
(www.forestessentialsindia.com ; 4/1 Lavelle Junction Bldg, Vittal Mallya Rd ; ⏲10h-21h). Produits de beauté naturels et haut de gamme : laits et lotions pour les cheveux, le visage et le corps, huiles essentielles ayurvédiques bio...

Gangarams Book Bureau LIVRES
(www.facebook.com/gangaramsbookbureau ; 3e ét., 48 Church St ; ⏲10h-20h lun-sam ; Ⓜ MG Rd). Guides et ouvrages indiens. Le personnel est compétent et il y a parfois des séances de dédicaces.

Fabindia VÊTEMENTS, LINGE DE MAISON
(www.fabindia.com ; Garuda Mall, Magrath Rd ; ⏲10h-20h). Cette chaîne très populaire est spécialisée dans les vêtements indiens, les articles ménagers et les accessoires en soie et en coton aux imprimés traditionnels. Produits de beauté de qualité également. Succursales dans **Commercial Street** (152 Commercial St ; ⏲10h-20h30), à **Koramangala** (54 17th Main Rd ; ⏲10h-20h) et au **Lido Mall** (1 MG Rd-Lido Mall, Kensington Rd ; ⏲10h30-21h ; Ⓜ Trinity).

Cauvery Arts & Crafts Emporium CADEAUX, SOUVENIRS
(45 MG Rd ; ⏲10h-20h ; Ⓜ MG Rd). Un magasin d'État réputé pour son immense choix de produits en bois de santal et de rose, ainsi que pour ses tissages, ses soieries et ses objets en *bidri* (travail artisanal du métal) faits main. Prix fixes.

Blossom Book House LIVRES
(www.blossombookhouse.com ; 84/6 Church St ; ⏲10h30-21h30 ; Ⓜ MG Rd). Livres neufs et d'occasion à des prix avantageux.

Garuda Mall GALERIE MARCHANDE
(www.garudamall.in ; Magrath Rd ; ⏲10h-22h dim-jeu, 10h-22h30 ven-sam ; Ⓜ Trinity). Dans le centre de Bengaluru, ce *mall* abrite de nombreuses boutiques de vêtements et un multiplexe (Inox).

Renseignements

Explocity (bangalore.explocity.com) couvre les dernières ouvertures de restaurants, les événements culturels, les soirées et les actualités shopping de la ville.

AGENCE DE VOYAGES

Skyway (☎ 080-22111401 ; www.skywaytour.com ; 8 Papanna Lane, St Mark's Rd ; ⏲9h-18h lun-sam) est une agence professionnelle et fiable, pour réserver des taxis longue distance, des billets d'avion et des circuits.

OFFICES DU TOURISME

Tous les bureaux cités ici fournissent de précieux renseignements touristiques :

Government of India Tourist Office (GITO ; ☎ 080-25583030 ; indiatourismbengaluru@gmail.com ; 2e ét., Triumph Towers, 48 Church St ; ⏲9h30-17h30 lun-ven, 9h30-12h sam ; Ⓜ MG Rd)

Karnataka State Tourism Development Corporation (KSTDC) Bureau de St Mark's Rd (☎ 080-41329211 ; www.kstdc.co ; Karnataka Tourism House, 8 Papanna Lane, St Mark's Rd ; ⏲10h-19h lun-sam ; Ⓜ MG Rd) ; bureau de Kasturba Rd (☎ 080-43344334 ; kstdc.co ; Badami House, Kasturba Rd ; ⏲10h-19h lun-sam)

POSTE

Poste principale (Cubbon Rd ; ⏲10h-19h lun-sam, 10h-13h dim ; Ⓜ Cubbon Park). En bordure nord du Cubbon Park.

SERVICES MÉDICAUX

Hosmat (☎ 080-25593796 ; hosmathospitals.com ; 45 Magrath Rd ; ⏲24h/24). En cas de blessure grave ou de maladie.

Mallya Hospital (☎ 080-22277979 ; www.mallyahospital.net ; 2 Vittal Mallya Rd). Service d'urgences et pharmacie ouverte 24h/24.

Depuis/vers Bengaluru

AVION

Situé à 35 km au nord du quartier de MG Road, l'**aéroport international Kempegowda** (☎ 1800 4254425 ; www.bengaluruairport.com) accueille les vols internationaux et intérieurs. Des liaisons sont assurées avec plus de 25 villes indiennes, dont Mumbai (Bombay). Les compagnies suivantes sont notamment représentées :

Air India (☎ 080-22978427 ; www.airindia.com ; Unity Bldg, JC Rd ; ⏲10h-17h lun-sam)

GoAir (☎ 080-47406091 ; www.goair.in)

IndiGo (☎ 9910383838 ; www.goindigo.in)

BUS

Immense et bien organisée, la **gare routière Kempegowda** (Gubbi Thotadappa Rd ; Ⓜ Kempegowda), souvent appelée Majestic ou Central, se trouve juste en face de la gare ferroviaire City. Des bus de la **Karnataka State Road Transport Corporation** (KSRTC ; www.ksrtc.in) desservent des villes du Karnataka et des États voisins. La **gare routière de Mysuru Road Satellite** (Mysuru Rd), à 8 km au sud-ouest du centre, est également importante : c'est de là que partent la plupart des bus KSRTC

PRINCIPAUX BUS AU DÉPART DE BENGALURU

DESTINATION	TARIF	DURÉE	FRÉQUENCE
Chennai (Madras)	549-955 ₹	6 heures 30-8 heures	47/jour, 5h30-23h45
Ernakulam	703-1 265 ₹	10-11 heures	7/jour, 16h10-22h
Hampi	650-779 ₹	7 heures 30	23h, 23h30
Hosapete (Hospet)	338-751 ₹	6-9 heures	17/jour, 8h45-23h45
Hyderabad	686-1 210 ₹	8-11 heures	28/jour, 7h15-23h45
Mangaluru (Mangalore)	366-908 ₹	6 heures 30-9 heures	32/jour, 6h05-23h50
Mumbai (Bombay)	1 575 ₹	18 heures	15h05, 17h05, 20h
Mysuru (Mysore)*	129-326 ₹	2 heures 30-4 heures	33/jour, 1h30, 22h30
Ooty (Udhagamandalam)*	600-840 ₹	7-9 heures 30	8/jour, 6h15-23h15
Panaji (Panjim)	610-1 050 ₹	11-13 heures 30	3/jour, 19h-20h30
Gokarna	519-843 ₹	9-12 heures	3/jour, 20h30-22h15

*Il y a aussi des départs depuis la gare routière de Mysuru Road Satellite.

pour Mysuru (Mysore), Mangaluru (Magalore) et d'autres destinations au sud-ouest de Bengaluru, ainsi que les Flybus pour l'aéroport.

Vous trouverez les horaires et les tarifs sur le site Internet de la KSRTC. Il n'est pas toujours possible de réserver en ligne à l'aide d'une carte bancaire étrangère. Dans ce cas, adressez-vous à une agence de voyages. Il est conseillé de réserver vos trajets longue distance.

Des compagnies de bus privées bordent la rue en face de la gare routière Kempegowda.

TRAIN

La **City Railway Station** (Gubbi Thotadappa Rd ; Ⓜ Kempegowda) est le principal nœud ferroviaire de Bengaluru. Descendez à la **gare de Cantonment** (Cantonment Railway Station ; Station Rd) pour rejoindre le quartier de MG Road. Les trains pour Goa partent de la **gare de Yeshvantpur** (Yeshvantpur Railway Station ; Rahman Khan Rd), à 8 km au nord-ouest du centre-ville.

Le **bureau des réservations ferroviaires** (☎139 ; City Railway Station ; ⏲8h-20h lun-sam, 8h-14h dim ; Ⓜ Kempegowda) dispose de différents comptoirs spécifiques – pour les achats par carte bancaire, les femmes et les étrangers. Pour les réservations de dernière minute, adressez-vous au **Divisional Railway Office** (Gubbi Thotadappa Rd). Vous trouverez une consigne ouverte 24h/24 sur le quai n°1 de la gare ferroviaire City.

ℹ Comment circuler

DEPUIS/VERS L'AÉROPORT

Une course entre l'aéroport et le centre coûte entre 750 et 1 000 ₹ en taxi climatisé (avec compteur), et dans les 550 à 650 ₹ avec Uber ou un taxi Ola. Ces tarifs incluent les 120 ₹ de péage. Les navettes climatisées **Vayu Vajra** (☎1800 4251663 ; www.mybmtc.com ; 170-260 ₹) circulent entre l'aéroport et divers lieux de la ville. Flybus (www.ksrtc.in) propose également un service régulier de l'aéroport à Mysuru (Mysore) et d'autres villes, dont Tirupati.

AUTO-RICKSHAW

Peu d'auto-rickshaws utilisent un compteur. Ceux qui le font appliquent 50% de supplément après 22h.

BUS

La **Bangalore Metropolitan Transport Corporation** (BMTC ; www.mybmtc.com) gère l'excellent réseau de bus urbains. Consultez son site Internet pour les horaires et les tarifs. Néanmoins, très peu de voyageurs empruntent ces bus, préférant le métro (plus rapide) et les véhicules Uber ou Ola (plus pratiques).

Les bus rouges climatisés Vajra circulent en ville, tandis que les bus verts deluxe Big10 desservent les banlieues. Des bus ordinaires partent de la **gare routière City** (Sayyali Rao Rd), voisine de la gare routière Kempegowda ; quelques-uns circulent depuis la **gare routière de City Market** (Ⓜ Chickpet), plus au sud.

MÉTRO

Bengaluru est doté d'un métro climatisé flambant neuf, le **Namma Metro** (☎ gratuit 1800-42512345 ; english.bmrc.co.in). Ses deux lignes se croisent à Kempegowda/Majestic (où se trouve une gare routière). C'est de loin le moyen le plus économique et rapide pour relier, par exemple, MG Road, dans le centre, au quartier nocturne d'Indiranagar (avec la ligne violette). Les métros circulent de 6h à 22h, toutes les 15 minutes environ. La plupart des trajets coûtent entre 10 et 22 ₹. On peut acheter une carte de plusieurs trajets (50 ₹)

PRINCIPAUX TRAINS AU DÉPART DE BENGALURU

DESTINATION	TRAIN (N° ET NOM)	TARIF	DURÉE	DÉPART
Chennai (Madras)	12658 *Chennai Mail*	260/930 ₹	6 heures	22h40
Chennai (Madras)	12028 *Shatabdi*	790/1 050 ₹	5 heures	6h et 16h25 mer-lun
Hosapete (Hospet)	16592 *Hampi Express*	240/935 ₹	9 heures	22h05
Hubballi (Hubli)	16589 *Rani Chennamma Exp.*	270/1 050 ₹	8 heures 30	21h15
Margao (Madgaon, Goa)	17311 *Mas Vasco Express*	360/1 420 ₹	16 heures	20h10 ven
Mysuru (Mysore)	12007 *Shatabdi*	295/835 ₹	2 heures	11h jeu-mar
Mysuru (Mysore)	12614 *Tippu Express*	90/315 ₹	2 heures 30	15h15
Thiruvananthapuram (Trivandrum)	16526 *Kanyakumari Express*	410/1 620 ₹	16 heures 30	20h

Les tarifs des *Shatabdi* valent pour une place en AC chair/AC executive chair. Les tarifs des trains express (*Exp* ou *Mail*) valent pour une place en 2e classe/AC chair pour les trains de jour et en sleeper/2AC pour les trains de nuit.

ou des jetons à l'unité. Consultez le site internet pour des informations actualisées sur le métro.

TAXI

On trouve d'innombrables véhicules Uber et Ola à Bengaluru. La location d'un taxi classique à la journée coûte environ 2 000 ₹ les 8 heures.

Olacabs (080-33553355 ; www.olacabs.com). Une compagnie professionnelle et efficace, avec des véhicules modernes et climatisés. Réservation en ligne ou par téléphone.

Meru Cabs (080-44224422 ; www.meru.in). Bonne compagnie.

SUD DU KARNATAKA

Hesaraghatta

080 / 9 250 HABITANTS

C'est dans cette petite ville à 30 km au nord-ouest de Bengaluru qu'est installée la grande école de danse **Nrityagram** (080-28466313 ; www.nrityagram.org ; visite autoguidée 100 ₹, -de 12 ans gratuit ; 10h-14h mar-dim), une académie fondée en 1990 pour raviver et populariser la danse indienne classique. Création et héritage de la célèbre danseuse Protima Gauri Bedi (1948-1998), le complexe a été conçu comme un village par l'architecte goanais Gerard da Cunha. Des étudiants méritants viennent y suivre des formations classiques de longue durée, et les enfants du coin peuvent venir apprendre gratuitement le dimanche. Consultez en ligne les dates des prochains spectacles (1 000 ₹/pers).

Les bus n[os]266, 253 et 253E, qui partent du marché municipal de Bengaluru (Krishnarajendra Market), desservent Hesaraghatta (30 ₹, 1 heure). Le n°266 pousse jusqu'à Nrityagram. Un auto-rickshaw entre Hesaraghatta et le centre Nrityagram coûte environ 80 ₹.

Mysuru (Mysore)

0821 / 1 036 000 HABITANTS / ALTITUDE 707 M

Capitale culturelle du Karnataka, Mysuru (Mysore jusqu'en 2014), la "cité des palais", est l'une des destinations les plus enchanteresses d'Inde du Sud, réputée pour son fastueux patrimoine et ses monuments. Si la plupart des voyageurs viennent avant tout pour le palais, la ville s'enorgueillit d'autres superbes édifices, de nombreux jardins et parcs, et de riches traditions artisanales. Son bazar est l'un des plus beaux d'Inde du Sud, jalonné d'échoppes d'épices et de stands d'encens – c'est un festival de couleurs et de senteurs, du santal au jasmin. Mysuru est aussi un haut lieu du yoga, notamment de l'ashtanga yoga (p. 202), et plusieurs écoles de renom y attirent des pratiquants du monde entier.

Histoire

Mysuru doit son nom au mythique Mahisuru, le lieu où la déesse Chamundi tua le démon-buffle Mahishasura. Son histoire royale commença en 1399, avec la fondation de la dynastie Odeyar (ou Wodeyar) ; Mysuru demeura toutefois la vassale du royaume de Vijayanagar jusqu'au milieu du XVIe siècle. À la chute de Vijayanagar, en 1565, les Odeyar proclamèrent leur souveraineté. Ils la conservèrent jusqu'à l'Indépendance en 1947, à l'exception d'une brève période de domination par Haidar Ali et son fils, Tipu Sultan, le fameux "tigre de Mysore", farouche opposant à la présence britannique, à la fin du XVIIIe siècle. En 2015, la ville couronna un nouveau maharaja, Yaduveera Krishnadatta Chamaraja Wadiyar, âgé de 23 ans. En septembre de cette même année, il présidait sa première fête de Dussehra.

Le nom de Mysore est aussi attaché à une école de peinture, qui s'est développée grâce au soutien de la dynastie des Odeyar. Ce mécénat aida à la naissance d'un style particulier que l'on rapproche parfois du style pictural de Tanjore.

À voir

Surnommée à juste titre "la cité des palais", Mysuru ne compte pas moins de sept palais, en plus d'une myriade d'édifices historiques somptueux datant de la dynastie Odeyar et de l'époque du Raj britannique. Ils appartiennent pour la plupart à l'État et abritent désormais des hôpitaux, des universités, des administrations et des hôtels historiques. Le site www.karnatakatourism.org/mysore/en répertorie les bâtiments remarquables de la ville.

Palais de Mysore PATRIMOINE

(Amba Vilas Palace ; www.mysorepalace.gov.in ; Purandara Dasa Rd ; adulte/enfant 50 ₹/gratuit ; 10h-17h30). Figurant parmi les plus beaux édifices royaux du pays (il serait le deuxième lieu le plus visité d'Inde après le Taj Mahal), cet immense palais était la demeure des maharajas Odeyar. Le monument d'origine fut détruit par un incendie en 1897. Celui que l'on découvre

VAUT LE DÉTOUR

LES NANDI HILLS, UNE RÉGION VITICOLE

Dans un pays qui n'est pas réputé pour son vin, Bengaluru fait exception car elle est située à proximité des **Nandi Hills** (10/150 ₹ par pers/voiture ; 6h-18h), avec Nasik (p. 86), l'une des premières régions viticoles du pays, émaillée de nombreux domaines. C'est également non loin de la ville que se trouve la première distillerie indienne de whisky single malt.

Grover Wineries (080-27622826 ; www.groverzampa.in ; visite 1 heure 30 lun-ven 850 ₹, sam-dim 1 000 ₹). Ce domaine situé à 920 m d'altitude produit des vins de cépages blancs et rouges de qualité. Les prix comprennent la dégustation de cinq crus dans les caves (avec fromage et crackers), suivie d'un déjeuner. De février à mai, vous assisterez au foulage des grappes et visiterez les vignobles. Les Grover Wineries se trouvent sur la route des Nandi Hills, à 40 km au nord de Bengaluru.

Amrut (080-23100402 ; www.amrutdistilleries.com ; Mysuru Rd ; visites 750 ₹). La première distillerie de whisky single malt du pays, fondée en 1948, propose des visites gratuites avec des guides connaisseurs. Après la découverte des différentes étapes du processus, vous dégusterez ses bons single malt et blend. La distillerie est à 20 km de Bengaluru sur la route de Mysuru ; réservation indispensable.

Des bus desservent les Nandi Hills (70 ₹, 2 heures) au départ de la gare routière Kempegowda (Majestic/Central) de Bengaluru.

aujourd'hui fut conçu par l'architecte anglais Henry Irwin, et achevé en 1912. (Les travaux coûtèrent quelque 4,5 millions de roupies). L'intérieur de cette merveille de style indo-sarracénique, rythmée de tours et de tourelles surmontées de petits dômes, est un véritable kaléidoscope de vitraux, de miroirs et de couleurs chatoyantes, embelli par des portes en bois sculptées, des sols en mosaïque et des peintures illustrant la vie à Mysuru au temps du Raj.

L'accès au palais se fait par une belle collection de sculptures et d'artefacts. Une armurerie renferme plus de 700 armes. De 19h à 20h, tous les dimanches et les jours fériés, le palais est illuminé par quelque 100 000 ampoules électriques qui soulignent sa majestueuse architecture. On pénètre dans les jardins par la billetterie de la **porte sud**. Les photos sont strictement interdites à l'intérieur du palais. Par ailleurs, de nombreux visiteurs ont rapporté n'avoir pas pu télécharger l'application mobile du palais (conseillée par l'office du tourisme).

Voir aussi le plan en couleurs du palais p. 198.

Devaraja Market MARCHÉ

(Sayyaji Rao Rd ; 6h-20h30). Ce grand bazar très animé datant du règne de Tipu Sultan (1782-1799) abrite des étals de produits traditionnels : guirlandes de fleurs, encens, épices, piles coniques de *kumkum* (poudre colorée utilisée pour les bindis). La partie ouest concentre de nombreux stands de fruits et légumes. Gully Tours (p. 200) organise de bonnes visites du bazar.

Palais de Jaganmohan PATRIMOINE

(Jaganmohan Palace Rd). Édifié en 1861 en tant qu'auditorium royal, ce somptueux palais, juste à l'ouest du palais de Mysore, sert notamment de cadre à la **Jayachamarajendra Art Gallery**. Réparti sur 3 niveaux, ce musée est riche d'une importante collection de peintures indiennes, dont des œuvres de Raja Ravi Varma (1848-1906), en plus d'art traditionnel japonais et de rares instruments de musique. Lors de nos recherches, le lieu était fermé pour des travaux de rénovation bien nécessaires.

Chamundi Hill POINT DE VUE

Au sommet de cette colline de 1 062 m trône le **Sri Chamundeswari** (7h-14h, 15h30-18h et 19h30-21h). Ce temple, qui offre une vue spectaculaire sur la ville, constitue une belle excursion d'une demi-journée. Venez en semaine pour éviter les files d'attente du week-end. Le bus n°201 (28 ₹, climatisé) au départ de la gare routière Central y conduit ; un aller-retour en auto-rickshaw/voiture Uber coûte environ 450/700 ₹.

Rail Museum MUSÉE

(KRS Rd ; Indien adulte/enfant 20/10 ₹, étranger adulte/enfant 80/40 ₹, app photo/caméra 20/30 ₹ ; 9h30-18h30 tlj sauf mer). La pièce la plus remarquable de ce musée en plein air est la voiture de la maharani de Mysuru. Datant de 1899, cette merveille lambrissée, ornée de plafonds dorés et de lustres, témoigne du faste dans lequel voyageaient jadis les têtes couronnées. On y voit aussi des moteurs à vapeur, des locomotives et des wagons, souvent fabriqués au Royaume-Uni. Un train miniature emprunte la voie autour du musée seize fois par jour.

Indira Gandhi Rashtriya Manav Sangrahalaya MUSÉE
(National Museum of Mankind ; igrms.gov.in ; Wellington Lodge, Irwin Rd ; 9h30-17h30 mar-dim). GRATUIT Ce modeste édifice, communément appelé Wellington Lodge, fut, de 1799 à 1801, la résidence du colonel Arthur Wellesley, celui-là même qui, devenu duc de Wellington, défit plus tard Napoléon Ier à Waterloo. Aujourd'hui, la demeure renferme une collection vieillissante de textiles, d'objets d'artisanat et de saisissantes sculptures en terre cuite du Rajasthan.

Jayalakshmi Vilas Mansion Museum Complex ARTS POPULAIRES
(campus de l'université de Mysuru ; 10h-13h et 15h-17h mar-dim). GRATUIT Aménagé dans une belle demeure de style gréco-romain, sur le campus universitaire à l'ouest de la ville, ce musée dévolu à la culture populaire contient des tablettes en pierre, des sculptures, des costumes et une marionnette en bois de Ravana, le roi-démon à dix têtes. Ce bâtiment, restauré en 2006, est l'ancienne demeure de la princesse Jayalakshmi Ammani, fille aînée du maharaja Chamaraja Odeyar.

Activités et cours

Turiya Wellness AYURVÉDA, YOGA
(0821-2971123 ; turiya-wellness.com ; 354/B 4th Main Rd, Gokulam ; massage à partir de 1 500 ₹/45 min ; 6h-20h). Cet institut de soins donne également des cours appréciés de cuisine ayurvédique et de massage, ainsi que des cours quotidiens de yoga (hatha et ashtanga).

Emerge Spa SPA
(0821-2522500 ; www.thewindflower.com ; Windflower Spa & Resort, Maharanapratap Rd, Nazarbad ; massage à partir de 2 350 ₹ ; 7h-21h). Un superbe complexe de bien-être et spa où choisir entre une myriade de soins ayurvédiques, dont des massages avec pierres chaudes et des rituels de bien-être. Les forfaits à la journée incluent l'accès à la piscine naturelle de l'hôtel. Le spa est situé à 3 km au sud-est du palais de Mysore.

Indus Valley Ayurvedic Centre AYURVÉDA
(0821-2473263 ; www.ayurindus.com ; Lalithadripura). Situé au cœur d'un domaine de 10 ha, à 6 km du centre-ville, ce centre est réputé pour ses thérapies dérivées de prescriptions traditionnelles. Également : aromathérapie, détox *basti* et toutes sortes de soins ayurvédiques. Le forfait de 2 jours en pension complète (à partir de 212 $US) comprend des soins ayurvédiques, des séances de yoga et une cure de beauté.

Shruthi Musical Works MUSIQUE
(9845249518 ; 1189 3rd Cross, Irwin Rd ; 450 ₹/heure ; 10h30-21h lun-sam, 10h30-14h dim). Jayashankar, un professeur de musique, est apprécié pour ses cours de tabla.

L'ARCHITECTURE COLONIALE DE MYSORE

Mysuru possède un important patrimoine architectural colonial assez conséquent. **Government House** (Irwin Rd), l'ancienne Résidence britannique, fut bâtie en 1805 au cœur d'un parc de 20 ha dans le style de l'ordre toscan. Face à la porte nord du palais de Mysore, la **Silver Jubilee Clock Tower** (tour de l'Horloge ; Dodda Gadiara ; Ashoka Rd) date de 1927. L'imposante **St Philomena's Cathedral** (St Philomena St ; 8h-17h) de style néogothique, rehaussée de superbes vitraux, fut construite entre 1933 et 1941. **Wellington Lodge**, une demeure des débuts de l'ère coloniale, servit jadis de résidence au colonel Arthur Wellesley, le futur duc de Wellington ; elle abrite aujourd'hui un musée, l'**Indira Gandhi Rashtriya Manav Sangrahalaya**. Le **Lalitha Mahal Palace** (0821-2526100 ; www.lalithamahalpalace.co.in ; ch avec petit-déj 3 170-6 420 ₹, ste à partir de 13 680 ₹ ;), de l'architecte britannique E.W. Fritchley, mérite également le coup d'œil. Cet hôtel de style néoclassique est coiffé d'un dôme blanc, probablement inspiré par celui de la cathédrale Saint-Paul de Londres.

Palais de Mysore

L'intérieur du palais (voir aussi p. 195) constitue un dédale de salles richement ornementées, renfermant une profusion de peintures, de sculptures et d'objets cérémoniels. De nombreux détails, dissimulés, échapperont à ceux qui effectuent une visite au pas de course... Pour profiter au mieux de cet admirable monument, consacrez plusieurs heures à sa visite. Les services d'un guide seront précieux.

En pénétrant dans le palais, vous découvrirez d'abord le **1 pavillon de la Poupée**, qui renferme une superbe collection de poupées traditionnelles et de sculptures du monde entier qui appartenait au maharaja. En face de la **2 porte de l'Éléphant**, les sept canons annonçaient autrefois de grands événements, comme les anniversaires des souverains. Ils servent aujourd'hui pour Dussehra (voir p. 201), la fête en l'honneur de Durga, figure tutélaire de la ville.

Au bout du pavillon de la Poupée, observez le **3 howdah doré**, un palanquin porté par un éléphant, avec des chasse-mouches en ivoire.

ROBERT WYATT/ALAMY STOCK PHOTO ©

Durbar privé
Des portes en bois de rose ouvrent sur cette salle richement décorée, avec vitraux au plafond, grilles ouvragées en acier et lustres. Elle abrite le trône en or, uniquement accessible au public pendant la fête de Dussehra.

Entrée dans le palais

PJHPIX/SHUTTERSTOCK ©

Durbar public
Cet espace ouvert sur l'extérieur, où se tenaient les audiences publiques, renferme une inestimable collection de tableaux de Raja Ravi Varna. Il donne sur un balcon supporté par de massives colonnes, au plafond peint de dix incarnations de Vishnu.

Allez admirer les peintures représentant la procession de Dussehra, accrochées dans les salles qui mènent au **4 pavillon des Mariages** et jetez un coup d'œil dans la cour, pour apercevoir l'ancienne arène de lutte, qui ne sert plus de nos jours que pendant la fête de Dussehra. Une fois dans le pavillon des Mariages, prenez quelques minutes pour observer la pièce dans son ensemble. On y discerne l'influence de trois religions : le christianisme (vitraux du plafond), l'hindouisme (sculptures en pierre) et l'islam (balcon et arches sous le toit – la galerie des femmes selon la tradition).

En chemin vers le **5 durbar privé**, la salle des audiences particulières du maharaja, remarquez les incrustations en ivoire à l'effigie de Krishna qui décorent les portes en bois de rose. Le **6 durbar public** est en général la dernière pièce visitée ; là, vous pourrez contempler les jardins à travers les arcades.

Pavillon de la Poupée

La première salle, le pavillon de la Poupée, abrite la collection de poupées, de statues et d'idoles hindoues des XIXe et XXe siècles offerte au maharaja par des dignitaires étrangers.

Porte de l'Éléphant

À côté du pavillon de la Poupée, cette porte en cuivre est incrustée de quatre éléphants en bronze, en bas, d'un aigle à double tête ouvragée, en haut, et d'une créature hybride mi-lion mi-éléphant (emblème du Karnataka), au centre.

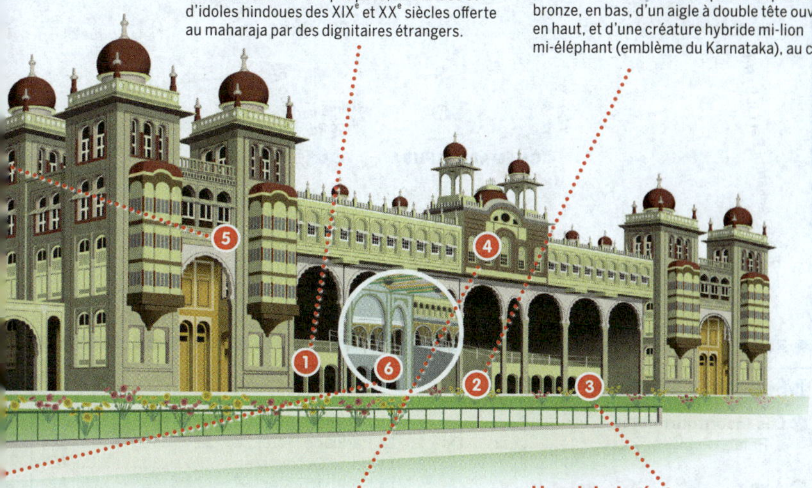

Pavillon des Mariages

Cette somptueuse salle, qui servait pour les mariages royaux, réunit des éléments décoratifs inspirés du christianisme, de l'hindouisme et de l'islam. Ses joyaux sont le plafond octogonal en vitraux peints, orné de motifs représentant des paons, le lustre en bronze et les colonnes en turquoise.

Howdah doré

À l'extrémité du pavillon de la Poupée, ce *howdah* en bois, orné de 80 kg d'or, était jadis utilisé pour convoyer le maharaja durant Dussehra. Il sert désormais d'écrin à une effigie de la déesse Chamundeswari.

SINGH_LENS/SHUTTERSTOCK ©

Mysuru (Mysore)

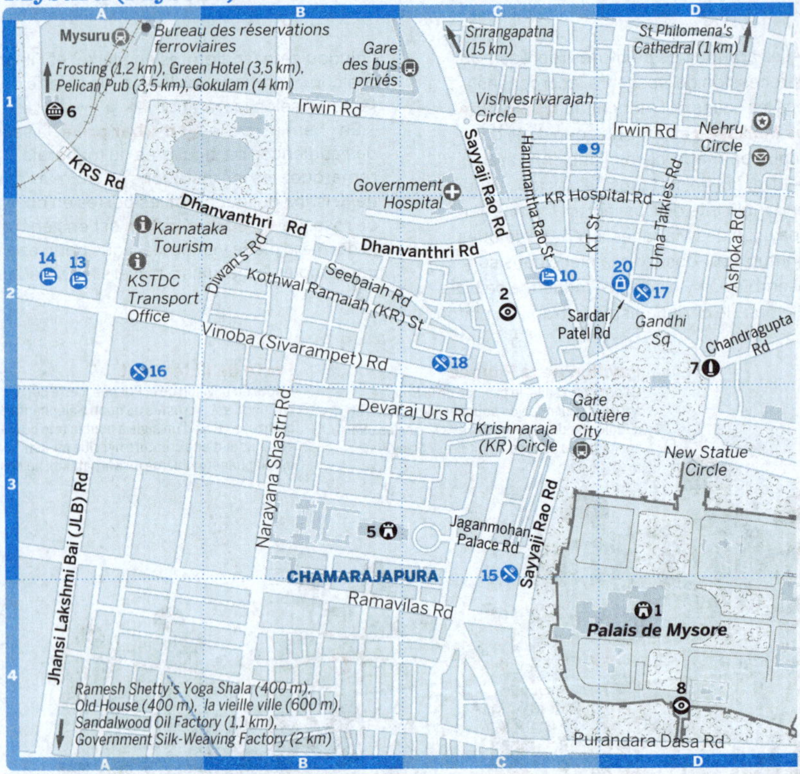

Mysuru (Mysore)

Les incontournables
1 Palais de Mysore D4

À voir
2 Devaraja Market C2
3 Government House F1
4 Indira Gandhi Rashtriya Manav Sangrahalaya E1
5 Palais de Jaganmohan B3
6 Rail Museum A1
7 Silver Jubilee Clock Tower D2
8 Billetterie de la porte Sud D4

Activités
9 Shruthi Musical Works C1

Où se loger
10 Hotel Maurya C2
11 Mansion 1907 .... F2
12 Parklane Hotel E3
13 Royal Orchid Metropole A2
14 Southern Star A2

Où se restaurer
15 Cafe Aramane C3
16 Dosa Point A2
17 Hotel RRR D2
18 Madhushahi Samosa Centre C2
Parklane Hotel .... (voir 12)
Tiger Trail .... (voir 13)

Où prendre un verre et faire la fête
19 Infinit Doora E3

Achats
20 Sumangali Silks D2

Circuits organisés

Gully Tours À PIED
(☎9632044188 ; gully.tours ; promenades à partir de 1 100 ₹). Anciennement nommée Royal Mysore Walks, cette agence organise d'intéressantes visites guidées pour découvrir l'histoire de la ville et son patrimoine. Balades à pied (sur le thème de l'histoire

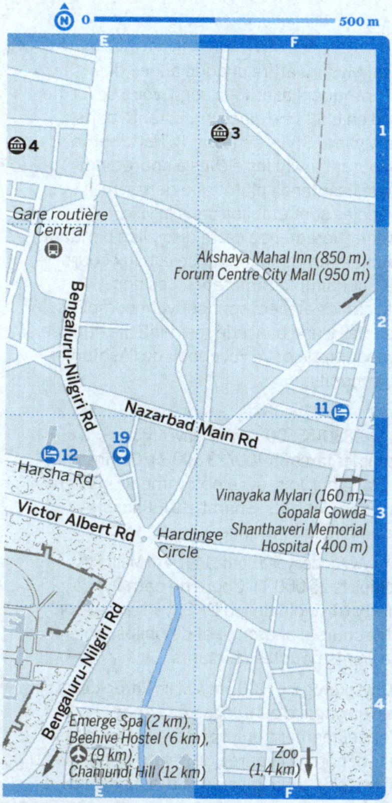

royale ou de la cuisine), visites à vélo et circuits en jeep.

KSTDC Transport Office EN BUS

(☎0821-2423652 ; www.kstdc.co ; visite de la ville 400 ₹). La KSTDC organise une visite en bus de Mysuru, qui inclut les principaux sites (sauf le palais), Chamundi Hill, Srirangapatna et les Brindavan Gardens. Elle commence à 8h30 et s'achève à 20h30 ; vous serez sans doute épuisé ! D'autres excursions font découvrir Belur, Halebid, Sravanabelagola et la région du Kodagu (890 ₹).

Fêtes et festivals

Dussehra CULTURE

(Dasara ; sept-oct). Une ambiance magique règne à Mysuru pendant les dix jours de la fête de Dussehra (ou "Dasara", selon l'orthographe locale). Durant toute cette période, le palais de Mysore (p. 195) est illuminé tous les soirs de façon spectaculaire et toute la ville devient une immense fête. Les concerts, les spectacles de danse, les démonstrations sportives et les manifestations culturelles font alors salle comble. Les festivités se poursuivent aussi dans les rues, avec l'Open Street Festival, animé par des stands de cuisine de rue et des concerts.

Où se loger

Il y a à Mysuru un assez bon choix d'hôtel et de *guesthouses*. La ville attirant des touristes tout au long de l'année, les établissements peuvent se remplir très vite, notamment durant la fête de Dussehra. Réserver est recommandé à cette période.

♥ **Beehive Hostel** AUBERGE DE JEUNESSE $

(☎9916967853 ; beehivemysore.business.site ; 12th Main Rd, JP Nagar; dort/ch 600/1 300 ₹ ;). Dans un calme quasi complet, au milieu d'un grand jardin agrémenté de pelouses, cette nouvelle auberge fera le bonheur des voyageurs las de l'agitation urbaine. Sa majestueuse villa jaune, de style colonial, est très bien équipée, avec quatre chambres, trois dortoirs, une petite bibliothèque, une cuisine commune et plein d'espaces où échanger avec les autres voyageurs. À 6 km au sud du centre-ville.

♥ **Mansion 1907** AUBERGE DE JEUNESSE $

(☎9886523472 ; www.facebook.com/themansion1907 ; 36 Shalivahana Rd ; dort avec ventil/clim 500/600 ₹, ch avec ventil/clim 1 400/1 800 ₹ ;). Une auberge très bien conçue, dans une demeure ancienne aux influences architecturales indienne et britannique. Chambres et dortoirs spacieux, agréables espaces communs ornés de fresques et de pochettes de vinyles, une cuisine et le Wi-Fi (haut débit). Séances de yoga gratuites sur le toit (pour les résidents).

Sonder AUBERGE DE JEUNESSE $

(☎8971793193 ; www.sonderhostel.com ; 6 Vivekananda Rd ; dort avec petit-déj 500 ₹ ;). Dans une banlieue tranquille et arborée, à proximité d'écoles de yoga, voici une auberge bien aménagée, avec des dortoirs confortables, une cuisine, des casiers, des jeux de société et des livres. Ambiance sympathique. Des activités sont régulièrement proposées (cinéma, cours de cuisine...).

Hotel Maurya HÔTEL $

(☎0821-2426677 ; www.hotelmauryamysore.com ; 9/5 Hanumantha Rao St ; s/d/tr à partir de 200/375/500 ₹ ;). Une bonne adresse gérée par une direction aimable, qui s'appliquera à vous faire profiter au mieux de Mysuru.

MYSURU ET L'ASHTANGA YOGA

Destination réputée parmi les amateurs de yoga, Mysuru attire chaque année des milliers d'étrangers qui viennent apprendre ou pratiquer l'ashtanga yoga, voire se former pour devenir professeur certifié. Le yoga occupe en effet une place importante dans cette cité qui a vu naître son propre courant, le Mysore Style, initié par K. Pattabhi Jois. Aujourd'hui reconnu dans le monde entier, ce courant invite les élèves à approfondir à leur rythme les asanas (postures physiques) de l'ashtanga plutôt que de suivre l'enchaînement d'un professeur. Plus de vingt écoles sont établies dans la ville.

En théorie, les étudiants doivent se consacrer entièrement à cette discipline pendant un séjour d'au moins un mois. Mais, depuis quelque temps, la tendance est aux cours sans rendez-vous et aux stages d'une semaine pour simples amateurs. Les non-débutants doivent s'inscrire le plus tôt possible car les ateliers sont souvent complets. La plupart des étudiants étrangers logent à Gokulam, une banlieue résidentielle huppée. Plusieurs écoles proposent l'hébergement – consultez la page Facebook de l'Ashtanga Community in Mysore et de la Mysore Yoga Community.

Centres de yoga

Ashtanga Yoga Research Institute (AYRI ; ☎9880185500 ; www.kpjayi.org ; 235 8th Cross Rd, 3rd Stage, Gokulam ; 1er/2e mois sans les taxes 35 400/23 800 ₹). Cet institut a été fondé par le très renommé professeur K. Pattabhi Jois, qui a notamment enseigné le yoga à Madonna et a depuis laissé les rênes à son petit-fils, Sharath, tout aussi apprécié. Vous devrez vous inscrire au moins deux mois à l'avance.

IndeaYoga (Ananda Yoga India ; ☎0821-2416779 ; www.indeayoga.com ; 144E 7th Main Rd, Gokulam ; cours 1 mois avec logement et pension complète 25 000 ₹). Cours de hatha yoga et d'Ashtanga yoga avec le gourou Bharath Shetty (disciple de feu BKS Iyengar) et son épouse Archana. L'enseignement comprend des cours d'anatomie et de philosophie du yoga. Également : cours à l'unité et hébergements pour les étudiants.

Nirvana Yoga Shala (☎0821-4288490 ; www.mysoreyoga.in ; 100 3rd A Main Rd, Gokulam ; séance/1 mois de cours 500/7 500 ₹). Cours de hatha yoga, d'ashtanga yoga et de méditation, et conférences. Des formations d'enseignement du yoga aérien sont aussi organisées. Les programmes sont adaptés en fonction de la durée du séjour et du niveau des étudiants. Logements (studios avec kitchenette), sauna, piscine et café sur place.

Atmavikasa Centre (☎0821-2341978 ; www.atmavikasayoga.com ; 18 80 Feet Rd, Ramakrishnanagar ; stage intensif 1 mois 42 500 ₹). Cette école de hatha yoga traditionnelle, initiée par Acharya Venkatesh et Acharye Hema, assure formations, thérapies et ateliers. Elle est entourée d'un jardin, dans un faubourg calme à 5 km au sud-ouest du palais.

Ramesh Shetty's Yoga Shala (☎7795977565 ; mysoreashtanga.net ; 451/4 Vanivilas Double Rd, Chamarajapura). Les formations à l'enseignement de l'ashtanga vinyasa et du hatha yoga reçoivent de bons retour (cours accrédités par la Yoga Alliance).

Yogadarshanam (☎9901760846 ; www.yogadarshanam.org ; 77/A 4th Main Rd, 3rd Stage, Gokulam ; stage 6 200-30 500 ₹). Cours de yoga et de méditation, ateliers, retraites et formation d'enseignants. Le cours d'un mois consacré aux bases du yoga est recommandé pour les débutants.

Yoga Bharata (☎0821-4242342 ; www.yogabharata.com ; 1er ét., 810 Contour Rd, Gokulam ; 1/4 sem de cours quotidiens 2 000/10 000 ₹). Cours d'ashtanga vinyasa et de hatha yoga avec des professeurs expérimentés. Affilié à IndeaYoga. Cours à l'unité possible (300 ₹).

Chambres variées, banales mais grandes et peu chères (climatisation en extra). En plein centre-ville, vous ne serez pas épargné par les bruits de la circulation et de la rue.

Anokhi Garden Guest House GUESTHOUSE **$$** (☎0821-4288923 ; www.anokhigarden.com ; 408 Contour Rd, 3rd Stage, Gokulam ; s/d à partir de 2 200/3 200 ₹ ; 📶). Très prisée des apprentis yogis et des jeunes voyageurs, cette *guest-house* accueillante et très soignée, est tenue par des Français. Il y a un charmant café dans le jardin. Couvre-lits et tissus régionaux ajoutent de belles touches de couleur aux chambres spacieuses.

Parklane Hotel HÔTEL $$

(☎0821-4003500 ; www.parklanemysore.com ; 2720 Harsha Rd ; ch à partir de 1 680-3 190 ₹ ;). Difficile de ne pas apprécier cet hôtel d'un excellent rapport qualité/prix, situé au cœur de la ville, à proximité de la plupart des sites touristiques. La décoration est kitch, mais les chambres sont propres et spacieuses (les sdb méritent toutefois d'être refaites). Le restaurant en plein air ne désemplit pas. Petite piscine sur le toit.

Southern Star HÔTEL $$

(☎0821-2426426 ; www.hotelsouthernstar.com ; Vinoba Rd ; ch avec petit-déj à partir de 4 880 ₹ ;). D'un bon rapport qualité/prix, ce vaste hôtel a bien des avantages : une ravissante piscine, un beau jardin verdoyant et un bon emplacement à moins d'un km de la gare ferroviaire. Les chambres, plutôt élégantes, ont du parquet, des tableaux aux murs et de grandes sdb.

Akshaya Mahal Inn HÔTEL $$

(☎0821-2447675 ; www.akshayamahalinn.com ; 5/A Hydarali Rd ; ch avec petit-déj à partir de 2 460 ₹ ;). Un hôtel bien tenu et bien situé, à environ 2 km du centre-ville et à quelques mètres d'une grande galerie marchande. Prix très corrects pour des chambres spacieuses (TV à écran plat avec le câble), avec de quoi se faire du thé et du café.

Green Hotel HÔTEL HISTORIQUE $$

(☎0821-4255000 ; www.greenhotelindia.com ; 2 270 Vinoba Rd, Jayalakshmipuram ; s/d avec petit-déj à partir de 3 820/4 460 ₹ ;). Le palais que le maharaja fit construire pour ses filles dans les années 1920 est aujourd'hui un hôtel entouré d'un ravissant jardin. Les chambres de l'aile ancienne ne manquent pas de caractère, malgré quelques éléments vieillissants et l'absence de climatisation. Il y a sur place un **café** (pâtisseries à partir de 40 ₹, en-cas à partir de 70 ₹ ; 10h-19h ;), un restaurant et une agence de voyages.

♥ Grand Mercure Mysore HÔTEL $$$

(☎0821-4021212 ; www.accorhotels.com ; Nelson Mandela Circle, New Sayyaji Rao Rd ; ch à partir de 5 160 ₹ ;). Bien géré et doté d'un personnel attentionné, le Mercure comprend des chambres raffinées et bien équipées, une piscine sur son toit (assez grande pour faire des longueurs), une salle de sport avec vue sur la ville, un petit spa et plusieurs restaurants. À 4 km au nord du centre-ville.

Royal Orchid Metropole HÔTEL DE LUXE $$$

(☎0821-4255566 ; www.royalorchidhotels.com ; 5 Jhansi Lakshmi Bai Rd ; s/d avec petit-déj à partir de 6 880/7 250 ₹ ;). Récemment rénové, ce cinq-étoiles était jadis réservé aux invités de marque du maharaja. Sis au cœur d'une splendide propriété, il compte des chambres au confort moderne, pleines de charme, qui se déclinent en quatre catégories. Une salle de sport, une piscine, plusieurs salles à manger (dont une à l'extérieur) et un bar très chic complètent le tout.

Georgia Sunshine Village BUNGALOWS $$$

(☎0821-247646 ; georgiasunshine.com ; Shimshapura Rd, Hebbani ; d/ste pension complète 7 780/9 250 ₹ ;). L'aimable coupe Hatherell tient cette paisible adresse familiale, où profiter d'une belle piscine, de délicieux repas faits maison et d'un hébergement dans des bungalows douillets. Randonnées (300 ₹ pour le guide), promenades ornithologiques et parties de pêche sur demande. À 64 km à l'est de Mysuru.

Où se restaurer

Mysuru compte quantité de restaurants indiens et de petites gargotes où casser la croûte, ainsi que des cafés aux mets diététiques pour les nombreux yogis de la ville.

♥ Vinayaka Mylari INDIEN DU SUD $

(769 Nazarbad Main Rd ; dosa 30-50 ₹ ; 6h-13h30 et 15h-20h30). Ce petit établissement sans chichis est l'un des meilleurs de la ville pour goûter des spécialités d'Inde du Sud tel le *masala dosa*, une grande crêpe salée garnie de pommes de terre épicées. Légère et moelleuse, elle est servie sur des feuilles de bananier. Les Indiens les accompagnent de chutney à la noix de coco et d'un café.

Madhushahi Samosa Centre CUISINE DE RUE $

(1518 Vinoba Rd ; samosas 15-30 ₹ ; 16h-21h lun-sam). Ce minuscule établissement de samosas à emporter n'ouvre que quelques heures par jour, mais il mérite vraiment le détour. Ses délicieux chaussons font tant d'heureux qu'il y a toujours la queue !

Dosa Point INDIEN DU SUD $

(1350 Devaraj Urs Rd ; dosa 40-70 ₹ ; 8h-22h). Restaurant de *dosa* tellement populaire que ses adeptes en mangent les délices sur le trottoir lorsque la salle est pleine. Ne manquez pas les *rava dosa* (crêpes à base de semoule) à l'oignon ni ceux au *ghee*.

Cafe Aramane INDIEN DU SUD $

(Sayyaji Rao Rd ; plats 90-120 ₹ ; 8h-22h). Une authentique table d'Inde du Sud, pleine de charme. On y sert des petits-déjeuners aux employés de bureau le matin, on leur propose des *thali* au déjeuner (à partir de 80 ₹) et on les accueille de nouveau le soir pour un café filtre parfumé et une ribambelle de délicieux en-cas, dont un *dosa* spécial pour chaque jour de la semaine.

Depth 'n' Green VÉGÉTARIEN $

(www.facebook.com/depthngreen ; 228/3 1st Main Rd, Gokulam ; plats 120-200 ₹ ; 8h30-21h30 ;). Très prisé, ce petit café végétarien tout simple est apprécié pour ses petits-déjeuners servis toute la journée (goûtez au porridge "*hearty oats*"), ainsi que ses plats indiens et occidentaux nourrissants, dont d'excellentes salades. Délicieux smoothies et lassis aux légumes. Concerts certains soirs.

Hotel RRR INDIEN DU SUD $

(Gandhi Sq ; plats 125-175 ₹ ; 12h-16h30 et 19h-23h). Ce restaurant très fréquenté est spécialisé dans les plats classiques de l'Andhra Pradesh. Vous devrez peut-être attendre pour obtenir une table à l'heure du déjeuner. Goûtez les *biryani* au mouton ou au poulet, servis sur une feuille de bananier. Il y a une petite section climatisée.

Anu's Bamboo Hut DIÉTÉTIQUE $$

(9900909428 ; www.facebook.com/cafeingokulam ; 367 2nd Main Rd, 3rd Stage, Gokulam ; buffet déj 250 ₹ ; 13h-15h et 17h-19h lun-sam ;). Cette paillote sur un toit-terrasse séduit surtout des apprentis yogis alléchés par le buffet végétarien du déjeuner (à partir de 13h pile ; à 14h il ne reste déjà plus grand-chose) et les smoothies le soir. Anu, le chef et patron, est une excellence source de renseignements sur Mysuru ; il propose aussi des cours de cuisine (700 ₹, déjeuner inclus).

Parklane Hotel INTERNATIONAL $$

(Parklane Hotel, 2720 Harsha Rd ; plats 110-175 ₹ ;). Voici peut-être le restaurant le plus convivial de Mysuru ! Les tables en plein air sont éclairées par d'innombrables lanternes, et des concerts de musique traditionnelle sont régulièrement organisés. À la carte : des spécialités régionales de tout le pays, des plats chinois et occidentaux, ainsi que des bières fraîches.

Rasa Dhatu DIÉTÉTIQUE $$

(www.dhatuorganics.com ; 2826 10th Cross Rd, Gokulam ; en-cas/repas à partir de 120/140 ₹ ; 10h-22h lun-ven, 8h-22h sam-dim ;). Ce café bio en retrait d'Adipampa Road propose des spécialités du jour diététiques, dont des *dosa* et *roti* au millet, des salades, des curries et des *thali* d'Inde du Nord et du Sud (199-299 ₹ ; au déjeuner). Service parfois un peu lent.

Old House ITALIEN $$

(0821-2333255 ; 451 Jhansi Lakshmi Bai Rd ; plats à partir de 215 ₹ ; 7h30-21h45 ;). Un restaurant italien chic, doté d'une charmante terrasse, où se régaler de salades, de pâtes, de risottos ou encore de pizzas cuites dans un four à bois. Le petit-déjeuner vaut aussi le détour (avec des mets allant des croissants à l'omelette espagnole). Nombreux cafés et cocktails à base de jus de fruits, mais pas de boissons alcoolisées.

Tiger Trail INDIEN $$$

(0821-4255566 ; Royal Orchid Metropole, 5 Jhansi Lakshmi Bai Rd ; plats 249-799 ₹ ; 7h30-10h, 12h30-15h30 et 19h30-23h ;). Vous goûterez ici une cuisine indienne savoureuse, dans la somptueuse salle à manger de l'hôtel Royal Orchid Metropole (portraits aux murs, lustres et miroirs en verre de Murano) ou dans sa cour, ornée le soir de guirlandes lumineuses. Le *Peshwari boti kebab* (475 ₹), le curry de poisson de Malabar (399 ₹) et les plats d'Inde du Nord sont excellents. Ne manquez pas le bar adjacent.

Où prendre un verre et faire la fête

Frosting CAFÉ

(www.frosting.in ; 2649 2nd Main Rd, Gokulam ; plats 185-395 ₹ ; 11h-23h30 ;). L'un des cafés les plus attrayants de la ville occupe une élégante villa d'un quartier huppé. On s'y détend en buvant un expresso ou un verre de vin dans une belle salle climatisée ou dans le jardin attenant. Sert des spécialités italiennes.

Infinit Doora BAR

(www.facebook.com/Infinitmysore ; Hotel Roopa, 2724/C Bengaluru-Nilgiri Rd ; 12h-23h ;). Ce bar sur un toit-terrasse est ce qu'il y a de plus proche d'un lounge à Mysuru. Ambiance chic, longue carte de boissons, salles fumeurs et non-fumeurs, et jolie vue sur la ville. Cocktails à partir de 250 ₹ ; belle sélection de mets d'Inde du Sud et du Nord.

Pelican Pub PUB
(25 Hunsur Rd ; plats 95-245 ₹ ; ⏲11h-23h ; 📶). En lisière du quartier chic de Gokulam, ce vénérable pub est toujours très fréquenté. À la carte : bière à la pression (450 ₹ le pichet) et plats (goûtez le porc au piment) à prix plancher, à déguster dans la salle traditionnelle ou en plein air, dans le jardin situé à l'arrière. Concerts certains soirs.

Achats

Si vous cherchez des épices, des produits à base de bois de santal, de l'encens et des huiles essentielles (et des sujets de photo), visitez le Devaraja Market.

Mysuru est aussi un bon endroit pour acheter des saris en soie. Repérez le label "Silk Mark" en forme de papillon, garant d'une soie de qualité.

Dhatu Organics & Naturals SANTÉ, BIEN-ÊTRE
(www.dhatuorganics.com ; 2826 10th Cross Rd ; ⏲8h-21h30). Une sélection de produits naturels (à partir de 80 ₹), bio pour beaucoup : huiles essentielles, cosmétiques, mais aussi fruits et légumes, légumineuses, graines, etc. Profitez-en pour faire une pause dans le café attenant. En retrait d'Adipampa Rd.

Government Silk Weaving Factory VÊTEMENTS, SOIERIES
(☎8025586550 ; www.ksicsilk.com ; Mananthody Rd, Ashokapuram ; ⏲8h30-16h lun-sam, boutique 10h30-19h tlj). Les soieries de Mysuru sont réalisées dans cet atelier, et la boutique (d'État), créée en 1912, reste le meilleur endroit (et le moins cher) pour acheter la précieuse étoffe. L'atelier se visite. À 2 km au sud de la ville.

Forum Centre City Mall GALERIE MARCHANDE
(forummalls.in/forum-centre-city ; Hyder Ali Rd ; ⏲10h-22h). Envie de climatisation et de shopping ? Vous trouverez votre bonheur dans ce *mall* abritant une grande variété de magasins d'habillement de marques internationales, de cafés et de restaurants.

Sumangali Silks VÊTEMENTS
(⏲10h-21h). Extrêmement prisée des Indiennes, cette boutique sur plusieurs niveaux est généralement bondée. Vous y dénicherez de superbes saris en soie, de qualités variées en fonction de votre budget (les prix démarrent à 150 ₹). Près de Gandhi Square.

Sandalwood Oil Factory CADEAUX, SOUVENIRS
(Mananthody Rd, Ashokapuram ; ⏲boutique 9h30-18h30, fabrique fermée dim). Qualité garantie pour des produits à base de bois de santal : encens, savons, cosmétiques ou huile de santal pure extrêmement onéreuse. Des visites guidées de la fabrique sont proposées.

Renseignements

OFFICES DU TOURISME

Karnataka Tourism (☎0821-2422096 ; www.karnatakatourism.org ; 1er ét., Hotel Mayura Hoysala, 2 Jhansi Lakshmi Bai Rd ; ⏲10h-17h lun-sam). Une équipe serviable ; nombreuses brochures.

KSTDC Transport Office (☎0821-2423652 ; kstdc.co ; Yatri Navas Bldg, 2 Jhansi Lakshmi Bai Rd ; ⏲8h30-20h30). Bureau principal. Distribue une carte utile.

BUS AU DÉPART DE MYSURU

DESTINATION	TARIF	DURÉE	FRÉQUENCE
Bandipur	79 ₹	2 heures	10/jour via Ooty
Bengaluru (Bangalore)	129-326 ₹	2 heures 30-4 heures	21/jour, minuit-22h
Aéroport de Bengaluru	800 ₹	3 heures 30-4 heures	21/jour
Channarayapatna	88-175 ₹	2 heures	17/jour
Chennai (Madras)	674-1 020 ₹	12 heures 30	6/jour à partir de 16h
Ernakulam	735-846 ₹	8 heures 30-10 heures	3/jour à partir de 18h05
Gokarna	504 ₹	12 heures	1/jour à 6h05
Hassan	118 ₹	2 heures 30-3 heures	18/jour
Hospete (Hospet)	362-782 ₹	9-12 heures 30	9/jour
Mangaluru (Mangalore)	256-676 ₹	6-7 heures	20/jour
Ooty (Udhagamandalam)	157-567 ₹	4-5 heures	12/jour

Tarifs : (O) ordinaire ; (R) Rajahamsa semi-deluxe ; (V) Volvo AC Airavath

TRAINS AU DÉPART DE MYSURU

Les billets peuvent s'acheter au **bureau des réservations ferroviaires** (☎131 ; ⏰8h-20h lun-sam, 8h-14h dim).

DESTINATION	TRAIN (N° ET NOM)	TARIF	DURÉE	DÉPART
Bengaluru (Bangalore)	12613 *Tippu Express*	2e classe/AC chair 90/305 ₹	2 heures 30	11h15
Bengaluru	12008 *Shatabdi Express*	AC chair/AC executive chair 305/770 ₹	2 heures	14h15 jeu-mar
Chennai (Madras)	12008 *Shatabdi Express*	AC chair/AC executive chair 1 140/1 840 ₹	7 heures 30	14h15 jeu-mar
Hosapete (Hospet)	16592 *Hampi Express*	3AC/2AC sleeper 845/1 210 ₹	12 heures	19h
Hubballi (Hubli)	17301 *Mysuru Dharwad Express*	sleeper/2AC 275/1 070 ₹	8 heures 30	22h30

POSTE

Poste principale (angle Irwin Rd et Ashoka Rd ; ⏰10h-18h lun-sam)

SERVICES MÉDICAUX

Government Hospital (☎0821-4269806 ; Dhanvanthri Rd ; ⏰24h/24). Central et pourvu d'une pharmacie ouverte 24h/24.

Gopala Gowda Shanthaveri Memorial Hospital (☎0821-4001600 ; www.gopalagowdahospital.com ; T Narasipura Main Rd ; ⏰24h/24). Meilleure unité de soins intensifs de Mysuru.

ℹ Depuis/vers Mysuru

AVION

L'aéroport de Mysuru n'accueille qu'un vol par jour, assuré par la compagnie Trujet depuis/vers Chennai (Madras). Pendant la fête de Dussehra (p. 201), Air India propose une liaison avec Bengaluru (Bangalore).

BUS

La **gare routière Central** (Bengaluru-Nilgiri Rd) accueille tous les bus longue distance de la KSRTC. Les bus urbains et ceux à destination de Srirangapatna et de Chamundi Hill partent de la **gare routière City** (Sayyaji Rao Rd). Des bus pour Hubballi, Vijapura (Bijapur), Mangaluru (Mangalore), Ooty et Ernakulam partent de la **gare des bus privés** (Sayyaji Rao Rd). Plusieurs agents délivrent des billets dans la gare.

ℹ Comment circuler

Les voitures Uber et les taxis Ola sont omniprésents à Mysuru. Les agences situées dans les hôtels pourront vous trouver un chauffeur pour circuler en ville (environ 2 000 ₹/jour) ou pour partir en excursion hors de la ville (à partir de 2 500 ₹/jour).

Comptez environ 1 000 ₹ pour une journée de visite en auto-rickshaw.

L'aéroport de Mysuru, situé à 9 km au sud du centre-ville, n'est desservi par aucun transport public ; comptez autour de 350 ₹ en taxi.

Environs de Mysuru

Un circuit de la KSTDC (p. 201) est le moyen le plus simple d'explorer la région.

Temple de Venugopala Swamy TEMPLE HINDOU

(⏰8h-18h). C'est l'histoire d'une renaissance. Submergé en 1930 suite à la construction d'un barrage sur la Cauvery, ce sublime temple hoysala du XIIe siècle n'était plus visible que lorsque la sécheresse, faisant baisser le niveau des eaux, en laissait apparaître quelques vestiges. Une situation qui aurait pu durer encore si, en 2003, l'homme d'affaires Sri Hari Khoday ne s'était engagé à le faire rebâtir. Chaque bloc de pierre fut ainsi photographié, inventorié et déplacé, pour recréer l'édifice à l'identique. Le projet mobilisa 200 ouvriers durant huit ans pour un coût de 25 millions ₹.

Le site est à 28 km au nord-ouest de Mysuru, près du bourg de Hosa Kannambadi.

Brindavan Gardens JARDINS

(adulte/enfant 40/20 ₹, app photo/caméra 50/ 100 ₹ ; ⏰6h30-21h). Si vous avec vu des films de Bollywood, vous reconnaîtrez ces jardins ornementaux, qui ont servi de cadre à nombre de comédies musicales. La soirée est le meilleur moment pour les visiter, quand les fontaines illuminées dansent au rythme des bandes-son de films célèbres (à 18h30). Les jardins sont situés à 19 km au nord-ouest de Mysuru. Ils sont inclus dans le circuit de la KSTDC (p. 201), et desservis par le bus n°301 au départ de la gare routière City de Mysuru (23 ₹, 45 minutes, 1/heure).

Srirangapatna (Srirangapatnam)

☎ 08236 / 27 100 HABITANTS

Ville fortifiée au passé sanglant, Srirangapatna (Srirangapatnam) est construite sur une île enjambant la Cauvery à 16 km de Mysuru. Siège du pouvoir de Haidar Ali et de Tipu Sultan, elle fut au XVIIIe siècle la capitale officieuse de la majeure partie de l'Inde du Sud. Les remparts, des bastions et certaines portes du fort sont encore debout, de même qu'une poignée de monuments.

À voir

Daria Daulat Bagh PALAIS D'ÉTÉ

(Summer Palace ; Indien/étranger 25/300 ₹ ; 8h30-17h30). Dans un parc soigné à 1 km à l'est du fort, le palais d'été de Tipu Sultan, qui régna de 1782 à 1799, est le monument emblématique de Srirangapatna. Construit en teck et bois de rose, il est entièrement recouvert d'impressionnantes et somptueuses décorations à l'intérieur. Des motifs floraux ornent les plafonds, et des peintures murales décrivent la vie à la cour et les fameuses batailles livrées par les sultans Haidar Ali et Tipu avec leurs alliés français contre les Britanniques. Des tableaux intéressants sont présentés dans un petit musée. Audioguides disponibles.

Colonel Bailey's Dungeon SITE HISTORIQUE

GRATUIT Au nord de l'île, sur les rives de la Cauvery, ce bastion blanc du XVIIIe siècle bien conservé était utilisé pour enfermer les prisonniers de guerre britanniques. C'est ainsi qu'un colonel britannique du nom de Bailey y mourut, en 1780. Les saillies en pierre visibles sur les murs servaient à enchaîner les détenus nus, qui étaient immergés dans l'eau jusqu'au cou.

Gumbaz MAUSOLÉE

(8h-18h30). GRATUIT C'est dans ce monument historique de style persan, au cœur d'un paisible jardin, que repose Tipu Sultan, son père Haidar Ali et sa mère Fakr-Un-Nisa. De nombreux autres proches du sultan sont enterrés sur le site. Le cénotaphe de Tipu évoque la robe d'un tigre, en hommage au sultan, que l'on surnommait le "tigre de Mysore".

Ranganathittu Bird Sanctuary RÉSERVE ORNITHOLOGIQUE

(Indien/étranger avec promenade en bateau 15 min 70/140 ₹, app photo avec téléobjectif ou caméra 500 ₹ ; 8h30-17h45). Cette réserve englobe six îlots et les rives de la Cauvery. Offrez-vous une longue **balade en bateau** (1 500 ₹/heure) de bon matin ou en fin d'après-midi pour observer cigognes, ibis, aigrettes, spatules et cormorans. On voit aussi facilement des crocodiles, qui sont nombreux. Il y a un restaurant sur place.

Depuis/vers Srirangapatna

Des bus pour Srirangapatna (22-32 ₹, 45 minutes) partent toutes les heures de la gare routière City de Mysuru. Les trains qui circulent entre Mysuru et Bengaluru font halte à Srirangapatnam. Le bus n°301 (18 ₹, 30 minutes) à destination des Brindavan Gardens part de Mysuru et marque l'arrêt juste en face de la principale gare routière de Srirangapatna. De Mysuru, comptez environ 700 ₹ pour l'aller-retour en auto-rickshaw et 1 100 ₹ en taxi.

Melukote (Melkote)

Dans la pieuse cité hindoue de Melukote (aussi appelée Melkote), à 51 km au nord de Mysuru, la vie s'organise autour du **temple de Cheluvanarayana** (Raja St ; 8h-13h et 17h-20h), du XIIe siècle, doté d'un gopura de couleur rose et de piliers sculptés. Grimpez jusqu'au temple de Yoganarasimha, au sommet de la colline, pour une belle vue sur les collines alentour.

Chaque jour, trois bus de la KSRTC font la navette entre Mysure et Melukote (108 ₹, 1 heure 30).

Somnathpur

Petit par la taille mais magistral dans la finesse de ses détails, le **temple de Keshava** (Indien/étranger 25/300 ₹ ; 8h30-17h30) est l'un des plus beaux exemples d'architecture hoysala, comparable aux chefs-d'œuvre de Belur et de Halebid. Édifié en 1268, ce sanctuaire en forme d'étoile, à 33 km de Mysuru, est orné de splendides sculptures en pierre décrivant des scènes du *Ramayana*, du *Mahabharata* et de la vie des souverains hoysala.

Somnathpur est à 8 km au sud de Bannur. Pour y aller depuis Mysuru, prenez l'un des bus qui rejoignent Bannur (55 ₹, 50 minutes, toutes les 30 minutes), puis un auto-rickshaw à partir de cette ville (environ 130 ₹ l'aller). En voiture depuis Mysuru, comptez autour de 1 200 ₹ pour un aller-retour dans la demi-journée.

Bandipur National Park

08229

Le **Bandipur National Park** (bandipurtigerreserve.in ; Indien/étranger 75/1 000 ₹, caméra 1 000 ₹ ; 6h-9h30 et 16-18h), qui fait partie de la réserve de biosphère des Nilgiri, est l'un des secteurs sauvages les plus connus d'Inde du Sud. Ancienne réserve privée des maharajas de Mysuru, il couvre une superficie de 880 km² et protège aujourd'hui plus de 100 espèces de mammifères, dont des tigres, des éléphants, des léopards, des gaurs, des chitals, des sambars, des ours lippus, des dholes, des mangoustes et des langurs. Le parc accueille également 350 espèces d'oiseaux. Il n'est qu'à 72 km au sud de Mysuru, sur la route d'Ooty.

Le **Forest Department** (08229-236043 ; bandipurtigerreserve.in ; safari 30 min en bus/jeep 350/3 250 ₹ par pers ; 6h30-9h30 et 15h30-18h30) organise des circuits expéditifs, en bus ou en jeep (respectivement 20 et 6 passagers au maximum), à réserver auprès du bureau du parc. Le **Bandipur Safari Lodge** (08229-233001 ; www.junglelodges.com ; safari 2 heures 2 800 ₹/pers ; 6h et 16h) programme des circuits en 4x4 et en minibus décapotable, en compagnie de guides compétents.

Où se loger et se restaurer

Tiger Ranch LODGE $$

(8095408505 ; www.tigerranch.net ; Mangala Village ; pension complète 1 670 ₹/pers). Ce *lodge* très rustique dispose de bungalows rudimentaires et d'une salle à manger couverte de chaume (bonne cuisine maison). On peut faire de belles balades dans la forêt voisine, avec la certitude de voir des animaux, et passer la soirée autour du feu de camp (en supplément). Le Tiger Ranch est situé à 10 km de l'entrée du parc ; appelez pour que l'on vienne vous chercher (300 ₹). La route d'accès est très accidentée.

Dhole's Den LODGE $$$

(9444468376 ; www.dholesden.com ; Kaniyanapura Village ; camping/s/d pension complète à partir de 3 000/12 900/14 300 ₹ ;). Ce *lodge* à l'esthétique contemporaine est situé dans un paysage pastoral charmant. Les chambres et les bungalows, élégants, sont agrémentés d'objets d'art et de textiles colorés, et dotés de canapés et de chaises longues. L'établissement s'attache à respecter l'environnement – utilisation de l'énergie solaire, citerne pour récupérer l'eau de pluie et légumes bio. Un camping est à disposition pour les petits budgets. À 20 minutes en voiture du bureau du parc. Balade guidée dans le parc incluse.

Serai RESORT $$$

(08229-236075 ; www.theserai.in ; Kaniyanapura Village ; ch pension complète à partir de 21 700 ₹ ;). Dans une plantation de café adossée au parc, ce *resort* luxueux dispose de somptueuses villas d'inspiration méditerranéenne (certaines avec piscine), s'inscrivant harmonieusement dans leur environnement. Les chambres à toit de chaume se distinguent par des notes raffinées (murs en pierre, accessoires de plomberie en cuivre, photos d'animaux...). Vue sur les Nilgiri Hills depuis le restaurant vitré et la piscine à débordement.

MC Resort HÔTEL $$$

(9019954162 ; www.mcresorts.in ; Bengaluru-Ooty Rd, Melukamanahally ; s/d pension complète à partir de 5 310/6 490 ₹ ;). Cet établissement correct, aux allures de *resort*, possède 23 chambres spacieuses et bien équipées, une grande piscine, un bassin pour les petits et un restaurant international (repas inclus). Il est bien placé, près du parc. Ses safaris dans la jungle (1 600 ₹/personne) sont de meilleure qualité que ceux du Forest Department.

Depuis/vers le Bandipur National Park

Les bus circulant entre Mysuru et Ooty peuvent vous déposer à Bandipur (92 ₹, 2 heures 30). Un taxi au départ de Mysuru coûte environ 2 200 ₹.

Nagarhole National Park

La richesse de la jungle et la beauté du lac font de ce **parc national** (Rajiv Gandhi National Park ; Indien/étranger 200/1 000 ₹, caméra 1 000 ₹ ; 6h-18h) l'une des réserves de choix au Karnataka. Il s'enorgueillit d'une faune nombreuse, dont des tigres et des éléphants. Bordé par la **rivière Kabini**, il forme avec le Bandipur National Park voisin et plusieurs autres réserves une importante zone protégée.

Le lac Kabini, où se déverse la Kabini, offre un vaste point d'eau à la faune du Nagarhole. Des troupeaux d'éléphants sauvages et bien d'autres animaux se rassemblent sur ses berges pour se désaltérer, en faisant le meilleur secteur d'observation du Karnataka. Les Jenu Kuruba, un peuple de chasseurs-cueilleurs, habitants originels de ce territoire, vivent toujours dans le parc, résistant aux efforts déployés par les autorités pour les déplacer.

La région, autrefois domaine de chasse du maharaja de Mysore, accueille aujourd'hui certains des meilleurs *lodges* d'Inde du Sud pour observer la faune. L'été (d'avril à mai) est la meilleure période pour voir des animaux, mais l'hiver (de novembre à février) est moins éprouvant.

Les **safaris organisés par les services de l'État** (Government-run safaris ; Kabini River Lodge ; Indien/étranger safari en 4x4 350/1 300 ₹, en bus 100/300 ₹, app photo 200-400 ₹ ; ⏲6h-18h), en jeep (9 passagers max.) ou en bus (25 places) partent à 7h et 15h à la saison sèche, quand les conditions le permettent. Le Kabini River Lodge organise des sorties en **bateau à moteur de 20 places** (Kabini River Lodge ; 2 000 ₹/pers), pour observer la faune, notamment les oiseaux, en toute tranquillité.

Où se loger et se restaurer

Le lac Kabini, où sont installés la plupart des *lodges*, est une excellente base. Toutefois, il n'y a pas véritablement d'hébergement pour les petits budgets. Pour trouver une adresse économique, renseignez-vous auprès du bureau du parc.

Karapur Hotel GUESTHOUSE $
(☎9945904840 ; Karapura ; ch 1 250 ₹). Le seul établissement pour les voyageurs au budget serré à proximité du lac Kabini est ce *lodge* tout simple, avec quelques chambres au-dessus d'une boutique, dans la localité de Karapura, à 3 km du parc.

♥ **Waterwoods Lodge** LODGE $$$
(☎082-28264421 ; www.waterwoods.in ; d pension complète à partir de 15 300 ₹ ; ❄📶🏊). Ce *lodge* superbe occupe un talus herbeux dominant le lac Kabini. La plupart des chambres (avec rocking-chairs, parquet et touches design) disposent d'un balcon offrant une vue imprenable sur le lac. Les enfants apprécieront le trampoline, la piscine à débordement, les canoës gratuits et les pizzas cuites au feu de bois. Faites-vous dorloter au spa, équipé de salles de massage, d'un Jacuzzi et d'un bain de vapeur.

KAAV Safari Lodge LODGE $$$
(☎08228-264492 ; www.kaav.com ; Mallali Cross, Kabini ; ch ou tentes de luxe pension complète à partir de 17 800 ₹ ; ❄📶🏊). Le KAAV est une sorte de *lodge* design, qui englobe de superbes tentes "glamping" surélevées et ouvertes sur la nature, ainsi que des chambres sans cloison (sol en béton ciré, sdb contemporaines et grands balcons donnant sur le parc national). Le souci du détail est remarquable. Vous pouvez aussi vous détendre sur les somptueux divans de la tour d'observation ou plonger dans la piscine à débordement. Les moins de 10 ans ne sont pas acceptés.

Bison Resort LODGE $$$
(☎080-41278708 ; www.thebisonresort.com ; Gundathur Village ; camping à partir de 2 650 ₹/pers, s/d pension complète à partir de 335/390 $US ; 📶🏊). Inspiré des luxueux *lodges* de safari africains, le Bison restitue parfaitement leur ambiance, dans un cadre superbe en bord de rivière. Au choix ici : petites maisons aux parois de toile, bungalows sur pilotis ou camping dans la nature. Les randonnées jusqu'aux villages des ethnies locales et les sorties en bateau au coucher du soleil figurent parmi les multiples activités proposées. Excellent service et présence de naturalistes sur place.

Kabini River Lodge LODGE $$$
(☎08228-264405 ; www.junglelodges.com/kabini-river-lodge ; dort 5 900 ₹/pers, ch à partir de 11 200 ₹/pers pension complète et activités incluses ; ❄). Vous découvrirez ici de jolis bungalows et tentes meublées, idéalement situés près du lac, et un bar au style colonial offrant un beau cadre pour un cocktail au coucher du soleil. La nuit en dortoir n'inclut qu'un safari en bateau (et non en jeep).

ℹ Depuis/vers le Nargarhole National Park

Les bus circulant entre Mysuru et Ooty peuvent vous déposer à Bandipur (92 ₹, 2 heures 30). Un taxi depuis Mysuru coûte environ 2 200 ₹.

Région du Kodagu (Coorg)

Nichée parmi les monts toujours verts qui bordent la lisière sud du Karnataka, au cœur de la chaîne des Ghats Occidentaux, cette région somptueuse est couverte de paysages émeraude et d'hectares de plantations. Trésor peu connu du sud du pays, ancien petit royaume indépendant jusqu'à l'arrivée des Britanniques en 1834, le Kodagu est souvent surnommé la petite Écosse de l'Inde. Grand centre de production de café et d'épices, la région est notamment habitée par les Kodava, un peuple qui a sa propre langue et sa propre culture matriarcale, divisé en un millier de clans. Il y a aussi une petite communauté tibétaine. Le terrain irrégulier et le climat frais en font une région exceptionnelle pour le trekking, l'observation des oiseaux et des promenades paisibles sur des sentiers peu fréquentés parmi les collines verdoyantes.

Le Kodagu était un État à part entière jusqu'en 1956, quand il fut intégré au Karnataka. Madikeri, son chef-lieu, est le principal carrefour des transports dans la région. Le vrai Kodagu se découvre en s'aventurant dans la campagne. Évitez le week-end, car certains endroits sont alors pris d'assaut par les habitants de Bengaluru.

L'exploration de la région à pied constitue un temps fort pour de nombreux visiteurs. Les treks associent expérience culturelle et découverte de la nature. Au programme : ascension de collines, visite de plantations, marches en forêt et séjours chez l'habitant. Plusieurs agences locales ou basées à Bangaluru proposent ainsi des randonnées. Parmi les itinéraires les plus populaires figurent l'ascension des pics du Tadiyendamol (Tadiandamol ; 1 745 m), du Pushpagiri (1 712 m) et du Kotebetta (1 620 m), dans les Ghats occidentaux. On peut faire de nombreuses randonnées d'une journée ; mais la présence d'un guide est toujours indispensable dans ce labyrinthe de chemins forestiers.

Madikeri (Mercara)

☎ 08272 / 35 700 HABITANTS / ALTITUDE 1 525 M

Principale ville du Kotagu et station d'altitude (plus de 1 000 m) réputée, Madikeri (ou Mercara) est une cité marchande encombrée s'étirant sur plusieurs crêtes. Elle n'a pas vraiment de charme, mais fait une base idéale pour organiser un trek dans la magnifique campagne environnante ou la suite de votre voyage.

À voir et à faire

Parmi les sites à visiter dans les environs, citons les chutes d'Abbi (Abbi Falls), le point de vue du **Raja's Seat** ("siège du Raja" ; Mahatma Gandhi Rd ; 5 ₹ ; 5h30-19h) et les **tombeaux des rajas** (Gaddige) GRATUIT, à 7 km de Madikeri. Ces tombeaux de style indo-saracénique, coiffés d'un dôme, contiennent les dépouilles des rois et dignitaires kodava.

Fort de Madikeri SITE HISTORIQUE

Ce fort bâti sur une hauteur aurait été construit par Tipu Sultan au XVIIIe siècle ; il offre une belle vue. Il abrite aujourd'hui les services administratifs locaux. On peut accéder à une petite partie des remparts, où se trouvent un palais hexagonal (devenu le bureau du préfet) et une église coloniale dotée d'un **musée** (entrée libre ; 10h-17h30 dim-ven) au fonds éclectique.

Ayurjeevan AYURVÉDA

(☎ 944974779 ; Kohinoor Rd ; 1 heure à partir de 1 400 ₹ ; 7h-19h). Cet "hôpital" ayurvédique est connu pour ses différentes techniques et soins de rajeunissement, comme des massages au riz et des bains d'huile. À une courte marche de la State Bank of India.

Où se loger et se restaurer

Avec de superbes *guesthouses* dans les plantations environnantes, il n'y a guère de raisons de loger à Madikeri, à moins d'arriver tard.

Hotel Chitra HÔTEL $

(☎ 08272-225372 ; www.hotelchitra.co.in ; School Rd ; d 950-1 500 ₹ ; ❄). Cet hôtel fiable est proche du principal carrefour de Madikeri. D'où un certain bruit de fond. Il loue des chambres basiques et peu chères, avec TV câblée et eau chaude constante.

Hotel Mayura Valley View HÔTEL $$

(☎ 08272-228387 ; www.kstdc.co/hotels/hotel-mayura-valley-view-madikeri ; Stuart Hill ; d/ste avec petit-déj à partir de 2 400/3 300 ₹ ; ❄ wifi). Cet hôtel d'État, l'un des meilleurs de Madikeri, se distingue par ses grandes chambres lumineuses, son ambiance paisible et sa vue superbe sur la vallée. Climatisation en supplément. La terrasse du bar-restaurant surplombe la vallée.

Coorg Cuisine INDIEN $

(Main Rd ; plats 100-195 ₹ ; 12h-16h et 19h-22h). Ce restaurant mérite le détour pour ses spécialités du Kodagu, tels le *pandhi barthadh* (porc frit à sec) et le *koli nallamolu barthad* (sauté de poulet au poivre). Situé au-dessus d'une boutique de la rue principale, il manque certes de charme, mais les sièges sont confortables et les prix raisonnables.

Raintree INDIEN $$
(www.raintree.in ; 13-14 Pension Lane ; repas 160-300 ₹ ; 11h30-22h). Cette maison de plain-pied reconvertie en restaurant offre un cadre chaleureux avec des meubles en bois et des œuvres ethniques. Pas de déception non plus du côté de la cuisine, axée sur les spécialités locales et des plats du littoral. Vin et excellent café du Kodagu. Juste derrière l'hôtel de ville de Madikeri.

Où prendre un verre

Beans 'n' Brews Cafe CAFÉ
(Bus Stand Rd ; boissons 60-150 ₹ ; 9h-22h ;). Dans la fraîcheur du matin, quel plaisir que de trouver ici un grand choix de thés haut de gamme (goûtez le Darjeeling Orange Summer) et d'excellents cafés préparés, entre autres, à la vietnamienne.

Achats

Choci Coorg CHOCOLAT
(www.facebook.com/chocicoorgmadikeri ; Bus Stand Rd ; 9h-21h). En face de la gare routière, Choci Coorg fabrique toutes sortes de chocolats et notamment, parmi ses nombreuses créations aux fruits et aux noix, un inédit à la noix de bétel.

Depuis/vers Madikeri

Madikeri, principal nœud de transports de la région, est très bien reliée à Mysuru, Bengaluru et Mangaluru. Rares sont les hébergements des campagnes environnantes desservis par des transports publics, mais les auto-rickshaws ne manquent pas en ville.

Environs de Madikeri

Les montagnes des environs de Madikeri offrent certains des plus beaux paysages du Kodagu, parsemés de plantations d'épices et de café, et d'hébergements de qualité.

Activités

Jiva Spa SPA
(08272-2665900 ; jivaspa.coorg@tajhotels.com ; 1st Monnangeri, Galibeedu Post ; soins à partir de 2 700 ₹ ; 9h-21h). Au sein du superbe Taj Madikeri Resort & Spa (p. 212), cet excellent institut vous bichonnera, à l'occasion de soins de rajeunissement ayurvédiques. Doté de baignoires, d'un salon de détente, d'un institut de beauté et d'un espace dévolu au yoga et à la méditation, c'est l'un des meilleurs spas d'Inde du Sud. Rendez-vous indispensable.

Swaasthya Ayurveda Retreat Village AYURVÉDA
(www.swaasthya.com ; village de Bekkesodlur ; pension complète avec cours de yoga à partir de 7 200 ₹/pers par jour). Pour un séjour ayurvédique, paisible et rafraîchissant, rejoignez ce village dans le sud du Kodagu, au cœur de 1,6 ha de plantations de café et d'épices. Les tarifs incluent les soins.

Où se loger et se restaurer

Rainforest Retreat GUESTHOUSE $$
(08272-265639, 08272-265638 ; www.rainforestours.com ; Galibeedu ; s/d tente 1 500/2 000 ₹, bungalows à partir de 2 000/3 000 ₹). Idéale pour faire la connaissance d'habitants soucieux de l'écologie, cette retraite immergée dans la nature, entourée de forêts et de plantations, privilégie le bio et le développement durable. L'hébergement se fait dans des tentes équipées de lits et dans des bungalows alimentés à l'énergie solaire. Le prix comprend des visites de plantations et des treks. Consultez le site Internet pour les possibilités de bénévolat. Un auto-rickshaw depuis Madikeri revient à 250 ₹.

Golden Mist CHEZ L'HABITANT $$
(9448903670, 08272-265629 ; Galibeedu ; s/d pension complète 2 500/4 000 ₹). Cette exploitation où sont cultivés le thé, le café et le riz est tenue par une équipe indo-allemande. Dans un cadre incroyablement paisible et très rustique, ses bungalows de caractère, très rudimentaires, sont adaptés aux amateurs de plein air plutôt qu'à ceux qui recherchent le confort. On y sert une savoureuse cuisine indienne préparée avec les produits bio de la ferme et l'accueil est chaleureux. Difficile à trouver, le domaine n'est pas indiqué ; comptez 250 ₹ en auto-rickshaw depuis Madikeri.

River Edge Valley Homestay CHEZ L'HABITANT $$
(9481759099, 9482422739 ; www.facebook.com/riveredgevalley ; Mukkodlu ; avec petit-déj et dîner en semaine/week-end 1 500/1 750 ₹ par pers). Tenu par un couple accueillant, ce logement rustique offre, depuis sa colline, une vue superbe sur la vallée. Un lieu parfait pour apprécier la nature et observer les oiseaux. Les chambres sont joliment aménagées et la cuisine, faite maison, est délicieuse. À 21 km au nord de Madikeri ; la route d'accès peut être difficile après de fortes pluies.

Victorian Verandaz B&B $$
(☎9448059850 ; www.victorianverandaz.com ; Modur Estate, Kadagadal ; d 2 500-6 000 ₹, B&B 2 950 ₹ ; 📶). Dans un immense domaine familial où l'on cultive le café, le poivre, la cardamome et le riz, deux bungalows avec cuisine et deux chambres en B&B. Sentiers et observation des oiseaux sur la propriété.

♥ **Taj Madikeri Resort & Spa** HÔTEL DE LUXE $$$
(Vivanta ; ☎0827-265900 ; www.tajhotels.com ; 1st Monnangeri, Galibeedu Post ; ch à partir de 19 200 ₹ ; @📶🏊). Niché au cœur d'une forêt humide, ce remarquable complexe hôtelier se fond admirablement dans l'environnement, tout en jouant sur l'espace et le minimalisme. D'anciens sentiers muletiers conduisent aux chambres, dont les plus chères comprennent une piscine couverte, une cheminée et les services d'un majordome. Le hall d'entrée et la piscine à débordement offrent une vue superbe sur les hautes terres. Spa ayurvédique haut de gamme sur place.

Kakkabe

☎08272 / 588 HABITANTS

Entouré de montagnes boisées, Kakkabe est un hameau tranquille, et un point de rendez-vous des randonneurs. Il constitue une base idéale pour l'ascension du Tadiyendamol, le point culminant du Kodagu (1 745 m), et pour partir en balade au gré de sentiers magnifiques.

Où se loger et se restaurer

La plupart des hébergements servent des repas, les établissements de restauration étant d'ailleurs rares dans les environs.

♥ **Honey Valley Estate** GUESTHOUSE $
(☎08272-238339 ; www.honeyvalleyindia.in ; d 600-1 900 ₹, f à partir de 2 400 ₹ ; 📶). Selon ses propriétaires, cette agréable *guesthouse* est "parfaite pour s'adonner au plaisir de ne rien faire". Vous pourrez toutefois vous y dégourdir les jambes le long de 18 itinéraires de trekking. Sur place : 10 types d'hébergements et des repas entre 150 et 200 ₹. À 1 250 m d'altitude, les matinées sont fraîches. Accessible uniquement en 4×4 depuis Kakkabe (200 ₹, réservez auprès de la *guesthouse*).

Chingaara GUESTHOUSE $$
(☎08272-238633 ; www.chingaara.com ; Kabbinakad ; ch demi-pension 1 750-2 700 ₹ ; 📶). Cette charmante ferme est entourée de plantations de café et vous pourrez observer les oiseaux à loisir. Les neuf chambres, spacieuses, ont pour la plupart une jolie vue. On y sert une bonne cuisine familiale et un feu de joie est allumé le soir. Chingaara est située au bout d'une montée de 2,5 km, le long d'un versant rocheux abrupt (4x4 uniquement) ; appelez pour que l'on vienne vous chercher en jeep au carrefour de Kabbinakad.

Palace Estate Home Stay CHEZ L'HABITANT $$
(palaceestate.co.in ; s/d à partir de 1 400/3 600 ₹ ; 📶). Sur les contreforts des Ghats occidentaux, à 4,5 km au sud-ouest de Kakkabe, ce *lodge* est situé sur une exploitation cultivant café, cardamome, avocat et autres fruits. Il y a une bibliothèque sur place, et les possibilités de trekking sont nombreuses aux alentours, avec aussi une cascade où se baigner par beau temps. Paiement en espèces uniquement.

Misty Woods LODGE $$$
(☎08272-238561 ; www.coorgmisty.com ; bungalows 7 000-12 000 ₹ ; 📶🏊). Au cœur d'un paysage de montagnes reflétant parfaitement son nom, le Misty Woods ("Bois embrumés") comprend des bungalows aménagés selon les principes du *vastu shastra* (une science ancestrale semblable au feng shui) confortables et élégants. La salle de jeux (tables de billard et de ping-pong, baby-foot et jeu d'échecs) est idéale pour les jours de pluie.

ℹ Depuis/vers Kakkabe

Des bus relient régulièrement Kakkabe à Madikeri (52 ₹, 1 heure 30). La plupart des *lodges* enverront quelqu'un vous chercher à Kakkabe ou, à 3 km de là, à Kabbinakad.

Hassan

☎08172 / 142 000 HABITANTS

Cette ville très étendue et souvent congestionnée côté circulation, a peu d'intérêt pour le voyageur, si ce n'est de constituer un point de chute pratique pour visiter les temples hindous de Belur et Halebid ou le site jaïn de Sravanabelagola. Hassan est un petit nœud de transports concentrant des lignes de bus et de trains utiles, et elle est dotée d'une gamme d'hébergements corrects.

Le personnel de l'**office du tourisme** (☎08172-268862 ; AVK College Rd ; ⏱10h-17h30, lun-ven) pourra notamment vous renseigner sur les possibilités de transport.

VAUT LE DÉTOUR

BYLAKUPPE, VILLE DE RÉFUGIÉS TIBÉTAINS

Bylakuppe fut l'un des premiers camps fondés en Inde du Sud pour accueillir les milliers de réfugiés fuyant le Tibet après l'invasion chinoise de 1959. Plus de 10 000 Tibétains (dont 3 300 moines) y vivent aujourd'hui, formant la plus importante communauté tibétaine d'Inde méridionale. Les étrangers doivent avoir un permis pour y séjourner.

Site phare de la région, le **monastère de Namdroling** (www.namdroling.org ; 7h-18h) renferme le spectaculaire **temple d'Or** (Golden Temple ; Padmasambhava Buddhist Vihara ; 7h-18h), sur lequel veillent trois statues du Bouddha dorées, hautes de 18 m. La visite est particulièrement impressionnante lors des prières, quand résonnent gongs et tambours, et que des centaines de jeunes moines psalmodient des textes sacrés. Les visiteurs peuvent eux aussi s'asseoir et méditer. À côté, le **temple de Zangdogpalri** (7h-18h) est tout aussi ornementé.

Les étrangers sont autorisés à visiter Bylakuppe en journée, mais ils ne peuvent y passer la nuit sans un permis d'accès, le Protected Area Permit (PAP), délivré par le ministère de l'Intérieur à Delhi, dont l'obtention peut prendre jusqu'à cinq mois ; pour toute précision, contactez le Tibet Bureau Office (www.tibetbureau.in). Si vous disposez d'un permis, vous pourrez loger à la **Paljor Dhargey Ling Guest House** (08223-258686 ; pdguesthouse@yahoo.com ; ch 300-500 ₹), une simple *guesthouse*, face au temple d'Or. Pour manger de délicieux *momo* (raviolis) ou une *thukpa* (soupe de nouilles), rien ne vaut le **Malaya Restaurant** (momo 60-90 ₹ ; 7h-21h), tenu par un Tibétain. Il existe aussi de nombreux hôtels à Kushalnagar et dans la campagne environnante.

Des auto-rickshaws (collectif/privé 15/30 ₹) relient Kushalnagar à Bylakuppe, à 5 km. Des bus pour Kushalnagar partent fréquemment de Madikeri (34 km ; 40 ₹, 45 minutes) et de Hassan (82 ₹, 2 heures 30) et la plupart des bus Mysuru-Madikeri font halte à Kushalnagar.

Où se loger et se restaurer

Jewel Rock Hotel HÔTEL $

(08172-261048 ; www.jewelrockhotels.com ; BM Rd ; d à partir de 1 000 ₹, avec clim 1 700 ₹ ;). D'un bon rapport qualité/prix, le Jewel Rock est un hôtel de 36 chambres spacieuses, mais un peu défraîchies. Les clients profitent d'un room-service 24h/24, d'un restaurant végétarien satisfaisant et d'un bar. À 700 m à l'ouest de la gare ferroviaire, non loin de la route très fréquentée qui mène à Bengaluru.

Mallige Residency HÔTEL $$

(08172-260333 ; www.malligeresidency.com ; 266 High School Field Rd ; ch avec petit-déj 1 600-2 400 ₹, ste 2 600 ₹ ;). Cette excellente adresse, qui tend vers l'hôtel de charme, dispose de quatre catégories de chambres, toutes impeccables, modernes et confortables. Son restaurant, le Parijata, est l'un des meilleurs de la ville.

Hoysala Village HÔTEL $$$

(9591077400 ; hoysalavillageresorts.com ; Belur Rd ; bungalows pension complète à partir de 11 130 ₹ ;). Au sein d'une propriété arborée, cet hôtel haut de gamme se compose de jolis bungalows et suites, en plus d'un spa ayurvédique de qualité. Les activités sont nombreuses (balades ornithologiques, volley-ball, etc.) et les spectacles de danse et de musique traditionnelles fréquents. Un lieu apaisant et familial.

Parijata Restaurant VÉGÉTARIEN $$

(Mallige Residency, High School Field Rd ; plats 80-220 ₹ ; 11h-22h ;). Ce restaurant d'hôtel, au joli cadre moderne (et aux prix modérés), est dédié aux spécialités végétariennes de tout le pays. Les mets d'Inde du Sud sont particulièrement remarquables.

Swaad INDIEN $$

(Hotel Raama, BM Rd ; plats 120-240 ₹ ; 8h-22h). L'Hotel Raama abrite un beau restaurant végétarien climatisé, servant, dans une atmosphère détendue, des classiques du nord et du sud de l'Inde.

Depuis/vers Hassan

Des bus pour Mysuru (120 ₹, 3 heures), Bengaluru (198-484 ₹, 3 heures 30-4 heures 30) et Mangaluru (166-380 ₹, 3 heures 30- 4 heures 30) partent de la **nouvelle gare routière** (Hwy 71), à 500 m au sud du centre-ville. Une excursion en voiture d'une journée à Belur et Halebid ou Sravanabelagola revient à environ 2 000 ₹.

La gare ferroviaire de Hassan, bien organisée, voit partir deux trains quotidiens pour Mysuru, l'un à 19h45 (AC chair 260 ₹, 2 heures 30) et l'autre en pleine nuit. Chaque jour également, 3 à 4 trains rallient Bengaluru, dont le 11312 *Solapur Express* (sleeper/2AC 170/745 ₹, 5 heures).

Belur

☎ 08177 / 9 580 HABITANTS / ALTITUDE 968 M

Les temples hoysala de Belur (ou Beluru) et de Halebid, qui remontent au XIIe siècle, ont marqué l'apogée de l'une des périodes artistiques les plus riches de la culture hindoue ancienne. Ces deux cités furent les capitales de la prestigieuse dynastie des Hoysala, entre le Xe et le XIVe siècle. Sur le plan architectural, leurs temples sont aussi importants que ceux de Khajuraho (Madhya Pradesh), en Inde du Nord, et le temple du Soleil de Konark (Konarak ; p. 289), dans l'Odisha. Sur les plans artistiques, leurs sculptures sont des chefs-d'œuvre de l'art médiéval indien.

Sanctuaire principal de Belur, le **temple de Channakeshava** (Temple Rd ; guide 250 ₹ ; ⏲ 7h-19h30), du nom d'un avatar de Vishnu, fut édifié à partir de 1116 pour commémorer la victoire des Hoysala sur les Chola voisins. Elle s'étendit sur plus d'un siècle. Parmi les trois principaux sanctuaires hoysala, c'est le seul à être toujours en activité de façon quotidiennes (pujas à 9h, 15h et 19h30).

Certaines parties du temple, comme les frises inférieures à l'extérieur, sont restées inachevées et sont moins élaborées. En revanche, les sculptures des parties supérieures témoignent d'un talent artistique et d'une finesse d'exécution inégalés, et constituent un glorieux tribut au génie humain.

Remarquez notamment les statues des danseuses, saisies dans des postures rituelles. Sur la façade du temple, des sculptures érotiques représentent des séquences du *Kamasutra* ; l'arrière est réservé aux divinités. Le toit du sanctuaire est soutenu par des rangées de piliers délicatement ouvragés et tous différents.

À 700 m du temple de Channakeshava, le **Mayura Velapuri** (☎ 0817-7222209, 8970650026 ; www.kstdc.co/hotels ; Temple Rd ; d avec ventil/clim à partir de 1 350/1 460 ₹, ste 2 240 ₹ ; ❄ 📶) est un bel hôtel d'État rénové. Ses chambres, confortables et spacieuses, sont réparties dans un jardin ombragé. Situé légèrement en retrait de la route, le Mayura Velapuri abrite aussi un bar-restaurant servant des plats indiens (à partir de 80 ₹) et de la bière.

Les bus depuis/vers Hassan (42-92 ₹, 45 minutes), à 38 km, et Halebid (25 ₹, 30 minutes) sont fréquents. Les agences touristiques de Hassan peuvent aisément organiser des excursions à Belur et dans la petite ville voisine de Halebid.

Halebid

☎ 08177 / 9 450 HABITANTS

Cette petite ville (également appelée Halibidu ou Halebeedu) fut une ancienne capitale des Hoysala, un passé dont témoigne le superbe sanctuaire de Hoysaleswara. Vous pourrez aussi visiter quelques sites jaïns de moindre importance, comme le temple de Parshvanath (XIIe siècle).

L'édification du **temple de Hoysaleswara** (⏲ lever-coucher du soleil), dédié à Shiva et à son épouse Parvati, commença vers 1121 et dura plus de 80 ans. Inachevé, il n'en est pas moins un chef-d'œuvre de l'architecture hoysala. L'intérieur du sanctuaire, ciselé dans une pierre noire, est une merveille. À l'extérieur, les murs sont couverts de bas-reliefs de divinités hindoues, de sages, d'animaux stylisés et de frises illustrant la vie des souverains hoysala – la fameuse frise des éléphants est sans doute la réalisation la plus aboutie de l'art hoysala.

Dans un jardin en face du temple, l'**Hotel Mayura Shanthala** (☎ 0817-727322 ; www.kstdc.co/hotels ; ch/qua avec petit-déj à partir de 1 450/1 680 ₹ ; ❄ 📶) est le meilleur hébergement de la localité.

La plupart des voyageurs viennent en excursion depuis Belur (25 ₹, 15 km) ou Hassan (38 ₹, 1 heure), desservies par des bus réguliers.

Sravanabelagola

☎ 08176 / 5 660 HABITANTS

Bien avant d'arriver à Sravanabelagola (ou Shravanabelagola), on aperçoit la statue, haute de 17,50 m, qui a fait de ce bourg, dont le nom signifie "Moine du Bassin blanc", un lieu de pèlerinage jaïn.

À voir

Sravanabelagola possède plusieurs temples jaïns dignes d'intérêt. Le **Chandragupta Basti** (communauté Chandragupta ; ⏲ 6h-18h), sur Chandragiri Hill en face de Vindhyagiri, aurait été construit par l'empereur Ashoka. Le plus vaste est le **Bhandari Basti** (communauté Bhandari ; ⏲ 6h-18h), dans le sud-est de la bourgade. À proximité, le **Chandranatha Basti** (communauté Chandranatha ; ⏲ 6h-18h) recèle des peintures bien conservées décrivant la mythologie jaïne.

Statue de Gomateshvara MONUMENT JAÏN
(Bahubali ; ⏲6h30-18h30). Un escalier de 614 marches, assez raide, mène au sommet de Vindhyagiri Hill, où se dresse la statue de Gomateshvara (Bahubali), représenté nu.

Bahubali était le fils du roi Vrishabhadeva, qui allait devenir Adinath, le premier *tirthankar* (grand maître jaïn). Farouchement opposé à son frère Bharatha pour la succession de leur père, Bahubali prit conscience de la futilité des biens matériels et renonça au trône. Il se retira dans la forêt pour méditer jusqu'à ce qu'il atteigne l'Éveil. Sa longue immobilité est symbolisée par les lianes qui entourent les jambes de la statue et par la fourmilière à ses pieds.

Commandée par un chef militaire du roi ganga Rachamalla, cette statue qui lui rend hommage fut taillée dans un bloc de granit par le sculpteur Aristenemi en 981. Ce serait le plus grand monolithe taillé au monde.

Par respect, vous devrez ôter vos chaussures au pied de la colline.

Tous les douze ans, des millions de fidèles affluent pour la cérémonie de **Mastakabhisheka** (⏲février), quand la statue est arrosée d'eau sacrée, de poudres, de pierres et de métaux précieux. La prochaine célébration est prévue pour 2030.

Où se loger et se restaurer

L'organisation jaïne locale **SDJMI** (☎08176-257258 ; d/tr 260/330 ₹) gère 15 *guesthouses*. Il y a peu d'autres possibilités.

Hotel Raghu HÔTEL $
(☎08176-257238 ; s/d à partir de 500/600 ₹, d avec clim 1 000 ₹ ; ❄). Avec des chambres très rudimentaires, cet hôtel est une solution de dernier ressort. En revanche, le restaurant végétarien du rez-de-chaussée sert un *thali* extraordinaire (90 ₹) !

Depuis/vers Sravanabelagola

De Sravanabelagola, aucun bus direct ne dessert Hassan ou Belur ; vous devrez rejoindre Channarayapatna (28 ₹, 25 minutes) et prendre une correspondance. Chaque jour, un bus direct rallie Mysuru (110 ₹, 2 heures).

CÔTE DU KARNATAKA

Mangaluru (Mangalore)

☎0824 / 498 600 HABITANTS

Port de commerce sur la mer d'Oman depuis l'Antiquité, Mangaluru (plus couramment appelée Mangalore) possède deux facettes bien distinctes : ville côtière détendue, elle est également terriblement chaotique par endroits. C'est en outre une porte d'accès commode pour rejoindre la côte de Konkan (dans le Maharashtra) et la région du Kodagu (p. 209), à l'intérieur des terres. Si elle n'offre guère de curiosités, Mangaluru séduit par son ambiance hors des sentiers battus et ravit les gourmands avec ses plats de poisson épicés. De par sa situation, dans les estuaires de la Netravati et de la Gurupur (Gurupura) au bord de la mer d'Oman, Mangaluru est depuis le VIe siècle un port important sur les routes marchandes internationales.

RANI ABBAKKA, REINE GUERRIÈRE

Les exploits légendaires de Rani Abbakka, la première combattante de la liberté en Inde, intéressent peu les Indiens en dehors de la région de Mangaluru. Son histoire aurait pourtant de quoi inspirer les scénaristes de Bollywood ou de Hollywood.

Au XVIe siècle, alors que les Portugais consolidaient leur pouvoir sur la côte occidentale du sous-continent, s'emparant des villes du littoral entre Goa et Mangaluru, leurs tentatives pour prendre Ullal et contrôler le lucratif commerce des épices se heurtèrent à la résistance de cette reine, dont les efforts obstinés pour repousser les avancées des colons ont inspiré une légende locale.

Formée à l'art de la guerre, à la stratégie comme au combat, Rani Abbakka savait manier l'épée. Et, si elle fut vaincue, ce ne fut pas sur le champ de bataille mais à cause de son traître d'ex-époux, qui conspira contre elle et livra des renseignements à l'ennemi.

Les habitants de la région n'ont pas oublié ce qu'elle fit pour rassembler son peuple contre la puissance portugaise : sa statue équestre en bronze trône sur le rond-point, sur la route vers la plage d'Ullal, et une fête annuelle lui est dédiée.

Le temple qui surplombe la belle plage de Someshwara, à quelques kilomètres au sud d'Ullal, se dresse sur le site de l'ancien fort, dont seuls subsistent des pans de muraille.

Mangaluru (Mangalore)

Mangaluru (Mangalore)

À voir

1 St Aloysius College Chapel C3

Où se loger

2 Gateway Hotel B4
3 Hotel Manorama C3
4 Hotel Roopa D3

Où se restaurer

5 Gajalee D1
6 Girimanja's B3
7 Kadal C3

Où prendre un verre et faire la fête

8 Liquid Lounge D3
9 Spindrift C1

À voir

La ville compte plusieurs temples anciens, dont le Kadri Manjunath dédié à Shiva, ainsi que quelques édifices d'architecture européenne.

Pilikula Nisarga Dhama PARC À THÈME
(☎0824-2263565 ; www.pilikula.com ; adulte/enfant 120/60 ₹, app photo 150 ₹ ; ⏲9h-17h30). Ce parc de 149 ha, créé sur le thème de la sensibilisation à l'écologie, comprend une forêt tropicale, un arboretum, un jardin aromatique aux plantes médicinales rares, un village d'artisans proposant des démonstrations, un centre consacré aux sciences, un zoo et un lac. Le planétarium 3D (films en anglais à 12h et 16h) mérite une visite. Situé à 8 km à l'est du centre de Mangaluru, le site est desservi par les bus n^{os}3A, 3B et 3C au départ de la ville ou par des véhicules Ola/Uber (autour de 200 ₹).

St Aloysius College Chapel CHAPELLE
(Lighthouse Hill ; ⏲9h-18h). Le catholicisme fut introduit à Mangalore par les Portugais au début du XVIe siècle. Avec ses murs et ses

plafonds couverts de fresques superbes, cet admirable édifice, sorte de chapelle Sixtine locale bâtie en 1880, est l'un des témoignages les plus impressionnants de cette période d'influence. Photos interdites.

Où se loger et se restaurer

Hotel Manorama HÔTEL $
(☎0824-2440306 ; www.hotelmanorama.in ; KS Rao Rd ; ch à partir de 990 ₹ ;). Un hôtel aux chambres propres d'un bon rapport qualité/prix. Le hall fait forte impression avec sa collection de statues et d'artefacts hindous. Proche du *mall* City Center, où il y a un espace de restauration (*food court*).

Phalguni River Lodge LODGE $$
(☎0821-2444444 ; www.phalguniriverlodge.in ; Moodushedde Rd ; ch avec petit-déj à partir de 3 000 ₹ ;). Aux portes du parc Pilikula Nisarga Dhama, ce *lodge* donnant sur la Gurupura et plusieurs cocoteraies offre un cadre naturel paisible, loin de l'agitation des villes indiennes. Ses chambres sont spacieuses et son restaurant sert de bons plats, dont certains à base de fruits de mer locaux. L'établissement appartient au groupe hôtelier Jungle Lodges. À 8 km environ à l'ouest du centre-ville.

Hotel Roopa HÔTEL $$
(☎0824-2421272 ; www.roopahotel.com ; Balmatta Rd ; ch avec petit-déj à partir de 1 600 ₹ ;). Près de la gare routière de la KSRTC, cet hôtel se distingue par une gestion très professionnelle. Il abrite de grandes chambres bien aménagées, un bar et un restaurant cuisinant d'authentiques spécialités de Mangalore.

Gateway Hotel HÔTEL $$$
(☎0824-6660420 ; www.tajhotels.com ; Old Port Rd ; s/d avec petit-déj à partir de 5 720/6 280 ₹ ;). En plein cœur de la ville, le Gateway (propriété du groupe Taj) est un hôtel bien géré, aux chambres spacieuses et élégantes, malgré des sdb très vieillottes pour certaines. Une jolie piscine de 20 m à l'arrière est entourée de pelouse avec des chaises longues. Petit spa et bon restaurant. Prix un peu excessifs.

Girimanja's MANGALORIEN $$
(GKT Rd ; repas 150-280 ₹ ; 11h30-15h30). Dans un cadre tout simple, on déguste ici une cuisine mangalorienne exquise et authentique, à des prix très corrects. Commandez le poisson ou les crevettes frits, servis avec des sauces onctueuses aux piments locaux. Déjeuner uniquement. Service parfois lent.

Kadal INDIEN DU SUD $$
(Nalapad Residency, Lighthouse Hill Rd ; plats 120-300 ₹ ; 11h-15h30 et 18h30-23h ;). Ce restaurant haut perché, offrant une belle vue sur la ville, possède une salle élégante. Goûtez le *thali* au poisson. Prix plutôt modérés vu la qualité.

Gajalee PRODUITS DE LA MER $$$
(☎0824-2221900 ; Circuit House, Kadri Hills ; plats 170-1 280 ₹ ; 10h-23h ;). L'une des meilleures tables de poisson et de fruits de mer de la ville jouit d'une superbe vue depuis sa colline. À l'intérieur ou sur la terrasse, goûtez aux palourdes *koshimbir* (cuites dans une sauce *masala*) ou à un plat de crabe. Plats végétariens également, ainsi que du vin et de la bière.

Où prendre un verre et faire la fête

Spindrift MICROBRASSERIE
(www.facebook.com/SpindriftMangalore ; 5e ét., Bharath Mall, Lalbagh ; 11h-23h ;). La meilleure microbrasserie de la ville, très spacieuse, en salle comme en terrasse, cultive une ambiance musicale les soirs de

TRAINS AU DÉPART DE MANGALURU

Mangaluru Central, la principale gare ferroviaire, se trouve au sud du centre-ville.

DESTINATION	TRAIN (N° ET NOM)	TARIF	DURÉE	DÉPART
Bengaluru (Bangalore)	16512 et 16514 *Bangalore Express*	sleeper/2AC 255/985 ₹	10 heures 30	20h55
Chennai (Madras)	12686 *Chennai Express*	sleeper/2AC 460/1 735 ₹	16 heures	16h15
Gokarna	16523 *Karwar Express*	sleeper/2AC 205/780 ₹	5 heures	20h35
Gokarna	12620 *Matsyaganda Express*	sleeper/2AC 235/830 ₹	4 heures	14h25
Thiruvananthapuram (Trivandrum)	16630 *Malabar Express*	sleeper/2AC 345/1 355 ₹	15 heures	18h15

week-end (musique acoustique, indé et DJ). À la carte : des bières à la pression (à partir de 230 ₹) et d'agréables en-cas.

Liquid Lounge PUB
(Balmatta Rd ; 10h-23h30 ;). Bien plus pub que lounge, ce bar est, depuis des années, un lieu de rendez-vous prisé pour boire une bière et converser. L'endroit est fréquenté par les jeunes de la ville. Au programme : rock à plein volume pour la bande-son, et bons plats de pub côté cuisine.

Depuis/vers Mangaluru

AVION

L'**aéroport international de Mangaluru** (0824-2254252 ; www.mangaloreairport.com) est situé à 15 km au nord-est de la ville. Il y a des vols quotidiens pour Mumbai (Bombay), Delhi, Bengaluru, Hubballi (Hubli), Hyderabad et Chennai (Madras), ainsi que des vols internationaux pour des destinations du Golfe, dont Abu Dhabi, Bahreïn, Doha, Dubai et Mascate.

BUS

La **gare routière de la KSRTC** (0824-2211243 ; Bejai Main Rd) est à 3 km du centre-ville. Des bus deluxe partent toutes les 30 minutes pour Bengaluru (410-835 ₹, 7-9 heures), via Mysuru (250-520 ₹, 5-6 heures).

Dharmasthala

08256 / 10 560 HABITANTS

Dans l'arrière-pays de Mangaluru s'égrène une série de villes-temples jaïnes, comme Venur, Mudabidri et Karkal. La plus intéressante, Dharmasthala, s'étend au bord de la Netravati, à 75 km à l'est de Mangaluru. Elle est traversée quotidiennement par des milliers de pèlerins. Les jours fériés et lors des grandes fêtes comme Lakshadeepotsava (p. 178), un pèlerinage de cinq jours, l'affluence peut être multipliée par dix.

À voir

Temple de Manjunatha SANCTUAIRE
(6h30-14h30 et 17h-20h45). Ce remarquable temple de style kéralais, dédié à Shiva, est doté de sculptures en bois méticuleusement restaurées et d'un toit pyramidal en plaques de cuivre recouvertes d'or. Devant le temple, trois éléphants bénissent les pèlerins de leur trompe ; les hommes doivent entrer torse nu et jambes couvertes. On peut éviter la queue moyennant 200 ₹.

Car Museum AUTOMOBILE
(5 ₹ ; 8h30-13h et 14h-19h). Le musée de l'Automobile donne à voir une rare collection de 48 automobiles anciennes, dont une Renault 1903 et une Studebaker présidentielle des années 1920 utilisée par le Mahatma Gandhi, ainsi que des Mercedes, des Chevrolet et des Rolls-Royce. Photos interdites.

Manjusha Museum ART POPULAIRE
(5 ₹ ; 10h-13h et 16h30-21h). Sculptures de pierre et de métal, bijoux, artisanat local, appareils photo et timbres : ce musée présente une collection indienne éclectique. En face du temple de Manjunatha.

Où se loger et se restaurer

Le personnel du **bureau du temple** (08256-277121 ; www.shridharmasthala.org ; ch à partir de 500 ₹) vous aidera à trouver un hébergement.

Rajathadri Guest House LODGE $
(www.shridharmasthala.org/accomodation ; ch avec ventil/clim 500/990 ₹). Une grande et propre *guesthouse*, fréquentée par des pèlerins, à 700 m au nord du temple principal. Réservation en ligne possible. Les chambres accueillent jusqu'à trois personnes.

Manjunatha Temple Kitchen INDIEN
(11h30-14h15 et 19h30-22h). GRATUIT Des repas gratuits sont préparés dans la cuisine du temple de Manjunatha, adjacente à une salle pouvant contenir 3 000 personnes. L'organisation est très efficace.

Depuis/vers Dharmasthala

Des bus circulent fréquemment entre Mangaluru et Dharmasthala (88 ₹, 2 heures 30).

Udupi

0820 / 184 300 HABITANTS

La ville sainte d'Udupi accueille chaque année des milliers de pèlerins hindous venant se recueillir dans le superbe **temple de Krishna** (www.udupisrikrishnamatha.org ; Car St ; 3h30-22h), du XIIIe siècle. Entouré de huit *math* (monastères), ce sanctuaire dédié à Vishnu (Krishna en est une des incarnations) est particulièrement animé. Des musiciens jouent à l'entrée et les pèlerins forment un va-et-vient permanent. Des éléphants sont là pour les pujas. Les non-hindous sont les bienvenus dans le temple ;

les hommes doivent entrer torse nu. Des rituels complexes ont lieu dans le temple pour la fête d'Udupi Paryaya (p. 178).

Où se loger et se restaurer

Shri Vidyasamuda Choultry HÔTEL $
(☎0820-2520820 ; Car St ; ch 180-380 ₹). Cet hôtel pour pèlerins, très simple, se démarque des autres par sa vue sur le ghat.

Hotel Sriram Residency HÔTEL $
(☎0820-2530761 ; www.hotelsriramresidency.in ; Head Post Office Rd ; ch avec ventil/clim à partir de 1 600/2 400 ₹ ; ❄📶). Un établissement bien géré, avec un grand choix de chambres – aux étages supérieurs, certaines donnent sur le temple de Krishna. Deux bars et un bon restaurant de poisson sur place.

Samanvay Boutique Hotel HÔTEL $$
(☎0820-6600300 ; www.samanvayudupi.com ; s/d à partir de 2 000/2 500 ₹ ; ❄📶). S'il ne s'agit pas tout à fait d'un boutique-hôtel, le Samanvay est un grand établissement moderne, appréciable et très avantageux pour le prix demandé. Chambres élégantes aux équipements de qualité (bureau et TV à écran plat, notamment), et il y a un café et deux restaurants sur place. À 150 m au sud du stade Mahatma Gandhi.

Woodlands INDIEN $
(Dr UR Rao Complex ; dosa à partir de 60 ₹, plats à partir de 110 ₹ ; ⏲8h-15h15 et 17h30-22h30). Le Woodlands est considéré comme l'un des meilleurs restaurants végétariens de la ville. On peut y déguster des spécialités du nord et du sud du pays dans une salle climatisée. À quelques minutes de marche au sud du temple de Krishna.

Mitra Samaja INDIEN $
(Car St ; repas à partir de 80 ₹ ; ⏲8h-21h). Ce vénérable établissement est toujours très apprécié pour ses délicieux en-cas, *dosa* et cafés. Situé immédiatement au sud du temple de Krishna, l'endroit est parfois bondé.

Depuis/vers Udupi

Udupi se trouve sur la côte, à 58 km au nord de Mangaluru ; des bus réguliers circulent entre les deux villes (42-68 ₹, 1 heure 30). Un bus quotidien part pour Gokarna (184 ₹, 4 heures) à 14h et il y a de nombreuses liaisons (surtout de nuit) pour Bengaluru (440-890 ₹, 8-10 heures). Des bus réguliers rallient Malpe (11 ₹, 30 minutes).

HORS DES SENTIERS BATTUS

MURUDESHWAR

Si vous empruntez la route côtière entre Gokarna et Mangaluru, faites halte à Murudeshwar, un haut lieu de pèlerinage, surtout connu pour sa statue monumentale de Shiva, dressée face à la mer d'Oman. Pour une belle vue, prenez l'ascenseur jusqu'au 18e étage du **temple de Shri Murudeshwar** (ascenseur 10 ₹ ; ⏲ascenseur 7h45-12h30 et 15h15-18h45), aux allures de gratte-ciel.

À quelque 500 m de la plage de Murudeshwar, l'**Hotel Kawari's Palm Grove** (☎08385-260178 ; ch avec ventil/clim à partir de 700/1 250 ₹ ; ❄) loue des chambres rudimentaires, mais propres et spacieuses. Face à la plage, les charmants propriétaires du **Mavalli Beach Heritage Home** (☎9901767993 ; mavallibeachheritage.com ; ch avec petit-déj 4 300 ₹ ; ❄📶) proposent quatre chambres élégantes dans leur jolie maison très bien décorée – ils sauront vous dorloter.

La ville, à 3 km de la nationale, est desservie par les trains et les bus qui longent la côte.

Malpe

☎0820 / 2 100 HABITANTS

Petit port de pêche tranquille sur la côte ouest à 4 km d'Udupi, Malpe possède de jolies plages, idéales pour profiter des vagues. Le week-end et en période de vacances, toutefois, les Jet-Skis, les *banana-boats* et les quads gâtent un peu l'ambiance.

De la jetée de Malpe, vous pourrez prendre un ferry pour la minuscule St Mary's Island, où Vasco de Gama aurait accosté en 1498. Les îliens y vendent des noix de coco (l'île est surnommée Coconut Island), mais on y trouve autrement peu de choses à boire et à manger. Les ferries (250 ₹ aller-retour, 45 minutes) partent à partir de 9h de la jetée ou quand la demande est suffisante. Il est possible de louer un bateau privé à Malpe Beach, non loin.

Situé en bord de plage à Malpe Beach, le **Paradise Isle Beach Resort** (☎0820-2538777 ; udupibeaches.com ; ch 3 700-6 700 ₹ ; ❄@📶🏊) dispose de chambres confortables, pour beaucoup avec vue sur la mer.

Il propose des **sorties en bateau** (4 000 ₹ pour 2 pers ; ⏲ oct-mars) non loin, dans les *backwaters* de Hoode.

Gokarna

08386 / 29 200 HABITANTS

Régulièrement citée parmi les stations balnéaires préférées des voyageurs en Inde, Gokarna attire les amateurs de vacances paisibles en bord de mer, et non les fêtards. La plupart des hébergements sont des huttes de bambou à toit de chaume, installées le long de la côte, aux plages superbes.

Il existe en réalité deux Gokarna. Pour la plupart des Indiens, ce nom désigne une ville de pèlerinage riche en temples anciens où se déroulent d'importantes fêtes religieuses, comme **Shivaratri** (⏲ fév/mars) et Ganesh Chaturthi (p. 178). Les touristes étrangers, eux, affluent vers l'autre Gokarna, sublime succession de plages de sable au sud de la ville.

À voir

Temples

Gokarna est l'une des villes saintes du Karnataka où il convient de se conduire de manière respectueuse, dans les temples et alentour : ne pénétrez pas dans les sanctuaires, strictement réservés aux hindous. La coutume veut que les pèlerins se baignent dans la mer et jeûnent avant d'entrer dans les lieux saints ; certains se rasent la tête.

♥ Temple de Mahaganapati TEMPLE HINDOU
(Car St ; ⏲ 6h-20h30). GRATUIT De cet ensemble de temples encerclé par des ruelles se dégage une atmosphère paisible, particulièrement évocatrice. On y trouve une (rare) statue en pierre représentant Ganesh debout ; elle aurait plus de 1 500 ans et montre Ganesh avec une tête aplatie – pour indiquer, dit-on, l'endroit où le démon Ravana le frappa. Il s'agit du deuxième site le plus sacré de la ville et les pèlerins ont coutume de s'y rendre avant d'aller au temple de Mahabaleshwara voisin. Les étrangers non-hindous ne sont pas admis dans le sanctuaire intérieur.

♥ Temple de Mahabaleshwara TEMPLE HINDOU
(Car St ; ⏲ 6h-20h30). D'une grande importance spirituelle, ce temple en granit aurait été construit par Mayurasharma, de la dynastie Kadamba, au IVe siècle. Il est consacré à Shiva. Les hindous pensent qu'il suffit d'y poser les yeux pour s'attirer des bénédictions et l'on y accomplit des rituels pour les défunts. Un gopura domine l'ensemble et une statue en pierre de Nandi, le taureau véhicule de Shiva, fait face à la salle intérieure, où se dresse un lingam. Les étrangers peuvent accéder au complexe mais non au sanctuaire intérieur.

Plages

Les meilleures plages s'étirent au sud de Gokarna : d'abord Kudle Beach (à 5 km), puis Om Beach (à 6,5 km). Bien cachées au sud de cette dernière, deux criques sablonneuses ne sont pas desservies par la route : Half Moon Bay et Paradise Beach. Un charmant sentier littoral relie toutes les plages ; il est déconseillé aux personnes seules, car quelques rares agressions ont été signalées.

Kudle Beach PLAGE
Cette ample baie adossée à des promontoires boisés offre tout l'espace souhaitable pour s'étendre sur le sable. Les restaurants, les *guesthouses* et les camps de yoga installés à l'arrière de la plage sont très espacés. Ils forment un ensemble paisible et charmant.

♥ Om Beach PLAGE
C'est l'une des plus belles plages du Karnataka : cette célèbre étendue de sable serpente sur plusieurs kilomètres, décrivant

LES COURSES DE BUFFLES DU KARNATAKA

La tradition du *kambala* (course de buffles) demeure bien vivante dans les villages de la côte sud du Karnataka. Popularisées au début du XXe siècle et nées de l'habitude des paysans de faire courir leurs bêtes au retour des champs, les courses sont de véritables événements. Des centaines de spectateurs y assistent et les animaux sont bichonnés et préparés comme des pur-sang.

Les *kambala* ont lieu de novembre à mars, habituellement le week-end. Les buffles s'élancent sur des pistes parallèles, tracées dans une rizière. Le "jockey" court derrière les bêtes ou glisse sur une planche fixée à un soc de charrue. Les buffles les plus rapides parviennent à couvrir une distance de 120 m dans l'eau et la boue en 14 secondes !

un motif qui évoque le symbole *Om*. La plage comprend plusieurs anses et de vastes étendues interrompues par de petites plages sablonneuses, idéales pour prendre le soleil. Quand la mer est calme, il est possible de s'y baigner. Attention toutefois : des panneaux interdisent la baignade car des noyades sont survenues par gros temps. Om Beach se trouve à 6 km de la ville de Gokarna ; la course en auto-rickshaw coûte 130 ₹.

Paradise Beach PLAGE
Ravissante association de sable et de rochers, Paradise Beach est un refuge prisé des touristes souhaitant faire un long séjour loin de tout. Située à 45 minutes de marche environ de la pointe sud d'Om Beach (via un chemin côtier passant par Half Moon Bay), elle n'est desservie par aucune route. Des entrepreneurs locaux y érigent souvent des huttes (autour de 300 ₹), que les autorités détruisent régulièrement ; on n'est donc jamais sûr d'y trouver un hébergement.

Activités

Cocopelli Surf School SURF
(☎8105764969 ; www.cocopelli.org ; Gokarna Beach ; cours 2 000 ₹/pers, location planche 750 ₹/2 heures ; ⏱mi-oct-mai). Ce centre réputé propose des cours de surf dispensés par des moniteurs titulaires de diplômes internationaux. Également : location de planches et de kayaks.

Shankar Prasad YOGA
(☎08386-256971 ; www.shankarprasad.org.in ; Bankikodla village de Bankikodla). Ce bel ashram occupe une demeure centenaire au sein d'un vaste parc constellé de cocotiers. Il organise des stages de yoga, d'une semaine ou d'un mois, bien structurés et d'un bon rapport qualité/prix, ainsi que des formations à l'enseignement (à partir de 59 000 ₹ les 200 heures, pension complète incluse). Hébergement en dortoir ou en chambre. À 5 km au nord de la ville.

Shree Hari Yoga YOGA
(☎8351068174 ; www.shreehariyoga.in ; Kudle Beach ; cours de 1 heure 30 300 ₹ ; ⏱6h-18h30 lun-ven, 6h-13h sam nov-mai). Dans les terres, une école de yoga respectée. Excellents cours (hatha, ashtanga vinyasa et parfois style Mysore), ainsi que des formations à l'enseignement. Des cours sans inscription préalable sont organisés 4 fois par jour ; des séances de méditation ont lieu le soir.

Où se loger

Face à la multiplication des *lodges* et des hôtels plus haut de gamme, il n'est pas obligatoire de loger à la dure dans des huttes sur la plage à Gokarna. La plupart des établissements n'ouvrent que de novembre à avril, et les prix varient beaucoup selon la demande.

Zostel Gokarna AUBERGE DE JEUNESSE $
(☎à Dehli 011-39589002 ; www.zostel.com ; Kudle Beach Rd ; dort/bungalows 800/2 600 ; ❄📶). Climatisation, casiers et vue sur la mer : les dortoirs de cette auberge très bien gérée comptent parmi les meilleurs du Karnataka. Les bungalows (appelés "Private shacks"), également très attrayants, conviennent parfaitement aux couples. Il y a aussi d'agréables salles communes et un restaurant. À 10 minutes à pied de la ville ; un peu plus loin de Kudle Beach.

Nirvana Café GUESTHOUSE $
(☎9742466481, 8386257401 ; suresh.nirvana@gmail.com ; Om Beach ; bungalows 750-1 200 ₹ ; 📶). Ces jolis bungalows situés vers l'extrémité est d'Om Beach sont parmi les meilleurs de la plage ; tous ont une véranda donnant sur un petit jardin central. Restaurant en bord de plage, laverie et agence de voyages sur place.

Half Moon Garden Cafe HUTTES $
(☎9743615820 ; Half Moon Bay ; huttes à partir de 400 ₹ ; ⏱nov-avr). 🍃 Ce refuge tout droit sorti de l'époque hippie vous réserve une plage paradisiaque et des huttes correctes, assez bien tenues, dans un bosquet de cocotiers. L'endroit est alimenté à l'énergie solaire.

Strawberry Farmhouse GUESTHOUSE $
(☎7829367584 ; Kudle Beach ; ch 800-1 300 ₹ ; ❄📶). Dans la partie nord de Kudle Beach, ces bungalows spacieux, donnant sur la mer, ont tous une véranda et l'eau chaude 24h/24 ; certains sont climatisés.

Greenland Guesthouse GUESTHOUSE $
(☎9019651420 ; ch à partir de 500 ₹ ; 📶). Cachée au bout d'un sentier dans la jungle à la lisière de Gokarna, cette *guesthouse* sereine, tenue en famille, dispose de chambres propres et colorées et d'un charmant jardin.

White Elephant GUESTHOUSE $$
(Arnav Cottages ; ☎7090332555 ; whiteelephant-hampi.com ; bungalows 2 000-3 000 ₹ ; ❄📶). Dominant Kudle Beach, cet établissement établi de longue date (il s'appelait auparavant Arnav) vaut pour ses grands bungalows

bien bâtis et sa belle vue sur la mer. Sa terrasse surélevée se prête parfaitement au yoga. Le personnel est charmant.

Arya Ayurvedic Panchakarma Centre HÔTEL SPA $$
(☎9611062468 ; www.ayurvedainindien.com ; Kudle Beach ; ch à partir de 1 900 ₹ ; ❄📶). À l'extrémité sud de Kudle Beach (p. 220), ce centre ayurvédique recèle certaines des plus belles chambres de la plage. Élégantes, simples et dotées d'équipements de qualité, elles ne se trouvent qu'à quelques mètres du rivage. Les clients choisissant les forfaits ayurvédiques sont prioritaires. Bon **café** sur place.

Kudle Beach View Resort & Spa HÔTEL $$
(☎8130967666 ; kudlebeachview.com ; ch 4 500-6 000 ₹ ; ❄📶🏊). La vue sur la mer est sublime depuis le restaurant de cet hôtel surplombant Kudle Beach. Situées beaucoup plus bas et accessibles par un long escalier, les chambres sont modernes et bien équipées. Lors de nos recherches, de nouveaux hébergements devaient bientôt y voir le jour.

♥ **SwaSwara** HÔTEL $$$
(☎08386-257132 ; www.swaswara.com ; s/d à partir de 1 780/2 390 € les 5 nuits ; ❄@📶🏊). "Voyager en soi" : tel est le mantra de l'établissement. Et, de fait, tout dans cette retraite, parmi les plus belles d'Inde du Sud, est conçu pour vous aider à y parvenir. Au programme : yoga, soins ayurvédiques, méditation... Vous logerez dans d'élégantes villas (douches en plein air et jolis salons). Pas de séjour inférieur à cinq nuitées. Dans les terres, près d'Om Beach.

Namaste Yoga Farm BUNGALOWS $$$
(☎9739600407 ; www.spiritualland.com ; Kudle Beach ; ch petit-déj et 2 cours de yoga inclus 69-88 € ; 📶). Véritable institution à Kudle Beach, cette propriété arborée compte plusieurs chambres et bungalows sur une colline dominant la plage. Tenus par un aimable instructeur de yoga allemand, ces logements, très sobres, sont légèrement surévalués, mais l'ambiance est chaleureuse, et les cours de yoga et le petit-déjeuner (sur demande) sont exceptionnels.

Où se restaurer

♥ **Prema** INDIEN $
(Gokarna Beach Rd ; repas 100-200 ₹ ; ⌚8h-22h). Toujours bondé, ce restaurant en apparence modeste occupe un excellent emplacement, juste avant la plage de la ville. Aux plats occidentaux proposés, mieux vaut préférer les spécialités d'Inde du Sud ou du Nord. Concluez votre repas par une glace à la rose ou à la noix de coco (15 ₹).

Sunset Point INDIEN $
(Om Beach ; plats 120-200 ₹ ; ⌚7h30-22h). Cet établissement tenu en famille, à l'extrémité orientale d'Om Beach, affiche une (longue) carte où figurent petits-déjeuners, sandwichs, plats indiens et chinois (crevettes grillées 200 ₹ environ). Beau panorama.

Chez Christophe FRANÇAIS $$
(☎9901459736 ; www.facebook.com/chez-christoff ; Gokarna Town Beach ; plats à partir de 150 ₹ ; ⌚nov-mai ; 📶). Pour un repas dépaysant, remontez la plage jusqu'à cette table française, à 10 minutes à pied au nord de la partie principale de la plage. On y sert de bonnes salades, des pâtes fraîches, des desserts français et du vin au verre. Coussins au sol et balancelles pour s'asseoir ; concerts certains soirs.

Arya Ayurvedic Panchakarma Centre INDIEN $$
(www.ayurvedainindien.com ; Kudle Beach ; plats 130-220 ₹ ; ⌚8h-22h ; 📶). Face à la plage, un restaurant en vogue à la cuisine ouverte. Attendez-vous à de bons plats végétariens, fraîchement préparés selon les principes de l'ayurvéda.

Namaste Cafe INTERNATIONAL $$
(Om Beach ; plats 115-450 ₹ ; ⌚8h30-16h et 18h-23h ; 📶). À Om Beach, ce bel édifice à un étage jouit d'une vue magnifique sur la mer (on y voit les pygargues voler au-dessus des vagues depuis sa table). On s'y régale de bons poissons, fruits de mer, pâtes et plats indiens. Bière fraîche.

Achats

Organic & Herbals SANTÉ, BIEN-ÊTRE
(Car St ; ⌚10h-21h). Belle gamme de produits de beauté naturels (savons faits main, aliments santé, thés, épices, etc.) à des prix tout à fait honnêtes.

Shree Radhakrishna Bookstore LIVRES
(Car St ; ⌚10h-20h). Cartes postales, plans et romans d'occasion.

Renseignements

ARGENT

La ville compte plusieurs DAB, dont un de la **SBI** (State Bank of India ; Main St)

POSTE

Poste (Main St ; ⏲10h-16h30 lun-sam)

Depuis/vers Gokarna

BUS

Des bus locaux et privés partent tous les jours pour Bengaluru (510-724 ₹, 12 heures) et Mysuru (à partir de 578 ₹, 12 heures), ainsi que pour Mangaluru (à partir de 266 ₹, 6 heures 30) et Hubballi (Hubli ; 198 ₹, 4 heures).

Les bus **Paulo Travels** (p. 231) pour Hampi via Hosapete (ventil/clim 1 400/1 650 ₹, 9 heures) sont très prisés, mais ne circulent que de novembre à avril. En sens inverse, le bus dépose les passagers à Ankola, d'où une navette gratuite conduit à Gokarna, à 26 km.

Des bus réguliers desservent Panaji (Panjim ; 135 ₹, 3 heures) et Mumbai (768-1 035 ₹, 12 heures).

TRAIN

De nombreux express s'arrêtent à la gare de Gokarna Road, à 9 km de Gokarna. D'autres trains partent d'Ankola, à 26 km de là. Les hôtels et agences de voyages de Gokarna assurent les réservations.

Des trois trains quotidiens pour Mangaluru, le *Bengalaru Express* de 15h12 (sleeper/2AC 235/780 ₹, 5 heures 30) est le plus pratique. Chaque jour également, 3 trains rejoignent Margoa (Madgaon) ; celui de 8h42 (sleeper/2AC 170/745 ₹, 2 heures 30) poursuit ensuite jusqu'à Mumbai (sleeper/2AC 460/1 750 ₹, 12 heures).

Les auto-rickshaws demandent 230 ₹ jusqu'à la gare de Gokarna Road (450 ₹ pour Ankola) ; les bus au départ de la ville de Gokarna coûtent 30 ₹ (départ toutes les 30 minutes).

CENTRE DU KARNATAKA

Hampi

☎08394 / 3 600 HABITANTS

Joyau du Karnataka inscrit au Patrimoine mondial en 1986, Hampi frappe l'imagination des voyageurs depuis des siècles. Ces magnifiques vestiges parsèment un paysage d'une étrange beauté. Des rochers et des blocs de pierre en équilibre précaire se succèdent sur des kilomètres de terrain vallonné, leurs tons rouille et rose se détachant sur le vert des palmeraies, des bananeraies et des rizières. S'il est possible de visiter le site en un jour ou deux, il mérite toutefois qu'on s'y attarde plus longtemps.

Jusque récemment, les voyageurs logeaient à Hampi Bazaar, une bourgade dotée de nombreux hébergements à prix doux, de boutiques et de restaurants, et dominée par le majestueux temple de Virupaksha. Mais le secteur tranquille de Virupapur Gaddi, de l'autre côté de la rivière, est devenu un nouveau repaire des voyageurs. De récentes démolitions (p. 225) ont toutefois entraîné la fermeture de plusieurs adresses dans ces deux quartiers.

Grâce à l'aéroport de Jindal Vijaynagar, à 35 km au sud des vestiges, Hampi est désormais aisément accessible.

Histoire

Hampi et ses alentours figurent dans le *Ramayana* sous le nom de Kishkinda, le royaume des dieux-singes. En 1336, le prince télougou Harihararaya choisit Hampi comme site de sa nouvelle capitale, Vijayanagar, la "cité de la Victoire" ; au cours des deux siècles suivants, le royaume hindou de Vijayanagar devint l'un des plus grands de l'histoire indienne. Au XVIe siècle, cette ville glorieuse et prospère comptait quelque 500 000 habitants ; des produits venus de tout le monde connu ornaient les stands de ses bazars animés, et des marchands venaient de loin pour acheter des pierres précieuses. Cet âge d'or s'acheva brutalement en 1565, quand une armée venue des sultanats du Deccan prit Vijayanagar. La cité, pillée et détruite, ne se releva pas. Elle fut oubliée jusqu'au XIXe siècle, quand des Anglais redécouvrirent le site et en firent les premiers relevés. Il faudra attendre encore un siècle pour qu'un indianiste et archéologue français, Pierre-Sylvain Filliozat, et son épouse indienne Vasundhara, révèlent au monde les merveilles oubliées de Hampi.

À voir

Ce site monumental compte quelque 3 700 monuments disséminés sur 36 km² – il faudrait des mois pour les visiter tous. Les ruines se divisent en deux secteurs principaux : la **Ville sacrée**, dans Hampi Bazaar, avec ses temples, et la **Ville royale**, vers Kamalapuram, où vivaient les souverains de Vijayanagar.

Ville sacrée

Temple de Vittala TEMPLE HINDOU

(carte p. 228 ; Indien/étranger 40/500 ₹, moins de 15 ans gratuit ; ⏲8h30-17h30). Incontestable joyau du site de Hampi, ce temple édifié au XVIe siècle se dresse parmi les rochers à 2,5 km de Hampi Bazaar. Sa construction pourrait avoir commencé sous le règne de Krishnadevaraya (1509-1529). L'édifice ne fut jamais achevé ni consacré. Toutefois, ses fabuleuses sculptures marquent l'apogée de l'art Vijayanagar. Pièce maîtresse du temple, le **char en pierre** (représenté sur les billets de 50 ₹) richement décoré, qui trône dans la cour, représente le véhicule de Vishnu et renferme une effigie de Garuda. Ses roues pouvaient jadis tourner.

Les piliers "musicaux" extérieurs, qui auraient été conçus pour imiter le son de 81 instruments de musique, vibrent quand on les frappe. Pour les protéger, les autorités les ont placés hors de portée des visiteurs. Outre le temple principal, dont le sanctuaire était éclairé grâce à la réflexion de l'eau, vous découvrirez la salle des mariages et la salle de prière, respectivement à gauche et à droite de l'entrée.

♥ Temple de Virupaksha TEMPLE HINDOU
(carte p. 226 ; 2 ₹, app photo/caméra 50/500 ₹ ; ⏲ lever-coucher du soleil). Monument central de Hampi Bazaar, il s'agit de l'un des plus vieux édifices de la ville et du seul temple de Hampi encore en activité. Le principal gopura (pavillon d'entrée), haut de près de 50 m, fut édifié en 1442 ; un plus petit fut ajouté en 1510. Le sanctuaire principal est dédié à Virupaksha, un avatar de Shiva.

L'éléphante Lakshmi bénit les fidèles à l'entrée, en échange d'un don. Le pachyderme prend son bain le matin, près des **ghats** (carte p. 226) au bord de la rivière.

Lakshimi Narasmiha MONUMENT HINDOU
(carte p. 228). Halte intéressante sur le chemin du temple de Virupaksha, cette statue monolithique haute de 6,70 m représente Lakshimi Narasimha, une divinité aux yeux globuleux, assise jambes croisées dans la position du lotus et surmontée d'un capuchon de sept serpents.

Sule Bazaar SITE HISTORIQUE
(carte p. 228). À mi-chemin de Hampi Bazaar et du temple de Vittala, une piste sur la droite conduit à travers les rochers au Sule Bazaar. Aujourd'hui désert, il s'agissait de l'un des principaux centres de négoce de l'ancienne Hampi. Une colonnade de pierre très bien conservée le borde à l'est sur près de 1 km.

♥ Temple d'Achyutaraya TEMPLE HINDOU
(temple de Tiruvengalanatha ; carte p. 228). À l'extrémité sud du Sule Bazaar, le superbe temple d'Achyutaraya, érigé en 1534, est l'un des derniers grands monuments bâtis avant la chute de Hampi. On y accède par deux gopuras en partie délabrés. Le pavillon central arbore des piliers et des sculptures richement ornés, dont une représentation de Krishna dansant avec un serpent. Le lieu, isolé au pied de Matanga Hill, jouit d'un cadre paisible et enchanteur – d'autant plus qu'il est très peu fréquenté.

Hemakuta Hill SITE HISTORIQUE
(carte p. 228). Au sud, surplombant le temple de Virupaksha, la colline de Hemakuta est jalonnée de ruines antiques, dont des sculptures monolithiques de Narasimha (Vishnu sous sa forme d'homme-lion) et de Ganesh, le dieu à la tête d'éléphant. La vue mérite la courte grimpée.

Statue de Nandi STATUE
(carte p. 228). À l'extrémité est de Hampi Bazaar se dresse une statue de nandi, le taureau de Shiva, entourée de quelques colonnades de l'ancienne place du marché. C'est le site principal de la **Vijaya Utsav** (p. 226), la fête des arts de Hampi.

Ville royale et alentours

Depuis le temple d'Achyutaraya, on peut rejoindre la Ville royale par un chemin de 2 km – mais il est plus facile d'y accéder par la route Hampi-Kamalapuram. C'est ici que se trouvent plusieurs sites majeurs de Hampi.

Zenana RUINES
(carte p. 228 ; Indien/étranger 40/500 ₹ ; ⏲ 8h30-17h30). Au nord-est de la Ville royale, le Zenana, le quartier clos des femmes, ressemble à une oasis avec ses jardins paisibles et ses pelouses soignées au cœur d'un environnement aride. Il englobe le **Lotus Mahal**, un pavillon raffiné ouvert de tous côtés qui aurait servi aux divertissements de la reine et, à l'arrière de celui-ci, les onze **étables des éléphants**, un vaste édifice aux salles voûtées.

BILLET POUR HAMPI

Le billet pour le temple de Vittala donne accès le même jour à la plupart des sites payants des ruines (dont la Ville royale et l'Archaeological Museum) ; ne le perdez pas !

LES DÉMOLITIONS DE HAMPI BAZAAR

Si Vijayanagar a déjà été rasée en 1565, une autre bataille fait rage aujourd'hui à Hampi.

En 1999, l'Unesco a classé Hampi parmi les sites du patrimoine mondial en danger en raison de l'urbanisation anarchique autour des temples, en particulier dans le quartier du vieux bazar, près du temple de Virupaksha. Les autorités ont établi un plan destiné à classer toutes les ruines de Hampi monuments protégés. Après des années d'inaction, ce plan a été appliqué de façon aussi spectaculaire qu'énergique en juillet 2011 : des boutiques, des hôtels et des logements du vieux bazar ont alors été rasés en quelques heures, réduisant la pittoresque rue principale à un champ de ruines, tandis que les 1 500 villageois qui faisaient de l'endroit un lieu de vie attrayant en étaient chassés.

Les commerçants ont reçu en compensation des parcelles dans des bourgs éloignés, comme Kaddirampur, à 18 km du bazar. Il était alors question d'y ouvrir des *guesthouses*, mais rares sont ceux qui ont souhaité construire des hébergements aussi loin de Hampi. Les habitants expulsés, quant à eux, attendent toujours leur dédommagement.

En mai 2016, l'histoire s'est répétée : des logements, des pensions et des boutiques du vieux village de Virupapur Gaddi ont été démolis. Les établissements les plus importants ont évité l'expulsion en allant devant les tribunaux. Les habitants, furieux, imputent ces démolitions au Hampi World Heritage Area Management Authority (HWHAMA) et à l'Archaeological Survey of India (ASI) ; ils prétendent que ce plan provoque une "muséomomification" de ce qui était auparavant un monument culturel vivant.

La principale artère desservant les temples est aujourd'hui vide d'édifices et d'animation, et des adresses bien connues, comme le Mango Tree d'origine, ont été rasées. Depuis fin 2018, la situation semble stabilisée et Hampi Bazaar subsiste sous la forme d'une enclave de *guesthouses* et de restaurants au nord du temple de Virupaksha. Des commerces ont également ouvert sur la rive opposée, à Virupapur Gaddi. Malgré tout, l'avenir de ces deux secteurs reste incertain.

Bains de la Reine RUINES
(carte p. 228 ; 🕗8h30-17h30). Au sud de la Ville royale, on découvre plusieurs temples et bassins, dont les bains de la Reine. Dépourvu d'ornements à l'extérieur, ce charmant pavillon dévoile à l'intérieur une impressionnante architecture indo-musulmane.

Archaeological Museum ARCHÉOLOGIE
(carte p. 228 ; Kamalapuram ; 🕗10h-17h sam-jeu). Le Musée archéologique mérite la visite pour sa belle collection de sculptures issues de sites locaux. On peut également y voir des outils du néolithique et des armes du XVIe siècle, ainsi qu'une grande maquette des vestiges de Vijayanagar. Ne passez pas à côté des panneaux explicatifs (en anglais) : l'un d'entre eux décrit les habitudes quotidiennes du roi, qui buvait 400 ml d'huile de sésame, se livrait à un duel de lutte et faisait un tour à cheval avant même le lever du jour.

Temple de Hazarama TEMPLE HINDOU
(carte p. 228). Ce temple aux piliers en granit noir poli comporte de ravissantes sculptures qui décrivent des scènes du *Ramayana*.

Mahanavami-diiba RUINES
(carte p. 228). Le Mahanavami-diiba, une plateforme à trois niveaux de 12 m de haut, ornée de sculptures élaborées, offre une vue panoramique sur les temples en ruine, les bassins en escalier et la salle d'audience du roi. Elle servait autrefois de tribune royale lors de festivités manifestant la puissance et la richesse des traditions du royaume. De là, les souverains de Vijayanagar (et leurs prestigieux invités venus d'autres contrées) admiraient parades militaires, compétitions sportives et représentations musicales.

Activités

Chutes de Hampi CASCADES
À environ 2 km de marche à l'ouest de Hampi Bazaar, après des plantations de bananiers, escaladez des rochers pour atteindre les jolies "cascades" de Hampi, une série de petits tourbillons dans un cadre splendide.

Escalade et varappe

Hampi est la capitale indienne de l'escalade de bloc. Le secteur est un formidable terrain de jeu pour les grimpeurs, avec ses parois de granit et ses rochers, dont certains portent les marques d'anciens tailleurs de pierre. L'ouvrage *Golden Boulders* (2013 ; en anglais), de Gerald Krug et Christiane Hupe, est une mine d'informations sur l'escalade à Hampi.

Hampi Bazaar

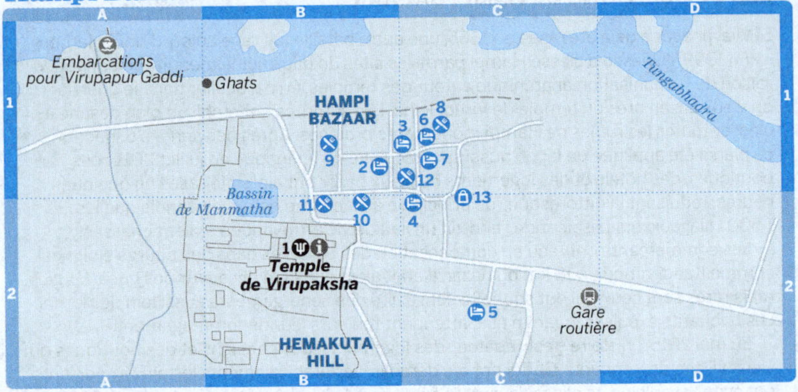

Hampi Bazaar

Les incontournables
1 Temple de Virupaksha........B2

Où se loger
2 Ganesh Guesthouse........B1
3 Gopi Guest House........C1
4 Manash Guesthouse........C2
5 Padma Guest House........C2
6 Pushpa Guest House........C1
7 Thilak Homestay........C1

Où se restaurer
8 Chill Out........C1
9 Gopi Roof Restaurant........B1
10 Mango Tree........B2
11 Moonlight........B2
12 Ravi's Rose........C1

Achats
13 Akash Art Gallery & Bookstore........C2

Thimmaclimb ESCALADE
(carte p. 228 ; ☎8762776498 ; www.thimmaclimb.wix.com/hampi-bouldering ; Virupapur Gaddi ; cours à partir de 500 ₹). Une agence réputée, dirigée par Thimma, un professionnel local qui encadre des sorties, donne des cours et loue ou vend du matériel professionnel. Il organise aussi des excursions de trois jours (5 000 ₹) pour escalader les falaises de grès de Badami.

Tom & Jerry ESCALADE
(carte p. 228 ; ☎8277792588, 9482746697 ; climbingshop.hampivillage.com ; Virupapur Gaddi ; cours 2 heures 30 600 ₹). Ces deux garçons originaires de la région connaissent bien les besoins des grimpeurs. Ils fournissent des tapis de qualité et des chaussures, proposent des cours et fournissent d'utiles informations sur les sites.

Observation des oiseaux

Contactez Kishkinda Trust (p. 231) à Anegundi pour des renseignements sur l'observation des oiseaux dans la région, où on dénombre plus de 230 espèces, dont des flamants roses. *The Birds of Hampi* (2014 ; en anglais), de Samad Kottur, est le guide le plus complet.

Fêtes et festivals

Golden Boulders SPORT
(☎9482746697 ; goldenbouldersfestival.hampivillage.com ; jan). Ce festival de dix jours est dédié à l'escalade en plein air, sans aucune compétition. Organisé par deux grimpeurs locaux, Tom et Jerry, il comprend l'ouverture de nouvelles voies, du yoga et de la *slackline* (équilibre sur sangle).

Vijaya Utsav CULTURE
(Hampi Festival ; jan). Trois jours de grandes festivités autour de la culture, du patrimoine et des arts.

Fête du Char de Virupaksha RELIGION
(mars-avr). Pour cet événement important, l'immense char en bois (le char-temple du temple de Virupaksha) est mené en procession dans l'artère principale de Hampi Bazaar.

Où se loger

La plupart des *guesthouses* sont des établissements douillets, tenus en famille et parfaits pour les petits budgets. Les prix sur place sont généralement moins élevés qu'en ligne. Des adresses plus haut de gamme sont installées à l'écart du centre. Certaines agences de voyages logent leurs clients à Hosapete, une localité morne à mille lieues de l'ambiance animée de Hampi. Anegundi (p. 230), la bourgade voisine, dispose aussi de bons hébergements.

Hampi Bazaar

Cette petite enclave est traditionnellement le repaire des voyageurs. Elle est aujourd'hui menacée par un projet de démolition.

Manash Guesthouse GUESTHOUSE $
(carte p. 226 ; 9448877420 ; manashhampi@gmail.com ; ch avec ventil/clim 1 350/1 600 ₹ ;). Cette *guesthouse* ne compte que deux chambres en retrait d'un petit jardin, mais ce sont les meilleures du village, avec de bons lits, de jolies touches décoratives et le Wi-Fi haut débit gratuit. Ses propriétaires détiennent le restaurant Mango Tree (p. 230), dans la même rue ; allez-y s'il n'y a personne à la réception.

Thilak Homestay GUESTHOUSE $
(carte p. 226 ; 9449900964 ; www.facebook.com/thilak.homestay ; ch avec ventil/clim 1 300/ 2 000 ₹ ;). Un cran au-dessus de la plupart des hébergements du village, une *guesthouse* très propre et ordonnée qui compte huit agréables chambres (matelas à ressorts et eau chaude). Il y en a d'autres dans un autre bâtiment distinct. Le propriétaire, Kish, est très serviable ; il vous aidera dans vos déplacements, en vous trouvant, par exemple, un bon chauffeur d'auto-rickshaw.

Pushpa Guest House GUESTHOUSE $
(carte p. 226 ; 9448795120 ; pushpaguesthouse99@yahoo.in ; d à partir de 1 000 ₹, avec clim à partir de 1 700 ₹ ;). Une adresse correcte aux chambres confortables, joliment aménagées et dotées de moustiquaires. Charmant toit-terrasse et agence de voyages sur place.

Ganesh Guesthouse GUESTHOUSE $
(carte p. 226 ; vishnuhampi@gmail.com ; ch 600-900 ₹, avec clim 1 500 ₹ ;). Cette petite *guesthouse* accueillante et tenue en famille existe depuis plus de vingt ans. Ses quatre chambres sont bien tenues et l'on profite d'un agréable restaurant sur le toit.

Padma Guest House GUESTHOUSE $
(carte p. 226 ; 08394-241331 ; padmaguesthouse@gmail.com ; d 900-2 000 ₹ ;). Cette *guesthouse* un peu plus chic que la plupart de celles du bazar abrite des chambres basiques correctes, dont beaucoup donnent sur le temple de Virupaksha. Tout ici, et notamment les sdb, mériterait un coup de neuf, mais les propriétaires sont serviables et vous aideront à organiser vos déplacements (auto-rickshaw, vélo, bus, etc.).

Gopi Guest House GUESTHOUSE $$
(carte p. 226 ; 08394-241695 ; www.facebook.com/gopiguesthouse ; ch avec ventil/clim 2 000/ 2 500 ₹ ;). Une *guesthouse* fiable et accueillante, qui occupe deux adresses de la même rue. Service sympathique et chambres de qualité, presque haut de gamme pour Hampi. Belle vue depuis le café sur le toit-terrasse.

Virupapur Gaddi et ses environs

Le calme rural de Virupapur Gaddi, séparée de Hampi Bazaar par la rivière, séduit beaucoup les voyageurs en long séjour. La localité, dotée de nombreux surnoms, comme "l'île" ou "l'île hippie", est aussi appelée "la petite Jérusalem" en raison de son succès auprès des Israéliens.

Sunny Guesthouse GUESTHOUSE $
(carte p. 228 ; 9448566368 ; www.sunnyguesthouse.com ; Virupapur Gaddi ; ch 600-1 500 ₹ ;). Une *guesthouse* prisée, à l'ambiance sympathique qui attire les *backpackers* avec ses huttes de caractère, son jardin tropical bien entretenu, ses hamacs et son restaurant décontracté.

Shanthi GUESTHOUSE $
(carte p. 228 ; 8533287038 ; shanthihampi.com ; Virupapur Gaddi ; bungalows 1 300-1 850 ₹ ;). Le Shanti (qui veut dire "paix", "calme") comprend une collection de jolis petits bungalows rustiques (tons naturels et toit de chaume), tous agrémentés d'un porche avec balancelle et donnant directement sur les rizières. Le cadre est superbe. Restaurant de cuisine internationale sur place (nous l'avons trouvé décevant), et nombreux autres établissements aux abords.

Hampi et Anegundi

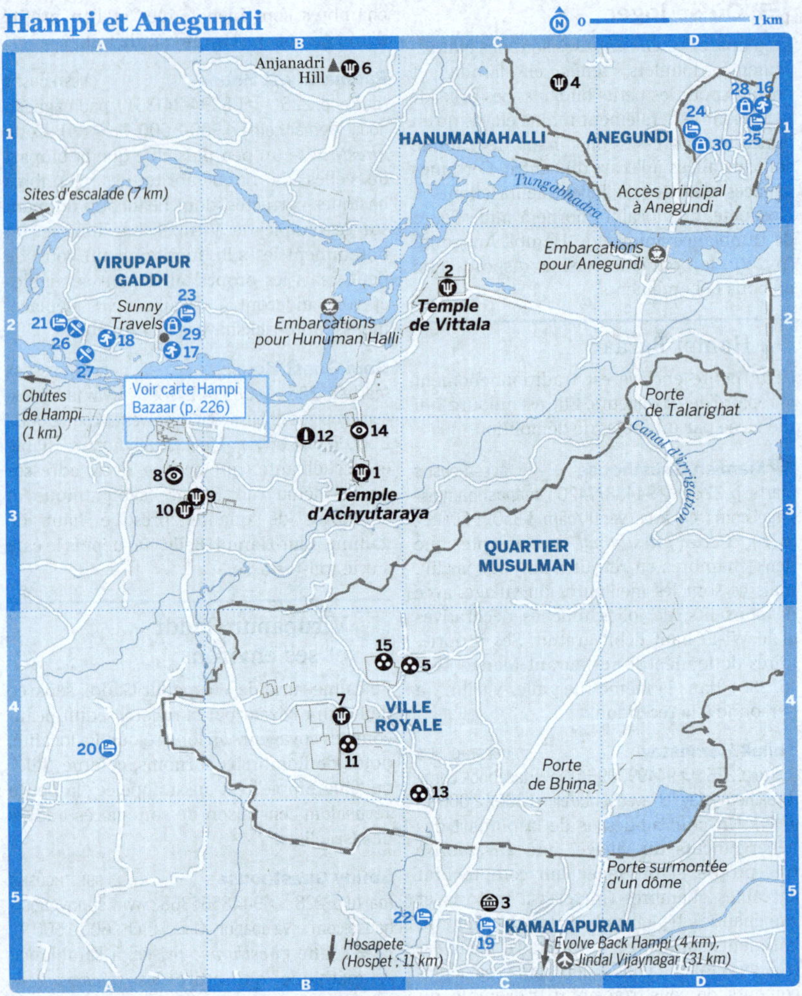

Hampi's Boulders LODGE $$$

(☎9448034202, 9480904202 ; www.hampisboulders.com ; Narayanpet ; ch pension complète à partir de 7 100 ₹ ;). Ce *resort* "éconature" s'étend sur les berges de la Tungabhadra, à 10 km à l'ouest de Virupapur Gaddi. Havre de tranquillité isolé de tout, il possède d'élégants bungalows joliment meublés, avec vue sur la rivière. La magnifique piscine naturelle garantit des baignades sans chlore. Une randonnée guidée est incluse dans le prix. Le restaurant s'approvisionne à la ferme bio du *lodge*. Wi-Fi limité.

Kamalapuram et ses environs

♥ **Shankar Homestay** CHEZ L'HABITANT $$

(carte p. 228 ; ☎9482169619 ; hanumayana@gmail.com ; Ballari ; ch avec petit-déj et ventil/clim 2 000/2 300 ₹ ;). Cette charmante maison de famille se situe à 2 km à l'ouest de la Ville royale (des vélos permettent de s'y rendre). Ses cinq chambres spacieuses sont décorées de tissus et d'objets artisanaux. Délicieuse cuisine, préparée par les chaleureux hôtes – ne manquez pas d'y dîner !

Hampi et Anegundi

Clarks Inn HÔTEL $$

(carte p. 228 ; ☎08394-241245 ; www.clarksinn.in ; HCP Rd, Kamalapuram ; ch 3 300-4 500 ₹ ; ❄📶🏊). Un nouvel hôtel, moderne et attrayant, à Kamalapuram, avec de jolies chambres impeccables (TV à écran plat), décorées au goût du jour. Il y a aussi une petite piscine intérieure. L'Archaeological Museum (p. 225) se trouve en face.

Sri Sai Baba Lodge GUESTHOUSE $$

(carte p. 228 ; ☎8050144139 ; www.facebook.com/sri-sai-baba-lodgehomestay-209949712953731 ; Kamalapuram ; ch 1 800-2 400 ₹ ; ❄📶). Un nouveau *lodge* au personnel accueillant, doté de chambres propres et ordonnées, dont certaines avec quatre lits. Il se situe au sud des ruines, à Kamalapuram, près du musée.

Evolve Back Hampi HÔTEL DE LUXE $$$

(www.evolveback.com/hampi ; village de Hallikeri ; ste à partir de 23 000 ₹ ; ❄📶🏊). Les chambres de ce nouveau *resort* très élégant sont sublimes. Dignes d'un maharaja, ses immenses suites avec terrasse ont un Jacuzzi. L'hôtel, bien équipé, emploie un personnel aimable et efficace, et jouit d'une superbe propriété isolée à 6 km environ de la Ville royale (mieux vaut opter pour la demi-pension). Réservez sur le site Internet pour profiter de bonnes affaires.

Où se restaurer

Gouthami INTERNATIONAL $

(carte p. 228 ; plats 80-250 ₹ ; ⏲8h-23h). Dans cet établissement bien tenu, on mange assis sur des coussins posés par terre (ou installé à de vraies tables), entouré de murs ornés d'illustrations de déités psychédéliques. Côté cuisine : de savoureux classiques indiens, israéliens et occidentaux. Délicieux cappuccino (120 ₹), bons cafés turcs et thés à la cardamome. Boulangerie allemande (German Bakery) sur place.

Moonlight INTERNATIONAL $

(carte p. 226 ; plats 80-160 ₹ ; ⏲7h30-22h). Derrière le temple de Virupaksha, ce restaurant tenu par une famille est apprécié pour ses bons petits-déjeuners, ses pancakes, ses curries et ses expressos.

Chill Out INTERNATIONAL $

(carte p. 226 ; plats 90-300 ₹ ; ⏲8h-22h30 ; 📶). Sur un charmant toit-terrasse éclairé de lanternes, on peut manger ici, assis sur des coussins, divers curries et des plats occidentaux, dont des pizzas.

Laughing Buddha INTERNATIONAL $

(carte p. 228 ; Virupapur Gaddi ; plats à partir de 80 ₹ ; ⏲8h-22h ; 📶). Dans une ruelle adjacente à l'artère principale de Virupapur Gaddi, ce restaurant réputé jouit d'une belle vue sur la rivière et les temples de Hampi. Sa carte comprend curries, burgers et pizzas.

On s'installe à des tables basses, assis sur des coussins. Paiement en espèces uniquement.

Ravi's Rose INTERNATIONAL $
(carte p. 226 ; plats à partir de 100 ₹ ; 8h-22h30 ;). Au menu de cette adresse conviviale : des *dosa*, des *thali*, ainsi que des lassis un peu spéciaux (voir l'encadré p. 583).

Mango Tree INTERNATIONAL $$
(carte p. 226 ; plats 130-310 ₹ ; 7h30-21h30). Le restaurant le plus célèbre de Hampi a déménagé dans le bazar, sous un charmant chapiteau. Toujours tenu avec efficacité par trois générations de la même famille locale, il se distingue par la qualité de son service et ses délicieux plats indiens servis sur des feuilles de bananier. Les *thali* sont un excellent choix.

Gopi Roof Restaurant INTERNATIONAL $$
(carte p. 226 ; www.facebook.com/gopiguesthouse ; plats 130-300 ₹ ; 8h-22h ;). Sert de savoureux mets indiens, chinois et israéliens, et même de bons plats mexicains (goûtez les *enchiladas* végétariennes). Dégustez un lassi (60 ₹) ou un *masala chai* (30 ₹) en attendant votre commande.

Achats

Gali Djembe Music Shop INSTRUMENTS DE MUSIQUE
(carte p. 228 ; 9449982586 ; www.facebook.com/pg/Galidurugappa ; Virupapur Gaddi ; 10h-19h). Tenue par un sympathique musicien qui enseigne le djembé et le didjeridoo, cette boutique vend des instruments indiens et occidentaux à bon prix.

Akash Art Gallery & Bookstore LIVRES
(carte p. 226 ; 7h-21h). Excellente sélection d'ouvrages sur Hampi et l'Inde, et romans d'occasion. Vend aussi des cartes postales et distribue volontiers un plan de Hampi.

Renseignements

ARGENT

Hampi et Virupapur Gaddi ne comptent aucun DAB, mais ont des bureaux de change. On trouve trois DAB à Kamalapuram (à 3 km de là) et un autre à Anegundi, sur la rive opposée à Hampi.

DÉSAGRÉMENTS ET DANGERS

Hampi est une bourgade plutôt sûre et paisible. Observez toutefois les précautions d'usage et ne vous baladez pas du côté des ruines la nuit. Les femmes doivent éviter de s'aventurer seules dans les secteurs isolés. Alcool et produits stupéfiants sont interdits à Hampi ; en détenir pourrait vous valoir des ennuis.

Comment s'y rendre et circuler

On rejoint Hampi depuis Hosapete. Il n'y a qu'un bus direct quotidien (très lent) entre Hampi Bazaar et Goa (725 ₹, 11 heures, 19h). Les agences de voyages se chargent des réservations pour les bus à destination de Bengaluru (à partir de 600 ₹, 7 heures, plusieurs à 23h), Hyderabad (à partir de 820 ₹, 9 heures, 4/nuit), Mumbai (à partir de 950 ₹, 14 heures, souvent de nuit) et Mysuru (750 ₹, 12 heures, 21h30), entre autres destinations ; ces trajets impliquent souvent un transfert en minibus entre Hampi et Hosapete.

Des bus locaux relient Hampi à Hosapete (18 ₹, 30 minutes, toutes les 30 minutes) de 5h45 à 19h30, au départ de l'**arrêt de bus** (carte p. 226). En auto-rickshaw, comptez 180 ₹. Il faut passer par Hosapete pour rejoindre Badami.

La gare ferroviaire de Hosapete est la plus proche de Hampi. **Sunny Travels** (carte p. 228 ; 9448969809 ; hampisunnytravels@gmail.com ; 9h30-19h) peut vous aider à réserver.

L'aéroport de Jindal Vijaynagar, à 35 km au sud de Hampi, a été rénové. TruJet y assure des vols quotidiens pour Bengaluru et Hyderabad.

Anegundi

08394 / 5 300 HABITANTS

Cet ancien village fortifié, qui fait partie du site classé de Hampi, fut habité bien avant Hampi. Épargné par le mercantilisme, il a conservé une délicieuse authenticité. On y vit encore au rythme des saisons et les traditions artisanales y sont bien vivantes. On accède à Anegundi en traversant la rivière en coracle (embarcation légère) ou bateau ou via un long détour depuis Virupapur Gaddi.

À voir et à faire

Temple de Hanuman TEMPLE HINDOU
(Anjaneya Hill ; carte p. 228 ; lever-coucher du soleil). Ce temple blanchi à la chaux, qui se dresse au faîte des 570 marches gravissant la colline (Anjanadri Hill), offre une belle vue sur le relief accidenté alentour. Selon la légende, c'est ici que naquit Hanuman, le dieu-singe hindou fidèle à Rama, qui l'aida lors de son combat contre Ravana. Des singes malicieux vous escorteront durant l'agréable montée et vous rencontrerez des *sadhu* (ascètes) fumant le chilom dans le temple. Le site, qui dévoile un panorama de toute la région de Hampi, est très prisé pour ses couchers de soleil.

Temple de Durga TEMPLE HINDOU
(carte p. 228 ; aube-crépuscule). Ce sanctuaire ancien, situé près du village, mérite une visite. Le trajet depuis Anegundi passe par de superbes paysages typiques de Hampi, entre rochers ocre et rizières.

Kishkinda Trust BÉNÉVOLAT
(TKT ; carte p. 228 ; 08533-267777 ; www.tktkishkinda.org ; Main Rd). Pour des renseignements sur les événements culturels, les activités et les possibilités de bénévolat, contactez Kishkinda Trust, une ONG installée à Anegundi, qui travaille avec la population locale.

Où se loger

Peshegaar Guest House GUESTHOUSE $
(carte p. 228 ; 9449972230 ; www.urammaheritagehomes.com ; Hanumanahalli ; d 1 344 ₹ ;). Cette maison ancienne comprend cinq chambres simples et élégantes, décorées de textiles traditionnels, et un agréable espace commun à côté d'une cour-jardin. Les sdb sont communes, mais il y en a quatre.

Uramma Cottage BUNGALOWS $$$
(carte p. 228 ; 9449972230 ; www.urammaheritagehomes.com ; s/d avec petit-déj 2 688/5 310 ₹ ;). Un *lodge* pittoresque, qui se compose de bungalows au charme rustique-chic, répartis dans un vaste espace herbeux. Le mobilier en bois massif, le ravissant linge de lit et les textiles artisanaux colorés témoignent d'un grand souci du détail. Personnel très serviable. Bonne cuisine (et bière) dans le restaurant (repas 400 ₹). Les prix baissent en basse saison.

Uramma House GUESTHOUSE $$$
(carte p. 228 ; 9449972230 ; www.urammaheritagehomes.com ; s/d 2 688/5 310 ₹/pers ;). Cette demeure ancienne restaurée, édifiée sur des fondations du IVe siècle, est un véritable bijou. Il n'y a que deux charmantes chambres, de style traditionnel, avec poutres apparentes, et une salle à manger. Idéale pour une famille ou un petit groupe.

Achats

Kishkinda ARTISANAT
(carte p. 228 ; tktkishkinda.org ; Uramma Cottage ; 9h-17h). Cette boutique de commerce équitable vend des textiles tissés à la main, des articles en fibre de bananier et d'autres objets réalisés par des artisans d'Anegundi et des alentours.

Banana Fibre Craft Workshop ARTISANAT
(carte p. 228 ; 10h-13h et 14h-17h lun-sam). Visitez ce petit atelier où des artisans fabriquent et vendent de l'artisanat et des accessoires réalisés avec de l'écorce de bananier et des matériaux recyclés.

Depuis/vers Anegundi

Vous rejoindrez Anegundi, à 7 km de Hampi, en traversant la rivière en bateau (10 ₹) depuis le quai à l'est du temple de Vittala (p. 223). Venez à mobylette ou à vélo (si vous vous sentez en forme). Le trajet en auto-rickshaw entre Hampi et le point de passage de la rivière coûte 100 ₹.

Hosapete (Hospet)

08394 / 171 200 HABITANTS

Centre régional chaotique et poussiéreux, Hosapete (que beaucoup appellent encore Hospet) fait figure de carrefour de transports pour Hampi. Il n'y a aucune raison de s'y attarder, mais si vous ne pouvez faire autrement, prenez une chambre à l'**Hotel Malligi** (08394-228101 ; www.malligihotels.com ; Jabunatha Rd ; ch 2 400-4 200 ₹, ste à partir de 5 000 ₹ ;).

Depuis/vers Hosapete

Des bus partent toutes les demi-heures pour Hampi (15 ₹, 30 minutes) du quai n°10 de la gare routière de Hosapete. Des bus de nuit privés circulent depuis/vers Goa (1 000-1 450 ₹, 8-10 heures), Gokarna (700 ₹, 8 heures 30), Bengaluru (540-740 ₹, 7 heures), Mysuru (410-655 ₹, 8 heures 30) et Hyderabad (880-1 210 ₹, 7-8 heures). Des bus de nuit **Paulo Travels** (08394-225867 ; www.paulobus.com) rejoignent Gokarna et Goa.

Une course en auto-rickshaw entre le centre-ville et la gare ferroviaire de Hosapete revient à 30 ₹. Le 18047 *Amaravathi Express* pour Margao (Magdaon), dans l'État de Goa, part quatre fois par semaine à 6h20 (sleeper/2AC 225/865 ₹, 7 heures 30). Le 16591 *Hampi Express* part chaque soir à 21h15 pour Bengaluru (2AC/1AC 935/1 570 ₹, 9 heures) et Mysuru (1 210/2 025 ₹, 12 heures). Il y a aussi 2-3 trains quotidiens pour Hyderabad, dont un à 19h (sleeper/2AC 305/1 195 ₹, 12 heures).

Hubballi (Hubli)

0836 / 1 051 000 HABITANTS

Cette ville industrielle (que l'on appelle encore souvent Hubli) est un carrefour ferroviaire offrant des liaisons avec Mumbai, Bengaluru, Goa et le nord du Karnataka.

Son aéroport est aussi bien desservi. Elle ne possède guère d'intérêt par ailleurs.

Si vous devez y passer la nuit, logez à l'**Hotel Ajanta** (☎0836-2362216 ; Koppikar Rd ; s/d à partir de 475/600 ₹ ; 📶) ou au plus chic **Hotel Metropolis** (☎0836-4266666 ; www.hotelmetropolishubli.com ; Koppikar Rd ; ch avec ventil/clim à partir de 1 500/2 500 ₹ ; ❄📶), tous deux proches de la gare ferroviaire.

Depuis/vers Hubballi

Récemment rénové, l'aéroport est à 6 km à l'ouest du centre-ville. Quatre compagnies y assurent des liaisons quotidiennes avec Ahmedabad (Gujarat), Bengaluru, Chennai, Goa, Kochi et Mumbai. Des bus climatisés NWKRTC relient l'aéroport à la gare ferroviaire. Un taxi coûte 230 ₹.

Des bus très réguliers desservent Bengaluru, surtout de nuit (430-680 ₹, 7-8 heures 30). Il y a de nombreux départs quotidiens pour Vijapura (200-276 ₹, 5-6 heures), ainsi que des bus pour Hosapete (142-210 ₹, 4 heures), qui circulent majoritairement de nuit. Des services réguliers rallient Mangaluru (480-654 ₹, 7-8 heures), Mumbai (725-1 400 ₹, 11-14 heures), Mysuru (439-835 ₹, 9 heures) et Panaji (Goa ; 180-364 ₹, 5-6 heures).

De la gare ferroviaire, de nombreux trains assurent la liaison avec Hosapete (sleeper/2AC 140/700 ₹, 2 heures 30, 6-8/jour), Bengaluru (sleeper/2AC 270/1 050 ₹, 8-9 heures, 8/jour), Mumbai (sleeper/2AC 380/1 485 ₹, 15 heures 30, 1-2/jour) et Goa (sleeper/3AC 160/700 ₹, 5-6 heures 30, 1-3/jour).

NORD DU KARNATAKA

Badami

☎08357 / 32 200 HABITANTS

Ancienne capitale du puissant empire Chalukya (VIe-VIIIe siècle), Badami est aujourd'hui réputée pour ses magnifiques temples-grottes, creusés dans les falaises de grès rouge. Une fois quittée l'artère poussiéreuse et encombrée qui la traverse, c'est une cité sublime. Les rues secondaires, jalonnées de maisons pittoresques, de portails en bois sculpté et de menus vestiges de l'empire Chalukya, sont agréables à explorer.

Histoire

De 540 à 757, Badami fut sous le nom de Vatapi (ou Vatapipura) la capitale de l'immense empire Chalukya, qui s'étendait de Kanchipuram, au Tamil Nadu, jusqu'à la rivière Narmada, au Gujarat. La ville finit par tomber aux mains des Rashtrakuta, auxquels succédèrent d'autres dynasties. Chacune l'embellit de nouvelles sculptures.

Parmi les trésors légués par les artisans chalukya figurent certains des plus anciens et plus beaux temples de style dravidien.

À voir

♥ **Temples rupestres** GROTTES SACRÉES

(Indien/étranger entrée au fort Nord incluse 25/300 ₹, - de 15 ans gratuit, app photo 25 ₹, guide 300 ₹ ; ⏲9h-17h30). Site phare et grandiose de Badami, ces temples – trois hindous et un jaïn – sont ornés de statues d'une grande

VAUT LE DÉTOUR

DANDELI

Situé dans la jungle des Ghats occidentaux, à une centaine de kilomètres de Goa mais accessible depuis Hubballi, **Dandeli** constitue une escapade fabuleuse pour approcher des animaux sauvages – éléphants, léopards, ours lippus, gaurs, chiens sauvages ou écureuils volants. Les amoureux des oiseaux pourront observer des calaos bicornes, des pics du Bengale, des serpentaires bachas et des martins-pêcheurs de Smyrne. On peut aussi pratiquer des sports d'aventure allant du kayak au rafting dans les remous de la Kali.

Le **Kali Adventure camp** (☎08284-230266 ; www.junglelodges.com/kali-adventure-camp ; Dandeli ; pension complète dort/tente/ch à partir de 2 006/4 142/4 994 ₹/pers ; 📶), un écolodge, loue des chambres et de plaisants bungalows de toile. Le personnel organise des sorties de rafting sur la Kali presque toute l'année, des explorations guidées en canoë, ainsi que des excursions de canyoning et à VTT. Les tarifs incluent un safari en jeep dans le Dandeli Wildlife Sanctuary, une traversée en coracle (embarcation légère), une randonnée et tous les repas.

Des bus fréquents relient Dandeli à Hubballi (Hubli ; 60 ₹, 2 heures) et Dharwad (46 ₹, 1 heure 30), où il y a des correspondances pour Bengaluru, Gokarna et Hosapete.

finesse et de sculptures complexes. Il s'agit de magnifiques exemples d'architecture chalukya, datant du VIe siècle. Toutes les grottes sont creusées à l'identique, avec une galerie à colonnade précédant une grande salle puis le sanctuaire au fond.

La **grotte n°1**, au-dessus de l'entrée du site, est dédiée à Shiva. C'est la plus ancienne et elle fut probablement sculptée durant la seconde moitié du VIe siècle. Sur le mur à droite du porche figure un superbe Nataraja, coiffé d'une collerette de cobra, et dont les 18 bras décrivent 81 positions possibles de danse. À droite de l'entrée se dresse une immense effigie d'Ardhanarishvara. Sur le mur opposé se tient une représentation de Harihara, moitié Shiva et moitié Vishnu.

Consacrée à Vishnu, la **grotte n°2** est plus simple. Comme dans les grottes nos1 et 3, le fronton de la plateforme est orné de nains bedonnants dans diverses positions. Quatre piliers aux chapiteaux sculptés en forme de *yali* (lion mythique) supportent le porche. Sur son mur gauche figure Varaha à tête de taureau, l'emblème de l'empire Chalukya ; à sa gauche se tient Naga, un serpent au visage humain. Sur le mur de droite, on découvre une grande sculpture de Trivikrama, un autre avatar de Vishnu.

La **grotte n°3**, sculptée en 578, est la plus vaste et la plus impressionnante. Sur le mur gauche figure Vishnu, son dieu tutélaire, assis sur un serpent. À proximité se trouve une représentation de Varaha à quatre bras. Les piliers comportent des chapiteaux sculptés en forme de *yali*. Les panneaux du plafond sont également ornés de divinités, dont Indra chevauchant un éléphant, Shiva sur un taureau et Brahma sur un cygne. Repérez les personnages de fêtards ivres, en particulier la femme soutenue par son mari. Le plafond a conservé des traces de ses couleurs d'origine ; à l'entrée de la grotte, les creux dans le sol servaient de palettes de peintures. La grotte donne par ailleurs sur le lac d'Agastyatirtha, en contrebas, où des femmes font la lessive ; l'écho des vêtements battus sur les marches du réservoir résonne alors dans les collines alentour.

Consacrée au jaïnisme, la **grotte n°4**, la plus petite, fut sculptée entre la fin du VIIe et le début du VIIIe siècle. Sur le mur de droite, une effigie de Suparshvanatha, le 7e *tirthankar* (grand maître jaïn), est entourée des 24 *tirthankar*. Le sanctuaire intérieur recèle une représentation d'Adinath, le premier grand maître jaïn.

Fort Nord SITE ARCHÉOLOGIQUE
(compris dans le prix d'entrée des grottes ; 9h-17h30). Surplombant Badami et le réservoir d'Agastyatirtha, les ruines haut perchées du fort Nord méritent d'être explorées. Il n'en reste pratiquement que les fondations, mais quelques remparts et tours-silos restaurées subsistent. Le site compte trois temples, dont celui de Malegitti Shivalaya ; bien conservé, il date du XVIe siècle et serait le plus ancien exemple encore debout du style dravidien dans l'architecture Chalukya ancienne. L'accès est inclus dans le billet d'entrée des grottes.

Archaeological Museum ARCHÉOLOGIE
(5 ₹ ; 9h-17h sam-jeu). Ce musée archéologique montre de superbes sculptures provenant de la région, parmi lesquelles un saisissant *makara torana* (linteau ornemental) du XIIe siècle, orné sur ses deux faces de fins bas-reliefs, et une représentation très explicite de Lajja-Gauri, déesse de la Fertilité. On peut aussi y admirer de nombreuses représentations de Shiva sous différentes formes. Photos interdites.

Activités

Les promontoires et la falaise en grès rouge de Badami offrent d'excellentes possibilités d'escalade à basse altitude. **Climbing Badami** (8494809253 ; climbingbadami.in ; escalade à partir de 1 000 ₹) organise, tout comme plusieurs agences de Hampi (p. 226), des sorties d'escalade et des treks.

Où se loger et se restaurer

Mookambika Deluxe HÔTEL $
(08357-220067 ; hotelmookambika@yahoo.com ; Station Rd ; d avec ventil/clim à partir de 1 300/1 800 ₹ ;). Pas vraiment "deluxe", cet hôtel n'en possède pas moins des chambres d'un rapport qualité/prix correct. Le personnel est une mine d'information pour les voyageurs. En face de la gare routière. Bar-restaurant juste à côté.

Heritage Resort HÔTEL $$
(theheritage.co.in ; Station Rd ; petit-déj inclus, ch avec ventil/clim 2 400/3 000 ₹, bungalows 3 900 ₹ ;). Dans une propriété arborée en retrait de la route principale, cet agréable hôtel comprend 14 chambres et bungalows spacieux, aérés et tout confort (bouilloire, TV à écran plat, minibar). La décoration, élégante, mêle meubles en bois et touches contemporaines. Direction aimable et serviable. Le **restaurant** (Heritage

Resort, Station Rd ; plats à partir de 110 ₹ ; 📶) sert une cuisine savoureuse. À 2 km au nord du centre-ville.

Golden Caves Cuisine INTERNATIONAL $
(Station Rd ; plats 80-170 ₹ ; ⏰8h30-23h). Mérite une halte pour ses spécialités du nord et du sud de l'Inde. Le personnel est un peu distrait, mais la cour arrière est agréable, notamment pour savourer une bière.

Bridge Restaurant INTERNATIONAL $$
(Clarks Inn, Veerpulakeshi Circle ; plats 195-595 ₹ ; ⏰6h30-22h30 ; 📶). Idéal si vous cherchez un peu de fraîcheur climatisée, le restaurant de cet hôtel d'affaires fait la part belle aux plats occidentaux – pâtes et pizzas –, ainsi qu'à la cuisine de Chine et d'Inde du Nord. Côté petits-déjeuners, l'influence est indienne, avec des *idli* et des *vada*, servis avec chutney et *sambal*, une sauce pimentée.

ℹ Depuis/vers Badami

Peu de lignes directes desservent Badami. Il existe un bus direct pour Vijapura (162 ₹, 4 heures, 17h) et Hubballi (195 ₹, 5 heures, 15h15) au départ de la gare routière de Station Rd. Chaque jour, trois bus partent pour Bengaluru (388-435 ₹, 10 heures, 7h, 7h30 et 19h) ; les deux du matin font un arrêt à Hosapete (156 ₹, 4 heures). à défaut, prenez un bus régulier pour Kerur (28 ₹, 45 minutes), à 23 km, où les correspondances sont beaucoup plus nombreuses.

Environs de Badami

Pattadakal

☎08357 / 1 680 HABITANTS

Capitale secondaire des Chalukya de Badami, Pattadakal est la "cité de rubis du Couronnement" (Pattada Kisuvolal), car c'est ici que les souverains étaient intronisés. Elle est réputée pour ses temples hindous et jaïns finement sculptés, inscrits collectivement au Patrimoine mondial, pour leur richesse ornementale et leur architecture où l'on repère le style dravidien, typique de l'Inde du Sud, et celui dit nagara, plus propre à l'Inde du Nord.

La plupart des temples de Pattadakal furent édifiés aux VIIe et VIIIe siècles. Le **temple de Virupaksha** (⏰6h-18h), le sanctuaire principal, dédié à Shiva, est sans conteste le plus emblématique de l'art des Chalukya. C'est un édifice imposant dont les colonnes du *mandapa* (salle à colonnes, considérée comme salle de méditation) sont couvertes de minutieuses sculptures décrivant des épisodes du *Ramayana* et du *Mahabharata*. Remarquez notamment le beau Shiva dansant. À l'extérieur, à l'est du temple, un grand Nandi en pierre noire se dresse dans un pavillon richement orné.

À côté du Virupaksha, le **temple de Mallikarjuna** suit un plan pratiquement identique. D'autres sanctuaires, mineurs, occupent le site. Un peu à l'écart (suivez la rive de la Malprabha), le **temple de Papanath** se distingue par ses deux *mandapa* et ses bas-reliefs inspirés du *Ramayana*.

Le village de Pattadakal est petit et la plupart des voyageurs préfèrent loger à Badami. Des bus (26 ₹, 45 minutes) pour Badami, située à 20 km, partent de Pattakal toutes les 30 minutes jusqu'à 17h environ. Le matin et l'après-midi, un bus rejoint Aihole (20 ₹), à 13 km de Pattakal.

Aihole

☎08351 / 3 200 HABITANTS

Autre capitale régionale des Chalukya, Aihole (l'antique Aryapura) compte plus d'une centaine de temples, qui furent essentiellement édifiés entre le Ve et le VIe siècle. La plupart sont aujourd'hui en ruine ou engloutis par la petite bourgade moderne. Aihole témoigne du stade embryonnaire de l'architecture hindoue d'Inde du Sud, depuis les sanctuaires originels, très sobres, comme le temple de Ladkhan, jusqu'aux édifices plus complexes, tel le temple de Meguti.

Aihole est à 35 km de Badami et à 13 km de Pattadakal.

L'impressionnant **temple de Durga** (Indien/étranger 30/200 ₹, app photo 25 ₹ ; ⏰8h-18h) date du VIIe siècle. Il est particulièrement remarquable pour son abside semi-circulaire, inspirée de l'architecture bouddhique, et les vestiges du shikhara en forme de pain de sucre. Il aurait inspiré l'architecture du siège du Parlement de l'Inde à New Delhi. Des sculptures en pierre ornent l'intérieur. Derrière le temple, un petit **musée** (5 ₹ ; ⏰9h-17h sam-jeu) présente également des sculptures chalukya.

Au sud du temple de Durga, on trouve d'autres sanctuaires, dont certains figurent parmi les plus anciens. Ainsi, le **temple de Meguti**, consacré au jaïnisme, se dresse sur une butte à 600 m au sud-est. Gare aux serpents si vous grimpez jusque-là !

Vijapura (Bijapur)

08352 / 343 800 HABITANTS/ ALTITUDE 593 M

Cité emblématique de l'époque islamique du Deccan, cette ville témoigne d'un passé glorieux qui remonte à quelque 600 ans. Rebaptisée en 2014 Vijapura, elle est encore souvent appelée Bijapur.

Jalonnée d'une myriade d'édifices anciens – palais, mosquées, fortifications et mausolées –, Vijapura fut la capitale des sultans de la dynastie des Adil Shahi de 1489 à 1686, et l'un des cinq États-satellites issus de l'effondrement du royaume musulman de Bahmani, en 1482. Malgré sa forte identité islamique, la ville est aujourd'hui un centre du *lingayat*, une branche du shivaïsme qui prône un seul dieu personnalisé. La **fête du Lingayat Siddeshwara** (jan-fév) dure huit jours.

Jusqu'à récemment, Vijapura manquait d'infrastructures touristiques, ce qui explique peut-être que peu de voyageurs s'y arrêtaient. Des auberges de jeunesse ont désormais ouvert leurs portes, et l'ancienne Bijapur compte aujourd'hui une bonne gamme d'hébergements.

À voir

Gol Gumbaz MAUSOLÉE

(Indien/étranger 25/300 ₹ ; 6h-18h). édifié dans un jardin paisible, le Gol Gumbaz est le joyau de la ville. Il renferme les tombes du sultan Mohammed Adil Shah (règne 1627-1656), de ses deux épouses, de sa concubine (Rambha), d'une de ses filles et d'un petit-fils – seul le cénotaphe du sultan est visible, les sépultures sont placées dans une crypte inaccessible au public.

Malgré sa sobriété, l'architecture démesurée du mausolée reste une prouesse pour le XVIIe siècle ! Des tours octogonales de sept étages se dressent à chaque coin de l'édifice, surmonté d'un dôme imposant, de près de 40 m de diamètre. Ce n'est qu'une fois entré que l'on mesure la monumentalité de ce mausolée, dont la salle immense frappe par son austère beauté. Montez l'escalier raide et étroit de l'une des tours pour atteindre la "galerie des murmures", située à la base de la coupole et dotée d'une extraordinaire acoustique – si vous chuchotez près d'un mur, on vous entendra du côté opposé.

Archaeological Museum ARCHÉOLOGIE

(5 ₹ ; 9h-17h sam-jeu). Ce musée bien agencé est situé dans le jardin du Gol Gumbaz. Oubliez le rez-de-chaussée et gagnez directement l'étage, où vous attend une belle collection comprenant des tapis orientaux, de la vaisselle en porcelaine, des armes, des armures et des parchemins – autant d'objets qui témoignent de la culture des Adil Shahi.

Ibrahim Rouza MAUSOLÉE

(Indien/étranger 15/200 ₹ ; 6h-18h). Le splendide mausolée du sultan Ibrahim II Adil Shah (règne 1580-1627) compte parmi les monuments islamiques les plus délicats et les mieux proportionnés du pays. Ses minarets, hauts de 24 m, auraient inspiré ceux du Taj Mahal et son histoire est tout aussi émouvante : il fut construit sur ordre du sultan comme futur mausolée de son épouse, Taj Sultana, mais il mourut avant elle et en fut le premier occupant. Outre les sépultures du couple de souverains, le mausolée contient les tombes des enfants et de la mère du sultan.

Citadelle FORT

GRATUIT Derrière des remparts protégés par des douves, la citadelle (Arqila) comprenait une véritable ville, avec salle d'audience (*durbar*) des souverains, palais et jardins d'agrément. La citadelle est aujourd'hui en ruine, et les édifices qui subsistent manquent cruellement d'entretien. Les vestiges les plus impressionnants sont les arches monumentales du **Gagan Mahal**, la salle d'audience édifiée sous Ali Ier vers 1561. Si les portes sont closes, vous trouverez aisément quelqu'un pour vous ouvrir.

À proximité, les vestiges du **Sat Manzil**, le palais à sept étages de Mohammed Adil Shah, font face au charmant **Jala Manzil**, un ancien pavillon de l'eau, qui était jadis entouré de cours et de jardins. De l'autre côté de Station Road (MG Rd) s'élèvent les arches du **Bara Kaman**, le mausolée en ruine d'Ali Adil Shah II (Ali Roza).

Malik-e-Maidan SITE HISTORIQUE

Juché sur une plateforme, ce canon, dont le nom signifie "monarque des Plaines", fut fondu en 1549. Ses dimensions sont impressionnantes : plus de 4 m de longueur, 1,50 m de diamètre et un poids estimé à 55 tonnes. Le Malik-e-Maidan aurait été rapporté à Vijapura comme trophée de guerre grâce aux efforts conjugués de centaines d'hommes, de dix éléphants et de 400 bœufs !

Asar Mahal ÉDIFICE HISTORIQUE

(6h–20h30). GRATUIT Bâti sous le règne de Mohammed Adil Shah vers 1646 pour servir

Vijapura (Bijapur)

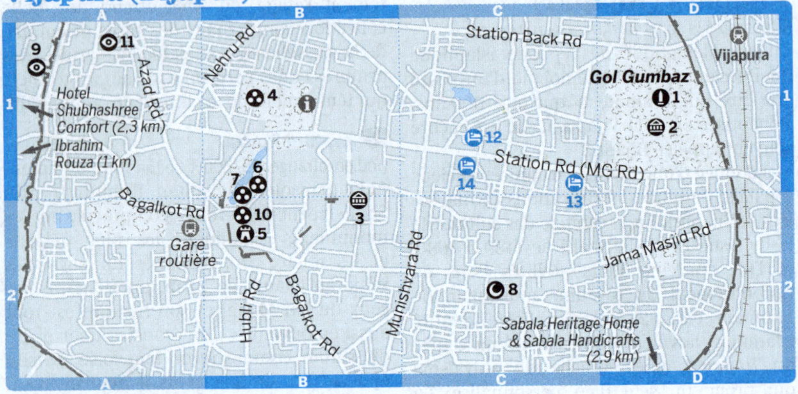

Vijapura (Bijapur)

Les incontournables
1 Gol Gumbaz D1

À voir
2 Archaeological Museum D1
3 Asar Mahal B2
4 Bara Kaman B1
5 Citadelle B2
6 Gagan Mahal B1
7 Jala Manzil B1
8 Jama Masjid C2
9 Malik-e-Maidan A1
10 Sat Manzil B2
11 Upli Buruj A1

Où se loger
12 Hotel Madhuvan International C1
13 Hotel Pearl C1
14 Kyriad Hotel C1

Où se restaurer
Haritam .... (voir 14)
Hotel Madhuvan International .... (voir 12)
Qaswa Hills .... (voir 13)

de cour de justice, l'Asar Mahal conservait jadis une précieuse relique (deux poils de la barbe de Mahomet). Des fresques décorent les salles de l'étage supérieur et un bassin carré s'étend sur le devant. Les femmes ne sont pas admises.

Jama Masjid MOSQUÉE
(Jama Masjid Rd ; 9h-17h30). La grande mosquée, joliment proportionnée, fut commandée par Ali Ier (règne 1557-1580). Elle possède d'élégantes arcades, une superbe coupole et une vaste cour intérieure qui peut accueillir des milliers de fidèles. En signe de respect, hommes et femmes sont tenus de porter des vêtements couvrants, à manches longues de préférence ; les femmes doivent se couvrir les cheveux.

Upli Buruj ÉDIFICE HISTORIQUE
GRATUIT Cette tour de guet du XVIe siècle, haute de 24 m, s'élève près du rempart ouest de la ville. Un escalier extérieur conduit au sommet, où se trouvent encore deux canons. On y profite d'une belle vue sur d'autres monuments de la ville.

Où se loger et se restaurer

Hotel Madhuvan International HÔTEL $
(08352-255571 ; Station Rd ; ch avec ventil/clim à partir de 1 300/1 800 ₹ ;). Dans une petite rue tranquille, un très bon hôtel aux agréables chambres (TV câblée) – sols en marbre et beau mobilier (la plupart ont un bureau et une armoire). Petit jardin à l'avant et bon restaurant sur place.

Hotel Shubhashree Comfort HÔTEL $
(08352-260505 ; Solapur Rd ; ch avec ventil/clim à partir de 1 000/1 300 ₹ ;). Dans le nord de la ville, voici un hôtel confortable et bon marché. Les chambres sont bien tenues, avec des matelas épais et des draps de qualité. Restaurant végétarien correct.

Kyriad Hotel HÔTEL $$
(08352-254242 ; www.kyriadindia.com ; Station Rd ; ch 2 400-2 800 ₹, ste à partir de 4 800 ₹, avec petit-déj ;). Cet excellent hôtel d'affaires abrite des chambres modernes (TV câblée à écran plat) au mobilier tendance, ainsi que deux bons restaurants. Le personnel est

aux petits soins et assure un room-service 24h/24. Un ascenseur dessert les étages. Un bar et une salle de sport sont en projet.

Sabala Heritage Home HÔTEL HISTORIQUE $$
(☎9448118204 ; www.sabalaheritagehome.org ; Bijapur Bypass, NH-13 ; ch avec petit-déj et dîner 1 500 ₹, avec clim à partir de 2 500 ₹ ; ❄📶). Le Sabala, situé en lisière de la ville, est apprécié pour ses jolies chambres bien décorées donnant sur des champs. La cuisine maison est parfumée et inventive. L'hôtel est lié à une ONG qui soutient les femmes et vend des produits artisanaux (boutique sur place). À 4,5 km au sud-est du centre.

Hotel Madhuvan International INDIEN $
(Station Rd ; plats 80-220 ₹ ; ⏲9h-11h, 12h-16h et 19h-23h ; 📶). Le restaurant de l'hôtel Madhuvan, où l'on peut s'installer à l'intérieur ou dans le jardin. À la carte : de nombreux *korma* et plats de *paneer*, ainsi que des mets végétariens délicieux, dont treize sortes de *dosa*. Pas d'alcool.

Haritam VÉGÉTARIEN $$
(www.kyriadindia.com ; Kyriad Hotel, Station Rd ; plats 149-199 ₹ ; ⏲7h-22h ; ❄📶). On mange ici, dans un cadre moderne et climatisé, de savoureux mets d'Inde du Nord et du Sud, à des prix très raisonnables. Le *paneer kadai* (*paneer* cuit dans une sauce tomate épaisse) est délicieux. Service très chaleureux.

Qaswa Hills INTERNATIONAL $$
(Hotel Pearl, Station Rd ; plats 85-390 ₹ ; ⏲7h-16h et 19h-22h ; 📶). Du matin au soir, ce restaurant en sous-sol ne désemplit pas. Il est réputé pour ses plats de viande ; goûtez au *biryani* de poulet ou de mouton.

Achats

Sabala Handicrafts ARTISANAT
(www.sabalahandicrafts.com ; Bijapur Bypass, NH13 ; ⏲8h-17h30). Cette boutique de commerce équitable vend tissus, sacs, saris, *kurta* et accessoires faits main. Les prix commencent à 800 ₹. Les bénéfices reviennent à une ONG soutenant des villageoises. À 4 km au sud-est du centre.

Renseignements

Office du tourisme (☎08352-250359 ; Hotel Mayura Adil Shahi Annexe, Station Rd ; ⏲10h-17h30 lun-sam). Personnel très aimable.

Depuis/vers Vijapura

De nombreux bus privés partent également pour Bengaluru, Hyderabad et Mumbai au départ du bureau de leur compagnie.

Vu le nombre de sites et les distances à couvrir, 800 ₹ est un prix correct pour une journée bien remplie de visite en autorickshaw. Une petite course en ville coûte 50 ₹.

Bidar

☎08482 / 223 800 HABITANTS/ ALTITUDE 664 M

Nichée à la pointe nord-est du Karnataka, non loin de la frontière avec l'État du Telangana, Bidar est un joyau du début des sultanats du Deccan. Jalonnée de monuments et de vestiges, cette ancienne cité fortifiée est ignorée de la plupart des

BUS AU DÉPART DE VIJAPURA (BIJAPUR)

Les liaisons suivantes sont assurées au départ de la **gare routière** (☎08352-251344 ; Meenakshi Chowk Rd ; ⏲24h/24) :

DESTINATION	TARIF	DURÉE	FRÉQUENCE
Bengaluru (Bangalore)	fauteuil/couchette 530/795 ₹	9 heures 30-11 heures	6/jour
Bidar	270 ₹	6 heures	5/jour
Kalaburgi (Gulbarga)	168 ₹	4 heures	3/jour
Hosapete (Hospet)	248 ₹	5 heures	6/jour
Hubballi (Hubli)	198-242 ₹	5 heures	3/jour
Hyderabad	388-740 ₹	8-10 heures	5/jour
Mumbai (Bombay)	660 ₹	11-13 heures	5/jour
Panaji (Panjim)	335-455 ₹	9 heures	2/jour

Les trains pour Mumbai passent par Pune (438 ₹, 8 heures).

TRAINS AU DÉPART DE VIJAPURA (BIJAPUR)

DESTINATION	TRAIN (Nº ET NOM)	TARIF	DURÉE	DÉPARTS
Badami	17320 *Hubli-Secunderabad Express*	sleeper/2AC 140/700 ₹	2 heures 30	1h10 et deux autres trains quotidiens
Bengaluru (Bangalore)	16536 *Golgumbaz Express*	sleeper/2AC 375/1470 ₹	15 heures	16h55 et un autre train quotidien
Hyderabad	17319 *Secunderabad Express*	sleeper/2AC 250/965 ₹	12 heures	2h10
Mumbai (Bombay)	1140 *Gadag-Mumbai Express*	sleeper/2AC 350/1300 ₹	11 heures 30	17h45, six fois par semaine, via Pune

voyageurs, ce qui fait aussi son charme. Elle succéda à Gulbarga (Kalaburgi ; 1347-1427) en tant que capitale (1428-1487) du royaume musulman bahmani, avant de devenir celle de la dynastie des Barid Shahi.

La région est l'une des contrées les moins occidentalisées du Karnataka. On y croise de nombreuses femmes portant le niqab et des pèlerins sikhs coiffés d'un turban, et si les touristes sont les bienvenus, les valeurs traditionnelles prédominent.

À voir

Fort de Bidar — PATRIMOINE

(9h-17h). GRATUIT Les vestiges de cette magnifique place forte forment le site historique le plus célèbre de Bidar. Datant du XVe siècle, ce fort – le plus grand d'Inde du Sud – abritait jadis la capitale administrative d'une grande partie de la région. Entouré d'une triple douve sèche creusée dans la roche rouge et de remparts longs de plusieurs kilomètres, il possède une entrée digne d'un conte des *Mille et Une Nuits*, ponctuée de trois portes. Il s'y trouvait aussi autrefois 37 bastions, plusieurs puits et un arsenal. Prévoyez deux bonnes heures pour explorer le site.

Vu le peu de renseignements fournis sur place, mieux vaut engager un guide auprès du bureau d'archéologie. Il vous ouvrira les portes des vestiges les plus intéressants à l'intérieur du fort : le Rangin Mahal (Palais peint), orné de céramiques élaborées, de piliers en teck et de panneaux incrustés de nacre, la mosquée Solah Khamba (mosquée aux Seize Piliers) et le Tarkash Mahal, notable pour ses ravissantes inscriptions islamiques et sa vue superbe depuis le toit. Un petit musée, dans les anciens bains royaux, présente des artefacts locaux.

Tombeaux des Bahmani — MAUSOLÉES

(lever-coucher du soleil). GRATUIT La nécropole des sultans bahmani est située à Ashtur, un village à 3 km à l'est de Bidar. Le site, tout en longueur, a une beauté austère, avec plus d'une dizaine d'immenses tombeaux coiffés de dômes qui s'alignent en parallèle à une petite route. De tous, celui d'Ahmad Shah al Wali (qui transféra la capitale du royaume de Gulbarga à Bidar durant son règne ; 1422-1436) est le plus impressionnant. Son intérieur est superbement peint, et certains décors ont conservé leurs couleurs d'origine. Malheureusement, ces peintures, exposées aux fientes d'oiseaux et de chauves-souris, sont en piteux état. Par ailleurs, la lumière est très faible à l'intérieur, mais un employé vous proposera certainement de vous en éclairer quelques détails à l'aide d'un miroir. Le site dans son ensemble est impressionnant et des fidèles viennent régulièrement y prier. Les tombeaux des Barid Shahi sont pour leur part situés à l'ouest de la ville.

Madrasa Khwaja Mahmud Gawan — VESTIGES

(lever-coucher du soleil). GRATUIT Les vestiges de la madrasa Khwaja Mahmud Gawan, une école construite en 1472, dominent le cœur de la vieille ville. Les céramiques colorées, qui ornent encore la porte principale et l'un des minarets, toujours intact, donnent une idée de sa splendeur passée. Des milliers d'érudits venant de tout le monde musulman y ont étudié.

Guru Nanak Jhira Sahib — TEMPLE SIKH

(Shiva Nagar ; 24h/24). Ce vaste temple, construit en 1948 dans la partie nord-ouest de la ville, est consacré à Guru Nanak. Il entoure l'**Amrit Kund** (bassin), où les pèlerins viennent purifier leur âme.

Où se loger et se restaurer

Hotel Sapna Continental — HÔTEL $

(08482-22081 ; www.hotelsapnacontinental.com ; Udgir Rd ; ch à partir de 1100 ₹ ;).

Des chambres spacieuses et un personnel serviable caractérisent cet hôtel moderne d'un bon rapport qualité/prix. Il n'a pas de restaurant, mais le très populaire Kamat Hotel, dirigé par la même équipe, se trouve juste au-dessous.

Kamat Hotel INDIEN DU SUD **$**

(Udgir Rd ; repas 60-160 ₹ ; ⏲7h30-22h). Ce restaurant animé toute la journée sert d'excellentes spécialités à des prix abordables (68 ₹ pour un *dhal fry*). Salle climatisée à l'étage.

ℹ Depuis/vers Bidar

De la gare routière, des bus fréquents desservent Kalaburgi (Gulbarga ; 128 ₹, 3 heures) et deux bus de nuit rallient Vijapura (Bijapur ; 320 ₹, 7 heures). Il y a aussi des bus réguliers pour Hyderabad (148 ₹, 4 heures, 7/jour) et Bengaluru (Bangalore ; semi-deluxe/AC 760/925 ₹, 13 heures, 5/jour).

Chaque jour, quatre trains partent pour Hyderabad, à des horaires toutefois peu commodes ; celui de 19h25 est le plus pratique (sleeper/2AC 170/745 ₹, 3 heures). Un train quotidien part pour Bengaluru à 12h15 (sleeper/1AC 385/2 560 ₹, 17 heures).

Telangana et Andhra Pradesh

89,4 MILLIONS D'HABITANTS

Dans ce chapitre ➡

Le top des restaurants

- Firdaus (p. 255)
- SO – The Sky Kitchen (p. 255)
- Hotel Mayura (p. 272)
- Dhaba By Claridges (p. 255)
- TFL (p. 263)

Le top des hébergements

- Taj Falaknuma Palace (p. 251)
- Hotel Marasa Sarovar Premiere Tirupati (p. 271)
- Novotel Visakhapatnam Varun Beach (p. 267)
- Ruby Pride Luxury Hotel (p. 251)
- Taj Krishna (p. 252)

Pourquoi y aller

Hyderabad, la capitale du Telangana, justifie à elle seule un voyage dans la région. Vous serez séduit par le paysage urbain où se détachent les coupoles et les minarets de ses mosquées et la silhouette des mausolées et des palais des anciennes dynasties. Puis vient la découverte de son quartier historique, un lacis de rues ponctuées de marchés, de sanctuaires soufis, de maisons de thé et de restaurants de *biryanis*. L'embellie économique liée aux technologies de l'information a par ailleurs vu fleurir les restaurants haut de gamme.

Mais les États du Telangana et de l'Andhra Pradesh, qui n'en formaient qu'un jusqu'en 2014, comptent aussi d'autres trésors, à l'exemple des sculptures du temple de Ramappa et des sites bouddhiques de Sankaram et de Guntupalli, mais aussi de la ville côtière de Visakhapatnam, connue pour son ambiance joyeuse, ou encore du temple de Tirumala, où se mêler aux fidèles tient d'une expérience mémorable.

Quand partir

Hyderabad

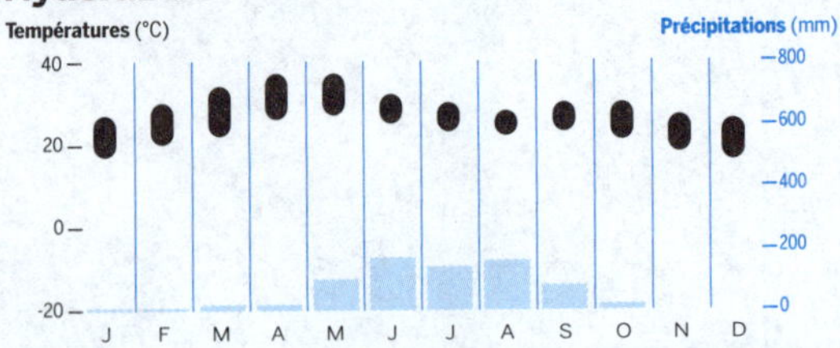

Avril-mai
Pour partager avec les habitants un *haleem* – soupe servie à l'époque du *ramzan* (ramadan).

Novembre-février
Pour visiter les sites de Hyderabad par seulement 22 à 28°C ambiants !

Décembre-avril
Pour profiter de la côte – peu de pluie et chaleur supportable.

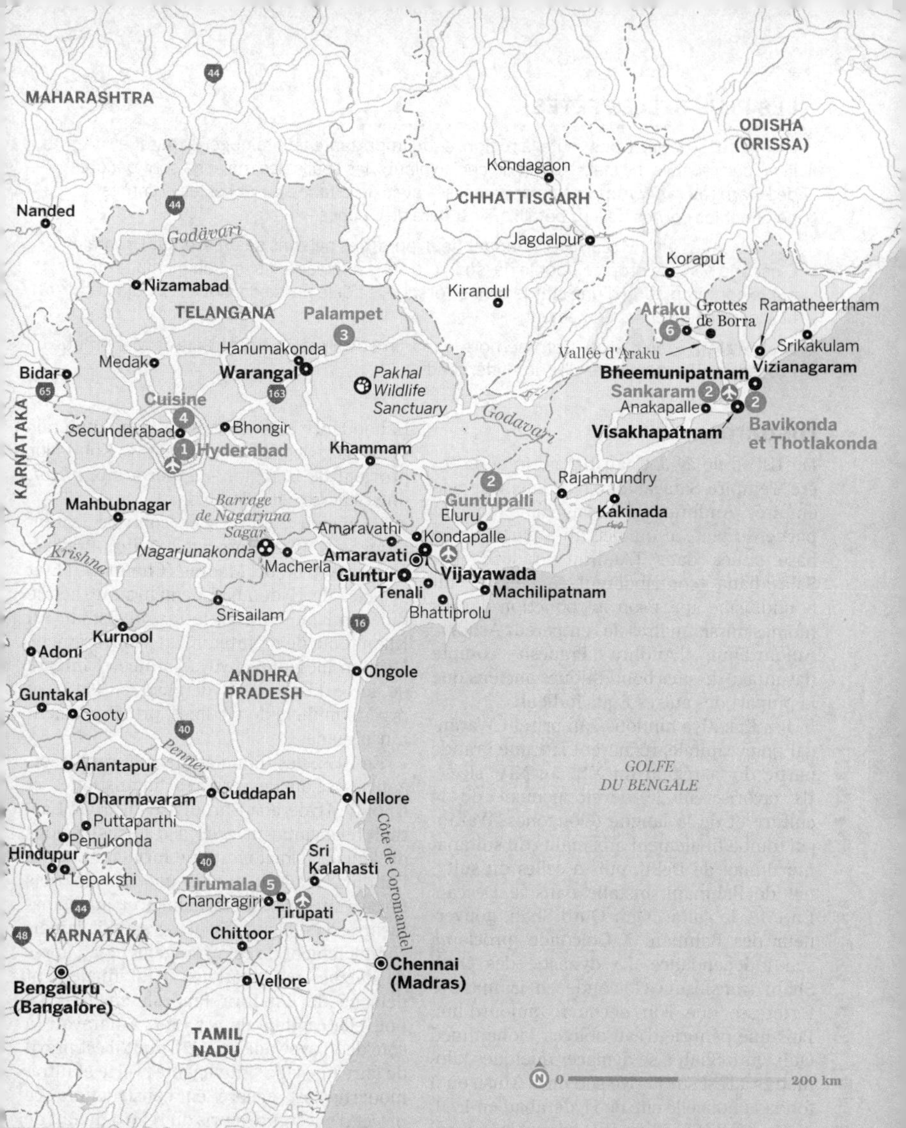

À ne pas manquer

1 La vieille ville de **Hyderabad** (p. 242), son patrimoine remarquable, ses sanctuaires et ses marchés.

2 L'atmosphère de la **route des monastères** (p. 266 et p. 269), un parcours deux fois millénaire, marqué d'étapes à Sankaram, Bavikonda, Thotlakonda et Guntupalli.

3 Le génie des sculpteurs Kakatiya de **Palampet** (p. 262), dans le temple voisin du village.

4 La **cuisine locale** (p. 253) : curries relevés de l'Andhra Pradesh, *biryanis* de Hyderabad et en-cas de rue.

5 La dévotion des milliers de pèlerins hindous à **Tirumala** (p. 270).

6 Le **voyage en train jusqu'à Araku** (p. 269), à travers les forêts luxuriantes et les vertes vallées des Ghats orientaux.

LES PLUS BELLES FÊTES

Sankranti (⏲jan). Dans toute la région, cette importante fête télougoue marque la fin des récoltes. Le ciel s'emplit de cerfs-volants, les seuils des maisons sont décorés de *kolam* (ou *rangoli*, motifs colorés réalisés avec de la farine de riz) et les hommes peignent les cornes de leur bétail, qui est paré de cloches.

Brahmotsavam (⏲sept/oct). Pendant neuf jours, des pèlerins se pressent à Tirumala. C'est une période propice pour le *darshan* (au sens populaire, il s'agit du bienfait retiré par la contemplation d'une statue divine, lorsque le fidèle passe devant elle). Pujas et processions de chars également.

Muharram (⏲août/sept). Commémore le martyre de Hussein, le petit-fils de Mahomet. Procession dans la vieille ville de Hyderabad.

Histoire

Du IIIe siècle av. J.-C. au IIIe siècle de notre ère, l'empire Satavahana, également appelé empire Andhra, gouverna la majeure partie du plateau du Deccan à partir d'une base située dans l'Andhra Pradesh. Les Satavahana contribuèrent à l'essor du bouddhisme après son introduction par les moines missionnaires de l'empereur Ashoka. Aujourd'hui, l'Andhra Pradesh compte davantage de sites bouddhiques anciens que la plupart des autres États indiens.

Les Kakatiya hindous, qui prirent Warangal pour capitale, régnèrent sur une grande partie de la région du XIIe au XIVe siècle. Ils favorisèrent le développement de la culture et de la langue télougoues. Warangal tomba finalement aux mains du sultanat musulman de Delhi, puis à celles du sultanat de Bahmani, installé dans le Deccan. En 1518, le sultan Quli Qutb Shah, gouverneur des Bahmani à Golconde, proclama son indépendance. La dynastie des Qutb Shahi transforma Golconde en la massive forteresse que l'on découvre aujourd'hui. Puis une pénurie d'eau obligea Mohammed Quli Qutb Shah à se déplacer quelques kilomètres à l'est sur la rive sud de la Musi, où il fonda la nouvelle cité de Hyderabad en 1591.

Les Qutb Shahi furent évincés par l'empereur moghol Aurangzeb en 1687. Lorsque l'Empire commença à décliner, le vice-roi du Deccan envoyé par Aurangzeb, Nizam ul-Mulk, prit le contrôle de la région. Puis il fonda en 1724, sous le nom d'Asaf Jah Ier, la deuxième grande dynastie musulmane de Hyderabad, les Asaf Jahi – les *nizam* de Hyderabad, réputés pour leur richesse. Il choisit pour capitale Aurangabad, à laquelle son fils Asaf Jah II préféra Hyderabad en 1763. La ville se développa jusqu'à devenir le cœur de l'Inde musulmane et le centre des arts, de la culture et de l'enseignement.

L'abondance en pierres et en minerais précieux – le fameux diamant Koh-i-Nor provient de la région – apporta aux *nizam* une richesse considérable.

La région entière sous contrôle britannique vers 1800. Alors que l'Andhra Pradesh était gouverné de Madras (Chennai), l'État princier de Hyderabad demeura en théorie indépendant. En 1947, le *nizam* Osman Ali Khan tenta de maintenir cette souveraineté. L'Union indienne envoya l'armée et intégra de force l'État de Hyderabad en 1948, au prix de milliers de victimes, principalement musulmanes.

En 1956, les États indiens furent réorganisés selon des critères linguistiques et celui de Hyderabad fut divisé en trois. L'actuel Telangana fut relié à d'autres régions de langue télougoue pour former l'État de l'Andhra Pradesh, tandis que des districts furent intégrés au Karnataka et au Maharashtra. Le Telangana ne se satisfit jamais complètement de cet arrangement, et, après de longues protestations, il fut finalement détaché de l'Andhra Pradesh en 2014. La nouvelle capitale de cet État, Amaravati (à côté de Vijayawada, p. 262), dont il est prévu de faire une ville "intelligente", verte et ultramoderne, est encore en construction (ce projet d'envergure a pris du retard du fait de difficultés financières).

TELANGANA

Hyderabad

☎040 / 11,5 MILLIONS D'HABITANTS / ALT. 600 M

Imprégnée d'histoire et d'une effervescence toute indienne, la vieille ville de Hyderabad ne manque pas de charme. Il s'agit d'un dédale coloré de rues jalonnées de maisons de thé, de marchands d'épices et d'autres commerces, dominé par d'imposants monuments islamiques, dans des états de conservation divers. La plupart des visiteurs se cantonnent au cœur du quartier historique ; toutefois, veillez à consacrer du temps au magnifique fort de Golconde.

Le deuxième pôle de Hyderabad, plus récent, se trouve à l'ouest du centre-ville. Il englobe la Hi-Tech City (Cyberabad), ainsi que d'autres quartiers comme Banjara Hills et Jubilee Hills, ponctués de *malls* étincelants, de multiplexes, de clubs, de pubs et de restaurants chics. Enfin, la ville se fait aussi une place dans l'industrie du cinéma indien, avec la présence d'immenses studios (p. 249) qui lui valent le surnom, dans cette région où l'on parle télougou, de "Tollywood" !

Partout dans Hyderabad, circuler relève du défi. L'arrivée du Metro Rail (p. 261) devrait améliorer la situation.

À voir

Vieille ville

Charminar MONUMENT
(carte p. 250 ; Charminar Rd ; Indien/étranger 5/100 ₹ ; 9h-17h30). Emblématique de Hyderabad, ce monument fut édifié par Mohammed Quli Qutb Shah en 1591, à la fois

Hyderabad

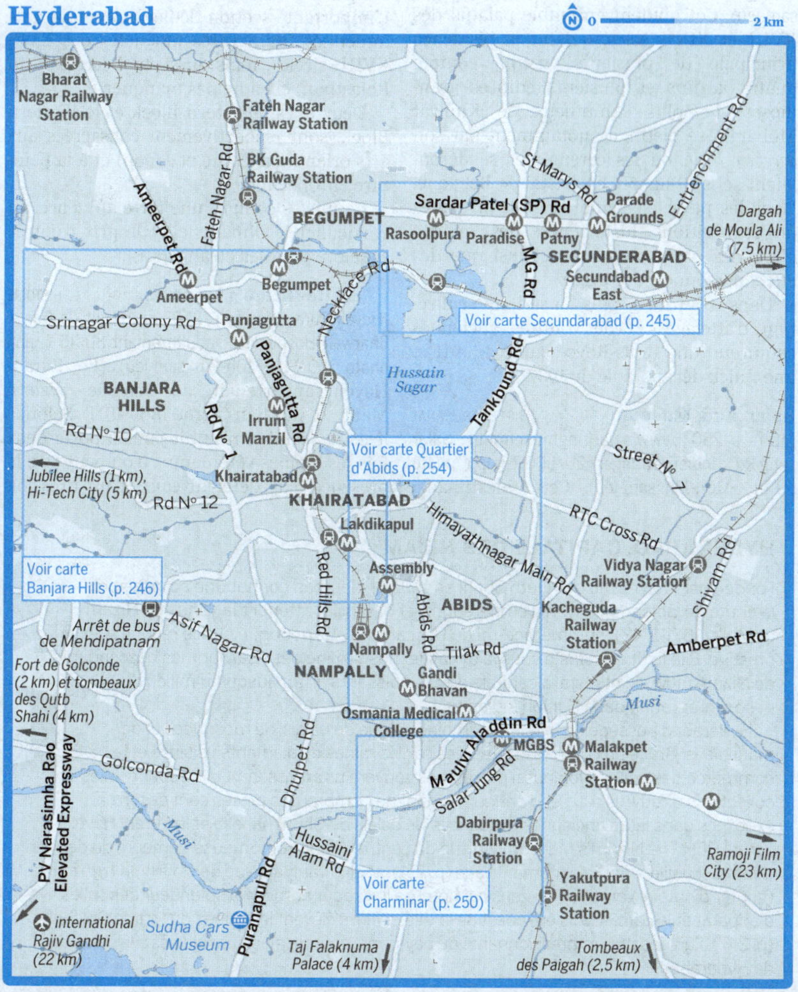

pour célébrer la fondation de la ville et la fin des épidémies causées par la pénurie d'eau à Golconde. Ce splendide édifice, à quatre arches en arc brisé orientées vers les points cardinaux, comporte quatre minarets (d'où son nom, Charminar, "Quatre Minarets"), culminant à 56 m. La circulation automobile incessante, la foule et les files d'attente gâtent hélas un peu le plaisir de la visite. Si vous le pouvez, accédez à la terrasse, qui compte une salle de prière, pour observer le panorama sur la vieille ville alentour.

Palais de Chowmahalla MONUMENTS

(carte p. 250 ; près de Charminar Rd ; Indien/étranger 50/200 ₹, app photo 50 ₹ ; 10h-17h sam-jeu). Cet opulent ensemble palatial des XVIIIe et XIXe siècles, qui fut la résidence principale de plusieurs *nizam*, compte quatre jardins et plusieurs édifices grandioses. Le plus somptueux, le Khilwat Mubarak, se distingue notamment par son *durbar hall*, où les cérémonies se déroulaient sous 19 lustres en cristal de Belgique. Dans les pièces secondaires sont présentés des expositions historiques, des œuvres d'art, des objets artisanaux, ainsi que des effets personnels des *nizam*.

Dans le jardin le plus au sud, une collection d'attelages et de voitures anciennes comprend une Rolls-Royce jaune de 1911 et une Buick décapotable de 1937.

Salar Jung Museum ART ET ARTISANAT

(carte p. 250 ; www.salarjungmuseum.in ; Salar Jung Rd ; Indien/étranger 20/500 ₹, app photo 50 ₹ ; 10h-17h sam-jeu). Cette inestimable collection fut rassemblée par Mir Yousuf Ali Khan (Salar Jung III), grand vizir éphémère du septième *nizam*. Le musée accueille des trésors, en particulier une superbe collection de miniatures provenant de toute l'Inde.

Le bâtiment principal expose notamment des bronzes, des peintures sur tissus et des sculptures sur pierre et sur bois d'Inde du Sud et du Nord ; une salle est consacrée à des jouets anciens ; d'autres à des pièces en ivoire venant de toute l'Asie, à des porcelaines extrême-orientales et françaises, des œuvres d'art européennes et des manuscrits anciens. Admirez notamment la remarquable *Rebecca voilée* de Benzoni, un sculpteur néoclassique italien du XIXe siècle. L'importante section dédiée aux miniatures indiennes (miniatures mogholes des XVIe-XVIIIe siècles, mais aussi du Deccan et du Rajasthan) est à ne pas manquer.

Deux ailes, l'Eastern Block et le Western Block, sont respectivement consacrées aux arts orientaux (Chine et Japon) et à la peinture européenne.

Ce musée connaît une forte affluence, en particulier le dimanche, et le prix d'entrée est élevé pour les étrangers.

HEH The Nizam's Museum HISTOIRE

(Haveli Purani ; carte p. 250 ; en retrait de Dur-e-Sharwah Hospital Rd ; adulte/enfant 80/15 ₹, app photo 150 ₹ ; 10h-17h sam-jeu). Le Purani Haveli appartenait au sixième *nizam*, Mahbub Ali Khan (règne 1869-1911). Selon la légende, celui-ci n'aurait jamais porté deux fois les mêmes vêtements : d'où peut-être la présence, sur deux niveaux, d'un dressing

HYDERABAD, CAPITALE DES NIZAM

Fondée par la dynastie des Qutb Shahi en 1591, Hyderabad connut une éclipse après la chute de Golconde devant l'empereur moghol. Il fallut attendre la venue de Nizam ul-Mulk (1671-1748), nommé vice-roi du Deccan en 1713, pour que la ville renoue avec le prestige. Elle le fit avec faste sous la dynastie musulmane des Asaf Jahi, les descendants de Nizam ul-Mulk, et resta la capitale de ces puissants *nizam* jusqu'au milieu du XXe siècle et son intégration dans l'Union indienne.

Hyderabad possède de fait un patrimoine unique de palais, de mosquées et de mausolées. Grâce aux richesses générées par les mines de diamants voisines et le commerce des perles (voir aussi p. 257), ses souverains amassèrent d'exceptionnelles collections d'œuvres d'art et d'antiquités, dont de nombreuses pièces sont désormais exposées dans leurs anciennes résidences : le palais de Chowmahalla et le Purani Haveli, actuel HEH The Nizam's Museum. Au sud du centre-ville, la somptueuse demeure du dernier *nizam* accueille le Taj Falaknuma Palace (p. 251), et cela vaut la peine de s'offrir un *high tea* (goûter dînatoire) ou un dîner dans cet hôtel de luxe pour admirer la splendeur des salles d'apparat et le parc. À la lisière ouest de la ville, enfin, s'élèvent les ruines du fort de Golconde (p. 247), l'un des plus impressionnants du pays, antérieur de plusieurs siècles à la création de Hyderabad.

Secunderabad

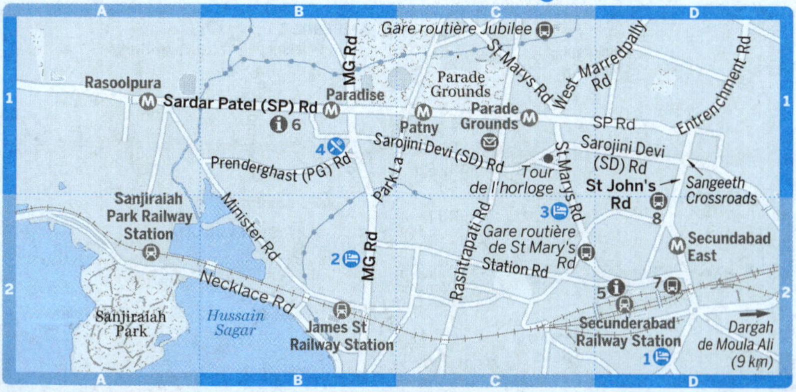

Secunderabad

Où se loger
- 1 OYO 984 GN International D2
- 2 Raj Classic Inn B2
- 3 Ruby Pride Luxury Hotel C2

Où se restaurer
- 4 Paradise B1

Renseignements
- 5 Telangana Tourism D2
- 6 Telangana Tourism B1

Transports
- 7 Gare routière Rathifile D2
- 8 Arrêt de bus Secunderabad (Pushpak) D2
- Arrêt de bus Secunderabad Junction .... (voir 5)
- Agence de réservation Secunderabad .... (voir 7)

en teck birman long de 54 m ! La majeure partie du musée est consacrée aux effets personnels du septième *nizam* – berceau en argent, trône en or, cadeaux reçus pour le 25e anniversaire de son règne... Même si la présentation et l'éclairage pourraient être améliorés, ce musée vaut le détour.

Mecca Masjid MOSQUÉE

(carte p. 250 ; Shah Ali Banda Rd ; 4h30-21h). Cette mosquée, l'une des plus grandes du monde (elle peut accueillir quelque 10 000 fidèles), compte aussi parmi les plus anciens édifices de Hyderabad. Sa construction fut entreprise en 1617 par le fondateur de la ville, Mohammed Quli Qutb Shah. La salle de prière principale est interdite aux femmes (et aux touristes en général, qui peuvent malgré tout la découvrir à travers les grilles). Notez que les visiteuses, même coiffées d'un foulard, peuvent se voir refuser l'entrée si leur tenue vestimentaire est jugée inappropriée.

Badshahi Ashurkhana MONUMENT

(carte p. Purani ; High Court Rd). Le Badshahi Ashurkhana ("maison royale du deuil"), qui date de 1594, fut l'un des premiers édifices construits par les Qutb Shahi dans leur nouvelle cité de Hyderabad. Donnant sur une vaste cour, il est aujourd'hui en piètre état mais conserve de beaux carreaux émaillés aux motifs élaborés. Il est bondé pendant la fête musulmane de Muharram et le jeudi, quand les chiites commémorent le martyre de l'Imam Hussein. Les visiteurs doivent ôter leurs chaussures et porter des vêtements couvrants (foulard pour les femmes).

Quartier d'Abids

State Museum ARCHÉOLOGIE, ART BOUDDHIQUE

(carte p. 254 ; Public Gardens Rd, Nampally ; 10 ₹, app photo/caméra 100/500 ₹ ; 10h30-16h30 sam-jeu, fermé 2e sam du mois). Ce vaste musée d'État occupe un extravagant théâtre indo-sarracénique, que le septième *nizam* fit construire pour l'une de ses filles. Il présente une collection d'importantes pièces archéologiques, ainsi qu'une exposition sur l'histoire bouddhique de la région, avec des reliques du Bouddha lui-même. Dans l'intéressante galerie consacrée aux

Banjara Hills

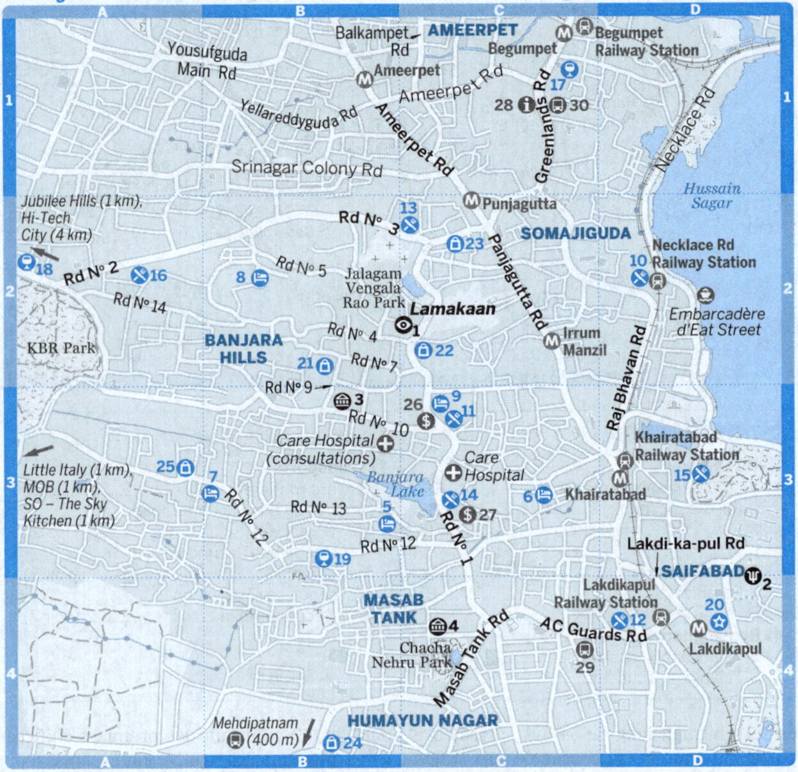

arts décoratifs, sont présentées les techniques du *bidri* (incrustation de fils d'argent dans un alliage) et du *kalamkari* (peinture sur tissu). Une salle renferme des bronzes et une momie égyptienne vieille de 4 500 ans.

British Residency ÉDIFICE HISTORIQUE

(Koti Women's College ; carte p. 254 ; Koti Main Rd). Cette demeure palladienne, de style georgien, fut construite en 1803-1806 par James Achilles Kirkpatrick, le résident britannique de Hyderabad (représentant officiel de la Compagnie anglaise des Indes orientales). Ce dernier apparaît dans le roman de William Dalrymple, *Le Moghol blanc* (Libretto, 2014). Les travaux en cours pour rendre sa splendeur originelle à l'opulente demeure prendront de longues années. Officiellement, on ne peut pas la visiter. Il est parfois possible d'y accéder avec Detours (p. 249), dans le cadre de son passionnant circuit "White Mughal".

Birla Mandir TEMPLE HINDOU

(carte ci-dessus ; Hill Fort Rd ; 7h-12h et 14h-21h). Le Birla Mandir, construit en marbre blanc du Rajasthan en 1976, se dresse sur Kalapahad (montagne Noire), l'une des deux collines qui surplombent le lac de Hussain Sagar. Dédié à Venkateshwara, ce temple offre une vue superbe sur la ville, surtout au coucher du soleil. Il est orné de statues imposantes – admirez l'immense représentation en granit de Venkateshwara. Bon accès pour les personnes à mobilité réduite et ascenseur dans la tour de l'Horloge.

Banjara Hills

Lamakaan CENTRE CULTUREL

(carte ci-dessus ; 9642731329 ; www.lamakaan.com ; à côté de Jalagal Vengal Rao Park, Banjara Hills ; 10h-22h mar-dim). Ce centre culturel à but non lucratif affiche une offre complète : théâtre, cinéma, musique, expositions, marchés bio, conférences...

Banjara Hills

Les incontournables
1 Lamakaan C2

À voir
2 Birla Mandir D4
3 Kalakriti Art Gallery B3
4 Nehru Centenary Tribal Museum C4

Où se loger
5 Beehive Hostel B3
6 Elysium Inn Backpackers Hostel C3
7 Fortune Park Vallabha B3
8 Golden Glory Guesthouse B2
9 Taj Krishna C3

Où se restaurer
10 Aish D2
11 Barbeque Nation C3
12 Chicha's D4
13 Chutneys C2
Firdaus .... (voir 9)
14 Karachi Bakery C3
15 Paradise D3
16 Roastery A2

Où prendre un verre et faire la fête
17 10 Downing Street C1
18 Coco's Bar & Grill A2
Kismet .... (voir 10)
19 Vertigo B3

Où sortir
20 Ravindra Bharathi Theatre D4

Achats
21 Fabindia B2
22 GVK One C2
23 Himalaya Book World C2
24 Malkha B4
25 Suvasa A3

Renseignements
26 DAB Citibank C3
27 DAB Citibank C3
DAB Citibank .... (voir 22)
Indiatourism .... (voir 28)
28 Telangana Tourism C1

Transports
29 Arrêt de bus AC Guards (Pushpak) C4
30 Arrêt de bus Paryatak Bhavan (Pushpak) C1

Certains événements sont gratuits. Sur place, un excellent café irani (Wi-Fi gratuit) sert du thé et des en-cas bon marché. Dans une petite rue en retrait de la Rd N°1.

Kalakriti Art Gallery GALERIE
(carte p. 246 ; www.kalakritiartgallery.com ; Rd N°10, Banjara Hills ; 11h-19h). GRATUIT Cette galerie contemporaine, parmi les meilleures de la ville, accueille la fine fleur des artistes indiens. Elle organise des événements en partenariat avec l'Alliance française et le Goethe Zentrum. Agréable café sur place.

Autres quartiers

Fort de Golconde PATRIMOINE
(Indien/étranger 20/200 ₹, spectacle son et lumière 140 ₹ ; 9h-17h30, son et lumière en anglais 18h30 nov-fév, 19h mars-oct). Ce monument impressionnant, témoin d'une histoire prestigieuse, se tient à 10 km à l'ouest du centre-ville. C'est au XVIe siècle que les Qutb Shahi firent de Golconde cette citadelle juchée sur une colline de granit haute de 120 m et entourée de puissants remparts, eux-mêmes encerclés de fortifications concentriques crénelées, dont la dernière a un périmètre de 11 km. Du sommet du fort, une vue dégagée englobe les contreforts poussiéreux du Deccan, les remparts extérieurs en ruine, les tombeaux à coupole des Qutb Shahi et la ville dans le flou, au loin.

À l'époque des Qutb Shahi, le fort de Golconde existait déjà depuis au moins trois siècles – il avait été construit sous les Kakatiya et le sultanat de Bahmani. Sous leur règne pourtant, le fort donna son nom à un royaume dont le pouvoir s'appuyait sur les diamants, principalement extraits dans la vallée de la Krishna, puis taillés et vendus ici. Cette richesse donna une puissance inégalée à Golconde et aux Qutb Shahi. L'empereur moghol Shah Jahan s'en inquiéta et s'employa alors à soumettre le petit sultanat (avec celui de Bijapur) en 1635-1636. Les Qutb Shahi durent reconnaître la suzeraineté du Grand Moghol. Ils conservèrent la citadelle, jusqu'à ce que son successeur, Aurangzeb, s'en empare en 1687, au terme d'un siège de près d'un an.

Les portes massives de Golconde étaient cloutées de pointes en fer pour repousser les éléphants employés dans les armées adverses. À l'intérieur du fort, un réseau caché de canalisations en terre vernissée assurait l'approvisionnement en eau, tandis qu'un ingénieux système acoustique permettait d'entendre le moindre bruit à l'entrée.

Comptez 2 à 3 heures pour explorer le site. Les guides demandent environ 600 ₹ pour une visite de 1 heure 30. Des brochures (20 ₹) sont aussi disponibles. Dans l'enceinte de la citadelle, un circuit dans le sens inverse des aiguilles d'une montre traverse les jardins et passe par des bâtiments mineurs avant de rejoindre le sommet de la colline, où se dresse le **durbar hall (ou Baradari)**, où les souverains tenaient audience. Vous verrez également le **temple hindou de Jagadamba Mahakali** (ou simplement temple de Kali), toujours en activité. La présence d'un temple hindou au cœur d'une citadelle musulmane témoigne de la tolérance dont faisait preuve Golconde.

Après avoir pris la mesure de la vue, descendez jusqu'aux édifices de l'ancien palais, dans la partie sud-est du fort, avant de regagner l'entrée en passant par la belle mosquée Taramati à trois arches.

Golconde est à 10 km à l'ouest des quartiers d'Abids ou de Charminar. Comptez 270 ₹ (aller) pour venir avec un véhicule Uber. Les bus n[os]65G et 66G partent toutes les heures de Charminar pour Golconde, via la GPO (General Post Office, poste centrale) d'Abids. Comptez une heure de trajet.

♥ Tombeaux des Qutb Shahi NÉCROPOLE
(Tolichowki ; Indien/étranger 15/100 ₹, app photo ou smartphone/caméra 50/100 ₹ ; ⏲9h30-17h sam-jeu). Objet d'un des plus ambitieux projets de mise en valeur du patrimoine indien, la nécropole des anciens maîtres de Golconde est en cours de restauration par l'Aga Khan Development Network.

Près de 40 mausolées en granit, tous coiffés d'un dôme, se dressent, aux côtés de 23 mosquées, dans de paisibles jardins paysagers à 2 km au nord-ouest du fort de Golconde. Sept des huit souverains Qutb Shahi (qui passèrent une grande partie de leur vie à Golconde) sont inhumés ici, ainsi que des membres de la famille royale et quelques militaires, ministres, médecins, courtisanes et favoris.

Les dômes des tombeaux reposent sur des socles cubiques, ornés pour la plupart de colonnades et de délicates décorations en stuc. Celui de Mohammed Quli, le fondateur de Hyderabad, est l'un des plus beaux. Haut de 42 m, il se dresse sur une plateforme proche de la lisière de l'ensemble architectural, avec vue sur Golconde, à l'arrière.

Les tombeaux sont à 2 km du fort (quelque 30 ₹ en auto-rickshaw ou Uber).

♥ Tombeaux des Paigah NÉCROPOLE
(Santoshnagar ; ⏲sam-jeu 10h-17h). GRATUIT Les Paigah, une famille aristocratique qui descendrait du second calife de l'islam, soutenaient sans faille les *nizam*, qu'ils servirent comme hommes d'État, philanthropes et généraux. La nécropole des Paigah, dans un quartier paisible à 4 km au sud-est de Charminar, forme un ensemble de ravissants mausolées en marbre et stuc. Elle est indiquée au bout d'une allée en face de l'Owaisi Hospital, dans l'Inner Ring Rd.

Dargah de Moula Ali SITE MUSULMAN
À la lisière nord de la ville, le spectaculaire promontoire rocheux de Moula Ali dévoile une vue dégagée. Au sommet, après avoir gravi 500 marches, un *dargah* (sanctuaire d'un saint soufi) contiendrait une empreinte de la main d'Ali, cousin et gendre du prophète Mahomet, qui fut le quatrième calife de l'islam, particulièrement révéré par les chiites. Le *dargah* est un lieu de pèlerinage pour les malades.

Statue du Bouddha et Hussain Sagar MONUMENT BOUDDHIQUE
(carte p. 254 ; bateau adulte/enfant 55/35 ₹ ; ⏲bateaux 9h-21h). Ce bouddha colossal (18 m de haut) en pierre trône sur un socle au centre du Hussain Sagar, un lac artificiel aménagé par les Qutb Shahi. Consacrée en 2006 par le dalaï-lama, la statue est illuminée de nuit. Des bateaux font fréquemment l'aller-retour de 30 minutes jusqu'à la statue, depuis Eat Street ou le Lumbini Park (tous deux p. 260). Vue superbe sur le bouddha depuis Tankbund Rd, sur la rive orientale du Hussain Sagar.

Nehru Centenary Tribal Museum ETHNOLOGIE
(carte p. 246 ; DSS Bhavan, Owaisipura Rd, Masab Tank ; Indien/étranger 10/100 ₹ ; ⏲lun-sam 10h30-17h). La région compte 33 groupes ethniques, représentant plusieurs millions de personnes. Ce musée sans fioritures donne un aperçu de ces différentes cultures au moyen de photographies, de dioramas illustrant les activités villageoises, d'instruments de musique et de jolis masques naikpod. Photos interdites.

Activités

Travelling Spoon CUISINE
(www.travelingspoon.com ; à partir de 22 $US). Vous aspirez à découvrir la vraie cuisine indienne maison ? Travelling Spoon vous mettra en contact avec une famille de

HYDERABAD VERSION KITSCH

Aux grands sites de Hyderabad s'ajoutent des curiosités plus fantaisistes.

Ramoji Film City (www.ramojifilmcity.com ; adulte/enfant à partir de 1 150/950 ₹ ; ⏲9h-17h30). L'industrie cinématographique du Telangana/Andhra Pradesh, "Tollywood", est aussi imposante que ses studios. D'une superficie de 670 ha, Film City accueille la production de films et d'émissions TV, notamment en télougou, en tamoul et en hindi. Le billet, valable pour la journée, comprend un circuit en bus, des tours de manège et des spectacles. **Telangana Tourism** (p. 259) organise des visites.

Sudha Cars Museum (19-5-15/1/D, Bahadurpura ; Indien/étranger 50/200 ₹, app photo 50 ₹ ; ⏲9h30-18h). Les excentriques créations de K. Sudhakar, un passionné d'automobiles, comprennent des voitures et des vélos en forme de table de billard, de balle de golf, de rouge à lèvres, etc. Toutes circulent ! Le musée est à 3 km à l'ouest du Charminar.

National Fisheries Development Board (PV Narasimha Rao Expressway). Sur le chemin de l'aéroport, vous passerez devant le curieux bâtiment en forme de poisson, avec de fenêtres rondes en guise d'yeux et des nageoires protubérantes, qui abrite les services du développement de la pêche indienne.

Hyderabad qui vous invitera à manger chez elle. Cours de cuisine et visites de marchés également envisageables.

Vipassana International Meditation Centre SANTÉ ET BIEN-ÊTRE
(Dhamma Khetta ; ☎040-24240290 ; www.khetta.dhamma.org ; Nagarjuna Sagar Rd, Km 12,6). Stage de méditation sur deux, trois ou dix jours dans un parc paisible à 20 km de la ville. Inscription en ligne. Pas de prix officiel : on donne selon ses moyens.

Circuits organisés

♥ Detours CIRCUITS CULTURELS
(☎9000850505 ; www.detoursindia.com ; 3 heures de marche 2 500 ₹). Les remarquables circuits sont dirigés par Jonty Rajagopalan, passionnée et connaisseuse, et sa petite équipe. Vous partirez à la découverte de coins peu connus de Hyderabad et des marchés. Des itinéraires sur les thèmes de la cuisine (cours et dégustation), de la religion, de l'artisanat (tissage, bijoux, jouets en bois et noix de coco...) et de l'art ethnique sont notamment proposés.

♥ Heritage Walks CIRCUITS À PIED
(carte p. 250 ; ☎9849728841 ; www.telanganatourism.gov.in/heritagewalks ; 50 ₹/pers ; ⏲7h30-9h dim et 2e sam du mois). Des visites à pied très instructives (et bon marché) vont de Charminar au palais de Chowmahalla. Elles ont été conçues par Madhu Vottery, architecte et historien, qui les anime parfois. Petit-déjeuner inclus.

SIA Photo Walks CIRCUITS À PIED, PHOTO
(☎8008633354 ; www.siaphotography.in/tours ; en groupe à partir de 300 ₹). Circuit sur le thème de la photo de rue, conduit par Saurabh Chatterjee, guide bien informé et photographe expérimenté. Les utilisateurs de smartphones tireront également profit de son expertise !

Telangana Tourism CIRCUITS
(☎1800-42546464 ; www.telanganatourism.gov.in). Circuits le week-end, comme l'excursion "Nizam Palace", qui inclut le palais de Chowmahalla, le palais de Falaknuma et le fort de Golconde (à l'heure du son et lumière) pour 3 100/2 000 ₹ avec/sans thé complet à Falaknuma. Également : circuits en bus quotidiens au fil des sites de la ville (à partir de 250 ₹, billets d'entrée en sus) et soirées au spectacle son et lumière de Golconde. Réservez dans n'importe quelle agence de Telangana Tourism.

Fêtes et festivals

Hyderabad Literary Festival LITTÉRATURE
(www.hydlitfest.org ; ⏲fin jan). Pendant trois jours, ce festival annuel bien établi met à l'honneur la littérature et la tradition locale des *mushaira* (rencontres de poésie) dans divers lieux de la ville, dont le Lamakaan (p. 246).

Pandit Motiram-Maniram Sangeet Samaroh MUSIQUE
(⏲nov/déc). Ce festival de quatre jours, qui doit son nom à deux figures de la musique hindoustani, se déroule au palais de Chowmahalla.

Charminar

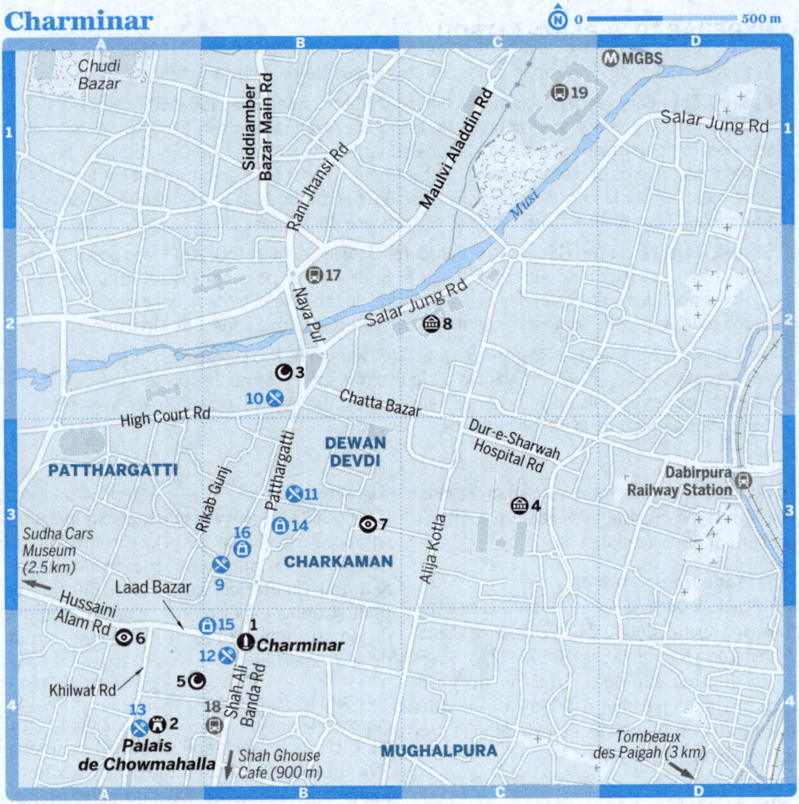

Mahakali Jatra RELIGION

(⏲juin/juil). Lors de cette fête, célébrée dans tout l'État, des processions bigarrées de pèlerins apportent des *bonalu* (offrandes de nourriture) à la déesse Kali. La ferveur atteint son comble au temple de Mahankali, à Secunderabad.

Festival du Deccan MUSIQUE

(⏲fév/mars). Cinq jours consacrés à la culture du Deccan : *mushaira* (rencontres de poésie) en ourdou, *qawwali* (chants soufis) et spectacles de musique et de danse.

Où se loger

Le quartier d'Abids est bien placé pour accéder à la gare de Nampally et à la vieille ville, mais les encombrements et la pollution règnent. Pour davantage d'espace et de végétation, préférez Banjara Hills, un secteur qui attire les habitants de la classe moyenne, à 4 km au nord-ouest d'Abids.

Elysium Inn Backpackers Hostel AUBERGE DE JEUNESSE $

(carte p. 246 ; ☎8897751857 ; www.facebook.com/elysiumInnbackpackershostel ; 6-3-609/147/A, Anand Nagar Colony, Khairatabad ; dort 500-585 ₹, ch 1 300 ₹ ; ; Ⓜ Khairatabad). Ce petit établissement à la direction serviable occupe un coin calme, à 800 m à l'ouest de la station de métro Khairatabad. Il comporte un salon, une cuisine, un dortoir mixte climatisé, un autre réservé aux femmes (sans clim) et une chambre privée.

Beehive Hostel AUBERGE DE JEUNESSE $

(carte p. 246 ; ☎951995858 ; beehive-hostel.business.site ; Rd N°12, Banjara Hills ; dort 650 ₹ ;). Une adresse flambant neuve d'une propreté irréprochable, pourvue d'une cuisine-salle à manger et d'un salon spacieux. Les dortoirs, mixtes ou pour femmes, ont de l'allure et disposent de lits superposés confortables, de casiers et de sdb.

Charminar

Les incontournables
1 Charminar B4
2 Palais de Chowmahalla A4

À voir
3 Badshahi Ashurkhana B2
4 HEH The Nizam's Museum C3
5 Mecca Masjid A4
6 Mehboob Chowk A4
7 Mir Alam Mandi B3
8 Salar Jung Museum C2

Activités
Heritage Walks .... (voir 1)

Où se restaurer
9 Govind Dosa B3
10 Hotel Shadab B2
11 Meerut Hotel B3
12 Nimrah B4
13 Taj Restaurant A4

Achats
14 Hyderabad Perfumers B3
15 Laad Bazar B4
16 Patel Market B3

Transports
17 Arrêt de bus Afzalgunj B2
18 Arrêt de bus Charminar B4
19 Gare routière Mahatma Gandhi C1

OYO 984 GN International HÔTEL $
(carte p. 245 ; 070-65067406 ; www.oyorooms.com ; Bhoiguda Road, Railway Officer Colony, Secunderabad ; s/d à partir de 1 380/1 480 ₹ ;). Des chambres contemporaines et un Wi-Fi fiable. Pas de restaurant, mais l'offre en la matière est large dans le quartier, proche de la gare de Secunderabad. Petit-déjeuner succinct (50 ₹).

Golden Glory Guesthouse GUESTHOUSE $
(carte p. 246 ; 040-23554765 ; www.goldengloryguesthouse.com ; en retrait de Rd N°3, Banjara Hills ; s/d avec petit-déj 1 100/1 300 ₹, avec clim 1 300/1 700 ₹ ;). Un bon rapport qualité/prix en regard de l'emplacement à Banjara Hills, à proximité de nombreux cafés et restaurants, pour cette *guesthouse* aux tarifs modiques et aux chambres simples et propres (certaines avec balcon). Wi-Fi gratuit. Bon service.

Ruby Pride Luxury Hotel HÔTEL $$
(carte p. 245 ; 040-49527844 ; www.rubypride.com ; 167-169 Turner Street, Secunderabad ; ch avec petit-déj 2 800 ₹ ; ; M Parade Grounds). Un hôtel de catégorie moyenne, moderne et bien géré, à une courte marche de la gare de Secunderabad et à 1 km de la station de métro. Les chambres, climatisées, ont de jolis meubles, un réfrigérateur et une TV à écran plat. Personnel très réactif et serviable.

Raj Classic Inn HÔTEL $$
(carte p. 245 ; 040-27815291 ; rajclassicinn@gmail.com ; 50 MG Rd, Secunderabad ; s/d avec petit-déj à partir de 1 792/2 128 ₹ ; ; M Paradise). Une option compétitive récemment rénovée, avec des chambres spacieuses, bien entretenues, et un personnel accueillant et courtois. Seul bémol : vu l'emplacement, on peut entendre le bruit estompé de la circulation. Le restaurant, le Chilly's, est recommandé pour sa cuisine *veggie*.

Royalton Hotel HÔTEL $$
(carte p. 254 ; 040-67122000 ; www.royaltonhotel.in ; Fateh Sultan Lane, Abids ; s/d avec petit-déj à partir de 2 875/3 150 ₹ ; ; M Nampally). Dans un secteur relativement calme d'Abids, le Royalton a un petit air new-yorkais, avec son énorme lustre noir dans le hall et ses ascenseurs à miroirs. Les chambres, agrémentées de beaux tissus, sont équipées de douches vitrées et de machines à thé/café. Établissement végétarien ; pas d'alcool.

Taj Mahal Hotel Abids HÔTEL $$
(carte p. 254 ; 040-24758250 ; www.hoteltajmahalindia.com ; Abids Rd, Abids ; s/d à partir de 3 066/4 210 ₹ ;). Sans rapport avec la chaîne de luxe Taj, ce bâtiment de 1924, un brin fané, évoque toujours l'époque coloniale. Si les chambres "Heritage" ont du cachet, la plupart des autres occupent une aile moderne et fonctionnelle. Emplacement pratique pour visiter les sites touristiques et excellent restaurant végétarien.

Taj Falaknuma Palace HÔTEL HISTORIQUE $$$
(040-66298585 ; www.tajhotels.com ; Engine Bowli, Falaknuma ; s/d à partir de 39 850/42 600 ₹ ; @). L'ancien palais néoclassique (1884) du sixième *nizam* appartient désormais à la chaîne Taj. Avec ses murs aux motifs en cuir estampé et ses plafonds rehaussés d'or 24 carats, l'endroit respire l'opulence : situation sur les hauteurs de la ville, chambres somptueuses, équipements de premier ordre et remarquables restaurants de cuisine indienne (Adaa) et internationale (Celeste).

TARIFS HÔTELIERS

Les prix indiqués valent pour une chambre double avec sdb, dans le Telangana comme dans l'Andhra Pradesh.

$ moins de 1 750 ₹

$$ 1 750-5 000 ₹

$$$ plus de 5 000 ₹

Taj Krishna HÔTEL **$$$**
(carte p. 246 ; 040-66662323 ; www.tajhotels.com ; Rd N°1, Banjara Hills; s/d à partir de 8 680/9 450 ₹ ;). Cet établissement, à la lisière du quartier de Banjara, Hills se distingue par de luxuriants jardins tropicaux et l'une des plus grandes piscines d'hôtel du pays, longue de 40 m. Ses chambres spacieuses, en cours de modernisation, sont plus calmes à l'arrière. Le personnel se dépasse pour satisfaire la clientèle. Les restaurants, excellents, préparent une authentique cuisine de Hyderabad.

Fortune Park Vallabha HÔTEL **$$$**
(carte p. 246 ; 040-39884444 ; www.fortune-hotels.in ; Rd N°12, Banjara Hills ; s/d avec petit-déj à partir de 5 230/6 520 ₹ ;). Un établissement bien situé, aux grandes chambres contemporaines avec des vitraux (beaucoup sont dotées d'un balcon). Le room-service est abordable, et le buffet du petit-déjeuner et la cuisine d'Inde du Sud sont délicieux.

Où se restaurer

Surtout ne passez pas à côté du *biryani*, que Hyderabad revendique comme sa spécialité.

En début de soirée, repérez les *mirchi bhajji* (beignet de piment, farci de tamarin, sésame et épices), servis avec du thé sur les stands de rue. La recette typique de Hyderabad est réputée : les piments, débarrassés de leurs graines, sont farcis de tamarin, de sésame et d'épices, puis trempés dans de la pâte de pois chiches et frits.

Les *thali* sont ici appelés *meals* (repas).

Nimrah CAFÉ **$**
(carte p. 250 ; Charminar ; pâtisseries 3-12 ₹ ; 5h30-23h). Toujours bondé, ce café classique donne pratiquement sous les arcades du Charminar. On y sert de délectables pâtisseries avec un *chai* revigorant. Outre les classiques biscuits Osmania (des sablés fondants), le choix comprend notamment des biscuits de Savoie et des tartes aux prunes.

Karachi Bakery BOULANGERIE-PÂTISSERIE **$**
(carte p. 246 ; www.karachibakery.com ; Rd N°1, Banjara Hills ; en-cas à partir de 25 ₹ ; 10h-22h). Réputée depuis 1953 pour ses pains, biscuits et gâteaux, à l'exemple du traditionnel *dilkhush* fourré de noix de coco râpée et de fruits secs, la Karachi Bakery possède une vingtaine d'enseignes en ville. On y vend aussi des sandwichs et des pizzas.

Meerut Hotel INDIEN **$**
(carte p. 250 ; Mir Alam Mandi Rd ; plats 50-55 ₹ ; 8h-22h). Robustes curries végétariens et carnés, *roti* cuits au *tandoor* dans la rue et savoureux mouton *korma*.

Govind Dosa CUISINE DE RUE **$**
(carte p. 250 ; Charkaman ; en-cas 40-100 ₹ ; 6h-12h). Très apprécié pour ses petits-déjeuners, ce stand du coin de la rue est pris d'assaut par la clientèle locale, qui vient s'y régaler de *dosa* et d'*idli*. Les *tawa idli*, saupoudrés de piment et d'épices, aident à bien commencer la journée.

Kamat Hotel INDIEN DU SUD **$**
(carte p. 254 ; Nampally Station Rd, Nampally ; repas 130-270 ₹ ; 7h-22h ; M Nampally). Une bonne cuisine d'Inde du Sud à petits prix, parfaite pour le petit-déjeuner ou pour un déjeuner express – mentions spéciales pour les *idli* et le *masala vada* (croquettes de légumineuses, frites et épicées). Il existe une succursale plus grande et climatisée à Saifabad et deux autres adresses à Secunderabad.

Shah Ghouse Cafe HYDERABADI **$$**
(Shah Ali Banda Rd ; plats 80-310 ₹ ; 5h-1h). Pendant le ramadan, les Hyderabadis font la queue pour goûter la célèbre *haleem* de la maison (voir l'encadré p. 253). À accompagner d'un délicieux lassi (60 ₹). Le *biryani* de mouton, lui, frise la perfection toute l'année ! Le lieu ne brille pas par son ambiance, mais par sa cuisine traditionnelle, servie dans une salle sans prétention à l'étage.

Cafe Bahar HYDERABADI **$$**
(carte p. 254 ; 3-5-815/A, Avanti Nagar, Basheer Bagh ; biryani 90-290 ₹ ; 11h-1h). Ce restaurant climatisé a droit aux éloges de la clientèle pour son authentique cuisine hyderabadie, notamment ses généreuses portions de *biryani* à prix modeste (végétarien/mouton 90/150 ₹), et ses bonnes grillades. Prévoyez de l'attente car il y a foule.

Chutneys INDIEN DU SUD **$$**
(carte p. 246 ; 040-66778484 ; Shilpa Arcade, Rd N°3, Banjara Hills ; repas 260-340 ₹ ; 7h-23h ;

📶). Un restaurant animé, réputé pour sa cuisine d'Inde du Sud et ses *dosa*, *idli* et *uttapam* (épaisse crêpe salée garnie d'oignons, de piments verts, de coriandre et de noix de coco émincés), servis toute la journée ; goûtez en particulier le *pesarattu* (*dosa* vert à base de farine de haricot mungo). La quantité de piment reste modérée. À défaut, il y a aussi des *thali* d'Inde du Nord et des plats chinois. Pas d'alcool.

Paradise HYDERABADI **$$**
(Persis ; carte p. 245 ; www.paradisefoodcourt.in ; angle SD Rd et MG Rd ; biryani 239-319 ₹ ; ⏲11h30-23h ; Ⓜ Paradise). Le paradis rime ici avec *biryani* ! L'établissement principal, à Secunderabad, compte cinq salles différentes. Rejoignez l'attrayant "jardin sur le toit", équipé de ventilateurs vrombissants, ou payez un supplément climatisation pour manger à l'intérieur. Également : nombreux plats chinois (moins bons). Une petite quinzaine de restaurants Paradise jalonnent Hyderabad, dont une grande succursale moderne à **Khairatabad** (carte p. 246 ; ☎040-67408400 ; NTR Gardens, Khairatabad ; plats 211-377 ₹ ; ⏲11h-23h ; Ⓜ Khairatabad), près d'Abids et de Banjara Hills.

Roastery CAFÉ **$$**
(carte p. 246 ; 418 Rd 14, Banjara Hills ; plats 188-388 ₹ ; ⏲8h-23h30). Ce café, installé dans une villa reconvertie, se classe parmi les plus courus de l'ouest de Hyderabad. Ses mets occidentaux (salades, *bruschettas*, burgers, pâtes et sandwichs) et son café (filtre, glacé à l'azote...) séduisent la jeunesse dorée de Banjara Hills

Chicha's HYDERABADI **$$**
(carte p. 246 ; ☎9959911100 ; www.facebook.com/chichashyderabad ; AC Guards Rd, Lakdikapul ; plats 219-349 ₹ ; ⏲12h–1h45 ; Ⓜ Lakdikapul). Un lieu branché où déguster des spécialités de Hyderabad et de la cuisine de rue à prix raisonnables, dans un cadre original et climatisé. *Biryani* à partir de 219 ₹, *haleem* au mouton (179 ₹) chaque vendredi et excellents curries. Pas d'alcool.

Taj Restaurant HYDERABADI **$$**
(carte p. 250 ; Khilwat Rd ; plats 100-210 ₹ ; ⏲10h-21h). Cette adresse animée mais sans fioritures met à l'honneur les *biryanis* et

LA CUISINE DE HYDERABAD

La riche tradition culinaire de Hyderabad est source de fierté et de plaisir pour ses habitants. Les *biryanis*, les kebabs et le *haleem* furent introduits par les Moghols, d'où leurs saveurs évoquant la Perse et le nom de *mughlai* (moghol) associé à cette cuisine.

Le *biryani* est la spécialité locale par excellence. Ici, on le prépare fréquemment en plaçant de la viande crue au fond de la marmite (là où la température est la plus chaude), puis du riz et une couche de viande mi-cuite, ceci afin que tous les ingrédients soient prêts en même temps. Les *biryanis* de Hyderabad sont épicés, mais pas aussi raffinés et parfumés que ceux de Lucknow (Uttar Pradesh), autre ville réputée pour ce plat. Ils s'accompagnent toujours de *mirchi ka salan* (curry de piments verts et sauce aux arachides) et de *dahi ki* (*raita*, souvent appelé chutney sur place). Les *biryanis* traditionnels sont à base de viande de mouton, de chèvre ou d'agneau, mais on en trouve aussi souvent au poulet, aux œufs, au poisson ou aux légumes. Tous sont servis généreusement : une portion suffit généralement pour deux personnes. L'Hotel Shadab, dans la vieille ville, le Cafe Bahar (p. 252), le Shah Ghouse Cafe (p. 252) et Paradise (p. 253), qui possède plusieurs enseignes en ville, font partie des bonnes adresses.

Pour goûter le *haleem* (épaisse soupe épicée à base de blé concassé, de lentilles, de viande de chèvre, de poulet ou de bœuf), il vous faudra en revanche venir lors du ramadan (*ramzan*). Dès la rupture du jeûne, à la tombée de la nuit, les musulmans affluent vers les centaines de stands installés pour l'occasion. Repérez les fours d'argile appelés *bhatti*. Vous entendrez sans doute le brouhaha qui les entoure avant de les voir. Des hommes s'y rassemblent pour touiller la préparation et il y a foule. En dehors de cette période, le *haleem* figure rarement au menu des restaurants. Le Chicha's en sert toutefois le vendredi, et les restaurants d'hôtel Firdaus et Aish, tous les jours de l'année.

Profitez aussi de votre séjour pour découvrir les *pesarattu*, des *dosa* verts à la farine de haricot mungo, fourrés d'*upma* (semoule assaisonnée de cumin, oignons, gingembre et piment vert) et servis avec du chutney, qui se consomme couramment au petit-déjeuner. Le Chutneys (p. 252) en propose.

Quartier d'Abids

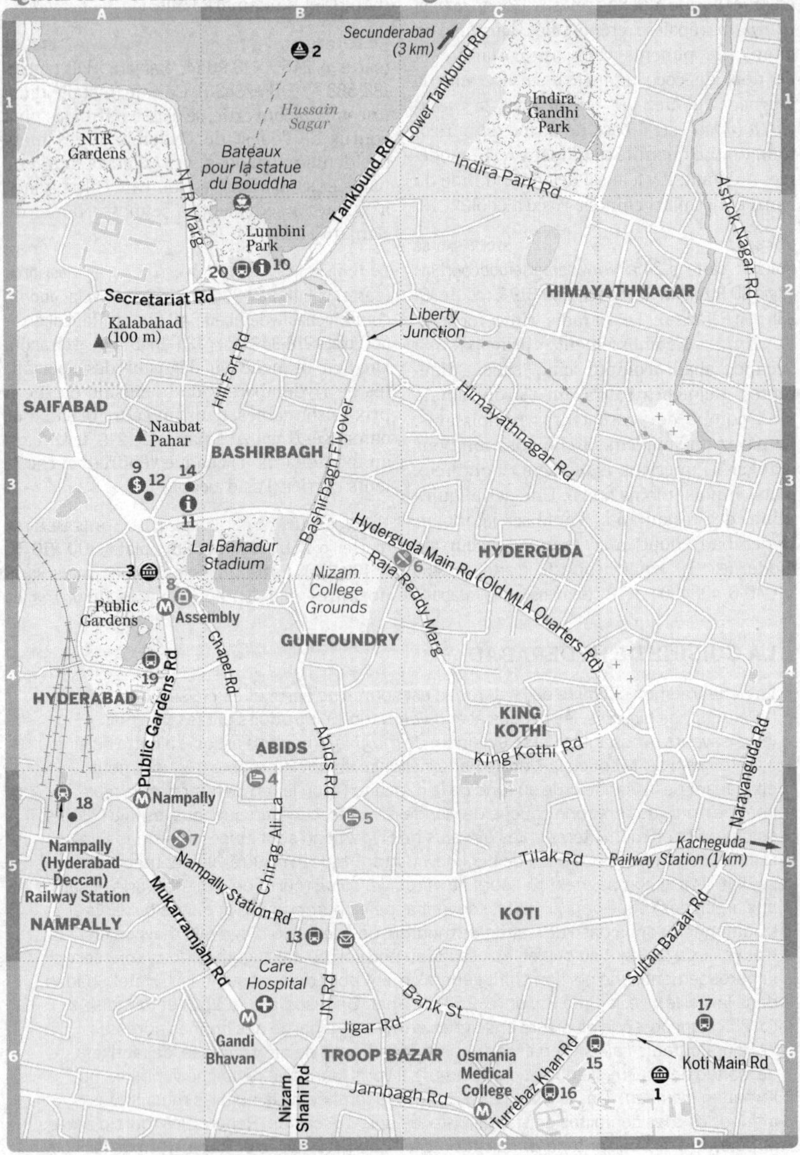

les curries de poulet et de mouton. Elle se trouve au coin de la rue, après le palais de Chowmahalla. Salle climatisée à l'étage.

Hotel Shadab HYDERABADI **$$**
(carte p. 250 ; High Court Rd, au nord de Charminar ; plats 180-340 ₹ ; ⏲12h-23h30). Certes, la déco rétro semble tout droit sortie d'une discothèque des années 1970. Mais la cuisine est excellente : venez vous régaler de *biryanis* (végétarien/non-végétarien 190/270 ₹), de kebabs et de viande de mouton sous toutes ses formes, ainsi que de *haleem* pendant le

Quartier d'Abids

À voir

1	British Residency	D6
2	Statue du Bouddha et Hussain Sagar	B1
3	State Museum	A3

Où se loger

4	Royalton Hotel	B5
5	Taj Mahal Hotel Abids	B5

Où se restaurer

6	Cafe Bahar	C3
	Dakshina Mandapa	(voir 5)
7	Kamat Hotel	A5

Achats

8	Fabindia	A4

Renseignements

9	State Bank of India	A3
10	Telangana Tourism	B2
11	Telangana Tourism	A3

Transports

12	Air India	A3
13	Arrêt de bus GPO Abids	B5
14	Jet Airways	A3
15	Gare routière de Koti	C6
16	Arrêt de bus Koti	C6
17	Gare du Koti Women's College	D6
18	Agence de réservation Nampally	A5
19	Arrêt de bus Public Gardens	A4
20	Arrêt de bus Secretariat (Pushpak)	B2

ramadan. Le rez-de-chaussée est fréquenté par des hommes. L'ambiance est plus familiale dans la salle climatisée à l'étage.

Dakshina Mandapa INDIEN DU SUD $$$

(carte p. 254 ; Taj Mahal Hotel, Abids Rd, Abdis ; repas 330-425 ₹ ; 7h-22h30). Une adresse renommée pour sa cuisine *veggie* d'Inde du Sud. Au déjeuner, vous devrez patienter pour obtenir une table, mais vous ne le regretterez pas après avoir commandé un *thali*, lorsque vous dégusterez à volonté de généreuses portions de riz et de délicieux légumes. Un excellent buffet (12h-15h30) est proposé dans la salle climatisée à l'étage.

Olive Bistro MÉDITERRANÉEN $$$

(9248912347 ; www.olivebarandkitchen.com ; Rd N°46, Jubilee Hills, Durgam Cheruvu ; plats 540-815 ₹ ; lun-ven 19h-23h, sam-dim 12h-15h30 et 19h-1h ;). Cette table pleine de charme, l'une des plus prisées de Hyderabad pour les saveurs italiennes et méditerranéennes, s'inscrit dans une poche de végétation, et sa terrasse donne sur le lac. Au menu : pâtes, risottos, viandes (côtelettes d'agneau à la semoule, par exemple) ou fruits de mer alléchants, comme les *gambas pil pil* (au piment et à l'ail).

Dhaba By Claridges INDIEN MODERNE $$$

(040-29706704 ; Western Pearl Bldg, Survey 13, Kondapur ; plats 265-445 ₹ ; 12h-23h30 ;). Voici un bon prétexte pour une incursion dans Hi-Tech City, à l'ouest de la ville. Cette adresse branchée revisite la cuisine de rue d'Inde du Nord de manière contemporaine et concocte de formidables cocktails avec et sans alcool. La décoration ne joue pas la carte de la sobriété : des fresques bollywoodiennes ornent les murs et les couleurs criardes attirent l'œil.

Firdaus INDIEN $$$

(carte p. 246 ; 040-66662323 ; Taj Krishna hotel, Rd N°1, Banjara Hills ; plats 550-1 650 ₹ ; dim-jeu 7h30-23h45, ven-sam 12h-14h45 et 19h30-23h45 ;). Dans cet hôtel-restaurant chic, on savoure une excellente cuisine hyderabadie (et d'Inde du Nord), sur fond de concerts de *ghazal* (chansons d'amour en ourdou, accompagnées à l'harmonium et au tabla). L'offre comprend d'alléchants plats de viande – mention spéciale pour le *raan-e-firdaus* (agneau rôti en cocotte) – et même du *haleem* en dehors du ramadan.

SO – The Sky Kitchen INTERNATIONAL $$$

(040-23558004 ; www.facebook.com/sotheskykitchen/ ; Aryan's, Rd N°92, près de l'Apollo Hospital, Jubilee Hills ; plats 340-530 ₹ ; 12h-0h ;). Plantes, bougies et musique douce composent le cadre séduisant de cet établissement, perché sur un toit de Jubilee Hills. La carte, étudiée, présente des plats asiatiques et méditerranéens, le plus souvent grillés, cuits au four ou sautés, qui misent sur l'alimentation saine. À noter aussi de délicieuses recettes indiennes, comme le *nizami tarkari biryani* (riz aux légumes, mijoté dans une marmite en terre cuite).

Aish HYDERABADI $$$

(carte p. 246 ; www.theparkhotels.com ; The Park, 22 Raj Bhavan Rd ; plats 485-1 225 ₹ ; 12h30-14h45, 19h-23h30 ; ; M Irrum Manzil). Un élégant restaurant d'hôtel, renommé pour ses spécialités de Hyderabad : *biryanis*, kebabs et *haleem*, dont une version végétarienne (675 ₹) de ce grand classique.

Southern Spice INDE DU SUD $$$

(Rd N°10, Jubilee Hills ; repas 180-479 ₹ ; 12h-15h30 et 19h-22h30). Le meilleur de la gastronomie d'Andhra Pradesh et du Sud en général. Commandez le *thali* végétarien du jour (299 ₹), servi à volonté, ou le *royala eguru* (crevettes en sauce pimentée). Mieux vaut réserver, car la grande salle climatisée affiche toujours complet.

Barbeque Nation INDIEN $$$

(carte p. 246 ; 040-64806060 ; www.barbequenation.com ; ANR Centre, Rd N°1, Banjara Hills ; buffet végétarien/non végétarien à partir de 640/765 ₹, dîner à partir de 970/1 140 ₹ ; 12h-23h30 ;). Kebabs, curries, salades et desserts à volonté, avec un grand choix de plats, végétariens ou non. Une aubaine pour les affamés ! Les prix varient selon le jour et l'heure. Vins indiens.

Où prendre un verre et faire la fête

Le choix de bars est peu étendu à Hyderabad. De plus, en raison d'une législation assez stricte, les lounges se limitent souvent aux cocktails sans alcool. Quelques-unes des meilleures adresses sont regroupées à l'ouest du centre. Les quartiers verdoyants de Banjara Hills et de Jubilee Hills possèdent de nombreuses adresses avec toit-terrasse.

Prost Brewpub MICROBRASSERIE

(040-33194195 ; www.prost.in ; 882/A Rd N°45, Jubilee Hills ; plats à partir de 260 ₹ ; 12h-minuit ;). Cette immense brasserie très fréquentée sert du cidre, ainsi que cinq bières à la pression. Elle comprend plusieurs espaces joliment éclairés et une vaste terrasse. La longue carte de cuisine de pub est autant inspirée par l'Orient que par l'Occident (œufs en beignet, pommes de terre cajun, crevettes au cumin et à la coriandre…). L'établissement accueille des humoristes (tous les jeudis), des DJ et des concerts.

Coffee Cup CAFÉ

(040-40037571 ; www.facebook.com/thecoffeecupp ; E 89, en retrait de 5th Crescent Rd, Sainikpuri, Secunderabad ; 9h-23h30 ;). Ce café de quartier attire les créatifs de l'est de Hyderabad avec des cafés intéressants, des thés, des en-cas et des repas complets (la *jacket potato* bien garnie est un bon choix). Prestations de stand-up presque tous les vendredis. Au-dessus de la Canara Bank.

MOB BAR

(www.facebook.com/itismob ; Aryan's, Rd N°92, près de l'Apollo Hospital, Jubilee Hills ; 12h-minuit ;). Élégant et convivial, ce bar à bière belge attire une clientèle de tous âges. On peut opter pour un plateau dégustation de quatre bières et commander des plats asiatiques tels que satay de poisson (350 ₹) ou crevettes piquantes (445 ₹). Concerts le samedi soir. À 4 km à l'ouest de la Rd N° 1 de Banjara Hills.

Vapour MICROBRASSERIE

(040-33165132 ; www.facebook.com/VapourHyderabad ; 753 Rd 36, Jubilee Hills ; 11h-1h ;). L'animation bat son plein presque chaque soir dans ce pub des plus tendance, doublé d'une superbe terrasse à la végétation tropicale, sur fond de musique live ou de DJ set. La carte décline des bières blanches, blondes, brunes et du cidre. Réservation conseillée le week-end.

Autumn Leaf Cafe CAFÉ

(www.facebook.com/autumnleafcafe ; 823, Rd N°41, Jubilee Hills ; lun-ven 12h-22h30, sam-dim à partir de 9h ;). Un havre de végétation, niché dans une rue latérale, où siroter un café au lait, un jus de fruit ou un milkshake au calme. Petit-déjeuner servi toute la journée, pâtes, pancakes, salades et soupes (200-350 ₹) pour les fringales. Une musique électro rythme les soirées "Chill and Grill".

Kismet CLUB

(carte p. 246 ; 040-23456789 ; www.theparkhotels.com ; The Park, Raj Bhavan Rd, Somajiguda ; 700-2 000 ₹/couple ; 20h-minuit ou plus tard mer-dim ; M Irrum Manzi). Un club haut de gamme, avec des alcôves garnies de sièges et des basses puissantes. Les hommes ne passent pas les rangées de videurs s'ils ne sont pas accompagnés d'une femme. Les tarifs élevés des consommations (cocktails 600 ₹ environ) ne semblent pas déranger la clientèle aisée. Les choix musicaux vont de la dance à Bollywood.

Vertigo BAR

(carte p. 246 ; www.facebook.com/vertigothehighlife ; 5e niv., Shiv Shakti Tower, Rd N°12, Banjara Hills ; 11h-minuit). Aménagé sur un toit, le Vertigo possède une superbe terrasse joliment meublée, ainsi que plusieurs salles où se produisent musiciens et DJ. Des plats chinois, occidentaux ou d'Inde du Nord sont proposés dans l'espace restauration. Le prix des cocktails commence à 375 ₹. En face du supermarché Ratnadeep.

10 Downing Street BAR
(carte p. 246 ; 10ds.in ; Lifestyle Bldg, Greenlands Rd, rdc du grand magasin My Home Tycoon ; ⏲11h-23h ; 📶 ; Ⓜ Begumpet). Un lieu douillet à la mode britannique – verrière, murs lambrissés et canapés en cuir capitonné –, idéal pour prendre un verre ou manger un morceau. L'ambiance monte en régime à mesure que l'heure avance, avec un genre musical différent tous les soirs (club le samedi, Bollywood le dimanche...).

Coco's Bar & Grill BAR
(carte p. 246 ; ☎040-65542730 ; 217 Rd N°2, Jubilee Hills ; ⏲12h-minuit ; 📶). Ce toit-terrasse garni de canapés en bambou sous des paillotes invite à prendre une boisson fraîche (bières/cocktails sans alcool à partir de 175/170 ₹ ; *happy hour* 12h-18h) dans la douceur du soir en écoutant des musiciens de blues ou de rock tranquille. Des plats indiens et occidentaux corrects sont proposés. Entrée dans une ruelle à côté du Café Coffee Day.

☆ Où sortir

Ravindra Bharathi Theatre SPECTACLE
(carte p. 246 ; ☎040-23233672 ; www.ravindrabharathi.org ; Ladkikapul Rd, Saifabad ; Ⓜ Lakdikapul). Musique, danse, théâtre et cinéma.

🛍 Achats

Charminar est l'[…] pour faire des […] sion de perles. […] de bracelets. […] tiers ouest […] et galeries marc[…] Patthargatti abrite de[…] par dizaines.

GVK One
(carte p. 246 ; www.gvkone.com ; Rd N°1, Ba[…] Hills ; ⏲11h-23h). Un centre commercial haut de gamme, avec des boutiques de vêtements (dont Marks & Spencer et Levi's), des DAB, un petit *food court*, des cafés et un cinéma.

Kalanjali VÊTEMENTS
(www.kalanjali.com ; 237 Rd N°16, Jubilee Hills ; ⏲10h30-20h). Saris, *kurta* (longue chemise sans manches), *salwar kameez* (ensemble tunique et sarouel ; à partir de 2 545 ₹) et autres vêtements traditionnels de qualité, plus de jolis objets artisanaux en argent, pierre et bois.

Malkha VÊTEMENTS
(carte p. 246 ; www.malkha.in ; 229, 4e niv., 10-3-76, Mehdipatnam, Humayun Nagar ; ⏲10h-19h lun-sam). 🍃 Les étoffes splendides de Malkha sont tissées à la main près des champs de coton et teintes à l'aide de colorants naturels, ce qui réduit l'impact sur l'environnement et place les producteurs au premier plan. Outre des tissus, la boutique

LES MARCHÉS DE CHARMINAR

Les habitants de Hyderabad et les visiteurs se pressent dans les ruelles de Charminar pour regarder, acheter et flâner. Patthargatti, la large avenue qui part de la Musi, est bordée de boutiques qui vendent des vêtements (en particulier pour les mariages), des parfums et les fameuses **perles** dont la ville s'est fait une spécialité (les perles sont importées d'Asie, puis traitées et percées près de Hyderabad, avant d'être montées en bijoux ou simplement vendues au poids). Le **Laad Bazar** (carte p. 250 ; ⏲10h-20h30), qui s'étend à l'ouest du Charminar, est réputé pour ses boutiques de bracelets étincelants : les bracelets laqués, couverts d'une sécrétion résineuse d'insecte et incrustés de perles et de pierres colorées, sont typiques de Hyderabad. Vous trouverez également des parfums, des articles de mariage et des tissus.

Le Laad Bazar débouche sur **Mehboob Chowk** (carte p. 250), une place avec une mosquée, des boutiques de livres anciens et d'antiquités, un marché aux bestiaux sur le côté sud et un marché aux oiseaux exotiques, le **Chiddi Bazar**, juste au sud-ouest. À courte distance au nord, le **Patel Market** (carte p. 250 ; ⏲11h-20h environ), spécialisé dans les tissus, s'anime à partir de 11h dans les ruelles entre Patthargatti et Rikab Gunj. Plus loin au nord et de l'autre côté de Patthargatti, on trouve toutes sortes de produits frais au **Mir Alam Mandi** (carte p. 250 ; Patthargatti Rd ; ⏲5h-18h30), le marché de gros, qui fonctionne tous les jours.

D'EXTASE

…sur le sous-continent au XIIIe siècle, les *qawwali* sont des chants dévotionnels …ment liés au soufisme, le courant mystique de l'islam. Hyderabad fait partie …hauts lieux de ce genre musical, si bien qu'il n'est pas rare de surprendre dans les …nsports des hommes qui s'y exercent en fredonnant. Les représentations de *qawwali* …urent plusieurs heures, le but étant d'atteindre l'extase spirituelle. L'interprète principal et les chanteurs de refrains sont accompagnés par des joueurs d'harmonium portatif, de tabla et de *dholak* (tambour à deux peaux en forme de tonnelet), ainsi que par des claquements de mains. L'improvisation revêt un rôle majeur.

Les nombreux *dargah* (sanctuaire soufi sur la tombe d'un derviche vénéré) de Hyderabad, notamment les deux plus connus du quartier de Nampally, accueillent souvent des groupes de *qawwali*. Il n'y a pas d'horaires officiels, mais on peut presque à coup sûr entendre des chants au **Dargah de Yousufain Sharifain** (Nampally Dargah ; Nampally Darga Rd ; qawwali 22h-1h jeu et ven ; Ⓜ Nampally) le jeudi et le vendredi soir. Le **Dargah de Hazrat Shah Khamosh** (Darussalam Rd ; Ⓜ Nampally), dernière demeure d'un derviche qui aurait fait vœu de silence pendant 25 ans, constitue une autre option. Ce vaste édifice de la fin du XIXe siècle retient en outre l'attention pour son architecture indo-sarracénique, mêlant ici les styles islamique et néogothique. Renseignez-vous aussi sur les dates des *urs* ("mariage" en arabe ; dans ce cas, l'union avec Dieu), célébrations de l'anniversaire de la mort d'un maître soufi, car des chanteurs se produisent toujours dans les *dargah* à cette occasion. À défaut, allez dîner dans le restaurant du Taj Falaknuma Palace (p. 251), où les repas du soir se déroulent sur fond de *qawwali*.

Le Pakistanais Nusrat Fateh Ali Khan (1948-1997), qui a enregistré six albums avec le label Real World de Peter Gabriel (un de ses morceaux a été remixé par le groupe anglais Massive Attack), est sans conteste le grand nom du *qawwali* le plus célèbre internationalement. Côté femmes, les Nooran Sisters, originaires de Jalandhar (Punjab), occupent actuellement le devant de la scène.

vend des saris, des *dupatta* (longue étole ; à partir de 1 200 ₹) et des *kurta* au juste prix.

Suvasa VÊTEMENTS
(carte p. 246 ; www.suvasa.in ; Rd N°12, Banjara Hills ; 11h-19h30). *Kurta* imprimées au bloc (modèle en coton à partir de 1 200 ₹), *salwar, dupatta* et linge de maison d'excellente facture.

Hyderabad Perfumers PARFUMS
(carte p. 250 ; Patthargatti ; 10h-20h30 lun- sam). Cette entreprise familiale, établie depuis quatre générations, peut préparer une fragrance à la demande ! Elle est spécialisée dans les *ittar,* des huiles parfumées à base de fleurs et d'herbes. Les prix vont de 200 ₹ à plus de 7 000 ₹ le flacon.

Fabindia VÊTEMENTS
(carte p. 246 ; www.fabindia.com ; Rd N°9, Banjara Hills ; 11h-21h30). De ravissants vêtements pour femme et quelques articles pour homme, taillés dans des tissus artisanaux, aux couleurs et imprimés contemporains. Il y a aussi des objets pour la maison : linge de lit, coussins, *dhurries* (tapis)... Prix honnêtes. Autre enseigne à **Fateh Maidan** (carte p. 254 ; 10h30-20h30 ; Ⓜ Assembly).

Himalaya Book World LIBRAIRIE
(carte p. 246 ; Panjagutta Circle, Banjara Hills ; 10h30-22h30). Un beau choix de romans, dont beaucoup en anglais. Plusieurs succursales à Hyberabad.

Renseignements

ARGENT

Des DAB fonctionnent partout en ville. Ceux de la Citibank, à **Banjara Hills** (carte p. 246 ; Prashanthi Mansion, Rd N°1, Banjara Hills), **City Center Mall** (carte p. 246 ; City Center Mall, Rd N°1, Banjara Hills) et **GVK One Mall** (carte p. 246 ; GVK One Mall, Rd N°1, Banjara Hills), permettent des retraits plus importants.

State Bank of India (carte p. 254 ; HACA Bhavan, Saifabad ; 10h30-16h lun-ven ; Ⓜ Assembly). Change ; les banques pratiquent en général les taux les plus avantageux.

OFFICES DU TOURISME

Indiatourism (carte p. 246 ; 040-23409199 ; www.incredibleindia.org ; Tourism Plaza, Greenlands Rd ; 9h-18h lun-ven, 9h30-13h sam ; Ⓜ Begumpet). Un bureau utile pour se renseigner sur Hyderabad, le Telangana et d'autres régions.

Telangana Tourism (www.telanganatourism.gov.in). Infos touristiques et réservations de circuits officiels, de promenades historiques et d'hôtels dans tout le Telangana. Bureaux à **Shakar Bhavan** (carte p. 254 ; ☎ 040-66745986 ; ⏲ 9h30-18h lun-ven, 9h-12h sam ; Ⓜ Assembly), à **Tank Bund Road** (carte p. 254 ; ☎ 040-65581555 ; ⏲ 9h30-18h lun-ven, 9h-12h sam), à **Greenlands Road** (carte p. 246 ; ☎ 040-23414334 ; Tourism Plaza ; ⏲ 9h30-18h lun-ven, 9h-12h sam ; Ⓜ Begumpet), à l'**aéroport international Rajiv Gandhi** (☎ 040-24253215 ; ⏲ 7h-20h), à **Secunderabad** (carte p. 245 ; ☎ 040-27893100 ; Yatri Nivas Hotel, SP Rd ; ⏲ 9h30-18h lun-ven, 9h-12h sam ; Ⓜ Paradise) et à la **gare ferroviaire de Secunderabad** (carte p. 245 ; ☎ 040-27801614 ; ⏲ 10h-20h ; Ⓜ Secunderabad East).

POSTE

General Post Office (GPO, poste centrale ; carte p. 254 ; Abids Circle, Troop Bazar ; ⏲ 8h-19h lun-sam, 10h-13h dim ; Ⓜ Gandhi Bhavan)

Poste de Secunderabad (carte p. 245 ; Rashtrapati Rd, Secunderabad ; ⏲ 8h-19h lun-sam ; Ⓜ Parade Grounds)

SERVICES MÉDICAUX

Des Care Hospitals réputés sont installés dans **Mukarramjahi Road** (carte p. 254 ; ☎ 040-30417777 ; www.carehospitals.com ; Mukarramjahi Rd ; Ⓜ Gandhi Bhavan) et **Road N°1** (carte p. 246 ; ☎ 040-30418888 ; www.carehospitals.com ; Rd N°1, Banjara Hills). Il y a aussi un hôpital assurant des consultations dans **Road N°10** (carte p. 246 ; ☎ 040-39310444 ; 4th Lane ; Rd N°1, Banjara Hills).

ℹ Depuis/vers Hyderabad

AVION

L'**aéroport international Rajiv Gandhi** (☎ 040-66546370 ; hyderabad.aero ; Shamshabad), moderne et bien organisé, est situé à 25 km au sud-ouest de Hyderabad. Il est relié par des vols directs quotidiens, assurés notamment par **Air India** (carte p. 254 ; ☎ 040-2338971 1 ; www.airindia.com ; HACA Bhavan, Saifabad ; ⏲ 9h30-18h lun-sam ; Ⓜ Assembly), à plus de 25 villes du pays, ainsi qu'à des destinations internationales.

BUS

L'immense **gare routière Mahatma Gandhi** (MGBS ; Imlibun Bus Station ; carte p. 250 ; ☎ 040-24614406 ; près de Salar Jung Rd; ⏲ réservations 8h-22h30), près d'Abids, est la principale gare routière. Les confortables bus climatisés de la **Telangana State Road Transport Corporation** (Telangana State Road Transport Corporation ; ☎ 1800 2004599 ; www.tsrtcbus.in) desservent de nombreuses destinations au Madhya Pradesh, au Maharashtra et au Tamil Nadu. Beaucoup de bus longue distance partent en soirée. Au moment de réserver, les femmes pourront demander un siège à l'avant, car cette zone leur est réservée.

La **gare routière Jubilee** (JBS ; carte p. 245 ; ☎ 040-27802203 ; Gandhi Nagar, Secunderabad), à Secunderabad, est plus petite. De là, des bus relient de grandes villes comme Chennai (Madras), Mumbai (Bombay), ainsi que :

Bengaluru (Bangalore) ordinaire/Volvo AC/sleeper (couchettes) 655 ₹/à partir de 844 ₹/1 280 ₹, 8-11 heures, 20/jour

Vijayawada non-AC/AC 326/448 ₹, 4-6 heures, 18/jour

Quelques gares et arrêts de bus intéressants : **gare routière de St Mary's Rd** (carte p. 245 ; St Mary's Rd, Secunderabad) ; **arrêt de bus de Charminar** (carte p. 250 ; Shah Ali Banda Rd), pour visiter la vieille ville ; **arrêt de bus de Koti** (carte p. 254 ; Turrebaz Khan Rd) ; **gare routière du Koti Women's College** (carte p. 254 ; Koti Main Rd) ; et **gare routière Rathifile** (carte p. 245 ; Station Rd, Secunderabad), pour explorer Secunderabad.

D'autres compagnies assurent des liaisons longue distance, le plus souvent depuis leur propre terminal ; renseignements et réservations sur www.makemytrip.com.

PRINCIPAUX BUS AU DÉPART DE HYDERABAD

DESTINATION	TARIF	DURÉE	FRÉQUENCE
Bengaluru (Bangalore)	680-1 210 ₹	8-11 heures	29 bus 5h45-23h40
Chennai (Madras)	688-1 191 ₹	11-14 heures	18 bus 18h-22h20
Hosapete (Hospet)	760-1 000 ₹	8-10 heures	5/jour
Mumbai (Bombay)	999-2 235 ₹	12-16 heures	49 bus 4h30-23h50
Mysuru (Mysore)	1 050-1 733 ₹	11-13 heures	10 bus 18h30-21h
Tirupati	652-1 991 ₹	9-13 heures	36 bus 8h-22h
Vijayawada	317-497 ₹	4-5 heures	toutes les 15-30 minutes 3h-23h59
Visakhapatnam	676-1 630 ₹	11-13 heures	8 bus 16h-23h
Warangal	147-230 ₹	2-4 heures	toutes les 30 minutes

TRAIN

Les trois principales gares ferroviaires de Hyderabad sont celles de Secunderabad, Nampally (officiellement appelée Hyderabad Deccan) et Kacheguda. La plupart des trains de passage font halte à Kacheguda.

Les agences de réservation de **Nampally** (Nampally Reservation Complex ; carte p. 254 ; ☎ 040-27829999 ; Public Gardens Rd ; ⏲ 8h-20h lun-sam, 8h-14h dim ; Ⓜ Nampally) et **Secunderabad** (Rathifile, Secunderabad Reservation Complex ; carte p. 245 ; St John's Rd ; ⏲ 8h-20h lun-sam, 8h-14h dim) occupent des bâtiments séparés des gares. Elles possèdent des guichets réservés aux touristes étrangers (apporter son passeport et prévoir des photocopies – pages d'info et visa).

ℹ Comment circuler

DEPUIS/VERS L'AÉROPORT

L'aéroport est à 45 minutes en voiture du centre.

Bus

Les bus climatisés Pushpak de la TSRTC circulent entre 4h (ou 5h) et 23h entre l'aéroport et différents arrêts, notamment depuis/vers :

AC Guards (carte p. 246 ; AC Guards Rd ; 212 ₹, 2-3/heure). À 1,5 km d'Abids.

Paryatak Bhavan (carte p. 246 ; Greenlands Rd ; 265 ₹, toutes les heures environ)

Secretariat (carte p. 254 ; NTR Marg ; 265 ₹, toutes les heures environ). À 1,5 km d'Abids.

Secunderabad (carte p. 245 ; Rail Nilayam Rd, Secunderabad ; 265 ₹, 2/heure)

Le trajet dure environ 1 heure. Contactez la **TSRTC** ou consultez les horaires exacts sur www.hyderabad.aero.

Taxi

Le comptoir des taxis prépayés est situé au niveau inférieur du terminal de l'aéroport. Pour Abids ou Banjara Hills, comptez de 600 à 750 ₹. **Meru Cabs** (☎ 040-44224422) et **Sky Cabs** (☎ 040-49494949) appliquent des tarifs similaires. Ceux pratiqués par Uber et Ola sont moins élevés (400-550 ₹), et chacun de ces prestataires a un secteur d'embarquement dans la Parking Zone C.

AUTO-RICKSHAW

Comptez de 30 à 50 ₹ pour une petite course et 120 ₹ environ pour 4 km. Les chauffeurs utilisent rarement le compteur.

BATEAU

Des bateaux fréquents effectuent l'aller-retour (30 minutes) jusqu'à la statue du Bouddha au départ d'**Eat Street** (carte p. 246 ; enfant/adulte 35/55 ₹ ; ⏲ 16h-20h) et du **Lumbini Park** (carte p. 254 ; près de NTR Marg ; enfant/adulte 35/55 ₹ ; ⏲ 10h30-20h).

BUS

Les voyageurs empruntent rarement les bus locaux (6-12 ₹ pour la plupart des trajets). Il existe pourtant des lignes intéressantes. Consultez le site www.hyderabadcitybus.com (même s'il n'est pas toujours à jour).

Quelques arrêts intéressants : **Afzalgunj** (carte p. 250 ; Afzalgunj), **GPO Abids** (carte p. 254 ; JN Rd, Abids), **Koti** (carte p. 254 ; Turrebaz

PRINCIPAUX TRAINS AU DÉPART DE HYDERABAD ET DE SECUNDERABAD

DESTINATION	TRAIN (N° ET NOM)	TARIF	DURÉE	HEURE ET GARE DE DÉPART
Bengaluru (Bangalore)	*Rajdhani* (N°s 22692/4), 12785 *Bangalore Express*	1 785/2 630 ₹ (B), 370/1 390 ₹ (A)	11 heures 30-12 heures	18h40 Secunderabad, 19h05 Kacheguda
Chennai (Madras)	12604 *Chennai Express* 12760 *Charminar Exp.*	405/1 520 ₹ (A) 425/1 610 ₹ (A)	13 heures 14 heures	16h30 Nampally 18h30 Nampally
Delhi	12723 *Telangana Exp.*, *Rajdhani*, (N°s 22691/3)	670/2 575 ₹ (A) 3 110/4 645 ₹ (B)	27 heures 22 heures	6h25 Nampally 7h50 Secunderabad
Hosapete (pour Hampi)	17603 *Express*	275/1 070 ₹ (A)	9 heures	21h05 Kacheguda
Kolkata (Calcutta)	18646 *East Coast Exp.*	615/2 430 ₹ (A)	30 heures	9h50 Nampally
Mumbai (Bombay)	12702 *Hussainsagar Express*	425/1 610 ₹ (A)	14 heures	14h45 Nampally
Tirupati	12734 *Narayanadri Exp;*	395/1 475 ₹ (A)	12 heures	18h05 Nampally
Visakhapatnam	12728 *Godavari Express*	400/1 505 ₹ (A)	12 heures 30	17h15 Nampally

Tarifs : (A) – sleeper/2AC ; (B) – 3AC/2AC

Khan Rd), **Mehdipatnam** (Mehdipatnam Rd), **Public Gardens** (carte p. 254 ; Public Gardens Rd) et **Secunderabad Junction** (carte p. 245 ; Station Rd, Secunderabad).

METRO RAIL

Les lignes 1 et 3 du **Metro Rail** (☎040-23332555 ; www.ltmetro.com), un métro aérien moderne et climatisé, sont entrées en service en 2018. Pratique pour les touristes, l'arrêt MG Bus Station (gare routière Mahatma Ghandi) constituera à terme un important nœud de correspondance. Une fois achevé, le réseau comptera cinq lignes couvrant plus de 100 km et desservant notamment l'aéroport et Hi-Tec City.

Les usagers peuvent se servir d'une carte à puce (20 ₹ et formalités compliqués) ou de jetons. Les trajets coûtent entre 10 et 60 ₹. Le site Internet renseigne sur les itinéraires et l'avancée du chantier.

TAXI

D'innombrables véhicules Uber et Ola circulent à Hyderabad. Ils pratiquent des prix bas, souvent moins élevés que ceux des auto-rickshaws. Une course de 3 km coûte de 80 à 120 ₹ environ. Meru Cabs et Sky Cabs figurent parmi les compagnies de taxis fiables.

TRAIN

Les trains de banlieue **MMTS** (Multi-Modal Transport System ; www.mmtstraintimings.in ; 5-10 ₹) ne sont guère utiles pour les visiteurs. Il existe en revanche des trains peu fréquents (toutes les 30-45 minutes) reliant Hyderabad (Nampally) à Lingampalli via Necklace Rd, Begumpet et Hi-Tech City. Une autre ligne va de Falaknuma (au sud de la vieille ville) à Lingampalli, via les gares de Kacheguda et Secunderabad.

VOITURE

Le prix d'une petite voiture climatisée avec chauffeur commence à 1 600 ₹ par jour en ville et coûte de 2 800 à 3 700 ₹ pour des excursions à l'extérieur, carburant, péage et frais du chauffeur compris. Nous recommandons **Golkonda Tours** (☎9441294987 ; www.golkondatours.com).

Bhongir

La plupart des bus et des trains Hyderabad–Warangal marquent un arrêt à Bhongir, à 60 km de Hyderabad. Grimpez jusqu'à l'imposant **fort** (près de DVK Rd; Indien/étranger 5/100 ₹, caméra 10 ₹ ; ⌚9h-17h), édifié par la dynastie Chalukya au XIIe siècle. Il trône au sommet d'une colline dans l'est de la ville. L'ascension de 40 minutes se fait en gravissant des centaines de marches taillées dans la pierre, hélas jonchées de détritus. Vous pourrez laisser votre sac à dos à la billetterie.

Warangal

☎0870 / 637 000 HABITANTS

Warangal fut la capitale du royaume Kakatiya, qui gouverna la majeure partie des actuels Telangana et Andhra Pradesh du XIIe siècle au début du XIVe siècle. Warangal a absorbé la ville de Hanumakonda (ou Hanamkonda), aux nombreux temples.

À voir

Temple aux Mille Piliers TEMPLE HINDOU

(Thousand Pillars Temple ; au sud de la NH163, Hanumakonda ; ⌚6h-18h). Ce temple en granit du XIIe siècle, niché dans un cadre verdoyant, constitue un bel exemple d'architecture et de sculpture Kakatiya. Contrairement à l'usage, l'édifice en forme de croix comprend des sanctuaires dédiés au dieu du Soleil Surya (à droite en entrant), à Vishnu (au centre) et à Shiva (à gauche). Malgré son nom, il ne comporte pas mille piliers – c'est le *mandapa* qui lui fait face et dont il ne reste que des vestiges qui lui aurait donné son nom. Hanumakonda Hill, le site de la première capitale Kakatiya, se dresse derrière le temple.

D'autres temples anciens de Hanumakonda subsistent, comme le **temple de Bhadrakali** (Bhadrakali Temple Rd), au bord du lac, à 2 km au sud-est du temple aux Mille Piliers, où une statue représente la déesse-mère Kali assise, tenant une arme dans chacune de ses huit mains, et le petit **temple de Siddeshwara**, sur le versant sud de Hanumakonda Hill.

Fort et temple de Svayambhu MONUMENTS

(Fort Rd). Le **fort de Warangal**, situé à la lisière sud de la ville, était autrefois un édifice massif, ceint d'un triple rempart concentrique (le mur extérieur s'étirait sur 7 km). Certes, des champs et des édifices en occupent aujourd'hui la majeure partie mais on trouve encore, en son centre, le **temple de Svayambhu** (près de Fort Rd ; Indien/étranger 25/200 ₹, app photo 25 ₹ ; ⌚9h-20h). Immense mais inachevé, et en partie reconstitué, ce sanctuaire shivaïte, également en granit sombre, est doté de belles et imposantes *torana* (arches), autant de portes ouvertes aux quatre points cardinaux. Les ornements sculptés restent superbes.

L'aller-retour en auto-rickshaw depuis la gare ferroviaire de Warangal revient à quelque 300 ₹.

Où se loger et se restaurer

Hotel Shreya HÔTEL $
(☎0870-2547788 ; New Bus Stand Rd, Hanumakonda ; ch avec petit-déj 1 600- 2 200 ₹, ste 3 200 ₹ ; ❄📶). Une option intéressante. Chambres soignées, avec TV à écran plat et réfrigérateur. Restaurant végétarien et *room-service*. À deux pas de la gare routière de Hanumakonda.

Oyo Hotel Ashoka 3420 HÔTEL $$
(☎0870-2578491 ; www.oyorooms.com ; Main Rd, Hanumakonda ; ch avec petit-déj 1 710-2 850 ₹ ; ❄📶). Près de la gare routière de Hanumakonda et du temple aux Mille Piliers, ce vaste hôtel, désormais géré par Oyo, loue des chambres climatisées de plusieurs catégories. Il y a une bonne table végétarienne, le **Kanishka** (plats 135-260 ₹ ; 🕓6h30-22h30), ainsi qu'un restaurant non végétarien, un bar et une petite salle de sport.

Sri Geetha Bhavan INDIEN DU SUD $
(Market Rd, Hanumakonda ; plats 90-130 ₹ ; 🕓6h- 23h). Une bonne cuisine d'Inde du Sud dans un cadre agréable et climatisé. Suivez les panneaux "Supreme Hotels".

Renseignements

Telangana Tourism (☎0870-2571339 ; www.telanganatourism.gov.in ; en face d'Indian Oil, Nakkalagutta, Hanumakonda ; 🕓10h30-17h lun-sam). Personnel serviable.

Depuis/vers Warangal

Des bus pour Hyderabad (138-280 ₹, 3/heure, 4 heures) partent de la **gare routière de Hanumakonda** (New Bus Stand Rd) et de la **gare routière de Warangal** (☎0870-2565595 ; Station Rd ; express/deluxe 135/196 ₹, 7/jour), en face de la gare ferroviaire.

De Warangal, plusieurs trains partent chaque jour pour Hyderabad (sleeper/2AC 170/700 ₹, 3 heures), Vijayawada (190/745 ₹, 3 heures) et Chennai (375/1 400 ₹, 10 heures 30-12 heures).

Des auto-rickshaws (15 ₹) circulent sur des itinéraires fixes à Warangal et Hanumakonda.

Palampet

Le splendide **temple de Ramappa** (app photo 25 ₹ ; 🕓6h-18h) se dresse à 70 km au nord-est de Warangal, à proximité du village de Palampet. Construit en 1213, ce joyau de l'architecture Kakatiya est couvert de sculptures extrêmement détaillées, figurant des couples d'amoureux, des lutteurs, des musiciens, des danseurs, des divinités, des animaux ou des scènes de légendes hindoues. Sur ses colonnes extérieures, des consoles soutiennent de superbes sculptures en basalte noir de créatures mythiques et de gracieuses danseuses (appelées *mnadkini*) accompagnées d'un serpent. À 1 km au sud, le **Ramappa Cheruvu**, le grand bassin du temple, est apprécié des oiseaux migrateurs.

Il existe un **lodge d'État** (☎0871-5200200, 9848036622 ; www.telanganatourism.gov.in ; Ramappa Cheruvu ; bungalows 1 750-3 100 ₹ ; ❄) à proximité, mais c'est tout. La plupart des visiteurs logent à Warangal.

Le plus simple consiste à venir en taxi (environ 2 200 ₹ l'aller-retour depuis Warangal). Sinon, prenez un bus de Hanumakonda (ville-jumelle de Warangal) à Mulugu (34 ₹, 1 heure, toutes les 30 minutes), puis une correspondance jusqu'à Palampet (13 km, 18 ₹) ou 200 ₹ en voiture.

ANDHRA PRADESH

L'État de l'Andhra Pradesh s'étire sur 972 km le long du golfe du Bengale entre le Tamil Nadu et l'Odisha (Orissa) et, à l'intérieur des terres, jusqu'aux Ghats orientaux. Il s'agit de l'épicentre de la langue et de la culture télougoues. Vous découvrirez ici l'un des temples les plus visités d'Inde (à Tirumala), des sites antiques isolés datant des premiers temps du bouddhisme, et l'un des plus beaux tronçons de la côte est au nord de Visakhapatnam. Partout, vous vous régalerez de cuisine andhra délicieusement épicée.

Le site www.aptourism.gov.in est consacré au tourisme dans l'Andhra Pradesh.

Vijayawada

☎0866 / 1,19 MILLION D'HABITANTS

Cette ville industrielle et commerciale, établie sur la rive nord de la Krishna, est officiellement la nouvelle capitale de l'Andhra Pradesh. De fait, la construction d'une cité modèle appelée Amaravati a bel et bien débuté sur la rive sud. Ces deux centres urbains, une fois réunis, totaliseront à terme quelque 2,5 millions d'habitants.

Bien que la construction d'Amaravati ait subi des retards, des changements de grande ampleur s'annoncent dans le secteur. Des chantiers autoroutiers sont en cours et l'aéroport a désormais un statut international. Pour le moment, Vijayawada présente un intérêt limité pour les voyageurs, mais n'en constitue pas moins une base pratique pour visiter les sites bouddhiques et la campagne luxuriante des environs.

À voir

Temple d'Undavalli TEMPLE RUPESTRE
(Indien/étranger 25/300 ₹ ; 9h-17h30). Ce beau temple rupestre à quatre niveaux fut probablement creusé à flanc de colline pour des moines bouddhistes au IIe siècle, puis transformé en sanctuaire hindou au VIIe siècle. Les cavités sont presque vides aujourd'hui, à l'exception de celle du troisième niveau, où l'on trouve un immense Vishnu couché. Tels des gnomes de pierre, des gourous ou prêcheurs *vaishnavi* scrutent les rizières depuis la terrasse. Le site est à 9 km au sud-ouest du centre de Vijayawada ; l'aller simple en auto-rickshaw ou en véhicule Ola/Uber coûte 150 ₹.

Temple de Kanaka Durga TEMPLE HINDOU
(www.kanakadurgatemple.org ; Durga Temple Ghat Rd, Indrakeeladri Hill ; 4h-21h). Ce temple important du XIIe siècle se trouve sur Indrakeeladri Hill, près de la Krishna ; il attire de nombreux pèlerins.

Fort de Kondapalli FORT
(10 ₹, app photo Indien/étranger 20/100 ₹ ; 10h-17h). Situé à 25 km au nord-ouest de Vijayawada, ce fort fut érigé en 1360 par les rois Reddi. Il passa ensuite aux mains de divers souverains, dont les Qutb Shahi de Golconde au XVIe siècle, avant de devenir un camp militaire britannique en 1767. On peut déambuler dans ses salles et ses cours en ruine, et visiter l'ancienne prison royale. L'édifice est actuellement en restauration.

Où se loger et se restaurer

Hotel Sripada HÔTEL $
(0866-2579641 ; hotelsripada@rediffmail.com ; Gandhi Nagar ; s 900-1 460 ₹, d 1 010-1 690 ₹ ;). À courte distance de la gare ferroviaire, le Sripada est l'un des quelques hôtels bon marché corrects de Vijayawada. Il loue des petites chambres climatisées, en bon état. Service efficace. Pas de restaurant.

Minerva Hotel HÔTEL $$
(0866-6678888 ; www.minervahotels.in ; MG Rd ; s/d 3 500/4 000 ₹, ste 7 500 ₹ ;). Cet hôtel loue des chambres rehaussées d'une touche contemporaine, avec parquet, coffre, minibar et grande TV à écran plat. Restaurant (le Blue Fox) et café sur place. Cinéma et boutiques intéressantes à proximité.

Hotel Southern Grand HÔTEL $$
(0866-6677777 ; www.hotelsoutherngrand.com ; Papaiah St, Gandhi Nagar ; s/d avec petit-déj à partir de 2 200-2 600 ₹ ;). Des chambres contemporaines impeccables et accueillantes, à 600 m de la gare ferroviaire. L'hôtel abrite aussi un excellent restaurant végétarien, l'**Arya Bhavan** et une agence de voyages pratique, **Southern Travels** (0866-6677777). Réservez bien à l'avance pour bénéficier des meilleurs tarifs.

Minerva Coffee Shop INDIEN $$
(Museum Rd ; plats 160-280 ₹ ; 7h-23h). Cet établissement sert de bons plats végétariens d'Inde du Nord et du Sud dans un cadre lumineux, impeccable et climatisé. Les *thali* (appelés ici *meals*, "repas") sont servis de 11h30 à 15h30, et on peut commander toute la journée d'excellents *dosa*, *idli* et *uttapam* (35-75 ₹) ; les *biryanis* sont délicieux. Autre **adresse** (Minerva Hotel ; plats 160-280 ₹ ; 7h-23h) dans MG Rd, dans un cadre spacieux et raffiné.

Avista INDIEN $$
(Hotel Aria, 40 Benz Circle ; plats 170-350 ₹ ; 7h30-22h30 ;). Ce restaurant d'hôtel confortable et climatisé affiche une carte variée incluant des plats occidentaux et chinois, mais brille surtout pour ses spécialités du nord de l'Inde. Les *malai kofta* (boulettes de *paneer* nappées d'une sauce à base de tomate et de noix de cajou, 200 ₹) et le *murgh makhani* (poulet tandoori dans une sauce tomate additionnée de crème, 300 ₹) sortent du lot.

Arya Bhavan INDIEN $$
(Hotel Southern Grand, Papaiah St, Gandhi Nagar ; plats 130-170 ₹, thali 120-180 ₹ ; 7h-23h). Une cuisine 100% végétarienne, dont des *dosa* et autres petits-déjeuners d'Inde du Sud en service continu, dans un cadre propre, clair et animé. Il y a même des glaces !

TFL INTERNATIONAL $$$
(www.facebook.com/tflvijayawada ; Santhi Nagar First Lane ; plats 180-360 ₹ ; 10h-23h45 ;). Ce café-restaurant chic aménagé dans une maison de banlieue à la jolie terrasse couverte propose un voyage culinaire à travers l'Italie (et d'autres pays d'Europe), le Mexique, l'Amérique du Nord et l'Asie.

Au menu notamment : risotto, pizzas et petits-déjeuners occidentaux. Les amateurs de chocolat apprécieront les desserts.

Renseignements

Department of Tourism (0866-2578880 ; gare de Vijayawada Junction ; 10h-17h). Bon service. Vous aidera à organiser la suite de votre voyage.

Depuis/vers Vijayawada

AVION

L'aéroport de Vijayawada (vijayawadaairport.in) se situe à 17 km au nord-est du centre-ville. Air India, Alliance Air, IndiGo, SpiceJet et TruJet assurent des vols quotidiens depuis/vers Bengaluru, Chennai, Delhi, Hyderabad, Mumbai, Tirupati, Visakhapatnam et autres villes d'Inde.

Côté liaisons internationales, IndiGo dessert Singapour depuis 2018.

Quatorze bus (sans/avec clim 50/100 ₹, 30 minutes) circulent chaque jour entre l'aéroport et la **gare routière Pandit Nehru** (Arjuna St ; 24h/24). Les taxis à la station officielle de l'aéroport demandent la somme élevée de 700 ₹ pour une course jusqu'au centre de Vijayawada.

BUS

Quelques destinations desservies depuis la **gare routière Pandit Nehru** (ci-dessus) :

Chennai (Madras ; sans clim/clim/sièges inclinables – semi-sleeper – 518/777/1 170 ₹, 8-10 heures, 9/jour)

Eluru (sans clim/clim 72/122 ₹, 1 heure 30, toutes les 30 minutes)

Hyderabad (sans clim/clim 317/467 ₹, 4-6 heures, toutes les 30 minutes)

Tirupati (sans clim/clim 474/812 ₹, 9 heures, toutes les 30 minutes)

Visakhapatnam (sans clim/clim 430/737 ₹, 8-9 heures, toutes les 30 minutes)

De nombreux bus privés partent d'arrêts proches du Benz Circle, à 4 km à l'est du centre.

TRAIN

La gare de Vijayawada Junction se trouve sur les grandes lignes ferroviaires Chennai-Kolkata et Chennai-Delhi. Le train 12841/12842 *Coromandel Express* entre Chennai et Kolkata est rapide pour des trajets le long de la côte. Quelques trajets courants (sleeper/2AC) :

Bengaluru (Bangalore) 780/2750 ₹, 12-15 heures 5-6/jours

Chennai 290/1 050 ₹, 6-8 heures, 13/jour

Hyderabad 240/800 ₹, 5 heures 30-7 heures, 15/jour

Kolkata 555/2 125 ₹, 18-21 heures, 5-6/jour

Tirupati 265/965 ₹, 6-8 heures, 11-13/jour

Warangal 190/745 ₹, 3 heures, 15/jour

Amaravathi

08645 / 4 800 HABITANTS

Le site bouddhique historique d'Amaravathi (à ne pas confondre avec Amaravati, la nouvelle capitale de l'État) s'étend à 43 km à l'ouest de Vijayawada. Ce fut le premier centre bouddhique créé dans la moitié sud de l'Inde. Et le plus grand **stupa** (Indien/étranger 25/300 ₹ ; 9h-17h30, 9h-18h avr-nov) du pays, haut de 27 m (sur 49 m de large) y fut édifié à partir du IIIe siècle av. J.-C. Amaravathi fut la florissante capitale du royaume Satavahana, qui régna de l'Andhra jusqu'au Deccan pendant 400 ou 500 ans et devint le centre de l'art bouddhique. De ce stupa, il ne reste aujourd'hui sur place que la base circulaire et quelques parties de la balustrade en pierre. Des fragments de l'édifice sont conservés dans plusieurs musées étrangers, notamment au British Museum, qui détient une collection de 120 sculptures en marbre et inscriptions. Dans un village voisin, un **musée** (5 ₹ ; 9h-17h sam-jeu) présente une maquette du stupa, ainsi que des marbres sculptés retraçant la vie du Bouddha, qui recouvraient ou entouraient l'édifice. L'immense **statue du Bouddha Dhyana** (20 ₹ ; 8h-20h), un bouddha assis de style moderne, domine la Krishna non loin de là.

De la gare routière de Vijayawada, le bus n°301 part toutes les 20 minutes pour Amaravathi (56 ₹, 1 heure 30) via Unduvalli. Des chauffeurs demandent environ 1 800 ₹ pour une demi-journée d'excursion au départ de Vijayawada.

Nagarjunakonda

08680

L'île de Nagarjunakonda, formée par une colline, est un site exceptionnel, parsemé d'anciens édifices bouddhiques. La capitale de la dynastie Ikshvaku s'étendait ici aux IIIe et IVe siècles, quand la région était probablement le plus important centre bouddhique en Inde du Sud.

À voir

Nagarjuna Sagar Dam BARRAGE

Cet imposant barrage sur la Krishna mesure 180 m de haut depuis ses fondations les plus profondes et 1,6 km de long. La centrale hydroélectrique attenante a une capacité de 815,6 MW. Cet impressionnant ensemble attire les touristes indiens.

Sri Parvata Arama SITE BOUDDHIQUE
(Buddhavanam ; ⌚9h30-18h). GRATUIT À 8 km au nord du barrage de Nagarjuna Sagar, ce parc dédié au patrimoine bouddhique contient une reconstitution du grand stupa d'Amaravathi dont la construction, commandée par les autorités touristiques de l'État, a déjà pris de nombreuses années et est loin d'être achevée. La copie, haute de 9 m, du Bouddha Avukana est un cadeau du Sri Lanka. Le parc englobe aussi un bel espace de méditation appelé Dhyanavanam, avec vue sur le lac. Si vous venez de Hyberabad en bus, descendez à l'arrêt Buddha Park.

Nagarjunakonda Museum ART SACRÉ, VESTIGES
(Indien/étranger 20/120 ₹ monuments compris ; ⌚9h-16h sam-jeu). Ce musée bien agencé contient des statues du Bouddha et des sculptures superbement détaillées décrivant les vies du Bouddha et la vie locale de l'époque. Les vestiges réassemblés de plusieurs édifices (socles de stupas, murs de monastères, fosses pour les sacrifices de chevaux...) jalonnent un chemin long de 1 km à travers l'île. Le plus grand stupa, dans l'ensemble du Chaitya Griha Chamtasri, renferme un fragment d'os attribué au Bouddha.

Cours

Dhamma Nagajjuna SANTÉ ET BIEN-ÊTRE
(☎9440139329, 9348456780 ; www.nagajjuna.dhamma.org ; Hill Colony). Ce centre, qui perpétue ici les enseignements du Bouddha, propose des sessions de dix jours de méditation silencieuse dans une charmante propriété fleurie dominant le barrage de Nagarjuna Sagar. Inscrivez-vous à l'avance (paiement par don). En venant de Hyberabad en bus, descendez à l'arrêt Buddha Park.

Où se loger et se restaurer

Nagarjuna Resort HÔTEL $
(☎08642-242471 ; Vijayapuri South ; ch sans/avec clim 900/1 600 ₹ ; ❄). Bien situé en face de l'embarcadère, cet hôtel loue des chambres spacieuses mais ternes. Belle vue depuis les balcons.

Haritha Vijaya Vihar HÔTEL $$
(☎08680-277362 ; www.telanganatourism.gov.in ; ch avec clim avec petit-déj lun-jeu 1 400-1 870 ₹, ven-dim 2 400-2 970 ₹ ; ❄📶🏊). À 6 km au nord du barrage, cet hôtel d'État possède des chambres correctes, un beau jardin, une piscine (non-résidents 50 ₹) et une vue charmante. Un peu cher, mais la situation est exceptionnelle, le restaurant est plutôt correct et il y a un bar sur place.

Hotel Siddhartha INDIEN $$
(Buddhavanam, Hill Colony ; plats 125-260 ₹ ; ⌚6h-23h). À côté de Sri Parvata Arama, il sert des curries, des *biryanis* et des plats de poisson savoureux, ainsi que de nombreux en-cas, dans un agréable pavillon.

Depuis/vers Nagarjunakonda

À moins de disposer d'une voiture avec chauffeur, le plus simple pour visiter Nagarjunakonda consiste à s'inscrire à un circuit en bus au départ de Hyderabad (550 ₹), organisé le week-end par **Telangana Tourism** (p. 249). Notez qu'il s'agit d'une très longue excursion (15 heures !), à bord d'un véhicule non climatisé.

De la gare routière Mahatma Gandhi à Hyderabad, des bus publics partent toutes les heures pour Hill Colony/Nagarjuna Sagar (230 ₹, 4 heures) : descendez à Pylon et prenez un auto-rickshaw (collectif/privé 20/120 ₹) jusqu'à Vijayapuri South, à 8 km.

Des bateaux (150 ₹ aller-retour) pour Vijayapuri South, à 7 km au sud du barrage, quittent théoriquement l'île à 9h30, 11h30 et 13h30 (ils partent toujours en retard) ; ils repartent une à deux heures plus tard. Parfois, les deux premiers bateaux de la journée ne partent pas, faute de passagers. Celui de 13h30, qui circule toujours (sauf par vent fort), repart de l'île vers 16h30.

Visakhapatnam

☎0891 / 1,79 MILLION D'HABITANTS

Plus grande ville de l'Andhra Pradesh, Visakhapatnam – ou Vizag – est connue pour son acier et son port immense. C'est également une station balnéaire, appréciée des Indiens en quête de brise marine. Pendant la période de vacances qui s'étend de décembre à février, un petit air kitsch flotte sur la ville, quand les baigneurs affluent et que l'on se balade à dos de chameau.

Une agréable promenade piétonne longe **Ramakrishna Beach** (Beach Rd) ; Rushikonda Beach, non loin, est peut-être la plus belle plage de l'Andhra Pradesh.

Chaque année, le festival **Visakha Utsav** (⌚mi-jan) est marqué par des expositions et des manifestations culturelles.

L'activité croissante de son aéroport reliant l'Extrême-Orient amène de plus en plus de voyageurs étrangers à Visakhapatnam.

HORS DES SENTIERS BATTUS

GUNTUPALLI

Le site bouddhique de **Guntupalli** (Indien/étranger 5/200 ₹ ; 10h-17h) constitue un magnifique but d'excursion. Cet ensemble monastique, juché sur une colline, resta en activité du IIe siècle av. J.-C. au IIIe siècle de notre ère. Il est remarquable pour ses grottes, ses sculptures et son *chaitya-griha* (sanctuaire entourant un reliquaire). Le plafond voûté de l'une des grottes est sculpté de "poutres en bois", conçues pour ressembler à celles d'une hutte. Le *chaitya-griha* possède un stupa bien conservé et une entrée voûtée qui imite également le bois (semblable, en cela, à celles des habitations des moines le long de la falaise). D'Eluru, un bourg situé sur la route et la ligne ferroviaire Vijayawada-Visakhapatnam, prenez un bus jusqu'à Kamavarapukota (44 ₹, 1 heure 30, toutes les 30 minutes) à 35 km au nord, puis un auto-rickshaw jusqu'à Guntupalli, à 10 km à l'ouest. L'aller-retour en taxi depuis Eluru coûte environ 1 800 ₹.

À voir

Submarine Museum — MUSÉE NAVAL

(Beach Rd ; adulte/enfant 40/20 ₹, app photo 50 ₹ ; 14h-20h30 mar-sam, 10h-12h30 et 14h-20h30 dim). Près de l'extrémité nord de Ramakrishna Beach, le sous-marin indien de construction soviétique *Kursura,* long de 91 m, a été reconverti en un musée passionnant. Les visiteurs ont environ 15 minutes pour explorer l'intérieur. Certains employés parlent un peu anglais.

Aircraft Museum — AÉRONAUTIQUE

(Beach Rd ; adulte/enfant 70/40 ₹ ; 14h-20h30 lun-ven, 10h-20h30 sam-dim). Inauguré en 2017, ce musée expose un Tupolev TU-142M de l'époque soviétique qui fut utilisé par l'armée indienne pendant 29 ans (et comptabilisa 30 000 heures de vol sans accident). On y apprend des choses intéressantes sur l'histoire de l'appareil et l'aviation indienne. S'il est possible de monter dans la carlingue, l'affluence empêche parfois d'accéder jusqu'au cockpit. Le billet comprend un audioguide. L'endroit abrite également un café et des jeux de réalité virtuelle.

Temple de Simhachalam — TEMPLE HINDOU

(simhachalamdevasthanam.net ; 4h-22h). Le deuxième temple le plus visité de l'Andhra (après Tirumala) est situé à 16 km au nord-ouest de la ville. Parfois bondé, il est dédié à Varahalakshmi Narasimha, mélange de deux avatars de Vishnu, le sanglier et l'homme à tête de lion. Un billet à 100 ₹ vous permettra d'approcher la divinité (et de boire une gorgée d'eau sacrée) bien plus vite que celui à 20 ₹. Les bus nos 6A et 28 desservent le monument depuis le RTC Complex et la gare ferroviaire.

Activités

Andhra Pradesh Tourism (Andhra Pradesh Tourism Development Corporation ; 0891-2788820 ; aptdc.gov.in ; RTC Complex ; 8h-20h lun-ven, 9h-13h sam) organise des circuits en ville d'une journée (475-650 ₹), des visites de temples et des excursions dans la vallée d'Araku au départ de ses bureaux du RTC Complex et de la gare ferroviaire (p. 268).

À côté de la cabane à Jet-Skis à l'extrémité sud de Rushikonda Beach, **Melville Smythe** (9848561052 ; melsmythe@gmail.com ; par heure surf 400-600 ₹, kayak 2 pers 300 ₹, cours de surf 300 ₹), le pionnier local du surf, loue des planches de surf et des kayaks.

Où se loger

Il y a des hôtels un peu partout en ville. Il est plus agréable de loger le long de Beach Rd, qui compte toutefois peu d'établissements à petits prix. Il n'y a pas d'auberge de jeunesse à l'heure où nous écrivons.

Hotel Morya — HÔTEL $

(0891-2731112 ; www.hotelmorya.com ; Bowdara Rd ; ch 990 ₹, ch avec clim à partir de 1 490 ₹ ;). Une bonne adresse. Si les chambres standards du Morya sont petites et insuffisamment ventilées, les chambres climatisées sont assez spacieuses, lumineuses et élégantes. Il y a un ascenseur mais pas de restaurant.

SKML Beach Guest House — GUESTHOUSE $

(9848355131 ; ramkisg.1074@gmail.com ; Beach Rd, Varun Beach ; ch 1 200-1 300 ₹, avec clim 1 850-2 300 ₹ ;). Près de l'extrémité sud (moins chic) de Ramakrishna Beach, le SKML loue 12 chambres propres et correctes. Les plus plaisantes sont les deux "suites" au dernier étage avec vue sur la mer, terrasse et touches artistiques.

Ambica Sea Green HÔTEL $$
(☎0891-2821818 ; www.ambicaseagreen.com ; Beach Rd ; ch avec petit-déj à partir de 4 680 ₹ ; ❄📶). Chambres bien équipées de style contemporain, toutes avec vue sur la mer. Excellent buffet au petit-déjeuner. Personnel dévoué.

Dolphin Hotel HÔTEL $$
(☎0891-2567000 ; www.dolphinhotelsvizag.com ; Dabagardens ; ch/ste avec petit-déj à partir de 3 510/6 340 ₹ ; ❄📶🏊). Ce vaste hôtel du centre, en béton, comprend des chambres assez spacieuses, un restaurant attrayant, l'une des meilleures salles de sport de la ville et, surtout, une piscine de 20 m.

Haritha Beach Resort HÔTEL $$
(☎0891-2788826 ; aptdc.gov.in ; Rushikonda Beach ; ch climatisée avec petit-déj 2 100-3 200 ₹ ; ❄📶). Cet hôtel d'État, fort d'un emplacement privilégié à flanc de colline, fait face à Rushikonda Beach. Les chambres, un peu vieillottes, regardent l'océan et celles des catégorie *executive* et *luxury* sont de taille respectable. Le bar-restaurant **Vihar** (Rushikonda ; ⏲11h-22h30 ; 📶) donne sur la plage.

♥ **Novotel Visakhapatnam Varun Beach** HÔTEL $$$
(☎0891-2822222 ; www.accorhotels.com ; Beach Rd ; ch avec petit-déj 9 620 ₹ ; ❄@📶🏊). Ce bâtiment moderne a pour atout majeur une position dominante le long de Beach Rd, au bord du golfe du Bengale. Chambres impeccables et très bien aménagées avec vue sur la mer, excellents restaurants, bar, spa et grande piscine.

Où se restaurer

Les stands de nourriture installés sur la plage de Ramakrishna s'animent le soir.

Hotel V Parlour INDIEN $
(v-parlour.business.site ; Rama Talkies Rd ; plats 90-270 ₹ ; ⏲12h-22h30). Une adresse 100% végétarienne sans fioritures, très fréquentée pour ses copieuses portions de cuisine d'Inde du Nord et du Sud ainsi que ses plats chinois. Il y a un stand d'*Irani chai* en devanture.

♥ **Sea Inn** ANDHRA $$
(Raju Ka Dhaba ; ☎9989012102 ; Beach Rd, Rushikonda ; plats 100-240 ₹ ; ⏲12h-16h mar-dim). Devi mitonne des curries à la mode de l'Andhra Pradesh comme le faisait sa maman, de nourrissant *biryanis* délicieusement épicés et quelques plats locaux de poisson, fruits de mer, poulet et légumes. La salle toute simple, partiellement ouverte, se prolonge par une terrasse sur la plage. À 300 m au nord de l'embranchement pour le Haritha Beach Resort. Temps d'attente conséquent. Paiement en espèces uniquement.

♥ **Dharani** INDIEN $$
(Daspalla Hotel, en retrait de Town Main Rd, Suryabagh ; thali et plats 100-240 ₹ ; ⏲6h-22h30). Cette table, l'une des plus réputées de la ville, prépare à merveille les *thali* végétariens, notamment un "Special" (240 ₹) aux authentiques saveurs du Sud. L'hôtel compte d'autres restaurants proposant des plats de viande de l'Andhra Pradesh ou des spécialités végétariennes d'Inde du Nord.

Little Italy ITALIEN $$
(www.littleitaly.in ; 1er niv., South Wing, ATR Towers, Vutagedda Rd, Paandurangapuram ; plats 240-450 ₹ ; ⏲11h30-23h ; 📶). Derrière Ramakrishna Beach, ce restaurant italien renommé sert des pizzas à pâte fine, des pâtes et des salades dans un cadre élégant. Bons cocktails de fruits sans alcool ; pas de boissons alcoolisées.

Bamboo Bay ANDHRA $$$
(The Park, Beach Rd ; plats 485-990 ₹ ; ⏲19h30-23h ; 📶). D'excellents mets de l'Andhra, du Chettinad (dans l'État du Tamil Nadu) et *mughlai* (moghol) à déguster dans les jardins de l'hôtel The Park, en bord de plage. La carte fait la part belle aux produits de la mer, mais les végétariens auront aussi l'embarras du choix. On peut dîner aux chandelles sur la terrasse.

Où prendre un verre et faire la fête

♥ **Moksha Restocafé** CAFÉ
(www.facebook.com/moksha.restocafe ; Ootagadda Rd, Daspalla Hills ; ⏲8h-minuit ; 📶). Ce café indépendant, prisé de la jeunesse branchée de Vizag, donne sur la mer au loin. Il sert de bons cafés, notamment des expressos, et des jus de fruits, ainsi que des plats indiens, tibétains, thaïlandais et occidentaux. Des causeries et autres événements y sont organisés.

Tribe CLUB
(www.facebook.com/tribevizag ; The Park, Beach Rd ; ⏲ven-sam 20h-1h ou plus tard). L'un des

VAUT LE DÉTOUR

BHEEMUNIPATNAM

Cette ancienne colonie hollandaise, à 25 km au nord de Vizag, est la plus vieille municipalité d'Inde continentale. Elle possède de singulières sculptures sur la plage, un phare de 1861, un cimetière hollandais et Bheemli Beach, où des surfeurs locaux dévalent les vagues sur des planches artisanales. Des bus (32 ₹, 1 heure, toutes les 30 minutes) parcourent la route côtière depuis la plage de Vizag. Sinon, le trajet avec Uber/Ola coûte environ 375 ₹.

clubs les plus tendance et fréquentés de la ville. La house, le R'n'B et les tubes de Bollywood cèdent parfois la place à des groupes. Il y a même des formules détente certains dimanches. Tenue correcte exigée.

Depuis/vers Visakhapatnam

AVION

L'aéroport de Vizag est relié quotidiennement à plus de vingt grandes villes indiennes comme Bengaluru, Bhubaneswar, Chennai, Delhi, Hyderabad, Kolkata, Mumbai, Port Blair et Vijayawada, ainsi qu'à des destinations internationales (Bangkok, Dubai, Kuala Lumpur, Singapour).

BATEAU

Des bateaux partent une fois par mois pour Port Blair dans les îles Andaman. Contactez le port où consultez les horaires sur www.andamanbeacon.com. On peut réserver sa traversée de 56 heures (couchette 2 500 ₹, couchette cabine à partir de 4 960 ₹) auprès d'**AV Bhanoji Rao, Garuda Pattabhiramayya & Co** (☎ 0891-2562661, 0891-2565597 ; ops@avbgpr.com ; Harbour Approach Rd, à côté de NMDC, quartier du port ; ⏲ 9h-17h lun-sam). Les billets sont mis en vente environ une semaine avant le départ. Apportez votre passeport, deux photocopies des pages de renseignements et de visa, et deux photos d'identité.

BUS

Le **RTC Complex** (☎ 0891-2746400 ; RTC Complex Inner Rd), bien organisé, est notamment relié à :

Hyderabad (sans/avec clim 746/1 352 ₹, 12-15 heures, 12/jour)

Jagdalpur (342 ₹, 9 heures, 1/jour)

Vijayawada ("general"/"superluxury"/avec clim 408/430/593-808 ₹, 7-9 heures, toutes les 30 minutes)

TRAIN

La **gare de Visakhapatnam** (Station Rd), à la lisière ouest de la ville, se trouve sur la ligne principale Kolkata-Chennai. Quelques tarifs en sleeper/2AC :

Bhubaneswar 290/1 065 ₹, 7 heures, 11/jour

Chennai 1 600 ₹, 13-16 heures, 3-4/jour

Hyderabad 380/1 485 ₹, 12-15 heures, 8/jour

Kolkata 460/1 735 ₹, 13-16 heures, 6-7/jour

Vijayawada 255/850 ₹, 6 heures, 16-18/jour

Le **centre de réservation ferroviaire** (Station Approach Rd ; ⏲ 8h-22h lun-sam, 8h-14h dim) est à 300 m au sud de la gare principale.

VOITURE

Srinivasa "Srinu" Rao (☎ 7382468137) est un sympathique chauffeur, qui parle anglais et pourra vous véhiculer en dehors de la ville. Il demande environ 3 300 ₹ pour une excursion d'une journée dans la vallée d'Araku et 1 700 ₹ pour l'aller-retour à Sankaram.

Comment circuler

Plus de 2 000 véhicules Uber (et autant de taxis Ola) circulent à Visakhapatnam. Il est donc facile de trouver un véhicule avec chauffeur !

Les véhicules Uber et Ola et les auto-rickshaws demandant environ 260 ₹ pour rejoindre l'aéroport, à 12 km à l'ouest du centre-ville. On peut aussi prendre le bus n°38 au RTC Complex (20 ₹, 30 minutes). Un comptoir de taxis prépayés est installé dans le hall des arrivées à l'aéroport.

Vous trouverez un comptoir d'auto-rickshaws prépayés à la gare ferroviaire. Des auto-rickshaws collectifs circulent le long de Beach Rd, à partir du port, à l'extrémité sud de la ville, jusqu'à Rushikonda, à 10 km au nord de Vizag ; ils demandent 10 ₹ pour une course rapide.

Environs de Visakhapatnam

Sankaram

Peu fréquenté, l'extraordinaire ensemble bouddhique de **Sankaram** (⏲8h-18h) est situé à 40 km à l'ouest de Vizag. Il est également désigné sous le nom des deux parties qui le composent, Bojjannakonda et Lingalakonda. Bojjannakonda, à l'est, comprend deux sanctuaires taillés dans la pierre, avec plusieurs superbes sculptures du Bouddha à l'intérieur et à l'extérieur. Au-dessus trônent les ruines d'un énorme stupa et d'un monastère. Lingalakonda, à l'extrémité ouest, est composé d'une succession de stupas taillés en terrasses dans la roche – certains sont énormes.

Le trajet en voiture depuis Vizag revient à 1 700 ₹ environ. Des bus (46 ₹ 1 heure 30, toutes les 30 minutes) au départ du RTC Complex et des trains (38 ₹, 1 heure) desservent Anakapalle, à 3 km de Sankaram, que l'on peut ensuite rejoindre en auto-rickshaw (environ 140 ₹ l'aller-retour, attente comprise).

Bavikonda et Thotlakonda

Bavikonda (9h-17h) et **Thotlakonda** (voiture 30 ₹ ; 8h-17h30) étaient des monastères bouddhiques perchés sur des collines, au nord de Vizag. Dotés d'immenses citernes d'eau de pluie, ils hébergeaient jusqu'à 150 moines chacun. Leurs vestiges ont été mis au jour dans les années 1980 et 1990.

Les monastères, qui prospérèrent du IIIe siècle av. J.-C. au IIIe siècle de notre ère, possédaient des stupas votifs, des salles d'assemblée, des *chaitya-griha* (sanctuaires comprenant un reliquaire), des *vihara* (monastères) et des réfectoires. Thotlakonda a vue sur la mer et Bavikonda revêt une importance particulière : un récipient retrouvé dans son stupa Mahachaitya aurait contenu un fragment d'os du Bouddha.

On accède à Bavikonda et Thotlakonda par des embranchements situés respectivement à 14 km et 15 km de Vizag, sur la route de Bheemunipatnam. Bavikonda se trouve à 3 km de la grand-route et Thotlakonda à 1,25 km. Les auto-rickshaws et les véhicules Ola/Uber demandent environ 700 ₹ l'aller-retour pour rejoindre ces deux sites depuis Vizag.

Vallée d'Araku

08936 / ALTITUDE 975 M

Le plus bel itinéraire ferroviaire de l'Andhra traverse les superbes Ghats orientaux jusqu'à la vallée d'Araku, qui s'étend autour de la ville d'Araku, à 115 km au nord de Visakhapatnam. Réputée pour son café bio et sa campagne verdoyante, la région est peuplée de communautés ethniques isolées. On peut s'arrêter en chemin pour visiter les grottes de Borra.

À voir

Grottes de Borra GROTTES
(adulte/enfant 60/45 ₹, app photo/caméra mobile 100/25 ₹ ; 10h-13h et 14h-17h). Ces immenses grottes vieilles d'un million d'années, à l'éclairage sophistiqué, se trouvent 38 km avant la localité d'Araku et peuvent se visiter à l'occasion d'une excursion dans la vallée éponyme. Sachez que les escaliers qui descendent dans les entrailles de la terre connaissent une forte affluence, surtout le dimanche, et méfiez-vous des singes. Des étals de nourriture jouxtent l'entrée.

Museum of Habitat ETHNOLOGIE
(40 ₹ ; 8h-13h30 et 14h30-20h). Ce musée consacré aux peuples de l'est de l'Andhra Pradesh abrite notamment des reproductions grandeur nature de scènes de chasse et de cérémonies et quelques stands d'artisanat. Malgré l'aménagement sommaire, il est intéressant. Il se trouve à côté de la gare routière, à 2 km à l'est de la gare ferroviaire.

Où se loger et se restaurer

Plusieurs restaurants bordent la rue principale d'Araku. La spécialité du cru est le *bongulo chicken*, des morceaux de poulet épicé cuits au barbecue dans de gros bambous creux. Profitez-en aussi pour goûter le café local.

Dream Valley Residency GUESTHOUSE $
(9398803229 ; dream-valley-residency.business.site ; ch 1 300 ₹ ;). Cette adresse économique aux allures de motel, du côté sud de la voie ferrée, loue des chambres dans un état correct avec TV câblée, sdb et eau chaude toute la journée. La direction, serviable, renseigne les voyageurs sur les curiosités du secteur.

Hotel Rajadhani HÔTEL $
(08936-249580 ; ch sans/avec clim 900/1 400 ₹ ;). La trentaine de chambres de cet hôtel bon marché pourrait certes être améliorée, de même que le service, mais celles du haut ont des balcons regardant la vallée. **Restaurant** (plats 120-260 ₹ ; 7h-22h) sur place.

Haritha Valley Resort HÔTEL $$
(08936-249202 ; aptdc.gov.in/aptdc ; ch avec petit-déj 1 900 ₹, avec clim à partir de 2 260 ₹ ;). Cet hôtel d'État avec piscine et jardin paysager est la meilleure adresse d'Araku, malgré un service nonchalant. Les chambres sont assez bien entretenues. L'établissement est prisé des équipes de tournage de Tollywood.

Star Annapurna INDIEN $
(plats 110-250 ₹ ; 7h30-22h). Ce bon restaurant sert des plats savoureux : *biryani* de

poulet, poisson, nombreux curries végétariens, épicés à souhait...

Araku Valley Coffee House CAFÉ $
(café 25-100 ₹ ; ⌚8h30-21h). Venez goûter et acheter le café local et toutes sortes de produits au chocolat : brownies, grains de café enrobés de chocolat... L'endroit compte aussi un **musée du café** (25 ₹ ; ⌚8h30-21h) en miniature et un trampoline pour les enfants ; il programme des spectacles de danses régionales.

Depuis/vers la vallée d'Araku

Un train (100 ₹, 4 heures) quitte Visakhapatnam tous les jours à 6h50 pour repartir d'Araku à 15h40. Arrivez de bonne heure à Visakhapatnam pour obtenir un siège et sachez que le train du retour démarre souvent en retard. Un wagon spécial AC "vistadome" (au toit vitré) a été ajouté sur cette ligne ; pour voyager à bord, il faut réserver une place "Executive Chair" (665 ₹) sur le site Internet de l'IRCTC (www.irctc.co.in).

Des bus relient Visakhapatnam à Araku (à partir de 130 ₹, 4 heures 30, toutes les heures). Un taxi pour la journée coûte 3 300-4 000 ₹. L'APTDC (Andhra Pradesh Tourism Development Corporation ; aptdc.gov.in) organise des circuits (expéditifs) incluant les grottes de Borr.

Tirumala et Tirupati

☎0877 / 7 900 HABITANTS (TIRUMALA), 296 000 HABITANTS (TIRUPATI)

La colline sacrée de Tirumala est un grand site de pèlerinage. Chaque jour, près de 60 000 pèlerins affluent pour adorer le seigneur Venkateshwara en sa demeure. Le *darshan* (ou *darshana* ; au sens populaire, il s'agit du bienfait retiré par la contemplation d'une statue divine, lorsque le pèlerin passe devant elle) s'effectue 24h/24, 7j/7. Le **Tirumala Tirupathi Devasthanams** (TTD ; ☎0877-2277777, 0877-2233333 ; www.tirumala.org ; KT Rd ; ⌚9h-17h30 lun-ven, 9h-13h sam) gère avec brio cette fréquentation, avec l'aide de quelque 20 000 employés. Malgré la foule, il règne une impression d'ordre et de sérénité, et la visite de la colline peut se révéler enrichissante, même pour qui n'est pas dévot. Durant les neuf jours de la fête annuelle de **Brahmotsavam** (p. 242), les files d'attente s'étirent parfois sur plusieurs kilomètres.

On accède à Tirumala via la morne ville de Tirupati, au pied de la colline.

À voir et à faire

Temple de Venkateshwara TEMPLE HINDOU
(www.tirumala.org ; ⌚24h/24). Des légendes sur la colline et ses alentours figurent dans les *Purana* (épopées), et l'histoire du temple remonterait à 2 000 ans. Les pèlerins affluent à Tirumala pour voir Venkateshwara, un avatar de Vishnu. Parmi ses nombreux pouvoirs, on lui attribue celui d'exaucer les souhaits formulés sur le site sacré.

Malgré la présence de milliers de fidèles, le temple principal respire la sérénité. Venkateshwara suscite l'adoration, du fond du sanctuaire intérieur sombre et magique, où l'odeur de l'encens et les psalmodies augmentent la ferveur religieuse. Vous aurez juste le temps de faire un vœu avant d'être poussé vers la sortie. N'oubliez pas de prendre un délicieux *ladoo* sur le comptoir ; les *ladoo* de Tirumala (boulettes sucrées de farine de pois chiches, de cardamome et de fruits secs) sont réputés dans tout le pays.

De nombreux pèlerins offrent leurs cheveux à la divinité, en remerciement d'un vœu exaucé ou en signe de renoncement, et des coiffeurs officient sur place. Tirumala et Tirupati sont ainsi remplis d'hommes, de femmes et d'enfants au crâne rasé.

À l'entrée, vous devrez signer un formulaire attestant votre foi en Venkateshwara.

Le billet "*darshan* ordinaire" implique une attente de 3 à 8 heures dans les couloirs grillagés qui entourent le temple. Les étrangers munis de leur passeport peuvent acheter le "*darshan* spécial" (300 ₹, également disponible en ligne) à la porte Supatham. Celui-ci permet d'avancer plus vite dans la queue.

Où se loger

Évitez si possible le week-end, où l'affluence augmente encore. Tirupati affiche un choix correct d'hôtels, mais de qualité médiocre.

Le Tirumala Tirupathi Devasthanams gère de vastes **dortoirs** (Tirumala ; gratuits) et **pensions** (Tirumala ; ch 50-3 000 ₹) destinés aux pèlerins près du temple de Tirumala. Pour y passer la nuit, inscrivez-vous au bureau d'accueil (Central Reception Office).

Athidhi Residency HÔTEL $
(☎0877-2281222 ; Peddakapu Layout, Tirupati ; ch 1 000-1 600 ₹ ; ❄📶). Cet hôtel mérite son succès. Les chambres, bien agencées, sont équipées de ventilateurs au plafond et de jolies sdb. Il est situé à un court trajet en

VAUT LE DÉTOUR

L'ASCENSION DU MONT SACRÉ À TIRUMALA

Deux chemins de pèlerinage relient Tirupati au temple de Tirumala. Le plus court, le Srivari Metlu (9 km), gravit directement la montagne en suivant une pente abrupte tout du long. Plus ancien, l'Alipiri Metlu (12 km) débute à Alipiri, à 3,5 km au nord-ouest du centre de Tirupati, et a la préférence du plus grand nombre. Garés le long de la route menant au point de départ du sentier, des autocars provenant de lointains villages du Deccan déversent des flots de fidèles pieds nus, prêts à accomplir le *darshan* (voir p. 270).

Si vous voulez marcher avec les pèlerins, partez aussi tôt que possible afin d'éviter la chaleur de la journée (les chemins et le temple restent ouverts 24 h/24). Des stands de nourriture et de boissons, ainsi que des toilettes jalonnent l'itinéraire. L'ascension s'effectue pour l'essentiel par des escaliers en béton (dont chaque marche porte des taches de teinture rouge et orange laissées par les fidèles en signe de bénédiction). Le parcours est presque entièrement couvert, ce qui le rend praticable par tous les temps.

Paysans et citadins, *sadhus* et pros des nouvelles technologies, enfants et vieillards escaladent ensemble la colline sacrée en poussant des *Ola !* d'encouragement qui résonnent dans la vallée. La première moitié du trajet n'a rien d'exceptionnel, les toitures en béton et la forêt épaisse dissimulant la vue en contrebas. Au bout de quelque 2 100 marches assez raides apparaît le Gali Gopuram (tour d'entrée), l'endroit idéal pour faire une pause. Puis la forêt s'éclaircit pour révéler une statue de Hanuman, un centre médical et des stands de restauration. Plus facile, le tronçon suivant monte régulièrement par un sentier couvert d'environ 3 km, via une réserve de cervidés, puis longe pendant 2 km une route offrant de beaux panoramas sur la montagne. On atteint ensuite le temple de Mokala Parvatham, d'où nombre de dévots parcourent la dernière volée de marches à genoux. À 3 550 marches du point de départ et 980 m d'altitude, le sommet renvoie brutalement aux réalités de l'Inde, avec sa circulation bruyante et son tourbillon d'activité. Non loin se dresse le temple principal, et les pèlerins s'en approchent aux cris de "*Jai Shri Ram !*" ("Salut seigneur Rama !"). Presque tous les hindous font l'ascension pieds nus, mais personne ne vous tiendra rigueur de rester chaussé. Les étrangers peuvent acheter un billet "*darshan* spécial" (300 ₹ sur présentation du passeport) à la porte Supatham pour accéder plus rapidement au temple de Venkateshwara (p. 270).

voiture de la gare ferroviaire et l'on peut s'y rendre à pied depuis la gare routière.

♥ Hotel Marasa Sarovar Premiere Tirupati BOUTIQUE-HÔTEL **$$**
(☎0877-6660000 ; www.sarovarhotels.com ; 12th Cross Karakambadi Rd, Tirupati ; ch avec petit-déj à partir de 3 300 ₹ ; ❄📶🏊). D'un standing supérieur à celui de tous les autres hôtels de la ville, cet établissement de style contemporain se distingue par son remarquable rapport qualité/prix : emplacement très tranquille à la lisière de la ville, chambres stylées, confortables et garnies de meubles tendance, joli coin piscine, deux bons **restaurants** (plats 250-500 ₹ ; ⏲7h30-10h, 12h-15h30 et 19h-23h ; 📶), café-bar et spa.

Hotel Regalia HÔTEL-RESTAURANT **$$**
(☎0877-2238699 ; www.regaliahotels.com ; Ramanuja Circle, Tirupati ; ch/ste avec petit-déj 2 999/4 999 ₹ ; ❄📶). Le Regalia loue des chambres accueillantes et modernes, avec de jolies sdb. Son restaurant indien sert des plats 100% végétarien, et le Flavours de la cuisine du monde et de la viande. À l'est de la ville et à 1,5 km de la gare ferroviaire.

Minerva Grand HÔTEL **$$**
(☎0877-6688888 ; www.minervahotels.in ; Renigunta Rd, Tirupati ; s/d avec clim à partir de 2 900/3 500 ₹ ; ❄📶). Au cœur de Tirupati, cette adresse bien tenue dispose de chambres de style affaires, avec bureau et literie de qualité, deux restaurants (très) climatisés, un bar et une petite salle de sport.

Où se restaurer et prendre un verre

Les restaurants sont nombreux à Tirupati. À Tirumala, des **réfectoires** (⏲horaires variables) nourrissent gracieusement les pèlerins, tandis que des restaurants végétariens servent des repas pour 25 ₹.

Kafe Tirumala INDE DU SUD **$**
(Lakshmipuram Circle, Tirupati ; repas légers 80-130 ₹ ; ⏲8h-22h). *Idli*, *dosa* et autres en-cas

à prix très raisonnables vous attendent dans cette sympathique version moderne du *darshini* (café traditionnel). Pas de places assises.

Hotel Mayura INDIEN $$
(209 TP Area, Tirupati ; repas 99-280 ₹ ; 7h-22h). De très bons *thali* (220 ₹) d'Inde du Sud, joliment disposés sur une feuille de bananier et assortis de nombreux chutneys, dix sortes de *dosa* (à partir de 99 ₹) et des plats d'Inde du Nord, en face de la gare routière.

Minerva Coffee Shop VÉGÉTARIEN $$
(Minerva Grand, Renigunta Rd, Tirupati ; thali 185-240 ₹ ; 7h-23h30 ; wifi). Ce restaurant exclusivement végétarien propose d'excellents *thali* de l'Andhra Pradesh et d'Inde du Nord (à volonté), et un petit-déjeuner local sous forme de buffet (195 ₹). Service efficace et ambiance familiale.

Maya INDIEN $$
(Bhimas Deluxe Hotel, 34-38 G Car St, Tirupati ; plats 120-220 ₹ ; 6h-22h ; wifi). Régalez-vous de mets végétariens au sous-sol du Bhimas Deluxe (à ne pas confondre avec le Bhimas Hotel voisin), près de la gare ferroviaire.

Depuis/vers Tirumala et Tirupati

Il est possible de rejoindre Tirumala sur une longue journée depuis Chennai (Madras). L'APSRTC (Andhra Pradesh State Road Transport Corporation) affrète toutes les demi-heures des bus pour Tirumala (164 ₹, 4 heures) au départ de la gare routière CMBT de Chennai.

AVION

L'**aéroport de Tirupati** (0877-2275354 ; Renigunta Airport Rd), rénové et moderne, se situe à 14 km à l'est de la ville. Vols quotidiens depuis/vers Bengaluru, Delhi, Hyderabad, Mumbai, Vijayawada, Visakhapatnam et d'autres villes avec Air India, Alliance Air, SpiceJet et TruJet.

BUS

La **gare routière de Tirupati** (0877-2289900 ; Tirupati Rd) a des liaisons régulières, une à deux fois l'heure, vers les destinations suivantes :

Bengaluru 229-478 ₹, 5-6 heures
Chennai 164-310 ₹, 4 heures
Hyderabad 652-1119 ₹, 10-13 heures
Vijayawada 355-812 ₹, 7-9 heures

TRAIN

De nombreux départs quotidiens ; le **bureau de réservation** (Netaji Rd ; 8h-20h lun-sam, 8h-14h dim) est situé en face de la gare de Tirupati. Temps de trajet et tarifs habituels pour la classe sleeper/2AC :

Bengaluru 250/895 ₹, 6-7 heures, 3-4/jour
Chennai 140/700 ₹, 2 heures 30-4 heures, 7/jour
Hyderabad 360/1 415 ₹, 11-13 heures, 6-7/jour
Vijayawada 265/965 ₹, 6-7 heures, 11-13/jour
Visakhapatnam 380/1 500 ₹, 15 heures, 3-4/jour

Environs de Tirumala et de Tirupati

Fort de Chandragiri

Ce fort vieux de mille ans, à 15 km à l'ouest de Tirupati, connut son âge d'or à la fin du XVIe siècle, quand les souverains du royaume de Vijayanagar, alors sur le déclin, en firent leur capitale après avoir fui Hampi. La partie supérieure du fort, à flanc de colline, est fermée au public.

Entouré d'une enceinte qui s'étend sur 1,5 km au pied d'une colline rocheuse, le **secteur du palais** (Indien/étranger 25/200 ₹ ; 9h-17h sam-jeu) comprend de beaux jardins et le Raja Mahal, un palais restauré, qui évoque les édifices de Hampi. Un musée expose des sculptures en pierre et en bronze.

Les bus pour Chandragiri (12 ₹) partent de Tirupati toutes les heures. L'aller-retour en taxi revient autour de 600 ₹.

Odisha (Orissa)

Le top des restaurants

- Wildgrass Restaurant (p. 287)
- Kila Dalijoda (p. 298)
- Kanika (p. 281)
- Odisha Hotel (p. 280)

Le top des hébergements

- Kila Dalijoda (p. 298)
- Chandoori Sai (p. 296)
- Desia (p. 296)
- Gajlaxmi Palace (p. 298)
- Garh Dhenkanal Palace (p. 298)

Pourquoi y aller

Destination encore méconnue, l'Odisha (Orissa) sait récompenser les voyageurs intrépides qui sortent des sentiers battus en leur offrant une palette très riche : vestiges archéologiques et cultures aborigènes bien vivantes, plages inondées de soleil et autres merveilles naturelles. Sans oublier une belle diversité de saveurs culinaires !

Les collines boisées du Sud-Ouest protègent encore du tourisme de masse les Adivasi ("habitants d'origine" en sanskrit), dont vous pourrez découvrir le mode de vie traditionnel et le savoir-faire au gré des marchés hebdomadaires. Ailleurs, sur le littoral et dans les terres, les forêts englobent des réserves naturelles qui restent l'habitat privilégié de crocodiles géants, de dauphins, de tortues de mer ou d'oiseaux nicheurs... Mais l'Odisha, ce sont aussi d'admirables vestiges bouddhiques, jaïns ou hindous, comme l'incomparable temple du Soleil de Konark (Konarak), édifié au XIIIe siècle et entièrement sculpté.

Quand partir

Bhubaneswar

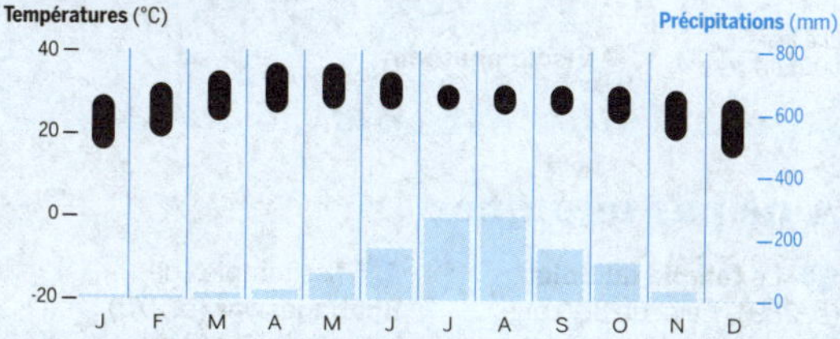

Novembre-février Temps chaud et sec ; la meilleure période pour la plage et les réserves naturelles.

Juin-juillet Chaleur extrême et pluies diluviennes ; Odisha célèbre sa plus grande fête, la Rath Yatra.

Décembre Konark, connue pour le temple du Soleil, accueille une grande fête autour des musique et danse indiennes.

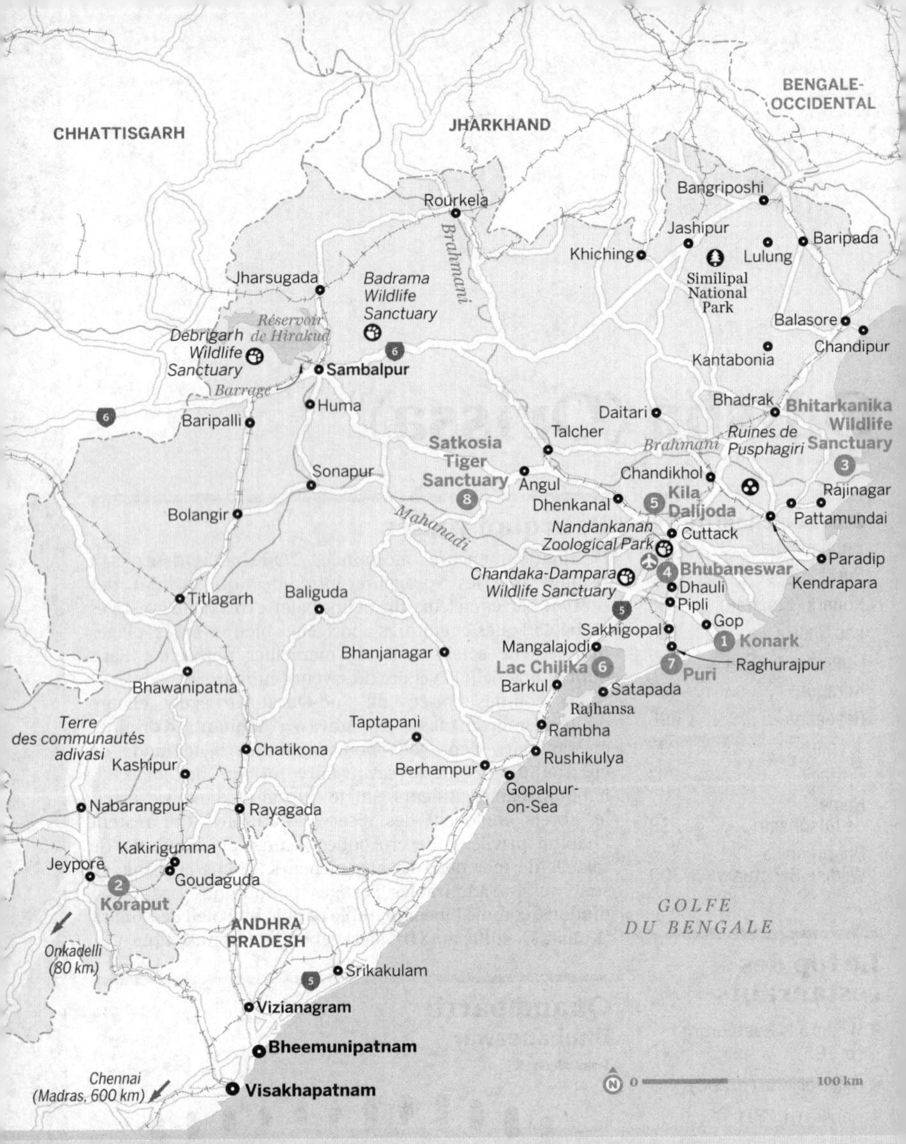

À ne pas manquer

1 Le **temple du Soleil** (p. 289), vieux de 800 ans.

2 Les villages et marchés adivasi dans les collines autour de **Koraput** (p. 294).

3 Une balade en bateau dans les mangroves du **Bhitarkanika Wildlife Sanctuary** (p. 300), peuplées de crocodiles marins.

4 Les temples de **Bhubaneswar** (p. 275), la capitale de l'État.

5 La découverte à vélo de villages préservés et de leurs cultures lors d'un séjour au **Kila Dalijoda** (p. 298).

6 Les rares dauphins de l'Irrawaddy et l'avifaune du **lac Chilika** (p. 290).

7 L'ambiance *backpackers* de **Puri** (p. 284), la ville la plus attrayante de l'Odisha.

8 La vue sur les berges de sable de la Mahanadi, depuis une tente dans le **Satkosia Tiger Sanctuary** (p. 299).

Histoire

L'Odisha, jadis appelé Kalinga, Utkala et plus récemment Orissa – le changement de nom, proposé de longue date, a finalement été approuvé en 2010 par le gouvernement –, fut autrefois un empire maritime puissant, dont les routes commerciales s'étendaient jusqu'en Indonésie. Son histoire demeure floue jusqu'à l'effondrement de la dynastie Kalinga, en 260 av. J.-C., qui fut déposée lors d'une bataille sanglante menée par le grand empereur Ashoka. Consterné par ce carnage, ce dernier désavoua la violence et se convertit au bouddhisme.

Vers le Ier siècle av. J.-C., le bouddhisme déclina au profit du jaïnisme. Des monastères troglodytes furent creusés à Udayagiri et à Khandagiri (Bhubaneswar), où ils devinrent d'importants centres jaïns.

Au VIIe siècle, l'hindouisme avait déjà supplanté le jaïnisme. Sous les rois Kesari et Ganga, le commerce se développa et la culture de l'Odisha s'épanouit ; d'innombrables temples de cette période classique subsistent aujourd'hui. Les habitants défièrent les souverains musulmans de Delhi, mais furent défaits par les Moghols au XVIe siècle, quand furent détruits de nombreux temples de Bhubaneswar. L'Odisha subit ensuite le joug des Afghans, des Marathes, puis des Britanniques.

Plus récemment, et en particulier dans les années 1990, le Bajrang Dal, groupe fondamentaliste hindou, mena, contre les chrétiens de l'Odisha, une violente campagne en réaction au prosélytisme des missionnaires. Les Adivasi (voir p. 294), souvent pauvres et illettrés, souffrirent des violences confessionnelles, autant motivées par des questions de pouvoir, de politique et de territoires que par les croyances.

Situés dans le fameux "corridor rouge" (vaste zone sous influence maoïste, un mouvement également appelé ici "naxalite"), certains districts ruraux de l'ouest de l'Odisha, à dominante adivasi, connaissent parfois des flambées de violence. La création récente des États voisins du Jharkhand, du Chhattisgarh et du Telangana a ainsi nourri des revendications quant à la formation d'un État à dominante adivasi, le Kosal, dans le nord-ouest de l'Odisha, avec Sambalpur pour capitale. Le Kosal Kranti Dal (KKD), un parti politique séparatiste, a présenté des candidats aux élections nationales de 2009, et a organisé des manifestations et des grèves dans les transports en 2010.

ℹ Renseignements

DÉSAGRÉMENTS ET DANGERS

Attention aux moustiques, porteurs dans certaines zones de la dengue ou du paludisme. Munissez-vous d'un répulsif et couvrez-vous lorsque vous visitez des zones boisées.

En raison de la présence de groupes armés, des heurts éclatent occasionnellement dans les régions adivasi de l'Odisha, surtout dans les districts du Sud-Ouest (Koraput, Rayagada et Malkangiri, notamment). Pour éviter tout souci, le mieux est de ne visiter ces zones qu'avec un tour-opérateur réputé.

Le ministère des Affaires étrangères met également en garde contre ces mouvements dits naxalites – consultez le site www.diplomatie.gouv.fr avant votre départ.

OFFICES DU TOURISME

Odisha Tourism (www.odishatourism.gov.in) possède des bureaux d'information et de réservation de circuits et d'hôtels dans la plupart des villes de l'État. L'Odisha Tourism Development Corporation (www.panthanivas.com), sa branche commerciale, organise des circuits et gère des hôtels à travers l'Odisha.

ℹ Depuis/vers l'Odisha

Des liaisons aériennes sont assurées entre Bhubaneswar et Bengaluru (Bangalore), Hyderabad, Mumbai (Bombay) et Chennai (Madras) en Inde du Sud, mais aussi Delhi et Kolkata (Calcutta). Les principaux axes routiers et ferroviaires entre Kolkata et Chennai passent par la région côtière de l'Odisha et Bhubaneswar, avec des embranchements vers Puri. Des trains de nuit relient Koraput et Rayagada à Bhubaneswar.

BHUBANESWAR

☎ 0674 / 838 000 HABITANTS

Autrefois surnommée la "cité des temples", la capitale chaotique de l'Odisha mérite une halte d'un jour ou deux pour son centre religieux, qui s'étend dans la vieille ville autour d'un bassin sacré appelé Bindu Sagar. Là, se dressaient autrefois d'innombrables temples, dont une cinquantaine subsistent aujourd'hui. Bhubaneswar possède par ailleurs plusieurs musées intéressants, un ensemble de grottes sacrées, la cuisine la plus variée de l'État et quelques bons hôtels.

Bhubaneswar

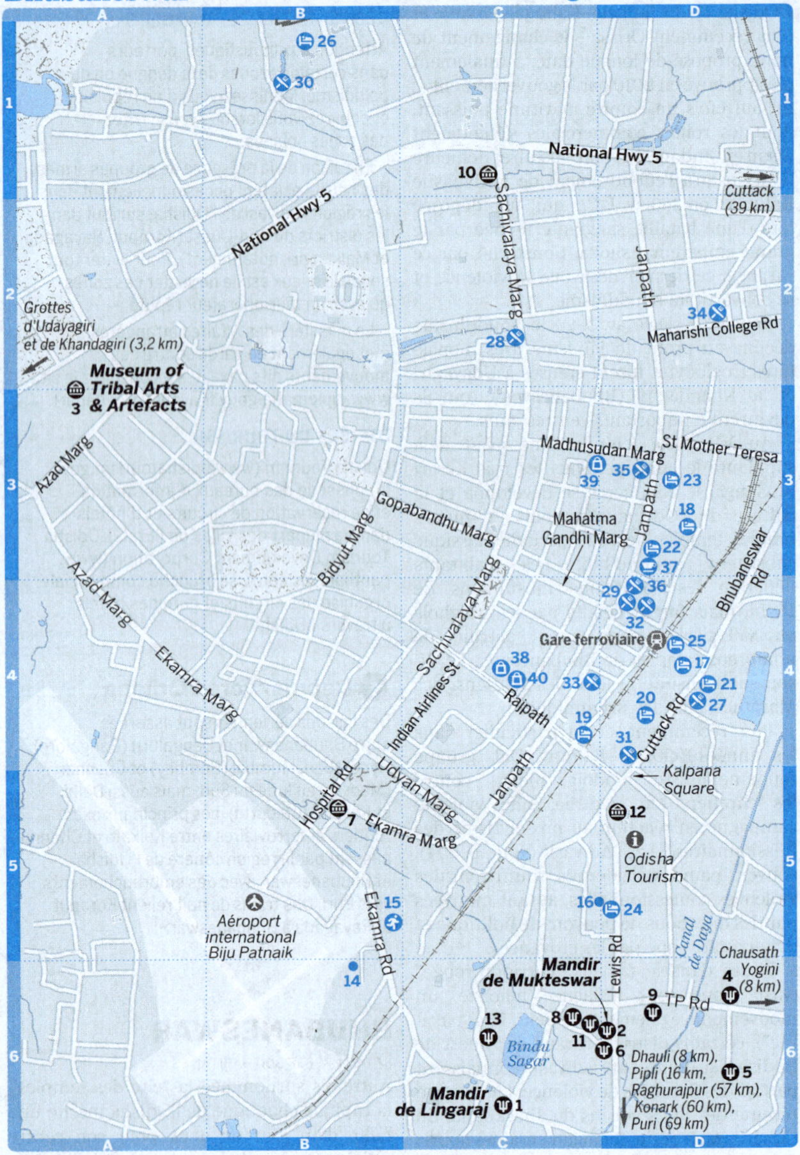

À voir

Mandir de Lingaraj TEMPLE HINDOU

(Lingaraj Temple Rd ; lever-coucher du soleil). Ce temple de 54 m de haut est dédié à Shiva. Il est entouré de dizaines de sanctuaires plus modestes. Sa forme actuelle date d'une période située entre 1090 et 1104, bien que certaines parties remontent à plus de quatorze siècles. Le bloc de granit représentant Tribhuvaneswar ("maître des Trois Mondes") est arrosé chaque jour d'eau, de lait et de *bhang* (marijuana). La porte principale, gardée par deux lions

Bhubaneswar

Les incontournables
1 Mandir de Lingaraj C6
2 Mandir de Mukteswar D6
3 Museum of Tribal Arts & Artefacts A3

À voir
4 Mandir de Bhaskareswara D6
5 Mandir de Brahmeswar Shiva D6
6 Mandir de Kedargauri D6
7 Odisha Modern Art Gallery B5
8 Mandir de Parsurameswar C6
9 Mandir de Rajarani D6
10 Regional Science Centre C1
11 Mandir de Siddheswara C6
12 State Museum D5
13 Mandir de Vaital C6

Activités
14 Alternative Tours B6
15 Kerala Panchakarma B5
16 Odisha Tourism Development Corporation C5

Où se loger
17 Hotel Grand Central D4
18 Hotel Hindustan International D3
19 Hotel Nirmal Inn C4
20 Hotel Upasana D4
21 Mango Hotel D4
22 Maurya Inn D3
23 New Marrion D3
24 Panthanivas Hotel D5
25 Railway Retiring Rooms D4
26 Trident Hotel B1

Où se restaurer
27 Aryan Kabab D4
28 Dalma C2
29 Hare Krishna Restaurant D4
30 Kanika B1
31 Khana Khazana D4
32 Maurya Gardens D4
33 Narula's C4
34 Odisha Hotel D2
35 Sri Ram Mandir Tiffin Centre D3
36 Tangerine 9 .... D4
Truptee .... (voir 31)

Où prendre un verre et faire la fête
37 BNC D3

Achats
38 Boyanika C4
39 Ekamra Haat C3
40 Utkalika C4

jaunes moustachus, constitue à elle seule un spectacle, avec les files de pèlerins venant apporter leur offrande rituelle de nourriture.

Le temple, ceint d'un haut mur, est fermé aux non-hindous (et parfois même aux hindous non-indiens), qui doivent se contenter de l'observer d'une plateforme. Face à l'entrée principale, prenez à droite, puis suivez le mur de gauche : la plateforme sera sur votre gauche, juste avant le temple de Chitrakarini. On nous a fait part de cas de harcèlement pour solliciter des dons sur la plateforme. Le bus n°333 dessert le site depuis la gare routière de Master Canteen.

Mandir de Mukteswar — TEMPLE HINDOU

(Kedar Gouri Lane ; lever-coucher du soleil). Ce petit temple, splendide, date du Xe siècle. C'est l'un des plus ornés de Bhubaneswar, et l'on en trouve des photographies dans tout l'Odisha. Ses sculptures délicates présentent un mélange de styles bouddhique, jaïn et hindou. Admirez la Nagarani (reine serpent), que l'on prend souvent pour une sirène, aussi représentée au *mandir* de Rajarani voisin. Les sculptures du plafond et l'arche en pierre sont particulièrement saisissantes, de même que le superbe torana, clairement d'influence bouddhique.

Museum of Tribal Arts & Artefacts — ARTS POPULAIRES, ETHNOLOGIE

(près de la NH16 ; 10h-17h mar-dim). GRATUIT Ce musée est incontournable pour découvrir les communautés adivasi de l'Odisha, au nombre de 62 (sur les Adivasi, voir aussi l'encadré p. 294). Dotées d'installations interactives, dont des casques de réalité augmentée, ses salles abritent des robes et coiffes traditionnelles, des objets décoratifs en perles, des colliers en argent ou en pièces, des pipes ornées et des instruments de musique. Une salle est consacrée aux armes, aux outils agricoles et au matériel de chasse et de pêche. Derrière le musée, on découvre des répliques de maisons traditionnelles gadaba, kondh, santal, saura et d'autres groupes adivasi.

Le bus n°801 s'arrête dans Azad Marg, à 5 minutes à pied du musée. Vous pouvez aussi prendre un auto-rickshaw depuis le quartier de la gare routière de Master Canteen (80 ₹ environ).

Grottes d'Udayagiri et de Khandagiri — SITES SACRÉS

(près de la NH16 ; Indien/étranger 25/300 ₹ pour les 2 sites, caméra 50 ₹ ; lever-coucher du soleil). À 6 km à l'ouest du centre-ville, deux collines sont criblées d'abris taillés dans la roche. L'une d'elles, Khandagiri, est surmontée d'un beau temple. De nombreuses grottes présentent des ornements sculptés ; elles auraient été creusées pour des ascètes jaïns au Ier siècle av. J.-C.

En gravissant la rampe à Udayagiri (colline du Soleil levant), vous remarquerez **Swargapuri** (grotte n°9), à droite, avec ses figures pieuses. **Hathi Gumpha** (grotte aux Éléphants, grotte n°14), tout en haut, porte une inscription de 117 lignes relatant les exploits de son bâtisseur, le roi Kharavela de Kalinga, qui régna de 168 à 153 av. J.-C.

Contournez un peu par la gauche et vous apercevrez **Bagh Gumpha** (grotte du Tigre ; grotte n°12), avec son entrée sculptée en forme de gueule de tigre. À proximité se tiennent **Pavana Gumpha** (grotte de la Purification) et **Sarpa Gumpha** (grotte du Serpent), dont la petite porte est surmontée d'un cobra à trois têtes. Au sommet se trouvent les vestiges d'une position de défense. En tournant vers le sud-est, vous arriverez à **Ganesh Gumpha** (grotte n°10), juste au-dessus ou presque de **Rani ka Naur** (grotte du palais de la Reine, grotte n°1), ornée de sculptures représentant des symboles jaïns et des scènes de bataille.

Rejoignez la route par **Chota Hathi Gumpha** (petite grotte aux Éléphants, grotte n°3), aux éléphants sculptés, et **Jaya Vijaya Cave** (grotte n°5), qui comporte deux niveaux et présente un arbre de la Bodhi dans sa pièce principale.

De l'autre côté de la route, le sommet de Khandagiri dévoile une belle vue sur Bhubaneswar. Le sentier escarpé se divise après le premier tiers : le chemin de droite mène à la **grotte d'Ananta** (grotte de l'Éternité, grotte n°3), décorée de sculptures d'athlètes, de femmes, d'éléphants et d'oies portant des fleurs, puis à plusieurs **temples jaïns**. Au sommet, un autre temple jaïn date du XVIIIe siècle.

Il n'y a pas de bus pour les grottes, mais le n°801 s'arrête non loin, à la gare routière de Baramunda. L'aller-retour en auto-rickshaw depuis la gare routière de Master Canteen ne devrait pas coûter plus de 350 ₹, attente comprise.

LES PLUS BELLES FÊTES

Adivasi Mela Art, danse et artisanat des communautés adivasi à l'honneur à Bhubaneswar.

Rath Yatra (p. 286). Des chars transportent le seigneur Jagannath, son frère Balbhadra et sa sœur Subhadra au fil d'une procession qui va du *mandir* de Jagannath au *mandir* de Gundicha.

Puri Beach Festival (p. 286). Chants, danses, nourriture et activités culturelles sur la plage à Puri.

Bali Yatra (⏲ nov/déc). Une immense foire d'État à Cuttack, où sont vendus de beaux filigranes en argent, ikats et autres objets artisanaux.

Festival de Konark (p. 290). Rituels ; musiques et danses traditionnelles.

State Museum CULTURE

(www.orissamuseum.nic.in ; Lewis Rd ; Indien/étranger 10/100 ₹, app photo 10/100 ₹, caméra 200/2 000 ₹ ; ⏲ 10h-16h30 mar-dim). Ce musée s'enorgueillit de la plus belle collection de l'État de manuscrits rares sur feuilles de palmier et de *patachitra* (rouleaux de tissu peint). Il abrite également des instruments de musique traditionnels et populaires, des outils de l'âge du bronze, une armurerie, ainsi qu'une impressionnante collection de sculptures bouddhiques, jaïnes et brahmaniques (admirez l'envoûtante sculpture de Chamunda, du VIIIe siècle).

Mandir de Parsurameswar TEMPLE HINDOU

(Kedar Gouri Lane ; ⏲ lever-coucher du soleil). Ce temple dédié à Shiva fut édifié autour de 650. Richement orné, il présente de superbes bas-reliefs dépeignant des processions d'éléphants et de chevaux, des troupes de musiciens et de danseurs, et des effigies de Shiva finement sculptées. On y accède par un chemin qui traverse les jardins du *mandir* de Mukteswar vers l'ouest.

Mandir de Rajarani TEMPLE HINDOU

(TP Rd ; Indien/étranger 15/200 ₹, app photo 25 ₹ ; ⏲ lever-coucher du soleil). Ce temple, bâti vers 1100 et entouré d'un paisible jardin, est célèbre pour son *deul* (sanctuaire) richement travaillé. Des statues de *dikpala* (gardiens du temple) encadrent par paires les points cardinaux. Des nymphes, couples enlacés, éléphants et lions emplissent les niches et ornent les piliers.

Circuits organisés

Odisha Tourism Development Corporation CULTURE
(OTDC ; 0674-2431515 ; www.otdc.in ; Lewis Rd ; 7h-20h). L'OTDC propose des circuits en bus quotidiens. La visite de la ville (335 ₹, 9h) comprend le zoo de Nandankanan, Dhauli, les *mandir* de Lingaraj et Mukteswar, le State Museum, et les grottes d'Udayagiri et de Khandagiri. Un autre itinéraire inclut Pipli, Konark (Konarak) et Puri (440 ₹, 9h) ; un troisième passe par Puri et Satapada, au bord du lac Chilika (465 ₹, 8h). Réservez la veille. Les entrées aux sites ne sont pas comprises dans les tarifs.

Alternative Tours CULTURE
(0674-2593463 ; www.alternativetoursindia.com ; près de Ekamra Rd, Palashpalli Market Complex ; 10h-18h lun-sam). Un vétéran des circuits à la rencontre des Adivasi (à partir de 9 000 ₹ par personne et par jour, tout compris). Également : circuits de plusieurs jours dédiés à la faune et au patrimoine historique de l'Odisha, et excursions privées à Puri et Konark (Konarak).

Fêtes et festivals

Adivasi Mela CULTURE
(26-31 jan). Chaque année, Bhubaneswar célèbre l'art, la danse et l'artisanat des Adivasi de l'Odisha.

Où se loger

Dans de nombreux hôtels, la réception est ouverte 24h/24. Les établissements les moins chers – et les moins salubres – sont regroupés près de la gare ferroviaire. Plusieurs options de catégorie moyenne bordent Janpath Rd et Cuttack Rd. Les adresses les plus chics se trouvent à BDA Colony, au nord de la NH 16 entourant la ville.

Hotel Upasana HÔTEL $
(9439865225, 0674-2310044 ; www.hotelupasana.com ; 2282 Laxmisagar, près de Cuttack Rd ; d avec clim à partir de 1 225 ₹, sans clim à partir de 999 ₹ ;). Cet hôtel tenu en famille loue des chambres en mauvais état, mais pourvues de douches chaudes et de petits balcons. Le Wi-Fi se limite principalement au hall d'entrée, qui compte d'ailleurs quelques ordinateurs connectés. Pas de restaurant.

Hotel Grand Central HÔTEL $$
(9937439074, 9437001152 ; www.hotelgrandcentral.com ; Old Station Bazaar ; s/d avec petit-déj à partir de 3 150/3 500 ₹ ;). Les couloirs, avec murs chaulés et sol de marbre, mènent aux chambres élégantes et bien équipées de cet hôtel d'affaires, juste derrière la gare ferroviaire. Restaurant, bar et service de location de voiture complètent toute une gamme de services (produits de toilette, journal du matin, transfert depuis l'aéroport sur réservation, etc.). S'il existait un prix du meilleur hôtel de gare d'Inde, le Grand Central aurait toutes ses chances !

Mango Hotel HÔTEL $$
(0674-7119000 ; www.staymango.com ; Cuttack Rd ; d avec petit-déj à partir de 2 425 ₹ ;). La meilleure option de catégorie moyenne de Cuttack Rd : bon accueil, plats d'Inde du Nord et de l'Odisha de qualité dans le restaurant, et chambres impeccables, avec des lits confortables et un signal Wi-Fi correct. Le bar agréable est recommandé pour les voyageurs en solo et les femmes. À 5 minutes à pied de la gare ferroviaire.

Panthanivas Hotel HÔTEL $$
(0674-2432314 ; www.panthanivas.com ; Lewis Rd ; d avec petit-déj à partir de 1 900 ₹ ;). Bien situé, en face de l'OTDC (voir ci-contre), cet établissement géré par l'État pratique des tarifs légèrement surévalués, mais il loue des chambres climatisées bien tenues. Le restaurant est correct et la réception peut réserver des circuits touristiques auprès de l'OTDC.

Maurya Inn HÔTEL $$
(0674-2535894 ; 59 Janpath Rd ; d à partir de 1 680 ₹ ;). Tout en simplicité, cet hôtel de catégorie moyenne loue des chambres vastes, rutilantes, avec douches chaudes et TV câblées. Ni connexion Internet ni restaurant, mais le Maurya se situe dans l'une des principales avenues de la ville, près de nombreux cafés, restaurants et cybercafés.

Hotel Hindustan International HÔTEL $$$
(0674-6677000, 9937290558 ; www.hhibhubaneswar.com ; 112A Kharvel Nagar, Janpath ; s/d avec petit-déj à partir de 9 500/10 000 ₹ ;). Bien qu'un peu vieillot, cet hôtel d'affaires est une véritable aubaine lorsque l'on bénéficie des réductions (allant parfois jusqu'à 50%) proposées en ligne. Ses chambres sont spacieuses, sa belle piscine est un bonheur après une longue journée de visites et le petit-déjeuner (compris dans le prix de la nuit) est délicieux.

LA CUISINE DE L'ODISHA

Ingrédient incontournable des tables de l'Odisha, la moutarde est utilisée, tant en graines que sous forme de condiment et d'huile, pour donner du piquant à de nombreux plats régionaux. Dans l'Odisha, un repas classique se compose de *bhata* (riz), servi avec un choix d'accompagnements savoureux comme le *kaharu phula bhaja* (beignet de fleurs de citrouille) ou le *dalma* (*dhal* à base de courge, de pommes de terre, de plantains et d'aubergines, frit dans une huile aux cinq épices mêlant fenugrec, cumin, nigelle, anis et moutarde, puis garni de noix de coco râpée) et le *besara* (légumes ou poisson de rivière dans une sauce à la moutarde). Le *saga bhaja*, un plat de légumes verts à feuilles sautés avec de la pâte d'ail et un mélange de cinq épices appelé *pancha phutan* (cumin, moutarde, anis, nigelle et piment), est une autre délicieuse spécialité. Sur la côte, le poisson et les crevettes sont omniprésents dans les assiettes ; le *sarisa machha* est ainsi un excellent plat de poisson cuisiné dans un curry à la moutarde. Le *chhena poda*, fait de fromage frais caramélisé et parfumé à la cardamome, est, quant à lui, un délicieux dessert.

Trident Hotel HÔTEL DE LUXE $$$
(☎0674-3010000 ; www.tridenthotels.com ; CB-1 Nayapalli ; d avec petit-déj à partir de 16 000 ₹ ; ❄📶🏊). Cet hôtel de chaîne cinq-étoiles dispose de chambres spacieuses et élégantes, décorées d'artisanat typique de l'Odisha (statuettes, textiles et ouvrages de métal) et donnant sur de paisibles jardins. Piste de jogging privée, belle piscine et l'un des meilleurs restaurants de la ville. À 6 km au nord de la gare ferroviaire.

New Marrion HÔTEL DE LUXE $$$
(☎0674-2380850 ; www.hotelnewmarrion.com ; 6 Janpath Rd ; d avec petit-déj à partir de 8 000 ₹ ; ❄@📶🏊). Cet hôtel haut de gamme du centre-ville loue des chambres au design contemporain et élégant : TV à écran plat, lambris de bois sombre et petit coin canapé. Il englobe notamment des restaurants spécialisés dans les cuisines d'Inde du Sud, italo-mexicaine et chinoise, ainsi qu'un excellent grill, un Café Coffee Day sur le devant, un bar et un spa. Remises intéressantes en réservant sur Internet.

Où se restaurer

Truptee INDIEN DU SUD $
(Cuttack Rd ; plats 70-160 ₹ ; ⊙7h-22h30). Ce restaurant propre, où les familles sont les bienvenues, prépare d'excellents petits-déjeuners d'Inde du Sud, avec de délicieux *dosa* (fines crêpes à la farine de lentilles), *vada* (croquettes frites de légumineuses, souvent des lentilles et/ou des pois chiches) et *idli* (petits pains ronds et spongieux à base de lentilles noires fermentées et de riz). Sert aussi des *thali* (100-150 ₹).

Sri Ram Mandir Tiffin Centre CUISINE DE RUE $
(Janpath ; assiettes 15-40 ₹ ; ⊙6h30-21h). Le *dahi vada* (*vada* à la sauce au yaourt) est un classique du petit-déjeuner de l'Odisha, et les habitants se pressent sur ce stand de rue, proche du *mandir* de Sri Ram, pour s'en régaler. On trouve aussi d'autres plats goûteux comme les samosas, les *aloo chops* (en-cas de pommes de terre frites) et des petites portions de curry végétarien. Montrez du doigt ce que vous voulez, payez et dégustez.

Khana Khazana INDIEN $
(Kalpana Sq ; plats 50-170 ₹ ; ⊙17h30-22h30). Ce snack ouvert seulement le soir, avec chaises et tables en plastique sur le trottoir, existe depuis longtemps. Il concocte de délicieux poulets tandoori, des *biryani* et des nouilles et. Le poulet *dum biryani* (100 ₹) a la faveur des habitués, tout comme les petits pains fourrés (40-60 ₹).

Narula's INDE DU NORD $$
(Hotel Basera, Janpath ; plats 170-310 ₹ ; ⊙12h-15h et 19h-23h). Servant l'une des meilleures cuisines d'Inde du Nord de la ville, cet élégant restaurant climatisé mitonne un poulet tandoori cuit à la perfection, aux côtés d'autres classiques, dont le *butter chicken*, le *dhal makhani* (lentilles noires et haricots rouges à la crème et au beurre), le *rajma chawal* (curry de haricots rouges au riz basmati) et les naans. On y accède par un escalier étroit, montant entre deux magasins de sport.

Odisha Hotel ODISHA $$
(☎9437419279 ; Market Bldg, Sahid Nagar ; thali végétarien/non végétarien 165/225 ₹ ; ⊙12h30-22h30). Ce restaurant très simple est l'un des meilleurs pour se régaler d'authentiques

plats de l'Odisha, servis généreusement dans de la vaisselle traditionnelle. La carte, disponible en anglais, comprend de nombreux mets non végétariens (mouton, poulet, crevettes). L'établissement est situé dans la deuxième rue à gauche en prenant Maharishi College Rd vers l'est, après le Bhawani Mall.

Dalma ODISHA $$
(Unit IV Madhusudan Nagar ; plats 80-180 ₹, thali 180-240 ₹ ; 11h-16h et 19h-22h30). Aux dires de nombreux habitants, ce restaurant d'une petite chaîne de Bhubaneswar est le meilleur endroit en ville pour goûter d'authentiques plats de l'Odisha, comme la spécialité du restaurant, le *dalma* (voir l'encadré p. 280), l'*aloo bharta* (mélange de pommes de terre écrasées et d'aubergines), le *chhena poda* et de nombreux *thali* de la région.

Kanika ODISHA $$$
(9238413009 ; www.mayfairhotels.com ; Mayfair Lagoon, Jaydev Vihar ; plats 445-995 ₹ ; 12h-15h et 19h30-23h). Ce tout petit restaurant de l'hôtel Mayfair Lagoon sublime les recettes régionales, avec de remarquables plats de poisson et de fruits de mer, comme le *kankada yarkari* (curry de crabe) et la grande castagnole (un poisson appelé *pomfret* en anglais), épicée et cuite à feu doux ; des spécialités à la moutarde ; et l'irrésistible *chhena poda*, préparé avec du sucre, des noix de cajou et des raisins secs. Excellents *thali*, végétariens ou non.

Où prendre un verre et faire la fête

BNC CAFÉ
(Brown n Cream ; Janpath Rd ; 8h-23h). Un bar climatisé avec du bon café (90 ₹), des sandwichs, des muffins et des glaces.

Achats

Boyanika TEXTILES
(Unit 2, Ashok Nagar ; 10h-20h30). Ce magasin propose une formidable sélection de textiles traditionnels de l'Odisha, dont des ikats (pour lesquels les fils sont colorés en nouant les écheveaux) et des saris *bomkai* (aux motifs très finement tissés).

Utkalika ARTISANAT
(Odisha State Handloom Cooperative ; Eastern Tower, Market Bldg, Ashok Nagar ; 10h-20h30). Dans les rues animées d'un marché permanent appelées Market Building, ce magasin d'État vend des tissus de l'Odisha, notamment des appliqués et des ikats, ainsi que des peintures traditionnelles sur feuilles de palmier, de belles sculptures sur pierre, des filigranes d'argent de Cuttack, de la dinanderie et des bijoux.

Ekamra Haat MARCHÉ
(Madhusudan Marg ; 11h-21h). Une vaste expo-vente d'artisanat de l'Odisha, dans un marché permanent d'une cinquantaine d'étals, au cœur d'un agréable jardin bien entretenu. Stands d'en-cas pour se restaurer.

Renseignements

ARGENT

Les DAB sont nombreux sur Janpath, Cuttack Rd et Lewis Rd. On en trouve aussi deux à la gare ferroviaire.

State Bank of India (Lewis Rd ; 10h-16h lun-ven, 10h-12h sam). Change les devises.

OFFICES DU TOURISME

India Tourism (0674-2432203 ; www.incredibleindia.org ; 2e ét., Paryatan Bhavan, Lewis Rd ; 9h-17h lun-ven, 9h-13h sam). Renseignements sur les sites touristiques à travers le pays. Dans le même bâtiment que le bureau principal d'Odisha Tourism.

Odisha Tourism (0674-2432177 ; www.odishatourism.gov.in ; 2e ét., Paryatan Bhavan, Museum Campus, Lewis Rd ; 10h-17h lun-sam, fermé le 2e sam du mois). Le bureau principal de l'office du tourisme. Cartes et listes de guides recommandés. Annexes à l'aéroport international Biju Patnaik (10h-17h) et à la gare ferroviaire (6h-22h).

POSTE

Poste principale (www.indiapost.gov.in ; angle Mahatma Gandhi Marg et Sachivajaya Marg ; 9h-19h lun-sam, 15h-19h dim)

SERVICES MÉDICAUX

Apollo Hospital (0674-7150382, 0674-6661016 ; www.apollohospitals.com ; Plot n°251, Old Sainik School Rd ; 24h/24). Hôpital privé ; service de traumatologie et pharmacie ouverte 24h/24.

Depuis/vers Bhubaneswar

AVION

L'**aéroport international Biju Patnaik** est situé à 2 km au sud de Bhubaneswar. Les compagnies IndiGo, GoAir et SpiceJet y assurent des liaisons quotidiennes avec Delhi, Kolkata (Calcutta), Mumbai, Bengaluru (Bangalore) et Hyderabad. AirAsia relie aussi l'aéroport à Kuala Lumpur et Bangkok, respectivement quatre et trois fois par semaine.

BUS AU DÉPART DE BHUBANESWAR

Pour les destinations au nord-est de Bhubaneswar, il est plus rapide de prendre un bus pour la gare routière de Badambari à Cuttack, puis une correspondance ; montez dans n'importe quel **bus** allant vers l'est le long de Cuttack Rd. Les bus pour Puri au départ de la gare routière de Baramunda perdent un temps fou à prendre des passagers à travers la ville ; mieux vaut en attraper un devant le **State Museum** (p. 278), au risque qu'il soit bondé.

On peut rejoindre la gare routière de Baramunda par le bus n°801 depuis la gare routière de Master Canteen (10 ₹, 20 minutes) ou un auto-rickshaw/véhicule Uber (100/150 ₹ environ depuis le centre).

Voici les services assurés au départ de la **gare routière de Baramunda** (NH16) :

DESTINATION	TARIF	DURÉE	FRÉQUENCE
Baripada	320 ₹	6 heures	toutes les heures 9h-23h
Berhampur (Brahmapur)	180 ₹	4 heures	toutes les 2 heures
Cuttack	30 ₹	40 minutes	départs fréquents
Jeypore	sans/avec clim 550/620 ₹	13-16 heures	5/jour
Kolkata (Calcutta)	siège/couchette sans clim 400/700 ₹, siège/couchette clim 600/800 ₹	9 heures	départs fréquents 7h30-21h
Konark (Konarak)	40 ₹	2 heures	toutes les heures
Koraput	siège sans clim 460 ₹	14 heures	5/jour
Puri	40 ₹	2 heures	toutes les heures

TRAIN

Les étrangers empruntent le guichet n°3 du **bureau des réservations ferroviaires** (⏲8h-20h lun-sam, 8h-14h dim), dans un bâtiment séparé, face à la gare.

Quelques destinations :

Berhampur (Brahmapur) 2e classe/sleeper 70/140 ₹, 2-3 heures, plus d'une dizaine 5h-19h35

Kolkata (Calcutta) sleeper/3AC 260/700 ₹, 7-9 heures, au moins 10/jour 6h10-23h50

Puri 2e classe/sleeper 40/140 ₹, 2 heures, plus d'une dizaine 6h-21h10

ℹ Comment circuler

AUTO-RICKSHAWS

Un auto-rickshaw pour l'aéroport hélé dans la rue coûte environ 200 ₹ ; comptez autour de 100 ₹ pour un auto-rickshaw réservé via l'application Ola. Les auto-rickshaws collectifs, qui suivent les trajets les plus prisés, facturent la course 10 ₹ aux Indiens, parfois le double aux étrangers.

BUS

Bhubaneswar dispose d'un système de bus urbains numérotés. Ils circulent de 7h à 21h depuis la gare routière de **Master Canteen**, toute proche de la gare ferroviaire. Vérifiez que votre bus va bien où vous le souhaitez : certains numéros de lignes incluent différents itinéraires. Pour aller à Puri, les bus privés (40 ₹) qui partent devant le State Museum sont moins chers.

Quelques lignes au départ de Master Canteen :

Aéroport Bus n°207A, 10 ₹, 15 minutes

Gare routière Baramunda Bus n°801, 10 ₹, 20 minutes

Dhauli Bus n°225, 10 ₹, 30 minutes

Mandir de Lingaraj Bus n°333, 10 ₹, 20 minutes

Mayfair Hotel Bus n°207N, 10 ₹, 20 minutes

Mandir de Mukteswar Bus n°225, 10 ₹, 15 minutes

Pipli Bus n°701, 50 ₹, 50 minutes

Puri Bus n°701, 100 ₹, 2 heures

Grottes d'Udayagiri Bus n°801 ou n°405, 10 ₹, 30 minutes

VOITURE ET TAXI

Un trajet à travers la ville avec un véhicule Uber ou Ola coûte 100 ₹ ou moins. Ola offre également la possibilité de réserver un auto-rickshaw (à prix avantageux) et de trouver un véhicule pour Puri ou Kornak.

L'**Odisha Tourism Development Corporation** (OTDC ; p. 279) propose des voitures avec chauffeur pour visiter les environs. Un circuit touristique de 80 km ou 8 heures maximum coûte autour de 1 500 ₹. Pour une excursion de plus de 200 km, comptez 12 ₹/km avec une voiture D-Zire climatisée. Réservez en personne, la veille au plus tard.

Il y a une station de taxis prépayés à l'aéroport ; la course jusqu'au centre-ville revient à 350 ₹.

Depuis 2018, une association locale appelée SOCH forme des femmes démunies au métier de chauffeur de taxi.

Environs de Bhubaneswar

La campagne environnante compte plusieurs sites intéressants, qui peuvent faire l'objet d'une excursion d'une demi-journée depuis la capitale de l'État.

À voir

Nandankanan Zoological Park ZOO

(www.nandankanan.org ; Indien/étranger 50/100 ₹, caméra 100 ₹ ; ⏲7h30-17h30 mar-dim avr-sept, 8h-17h mar-dim oct-mars). Fondé en 1960, le zoo vedette de l'État, réputé pour ses tigres blancs, gère le meilleur programme de reproduction en captivité de ce félin en Inde. Sur 4 km², il héberge aussi des lions asiatiques, des ours de l'Himalaya, des hippopotames, plusieurs espèces de crocodiles, de multiples serpents et une grande volière. Des safaris de 45 minutes (30 ₹/personne) permettent d'observer les lions et les tigres dans leur vaste enclos boisé. Un auto-rickshaw/taxi vous déposera au zoo pour 200/250 ₹.

Dhauli MONUMENT BOUDDHIQUE

(Ashoka Rock Edicts ; ⏲lever-coucher du soleil). Vers 260 av. J.-C., onze des quatorze édits d'Ashoka furent gravés sur un gros rocher à Dhauli, à 8 km au sud de Bhubaneswar. Au-dessus des édits, tous traduits en anglais, un éléphant sculpté symbolisant le Bouddha – il s'agit de la plus ancienne sculpture bouddhique de l'Odisha – semble émerger d'un rocher plus petit.

Depuis l'embranchement pour Dhauli, où passent les bus Bhubaneswar-Puri (15 ₹, 30 minutes), une marche de 3 km sur un chemin ombragé conduit au rocher des édits. Sinon, prenez un auto-rickshaw collectif/privé (10/100 ₹) à l'embranchement. Avec Uber, comptez environ 180 ₹ l'aller.

Juste après le rocher des édits, sur la droite, une brève montée escarpée mène à une colline, où se dresse le grand Shanti Stupa (pagode de la Paix), tout blanc, construit par des moines japonais en 1972. Des bas-reliefs bouddhiques sont insérés dans l'édifice. La vue sur la campagne environnante est superbe depuis le sommet.

Pipli VILLAGE

Cette localité colorée, à 16 km au sud-est de Bhubaneswar, est renommée pour ses tissus ornés de fragments de miroirs. Ces étoffes servent notamment à la confection des dais tendus, pendant les fêtes, au-dessus des statues de Jagannath et sa famille. Les abat-jour et les parasols bon marché suspendus à l'extérieur des boutiques donnent à l'artère principale des allures d'arc-en-ciel géant. Pipli est particulièrement animée pendant la fête de Divali (voir p. 22). Pour y accéder, prenez n'importe quel bus (15 ₹) circulant entre Bhubaneswar et Puri.

Chausath Yogini MONUMENT HINDOU

(⏲lever-coucher du soleil). Caché au milieu des rizières à 15 km au sud de Bhubaneswar, ce paisible petit temple du IXe siècle, au toit ouvert, est dédié aux *yogini*, des mystiques tantriques féminines. Il n'existe que quatre sanctuaires de ce type dans tout le pays. L'édifice, aux dimensions d'une hutte, abrite 64 *yogini* en pierre finement sculptées, chacune montée sur son *vaharna* (véhicule, souvent un animal) – 64 se dit "chausath" en hindi. Aucun bus ne dessert le site ; l'aller-retour en auto-rickshaw/Uber coûte environ 500/600 ₹.

Depuis/vers les environs de Bhubaneswar

Pipli et Dhauli sont facilement accessibles en bus (fréquents) au départ de Bhubaneswar. Pour visiter les autres sites dignes d'intérêt, vous devrez participer à un circuit organisé, commander un Uber/auto-rickshaw ou louer une voiture avec chauffeur (demi-journée/journée 800/1 500 ₹).

TRAINS AU DÉPART DE BHUBANESWAR

DESTINATION	TRAIN (N° ET NOM)	TARIF (SLEEPER/ 3AC/2AC)	DURÉE	DÉPART
Chennai (Madras)	12841 *Coromandal Exp.*	550/1 455/2 100 ₹	19 heures 30	21h35
Kolkata (Calcutta, Howrah)	18410 *Sri Jagannath Express*	260/700/1 000 ₹	8 heures 15	23h50
Koraput	18447 *Hirakhand Exp.*	360/980/1 410 ₹	14 heures	19h35
Mumbai (Bombay)	12880 *BBS LTT SF Exp.*	695/1 835/2 675 ₹	30 heures 30	7h10
Rayagada	18447 *Hirakhand Exp.*	300/815/1 165 ₹	9 heures 15	19h35

SUD-EST DE L'ODISHA

Le sud-est de l'Odisha, qui épouse la côte du golfe du Bengale, abrite les lieux les plus visités de cet État, dont Puri et le temple du Soleil de Konark (Konarak), protégé par l'Unesco, mais aussi le bourg de Raghurajpur, haut lieu de l'artisanat, le lac Chilika, où vivent des myriades d'oiseaux et des dauphins, et le charme balnéaire de Golpalpur-on-Sea…

Puri

06752 / 200 500 HABITANTS

Trois catégories de voyageurs visitent Puri : les pèlerins hindous, les Indiens en villégiature (venus notamment du Bengale voisin) et les voyageurs étrangers. Pour les hindous, le pèlerinage à Puri est l'un des plus sacrés – le culte s'organise autour du grand *mandir* (temple hindou) de Jagannath et de la célèbre Rath Yatra (fête des Chars). L'autre attrait majeur de Puri réside dans sa longue plage de sable, plus propice à une balade sur le front de mer qu'à la baignade.

Dans les années 1970, attirés par la mer et la *bhang* (marijuana) disponible en abondance, les hippies firent de cette ville une étape incontournable de leurs voyages en Asie du Sud-Est. Les visiteurs de ce type se font rares aujourd'hui, mais on vient toujours du monde entier pour se détendre et visiter le temple du Soleil de Konark (Konarak), peu éloigné.

Puri s'étend sur quelques kilomètres le long du littoral. Les baroudeurs se regroupent près de la partie est de Chakra Tirtha (CT) Rd, tandis que les vacanciers indiens sont attirés par l'ouest et New Marine Drive, artère très fréquentée bordant une longue promenade animée.

À voir

Mandir de Jagannath TEMPLE HINDOU

(Swargadwar Rd). Ce temple imposant est dédié à Jagannath, maître de l'Univers et

Puri

l'un des avatars de Vishnu. Ceint de deux murs, l'édifice actuel (interdit aux non-hindous) date de 1198 ; son shikhara de 58 m de hauteur est surmonté du drapeau et de la roue de Vishnu. Les non-hindous peuvent admirer le temple et le photographier depuis le toit de la **Raghunandan Library** (angle Temple Rd et Swargadwar Rd ; ⌚9h-13h30 et 16h-18h lun-sam), de l'autre côté de la rue, moyennant un "don" (100 ₹ suffisent). Appareils photo et téléphones sont interdits dans le temple.

Model Beach PLAGE

Puri ne possède pas de plages paradisiaques bordées de palmiers. La grève est grande, en pente, balayée par une déferlante et sans ombre, mais, grâce aux efforts d'initiatives locales en faveur du tourisme durable, la portion baptisée Model Beach offre 700 m du sable le plus attrayant et le plus propre de Puri. Des parasols en feuillage procurent de l'ombre et des plagistes/sauveteurs appelés Sea Riders proposent des transats à prix fixes (20 ₹), des massages (100-200 ₹) et maintiennent la plage propre.

Swargdwar SITE RELIGIEUX

(en retrait de New Marine Rd). Ce lieu de crémation sacré pour les hindous accueille plus d'une quarantaine de corps chaque jour. Tout le monde peut assister aux cérémonies en plein air à condition d'adopter une attitude respectueuse et d'éviter de prendre des photos. Le site offre un intéressant aperçu de l'importance de cette grande cité sacrée.

Circuits organisés

Grass Routes CIRCUITS CULTURELS

(☎9437029698, 9437022663 ; www.grassroutesjourneys.com). Pulak et Claire, un couple indo-australien, sont réputés pour leurs circuits responsables (tout compris) de plusieurs jours à la rencontre des Adivasi de l'Odisha, ainsi que leurs circuits sur l'histoire et la nature régionales. Ils organisent aussi d'excellents séjours dans un camp de tentes privé sur une île du lac Chilika et des excursions à vélo dans la campagne autour

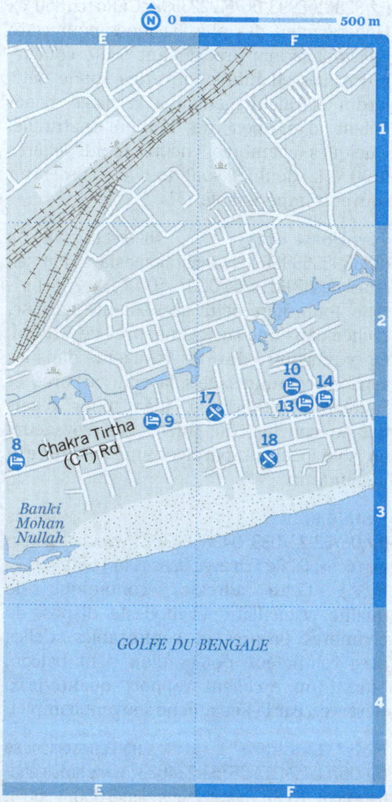

Puri

Les incontournables
1 Mandir de Jagannath A2

À voir
2 Bassin de Markandeya A1
3 Model Beach D4
4 Bassin de Narendra B1
5 Raghunandan Library A2
6 Swargdwar A4

Activités
Barefoot .... (voir 11)
Heritage Tours .... (voir 11)
7 OTDC C3

Où se loger
8 Chanakya BNR Hotel E3
9 Hotel Gandhara E3
10 Hotel Lotus F2
11 Mayfair D3
12 Puri Home Stay D3
13 Travellers Inn F2
14 Z Hotel F2

Où se restaurer
15 Chung Wah C3
16 Grand B2
17 Honey Bee Bakery & Pizzeria F2
18 Peace Restaurant F3
19 Puri Cheesecake B3
Two States .... (voir 11)
Wildgrass Restaurant .... (voir 15)

DU BÉNÉVOLAT AVEC BAREFOOT

Barefoot (www.heritagetoursorissa.com), une petite ONG lancée par Heritage Tours (ci-dessous), œuvre à améliorer les conditions de vie des communautés locales à travers un développement touristique durable. Les bénévoles doivent s'engager pour un minimum de deux semaines (mieux vaut s'exprimer aisément en anglais). Les activités comprennent notamment la supervision de l'entretien de la plage et la formation dans le tourisme. À partir de 1 500 ₹ par semaine, repas et hébergement compris.

de Puri. Si vous voulez réserver un circuit, contactez-les assez tôt (par téléphone ou e-mail) afin d'organiser un rendez-vous, car ils ne possèdent pas d'agence physique à Puri.

Heritage Tours CIRCUITS CULTURELS
(☎06752-255656, 9437023656 ; www.heritagetoursorissa.com ; Mayfair Heritage Hotel, CT Rd ; ⏲8h-20h). L'agence de Bubu, un vétéran du tourisme culturel, organise surtout des circuits à la rencontre des communautés adivasi et dans les campagnes de l'Odisha. Outre les visites à pied dans Puri et les excursions de plusieurs jours dans les villages adivasi, Heritage Tours mène des circuits à vélo de Bhubaneswar au lac Chilika, en passant par Konark et Puri. L'agence propose également des séjours chez l'habitant, dans la maison familiale de son propriétaire.

OTDC CIRCUITS CULTURELS
(☎06752-223524 ; www.otdc.in ; CT Rd ; ⏲10h-22h lun-sam). L'OTDC organise deux excursions au départ de Puri : le Tour 1 (450 ₹, 6h30 mardi-dimanche), qui comprend Konark, Dhauli, les temples de Bhubaneswar, les grottes d'Udayagiri et de Khandagiri, ainsi que le zoo de Nandankanan ; le Tour 2 (300 ₹, 6h30 tlj), une balade en bateau sur le lac Chilika. Les droits d'entrée des sites ne sont pas inclus.

Fêtes et festivals

Rath Yatra RELIGION
(fête des Chars ; ⏲juil/août). De grands chars transportent le seigneur Jagannath, son frère Balbhadra et sa sœur Subhadra du *mandir* de Jagannath à celui de Gundicha, voisin de la principale gare routière de Puri. Dix jours plus tard, les chars suivent le chemin inverse : c'est l'Ulta Rath Yatra. Le lourd char de Jagannath, dévalant le chemin de la procession, est une vision impressionnante !

Puri Beach Festival CULTURE
(⏲fin nov). Chants, danses, stands de nourriture et activités culturelles animent la plage, où des artistes venant de toute l'Inde réalisent des sculptures de sable.

Où se loger

Les hébergements pour étrangers sont regroupés à l'est de VIP Rd, le long de CT Rd, tandis que les hôtels donnant sur Marine Drive sont privilégiés par les touristes indiens. Réservez longtemps à l'avance pour Rath Yatra, Durga Puja (Dussehra ou Dasara) ou Divali. La plupart des hôtels demandent que les chambres soient libérées à 9h.

Travellers Inn GUESTHOUSE $
(☎8280168993, 06752-223592 ; CT Rd ; ch 850 ₹). Hébergement des plus basiques pour cette *guesthouse* aux prix défiant toute concurrence. Les chambres, ouvertes sur le petit jardin défraîchi menant à la plage, bénéficient d'un peu de lumière naturelle. Quelques chambres encore moins chères (400 ₹ la double) sont loin de laisser un souvenir impérissable.

Puri Home Stay AUBERGE DE JEUNESSE $
(☎8895353960 ; www.purihomestays.com ; en retrait de VIP Rd ; s/d 1 000/1 500 ₹ ; ❄📶). Heritage Tours gère cette accueillante adresse, nichée dans une rue calme, près de VIP Rd. On y rencontre d'autres voyageurs dans les espaces communs, tels la cour arborée et l'agréable toit-terrasse, idéal pour regarder le coucher du soleil. Les voyageurs en solo peuvent partager une chambre à lits jumeaux.

Hotel Lotus HÔTEL $
(☎06752-227033, 9438684302 ; www.hotellotuspuri.com ; CT Rd ; ch avec/sans clim 1 680/780 ₹ ; ❄📶). Cette adresse économique de qualité, accueillante et modeste, dispose de chambres propres et confortables. Celles avec ventilateur, dotées d'un petit balcon, offrent un excellent rapport qualité/prix. Réservez, car le lieu affiche souvent complet.

Hotel Gandhara HÔTEL HISTORIQUE $$
(☎06752-224117, 06752-224623 ; www.hotelgandhara.com ; CT Rd ; d avec/sans clim 3 050/1 950 ₹,

avec petit-déj ; ❄📶🏊). Le Gandhara surpasse la concurrence par son service. Ce bâtiment à colonnes vieux de deux siècles propose trois chambres ventilées, pleines de charme. Un nouveau bâtiment, à l'arrière du jardin, abrite des chambres plus chères ; modernes et climatisées, elles donnent sur une ravissante piscine creusée à l'ombre d'un manguier.

Z Hotel HÔTEL HISTORIQUE $$

(☎06752-222554 ; www.zhotelindia.com ; CT Rd ; ch à partir de 2 750 ₹ ; ❄📶). Ancienne demeure du raja, le Z (prononcez "djed") est l'une des adresses les plus charmantes de Puri. Les chambres sont grandes, claires et hautes de plafond, avec de beaux meubles en bois et des sdb rutilantes (y compris les sdb communes). Restaurant, salon TV (films diffusés en soirée) et Wi-Fi dans les parties communes.

Chanakya BNR Hotel HÔTEL HISTORIQUE $$$

(☎9778373373, 06752-223006 ; www.chanakya-bnrpuri.com ; CT Rd ; ch avec petit-déj 4 400 ₹ ; ❄📶🏊). Dans ce superbe hôtel des chemins de fer vieux de 150 ans, vestige du temps du Raj britannique, on trouve de jolis souvenirs du passé un peu partout, comme les peintures murales laquées de l'escalier du hall et du restaurant. D'immenses chambres y abritent des meubles d'époque et de vieilles photos encadrées d'Indian Railways. Celles du 1er étage s'ouvrent sur une grande terrasse commune ; des travaux, de l'autre côté de la rue, obstruent en partie la vue sur la mer.

Où se restaurer

On trouve à Puri de bons restaurants, qui servent aussi bien d'excellentes spécialités de l'Odisha que de délicieux produits de la mer, et des plats indo-chinois et occidentaux. De nombreuses tables sont rassemblées sur CT Rd et VIP Rd. La vieille ville et son lacis de ruelles compte aussi quantité d'adresses bon marché.

Puri Cheesecake DOUCEURS $

(Temple Rd, Dolamandap Sahi ; la part 25 ₹ ; ⏰8h-23h). Depuis plus de 45 ans, Bikram Sahoo et ses six frères concoctent du *chhena poda* (p. 280) dans leur pâtisserie du quartier sacré de Puri.

♥ **Wildgrass Restaurant** ODISHA $$

(☎9437023656 ; VIP Rd ; plats 150-300 ₹, thali végétarien/non végétarien 200/250 ₹ ; ⏰12h-23h). Assis sous l'une des paillotes du jardin ou dans la salle climatisée de ce paisible restaurant, vous dégusterez d'excellentes spécialités maison, servies par un personnel des plus courtois. La grande castagnole tandoori et le curry de crabe du Chilika sont exceptionnels. Les plats de légumes de saison (et notamment les *thali*) sont également remarquables.

TARIFS HÔTELIERS

Les prix indiqués valent pour une chambre double avec sdb, taxes incluses :

$ moins de 1 500 ₹

$$ 1 500-3 500 ₹

$$$ plus de 3 500 ₹

Chung Wah CHINOIS $$

(VIP Rd ; plats 250-380 ₹ ; ⏰11h30-15h et 19h-23h). Avec du mobilier de bois sombre, des cloisons ajourées et une abondance de rouge, de doré et de dragons, le Chung Wah, dans le Lee Garden Hotel, évoque résolument un restaurant chinois classique. Mais son excellente cuisine est plutôt indo-chinoise. Nous avons particulièrement apprécié les crevettes à l'ail relevées.

Peace Restaurant INTERNATIONAL $$

(près de CT Rd ; plats 80-260 ₹ ; ⏰7h-16h et 19h-23h). Récemment relocalisée dans une rue plus tranquille, près de l'avenue principale, cette institution est une agréable adresse bon marché. Les petits-déjeuners occidentaux et les plats de pâtes sont corrects, mais le lieu se distingue surtout par ses excellents *thali* et produits de la mer. Gardez de la place pour les desserts maison, comme les chaussons à la banane ou à la pomme, frits avec du sucre, de la cannelle et du miel.

Honey Bee Bakery & Pizzeria CAFÉ $$

(CT Rd ; pizzas 250-350 ₹, plats 150-350 ₹ ; ⏰8h30-14h et 18h-22h). Ce joli café-restaurant avec toit-terrasse sert des pizzas et des pancakes corrects, des sandwichs toastés, des petits-déjeuners anglais et des expressos (80 ₹). Il est surtout fréquenté le matin.

Two States INDIEN $$$

(près de CT Rd, Mayfair Heritage ; plats 280-550 ₹ ; ⏰12h30-15h et 19h30-22h30). Dans le Mayfair Heritage (p. 286), cet excellent restaurant récent est spécialisé dans les plats de l'Odisha et du Bengale. Tous les mets de la carte succincte, où les produits de la mer tiennent la vedette, sont bien exécutés. Goûtez les croquettes de crevettes ou le curry de crevettes *malai* (mijotées dans une sauce au lait de coco).

Renseignements

AGENCE DE VOYAGES

Gandhara Travel Agents (www.hotelgandhara.com ; Hotel Gandhara, CT Rd ; Internet 30 ₹/h ; 8h-19h lun-sam, 8h-13h dim). Ce cybercafé peut vous réserver une voiture, des billets de bus et de train et changer vos devises.

ARGENT

Plusieurs DAB bordent CT Rd.

DÉSAGRÉMENTS ET DANGERS

Faites attention si vous vous rendez dans des coins isolés de la plage : plusieurs cas d'agression sur des femmes y ont été rapportés (certains en journée). Par ailleurs, ne nagez pas là où vous n'avez pas pied, car les courants sont traîtres, et les noyades ne sont pas rares. Quand ils sont présents, les *noolias* (pêcheurs-sauveteurs), reconnaissables à leur chapeau conique blanc et à leur tee-shirt jaune, sauront vous indiquer les meilleurs lieux de baignade.

OFFICE DU TOURISME

Odisha Tourism (06752-222740 ; www.odishatourism.gov.in ; angle VIP Rd et CT Rd ; 10h-17h lun-sam, fermé 2e sam du mois). Informations sur les sites d'intérêt locaux.

POSTE

Poste principale (www.indiapost.gov.in ; angle Kutchery Rd et Temple Rd ; 9h30-17h lun-sam)

SERVICES MÉDICAUX

District Headquarter Hospital (06752-223742 ; Grand Rd ; 24h/24). Soins d'urgence 24h/24. Service de consultations.

Depuis/vers Puri

BUS

Les bus pour Konark (30 ₹, 45 minutes), fréquents, partent de la **gare routière de Konark** (près de Grand Rd). Le dernier bus du retour est à 18h30. À côté de la gare routière de Konark s'étend la vaste **gare routière principale** (près de Grand Rd), d'où partent des bus fréquents pour Bhubaneswar (40 ₹, 2 heures) et Satapada (40 ₹, 2-3 heures), ainsi que des bus pour Kolkata (Calcutta) climatisés (siège 1 050 ₹, 11 heures, 18h-18h30, 2/jour) et non climatisés (450 ₹, 13 heures, à partir de 15h). On peut aussi prendre les bus pour Bhubaneswar sur **Grand Road**.

Pour Pipli et l'embranchement vers Raghurajpur, montez dans un bus à destination de Bhubaneswar.

TRAIN

Une dizaine de trains, au moins, relient chaque jour Puri à Bhubaneswar (2e classe sans réservation ; 15-55 ₹, 2 heures, 5h45-13h50).

VOITURE

Heritage Tours (p. 246) et Gandhara Travel Agents peuvent réserver des voitures avec chauffeur pour des excursions aller-retour à Konark (environ 1 750 ₹) et Satapada (environ 2 100 ₹).

Comment circuler

Dans CT Rd, quelques adresses louent des vélos (50 ₹/jour), des mobylettes (250 ₹/jour) et des motos (350 ₹/jour). En rickshaw, comptez 50 ₹ de CT Rd à la gare ferroviaire, et 80 ₹ de CT Rd à la gare routière ou au *mandir* de Jagannath. Les autorickshaws sont légèrement plus chers.

Konark (Konarak)

06758 / 16 800 HABITANTS

Le temple du Soleil de Konark, inscrit au Patrimoine mondial, compte parmi les sanctuaires les plus spectaculaires du pays. La plupart des visiteurs viennent sur une journée au départ de Puri ou de Bhubaneswar. En dehors du temple, Konark n'a que peu d'intérêt.

À l'origine plus proche du littoral (la mer a reculé de presque 3 km), Konark était visible de très loin ; les marins européens l'avaient surnommé la “pagode noire”, par opposition à la blancheur du temple de Puri. Le phare situé dans les terres, près de la plage de Chandrabhaga, témoigne de cette époque.

TRAINS EXPRESS AU DÉPART DE PURI

DESTINATION	TRAIN (N° ET NOM)	TARIF (SLEEPER/ 3AC/2AC)	DURÉE	DÉPART
Berhampur (Brahmapur)	12843 *Puri Ahmedabad Express*	170/540/745 ₹	3 heures 30	17h30
Kolkata	18410 *Sri Jagannath Exp.*	300/815/1 165 ₹	9 heures	22h25

VAUT LE DÉTOUR

RAGHURAJPUR

Ce remarquable village, à 12 km au nord de Puri, comprend une seule rue bordée de maisons de brique au toit de chaume. Leurs façades sont peintes de motifs géométriques et d'autres dessins issus de l'art traditionnel saura (du nom d'un peuple adivasi de l'Odisha), qui a pratiquement disparu dans le reste de l'État.

La plupart des maisons cachent des ateliers-vente d'artisanat local, dont des gravures sur feuilles de palmier (*talpatra*) et des peintures sur tissu colorées (*patachitra*). Les *talpatra* arborent des motifs complexes représentant des animaux, des fleurs, des divinités et des démons. Ces dessins d'une extrême finesse sont gravés et encrés sur des rouleaux faits de deux épaisseurs de feuilles de palmier. Les *patachitra*, quant à eux, sont ornés de motifs moins subtils, illuminés de couleurs vives. Ces œuvres s'inspirent pour l'essentiel de récits mythologiques ou de fresques de temples.

Comparez tous les articles disponibles pour trouver les meilleures pièces – certaines, vieilles de plusieurs décennies, sont cachées au fond des réserves. Les gravures sur feuilles de palmier sont les œuvres les plus onéreuses, avec des prix allant de 1 000 ₹ pour une création récente de taille A4 à plus de 12 000 ₹ pour une pièce ancienne mesurant près d'un mètre.

Pour rejoindre Raghurajpur, prenez le bus pour Bhubaneswar depuis Puri et cherchez le panneau bleu "Raghurajpur The Craft Village", à 11 km au nord de Puri, puis parcourez le dernier kilomètre à pied.

À voir

Temple du Soleil TEMPLE HINDOU
(Indien/étranger 40/600 ₹, app photo 50 ₹ ; lever du soleil-20h). Conçu comme le char cosmique de Surya, dieu du Soleil, ce vaste temple d'une beauté à couper le souffle fut édifié au milieu du XIIIe siècle, probablement par le roi Narashimhadev Ier pour célébrer sa victoire militaire sur les musulmans. Vingt-quatre gigantesques roues en pierre symbolisant les heures de la journée sont sculptées autour de la base, et sept puissants chevaux de pierre (pour les jours de la semaine) tirent l'ensemble. Le monument fut conçu de façon à ce que la lumière de l'aube illumine l'intérieur du *deul* (sanctuaire du temple) et la divinité qui y présidait.

Le temple ne resta en activité que trois siècles. À la fin du XVIe siècle, le shikhara de 40 m de haut s'effondra partiellement. Plusieurs causes ont été invoquées : vol du cuivre de sa coupole par des Moghols en maraude, déplacement du Dadhinauti (pierre d'arche) lors du pillage perpétré par Kalapahad ou usure par les cyclones récurrents. La divinité qui présidait fut sans doute déplacée au XVIIe siècle au temple de Jagannath à Puri. L'intérieur du temple fut comblé de pierres en 1903 par les Britanniques.

L'édifice, qui se détériore peu à peu, fait l'objet, depuis des années, de travaux de restauration assidus. Chaque année, des sections entières de panneaux décoratifs en ruine sont remplacées par de nouveaux éléments aux motifs insipides, et le temple perd ainsi progressivement tout ce qui rendait son architecture si remarquable.

Deux lions de pierre écrasant des éléphants gardent le *gajasimha* (entrée principale) menant au *nritya mandapa* (salle de la danse) abondamment sculpté. Les marches, flanquées de chevaux fougueux, montent vers le *jagamohan* (salle des assemblées), toujours debout. Derrière, le *deul* (sanctuaire), privé de sa flèche, abrite les trois grandes statues en chlorite de Surya, alignées de manière à recevoir le soleil à l'aube, à midi et au crépuscule. La forme du char, adoptée comme modèle pour le temple, s'inscrit dans une vieille tradition architurale indienne, dont témoignent également le temple de Vittala, à Hampi, et le site de Pancha Ratha (qui compte cinq chars de pierre dédiés aux cinq frères Pandava, héros de l'épopée du *Mahabharata*), à Mahabalipuram.

La base du temple, ses murs et son toit sont entièrement recouverts de sculptures. Beaucoup furent exécutées dans le style érotique qui a fait la célébrité de Konark ; y figurent des couples enlacés et des solitaires.

À l'entrée du site, des guides (150 ₹) proposent leurs services avec insistance. L'histoire du temple combine vérités et

À NE PAS MANQUER

SÉJOURNER SUR LA CÔTE, PRÈS DE KONARK

Lotus Resorts (☎9090093464 ; www.lotusresorthotels.com ; Puri-Konark Marine Dr ; bungalow avec petit-déj à partir de 4 200 ₹ ; ❄). À environ 6 km de Konark, sur la jolie plage de Ramchandi, ces bungalows en pin canadien patinés forment un beau refuge face à un îlot tranquille, accessible à la nage. Tout près, une crique invite à la baignade, tandis que sur place vous trouverez un petit spa ayurvédique (de novembre à février) et un restaurant en bord de plage (plats 120-350 ₹). Prenez n'importe quel bus entre Puri (25 ₹) et Konark (10 ₹), et repérez le panneau sur la route. Réservation impérative.

Nature Camp, Konark Retreat (☎9337505022, 8908621654 ; www.naturecampindia.com ; tente avec petit-déj 3 000 ₹). Sur les berges de la Ramchandi, éparpillées dans une clairière quelque peu négligée, face à une plage de sable à 10 km au sud de Konark, ces tentes sont confortables et bien ventilées. Le camp, accueillant et décontracté, est à 500 m en retrait de la principale route reliant Puri à Konark ; descendez du bus lorsque vous apercevrez le panneau. Les tentes sont pourvues de jolies cabines de douche avec toilettes à l'occidentale. Deux succulents *thali* de l'Odisha, cuisinés dans un four à charbon traditionnel, appelé *chulha*, sont servis sur place, dans des feuilles de bananier. Réservation nécessaire.

légendes, au gré d'une imagerie tantôt religieuse, tantôt séculaire. Assurez-vous en revanche d'employer quelqu'un avec une accréditation officielle : reconnaissables facilement, les guides accrédités portent un badge officiel.

Archaeological Museum ARCHÉOLOGIE
(50 ₹ ; ⌚10h-17h, sam-jeu). Des sculptures impressionnantes ont été mises au jour lors des fouilles menées sur le site du temple du Soleil. Le musée expose aussi des répliques, maquettes, photographies et plans de nombreux temples de l'Odisha. Toutes les heures, un film sur l'histoire et l'architecture du temple du Soleil est projeté.

Fêtes et festivals

Festival de Konark DANSE ET MUSIQUE
(⌚1er-5 déc). Nourri de musique et de danses traditionnelles, le festival de Konark a lieu sur une scène en plein air, avec pour toile de fond le temple du Soleil.

Renseignements

Il y a un DAB dans la rue qui monte au temple du Soleil.

Odisha Tourism Development Corporation (OTDC ; ☎06758-236821 ; www.odishatourism.gov.in ; hôtel Yatrinivas ; ⌚10h-17h lun-sam). L'OTDC peut faire en sorte qu'un guide reconnu vous retrouve au temple du Soleil. Cet office du tourisme organise par ailleurs des excursions d'une journée au temple, au départ de Bhubaneswar ou de Puri.

Depuis/vers Konark

La gare routière est en retrait de la route principale, à 200 m après le temple. Des bus parcourent toutes les heures les 33 km qui séparent Konark de Puri (35 ₹, 1 heure) ; le trajet aller-retour depuis Puri en auto-rickshaw/voiture coûte 900/1 750 ₹ environ. De fréquentes liaisons sont assurées avec Bhubaneswar (50 ₹, 2 heures).

Lac Chilika

Le lac Chilika forme la plus vaste lagune d'Asie. Sa superficie s'étend de 600 km^2 en avril et mai (l'été) à 1 100 km^2 de juin à août (saison des moussons). Peu profond, il est séparé du golfe du Bengale par un banc de sable de 60 km de longueur : le Rajhansa.

Autour de ce lac renommé, on recense en hiver (de novembre à mi-janvier) au moins un million d'oiseaux migrateurs : oies à pattes grises, hérons, grues ou flamants roses, notamment. La plupart se cantonnent à un territoire minuscule (3 km^2) dans la réserve ornithologique de l'île de Nalabana.

Des dauphins de l'Irrawaddy s'ébattent près de Satapada. Parmi les sites remarquables figurent aussi la plage immaculée le long du Rajhansa et le temple de Kalijai (sur l'île du même nom), où les pèlerins hindous se pressent lors de Makar Mela, en janvier.

Satapada

Le bourg de Satapada se résume pour l'essentiel à un arrêt de bus, un hôtel et un groupe de gargotes près d'une jetée, sur un promontoire qui s'avance au sud-ouest et borde le lac Chilika. C'est le point de départ des excursions, des courtes balades d'observation des dauphins aux sorties en bateau d'une journée entière qui permettent de découvrir plusieurs îles et un site d'observation des oiseaux. Les bateaux sont bruyants, aussi ne vous attendez pas à apercevoir de nombreux animaux... De plus, les embarcations ont tendance à s'approcher de trop près des dauphins ; faites clairement comprendre que vous y êtes opposé. En dépit de cela, il est agréable de naviguer sur ces grandes étendues d'eau et de regarder les pêcheurs se frayer un chemin à travers les roseaux et remonter leur prise.

Dans le village, un squelette de baleine de 12 m de long orne le petit parc nommé **Chilika Ecopark** (Satapada Jetty) GRATUIT.

OTDC SORTIES EN BATEAU

(☎06752-262077 ; hôtel Yatrinivas ; 160-400 ₹/pers, bateau privé 700-1 100 ₹/heure). L'organisme OTDC propose des sorties de 3 heures sur le lac Chilika pour observer les dauphins. Le bateau part de Satapada tous les jours entre 9h30 et 10h ; le prix dépend du nombre de passagers. Si vous réservez un bateau pour vous seul (prix à l'heure), l'horaire est négociable. Les billets doivent être achetés à l'avance.

Dolphin Motor Boat Association SORTIES EN BATEAU

(☎9337506053 ; Satapada Jetty ; excursions 1/3/7 heures 900/1 800/3 000 ₹ par bateau). Cette coopérative de propriétaires de bateaux locaux, organise des excursions à prix fixes, dont un circuit d'observation des dauphins (1 heure) ; un autre comprenant l'observation des dauphins, l'embouchure du fleuve et le temple de l'île de Kalijai (3 heures). Des excursions plus longues incluant la réserve ornithologique de l'île de Nalabana (7 heures) sont possibles.

Yatrinivas HÔTEL $

(☎06752-262077 ; d avec/sans clim 1 680/650 ₹ ; ❄). Un hôtel plutôt banal dans le cadre magnifique des berges du lac. Il loue trois chambres non climatisées, spacieuses mais très défraîchies, et des chambres climatisées, plus modernes, avec balcon donnant sur le lac. Le restaurant (plats 80-150 ₹) est le seul des environs.

ℹ Depuis/vers Satapada

De fréquents ferries (piéton/vélo/moto/voiture 10/10/20/350 ₹, 30 minutes) relient Satapada à la jetée de Janhikuda, un peu plus à l'ouest, d'où les véhicules peuvent poursuivre vers l'ouest et contourner le lac par le nord. Le paysage depuis cette route est superbe. Départs quotidiens à 7h30, 10h, 13h et 16h, retours à 8h, 10h30, 13h30 et 16h30.

Un bus pour Berhampur (150 ₹, 3 heures 30), près de Gopalpur-on-Sea, part de la gare routière principale de Puri à 6h, emprunte le ferry de 7h30, puis suit la jolie route de campagne pendant 2 heures avant de rejoindre la grand-route. Attendez-le sur le ferry, et grimpez-y quand il débarque. Il sera déjà plein en arrivant à Satapada : n'espérez pas avoir un siège tout de suite, mais beaucoup de passagers descendent en cours de route. Si vous le prévenez, le chauffeur vous déposera à l'embranchement vers Gopalpur-on-Sea ; de là, vous pourrez faire signe à n'importe quel bus (15 ₹, 20 minutes). Le bus du retour quitte Berhampur à 12h40 et traverse le lac Chilika par le ferry de 16h30 pour Satapada.

Tous les hôtels et voyagistes de Puri, ou presque, proposent des excursions au lac Chilika (aller-retour en voiture 2 100 ₹ environ). Il est aussi facile de venir ici, par vos propres moyens, en bus (38 ₹, 2-3 heures). Le dernier bus pour rentrer à Puri part de Satapada vers 17h30.

Mangalajodi

Sur la rive nord du lac Chilika, à 60 km au sud-ouest de Bhubaneswar, ce village de pêcheurs est la porte d'accès au refuge ornithologique, une belle réussite écotouristique restée pratiquement inconnue du reste du monde jusqu'en 2006. Six ans plus tôt, le programme Wild Orissa (www.wildorissa.org) avait lancé un comité de protection des oiseaux aquatiques qui œuvra à convertir les braconniers en protecteurs des animaux. En seulement une décennie, la population d'oiseaux aquatiques a augmenté de 5 000 à 300 000 individus environ, de quelque 160 espèces différentes.

Une langue de terre tassée s'avance dans le lac sur environ 1,5 km, avec d'un côté des bateaux de pêche amarrés et des gardiens de buffles qui traversent les eaux peu profondes avec leur troupeau et, de l'autre, une forêt de roseaux peuplée d'oiseaux. Vers le bout de la langue de terre, on atteint une tour d'observation des oiseaux et le quai d'où partent les étroits bateaux d'excursion, que les guides font avancer lentement à travers des tunnels de roseaux à l'aide de perches.

Mangalajodi Eco Tourism ORNITHOLOGIE (☎8895288955, 9776696800 ; www.mangalajodiecotourism.com). Le bourg de Mangalajodi, champion de l'écotourisme, organise des excursions respectueuses des animaux, à la découverte des dizaines d'espèces d'échassiers et d'oiseaux migrateurs du lac Chilika. L'une des formules inclut le logement en bungalow (pension complète, 5 700 ₹ pour une personne, 6 300 ₹ pour deux). Des circuits de plusieurs jours (dont un axé sur la photographie) sont aussi possibles.

Bateaux particuliers ORNITHOLOGIE (☎7894699699 ; 2 heures 900 ₹). De nombreux braconniers convertis en guides proposent aux amateurs d'oiseaux des promenades en barque sur le lac. Ils connaissent parfaitement les noms et traits de comportements des volatiles fréquentant ces eaux.

Côté hébergement, le **Godwit Eco Cottage** (☎8455075534 ; www.odishaecotourism.com ; s/d 1 100/2 200 ₹) loue quatre chambres assez propres, mais défraîchies et équipées de douches au seau – bref, trop chères pour ce qu'elles sont. Elles entourent une cour verdoyante en périphérie du village. Le lac Chilika est à 1 km environ.

Depuis/vers Mangalajodi

Mangalajodi est situé à 10 km au sud de la grand-route entre Bhubaneswar et Berhampur. Des bus (40 ₹, 1 heure) relient Bubaneswar à Tangi, le village le plus proche de Mangalajodi, où vous devrez prendre un auto-rickshaw (20 ₹, 30 minutes). Grass Routes (p. 285), basé à Puri, organise des excursions d'observation des oiseaux à Mangalajodi.

Barkul

Sur la rive nord du lac Chilika, Barkul se résume à un ensemble de maisons, de petites *guesthouses* et de gargotes regroupées le long d'un chemin qui relie la grand-route à l'hôtel d'État Panthanivas Barkul. De là, des bateaux partent pour les îles Nalabana (où de nombreuses espèces d'oiseaux viennent nicher en décembre-janvier) et Kalijai (où se trouve un temple). Vous pouvez aussi louer un bateau pour n'importe quelle destination : négociez avec les pêcheurs.

L'hôtel Panthanivas Barkul organise des circuits aller-retour de 2 heures vers le temple de l'île de Kalijai en vedette (4 000 ₹ par vedette, jusqu'à sept personnes), comprenant un moment sur l'île. Vous pouvez aussi acheter un billet (250 ₹/personne) pour le circuit en ferry touristique de 50 places.

Le **Panthanivas Barkul** (☎06756-227488 ; d avec clim 2 450 ₹s, sans clim à partir de 1 000 ₹ ; ❄), qui dispose d'un très beau cadre, est l'un des meilleurs hôtels d'État dans l'Odisha. Toutes ses chambres sont confortables et de qualité ; certaines donnent sur le lac ; les chambres climatisées et les bungalows sont plus propres et neufs. Le restaurant sert des plats indiens et chinois (plats 80-200 ₹) corrects, dont des produits de la mer. Le bar, sans grand attrait, vend de la Kingfisher en bouteille (200 ₹).

De nombreux bus parcourent la National Hwy 5 entre Bhubaneswar (90 ₹, 1 heure 30) et Berhampur (70 ₹, 1 heure 30). Ils vous déposeront sur cette route, au niveau de la sortie pour Barkul, d'où le Panthanivas Barkul n'est plus qu'à 2 km environ. Si vous avez peu de bagages, c'est une jolie balade, bien indiquée, qui longe des maisons. Sinon, sautez dans un auto-rickshaw de passage (collectif/privé 20/100 ₹).

Rambha

Le village de Rambha, sur la rive nord-ouest du lac Chilika, est l'endroit le plus proche où dormir si vous comptez aller observer les tortues sur la plage de Rushikulya. Toutefois, de nombreux touristes s'y rendent pour effectuer une excursion en bateau sur le lac. On peut réserver des sorties en vedette de sept places (2 000 ₹ l'heure) ou en bateau à moteur de dix places (300 ₹/personne) à l'hôtel Panthanivas Rambha.

Le Panthanivas (p. 301) loue des chambres non climatisées d'un bon rapport qualité/prix, avec balcons et vue sur le lac. Les chambres climatisées sont plus modernes, mais ne valent pas leur prix plus élevé. Le restaurant (plats 80-200 ₹) est correct ; il y a un bar sur place.

L'hôtel est à 2 ou 3 km à pied de la grand-route, selon que vous entrez dans le village depuis l'extrémité ouest ou est. Vous pourrez héler un auto-rickshaw de passage (20 ₹).

De la route, vous pourrez aussi facilement faire signe à un bus pour Barkul (40 ₹, 30 minutes), Berhampur (30 ₹, 1 heure) ou Bhubaneswar (140 ₹, 2 heures).

Gopalpur-on-Sea

☎0680 / 7 300 HABITANTS

Si vous aimez les stations balnéaires surannées, Gopalpur-on-Sea devrait vous plaire. Cette bourgade en bord de mer, héritée des Britanniques, tomba dans l'oubli jusqu'aux années 1980, lorsque des vacanciers indiens en redécouvrirent les charmes. Ancien port maritime ouvert sur l'Asie du Sud-Est, Gopalpur était une cité importante, comme en témoignent les jolis édifices anciens et le grand phare qui domine la localité.

Si les fortes vagues sont peu propices à la baignade, il est plaisant de se promener sur la plage, relativement propre, et d'y tremper les pieds. Ce lieu singulier dégage un charme désuet. Le centre du bourg est à quelques centaines de mètres en retrait de la plage, le long de la route vers Berhampur.

Où se loger

Hotel Sea Pearl HÔTEL $

(☎9883244245 ; www.hotelseapearlgopalpur.com ; d avec clim à partir de 1 470 ₹, sans clim 900 ₹ ; ❄). Sur la plage, le Sea Pearl est un hôtel satisfaisant. Si les chambres sont petites, elles donnent toutes (sauf les moins chères) plus ou moins sur la mer.

Swosti Palm Resort COMPLEXE HÔTELIER $$

(☎7731061655, 9861269153 ; www.swostihotels.com ; d avec petit-déj 3 300 ₹ ; ❄📶). À quelque 200 m de la plage, ce complexe hôtelier de catégorie moyenne propose, dans une ambiance joviale, des chambres confortables et bien aménagées. Il sert une excellente cuisine internationale (plats 120-340 ₹) et de la bière (210 ₹). Son domaine, calme et verdoyant, jouxte le Mayfair Palm Beach.

Mayfair Palm Beach HÔTEL $$$

(☎0680-2227500 ; www.mayfairhotels.com ; ch avec petit-déj à partir de 8 300 ₹ ; ❄📶🏊). Cet établissement historique (1914) rénové est l'hôtel le plus luxueux de Gopalpur-on-Sea, même si le service n'est pas à la hauteur des attentes. Le domaine, traversé de chemins sinueux, compte une belle piscine, un spa et des jardins en terrasses qui descendent jusqu'à la plage. Les 2 000 ₹ supplémentaires pour les deluxe avec vue sur la plage sont justifiés. Excellent restaurant et remarquable bar en teck.

Où se restaurer et prendre un verre

Sea Shell Fast Food FAST-FOOD $

(plats 80-150 ₹ ; ⌚8h-22h30). Pour un repas gai et bon marché en plein air, rendez-vous sous cette paillote de la promenade qui domine la plage. Nouilles, *biryani*, poissons et fruits de mer semblent ravir les clients.

Krishna Restaurant INDIEN $$

(plats 80-150 ₹ ; ⌚9h-22h). Dans une ruelle adjacente à la principale rue menant à la plage, ce petit restaurant sert des spécialités locales, comme le *paneer* (fromage non fermenté) à la sauce épicée, le curry de poisson ou de poulet, des produits de la mer, des nouilles et du riz frit. En face de l'Hotel Sea Pearl.

Foreign Liquor Off Shop BAR

(⌚11h-22h). Vend de grandes bouteilles de Kingfisher pour 150 ₹.

Renseignements

Le centre compte deux ou trois cybercafés (30 ₹/heure), et plusieurs DAB bordent la rue principale.

Depuis/vers Gopalpur-on-Sea

De 7h à 19h, des bus confortables font la navette toutes les demi-heures entre le front de mer et Berhampur (25 ₹, 30 minutes), d'où vous pourrez poursuivre votre voyage en bus ou en train.

De la nouvelle gare routière de Berhampur, des bus partent toute la journée vers Bhubaneswar (180 ₹, 3 heures, départs fréquents) via Rambha (40 ₹, 1 heure) et Barkul (70 ₹, 1 heure 30). Il existe chaque jour deux bus pour Rayagada (180 ₹, 8 heures, 9h30 et 13h30) et un pour Satapada (90 ₹, 3 heures, 12h30) via la route pittoresque longeant la rive sud-est du lac Chilika.

SUD-OUEST DE L'ODISHA

Le sud-ouest de l'Odisha est l'une des régions les plus riches sur le plan des cultures adivasi. La majorité des 62 groupes ethniques qui peuplent l'État, dont les Bonda, les Koya, les Paraja, les Kondh, les Mali et les Didayi, habitent des villages autour de Koraput, Jeypore et Rayagada. Certains aspects de leur mode de vie, en grande partie axé sur l'agriculture de subsistance, sont restés pratiquement inchangés depuis des siècles. Pour la plupart des visiteurs, la découverte

À LA RENCONTRE DES COMMUNAUTÉS ADIVASI DE L'ODISHA

Quelque 62 communautés adivasi (membres des *Scheduled Tribes* ou "tribus répertoriées") peuplent aujourd'hui un territoire comprenant notamment l'Odisha et l'Andhra Pradesh en Inde du Sud et le Chhattisgarh en Inde du Nord. Elles forment plus du quart de la population de l'Odisha, où elles occupent principalement les forêts et les régions montagneuses du Centre et du Sud-Ouest. Leurs particularités culturelles s'expriment notamment dans la musique, la danse et les arts.

Parmi les populations les plus nombreuses, figurent les **Kondh**, qui sont environ un million et vivent aux alentours de Koraput, dans le Sud-Ouest, ainsi que près de Rayagada et dans le district de Kandhamel dans le Centre-Ouest ; les **Santal**, avec une population de plus de 500 000 personnes, qui sont regroupés autour de Baripada et de Khiching, tout au nord ; et les 300 000 **Saura**, qui se trouvent à proximité de Gunupur, près de la frontière de l'Andhra Pradesh. Au nombre de 5 000, les **Bonda**, surnommés le "peuple nu" – ils portent très peu de vêtements, mais des accessoires très colorés et élaborés, notamment en perles –, vivent dans les collines près de Koraput.

Il y a quelques années, il fallait une autorisation de l'administrateur du District (*District Collector*) pour visiter les zones où vivent les groupes adivasi dits menacés (*Particularly Vulnerable Tribal Groups* ou PVTG). Il était alors interdit de visiter leurs domiciles ou de passer la nuit sur place. La législation a changé. Il est désormais possible de se rendre dans les régions adivasi par ses propres moyens. Néanmoins, en raison de l'isolement de la région et des risques liés aux occasionnels heurts avec les rebelles maoïstes, la plupart des visiteurs choisissent un circuit sur mesure. Adressez-vous à un tour-opérateur privé fiable de Puri ou contactez le Chandoori Sai ou le Desia (tous deux p. 296).

Sur les Adivasi, lisez également l'encadré p. 517.

des marchés colorés et de la vie villageoise traditionnelle – en voie de disparition –, au départ des villes principales de Koraput et Rayagada, constitue le temps fort de leur voyage dans cette partie de l'Odisha.

Koraput

☎06852 / 48 000 HABITANTS

Dans des collines boisées et fraîches, cette ville est de loin la base la plus agréable pour partir à la découverte des villages adivasi de la région. Parmi ses atouts : une atmosphère de station de basse altitude, un marché traditionnel le dimanche et un temple de Jagannath ouvert à tous et donc particulièrement intéressant pour les non-hindous qui n'ont pas pu visiter le *mandir* de Jagannath à Puri.

À voir

Temple de Jagannath TEMPLE HINDOU

(⏲lever-coucher du soleil). Prenez le temps de visiter ce temple, dont le shikhara blanchi à la chaux domine la ville. La cour qui entoure le shikhara contient de nombreuses statues colorées de Jagganath aux grands yeux, le dieu de l'Odisha, que l'on retrouve peint sur les maisons dans tout l'État. Au pied du shikhara, dans une salle latérale, vous passerez devant deux bonnes douzaines de lingams, avant d'atteindre de jolis *ossa* (ou *rangoli,* motifs traditionnels peints sur les seuils avec des poudres blanches ou colorées).

Marché de Koraput MARCHÉ

(⏲8h-17h). Le petit marché du dimanche de Koraput mérite le détour. C'est le plus important de la ville. Des commerçants et des villageois adivasi viennent acheter et vendre de la nourriture et de l'artisanat, dans les ruelles autour de la gare routière et du commissariat.

Où se loger et se restaurer

Maa Mangala Residency HÔTEL $

(☎06852-251228 ; Jeypore Rd ; d avec/sans clim 999/699 ₹ ; ❄📶). Parmi l'offre en hébergements plutôt quelconque de Koraput, on ne trouvera pas mieux que cet hôtel récent situé en périphérie de la ville, aux chambres impeccables et dotées du Wi-Fi. Agence de voyages et bon restaurant sur place. De la gare routière ou ferroviaire, il faut toutefois marcher un bon moment pour l'atteindre.

Raj Residency HÔTEL $

(☎06852-251591 ; Post Office Rd ; s/d avec clim à partir de 1 250/1 500 ₹, sans clim 750/950 ₹ ;

(❄📶). Le Raj Residency est le meilleur hôtel en ville, avec des chambres modernes équipées de TV à écran plasma. Son personnel est sympathique. Wi-Fi. Le restaurant, le meilleur de Koraput, sert des mets chinois et indiens. Pour y aller, remontez Post Office Rd, en continuant tout droit (à environ 400 m) après le bureau de poste.

Renseignements

Quelques cybercafés en ville facturent autour de 30 ₹ l'heure. Il y a plusieurs DAB dans la rue principale de Koraput.

Les agences Odisha Tourism (p. 275), à Bhubaneswar, et Heritage Tours (p. 246), à Puri, connaissent très bien la région.

Depuis/vers Koraput

BUS

De la gare routière de Koraput, des bus partent toutes les demi-heures pour Jeypore (25 ₹, 40 minutes) de 6h à 20h30. Sept bus effectuent le spectaculaire trajet jusqu'à Rayagada (120 ₹, 4 heures) entre 6h et 19h ; et au moins quatre bus partent pour Bhubaneswar (430 ₹, 12 heures) entre 17h et 19h.

Pour aller au marché d'Onkadelli, il faut d'abord prendre un bus pour la ville délabrée de Jeypor, puis le bus pour Onkadelli de 7h30 ou 9h30 (45 ₹, 3 heures). Les bus pour Onkadelli partent de la gare routière privée de Jeypore, face à la gare des bus d'État. Depuis celle-ci, des bus fréquents desservent Visakhapatnam (270 ₹, 6 heures, 5h-23h), dans l'Andhra Pradesh.

TRAIN

La gare ferroviaire est à 3 km du centre ; comptez environ 20/100 ₹ pour vous y rendre en auto-rickshaw collectif/privé depuis la gare routière.

Bhubaneswar *Hirakhand Express* n°18448 (sleeper/3AC/2AC 360/980/1 410 ₹, 15 heures 30, 17h20)

Howrah (Kolkata) *Koraput Howrah Express* n°18006 (sleeper/3AC/2AC 480/1 310/1 900 ₹, 23 heures 15, 7h05)

Visakhapatnam (Andhra Pradesh) n°58502 (general/2e classe/sleeper 60/110 ₹, 7 heures, 13h15)

Environs de Koraput

Pour les voyageurs, Koraput est avant tout une base pour partir à la découverte de la campagne environnante, une région reculée, où les cultures adivasi sont préservées. La plupart des communautés vivent de l'agriculture de subsistance. Les méthodes traditionnelles sont toujours employées et les moyens de transport sont rares ; vous verrez des villageois transporter de lourdes charges sur leurs épaules jusqu'aux nombreux marchés de la région. L'attrait de la vie rurale incite de nombreux visiteurs à prolonger leur séjour et à explorer la région.

À voir

Les environs de Koraput ont pour principal attrait les villages et les marchés adivasi. Par le passé, les étrangers devaient théoriquement être accompagnés d'un guide agréé par les autorités pour visiter les régions adivasi où se tiennent les marchés, et déclarer leur itinéraire auprès de la police locale ; toutefois, ces règles n'étaient pas appliquées de manière stricte. Les guides s'occupaient eux-mêmes de la “permission préalable” demandée aux étrangers : il vous suffisait pour ce faire de leur fournir une copie de votre passeport et de votre visa, en précisant où vous souhaitiez vous rendre. Cela est peut-être toujours le cas, mais depuis la fermeture de l'office du tourisme de Koraput, les informations disponibles sont limitées, voire contradictoires. Les guides reconnus par les autorités ont fait l'objet de nombreuses plaintes. Il est arrivé, par exemple, que certains abandonnent leurs clients au marché après s'être fait payer.

En pratique, rien n'empêche les voyageurs de rejoindre seuls le marché de leur choix en prenant un bus public ou en louant une voiture avec chauffeur à Koraput ou Rayagada. Vous pouvez aussi éviter tout tracas administratif et logistique en réservant tout simplement un circuit auprès d'un tour-opérateur réputé.

Veillez toujours au respect dans vos interactions avec les habitants des villages adivasi. Il est arrivé que des guides s'y comportent comme dans un véritable zoo humain, n'hésitant pas à traiter ces personnes avec un mépris proche de l'exploitation, en entrant, par exemple, sans permission dans leurs foyers ou en leur demandant de reproduire des comportements totalement stéréotypés. Veillez donc à agir avec respect, discernement et empathie et n'engagez que des guides et des tour-opérateurs qui feront de même.

À NE PAS MANQUER

RETRAITES RURALES DANS LE SUD-OUEST DE L'ODISHA

Aux abords de Koraput, des collines émaillées de hameaux recèlent deux formidables hébergements agrestes, idéals pour s'immerger dans la vie de cette région reculée.

Dans le village de Goudaguda, sur la route magnifique qui relie Koraput à Rayagada, le superbe **Chandoori Sai** (☎9443342241 ; www.chandoorisai.com ; pension complète 4 000 ₹/pers ; ❄📶) 🍃 est l'une des plus belles pensions rurales de l'Odisha. Tenu par Leon, un expatrié vivant en Inde depuis des années, ce refuge écoresponsable présente des murs en terre, un magnifique sol en terre cuite et des plafonds ornés de nattes de bambou tressé. La cuisine est délicieuse, et le lieu offre la possibilité de rencontrer des femmes adivasi agissant sur place en tant qu'ambassadrices de leur culture. Des excursions responsables permettent de visiter les marchés, la forêt et les villages environnants. Les voyageurs indépendants sont les bienvenus, mais la plupart viennent dans le cadre des circuits organisés par Grass Routes (p. 285). Pour rejoindre le Chandoori Sai, prenez n'importe quel bus circulant entre Koraput (40 km) et Rayagada (70 km), et descendez à Kakirigumma ; le personnel viendra vous chercher.

Le **Desia** (☎9437023656, 9437677188 ; www.desiakoraput.com ; village de Bantalabiri, Lamptaput ; s/d pension complète avr-sept 3 000/4 000 ₹, oct-mars 3 500/ 5 500 ₹) 🍃 est un splendide *lodge* rural de quatre chambres, géré par l'agence touristique Heritage Tours (p. 286), basée à Puri. Parmi les activités proposées : visite des marchés voisins, cuisine, artisanat, randonnées à pied et à vélo dans la campagne. L'établissement gère une crèche-école primaire pour les enfants des villages alentour. Les voyageurs indépendants sont les bienvenus ; les autres visiteurs arrivent dans le cadre des circuits tout inclus "Tribal Tour" de l'agence. Le Desia est situé sur une route de campagne, à 70 km au sud-ouest de Koraput, près du village de Machkund. Il n'est pas facile de s'y rendre en transports en commun ; mieux vaut appeler pour que l'on vienne vous chercher à Koraput.

♥ **Marché d'Onkadelli** MARCHÉ
(⏱10h-18h jeu). Particulièrement apprécié, ce marché de produits alimentaires adivasi réunit des Bonda, des Mali, des Kondh et des Paraja. Il s'y vend fruits, légumes, poissons séchés, condiments, ustensiles, objets du quotidien et articles artisanaux en métal moulés selon la technique du *dokra* (cire perdue).

Marché de Kundli MARCHÉ
(⏱18h jeu à 17h ven). Le plus grand marché de produits alimentaires de la région se tient du jeudi après-midi au vendredi après-midi. De l'alcool artisanal à base de fleur de *mahua* est vendu près de la section dévolue au bétail.

Marché de Laxmipur MARCHÉ
(⏱5h-17h sam). Un marché de produits alimentaires fréquenté par des Kondh et des Paraja, à 56 km au nord-est de Koraput. Accessible par n'importe quel bus à destination de Rayagada.

Marché de Kotapad MARCHÉ
(⏱5h-17h mar). Les étals de ce marché adivasi sont chargés de tissus aux fils teints avec des pigments naturels. À 63 km au nord-ouest de Koraput.

ℹ Comment s'y rendre et circuler

On peut rejoindre par les transports publics certains marchés, comme ceux de Laxmipur, Onkadelli, Koraput et Chatikona. Pour les autres, vous devrez louer une voiture.

Rayagada

☎06856 / 73 500 HABITANTS

La ville industrielle de Rayagada a pour unique attrait sa relative proximité avec le marché du mercredi de **Chatikona** (⏱5h-16h mer) à Bissamcuttack (à environ 40 km au nord). Des Dongria Kondh et des Desia Kondh aux belles tenues traditionnelles descendent de leurs villages des Niayamgiri Hills voisines pour y vendre des produits alimentaires (piments, poissons séchés, etc.) et des objets artisanaux, telles des sculptures d'animaux en bronze, fabriquées localement selon la technique de la cire perdue (*dokra*). Les touristes sont les bienvenus.

Le **marché quotidien de Rayagada** (Sastri Nagar ; ⏱7h-17h) se tient entre les gares routière et ferroviaire. Tournez à droite en sortant de la gare routière et prenez la deuxième rue à droite : le marché est sur la gauche. Vous verrez des Adivasi aux vêtements colorés tresser des paniers de bambou. Des marchands vendent des fruits, des légumes, des épices et du poisson séché, entre autres produits.

Où se loger

Hotel Rajbhavan HÔTEL $
(☎06856-223777 ; Main Rd ; s/d avec clim 1 350/1 550 ₹, sans clim 790/990 ₹ ; ❄). Cet hôtel accueillant est une option correcte, avec sur place un bon restaurant de cuisine du monde (plats 80-200 ₹). En face de la gare routière, de l'autre côté de la route principale. À ne pas confondre avec l'Hotel Raj voisin, moins bien.

Tejasvi International HÔTEL D'AFFAIRES $$
(☎7077012814 ; www.hoteltejasvi.in ; Collector Residence Rd, Gandhi Nagar ; s/d avec petit-déj à partir de 1 680/2 020 ₹ ; ❄📶). Un hôtel d'affaires à l'architecture insolite, avec un service efficace, des chambres confortables et le Wi-Fi partout. Prenez à droite en sortant de la gare, puis la première à gauche et suivez-la sur environ 500 m.

Depuis/vers Rayagada

La gare ferroviaire est à 1 km de la gare routière. En sortant de la gare ferroviaire, tournez à droite et passez au-dessus de la voie ferrée : la gare routière est sur la gauche. Les deux gares se trouvent sur Main Rd.

De la gare routière de Rayagada, trois bus locaux partent le matin pour Chatikona (40 ₹, 2 heures, 4h45, 6h30 et 9h30). Les bus pour Jeypore (120 ₹, 5 heures, 5/jour) passent tous par Koraput (100 ₹, 4 heures) ; la route, qui traverse des collines et des forêts, offre des paysages superbes. Les bus pour Bhubaneswar (sans clim 400 ₹, 12 heures) sont fréquents en fin de journée, entre 16h et 19h.

Trois trains relient Bhubaneswar à Rayagada. Le 18447 *Hirakhand Express* (sleeper/3AC/2AC 300/815/1 165 ₹) part tous les jours de la capitale à 19h35 et arrive à Rayagada à 16h50, ce qui est pratique pour attraper le bus pour le marché. Le train retour (n°18448) quitte Rayagada à 22h30.

Jeypore

☎06854 / 84 900 HABITANTS

Choisir la chaotique ville commerçante de Jeypore plutôt que Koraput comme base pour explorer le marché haut en couleur d'**Onkadelli** ne vous apportera guère plus que 27 km d'avance. Mieux vaut encore loger au Desia (p. 296), un beau *lodge* plus proche d'Onkadelli.

Le meilleur hébergement de Jeypore est l'**Hotel Hello Jeypore** (☎06854-230900 ; NH43 ; s/d avec petit-déj à partir de 1 695/2 195 ₹ ; ❄📶🏊). Il se situe juste à l'écart de l'animation urbaine, en face d'un multiplexe, à l'orée de la forêt. Le prix de la nuit inclut l'accès à des cours de yoga, et il y a un bon restaurant international sur place.

La **gare routière d'État** (Sardar Patel Marg) voit partir des bus pour Koraput (25 ₹, 1 heure, toutes les 30 minutes), Berhampur (420 ₹, 12 heures, 4/jour), Bhubaneswar (avec/sans clim 620/550 ₹, 13-16 heures, 5/jour) et Rayagada (120 ₹, 5 heures, 6/jour).

Pour aller au marché d'Onkadelli (45 ₹, 3 heures), prenez le bus qui part à 7h30 et à 9h du bureau de la Ghoroi Bus Union, dans Bypass Rd. Vous pouvez aussi prendre un taxi pour 3 000 ₹, attente comprise (4 passagers au maximum).

Côté trains, le 18447 *Hirakhand Express*, qui part chaque jour de Bhubaneswar à 19h35, dessert Jeypore en passant par Rayagada et Koraput (sleeper/3AC/2AC 380/1 035/1 485 ₹, 16 heures). Le 18448 *Hirakhand Express* fait le trajet inverse à 15h52.

NORD ET NORD-EST DE L'ODISHA

Le nord-est de l'Odisha est surtout connu pour ses parcs et ses réserves – avec notamment le Bhitarkanika Wildlife Sanctuary et le Similipal National Park –, ainsi que pour les remarquables ruines bouddhiques de Ratnagiri, d'Udayagiri et de Lalitgiri. Au nord de Bhubaneswar, on peut séjourner dans des palais historiques et explorer la paisible campagne à pied ou à vélo. Les propriétaires du Kila Dalijoda pourront venir vous chercher à Bhubaneswar ou à Cuttack. Les deux villes se visitent d'ailleurs aisément en une journée. En partant du Kila Dalijoda, le Bhitarkanika Wildlife Sanctuary peut facilement faire l'objet d'une excursion d'une journée ; il est facile de rejoindre Dhenkanal depuis la Satkosia Tiger Reserve.

Cuttack

Cuttack n'est pas une ville particulièrement belle, mais elle mérite une halte pour son **Odisha State Maritime Museum** (www.odishastatemaritimemuseum.org ; Jobra ; 40 ₹ ;

⏲10h-16h30 mar-dim) qui replace l'Odisha dans son contexte historique. Dominant le Mahanadi, ce musée retrace des siècles d'histoire de construction navale et de commerce maritime dans l'Odisha (qui commerçait notamment avec Bali, en Indonésie). Une section présente les activités navales, les rituels et les outils maritimes datant du royaume du Kalinga ; une autre rassemble des répliques de bateaux fluviaux, radeaux et coracles de différentes régions du pays. La galerie Jobra, aux airs d'atelier, est consacrée aux écluses et à la réparation des bateaux. L'aquarium abrite des espèces de l'Odisha et de l'Amazone.

Vers novembre ou décembre, on célèbre le Bali Yatra (p. 278). Cette semaine de festivités commémorant l'histoire commerciale commune de l'Odisha et de l'Indonésie est l'occasion d'une immense foire où il se vend de tout, du bétail aux textiles délicats en passant par les filigranes en argent.

Dhenkanal

Bâti pour le raja de Dhenkanal, au XIXe siècle, l'imposant **Garh Dhenkanal Palace** (Dhenkanal Palace ; ☎9437292448 ; www.dhenkanalpalace.com ; d en pension complète 9 200 ₹) domine cette pittoresque bourgade depuis les contreforts des Ghats orientaux. Ce palais loue aujourd'hui treize somptueuses chambres, soigneusement restaurées – avec meubles d'époque et tapisseries colorées – profitant de sdb privatives. On peut y découvrir la bibliothèque du raja actuel et organiser des excursions dans des villages des environs.

À 10 km de Dhenkanal, au milieu de sublimes forêts luxuriantes, le **Gajlaxmi Palace** (☎9861011221, 9337411020 ; www.gajlaxmipalace.com ; Borapada ; d en pension complète avec promenade dans la nature 6 500 ₹ ; ❄) est un superbe palais de 1935 ayant appartenu à un membre de la famille royale de Dhenkanal. Les actuels propriétaires, J. P. Singh Deo et sa charmante épouse, Navneeta, accueillent les visiteurs dans quatre chambres de leur paisible demeure.

Dhenkanal et ses palais sont aisément accessibles en train depuis Bhubaneswar.

Mangarajpur

Dans le bourg de Mangarajpur, à une heure de route au nord de Bhubaneswar, Debjit et sa famille accueillent les visiteurs dans leur demeure ancestrale, **Kila Dalijoda** (☎9438667086 ; www.kiladalijoda.com ; d avec petit-déj 5 500 ₹ ; 📶) 🍃, un manoir plein de coins et de recoins au cœur d'une campagne paisible. La cuisine maison est succulente. Debjit emmène ses hôtes dans les villages adivasi à l'occasion de balades à pied ou à vélo. Des visites des marchés et des temples des environs peuvent aussi être organisées.

Ruines de Pusphagiri

Ces intéressantes ruines bouddhiques, datant de 200 av. J.-C. environ pour les plus anciennes, sont les vestiges de l'un des premiers *mahavihara* du pays. Les *mahavihara* étaient des monastères bouddhiques et les universités de l'époque. Celui de Pusphagiri comportait trois "campus" – Ratnagiri, Udayagiri et Lalitgiri –, construits sur les collines de Langudi. La rivière Kelua qui en complétait le spectaculaire décor alimente de nos jours de petites communautés rurales, dont les villages de boue séchée et de chaume émaillent le paysage.

En partant tôt, il est possible de faire la visite en une journée depuis Bhubaneswar, mais, si vous êtes motorisé ou passez la nuit dans l'un des villages, vous aurez la possibilité d'explorer les trois sites à loisir. Nous vous conseillons de faire d'abord un tour à l'excellent Ratnagiri Museum pour connaître le contexte historique.

À voir

♥ **Udayagiri** SITE ARCHÉOLOGIQUE
(⏲lever-coucher du soleil). GRATUIT Les deux ensembles monastiques d'Udayagiri datent d'entre les Xe et XIIe siècles. Dans le premier, un grand stupa pyramidal en brique est orné d'un bouddha assis sur chacun des quatre côtés. Derrière, de très beaux jambages sculptés dissimulent un grand bouddha. Le second site, enlaidi par des graffitis, comprend une sublime sculpture de divinité, un bouddha assis et des cellules monastiques. Les ruines se trouvent à 2 km à pied de la route principale.

♥ **Ratnagiri** SITE ARCHÉOLOGIQUE
(Indien/étranger 25/300 ₹ ; ⏲lever-coucher du soleil). Le site de Ratnagiri englobe les ruines les plus vastes et les plus intéressantes. Deux grands monastères s'épanouirent ici

HORS DES SENTIERS BATTUS

LE SATKOSIA TIGER SANCTUARY

À 125 km au nord-ouest de Bhubaneswar, le **Satkosia Tiger Sanctuary** (☎06764-230941 ; www.satkosia.org ; Indien/étranger 40/1 000 ₹ par jour ; ⊙6h-18h oct-juin) englobe le Satkosia Gorge Sanctuary et le Baisipalli Wildlife Sanctuary. Cette réserve boisée de 964 km², consacrée à la protection des tigres, est traversée par d'impressionnantes gorges creusées par le cours impétueux de la Mahanadi. C'est l'un des plus beaux sites naturels de l'Odisha. Le centre du parc, où vit la majeure partie de la faune, est interdit aux touristes, et aucun safari en 4x4 n'est proposé. On vient surtout ici pour profiter de paysages naturels de toute beauté.

Le **Nature Camp Tikarpada** (☎06764-230941 ; www.satkosia.org ; d pension complète 2 000 ₹) jouit d'un cadre sublime, surplombant les plages de la Mahanadi avec les gorges en arrière-plan. Les tentes sont rudimentaires – même les *deluxe* n'ont que des sdb extérieures (mais privatives) ; les standards n'ont pas de douche. Le tarif inclut les repas et une randonnée jusqu'à un centre de reproduction de crocodiles.

Vous obtiendrez le permis nécessaire auprès de la **Satkosia Wildlife Division** (☎06764-230941 ; www.satkosia.org ; Hakimpada), à 1 km de la station ferroviaire d'Angul.

Chaque jour, quatre bus circulant entre la gare routière d'Angul et Tikarpada (45 ₹, 2 heures 30, 6h, 9h30, 15h30 et 17h) passent par l'entrée de la réserve, à Pampasar, où l'on paie normalement le droit d'accès (qui n'est toutefois pas toujours exigé quand on arrive en bus). Dans le sens inverse, les bus partent de Tikarpada à 6h30, 10h30 et 13h.

La gare routière d'Angus propose des départs fréquents pour Bhubaneswar (avec/sans clim 170/130 ₹, 4 heures) et Cuttack (avec/sans clim 150/120 ₹, 3 heures) entre 6h et 18h.

Sur les sept trains environ qui desservent quotidiennement Angul depuis Bhubaneswar, les plus rapides sont le 12893 *Bhubaneswar-Balangir Express* (2ᵉ class/AC chair 85/305 ₹, 2 heures 30, 6h30) et le 22840 *Bhubaneswar-Rourkela Express* (2ᵉ class/AC chair 85/305 ₹, 2 heures 15, 14h10). Dans le sens inverse, le 22839 *Rourkela-Bhubaneswar Express* est pratique ; il part d'Angul à 10h07.

du Vᵉ au XIIIᵉ siècle. On peut notamment admirer, à l'intérieur du premier ensemble, une superbe entrée sculptée s'ouvrant sur une vaste cour menant elle-même à un autel abritant un bouddha intact. Sur la petite butte se trouvent les vestiges d'un stupa de 10 m de haut, entourés de stupas votifs plus petits. Malheureusement, ils sont tous couverts de graffitis.

Ratnagiri Museum ART, ARCHÉOLOGIE
(5 ₹ ; ⊙9h-17h). Les quatre salles de cet excellent musée relatent l'histoire des ruines de Pusphagiri. Deux d'entre elles présentent des sculptures superbement préservées provenant des trois sites de Pusphagiri, tandis que les deux autres sont dédiées aux plaques en terre cuite, plaques en cuivre gravées en sanskrit, bronzes sacrés et autres objets mis au jour.

Lalitgiri SITE ARCHÉOLOGIQUE
(Indien/étranger 25/300 ₹ ; ⊙lever-coucher du soleil). Sur la colline de Lalitgiri se succèdent, en pente douce, plusieurs monastères en ruine (dont certains datent de 200 av. J.-C.), se résumant pour l'essentiel à des fondations de brique. L'un est entouré de dizaines de petits stupas votifs. À côté d'un petit musée comprenant de belles sculptures issues du site, des marches mènent sur une butte couronnée d'un stupa de faible hauteur. Un coffret contenant des reliques en or et en argent fut découvert lors des fouilles dans les années 1970. Lors de nos recherches, un musée plus grand était sur le point d'ouvrir.

Où se loger et se restaurer

Toshali Ratnagiri Resort HÔTEL $$
(☎9937023791 ; www.toshaliratnagiri.com ; d avec petit-déj 3 000 ₹ ; ❄📶🏊). Des chambres joliment décorées bordent la cour intérieure de ce complexe hôtelier situé face au Ratnagiri Museum, à la sortie du village. L'établissement domine des rizières et un paisible étang. Il compte un restaurant (plats 100-250 ₹) et un bar plutôt bien fourni compte tenu de son isolement. Réservation nécessaire.

Depuis/vers les ruines de Pusphagiri

Udayagiri est à 23 km de Chandikhol et Ratnagiri, à 9 km au-delà d'Udayagiri. Lalitgiri est à 22 km de Chandikhol, sur une autre route, 8 km après l'embranchement vers Ratnagiri/Udayagiri.

De Bhubaneswar, prenez un bus pour Cuttack (25 ₹, 1 heure, fréquent), puis un autre vers Chandikhol (35 ₹, 1 heure, fréquent) où, de la route qui part à droite, vous pourrez emprunter un minibus collectif pour Ratnagiri (30 ₹, 45 minutes) via Udayagiri (25 ₹, 30 minutes) ou pour Lalitgiri (25 ₹, 30 minutes) via l'hôtel Toshali Pusphagiri. Les minibus se font rares à partir de 15h30.

Une excursion d'une journée aux trois sites en voiture avec chauffeur au départ de Bhubaneswar revient à 3 500 ₹ environ.

Bhitarkanika Wildlife Sanctuary

Le Bhitarkanika Wildlife Sanctuary, constitué de mangroves luxuriantes, de vastes zones humides et de trois cours d'eau se jetant dans le golfe du Bengale, est peuplé d'une faune incroyablement riche. Surnommé "mini Amazone" de l'Inde par les organismes touristiques de la région, ce delta fréquenté par de nombreuses espèces d'oiseaux, représente la principale réserve pour crocodiles du pays et un site de ponte important pour des tortues menacées d'extinction.

À voir

Bhitarkanika Wildlife Sanctuary RÉSERVE
(40 ₹/jour, app photo/caméra 200/2 000 ₹ ; 7h-16h août-avr). Les trois fleuves qui se jettent dans le golfe du Bengale à Bhitarkanika forment un labyrinthe de courants boueux et de mangroves. Il s'agit de la deuxième zone de mangroves d'Inde par la taille. La réserve de Bhitarkanika, aussi belle qu'importante sur le plan de la biodiversité, englobe la majeure partie des 672 km² du delta. Le bateau est le seul moyen de se déplacer dans presque toute la réserve, où l'on vient surtout pour observer des crocodiles et des oiseaux (en particulier l'héronnière de Bagagahana).

Vous observerez des gavials au long museau, des crocodiles des marais, plus petits et trapus, et d'énormes crocodiles marins, qui se prélassent sur des bancs de vase et se réfugient dans l'eau quand passent les bateaux. L'une de ces bêtes, de 7 m de long, fut inscrite dans le Guinness des records. Cette région possède par ailleurs la plus forte concentration de cobras royaux du pays, ainsi qu'une demi-douzaine d'espèces de vipères potentiellement mortelles. Restez sur vos gardes.

La meilleure saison pour visiter la réserve s'étend de décembre à février (elle ferme une semaine en janvier, lors du recensement annuel des crocodiles). Les sauriens sont visibles toute l'année, et l'on voit aussi souvent des varans, des chitals (ou cerfs axis), des sangliers et toutes sortes d'oiseaux, dont huit espèces de martins-pêcheurs aux couleurs vives. Les hérons, qui arrivent début juin, nichent jusqu'à début décembre, avant de partir pour le lac Chilika ; les bruyants becs-ouverts indiens, une sorte de cigogne, ont quant à eux établi ici une colonie permanente. De l'un des quais situés à l'intérieur de la réserve, une courte marche à travers les mangroves mène à une tour d'observation des oiseaux. On peut aussi parcourir un itinéraire dans la nature de 5 km le long d'une des îles, de préférence en semaine, lorsque les visiteurs sont moins nombreux.

L'entrée du parc se trouve dans le village de Dangamal, aux huttes de terre. Des safaris en bateau (3 heures 30 ; 250 ₹/personne) partent du quai de Dangamal tôt le matin et à la mi-journée ; vous pouvez aussi louer un bateau entier pour 3 000 ₹.

Où se loger et se restaurer

Killa Aul Palace HÔTEL HISTORIQUE $$$
(Rajbati ; 9437690565 ; www.killaaulpalace.com ; ch avec petit-déj 4 500 ₹ ;). Cet établissement paisible et intimiste occupe un ancien palais royal pluricentenaire dans le village d'Aul (également prononcé "aa-li"). Les chambres sont superbement aménagées avec du mobilier ancien, et le cadre tranquille au bord de la rivière – d'où proviennent les crevettes géantes qui figurent parfois au menu des repas (500 ₹/personne) – ajoute au charme du lieu. Des excursions d'une demi-journée/journée vers Bhitarkanika (4 000/6 000 ₹) peuvent être organisées. De Cuttack, plusieurs bus directs desservent Aul (70 ₹, 3 heures).

Le raja partage son temps entre Cuttack et Aul ; il est particulièrement intéressant

LES TORTUES MARINES DE L'ODISHA

Les tortues de Ridley, l'une des plus petites espèces de tortues marines, aujourd'hui menacées, quittent les eaux profondes pour venir pondre sur les plages de l'Odisha. Les principaux sites de nidification sont Gahirmatha (Bhitarkanika Wildlife Sanctuary), ainsi que l'embouchure de la Devi près de Konark (p. 288) et celle de la Rushikulya près du lac Chilika (p. 290).

Les tortues sont souvent victimes de la pêche. Certaines réglementations existent comme l'obligation d'équiper les chaluts de systèmes de libération des tortues (TED) et l'interdiction de pêcher dans certaines zones de rassemblement et de reproduction. Toutefois, ces lois sont régulièrement contournées dans l'Odisha.

En outre, les casuarinas plantés pour protéger la plage de Devi occupent malheureusement des zones de sable meuble nécessaires à la ponte. D'autres dangers potentiels menacent les tortues, comme les futurs port et centrale thermique d'Astaranga, sur la Devi, ou le projet de construction d'un port à Palur, juste à côté du site de ponte à l'embouchure de la Rushikulya.

En janvier-février, les tortues se rassemblent près des plages. Si les conditions sont réunies, elles restent à terre ; sinon, elles réabsorbent leurs œufs et partent. L'éclosion se produit 50 à 55 jours après la ponte. Alors, les petits sont guidés vers l'océan par la luminescence de l'eau. Mais ils sont aussi facilement distraits par les lumières vives. Or, la NH 5 ne passe qu'à 2 km de Rushikulya. Des membres d'associations pour la protection des tortues de Gokharkuda, de Podampeta et de Purunabandha rassemblent les tortues égarées et les mettent à l'eau. Pour éviter de créer d'autres nuisances, mieux vaut visiter les sites de ponte à l'aube, lorsque les lampes sont inutiles.

Le meilleur site pour observer la nidification et l'éclosion des œufs est celui de la rivière Rushikulya, près des villages de Purunabandha et de Gokharkuda, à 20 km de Rambha, où se trouve l'hébergement le plus proche. C'est la nuit que les tortues sont les plus actives – n'oubliez pas que vous ne devez pas utiliser de lampe.

Pour en savoir plus sur la situation au moment de votre visite, renseignez-vous auprès du personnel du **Panthanivas Rambha** (☎06810-278346 ; d avec/sans clim 1 700/900 ₹ ; ❄) ou contactez la Wildlife Society of Odisha (ci-dessous). Un rickshaw aller-retour entre Rambha et Rushikulya coûte 600/1 200 ₹ la demi-journée/journée.

de séjourner ici lorsqu'il est présent pour vous accueillir.

♥ **Nature Camp Bhitarkanika** CAMPING $$$
(☎9437016054, 9337505022 ; www.bhitarkanikatour.com ; avec repas et transfert depuis Bhubaneswar 8 340 ₹ ; ⏲oct-avr). 🍃 Une expérience particulière vous attend dans ce petit camp de tentes privé construit au cœur du village de Dangamal, à seulement 200 m de l'entrée de la réserve, avec le concours des villageois. Les belles tentes (qui sentent certes un peu le moisi) sont entièrement équipées, avec électricité, toilettes à l'occidentale et agréable terrasse. Une excellente cuisine de l'Odisha est préparée sur place.

Dangamal Nature Camp LODGE $$$
(www.ecotourodisha.com ; d pension complète 4 540-5 840 ₹). L'office des forêts gère ce *lodge* situé dans la réserve, juste après l'entrée principale. On peut réserver en ligne sur le site Internet officiel.

ℹ Renseignements

INFORMATIONS TOURISTIQUES

Wildlife Society of Odisha (☎9437024265 ; kachhapa@gmail.com ; Shantikunj, Link Rd, Cuttack ; ⏲appels 10h-17h). Informations sur la situation critique des tortues olivâtres (voir l'encadré ci-dessus).

PERMIS

Les autorités du Bhitarkanika Wildlife Sanctuary tendent à modifier régulièrement la législation concernant les permis. Les visiteurs étrangers devaient s'inscrire à l'avance ; pour participer à une excursion en bateau, contactez le **Nature Camp Bhitarkanika** (ci-contre) ou le **Killa Aul Palace** (p. 300) au préalable.

ℹ Depuis/vers le Bhitarkanika Wildlife Sanctuary

Le plus simple pour visiter le Bhitarkanika Wildlife Sanctuary est de participer à un circuit organisé par le **Nature Camp Bhitarkanika**, qui

HORS DES SENTIERS BATTUS

LE DEBRIGARH WILDLIFE SANCTUARY

Dans le nord-est de l'Odisha, à 40 km à l'ouest de Sambalpur, le **Debrigarh Wildlife Sanctuary** (Indien/étranger 40/1 000 ₹, app photo 50 ₹ ; ⏲6h-16h) est une réserve de 347 km² qui se prête bien à l'observation de la faune. Son territoire comprend les Barapahad Hills, collines couvertes de forêt décidue sèche, et le vaste réservoir de Hirakud, où nagent des crocodiles des marais. La réserve est également peuplée de daims, d'antilopes, d'ours jongleurs, de langurs (des singes), de quelques tigres et léopards, et de 234 espèces d'oiseaux.

Un 4x4 est, en général, nécessaire pour atteindre cette jungle ; vous pourrez en trouver un par l'intermédiaire de votre hébergement de Sambalpur pour 1 300-1 500 ₹ (kilomètrage limité).

Le **Sheela Towers** (☎0663-2403111 ; www.sheelatowers.com ; VSS Marg ; s/d avec petit-déj à partir de 2 140/2 580 ₹ ; ❄📶) est le meilleur hôtel de Sambalpur. Il loue des chambres confortables, avec bonne connexion Wi-Fi et petit-déjeuner servi dans la chambre (inclus dans le prix). Son restaurant moderne au style Art déco (plats 120-340 ₹) sert des mets indiens, chinois et occidentaux, et de la bière fraîche.

À l'intérieur de la réserve, le **Debrigarh Nature Camp** (www.ecotourodisha.com ; d pension complète à partir de 5 840 ₹), loue quant à lui des chambres bien entretenues aux sdb propres. Les repas, traditionnels, sont savoureux. Comptez également 40 ₹ par personne et par jour pour l'accès à la réserve.

La **gare routière d'État** (VSS Marg), dans le centre de Sambalpur, affrète des bus pour Jeypore (320 ₹, 12 heures, départs à 5h50 et 17h), Koraput (320 ₹, 13 heures, départs à 5h50 et 17h), Berhampur (300 ₹, 12 heures, 18h, 18h30 et 19h) et Bhubaneswar (260 ₹, 8 heures, 22h).

Le plus rapide pour voyager de Bhubaneswar à Sambalpur est de prendre le 12893 *Balangir Express*, qui part à 6h30 (2e classe/AC chair 125/460 ₹, 4 heures 45). Sur les six trains qui partent de Sambalpur pour Bhubaneswar, le 18451 *Tapaswini Express* de 22h35 pour Puri (sleeper/3AC/2AC 235/630/900 ₹, 9 heures) via Bhubaneswar (sleeper/3AC/2AC 210/560/800 ₹, 7 heures) est le plus pratique.

comprend le transport depuis Bhubaneswar et la visite des ruines de Pusphagiri en chemin.

Gagner la réserve par les transports publics est une aventure. Deux ou trois bus directs pour Dangamal quittent Cuttack entre 12h et 13h. À défaut, des bus vont de Cuttack à Pattamundai (70 ₹, 3 heures), d'où vous pourrez continuer en bus vers Dangamal (45 ₹, 2 heures 30, dernier départ à 17h) via Rajnagar.

Trois bus partent tôt le matin de Dangamal. Ceux de 5h et 7h vont à Kendrapara (une petite ville au-delà de Pattamundai), où vous pourrez changer pour Cuttack ou Chandikhol (si vous voulez aller aux ruines de Pusphagiri). Le bus de 6h va jusqu'à Cuttack. Après 7h, il vous faudra emprunter un auto-rickshaw de Dangamal à Rajnagar (600 ₹ environ), d'où le dernier bus pour Cuttack est à 14h. À Bhubaneswar, on peut aussi monter dans un train pour Bhadrak (2 heures 15-3 heures, 10/jour environ), à 60 km de Bhitarkanika ; demandez alors au Nature Camp Bhitarkanika de venir vous chercher.

ℹ Comment circuler

Le bateau est le seul moyen de transport dans la réserve.

Kerala

Dans ce chapitre ➡

Le top des restaurants

- Kashi Art Cafe (p. 352)
- Villa Maya (p. 309)
- Malabar Junction (p. 353)
- Bait (p. 315)
- Paragon Restaurant (p. 363)

Le top des hébergements

- Neeleshwar Hermitage (p. 371)
- Varnam Homestay (p. 366)
- Rosegardens (p. 340)
- Old Harbour Hotel (p. 350)
- Reds Residency (p. 349)
- Marari Villas (p. 331)

Pourquoi y aller

Le Kerala est une mince bande côtière divisée en trois niveaux de paysages successifs : près de 600 km d'un littoral superbe baigné par la mer d'Oman, un réseau de voies d'eau calmes et miroitantes – les *backwaters* –, et les montagnes des Ghats occidentaux, couvertes de plantations de thé et d'épices. Cette terre verdoyante, ombragée par les palmiers, est à des années-lumière de la frénésie du reste de l'Inde, et sa longue histoire est illuminée de villes évocatrices comme Kochi (Cochin) et Thiruvananthapuram (Trivandrum).

Le Kerala est réputé pour ses *backwaters*, qui vont de pair avec de jolis house-boats, ses soins ayurvédiques et sa cuisine délicatement épicée. Mais il l'est aussi pour sa faune – éléphants sauvages, oiseaux exotiques et tigres –, et des traditions bien vivantes : les spectacles de kathakali, les fêtes et les courses de bateaux-serpents animent jusqu'au moindre village.

Quand partir

Thiruvananthapuram (Trivandrum)

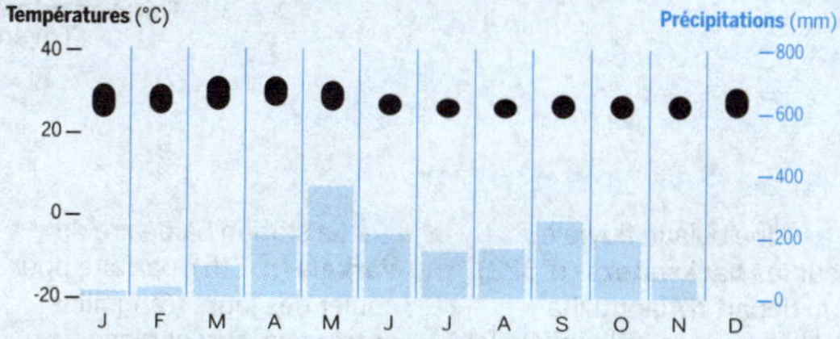

Décembre-février Temps idéal pour la plage, les *backwaters* et les parcs nationaux ; prix de haute saison.

Mars-avril Représentations de kathakali pour les fêtes de Kottayam et de Kollam ; fin de la haute saison.

Août-octobre Fin de la mousson. C'est la saison de la fête d'Onam et des courses de bateaux-serpents.

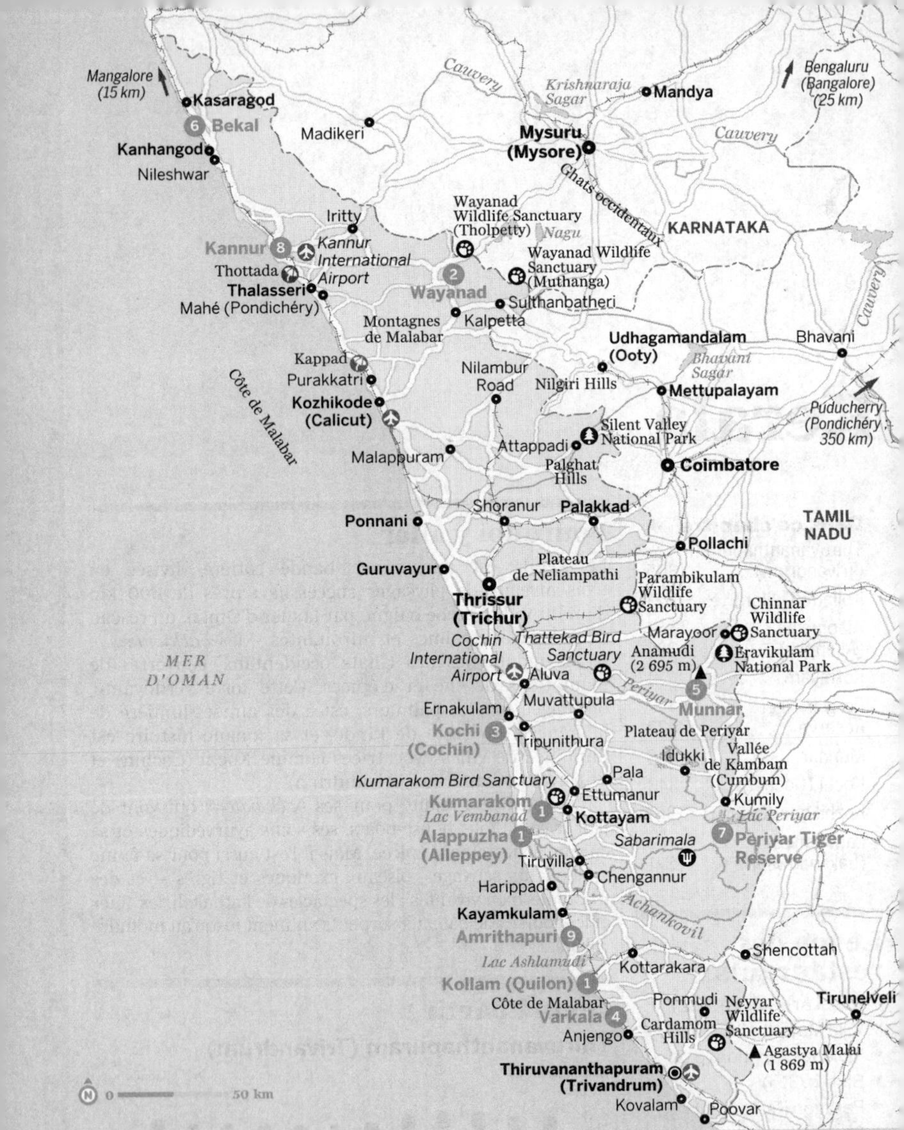

À ne pas manquer

1 Une balade fluviale sur les **backwaters** (p. 322) au départ d'Alappuzha (Alleppey), de Kollam (Quilon) ou de Kumarakom.

2 La région du **Wayanad** (p. 364), pour observer les éléphants au gré d'une randonnée.

3 **Fort Cochin** (p. 340), une ville chargée d'histoire.

4 La station balnéaire de **Varkala** (p. 316), parfaite pour couler des jours tranquilles entre yoga, surf et plage.

5 Une nuit chez l'habitant et un trek au milieu des plantations de thé de **Munnar** (p. 338).

6 **Bekal** (p. 370), à l'extrémité nord du Kerala, pour profiter de ses plages de sable blond toujours désertes.

7 La **Periyar Tiger Reserve** (p. 333), haut lieu du rafting, des randonnées et des excursions en bateau.

8 **Kannur** (Cannamore ; p. 368), au nord de l'État, réputée pour ses plages et ses rituels envoûtants du *theyyam*.

9 **Amrithapuri** (p. 327), site de la Matha Amrithanandamayi Mission.

Histoire

Les épices du Kerala attirent les marchands depuis plus de trois millénaires. La côte kéralaise, connue des Phéniciens, des Romains, des Arabes et des Chinois, servait jadis de point de transit aux épices provenant des Moluques (Indonésie orientale). L'apôtre saint Thomas aurait débarqué au Kerala en l'an 52, apportant le christianisme au sous-continent.

Le royaume des Chera s'étendit sur la majeure partie du Kerala jusqu'au début du Moyen Âge, guerroyant contre les royaumes et les fiefs voisins pour défendre son territoire et son commerce. Ils furent finalement battus par les Chola au XIIe siècle. L'arrivée de Vasco de Gama, en 1498, à Kappad, juste au nord de Kozhikode (Calicut), marqua le début de la présence européenne : les Portugais, les Néerlandais et les Britanniques supplantèrent finalement les commerçants arabes, puis rivalisèrent entre eux pour contrôler le lucratif commerce des épices.

Le Kerala actuel fut constitué en 1956 par la réunion des États du Travancore, de Cochin et de Malabar (les deux premiers restèrent indépendants sous les Britanniques). Son attachement aux arts et à l'éducation en a fait l'un des États les plus progressistes de l'Inde indépendante, et il possède le taux d'alphabétisation le plus élevé du pays.

En 1957, le Kerala élut un gouvernement communiste, le premier de la planète librement élu, qui a depuis détenu le pouvoir de manière régulière ; le Front démocratique uni (United Democratic Front ; UDF), dirigé par le parti du Congrès, gouverna de 2006 à 2011, mais le Front démocratique de gauche, dirigé par le Parti communiste d'Inde, lui succéda en 2016. De nombreux Malayalis (locuteurs du malayalam, la langue officielle de l'État) travaillent au Moyen-Orient, et leurs transferts d'argent jouent un rôle significatif dans l'économie. Le tourisme constitue par ailleurs un espoir pour l'avenir du Kerala, devenu, en deux décennies, l'une des premières destinations touristiques du sous-continent – une économie mise à mal par les inondations de 2018 (voir p. 219).

SUD DU KERALA

Thiruvananthapuram (Trivandrum)

☎ 0471 / 743 690 HABITANTS

Thiruvananthapuram, la capitale du Kerala – parfois désignée sous le nom colonial de Trivandrum – est une ville dynamique assez compacte qui s'étend sur plusieurs collines. Cette ville sainte, où Vishnu est particulièrement vénéré, fut aussi la capitale de l'État princier de Travancore. Peu fréquentée par les touristes, elle compte pourtant suffisamment de curiosités et de bons restaurants pour justifier un séjour et constitue une bonne introduction à la vie urbaine du Sud.

Le cœur historique de la ville, avec le temple de Shri Padmanabhaswamy, se trouve dans le sud du quartier du fort, à 1 km au sud-ouest des principales gares routière et ferroviaire. Les musées et le jardin zoologique sont à environ 3 km au nord, sur Mahatma Gandhi (MG) Road.

LES PLUS BELLES FÊTES DU KERALA

Outre les grands événements célébrés dans tout le Kerala, les fêtes dans les temples, les rituels du *theyyam* basés sur la transe (voir aussi p. 378 et p. 552), les courses de bateaux-serpents et les processions de rue se comptent par centaines.

Ernakulathappan Utsavam (p. 347 ; Kochi ; ⏲ jan/fév). Huit jours de festivités qui culminent avec de la musique et des feux d'artifice ; parades d'éléphants.

Thrissur Pooram (p. 359 ; Thrissur ; ⏲ avr/mai). La fête la plus importante et la plus animée du Kerala, avec de superbes processions d'éléphants.

Nehru Trophy Boat Race (p. 326 ; Alappuzha ; ⏲ août). Célèbre régate du Kerala.

Onam (à travers tout le Kerala ; ⏲ août/sept). Pendant dix jours, l'État commémore l'âge d'or du mythique roi Mahabali.

Carnaval de Cochin (p. 347 ; Kochi ; ⏲ déc). Dix jours de défilés à Fort-Cochin.

Kochi-Muziris Biennale (p. 347 ; Kochi ; ⏲ déc-mars). L'une des grandes biennales d'art contemporain du sous-continent, à travers Fort-Cochin.

Thiruvananthapuram (Trivandrum)

À voir

Museum of History & Heritage CULTURE

(KeralaM ; www.museumkeralam.org ; Park View, Museum Rd ; Indien adulte/enfant 20/10 ₹, étranger 200/50 ₹, app photo 25 ₹ ; 10h-17h30 mar-dim). Ce musée brillamment aménagé occupe un bel édifice vieux de 120 ans au sein du complexe de Kerala Tourism. Y sont retracées l'histoire et la culture kéralaises à travers de superbes expositions et installations multimédias. La collection comprend des outils de l'âge du fer, des sculptures

Thiruvananthapuram (Trivandrum)

Les incontournables
1 Museum of History & Heritage D1
2 Napier Museum D1

À voir
3 Puthe Maliga Palace Museum B6
4 Temple de Shri Padmanabhaswamy B6
5 Zoo D1

Activités
6 CVN Kalari Sangham B6
KTDC Tours .... (voir 14)
7 Margi Kathakali School A5

Où se loger
8 Hotel Regency C4
9 Princess Inn C4

Où se restaurer
10 Ariya Nivaas D5
11 Indian Coffee House C5
12 Villa Maya A6

Renseignements
13 KTDC Central Reservation Centre C1
14 DAB SBI C3
Office du tourisme .... (voir 1)

Transports
15 Gare routière East Fort C6
16 Gare routière KSRTC C5
17 Gare routière municipale C6
Auto-rickshaws prépayés .... (voir 16)
18 Auto-rickshaws prépayés C5
19 Bureau de réservation ferroviaire C5

en bronze, en bois et en terre cuite, des fresques, des *dhulichitra* (sols peints), des pièces de monnaie de l'époque romaine, des reconstitutions d'intérieurs kéralais traditionnels et des répliques de gravures des grottes d'Edakkal (p. 365), au Wayanad.

Napier Museum MUSÉE D'ART
(Art Museum ; en retrait de Museum Rd ; Indien adulte/enfant 20/10 ₹, étranger 200/100 ₹ ; 10h-16h45 mar et jeu-dim, 13h-16h45 mer). Un musée remarquable à plus d'un titre. L'édifice en lui-même (1880) est un bijou architectural tarabiscoté : un grand bâtiment en brique et bois aux couleurs vives, qui fut dessiné par Robert Chisholm (un architecte britannique féru d'artisanat local et d'architecture vernaculaire). À l'intérieur, l'étonnant décor des différentes galeries, très exubérant, mérite à lui seul le détour. La collection du musée, éclectique, est tout aussi notable, avec une profusion de bronzes, de sculptures bouddhiques, de chars rituels et de sculptures en ivoire ; il y a même une maquette en bois sculpté du célèbre temple de Guruvayur (Thrissur).

La **Sree Chithra Art Gallery** (même billet que le Napier museum), juste au nord du musée, renferme une intéressante collections de peintures indiennes (des miniatures notamment) et extrême-orientales.

Zoological Gardens PARC ANIMALIER
(en retrait de Museum Rd ; Indien adulte/enfant 30/10 ₹, étranger 200/100 ₹, app photo/caméra 50/200 ₹ ; 9h-17h15 mar-dim). Pour son *Histoire de Pi* (Folio Gallimard, 2005), Yann Martel s'est inspiré des animaux de ce jardin zoologique. Les chemins ombragés passent par des bois, des lacs et une forêt, où évoluent, dans des enclos, tigres, léopards, macaques, hippopotames, paons ou cerfs.

Temple de Shri Padmanabhaswamy TEMPLE HINDOU
(3h30-19h30). Dans le quartier du fort, ce temple (fermé aux non-hindous) qui date du XVIIIe siècle, mais dont les origines remontent au moins au VIIIe siècle, forme le cœur spirituel de Thiruvananthapuram. Son entrée principale est marquée, à l'est, par un magnifique gopura (tour d'entrée) à sept niveaux, haut de 30 m et décoré dans le style de ceux du Tamil Nadu. Dans le sanctuaire, la divinité Padmanabhaswami, un avatar de Vishnu, est représentée couchée sur le serpent sacré, Ananta. L'effigie se compose de plus de 10 000 *salagramam* (ou *shaligram* ; pierres sacrées – des fossiles noirs d'ammonites), qui auraient été transportées du Népal à dos d'éléphant.

Puthe Maliga Palace Museum PATRIMOINE
(Fort ; Indien adulte/enfant 70/25 ₹, étranger 200/70 ₹, app photo téléphone 20 ₹ ; 9h-12h45 et 14h-16h45 mar-dim). Donnant sur le bassin du temple de Shri Padmanabhaswamy, le palais des maharajas du Travancore (également appelé Kuthiramalika ; le palais des Chevaux), vieux de plus deux siècles, est typique de l'architecture kéralaise, avec ses grands doubles toits de tuiles, de magnifiques plafonds en bois sculpté, et des sculptures en marbre. Y sont exposés des représentations de l'art du kathakali, une armurerie, des portraits des souverains, leurs trônes ornementés et d'autres objets.

L'INDIAN COFFEE HOUSE

Fondé par le Coffee Board (Société du café) au début des années 1940, sous l'autorité britannique, l'Indian Coffee House paraît hors du temps. Dans tout le pays, il y a quelque 400 établissements de ce genre – des cafés aux prix inchangés, où les serveurs portent toujours un costume blanc amidonné et une curieuse coiffe. Quand, dans les années 1950, le Board commença à fermer ses cafés dans toute l'Inde et à licencier le personnel, le leader communiste Ayillyath Kuttiari Gopalan Nambiar, natif du Kerala, soutint les employés et fonda avec eux l'Indian Coffee Board Worker's Co-operative Society (Société coopérative des travailleurs de l'Indian Coffee Board). Le Coffee House s'est perpétué jusqu'à nos jours, sans perdre son atmosphère singulière. Il est encore géré sous la forme d'une coopérative.

Le prix inclut une visite guidée d'une heure, mais on peut se contenter d'une promenade dans le parc (entrée libre).

Activités

Les circuits **Storytrails** (9061222267 ; www.storytrails.in ; circuit 1100 ₹/pers) sont un excellent moyen de découvrir la ville à pied. La KTDC organise plusieurs **circuits en bus** (0471-2316736 ; www.ktdc.com ; Mascot Hotel, Mascot Sq), dont Glorious Thiruvananthapuram (680 ₹) et Mesmerising Kanyakumari (990 ₹), au départ de son bureau (p. 309) au Mascot Hotel à 600 m à l'ouest des Zoological Gardens.

Margi Kathakali School ARTS, CULTURE
(0471-2478806 ; www.margitheatre.org ; fort ; don apprécié). Cette école donne des cours de kathakali (voir p. 378 et p. 552) et de *koodiyattam* (théâtre sanskrit traditionnel) pour débutants et confirmés (prenez contact directement pour demander les tarifs) et programme parfois des spectacles de kathakali. Les visiteurs peuvent assister aux répétitions sans costumes (10h-12h lundi-vendredi). Le bâtiment se trouve derrière la Fort School, à 200 m à l'ouest du fort.

CVN Kalari Sangham ARTS MARTIAUX
(0471-2474182 ; www.cvnkalari.in ; South Rd ; stage 15 jours/1 mois 1 000/2 000 ₹). Stage de *kalarippayat* (voir p. 378 et p. 552) de trois à six mois pour étudiants de moins de 30 ans motivés, ayant des bases en arts martiaux. Les visiteurs sont invités à assister aux séances d'entraînement de 6h30 à 7h30, du lundi au samedi.

Où se loger

Des hôtels des catégories moyenne et petits budgets d'un bon rapport qualité/prix jalonnent Manjalikulam Road, au nord des gares routière et ferroviaire principales.

Princess Inn HÔTEL $
(0471-2339150 ; princess_inn@yahoo.com ; Manjalikulam Rd ; s/d 990-1 450/1 290-1 620 ₹ avec clim, s/d 580-900/780-1 400 ₹ sans clim ;). Dans un immeuble à la façade vitrée, cet hôtel confortable permet de passer une nuit assez calme dans une rue secondaire du centre. TV, sdb impeccables, réception ouverte 24h/24 et personnel aimable. Il vaut la peine de payer un peu plus pour les chambres deluxe, plus spacieuses.

Hotel Regency HÔTEL $
(0471-2330377 ; www.hotelregency.com ; Manjalikulam Cross Rd ; s/d 1 080-1 300/1 550-1 700 ₹ avec clim, s/d 750-950/1 080-1 150 ₹ sans clim ;). Un hôtel bien tenu et prisé, à environ 600 m au nord-ouest des gares routière et ferroviaire. Les petites chambres (TV) sont impeccables ; les deluxe sont plus grandes. Wi-Fi dans le hall et jardin sur le toit.

Graceful Homestay CHEZ L'HABITANT $$
(9847249556, 0471-2444358 ; www.gracefulhomestay.com ; Pothujanam Rd, Philip's Hill ; s/d rdc 1 800/2 000 ₹, s/d étage et ste 2 750/3 000 ₹, avec petit-déj ;). Dans la verdoyante banlieue ouest, cette belle maison familiale, au calme, est entourée d'un vaste jardin. Les quatre chambres, équipées de ventilateurs et aménagées avec soin, ont chacune leur caractère, et l'on a accès à la cuisine, aux pièces à vivre et aux balcons. La double du dernier étage dispose d'une terrasse couverte, donnant sur un océan de palmiers. Les hôtes, attentionnés, préparent des petits-déjeuners kéralais. Téléphonez pour demander le chemin.

Où se restaurer

Ariya Nivaas INDIEN DU SUD $
(Manorama Rd ; plats 40-150 ₹, thali 120 ₹ ; 7h-22h). Ce restaurant, ouvert de longue date, propose peut-être les meilleurs *thali* végétariens de la ville, servis à volonté. Il y a

toujours foule, surtout à l'heure du déjeuner, mais le service est rapide et la cuisine fraîche. Salle climatisée à l'étage.

Indian Coffee House INDIEN $
(Maveli Cafe ; Central Station Rd ; en-cas 15-70 ₹ ; 6h30-22h). Juste à côté de la gare routière principale, cette succursale de la fameuse chaîne est installée dans une petite tour immanquable en brique rouge. L'intérieur en spirale est aménagé avec des bancs et des tables en béton. Comme les autres enseignes, elle est réputée pour son café fort et ses en-cas – *biryani*, omelettes ou *masala dosa* (galettes garnies de pommes de terre épicées).

Villa Maya KÉRALAIS $$$
(0471-2578901 ; www.villamaya.in ; 120 Airport Rd, Injakkal ; plats 600-1 600 ₹ ; 12h-23h ;). Pour une expérience esthétique autant que culinaire. Les convives ont le choix entre une demeure hollandaise du XVIIIe siècle et les alcôves tendues de rideaux d'une paisible cour-jardin. Préparés de façon experte, les plats kéralais allient saveurs délicatement relevées et jolie présentation. La maison met l'accent sur les produits de la mer, comme le crabe farci au beurre de langouste, mais les végétariens se régaleront aussi.

Renseignements

KIMS (Kerala Institute of Medical Sciences ; 0471-2941144, urgences 0471-2941400 ; trivandrum.kimsglobal.com ; Anayara ; 24h/24). Hôpital à environ 6 km au nord-ouest de la gare ferroviaire Trivandrum Central.

Office du tourisme KTDC (www.ktdc.com ; KTDC Hotel Chaithram, Central Station Rd ; 9h30-19h)

Office du tourisme (0471-2321132 ; Museum Rd ; 24h/24)

KTDC Central Reservation Centre (0471-2316736 ; www.ktdc.com ; Mascot Hotel, Mascot Sq ; 10h15-13h15 et 14h-17h15)

RÉSERVER UN BILLET DE BUS

Pour certains bus du Kerala, on peut réserver en ligne, sur www.keralartc.in ou www.kurtcbooking.com (les cartes étrangères ne sont pas toujours acceptées).

Depuis/vers Thiruvananthapuram

AVION

L'**aéroport international de Trivandrum** (www.trivandrumairport.com) est à 4 km à l'ouest du centre-ville. Air India, IndiGo et/ou SpiceJet (voir le chapitre *Transports* p. 590) proposent des vols depuis/vers Mumbai (Bombay), Kochi (Cochin), Calicut, Bengaluru (Bangalore), Chennai (Madras), Delhi, Goa et Hyderabad.

Des vols directs sont assurés depuis/vers Colombo (Sri Lanka), Malé (Maldives) et des villes du Golfe.

BUS AU DÉPART DE LA GARE ROUTIÈRE KSRTC DE THIRUVANANTHAPURAM (TRIVANDRUM)

DESTINATION	TARIF	DURÉE	FRÉQUENCE
Alappuzha (Alleppey)	150-240 ₹	3 heures 30	toutes les 10 minutes
Bengaluru (Bangalore)	920-1 450 ₹	16 heures	14h, 14h30, 15h15, 17h, 19h30
Chennai (Madras)	830 ₹	12-16 heures	8/jour 9h45-19h30
Ernakulam (Kochi)	230-390 ₹	5 heures 30	toutes les 20 minutes (clim toutes les heures)
Kanyakumari	80 ₹	3 heures	2h30, 4h30, 5h30
Kollam (Quilon)	80-150 ₹	2 heures	toutes les 15 minutes (clim toutes les heures)
Kumily (pour Periyar)	250 ₹	8 heures	20h15
Madurai	370 ₹	8 heures	13/jour 8h-21h30
Munnar	400 ₹	8 heures	6h45, 13h, 22h30, 23h15, 23h45
Mysuru (Mysore)	1 050 ₹	14 heures	17h, 19h30, 20h
Neyyar (barrage)	40 ₹	1 heure 30	toutes les 30 min-1 heure 5h05-19h50, 22h55
Ooty (Udhagamandalam)	695 ₹	15 heures	15h
Puducherry (Pondichéry)	720 ₹	14 heures	13h15
Thrissur	350-400 ₹	7 heures 30	toutes les 20 minutes

PRINCIPAUX TRAINS INTER-ÉTATS AU DÉPART DE TRIVANDRUM CENTRAL

DESTINATION	TRAIN (NOM ET N°)	TARIF (SLEEPER/ 3AC/2AC)	DURÉE	DÉPART (1/JOUR)
Bengaluru (Bangalore)	16525 *Bangalore Exp.*	420/1 145/1 650 ₹	18 heures 45	12h45
Chennai (Madras)	12696 *Chennai Exp.*	470/1 245/1 785 ₹	16 heures 45	17h15
Coimbatore	17229 *Sabari Exp.*	255/685/985 ₹	9 heures 30	7h15
Mangaluru (Mangalore)	16604 *Maveli Exp.*	370/980/1 325 ₹	13 heures 45	18h45
Mumbai (Bombay)	16346 *Netravathi Exp.*	670/1 805/2 655 ₹	31 heures	9h30

BUS

Bus publics et privés utilisent l'immense mais plutôt bien ordonnée **gare routière KSRTC** (☎ 0471-2462290 ; www.keralartc.com ; Central Station Rd, Thampanoor), en face de la gare ferroviaire Trivandrum Central.

Des bus pour Kovalam (17 ₹, 30 minutes) partent toutes les 20 minutes entre 6h et 18h30 de l'extrémité sud de la **gare routière d'East Fort** (MG Rd), à côté de la **gare routière municipale** (Chalai Bazaar Rd). Pour Varkala, il est plus facile de prendre le train.

TRAIN

Les trains sont souvent bondés ; réservez en ligne ou au **bureau des réservations** (1er ét., Trivandrum Central ; ⏲ 8h-14h et 14h15-17h30), juste au nord du quai n° 1, du côté nord de la gare ferroviaire Trivandrum Central. Si la plupart des lignes importantes desservent cette dernière, dans le centre, certains trains express ont leur terminus à la gare ferroviaire de Kochuveli, à 7 km au nord-ouest du centre ; vérifiez à l'avance.

À l'intérieur du Kerala, des trains express réguliers desservent Varkala (2e classe/ sleeper/3AC 45/140/495 ₹, 1 heure), Kollam (Quilon ; 55/170/540 ₹, 50 minutes-2 heures) et Ernakulam (Kochi ; 95/165/495 ₹, 3 heures 45-4 heures), via Alleppey (80/140/495 ₹, 2 heures 15-3 heures 15) ou Kottayam (80/140/495 ₹, 3 heures). De nombreux trains vont chaque jour à Kanyakumari (2e classe/sleeper/3AC 60/140/490 ₹, 1 heure 30-3 heures).

ℹ Comment circuler

Des bus circulent entre la gare routière d'East Fort (ci-dessus) et l'aéroport (12 ₹, 10 minutes, départs toutes les 20 minutes entre 6h et 20h30), notamment plusieurs FlyBus orange climatisés par jour. De l'aéroport, un taxi prépayé pour la ville coûte 350 ₹ (500 ₹ pour Kovalam).

Les applications Ola Cabs et Uber sont le moyen le plus facile de se déplacer en ville. Les auto-rickshaws utilisent – parfois – leur compteur ; les courts trajets coûtent 20 à 50 ₹.

On trouve une station d'auto-rickshaws prépayés devant les gares routière (Central Station Rd) et ferroviaire (Thampanoor Junction).

Environs de Thiruvananthapuram

Dans un cadre superbe, en bordure ouest du barrage de Neyyar, à 30 km à l'est de Thiruvananthapuram, le **Sivananda Yoga Vedanta Dhanwantari Ashram** (☎ 9495630 951, 9446580764 ; www.sivananda.org.in/neyyardam ; Neyyar Dam ; dort et tentes 830 ₹, ch lits jum avec clim 1 940 ₹, sans clim 1 050-1 310 ₹), fondé en 1978, est réputé pour ses cours de hatha yoga. Ces derniers, de deux semaines au minimum, commencent le 1er et le 16 de chaque mois. Les tarifs comprennent l'hébergement et les repas végétariens. Des formations d'enseignants sont aussi proposées. Réservation indispensable.

Du barrage de Neyyar, des bus partent pour la gare routière KSRTC de Thiruvananthapuram (ci-contre ; 35 ₹, 1-2 heures) toutes les 30 minutes entre 4h30 et 20h15, et repartent dans l'autre sens toutes les 30 à 60 minutes entre 5h05 et 19h50, puis à 22h55.

Kovalam

☎ 0471 / 25 700 HABITANTS

Avec son littoral en arc de cercle, cet ancien bourg de pêcheurs dispute aujourd'hui à Varkala le titre de station balnéaire la plus développée du Kerala. Lighthouse Beach, la très touristique plage principale, est bordée d'hôtels et de restaurants qui s'éparpillent vers les collines au nord depuis le rivage ; Hawa Beach, juste au nord, est souvent envahie d'excursionnistes. Si aucune de ces plages n'est particulièrement propre, toutes deux sont facilement accessibles depuis Thiruvananthapuram, à moins de 15 km, et les vagues sont propices au surf. Kovalam constitue par ailleurs une bonne base pour profiter de soins ayurvédiques (voir p. 315) et suivre des cours de yoga.

À 2 km plus au nord, le littoral compte plusieurs complexes hôteliers haut de gamme et une étendue de sable paisible (et pentue) à Samudra Beach.

À voir et à faire

Vizhinjam Lighthouse PHARE

(Lighthouse Rd ; Indien/étranger 20/50 ₹, app photo 10 ₹ ; 10h-13h et 14h-18h mar-dim). À l'extrémité sud de Lighthouse Beach, près du port, ce phare rayé comme un sucre d'orge est le monument... phare de Kovalam. Grimpez l'escalier en colimaçon – ou prenez l'ascenseur – pour profiter d'une vue vertigineuse sur la côte.

Temple taillé dans la roche TEMPLE HINDOU

(Vizhinjam ; lever-coucher du soleil). Sur un site soigneusement entretenu, ombragé par les banians, à 500 m au nord du port de Vizhinjam, ce petit sanctuaire rupestre est l'un des plus anciens temples taillés dans la roche du Kerala. Des représentations inachevées de Shiva en tant que Nataraja (avec Parvati) et Tripurantaka (portant un arc et une flèche) flanquent une sculpture de Dakshinamurthy ; ces ouvrages dateraient du VIIIe siècle.

Padmakarma YOGA

(9895882915 ; www.padmakarma.com ; Lighthouse Beach ; cours 500 ₹; cours 8h15 et 16h). Un enseignant formé auprès de Sivananda dirige des séances de yoga et de méditation sans réservation deux fois par jour (Iyengar le matin, hatha l'après-midi) dans un cadre verdoyant à l'extrémité sud de Lighthouse Beach, près de l'Hotel Peacock. Une formation de 200 heures destinée aux enseignants est également proposée.

Kovalam Surf Club SURF

(9847347367 ; www.kovalamsurfclub.com ; Lighthouse Beach ; cours collectif 1 000 ₹ pour 1 heure 30). En retrait de la plage, ce magasin et club de surf bien établi loue des planches (600 ₹ les 3 heures) et organise des cours d'initiation (en groupe ou privés), ainsi que des sorties personnalisées. L'équipe (polyglotte), engagée auprès de la population, donne des cours de surf gratuits aux enfants défavorisés le week-end et encourage l'éducation.

Cool Divers & Bond Safari PLONGÉE

(9946550073, 7560906575 ; www.bondsafarikovalam.com ; Suseela Tower, Kovalam Beach Rd ; baptême de plongée 6 000 ₹ ; 8h30-17h30). Ce centre de plongée efficace propose du matériel de pointe, des cours PADI (Open Water Diver sur 4 jours 25 000 ₹) et des sorties guidées sur des spots des environs.

LIGHTHOUSE BEACH : GARE AUX COURANTS !

Aux deux extrémités de Lighthouse Beach, des courants puissants emportent chaque année des baigneurs imprudents. Restez entre les drapeaux, dans les zones surveillées par les sauveteurs, et abstenez-vous de nager pendant la mousson.

Où se loger

Il y a des établissements de meilleur rapport qualité/prix derrière Lighthouse Beach, mais peu de véritables adresses destinées aux petits budgets, notamment en saison, de décembre à janvier (réservation impérative). Des remises sont octroyées en basse saison.

Lost Hostel AUBERGE DE JEUNESSE $

(www.thelosthostels.com ; près du temple d'Avaduthura ; dort 500-600 ₹, ch 1 100-1 700 ;). Un point de chute pour les voyageurs à petits budgets, dans une maison jaune à 500 m de Lighthouse Beach vers l'intérieur des terres. Des dortoirs de six lits simples et bien tenus (ventilateurs, casiers individuels et sdb modernes), des chambres sobres (lits jumeaux et sdb), et des parties communes, dont une cuisine.

Paradesh Inn GUESTHOUSE $$

(9995362952 ; inn.paradesh@yahoo.com ; Avaduthura ; avec petit-déj s 2 600-3 500 ₹, d 2 900-3 800 ₹ ; mi-oct à mars ;). Une montée de 5 minutes depuis Lighthouse Beach conduit à cette *guesthouse* à flanc de colline donnant sur les palmiers, tenue par des Italiens. Avec ses murs chaulés, ses touches bleu ciel et son charme méditerranéen, elle fait penser à une maison des îles grecques. Les six chambres sont pourvues d'un ventilateur et d'un fauteuil suspendu. Belle vue depuis le toit. Savoureux petit-déjeuner et cuisine *satya* ("nourriture yogique") végétarienne.

Beach Hotel II HÔTEL $$

(www.thebeachhotel-kovalam.com ; Lighthouse Beach ; ch 5 310-5 900 ₹, avec clim 6 490-7 080 ₹ ;). Un bel hôtel niché dans la courbe sud de Lighthouse Beach. Les portes-

Kovalam

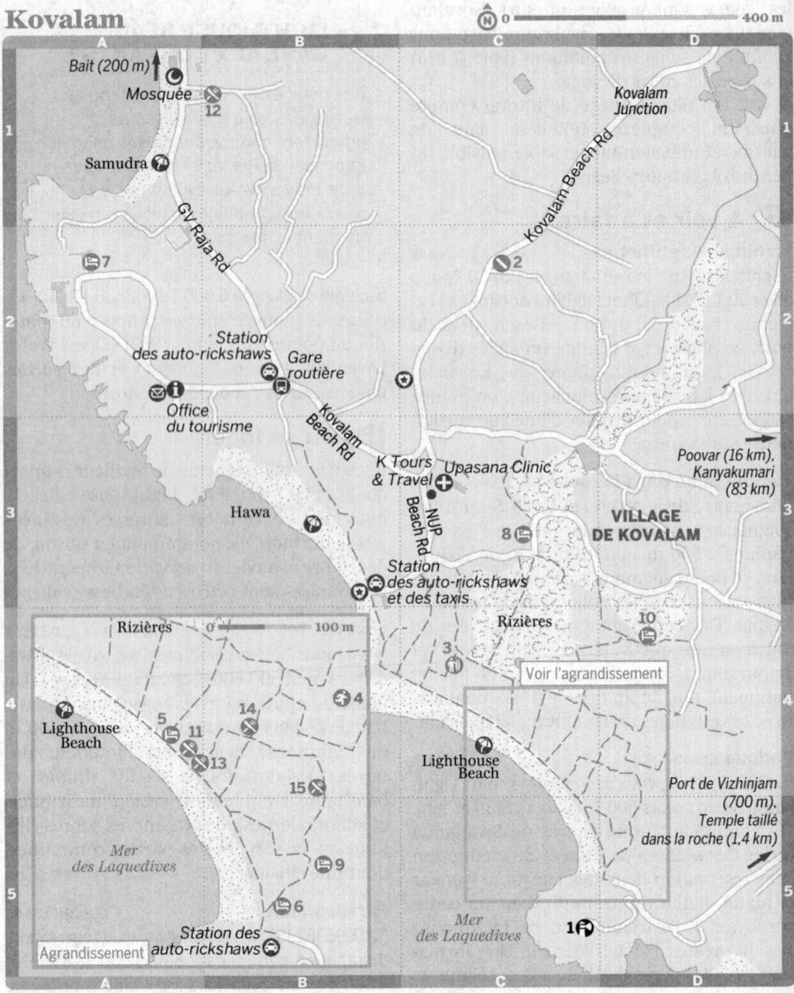

Kovalam

À voir

1 Phare de Vizhinjam C5

Activités

2 Cool Divers & Bond Safari C2
3 Kovalam Surf Club C4
4 Padmakarma B4

Où se loger

5 Beach Hotel A4
6 Beach Hotel II B5
7 Leela A2
8 Lost Hostel C3
9 Maharaju Palace B5
10 Paradesh Inn D4
Treetops .... (voir 10)

Où se restaurer

11 A Beach Cafe A4
12 Curry Leaf B1
Fusion .... (voir 6)
13 Malabar Cafe A4
14 Suprabhatham B4
Terrace Restaurant .... (voir 7)
15 Varsha B4
Waves Restaurant & German Bakery .... (voir 5)

fenêtres des 14 chambres, élégantes et agréablement spacieuses ouvrent sur un balcon privatif donnant sur la plage. Mobilier en bois, carreaux de terre cuite et tissus aux motifs simples leur donnent un style chic sobre. Excellent restaurant, le Fusion (p. 314), sur la terrasse et piscine.

Treetops GUESTHOUSE **$$**
(9847912398 ; treetopsofkovalam@yahoo.in ; ch 2 000 ₹ ;). Au milieu des palmiers et de jardins colorés, cette accueillante adresse dirigée par des Britanniques vous place bien au-dessus de l'animation de Lighthouse Beach (à seulement 5 minutes à pied). Des bâtonnets d'encens embaument les 4 chambres pleines de couleur et de caractère, impeccables, lumineuses et dotées de balcons. Beau panorama depuis le toit -terrasse. Appelez demander le chemin.

Beach Hotel HÔTEL **$$**
(www.thebeachhotel-kovalam.com ; Lighthouse Beach ; ch 2 800 ₹ ;). En front de mer, près de l'apprécié Waves Restaurant & Germany Bakery, cet hôtel intime, de style minimaliste, est tout en carreaux de terre cuite et tons ocre apaisants. Les huit chambres, au rez-de-chaussée, sont agrémentées de sdb modernes, de terrasses privatives, de jetés de lits imprimés et de jolies touches artistiques. Personnel accueillant et serviable.

Maharaju Palace GUESTHOUSE **$$**
(9946854270 ; www.maharajupalace.com ; Lighthouse Beach ; avec petit-déj ch 2 500 ₹, avec clim 2 850 ₹, ch bungalow 2 500-3 500 ₹ ;). Dans une ruelle à l'extrémité sud de la plage, cette *guesthouse* ouverte de longue date par des Néerlandais tient plus du refuge tranquille que du palais. Mobilier en bois, linge coloré, peintures murales et lits à baldaquin lui confèrent davantage de cachet que ses concurrentes. Il y a aussi un charmant bungalow en bois (deux chambres) dans le jardin. Petit-déjeuner servi sur une terrasse rafraîchie par la brise.

Ganesh House Homestay CHEZ L'HABITANT **$$**
(9995012627, 0471-2584212 ; www.theganeshhouse.com ; TC 64/2048 Nedumom, Country Spa Rd, Samudra Beach ; avec petit-déj ch 1 500 ₹, avec clim 2 300-2 500 ₹ ;). Profitez d'une ambiance familiale dans cette maison orange pêche moderne, bien gérée et entourée de plantes, au bout d'un chemin de terre et à 5 minutes à pied de la tranquille Samudra Beach. Toutes les chambres sont propres, lumineuses et confortables ; celles de l'étage, à côté d'une petite terrasse, sont climatisées et plus grandes que les "budget" du rez-de-chaussée (ventilateur). Petit-déjeuner traditionnel.

À NE PAS MANQUER

LE PALAIS DE PADMANABHAPURAM

À quelque 50 km au sud-est de Kovalam, juste après la frontière de l'État, côté Tamil Nadu, le **palais de Padmanabhapuram** (p. 448) est considéré comme le plus bel exemple encore existant de l'architecture traditionnelle. Cette merveille de bois poli et sculpté est accessible en bus ou taxi depuis Kovalam, Thiruvananthapuram (Trivandrum) ou Kanyakumari, via Thuckalay. Un taxi aller-retour au départ de Kovalam coûte 3 500 ₹, temps d'attente compris.

Leela HÔTEL DE LUXE **$$$**
(0471-3051234 ; www.theleela.com ; Samudra Beach ; ch à partir de 13 800 ₹, ste à partir de 40 880 ₹ ;). Les frangipaniers parfument ce somptueux hôtel qui s'étend sur le promontoire séparant la plage de Hawa de celle de Samudra. Les chambres, élégantes, spacieuses et ornées de tissus colorés et d'art kéralais, donnent sur la mer ou le jardin. Au sommet de la falaise, à côté du raffiné Terrace Restaurant (p. 316), la piscine à débordement attire les regards. Également : spa ayurvédique, salle de sport, plage "privée", yoga et spectacles de danse.

Taj Green Cove HÔTEL DE LUXE **$$$**
(0471-6613000 ; taj.tajhotels.com ; GV Raja Vattapara Rd, Samudra Beach ; ch/ste avec petit-déj à partir de 14 200/21 890 ₹ ;). Cet hôtel d'une chaîne indienne de luxe est aménagé au cœur d'un vaste domaine verdoyant, directement relié au front de mer. Les bungalows individuels au toit de chaume, avec jardin privatif pour certains et vue imprenable sur la mer pour d'autres, sont décorés avec goût. L'offre culinaire haut de gamme comprend des petits-déjeuners au bord de la piscine et le restaurant de poisson Bait (p. 315), au bord de l'eau. Yoga, ayurvéda et massages dans un cadre luxueux au **Jiva Spa** (0471-6613048 ; massage ou soins 2 100-4 000 ₹ ; 8h-21h), une adresse emblématique.

L'AYURVÉDA OU LA CONNAISSANCE DE LA VIE

Le mot "ayurvéda" provient du sanskrit. Il est composé d'*ayu* (vie) et de *veda* (connaissance) ; c'est la science, ou la connaissance, de la vie. Les principes de la médecine ayurvédique étaient sans doute appliqués depuis des siècles lorsqu'ils furent consignés par écrit pour la première fois dans les Veda (livres sacrés de l'hindouisme) il y a quelque 2 000 ans, ce qui en fait la plus ancienne discipline médicale connue.

Selon l'ayurvéda, le monde possède un ordre et un équilibre intrinsèques. Nous possédons trois *dosha* (humeurs) : *vata* (vent ou air), *pitta* (feu) et *kapha* (eau/terre). Ensemble, ils forment les *tridosha*. Si la plupart des gens ont un ou deux *dosha* dominants, une carence ou un excès de l'un d'eux peut causer une maladie. Ainsi, trop de *vata* peut provoquer vertiges et affaiblissement ; trop de *pitta* amène la fièvre, l'inflammation et l'infection ; et le *kapha* est essentiel pour l'hydratation.

Le traitement ayurvédique, pratiqué par des médecins formés à l'université, vise à rétablir cet équilibre, et par conséquent la santé, principalement par le biais de deux méthodes : *panchakarma* (purification intérieure) et le massage aux plantes. Le *panchakarma* ("cinq actions"), utilisé pour traiter les maux graves, est un régime détoxifiant intensif qui combine cinq thérapies pour libérer le corps des endotoxines : *vaman* (vomissements thérapeutiques), *virechan* (purge), *vasti* (lavement), *nasya* (élimination nasale des toxines) et *raktamoksha* (détoxification du sang). On prépare d'abord son corps pendant plusieurs jours à l'aide d'un régime particulier, de massages à l'huile (*snehana*) et de bains de vapeur aux herbes (*swedana*). La purification *panchakarma* peut très bien ne recourir qu'à un ou deux de ces traitements à la fois – les saignées et les sangsues ne sont employés que dans de très rares cas. Bien que le yoga, la méditation et l'ayurvéda soient étroitement liés, cette dernière discipline n'en reste pas moins médicale.

Les plantes utilisées par l'ayurvéda poussent en abondance dans le climat humide du Kerala et chaque village possède sa pharmacie ayurvédique. La mousson est la meilleure période pour suivre un traitement : il y a alors moins de poussière dans l'air, les pores sont ouverts et le corps est plus réceptif.

Où se restaurer et prendre un verre

Chaque soir, les prises du jour sont exposées dans les restaurants le long de la promenade du front de mer ; comptez autour de 90 ₹ les 100 g de vivaneau. Il y a de bons restaurants dans l'enchevêtrement de ruelles au-delà et sur la plus calme Samudra Beach.

Varsha INDIEN DU SUD $$

(☎ 9995100301 ; plats 150-225 ₹ ; 8h-22h ; wifi). L'un des plus fameux restaurants végétariens de Kovalam, dans les ruelles situées derrière la partie sud de Lighthouse Beach. Pour un prix raisonnable, régalez-vous de plats frais préparés avec soin, tels que *masala dosa* épicé et curry de citrouille et d'épinards (hors carte) dans ce petit espace de sable, de chaises en plastique et de plantes en pot.

Fusion INTERNATIONAL $$

(www.thebeachhotel-kovalam.com ; Beach Hotel II, Lighthouse Beach ; plats 220-550 ₹ ; 7h30-22h30 ; wifi). Élégante terrasse et carte créative associant Orient et Occident pour le restaurant du Beach Hotel II (p. 311), qui offre l'une des meilleures expériences gastronomiques de Lighthouse Beach. On y sert classiques européens, plats fusion comme des pâtes au pesto de piment et intéressantes spécialités de la mer comme la langouste cuite à la vapeur dans de la vodka. C'est aussi une bonne adresse pour le petit-déjeuner : accompagnez un bol de muesli et de fruits, d'un café ou d'une infusion tout en contemplant les palmiers.

Waves Restaurant & German Bakery INTERNATIONAL $$

(www.thebeachhotel-kovalam.com ; Beach Hotel, Lighthouse Beach ; plats 220-550 ₹ ; 7h30-23h ; wifi). Avec son balcon couleur rouille, sa musique d'ambiance et sa longue carte de plats bien exécutés, ce "restaurant et boulangerie allemande" – au-dessus du Beach Hotel (p. 313) – attire les étrangers. Le matin, on y petit-déjeune de pain frais, de croissants, de pâtisseries et de café; le soir, on y dîne de curries thaïlandais, de saucisses allemandes, d'en-cas indiens, de pizzas, de pâtes et de fruits de mer. Librairie attenante.

VAUT LE DÉTOUR

LES CENTRES AYURVÉDIQUES PRÈS DE KOVALAM

Entre Kovalam et Poovar, parmi des palmiers à perte de vue, vous pourrez embrasser la vie de village en profitant de plages désertes au sable doré et de centres ayurvédiques de qualité. Ces derniers, situés dans un rayon de 6 à 10 km au sud-est de Kovalam, s'adressent à ceux qui désirent une immersion complète. Un taxi revient à 250-450 ₹.

Niraamaya Retreats Surya Samudra (0471-2267333, 8045104510 ; www.niraamaya.in ; Pulinkudi ; ch avec petit-déj 18 990-40 700 ₹ ;). Aménagé parmi les manguiers, les bananiers et les banians, voici une retraite de première classe, avec des maisons kéralaises traditionnelles, une piscine à débordement côté plage et un spa réputé.

Dr Franklin's Panchakarma Institute (0471-2480870 ; www.dr-franklin.com ; Chowara ; s 9 620-10 260 ₹, d 17 230-17 630 ₹ avec clim, s 8 330-9 620 ₹, d 14 660-17 230 ₹ sans clim, repas et soins inclus ;). Un centre plus abordable, de bonne réputation et accueillant, avec du yoga, des forfaits ayurvédiques personnalisés, des chambres et des bungalows bien tenus.

Bethsaida Hermitage (0471-2267554 ; www.bethsaidahermitage.com ; Mulloor, Pulinkudi ; s/d à partir de 10 280/11 310 ₹ avec clim, 6 240/7 580 ₹ sans clim, repas inclus ;). Belle retraite à vocation caritative en bordure de plage, au milieu de jardins, avec hamacs, deux piscines donnant sur la mer, yoga et soins ayurvédiques professionnels.

Somatheeram (0471-2268101 ; somatheeram.in ; Chowara ; s 17 900-20 550 ₹, d 19 900-22 950 ₹ avec clim, s 6 820-15 330 ₹, d 7 540-17 000 ₹ sans clim ;). L'une des première retraites de la région, récompensée. Chambres et bungalows en bois ou en brique rouge. Yoga et ayurvéda.

Suprabhatham KÉRALAIS $$
(9947209756 ; repas 120-250 ₹ ; 7h-23h ;). Ce petit restaurant végétarien, caché dans une cour en retrait de Lighthouse Beach, ne paie pas de mine, mais ses plats à la kéralaise, ses *thali* et ses jus de fruits frais sont excellents. Tout est frais et plein de saveur. *Masala dosa*, *puttu* et *uttapam* à la noix de coco sont aussi disponibles pour le petit-déjeuner.

Malabar Cafe INDIEN $$
(Lighthouse Beach ; plats 110-450 ₹ ; 7h30-23h ;). L'animation aux tables, couvertes de nappes rouges, illuminées de bougies le soir et donnant sur les vagues entre les pots de fleurs, en dit long sur la grande popularité du Malabar. Ici, la cuisine indienne est savoureuse (étalage de poissons et de fruits de mer frais chaque soir et tandooris classiques comme le *paneer tikka*) et le service attentionné.

Curry Leaf INTERNATIONAL $$
(9746430087 ; Samudra Beach ; plats 100-600 ₹ ; 8h-23h). Sur une pente douce au-dessus de Samudra Beach, ce restaurant sur deux niveaux offre une perspective enviable sur l'océan et le coucher du soleil au-delà de palmiers élancés. Le personnel empressé sert fruits de mer frais, plats occidentaux et délicieux tandooris. L'isolement du lieu, en haut de quelques marches depuis la plage (suivez les panneaux), fait partie de son charme.

A Beach Cafe INTERNATIONAL $$
(Lighthouse Beach ; plats 150-450 ₹ ; 8h-22h ;). L'ABC, restaurant indo-suédois à l'ambiance décontractée, domine Lighthouse Beach du haut de son balcon. La carte très variée comprend omelettes, soupes, curries végétariens, poisson et fruits de mer frais, crêpes à la noix de coco et à la grenade (produits bio locaux utilisés autant que possible), ainsi que du bon café préparé avec des grains issus du Kerala.

Bait PRODUITS DE LA MER $$$
(0471-6613000 ; taj.tajhotels.com ; Taj Green Cove, GV Raja Vattapara Rd, Samudra Beach ; plats 360-990 ₹ ; 12h30-22h30). Le fabuleux restaurant du Taj Green Cove (p. 313) est conçu comme une paillote de plage haut de gamme, avec les vagues et les palmiers d'un côté et les chefs dans leur cuisine semi-ouverte de l'autre. Les plats, comme le délicieux poisson frais ou le steak de tofu imprégné d'épices "de la côte du Kerala", sont tout aussi exquis que les couchers de soleil, de même que les vins Sula du Maharashtra.

Terrace Restaurant INTERNATIONAL $$$

(☎0471-3051234 ; www.theleela.com ; Leela, Samudra Beach ; plats 550-850 ₹ ; ⏰7h-10h30, 12h30-15h et 19h-23h). L'une des tables les plus pittoresques (et les plus chères) de Kovalam, donnant sur la piscine à débordement turquoise de l'hôtel haut de gamme Leela (p. 313), au sommet d'une falaise. La carte raffinée joue avec les saveurs indiennes et internationales ; laissez-vous tenter par les pâtes au piment ou des spécialités kéralaises comme le curry de crevettes du Malabar ou le *pachakkari* (ragoût de légumes) à la noix de coco. Aussi conseillé pour un cocktail épicé (450-800 ₹) au coucher du soleil.

Renseignements

Des DAB jalonnent Kovalam Beach Road.

Office du tourisme (☎0471-2480085 ; Kovalam Beach Rd ; ⏰9h30-17h lun-sam)

Upasana Clinic (☎0471-2480632)

Comment s'y rendre et circuler

BUS

Les bus utilisent une gare routière officieuse, devant l'entrée de l'hôtel Leela ; ils passent tous par Kovalam Junction, à 2 km au nord de Lighthouse Beach. Des bus pour Thiruvananthapuram (16 ₹, 30 minutes) partent toutes les 15 minutes entre 6h et 21h, toutes les heures pour les bus climatisés (40 ₹).

Pour vous rendre plus au nord, notamment à Varkala et (moins logique) à Kanyakumari, changez à Thiruvananthapuram.

MOTO, TAXI ET AUTO-RICKSHAW

Le trajet entre Thiruvananthapuram et Kovalam coûte 500 ₹ en taxi et 350 ₹ en auto-rickshaw. Un taxi pour Kanyakumari coûte 4 000 ₹, pour Varkala 2 800 ₹. Les courts trajets en auto-rickshaw reviennent à 50 ₹.

K Tours & Travel (☎8089493376 ; petersheeba@yahoo.com ; NUP Beach Rd ; par jour scooter/Enfield à partir de 400/600 ₹ ; ⏰9h-tard lun-sam, horaires réduits dim) loue des scooters et des motos Enfield.

Varkala

☎0470 / 40 050 HABITANTS

Inscrit dans un cadre naturel splendide, sur la crête de falaises rouges, le secteur de Varkala appelé North Cliff (falaise nord) est devenu l'une des destinations préférées des *backpackers*. Sur l'étroite bande de sable doré au pied du promontoire de latérite, des restaurants diffusent une musique trance discrète et des échoppes vendent des tee-shirts, des pantalons amples, des tapis de yogo et des bijoux en argent. Si son côté touristique et mercantile peut ennuyer, Varkala, à 50 km au nord-ouest de Trivandrum, reste un lieu propice au farniente. Il suffit par ailleurs de s'éloigner vers les plages plus propres et tranquilles au nord ou au sud pour échapper à la foule.

La ville demeure un haut lieu cultuel. Sur la plage sacrée de Papanasham, dominée par le temple de Janardhana, les fidèles hindous viennent apporter des offrandes à leurs défunts. La ville de Varkala, très animée, se trouve à 2 km à l'est.

À voir

Temple de Janardhana TEMPLE HINDOU

(Temple Junction ; ⏰4h-12h et 17h-20h). Varkala est une ville-temple, dont le plus important est le sanctuaire de Janardhana, très ancien – il remonte au XIIIe siècle, mais le site est un lieu de culte depuis près de 2 000 ans. Ce temple dédié à Vishnu se dresse dans toute sa splendeur multicolore au-dessus de Beach Road. On y accède par une longue volée de marches très raides. Si le sanctuaire principal n'est pas accessible aux non-hindous, les visiteurs peuvent pénétrer dans son enceinte, qui abrite un énorme banian, un *mandapa* (pavillon à piliers) de style tamoul aux colonnes en granit, ainsi que des sanctuaires dédiés à Ayyappan, à Hanuman et à d'autres divinités hindoues.

Papanasham Beach PLAGE

Entourée de falaises rouille, la plage principale de Varkala est un lieu sacré pour les hindous qui, depuis des siècles, font des offrandes pour leurs proches disparus et lavent leurs péchés du monde (assistés par des prêtres) près de l'intersection avec Beach Road. Les baigneurs se rassemblent vers son extrémité nord.

Black Beach PLAGE

(Thiruvambady Beach). Une petite plage de sable blond et noir, au nord de North Cliff.

Odayam Beach PLAGE

Cette étendue de sable doré, à 1 km au nord de North Cliff, est plus calme que la plage principale.

Kappil Beach PLAGE

À 8 km au nord de Varkala par la route, Kappil Beach est une jolie plage pas encore

Varkala

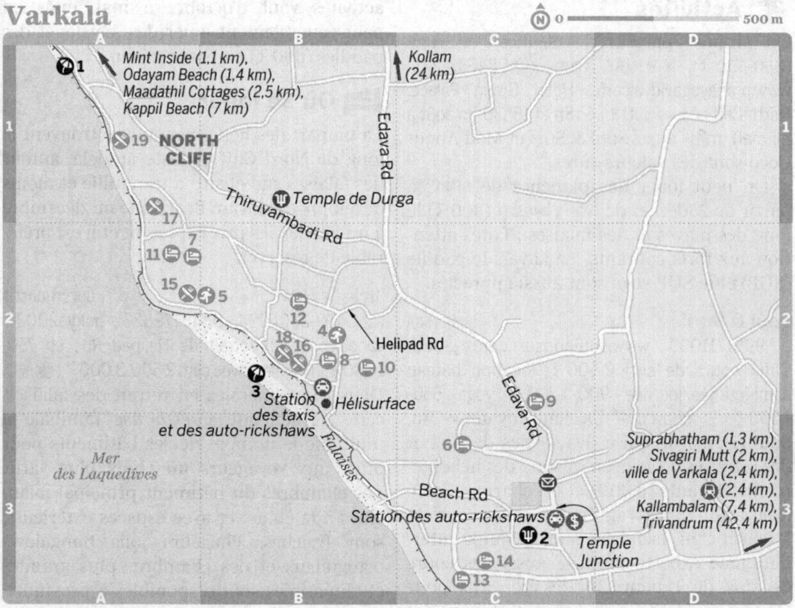

Varkala

À voir

- 1 Black Beach A1
- 2 Temple de Janardhana C3
- 3 Papanasham Beach B2

Activités

- 4 AyurSoul B2
- 5 Haridas Yoga B2
- Soul & Surf .... (voir 13)

Où se loger

- 6 Gateway Hotel Janardhanapuram C3
- 7 InDa Hotel A2
- 8 Jicky's Nest B2
- 9 Kaiya House C2
- 10 Lost Hostel B2
- 11 Mad About Coco A2
- 12 Mango Villa B2
- 13 Soul & Surf C3
- 14 Villa Jacaranda C3

Où se restaurer

- 15 ABBA A2
- 16 Coffee Temple B2
- 17 Darjeeling Cafe A1
- 18 God's Own Country Kitchen B2
- Soul Food Cafe .... (voir 13)
- 19 Trattorias A1

urbanisée, d'où part un réseau de *backwaters*. Une promenade de 2 heures sur un sentier légèrement onduleux y mène depuis North Cliff, passant entre autres par Odayam Beach et le village de pêcheurs d'Edava.

Sivagiri Mutt ASHRAM
(☎0470-2602807 ; ⏲lever-coucher du soleil). Juste à l'est du centre de Varkala, cet ashram est le siège du Shri Narayana Dharma Sanghom Trust, dédié à Shri Narayana (1855-1928), le gourou le plus vénéré du Kerala et un grand réformateur social. C'est un lieu de pèlerinage important, où les fidèles se reconnaissent à leurs habits jaunes caractéristiques.

Ponnumthuruthu (Golden) Island ÎLE
(bateau 2/3/4 pers 600/700/800 ₹, accès île 50 ₹/pers ; ⏲6h-18h). À une dizaine de kilomètres au sud de Varkala, cette île au milieu d'un lac dans les *backwaters* abrite le temple de Shiva-Parvati ou temple d'Or. Ce sanctuaire centenaire coloré étant généralement fermé aux non-hindous, l'excursion pittoresque vers l'île et autour, à bord d'un bateau manœuvré à la perche, constitue la principale raison de s'aventurer jusque-là. Comptez 1 heure 30 pour l'aller-retour ; la course en auto-rickshaw depuis Varkala coûte 600 ₹, temps d'attente compris.

Activités

On propose partout des séances de yoga (350-550 ₹). **Haridas Yoga** (☎9846374231 ; www.pranayogavidya.com ; Hotel Green Palace, North Cliff ; cours 350 ₹ ; ⏲8h et 16h30 fin août à mi-mai), mais aussi Soul & Surf et Mad About Coco sont des valeurs sûres.

On peut louer des planches de **surf** (à partir de 250 ₹) et de **bodyboard** (300 ₹) le long des plages et des falaises ; faites attention aux forts courants. Le kayak, le paddle (SUP) et le SUP yoga sont aussi appréciés.

Soul & Surf SURF, YOGA
(☎9961711099 ; www.soulandsurf.com ; South Cliff ; cours de surf 2 500 ₹, location bateau demi-journée/journée 900/1 700 ₹, yoga 550-1 000 ₹ ; ⏲oct-avr). Basé au Royaume-Uni, Soul & Surf organise des sorties de surf et des retraites de yoga en saison ; des hébergements élégants (p. 319) et un charmant café avec jardin (p. 321) agrémentent sa propriété à South Cliff, la falaise sud. L'équipe internationale experte propose aussi des cours de surf de 1 heure 30 (les créneaux pour les non-résidents sont limités) et loue des planches. On peut aussi participer à des séances de yoga, sans réservation, sur le toit-terrasse.

AyurSoul AYURVÉDA
(☎9946645599 ; www.ayursoulindia.com ; Helipad Rd, North Cliff ; massage 1 000-3 000 ₹ ; ⏲7h30-19h30). Un centre professionnel très couru, à 300 m de l'héliport vers l'intérieur des terres. Après une consultation médicale, on choisit entre des soins ayurvédiques classiques ou des soins à l'occidental, utilisant tous des huiles faites maison. Forfaits et hébergement aussi proposés.

Can Fly PARAPENTE, SPORTS NAUTIQUES
(☎9048795781 ; www.canflyadventure.com ; vol 20 min 3 800 ₹). Cet organisateur d'activités d'aventure expérimenté propose des vols en parapente en tandem depuis l'héliport de North Cliff, ainsi que des sorties de stand up paddle et de kayak (1 900-2 200 ₹). Les activités vont d'octobre à mai, mais on peut généralement louer des kayaks et des paddles (600 ₹) en basse saison.

TARIFS HÔTELIERS

Les prix indiqués valent pour une chambre double, avec sdb :

$ moins de 1 200 ₹

$$ 1 200-5 000 ₹

$$$ plus de 5 000 ₹

Où se loger

La plupart des hébergements se trouvent le long de Nord Cliff et juste au-delà, autour des falaises sud et sur la tranquille et moins développée Odayam Beach. De mi-décembre à mi-janvier, les prix explosent et il est préférable de réserver.

Jicky's Nest GUESTHOUSE $
(☎0470-2606994, 9846179325 ; jickys2002@yahoo.co.in ; en retrait de Helipad Rd ; ch 750-1 500 ₹, bungalow avec clim 2 500-3 000 ₹ ; ❄📶). Dans les palmeraies en retrait des falaises, cette accueillante *guesthouse* familiale a multiplié le nombre de ses bâtiments pour offrir aux voyageurs un choix plus varié. Les chambres du bâtiment principal, blanchies à la chaux et avec espaces extérieurs, sont fraîches. Plusieurs jolis bungalows octogonaux et des chambres plus grandes et climatisées sont disponibles à proximité. Les chambres ornées de peintures murales d'oiseaux et de fleurs faites à la main ont le plus de caractère.

Lost Hostel AUBERGE DE JEUNESSE $
(☎7012416343 ; www.thelosthostels.com ; près de Heli-pad Rd ; dort avec clim 600-900 ₹, sans clim 500-700 ₹, ch 1 100-2 200 ₹ ; ❄📶). Caché (mais bien indiqué !) dans une ruelle non loin de l'héliport vers l'intérieur des terres, un point de chute bon marché plein d'atouts. Il y a des dortoirs pour six personnes avec sdb, casiers et, pour certains, climatisation, et des doubles plutôt élégantes, aux peintures murales simples. Hamacs dans le jardin à l'avant, cuisine commune et salon (livres et jeux). Le personnel fournit des informations sur la région et loue des vélos (100 ₹).

♥ **Kaiya House** GUESTHOUSE $$
(☎9746126909 ; www.kaiyahouse.com ; Edava Rd ; avec petit-déj ch avec/sans clim 3 300/2 800 ₹ ; ❄📶). Une retraite épatante, emplie d'art et d'antiquités et couronnée d'un toit-terrasse balayé par la brise, qui se démarque des adresses standards de Varkala. Lits à baldaquin, sculptures sur bois et tentures brodées dans les cinq chambres (Africaine, Indienne, Chinoise, Japonaise et Anglaise), aménagées avec soin. La propriétaire, une Américaine nommée Debra, propose du thé et de l'eau, des conseils, des tapis de yoga,

LES INONDATIONS DE 2018

Les inondations qui ont frappé le Kerala en juillet-août 2018, les plus dévastatrices en un siècle, ont fait plus de 400 victimes, déplacé plus d'un million de personnes et causé 2,5 milliards de dollars de dégâts. Les précipitations exceptionnellement élevées ont notamment entraîné d'importants glissements de terrain (aggravés par la déforestation, soutiennent certains). En raison du changement climatique, les inondations graves sont de plus en plus fréquentes en Inde du Sud ; le Kerala est non seulement l'un des États les plus vulnérables à ces phénomènes, mais aussi, selon un rapport gouvernemental de 2018, l'un des moins compétents en matière de gestion des eaux. De nombreux experts affirment que le gouvernement kéralais aurait dû être mieux préparé à une telle catastrophe naturelle. Les zones les plus touchées comprennent le district d'Idukki (notamment Munnar), Alappuzha (Alleppey), le Wayanad, Thrissur, Kozhikode (Calicut), Kannur, Chennamangalam (p. 355) et Kochi (Cochin ; Fort-Cochin fut épargné), dont l'aéroport ferma pendant deux semaines. Dans ce contexte, le tourisme qui représente 10% du PIB du Kerala a chuté, mettant à mal l'économie de l'État. Le Kerala a travaillé dur pour se remettre sur pied et les services touristiques devraient être rétablis fin 2019.

des promenades guidées gratuites et des opérations de nettoyage des plages.

InDa Hotel HÔTEL $$

(☎7025029861 ; inda-in.book.direct ; North Cliff, Kurakkanni ; avec petit-déj s 2 070-4 810 ₹, d 2 130-5 020 ₹ ;). Niché derrière North Cliff, un établissement accueillant à mi-chemin entre la *guesthouse* et le boutique-hôtel. Il est très apprécié pour ses chambres d'un blanc éclatant et ses six bungalows impeccables, éparpillés dans un jardin avec espace détente verdoyant. Les briques apparentes s'y associent à des chaises en rotin, à des draps aux motifs floraux et, parfois, à des peintures murales. Café diététique sur place – salades, wraps et *Buddha bowls* (plats 180-350 ₹).

Mad About Coco GUESTHOUSE $$

(☎9061932651 ; www.madaboutcocovarkala.com ; North Cliff ; ch avec clim 3 000-5 000 ₹, sans clim 2 000-3 000 ₹ ;). Une ambiance conviviale règne dans cette *guesthouse* rassemblant deux maisons rénovées, en retrait de North Cliff. Elle est dirigée par des Allemands. Les chambres sobres sont égayées de couleur et les terrasses aménagées avec des coins salon et des fauteuils suspendus. Le café d'inspiration "boutique" sert des en-cas sains (eau offerte). Yoga sur le toit deux fois par jour en saison.

Mango Villa GUESTHOUSE $$

(☎9995040610 ; www.facebook.com/mangovilla-varkala ; North Cliff ; ch avec clim 3 000 ₹, sans clim 900-1 200 ₹ ;). Une équipe indo-belge dirige cette *guesthouse* cachée non loin de l'extrémité sud de North Cliff vers l'intérieur des terres. Les six chambres contemporaines sont spacieuses et impeccables – mobilier en bambou, bureau élégant, œuvres d'art originales et, pour certaines, balcon privatif. Quelques confortables chambres "budget" (sans eau chaude), de style semblable, sont aussi disponibles.

Maadathil Cottages BUNGALOWS $$

(☎9746113495 ; www.maadathilcottages.com ; Manthara Temple Rd, Odayam Beach ; ch avec petit-déj 1 900-5 000 ₹ ;). Très bien situés, sur la paisible Odayam Beach, ces ravissants bungalows sont aménagés dans le style kéralais traditionnel (toits de tuiles, portes en bois sculptées, mobilier d'époque). Ils comprennent de grands lits et des sdb modernes. Tous bénéficient d'une vue sur la mer depuis leur spacieux balcon. Des peintures faites à la main ornent les murs extérieurs de certains.

Villa Jacaranda GUESTHOUSE $$$

(☎0470-2610296 ; www.villa-jacaranda.biz ; Temple Rd West ; ch avec petit-déj 7 900-10 000 ₹ ;). La végétation enveloppe cette belle maison sur deux niveaux, refuge "boutique" romantique à l'élégance discrète, en retrait de la plage sud de Papanasham Beach. Style moderne minimaliste rehaussé de touches d'époque pour les quatre chambres, claires et spacieuses. Elles possèdent toutes une terrasse, où est servi un petit-déjeuner maison.

Soul & Surf GUESTHOUSE $$$

(☎9961711099 ; www.soulandsurf.com ; South Cliff ; avec petit-déj s 4 320-6 760 ₹, d 7 320-12 200 ₹ ; oct-avr ;). Dirigée par des Britanniques, cette retraite de yoga et de surf (p. 318), aux touches rose vif et turquoise et à l'ambiance conviviale, est située dans un

KERALA : LA FIN DE LA “PROHIBITION” ?

En 2017, le gouvernement de coalition de gauche du Kerala a levé l'interdiction de l'alcool, controversée, promulguée en 2014 par le gouvernement de l'époque, dirigé par le Congrès, et qui fut alors la première étape d'un plan décennal qui devait conduire à terme à une prohibition totale. Il faut dire que la consommation d'alcool par habitant au Kerala serait la plus élevée du pays (elle est estimée au double de la moyenne nationale). La décision de 2014 avait rapidement entraîné la fermeture de plus de 700 bars ; seuls les hôtels cinq étoiles pouvaient posséder un bar et les spiritueux étaient uniquement vendus dans les magasins d'État. Au moment de la mise à jour de ce guide, la situation était assouplie et seul le premier jour de chaque mois restait un jour “sec” à travers l'État.

jardin luxuriant au sommet de South Cliff. Les cours de yoga et l'agréable café sont ouverts à tous. Côté hébergement, il y a des chambres contemporaines au dernier étage du bâtiment principal, donnant sur la mer depuis leur terrasse, et des chambres plus petites dans la maison traditionnelle d'en face, vieille de 150 ans.

Mint Inside GUESTHOUSE **$$$**
(Whatsapp 7356979929 ; www.mint-inside.com ; Odayam Beach ; avec petit-déj s 800-1 600 ₹, d 2 450-5 500 ₹ ;). Chambres et bungalows dépouillés mais élégants (beaux contrastes gris et blanc, cadres de lit en béton, sdb raffinées, touches de bambou), service irréprochable, toit-terrasse, fauteuils suspendus et hamacs vous attendent dans cet établissement frais et accueillant – le dernier arrivé sur la scène en plein essor des *guesthouses* “boutique” de Varkala. Les quatre chambres donnant sur la mer, avec clim, disposent d'une terrasse. Odayam Beach est à quelques minutes à pied.

Gateway Hotel Janardhanapuram HÔTEL **$$$**
(0470-6673300 ; gateway.tajhotels.com ; ch avec petit-déj à partir de 11 520 ₹ ;). À flanc de colline, l'hôtel le plus luxueux de Varkala, appartenant au groupe Taj, a fière allure avec ses élégantes chambres (draps chatoyants, coussins couleur moka) donnant sur le jardin soigné. Les plus onéreuses ont un balcon et vue sur la mer. Formidable piscine donnant sur la plage au-delà d'un océan de palmiers, un bar et un restaurant (l'ensemble est néanmoins un peu défraîchi).

Où se restaurer et prendre un verre

Certaines “paillotes” au sommet de la falaise atteignent aujourd'hui plusieurs niveaux. L'accent y est de plus en plus mis sur la santé et l'environnement.

Suprabhatham INDIEN DU SUD **$**
(0470-2606697 ; www.suprabhathamrestaurant.com ; Maithanam, Varkala Town ; plats 30-95 ₹ ; 7h-21h30). Repas à la kéralaise, *masala dosa* et *uttapam* garnis d'oignons, de coco ou de tomates, le tout assaisonné de manière experte, sont les vedettes de ce restaurant végétarien animé, cantonné dans la ville de Varkala.

Darjeeling Cafe INTERNATIONAL **$$**
(www.facebook.com/darjeelingcafevarkala ; North Cliff ; plats 140-450 ₹ ; 7h-23h). Ce restaurant décoré d'attrape-rêves géants et meublé de tables éclairées à la bougie et jonchées de pétales est toujours rempli de voyageurs. Le personnel vif et jovial sert cocktails (250 ₹ ; avec pailles en métal), jus frais, bon café et plats appétissants : *chapati* roulé, *masala dosa*, curries, poisson en papillote de feuille de bananier et grandes assiettes de *paneer* ou de poisson *tikka* avec frites et salade.

Coffee Temple INTERNATIONAL **$$**
(North Cliff ; plats 100-450 ₹ ; 6h30-22h ;). À l'extrémité sud du sentier de North Cliff, ce café-restaurant à la terrasse verdoyante est une destination phare pour le petit-déjeuner. Le café fraîchement moulu s'accompagne de bols de muesli, de pain perdu, de tartines d'avocat, de jus fraîchement pressés et de pain frais, et on remplit votre bouteille d'eau gratuitement. La carte internationale comprend aussi des crêpes et des pâtes, ainsi qu'un excellent choix végan.

ABBA INTERNATIONAL **$$**
(www.abbarestaurant.tk ; Hotel Green Palace, North Cliff ; plats 150-400 ₹ ; 7h-23h ;). Au milieu de North Cliff, cette terrasse accueillante est toujours très appréciée. Au programme : salades inventives (par exemple carotte, betterave et menthe) et petits-déjeuners internationaux à base de pain tout juste sorti du four de la boulangerie attenante. On y sert aussi pâtes, pizzas, *momo*, burgers,

curries, fruits de mer frais et cocktails (220-300 ₹). Étagères d'échange de livres.

God's Own Country Kitchen INTERNATIONAL $$
(North Cliff ; plats 150-450 ₹ ; 8h-23h ;). Cette adresse sympathique ne compte pas uniquement sur son nom inspiré du slogan de Kerala Tourism ("Kerala, pays de Dieu") pour attirer les clients : sa cuisine indo-internationale est correcte (fameux poisson épicé dans sa feuille de bananier), sa petite terrasse à l'étage est agréable et des concerts ont parfois lieu en saison.

Trattorias INTERNATIONAL $$
(North Cliff ; plats 130-450 ₹ ; 7h-22h30 ;). Comme son nom le suggère, le Trattorias propose pâtes, pizzas et petits-déjeuners européens, mais aussi des plats asiatiques et indiens (fruits de mer et poisson du Kerala, entre autres), tout aussi bons. Plaisante terrasse donnant sur la mer et équipe attentionnée.

Soul Food Cafe INTERNATIONAL $$$
(9961711099 ; www.soulandsurf.com ; Soul & Surf, South Cliff ; plats 300-480 ₹ ; 9h-11h, 13h-16h et 18h30-21h lun-sam, 9h-11h et 13h-16h dim oct-avr ;). Au café du Soul & Surf (p. 318), dans un magnifique cadre – un jardin au sommet de la falaise –, des produits frais locaux composent des plats inspirés et savamment préparés. Les assiettes de mezze épicés s'accompagnent de mini *pappadam* et de tranches de *chapati*, le café est issu des Ghats occidentaux d'Inde du Sud, et la carte, courte mais alléchante, comprend des classiques du Kerala comme le *meen pollichathu* (poisson en papillote de feuille de bananier). Le lieu est généralement rempli de yogis et de surfeurs. Bouteilles d'eau remplies gratuitement.

Renseignements

DÉSAGRÉMENTS ET DANGERS

Les courants sont forts sur le littoral. La plage disparaît pratiquement durant la mousson et les falaises subissent une lente érosion. Restez prudent lorsque vous empruntez le sentier de la falaise, surtout le soir – une grande partie n'est pas clôturée et certains endroits sont glissants.

Certains lieux d'hébergement versent des commissions aux chauffeurs qui leur ramènent des clients ; assurez-vous que votre chauffeur vous conduit bien à l'endroit demandé.

Nombre de voyageuses portent des maillots de bain et des bikinis sur les plages, mais sachez que, ainsi vêtue, vous risquez d'attirer les regards. Hors de l'eau, porter un sarong permet de ménager les sensibilités locales. De même, habillez-vous décemment pour vous rendre en ville ou au temple de Janardhana.

Depuis/vers Varkala

La gare routière principale se trouve dans la ville de Varkala, en face de la gare ferroviaire ; plusieurs bus quotidiens circulent vers/depuis Thiruvananthapuram (65 ₹, 1 heure 30-2 heures) et Kollam (₹45, 1 heure), quelques-uns via Temple Junction. Les horaires étant irréguliers, il est souvent plus pratique de prendre le train.

Les taxis/auto-rickshaws desservent Kollam (1 200/800 ₹), Thiruvananthapuram (1 500/1 100 ₹) et Kovalam (1 900/1 400 ₹).

Des trains locaux ou express fréquents rejoignent Thiruvananthapuram (2e classe / sleeper/3AC 45/140/495 ₹, 1 heure-1 heure 30) et Kollam (2e classe/sleeper/3AC 45/140/495 ₹, 25 minutes-1 heure 15). Il y a chaque jour six trains pour Alappuzha (65/140/495 ₹, 2 heures).

Comment circuler

La plage de Varkala est à 3 km à l'ouest de la gare ferroviaire de Varkala Sivagiri ; un auto-rickshaw coûte 80 ₹ depuis/vers Temple Junction et 100 ₹ depuis/vers North Cliff. Des bus locaux circulent régulièrement entre la gare ferroviaire et Temple Junction (8-10 ₹) entre 6h et 19h30.

Des établissements le long de la falaise louent des scooters/motos (300/450 ₹ par jour).

Kollam (Quilon)

0474 / 348 660 HABITANTS

Cité portuaire parmi les plus anciennes de la mer d'Oman, Kollam fut un carrefour commerçant majeur dès l'Antiquité. Elle accueillait jadis les navires des négociants phéniciens, romains, arabes et chinois, puis, plus tard, ceux des Portugais, des Hollandais et des Britanniques – tous avides des épices et des noix de cajou produites dans la région. Aujourd'hui, la ville est plus connue pour être la porte d'accès sud aux *backwaters* du Kerala et le point de départ d'une traversée prisée jusqu'à Alappuzha (Alleppey). Si le centre et le bazar bourdonnent d'activité, ils sont entourés des paisibles canaux du lac Ashtamudi, bordés de cocotiers, de plantations d'anacardiers et de villages traditionnels. Kollam est donc l'endroit rêvé pour découvrir les *backwaters*, et de plus en plus de voyageurs y font halte pour la nuit.

EN BATEAU SUR LES BACKWATERS

Naviguer sur les *backwaters*, ce vaste réseau de lagunes, de rivières et de canaux qui sinuent du littoral de la mer d'Oman vers l'intérieur des terres, constitue l'un des principaux attraits du Kerala. Bien avant l'apparition des routes, ces cours d'eau servaient de voies de circulation, et, pour beaucoup de villageois, la barque ou la pirogue sont encore les principaux moyens de transport. Un circuit sur les *backwaters* traverse des lacs peu profonds, bordés de palmiers et parsemés de carrelets (filets de pêche), emprunte d'étroits canaux ombragés où le *coir* (fibre de coco), le coprah (amande de coco séchée) et les noix de cajou sont chargés sur des bateaux, et permet de découvrir des villages isolés.

Croisières touristiques

La croisière touristique de State Water Transport (www.swtd.kerala.gov.in) entre Kollam (Quilon) et Alappuzha (Alleppey ; 400 ₹) est très appréciée. Les bateaux partent d'un côté comme de l'autre à 10h30 et arrivent à 18h30, en général tous les jours de juillet (ou plus tard) à mars et tous les 2 jours le reste de l'année. Elle comporte généralement deux haltes : la première à 13h pour le déjeuner et la seconde, plus brève, pour le *chai* (thé) de l'après-midi. Cette excursion tranquille de 8 heures est pittoresque, mais le bateau n'emprunte que les canaux principaux – il ne permet pas de voir de près les villages qui font la magie des *backwaters*. On peut aussi n'effectuer que la moitié de la croisière (140-270 ₹) et descendre à la Matha Amrithanandamayi Mission (p. 327).

House-boats

Avec un peu de chance, louer un house-boat dans le style des *kettuvallam* (barges servant au transport du riz) pourrait bien être le clou de votre voyage en Inde. L'expérience peut sembler un peu coûteuse (selon votre budget), mais elle mérite la dépense. Vous dériverez le long de canaux tranquilles bordés de cocotiers, dégusterez de délicieux repas kéralais, irez à la rencontre des villageois et dormirez sur l'eau – à mille lieues de l'Inde bruyante.

Les house-boats accueillent des couples (une ou deux chambres doubles) et des groupes (jusqu'à sept chambres). Les repas (préparés à bord) sont généralement compris dans le tarif, de même que les services du conducteur/capitaine. On peut louer des house-boats auprès d'innombrables tour-opérateurs privés à Alappuzha, à Kollam, à Kottayam et, dans une moindre mesure, dans la région de Valiyaparamba (p. 369), dans le nord du Kerala. La qualité des bateaux varie énormément, du tas de ferraille rouillé au palace flottant.

Les rabatteurs vous pousseront à réserver un bateau dès votre arrivée au Kerala, mais les voyageurs préfèrent généralement attendre d'être dans l'un des centres des *backwaters*. Vous aurez plus de choix à Alappuzha (au moins mille bateaux) et bien plus de chances de faire baisser les prix sur place en examinant les offres. Cela dit, nombre des house-boats des prestataires les plus professionnels prennent désormais des réservations en ligne et peuvent vite afficher complet (ils ne mouillent parfois même pas aux quais principaux). Basez votre choix sur les recommandations locales (autres voyageurs, amis, contacts locaux, *guesthouses* réputées...) et réservez auprès du propriétaire du bateau directement (en ligne ou par téléphone) ou en passant par votre *guesthouse*.

En haute saison et lors des jours fériés locaux (comme Pooja, Onam ou Divali), les prix sont au plus haut et des embouteillages se produisent fréquemment sur les *backwaters* ;

À voir et à faire

La plage de Kollam est à 2 km au sud de la ville ; de plus belles étendues de sable s'étendent plus au sud, à Eravipuram et à Mayyanad. Sur le port et le marché au poisson, au nord de Kollam Beach, pêcheurs et clients marchandent bruyamment les prises du jour.

Thangassery QUARTIER

Bordant l'extrémité nord du port, à l'ouest du centre de Kollam, Thangassery fut un important comptoir portugais, puis hollandais et enfin britannique. On peut encore voir des vestiges du fort Thomas, bâti en 1519 sous les Portugais, à côté du **phare** (Indien/étranger 20/50 ₹, app photo 10 ₹ ;

certains voyageurs sont déçus par le nombre important de bateaux sur l'eau. Comptez 6 000-8 000 ₹ pour un bateau pour 2 personnes pendant 24 heures, 10 000-12 000 ₹ pour 4 personnes, et de 15 000 à 35 000 ₹ pour des bateaux plus grands ou climatisés. Les tarifs triplent entre le 20 décembre et le 5 janvier environ.

Excursions dans les villages en bateau ou en kayak

Excellent moyen de découvrir les *backwaters* en journée à un rythme tranquille, les circuits dans les villages se font en petits groupes de 5-6 personnes, avec un guide expérimenté, à bord d'un canot découvert ou d'un *kettuvallam* couvert. Ils partent de Kochi, de Kollam ou d'Alappuzha, durent de 3 heures à 10 heures et coûtent 500-1 000 ₹ par personne. Ils comprennent la visite de villages où l'on observe la fabrication des fibres de coco, la construction des bateaux, la préparation du *toddy* et la pisciculture. L'excursion à Munroe Island (p. 323) au départ de Kollam est particulièrement intéressante ; les circuits organisés par le Tourist Desk de Kochi (p. 355) sont aussi recommandés. Les excursions en kayak, avec des haltes et des prix similaires, sont une alternative de plus en plus appréciée.

Ferries publics

Les bateaux du State Water Transport Department (www.swtd.gov.in) qui naviguent entre Alappuzha et Kottayam (15 ₹, 2 heures 30), passant par le lac Vembanad et des paysages plus variés que la croisière Kollam-Alappuzha, permettent de faire l'expérience des *backwaters* pour quelques roupies. Ils partent en principe à 7h30, 9h30, 11h30, 14h30 et 15h15, et repartent à 6h45, 11h30, 13h, 15h30 et 17h15 (mais seul celui de 11h30, avec retour à 13h, était en service lors de nos recherches). D'autres bateaux vieillissants, qui emmènent des passagers locaux aux villages des *backwaters*, partent de l'embarcadère d'Alappuzha et de Kollam.

Problèmes environnementaux

Avec l'augmentation continue du nombre de house-boats, la pollution qu'ils génèrent devient un problème majeur. À peine introduits dans les années 1990, ils seraient aujourd'hui entre 1 200 et 1 400 à sillonner les canaux du Kerala, parmi lesquels 400 à 500 ne seraient pas immatriculés. Les *backwaters* sont de plus en plus pollués par le carburant, le plastique, la nourriture et même les déjections humaines provenant des house-boats (malgré l'existence d'usines de traitement des eaux usées spécialement conçues pour le nettoyage des toilettes biologiques des bateaux). Cela entraîne des pénuries d'eau et des risques potentiels pour la santé des villageois, ainsi qu'une diminution des populations d'oiseaux et des ressources en poissons (ce qui a des répercussions sur les moyens de subsistance des pêcheurs locaux). La pollution sonore de certains des plus grands house-boats "festifs", devenus populaires ces dernières années, est aussi une préoccupation croissante. Cela dit, la plupart des house-boats sont maintenant équipés de toilettes biologiques, et le premier ferry solaire du pays a été introduit avec succès sur le lac Vembanad en 2017.

Enfin, privilégiez autant que possible l'une des dernières pirogues propulsées à la perche, bien qu'elles ne puissent circuler qu'en eau peu profonde – ou explorez les *backwaters* en kayak avec un tour-opérateur respectueux de l'environnement.

⏲10h-13h et 14h-18h mar-dim), datant du début du XXe siècle.

♥ Croisières à Munroe Island BALADES FLUVIALES

(600-750 ₹/pers). D'excellents circuits à travers le réseau de canaux de Munroe Island sont organisés par le DTPC (p. 325) de Kollam et plusieurs prestataires locaux, comme Ashtamudi Villas et Munroe Island Backwaters Homestay. Départ à 15 km au nord de Kollam, généralement à 9h ou 14h, pour 3 heures de balade en pirogue à perche.

Au gré des canaux, vous aurez tout le loisir de découvrir la vie quotidienne des villages, de voir la construction des

Kollam (Quilon)

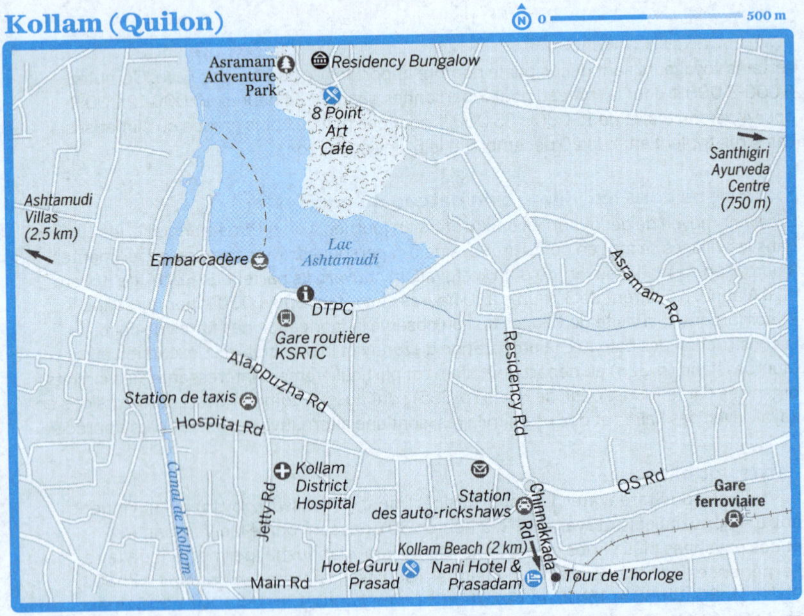

kettuvallam (embarcations destinées au transport du riz), la préparation du *toddy* (vin de palme), la fabrication du *coir* (fibre de coco), ainsi que des élevages de crevettes et de poisson. Vous pourrez aussi visiter un jardin d'épices et observer des oiseaux. Malgré son développement et l'essor du tourisme ces dernières années, l'île reste une destination plaisante.

Croisières en house-boat BALADES FLUVIALES
(circuit journée à partir de 6 490 ₹, avec nuit à bord 7 090 ₹). Les house-boats étant bien moins nombreux à Kollam qu'à Alappuzha, les eaux environnantes restent légèrement moins fréquentées. Le DTPC (p. 325) organise diverses balades en house-boat d'une journée, ainsi que des croisières avec nuit à bord et des excursions entre Kollam et Alappuzha (à partir de 32 000 ₹). Quelques prestataires privés, aussi basés à l'embarcadère, proposent des itinéraires similaires.

Fêtes et festivals

Kollam Pooram FÊTE CULTURELLE
(temple d'Asramam Shri Krishna Swami, Kollam ; avr). Dix jours de fête avec des spectacles de kathakali (p. 378 et p. 552) chaque nuit et une parade de 40 éléphants superbement parés.

President's Trophy Boat Race RÉGATE
(1er nov). La course de bateaux la plus prestigieuse de la région, sur le lac Ashtamudi.

Où se loger et se restaurer

Munroe Island Backwaters Homestay CHEZ L'HABITANT $
(9048176186 ; www.facebook.com/MunroeIslandBackwatersHomestay ; Chittamula Rd, Munroe Island ; ch avec petit-déj 1 200 ₹ ; wi-fi). Cachée dans les *backwaters* de Munroe Island, à 16 km au nord de Kollam, cette maison d'hôtes est prisée des voyageurs pour son cadre villageois tout simple et son ambiance familiale. Il y a trois bungalows colorés de style kéralais et trois chambres contemporaines à l'étage de la maison, donnant sur une terrasse aménagée. Des hamacs sont suspendus un peu partout. Vijeesh, le propriétaire, organise des excursions en pirogue (450-500 ₹/personne) et prête kayaks et vélos.

Ashtamudi Villas GUESTHOUSE $$
(9847132449, 0474-2706090 ; www.ashtamudivillas.com ; près de Kadavoor Church, Mathilil ; ch 1 000-3 000 ₹ ; wi-fi). Ces charmantes maisonnettes, situées au bord du lac, sont idéales pour un séjour reposant et abordable à Kollam. Outre l'accueil chaleureux de votre hôte Prabhath Joseph, vous apprécierez les

installations écologiques (énergie solaire, collecte des eaux de pluie), la décoration colorée, les sdb étincelantes, les hamacs entre les palmiers et la bibliothèque d'ouvrages sur le Kerala. Repas savoureux ; kayaks et tapis de yoga mis à disposition. Excursions à Munroe Island possibles.

Nani Hotel HÔTEL D'AFFAIRES $$

(☎9207736707 ; www.hotelnani.com ; Chinnakkada Rd ; avec petit-déj ch 2 520-3 840 ₹, ste 4 480 ₹ ; ❄@🛜). Ce "boutique-hôtel d'affaires", construit par un magnat de la noix de cajou, est une bonne surprise dans le centre animé de Kollam. L'architecture mêle éléments traditionnels et lignes modernes, le personnel est attentif et même les chambres les moins chères sont dotées de TV, de somptueuses sdb et d'oreillers moelleux. Cuisine internationale servie dans l'élégant restaurant **Prasadam** (☎920773670 ; plats 160-280 ₹ ; ⏲7h-10h, 12h-15h et 19h-22h).

8 Point Art Cafe CAFÉ $

(☎0474-2970256 ; www.facebook.com/8pointart-cafe ; Asramam ; plats 90-130 ₹ ; ⏲11h-21h30). Sur la rive animée du lac Ashtamudi, un agréable café-galerie d'art, installé dans une demeure restaurée. Il y a un jardin verdoyant et une véranda balayée par la brise. Bon café et courte carte bien pensée de sandwichs, de burgers et de gâteaux. À 1 km au nord de l'embarcadère.

Hotel Guru Prasad INDIEN DU SUD $

(Main Rd ; plats 12-45 ₹ ; ⏲7h-21h). Au cœur de la ville, dans un bâtiment de style colonial rouge et blanc, bien aménagé, ce restaurant végétarien bruisse d'animation. À la carte : *thali*, *dosa*, *vada*, *idli* et autres en-cas à petits prix.

ℹ Renseignements

DTPC (☎0474-2745625 ; www.dtpckollam.com ; Link Rd ; ⏲8h-17h). Office du tourisme.

ℹ Depuis/vers Kollam

BATEAU

Nombre de voyageurs prennent le bateau du State Water Transport Department (www.swtd.kerala.gov.in) depuis/vers Alappuzha (400 ₹, 8 heures), qui part à 10h30 tous les jours de juillet à mars, et tous les 2 jours le reste de l'année. Les services peuvent être encore réduits en basse saison, de mai à septembre. Il n'est pas nécessaire de réserver, mais soyez à l'**embarcadère principal** (Link Rd) à 9h30 au plus tard.

De l'embarcadère, des ferries publics fréquents traversent le lac Ashtamudi jusqu'à Kureepuzha (3-6 ₹, 1 heure).

BUS

De la **gare routière KSRTC** (Link Rd), en face de l'embarcadère, des bus partent toutes les 20 ou 30 minutes pour Thiruvananthapuram (68 ₹, 1 heure 30), Alappuzha (80 ₹, 2 heures) et Ernakulam (Kochi ; standard/AC 140/258 ₹, 4 heures). Il y a deux bus directs pour Varkala (90-130 ₹, 1 heure 30, 7h et 9h30) – plus facilement accessible en train –, et un bus pour Kumily (165 ₹, 5 heures, 5h).

TAXI ET AUTO-RICKSHAW

En **taxi**, comptez 2 200 ₹ pour Alappuzha et 1 200 ₹ pour Varkala. On peut aussi rejoindre Varkala en **auto-rickshaw** (Chinnakkada Rd ; 800 ₹) via la route côtière panoramique.

TRAIN

Des trains express rejoignent fréquemment Ernakulam (sleeper/3AC 140/495 ₹, 2 heures 30-3 heures 30, 23/jour), via Alleppey (140/495 ₹, 1 heure 30), et Trivandrum (140/495 ₹, 1 heure 30-2 heures 30, 25/jour), via Varkala (140/495 ₹, 30 minutes). Des trains circulent aussi quatre fois par jour depuis/vers Madurai (sleeper/3AC/2AC 315/620/885 ₹, 8-13 heures), au Tamil Nadu.

Environs de Kollam

À 2 km au sud de Kayamkulam (à 35 km au nord de Kollam), le **Krishnapuram Palace Museum** (Kayamkulam ; adulte/enfant 20/12 ₹, app photo/caméra 40/400 ₹ ; ⏲9h-13h et 14h-16h30 mar-dim) occupe un palais du milieu du XVIIIe siècle, édifié sous le règne d'un des souverains de Travancore, et aujourd'hui restauré. C'est l'un des plus beaux exemples qui subsistent d'architecture royale kéralaise, avec notamment des toits de tuiles rouges à pignons. Outres des collections de peintures, de sculptures anciennes et des meubles, le musée donne à voir une remarquable peinture murale de 3 m de haut représentant le Gajendra Moksha (la libération de Gajendra, le roi des éléphants) telle qu'elle est contée dans le *Bhagavata Puraṇa*. Des bus fréquents relient Kollam à Kayamkulam (50 ₹, 45 m) ; demandez à descendre près du palais sur la route principale.

Alappuzha (Alleppey)

☎0477 / 174 180 HABITANTS

Située au cœur de la région des *backwaters*, Alappuzha (Alleppey), la "petite Venise orientale" est connue pour ses balades en house-boat (il y en aurait un millier ici) au fil de l'eau et son industrie de la noix de coco. Son petit centre-ville désordonné, quadrillé de quelques canaux, n'a pas grand attrait. Mais il suffit de s'en éloigner et d'aller vers les *backwaters*, pour découvrir l'autre visage d'Alappuzha : celui d'une cité charmante et verdoyante, dont les faubourgs semblent se dissoudre dans un univers dominé par les bras d'eau et les paysages de rizières, où la vie semble rythmée par le va-et-vient des pirogues et des house-boats entre les bourgs et... les haltes aux *toddy shops* (bars à vin de palme). Naviguer par ici est l'une des expériences les plus intéressantes et les plus reposantes qu'offre le Kerala.

Les principaux *backwaters* se déploient au nord, à l'est et au sud d'Alappuzha. Le lac Vembanad, le plus grand du Kerala, s'étend vers le nord jusqu'à Kochi (Cochin).

À voir et à faire

RKK Memorial Museum
COLLECTION PRIVÉE

(☎0477-2242923 ; www.rkkmuseum.com ; NH47 ; Indien/étranger 150/ 350 ₹ ; ⏲9h-17h mar-dim). Ce musée-mémorial occupe un majestueux bâtiment blanc à colonnes gréco-romaines. Il sert d'écrin à la magnifique collection d'objets en cristal, en porcelaine et en ivoire, d'antiquités kéralaises, de meubles et d'œuvres d'art rassemblée par la famille du riche homme d'affaires local, Revi Karuna Karan (RKK), mort en 2003.

Alleppey Beach
PLAGE

La plage principale d'Alappuzha est à environ 2 km à l'ouest du centre-ville ; la baignade y est difficile en raison des forts courants. Allez-y pour voir le coucher du soleil ; quelques établissements vendent des boissons et des en-cas. Lors de nos recherches, la construction d'un immense pont routier juste à côté de la plage gâchait quelque peu le paysage.

Alleppey Lighthouse
PHARE

(Indien/étranger 20/50 ₹, app photo 10 ₹ ; ⏲9h-11h45 et 14h-17h30 mar-dim). Ce phare (1862) rayé blanc et rouge est situé à quelques rues de la plage. Il y a un petit musée à l'intérieur et l'escalier en colimaçon permet de grimper au sommet pour profiter d'une vue à 360° sur une Alappuzha étonnamment verdoyante.

Kerala Kayaking
KAYAK

(☎9846585674, 8547487701 ; www.keralakayaking.com ; Vazhicherry Bridge, VCNB Rd ; 4/7/10 heures 1 500/3 000/4 500 ₹ par pers). Premier prestataire spécialisé dans le kayak à s'être implanté à Alappuzha, Kerala Kayaking reste le meilleur. Sa jeune équipe programme d'excellents circuits avec guide dans des canaux étroits, à bord de kayaks simples ou doubles, avec bateau de soutien. Une embarcation à moteur ramène les participants au point de départ. Sorties de 4 heures le matin ou le soir, excursions de 7 ou 10 heures et formules de plusieurs jours d'un village à l'autre (à partir de 13 000 ₹ pour 2 personnes).

Houseboat Dock
EXCURSIONS EN BATEAU

(☎9400051796 ; dtpcalpy@yahoo.com ; en retrait de Punnamada Rd ; ⏲comptoir des billets prépayés 9h30-16h30). Des dizaines de house-boats sont amarrés au quai principal d'Alappuzha. Les tarifs "officiels" sont affichés au comptoir des billets prépayés, géré par les autorités. Ils vont de 7 000 ₹ pour 2 personnes à 34 000 ₹ pour un bateau à sept couchettes (prix réduits de juin à octobre). Sachez néanmoins que ces prix fluctuent en fonction de la demande. Certains house-boats mouillent ailleurs. Les bateaux les plus réputés sont souvent vite complets.

Circuits organisés

Les *guesthouses*, les hôtels, les agences de voyages et le DTPC (p. 330) organisent des circuits en pirogue ou en house-boat.

Des *shikara* (bateaux couverts) de style cachemiri mouillent le long du North Canal (canal nord), sur la route qui mène au quai des house-boats. Comptez environ 400 ₹ l'heure pour une sortie motorisée sur le canal et les *backwaters*. Les pirogues manœuvrées à la perche, plus lentes et plus respectueuses de l'environnement, effectuent en général des excursions de 4-5 heures, comprenant la visite de villages et d'un bar à *toddy*, et des promenades à pied. Les excursions d'une journée complète coûtent entre 700 et 900 ₹.

Fêtes et festivals

Nehru Trophy Boat Race
COURSE DE BATEAUX

(www.nehrutrophy.nic.in ; billets 100-3 000 ₹ ; ⏲août). La course de bateaux-serpents la plus célèbre et la plus disputée du Kerala

LA MATHA AMRITHANANDAMAYI MISSION

L'insolite **Matha Amrithanandamayi Mission** (☎0476-2897578, 9072580923 ; www.amritapuri.org ; Amrithapuri), de couleur rose saumon, est l'ashram de l'une des rares femmes gourous du pays, Amrithanandamayi. Elle est surnommée Amma (Mère) ou la "Mère qui étreint" en raison de ses *darshan* (bénédictions), au cours desquelles elle prend dans ses bras des milliers de personnes. L'ashram organise des visites officielles chaque jour à 17h (consultez le site Internet pour plus d'informations ou téléchargez l'application "Amma app").

Quelque 3 500 résidents permanents – des moines et des nonnes, des étudiants et des familles, indiens et étrangers – vivent dans ce vaste ensemble, où l'on peut se restaurer, suivre des traitements ayurvédiques et participer aux séances quotidiennes de yoga, de médiation et de *darshan*. Amma voyage une grande partie de l'année (son calendrier est en ligne). L'affluence culmine à l'occasion de son anniversaire, le 27 septembre. Les visiteurs doivent porter une tenue correcte et respecter des règles de conduite strictes. En vous organisant tôt (inscription en ligne), vous pourrez loger dans une chambre triple (250 ₹/personne) ou simple (500 ₹ la chambre), repas végétariens compris. Nombre de voyageurs qui effectuent le trajet Kollam-Alappuzha en ferry sur le canal principal (p. 322) font halte à l'ashram un jour ou deux avant de reprendre le bateau. Par voie terrestre, on peut traverser le canal en prenant la passerelle menant à Vallickavu et prendre un rickshaw pour Karunagappally, à 10 km au sud, ou Kayankulam, à 12 km au nord (environ 200 ₹), avant de poursuivre en bus ou en train.

a lieu chaque année, le deuxième samedi d'août, depuis 1954. Des milliers de personnes, beaucoup à bord de houseboats, se rassemblent aux points de départ et d'arrivée sur le lac Punnamada pour voir s'affronter les embarcations, dont certaines comptent jusqu'à cent rameurs.

Où se loger

Vous trouverez ici certains des hébergements les plus charmants et les plus avantageux du Kerala, notamment en matière de chambres d'hôtes et d'auberges de jeunesse. Les chambres chez l'habitant (*homestay*) se multiplient aussi le long de la côte nord d'Alappuzha et autour des *backwaters* reculés. De nombreux conducteurs de rickshaws font la course aux commissions : demandez qu'on vous dépose devant un site proche de votre destination ou contactez votre hôtel pour qu'on vienne vous chercher.

Zostel AUBERGE DE JEUNESSE $
(☎011-39589008 ; www.zostel.com ; Beach Rd ; dort 500-550 ₹, ch 1 200-2 220 ₹ ; ❄📶). 🍃 À quelques pas du sable, la succursale locale, de style contemporain, de la chaîne d'auberges de jeunesse la plus populaire du pays. Au programme ici : des volets colorés et des peintures murales un peu partout – notamment un Indiana Jones sur le mur d'une des spacieuses chambres privatives à l'étage, donnant sur la mer. Les dortoirs de six lits superposés (mixtes ou réservés aux femmes), climatisés, comprennent sdb et casiers personnels. Salon à l'ambiance décontractée et bouteilles d'eau remplies gratuitement.

Artpackers.Life AUBERGE DE JEUNESSE $
(☎8281486865 ; Cullan Rd ; avec petit-déj dort avec/sans clim 600/490 ₹, ch 1 570-1 790 ₹ ; ❄📶). Donnant sur un jardin verdoyant, à 400 m de la plage, ce joli bâtiment blanchi à la chaux, avec des volets bleu ciel, est une ancienne station de radio. Cette auberge de jeunesse branchée, doublée d'un atelier d'artistes-résidents, dispose de deux dortoirs hauts de plafond et décorés de béton ciré (casiers personnels, lampes, prises, sdb et huit lits superposés de différents niveaux), et de deux chambres élégantes et confortables, mais aux sdb sans plafond.

Nanni Backpackers Hostel AUBERGE DE JEUNESSE $
(☎9895039767 ; www.nannitours.com ; Cullan Rd ; dort 300 ₹, ch avec/sans clim 1 400/700 ₹). Une auberge décontractée et colorée, d'un très bon rapport qualité/prix, à 500 m de la plage (et 2 km au nord de la gare ferroviaire). Elle possède deux dortoirs bien tenus pour quatre à six personnes, de spacieuses chambres, un salon sur le toit, et Le Coffee Time (p. 330), un café prisé avec terrasse. Shibu, l'enthousiaste propriétaire, est une excellente source d'informations sur la région et il loue des scooters (p. 331).

Alappuzha (Alleppey)

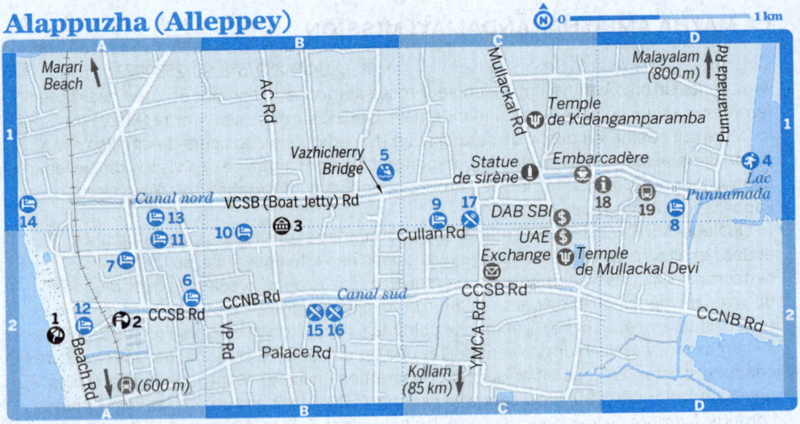

Alappuzha (Alleppey)

À voir
- 1 Plage A2
- 2 Phare A2
- 3 RKK Memorial Museum B1

Activités
- 4 Houseboat Dock D1
- 5 Kerala Kayaking B1

Où se loger
- 6 Alasr Heritage A2
- 7 Artpackers.Life A2
- 8 Cherukara Nest D1
- 9 Dream Nest C1
- 10 Johnson's B2
- 11 Nanni Backpackers Hostel A2
- 12 Raheem Residency A2
- 13 Tharavad A1
- 14 Zostel A1

Où se restaurer
- Cafe Katamaran .... (voir 14)
- Chakara .... (voir 12)
- 15 Halais B2
- Harbour Restaurant .... (voir 12)
- Le Coffee Time .... (voir 11)
- 16 Mushroom B2
- 17 Royale Chimney C1

Renseignements
- 18 DTPC Tourist Office D1
- Police touristique .... (voir 4)

Transports
- 19 Gare routière KSRTC D1
- Nanni Tours & Travel .... (voir 11)

Dream Nest GUESTHOUSE $
(☎9895860716 ; thedreamnest.com ; Cullan Rd ; dort 250 ₹, d 500-900 ₹, ch avec clim 1 400-1 600 ₹ ;). Une *guesthouse* de bon rapport qualité/prix à l'ambiance jeune et internationale, dans le centre-ville, en retrait de la route. Dortoirs de trois lits et chambres modernes et colorés, salon commun convivial, cuisine à disposition et échange de livres. Excursions en house-boat, pirogue et kayak proposées.

Malayalam GUESTHOUSE $$
(☎0477-2234591, 9496829424 ; www.facebook.com/MalayalamLakeResorts ; East Thottathodu Bridge, Punnamada ; ch 1 500-2 500 ₹ ;). Les deux grandes maisons de cet établissement familial, chacune de quatre chambres sur deux niveaux, sont entourées de jardins d'orchidées et donnent sur le lac, près de la ligne de départ du Trophée Nehru. La vue est ravissante et l'expérience à la fois délicieusement traditionnelle et confortable, avec chaises longues sous les vérandas et bois brillant. Sur la rive du canal, à 2,5 km au nord de la ville, indiqué près de Punnamada Road.

Cherukara Nest GUESTHOUSE $$
(☎0477-2251509, 9947059628 ; www.cherukaranest.com ; avec petit-déj ch avec/sans clim 1 800/1 400 ₹ ;). Au cœur d'un jardin bien entretenu, cette jolie maison kéralaise historique comprend quatre grandes chambres de caractère – hauts plafonds, bois verni et portes anciennes aux verrous ornés. Il y a aussi un bungalow plus moderne à côté. Tony, le propriétaire, loue aussi un house-boat avantageux (6 000/8 500 ₹ pour 2/4 personnes) et organise des circuits dans les villages (900 ₹). À l'est de la gare routière.

Alasr Heritage CHEZ L'HABITANT $$

(☎9947066699 ; www.facebook.com/alasr-heritage-home-1050461414981804 ; CCNB Rd ; avec petit-déj ch avec/sans clim 2 300/1 500 ₹ ; 📶). Bâtie autour d'un patio aux balustres en bois, cette belle demeure familiale au bord d'un canal, dont les racines remontent au XVIIe siècle, a des airs de riad. Les sept chambres impeccables présentent de hauts plafonds, du mobilier d'époque et d'autres éléments anciens, une literie colorée et des sdb modernes. La charmante famille hôte prépare un petit-déjeuner maison, organise des excursions en house-boat ou en pirogue et loue des vélos.

Canoe Ville BUNGALOWS $$

(☎9895213162, 0477-2232535 ; www.facebook.com/CanoeVilleResort ; Choolakkadav Rd, Punnamada ; par pers avec petit-déj tente 500 ₹, ch 2 000 ₹, bungalow 3 000 ₹ ; ❄📶). Sur une rive paisible du lac, à 4 km au nord d'Alappuzha, un établissement accueillant et novateur au milieu de canaux naturels. Les voyageurs sont hébergés à bord de petits bungalows "flottants" (clim, sdb et véranda), pour une expérience en "house-boat dans les terres". Jijo, le propriétaire, loue aussi deux chambres au bord du lac et des tentes safari à petits prix, et peut réserver des balades en kayak, en pirogue ou à vélo.

La même famille gère le **Punnamada Homestay** (☎Whatsapp 9895213162 ; Kayaloram Resort Rd, Punnamada ; ch avec petit-déj 1 500 ₹ ; 📶) voisin, qui loue deux chambres confortables dans une petite maison ancienne et une délicieuse cuisine familiale.

Tharavad GUESTHOUSE $$

(☎9349440406, 0477-2244599 ; alleppeytharavad@gmail.com ; à l'ouest de North Police Station ; ch avec petit-déj 2 500- 3 500 ₹ ; ❄📶). Sur la rive plutôt calme d'un canal entre le centre-ville et la plage, un peu en retrait de la route, cette demeure ancestrale, vieille de 118 ans, ne manque pas de charme avec son teck poli, ses antiquités, ses cinq chambres de caractère, son service cordial et son jardin soigné. Les *premium* sont plus spacieuses.

Johnson's GUESTHOUSE $$

(☎0477-2245825, 9846466399 ; johnsonskerala.com ; Cullan Rd ; avec petit-déj ch avec/sans clim 2 500/1 300 ₹ ; ❄📶). Adresse atypique appréciée de longue date, cette demeure familiale sur deux niveaux, très originale, est tenue par le sociable Johnson Gilbert. Chambres à thème, mobilier à l'ancienne, sièges suspendus, douches et baignoires extérieures, et jardin (barbecue) avec un cheval résident. Johnson possède aussi le joli "eco-houseboat" (ecohouseboat.com ; 9 000-14 000 ₹ pour 2 personnes).

VAUT LE DÉTOUR

GREEN PALM HOMES

À quelque 12 km au sud-est d'Alappuzha, sur une île des *backwaters*, le **Green Palm Homes** (☎9496956665, 0477-2725865 ; www.greenpalmhomes.com ; Chennamkary ; ch 2 800-5 000 ₹, bungalow 6 000-8 000 ₹, en pension complète ; ❄) donne l'occasion, depuis 1987, de loger chez l'habitant, dans un village pittoresque parmi les rizières. Au choix : des chambres toutes simples, ou *premium* (avec sdb et clim). Vous pouvez participer à une promenade guidée (500 ₹), louer des vélos et des kayaks (à partir de 300 ₹) ou suivre un cours de cuisine (250 ₹). Les chambres les moins chères partagent une sdb commune ; d'autres disposent de la climatisation (supplément de 500 ₹). Une remise de 30% est offerte aux voyageurs en solo.

Raheem Residency HÔTEL HISTORIQUE $$$

(☎0477-2239767 ; www.raheemresidency.com ; Beach Rd ; s 9 220-11 980 ₹, d 10 240-13 310 ₹ ; ❄📶🏊). En matière de cachet, aucune adresse d'Alappuzha ne peut rivaliser avec cette demeure des années 1860 rénovée avec soin, en face de la plage. Les dix chambres, auxquelles la propriétaire – la célébrité irlandaise Bibi Baskin – a redonné leur splendeur passée, sont dotées de baignoires, de meubles anciens et d'équipements d'époque. Les parties communes comprennent des cours intérieures, une piscine privative et deux excellents restaurants, le Chakara et le Harbour. Yoga et ayurvéda proposés.

Le nouveau pont routier sur Alleppey Beach gâche un peu le cadre, par ailleurs charmant.

Purity HÔTEL DE LUXE $$$

(☎0478-2862862 ; www.purityresort.com ; est de Muhamma ; ch avec petit-déj 210-340 € ; ❄📶). Dans un cadre reposant, face au lac Vembanad, à 16 km au nord d'Alappuzha, ce joyau à la direction hispano-allemande allie antiquités indiennes et style contemporain audacieux. Des tons fuchsia, rouge et bleu- vert égaient les 14 chambres aux sdb modernes ; certaines comprennent une baignoire en chambre, d'autres de superbes carreaux du Tamil Nadu. Également : spa ayurvédique, yoga, sorties en bateau et restaurant raffiné d'inspiration kéralaise.

Où se restaurer et prendre un verre

Mushroom ORIENTAL, INDIEN $
(☎9633085702 ; CCSB Rd ; plats 90-170 ₹ ; ⏲12h-minuit). Ce restaurant en plein air, agrémenté de guirlandes électriques et de plantes, est apprécié pour ses repas halal peu coûteux, comme le *chicken kali mirch* (poulet mariné au poivre et au curry), le tandoori de poisson et les champignons au piment, ainsi que des sautés de nouilles et de riz poivrés. Bonne ambiance parmi une clientèle d'Indiens et de voyageurs. Également : plats à emporter.

Le Coffee Time CAFÉ $
(☎9895039767 ; www.nannitours.com ; Nanni Backpackers Hostel, Cullan Rd ; en-cas 70-150 ₹ ; ⏲8h-21h ; wifi). L'accueillant café, avec terrasse, du Nanni Backpackers Hostel (p. 327), à 500 m à l'ouest de la plage. Entre des murs fuchsia et une pile de livres à emprunter, vous pourrez vous régaler de crêpes, d'omelette *masala* ou d'autres mets de petit-déjeuner préparés avec soin.

Cafe Catamaran INTERNATIONAL $$
(☎9746402340 ; www.facebook.com/cafecatamaran ; Beach Rd ; plats 180-350 ₹ ; ⏲8h-minuit). Donnant sur la plage, cette agréable terrasse en étage, aux banquettes basses, est autant appréciée des habitants que des visiteurs. La carte est éclectique : *momo*, croque-monsieur, plats de pâtes, curries et spécialités de la mer comme du poisson grillé au beurre à l'ail. On peut aussi commander des jus, lassis et smoothies (avec des versions véganes) délicieusement frais, ainsi que des crêpes, des omelettes ou du granola pour le petit-déjeuner. Concerts réguliers.

Halais INDIEN, ORIENTAL $$
(☎9446053338 ; www.facebook.com/haneefsaithalais ; CCSB Rd ; plats 60-400 ₹ ; ⏲9h30-23h30). Ce restaurant très propre, à l'arrière de la confiserie donnant sur la rue, est réputé localement pour ses *biryani* de poulet et de mouton. On y sert aussi des plats orientaux et yéménites appréciés, *shawarma* notamment, ainsi que quelques *dosa*, *masala* et *thali*.

Royale Chimney INDIEN $$
(☎0477-2237828 ; www.hotelroyalepark.com ; Hotel Royale Park, YMCA Rd ; plats 160-350 ₹ ; ⏲7h-22h, bar 12h-22h ; wifi). Ce restaurant d'hôtel climatisé est toujours plein. La carte est longue – *thali* végétariens ou à base de poisson, curry de poisson kéralais, *biryani* – mais tout est toujours délicieux. On retrouve la même offre au bar élégant à l'étage, où vous pourrez accompagner votre repas d'une Kingfisher fraîche ou petit-déjeuner d'une omelette ou de *dosa*.

Chakara INTERNATIONAL $$$
(☎0477-2239767 ; www.raheemresidency.com ; Beach Rd ; plats 350-550 ₹ ; ⏲7h30-10h, 12h30-15h et 19h-22h). En face de la plage, le restaurant le plus chic d'Alappuzha, dans l'hôtel Raheem Residency (p. 329), qui remonte aux années 1860. Accessible par un escalier en colimaçon, la terrasse ouverte sur le côté est une merveille (mais la vue sur la mer est désormais en grande partie obstruée par un pont routier). La carte, axée sur les produits de la pêche locale, marie avec créativité cuisines kéralaise et européenne ; goûtez le curry de poisson d'Alappuzha ou le curry *paneer* et noix de cajou.

Sont aussi servis des vins indiens, du porto de Goa et de la bière, ainsi que des repas kéralais légers (350 ₹). Dans le jardin au-dessous, illuminé de guirlandes électriques, le **Harbour Restaurant** (☎0477-2239767 ; plats 170-500 ₹ ; ⏲11h-22h), tout aussi apprécié, propose une carte similaire et des bières délicieusement fraîches.

Renseignements

DTPC (☎9400051796, 0477-2251796 ; www.dtpcalappuzha.com ; Boat Jetty Rd ; ⏲9h30-17h30). Office du tourisme.

Depuis/vers Alappuzha

BATEAU

De l'**embarcadère** (VCSB Rd) d'Alappuzha, des ferries du State Water Transport Department (www.swtd.gov.in) partent pour Kottayam (15 ₹, 2 heures 30) – en principe – à 7h30, 9h30, 11h30, 14h30 et 17h15, repartant en sens inverse à 6h45, 11h30, 13h, 15h30 et 17h15 ; lors de nos recherches, seul le ferry de 11h30 (trajet retour à 13h) était en service en raison de travaux de rénovation. Des ferries partent pour Kollam (400 ₹, 8 heures) tous les jours à 10h30 (tous les 2 jours d'avril à juin).

BUS

De la **gare routière KSRTC** (VCSB Rd), des bus partent, toutes les 30 minutes, pour Thiruvananthapuram (Trivandrum ; 150 ₹, 4 heures), Kollam (90 ₹, 2 heures 30) et

Ernakulam (Kochi ; 100 ₹, 1 heure 30). Les bus pour Kottayam (50 ₹, 1 heure 30, toutes les 30 minutes entre 5h40 et 19h30) sont plus rapides que le ferry. Des bus partent pour Kumily (Periyar ; 150 ₹, 6 heures) à 6h40, 7h50 et 13h10, pour Munnar (150 ₹, 6 heures) à 2h, 4h30, 8h45 (clim) et 14h, et pour Varkala (90 ₹, 3 heures) à 8h, 8h50 et 17h30.

TRAIN

La gare ferroviaire est à 4 km au sud-ouest de la ville. Plusieurs trains quotidiens rejoignent Ernakulam (2e classe/sleeper/3AC 50/140/495 ₹, 1 heure 30) et Thiruvananthapuram (80/140/495 ₹, 3-4 heures) via Kollam (60/140/495 ₹, 1 heure 30-2 heures 30). Six trains desservent quotidiennement Varkala (2e classe /AC chair 65/315 ₹, 2-3 heures).

Comment circuler

Des auto-rickshaws vous emmènent du centre-ville ou de la gare routière à la plage pour environ 60 ₹. On peut louer des scooters pour 300 à 400 ₹ par jour auprès de certaines *guesthouses* et de **Nanni Tours & Travel** (9895039767 ; www.nannitours.com ; Cullan Rd ; 8h-21h), une agence fiable.

Marari et Kattoor

0478

Respectivement situées à 10 et à 14 km au nord d'Alappuzha, ces deux petites stations balnéaires sont appréciées pour leurs magnifiques étendues de sable blond.

Kattoor Beach, parfois surnommée "Secret Beach", évoque encore un village de pêcheurs. Son développement immobilier reste minimal et ses ruelles sablonneuses débouchent sur des plages quasi désertes. Un peu plus tape-à-l'œil, Marari Beach s'apparente plus à une vraie petite cité balnéaire, avec plusieurs cinq-étoiles sur le front de mer, mais sa plage est tout aussi belle.

Où se loger et se restaurer

Secret Beach Yoga Homestay CHEZ L'HABITANT $$
(9447786931 ; www.secretbeach.in ; Kattoor ; ch 1 000-2 500 ₹ ;). Ce pavillon de trois chambres bénéficie d'un cadre sublime. Une lagune le sépare d'une portion tranquille de Kattoor Beach (empruntez une pirogue pour la traversée !). Vimal, l'accueillant jeune propriétaire, est professeur certifié de yoga et de *kalarippayat* (cours 300 ₹). Sa famille et lui préparent des repas maison et prêtent des vélos. Demandez la direction de la "maison d'Akkichen".

Marari Villas HÔTEL DE LUXE $$$
(9947948868 ; www.mararivillas.com ; Kattoor ; avec petit-déj ch 14 000-19 500 ₹, villa 1 ch 18 500-22 000 ₹ ;). On ne peut trouver meilleur endroit où séjourner à Marari. Les quatre villas rouge cendré, blanc et turquoise, dispersées le long ou près de la plage, du sable couleur miel agrémentant leurs jardins, offrent une intimité totale, et on se délecte d'une merveilleuse cuisine kéralaise. La Lotus (deux chambres) et la Palm (trois chambres) se partagent une piscine, une terrasse de yoga et des salles de massage ayurvédique, tandis que les Hibiscus et Orchid (une chambre) disposent chacune d'une piscine. Réservez.

A Beach Symphony BUNGALOWS $$$
(9947107150 ; www.abeachsymphony.com ; Marari ; bungalow 9 900-22 960 ₹ ; sept-mai ;). À l'entrée principale de la plage, ces quatre bungalows, aménagés différemment, forment l'un des *resorts* les plus luxueux du front de mer de Marari, au coeur de jardins rafraîchis par la brise. Le Khombu et le Nagaswaram ont vue sur la plage ; le Violin possède sa propre piscine. Yoga, circuits à vélo, sorties en bateau et repas servis sous la véranda sur demande.

Depuis/vers Marari et Kattoor

Les bus qui partent de la gare routière KSRTC d'Alappuzha (p. 330) vers le nord en direction de Cherthala (5h-17h) s'arrêtent à 2 km de la plage de Marari, sur la route principale NH66. Un taxi depuis/vers Alappuzha coûte environ 700 ₹.

Kottayam

0481 / 357 300 HABITANTS

Située entre les *backwaters* et les Ghats occidentaux, à 60 km au sud-est de Kochi (Cochin), Kottayam est davantage connue comme centre du commerce des épices et du caoutchouc que pour son charme. La ville fut la première du pays à atteindre un taux d'alphabétisation de 100% en 1989. Pour la plupart des voyageurs, il s'agit avant tout d'un nœud de transports. De nombreux visiteurs effectuent le trajet en ferry Kottayam-Alappuzha (ou vice versa) sur le canal, avant de rallier Kumily à l'est, Kumarakom à l'ouest ou Kochi au nord. Le centre de la ville, congestionné, est peu attrayant.

VAUT LE DÉTOUR

LES ÉGLISES DE KOTTAYAM

Près de la Meenachil, à 2 km au nord-ouest du centre de Kottayam, deux églises anciennes méritent le détour. La **St Mary's Syrian Knanaya Church** (Valiyapally ; près de River Bank Rd ; horaires variables) trône au sommet d'une colline. L'église d'origine fut fondée en 1550 par des chrétiens knananites syriens, mais le bâtiment chaulé actuel date de 1588 ; ses deux croix taillées dans le granit, aux inscriptions pahlavies, remontent au moins au VIIe siècle. À 200 m au sud, l'élégante **St Mary's Orthodox Church** (Cheriapally ; près de Kottayam-Kumarakom Rd ; lever-coucher du soleil), érigée par les Portugais en 1579, est connue pour son mélange de baroque européen et d'architecture religieuse kéralaise, ainsi que pour les peintures de style portugais qui ornent son autel, réalisées avec des teintures végétales.

Où se loger et se restaurer

Homestead Hotel HÔTEL $
(0481-2560467 ; KK Rd ; s 600 ₹, d 990-1 400 ₹, ch avec clim 2 010 ₹ ;). Dans un petit complexe pratique, en plein centre mais en retrait de la fréquentée KK Road, le Homestead loue diverses chambres bien entretenues à petits prix. Les meilleures disposent de draps aux jolis motifs et d'un mur décoré de manière particulière (demandez à en voir plusieurs). Eau chaude courante pour les chambres climatisées, dans un seau pour les autres.

Windsor Castle & Lake Village Resort HÔTEL $$
(0481-2363637 ; www.thewindsorcastle.co.in ; MC Rd, Kodimatha ; s 3 540-4 720 ₹, d 4 130-5 310 ₹, bungalow 8 790 ₹ ;). Cet imposant bâtiment blanc, à 3 km au sud du centre-ville, abrite certaines des chambres les plus confortables de Kottayam. Les hébergements les plus intéressants se trouvent cependant au-delà, au Lake Village : de luxueux bungalows répartis entre des jardins soignés, deux piscines et des *backwaters* privés, à l'atmosphère de house-boat pour certains. Restaurant international.

Thali INDIEN DU SUD $
(KK Rd ; menus 30-200 ₹ ; 8h-20h30). Une version plus chic du restaurant à formules kéralais typique, dans une jolie salle impeccable au 1er étage, dotée de stores vénitiens. La cuisine – entre autres curry de poisson de Malabar, *thali*, *masala dosa* et *pachakkari* légèrement épicé, accompagné d'*appam* (crêpes de riz) moelleux – est excellente.

À l'étage, le tout aussi populaire **Meenachil** (plats 60-180 ₹ ; 12h-15h et 18h-21h30) sert de savoureux plats chinois et indiens dans un cadre familial chaleureux.

Renseignements

DTPC (0481-2560479 ; www.dtpckottayam.com ; Kodimatha ; 10h-17h lun-sam). Office du tourisme à l'embarcadère.

Depuis/vers Kottayam

Un auto-rickshaw entre la gare routière et l'embarcadère ou la gare ferroviaire coûte 40 ₹.

BATEAU

De l'**embarcadère** (Kodimatha), à 1,5 km au sud du centre de Kottayam, des ferries du State Water Transport Department (www.swtd.gov.in) partent pour Alappuzha (15 ₹, 2 heures 30) – en principe – à 6h45, 11h30, 13h, 15h30 et 17h15, repartant dans l'autre sens à 7h30, 9h30, 11h30, 14h30 et 17h15. Lors de nos recherches, seul le ferry de 13h (trajet retour à 11h30) était en service en raison de travaux de rénovation ; tous les services auront probablement repris au moment où vous lirez ces lignes.

BUS

La **gare routière KSRTC** (NH183) est à 600 m au sud du centre-ville.

TRAIN

La gare ferroviaire, à 1,5 km au nord-est du centre-ville, est desservie par des trains fréquents reliant Thiruvananthapuram (2e classe/sleeper/3AC 80/140/495 ₹, 3 heures 30-4 heures 30) à Ernakulam (Kochi ; 50/140/495 ₹, 1 heure 30).

Kumarakom

0481

À 15 km à l'ouest de Kottayam, sur les rives du vaste et superbe lac Vembanad (le plus grand du Kerala), Kumarakom est une petite bourgade paisible, dotée de splendides hôtels et proche d'une réserve ornithologique renommée. Des house-boats sillonnent les *backwaters* moins fréquentés des alentours.

BUS AU DÉPART DE KOTTAYAM

DESTINATION	PRIX	DURÉE	FRÉQUENCE
Alappuzha (Alleppey)	47 ₹	1 heure 30	toutes les 20-40 minutes 6h-17h40
Ernakulam (Kochi)	76-236 ₹	1-2 heures	toutes les 15 minutes 4h20-0h30
Kollam	100 ₹	3 heures 30	4h30, 6h45, 7h30, 9h40, 14h20
Kumarakom	30 ₹	30 minutes	5h30, toutes les 20 minutes 6h40-21h30
Kumily (pour Periyar)	100 ₹	3 heures 30	3h, 3h40, 4h40, toutes les 20 minutes 6h-19h, toutes les heures 19h-minuit
Munnar	100 ₹	4 heures	3h, 7h50, 9h, 10h30, 12h40, 14h, 17h
Thiruvananthapuram (Trivandrum)	186 ₹	4 heures	toutes les 20-30 minutes
Varkala	150 ₹	4 heures	6h45

Arundhati Roy, auteure du roman *Le Dieu des Petits Riens* (Gallimard, 1998), a grandi dans le village voisin d'Aymanam.

À voir

Kumarakom Bird Sanctuary OBSERVATION DES OISEAUX
(☎0481-2525864, 9400008620 ; Kumarakom ; Indien/étranger 50/150 ₹ ; ⏲6h-17h). Cette réserve de 5 ha, située sur une ancienne plantation d'hévéas au bord du lac Vembanad, est un sanctuaire pour les oiseaux locaux et migrateurs. D'octobre à février, on peut observer la sarcelle d'été, le balbuzard pêcheur, le busard et l'aigle des steppes. Des espèces locales, comme les cormorans à cou brun, les crabiers de Gray, les aigrettes et les anhingas roux, se reproduisent entre mai et juillet. Les guides demandent 300 ₹ pour un circuit de 2 heures ; excursions en bateau à moteur (650 ₹) et vedette (1 200 ₹).

Où se loger

Cruise 'N Lake GUESTHOUSE $$
(☎9447126784, 9846036375 ; puthenpurajose@gmail.com ; Puthenpura Tourist Enclave, Cheerpunkal ; ch avec/sans clim 2 000/1 500 ₹ ;). Bordé d'un côté par les *backwaters*, de l'autre par des rizières, voici un refuge idéal à un prix abordable. Les huit chambres sont modernes et leurs vérandas donnent sur l'eau. Le restaurant, sans prétention, a vue sur le lac. À 3 km au nord-ouest du Kumarakom Bird Sanctuary ; le dernier kilomètre et demi se fait sur une route non asphaltée.

Kumarakom Lake Resort COMPLEXE HÔTELIER $$$
(☎0481-2524900 ; www.kumarakomlakeresort.in ; Kumarakom North ; ch/ste avec petit-déj à partir de 19 350/60 300 ₹ ;). Voici l'adresse chic de Kumarakom, au bord du lac Vembanad. Les 67 chambres s'ouvrent pour la plupart sur des piscines reliées entre elles, bordées de palmiers, et disposent de leur propre bassin. Même les chambres les moins chères sont spacieuses, élégantes et très confortables, avec baignoire dans la sdb. Également : spa ayurvédique, yoga, deux restaurants, house-boats et jardins tropicaux idylliques.

Depuis/vers Kumarakom

Kumarakom est desservie par des bus qui partent de Kottayam (30 ₹, 30 minutes) à 5h30, puis toutes les 20 minutes entre 6h40 et 21h30.

GHATS OCCIDENTAUX DU KERALA

Les Ghats occidentaux, inscrits au patrimoine mondial de l'Unesco (2012), comptent parmi les grands réservoirs de biodiversité de la planète. On y découvre des réserves naturelles, des itinéraires de trek exceptionnels et des plantations d'épices, de café et de thé. Les Ghats à l'extrême nord du Kerala comprennent la paisible région du Wayanad (p. 364), que l'on rejoint généralement depuis Calicut (Kozhicode).

Periyar Tiger Reserve

☎04869 / 30 300 HABITANTS (KUMILY) / ALTITUDE 880 M (KUMILY)

Réserve naturelle la plus connue et fréquentée d'Inde du Sud, **Periyar** (Thekkady Tiger Reserve ; ☎04869-224571, 8547603066 ; www.keralatourism.org/periyar/periyar-tiger-reserve.php ; Indien 40 ₹, adulte/enfant étranger 475/170 ₹ ; ⏲6h30-17h30, dernière entrée 16h30) s'étend sur 777 km² et comprend un lac

Kumily et la Periyar Tiger Reserve

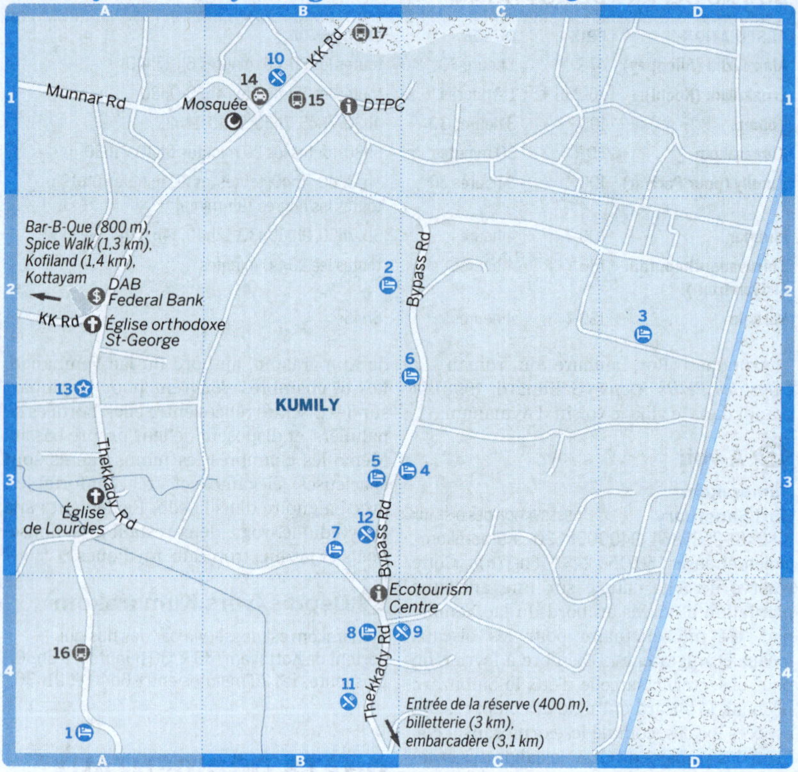

Kumily et la Periyar Tiger Reserve

Où se loger

1	Bamboo Grove	A4
2	Chrissie's Hotel	B2
3	Claus Garden	D2
4	El-Paradiso	C3
5	Green View	B3
6	Mickey Homestay	C2
7	Spice Village	B3
8	Thekkady Homestay	B4

Où se restaurer

9	Ambadi	C4
10	Ananda Bhavan	B1
	Chrissie's Cafe	(voir 2)
11	French Restaurant & Bakery	B4
12	Grandma's Cafe	B3
	Spice Village	(voir 7)

Où sortir

13	Mudra Cultural Centre	A3

Transports

14	Station des auto-rickshaws	B1
15	Gare routière de Kumily	B1
16	Arrêt des navettes du parc	A4
17	Gare routière du Tamil Nadu	B1
	Station des taxis et des jeeps	(voir 15)

artificiel de 26 km², créé par les Britanniques en 1895. Fondée en 1934, elle devint la première réserve de tigres du Kerala en 1978. Elle abrite 35 à 40 de ces félins insaisissables, mais aussi des sangliers, des sambars, des gaurs, des langurs et quelque 2 000 éléphants. Periyar figure au programme de la plupart des touristes indiens et étrangers, qui apprécient notamment la croisière sur le lac. Mais une exploration plus en profondeur, par exemple à l'occasion d'un trek avec un villageois issu des minorités ethniques ou un ancien braconnier, permet de découvrir un versant encore plus sauvage de la forêt tropicale de Periyar. Emportez des vêtements chauds et imperméables.

Kumily, la ville la plus proche, sert notamment de point d'accès au Tamul Nadu voisin. Elle comprend hôtels, restaurants, boutiques d'épices et grands magasins cachemiris. Thekkady, à 4 km au sud de Kumily, est le centre du parc, où se trouvent les hôtels de la KTDC et l'embarcadère. La réserve est appelée indifféremment Kumily, Thekkady ou Periyar, ce qui peut prêter à confusion. La meilleure période pour observer les animaux va de décembre à avril.

À voir et à faire

L'Ecotourism Centre (p. 338), dirigé par le Forest Department, gère tous les circuits dans le parc. Pour la haute saison, de novembre à mars, réservez tôt (en ligne ou par l'intermédiaire de votre *guesthouse*). Les réservations se font théoriquement via www.periyarfoundation.online, mais le site n'acceptait pas les cartes bancaires étrangères lors de nos recherches. En dernier ressort, essayez d'obtenir des billets en personne après 19h30 la veille.

Les excursions en bateau sur le lac avec **Periyar Lake Cruise** (adulte/enfant 240/80 ₹ ; départs 7h30, 9h30, 11h15, 13h45 et 15h30) constituent la principale manière de visiter la réserve en dehors des randonnées guidées. La croisière donne l'occasion d'apercevoir des cerfs, des sangliers, des loutres et des oiseaux. Si vous n'avez pas réservé sur le site www.periyarfoundation.online, achetez vos billets au bureau situé au-dessus de l'embarcadère ou au comptoir des excursions en bateau du parking des bus-navettes de Kumily (p. 338).

Randonnée et rafting

L'Ecotourism Centre (p. 338) organise des randonnées d'une journée complète à l'orée de la réserve (1 800 ₹/personne), des promenades en pleine nature de 2 heures 30 (350 ₹/personne), du rafting en radeau de bambou (demi-journée/journée 1 800/2 400 ₹/personne), ainsi que des "patrouilles de nuit dans la jungle" de 3 heures (1 200 ₹/personne), accompagnées par un guide formé issu des minorités ethniques. Il y a aussi des treks de 20-30 km avec camping sur le "sentier du tigre" (itinéraire 1 nuit 6 000 ₹/personne ; prix minimum 9 000 ₹), dirigés par d'anciens braconniers reconvertis en guides. Les excursions sont généralement pour 2 ou 4 personnes au minimum ; les voyageurs seuls peuvent en principe se joindre à un groupe. La plupart des randonnées sont réservées aux plus de 11 ans.

Safaris en jeep

Le Forest Department organise des **safaris en jeep** (8289821306, 8547123776 ; 2 200 ₹/jeep, bateau, trek et déj inclus adulte/enfant 1 500/750 ₹) de 40 km dans la zone tampon de Gavi, les vingt premiers kilomètres se faisant sur des routes principales. Les jeeps partent à 6h et repartent à 15h ou 16h. Les enfants sont acceptés. Réservez via votre *guesthouse* (droit d'entrée non inclus).

Cours de cuisine

De nombreuses maisons d'hôtes locales, notamment Green View (p. 339) et El-Paradiso (p. 336), proposent des cours de cuisine (300-600 ₹/personne). Le bien établi **Bar-B-Que** (9895613036 ; KK Rd ; cours par pers végétarien/non végétarien 400/500 ₹ ; 18h30), à 1 km à l'ouest du bazar, organise aussi des cours de 2 heures (suivis d'un festin), recommandés.

Visites de plantations de thé et d'épices

Ces collines sont connues pour leur production d'épices (cardamome, vanille, poivre, cannelle) et d'herbes ayurvédiques. Plusieurs plantations d'épices locales proposent des visites guidées (100 ₹), notamment **Abraham's Spice Garden** (9746129050 ; www.abrahamspice.com ; NH183, Spring Valley ; visites guidées 100 ₹ ; 6h-18h), établie de longue date, à 3 km à l'ouest de Kumily. À 14 km au sud-ouest de Kumily, la **Connemara Tea Factory** (8075715496 ; NH183, Vandiperiyar ; visites guidées 150 ₹ ; visites guidées toutes les heures 9h-16h lun-sam), fabrique de thé créée il y a quarante ans et toujours en activité, organise des visites guidées d'une heure ; des bus partent pour Vandiperiyar depuis Kumily (25 ₹) toutes les 30 minutes.

Où se loger

Dans la réserve

Dans la réserve, la KTDC gère la Periyar House, l'Aranya Nivas et le majestueux Lake Palace. Ces établissements appliquent un couvre-feu ; les résidents ne sont plus autorisés dans la réserve après 18h.

L'Ecotourism Centre (p. 338) propose des hébergements en tente au **Jungle Camp** (8547603066, 04869-22457 ; www.periyartiger-reserve.org ; d repas inclus 5 000 ₹), dans la zone tampon de la réserve, et des bungalows rudimentaires au **Bamboo Grove** (ch avec petit-déj 1 800 ₹), à la lisière sud-ouest de Kumily.

Lake Palace HÔTEL $$$
(☎9400008589, 04869-223887 ; www.ktdc.com/lake-palace ; Thekkady ; ch repas inclus 16 000-32 000 ₹). Un parfum de royauté plane sur cet ancien palais d'été des souverains de Travancore, restauré et géré par la KTDC. Situé sur une île au milieu du lac de Periyar, il est accessible en 20 minutes en bateau. Les six chambres de caractère, au mobilier ancien, sont décorées avec goût. Le couvre-feu vous empêche de sortir après 18h, mais vous avez de bonnes chances d'apercevoir des animaux depuis votre terrasse privative. Une excursion en bateau est incluse dans les prix.

Kumily

Mickey Homestay CHEZ L'HABITANT $
(☎04869-223196, 9447284160 ; www.mickeyhomestay.com ; Bypass Rd ; ch 750-1 000 ₹ ; wi-fi). Entourée de végétation, cette maison familiale authentique et accueillante offre l'un des meilleurs rapports confort/prix de la localité. L'intimité est préservée dans les cinq chambres (ventilateurs) et les balcons comprennent mobilier en rotin et fauteuils suspendus en bambou. Les deux chambres les moins chères, avec sdb séparée, peuvent être reliées entre elles. Petit-déjeuner maison pour 2 personnes 300 ₹.

♥ **Green View** GUESTHOUSE $$
(☎9447432008, 04869-224617 ; www.sureshgreenview.com ; Bypass Rd ; ch avec petit-déj 750-2 000 ₹ ; wi-fi). Si ce n'est plus la maison d'hôtes modeste des débuts, les propriétaires Suresh et Sulekha – remarquables sources d'information sur la région – ont su maintenir un accueil familial chaleureux et personnalisé. Les 18 chambres (balcons privatifs), bien entretenues, sont réparties dans deux bâtiments. Les meilleures, à l'étage supérieur, sont dotées de fauteuils suspendus donnant sur un jardin d'épices. Excellents repas végétariens et cours de cuisine (300-500 ₹).

♥ **Chrissie's Hotel** GUESTHOUSE $$
(☎04869-224155, 9447601304 ; www.chrissies.in ; Bypass Rd ; avec petit-déj s 2 500-3 000 ₹, d 2 800-3 300 ₹ ; wi-fi, piscine). Caché derrière le populaire Chrissie's Cafe, cet hôtel sur quatre niveaux, aux propriétaires germano-égyptiens, parvient à se fondre dans son environnement boisé. On doit les nombreuses peintures qui ornent les murs à des artistes volontaires de passage. Aménagées avec du mobilier pimpant, des lampes et des coussins colorés, les 15 chambres sont spacieuses et lumineuses. Piscine sur le toit avec espace détente et vue fabuleuse. Cours de yoga (400 ₹). Bouteilles d'eau remplies gratuitement.

Claus Garden CHEZ L'HABITANT $$
(☎04869-222320, 9645138390 ; www.homestay.in ; Thekkumkadu ; d/tr/f 2 200/2 400/3 200 ₹ ; wi-fi). Une famille germano-indienne accueille de longue date les voyageurs dans leur maison aux balcons légèrement arrondis, sur une colline escarpée (jolie vue sur le côté est de la ville), loin de l'agitation. Carrelage au sol, beau mobilier en bois et des touches d'art dans les chambres, impeccables. Des fauteuils supendus et le toit-terrasse donnent sur un jardin luxuriant. Petit-déjeuner bio, avec pain frais et confiture maison (300 ₹).

El-Paradiso CHEZ L'HABITANT $$
(☎7034337350, 04869-222350 ; www.elparadiso.in ; Bypass Rd ; ch 1 800 ₹ ; wi-fi). Une maison familiale pimpante, aux chambres fraîches et modernes. La plupart s'ouvrent sur une terrasse donnant sur la végétation et toutes sont agrémentéest de touches sympathiques comme des éléphants sur les têtes de lit en bois. Les quatre meilleures ont des balcons et des fauteuils suspendus. Les cours de cuisine (600 ₹) sont ici une spécialité, de même que le café issu de l'exploitation des propriétaires.

Thekkady Homestay CHEZ L'HABITANT $$
(☎9446205008, 04869-224006 ; www.thekkadyhomestay.com ; Puthenparambil House, Thekkady Rd ; ch 1 500-1 900 ₹ ; wi-fi). Une adresse pleine de caractère sur la route de la réserve. Des peintures murales représentant léopards, paysages de jungle et lac de Periyar bordent les escaliers menant au dernier étage, au-dessus de la maison familiale, où sont aménagées les quelques chambres impeccables, modernes et ornée de fresques florales. Eau filtrée et terrasse.

Spice Village RESORT $$$
(☎04869-222314 ; www.cghearth.com ; Thekkady Rd ; bungalow 20 600-28 600 ₹ ; wi-fi, piscine). Ce remarquable établissement de CGH Earth prend l'écologie au sérieux. Tel un village traditionnel, ses spacieux bungalows au toit de chaume, à la fois raffinés et rustiques,

sont disséminés au cœur d'un magnifique domaine. L'élégant **restaurant** (plats 350-1 200 ₹, buffet 1 100 ₹ ; 7h30-10h,12h30-15h et 19h30-22h) saura vous régaler de somptueux repas, préparés à partir de produits bio cultivés sur place ou dans la région. Également : bar de style colonial, spa ayurvédique et piscine apaisante.

Où se restaurer

On trouve quelques bons restaurants végétariens à petits prix dans le quartier animé du bazar de Kumily, ainsi que des tables touristiques correctes le long de Bypass Road et sur la route de la réserve.

Ananda Bhavan INDIEN $
(04869-222466 ; Central Hotel, KK Rd ; plats 50-200 ₹ ; 8h-22h). Une cuisine simple, savoureuse et à prix raisonnables – spécialités locales telles que *masala dosa*, *appam*, repas kéralais et curries indiens du Nord – en face de la gare routière de Kumily.

Chrissie's Cafe INTERNATIONAL $$
(04869-224155 ; www.chrissies.in ; Bypass Rd ; plats 150-350 ₹ ; 11h-18h ;). Un café toujours aussi populaire auprès des voyageurs, au 1er étage et sur le toit du bâtiment, parmi des plantes en pots. Outre les superbes assiettes de mezze et wraps de falafels, les spécialités, on y propose des classiques occidentaux tels que pâtes et pizzas, pâtisseries, en-cas, excellent café et eau gratuite.

Ambadi INDIEN $$
(04869-222193 ; hotelambadi.com ; Thekkady Rd ; plats 100-300 ₹ ; 7h-21h30 ;). Évoquant une église avec son bois sculpté et son sol carrelé, le restaurant de l'hôtel du même nom, de style manoir anglais, fait plus formel que la plupart des autres tables de Kumily. Habitants comme visiteurs l'apprécient pour son grand choix de classiques d'Inde du Nord et du Sud, bien exécutés et à prix raisonnables.

Grandma's Cafe INTERNATIONAL $$
(9995317261 ; Bypass Rd ; plats 180-300 ₹ ; 7h-23h nov-mars, 12h-23h avr-oct ;). Tables en bambou, bonne ambiance et murs jaune vif gribouillés de messages d'anciens clients caractérisent ce café-restaurant intérieur et extérieur, que l'on découvre en descendant quelques marches. On peut aussi bien petit-déjeuner de pain perdu que de curry végétarien kéralais avec *appam*, et les classiques indiens du Sud (notamment curries du Chettinadu et poisson frit au masala) côtoient nouilles, *biryani* et salades.

French Restaurant & Bakery SNACK $$
(9961213107 ; Thekkady Rd ; repas 100-280 ₹ ; 8h30-20h). Cette paillote familiale aux murs jaunes, en retrait de la route d'accès au parc, est une bonne adresse pour le petit-déjeuner ou le déjeuner. Au programme : des sandwichs à la baguette maison (au thon, végétarien ou au fromage), mais également des plats de pâtes, des pizzas, des omelettes et des nouilles.

Où sortir

Mudra Cultural Centre SPECTACLES
(9061263382 ; www.mudraculturalcentre.com ; Thekkady Rd ; billets 200 ₹ ; kathakali 17h et 19h ; kalarippayat 18h et 19h15). Les spectacles de kathakali donnés ici sont particulièrement divertissants. La séance de maquillage et d'habillage commence 30 minutes avant. Arrivez tôt pour être bien placé. Deux

SABARIMALA

Au cœur des Ghats occidentaux, à environ 20 km à l'ouest de Gavi (localité elle-même située à 40 km au sud de Kumily) et à 50 km d'Erumeli, au lieu-dit Sabarimala, le **temple d'Ayyappan** est un lieu de pèlerinage très visité : il attirerait chaque année entre 40 et 60 millions de fidèles hindous, qui viennent se recueillir là où le dieu Ayyappan, fils de Shiva et de Mohini, l'incarnation féminine de Vishnu, aurait médité.

Par tradition, les femmes entre 10 et 50 ans (c'est-à-dire en âge d'avoir leurs règles) ne sont pas admises au-delà du poste de contrôle de Pampa, mais la Cour suprême indienne a levé l'interdiction en septembre 2018, autorisant pour la première fois les femmes de tout âge à visiter le temple. Cette décision historique suscita de violentes manifestations. Deux femmes d'âge "interdit" parvinrent finalement à accéder au temple début janvier 2019, protégées par une escorte policière, mais, lors de la rédaction de ce guide, la Cour suprême avait accepté de reconsidérer sa décision, et certaines des rares femmes ayant fait le pèlerinage après la levée de l'interdiction avaient été victimes de discrimination.

démonstrations de *kalarippayat* ont aussi lieu chaque soir. Le programme est généralement plus limité en basse saison (voir aussi p. 378 et p. 552).

Renseignements

DTPC (04869-222620 ; www.dtpcidukki.com ; en retrait de KK Rd ; 10h-17h lun-sam). Office du tourisme.

Ecotourism Centre (04869-224571, 8547603066 ; www.periyartigerreserve.org ; Thekkady Rd ; 6h30-21h)

Depuis/vers Kumily

La **gare routière** (04869224242 ; KK Rd), à l'extrémité nord-est de Kumily, est desservie par des bus privés et KSRTC :

Alappuzha (Alleppey) 140 ₹, 5 heures 30, 5h15, 7h40, 10h, 13h, 13h45

Bengaluru (Bangalore) 800-1 050 ₹, 10-12 heures, 18h, 19h15, 20h, 21h

Ernakulam (Kochi) 150-160 ₹, 6 heures, au moins 20/jour

Kollam 150 ₹, 6 heures 30, 10h50, 11h45

Kottayam 96-120 ₹, 4 heures, toutes les 30 minutes

Munnar 120 ₹, 5 heures, 7h, 7h30, 9h45, 12h

Thiruvananthapuram (Trivandrum) 200 ₹, 6-8 heures, 3h, 8h45, 10h15, 15h40

Des bus partent à 19h45 et 21h pour Chennai (Madras ; 900-1 000 ₹, 10 heures) et toutes les 30 minutes pour Madurai (90 ₹, 4 heures) de la **gare routière du Tamil Nadu** (KK Rd), juste au nord de la frontière.

Comment circuler

L'**entrée principale de la réserve** (Thekkady Rd) est à 1,5 km au sud-est de la gare routière de Kumily ; le lac de Periyar est 3 km plus au sud. Les véhicules privés ne sont plus autorisés sur la route d'accès principale ; on peut toujours la parcourir à pied, ou prendre l'un des fréquents **bus-navettes officiels** (près de Thekkady Rd ; 20 ₹ aller-retour) au parking situé à l'extrémité sud-ouest de Kumily.

De taille modeste, la ville de Kumily se visite facilement à pied, mais on peut louer des vélos (200 ₹). Les courts trajets en **auto-rickshaw** (KK Rd) coûtent 30 ₹.

Munnar

04865 / 38 500 HABITANTS / ALTITUDE 1 524 M

Les collines ondoyantes autour de Munnar, dans la principale région d'Inde du Sud productrice de thé, sont tapissées de plantations, taillées et sculptées comme des haies d'ornement. Dans ce magnifique paysage montagneux des Ghats occidentaux, on est souvent au-dessus des nuages. La ville de Munnar elle-même est un centre administratif peu attrayant et souvent congestionné, bien loin des stations d'altitude du nord de l'Inde. Mais il suffit de s'en éloigner de quelques kilomètres, pour se retrouver cerné de mille nuances de vert.

Entourée de ce qu'on appelait autrefois la "haute chaîne du Travancore", Munnar a prospéré en tant que région productrice de thé à partir de 1880. C'est aujourd'hui le centre de négoce d'une des plus hautes régions productrices de thé au monde. La majorité des plantations sont gérées par le géant Tata ; une autre partie l'est par la Kannan Devan Hills Plantation Company (KDHP), une coopérative locale ; Harrisons Malayalam en possède également une partie.

Munnar et le district d'Idukki qui l'entoure ont été durement touchés par les inondations de 2018 (p. 319) ; les services touristiques devraient pour la plupart être revenus à la normale fin 2019.

À voir et à faire

On vient essentiellement à Munnar pour explorer les collines avoisinantes, couvertes de plantations de thé. Les excursions à Top Station (p. 342), à l'Eravikulam National Park (p. 343) et au Chinnar Wildlife Sanctuary (p. 343) sont particulièrement appréciées.

CSI Christ Church — ÉGLISE

(près d'AM Rd/NH85 ; 9h-17h). L'église la plus ancienne de Munnar, de style néogothique, fut bâtie en 1911 avec du granit importé du Royaume-Uni. Elle contient une série de plaques à la mémoire d'éminents planteurs de thé étrangers qui reposent ici.

Tea Museum — THÉ

(adulte/enfant 125/40 ₹, app photo 20 ₹ ; 9h-17h mar-dim). À 1,5 km au nord-ouest de la ville, cette réplique d'une fabrique de thé en activité permet de découvrir les bases de la transformation du thé. On peut également y voir une collection de photos et d'objets datant de l'époque coloniale, avec notamment une rouleuse à thé de 1905. Pour venir depuis la ville, suivez la route fréquentée qui passe devant des plantations. Sinon, le trajet en auto-rickshaw depuis le bazar coûte 25 ₹.

♥ Nimi's Lip Smacking Classes — CUISINE

(9447330773 ; nimisrecipes.com ; AM Rd/NH85 ; cours 3 000 ₹/pers ; 15h lun-ven, 14h sam-dim). Nimi Sunilkumar, qui s'est forgé une solide réputation en matière de cuisine kéralaise (elle a publié des livres de recettes et tient un site Internet et un blog), dispense tous les jours des cours de cuisine kéralaise, chez elle (à côté du DTPC de Munnar).

Randonnée et trekking

La meilleure façon de découvrir les Ghats consiste à effectuer une randonnée guidée, allant du "*soft trekking*" de quelques heures dans les plantations (500-1 000 ₹) aux treks plus ardus d'une journée entière (à partir de 1 000 ₹) dévoilant des perspectives somptueuses. Les hébergements et le DTPC (p. 342) peuvent facilement vous trouver un guide. **Munnar Trekking** (☎04865-230940, 9447825447 ; www.munnartrekking.com ; trek 650-1 000 ₹/pers), dirigé par le Green View Inn, a bonne réputation. Green Valley Vista (p. 340) propose aussi d'excellents treks.

Lors de la rédaction de ce guide, le DTPC organisait aussi des treks (3 000 ₹) avec camping autour de Top Station (p. 342).

Les zones ouvertes aux treks dépendent de la réglementation du Forest Department, qui change à peu près chaque année. Certaines randonnées peuvent se faire sans guide, mais sachez toutefois que traverser les plantations sans guide agréé constitue une violation de propriété.

Circuits organisés

Taxis, jeeps et *guesthouses* demandent 1 200 à 1 500 ₹ pour un tour des principaux sites touristiques de la région. Le DTPC (p. 342) organise des circuits d'une journée assez expéditifs, mais peu coûteux, autour de Munnar. Le **Sandal Valley Tour** (☎04865-231516 ; www.dtpcidukki.com ; 400 ₹/pers ; ⏲circuit 9h-17h) comprend l'Eravikulam National Park (p. 343), plusieurs points de vue, des cascades, des plantations de thé et une forêt de bois de santal. Le **Village Tour** (☎04865-231516 ; www.dtpcidukki.com ; 400 ₹/pers ; ⏲9h-17h) passe par une plantation d'épices, le barrage de Ponmudi, ainsi que quelques cascades et points de vue. Le Tea Valley Tour inclut une balade à dos d'éléphant, que Lonely Planet ne recommande pas pour des raisons de bien-être animal.

Où se loger

On trouve de bonnes adresses à petits prix juste au sud du centre de Munnar, près de la gare routière. Cela dit, séjourner dans une *guesthouse* ou un complexe hôtelier haut de gamme des collines et des vallées alentour

Munnar

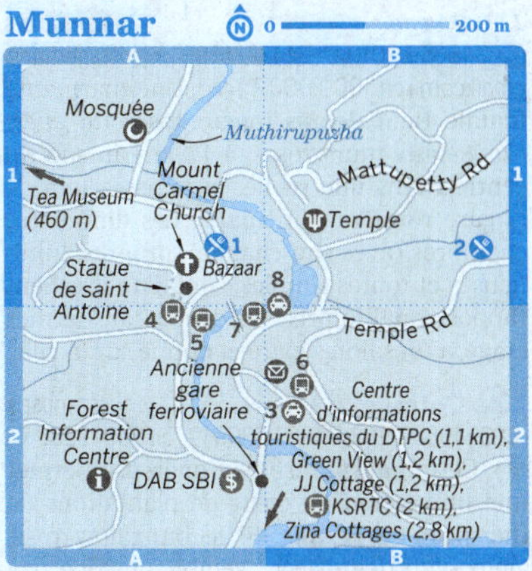

Munnar

Où se restaurer

1	Rapsy Restaurant	A1
2	Sree Mahaveer Bhojanalaya	B1

Transports

3	Station des auto-rickshaws et jeeps	B2
	Station des auto-rickshaws	(voir 7)
4	Bus pour Coimbatore et le Chinnar Wildlife Sanctuary	A2
5	Bus pour Ernakulam et Trivandrum	A2
6	Bus pour Kumily et Madurai	B2
7	Bus pour Top Station	A2
8	Station des jeeps	B1
	Station de taxis	(voir 5)

vous permettra de profiter de paysages splendides et de plus de tranquillité ; une bonne marche sépare la ville de certaines de ces adresses.

Ville de Munnar

Green View Inn GUESTHOUSE $
(☎04865-230940, 9447825447 ; www.greenview-munnar.com ; ch 600-900 ₹ ; 📶). Une *guesthouse* accueillante à la situation commode, près de la gare routière principale. Les chambres économiques sont fraîches et propres (les meilleures sont à l'étage supérieur). Le jeune propriétaire, Deepak, propose des circuits et des treks fiables. Il gère aussi Munnar Trekking, ainsi que l'agréable café voisin Taste the Brews (p. 341) et le **Greenwoods Cottage** (☎9447825447, 04865-230189 ; www.greenviewmunnar.com ; Anachal ; s/d 750/900 ₹ ; 📶), confortable et avantageux, à 12 km au sud-ouest de la ville.

JJ Cottage GUESTHOUSE $

(☎04865-230104, 9447228599 ; jjcottagemnr@gmail.com ; ch 500-1 000 ₹ ; 📶). Une charmante famille tient depuis longtemps cette *guesthouse* aux murs roses, à 1,5 km au sud du centre (dans une ruelle, juste assez loin de la gare routière principale). Les différentes chambres (avec eau chaude), propres, lumineuses et toutes simples, sont d'un excellent rapport qualité/prix. La deluxe, au dernier étage, a un salon séparé et donne sur la ville.

Zina Cottage GUESTHOUSE $

(☎09496822163, 04865-230349 ; ch 800-1 200 ₹ ; 📶). Cette *guesthouse* peu onéreuse permet une immersion au cœur de plantations de thé, près de la ville. Si le bungalow rose, vieux d'un demi-siècle, semble quelque peu décrépit, les cinq chambres sans chichis sont impeccables et la vue sur les collines, superbe. De plus, on peut faire de bonnes randonnées aux portes de l'établissement. À 1 km au sud de la gare routière principale (appelez pour demander le chemin).

Collines autour de Munnar

♥ **Rosegardens** CHEZ L'HABITANT $$

(☎04864-278243, 9447378524 ; www.munnarhomestays.com ; NH85, Karadipara ; ch avec petit-déj 5 000 ₹ ; 📶). 🍃 Une maison d'hôtes primée absolument charmante, dans un cadre paisible à 12 km au sud-ouest de Munnar. Elle donne sur la magnifique pépinière du propriétaire, Tomy, et sa plantation d'épices et de fruits (avec une installation de biogaz !). Eau chauffée à l'énergie solaire dans les cinq grandes chambres impeccables (plateau avec thé/café), aux balcons entourés de végétation. Les produits cultivés sur place servent à concocter les délicieux repas maison, notamment les crêpes à la noix de coco et les dîners kéralais délicatement relevés. Sur la route principale pour Kochi, où passent des bus réguliers. Visites guidées gratuites des jardins pour les résidents et cours de cuisine (2 000 ₹).

♥ **Green Valley Vista** GUESTHOUSE $$

(☎04865-263261, 940004311 ; www.greenvalleyvista.com ; Chithirapuram ; ch avec petit-déj 2 250-3 850 ₹ ; 📶). 🍃 Accueil chaleureux et cadre superbe caractérisent le Green Valley Vista. Réparties sur trois niveaux, les confortables chambres (TV et sdb moderne), baignées de lumière, ont toutes une vue idyllique sur la vallée depuis leur balcon. On profite d'une terrasse, de tapis de yoga, d'un restaurant et d'eau gratuite, et le personnel peut organiser des treks. À 11 km au sud de Munnar ; bonnes liaisons de bus.

Shade CHEZ L'HABITANT $$

(☎9539103538, 9447825984 ; www.theshade.in ; Chithirapuram ; ch avec petit-déj 3 000 ₹). Blottie dans une vallée verdoyante, à 13 km au sud de Munnar, la paisible maison familiale de Santhosh et Maya est entourée de palmiers, d'aréquiers et de leurs propres plantations de cardamome et de fruits. Il y a quatre chambres sans prétention, confortables et impeccables ; optez pour la chambre d'angle donnant sur la vallée. Treks et dîners maison (200 ₹) proposés.

Anna Homestay GUESTHOUSE $$

(☎8129980088, 8156980088 ; www.annahomestay.com ; Chithirapuram ; avec petit-déj ch avec/sans clim 4 500/2 500 ₹ ; ❄📶). Une confortable *guesthouse* de style contemporain, près du village d'Anachal, à 12 km au sud-ouest de Munnar. Les onze chambres sont modernes et très bien tenues. Celles en angle, avec balcon, comme la chambre A, sont les plus agréables. Il y a aussi deux grandes chambres climatisées. Vastes parties communes sur le toit et cours de cuisine kéralaise et de yoga sur place.

Windermere Estate RESORT $$$

(☎0484-2425237 ; www.windermere-retreats.com ; Bison Valley Rd, Pothamedu ; ch avec petit-déj 13 440-27 520 ₹ ; ❄📶🏊). 🍃 Voici une retraite rustique chic à 4 km au sud-est de Munnar, sur une paisible propriété avec piscine à débordement entourée de plantations de thé. Les 18 chambres spacieuses donnent sur le jardin et la vallée. Les meilleures sont les deux "Plantation Villas" de style suite, qui profitent d'une vue spectaculaire sur des plantations de cardamome et de café. Une agréable bibliothèque surmonte le restaurant de style champêtre – plats indiens à base de produits cultivés sur place.

Tall Trees RESORT $$$

(☎04865-230641 ; www.ttr.in ; Bison Valley Rd ; ch avec petit-déj 11 500-17 000 ₹ ; 📶). Un parfum de citron embaume les 26 bungalows chics de ce *resort* à flanc de colline, à 6 km au sud-est de Munnar. Abrités sous la canopée d'une forêt vierge (*shola*), ils mêlent styles kéralais classique et contemporain, et comprennent balcon, plateau/bouilloire et eau filtrée. Diverses activités proposées : dégustations de thé, feux de camp, massages ayurvédiques et promenades guidées. Les

HORS DES SENTIERS BATTUS

LA PARAMBIKULAM TIGER RESERVE

Sanctuarisée en 2009, **Parambikulam** (☎8300014873, 9442201691, 9442201690 ; parambikulam.org ; Indien/étranger 30/300 ₹ ; ⏲7h-18h, dernière entrée 15h) est sans doute la zone la plus protégée d'Inde du Sud. Nichée derrière trois barrages dans une vallée entre 300 et 1 440 m d'altitude, entourée des zones protégées du Kerala et du Tamil Nadu, elle couvre 644 km² de paysages dignes des romans de Rudyard Kipling. Bien moins touristique que Periyar, elle offre de bonnes chances d'apercevoir gaurs, sambars, chitals et crocodiles ; les éléphants, les léopards et quelque 26 tigres sont moins faciles à repérer. La réserve comprend aussi des tecks, parmi les plus grands et les plus vieux d'Asie.

L'accès aux zones tampons du parc et les hébergements du Forest Department se réservent en principe en ligne, jusqu'à six mois à l'avance, mais nous avons constaté des problèmes techniques lors de la rédaction de ce guide. Si c'est toujours le cas lors de votre séjour, contactez le **bureau de la réserve** (☎9442201691, 9442201690 ; parambikulam.org ; Anappady ; ⏲7h-18h), qui devrait pouvoir vous proposer des places et un hébergement le jour même. Les activités comprennent safaris en minibus (200 ₹) et treks (Indien 1 200-3 600 ₹, étranger 2 400-6 100 ₹).

On peut passer la nuit dans des maisonnettes de toile (Indien 6 100-7 300 ₹, étranger 9 700-12 100 ₹), dans des cabanes dans les arbres (Indien 3 000-6 100 ₹, étranger 3 600-9 700 ₹) ou dans un bungalow de l'époque coloniale climatisé (Indien 5 000-6 100 ₹, étranger 7 300-8 500 ₹) ; les prix, par chambre, incluent les repas, en plus du trekking, du rafting et des safaris en minibus.

On rejoint la réserve depuis Pollachi (Tamil Nadu), à 44 km au sud de Coimbatore et à 46 km au sud-est de Palakkad, qui est aussi le point d'accès à l'Anamalai Tiger Reserve (p. 469). Trois bus quotidiens relient Pollachi à Parambikulam (85 ₹, 3 heures) via Anamalai à 6h, 9h30 ou 10h et 15h15 ; en taxi, comptez environ 1 700 ₹. La réserve ferme parfois en mars-avril en raison des risques d'incendie et mieux vaut éviter la mousson (juin-août).

repas sont servis en plein air ou dans le restaurant au plafond de verre.

Où se restaurer

Tôt le matin, des stands vendent en-cas et repas bon marché dans le bazar. La ville de Munnar compte quelques bons restaurants abordables, mais les meilleurs repas se prennent chez l'habitant et dans les complexes hôteliers.

Rapsy Restaurant INDIEN **$**
(☎04865-230456 ; Bazar ; plats 50-200 ₹ ; ⏲7h-22h). Un refuge impeccable, à la façade vitrée, prisé des habitants au déjeuner. Ils s'y retrouvent pour déguster les fameux *paratha* (pain feuilleté nature ou fourré) ou les *biryanis* maison. Les voyageurs apprécient le choix de curries indiens du Nord et les plats internationaux.

Taste the Brews CAFÉ **$**
(plats 20-90 ₹ ; ⏲horaires variables). Cet établissement décontracté, en face de la gare routière, attire les voyageurs avec ses petits-déjeuners occidentaux (omelettes, salades de fruits), ses jus frais, ses gâteaux aux carottes, en plus de thés et cafés locaux.

Sree Mahaveer Bhojanalaya INDIEN DU NORD **$$**
(☎9633906581 ; Hotel SN Annex, Government Guesthouse Rd ; thali 90-320 ₹ ; ⏲7h-22h). À l'extrémité nord de Munnar, un restaurant végétarien accueillant très prisé des familles pour son choix de *thali*, dont sont proposées des versions rajasthanie, gujaratie et punjabie. Plats de riz et curries également.

Ali Baba & 41 Dishes INTERNATIONAL **$$**
(☎8078801666, 04865-233303 ; www.alibaba-41dishes.com ; Mulakkada Jn, Lakshmi Rd ; plats 130-300 ₹ ; ⏲11h30-22h30 ; 📶). Nouilles piquantes, plateaux de fruits de mer épicés, *paneer*/poulet tikka, sauces du Nord et *thali* du Sud font le succès de l'Ali Baba, restaurant halal prisé des habitants comme des voyageurs. Peintures murales sur le thème de Munnar pour le cadre. Près de la gare routière, à l'extrémité sud de la ville.

Où sortir

Punarjani Traditional Village SPECTACLES
(☎9895999701, 04865-263888 ; punarjanimunnar.com ; 2nd Mile, NH85, Pallivasal ; 200-300 ₹ ; ⏲kathakali 17h, kalarippayat 18h). Des spectacles de kathakali et des démonstrations de *kalarippayat* ont lieu chaque jour ici, à 7 km au

VAUT LE DÉTOUR

LE THATTEKKAD BIRD SANCTUARY

Paisible parc de 25 km² niché dans les contreforts des Ghats occidentaux et traversé par deux rivières et deux ruisseaux, le **Thattekkad Bird Sanctuary** (☎04862-232271, 8547603194 ; www.thattekadbirdsanctuary.org ; adulte/enfant Indien 45/40 ₹, étranger 190/40 ₹, app photo/caméra 40/240 ₹ ; ⏲7h-17h) donne refuge à quelque 300 espèces d'oiseaux (plutôt forestiers qu'aquatiques, ce qui est inhabituel) : calaos gris de Malabar, ptilopes de Ripley, engoulevents de Jerdon, drongos cendrés, anhingas, martins-pêcheurs, gobe-mouches, pouillots, souimangas, dicées minuscules (4 g)… Des espèces plus rares comme des podarges de Ceylan ont été également recensées.

Excursions en bateau (150 ₹/personne) et sorties guidées d'observation des oiseaux (prix variables) sont organisées par l'efficace personnel de réception du parc, à l'entrée de la réserve ; certains hébergements organisent des sorties ornithologiques. Les chambres chez l'habitant, dans la réserve même, font d'excellentes bases ; nous recommandons le **Bird Song Homestay** (☎8943894087, 9746248274 ; thattekadhomestay.com ; Thattekkad Bird Sanctuary ; ch repas inclus avec/sans clim 3 500/3 000 ₹ ; ❄📶), deux chambres gérées par l'accueillant naturaliste Vinod, et le **Jungle Bird Homestay** (☎9947506188, 0485-2588143 ; junglebirdhomestay.blogspot.com ; Thattekkad Bird Sanctuary ; ch repas inclus 1 500 ₹/pers, avec clim d 3 300-4 000 ₹ ; ❄📶), dans une maison aux murs bleus. À 20 km au sud-est de la réserve, on peut séjourner à la **Windermere Riverhouse** (☎0484-2425237 ; www.windermere-retreats.com ; Neriamangalam Rd, Inchathotty ; ch avec petit-déj et dîner 19 520 ₹ ; ❄📶🏊), un élégant bungalow crème du style de ceux des planteurs de thé de l'époque coloniale.

Thattekkad est sur la route Ernakulam-Munnar. Des bus au départ d'Ernakulam (40 ₹, 2 heures) et de Munnar (60 ₹, 2-3 heures) gagnent Kothamangalam, où l'on peut prendre un auto-rickshaw (150 ₹) ou un bus (12 ₹, 25 minutes) pour Thattekkad, à 12 km au nord-est.

sud-ouest de Munnar. On peut acheter son billet le jour même, mais mieux vaut réserver pour bénéficier des meilleures places.

Renseignements

Forest Information Centre (☎8547382391 ; ⏲10h-17h)

DTPC (☎04865-231516 ; www.dtpcidukki.com ; AM Rd/NH85 ; ⏲8h30-18h30). Office du tourisme.

Depuis/vers Munnar

Les routes autour de Munnar, sinueuses, sont souvent en mauvais état après les pluies de la mousson ; les horaires des bus peuvent varier.

La principale **gare routière KSRTC** (AM Rd/NH85) est à 1,5 km au sud du centre, mais tous les bus publics s'arrêtent aussi à l'une des gares de la ville (d'où partent aussi des bus privés).

Il y a au moins 18 bus quotidiens pour Ernakulam (Kochi ; 115 ₹, 5 heures, 5h40-21h45) ; celui de 15h est climatisé. Des bus publics desservent aussi Thiruvananthapuram (Trivandrul ; 270-600 ₹, 8-9 heures, 7/jour 4h50-21h), Alappuzha (Alleppey ; 150 ₹, 5 heures, 4/jour 6h20-16h30), Kumily (100 ₹, 4-5 heures, 6h30) et Bengaluru (Bangalore ; 800 ₹, 16 heures, 15h30) via le Wayanad (500 ₹, 10 heures) et Mysuru (Mysore ; 680 ₹, 13 heures 30). Des bus privés partent pour Kumily (115 ₹, 4-5 heures) à 12h15 et pour Madurai (110 ₹, 5 heures) à 12h30, 14h20 et 17h30. Les bus qui vont à Top Station (60 ₹, 1 heure, 8h, 9h et 9h30) et Coimbatore (140 ₹, 6 heures, 15h30) via le Chinnar Wildlife Sanctuary (60 ₹, 1 heure) empruntent des gares routières différentes.

Les taxis coûtent 2 800 ₹ pour Ernakulam, 3 800 ₹ pour Alappuzha et 2 400 ₹ pour Kumily.

Comment circuler

Les auto-rickshaws sillonnent les collines alentour – prévoyez 20 à 50 ₹pour un court trajet.

Gokulam Bike Hire (☎9447237165 ; 400-500 ₹/jour ; ⏲9h-18h) loue motos et scooters – téléphonez avant votre venue.

Environs de Munnar

Top Station

Ce site dominant la frontière avec le Tamil Nadu, à 1 880 m d'altitude, est apprécié pour le panorama spectaculaire qu'il offre sur les Ghats occidentaux. De Munnar, trois bus quotidiens (60 ₹, 8h, 9h et 9h30) effectuent la montée de 32 km vers le nord-est en une heure environ, traversant des plantations de thé. Taxis et jeeps font aussi l'aller-retour (1 200 ₹). On aperçoit parfois des éléphants sauvages pendant l'ascension.

Eravikulam National Park

À environ 11 km au nord de Munnar, les 97 m² de prairie et de *shola* de l'**Eravikulam National Park** (04865-231587 ; www.eravikulam.org ; Indien/étranger 120/400 ₹, app photo/caméra 40/400 ₹ ; 8h-16h avr-jan) hébergent la plus importante population de tahrs des Nilgiri (700 à 800), une espèce de caprin menacée et pratiquement domestiquée. Des bus de safari conduisent les visiteurs dans le secteur touristique de Rajamala, où les chances d'en apercevoir sont élevées. Le parc englobe en outre l'Anamudi, le point culminant d'Inde du Sud (2 695 m), fermé aux randonneurs lors de nos recherches, de même que tous les itinéraires de trek d'Eravikulam (il se peut qu'ils rouvrent). De Munnar, l'aller-retour en taxi revient à 800 ₹.

VAUT LE DÉTOUR

LE CHINNAR WILDLIFE SANCTUARY

À 50 km au nord-est de Munnar, cette **réserve** (04865-231587 ; www.chinnar.org ; entrée et trek de 3 heures Indien/étranger 250/600 ₹ ; 8h-15h), de 90 km², protège cerfs, léopards, éléphants, gaurs, langurs et deux espèces menacées, le tahr des Nilgiri et l'écureuil géant de Ceylan. On y accède dans le cadre d'un trek de 3 heures avec un guide issu des deux groupes tribaux qui vivent ici. On peut passer la nuit dans la réserve, dans une cabane dans les arbres (4 000 ₹), une hutte en terre (5 000 ₹) ou une maisonnette en bois (4 000 ₹) ; les prix, par couple, comprennent le petit-déjeuner et le dîner. Pour plus d'informations, contactez le Forest Information Centre ou le DTPC à Munnar.

Les bus à destination de Coimbatore et d'Udumalpet, qui partent de Munnar, s'arrêtent à Chinnar (60 ₹, 1 heure 30) ; le retour en taxi coûte 2 000 ₹.

CENTRE DU KERALA

Kochi (Cochin)

0484 / 602 050 HABITANTS

Depuis plus de 600 ans, la paisible Kochi, située sur un magnifique estuaire parsemé d'îlots de la mer d'Oman, attire marchands, explorateurs et voyageurs sur ses côtes. De son passé exceptionnel en tant qu'escale sur la route des épices et du thé, la ville a gardé une diversité architecturale et culturelle inégalée en Inde. On y découvre une synagogue vieille de 450 ans, des mosquées anciennes, des demeures portugaises et hollandaises des XVe-XVIe siècles et des vestiges datant du Raj britannique – en plus de carrelets chinois géants. Port naturel protégé sur la côte tropicale de Malabar, Cochin prit son essor au début du XVe siècle, avec le commerce du poivre cultivé sur les versants des Ghats. Les marchands du monde entier qui y faisaient alors escale assurèrent la puissance des rajas locaux qui tentèrent de s'imposer face à Calicut (aujourd'hui Kozhikode). Ils trouvèrent des alliés de choix dans les Portugais, qui s'implantèrent ici en 1498 – ils furent suivis par les Hollandais (1595) puis par les Anglais, un siècle plus tard.

Haut lieu des arts kéralais (voir aussi p. 552), Kochi est une destination de choix pour ceux qui s'intéressent au kathakali et au *kalarippayat*.

Sur le continent, Ernakulam est le nœud des transports trépidant de Kochi. Les quartiers historiques de Mattancherry et de Fort-Cochin, quoique très touristiques, demeurent pleins de charme. Des îles, comme celles de Willingdon et de Vypeen (Vypin), sont reliées par des ferries et des ponts.

À voir

Fort-Cochin

Fort-Cochin, partie européenne historique de la ville, sur la presqu'île de Mattancheri, comprend de petites plages sablonneuses qui se prêtent surtout à la contemplation du ballet des passants... et des tankers. Une promenade fréquentée longe le rivage de Mahatma Gandhi Beach jusqu'aux carrelets chinois et au marché au poisson.

Remarquez au passage les maigres vestiges du fort Immanuel, le fortin portugais du XVIe siècle auquel le quartier doit son nom.

Carrelets chinois CURIOSITÉ

(carte p. 348). Emblème officieux des *backwaters*, la demi-douzaine de carrelets chinois le long du rivage nord-est de Fort-Cochin, appelés localement *cheena vala*, figure sur tous les clichés. Introduits dans les années 1400 par des marchands chinois, ces grands filets de pêche de quelque 10 m de haut suspendus à des perches en teck ou en bambou, essentiellement utilisés à marée haute, requièrent cinq ou six hommes pour manœuvrer les contrepoids.

St Francis Church ÉDIFICE RELIGIEUX
(carte p. 348 ; Church Rd ; 🕗8h30-17h). Considérée comme la première église européenne en Inde, Saint-François fut construite en 1503 par des moines franciscains. L'édifice en pierre que l'on voit aujourd'hui fut érigé vers le milieu du XVIe siècle, pour remplacer la structure en bois originelle. Le navigateur Vasco de Gama, qui mourut à Cochin en 1524, y fut inhumé avant que sa dépouille ne soit transférée à Lisbonne (on peut toujours voir son cénotaphe dans l'église).

David Hall CENTRE D'ART
(carte p. 348 ; www.davidhall.in ; Church Rd ; 🕗11h-21h mar-dim, horaires variables). En face du champ de parade, ce beau bungalow restauré est tout ce qui reste de trois maisons hollandaises du XVIIe siècle construites avec des matériaux récupérés d'églises portugaises détruites. C'est aujourd'hui un centre des arts et de la culture, où sont présentés des spectacles et des œuvres d'artistes prometteurs.

Cimetière hollandais CIMETIÈRE
(carte p. 348 ; Beach Rd). Consacré en 1724, ce cimetière abrite les tombes de marchands et de soldats hollandais.

Basilica Santa Cruz ÉDIFICE RELIGIEUX
(carte p. 348 ; angle Bastion St et KB Jacob Rd ; 🕗9h-13h et 14h30-17h30 lun-sam, 10h30-13h dim). L'imposante basilique catholique néoclassique de Fort-Cochin fut édifiée en 1902 sur le site d'une église portugaise du début du XVIe siècle (détruite sous le Raj britannique). Le remarquable intérieur aux tons pastel recèle des objets des différentes époques de l'histoire de Kochi.

Kashi Art Gallery GALERIE D'ART
(carte p. 348 ; ☎0484-2215769 ; www.kashiartgallery.com ; Burgher St ; 🕗8h30-22h). Le pionnier du renouveau artistique de Fort-Cochin expose des œuvres d'artistes locaux dans une maison historique hollandaise restaurée avec créativité, au café attenant (p. 352) parmi les plus épatants du coin.

Indo-Portuguese Museum ART SACRÉ
(carte p. 348 ; ☎0484-2215400 ; Bishop Kureethara Rd ; adulte/enfant 40/20 ₹ ; 🕗9h-13h et 14h-18h mar-dim). Niché dans le jardin tranquille de l'Évêché, ce musée indo-portugais conserve l'héritage de l'une des plus anciennes communautés catholiques du pays : vêtements sacerdotaux, croix de procession en argent, autels du diocèse de Cochin, croquis du XIXe siècle de la Basilica Santa Cruz... Le sous-sol renferme des vestiges du fort Immanuel, construit par les Portugais au XVIe siècle.

Maritime Museum HISTOIRE MARITIME
(Beach Rd ; adulte/enfant 40/20 ₹, app photo/caméra 100/150 ₹ ; 🕗10h-15h30 et 16h30-17h30 mar-dim). Aménagé dans d'anciens abris antiaériens, ce musée retrace l'histoire de la Marine indienne et du commerce maritime depuis les Portugais et les Hollandais à travers des bas-relief et des panneaux informatifs. Il contient de nombreux souvenirs navals, notamment des maquettes de bateaux de guerre, dans le jardin.

Mattancherry et Jew Town

À 2,5 km au sud-est de Fort-Cochin, Mattancherry était autrefois le quartier du marché et le centre du négoce des épices. Aujourd'hui, il est jalonné de nombreuses boutiques d'épices et de grands magasins tenus par des Cachemiris versant de généreuses commissions aux chauffeurs d'auto-rickshaws qui vous y conduisent. En plein milieu, Jew Town est un quartier portuaire animé, doté d'une belle synagogue. On y voit encore de nombreux petits entrepôts délabrés, d'où s'échappent des effluves de gingembre, de cardamome, de cumin, de curcuma, de safran et de clous de girofle. Dans les ruelles qui entourent le palais de Mattancherry et la synagogue, des magasins d'antiquités et de souvenirs ont remplacé les boutiques d'épices. Juste au sud s'étend le vieux quartier musulman.

♥ **Palais de Mattancherry** PATRIMOINE, MUSÉE
(Palais hollandais ; carte p. 350 ; Palace Rd, Mattancherry ; adulte/enfant 5 ₹/gratuit ; 🕗9h-17h sam-jeu). Ce palais fut offert par les Portugais en 1555 au raja de Cochin, Veera Kerala Varma (1537-1565), en échange de concessions. Les Hollandais le rénovèrent en 1663, d'où son surnom de Palais hollandais (Dutch Palace). L'édifice combine des styles kéralais et européen. Ornant les murs de

Kochi (Cochin)

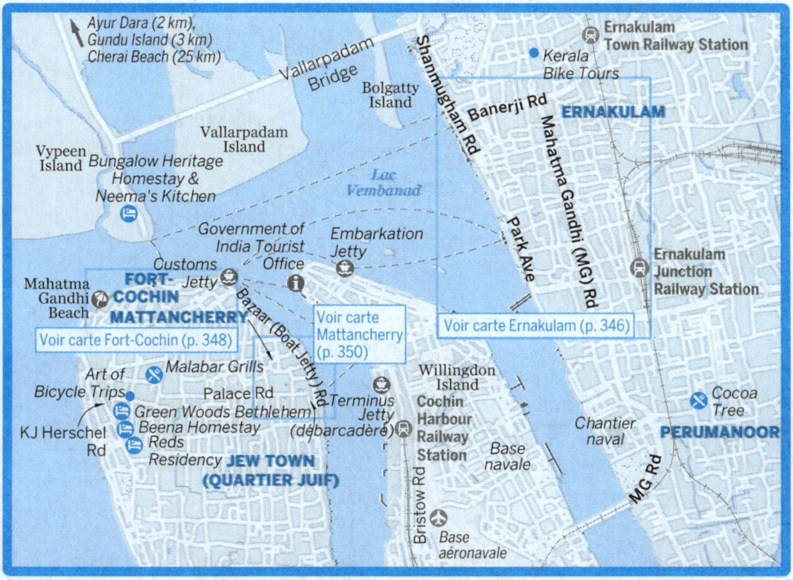

la chambre à coucher royale, et admirablement conservées, les peintures murales des XVIIe au XIXe siècles décrivant des scènes du *Ramayana*, du *Mahabharata* et des légendes puraniques constituent son principal attrait.

Synagogue Pardesi ÉDIFICE RELIGIEUX

(carte p. 350 ; Synagogue Lane, Mattancherry ; 5 ₹ ; 10h-13h et 15h-17h dim-jeu, 10h-13h ven, fermé sam et lors des fêtes juives). Cette synagogue construite en 1568 fut en partie détruite par les Portugais en 1662, puis rebâtie deux ans plus tard quand les Hollandais prirent Kochi. Superbement éclairée de lampes en verre teinté et de lustres belges, elle possède une chaire dorée richement décorée et de jolis carreaux aux motifs de saule peints à la main rapportés de Guangzhou (Canton) en 1762, lors des importantes transformations effectuées sous Ezekial Rahabi. La gracieuse tour de l'Horloge, aux inscriptions en malayalam, hébreu, romain et arabe, date de 1760.

La synagogue est parfaitement entretenue, même si la majorité des juifs pardeshi de Kochi ont émigré.

Cimetière juif CIMETIÈRE

(carte p. 350 ; AB Salem Rd, Mattancherry). Juste au sud-ouest de la synagogue de Mattancherry, le paisible cimetière juif contient des pierres tombales anciennes portant des inscriptions en hébreu.

Ernakulam et ses environs

Kerala Folklore Museum PATRIMOINE

(0484-2665452 ; www.keralafolkloremuseum.org ; Folklore Junction, Thevara ; Indien/étranger 100/200 ₹, app photo 100 ₹ ; 9h30-18h). Ensemble de style kéralais composé de maisons et de temples anciens (25 au total) réunis par le propriétaire, un antiquaire passionné, ce musée géré en famille est tout à fait remarquble. Il conserve une inestimable collection de plus de 5 000 pièces et présente trois styles architecturaux : Malabar (rez-de-chaussée), Kochi/portugais (1er étage) et Travancore (2e étage). Le beau théâtre du dernier étage est notable pour son plafond en bois sculpté (XVIIe siècle) représentant des dieux hindous et des peintures murales colorées inspirées du *Ramayana* et du *Mahabharata*. Le musée est à 4,5 km au sud d'Ernakulam Junction.

Activités

Des cours de cuisine d'Inde du Sud prisés sont donnés au **Neema's Kitchen** (9539300010 ; neemaskitchen.co.in ; Bungalow Heritage Homestay, Vypeen Island ; cours

Ernakulam

2 000-2 500 ₹/pers ; ⏲10h30-13h30 et 15h30-18h30), sur Vypeen Island (juste au nord de l'embarcadère), et à Fort-Cochin, au **Cook & Eat** (carte p. 348 ; ☎0484-2215377, 9846055377 ; www.leeluhomestay.com ; 1/629 Quiros St, Fort-Cochin ; cours 1 000 ₹/pers ; ⏲11h-13h et 16h-18h lun-sam), de Mme Leelu Roy, et au Green Woods Bethlehem (p. 349).

Ayurdara AYURVÉDA, YOGA

(☎9447721041 ; 9447721041 ; ayurdara.com ; Murikkumpadam, Vypeen Island ; 1 650 ₹/jour ; ⏲9h-17h30). Dirigé par le Dr Subhash, praticien ayurvédique de la troisième génération, ce charmant centre de soins au bord de l'eau propose des cures personnalisées (sur rendez-vous uniquement) d'une à trois semaines (1 650 ₹/jour) et des séances de yoga. Sur Vypeen Island, à 3 km au nord du quai des ferries de Fort-Cochin.

Loving Earth Yoga YOGA

(carte p. 348 ; www.lovingearthyogacafe.com ; 1/839 Quiros St, Fort-Cochin ; yoga 500 ₹ ; ⏲café 8h-20h mar-dim). Des cours quotidiens sans inscription de yoga vinyasa, ashtanga, hatha et/ou yin sur un toit-terrasse rafraîchi par la brise. Le café végan attenant sert assiettes de mezze, *Buddha bowls* et salades originales

Ernakulam

Où se loger
1 Boat Jetty Bungalow B3
2 Grand Hotel C4
3 John's Residency B3

Où se restaurer
4 Chillies C4
5 Frys Village Restaurant C1
Grand Pavilion .... (voir 2)

Où prendre un verre et faire la fête
Couchyn .... (voir 2)

(200-300 ₹). Consultez le programme mis à jour sur le site Internet.

Cours

Le Kerala Kathakali Centre (p. 354) dispense des cours de danse, de musique et de maquillage kathakali classique, ainsi que de *kalarippayat* (à partir de 650 ₹ l'heure).

Pour des cours intensifs de cet art d'une semaine à un mois, rendez-vous au fameux centre d'entraînement Ens Kalari (p. 354), à 6,5 km au sud-est d'Ernakulam.

Circuits organisés

Le personnel du Tourist Desk (p. 355) d'Ernakulam, bien informé, organise une excursion d'une journée appréciée en *shikara* et pirogue, le Great Water Valley Tour (1 250 ₹, départ à 8h, retour à 18h), passant par des canaux de *backwaters*, des villages, des lagunes et le vaste lac Vembanad. Certaines parties se font en bus. Déjeuner inclus.

Art of Bicycle Trips À VÉLO, À PIED
(☎8129945707 ; artofbicycletrips.com ; KB Jacob Rd ; circuits 3 heures/demi-journée 2 250/4 200 ₹ ; 9h-18h lun-sam). Ce prestataire national propose des circuits guidés sur des VTT de qualité, dont un tour matinal de 3 heures dans le quartier historique du Fort (Vasco Safari) et une excursion d'une demi-journée dans les *backwaters*. Le soir, des circuits culinaires à pied sont organisés à Fort-Cochin et Mattancherry (950 ₹).

Kerala Bike Tours À MOTO
(☎9446492382, 9388476817 ; www.keralabiketours.com ; 42/2252B St Benedict Road North, Kacheripady, Ernakulam). Circuits multilingues à moto Enfield Bullet dans le Kerala et les Ghats occidentaux (excursion 6 jours avec hébergement et repas 109 000 ₹/personne) et location d'Enfields de tourisme (à partir de 12 000 ₹/sem) pour les motards aguerris, avec options kilométrage illimité, assurance complète et réparations/entretien gratuits.

Fêtes et festivals

Ernakulathappan Utsavam RELIGION
(temple de Shiva, Ernakulam ; jan/fév). Huit jours de festivités culminant avec des feux d'artifice, de la musique et une procession de 15 éléphants magnifiquement parés.

Kochi-Muziris Biennale ART
(☎0484-2215287 ; kochimuzirisbiennale.org ; 100 ₹, gratuit lun ; déc-mars). Cette biennale d'art contemporain, qui a tenu sa quatrième édition en 2018, est l'un des festivals du genre les plus importants d'Asie. Plus de 90 artistes indiens et étrangers apportent leur créativité lors d'ateliers, de conférences et d'expositions organisés à travers la ville, dans des lieux historiques.

Cochin Carnival CARNAVAL
(www.cochincarnival.org ; 21 déc). Le très gai carnaval de Cochin est la plus grande fête de Fort-Cochin. Ces dix jours de festivités se terminent la veille du Nouvel An. Défilés, costumes colorés, éléphants parés, musique, danses traditionnelles et ambiance très festive.

Où se loger

Fort-Cochin est la capitale indienne du séjour chez l'habitant, avec quelque 200 familles louant des chambres. La ville possède en outre certains des plus beaux hébergements historiques du Kerala, ainsi que des auberges de jeunesse de style contemporain.

Moins onéreux et plus pratique pour les transports, Ernakulam a en revanche moins de charme que Fort-Cochin.

Réservez très tôt en haute saison (de novembre à mars), et surtout pour décembre et janvier.

Fort-Cochin

Happy Camper AUBERGE DE JEUNESSE $
(carte p. 348 ; ☎9742725668 ; www.facebook.com/happycamperkochi ; KB Jacob Rd ; dort 500-600 ₹ ;). Un "boutique-hostel" à l'ambiance détendue et aux murs égayés d'art. Il comprend trois dortoirs climatisés (pour 4 ou 8 personnes) avec casiers,

Fort-Cochin

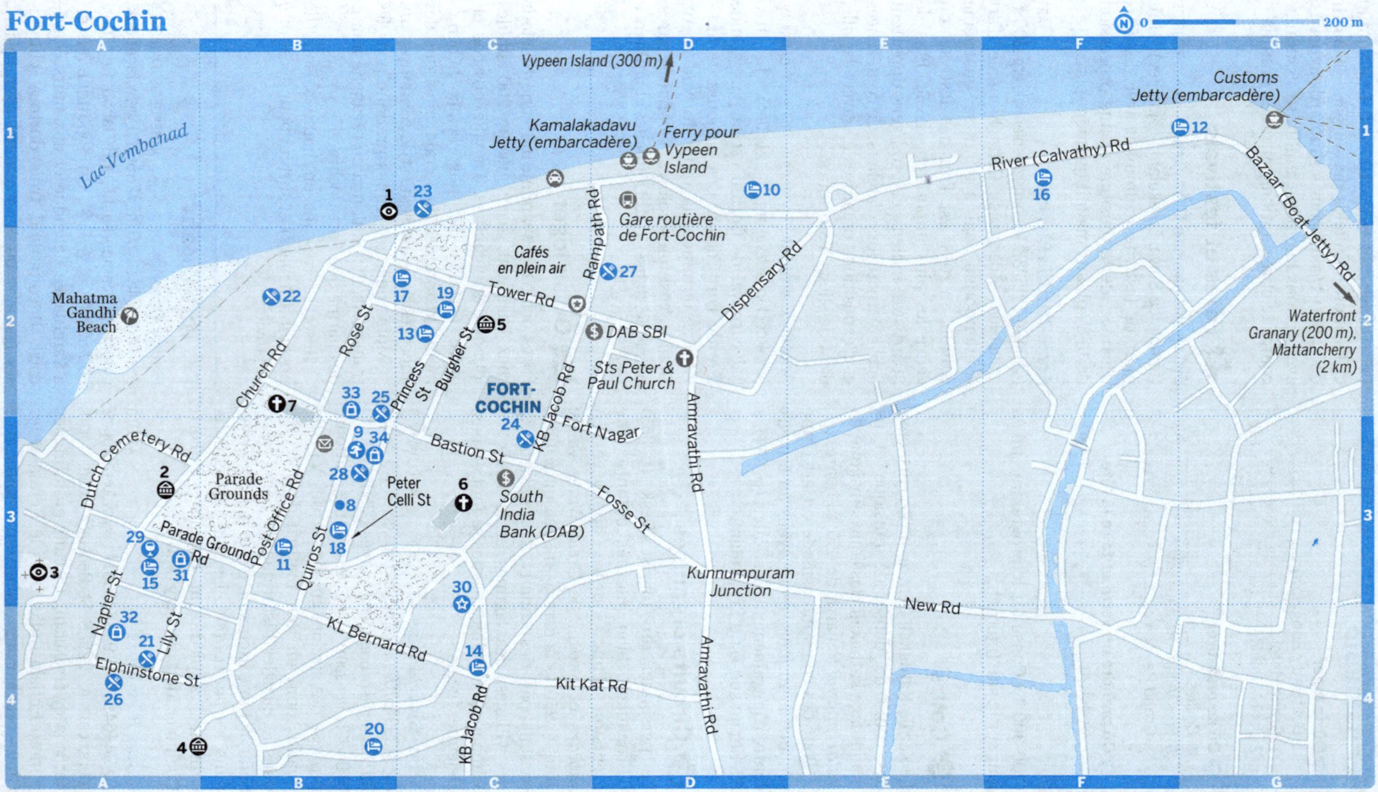
0
200 m
Vypeen Island (300 m)
Customs
Jetty (embarcadère)
Kamalakadavu
Jetty (embarcadère)
Ferry pour
Vypeen
Island
Lac Vembanad
River (Calvathy) Rd
Bazaar (Boat Jetty) Rd
Waterfront
Granary (200 m),
Mattancherry
(2 km)
Mahatma
Gandhi
Beach
Gare routière
de Fort-Cochin
Cafés
en plein air
Tower Rd
Rampath Rd
Dispensary Rd
DAB SBI
Sts Peter &
Paul Church
Amravathi Rd
FORT-
COCHIN
KB Jacob Rd
Fort Nagar
Bastion St
Burgher St
Princess
St
Rose St
Church Rd
Dutch Cemetery Rd
Parade
Grounds
Post Office Rd
Parade Ground Rd
Quiros St
Peter
Celli St
South
India
Bank (DAB)
Fosse St
Kunnumpuram
Junction
New Rd
KL Bernard Rd
Kit Kat Rd
Napier St
Lily St
Elphinstone St
A
B
C
D
E
F
G
1
2
3
4
1
2
3
4
5
6
7
8
9
10
11
12
13
14
15
16
17
18
19
20
21
22
23
24
25
26
27
28
29
30
31
32
33
34

Fort-Cochin

À voir

1 Carrelets chinois ... B1
2 David Hall ... A3
3 Cimetière hollandais ... A3
4 Indo-Portuguese Museum ... A4
5 Kashi Art Gallery ... C2
6 Santa Cruz Basilica ... C3
7 St Francis Church ... B2

Activitiés

8 Cook & Eat ... B3
9 Loving Earth Yoga ... B3

Où se loger

10 Brunton Boatyard ... D1
11 Delight Home Stay ... B3
12 Fort House Hotel ... G1
13 Forte Kochi ... C2
14 Happy Camper ... C4
15 Malabar House ... A3
16 Maritime ... F1
17 Old Harbour Hotel ... C2
18 Raintree Lodge ... B3
19 Travellers Inn ... C2
20 Zostel ... B4

Où se restaurer

21 Dal Roti ... A4
22 Drawing Room ... B2
23 Fishmongers ... C1
Fort House Restaurant ... (voir 12)
24 Fusion Bay ... C3
Kashi Art Cafe ... (voir 5)
25 Loafers Corner ... B2
Malabar Junction ... (voir 15)
26 Oceanos ... A4
27 Qissa Cafe ... D2
28 Teapot ... B3

Où prendre un verre et faire la fête

Clubb18 ... (voir 27)
29 DiVine ... A3

Où sortir

30 Kerala Kathakali Centre ... C3

Achats

31 Anokhi ... A3
32 Fabindia ... A4
33 Idiom Bookshop ... B2
34 Niraamaya ... B3

ainsi qu'une petite cuisine, un petit café et un espace commun sur le toit. Personnel accueillant et bonne situation, juste au sud du principal secteur touristique.

Zostel AUBERGE DE JEUNESSE $
(carte p. 348 ; 011-39589007 ; www.zostel.com ; 1/751A Njaliparambu Junction ; dort 450 ₹, ch 1 270-1 500 ₹ ;). Dans une petite ruelle, le Zostel, convivial et prisé, a tout ce qu'on peut espérer d'une auberge de jeunesse : des dortoirs modernes et climatisés de 4/6 lits (mixtes/réservés aux femmes) avec prises, lampes et casiers personnels, trois chambres doubles élégantes, et des parties communes agrémentées de coussins et ornées de peintures murales.

Maritime AUBERGE DE JEUNESSE $
(carte p. 348 ; 0484-2214785 ; thehostelcrowd.com ; 2/227 Calvathy Rd ; dort 500 ₹, ch 1 200-1 600 ₹ ;). Juste à l'ouest du Customs Jetty, cette auberge à la façade blanche et rouge appartient à la chaîne goanaise The Hostel Crowd. Joliment ponctuée de touches sur le thème marin, elle comprend des dortoirs climatisés (pour 4 à 6 personnes) avec sdb et prises et casiers personnels, de petites doubles (avec ventilateur ou clim) propres et bien entretenues, ainsi qu'une petite cuisine, une buanderie et une bibliothèque.

Reds Residency CHEZ L'HABITANT $$
(9847030342, 9388643747 ; www.redsresidency.in ; 11/372 A, KJ Herschel Rd ; ch avec petit-déj et clim à partir de 1 200 ₹, sans clim 900- 1 200 ₹, bungalow avec clim 1 800 ₹ ;). Les hôtes Philip et Maryann, incollables, vous réservent un véritable accueil familial. Dignes d'un hôtel, les cinq chambres – dont une familiale de quatre lits – sont modernes et impeccables, équipées de douches solaires. Un bungalow "penthouse" indépendant avec cuisine est aussi proposé sur le toit-terrasse. Les journées débutent avec un fabuleux petit-déjeuner préparé avec soin. Dans un secteur tranquille à 1 km au sud du centre de Fort-Cochin.

Green Woods Bethlehem CHEZ L'HABITANT $$
(0484-2216069, 9846014924 ; www.greenwoodsbethlehem.com ; Kurisingal House ; ch avec petit-déj et clim 1 700-2 000 ₹, sans clim 1 000-1 500 ₹ ;). Sheeba, l'accueillante propriétaire dont le sourire fait oublier la fatigue du voyage, semble toute prête à vous adopter. Au fond d'une allée tranquille, entouré d'un jardin clos empli de plantes et de palmiers, ce *homestay* se distingue par son ambiance sereine. Des escaliers desservent les dix chambres modestes, mais douillettes. Petit-déjeuner servi sur le verdoyant toit-terrasse.

Mattancherry

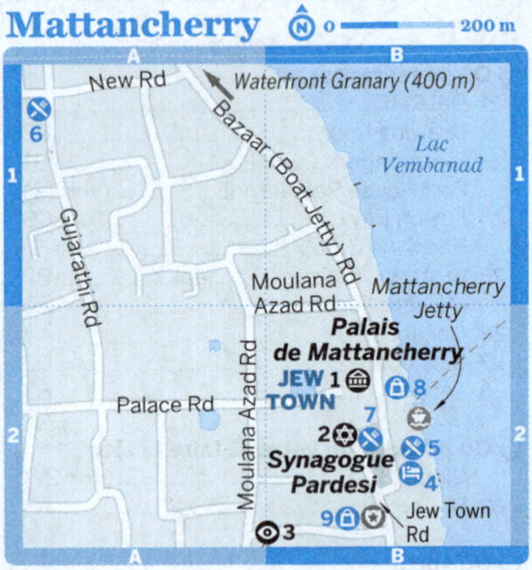

Mattancherry

Les incontournables
1 Palais de Mattancherry B2
2 Synagogue Pardesi B2

À voir
3 Cimetière juif B2

Où se loger
4 Ginger House Museum Hotel B2

Où se restaurer
5 Ginger House B2
6 Kayees Ramathula Hotel A1
7 Mocha Art Cafe B2

Achats
8 Idiom Bookshop B2
9 Niraamaya B2

Démonstrations et cours de cuisine (1 000 ₹) tous les jours. À 1 km au sud du centre de Fort-Cochin.

Raintree Lodge HÔTEL HISTORIQUE **$$**
(carte p. 348 ; ☎9747721091 ; www.fortcochin.com ; 1/618 Peter Celli St ; ch avec petit-déj 3 300 ₹ ; ❄📶). Cette maison du XVIIIe siècle joliment réaménagée s'apparente à un boutique-hôtel. Les cinq chambres élégantes, mêlant style contemporain et mobilier ancien sculpté, sont de bon rapport qualité/prix. Les deux situées à l'étage à l'avant ont de magnifiques balcons, envahis de plantes grimpantes. Le petit-déjeuner est servi au Kashi Art Cafe (p. 352), dirigé par la même équipe.

Beena Homestay CHEZ L'HABITANT **$$**
(☎9447574579, 0484-2215458 ; www.homestay-kochi.com ; 11/359B Kadathanad ; petit-déj et dîner inclus ch avec/sans clim 3 000/2 500 ₹ ; ❄📶). 🍃 Beena nourrit et héberge des voyageurs dans sa maison familiale depuis nombre d'années, et maintient un niveau de service élevé. Les six chambres, alimentées à l'énergie solaire, sont impeccables. Les repas faits maison sont servis dans la salle à manger.

Delight Home Stay CHEZ L'HABITANT **$$**
(carte p. 348 ; ☎98461121421, 0484-2217658 ; www.delightfulhomestay.com ; Post Office Rd ; ch avec petit-déj 3 000-4 000 ₹ ; ❄📶). Cette charmante maison chaulée, décorée de boiseries ouvragées et de plantes en pots de terre cuite suspendues, fut l'un des premiers *homestays* de Fort-Cochin. Les six chambres, toutes aménagées différemment, sont spacieuses et empreintes de cachet ancien. Bonne cuisine maison et jardin coloré.

Travellers Inn GUESTHOUSE **$$**
(carte p. 348 ; ☎9446332662, 0484-2215551 ; www.travelsind.com ; 1/326B Princess St ; ch 1 500-2 500 ₹). Au cœur de Fort-Cochin, une *guesthouse* accueillante et bien gérée par une équipe indo-italienne. Les six chambres modernes, sans prétention, sont décorées d'un même dessin monochrome de Kochi spécialement réalisé par un artiste local. Les deux situées à l'avant, à l'étage supérieur, ont de petits balcons. Pratique bureau de voyage sur place.

♥ **Old Harbour Hotel** HÔTEL HISTORIQUE **$$$**
(carte p. 348 ; ☎0484-2218006 ; www.oldharbour-hotel.com ; 1/328 Tower Rd ; ch 15 000-27 000 ₹ ; ❄🏊). Cet hôtel raffiné occupe un bâtiment hollando-portugais trois fois centenaire, donnant sur un jardin luxuriant comprenant des bassins de nénuphars et une piscine. Un élégant mélange de styles d'époque et de modernité lui confère une atmosphère plus intime que la plupart de ses concurrents. Les quatre chambres qui dominent le jardin depuis leur balcon sont divines ; d'autres possèdent une baignoire indépendante ou une sdb en plein air garnie de plantes.

Brunton Boatyard HÔTEL DE LUXE **$$$**
(carte p. 348 ; ☎0484-2846500 ; www.cghearth.com ; River Rd ; ch 28 160-56 320 ₹ ; ❄📶🏊). 🍃 De style ancien remis au goût du jour, cet ensemble imposant de CGH Earth, installé sur le site d'un chantier naval de l'époque victorienne, reproduit l'architecture hollandaise, britannique et portugaise des XVIe et XVIIe siècles. La plupart des chambres donnent sur le port et possèdent une baignoire et un balcon où souffle une brise

marine rafraîchissante. On profite sur place de trois excellents restaurants, de yoga et de vélos gratuits, et d'une piscine en front de mer, ombragée par les bougainvillées.

Malabar House BOUTIQUE-HÔTEL $$$
(carte p. 348 ; ☎0484-2216666 ; www.malabarhouse.com ; 1/269 Parade Ground Rd ; ch avec petit-déj 220-360 € ; ❄☒). Voici peut-être l'un des boutiques-hôtels les plus romantiques du Kerala, mêlant avec chic et naturel architecture du XVIIIe siècle et touches contemporaines. Les chambres entourent une petite piscine. Si les suites sont immenses et luxueuses, les chambres standards sont plus douillettes. Le restaurant primé Malabar Junction et le bar à vins DiVine (p. 353) sont remarquables.

Forte Kochi HÔTEL HISTORIQUE $$$
(carte p. 348 ; ☎0484-2704800 ; www.fortekochi.in ; Princess St ; ch avec petit-déj 9 600-22 400 ₹ ; ❄☒☒). Cet hôtel de luxe bienvenu, inauguré en 2018, occupe une demeure du XIXe siècle jaune mangue datant de l'époque portugaise, réaménagée avec chic. Le carrelage et les sdb design insufflent un style fraîchement contemporain aux 27 chambres, meublées à l'ancienne, qui entourent l'attrayante piscine. L'immense suite possède une baignoire à pieds. Excellente situation, bon restaurant, personnel charmant.

Fort House Hotel HÔTEL $$$
(carte p. 348 ; ☎0484-2217103, 9539375431 ; www.hotelforthouse.com ; 2/6A Calvathy Rd ; ch avec petit-déj 7 500 ₹ ; ❄☒). À 200 m à l'ouest du Customs Jetty de Fort-Cochin, cet établissement dirigé par une famille compte parmi les rares hôtels du centre historique véritablement au bord de l'eau, l'excellent restaurant (p. 352) donnant sur le lac. Les seize belles chambres de style kéralais contemporain et le centre ayurvédique réputé sont cependant nichés dans le jardin luxuriant à l'arrière.

Mattancherry et Jew Town

Ginger House Museum Hotel HÔTEL HISTORIQUE $$$
(carte p. 350 ; ☎0484-2213400 ; museumhotel.in ; Ginger House Bldg, Mattancherry ; ch avec petit-déj 300-750 $US ; ❄☒☒). Au-dessus d'une incroyable collection privée d'antiquités, les huit chambres au mélange exquis de beau mobilier d'époque et de touches design sont toutes aménagées différemment, présentant chacune leur petit univers somptueux : sdb contemporaines étincelantes, boiseries en teck, miroirs au plafond, lustres baroques, etc. Petite piscine à débordement (vue sur lac) sur le toit et excellent restaurant au bord de l'eau (p. 354).

Ernakulam

John's Residency HÔTEL $
(carte p. 346 ; ☎9995070834, 8281321395 ; TD Rd ; ch avec clim 1 600 ₹, s/d sans clim 650/850 ₹ ; ❄@☒). Cet authentique point de chute pour *backpackers* très bien géré, à 600 m à l'est de l'embarcadère, est la meilleure adresse à petits prix d'Ernakulam, surtout si John vous honore de sa présence. Les petites chambres (les deluxe sont plus grandes), d'un très bon rapport qualité/prix, s'agrémentent de touches de couleurs et, pour certaines, d'un balcon.

Boat Jetty Bungalow HÔTEL $$
(carte p. 346 ; ☎9746013198, 0484-2373211 ; www.boatjettybungalow.com ; Cannon Shed Rd ; s/d avec clim1 350/1 900 ₹, sans clim 560/850 ₹ ; ❄). Cette ancienne résidence (1891) d'un responsable de l'embarcadère a été réaménagée en hôtel. De l'eau en bouteille est fournie dans les petites chambres, parfaitement tenues. À 300 m à l'est du quai des bateaux pour Fort-Cochin.

Grand Hotel HÔTEL $$
(carte p. 346 ; ☎0484-2382061, 9895721014 ; grandhotelkerala.com ; MG Rd ; avec petit-déj s 3 780-4 100 ₹, d 4 740-6 260 ₹ ; ❄☒). Ce grand hôtel des années 1960, à l'intérieur de style Art déco, a un cachet rétro à faire pâlir d'envie les hôtels modernes. Ses chambres spacieuses et élégantes, au parquet brillant, comprennent une grande sdb moderne. Sur place : le bon restaurant de cuisine internationale **Grand Pavilion** (☎0484-2382061, 9895721014 ; plats 245-480 ₹ ; ⏲7h30-10h30, 12h-15h30 et 19h-22h) et le bar le plus chic d'Ernakulam, **Couchyn** (⏲11h-23h).

Environs de Kochi

Bungalow Heritage Homestay CHEZ L'HABITANT $$
(☎9846302347 ; thebungalow.co.in ; Vypeen Island ; ch avec petit-déj et clim 5 100-6 600 ₹, sans clim 4 500-6 000 ₹ ; ❄☒). À 300 m au nord du quai des ferries de Vypeen Island, cette maison kéralaise des années 1930 est un bijou. L'étage, où sont aménagées deux grandes chambres communicantes au charmant

mobilier et au magnifique parquet, est d'inspiration hollandaise, tandis que le niveau inférieur, où Neema, la propriétaire, donne d'excellents cours de cuisine, est de style portugais. Séjour de deux nuitées au minimum.

Kallanchery Retreat CHEZ L'HABITANT $$
(☎9847446683, 0484-2240564 ; www.kallancheryretreat.com ; Panakkal House, Kumbalanghi ; ch et bungalow avec petit-déj 2 000-3 000 ₹ ; ❄📶). Échappez à l'affluence touristique de Kochi en choisissant cette adresse paisible, au milieu d'un vaste jardin, à 13 km au sud de Fort-Cochin. Les chambres sont réparties entre la maison des propriétaires et un charmant bungalow au bord de l'eau, à deux pas des carrelets chinois. Le chef-propriétaire Rockey propose repas maison (350 ₹), excursions en bateau et visites du village.

Où se restaurer et prendre un verre

Fort-Cochin

Certains des meilleurs repas de Kochi sont servis chez l'habitant à Fort-Cochin, qui possède aussi certains des meilleurs cafés du Kerala. Il y a aussi d'excellents restaurants dans plusieurs hôtels haut de gamme. Seules quelques adresses servent de l'alcool avec les repas.

Derrière les carrelets, des **poissonniers** (carte p. 348 ; River Rd ; ⏲restaurants 8h-21h) vendent les prises du jour, que les restaurants simples qui jalonnent Tower Road, voisine, accommoderont pour vous (moyennant finance) ; un filet de thazard coûte environ 400 ₹.

♥ **Kashi Art Cafe** CAFÉ $$
(carte p. 348 ; Burgher St ; plats 150-350 ₹ ; ⏲8h30-22h ; 📶). Le premier (et le meilleur) café d'artistes de Fort-Cochin, branché, baigné de lumière et empreint d'atmosphère zen. Les plantes grimpent sur les murs de la cour, émaillée d'œuvres contemporaines et d'élégantes tables en bois. Le café est fort, les produits bio autant que possible et les déjeuners et petits-déjeuners (pain perdu, pâtisseries maison, salades originales) sont délicieux.

♥ **Dal Roti** INDIEN $$
(carte p. 348 ; ☎9746459244 ; 1/293 Lily St ; plats 170-350 ₹ ; ⏲12h-15h et 18h30-22h mer-lun). L'un des restaurants les plus appréciés de Fort-Cochin, toujours plein. Ramesh, le patron bien informé, vous aidera à choisir parmi sa longue carte de mets d'Inde du Nord végétariens ou non, comprenant entre autres *kati rolls* (*paratha* nappé d'œuf, frit, garni et roulé) et sept *thali* différents ; vous êtes certain de ne pas mourir de faim ! Lors de nos recherches, des rumeurs couraient sur la fermeture imminente du Dal Roti. Renseignez-vous avant d'y aller.

Fusion Bay POISSON $$
(carte p. 348 ; ☎9995105110 ; KB Jacob Rd ; plats 150-450 ₹ ; ⏲12h30-23h). Dans le centre de Fort-Cochin, ce petit restaurant familial sans prétention s'est fait un nom localement pour ses délicieux plats de poisson du Kerala, préparés dans le style *pollichathu* (le poisson est assaisonné de *masala* et grillé dans une feuille de bananier), et diverses autres spécialités de la mer, telles que *pappas* de poisson épicé, crevettes frites à la noix de coco et curry de poisson à la mangue. Petit choix végétarien également.

Loafers Corner CAFÉ $$
(carte p. 348 ; ☎0484-2215351 ; www.facebook.com/loaferscornercafe ; 1/351 Princess St ; plats 170-200 ₹ ; ⏲9h-22h ; 📶). Dans un bâtiment de style hollando-portugais deux fois centenaire joliment restauré, cet espace est tout de bois de récupération, de design minimaliste, de banquettes douillettes près des fenêtres et de peintures murales raffinées. C'est un bon endroit pour un café, un jus frais, un petit-déjeuner ou un repas léger, avec sa carte de style bistrot de sandwichs, wraps, crêpes, pâtes et pâtisseries maison.

Drawing Room INTERNATIONAL, INDIEN $$
(carte p. 348 ; www.facebook.com/thedrawingroomkochi ; Church Rd ; plats 150-450 ₹ ; ⏲11h-23h). Café-restaurant chic du majestueux Cochin Club, avec merveilleux jardin, grandes fenêtres donnant sur l'eau et murs égayés de dessins à main levée associant scènes kéralaises classiques et éléments musicaux. La carte subtilement créative, basée sur des recettes familiales, comprend salades, pâtes, soupes et curries de poisson ou de crevettes. Concerts réguliers en saison.

Fort House Restaurant PRODUITS DE LA MER, INDIEN $$
(carte p. 348 ; ☎9539375431, 0484-2217103 ; www.hotelforthouse.com ; 2/6A Calvathy Rd ; plats 170-900 ₹ ; ⏲7h30-22h30). Pour un déjeuner tranquille, entouré de bougainvillées rose vif et de plantes débordant de pots, rejoignez le restaurant au bord de l'eau du Fort House

Hotel (p. 351), dirigé par une famille. Poisson et fruits de mer sont la spécialité (curry de poisson à la kéralaise notamment), mais les plats végétariens ne manquent pas de saveur non plus. Tables donnant sur l'eau ou dans le paisible jardin couvert.

Qissa Cafe CAFÉ $$

(carte p. 348 ; ☎0484-2215769 ; www.facebook.com/QissaCafe ; N° 18 Hotel, Rampath Rd ; plats 180-300 ₹ ; ⏲7h30-22h ; 📶). Pôle cosmopolite habituellement rempli de Kochiites branchés, ce café avec jardin bourdonne d'animation. La carte ? Gâteaux maison, brunchs, omelettes garnies, mets plus consistantes comme les pâtes au citron-pesto, jus glacés, et citronnades servies dans des pots de confiture. Bons thés et cafés aussi.

Teapot CAFÉ $$

(carte p. 348 ; Peter Celli St ; plats 180-300 ₹ ; ⏲8h30-21h). Derrière une façade recouverte de lierre, un charmant café idéal pour un "high tea" (thé gourmand à l'anglaise), avec un choix impressionnant de thés, de pâtisseries et d'en-cas (sandwichs, omelettes, croque-monsieur, ragoût végétarien avec *appam*), servis entre les murs jaune canari et sous les poutres apparentes des salles spacieuses, de style ancien. Décor inspiré : vieilles théières à foison et, en guise de tables, coffres à thé et pied de théier noueux surmonté d'un plateau en verre.

Oceanos PRODUITS DE LA MER $$

(carte p. 348 ; ☎9633713653 ; Elphinstone St ; plats 180-600 ₹ ; ⏲12h30-22h). Poisson et fruits de mer ultrafrais font le succès de de cet élégant restaurant, renommé localement. Le poisson est servi épicé dans le style *pollichathu*, en curry à la mangue ou encore grillé avec une sauce à la noix de coco. Également : des spécialités goano-portugaises comme le *peixe recheado* (poisson farci aux épices et grillé) et quelques classiques, végétariens ou non, d'Inde du Sud et du Nord.

Malabar Grills INDIEN $$

(☎9061800042 ; www.facebook.com/malabargrillskochi ; Kokers Junction, Amaravathi Rd ; plats 110-350 ₹ ; ⏲9h-23h ; 📶). Joignez-vous aux familles indiennes qui festoient dans ce vaste restaurant moderne avec barbecue à l'avant, juste au sud-est du centre touristique de Fort-Cochin. On y sert des classiques indiens du Sud pour le petit-déjeuner (30-80 ₹) – *puttu*, *iddiyappam* (nouilles de riz), *dosa*, *idli* avec *sambar* (sauce à base de pois d'Angole et de légumes) – et plus tard dans la journée, *thali* (90-140 ₹), *biryani* et surtout, viandes et poissons grillés.

♥ **Malabar Junction** INTERNATIONAL $$$

(carte p. 348 ; ☎0484-2216666 ; www.malabarhouse.com ; Parade Ground Rd ; plats 450-800 ₹, menu dégustation 2 500 ₹ ; ⏲7h-23h). La Malabar House (p. 351) possède un remarquable restaurant. On s'installe dans un pavillon ouvert sur un côté ou au bord de la piscine, à des tables éclairées de bougies. La carte, ambiteuse, mêle avec créativité saveurs locales et européennes. Le plateau de fruits de mer (3 200 ₹) est une spécialité, mais on peut aussi opter pour la raffinée "trilogie" de curries indiens. Un choix impressionnant de vins indiens (Sula, Fratelli, Grover Zampa) accompagne les repas.

À l'étage, le **DiVine bar** (⏲11h-23h) sert des en-cas de style tapas et des vins au verre.

Clubb18 CLUB, BAR

(carte p. 348 ; www.no18.co.in ; N° 18 Hotel, Rampath Rd ; ⏲11h30-minuit). Ce club-bar à l'éclairage tamisé et aux peintures murales colorées est de loin l'adresse de Fort-Cochin la plus animée après la tombée de la nuit. Au programme ici : Kingfishers fraîches (200 ₹), cocktails (500 ₹) et vins indiens (400-800 ₹), servis à une foule locale branchée, qui déborde sur la terrasse au bord de la piscine. Le lieu prend vie à partir de 21h. DJ du vendredi au dimanche.

Mattancherry et Jew Town

Kayees Ramathula Hotel INDIEN $

(carte p. 350 ; Kayees Junction, Mattancherry ; biryani 130-170 ₹ ; ⏲12h-14h). Cette adresse simple est une institution pour les habitants, qui s'y pressent à l'heure du déjeuner pour déguster ses *biryani* de poulet, de mouton et de fruits de mer ; arrivez tôt pour avoir une chance d'y goûter. À ne pas confondre avec le restaurant à *biryani* vert-jaune à l'angle ; le Kayees se trouve à côté.

Mocha Art Cafe CAFÉ $$

(carte p. 350 ; ☎0484-2224357 ; www.facebook.com/themochaartcafe ; Synagogue Lane, Mattancherry ; plats 150-450 ₹ ; ⏲9h-21h). Ce splendide entrepôt d'épices de style hollandais, comprenant plusieurs salles, était autrefois habité par les rabbins de la synagogue de Mattancherry – à admirer depuis les confortables banquettes d'origine, près des fenêtres. Briques apparentes, jardins verticaux et art local ajoutent une touche contemporaine. À la carte : un savant mélange de curries kéralais, d'omelettes et de sandwichs au pain complet, ainsi que des pâtisseries de la boulangerie sur place.

Ginger House INDIEN $$$
(carte p. 350 ; ☎0484-2213400 ; museumhotel.in ; Jew Town Rd, Mattancherry ; plats 230-800 ₹ ; ⏰8h-20h mai-oct, 8h-minuit nov-avr). Un immense entrepôt empli d'antiquités dissimule ce merveilleux restaurant au bord de l'eau. Un endroit parfait pour se détendre en dégustant des jus frais et des plats et en-cas indiens (entre autres un curry *paneer*-noix de cajou délicieusement crémeux). Pour y accéder, vous devrez traverser l'inestimable showroom Heritage Arts (remarquez l'immense bateau-serpent).

Ernakulam

Les galeries marchantes géantes d'Ernakulam comprennent des *food courts* (espaces de restauration), et il y a quelques bons restaurants indiens du Sud. Panampilly Nagar Avenue, artère arborée dans une zone résidentielle à 1,5 km au sud de la gare ferroviaire d'Ernakulam Junction, est bordée d'élégants restaurants et cafés modernes.

Frys Village Restaurant KÉRALAIS $
(carte p. 346 ; Chittoor Rd ; plats 90-180 ₹ ; ⏰12h-15h30 et 19h-22h30). Cet excellent restaurant familial aéré, à la décoration lumineuse et au plafond voûté, est dédié à une cuisine kéralaise authentique, privilégiant les produits de la mer comme le *pollichathu* ou le crabe rôti. *Thali* au poisson ou végétariens au déjeuner.

Cocoa Tree CAFÉ $$
(☎0484-4119529 ; www.facebook.com/cocoatreecafe ; MG Rd, Panampilly Nagar, Avenue Regent ; plats 270-500 ₹ ; ⏰11h-23h ; 📶). Oubliez l'agitation d'Ernakulam dans ce café, aux plantes rampantes et aux vitrines de gâteaux frais. Salades, sandwichs, burgers, omelettes et pâtes figurent à la carte d'inspiration internationale, mais on peut aussi se contenter d'un café, d'un chocolat chaud ou d'un jus frais. Journaux à disposition. À 1,5 km au sud d'Ernakulam Junction.

Chillies ANDHRA $$
(carte p. 346 ; ☎0484-2354938 ; Layam Rd ; plats 100-300 ₹ ; ⏰11h30-16h et 19h-21h). Ce restaurant sombre et bruyant, au 1er étage, sert les meilleurs plats épicés de l'Andhra sur des feuilles de bananier, notamment *biryani* et curry de poisson. *Thali* à volonté (170-190 ₹). Restaurant de tandoori du même propriétaire au rez-de-chaussée.

☆ Où sortir

Plusieurs salles de Kochi programment des spectacles de kathakali, de musique classique et de danse traditionnelle *bharatanatyam*, ainsi que des démonstrations de *kalarippayat*, (voir aussi p. 378 et p. 552).

Kerala Kathakali Centre SPECTACLES
(carte p. 348 ; ☎9895534939, 0484-2217552 ; www.kathakalicentre.com ; KB Jacob Rd, Fort-Cochin ; spectacle 300-350 ₹ ; ⏰spectacles à partir de 16h). Dans un petit théâtre intime habillé de bois, ce centre recommandé, établi de longue date, propose une bonne introduction au kathakali. Il accueille aussi des spectacles de *kalarippayat* (16h), de musique classique (20h-21h dim-ven) et de danse traditionnelle (20h sam), des séances matinales de yoga (400 ₹) et de méditation (250 ₹). Il y a aussi divers cours, notamment de kathakali (à partir de 650 ₹ l'heure).

Ens Kalari SPECTACLES
(☎0484-2700810 ; www.enskalari.org.in ; Nettoor ; don attendu). Si vous voulez voir de vrais professionnels du *kalarippayat* en action, rendez-vous dans ce centre d'entraînement réputé (qui a ouvert il y a 65 ans), à 6,5 km au sud-est du centre d'Ernakulam. Des démonstrations d'une heure ont lieu tous les jours (19h15 ; réservez la veille) et on peut assister aux séances d'entraînement du lundi au samedi à partir de 17h30. Le centre organise aussi des cours intensifs d'une semaine (5 000 ₹) à un mois (19 500 ₹).

Achats

Anokhi MODE ET ACCESSOIRES
(carte p. 348 ; ☎0484-2216275 ; www.anokhi.com ; Lily St, Fort-Cochin). Anokhi est une marque de Jaipur célèbre pour ses créations mêlant traditionnel et contemporain. Cette boutique vend de fantastiques robes, kurtas, jupes, sacs et chemises de style indo-européen en tissu léger orné de motifs imprimés à la main. Également : couvre-lits, nappes et autres articles pour la maison dans une attrayante palette de couleurs.

Niraamaya MODE ET ACCESSOIRES
(carte p. 348 ; ☎0484-2217778 ; niraamaya.org ; 1/605 Peter Celli St, Fort-Cochin ; ⏰10h-17h30 lun-sam). Univers de tons apaisants de rose, de gris et d'orange, Niraamaya vend

vêtements "ayurvédiques", accessoires, articles pour la maison et tapis de yoga. Tout est fabriqué en coton bio et coloré avec des teintures végétales ou imprégné d'huiles ayurvédiques, selon le concept ancien d'*ayurvastra* (tissus sains). Autre **boutique** (carte p. 350 ; 6/217 AB Salem Rd ; 10h-17h30) à Mattancherry.

Fabindia VÊTEMENTS, ARTICLES POUR LA MAISON
(carte p. 348 ; 0484-2217077 ; www.fabindia.com ; 1/281 Napier St, Fort-Cochin ; 9h30-21h). Cette marque indienne de commerce équitable renommée, qui soutient l'emploi dans les zones rurales, propose textiles, tissus, vêtements, articles pour la maison, céramiques et produits de beauté naturels de qualité. Ils sont fabriqués selon des techniques traditionnelles par des artisans villageois de tout le pays. Le style est indien moderne, les soies et cotons agrémentés de couleurs et d'imprimés éclatants.

Lulu Mall MALL
(0484-2727777 ; lulumall.in ; NH66, Edappally ; 9h-23h ;). La plus grande galerie marchande du pays est une curiosité en soi. S'étendant sur plus de 7 ha, ce temple de la consommation ultramoderne climatisé, regroupe plus de 215 enseignes, allant de Calvin Klein à Fabindia, des salles de cinéma, une patinoire et un bowling. À Edapally, à 9 km au nord-est de l'embarcadère d'Ernakulam.

Idiom Bookshop LIVRES
(carte p. 348 ; Bastion St, Fort-Cochin ; 10h-18h30). À l'origine simple charrette à bras vendant des livres sur les plages de Kochi, Idiom propose aujourd'hui un vaste choix d'ouvrages neufs et d'occasion de qualité, notamment sur l'Inde. Autre **boutique** (carte p. 350 ; Bazaar Rd ; 10h-17h) à Mattancherry.

Renseignements

ARGENT

Les DAB de Fort-Cochin sont regroupés autour de Kunnumpuram Junction.

Unimoni (UAE Exchange ; carte p. 346 ; 0484-4392416 ; www.unimoni.com ; Chettupuzha Towers, PT Usha Rd, Ernakulam ; 9h30-18h lun-ven, 9h30-14h sam) change les devises étrangères.

OFFICES DU TOURISME

DTPC (carte p. 346 ; 0484-2350300 ; Ernakulam Jetty, Ernakulam ; 10h-17h lun-sam). Office du tourisme.

LES ARTISANS TISSERANDS DE CHENNAMANGALAM

Les inondations de 2018 (voir p. 319) ont dévasté l'industrie du tissage traditionnel qui fait la renommée de la région de Chennamangalam, menaçant les moyens de subsistance de ses 600 tisserands (des femmes principalement). On estime les dégâts causés aux cinq coopératives à près de 150 millions de roupies. Une campagne très médiatisée, menée par des créateurs de Kochi, a œuvré à la remise sur pied de cette industrie portée par les femmes ; les poupées *chekkutty*, fabriquées avec des saris en lambeaux, sont ainsi devenues un symbole de la renaissance de cet artisanat.

KTDC (carte p. 346 ; 0484-2353234 ; www.ktdc.com ; Shanmugham Rd, Ernakulam ; 8h-18h30). Office du tourisme. Juste au nord de l'embarcadère principal d'Ernakulam.

Government of India (0484-2669125 ; www.incredibleindia.org ; Willingdon Island ; 9h-18h lun-ven). Office du tourisme.

Tourist Desk (carte p. 346 ; 9847044688, 0484-2371761 ; touristdesk1990@gmail.com ; Ferry Jetty, Ernakulam ; 8h-18h). Agence privée au personnel serviable et extrêmement bien renseigné sur Kochi et ses environs, qui organise un bon circuit dans les *backwaters*. Il fournit aussi des cartes, les horaires des ferries et une brochure en anglais présentant un circuit à pied, *Historical Places in Fort Cochin*.

SERVICES MÉDICAUX

Lakeshore Hospital (urgences 9961630000 ; www.vpslakeshorehospital.com ; NH Bypass, Marudu). À 8 km au sud-est du centre d'Ernakulam.

Medical Trust (carte p. 346 ; 0484-2358001 ; www.medicaltrusthospital.com ; MG Rd, Ernakulam; 24h/24)

Depuis/vers Kochi

AVION

L'**aéroport international de Kochi** (0484-2610115 ; cial.aero), situé à Nedumbassery, à 30 km au nord-est d'Ernakulam, est un hub important, avec des vols internationaux depuis/vers les pays du Golfe, le Sri Lanka, les Maldives, la Malaisie, Bangkok et Singapour.

À l'intérieur du pays, Air India, IndiGo, SpiceJet, Vistara et/ou GoAir (voir le chapitre *Transports* p. 590) assurent des liaisons directes avec Chennai (Madras), Mumbai (Bombay),

Bengaluru (Bangalore), Hyderabad, Delhi, Goa et Thiruvananthapuram (Trivandrum). Air India dessert tous les jours Agatti (Lakshadweep).

BUS

Tous les bus longue distance partent de la **gare routière KSRTC d'Ernakulam** (carte p. 346 ; ☎ 0484-2372033 ; Ernakulam ; ⏲ réservations 6h-22h) ou de l'immense **Vyttila Mobility Hub** (☎ 0484-2306611 ; www.vyttilamobilityhub.com ; Vyttila), terminal ultramoderne à 4 km à l'est de la gare ferroviaire d'Ernakulam Junction. De nombreuses compagnies privées possèdent des bus super-deluxe climatisés, avec vidéo, et des bus Volvo pour les destinations éloignées comme Bengaluru (Bangalore), Chennai (Madras), Mangaluru (Mangalore), Thiruvananthapuram (trivandrum) et Coimbatore. Les prix varient en fonction du confort. Des agents vendent des billets à Ernakulam et Fort-Cochin. Les bus privés utilisent Vyttila et la **gare routière de Kaloor** (Kaloor), à 3 km au nord d'Ernakulam Junction.

TRAIN

Ernakulam compte deux gares ferroviaires : Ernakulam Junction et Ernakulam Town. Pour les deux, on peut réserver des billets au **bureau des réservations** (carte p. 346 ; Ernakulam Junction, Ernakulam ; ⏲ 8h-20h lun-sam, 8h-13h dim), à Ernakulam Junction, mais il est plus simple de réserver en ligne ou via une agence de voyages.

Des trains omnibus et express rallient Thiruvananthapuram (2e classe/sleeper/3AC 95/165/490 ₹, 4-5 heures), via Alappuzha (50/140/495 ₹, 1 heure 30) ou Kottayam (50/140/495 ₹, 1-2 heures), et Thrissur (2e classe/AC chair 60/260 ₹, 1 heure30). Dix trains quotidiens desservent aussi Calicut (2e classe/sleeper/3AC 90/140/495 ₹, 4-5 heures) et Kannur (115/190/495 ₹, 5-6 heures 30).

ℹ Comment circuler

DEPUIS/VERS L'AÉROPORT

Des bus orange vif climatisés circulent entre l'aéroport et Fort-Cochin (88 ₹, 1 heure 45, au moins 16/jour) via MG Road à Ernakulam ou le Vyttila Mobility Hub. Il y a des stations de taxis prépayés (24h/24) aux terminaux national et international : 880 ₹ pour Ernakulam, 1 250 ₹ pour Fort-Cochin. En véhicule Uber ou Ola Cabs, comptez environ 700 et 1 000 ₹ respectivement.

AUTO-RICKSHAW ET TAXI

Les trajets en auto-rickshaw ne coûtent en principe pas plus de 30 ₹ dans Fort-Cochin, de

PRINCIPAUX BUS AU DÉPART D'ERNAKULAM (KOCHI)

Les lignes suivantes partent de la gare routière KSRTC et/ou du Vyttila Mobility Hub. Des bus privés assurent aussi des trajets longue distance.

DESTINATION	TARIF	DURÉE	FRÉQUENCE
Alappuzha (Alleppey)	60-110 ₹	1 heure 30	toutes les 10-30 minutes
Bengaluru (Bangalore)	790-1 270 ₹	12 heures	11/jour
Kozhikode (Calicut)	360 ₹	5 heures	toutes les heures
Chennai (Madras)*	1 533 ₹	16-18 heures	16h30
Coimbatore	185-200 ₹	5 heures	14/jour
Kalpetta (pour le Wayanad)	300 ₹	7 heures	5/jour
Kannur	300-385 ₹	8 heures	5/jour
Kanyakumari	280 ₹	8 heures	14h30
Kollam (Quilon)	135-250 ₹	4 heures	toutes les 10-20 minutes
Kottayam	70-135 ₹	2 heures	toutes les 10 min 3h45-22h
Kumily (pour Periyar)	220 ₹	5 heures	15/jour
Madurai*	450 ₹	10 heures	20h, 20h15, 20h30
Mangaluru (Mangalore)*	400 ₹	11 heures	18h30, 20h35, 22h30
Munnar*	125 ₹	4 heures 30	10/jour
Mysuru (Mysore)*	740-850 ₹	10 heures	18h, 19h, 20h, 22h50
Puducherry (Pondichéry)*	675 ₹	18 heures	16h
Thrissur (Trichur)	70 ₹	2 heures	toutes les 10-20 minutes
Thiruvananthapuram (Trivandrum)	185-380 ₹	5-7 heures	toutes les 20-30 minutes

* Seulement au départ de la gare routière KSRTC

PRINCIPAUX TRAINS LONGUE DISTANCE AU DÉPART D'ERNAKULAM (KOCHI)

DESTINATION	TRAIN (N° ET NOM) ; (A) : DÉPART D'ERNAKULAM JUNCTION ; (B) : DÉPART D'ERNAKULAM TOWN)	TARIF (SLEEPER/ 3AC/2AC)	DURÉE	DÉPART (1/JOUR)
Bengaluru (Bangalore)	16525 *Bangalore Exp* (A)	345/945/1 355 ₹	11 heures 30	18h05
Chennai (Madras)	12624 *Chennai Mail* (A)	395/1 050/1 490 ₹	12 heures	19h30
Delhi	12625 *Kerala Exp* (B)	885/2 300/3 415 ₹	46 heures	15h50
Goa (Madgaon)	16346 *Netravathi Exp* (A)	415/1 135/1 640 ₹	14 heures 30	14h05
Mumbai (Bombay)	16346 *Netravathi Exp* (A)	615/1 655/2 430 ₹	27 heures	14h05

50 ₹ dans Ernakulam ou de 80 ₹ entre Fort-Cochin et Mattancherry.

De Vyttila, un auto-rickshaw prépayé coûte 86 ₹ jusqu'à l'embarcadère d'Ernakulam, 110 ₹ jusqu'à Ernakulam Junction et 214 ₹ jusqu'à Fort-Cochin. Des **stands d'auto-rickshaws prépayés** (carte p. 346 ; Ernakulam ; ⏲6h30-23h) de la gare routière KSRTC ou d'Ernakulam Junction, la course coûte 30 ₹ jusqu'à l'embarcadère et 180 ₹ jusqu'à Fort-Cochin. Pour vous rendre d'Ernakulam à Fort-Cochin après le dernier ferry et le dernier bus, vous devrez prendre un taxi ou un auto-rickshaw.

Les chauffeurs Uber (www.uber.com) et Ola Cabs (www.olacabs.com) sont une alternative prisée aux **taxis** (carte p. 348 ; River Rd, Fort Cochin) pour les déplacements dans Kochi ; comptez environ 60 ₹ pour un court trajet. À Ernakulam, il y a une **station de taxis prépayés** (carte p. 346 ; Ernakulam Junction, Ernakulam ; ⏲24h/24) à Ernakulam Junction.

BATEAU

Les ferries sont le moyen de transport le plus rapide entre Fort-Cochin et le continent. L'arrêt principal à Fort-Cochin est **Customs Jetty** (carte p. 348 ; Bazaar Rd, Fort-Cochin), mais certains ferries utilisent aussi **Kamalakadavu Jetty** (carte p. 348 ; River Rd, Fort-Cochin). **Mattancherry Jetty** (carte p. 350 ; Bazaar Rd, Mattancherry), près du palais et de la synagogue, était définitivement fermé lors de nos recherches, mais des liaisons avec Willingdon Island pourraient reprendre. L'embarcadère situé sur la côte est de Willingdon Island est appelé **Embarkation** (carte p. 346 ; Willingdon Island) et celui situé sur la côte ouest, en face de Mattancherry, **Terminus** (Willingdon Island). L'aller simple coûte 3 ou 4 ₹.

Des ferries desservent Vypeen Island au départ de l'**Ernakulam Jetty** (carte p. 346 ; Park Ave, Ernakulam) et l'embarcadère de **Fort-Cochin** (carte p. 348 ; River Rd, Fort Cochin). Les ferries pour Bolgatty Island partent de **High Court Jetty** (carte p. 346 ; Shanmugham Rd, Ernakulam).

Fort-Cochin

Des ferries naviguent entre le Customs Jetty de Fort-Cochin et l'embarcadère d'Ernakulam (20 minutes, départs toutes les 10 à 25 minutes entre 5h55 et 21h50). Un nouveau ferry à grande vitesse relie aussi le Kamalakadavu Jetty à Ernakulam (avec/sans clim 20/10 ₹, 12 minutes, 6/jour). D'autres relient Customs et Willingdon Island 24 fois par jour.

Des ferries pour voitures et passagers partent de Fort-Cochin pour Vypeen Island toutes les 20 minutes entre 6h40 et 21h30 (5 minutes).

Ernakulam

Des ferries partent de l'embarcadère d'Ernakulam pour le Customs Jetty de Fort-Cochin (20 minutes) toutes les 15-20 minutes entre 4h40 et 21h10, certains via Willingdon Island (10 minutes). Des ferries rallient également Vypeen Island (25 minutes) toutes les 25-35 minutes entre 6h et 21h30, aussi via Willingdon ; trajets retour entre 6h25 et 22h.

BUS

À Ernakulam, navettes aéroport et bus locaux utilisent la **gare routière centrale de Fort-Cochin** (carte p. 348 ; River Rd, Fort-Cochin). Il n'y a pas de bus réguliers entre Fort-Cochin et le palais de Mattancherry, mais une agréable balade de 2 km (30 minutes à pied ; plus courte à vélo) y mène le long de Bazaar Road, dans le quartier animé des entrepôts.

MÉTRO

Le métro aérien de Kochi (kochimetro.org), en partie inauguré en milieu d'année 2017, reliera à terme les gares routière et ferroviaire de Kochi, d'autres zones périphériques et l'aéroport, mais à l'heure où nous écrivons ces lignes, il n'est pas encore très utile pour les voyageurs.

VÉLO ET MOTO

Des agences de Fort-Cochin louent vélos (à partir de 150 ₹) et scooters (400 ₹/jour) ou Enfields (à partir de 1 300 ₹/jour).

Environs de Kochi

Cherai Beach

Sur Vypeen Island, à 25 km au nord de Fort-Cochin, Cherai Beach est une étendue de sable blond de 3 km de long qui se prête à une plaisante escapade d'une journée, voire à un séjour plus long, surtout si vous louez un scooter ou une moto. Et, si la plage principale, à l'entrée, peut être prise d'assaut à certaines périodes, le réseau de paisibles *backwaters* qui débute à quelques centaines de mètres du front de mer justifie le détour. Avec aussi quelques villages de pêcheurs à explorer alentour, cette partie du littoral, paisible, séduit de plus en plus de voyageurs.

Où se loger et se restaurer

Les 3 Elephants COMPLEXE HÔTELIER $$$
(☎0484-2480005, 9946012040 ; www.3elephants.in ; Convent St, Cherai Beach ; bungalow avec petit-déj et clim 8 020-13 770 ₹, sans clim 5 070-8 850 ₹ ;). Au bord des *backwaters* mais invisible depuis la plage, ce *resort* tranquille, à la direction franco-indienne, a des airs de boutique-hôtel. Les beaux bungalows, tous différents, bénéficient d'espaces de détente extérieurs privatifs et d'une jolie vue sur les jardins, les *backwaters* et les carrelets chinois au-delà. Sur place : séances de yoga et de méditation, spa ayurvédique (massage 1 500 ₹) et restaurant de cuisine franco-indienne maison (plats 200-500 ₹), et vous pouvez utiliser la piscine d'un établissement voisin. Les chambres Mini Elephant, à proximité, permettent un séjour à petit prix (1 000 ₹).

La Dame Rouge HÔTEL HISTORIQUE $$$
(☎0484-2481062, 9496016599 ; www.ladamerouge.com ; Manapilly, Ayyampally ; ch avec petit-déj et dîner 80-180 € ;). Si vous recherchez cachet et intimité, vous apprécierez cette maison bleue vieille de 250 ans cachée dans la végétation à 4,5 km au sud-est de Cherai Beach. Marco, le propriétaire français, y propose cinq chambres de style ancien chic, toutes aménagées différemment avec soin. L'immense suite à deux niveaux possède sa propre salle de massage. Savoureux repas indo-français, à base de poisson et fruits de mer frais, servis à la table commune. Demandez la direction de la "maison de Marco".

Chillout Cafe CAFÉ $$
(☎9744138387 ; www.facebook.com/chilloutcafe ; Cherai Beach ; plats 180-550 ₹ ; ⏲12h-21h mar-jeu ;). Ce café indo-franco-portugais ouvert sur les côtés est parfait pour profiter de la brise marine et de la vue sur la plage et la mer. Des snacks internationaux (burgers, pizzas, pâtes, crêpes, frites, grillades) sont soigneusement préparés par la charmante équipe. Délicieux jus frais.

ℹ Depuis/vers Cherai Beach

De Fort-Cochin, prenez le car-ferry pour Vypeen Island (3 ₹/pers, 9 ₹/deux-roues, 50 ₹/voiture), puis prenez un auto-rickshaw au débarcadère (500-600 ₹) ou montez dans l'un des bus fréquents en direction du nord (20 ₹, 1 heure) pour rejoindre le village de Cherai, à 1,5 km à l'est de la plage. D'Ernakulam, des bus partent toutes les 10 minutes de la **gare routière de l'embarcadère** (carte p. 346 ; Ernakulam Boat Jetty, Ernakulam) pour North Paravur (20 ₹, 1 heure), à 6 km à l'est de Cherai Beach).

North Paravur et Chennamangalam

Nulle part ailleurs, la mosaïque de religions qui émaille le pays n'est peut-être plus évidente qu'à North Paravur et à Chennamangalam, à 30 km au nord de Kochi. Il y a ici l'une des plus anciennes synagogues du Kerala, une église jésuite et les ruines d'un collège jésuite (les Jésuites arrivèrent à Chennamangalam en 1577), un temple hindou dominant la Periyar depuis une colline, une mosquée du XVIe siècle, ainsi que des cimetières musulman et juif. À North Paravur, promenez-vous dans l'*agraharam* (quartier des brahmanes), une petite rue bordée de maisons aux couleurs éclatantes, où habitaient à l'origine des brahmanes tamouls.

Les tour-opérateurs de Fort-Cochin organisent des excursions jusqu'à l'une ou l'autre destination.

Des bus partent pour North Paravur toutes les 10 minutes de la gare routière de l'embarcadère d'Ernakulam (p. 357 ; 20 ₹, 1 heure). On peut aussi facilement gagner la région en bus local depuis Cherai Beach (à 6 km à l'ouest).

À environ 5 km au nord-est de North Paravur, la **synagogue de Chennamangalam**

(2 ₹, app photo 10 ₹ ; ⏲10h-16h30 mar-dim), superbement restaurée, compte parmi les plus anciennes du Kerala, fondée en 1420 (elle fut cependant reconstruite en 1614 après un incendie). À l'intérieur, remarquez les bas-reliefs en bois sculpté et les couleurs vives de la porte et du plafond. Dehors, une pierre tombale porte une date en hébreu qui correspond à l'an 1269.

Thrissur (Trichur)

☎0487 / 315 960 HABITANTS

Dans un État où les festivités sont nombreuses, cette ville peu visitée par les touristes et plutôt chaotique bat tous les records avec une liste de fêtes exubérantes aussi longue que la trompe d'un éléphant. Construite autour d'un vaste parc (le "Round") et d'un ensemble de temples hindous, Thrissur, l'ancienne Trichur, considérée comme la capitale culturelle du Kerala, a fait office de deuxième capitale pour la famille des souverains du royaume de Cochin au cours du XVIe siècle et connut son apogée sous le règne de Rama Varma (alias Sakthan Thampuran) au XVIIIe siècle. La ville, aujourd'hui très connue pour sa fête de Pooram (le "rassemblement"), abrite une communauté chrétienne nestorienne, dont les origines remonteraient au IIIe siècle.

À voir

Thrissur est réputée pour son temple central, dédié à Shiva, et pour ses églises impressionnantes, dont **Our Lady of Lourdes Cathedral** (St Thomas College Rd ; ⏲lever-coucher du soleil), la **Basilica of Our Lady of Dolours** (Puttanpalli Church, New Church ; High Rd ; ⏲lever-coucher du soleil), splendide basilique néogothique de 1925, et la **Marth Mariam Church** (Chaldean Church, Nestorian Church ; www.churchoftheeastindia.org ; High Rd ; ⏲lever-coucher du soleil), de 1814, siège de la communauté syrienne chaldéenne d'Inde.

Archaeology Museum ARCHÉOLOGIE

(☎0487-2333056 ; Thrissur-Shornur Rd ; adulte/enfant 20/5 ₹ ; ⏲9h30-13h et 14h-16h30 mar-dim). Le Musée archéologique, rénové, occupe le magnifique palais de Sakthan Thampuran, de style hollando-kéralais, vieux de 200 ans. Y sont notamment exposés des sculptures kéralaises en bronze du XIIe siècle, de grandes jarres en terre cuite, des armes, des monnaies et un échiquier finement ciselé. Un jardin ombragé s'étend sur le côté.

Temple de Vadakkunathan Kshetram TEMPLE HINDOU

(Round ; ⏲5h-10h et 17h-20h). Ce temple dédié à Shiva, aux finitions kéralaises classiques, couronne la butte qui s'élève au cœur de Thrissur. Si sa forme actuelle date des XVIe-XVIIe siècles, ses racines remontent au IXe siècle, ce qui en fait l'un des plus anciens temples hindous de l'État. Seuls les hindous peuvent y pénétrer, mais les boiseries finement sculptées de la porte principale méritent le coup d'œil et le parc environnant est un lieu de promenade populaire.

Fêtes et festivals

Thrissur Pooram RELIGION

(www.thrissurpooramfestival.com ; ⏲avr/mai). La fête religieuse la plus importante et la plus colorée du Kerala se déroule au temple de Vadakkunathan Kshetram. Elle s'accompagne d'immenses processions d'éléphants caparaçonnés autour du temple. Avec les inquiétudes croissantes concernant le bien-être des éléphants captifs du temple, les campagnes contre Thrissur Pooram ont commencé à prendre de l'ampleur ces dernières années.

Où se loger et se restaurer

Gurukripa Heritage HÔTEL HISTORIQUE $

(☎0487-2421895 ; gurukripaheritage.in ; Chembottil Lane ; ch avec clim 1 600-1 900 ₹, sans clim 900 ₹ ; ❄📶). Situé au calme en retrait de la route juste au sud du "Round", cet hôtel à petits prix, dans une maison quasi centenaire soigneusement restaurée, a plus de charme que la plupart de ses concurrents. Les chambres aux portes en bois massives, sont simples et propres, mais certaines des climatisées les moins chères sentent un peu le renfermé.

Hotel Luciya Palace HÔTEL $$

(☎0487-2424731 ; www.hotelluciyapalace.com ; Marar Rd ; s 3 250-3 780 ₹, d 4 070-7 670 ₹ ; ❄📶). L'hôtel de catégorie moyenne de Thrissur qui a le plus de caractère, dans un bâtiment de style colonial couleur crème, niché dans une impasse tranquille à 200 m au sud-ouest du "Round". Chambres modernes et spacieuses, d'un excellent rapport qualité/prix (bureau, sèche-cheveux, plateau avec thé/café et même des rideaux de douche !). Bon restaurant de cuisine internationale ouvert toute la journée (plats 150-360 ₹).

Thrissur (Trichur)

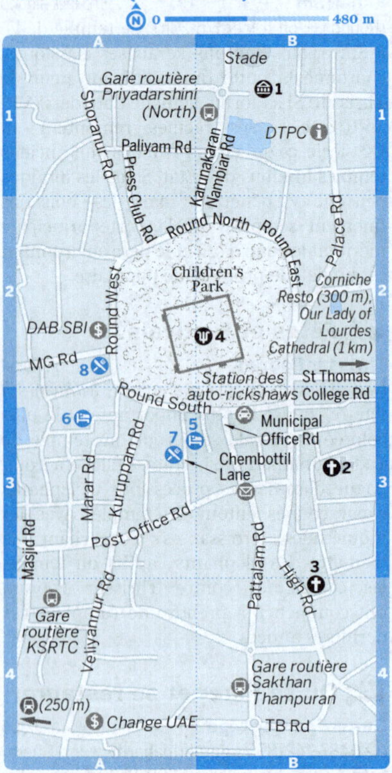

Thrissur (Trichur)

À voir

1 Archaeology Museum B1
2 Basilica of Our Lady of Dolours B3
3 Marth Mariam Church B4
4 Temple de Vadakkunathan Kshetram B2

Où se loger

5 Gurukripa Heritage A3
6 Hotel Luciya Palace A3

Où se restaurer

7 Hotel Bharath A3
8 Navaratna Restaurant A2

Clayfingers Pottery GUESTHOUSE $$
(☎0480-2792234 ; www.clayfingerspottery.com ; Kadalassery ; ch avec petit-déj 4 750 ₹ ; ❄📶). Voici une adresse vraiment originale : quatre bungalows ("art cottages") bordés de palmiers, rattachés à une fabrique de briques et de tuiles des années 1950 transformée en entrepôt de poterie artisanale, à 13 km au sud de Thrissur. Carreaux de terre cuite au sol, cadres de lit en bois et art délicat aux murs agrémentent les chambres, dotées de sdb élégantes. L'équipe, attentionnée, dirige aussi un café en terrasse. Vous pouvez vous joindre aux artistes résidents pour des ateliers de poterie d'argile.

♥ **Hotel Bharath** INDIEN DU SUD $
(☎0487-2421720 ; hotelbharathtcr@gmail.com ; Chembottil Lane ; plats 90-150 ₹ ; ⏲6h30-22h). Propre et climatisé, le Bharath est communément considéré comme l'un des meilleurs restaurants végétariens de la ville. Il est incontournable pour un petit-déjeuner kéralais, un *thali* au déjeuner (86-165 ₹) ou un curry épicé.

Corniche Resto INTERNATIONAL $$
(☎819733448 ; www.facebook.com/cornicheresto ; 1er ét., PIK Tower, St Thomas College Rd ; plats 90-360 ₹ ; ⏲11h30-23h ; 📶). Les saveurs indiennes imprègnent la carte d'inspiration internationale de ce restaurant branché : pâtes au potiron épicé, wraps *paneer-masala*, burgers au poulet *tikka*, omelettes aux épices, etc. Jus fraîchement pressés également. Banquettes confortables, lampes suspendues et bibelots sur le thème du café pour le cadre. À 500 m à l'est du "Round".

Navaratna Restaurant INTERNATIONAL $$
(☎0484-7241994 ; Round West ; plats 130-210 ₹ ; ⏲10h-23h). Ce restaurant sombre, intime et climatisé, avec effet marbre au sol et tables aux nappes à carreaux surélevées sur des plateformes, est l'un des plus chics du centre-ville. Plats végétariens au rez-de-chaussée et non végétariens à l'étage, avec notamment de nombreuses spécialités d'Inde du Nord et quelques plats chinois et kéralais.

ℹ Comment s'y rendre et circuler

Des dizaines d'**auto-rickshaws** (Round South), qui utilisent généralement un compteur, se rassemblent sur le "Round" ; les courts trajets reviennent à 20 ₹.

BUS

De la **gare routière KSRTC** (☎0487-2421150 ; RS Rd), des bus partent toutes les 20-30 minutes pour Thiruvananthapuram (Trivandrum ; 250 ₹, 7 heures), Ernakulam (Kochi ; 72 ₹, 3 heures 30), Calicut (102 ₹, 4 heures), Palakkad (60 ₹, 3 heures) et Kottayam (124 ₹, 4 heures). Des bus rallient Kannur toutes les heures (130 ₹, 6 heures). Un bus part à midi pour Coimbatore (100 ₹, 3 heures) ; sinon changez à Palakkad. Des bus desservent aussi Mysuru (Mysore ; 600 ₹, 8 heures, 14h30, 21h et 22h) et Bengaluru (Bangalore ; 700-1 000 ₹, 9 heures, 20h et 21h).

Des bus locaux font également le trajet vers Guruvayur (35 ₹, 1 heure), Irinjalakuda (32 ₹, 50 minutes) et Cheruthuruthy (40 ₹, 1 heure 30). Deux gares routières privées – **Sakthan Thampuran** (Pattalam Rd) et **Priyadarshini (North)** (Thrissur-Shornur Rd) – proposent davantage de bus pour ces destinations ; elles sont toutefois difficiles à rallier en raison du trafic.

TRAIN

De la gare ferroviaire, à 1,5 km au sud-ouest du "Round", des trains réguliers partent pour Ernakulam (2e classe/sleeper/3AC 60/140/495 ₹, 1 heure 30 à 2 heures 30), Calicut (70/140/495 ₹, 3 heures), Coimbatore (90/140/495 ₹, 3 heures) et Thiruvananthapuram (110/195/495 ₹, 6 heures à 7 heures 30).

Environs de Thrissur

La région de Thrissur soutient plusieurs institutions qui tentent de donner un second souffle aux arts du spectacle kéralais traditionnels, qui étaient quelque peu moribonds. Guruvayur, à 25 km au nord-ouest de Thrissur, est le site du fameux **temple de Shri Krishna** (Guruvayur ; ⏲3h-13h et 16h30-22h), fermé aux non-hindous.

Au départ de la gare routière KSRTC de Thrissur (p. 360), des bus locaux fréquents desservent Guruvayur (35 ₹, 1 heure), Irinjalakuda (32 ₹, 50 minutes) et Cheruthuruthy (40 ₹, 1 heure 30). Sinon, prenez un taxi.

Kerala Kalamandalam ARTS

(✆0488-4262418 ; www.kalamandalam.org ; Cheruthuruthy ; cours 600 ₹/mois ; ⏲juin-mars). Les étudiants suivent ici un enseignement intensif de kathakali, de *mohiniyattam* (danse de l'Enchanteresse), de *kutiyattam*, de percussions, de chant et de violon. Le programme intitulé "A Day with the Masters" (Un jour avec les maîtres ; Indien/étranger 1 000/1 400 ₹) permet, le temps d'une matinée, de visiter le théâtre et d'assister aux cours, ainsi qu'à plusieurs démonstrations artistiques et culturelles. Réservez par e-mail. À 30 km au nord de Thrissur.

NORD DU KERALA

Entre le nord de Calicut et la frontière avec le Karnataka, la côte de Malabar est jalonnée de villages et de superbes plages aux tons miel, bien moins touristiques que celles du sud du Kerala. La région est célèbre pour ses fascinants rituels du *theyyam* (p. 378).

Kozhikode (Calicut)

✆0495 / 431 560 HABITANTS

Plus grande métropole du nord du Kerala, Kozhikode, plus connue sous le nom de Calicut, est depuis toujours un port important et un centre de négoce prospère. La ville est vraisemblablement la Kalaikaris de Ptolomée. Connue au moins depuis le XIVe siècle comme la "cité des épices", où marchands arabes et chinois convergeaient, elle fut la capitale de la puissante dynastie des Zamorins (ou Samorins, titre donné par les Portugais aux *samudri raja*, "rois de la mer") – souverains locaux descendants d'une branche des Chera, qui exerçaient leur pouvoir en s'appuyant sur les commerçants *moplah*, musulmans du Kerala. Ce fut également la porte d'entrée des Portugais en Inde puisque Vasco de Gama accosta près d'ici, à Kappad (à 15 km au nord de Calicut), en mai 1498, lors de son expédition pour annexer une partie du sous-continent au nom de la Couronne portugaise. Les Zamorins résistèrent toutefois et demeurèrent indépendants jusqu'à l'invasion de la ville par l'armée de Tipu Sultan dans les années 1760, avant que celle-ci ne tombe aux mains des Britanniques en 1792.

Aujourd'hui, l'économie de la ville est surtout fondée sur l'agriculture et l'industrie du bois, mais une partie des capitaux provient aussi des habitants qui partent travailler au Moyen-Orient. Côté culinaire, Calicut est très renommée pour sa cuisine de Malabar. Pour les visiteurs, Calicut fait essentiellement office de point d'accès au Wayanad (et au Wayanad Wildlife Sanctuary), et au long voyage dans les Ghats, jusqu'à Mysuru (Mysore) ou à Bengaluru (Bengalore), dans le Karnataka.

À voir

Au cœur de la ville, Mananchira Square, l'ancienne cour des Zamorins, a conservé son bassin d'origine, alimenté par une source et bordé d'un parc verdoyant. Fondée par des missionnaires suisses en 1842, la centrale **Church of South India**

Kozhikode (Calicut)

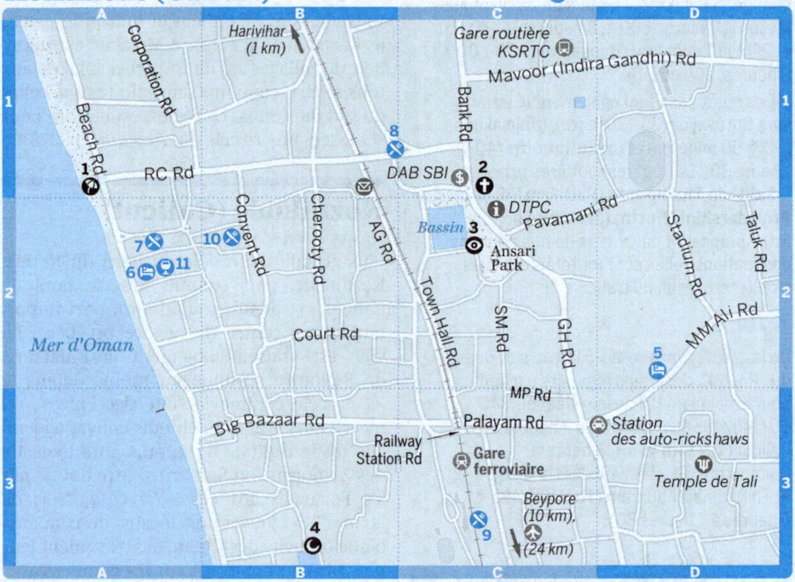

Kozhikode (Calicut)

À voir
1 Calicut Beach A1
2 Church of South India C1
3 Mananchira Square C2
4 Miskhal Masjid B3

Où se loger
5 Alakapuri D2
6 Beach Hotel A2

Où se restaurer
7 Adam's Teashop A2
8 Paragon Restaurant B1
9 Salkara C3
Salkaram .... (voir 6)
10 Zains B2

Où prendre un verre et faire la fête
11 Hut A2

(Bank Rd ; lever-coucher du soleil), au clocher à trois niveaux, présente une architecture européenne et kéralaise caractéristique. À 1 km à l'ouest de Mananchira Square, Calicut Beach n'est pas terrible pour la baignade, mais sa promenade est agréable au coucher du soleil.

À 2 km au sud-ouest du centre-ville, on peut admirer la **Miskhal Masjid** (Kuttichira Mosque ; Kuttichira ; lever-coucher du soleil), belle mosquée en bois du XIVe siècle, peinte en bleu-vert, coiffée de toits de tuiles inclinés traditionnels et soutenue par d'impressionnants piliers en bois.

Où se loger et se restaurer

Réputée pour sa cuisine de Malabar, Calicut est considérée comme la capitale culinaire du nord du Kerala. Cette ville étudiante possède par ailleurs la vie nocturne la plus animée de la région, concentrée dans ses hôtels cinq étoiles.

Beach Hotel HÔTEL HISTORIQUE $$
(9745062055, 0495-2762055 ; www.beachheritage.com ; Beach Rd ; ch avec petit-déj 4 130-4 720 ₹ ;). Bâti en 1890 pour loger le Malabar British Club, cet édifice certes quelque peu défraîchi a plus de caractère que la plupart des autres lieux d'hébergement de Calicut (malgré un service décevant). Il y a ici six chambres. Celles de l'étage (vue sur la mer) ont de hauts plafonds, du parquet brillant d'origine et des salons intérieurs ; celles du rez-de-chaussée, du carrelage au sol et des terrasses isolées, du côté du jardin.

Sur place, le **Salkaram** (9745062055, 0495-2762055 ; plats 150-300 ₹ ; 7h-22h30) sert des plats indiens savoureux, et le bar-restaurant **The Hut** (11h-23h), en bambou, est prisé pour ses bières et ses en-cas.

Alakapuri HÔTEL $$
(☎0495-2723451 ; www.hotelalakapuri.com ; MM Ali Rd ; avec clim s 1 300 ₹, d 1 850-3 150 ₹, sans clim s 600-800 ₹, d 1 750- 3 050 ₹ ; ❄📶). En retrait d'un marché animé, cet accueillant établissement de style motel, construit autour d'une pelouse où trône une fontaine, est très demandé. Plusieurs chambres sont un peu défraîchies, mais d'un rapport qualité/prix raisonnable. Restaurant et bar moderne sur place.

♥ **Harivihar** CHEZ L'HABITANT $$$
(☎0495-2765865, 9847072203 ; www.harivihar.com ; Bilathikulam ; s/d repas inclus 100/125 € ; 📶). Dans le nord de Calicut, la demeure de la famille royale de Kadathanadu, datant de 1850, est des plus paisibles. Construite selon les principes architecturaux du *vastu* kéralais, elle s'inscrit sur une propriété familiale traditionnelle aux pelouses impeccables. Six grandes chambres joliment décorées de mobilier en bois ancien sombre sont proposées dans ce qui est avant tout une retraite d'ayurvéda, de yoga et de méditation, avec divers forfaits et repas végétariens.

Zains INDIEN DU SUD $
(☎0495-2366311 ; Convent Cross Rd ; plats 40-180 ₹ ; ⏲12h-22h). Le restaurant de l'entreprenante Zainabi Noor, avec petite terrasse à l'avant, existe depuis 30 ans. Apprécié de la population locale pour ses *biryani*, en-cas et spécialités de Malabar, il est très fréquenté l'après-midi et le soir. Les *meen pathiri* (poisson frit avec pain à base de riz) et *unnakai* (dessert à la banane bouillie) sont aussi réputés.

♥ **Paragon Restaurant** INDIEN $$
(☎0495-2767020 ; www.paragonrestaurant.net ; Kannur Rd ; plats 170-370 ₹ ; ⏲6h-minuit). Il y a toujours du monde dans ce restaurant fondé en 1939, et dont la carte est impressionnante. Le *biryani* de poulet et les plats de poisson – notamment *pollichathu* et *molee* (morceaux de poisson en sauce à la noix de coco) – sont réputés. La salle climatisée est disponible à partir de midi.

La même équipe dirige le tout aussi populaire **Salkara** (☎0495-2300042 ; salkara.com ; Platform 1, plats 45-180 ₹ ; ⏲5h30-14h30 et 15h30-23h), à la gare ferroviaire.

Adam's Teashop INDIEN DU SUD $$
(Adaminde Chayakkada ; ☎0495-2365800 ; www.ackd.in ; Beach Rd ; plats 80-400 ₹ ; ⏲12h-minuit). Volets en bois vieilli, peintures colorées et radios anciennes composent le cadre rétro de cette table prisée, proche de la plage. Les classiques malabaris y sont réinterprétés avec créativité. Choisissez parmi les *biryani* sur feuille de bananier et les *tiffin boxes* (boîtes déjeuner) au poulet, au bœuf ou aux crevettes, ou essayez le *pollichathu* de poisson ou de *pachakkari*.

MAHÉ

Sur la côte de Malabar, à 10 km au sud de Thalassery (anciennement Tellicherry), Mahé est une enclave au beau milieu du littoral du Kerala, mais elle n'en fait pas partie : elle appartient au territoire de Puducherry (Pondichéry, p. 414), ancienne possession de l'Inde française, aujourd'hui au Tamil Nadu. Occupée par les Français à partir de 1721, la ville (qui tire son nom de Bertrand-François Mahé de la Bourdonnais, natif de Saint-Malo) fut finalement rendue à l'Inde en 1954 (certains habitants ont cependant choisi la citoyenneté française). À l'exception de sa promenade au bord du fleuve, dont les réverbères évoquent le style parisien, la province ressemble aux autres villes de la côte kéralaise, et on y parle principalement malayalam et anglais. Elle présente toutefois une différence de taille avec le Kerala : l'alcool, qui ne fait l'objet d'aucune restriction, y est faiblement taxé.

ℹ Depuis/vers Kozhikode

AVION

L'**aéroport international de Kozhikode** (www.kozhikodeairport.com ; Karipur), à 25 km au sud-est de la ville, est relié aux principales destinations intérieures et aux pays du Golfe.

SpiceJet (p. 590) et IndiGo (p. 590) possèdent les meilleures liaisons intérieures, avec des vols directs pour Bengaluru (Bangalore), Chennai, Delhi, Mumbai et/ou Hyderabad. Air India (p. 590) dessert Thiruvananthapuram.

BUS

Les bus publics partent de l'immense **gare routière KSRTC** (☎0495-2723796 ; Mavoor Rd), bien ordonnée. Les bus à destination du district du Wayanad assurent des liaisons avec Sultanbatheri (80-200 ₹, 3-4 heures, toutes les 15 minutes), Kalpetta (60-160 ₹, 3 heures, toutes les 10 minutes) et Mananthavadi (90 ₹, 3 heures, toutes les 20-30 minutes).

BUS AU DÉPART DE LA GARE ROUTIÈRE KSRTC DE CALICUT (KOZHIKODE)

DESTINATION	PRIX	DURÉE	FRÉQUENCE
Bengaluru (Bangalore)	336-1 000 ₹	9 heures	7/jour
Ernakulam (Kochi)	370 ₹	6 heures	toutes les heures 5h-22h, minuit, 0h25, 1h15, 1h30
Kannur	90 ₹	3 heures	ttes les 30 minutes
Mangaluru (Mangalore)	430 ₹	6-7 heures	23h58
Mysuru (Mysore)	204-370 ₹	5 heures	11/jour
Ooty (Udhagamandalam)	380 ₹	5 heures 30	toutes les heures 4h-22h
Thrissur	121 ₹	3 heures 30	toutes les 10 minutes
Thiruvananthapuram (Trivandrum)	389-693 ₹	10 heures	16/jour

TRAIN

La gare ferroviaire est à 1 km au sud de Mananchira Square. Des trains fréquents rejoignent Kannur (2e classe/sleeper/3AC 60/140/495 ₹, 2 heures), Mangaluru (Mangalore ; sleeper/3AC/2AC 165/495/700 ₹, 3 heures 45-5 heures), Ernakulam (170/495/745 ₹, 3 heures 30-5 heures) et Trivandrum (240/710/1 000 ₹, 10 heures).

En direction du sud-est, 8 trains quotidiens rallient Coimbatore (sleeper/3AC/2AC 140/495/700 ₹, 4-5 heures), via Palakkad (140/495/700 ₹, 2 heures 30).

Comment circuler

Kozhikode est parcourue d'innombrables **auto-rickshaws** (MM Ali Rd), qui utilisent pour la plupart leur compteur. Les petits trajets coûtent entre 20 et 40 ₹. Comptez environ 40 ₹ pour vous rendre du centre-ville à la gare ferroviaire. Pour 800 ₹, les taxis vous emmènent à l'aéroport, où il y a un comptoir de taxis prépayés.

District du Wayanad

04935 ET 04936 / 817 420 HABITANTS / ALTITUDE 760 M (MANANTHAVADI)

Situé au nord-est de Calicut sur les contreforts des Ghats occidentaux, à une altitude comprise entre 700 et 2 100 m, le Wayanad est un paradis vert, une région où la nature est reine – et nombre de Kéralais la considèrent comme la plus belle de leur État. Il englobe une partie de la Nilgiri Biopshere Reserve des Ghats occidentaux, qui déborde sur le Tamil Nadu et le Karnataka. Les paysages du Wayanad mêlent montagnes, rizières verdoyantes, frêles palmiers à bétel, bambous, terre rouge, champs hérissés de gingembre, eucalyptus élancés et plantations de caoutchouc, de cardamome, de poivre, de café et de thé. C'est aussi une région à la faune nombreuse et l'on peut notamment y apercevoir des éléphants sauvages. Étape des voyageurs étrangers entre Mysuru (Mysore), Bengaluru (Bangalore) ou Ooty (Udhagamandalam) et la côte kéralaise, le Wayanad est aussi une destination prisée des citadins indiens. La région reste néanmoins plutôt isolée et merveilleusement préservée, et quelque 70% des populations tribales du Kerala vivent ici.

D'une superficie de 345 km², la réserve naturelle du Wayanad (Wayanad Wildlife Sanctuary), qui fait partie intégrante de la réserve de biosphère de Nilgiri, se divise en deux parties : Muthanga à l'est, à la frontière du Tamil Nadu, et Tholpetty au nord, à la frontière du Karnataka. Les trois villes principales du district – Kalpetta au sud, Sultanbatheri (Sultan Battery) à l'est et Mananthavady au nord-ouest – constituent de bons carrefours de transports, et si l'on peut y loger, les meilleurs hébergements sont toutefois dispersés à travers la région.

À voir et à faire

Rafting, kayak, tyrolienne et autres activités se sont développés ces dernières années.

Wayanad Wildlife Sanctuary RÉSERVE NATURELLE

(04936-271013, 04935-250853 ; www.wayanadsanctuary.org ; accès à chaque partie Indien/étranger 115/310 ₹, app photo/caméra 40/240 ₹ ; 7h-10h et 15h-17h mi-avr à mi-mars). La magnifique réserve du Wayanad (345 m²) est uniquement accessible dans le cadre d'un safari en jeep de 2 heures (680 ₹), lors duquel on peut apercevoir langurs, chitals, sambars, paons, sangliers et éléphants sauvages ; si vous repérez l'un des rares

District du Wayanad

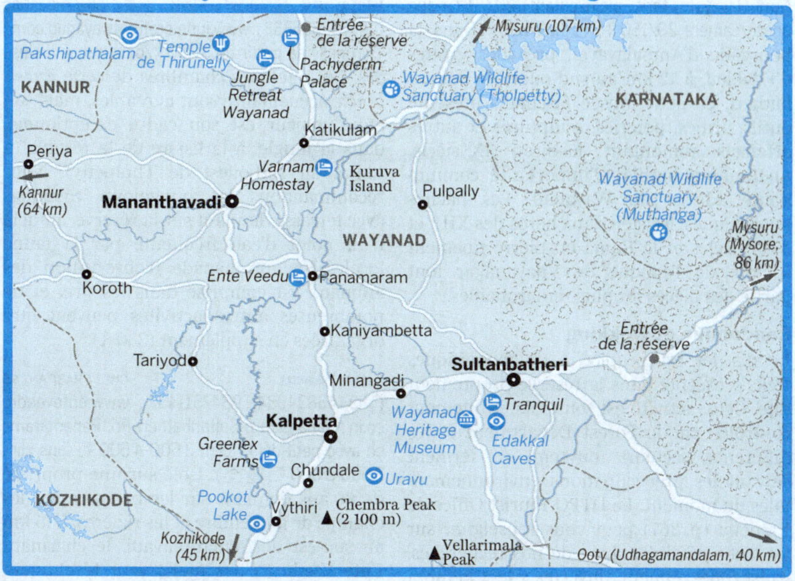

tigres et léopards, considérez-vous comme incroyablement chanceux. Les jeeps se réservent aux deux entrées de la réserve, côté **Tholpetty** (Tholpetty-Coorg Rd ; Indien/étranger 115/310 ₹, app photo/caméra 40/240 ₹, jeep 680 ₹ ; ⏲7h-10h et 15h-17h mi-avr à mi-mars) et côté **Muthanga** (NH766 ; Indien/étranger 115/310 ₹, app photo/caméra 40/240 ₹, jeep 680 ₹ ; ⏲7h-10h et 15h-17h mi-avr à mi-mars) ; en haute saison, de novembre à mars, arrivez au moins une heure avant l'ouverture du matin ou de l'après-midi, pour vous enregistrer et vous assurer un véhicule.

Tholpetty et Muthanga offrent les mêmes chances de voir des animaux et les modalités de visite y sont identiques ; votre choix entre les deux se basera essentiellement sur la situation de votre hébergement, dans le nord ou le sud du Wayanad. Les deux parties de la réserve ferment de mi-mars à mi-avril, mais restent ouvertes pendant la mousson. Un nombre limité de jeeps et de guides est admis dans le parc en même temps et le trek n'y est pas autorisé.

Temple de Thirunelly TEMPLE HINDOU
(thirunellitemple.com ; ⏲5h30-12h et 17h30-20h). Blotti au pied des Brahmagiri Hills, à 15 km au sud-ouest de Tholpetty, ce temple est considéré comme l'un des plus anciens du sous-continent. L'édifice lui-même est interdit aux non-hindous, mais il vaut la peine de s'y rendre pour admirer ses colonnes anciennes ouvragées, avec les montagnes en toile de fond. Suivez le sentier qui monte derrière le temple pour rejoindre la Papanasini, rivière qui serait dotée du pouvoir de laver de tous les péchés. À mi-parcours, un sentier bifurque vers un sanctuaire ancien dédié à Shiva. Des bus relient Mananthavadi à Thirunelly (35 ₹, 1 heure 30).

Temple jaïn SANCTUAIRE
(NH766, Sultanbatheri ; ⏲8h-12h et 14h-18h). À l'extrémité ouest de Sultanbatheri, ce splendide temple en pierre sculptée du XIIIe siècle est un monument important lié à la forte présence jaïn dans la région.

Grottes d'Edakkal GROTTES
(adulte/enfant 30/20 ₹, app photo/caméra 50/ 200 ₹ ; ⏲8h-16h mar-dim). Ces grottes – plus exactement de petites cavernes – au sommet d'un mont est célèbre pour les pétroglyphes anciens de la cavité supérieure, qui dateraient de plus de 3 000 ans. Du parking près d'Ambalavayal (à 12 km au sud-ouest de Sultanbatheri), il faut marcher 20 minutes sur une route raide et sinueuse pour atteindre la billetterie, puis grimper encore jusqu'à la grotte inondée de lumière abritant les gravures rupestres.

Wayanad Heritage Museum ART POPULAIRE
(Ambalavayal ; tarif plein/enfant 20/10 ₹, app photo/caméra 20/150 ₹ ; 9h-17h30). Dans la bourgade d'Ambalavayal, près des grottes d'Edakkal, à 12 km au sud-ouest de Sultanbatheri, ce petit musée fascinant présente outils, armes, poteries, sculptures et autres artefacts remontant jusqu'au IXe siècle, mettant en lumière l'importante communauté adivasi du Wayanad. Les haches néolithiques, les stèles aux héros des XIIIe et XIVe siècles et le Rama en pierre finement sculpté de l'époque de Vijayanagar font partie des pièces les plus remarquables.

Randonnée et trekking

Le district est propice à de magnifiques treks – excepté dans la réserve proprement dite. Cette activité est toutefois étroitement contrôlée par le Forest Department et les différents secteurs ouvrent et ferment suivant les préoccupations environnementales du moment. Le DTPC Tourist Office de Kalpetta (p. 367) peut vous renseigner sur les treks possibles. Lors de nos recherches, trois zones étaient ouvertes : le Chembra Peak (2 100 m ; seulement jusqu'à mi-chemin du sommet), les Banasura Hills au sud et les Brahmagiri Hills au nord. Il est obligatoire d'obtenir un permis et d'avoir recours aux services d'un guide – renseignez-vous auprès des offices des forêts de South et North Wayanad ou de votre hébergement. Jusqu'à 5 personnes, guide et permis coûtent environ 1 500 ₹ pour Chembra, 2 950 ₹ pour Banasura et 2 000 ₹ pour Brahmagiri. Si la météo est clémente, les treks sont possibles toute l'année, mais faites attention aux sangsues à la saison des pluies.

Où se loger et se restaurer

Mananthavadi et ses environs

Varnam Homestay CHEZ L'HABITANT $$
(9745745860, 9400055873 ; www.varnamhomestay.com ; Kurukanmoola, Kattikulam ; s/d avec petit-déj et dîner 1 500/2 500 ₹, villa 2 000/3 000 ₹ ;). Un havre de paix entouré de jungle et de plantations d'épices à 3 km de Kartikulam, dans le nord du Wayanad. Là, Varghese et Beena vous serviront une délicieuse cuisine maison à base de produits frais du potager. Les chambres sont aménagées dans la maison familiale traditionnelle, vieille d'un demi-siècle, et dans une villa "perchée dans les arbres", et il y a une piscine sur le chemin.

Jungle Retreat Wayanad GUESTHOUSE $$
(9742565333 ; www.jungleretreatwayanad.com ; Thirunelly ; à partir de 3 250 ₹/pers, repas inclus ;). Les quelques chambres de cette *guesthouse* accueillante sont agréables, mais son atout majeur est son cadre exceptionnel, dans la jungle, à la lisière de la réserve (à 13 km au sud-ouest de Tholpetty). Nous recommandons les bungalows rustiques avec terrasse donnant sur la réserve, au-delà d'un point d'eau fréquenté par la faune locale. Une promenade d'observation des animaux est comprise dans les prix et de nombreuses autres activités peuvent être organisées en supplément (350 ₹).

Ente Veedu CHEZ L'HABITANT $$
(9446834834, 9847511437 ; www.enteveedu.co.in ; Panamaram-Sultanbatheri Rd, Panamaram ; ch avec petit-déj et clim 3 500-4 500 ₹, sans clim 2 500-3 000 ₹ ;). Isolé sur une propriété de 80 ans donnant sur les bananeraies, les champs de gingembre et les rizières, à 15 km au sud-est de Mananthavadi, le charmant Ente Veedu ("Chez moi") vaut résolument le détour. Les grandes chambres de style simple – communicantes pour certaines – sont réparties entre une maison moderne et un bâtiment de bambou (décoré d'artisanat local). Salon coloré au mobilier en osier.

Kalpetta et ses environs

Hibernest Chembra AUBERGE DE JEUNESSE $
(9846642171 ; www.hibernest.com ; APJLP School Rd, Kunnambetta ; dort 1 000 ₹ ;). Le Chembra Peak se dresse bien au-dessus de ce bungalow en brique rouge de l'époque coloniale transformé en auberge de jeunesse de caractère, au calme dans un jardin verdoyant, à 6 km au sud de Kalpetta. Les dortoirs pour 4 personnes (mixtes ou réservés aux femmes) comprennent sdb, casiers personnels, prises, lampes et lits superposés avec rideaux. Cuisine commune. Annexe juste à l'ouest de Kalpetta.

Greenex Farms RESORT $$
(8606818555, 9645091512 ; greenexfarms.com ; Chundale Estate Rd, Moovatty ; avec petit-déj dort 1 460 ₹, ch 3 070-5 780 ₹ ;). Un lieu merveilleusement reculé, au milieu de plantations d'épices, de café et de thé, à 8 km au sud-ouest de Kalpetta. Les bungalows privatifs sont tous différents, dotés pour la plupart d'un salon séparé, d'une sdb, d'un balcon et d'une superbe

vue. Sont aussi proposés une cabane dans les arbres et un dortoir de 12 lits, aux allures de bunker. Restaurants, bassin de baignade, feux de camp, marches et autres activités possibles.

Sultanbatheri et ses environs

Mint Flower Residency HÔTEL $$

(☎04936-222206, 9745222206 ; www.mintflower-residency.com ; Chungam, Sultanbatheri ; s/d avec clim à partir de 1 230/1 790 ₹, sans clim 850/1 570 ₹). L'annexe à petits prix du Mint Flower Hotel, juste au nord du centre de Sultanbatheri, présente bien. Ses chambres, dont un mur est coloré, sont très simples (pas d'eau chaude dans les douches), mais impeccables et étonnamment contemporaines.

♥ **Tranquil** RESORT $$$

(☎04936-220244 ; www.tranquilresort.com ; Kuppamudi Coffee Estate, Kolagapara ; ch avec petit-déj 11 770-17 600 ₹, maison dans les arbres 18 430-23 000 ₹ ; fermé à Pâques ;). Un accueil familial chaleureux vous attend dans ce complexe hôtelier chic merveilleusement paisible, isolé au cœur de 150 ha de plantations de poivre, de café, de vanille et de cardamome. L'élégante demeure de huit chambres possède de vastes vérandas garnies de plantes et de beaux meubles. Les deux maisons dans les arbres sont probablement les plus belles du Kerala (du café cultivé sur place infusé dans une cafetière à piston est fourni).

Un réseau de onze sentiers balisés serpente dans la plantation, et on profite aussi d'un bar, d'un espace détente et d'une piscine. Sultanbatheri, à 7 km au nord-est, semble à des années-lumière.

Amaryllis CHEZ L'HABITANT $$$

(☎9847865824, 9847180244 ; amarylliskerala.com ; Narikund ; ch repas inclus 13 340-32 000 ₹ ;). Au milieu de plantations de café, de fruits et d'épices, offrant une vue panoramique sur le réservoir, l'Amaryllis élève l'humble maison d'hôtes kéralaise au rang d'établissement de luxe et de caractère. Les accueillants globe-trotters Victor et Jini ont personnellement conçu les neuf logements attrayants, comprenant un bungalow en bois, une suite dont la baignoire donne sur le lac et deux élégantes maisons en bambou brillant dans les arbres, avec terrasses et douches vitrées. Le petit-déjeuner est servi sous la véranda, face à la piscine.

VAUT LE DÉTOUR

VISITER LE NAGARHOLE

Parc très apprécié du sud de l'Inde, dans le Karnataka voisin, le Nagarhole National Park (p. 208) peut se visiter dans la journée au départ du nord du Wayanad (à 18 km au nord de Tholpetty).

Renseignements

DTPC Tourist Office (☎04936-202134, 9446072134 ; wayanadtourism.org ; Kalpetta ; 9h30-17h lun-sam). Le DTPC possède aussi un bureau à la nouvelle gare routière de Kalpetta et, en saison, à Lakkidi (sud du Wayanad) et Katikulam (nord du Wayanad).

Depuis/vers le district du Wayanad

À L'INTÉRIEUR DU KERALA

Des bus partent à l'assaut des routes sinueuses – avec notamment une série de neuf virages en épingle à cheveux – entre Calicut et Kalpetta (60-160 ₹, 3 heures) toutes les 10 minutes ; À Calicut, il y a aussi des bus depuis/vers Sultanbatheri (Pulpally Rd, Sultanbatheri ; 80-200 ₹, 3-4 heures, toutes les 15 minutes) et Mananthavadi (Kozhikode Rd ; 73-90 ₹, 3 heures, toutes les 20-30 minutes). En journée, des bus circulent entre Kannur et Mananthavadi (73 ₹, 3 heures, toutes les heures environ). Huit bus quotidiens vont de Kalpetta à Thiruvananthapuram (490 ₹, 23 heures) via Ernakulam (Kochi ; 300 ₹, 6 heures). Tous les bus de Kalpetta s'arrêtent à sa **nouvelle gare routière** (New Bus Stand, Main Rd, Kalpetta).

DEPUIS/VERS LE TAMIL NADU ET LE KARNATAKA

Des bus partent de la gare routière KSRTC de Sultanbatheri pour Ooty (Udhagamandalam ; 200 ₹, 3 heures) à 8h et 12h45. De la gare routière municipale de Mananthavadi, les bus pour Ooty (150 ₹, 4 heures 30) partent à 11h et minuit.

Des bus relient Kalpetta à Bengaluru (Bangalore ; 390 ₹, 6 heures 30) via Mysuru (Mysore ; 167 ₹, 3 heures 30) toutes les 30 minutes, la plupart s'arrêtant à Sultanbatheri ; notez que la frontière, sur la NH766, est fermée entre 21h et 6h.

Des bus partent de Mananthavadi pour Mysuru (85 ₹, 3 heures) à 9h30, 11h30, 12h30, 14h et 16h30, passant par la route nord (Kutta-Gonikoppal), dont la frontière est ouverte 24 heures sur 24.

Comment circuler

Le district du Wayanad est assez étendu. Des bus privés relient Mananthavady, Kalpetta et Sultanbatheri pendant la journée, toutes les 10 à 30 minutes (22-35 ₹, 1-2 heures). De Mananthavadi, des bus rallient Tholpetty (28 ₹, 1 heure) toutes les 30 minutes entre 6h30 et 21h30. Au départ de Sultanbatheri, des bus privés desservent Muthanga (20 ₹, 1 heure) toutes les 10 minutes entre 6h et 19h.

Des taxis parcourent la région pour 1 500 à 2 000 ₹ par jour.

Kannur (Cannamore) et ses environs

0497 / 56 820 HABITANTS

Important port de négoce international à l'époque des rajas de Kolathiri, Kannur (Cannanore) subit par la suite l'influence des différentes puissances coloniales, notamment portugaise, hollandaise et britannique. Surtout connue pour ses ateliers de tissage et le négoce de la noix de cajou, la ville d'aujourd'hui, à 80 km au nord de Calicut, est agréable sans être exceptionnelle. Pour les voyageurs, la région a pour attraits ses rituels du *theyyam* (p. 378 et p. 552) et ses plages dorées peu touristiques.

Dans cette région à majorité musulmane, veillez à respecter les sensibilités locales et portez un sarong sur votre maillot de bain à la plage.

À voir et à faire

Il n'y a pas meilleure région au Kerala pour découvrir le *theyyam*, rituel de possession de l'esprit ; la plupart des soirs de l'année entre novembre et avril, un *theyyam* a lieu dans le temple d'un village des environs. Renseignez-vous à votre hôtel/*guesthouse* ou contactez Kurien au Costa Malabari.

Fort St Angelo FORT

(Fort Rd ; 9h-18h). GRATUIT Dominant un promontoire à 3 km au sud de la ville, ce fort mêlant architecture portugaise, hollandaise et britannique fut érigé en 1505 (avec la permission des souverains de Kannur) ; c'est l'une des premières colonies portugaises en Inde. Baladez-vous sur les remparts bien préservés et dans le jardin à l'intérieur.

Arakkal Museum MUSÉE

(Ayikkara Hospital Rd ; adulte/enfant 20/10 ₹, app photo 25 ₹ ; 10h-17h mar-dim). Ce musée donnant sur le port occupe une partie du palais de la famille Arakkal, puissante dynastie de Kannur dont les racines remontent au XIIe siècle. Entre toits de tuiles, murs blancs et fenêtres à volets, il donne un aperçu passionnant de la vie de l'unique famille royale musulmane de l'histoire du Kerala à travers des objets anciens, du mobilier, des armes, de l'argenterie et des portraits.

Thottada Beach PLAGE

Cette magnifique étendue de sable doré poudreux, à 8 km au sud-est du centre de Kannur, est entourée de promontoires bas parsemés de palmiers et d'une lagune peu profonde. C'est ici et alentour que se trouvent les plus charmantes chambres d'hôtes de la région. Le lieu est merveilleusement isolé, mais la mer peut être agitée.

Où se loger et se restaurer

Les hôtels ne manquent pas à Kannur. Les meilleurs hébergements sont toutefois les chambres chez l'habitant près de Thottada Beach (8 km au sud-est).

Blue Mermaid Homestay CHEZ L'HABITANT $$

(9497300234 ; www.bluemermaid.in ; Thottada Beach ; avec petit-déj et dîner ch avec/sans clim 4 000/3 000 ₹, bungalow 4 000 ₹ ;). Cette propriété charmante jouit d'une superbe situation, parmi les palmiers, les frangipaniers et les lauriers-roses, face à la partie nord de Thottada Beach. Il y a deux chambres impeccables dans une maison traditionnelle, huit autres, lumineuses et climatisées, dans un bâtiment vert menthe moderne, ainsi qu'un bungalow "honeymoon" (lune de miel) original sur pilotis. Indu et Parveen, les propriétaires, servent de délicieux repas kéralais préparés à partir de produits frais du jardin et du café du Wayanad (eau gratuite également).

Waves Beach Resort RESORT $$

(9447173889, 9495050850 ; www.wavesbeachresort.co.in ; Thottada Beach, Adikadalayi ; ch repas inclus 3 000-3 500 ₹ ;). Agréable petit *resort* familial en surplomb d'une petite crique semi-privée, juste au nord de Thottada Beach. Le bruit des vagues berce les quatre ravissants bungalows hexagonaux, en briques de latérite, et le bungalow de quatre chambres. En haute saison, les propriétaires, Seema et Arun, louent d'autres chambres dans une propriété voisine.

Costa Malabari GUESTHOUSE $$

(9447775691 ; ps_kurian@rediffmail.com ; Thottada Beach, Adikadalayi ; ch avec repas

HORS DES SENTIERS BATTUS

LES BACKWATERS DE VALIYAPARAMBA ET LA RIVIÈRE THEJASWINI

À mi-chemin entre Kannur et Kasaragod, juste en retrait de la côte, les "*backwaters* du Nord" sont une alternative plus tranquille à ceux plus connus du sud du Kerala. Cette vaste étendue d'eau, alimentée par cinq rivières, dont la Thejaswini, est bordée de palmeraies d'un vert éclatant.

Dans la région, on programme principalement des sorties en house-boat en journée, prisées des touristes indiens. Installé près de l'embouchure de la Thejaswini, **Bekal Ripples** (☎7025488222 ; www.bekalripples.com ; Thejaswini River) est l'un des rares prestataires locaux à organiser des excursions en house-boat, des balades de 5 heures 30 pendant la journée (1 500 ₹/personne) aux croisières pour deux avec nuit à bord (14 000 ₹) ; réservez. Neeleshwar Hermitage (p. 371) propose quant à lui des séjours à bord du *Lotus* (à partir de 22 500 ₹ ; www.thelotuskerala.com), l'un des plus luxueux house-boats du Kerala, de deux chambres.

Avec un peu plus d'organisation, il est aussi possible de découvrir les *backwaters* du Nord en ferry public du State Water Transport Department (www.swtd.kerala.gov.in). De Kotti (500 m à l'ouest de la gare ferroviaire de Payyanur, ville à 38 km au nord-ouest de Kannur et à 45 km au sud-est de Bekal), des ferries partent à 6h30 pour Ori (à 17 km au nord-ouest ; 20 ₹, 2 heures 45), passant par des îles environnantes. Vous pouvez descendre en chemin à l'Ayitti Jetty (à 9 km au nord-ouest de Kotti) ou prendre un ferry plus tard pour Ayitti – il y a au moins trois ferries quotidiens depuis/vers Kotti (10 ₹, 1 heure 30) –, voire partir de là.

Sur la terre ferme, on peut séjourner dans l'une des trois chambres toutes simples de la paisible **V Retreat** (☎9845022056 ; www.vretreat.in ; Kadapuram Rd, Valiyaparamba ; ch avec petit-déj 3 500 ₹ ; ❄📶), perchée entre les *backwaters* et une plage dorée quasi déserte, à 10 km au nord-ouest de Payyanur et à 5 km au sud-ouest de l'Ayitti Jetty. On y sert des repas régionaux (250-300 ₹).

3 000-4 000 ₹ ; ❄📶). À quelques pas de Thottada Beach, une *guesthouse* pionnière du tourisme local. Au choix : des chambres spacieuses et impeccables dans un ancien atelier de tissage artisanal (Costa Malabari 1) et d'autres chambres dans deux jolis bungalows à proximité. Cuisine kéralaise maison servie sur des feuilles de bananier. Kurien, le gérant, qui connaît bien le rituel du *theyyam*, pourra vous aider à organiser une visite.

Kannur Beach House CHEZ L'HABITANT **$$**
(☎9847186330 ; www.kannurbeachhouse.com ; Thottada Beach ; s/d avec petit-déj et dîner 2 600/3 600 ₹ ; ⏲sept-avr). Adresse chez l'habitant originale en bord de mer, dans une maison kéralaise centenaire, aux jolis volets en bois, cachée sous les cocotiers, séparée de Thottada Beach par une petite lagune. Les splendides couchers de soleil visibles depuis les vérandas et les balcons, et les repas malabaris maison compensent la simplicité des cinq chambres. Yoga et sorties pour voir du *theyyam* proposés.

Ezhara Beach House CHEZ L'HABITANT **$$**
(☎9846424723, 0497-2835022 ; www.ezhara-beachhouse.com ; Ezhara Kadappuram ; ch à partir de 950 ₹ ; 📶). L'accueillante Hyacinth gère cette maison ancienne pleine de caractère, face à Ezhara Beach, plage préservée entourée de palmiers à 9,5 km au sud-est de Kannur. Chambres simples fonctionnelles. De nombreuses activités peuvent être organisées et les voyageurs ne tarissent pas d'éloges sur les repas maison, kéralais et occidentaux.

KK Heritage Home CHEZ L'HABITANT **$$**
(☎9446677254, 9447486020 ; www.kkheritage.com ; Thottada Beach ; ch repas inclus 2 600-3 100 ₹ ; ⏲sept-mai ; ❄📶). Dans une palmeraie légèrement en retrait de Thottada Beach, une maison ancienne sur deux niveaux où les voyageurs sont chaleureusement accueillis. Les six chambres sont impeccables (supplément de 500 ₹ pour la climatisation). Bons repas et terrasses agrémentées de chaises longues. Le propriétaire, Sreeranj, peut vous renseigner sur les *theyyam*.

Hotel Odhen's INDIEN **$**
(Onden Rd ; repas 30-100 ₹ ; ⏲12h-16h). Le restaurant incontournable de Kannur, dans le quartier du marché, est généralement

bondé au déjeuner. La cuisine malabarie est la spécialité, notamment les *thali* sur feuilles de bananier, avec un éblouissant assortiment d'accompagnements épicés, dont du poisson frit au masala.

Depuis/vers Kannur

AVION

Très attendu, l'**aéroport international de Kannur** (www.kannurairport.in ; Mattannur), à 27 km à l'est de Kannur, a été inauguré en décembre 2018. Lors de nos recherches, GoAir (p. 588) desservait Bengaluru (Bangalore) et Hyderabad, IndiGo (p. 588) Bengaluru, Chennai, Goa et Hyderabad, et Air India (p. 588) des villes du Golfe comme Abu Dhabi et Doha.

BUS

À 1 km au sud-est de la gare ferroviaire du centre-ville, la **gare routière centrale** (New Bus Stand ; Thavakkara), immense – c'est l'une des plus grandes du Kerala – mais ordonnée, accueille les bus privés et certains bus publics, mais la plupart des bus d'État longue distance empruntent toujours la **gare routière KSRTC** (Caltex Junction), à 1,5 km au nord-est de la gare ferroviaire.

Des bus partent de la gare routière KSRTC pour Mananthavadi (90 ₹, 3 heures, toutes les 30 minutes entre 5h et 22h), au Wayanad ; Ooty (Udhagamandalam ; via le Wayanad ; 220 ₹, 9 heures, 7h30 et 22h) ; Ernakulam (Kochi ; 300-350 ₹, 7 heures, 11/jour) via Thrissur (200 ₹, 6 heures) ; Calicut (90 ₹, 2-3 heures, toutes les 10 minutes) ; Kasaragod (pour Bekal ; 75 ₹, 2 heures 30, toutes les 10 minutes) ; et Bengaluru (Bangalore ; 450 ₹, 9 heures, 6/jour) via Mysuru (Mysore ; 250 ₹, 6 heures).

Des bus partent aussi pour Mananthavadi (90 ₹, 3 heures, 8/jour entre 8h20 et 14h45) de la gare routière centrale.

TRAIN

Des bus fréquents desservent Thalasseri (2e classe/sleeper 60/140 ₹, 20 minutes, 21/jour). Calicut (sleeper/3AC/2AC 140/495/700 ₹, 1 heure 30, 20/jour). Thrissur (190/540/745 ₹, 4 heures, 10/jour). Ernakulam (190/495/700 ₹, 5-6 heures 30, 8/jour) et Alappuzha (245/630/880 ₹, 5/jour).

En direction du nord, des trains rejoignent Mangaluru (Mangalore ; sleeper/3AC/2AC 140/495/700 ₹, 3 heures, 14/jour) via le fort de Bekal (140/495/700 ₹, 1 heure 30, 4/jour) et Goa (320/870/1 300 ₹, 8 heures, 3/jour).

Comment circuler

Pour rejoindre Thottada Beach, prenez le bus n°29 (10 ₹, 20 minutes) à Plaza Junction, en face de la gare ferroviaire, et descendez au temple de la petite bourgade d'Adikadalayi, à 1 km au nord de la plage. En auto-rickshaw, le trajet revient à 200 ₹.

Bekal et ses environs

☎0467 / 54 170 HABITANTS (KASARAGOD)

Dans l'extrême nord du Kerala, à la frontière avec le Karnataka, le **district de Kasaragod** est connu pour les longues plages miel et or préservées de Bekal, de Palakunnu et d'Udma (juste au nord) et de Nileshwar (juste au sud-est), ainsi que pour l'immense fort de Bekal (XVIIe siècle) ; des sites qui se visitent parfaitement bien en indépendant.

Bekal est à 76 km au nord-ouest de Kannur et à 70 km au sud de Mangaluru (Mangalore ; Karnataka). Dans les rues de la ville, vous entendrez probablement autant parler kannada et tulu que malayalam. Cette région est peu à peu colonisée par de luxueux complexes cinq étoiles, mais beaucoup est à découvrir hors des sentiers battus. Pour ménager les sensibilités de la population hindoue et musulmane locale, il est préférable de porter un sarong sur la plage.

À voir et à faire

Fort de Bekal FORT

(Bekal ; Indien/étranger 25/300 ₹ ; 8h-17h). Le plus grand fort du Kerala, construit en briques de latérite entre 1645 et 1660, trône sur le promontoire rocheux de Bekal – panorama superbe. Saisi aux Nayaks d'Ikkeri par Hyder Ali en 1763, il passa aux mains des Britanniques en 1792.

Kappil Beach PLAGE

Cette belle plage aux tons or isolée, à 6 km au nord de Bekal, est bordée d'eaux calmes, mais il faut se méfier des déplacements des bancs de sable. Les auto-rickshaws de Bekal vous y emmènent pour environ 100 ₹.

Nileshwar Beach PLAGE

À environ 18 km au sud-est de Bekal, la superbe étendue de sable blond de Nileshwar, bordée de palmiers, s'estompe sur l'horizon brumeux ; de jolis complexes hôteliers sont installés ici.

Où se loger et se restaurer

Dans la région de Bekal, nombre de visiteurs séjournent dans les hôtels cinq étoiles, mais il y a aussi quelques logements chez l'habitant et des hôtels bon marché de qualité moyenne entre Kanhangad (à 10 km au sud) et Kasaragod (à 16 km au nord).

♥ **Neeleshwar Hermitage** COMPLEXE HÔTELIER $$$

(☎0467-2287510 ; www.neeleshwarhermitage.com ; Ozhinhavalappu, Nileshwar ; s 16 910- 33 540 ₹, d 19 590-40 070 ₹ ; ⊙fermé juil ; ❄📶🏊). 🍃 Construit selon les principes du *vastu* kéralais, ce *resort* écologique (et sans plastique) compte 18 bungalows (avec sdb) au toit de chaume, inspirés des cabanes de pêcheurs, mais équipés d'iPod préchargés. Il s'inscrit dans un parc luxuriant que parfument des frangipaniers. Piscine à débordement donnant sur la plage, cuisine bio, house-boat luxueux (www.thelotuskerala.com), yoga, méditation et ayurvéda.

Taj Bekal Resort & Spa HÔTEL $$$

(☎0467-6616612 ; www.tajhotels.com ; Kappil Beach, Udma West ; ch 12 160-30 340 ₹ ; ❄📶🏊). Un élégant mélange architectural balino-kéralais imprègne l'opulent Taj de Bekal, sur l'étendue sud isolée de Kappil Beach, à 6 km au nord de la ville. La piscine donne sur les *backwaters* (kayak et rafting possibles), et l'établissement comprend trois restaurants, un bar et un sublime spa de 2 ha. Parmi les 66 somptueux logements (baignoires et lits extérieurs suspendus), les exquises villas avec piscine sont les vedettes.

Kanan Beach Resort HÔTEL $$$

(☎0467-2288880, 8606208880 ; kananbeachresort.com ; Nileshwar ; bungalow avec petit-déj 12 800-15 360 ₹ ; ❄📶🏊). Un domaine planté de palmiers et d'hibiscus donnant sur la belle plage de Nileshwar. Là, de confortables bungalows (blanchis à la chaux et coiffés d'un toit de tuiles de Mangaluru) avec terrasses entourent la piscine. Le *resort*, fondé par un Français, est à 18 km au sud-est de Bekal. L'aimable équipe organise yoga, soins ayurvédiques, kayak et autres activités.

ℹ Depuis/vers Bekal

AVION

On peut facilement rejoindre Bekal depuis le nouvel aéroport de Kannur (p. 370), au Kerala, ou l'aéroport international de Mangaluru (p. 218), au Karnataka.

BUS

De la route principale NH66, des bus fréquents traversent Bekal pour gagner Kanhangad (12 ₹, 20 minutes) ou Kasaragod (15 ₹, 20 minutes), où l'on peut prendre le train pour Mangaluru, Goa ou Kochi.

TRAIN

Kanhangad, à 10 km au sud de Bekal, et Kasaragod, à 16 km au nord, sont des carrefours ferroviaires majeurs. La petite gare de Fort Bekal, sur la plage de Bekal, accueille des trains depuis/vers Mangaluru (Mangalore ; sleeper/3AC/2AC 140/495/700 ₹, 2 heures, 5/jour), Kannur (140/495/700 ₹, 2 heures, 4/jour), Calicut (140/495/700 ₹, 3 heures, 3/jour) et Ernakulam (Kochi ; 220/595/880 ₹, 8 heures, 1/jour).

LAQUEDIVES (LAKSHADWEEP)

64 470 HABITANTS

Plus petit territoire de l'Union indienne, situé à quelque 300 km au large des côtes kéralaises, cet archipel de 36 îles coralliennes de sable blanc couvertes de cocotiers est aussi beau qu'isolé. Il est formé par les îles Laquedives proprement dites (îles du sud), Minicoy (la plus méridionale, qui dépend géographiquement des Maldives) et Amindives (Amindivi, au nord) et son nom officiel, Lakshadweep depuis 1973, vient du sanskrit et signifie "cent mille îles". Seules dix îles sont habitées, en majorité par des pêcheurs musulmans – et les étrangers ne peuvent séjourner que sur quelques-unes d'entre elles. La pêche et la production de fibre de coco constituent les principales sources de revenus et le mode de vie reste traditionnel. Un système de castes divise les insulaires en *koya* (propriétaires terriens), *malmi* (marins) et *melachery* (fermiers). Des groupes électrogènes fournissent l'électricité. L'île Kavaratti est le centre administratif de l'archipel. La plupart des insulaires parlent un dialecte malayalam, excepté à Minicoy, où ils parlent un dialecte mahl (mahal).

Le principal attrait de l'archipel réside sous l'eau : les 4 200 km² de lagons préservés, de récifs coralliens intacts et d'eaux chaudes font le bonheur des plongeurs et des snorkeleurs.

Lors de nos recherches, les étrangers étaient autorisés à se rendre sur les îles Kadmat, Kavaratti, Bangaram, Thinnakara, Agatti et Minicoy, uniquement dans le cadre d'un séjour organisé, et de mi-septembre à mi-mai. Durant la mousson, la plupart des complexes hôteliers restent ouverts, mais les déplacements sont difficiles.

Les complexes hôteliers de **Kadmat**, **Minicoy**, **Kavaratti**, **Agatti** et **Bangaram** étaient ouverts aux touristes – certaines excursions en bateau au départ de Kochi, avec découverte des îles, sports nautiques et plongée, comprennent les nuits à bord. Les étrangers étaient autorisés à séjourner sur Agatti, mais la plupart des visiteurs, arrivés à l'aéroport d'Agatti, prennent un bateau pour les autres îles. Les forfaits, comprenant les permis et, dans certains cas, les repas, peuvent être réservés auprès de **SPORTS** (Society for the Promotion of Recreational Tourism & Sports ; carte p. 346 ; ☎0484-2355387, 9495984001 ; lakshadweeptourism.com ; Anzaz Arcade, Hospital Rd, Ernakulam ; ⏲10h-17h lun-ven), basé à Kochi.

Où se loger et se restaurer

Les possibilités d'hébergement sont limitées dans l'archipel ; il est préférable de réserver avant d'organiser vos vols et de demander vos permis, par l'intermédiaire de SPORTS, à Kochi, ou d'un tour-opérateur privé agréé (SPORTS en a une liste).

Sur l'île par ailleurs inhabitée de Bangaram, accessible en une heure par bateau depuis Agatti, on trouve des **bungalows** (☎0484-2355387 ; lakshadweeptourism.com ; s/d 10 000/15 000 ₹) basiques, et le **Bangaram Island Resort** (☎8547703595 ; bangaramislandresort.in ; s/d 10 700/15 960 ₹), plus haut de gamme. Sur l'île Thinnakara voisine, aussi à une heure d'Agatti par bateau, on peut passer la nuit sous la tente (s/d 8 000/10 000 ₹).

À 2 heures en bateau d'Agatti, l'île Kavaratti propose des cabanes de plage (simple/double 5 250/9 450 ₹) dans le cadre du forfait SPORTS Taratashi de 4 à 5 jours.

Sur Kadmat, le **Kadmat Island Resort** (☎0484-4011134, 0484-2397550 ; www.kadmat.com ; Kadmat ; 2 nuits s/d repas inclus avec clim 13 450/20 210 ₹, sans clim 11 450/16 030 ₹ ; ❄) loue 28 bungalows modernes donnant sur la plage, climatisés pour certains ; rejoignez l'île en bateau depuis Kochi (nuit à bord) ou depuis Agatti (2 heures).

Sur l'île reculée de Minicoy, la deuxième plus grande de l'archipel et la plus méridionale, on peut séjourner dans les chambres ou les bungalows de plage du **Minicoy Island Resort** (☎0484-2355387 ; lakshadweeptourism.com ; Minicoy ; s 5 250-6 330 ₹, d 7 350-9 450 ₹ ; ❄) – réservations dans le cadre du forfait croisière SPORTS Swaying Palms de 6 ou 7 jours (5 250-10 500 ₹).

Renseignements

PERMIS

Tout visiteur doit posséder un permis spécial. Les voyageurs qui ont une confirmation de réservation dans un hébergement de l'archipel peuvent facilement en obtenir un auprès des tour-opérateurs ou de SPORTS à Kochi.

INFORMATIONS TOURISTIQUES

Mint Valley Travel (carte p. 346 ; ☎0484-2397550 ; www.mintvalley.com/travel ; 5e niv., Metro Plaza Bdg, Market Road Junction, Ernakulam ; ⏲10h-17h lun-ven, 10-14h sam). Un tour-opérateur privé fiable.

SPORTS, à Kochi, est la principale organisation d'informations touristiques et de réservation de circuits tout compris.

Depuis/vers les Laquedives

Des vols Air India (p. 590) relient Kochi à Agatti Island quotidiennement ; ils doivent être réservés indépendamment des forfaits touristiques. Au départ de l'aéroport d'Agatti, les trajets en bateau vers Bangaram, Thinnakara, Kadmat et Kavaratti coûtent 1 000 à 4 000 ₹ par personne, mais ils sont souvent inclus dans les forfaits. Pendant la mousson, les bateaux pour Kavaratti, Bangaram et Kadmat peuvent être remplacés par des hélicoptères.

Six bateaux de passagers naviguent entre Kochi et le Lakshadweep (14-18 heures), mais il peut être difficile d'obtenir des billets ; contactez SPORTS. La croisière Samudram, de 5 jours, comprend trois îles (adulte/enfant 32 030/23 100 ₹). Pour de plus amples informations, consultez la section "Packages" de lakshadweeptourism.com.

Kerala

Le Kerala, ce sont d'abord de splendides paysages naturels où alternent un littoral aux plages superbes, un réseau de lagunes et de voies navigables, les *backwaters*, sillonnant toute la région, des palmeraies et de luxuriantes plantations d'épices ou de thé s'étageant sur les collines des Ghats occidentaux. Ajoutez à cela un héritage culturel d'une grande richesse où les arts du spectacle rencontrent la danse et une forme d'arts martiaux très ritualisée, et vous comprendrez pourquoi cet État est tout simplement incontournable.

Sommaire

Ci-dessus carrelets chinois (p. 343), Kochi (Cochin)

1

Plages

Si vous êtres en quête de farniente et de plages paradisiaques, sans la foule de Goa, optez pour la côte kéralaise. Elle déroule, sur près de 600 km, des étendues de sable doré frangées de palmiers et baignées par la mer d'Oman. Les plages du sud de l'État sont superbes, mais rien n'égale celles du Nord, plus sauvages et encore méconnues.

Les plages du Sud

Kovalam (p. 310), à un saut de puce de la capitale Thiruvananthapuram (Trivandrum), est la première station balnéaire du Kerala. Avec ses deux croissants de sable abrités, parfaits pour se baigner et apprendre le surf, cet ancien village de pêcheurs a vu surgir hôtels, centres ayurvédiques et restaurants. Au sud de Kovalam, vous attendent d'autres jolies plages et centres ayurvédiques autour de Pulinkudi et de Chowara.

Plus au nord, Varkala (p. 316) est perchée sur de spectaculaires falaises rayées de rouille et d'or. C'est une ville sainte pour les hindous, et une destination privilégiée par les *backpackers*, qui apprécient ses pensions et ses cafés. Pour plus de tranquillité, préférez Odayam Beach (p. 316).

Bien plus septentrionale, Alappuzha (Alleppey ; p. 326), connue pour ses *backwaters*, possède aussi un superbe littoral qui s'étend jusqu'à Marari (p. 331), de plus en plus prisée pour son sable doré et ses hôtels isolés. Juste au nord de Kochi (Cochin), sur Vypeen Island, Cherai Beach (p. 358) s'enorgueillit d'une belle bande de sable blond poudreux, ainsi que de kilomètres

1. Lighthouse Beach, Kovalam (p. 310)
2. Dans l'archipel des Laquedives (Lakshadweep, p. 371)
3. Yogi, Varkala (p. 316)

de calmes lagunes et de *backwaters* à quelques centaines de mètres du bord de mer.

L'extrême nord et les îles

Peu de voyageurs poussent jusqu'à l'extrême nord du Kerala, où l'on découvre pourtant de belles plages désertes et des bourgades traditionnelles, où la vie s'écoule tranquillement. Si Kannur (Cannamore ; p. 368) n'est pas en soi particulièrement attrayante, Thottada, à 8 km au sud-est, est connue pour son littoral splendide, où vous pourrez loger chez l'habitant.

Les étendues de sable doré qui bordent les *backwaters* de Valiyaparamba, de Nileshwar et de Bekal (p. 370), dans le district de Kasaragod, un peu plus au nord, comptent parmi les plus belles.

Plus éloigné encore, loin de tout à quelque 300 km à l'ouest des côtes du Kerala, les Laquedives (Lakshadweep ; p. 371) forment un archipel aux îles coralliennes idylliques couvertes de cocotiers. Les plages de sable blanc sont ici quasi vierges, et les spots de plongée et de snorkeling parmi les plus attrayants du pays.

1

Backwaters

Les *backwaters* du Kerala forment un entrelacs de rivières, de lacs, de lagunes et de canaux qui s'étire sur 900 km, à travers un paysage luxuriant, entre le littoral et les versants montagneux des Ghats. À l'ombre des palmiers, les canaux sinueux traversent des villages, dont beaucoup ne sont accessibles qu'en bateau.

House-boats

Glisser sur les canaux dans une pirogue manœuvrée à la perche ou dormir à la belle étoile dans un house-boat sont des expériences enchanteresses. Les bateaux aménagés sont conçus comme les *kettuvallam* ("bateau à nœuds", dont la structure est maintenue par de la fibre de coco nouée), qui servaient autrefois à transporter le riz. Ils sont amarrés à Alappuzha (p. 326) et à Kollam (p. 321).

On peut explorer les *backwaters* de diverses façons. La plus courante consiste à louer un house-boat pour une nuit ou deux. D'un confort variable, ces embarcations accueillent de eux à quatorze personnes, voire plus. Le prix comprend les services du personnel (au moins un pilote et un cuisinier, parfois des matelots et des commis) et les repas kéralais, à base de viande ou de poisson et de légumes cuits dans du lait de coco. Les circuits sont de plus en plus prisés et les canaux sont encombrés en haute saison. Un excursion d'une nuit ne vous permettra de découvrir qu'une toute petite partie des *backwaters*.

Demandez conseil aux voyageurs ou aux propriétaires de *guesthouses* et

DZERKACH VIKTAR / SHUTTERSTOCK ©

XANDRA R / SHUTTERSTOCK ©

1. House-boat traditionnel (p. 322), sur les *backwaters* proches d'Alappuzha (Alleppey)
2. Excursion en pirogue dans les *backwaters* de Munroe Island (p. 323)

consultez les prix, les prestations et les recommandations en ligne ; notez que certains des meilleurs house-boats sont réservés bien à l'avance.

Ferries, pirogues et kayaks

Les ferries publics, moins onéreux, permettent de voyager de ville en ville, sans vraiment voir les petits canaux. La croisière touristique d'une journée (p. 325) entre Kollam et Alappuzha – magnifique et lente – et la traversée en ferry de 2 heures 30 (p. 330) entre Alappuzha et Kottayam sont deux itinéraires appréciés.

Pour profiter des paysages et éviter les gros bateaux, optez pour la pirogue. Vous emprunterez ainsi les canaux plus étroits et observerez la vie sur le rivage. Les visites de villages guidées abordent des pans cachés de la culture locale.

Les sorties en kayak sur les canaux gagnent en popularité. Kerala Kayaking (p. 326) conduit les visiteurs à la découverte de villages au cœur des *backwaters*.

Tourisme et environnement

Le nombre de house-boats est considérable, en particulier au quai d'Alappuzha, et le choix du bateau et d'un prestataire est décisif. Les house-boats ont un impact sur l'environnement de la région (p. 323) ; privilégiez les plus écologiques (ceux qui, par exemple, ont installé des panneaux solaires) et évitez la haute saison – de mi-décembre à mi-janvier – et les jours fériés, lorsque les canaux sont embouteillés (et les prix élevés). Envisagez également de découvrir les *backwaters* en pirogue propulsée à la perche, en kayak ou en ferry public.

1

Arts et rituels

La tradition du kathakali, du *kalarippayat* ou du *theyyam*, à mi-chemin entre la danse, les arts martiaux et les rituels sacrés, est bien enracinée au Kerala (voir aussi p. 552). Elle se transmet aux nouvelles générations dans des écoles spécialisées et des centres artistiques et culturels.

Kathakali

Le kathakali trouve en partie son origine dans les rituels des temples du IIe siècle, mais sa forme actuelle s'est développée vers le XVIe siècle. Maquillés à l'extrême etde façon très élaborée, tels des masques, les acteurs/danseurs content des histoires d'amour, de désirs et de luttes de pouvoir tirées du *Ramayana*, du *Mahabharata* et des *Purana*, avec une précision infinie dans les gestes des mains (mudras) et les expressions du visage. Les représentations, masculines, débutent dans les temples vers 20h et durent toute la nuit, mais des versions plus courtes sont données dans de nombreux centres touristiques.

Kalarippayat

Le *kalarippayat* est un art martial enseigné dans tout l'État. Il s'agit d'une discipline ritualisée, inspirée du kathakali et du *theyyam*. Les cours et représentations ont lieu dans une arène nommée *kalari*, à la fois gymnase, école et temple.

Theyyam

Le *theyyam*, qui serait antérieur à l'hindouisme, est issu des danses qui célébraient les moissons. Il se pratique dans des *kavu* (bosquets sacrés), dans le nord du Kerala. Le terme renvoie au rituel lui-même et à la forme de la divinité ou

DMYTRO GILITUKHA / SHUTTERSTOCK ©

ALEKSANDAR TODOROVIC / SHUTTERSTOCK ©

1. Acteurs/danseurs de kathakali au carnaval du Nouvel An, à Kochi 2. Entraînement à l'art martial *kalarippayat* 3. Interprète de *theyyam* pendant la fête d'Onam

SANTHOSH VARGHESE / SHUTTERSTOCK ©

du héros représentés, qui sont au nombre de 450. Ces danses, exécutées au son des percussions dans une atmosphère de transe, sont des rituels religieux avant d'être des spectacles destinés au public.

Où les découvrir au Kerala

Les voyageurs peuvent assister à des représentations dans les centres culturels comme le Kerala Kathakali Centre (p. 354) à Kochi, le Mudra Cultural Centre (p. 337) à Kumily et le Punarjani Traditional Village (p. 341) à Munnar. Des versions courtes de kathakali sont souvent données à Kovalam et à Varkala durant la haute saison. Les nombreuses fêtes du printemps, comme le Kollam Pooram (p. 324) en avril, sont aussi l'occasion de le découvrir.

Si vous souhaitez approfondir votre connaissance de cet art, Kerala Kalamandalam (p. 361), près de Thrissur, et la Margi Kathakali School (p. 308), à Thiruvananthapuram, proposent des cours aux personnes motivées. On peut aussi y assister à des spectacles et à des séances de répétition. Le Kerala Kathakali Centre, à Kochi, donne aussi des cours. Les centres de Kochi, de Munnar et de Kumily proposent des démonstrations de *kalarippayat*. Sinon, vous pouvez visiter les écoles d'arts martiaux de CVN Kalari Sangham (p. 308), à Thiruvananthapuram, et d'Ens Kalari (p. 354), près d'Ernakulam.

Dans le nord de la région des *backwaters*, qui compte plus de 500 *kavu* (bosquets sacrés), Payyanur et Valiyaparamba sont les hauts lieux du *theyyam*. La saison dure d'octobre à mai. Renseignez-vous auprès du Tourist Desk (p. 355) de Kochi ou des *homestays* de Thottada Beach, notamment Costa Malabari (p. 368).

Plantations de thé, Munnar (p. 33

Stations d'altitude et réserves naturelles

La partie montagneuse du Kerala, dans les Ghats occidentaux, classés par l'Unesco, s'inscrit dans un décor naturel somptueux. Des routes étroites grimpent en lacets à travers la jungle, dévoilant des panoramas vertigineux sur les plantations de thé d'un vert intense. Baignées d'air frais, les stations d'altitude sont plus respirables et reposantes que le littoral, et les réserves naturelles permettent d'observer les animaux.

Munnar

La station climatique la plus connue est Munnar, avec ses collines tapissées de théiers. C'est le cœur de la production de thé d'Inde du Sud et une région de choix pour randonner dans des paysages de toute beauté. On y découvre des hébergements cachés dans les hauteurs, au milieu de jardins de fleurs et d'épices, de plantations de café ou de cardamome.

Wayanad et Periyar

Le Nord, autour du Wayanad Wildlife Sanctuary (p. 364), n'est qu'une succession de rizières d'un vert chatoyant, de sommets culminant à 2 100 m et de plantations de café, de cardamome, de gingembre et de poivre. Les collines, qui embaument les plantes sauvages, sont ponctuées de gigantesques massifs de bambous. C'est l'un des meilleurs endroits d'Inde du Sud pour observer les éléphants sauvages et effectuer des treks mémorables.

Dans la Periyar Tiger Reserve (p. 333), réserve naturelle la plus visitée du Kerala, libre à vous d'embarquer pour une croisière sur le lac Periyar, de passer du bon temps dans la petite ville décontractée de Kumily, de pagayer sur un radeau en bambou ou de randonner dans la jungle avec un guide professionnel, né dans la région.

Tamil Nadu

80,8 MILLIONS D'HABITANTS

Dans ce chapitre ➡

Le top des restaurants

- Villa Shanti (p. 422)
- Dreaming Tree (p. 414)
- Bangala (p. 440)
- Murugan Idli Shop (p. 444)
- La Belle Vie (p. 460)
- Annalakshmi (p. 396)

Le top des hébergements

- Saratha Vilas (p. 440)
- La Maison (p. 461)
- Jungle Hut (p. 469)
- Villa Shanti (p. 420)
- Svatma (p. 432)
- Surf Turf (p. 404)

Pourquoi y aller

Le Tamil Nadu est le berceau d'une culture millénaire dont la religion hindoue reste, avec la langue, la danse et la poésie tamoules, l'expression bien vivace.

Dans cet État tourné depuis toujours vers le commerce, l'ancrage dans la tradition va de pair avec le dynamisme. Dans les temples hindous, de nombreux habitants satisfont aux rituels immémoriaux, avant de rejoindre leur bureau dans une entreprise d'informatique, de prendre un verre dans un bar branché de Chennai (Madras) ou de faire leurs salutations au soleil à Puducherry (Pondichéry) la bohème.

Quand la chaleur et le bruit des villes-temples se feront trop pressants, échappez-vous à la pointe la plus méridionale de l'Inde, où trois mers se rencontrent, partez à la découverte des splendides demeures de l'aride Chettinadu ou rejoignez les collines boisées des Ghats occidentaux. Fier de ce qui le distingue du reste de l'Inde, le Tamil Nadu n'en est pas moins un État accueillant, ouvert aux visiteurs de passage.

Quand partir

Chennai (Madras)

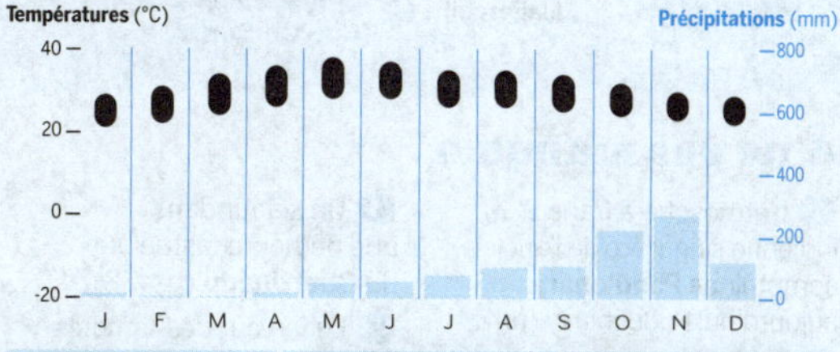

Janvier-mars
La période la plus tempérée, après la mousson.

Juillet-septembre
Cap sur les stations d'altitude après la haute saison, quand il fait encore bon.

Novembre-décembre
La pleine lune est l'occasion d'une belle fête des Lumières.

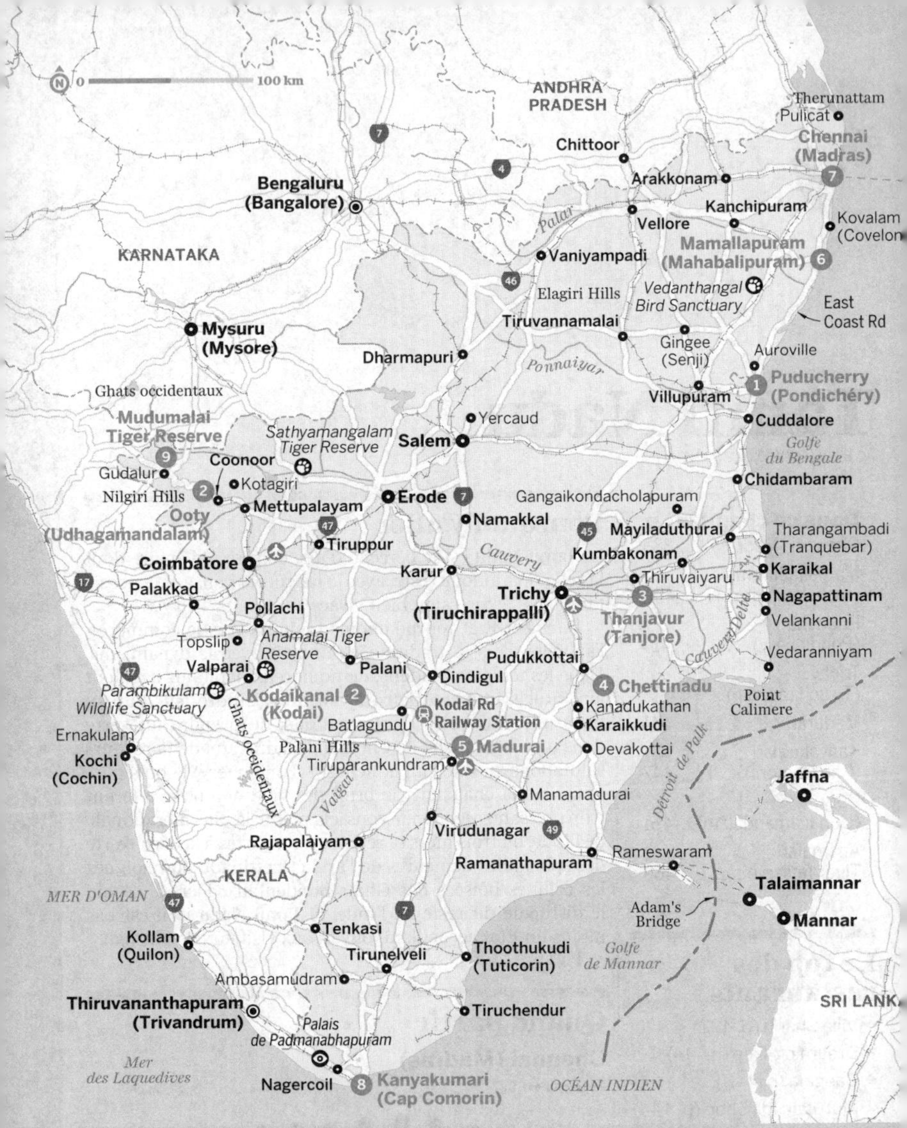

À ne pas manquer

1 L'atmosphère franco-indienne singulière de l'ancien comptoir de **Pondichéry**, aujourd'hui Puducherry (p. 414).

2 La fraîcheur des stations climatiques des **Ghats occidentaux**, comme Ooty (p. 461) et Kodaikanal (p. 451).

3 L'architecture des Chola au temple de Brihadishwara à **Thanjavur** (Tanjore, p. 430).

4 Un séjour dans une demeure fastueuse du **Chettinadu** (p. 438).

5 La ferveur des Tamouls au temple de Meenakshi Amman, joyau de l'architecture sacrée à **Madurai** (p. 441).

6 Les superbes temples rupestres et l'ambiance balnéaire de **Mamallapuram** (p. 404).

7 Les multiples facettes de **Chennai** (p. 383), l'ancienne **Madras**, entre tradition et cosmopolitisme.

8 La pointe méridionale du sous-continent battue par les flots à **Kanyakumari** (Cap Comorin, p. 447).

9 La faune sauvage de la **Mudumalai Tiger Reserve** (p. 468).

Histoire

Les Tamouls se considèrent comme les porte-drapeaux de la civilisation dravidienne, celle de l'Inde préaryenne, issue de peuples parlant les langues qui lui sont associées. Les quatre formes principales de cette famille linguistiques sont enracinées dans l'Inde du Sud. Il s'agit du tamoul (tamil Nadu), du malayalam (Kerala), du Télougou (Telangana et Andhra Pradesh) et du kannada (Karnataka). La culture et l'histoire de l'Inde du Sud diffèrent de celles de l'Inde du Nord aryenne. L'origine de leur identité constitue pour les Tamouls une source de fierté.

La langue tamoule était bien établie dans le Tamil Nadu dès le IIIe siècle av. J.-C., vers le début de la période Sangam, au cours de laquelle les poètes tamouls produisirent le corpus de littérature classique appelé littérature Sangam. L'ère Sangam, qui dura jusque vers l'an 300, vit se développer trois grandes dynasties dans différentes régions du Tamil Nadu ("pays tamoul") : les Chola, les plus anciens, au centre ; les Chera à l'ouest ; et les Pandya au sud.

Au VIIe siècle, les Pallava, également tamouls, établirent un empire basé à Kanchipuram, qui s'étendait du Tamil Nadu jusqu'à l'Andhra Pradesh, au nord. C'est à eux que l'on doit les superbes sculptures de Mamallapuram (Mahabalipuram) et la construction des premiers temples en pierre taillée (et non creusés dans la roche).

Vinrent ensuite les Chola de l'époque médiévale (dont les liens avec les premiers Chola restent flous), qui s'installèrent dans la vallée de la Cauvery, au centre du Tamil Nadu. À leur apogée, ils régnaient sur le Sri Lanka et les Maldives, ainsi que sur une grande partie de l'Inde du Sud. Ils étendirent leur influence jusqu'en Asie du Sud-Est, où ils propagèrent les croyances tamoules en la réincarnation et au karma, ainsi que la pratique du yoga.

Sous les Chola, l'architecture dravidienne franchit une nouvelle étape, avec les grandioses temples à tours de Thanjavur (Tanjore) et de Gangaikondacholapuram, et l'art de la sculpture en bronze atteignit son apogée, en particulier dans les représentations de Shiva en Nataraja, le danseur cosmique. Les gopuras, de hautes tours-portails caractéristiques des temples d'Inde du Sud, firent leur apparition à la fin de l'époque des Chola.

Pour plus d'information sur les temples dravidiens, voir p. 390 et p. 429.

À la fin du XIVe siècle, une grande partie du Tamil Nadu était sous l'emprise du royaume de Vijayanagar, basé à Hampi (Karnataka). Lorsque celui-ci s'affaiblit au XVIe siècle, certains gouverneurs locaux, les Nayak, fondèrent de solides royaumes indépendants, notamment à Madurai et à Thanjavur. Bon nombre des statues et des bas-reliefs des temples tamouls sculptés avec un souci extrême du détail sont l'œuvre de sculpteurs Vijayanagar et Nayak.

Les Européens commencèrent à s'intéresser aux côtes du Tamil Nadu au XVIe siècle, quand les Portugais s'établirent à San Thome. Les Hollandais, les Britanniques, les Français et les Danois, arrivés au XVIIe siècle, conclurent des accords avec les souverains locaux pour installer des comptoirs commerciaux sur le littoral. Finalement, une série de conflits opposa les Britanniques, basés à Madras (actuelle Chennai), et les Français, établis à Pondichéry (voir aussi p. 508). Les trois guerres carnatiques (1744-1763) virent la victoire finale des premiers. À la fin du XVIIIe siècle, ils avaient assuré leur domination sur la majorité du territoire tamoul.

La région gouvernée par les Britanniques depuis Madras, la "Madras Presidency", incluait en partie l'Andhra Pradesh, le Kerala et le Karnataka. L'accord perdura après l'indépendance de l'Inde en 1947, jusqu'à la création, sur la base de cartes linguistiques, du Kerala, du Karnataka, de l'Andhra Pradesh et de l'actuel Tamil Nadu (130 058 km^2) dans les années 1950. Le Tamil Nadu (80 millions d'habitants) ne prit officiellement ce nom qu'en 1968.

Les partis politiques du Tamil Nadu se distinguent par la présence aux responsabilités d'anciennes stars de cinéma, dont la plus célèbre fut l'ex-Première ministre de l'État et cheffe de l'AIADMK (All India Anna Dravida Munnetra Kazhagam) Jayalalithaa Jayaram. Surnommée "Amma" (mère), elle fit l'objet, dans tout l'État, d'un véritable culte jusqu'à sa mort, en 2016. Vous verrez sûrement son visage, rond et bienveillant, sur des affiches et panneaux électoraux, telle une figure tutélaire apportant sa bénédiction aux candidats politiques du moment.

CHENNAI (MADRAS)

☎044 / 10,4 MILLIONS D'HABITANTS

Chennai (anciennement Madras) est la capitale du Tamil Nadu. Prenez le temps de l'explorer et vous serez séduit par cette

LES PLUS BELLES FÊTES DU TAMIL NADU

Festival international de Yoga (Puducherry/Pondichéry ; 4-7 jan). Ateliers, démonstrations et compétitions.

Pongal (dans tout l'État ; mi-jan). Cette fête majeure célèbre la fin des moissons.

Thyagaraja Aradhana (Thiruvaiyaru ; www.thiruvaiyaruthyagarajaaradhana.org ; jan). Cinq jours de musique carnatique en hommage au compositeur Thyagaraja (1767-1847).

Teppam (fête du Grand Bassin ; Madurai ; jan/fév). Les divinités du temple de Meenakshi Amman sont promenées dans les rues de Madurai, puis transportées sur des radeaux décorés jusqu'au sanctuaire au centre du bassin de Mariamman Teppakulam.

Natyanjali (Chidambaram ; www.natyanjalichidambaram.com ; fév). Cinq jours de danse indienne classique en l'honneur de Shiva, réunissant 300 à 400 artistes de tout le pays.

Chithirai (Madurai ; avr/mai). Madurai célèbre pendant deux semaines le mariage de Meenakshi et de Sundareswarar (Shiva).

Karthikai Deepam (dans tout l'État ; nov/déc). Fête des Lumières, à voir de préférence à Tiruvannamalai.

Chennai Festival of Music & Dance (Madras Music & Dance Season ; Chennai ; mi-déc à mi-jan). L'événement phare de la musique et de la danse d'Inde du Sud.

Festival de Mamallapuram (Mamallapuram ; déc-jan). Quatre week-ends de danse classique et traditionnelle de toute l'Inde sur une scène en plein air.

Covelong Point Surf, Music & Yoga Festival (Covelong/Kovalam ; www.covelongpoint.com ; août). Compétitions de surf, yoga en groupe et concerts, entre autres.

agglomération de 400 km^2, composée de villages urbains et de quartiers variés, et gardienne des traditions artistiques, religieuses et culinaires d'Inde du Sud.

Plongée dans la touffeur méridionale et les embouteillages, Chennai, qui compte peu de monuments remarquables, fait souvent figure de parent pauvre parmi les quatre plus grandes villes indiennes. Prenez le temps de visiter un musée ou un temple, et de flâner sur Marina Beach, deuxième plus longue plage urbaine du monde.

Les habitants de Chennai, qui font preuve d'un enthousiasme contagieux dès qu'il s'agit de leur ville, se montrent accueillants – ici, vous risquez moins qu'ailleurs d'être harcelé par des vendeurs ou des rabatteurs. De plus, depuis quelques années, la métropole se pare d'une touche de glamour cosmopolite, entre hôtels et boutiques de luxe, cafés atypiques, restaurants chics et contemporains. L'âme ancienne de la ville demeure toutefois son principal attrait.

Histoire

Le quartier de Mylapore, au sud, est antérieur au reste de Chennai ; ses premiers habitants commerçaient avec les Grecs, les Romains et les Chinois. En 1523, les Portugais s'établirent non loin, à San Thome. Puis, en 1639, la Compagnie anglaise des Indes orientales conclut un accord avec le souverain de Vijayanagar pour bâtir un fort et un comptoir commercial dans le village de pêcheurs de Madraspatnam. C'est ainsi que fut érigé le fort Saint-George, de 1640 à 1653.

Entre 1744 et 1763, les trois guerres carnatiques virent s'affronter les Britanniques et les Français – les deux pays s'étaient alliés avec des princes locaux. Les Français occupèrent le fort et Madras de 1746 à 1749, avant d'être défaits et de se retirer à Pondichéry (actuelle Puducherry).

En tant que capitale de la "Madras Presidency", l'une des quatre grandes divisions de l'Inde britannique, Madras s'imposa comme un important centre naval et commercial. Après l'Indépendance, elle devint la capitale de l'État de Madras, puis de celui du Tamil Nadu qui lui succéda. Elle fut rebaptisée Chennai en 1996. Aujourd'hui, on la surnomme souvent le "Détroit indien", par allusion à l'essor de ses industries automobile et informatique.

À voir

Centre de Chennai

Government Museum ARCHÉOLOGIE

(carte p. 392 ; www.chennaimuseum.org ; Pantheon Rd, Egmore ; Indien/étranger 15/250 ₹, app photo/

caméra 200/500 ₹ ; ⏲9h30-17h sam-jeu). Installé dans le Pantheon Complex, un ensemble architectural construit par les Britanniques, cet excellent musée est le plus intéressant de la ville. Le bâtiment principal (n°1) renferme une **section archéologique** consacré aux périodes majeures de l'Inde du Sud, des sculptures bouddhiques du IIe siècle av. J.-C. aux œuvres de l'ère Vijayanagar (XVIe siècle), avec des salles consacrées aux statuaires hindoue, bouddhique et jaïne. Dans le bâtiment n°2, les **galeries anthropologiques** retracent la présence humaine dans la région depuis la préhistoire. Fleuron du lieu, la **galerie des bronzes** (bâtiment n°3) met en valeur une superbe collection de bronzes de l'Inde du Sud depuis l'ère Pallava (VIIe siècle) jusqu'aux temps modernes – la période Chola (IXe-XIe siècle) marqua l'apogée de la sculpture sur bronze. Parmi les plus belles pièces figurent de nombreuses représentations de Shiva en Nataraja, le danseur cosmique, et un superbe bronze d'Ardhanarishvara, avatar androgyne de Shiva et de Parvati. À l'extérieur, on peut voir un canon à tête de tigre, pris en 1799 à l'armée de Tipu Sultan après sa défaite à Srirangapatnama.

Le billet d'entrée donne également accès à la **National Art Gallery**, à la **Contemporary Art Gallery** et au **Children's Museum**, sur le même site. Il arrive que certaines sections soient fermées pour rénovation.

Madras High Court BÂTIMENT REMARQUABLE
(carte p. 386 ; Parry's Corner). Terminé en 1892, cet imposant palais de justice de style indo-sarracénique serait le plus vaste du monde après celui de Londres. La tour centrale fut ajoutée en 1912. Au moment de notre passage, les jardins étaient fermés aux visiteurs ; venez muni de votre passeport si vous voulez tenter votre chance.

Fort Saint-George FORT
(carte p. 386 ; Rajaji Salai ; ⏲10h-17h). GRATUIT Construit en 1653 par la Compagnie anglaise des Indes orientales, le fort a subi de nombreuses rénovations. Les murs d'enceinte (les remparts furent reconstruits au XVIIIe siècle) abritent désormais le Secrétariat et l'Assemblée législative du Tamil Nadu, ainsi que d'autres bâtiments plus anciens.

Également dans l'enceinte du fort, **St Mary's Church** (église Sainte-Marie ; ⏲10h-17h lun-sam), achevée en 1680 et entourée de pierres tombales encore plus anciennes, est la plus vieille église anglicane subsistant en Inde – Robert Clive s'y maria. À droite (à l'ouest) de l'église, l'ancienne Admiralty House (maison de Robert Clive) est de style néoclassique.

Marina Beach PLAGE
(carte p. 386). Tôt le matin ou en soirée (il fait trop chaud dans la journée), partez flâner le long de cette plage de sable de 13 km, fréquentée par des joueurs de cricket, des enfants munis d'un cerf-volant, des marchands de poisson, des diseuses de bonne aventure... Ne vous baignez pas : les forts courants sont dangereux.

À l'extrémité sud, le **Madras Lighthouse** (carte p. 386 ; Indien/étranger 20/50 ₹, app photo 25 ₹ ; ⏲10h-13h et 15h-18h mar-dim) connaît un succès fou. Seul phare du pays équipé d'un ascenseur, il dévoile un panorama de la ville et de la plage.

Temple de Parthasarathy TEMPLE HINDOU
(hors carte p. 393 ; Singarachari St, Triplicane ; ⏲5h30-12h et 16h-21h30). Édifié au VIIIe siècle sous la dynastie des Pallava, ce temple figure

QUELQUES ÉGLISES DE CHENNAI

Armenian Church (carte p. 386 ; Armenian St, George Town ; ⏲9h30-14h30, horaires variables). Au cœur de George Town, l'église arménienne, du XVIIIe siècle, témoigne de l'ancienne communauté, autrefois florissante, de marchands arméniens de Chennai.

St Andrew's Church (St Andrew's Kirk ; carte p. 392 ; www.thekirk.in ; 37 Poonamallee High Rd, Egmore ; ⏲10h-17h30). L'église Saint-André, un lieu de culte presbytérien écossais de 1821, de style néoclassique, trône sur un terrain arboré au milieu de la frénésie d'Egmore. Inspirée de St Martin-in-the-Fields à Londres, elle possède un majestueux portique.

Luz Church (Shrine of our Lady of Light ; carte p. 386 ; www.luzchurch.org ; à l'écart de Luz Church Rd, Mylapore ; ⏲lever-coucher du soleil). Le sanctuaire de Notre-Dame-de-la-Lumière est un bel édifice baroque bleu et blanc entouré de palmiers, dont l'origine remonte à 1516. Il s'agit du plus vieux bâtiment européen de Chennai et d'une des premières églises construites en Inde.

Chennai (Madras)

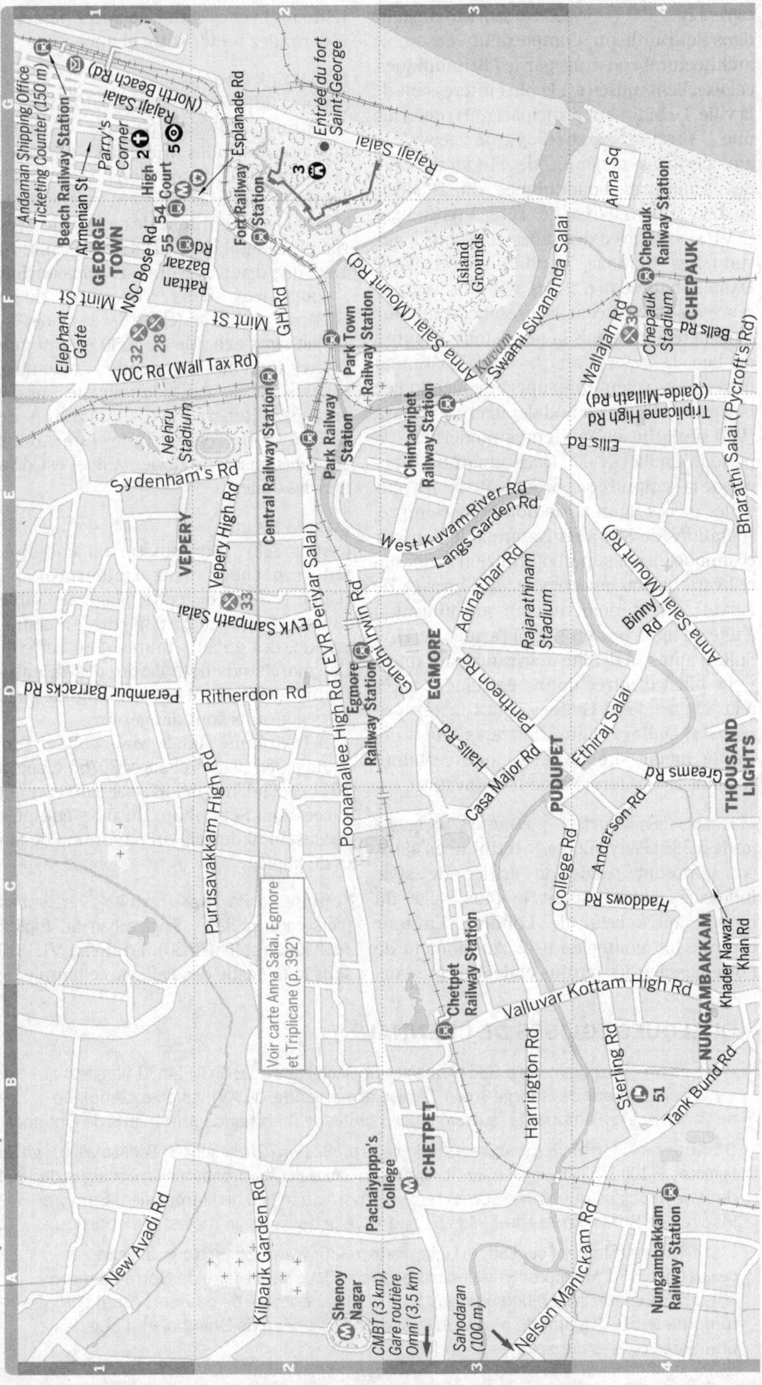

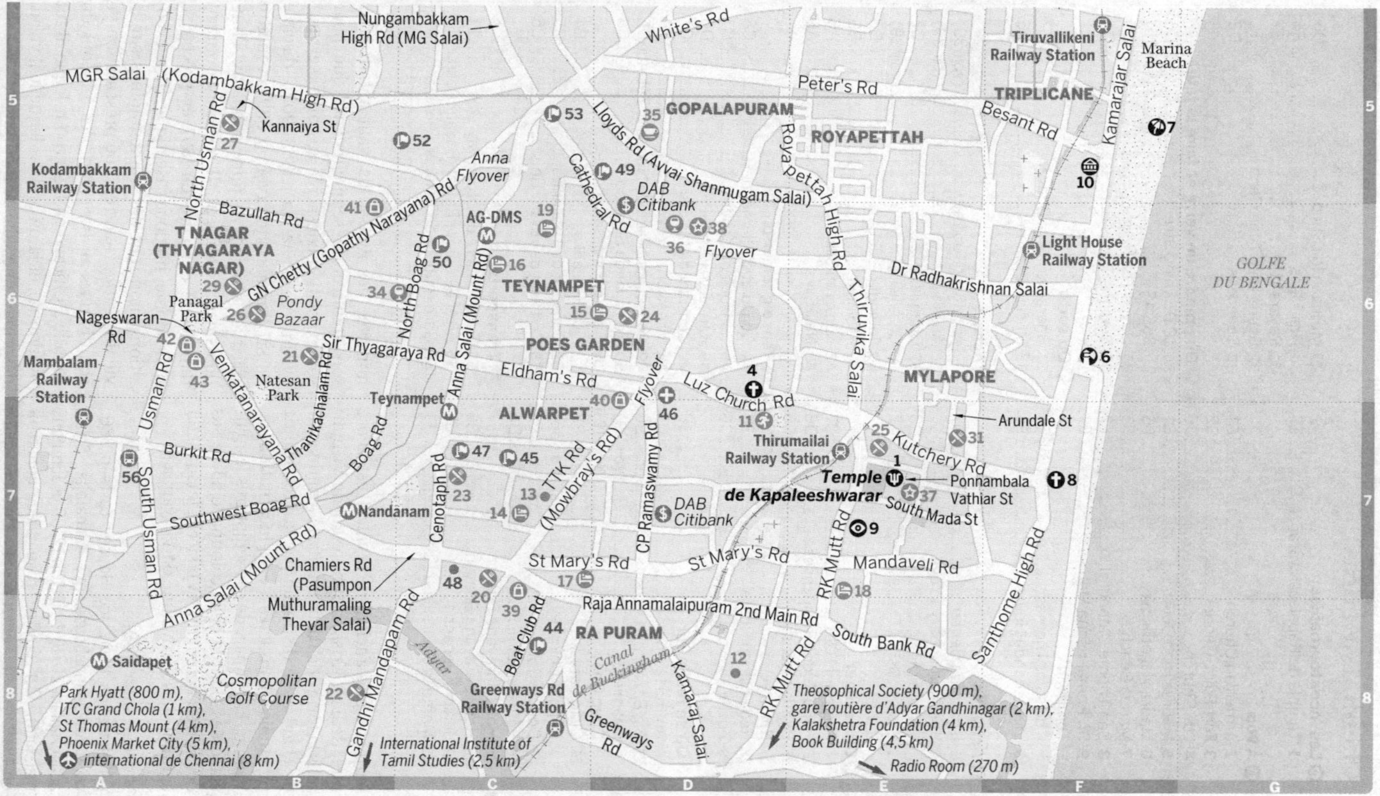
Nungambakkam High Rd (MG Salai)
White's Rd
MGR Salai (Kodambakkam High Rd)
Peter's Rd
Tiruvallikeni Railway Station
Kamarajar Salai
Marina Beach
TRIPLICANE
Besant Rd
GOPALAPURAM
ROYAPETTAH
Lloyds Rd (Avvai Shanmugam Salai)
Royapettah High Rd
Kannaiya St
North Usman Rd
Kodambakkam Railway Station
Anna Flyover
Cathedral Rd
DAB Citibank
Bazullah Rd
GN Chetty (Gopathy Narayana) Rd
AG-DMS
T NAGAR (THYAGARAYA NAGAR)
North Boag Rd
Anna Salai (Mount Rd)
Flyover
Light House Railway Station
Dr Radhakrishnan Salai
GOLFE DU BENGALE
TEYNAMPET
Thiruvika Salai
Panagal Park
Pondy Bazaar
Nageswaran Rd
POES GARDEN
Sir Thyagaraya Rd
Mambalam Railway Station
Usman Rd
Venkatanarayana Rd
Natesan Park
Thanikachalam Rd
Eldham's Rd
Luz Church Rd
MYLAPORE
Teynampet
ALWARPET
Arundale St
Thirumailai Railway Station
Kutchery Rd
Burkit Rd
Boag Rd
Cenotaph Rd
TTK Rd
(Mowbray's Rd)
CP Ramaswamy Rd
Temple de Kapaleeshwarar
Ponnambala Vathiar St
South Mada St
South Usman Rd
Southwest Boag Rd
Nandanam
DAB Citibank
RK Mutt Rd
Anna Salai (Mount Rd)
Chamiers Rd (Pasumpon Muthuramaling Thevar Salai)
St Mary's Rd
Mandaveli Rd
Santhome High Rd
Raja Annamalaipuram 2nd Main Rd
Gandhi Mandapam Rd
Boat Club Rd
RA PURAM
South Bank Rd
Adyar
Canal de Buckingham
Kamaraj Salai
Saidapet
Cosmopolitan Golf Course
Greenways Rd Railway Station
Greenways Rd
Park Hyatt (800 m), ITC Grand Chola (1 km), St Thomas Mount (4 km), Phoenix Market City (5 km), international de Chennai (8 km)
International Institute of Tamil Studies (2,5 km)
Theosophical Society (900 m), gare routière d'Adyar Gandhinagar (2 km), Kalakshetra Foundation (4 km), Book Building (4,5 km)
Radio Room (270 m)
A
B
C
D
E
F
G
5
6
7
8

Chennai (Madras)

Les incontournables
1 Temple de Kapaleeshwarar E7

À voir
2 Armenian Church G1
3 Fort Saint-George G2
4 Luz Church D6
5 Madras High Court G1
6 Madras Lighthouse F6
7 Marina Beach F5
8 San Thome Cathedral F7
9 Sri Ramakrishna Math E7
Tombeau de saint Thomas ..... (voir 8)
10 Vivekananda House F5

Activités
11 Isha Yoga Center D7
12 Krishnamacharya Yoga Mandiram D8
13 Storytrails C7

Où se loger
14 Footprint B&B C7
15 Hanu Reddy Residences D6
16 Hyatt Regency C6
17 Raintree C7
18 Red Lollipop Hostel E7
19 Zostel C6

Où se restaurer
20 Amma Naana C7
21 Big Bazaar B6
Chamiers ..... (voir 39)
Chap Chay ..... (voir 17)
22 Ciclo Cafe B8
Copper Chimney ..... (voir 36)
23 Double Roti C7
24 Enté Keralam D6
25 Hotel Saravana Bhavan E7
26 Hotel Saravana Bhavan B6
27 Junior Kuppanna B5
28 Mehta Brothers F1
29 Murugan Idli Shop B6
30 Nair Mess F4
31 Rayars Mess E7
32 Seena Bhai Tiffin Centre F1
33 Spencer's D2

Où prendre un verre et faire la fête
34 10 Downing Street C6
365 AS ..... (voir 16)
35 Lloyds Tea House D5
36 Sera the Tapas Bar D6

Où sortir
37 Bharatiya Vidya Bhavan E7
38 Music Academy D6

Achats
Amethyst Room ..... (voir 39)
Anokhi ..... (voir 39)
39 Chamiers C7
Chamiers for Men ..... (voir 39)
40 Fabindia D7
41 Fabindia B6
42 Kumaran Silks A6
43 Nalli Silks A6

Renseignements
44 Consulat d'Allemagne C8
45 Consulat du Japon C7
46 Kauvery Hospital D6
47 Consulat de Malaisie C7
48 Milesworth Travel C7
49 Consul honoraire de Nouvelle-Zélande D5
50 Consulat de Singapour C6
51 Haut-commissariat du Sri Lanka B4
52 Consulat de Thaïlande C5
53 Consulat des États-Unis C5

Transports
54 Gare routière de Broadway F1
55 Arrêt de bus de Rattan Bazaar Road F1
56 Gare routière de T Nagar A7

parmi les plus anciens de la ville. Il est, chose rare, dédié à Krishna (un avatar de Vishnu) sous la forme de Parthasaraty, le "conducteur de char", et se distingue par la présence de sanctuaires consacrés à cinq incarnations de Vishnu. La plupart de ses sculptures les plus élaborées, dont la belle colonnade au-dessus de l'entrée, datent du XVIe siècle, lorsqu'il fut agrandi sous le royaume de Vijayanagar.

Vivekananda House MUSÉE

(Vivekananda Illam, Ice House ; carte p. 386 ; www.vivekanandahouse.org ; Kamarajar Salai ; adulte/enfant 20/10 ₹ ; 10h-12h30 et 15h-19h15 mar-sam). Cet édifice rose pâle, construit en 1842 pour entreposer de la glace importée des États-Unis, vaut autant pour son architecture semi-circulaire que pour son exposition consacrée au "moine errant" Swami Vivekananda (1863-1902), disciple de Sri Ramakrishna (voir p. 389) et maître spirituel qui aida à faire connaître l'hindouisme en Occident. Il résida brièvement dans cette demeure en 1897 et prêcha sa philosophie hindoue ascétique. Les expositions montrent des photographies sur la vie du *swami* (maître), une présentation de son discours au Parlement des religions du monde à Chicago en 1893 (pour lequel il fut ovationné), et la pièce dans laquelle il vivait, désormais une salle de méditation.

Valluvar Kottam MONUMENT
(carte p. 392 ; Valluvar Kottam High Rd, Nungambakkam ; adulte/enfant 3/2 ₹ ; ⌚8h-18h). Ce monument commémoratif (1976) rend hommage au poète tamoul Thiruvalluvar, né au Ier siècle et auteur du classique *Thirukkural* composé de 133 chapitres. L'élément le plus marquant du monument est une réplique en pierre de 31 m de haut du plus grand chariot de temple du Tamil Nadu, celui de Thiruvarur, tiré par deux éléphants sculptés. L'auditorium attenant présente les 1 330 distiques de l'œuvre inscrits sur des tablettes en granit. Depuis son toit, accessible par des marches, on peut accéder au pied du sanctuaire sous le dôme du chariot, qui abrite une statue grandeur nature de Thiruvalluvar assis.

Sud de Chennai

Mylapore, bien antérieur au Madras colonial, fait partie des quartiers les plus traditionnels et les plus pittoresques de Chennai.

♥ **Temple de Kapaleeshwarar** TEMPLE HINDOU
(carte p. 386 ; Ponnambala Vathiar St, Mylapore ; ⌚6h-12h et 16h-21h30). Le temple de Kapaleeshwarar, dédié à Shiva, est le plus actif et le plus impressionnant de la ville. Il aurait été érigé après la destruction par les Portugais, en 1566, de l'édifice d'origine bâti au bord de l'eau. Il comporte les éléments architecturaux caractéristiques des temples du Tamil Nadu : gopura, *mandapa* (pavillon à piliers) et bassin.

Selon la légende, Shiva, qui dans un accès de colère avait transformé son épouse Parvati en paon, lui aurait ordonné de le prier dans ce lieu afin de retrouver sa forme initiale. Un sanctuaire, situé devant l'angle nord-est de la partie centrale du temple, rappelle l'endroit où Parvati, obéissante, aurait prié Shiva. Mylapore, la "cité des paons", doit son nom à cette légende. L'histoire est représentée à l'extrémité ouest de la cour intérieure, en dehors du grand sanctuaire.

Lors de la **fête colorée de Brahmotsavam** (⌚mars/avr), les divinités sont promenées à travers les rues du quartier.

San Thome Cathedral ÉDIFICE RELIGIEUX
(carte p. 386 ; thesanthomechurch.com ; Santhome High Rd, Mylapore ; ⌚5h30-20h30). Bâtie par les Portugais en 1523, cette majestueuse cathédrale blanche fut reconstruite par les Britanniques en 1896 dans le style néo gothique. Le **tombeau de saint Thomas** (carte p. 386 ; Santhome High Rd, Mylapore ; ⌚9h-20h) GRATUIT se trouve derrière l'édifice.

Sri Ramakrishna Math ÉDIFICE RELIGIEUX
(carte p. 386 ; www.chennaimath.org ; 31 RK Mutt Rd, Mylapore ; ⌚Temple universel 4h30-11h45 et 15h-21h, prière du soir 18h30-19h30). Les jardins fleuris du site vous transportent à mille lieues de l'agitation urbaine. Des moines en robe orange y déambulent, dans une atmosphère empreinte de ferveur. Le Temple universel (Universal Temple) relève du Math, un ordre monastique fidèle aux enseignements du sage Sri Ramakrishna qui, au XIXe siècle, prêcha l'unité fondamentale de toutes les religions. Il occupe un superbe bâtiment moderne, d'un rose très reconnaissable, dont l'architecture reflète ce syncrétisme religieux. Tout le monde peut venir ici prier ou méditer.

The Theosophical Society PARC
(www.ts-adyar.org ; extrémité sud du pont Thiru Vi Ka, Adyar ; ⌚parc 8h30-10h et 14h-16h lun-sam). GRATUIT Situé entre la rivière Adyar et la côte, le parc de 100 ha de la Société théosophique (la théosophie est une doctrine fondée sur la théorie de la sagesse divine omniprésente dans le monde) constitue un havre de paix, sans voitures, dans la ville. Malgré des heures d'ouverture restreintes, il s'agit d'un agréable lieu de promenade avec une église, une mosquée, un sanctuaire bouddhique et des temples zoroastrien et hindou. On y trouve une végétation abondante, avec des spécimens d'Inde et d'ailleurs, dont les rejets d'un banian vieux de 450 ans abattu par une tempête dans les années 1980.

Kalakshetra Foundation CENTRE ARTISTIQUE
(☎044-24521169 ; www.kalakshetra.in ; Muthulakshmi St, Thiruvanmiyur ; ⌚campus 8h30- 11h30 lun-ven juil-fév, centre d'artisanat 9h-13h et 14h-17h lun-sam, tous deux fermés 2e et 4e sam du mois). Fondée en 1936, cette école de danse et de musique classiques à l'extrême sud de Chennai se classe parmi les meilleures du genre ; elle parraine de nombreux élèves issus de milieux défavorisés. Le matin, pendant les cours, les visiteurs peuvent se promener dans le beau parc ombragé. De l'autre côté de la route, le centre d'artisanat **Kalakshetra Craft Centre** (Indien/étranger 100/500 ₹), permet de se familiariser avec les techniques de tissage dans le style de Kanchipuram, l'impression de tissus au bloc et l'art ancien, peu répandu, du *kalamkari* (peinture sur

LES TEMPLES DU TAMIL NADU

Le Tamil Nadu ravit les amateurs d'art, d'architecture et de culture sacrés. Il recèle certains des temples les plus spectaculaires du pays par leur architecture et leurs sculptures. Sa population hindoue se montre particulièrement fervente : les quelque 5 000 temples de l'État attirent en permanence une foule de fidèles pour les pujas et accueillent de nombreuses fêtes hautes en couleur. Parmi les multiples divinités hindoues, Shiva est le dieu à qui sont dédiés le plus de temples tamouls. On l'y vénère sous ses multiples aspects, dont Nataraja, le danseur cosmique. Il est alors représenté dansant dans un cercle de feu (symbole du cosmos) : il brandit dans une de ses quatre mains la flamme de la destruction, dans une autre le tambour qui rythme la création ininterrompue du monde. Les Tamouls ont également un faible pour Murugan (aussi appelé Kartikeya ou Skanda), le fils de Shiva, représenté chevauchant un paon et étroitement lié à leur identité culturelle.

De nombreux temples tamouls, particulièrement sacrés pour les hindous, attirent des pèlerins venus de toute l'Inde. C'est le cas des Pancha Sabhai Sthalangal, les cinq temples érigés aux endroits où Shiva aurait exécuté sa danse cosmique (le principal est Chidambaram). Ainsi que des Pancha Bootha Sthalangal, les cinq temples dans lesquels Shiva est vénéré comme l'un des cinq éléments : le temple d'Arunachaleshwar à Tiruvannamalai (Feu ; p. 412), le temple d'Ekambareshwara à Kanchipuram (Terre ; p. 410), le temple de Nataraja à Chidambaram (Espace ; p. 425), le temple de Sri Jambukeshwara à Trichy (Eau ; p. 434) et, dans l'Andhra Pradesh, le **temple de Sri Kalahasteeswara** (Air ; www.srikalahasthitemple.com ; en retrait de Sannidhi Rd ; ⏲5h30-21h). Chacun des neuf temples de Navagraha, dans la région de Kumbakonam, est la demeure de l'un des neuf corps célestes de l'astronomie hindoue. Ce sont des sites majeurs, au regard de l'importance de l'astrologie dans l'hindouisme. Quant au temple de Brihadishwara (p. 430) à Thanjavur, il s'agit d'un pur chef-d'œuvre d'architecture Chola.

Les temples tamouls se caractérisent par leurs gopuras monumentaux, incrustés de sculptures de dieux et de démons souvent peintes de couleurs vives, leurs *mandapa* (salles aux piliers richement sculptés), leur bassin sacré et leur succession de *prakaram* (enceintes), dont la dernière renferme le saint des saints où réside la principale divinité. Aux temples primitifs, creusés dans la roche, succédèrent à partir du VIIIe siècle des édifices bâtis en pierre taillée. Les premiers gopuras apparurent vers le XIIe siècle.

L'entrée des temples est généralement gratuite, mais, souvent, seuls les hindous sont admis dans les sanctuaires intérieurs. Il arrive cependant que les prêtres vous invitent à y pénétrer, à faire une offrande (puja) ou un don, et à être marqué d'un *tilak* sur le front. Autour des temples, des rabatteurs proposent leurs services, souvent avec insistance. Mais on rencontre aussi d'excellents guides qui peuvent être précieux et méritent leur salaire. Faites preuve de bon sens et guettez les guides officiels porteurs de badges.

Si vous lisez l'anglais, vous pourrez consulter le site Internet **TempleNet** (www.templenet.com), qui constitue une excellente source de renseignements en ligne.

tissu à la main avec des teintures végétales). Il est également possible de suivre des cours. Consultez le programme sur le site Internet.

St Thomas Mount SITE SACRÉ

(Parangi Malai ; en retrait de Lawrence Rd, Guindy ; 6h-20h). GRATUIT C'est sur cette colline, au sud-ouest de Chennai et à 2,5 km au nord de l'actuelle gare ferroviaire et station de métro St Thomas Mount, que Thomas serait mort en martyr, en l'an 72. La **Church of Our Lady of Expectation** (église Notre-Dame-de-l'Espérance), bâtie au sommet par les Portugais en 1523, renferme ses reliques : un fragment supposé d'une phalange de l'apôtre et la croix qu'il aurait sculptée. Admirez la vue sur la ville et l'aéroport. Prenez le métro jusqu'à la station Nanganullar Rd, puis un auto-rickshaw.

Tara Books ART, IMPRIMERIE

(☎044-24426696; www.tarabooks.com ; ⏲10h-19h). Cette maison d'édition basée dans le sud de Chennai produit de beaux livres imprimés à la main. Dans le **Book Building** (☎044-24426696 ; www.tarabooks.com ; Plot 9, CGE Colony, Kuppam Beach Rd, Thiruvanmiyur ; ⏲10h-19h30 lun-sam) GRATUIT, vous pourrez feuilleter des ouvrages, en acheter et parfois même discuter avec un auteur ou un artiste.

Profitez-en pour visiter aussi la Kalakshetra Foundation (p. 389) voisine, 700 m au nord. L'atelier d'impression **AMM Screens** (☎9962525740 ; 1 Elim Nagar, Perungudi ; ⏲10h-13h et 14h-18h), où l'on peut voir le travail de sérigraphie et de reliure artisanale, se situe pour sa part à 10 minutes d'auto-rickshaw en direction du sud-ouest.

Activités

Isha Yoga Center YOGA
(carte p. 386 ; ☎044-24981185 ; www.ishayoga.org ; 117 Luz Church Rd, Mylapore ; ⏲7h-21h). Toute une gamme de cours de niveau et de durée variables.

Krishnamacharya Yoga Mandiram YOGA, MÉDITATION
(KYM ; carte p. 386 ; ☎044-24937998 ; www.kym.org ; 31 4th Cross St, RK Nagar ; prix variables ; ⏲8h-19h). Stages réputés de yoga et de thérapie (deux ou quatre semaines), et formations intensives destinées aux professeurs. Programme et tarifs sur le site Internet.

Cours

Kalakshetra Foundation ART
(☎044-24525423 ; www.kalakshetra.in ; Muthulakshmi St, Thiruvanmiyur ; 500 ₹/jour). Le Kalakshetra Craft Centre propose des cycles d'un à deux mois de formation à l'art du *kalamkari* (tissu peint à l'aide d'un bambou taillé et de teintures végétales). Les cours ont lieu de 10h à 13h, du lundi au vendredi.

International Institute of Tamil Studies COURS DE LANGUE
(☎9952448862 ; www.ulakaththamizh.org ; CIT Campus, 2nd Main Rd, Tharamani ; cursus de 3/6 mois 5 000/10 000 ₹). Cours intensifs de langue tamoule de trois ou six mois.

Circuits organisés

♥ **Storytrails** CIRCUITS À PIED, ATELIERS
(carte p. 386 ; ☎9940040215, 044-45010202 ; www.storytrails.in ; 21/2 1st Cross St, TTK Rd, Alwarpet ; à partir de 1 500 ₹). D'agréables promenades à thèmes : danse, temples, bijoux et bazars. Circuits dégustation très appréciés dans George Town, et ateliers de cuisine sur place. La plupart des formules durent 2 heures 30. Réservez de préférence par téléphone. Les prix dépendent parfois du nombre de participants.

Royal Enfield Factory À MOTO
(☎044-42230400 ; www.royalenfield.com ; Tiruvottiyur High Rd, Tiruvottiyur ; 600 ₹/pers). La Royal Enfield Bullet 350 est fabriquée depuis 1955 dans une usine à l'extrême nord de Chennai. Des circuits de 2 heures ont lieu le 2e et le 4e samedi du mois à 10h. Réservation indispensable.

Où se loger

Les hôtels de Chennai, les plus onéreux du Tamil Nadu, sont d'un rapport qualité/prix assez moyen. Le quartier de Triplicane abrite des hébergements bon marché, mais le plus souvent peu engageants. Vous trouverez de meilleures options à petit budget à Egmore, ainsi que de bonnes auberges de jeunesse dans d'autres quartiers. Il existe des B&B de catégories moyenne à supérieure à Nungambakkam, Poes Garden et Alwarpet. Les hôtels haut de gamme abondent. Mieux vaut réserver car beaucoup d'établissements affichent complet dès 12h.

Red Lollipop Hostel AUBERGE DE JEUNESSE $
(carte p. 386 ; ☎044-24629822 ; www.redlollipop.in ; 129/68 RK Mutt Rd, Mandavelli ; dort/s/d 650/1 400/1 680 ₹ ; ❄📶). Véritable aubaine pour les visiteurs, le Red Lollipop est une auberge de jeunesse propice aux rencontres, à 700 m au sud du temple de Mylapore. Des phrases bien inspirées ornent ses murs aux couleurs vives. Dortoirs de six à dix lits (dont un réservé aux femmes) avec sdb, très propres et équipés de casiers. Il y a également une chambre privée, un toit-terrasse, une cuisine partagée et un salon. Personnel très serviable.

Zostel AUBERGE DE JEUNESSE $
(carte p. 386 ; ☎011-39589002 ; www.zostel.com ; 120/61 Ellaiamman Colony, 5th St, Teynampet ; dort/ch 600/1 680 ₹ ; ❄📶). Nouveauté à Chennai, cette enseigne d'une chaîne indienne populaire remporte un franc succès. Dortoirs de huit lits, chambre privée sans fioritures, espaces communs spacieux, cuisine partagée et machine à laver. À 5 minutes à pied du métro, dans un quartier résidentiel tranquille.

TARIFS HÔTELIERS

Ces fourchettes de prix s'entendent pour une chambre double avec sdb au Tamil Nadu.

$ moins de 1 400 ₹

$$ 1 400-4 500 ₹

$$$ plus de 4 500 ₹

Anna Salai, Egmore et Triplicane

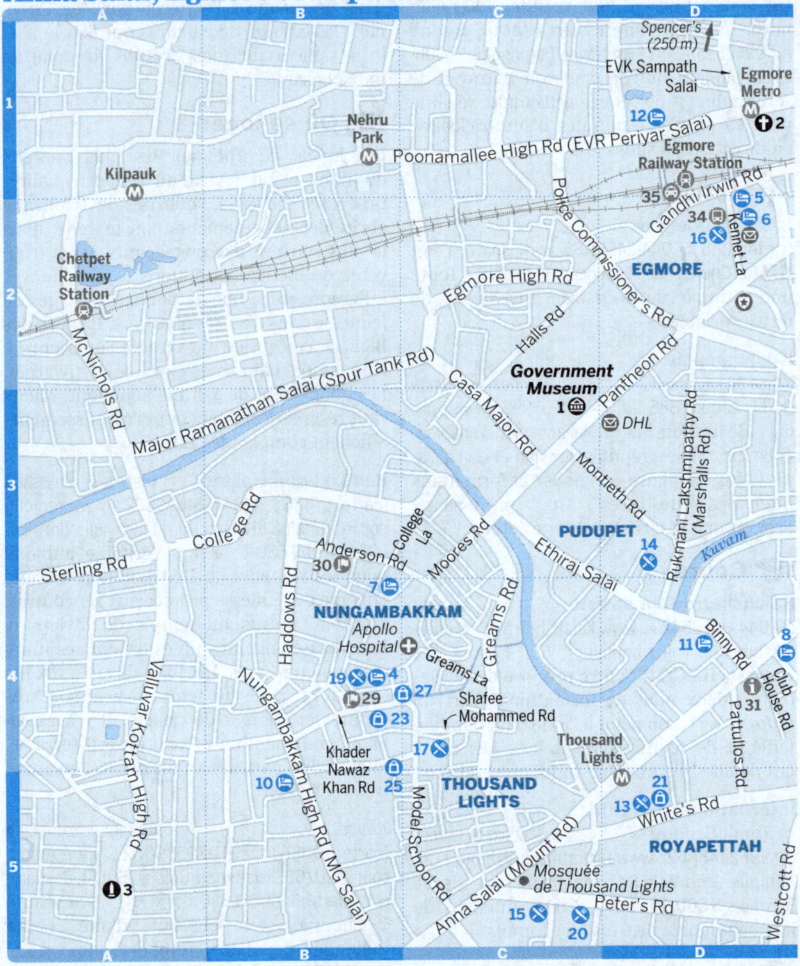

Paradise Guest House GUESTHOUSE **$**
(carte p. 392 ; ☎044-28594252 ; www.paradise-guesthouse.co.in ; 17/1 Vallabha Agraharam St, Triplicane ; s/d 500/700 ₹, avec clim 1 000/1 200 ₹ ; ❄📶). L'un des meilleurs rapports qualité/prix du quartier, avec des chambres simples au carrelage impeccable (et des seaux d'eau bien chaude) et un toit-terrasse. L'endroit offre un confort basique et réserve un bon accueil.

♥ **Footprint B&B** B&B **$$**
(carte p. 386 ; ☎9840037483 ; www.footprint.in ; Gayatri Apartments, 16 South St, Alwarpet ; ch 3 400 ₹, petit-déj inclus ; ❄📶). Une adresse confortable et détendue, dans la rue calme d'un quartier verdoyant du sud de la ville. Aux trois chambres meublées de lits king size ou de grands lits jumeaux s'ajoute une partie commune décorée de corbeilles de roses sauvages et de photos du vieux Madras. Les petits-déjeuners maison sont copieux et le service est excellent. Les aimables propriétaires constituent une mine de conseils sur le Tamil Nadu. Réservez !

Hanu Reddy Residences GUESTHOUSE **$$**
(carte p. 392 ; ☎044-43084563, 9176869926 ; www.hanureddyresidences.com ; 6A/24 3rd St,

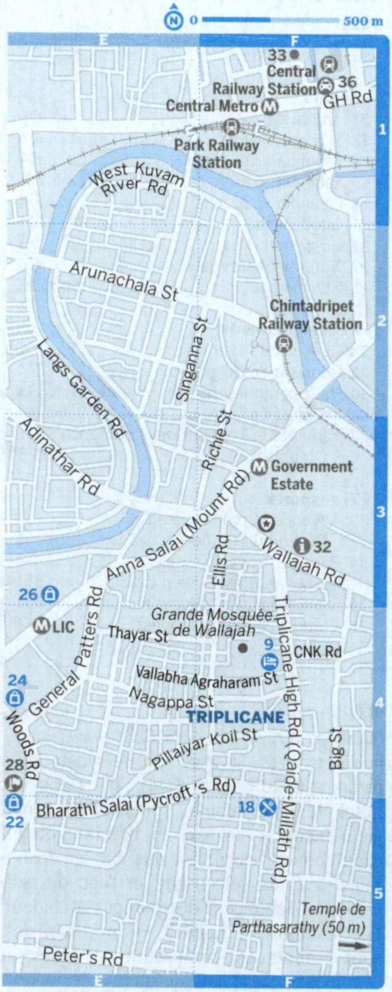

Wallace Garden, Nungambakkam ; s 3 540-4 130 ₹, d 4 130-4 720 ₹, petit-déj inclus ; ❄📶). Une pension bien située dans une rue tranquille à un pâté de maisons de restaurants de cuisines variées, de cafés et de magasins chics. Les 13 chambres, sans prétention, ont la climatisation, le Wi-Fi gratuit et de quoi préparer thé et café. Elles sont rehaussées de touches artistiques aux couleurs vives. Mention spéciale pour les raquettes anti-moustiques fournies ! Chaises longues en bambou sur les terrasses. Service impeccable, attentionné et professionnel. **Succursale** (carte p. 386 ; ☎044-24661021 ; 41/19 Poes Garden ; ch/ste 5 900/10 240 ₹, petit-déj inclus ; ❄📶) dans l'exceptionnel Poes Garden.

YWCA International Guest House GUESTHOUSE $$
(carte p. 392 ; ☎044-25324234 ; ywcamadras.org/international-guest-house ; 1086 Poonamallee High Rd ; s 2 065-2 700 ₹, d 2 600-3 590 ₹, sans clim s/d 1 475/1 890 ₹, petit-déj inclus ; ❄@📶). Dans un jardin ombragé, juste au nord de la gare d'Egmore, la *guesthouse* YWCA de Chennai se distingue par son atmosphère paisible. Très bien tenue, elle possède des chambres de bonne taille impeccables et de vastes espaces communs. Repas avantageux (végétarien/non végétarien 225/330 ₹). Wi-Fi dans le hall (150 ₹/jour).

Hotel Victoria HÔTEL $$
(carte p. 392 ; ☎044-28193638 ; www.empeehotels.com ; 3 Kennet Lane, Egmore ; s 2 800-5 075 ₹, d 3 300-5 550 ₹, petit-déj inclus ; ❄📶). De loin la meilleure adresse sur la très animée Kennet Lane. Les chambres sont propres et correctes (avec bouilloires et TV), bien qu'un peu décevantes au vu de l'entrée étincelante et du service cordial.

La Woods HÔTEL $$
(carte p. 392 ; ☎044-28608040 ; www.lawoods-hotel.com ; 1 Woods Rd, Anna Salai ; ch 3 540 ₹, petit-déj inclus ; ❄📶). Cet hôtel moderne, accueillant et bien tenu, affiche d'audacieuses combinaisons de couleurs. Les chambres de style contemporain, confortables, ont des lits garnis d'une montagne d'oreillers, une bouilloire électrique, un sèche-cheveux et des prises de courant “universelles”. On peut même brancher son ordinateur portable ou son smartphone sur la TV ! Restaurant et bar au look futuriste.

Hotel Chandra Park HÔTEL $$
(carte p. 392 ; ☎044-40506060 ; www.hotel-chandrapark.com ; 9 Gandhi Irwin Rd, Egmore ; s 1 450-2 900 ₹, d 1 680-3 540 ₹, petit-déj inclus ; ❄📶). Les tarifs du Chandra Park restent étonnamment inférieurs à ceux de la plupart des établissements comparables. Les chambres standards, petites et un peu datées, sont climatisées, avec linge de toilette et de lit impeccable. Le service courtois, la réception ouverte 24h/24 et le Wi-Fi gratuit contribuent à l'excellent rapport qualité/prix.

Anna Salai, Egmore et Triplicane

Les incontournables
1 Government Museum C3

À voir
2 St Andrew's Church D1
3 Valluvar Kottam A5

Où se loger
4 Hanu Reddy Residences B4
5 Hotel Chandra Park D2
6 Hotel Victoria D2
7 Ikhaya B4
8 La Woods D4
9 Paradise Guest House F4
10 Taj Coromandel B5
11 Vivanta by Taj – Connemara D4
12 YWCA International Guest House D1

Où se restaurer
13 Amethyst D5
14 Annalakshmi D3
Big Bazaar .... (voir 22)
15 Hotel Saravana Bhavan C5
16 Hotel Saravana Bhavan D2
17 Nilgiri's C4
Raintree .... (voir 11)
18 Ratna Café F5
Southern Spice .... (voir 10)
19 Tuscana Pizzeria B4
20 Writer's Cafe C5

Achats
21 Amethyst D5
22 Express Avenue E5
23 Fabindia B4
Fabindia .... (voir 22)
24 Fabindia E4
25 Good Earth B4
26 Higginbothams E3
27 Naturally Auroville C4
Starmark .... (voir 22)

Renseignements
28 Consulat d'Australie E4
29 Consulat de Belgique B4
30 Haut-commissariat britannique B3
31 Indiatourism D4
32 Tamil Nadu Tourism Development Corporation F3

Transports
33 Advanced Computerised Reservation Office F1
34 Parveen Travels D2
Passenger Reservation Office .... (voir 35)
35 Station de taxis prépayés D1
36 Station de taxis prépayés F1

ITC Grand Chola HÔTEL $$$
(044-22200000 ; www.itchotels.in ; 63 Mount Rd, Guindy ; ch à partir de 15 050 ₹ ;). Dans le sud-ouest de Chennai, ce magnifique hôtel est le plus en vue de la ville. Par-delà le grand hall en marbre éclairé par des lanternes, se déroule un dédale de 600 chambres somptueuses, aux équipements commandés par iPad, avec baignoire et cafetière à piston. Un couloir dessert des chambres réservées aux femmes. L'hôtel compte aussi sept restaurants à l'ambiance feutrée, deux bars, trois salles de sport et cinq piscines. Intégrant des matériaux durables, il fonctionne essentiellement à l'énergie solaire et éolienne.

Ikhaya BOUTIQUE-HÔTEL $$$
(carte p. 392 ; 7550120885 ; www.ikhaya.in ; 6 Nawab Habibulah Ave, 1st St, Nungambakkam ; ch 4 950-5 900 ₹, petit-déj inclus). Version revisitée du bon vieux B&B, l'Ikhaya combine brillamment charme de l'ancien et équipements d'aujourd'hui. Les chambres, parfois avec balcon, comportent lits en bois sculpté, tapis et sdb modernes. Le restaurant prépare une cuisine méditerranéenne 100% maison, servie dans une charmante salle à manger blanche et turquoise ou une cour intérieure.

Raintree HÔTEL $$$
(carte p. 386 ; 044-42252525 ; www.raintree-hotels.com ; 120 St Mary's Rd, Alwarpet ; ch à partir de 8 730 ₹ ;). Dans cet hôtel de style affaires, soucieux de l'environnement, le sol est en bambou ou en caoutchouc, l'accent est mis sur les économies d'eau et d'électricité, et l'eau des sdb est chauffée grâce à des pompes à chaleur. Les chambres, fraîches et minimalistes, sont lumineuses, confortables et chics, et offrent une vue splendide sur la ville. Le toit-terrasse accueille une piscine à débordement avec vue sur la mer et un bar-restaurant en plein air. Excellent restaurant asiatique, le **Chap Chay** (plats 450-800 ₹, menu 1 900 ₹ ; 12h-15h et 19h-23h), au rez-de-chaussée.

Taj Coromandel HÔTEL $$$
(carte p. 392 ; 044-66002827 ; www.tajhotels.com ; 37 Nungambakkam High Rd, Nungambakkam ; ch à partir de 12 000 ₹ ;). Luxueux sans être ostentatoire, le Coromandel permet de se retrancher de l'agitation urbaine, sans pour autant s'éloigner du centre. Les chambres, équipées d'enceintes ambiophoniques, affichent une élégance minimaliste. Jolie piscine à l'ombre de palmiers. Le hall

abrite le restaurant **Southern Spice** (carte p. 392 ; ☎044-66002827 ; plats 750-2 100 ₹, thali 1 800-2 200 ₹ ; ⏰12h30-14h45 et 19h-23h), qui sert une cuisine raffinée d'Inde du Sud, et un bar à cocktails très fréquenté.

Hyatt Regency HÔTEL $$$
(carte p. 386 ; ☎044-61001234 ; chennai.regency.hyatt.com ; 365 Anna Salai, Teynampet ; ch 10 000- 11 950 ₹ ; ❄@📶🏊). Le plus central des nouveaux hôtels haut de gamme de Chennai occupe une belle tour triangulaire, dont l'atrium inondé de soleil est décoré avec des œuvres d'art contemporain. Il comprend trois bons restaurants dirigés par des chefs locaux et un bar couru (p. 398). Les chambres, ultramodernes, offrent une formidable vue panoramique sur la mer ou la ville, à travers d'immenses baies vitrées. Piscine bordée de fleurs et luxueux spa.

Vivanta by Taj – Connemara HÔTEL $$$
(carte p. 392 ; ☎044-66000000 ; www.vivantabytaj.com ; Binny Rd, Anna Salai ; ch 11 990-14 390 ₹, petit-déj inclus ; ❄@📶🏊). Des cinq hôtels haut de gamme du Taj Group à Chennai et des environs, celui-ci est le seul à occuper un vieil édifice, en l'occurrence l'ancienne résidence du gouverneur britannique datant des années 1850. Récemment rénové, il respire le luxe jusque dans les moindres détails. Belle piscine entourée de jardins tropicaux et restaurant, le Raintree (p. 397), qui compte parmi les meilleures tables de la ville.

Où se restaurer

Chennai ne manque pas de cantines (*messes*) bon marché, qui servent des *thali* midi et soir, et des *tiffin* (en-cas du style *idli*, *vada* ou *dosa*)... L'Hotel Saravana Bhavan est une bonne adresse végétarienne. Dans le secteur musulman de Triplicane High Rd, vous trouverez d'excellents *biryani* (plats de riz à la viande et aux légumes).

Les restaurants chics abondent : les tables indiennes haut de gamme et la cuisine internationale sont en plein essor.

Il existe des supermarchés bien approvisionnés, comme **Spencer's** (carte p. 386 ; 15 EVK Sampath Salai, Vepery ; ⏰7h45-22h), près des gares de Chennai Egmore et Chennai Central ; Big Bazaar dans **T Nagar** (carte p. 386 ; 34 Sir Thyagaraya Rd, Pondy Bazaar, T Nagar ; ⏰10h30-21h30) et le centre commercial **Express Avenue** (carte p. 392 ; Express Avenue, White's Rd ; ⏰10h-21h30 lun-ven, 10h-22h sam-dim) ; **Nilgiri's** (carte p. 392 ; 25 Shafee Mohammed Rd, Nungambakkam ; ⏰9h-21h30), près de Khader Nawaz Khan Rd à Nungambakkam ; et **Amma Naana** (carte p. 392 ; www.ammanaana.com ; 82/100 Chamiers Rd ; ⏰9h-21h lun-sam), à Alwarpet.

Rayars Mess INDIEN DU SUD $
(carte p. 386 ; près d'Arundale St, Mylapore ; plats 10-45 ₹ ; ⏰7h-10h30 et 15h30-18h30, horaires variables). Dans une ruelle poussiéreuse partant d'Arundale St, cette gargote familiale attire les foules depuis 70 ans grâce à ses *bonda* (beignets de purée de pommes de terre et farine de pois chiche), *vada* et *dosa* croustillants. Le petit-déjeuner se compose d'*idli* et de café filtre d'Inde du Sud.

Nair Mess INDIEN DU SUD $
(carte p. 386 ; 22 Mohammed Abdullah Sahib, 2nd St, Chepauk ; repas 70 ₹ ; ⏰11h30-15h30 et 19h-22h). Ce restaurant sans prétention et invariablement animé propose, depuis 1961, des saveurs franches dans un cadre d'une simplicité austère, niché dans une allée en face du terrain de cricket de Chepauk. Sa spécialité ? Les *thali* servis sur des feuilles de bananier, accompagnés de poisson frit.

Hotel Saravana Bhavan INDIEN $
(carte p. 392 ; ☎044-28192055 ; www.saravanabhavan.com ; 21 Kennet Lane, Egmore ; plats 125-250 ₹, thali 125-155 ₹ ; ⏰6h-22h30). Alléchante à souhait, cette célèbre chaîne végétarienne de Chennai prépare *thali* et petits-déjeuners, ainsi que des plats classiques. L'enseigne d'Egmore est voisine de la gare. Autres adresses à **Mylapore** (carte p. 386 ; ☎044-24611177 ; 70 North Mada St ; plats 125-250 ₹, thali 125-155 ₹ ; ⏰6h-22h30), **Pondy Bazaar** (carte p. 386 ; ☎044-281576677 ; 102 Sir Thyagaraya Rd, T Nagar ; plats 125-250 ₹, thali 125-155 ₹ ; ⏰6h-23h) et **Thousand Lights** (carte p. 392 ; ☎044-28353377 ; 293 Peter's Rd ; plats 125-250 ₹, thali 125-155 ₹ ; ⏰8h-22h30) – cette dernière se classe un cran au-dessus, avec un buffet à 320 ₹.

Ratna Café INDIEN DU SUD $
(carte p. 392 ; 255 Triplicane High Rd, Triplicane ; plats 35-85 ₹ ; ⏰6h-23h). En activité depuis 1948, ce petit établissement souvent bondé doit son (franc) succès à ses délicieux *idli* accompagnés de généreuses portions de *sambar* (sauce à base de pois d'Angole et de légumes), sa spécialité. La carte comprend également des plats d'Inde du Nord. Salle climatisée à l'arrière.

À NE PAS MANQUER

LES DÉLICES DE LA CUISINE DE RUE À CHENNAI

Si Chennai ne jouit pas de la même renommée que Mumbai (Bombay) ou Delhi en matière de cuisine de rue, elle n'en compte pas moins quelques délices, surtout à Mylapore, George Town, Egmore, T Nagar (Thyagaraya Nagar) et le long de Marina Beach. Storytrails (p. 391) propose des circuits dégustation sur ce thème dans George Town.

Mehta Brothers (carte p. 386 ; 325 Mint St, George Town ; plats 20-40 ₹ ; 16h-21h lun-sam). Cette adresse très populaire a pour spécialité les *vada pav* du Maharashtra, des beignets de pommes de terre épicés dans des petits pains, servis avec du chutney à l'ail.

Seena Bhai Tiffin Centre (carte p. 386 ; 15/105 NSC Bose Rd, George Town ; crêpes 40 ₹ ; 19h-23h). *Idli* et *uttapam* (crêpes épaisses), cuits sur une plaque et nappés de *ghee*.

Jannal Kadai (Ponnambala Vathiar St, Mylapore ; 20-30 ₹ ; 8h-10h et 17h-21h30 lun-sam). Un mouchoir de poche réputé pour ses *bhajji* (beignets de légumes), *bonda* (croquettes de purée de pommes de terre) et croustillants *vada* (croquettes frites de légumineuses, souvent des lentilles).

Murugan Idli Shop INDIEN DU SUD $

(carte p. 386 ; muruganidlishop.com ; 77 GN Chetty Rd, T Nagar ; plats 20-100 ₹ ; 7h-23h30). Les initiés sont unanimes : cette adresse de la petite chaîne Murugan, créée à Madurai, sert parmi les meilleurs *idli*, *dosa*, *uttapam* et autres mets d'Inde du Sud de la ville.

Annalakshmi INDIEN $$

(carte p. 392 ; 044-28525109 ; www.facebook.com/annalakshmi.chennai ; 1er ét., Sigapi Achi Bldg, 18/3 Rukmani Lakshmipathy Rd, Egmore ; plats 220-320 ₹, menus 825-1 300 ₹, buffet 525 ₹ ; 12h-14h15 et 19h-21h mar-dim). Des plats végétariens raffinés d'Inde du Nord et du Sud, et de succulents jus fraîchement pressés, le tout servi dans une magnifique salle, décorée de sculptures et de peintures, et aménagée dans un grand immeuble à l'arrière du bâtiment d'Air India. Pour le déjeuner et le dîner, le buffet est dressé dans une salle voisine. L'Annalakshmi est tenu par des disciples de Swami Shanthanand Saraswati et les recettes servent à financer des programmes médicaux en faveur des populations pauvres.

Writer's Cafe CAFÉ $$

(carte p. 392 ; 127 Peter's Rd, Thousand Lights ; plats 150-220 ₹ ; 9h15-22h). Cette librairie de la chaîne Higginbotham se double d'un café-restaurant décontracté où déguster des plats internationaux (pâtes, curries thaïlandais, poulet à la *gravy* avec purée…) bien cuisinés et bon marché, ainsi que des en-cas, salades et pâtisseries. Les bénéfices contribuent à aider des victimes de violences domestiques.

Double Roti BURGERS $$

(carte p. 386 ; 044-30853732 ; doubleroti.in ; 4/27 1st St, Cenotaph Rd, Teynampet ; plats 215-650 ₹ ; 11h-23h ;). "*Double roti*" désigne les pains à burgers. Dans la cuisine semi-ouverte de ce café au chic industriel toujours bondé, ils sont garnis de saveurs originales, surprenantes et délicieuses. Les limonades et les milk-shakes sont servis au pichet ; et les burgers arriveront sur votre table dans des poêlons, accompagnés de petits seaux remplis de frites au *masala*. Grand choix de recettes végétariennes également, avec notamment de fantastiques burgers-falafels épicés.

Junior Kuppanna INDIEN DU SUD $$

(carte p. 386 ; 044-28340071 ; 4 Kannaiya St, North Usman Rd, T Nagar ; plats 110-250 ₹, thali 220 ₹ ; 12h-16h et 18h30-23h30). La cuisine d'une hygiène irréprochable (on peut la visiter) produit sans relâche des *thali* savoureux, présentés de façon traditionnelle sur des feuilles de bananier. Ce "*mess*" (cafétéria) typique à l'atmosphère effervescente propose également une carte complète. Les réfractaires au régime 100% végétarien pourront ainsi se rabattre sur la cervelle de mouton ou le maquereau frit. Arrivez tôt car l'endroit a un succès fou. Plusieurs antennes à Chennai.

Peshawri INDIEN DU NORD $$$

(044-22200000 ; www.itchotels.in ; ITC Grand Chola, 63 Mount Rd, Guindy ; plats 895- 2 450 ₹, menus fixes 3 240-4 140 ₹ ; 12h-15h et 19h-23h30). Digne d'un cinq-étoiles, le restaurant-phare de l'ITC sert, dans des alcôves propices à l'intimité, des créations inventives et pleines de saveurs. Une paroi vitrée permet de voir les cuisiniers à l'œuvre. Goûtez les gros morceaux de *paneer* léger aux piments grillés, les brochettes épicées à la perfection ou encore le *dhal bukhara*, la spécialité de la maison, très riche, qui mijote toute une nuit. La carte internationale de vins et de cocktails est phénoménale.

Copper Chimney INDIEN DU NORD $$$

(carte p. 386 ; 044-28115770 ; 74 Cathedral Rd, Gopalapuram ; plats 265-750 ₹ ; 12h-15h et 19h-23h30). Si les amateurs de viande ne manqueront pas les plats tandooris d'Inde du Nord servis dans ce cadre à l'élégance minimaliste, les végétariens trouveront également leur bonheur. Les spécialités jaïnes côtoient ici les *biryani*, les brochettes de poulet, les crevettes grillées et les naans frais et moelleux. Le *machchi tikka* (brochette de poisson tandoori) se distingue, de même que le *paneer kebab* et l'agneau grillé.

Amethyst INTERNATIONAL, CAFÉ $$$

(Wild Garden Café ; carte p. 392 ; 044-45991633 ; www.amethystchennai.com ; White's Rd, Royapettah ; plats 300-500 ₹ ; 10h-23h ;). Cet ancien entrepôt joliment reconverti, avec une véranda dont les tables débordent dans un jardin luxuriant, forme un repaire chic pour les expatriés et les habitants aisés. Il propose des plats bien préparés, aux saveurs européennes : quiches, pâtes, sandwichs, crêpes, salades originales, petit-déjeuner toute la journée et goûter l'après-midi. Battez-vous pour obtenir une table, puis jetez un coup d'œil à l'incroyable boutique haut de gamme (p. 399).

Enté Keralam KÉRALAIS $$

(carte p. 386 ; 7604915091 ; entekeralam.in ; 1 Kasturi Estate, 1st St, Poes Garden ; plats 290-575 ₹ ; 12h-15h et 19h-23h). Ce restaurant élégant et paisible compte quatre salles dans des tons orange, où sont dressées des tables pour 3 à 4 personnes. Le ragoût de légumes *pachakkari* légèrement épicé est accompagné d'*appam* (galettes de riz) légers et floconneux, et le curry d'Alleppey a un bon goût de mangue. Nombreux plats de poisson également. Terminez votre repas avec une glace onctueuse à la noix de coco ! Les menus fixes (végétarien/non végétarien 795/1 195 ₹) permettent de goûter de petites portions de plusieurs plats.

Raintree CHETTINADU $$$

(carte p. 392 ; www.vivantabytaj.com ; Vivanta by Taj – Connemara, Binny Rd, Anna Salai ; plats 450-1 000 ₹ ; 12h30-14h45 et 19h30-minuit). Ce restaurant raffiné au plafond en bois est sans conteste le meilleur de Chennai pour goûter la cuisine du Chettinadu. Délicieusement relevée sans être trop pimentée, celle-ci est riche en viande, mais compte aussi de savoureux plats végétariens. On peut manger dehors, dans un jardin verdoyant où poussent des nénuphars.

Chamiers INTERNATIONAL, CAFÉ $$$

(carte p. 386 ; 044-42030734 ; www.chamiershop.com ; 106 Chamiers Rd, RA Puram ; plats 300-500 ₹ ; 8h30-23h ;). Avec son papier peint fleuri, ses coussins imprimés et ses fauteuils en osier, on se croirait à des années-lumière de Chennai dans ce café en étage, qui a la faveur des habitants. Au menu : gâteau à la carotte, croissants, cappuccino, petits-déjeuners anglais, pancakes américains, pâtes, quiches, *quesadillas*, salades... Wi-Fi à 100 ₹/heure.

Ciclo Cafe CAFÉ $$$

(carte p. 386 ; 044-42048666 ; www.facebook.com/theciclocafe ; 33/47 Gandhi Mandapam Rd, Kotturpuram ; boissons 100-250 ₹, plats 250-550 ₹ ; 11h-23h tlj, 7h-10h30 sam-dim). Le décor amusant décline le thème cycliste, avec des éléments de vélo en guise de luminaires et de mobilier. Côté cuisine, la longue carte internationale comprend des plats tels que curry vert thaïlandais et saumon écossais grillé, plus un grand choix de sandwichs, burgers et salades aussi pantagruélique que délicieux. Bons cafés, jus de fruits frais et smoothies également.

Tuscana Pizzeria ITALIEN $$$

(carte p. 392 ; 044-45038008 ; www.tuscanapizzeria.com ; 19, 3rd St, Wallace Garden, Nungambakkam ; plats 425-775 ₹ ; 12h-23h30). Cette adresse prépare d'authentiques pizzas à pâte fine aux garnitures classiques (jambon cru, mozzarella et tomates séchées, par exemple) ou plus originales (*paneer tikka*), et même en version sans gluten. Des pâtes, salades et "tartines" complètent l'offre. À manger sur place ou à emporter.

Où prendre un verre et faire la fête

La scène nocturne de Chennai est en plein essor. Toutefois, sachez qu'il vous faudra un portefeuille bien garni pour sortir le soir. Les cafés de chaînes occidentales se développent dans la ville.

Les bars et les boîtes de nuit des hôtels cinq étoiles servent de l'alcool 24h/24 et 7 jours/7. C'est là qu'ont lieu la plupart des soirées. L'accès est parfois refusé aux hommes seuls, et le prix d'entrée est souvent élevé pour les couples mixtes et les hommes. Le code vestimentaire est strictement appliqué : ni shorts ni sandales.

Les bars des autres hôtels, essentiellement fréquentés par une clientèle masculine, ferment souvent à minuit. Pour acheter de l'alcool, rendez-vous dans les boutiques d'État TASMAC Premium ou TASMAC Elite, présentes dans des centres commerciaux.

Radio Room BAR

(☎8500005672 ; www.radioroom.in ; Somerset Greenways, 94 Sathyadev Ave, MRC Nagar, RA Puram ; cocktails 450-600 ₹, plats 200-300 ₹ ; ⏲18h-23h30 lun-ven, 16h-23h30 sam-dim). Dans le sud-est de Chennai, ce bar à thème fondé par une équipe jeune et enthousiaste remporte un succès incroyable. On y sert des cocktails et pichets originaux préparés de main de maître – certains aux saveurs locales, comme le punch *chai* –, dans un décor aux meubles dépareillés. Pour grignoter, commandez des spécialités indiennes revisitées, comme les *bhajji* fourrés à la mozzarella et servis dans des paniers en forme de vélo.

365 AS LOUNGE, DISCOTHÈQUE

(carte p. 386 ; ☎044-61001234 ; chennai.regency.hyatt.com ; Hyatt Regency, 365 Anna Salai, Teynampet ; boissons 700 ₹ ; ⏲15h-2h). Le prestigieux Hyatt Regency (p. 395) accueille les soirées les plus endiablées de Chennai, quand des DJ se mettent aux platines sur la terrasse les vendredis (pop) et samedis (techno). Le reste du temps, c'est un lounge chic, servant des cocktails savamment élaborés, des vins indiens et étrangers, de la bière et d'autres alcools. Adoptez une tenue élégante et décontractée (pantalon et chaussures fermées pour les hommes).

Flying Elephant BAR

(☎044-71771234 ; chennai.park.hyatt.com ; Park Hyatt, 39 Velachery Rd, Guindy ; boissons 300-575 ₹ ; ⏲18h-1h). Fréquenté par l'élite, le restaurant design sur plusieurs niveaux du **Park Hyatt** (☎044-71771234 ; s/d à partir 14 880/15 520 ₹, petit-déj inclus ; ❄📶🏊) se transforme en lieu festif le samedi après 23h. Difficile de faire plus classe, avec bar encastré et cocktails infusés aux herbes fraîches. Cinq cuisines ouvertes mitonnent de savoureux plats fusion (650-2 500 ₹).

Sera the Tapas Bar BAR

(carte p. 386 ; ☎044-28111462 ; www.facebook.com/serathetapasbar ; 71 Cathedral Rd, Gopalapuram ; cocktails 275-500 ₹, tapas 235-325 ₹ ; ⏲12h30-minuit). Un lieu atypique, où des DJ se produisent dans un espace décoré d'affiches de corridas, tandis que des matchs de cricket sont retransmis sur des écrans. Le Sera attire presque chaque soir une foule jeune et branchée, qui se régale de sangria et de cocktails, à accompagner de tapas (crevettes à l'ail, beignets de calamars, tartinades d'aubergine...) ou d'une tortilla espagnole authentique à souhait. Réservation conseillée.

Lloyds Tea House SALON DE THÉ

(carte p. 386 ; 179 Lloyds Rd, Gopalapuram ; thés 70-180 ₹, plats 150-320 ₹ ; ⏲11h-23h lun-ven, 8h-23h sam-dim). Des thés et infusions du monde entier (thés verts, *chai* indiens, Darjeeling, *pu-erh* chinois...), à siroter chauds ou froids dans un cadre moderne. Mention spéciale pour le "Zen Garden" vietnamien, délicieusement fruité (servi glacé dans un bocal). Choix de cafés, plats légers et pâtisseries.

10 Downing Street PUB

(10D ; carte p. 386 ; www.10ds.in ; 50 North Boag Rd, T Nagar ; boissons 245-520 ₹, plats 215-500 ₹ ; ⏲11h-minuit). Ce pub décontracté sur le thème british (Big Ben au mur, bâtonnets de poisson pané au menu et Beatles en fond sonore), assorti d'une petite piste de danse, a la faveur d'une clientèle mixte. Ses plats de brasserie surprennent par leur qualité – goûtez le poulet Andhra 65.

☆ Où sortir

Musique classique et danse

Pas un soir (ou presque) à Chennai sans un spectacle de *bharata natyam* (danse classique tamoule) et/ou un concert de musique carnatique dans un lieu ou un autre de la ville. Consultez les programmes dans les quotidiens *The Hindu* et *The Times of India*.

La **Music Academy** (carte p. 386 ; ☎044-28112231 ; www.musicacademymadras.in ; 168/306 TTK Rd, Royapettah) est l'endroit le plus couru ; la Kalakshetra Foundation (p. 389) et la **Bharatiya Vidya Bhavan** (carte p. 386 ; ☎044-24643420 ; www.bhavanschennai.org ; East Mada St, Mylapore) accueillent aussi de nombreux spectacles, souvent gratuits.

Cinéma

Chennai compte une centaine de cinémas reflétant le dynamisme de l'industrie du film tamoul ("Kollywood"). Si la plupart des salles projettent des productions locales en VO, celles des centres commerciaux Phoenix Market City et Express Avenue, notamment, programment régulièrement des films en anglais. Billets autour de 185 ₹.

Achats

Nalli Silks SOIE

(carte p. 386 ; www.nallisilks.com ; 9 Nageswaran Rd, T Nagar ; 9h-21h). Entre saris de mariage, soieries de Kanchipuram en tout genre et *dhoti* (long pagne) pour les hommes, cet immense magasin dévoile une véritable explosion de couleurs !

Higginbothams LIVRES

(carte p. 392 ; higginbothams@vsnl.com ; 116 Anna Salai, Anna Salai ; 9h-20h lun-sam, 10h30-19h30 dim). Fondée en 1844, la doyenne des librairies du pays occupe un majestueux bâtiment blanc. On y trouve un bon choix d'ouvrages en langue anglaise et de nombreuses cartes.

Fabindia VÊTEMENTS, ARTISANAT

(carte p. 386 ; www.fabindia.com ; 390 TTK Rd, Alwarpet ; 10h30-20h30). Cette chaîne nationale de commerce équitable vend de jolis objets artisanaux et des vêtements au goût du jour, fabriqués dans les villages. La nouvelle boutique phare de la marque, en face du Kauvery Hospital, possède un café au 2e étage. Il existe d'autres enseignes dans **Woods Rd** (carte p. 392 ; 3 Woods Rd, Anna Salai ; 10h30-20h30), le centre commercial **Express Ave** (carte p. 392 ; 1er ét., Express Avenue Mall, White's Rd, Royapettah ; 11h30-21h), à **Nungambakkam** (carte p. 392 ; 2e ét., 9/15 Khader Nawaz Khan Rd ; 10h30-20h30), **T Nagar** (carte p. 386 ; 44 GN Chetty Rd ; 10h30-20h30) et **Besant Nagar** (T-25, 7th Ave, 10h30-20h30).

Amethyst MODE ET ACCESSOIRES

(carte p. 392 ; www.amethystchennai.com ; White's Rd, Royapettah ; 11h-19h30). Dans un entrepôt reconverti, au milieu de la végétation, Amethyst propose une mode indienne haut de gamme, moderne et colorée. Au rez-de-chaussée : un magasin de fleurs et un café (p. 397) ayant un succès fou.

Phoenix Market City CENTRE COMMERCIAL

(www.phoenixmarketcity.com ; 142 Velachery Main Rd, Velachery ; 11h-22h). Le *mall* le plus récent et le plus luxueux de Chennai renferme de grandes marques indiennes et internationales (Chanel, Zara, Bata, Lifestyle, Global Desi), ainsi que le premier Starbucks de la ville. Son cinéma multiplex, équipé d'un écran IMAX, passe des nouveaux films tamouls et hollywoodiens.

Chamiers VÊTEMENTS, ARTISANAT

(carte p. 386 ; www.chamiershop.com ; 106 Chamiers Rd, RA Puram ; 10h30-19h30). Au rez-de-chaussée de ce café-boutique branché, **Anokhi** (carte p. 386 ; www.anokhi.com ; 106 Chamiers Rd, RA Puram ; 10h30-19h30) vend à prix raisonnables de beaux vêtements faits main, ainsi que des couvre-lits, des sacs et des accessoires en tissu léger imprimé au tampon. L'élégant **Amethyst Room** (carte p. 386 ; www.amethystchennai.com ; 106 Chamiers Rd, RA Puram ; 10h30-19h) voisin, plus haut de gamme, présente des créations de stylistes indiens. **Chamiers for Men** (carte p. 386 ; 10h30-19h30) est à l'étage.

Naturally Auroville ARTISANAT

(carte p. 392 ; www.naturallyaurovillechennai.com ; 8 Khader Nawaz Khan Rd, Nungambakkam ; 10h15-21h). Artisanat et objets de décoration (couvre-lits, coussins, encens, bougies, carnets en papier fait main...) provenant d'Auroville (p. 424), près de Pondichéry.

Good Earth DÉCORATION

(carte p. 392 ; www.goodearth.in ; 3 Rutland Gate 4th St, Nungambakkam ; 11h-20h). Le nec plus ultra de la déco indienne raffinée : bougies parfumées, couvre-lits brodés, housses de coussins fleuries, tasses à thé chics, savons aux senteurs délicates... Profitez-en pour prendre une pâtisserie dans le café climatisé.

Starmark LIVRES

(www.starmark.in ; 2e ét., Phoenix Market City, Velachery ; 11h-21h30 lun-ven, 10h-22h sam-dim). Une librairie moderne et fiable où acheter des romans et autres ouvrages en hindi, tamoul et anglais, des livres pour enfants, des magazines et des guides de voyage, dont ceux de Lonely Planet. Seconde enseigne dans le centre commercial **Express Avenue** (carte p. 392 ; 2e ét., Express Avenue, White's Rd, Royapettah ; 10h30-21h30 lun-ven, 10h-22h sam-dim).

Express Avenue CENTRE COMMERCIAL

(carte p. 392 ; www.expressavenue.in ; White's Rd, Royapettah ; 10h-22h). L'un des meilleurs centres commerciaux du cœur de la ville, avec de nombreuses chaînes d'habillement

BUS AU DÉPART DE LA CMBT

DESTINATION	TARIF	DURÉE	FRÉQUENCE
Bengaluru (Bangalore)	585-700 ₹	7-8 heures	au moins 50/jour
Coimbatore	570-600 ₹	11 heures	15/jour
Ernakulam (Kochi)	1 300 ₹	12-16 heures	16h30
Hyderabad	845-1 480 ₹	14 heures	18h30, 19h30, 20h30
Kodaikanal	580 ₹	10-13 heures	17h
Madurai	500-1 000 ₹	9-10 heures	30/jour
Mamallapuram	40 ₹	2 heures-2 heures 30	toutes les 10 minutes
Mysuru (Mysore)	670-1 020 ₹	10 heures	19h, 19h45, 20h40, 22h05, 23h30
Ooty	600 ₹	12 heures	16h30, 17h, 19h15
Puducherry (Pondicherry)	250 ₹	4 heures	toutes les 15 minutes
Thanjavur	380 ₹	8 heures 30	toutes les 30 minutes
Tirupati	200-350 ₹	4 heures	toutes les 15 minutes
Trichy (Tiruchirappalli)	370 ₹	6 heures 30-7 heures	toutes les 30 minutes
Thiruvananthapuram	1 000 ₹	14 heures	6/jour

indiennes et internationales. Hall de restauration au dernier étage pour manger sur le pouce.

Kumaran Silks TEXTILES
(carte p. 386 ; www.kumaransilksonline.com ; 12 Nageswaran Rd, T Nagar ; ⏲9h-22h). Dans un beau bâtiment à la façade Art déco, cette élégante boutique meublée d'étagères et de comptoirs en bois à l'ancienne présente des saris (dont des modèles "petits budgets") et des soieries de Kanchipuram.

Renseignements

AGENCES DE VOYAGES

Milesworth Travel (carte p. 386 ; ☎044-24338664 ; www.milesworth.com ; RM Towers, 1er ét., 108 Chamiers Rd, Alwarpet ; ⏲10h-18h lun-sam, 9h30-13h30 sam). Très aimable et professionnel, le personnel saura vous aider pour tous les aspects de votre voyage.

ARGENT

Des DAB fonctionnent partout en ville, y compris à la gare de Chennai Central, la gare routière CMBT et l'aéroport.

Citibank (carte p. 386 ; 50 CP Ramaswamy Rd, Alwarpet)

Citibank (carte p. 386 ; Cathedral Rd, Teynampet)

OFFICES DU TOURISME

Indiatourism (carte p. 392 ; ☎044-28460285, 044-28461459 ; www.incredibleindia.org ; 154 Anna Salai, Anna Salai ; ⏲9h15-17h45 lun-ven). Infos sur Chennai et toute l'Inde.

Tamil Nadu Tourism Development Corporation (TTDC ; carte p. 392 ; ☎044-25333333 ; www.tamilnadutourism.org ; Tamil Nadu Tourism Complex, 2 Wallajah Rd, Triplicane ; ⏲24h/24). Le personnel de la principale agence de l'office du tourisme officiel du Tamil Nadu répond aux questions et s'occupe des réservations pour ses propres circuits en bus. Dans le même bâtiment, on trouve des offices du tourisme de tout le pays, généralement ouverts de 9h à 18h. La TTDC tient aussi un comptoir à la gare de Chennai Egmore.

POSTE

DHL (carte p. 392 ; ☎044-42148886 ; www.dhl.com ; 85 VVV Sq, Pantheon Rd, Egmore ; ⏲9h-21h). Pour l'envoi sécurisé de colis à l'étranger. Plusieurs succursales en ville.

Poste principale (carte p. 386 ; Rajaji Salai, George Town ; ⏲8h-21h lun-sam, 10h-16h dim)

Bureau de poste (carte p. 392 ; Kennet Lane, Egmore ; ⏲10h-18h lun-sam)

SERVICES MÉDICAUX

Apollo Hospital (carte p. 392 ; ☎044-28290200, urgences 044-28293333 ; www.apollohospitals.com ; 21 Greams Lane, Nungambakkam ; ⏲24h/24). Hôpital de pointe aux tarifs élevés – qui attire les "touristes médicaux".

Kauvery Hospital (carte p. 386 ; ☎044-40006000 ; www.kauveryhospital.com ; 199 Luz Church Rd, Mylapore ; ⏲24h/24). Un bon hôpital général privé.

ℹ Depuis/vers Chennai

AVION

L'**aéroport international de Chennai** (☎ 044-22560551 ; Tirusulam) est à l'extrême sud-ouest de la ville. Le terminal international se trouve à 500 m à l'ouest de celui des vols intérieurs ; les deux sont reliés par des passerelles.

BATEAU

Des bateaux assurent la liaison entre le port de George Town et Port Blair, dans les îles Andaman, une ou deux fois par mois. Téléphonez pour connaître les dates de départ car elles ne sont pas fixes. La traversée dure 5 jours. L'**Andaman Shipping Office Ticketing Counter** (☎ 044-25226873 ; www.andaman.gov.in ; 2e ét., Shipping Corporation of India, Jawahar Bldg, 17 Rajaji Salai, George Town ; ⏲10h-16h lun-ven, 10h-12h sam) vend des billets dont les prix s'échelonnent de 2 825 ₹ pour une couchette dans un dortoir pour 80 personnes à 10 815 ₹ pour un lit dans une cabine semi-privée. Réservez plusieurs jours à l'avance et apportez 4 photocopies de votre passeport (page d'identité et visa indien), ainsi que l'original. La démarche peut prendre du temps.

BUS

Bus publics

La plupart des bus publics partent de la **CMBT** (gare routière de Chennai Mofussil ; Jawaharlal Nehru Rd, Koyambedu), une vaste gare très bien organisée, à 6 km à l'ouest du centre. Les bus les plus confortables, plus chers et où l'on peut généralement réserver sa place, sont les bus climatisés (AC) – suivis des bus ultradeluxe (UD). Le centre de réservation informatisé à l'extrémité gauche du hall principal permet d'acheter son billet jusqu'à 60 jours à l'avance. Vous pourrez aussi réserver en ligne (www.tnstc.in).

Le bus n°588 pour Mamallapuram (40 ₹, 1 heure 30, toutes les heures 5h-19h30) circule au départ de la **gare routière d'Adyar Gandhinagar** (2nd Cross St, Adyar).

Bus privés

Les bus des compagnies privées offrent généralement un meilleur confort que les bus publics non climatisés – qui peuvent être moitié moins chers. La principale gare des bus privés, la **gare routière Omni** (en retrait de Kaliamman Koil St, Koyambedu), est située à 500 m à l'ouest de la CMBT ; certaines compagnies prennent et

PRINCIPAUX TRAINS AU DÉPART DE CHENNAI

DESTINATION	TRAIN (N° ET NOM)	TARIF	DURÉE	DÉPART
Agra	12615 *Grand Trunk Express*	745/1 970/2 880 ₹ (C)	31 heures 30	19h15 CC
Bengaluru	12007 *Shatabdi Express**	775/1 435 ₹ (A)	5 heures	6h CC
	12609 *Bangalore Express*	150/545 ₹ (B)	6 heures 30	13h35 CC
Coimbatore	12675 *Kovai Express*	180/665 ₹ (B)	7 heures 30	6h10 CC
	12671 *Nilgiri Express*	315/815/1 150 ₹ (C)	7 heures 45	20h55 CC
Delhi	12621 *Tamil Nadu Express*	780/2 050/3 005 ₹ (C)	33 heures	22h CC
Goa	17311 *Vasco Express* (ven uniquement)	480/1 310/1 900 ₹ (C)	22 heures	15h CC
Hyderabad	12603 *Hyderabad Express*	405/1 070/1 520 ₹ (C)	13 heures	16h45 CC
Kochi (Cochin)	12842 *Coromandel Express*	400/1 060/1 505 ₹ (C)	11 heures 30	20h45 CC
Kolkata	12635 *Vaigai Express*	665/1 755/2 555 ₹ (C)	27 heures	8h45 CC
Madurai	12637 *Pandian Express*	180/665 ₹ (B)	7 heures 45	13h40 CE
	11042 *Mumbai Express*	315/815/1 150 ₹ (C)	8 heures	21h40 CE
Mumbai	12007 *Shatabdi Express**	540/1 460/2 125 ₹ (C)	25 heures 15	12h20 CC
Mysuru (Mysore)	16021 *Kaveri Express*	910/1 815 ₹ (A)	7 heures	6h CC
	16053 *Tirupathi Express*	315/765/1 100 ₹ (C)	9 heures 30	21h15 CC
Tirupati	12635 *Vaigai Express*	80/290 ₹ (B)	3 heures 30	14h15 CC
Trichy	12695 *Trivandrum Express*	145/520 ₹ (B)	5 heures	13h40 CE
Thiruvananthapuram	12842 *Coromandel Express*	470/1 245/1 785 ₹ (C)	16 heures 30	15h25 CC

Gares de départ : CC – Chennai Central ; CE – Chennai Egmore
*Tous les jours sauf le mercredi
Tarifs : (A) chair/executive ; (B) 2e classe/chair ; (C) sleeper/3AC/2AC

déposent aussi des passagers ailleurs en ville. Des renseignements sont disponibles sur www.redbus.in ; les agences de voyages se chargent des réservations.

Parveen Travels (carte p. 392 ; ☎ 044-28192577 ; www.parveentravels.com ; 11/5 Kennet Lane, Egmore). Dessert Bengaluru (Bangalore), Ernakulam (Kochi), Kodaikanal, Madurai, Ooty (Udhagamandalam), Puducherry, Trichy et Thiruvananthapuram (Trivandrum) depuis son agence d'Egmore.

TRAIN

Les trains inter-États et ceux qui se dirigent vers l'ouest partent généralement de la gare de Chennai Central ; les trains en direction du sud empruntent plutôt celle de Chennai Egmore. Dans l'**Advanced Computerised Reservation Office** (carte p. 392 ; 1er ét., gare de banlieue de Chennai Central, Periyamet ; 🕗8h-14h et 14h15-20h lun-sam, 8h-14h dim), un guichet très utile (n°22) est réservé aux voyageurs étrangers, au 1er niveau d'un bâtiment indépendant de 11 étages, juste à l'ouest du bâtiment principal de la gare de Chennai Central. Munissez-vous de photocopies de votre passeport (pages d'informations avec photo et visa). La gare de Chennai Egmore possède également un **Passenger Reservation Office** (carte p. 392 ; 1er ét. ; 🕗8h-14h et 14h15-20h lun-sam, 8h-14h dim).

ℹ Comment circuler

DEPUIS/VERS L'AÉROPORT

Bus

Les bus urbains nos70 et 170 pour Tambaram au départ de la CMBT s'arrêtent sur la route en face de l'aéroport (12-15 ₹, 30-40 minutes).

Métro

Bien que sa portée soit limitée, le métro permet des liaisons faciles et bon marché entre l'aéroport et divers points de la ville (billet jusqu'à 70 ₹). La station se trouve entre les deux terminaux.

Taxi

Les kiosques de taxis prépayés devant le terminal des vols internationaux facturent 550/600 ₹ pour un véhicule sans/avec clim jusqu'à Egmore, et 450/500 ₹ jusqu'à T Nagar. Ceux situés devant le terminal des vols intérieurs pratiquent des tarifs légèrement plus bas. Les services de VTC Ola et Uber reviennent souvent beaucoup moins cher. Pour les trajets longue distance, des comptoirs Fast Track opèrent dans les deux terminaux.

Train

Le moyen le moins onéreux de rejoindre l'aéroport consiste à emprunter un train de banlieue depuis/vers la gare de Tirusulam, en face des parkings du terminal des vols intérieurs. On y accède par un passage piéton souterrain indiqué par des panneaux, sous la

LES LIGNES DE BUS À CHENNAI

N° DE BUS	ITINÉRAIRE
A1	Central–Anna Salai–RK Mutt Rd (Mylapore)–Theosophical Society–Thiruvanmiyur
1B	Parry's–Central–Anna Salai–Aéroport
10A	Parry's–Central–Egmore (S)–Pantheon Rd–T Nagar
11	Rattan–Central–Anna Salai–T Nagar
12	T Nagar–Pondy Bazaar–Eldham's Rd–Dr Radhakrishnan Salai–Vivekananda House
13	T Nagar–Royapettah–Triplicane
15B et 15F	Broadway–Central–CMBT
M27	CMBT–T Nagar
27B	CMBT–Egmore (S)–Bharathi Salai (Triplicane)
27D	Egmore (S)–Anna Salai–Cathedral Rd–Dr Radhakrishnan Salai–San Thome Cathedral
32A	Central–Vivekananda House
102	Broadway–Fort Saint-George–Kamarajar Salai–San Thome Cathedral–Theosophical Society

Les itinéraires sont valables dans les deux sens.
Broadway – **gare routière de Broadway** (carte p. 386 ; George Town)
Central – gare de Chennai Central
Egmore (S) – gare de Chennai Egmore (côté sud)
Parry's – Parry's Corner
Rattan – **arrêt de bus de Rattan Bazaar Rd** (carte p. 386 ; Rattan Bazaar Rd, George Town)
T Nagar – **gare routière de T Nagar** (carte p. 386 ; South Usman Rd, T Nagar)

route. Les trains passent toutes les 15 minutes environ, de 4h13 à minuit depuis/vers la gare de Chennai Beach (10 ₹, 40 minutes) ; ils marquent des arrêts à Nungambakkam, Egmore, Chennai Park et Chennai Fort.

AUTO-RICKSHAW

La plupart des conducteurs refusent d'utiliser leur compteur et annoncent des sommes exorbitantes, qui baissent rapidement en marchandant ferme. Évitez de régler d'avance et convenez du prix avant d'embarquer. Les tarifs augmentent (jusqu'à 50%) entre 23h et 5h.

Vous trouverez des guichets d'auto-rickshaws prépayés devant la CMBT et des stations d'auto-rickshaws prépayés fonctionnant 24h/24 du côté sud de la gare Central, et devant les sorties nord et sud de la gare d'Egmore.

La proposition alléchante d'un *"city tour"* (visite de la ville) en auto-rickshaw pour 50 ₹ est trop belle pour être honnête. Attendez-vous à passer la journée à aller d'un magasin à un autre.

BUS

Si le réseau de bus urbains est pratique, les bus sont archibondés aux heures de pointe. Les billets oscillent entre 5 et 15 ₹ (les bus express et deluxe coûtent le double et les bus climatisés Volvo sont cinq fois plus chers). Les itinéraires des bus sont publiés sur le site www.mtcbus.org.

MÉTRO

S'il ne couvre que des zones restreintes, le métro s'avère néanmoins très pratique. Il dessert notamment les principaux nœuds de transport comme l'aéroport, la CMBT et les gares ferroviaires de Chennai Egmore et Chennai Central. Au moment de nos recherches, le réseau était presque entièrement achevé, facile à utiliser et peu fréquenté (comme autrefois le métro de Delhi !). Si vous prévoyez de l'emprunter plus d'une fois, procurez-vous une carte (50 ₹ de caution remboursable) à créditer. Les rames circulent de 5h à 22h. Les billets coûtent entre 10 et 70 ₹.

TRAIN

Efficaces et peu coûteux, les trains de banlieue au départ de la gare de Chennai Beach desservent de nombreuses gares : Fort, Park (près de la gare de Chennai Central), Egmore, Chetpet, Nungambakkam, Kodambakkam, Mambalam, Saidapet, Guindy, St Thomas Mount, Tirusulam (pour l'aéroport) et Tambaram, au sud. À la gare de Chennai Egmore, les quais (n^{os}10 et 11) et la billetterie des trains de banlieue se trouvent du côté nord du bâtiment. Une autre ligne bifurque après la gare de Fort en direction de Parktown, Chepauk, Tiruvallikeni (pour Marina Beach), Light House et Thirumailai (près du temple de Kapaleeshwarar). Ces trains circulent plusieurs fois par heure, entre 4h et minuit ; le billet coûte 10 ₹.

OÙ S'ADONNER AUX SPORTS NAUTIQUES ?

La côte du Tamil Nadu devient une destination courue pour s'initier au surf, à la planche à voile, au kayak de mer et à la plongée. Si ces activités vous tentent, contactez les écoles ci-dessous (listées du nord au sud). Certaines proposent des formules séjour.

- Kovalam (Covelong) : Covelong Point (p. 404)
- Mamallapuram : Mumu Surf School (p. 407)
- Puducherry : Kallialay Surf School (p. 417)
- Rameswaram : Quest Academy (p. 446)

NORD DU TAMIL NADU

East Coast Road

Après une heure de route sur l'East Coast Rd (ECR) en direction du sud, l'agglomération de Chennai cède la place à un paysage de terre rouge, de champs verdoyants et de palmiers, où les villages se succèdent sous un ciel souvent bleu (si vous prenez l'"IT Expressway", à l'intérieur des terres, vous croiserez en revanche d'immenses bâtiments neufs).

L'ECR est ponctuée de plusieurs haltes agréables entre Chennai et Mamallapuram, à 50 km au sud, comme le modeste village de Kovalam (Covelong), où les pêcheurs ont laissé place aux surfeurs. Attention : en raison de forts courants, la baignade est dangereuse le long de la côte.

À voir

Cholamandal Artists' Village MUSÉE

(044-24490092 ; www.cholamandalartistvillage.com ; Injambakkam ; musée Indien/étranger 30/50 ₹ ; musée 9h30-18h30). Une ambiance bohème flotte dans Injambakkam, où est établi ce village d'artistes. Fondée en 1966 par des membres du Madras Movement, pionniers de l'art contemporain en Inde du Sud, la coopérative de Cholamandal, qui s'étend sur 4 ha à 10 km au sud de la rivière Adyar, est un havre de paix, à l'écart du monde. Son musée, l'un des plus intéressants du Tamil Nadu, expose peintures et sculptures mêlant tradition et postmodernisme.

DakshinaChitra ART ET ARTISANAT
(☎044-27472603 ; www.dakshinachitra.net ; East Coast Rd, Muttukadu ; Indien tarif plein/étudiant 110/50 ₹, étranger 250/70 ₹ ; ⏲10h-18h mer-lun). À 22 km au sud de l'Adyar, DakshinaChitra donne un formidable aperçu de l'art et de l'artisanat traditionnels de l'Inde du Sud. On y trouve, tout à la fois, un musée en plein air, des maisons typiques et bien préservées, des ateliers d'artisanat (poterie, tissage de la soie, vannerie) et des galeries. Vous pourrez voir les tisseurs de soie à l'œuvre, vous faire faire des *mehndi* (tatouages au henné) et assister à des spectacles variés.

Madras Crocodile Bank ZOO
(☎044-27472447 ; www.madrascrocodilebank.org ; Vadanemmeli ; adulte/enfant 40/20 ₹ ; ⏲9h-17h mar-dim). À 6 km au sud de Kovalam sur l'ECR, cet élevage et centre de recherche offre un aperçu du monde des reptiles. Fondé par l'herpétologiste Romulus Whitaker, il abrite des milliers de reptiles, dont 17 des 23 espèces de crocodiliens, et joue un rôle crucial dans leur protection en servant de réserve génétique, notamment pour des espèces menacées. On peut aussi assister au travail d'un centre d'extraction de venin de serpent (10h-13h et 14h-17h).

Grotte du Tigre SANCTUAIRE HINDOU
(Tiger Cave ; Saluvankuppam ; ⏲6h-18h). GRATUIT À 5 km au nord de Mamallapuram, ce sanctuaire rupestre dédié à Durga (un avatar de Devi, l'épouse de Shiva) date probablement du VIIe siècle. L'élément le plus remarquable est le collier de 11 têtes de monstres semblables à des tigres entourant sa cavité centrale ; admirez aussi les deux sculptures de têtes d'éléphant. Tout au nord de l'ensemble, un **sanctuaire à Shiva** creusé dans la roche date de la même époque. Les vestiges du **temple de Subrahmanya** sont protégés par une clôture. Ce sanctuaire en granit du VIIIe siècle fut érigé sur un temple en brique, dédié à Murugan, le fils de Shiva, et remontant à l'ère Sangam.

Kovalam (Covelong)

☎044 / 8 120 HABITANTS

Ce modeste village de pêcheurs à 30 km au sud de Chennai et 20 km au nord de Mamallapuram s'est fait connaître comme le meilleur spot de surf de la côte du Tamil Nadu. D'une popularité croissante auprès des voyageurs, il accueille en août le Covelong Point Surf, Music & Yoga Festival (p. 384), un événement très en vue, et propose toutes sortes de sports nautiques.

Sous la férule de Murthy, pionnier du surf à Kovalam, le convivial **Covelong Point** (☎9840975916 ; www.covelongpoint.com ; 10 Pearl Beach, Ansari Nagar ; planche/cours de surf 300/500 ₹ par heure ; ⏲horaires variables) dispense des cours de tous niveaux ; kayak, plongée, planche à voile et paddle sont également au programme. La même équipe dirige une *guesthouse* décontractée, **Surf Turf** (☎9884272572 ; www.surfturf.in ; 10 Pearl Beach, Ansari Nagar ; ch 2 065-5 190 ₹ petit-déj inclus, formules surf pour 2 pers à partir de 7 000 ₹ ; ❄📶), qui bénéficie d'un superbe emplacement face à la plage.

La plupart des bus Chennai-Mamallapuram pourront vous déposer à l'embranchement de Kovalam sur l'ECR. Le trajet en taxi depuis/vers Mamallapuram ou Chennai coûte autour de 1 000 ₹.

Mamallapuram (Mahabalipuram)

☎044 / 15 170 HABITANTS

À 50 km au sud de Chennai (à moins de 2 heures de bus), Mamallapuram était le principal port de l'ancien royaume des Pallava, basé à Kanchipuram. Aujourd'hui, se promener parmi les sanctuaires de toute beauté et les vestiges classés au Patrimoine mondial reste une expérience mémorable, surtout au crépuscule.

Au-delà des merveilles archéologiques, de l'air iodé et du superbe littoral, les voyageurs apprécient aussi l'accueil que leur réserve “Mahabs”, comme on la surnomme, et son atmosphère détendue. Il est facile d'y circuler à pied ou à vélo, et de pratiquer le surf.

À voir

Vous pourrez aisément passer une journée à découvrir les temples, les grottes et les rochers sculptés de Mamallapuram. La plupart furent taillés dans la roche au VIIe siècle sous le règne de Narasimhavarman Ier, roi Pallava surnommé Mamalla (Grand Lutteur) – d'où le nom de la ville. Des guides officiels de l'Archaeological Survey of India proposent leurs services. Arrivez si possible avant 10h pour éviter les groupes.

♥ **Ascèse d'Arjuna** BAS-RELIEF HINDOU
(Arjuna's Penance ; West Raja St ; ⏲24h/24). GRATUIT Cet immense bas-relief, également connu sous le nom de *Descente du Gange*,

LA COLLINE DE MAMALLAPURAM

De nombreux monuments intéressants sont disséminés sur la colline émaillée de rochers à l'ouest de la ville (Mamallapuram Hill). La plupart datent de la fin du VIIe ou du début du VIIIe siècle. Comptez environ une heure pour parcourir à pied les principaux sites. Cette colline est librement accessible de 6h à 18h par deux entrées : dans West Raja St, au nord, et juste en retrait de Five Rathas Rd, au sud.

Tout droit après l'entrée la plus au nord dans West Raja St, vous admirerez l'énorme rocher de granit appelé **"motte de beurre de Krishna"** (Krishna's Butterball ; ⏲6h-18h), inébranlable malgré sa position apparemment précaire. Derrière les rochers plus au nord, le temple troglodytique du Trimurti (p. 406), honore la trinité hindoue : Brahma (à gauche), Shiva (au centre) et Vishnu (à droite), flanqués de gardiens. À l'arrière du même rocher, remarquez le superbe groupe d'éléphants sculptés.

En revenant sur vos pas, vous découvrirez, au sud du Krishna's Butterball, le **ratha de Ganesh** (⏲6h-18h) creusé dans un monolithe – observez les animaux ressemblant à des lions sculptés à la base des piliers. Jadis consacré à Shiva, ce temple fut dédié à Ganesh (le fils à tête d'éléphant de Shiva) après le retrait du lingam originel. Au sud-ouest du temple, le **mandapa de Varaha** (⏲6h-18h) abrite des sculptures parmi les plus belles de Mamallapuram – admirez les colonnes aux lions assis. Le panneau de gauche montre Vishnu sous son avatar de sanglier (Varaha), sortant la déesse Terre des océans. Les panneaux tournés vers l'extérieur représentent Durga et Lakshmi, l'épouse de Vishnu, lavée par les éléphants, tandis que le panneau à droite figure Vishnu, sous sa forme de géant à huit bras, Trivikrama, en train de vaincre le roi-démon Bali.

Continuez un peu vers le sud, puis grimpez sur la gauche vers le **gopura de Raya** (temple d'Olakkanatha ; ⏲6h-18h) , du XVIe siècle, sans doute inachevé. À l'ouest, en montant, le **trône du Lion** (⏲6h-18h) est finement sculpté. Le sentier principal, qui continue au sud vers le **mandapa de Ramanuja** (⏲6h-18h), monte vers le **phare** (Indien/étranger 10/25 ₹, app photo/caméra 20/25 ₹ ; ⏲10h-17h). Au sud-ouest de ce dernier, le **mandapa de Mahishamardini** (⏲6h-18h), gravé dans la roche, montre de superbes scènes des *Purana* (récit en sanskrit du Ve siècle av. J.-C.). Sur le panneau de gauche, Vishnu est endormi sur les anneaux d'un serpent. Sur la droite, Durga chevauche sa monture, un lion, pour tuer le démon à tête de buffle Mahisha. À l'intérieur du sanctuaire central, Murugan est représenté assis entre ses parents Shiva et Parvati.

est le plus beau de Mamallapuram et l'un des chefs-d'œuvre de l'art antique indien. Sculpté dans deux énormes rochers attenants, il illustre une multitude d'épisodes de la mythologie hindoue, ainsi que des scènes de la vie quotidienne. Au centre, des *naga* (serpents mythiques capables de prendre forme humaine) s'insinuent dans une crevasse naturelle, jadis remplie d'eau, symbolisant le Gange. Sur la gauche, Arjuna (héros du *Mahabharata*) se mortifie en jeûnant debout sur une seule jambe pour que Shiva aux quatre bras lui accorde le Pasupata, son arme la plus puissante pouvant tuer les dieux.

Selon une autre interprétation, le relief montrerait le sage Bagiratha, faisant pénitence afin d'obtenir l'aide de Shiva pour que le Gange coule sur la Terre. La divinité est entourée de nains et des créatures célestes volent dans la partie supérieure. Sous Arjuna/Bagiratha s'élève un temple dédié à Vishnu (ancêtre mythique des rois Pallava), orné de sages, d'un cerf et d'un lion. Parmi les représentations animalières magnifiquement sculptées, vous remarquerez un troupeau d'éléphants et, touche humoristique au cœur du sacré, un chat pratiquant l'ascèse devant une foule de souris.

Après le site, la route mène vers le sud au **mandapa de Pancha Pandava** (mandapa des Cinq Pandava ; West Raja St ; ⏲6h-18h) GRATUIT, un temple excavé qui ne fut jamais achevé. Plus loin, le **mandapa de Krishna** (West Raja St ; ⏲6h-18h) GRATUIT comporte un célèbre bas-relief qui représente Krishna soulevant le mont Govardhana pour protéger villageois et bovins d'une tempête provoquée par le dieu Indra. Vous arriverez ensuite devant un **bas-relief inachevé** (West Raja St ; ⏲24h/24) GRATUIT, aussi grand que l'*Ascèse d'Arjuna*, puis au **temple rupestre de Dharmaraja** (Five Rathas Rd ; ⏲6h-18h) GRATUIT.

Mamallapuram (Mahabalipuram)

Temple rupestre du Trimurti

TEMPLE HINDOU

(colline de Mamallapuram ; 6h-18h). GRATUIT À l'extrémité nord de la colline de Mamallapuram, ce sanctuaire honore la trinité hindoue : Brahma (à gauche), Shiva (au centre) et Vishnu (à droite), flanqués de gardiens. Notez les éléphants sculptés à l'arrière du rocher.

Temple du Rivage

TEMPLE HINDOU

(Shore Temple ; Beach Rd ; billet pour la journée combiné avec les Cinq Ratha Indien/étranger 30/500 ₹, caméra 25 ₹ ; 6h-18h). Avec deux tours élégantes faisant face à la mer, ce petit temple aux proportions harmonieuses illustre l'apogée de l'architecture Pallava et l'ambition maritime de ses rois. La perfection de sa conception et la remarquable facture de ses sculptures (beaucoup ont malheureusement été érodées par les éléments) font aisément oublier ses dimensions modestes. Le temple du Rivage fut édifié au VIIIe siècle sous Narasimhavarman II, ce qui en fait le plus vieux temple du Tamil Nadu bâti en pierre de taille.

Cinq Ratha

TEMPLE HINDOU

(Pancha Ratha, Five Rathas ; Five Rathas Rd ; billet pour la journée combiné avec le temple du Rivage Indien/étranger 30/500 ₹, caméra 25 ₹ ; 6h-18h). Les *ratha* ("char" en sanskrit) sont des édifices monolithiques groupés à l'extrémité sud de Mamallapuram. Ils seraient appelés ainsi en référence à leur forme de chars de procession ou à leur fonction de véhicules des dieux. Ils furent taillés au VIIe siècle dans de grands blocs de roche et sont tous dédiés à une divinité hindoue. Devant chaque *ratha* se dresse une sculpture de l'animal qui servait de monture à la divinité. Aujourd'hui, chacun porte le nom d'un ou plusieurs des cinq frères Pandava, héros de l'épopée du *Mahabharata*, et de leur épouse commune, Draupadi.

Mamallapuram (Mahabalipuram)

Les incontournables
1 Ascèse d'Arjuna B3
2 Temple rupestre du Trimurti B2

À voir
3 Temple rupestre de Dharmaraja A4
4 Ratha de Ganesh B2
5 Mandapa de Krishna B3
6 "Motte de beurre de Krishna" B2
7 Phare A4
8 Trône du Lion A3
9 Mandapa de Mahishamardini A4
10 Mandapa de Panch Pandava B3
11 Mandapa Ramanuja A3
12 Gopura de Raya A3
13 Temple du Rivage (Shore Temple) D3
14 Bas-relief inachevé A4
15 Mandapa de Varaha A3

Activités
16 Mumu Surf School D2
17 Sri Durga C2
18 Travel XS B2

Où se loger
19 Hotel Daphne C2
20 Hotel Mahabs B3
21 Rajalakshmi Guesthouse C2
22 Silver Moon C2
23 Sri Harul Guest House D2

Où se restaurer
24 Gecko Restaurant C2
Joe's Cafe .... (voir 22)
25 Le Yogi D2
26 Mamalla Bhavan B3

Achats
27 Apollo Books D2
28 Southern Arts & Crafts B3

Longtemps enfoui sous le sable, le site fut mis au jour par les Britanniques il y a deux siècles. On pense que les édifices servirent de modèles architecturaux plutôt que de lieux cultuels.

À gauche après l'entrée, le **ratha de Draupadi** (en forme de hutte à toit de chaume stylisée) est consacré à Durga, la déesse qui combat les démons. Siégeant sur un trône en forme de lotus, celle-ci regarde vers l'extérieur. Sa monture, un énorme lion, veille dehors, tandis que des gardiennes encadrent l'entrée.

Sur le même socle se dresse le "char" du plus important des Pandava, le **ratha d'Arjuna**, voué à Shiva. Pourvu de pilastres, de minuscules sanctuaires sur le toit et d'un petit dôme octogonal, il aurait inspiré de nombreux temples bâtis ultérieurement en Inde du Sud. Un gigantesque nandi se dresse à l'arrière. Shiva (qui s'appuie sur ce nandi, du côté sud) et d'autres divinités sont représentés sur les murs extérieurs du temple.

Le **ratha de Bhima**, à la toiture en berceau, n'a jamais été achevé, comme en témoigne l'absence de colonnes sur le côté nord. À l'intérieur, un sanctuaire est dédié à Vishnu. Avec ses piliers sculptés d'effigies léonines, le **ratha de Dharmaraja**, le plus haut des temples, ressemble au *ratha* d'Arjuna, avec un étage supplémentaire. Sur les reliefs de ses murs extérieurs figurent principalement des divinités, dont l'androgyne Ardhanarishvara (mi-Shiva, mi-Parvati), sur le côté est. Le roi Narasimhavarman Ier apparaît à l'extrémité ouest du côté sud.

Le **ratha de Nakula-Sahadeva** (noms des jumeaux Pandava), à l'écart des quatre autres, est dédié à Indra. L'éléphant grandeur nature sculpté dans la pierre est l'une des plus belles sculptures d'éléphant de tout le pays. En franchissant la porte d'entrée (en venant du nord), on aperçoit d'abord l'arrière-train de l'animal, d'où son surnom de "Gajaprishthakara" (derrière de l'éléphant).

Activités

De nombreux établissements proposent des massages (750-1 500 ₹), des cours de yoga (300 ₹/heure) et des soins ayurvédiques à des tarifs similaires. Renseignez-vous auprès d'autres voyageurs, questionnez bien les thérapeutes et laissez tomber si vous avez le moindre doute.

Mumu Surf School SURF
(☎9789844191 ; www.mumusurfindia.com ; Othavadai St ; cours 1 heure 30 collectif/individuel 1 100/1 300 ₹ ; ⏲8h-18h). Cette école bien dirigée et appréciée propose des cours pour tous niveaux et loue des planches (250/1 000 ₹ par heure/jour). Elle organise des opérations de nettoyage de la plage et gère le café Sandy Bottom.

Sri Durga AYURVÉDA
(☎9840288280 ; sridurgaayurclinic@gmail.com ; 35 Othavadai St ; massages 750-1 500 ₹, yoga 300 ₹/h ; ⏲7h-22h). Massages et soins ayurvédiques par des praticiens de votre sexe.

Circuits organisés

Travel XS VÉLO, OBSERVATION DES OISEAUX
(044-27443260 ; www.travel-xs.com ; 123 East Raja St ; circuit vélo 800 ₹ ; 9h30-20h lun-sam toute l'année, 9h30-13h dim nov-mars). Circuits à vélo d'une demi-journée (à partir de deux personnes) dans les villages environnants, à la rencontre des potiers locaux et à la découverte des *kolam* (motifs élaborés aussi appelés *rangoli* qui ornent le seuil des maisons, réalisés avec de la craie, de la pâte de riz ou de la poudre colorée). Également : excursions à la journée comprenant la visite de Kanchipuram et (en saison) de la **réserve ornithologique de Vedanthangal** (044-22351471 ; adulte/enfant 20/5 ₹, app photo/caméra 25/150 ₹ ; 6h-18h nov-mars).

Où se loger

Des pensions économiques pour routards et quelques hôtels de catégorie moyenne jalonnent Othavadai St, Othavadai Cross St et les ruelles latérales. Plusieurs complexes hôteliers haut de gamme se tiennent à la lisière nord de la ville. Les prix augmentent le week-end et les jours fériés.

Rajalakshmi Guesthouse GUESTHOUSE $
(9840545858 ; www.rajalakshmiguesthouse.in ; 5 Othavadai Cross St ; ch 600-700 ₹, avec clim 1 200 ₹ ;). Cette sympathique pension aux murs ocre loue des chambres parmi les moins chères de Mamallapuram. Celles sans clim sont simples mais bien tenues, les autres plus récentes et tout à fait confortables. Hamacs suspendus à chacun des deux étages et bon restaurant. Des promotions en ligne ramènent parfois les chambres climatisées à moins de 1 000 ₹.

Silver Moon GUESTHOUSE $
(9952009952 ; silvermoonmahabs@gmail.com ; 11 Othavadai Cross St ; ch 800-1 500 ₹, avec clim 1 500-2 000 ₹ ;). Rattaché au Joe's Cafe (ci-contre), l'établissement possède des chambres standards propres et en bon état, quoique vieillottes, et des deluxe spacieuses, décorées de peintures murales, ayant un certain cachet pour cette gamme de prix. Bref, l'une des meilleures options petits budgets.

Sri Harul Guest House GUESTHOUSE $
(9384620137 ; sriharul@gmail.com ; 181 Bajanai Koil St, Fishermen's Colony ; ch 800 ₹, avec clim 1 000-1 200 ₹ ;). L'une des meilleures adresses bon marché sur le front de mer de Mamallapuram, avec des chambres de taille moyenne, basiques et relativement propres – six donnant sur la mer.

Hotel Daphne HÔTEL $
(9894282876 ; www.moonrakersrestaurants.com ; 24 Othavadai Cross St ; ch sans/avec clim 900/1 700 ₹ ;). Des chambres sans climatisation correctes et propres, bien que quelconques, et sept chambres climatisées offrant un formidable rapport qualité/prix (surtout les n°s 13 et 14, au dernier étage), avec lits à baldaquin, balcon, rocking-chairs... Impeccable cour ombragée avec des guirlandes électriques, personnel cordial et Wi-Fi gratuit. Réductions possibles sur les simples en période creuse.

Hotel Mahabs HÔTEL $$
(044-27442645 ; www.hotelmahabs.com ; 68 East Raja St ; ch 1 625 ₹, petit-déj inclus, avec clim 2 460-3 775 ₹ ;). Cet hôtel accueillant s'organise autour d'une jolie piscine bordée de peintures murales, dans un jardin luxuriant. Les chambres dans les tons marron, nettes et confortables à défaut d'être originales, disposent d'un petit balcon où s'asseoir. Restaurant correct.

Radisson Blu Resort Temple Bay RESORT $$$
(044-27443636 ; radissonblu.com/hotel-mamallapuram ; 57 Kovalam Rd ; ch à partir de 11 100 ₹, petit-déj inclus ;). Les 144 chalets, villas et bungalows luxueux du Radisson Blu se répartissent dans des jardins soignés qui s'étendent sur 500 m jusqu'à la plage. La piscine, longue de 220 m, est la plus grande du pays. Les chambres, vastes ou immenses, jouissent pour les plus chères d'une piscine privée. L'hôtel brille aussi par sa cuisine, raffinée et onéreuse, et par son spa ayurvédique (massage 2 500 ₹). Une adresse incroyablement prisée. Meilleurs tarifs en ligne.

Où se restaurer

Joe's Cafe CAFÉ $
(Othavadai Cross St ; en-cas 45-130 ₹ ; 7h30-20h30). Une adresse décontractée avec des tables sur le trottoir. Au menu : crêpes, burgers et autres en-cas, ainsi que lassis, jus de fruits et cafés (nous avons aimé le cappuccino glacé).

Mamalla Bhavan INDIEN DU SUD $
(South Mada St ; plats 55-90 ₹, plats 80-105 ₹ ; 7h-21h30). Pour vous régaler de cuisine d'Inde du Sud sans vous ruiner, direction ce restaurant végétarien, sans prétention et très fréquenté, où sont servis des *idli*,

vada et *dosa* le matin, du café filtre à 20 ₹ et, à l'heure du déjeuner, des *thali* dans des feuilles de bananier. Juste à côté de la gare routière.

Gecko Restaurant INTERNATIONAL **$$**
(www.gecko-web.com ; 37 Othavadai St ; plats 180-380 ₹ ; 9h-22h ;). Deux frères sympathiques tiennent ce joli restaurant aux murs bleu et jaune égayés par des œuvres d'art colorées et des gravures sur bois. Les plats du jour, à base de produits de la mer, sont inscrits à la craie sur des ardoises. La carte et les prix ne diffèrent guère de ceux des autres adresses touristiques, mais le service est personnalisé et la cuisine d'une qualité supérieure.

Le Yogi INTERNATIONAL **$$**
(8870944267, 9840706340 ; 19 Othavadai St ; plats 190-450 ₹ ; 7h30-23h ;). Un excellent restaurant international, avec des pâtes, des pizzas, du bacon grillé, des crêpes et des *momo* (raviolis tibétains) savoureux, servis en petites portions. Bon service et cadre douillet, avec poteaux de bambou, coussins au sol et lampes suspendues au toit en paille.

Water's Edge Cafe INTERNATIONAL **$$$**
(044-27443636 ; www.radissonblu.com/hotel-mamallapuram ; Radisson Blu Resort Temple Bay, 57 Kovalam Rd ; plats 625-1 150 ₹ ; 24h/24). Au bord de la piscine du Radisson, ce "café" sert de tout, des pancakes américains au tofu grillé, en passant par les plats végétariens indiens, la cuisine panasiatique et un fantastique buffet du petit-déjeuner (1 190 ₹). Une adresse onéreuse, chic et réputée.

Achats

Le bruit des disqueuses a remplacé celui des burins dans les ateliers des sculpteurs sur pierre, qui produisent aujourd'hui une grande variété de pièces, de qualité et prix variables – du pendentif à 100 ₹ à l'imposant Ganesh à 400 000 ₹. La ville compte aussi de belles galeries d'art et boutiques d'antiquités.

Apollo Books LIVRES
(150 Fishermen's Colony ; 9h30-21h30). Un bon choix de livres, à acheter ou à échanger.

Southern Arts & Crafts ANTIQUITÉS, ARTISANAT
(044-27443675 ; 72 East Raja St ; 10h30-22h30). Beaux meubles, peintures, statues et autres antiquités onéreuses provenant de maisons locales, plus des sculptures récentes de qualité.

Renseignements

Suradeep Hospital (044-27442448 ; 15 Thirukula St ; 24h/24). Un hôpital recommandé par des voyageurs.

Office du tourisme (044-27442232 ; Kovalam Rd ; 10h-17h30 lun-ven). L'un des plus efficaces de l'État.

Depuis/vers Mamallapuram

Au départ de la **gare routière** (East Raja St), le bus n°599 rejoint l'Adyar/Gandhinagar Bus Terminus de Chennai (45 ₹, 1 heure 30, toutes les 30 minutes 6h50-20h30). Des bus pour Kanchipuram (50 ₹, 2 heures) partent à 8h, 12h et 17h30.

Presque tous les autres bus s'arrêtent à la bretelle de contournement de Mamallapuram sur l'ECR, à environ 1 km au nord du centre-ville. C'est le cas du n°118 à destination de la CMBT de Chennai (45 ₹, 2 heures, toutes les 30 minutes 4h-20h), d'où l'on peut gagner en métro l'aéroport et les gares ferroviaires de Central et d'Egmore. Des bus pour Puducherry (150 ₹, 2 heures) passent grosso modo toutes les 15 minutes.

Kanchipuram

044 / 165 000 HABITANTS

À 80 km au sud-ouest de Chennai, Kanchipuram est l'une des sept villes sacrées de l'hindouisme. Elle fut la capitale de la dynastie des Pallava du VIe au VIIIe siècle, quand ces souverains firent bâtir les grands monuments de pierre de Mamallapuram. C'est aujourd'hui une ville moderne, à la frénésie typiquement indienne, connue pour ses nombreux temples, vastes et animés (où se déroulent des fêtes colorées), dont certains datent des époques Pallava, Chola ou Vijayanagar. C'est aussi un centre renommé pour la production de saris en soie de qualité, tissés à la main par de nombreuses familles locales. Des boutiques de soieries et de saris jalonnent Gandhi Rd, au sud-est du centre. Dans l'ensemble, les articles ne sont pas moins chers qu'à Chennai.

Kanchipuram peut se visiter dans la journée depuis Mamallapuram ou Chennai. Cela vaut toutefois la peine de voir certains temples de nuit.

À voir

Tous les temples sont accessibles gratuitement, n'en déplaise à ceux qui prétendent qu'un droit d'entrée s'applique aux non-hindous. Vous devrez sans doute payer pour

Kanchipuram

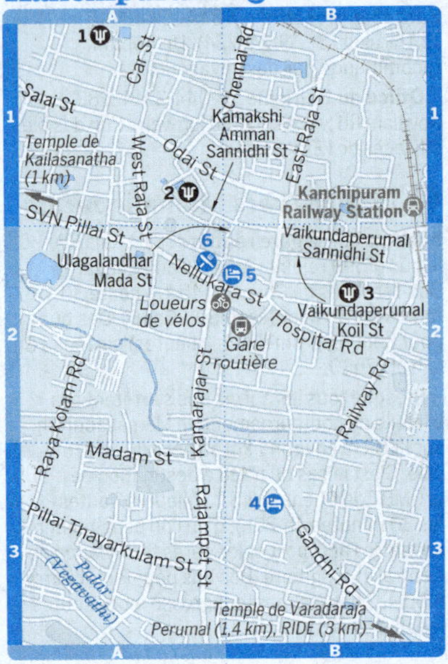

Kanchipuram

À voir

1 Temple d'Ekambareshwara A1
2 Temple de Kamakshi Amman A1
3 Temple de Vaikunta Perumal B2

Où se loger

4 GRT Regency B3
5 SSK Grand B2

Où se restaurer

Dakshin .... (voir 4)
Hotel Saravana Bhavan .... (voir 4)
6 Hotel Saravana Bhavan A2

faire garder vos chaussures et/ou utiliser votre appareil photo.

Temple d'Ekambareshwara TEMPLE HINDOU
(Ekambaranathar Sannidhi St ; téléphone/appareil photo/caméra 10/20/100 ₹ ; 6h-12h30 et 16h-20h30). Voici le temple de la Terre, parmi les cinq temples d'Inde du Sud dédiés à Shiva et associés aux éléments. Il occupe un domaine de 12 ha auquel on accède, du côté sud, par un gopura non peint de 59 m de haut, dont les sculptures très vivantes furent ciselées en 1509, à l'époque du royaume de Vijayanagar. À l'intérieur, une salle à colonnes débouche à gauche sur la cour centrale, avec une représentation de Nandi sur la droite. Le saint des saints, réservé aux hindous, contient un lingam en terre et une salle des miroirs reflétant à l'infini la statue de Shiva placée au centre.

Temple de Kamakshi Amman TEMPLE HINDOU
(Kamakshi Amman Sannidhi St ; 5h30-12h et 16h-20h). Ce temple imposant, consacré à Kamakshi-Parvati, fait partie des plus importants du pays dédiés au culte d'une *shakti* (énergie créatrice associée à une divinité féminine). Sans doute fondé par les Pallava, il marque l'endroit où le ventre de la déesse serait tombé sur terre. Seuls les hindous ont accès au bâtiment principal, dont le saint des saints est couronné d'or, mais vous pourrez admirer l'enceinte de l'ensemble, notamment le bassin carré avec un sanctuaire au centre. Superbes illuminations le soir.

Temple de Vaikunta Perumal TEMPLE HINDOU
(Vaikundaperumal Koil St ; 6h-12h et 16h-20h). Ce temple vieux de 1 200 ans est consacré à Vishnu. Dans le passage autour du sanctuaire central, admirez les colonnes sculptées de lions et les panneaux muraux anciens – certains dépeignent des scènes historiques. Le sanctuaire principal, unique en son genre, s'élève sur trois niveaux. Orné de *yali* (lions mythiques) bondissants à l'extérieur, il renferme des représentations de Vishnu debout, assis, allongé et chevauchant sa monture favorite, Garuda (mi-aigle, mi-homme).

Temple de Varadaraja Perumal TEMPLE HINDOU
(temple de Devarajaswami ; en retrait de Kanchipuram-Chengalpattu Rd, Little Kanchipuram ; salle aux cent piliers 1 ₹, app photo/caméra 5/100 ₹ ; 7h30-12h30 et 15h30-20h). Au sud-est de la ville, ce temple colossal dédié à Vishnu fut édifié sous les Chola au XIe siècle. Les non-hindous n'ont pas accès au cœur du sanctuaire. Ils peuvent en revanche visiter la partie la plus intéressante sur le plan artistique : la salle des mariages aux cent piliers, ajoutée au XVIe siècle et située juste après l'entrée ouest. Des colonnes (au nombre de 96) sont superbement sculptées d'animaux, de monstres, de guerriers et de plusieurs scènes érotiques. L'escalier intérieur sud est encadré de *yali* ; des chaînes en pierre taillées d'un seul bloc sont suspendues à chaque angle.

Tous les 40 ans, le bassin du temple est vidé, dévoilant une grande statue de Vishnu que les fidèles vénèrent pendant 48 jours. Le dernier événement a eu lieu en 2019.

Temple de Kailasanatha TEMPLE HINDOU
(SVN Pillai St ; ⏲6h-18h30, sanctuaire intérieur 6h-12h et 16h-18h30). De petite taille, le plus vieux temple de Kanchipuram vaut surtout pour la délicatesse de ses sculptures en pierre et sa quiétude. Dédié à Shiva, il fut édifié au VIIIe siècle par le roi Pallava Narasimhavarman II (également connu sous le nom de Rajasimha), à qui l'on doit aussi le temple du Rivage de Mamallapuram. Les restaurateurs ont hélas eu la main lourde, si bien que les reliefs érodés restent bien plus évocateurs que ceux remis en état.

Circuits organisés

RIDE ARTISANAT ET SOCIAL
(Rural Institute for Development Education ; ☎044-27268223 ; www.rideindia.org ; 48 Periyar Nagar, Little Kanchipuram ; circuits demi-journée 1 000 ₹ déj inclus). L'industrie du tissage de la soie, pour laquelle Kanchipuram est réputée, reposait autrefois pour beaucoup sur le travail des enfants. Cette ONG œuvre de longue date à mettre fin à cette pratique : selon ses estimations, le nombre d'enfants dans l'industrie est passé de plus de 40 000 en 1997 à moins de 4 000 en 2007. Elle vient également en aide aux personnes défavorisées vivant en zone rurale (surtout à des femmes) et organise des visites guidées à la découverte du monde des tisserands.

Où se loger et se restaurer

RIDE GUESTHOUSE $
(Rural Institute for Development Education ; ☎044-27268223 ; www.rideindia.org ; 48 Periyar Nagar, Little Kanchipuram ; 1 000 ₹/pers ; ❄). L'ONG RIDE a aménagé des chambres simples et propres dans ses locaux, dans un quartier résidentiel, à 5 km au sud-est du centre de Kanchipuram. Quand il y a peu de monde, les sympathiques propriétaires pourront vous accueillir chez eux, dans une maison colorée juste à côté. Petit-déjeuner (150 ₹), déjeuner (250 ₹) et dîner (250 ₹) maison ; réservez la veille. La *guesthouse* est signalée à 1 km à l'est du temple de Varadaraja Perumal.

GRT Regency HÔTEL $$
(☎044-27225250 ; www.grthotels.com ; 487 Gandhi Rd ; ch 2 800 ₹, petit-déj inclus ; ❄📶). Voici les chambres les plus propres, les plus confortables et les plus jolies de Kanchi, avec sol en marbre, cafetières/théières et douches vitrées. Le restaurant **Dakshin** (plats 260-660 ₹ ; ⏲7h-23h ; 📶), qui se veut chic, pratique des tarifs excessifs, pour une cuisine internationale variée – omelettes au petit-déjeuner, plats typiques d'Inde du Sud et savoureux tandooris. Réservez en ligne pour bénéficier de réductions.

SSK Grand HÔTEL $$
(☎9443221774 ; www.hotelsskgrand.com ; 70 Nellukara St ; d 2 230 ₹, petit-déj inclus ; ❄📶). Cet hôtel flambant neuf possède des chambres de bonne taille avec matelas épais, canapé, bouilloire pour le thé et cabine de douche vitrée. Grâce à de possibles réductions en ligne de 700 ₹, c'est la meilleure affaire à Kanchipuram.

Hotel Saravana Bhavan INDIEN DU SUD $
(☎044-27226877 ; www.saravanabhavan.com ; 66 Nellukara St ; plats 80-250 ₹, repas 100-160 ₹ ; ⏲6h-22h30). Ce restaurant végétarien réputé propose de délicieux *dosa* et quelques surprises d'Inde du Nord dans une agréable salle climatisée, et des *thali* au 1er étage. Autre **adresse** (☎044-27222505 ; 504 Gandhi Rd ; plats 80-250 ₹, repas 100-160 ₹ ; ⏲6h-22h30), moins soignée, juste à l'ouest de Gandhi Rd.

Depuis/vers Kanchipuram

Des trains de banlieue à destination de Kanchipuram (25 ₹, 2 heures 30) partent de la gare de Chennai Egmore (plateforme n°10 ou n°11) toutes les heures environ, de 4h30 à 20h30.

BUS AU DÉPART DE KANCHIPURAM

DESTINATION	TARIF	DURÉE	FRÉQUENCE
Chennai	65-80 ₹	2 heures	toutes les 10 minutes 3h30-22h30
Mamallapuram	56 ₹	2 heures	5h30, 9h30, 10h50, 14h55, 16h, 20h
Puducherry (Pondichéry)	72 ₹	3 heures	toutes les heures 5h45-21h20
Tiruvannamalai	110 ₹	3 heures	toutes les 30 minutes 5h10-21h30
Vellore	50 ₹	2 heures	toutes les 30 minutes 3h30-23h

Comment circuler

- Des stands (Kamarajar St ; 50 ₹/jour ; 7h30-20h) devant la gare routière louent des vélos.
- Invariablement, la visite des principaux temples en auto-rickshaw (environ 500 ₹) implique un arrêt dans une boutique de soieries.

Tiruvannamalai

04175 / 145 280 HABITANTS

Au pied du mont sacré Arunachala, Tiruvannamalai est l'une des cinq villes de Shiva liées aux éléments et, à ce titre, l'un des sites les plus vénérés du Tamil Nadu. La divinité est ici honorée dans son incarnation du feu, Arunachaleshwar. Les nuits de pleine lune, des milliers de pèlerins affluent à "Tiru" pour faire le tour du mont Arunachala, un rituel de purification appelé Girivalam (en tamoul) ou Giri Pradakshina (en sanskrit). Toute l'année, des prêtres shivaïtes, des *sadhu* (ascètes) et des fidèles se rassemblent autour du grand temple d'Arunachaleshwar.

Réputé pour son énergie spirituelle, l'endroit abrite quantité d'ashrams et attire un nombre croissant de voyageurs en quête de spiritualité.

À voir

Temple d'Arunachaleshwar TEMPLE HINDOU

(temple d'Annamalaiyar ; www.arunachaleswarar-temple.tnhrce.in ; 5h30-12h30 et 15h30-21h). Ce temple, l'un des plus vastes du pays, couvre une superficie de 10 ha. Ses parties les plus anciennes remontent au IXe siècle – bien avant, toutefois, le site accueillait déjà un lieu de culte. Les entrées sont marquées par quatre gigantesques gopuras d'un blanc nu ; le plus grand, le plus à l'est, qui date du XVIIe siècle, s'élève à la hauteur incroyable de 66 m (soit l'équivalent de 13 étages). Son couloir est ponctué de sculptures de danseurs et de nains, ainsi que d'éléphants. Les jours de fête, le temple baigne dans les flammes et l'odeur du *ghee* brûlé, comme il convient à l'incarnation de feu du Destructeur de l'Univers.

Mont Arunachala MONTAGNE SACRÉE

Ce volcan éteint surplombe Tiruvannamalai du haut de ses 800 m. Pour les hindous, il s'agit de la demeure sacrée d'Arunachala. Les nuits de pleine lune et les jours de fête, les pèlerins, pieds nus, font le tour de la montagne (14 km ; 4 heures), en s'arrêtant en chemin aux huit lingams vénérés. Le sentier intérieur est fermé jusqu'à nouvel ordre, mais il reste possible de faire le tour en empruntant la route principale ou de gravir le mont en passant devant deux grottes dans lesquelles Sri Ramana Maharshi vécut et médita de 1899 à 1922.

L'ascension jusqu'au sommet (5-6 heures aller-retour) permet d'apprécier la vue somptueuse sur Tiruvannamalai ; mettez-vous en route tôt le matin et prévoyez de l'eau. Un chemin part en face de la partie nord-ouest du temple d'Arunachaleshwar, de l'autre côté de la route : il mène en haut du mont en passant devant des maisons et les deux grottes, **Virupaksha** (après 20 minutes de marche environ) et **Skandasramam** (30 minutes). Nous déconseillons aux femmes de randonner seules et mieux vaut ne pas s'aventurer dans le coin après la nuit tombée à cause des jeunes en état d'ébriété. Notez que le chemin ferme un ou deux mois avant la fête de Deepam (p. 384), mais que les grottes demeurent accessibles.

Si vous voulez faire le tour plus rapidement, procurez-vous la carte intitulée *Giri-pradakshina* (15 ₹) à la librairie de l'ashram de Sri Ramana et louez un vélo (40 ₹/jour) dans la boutique en bord de route, 200 m à l'est de celui-ci. En auto-rickshaw, comptez environ 400 ₹, et jusqu'au double les jours de fête.

Activités

Partout dans le principal quartier des ashrams, des affiches proposent yoga, méditation et ayurvéda.

Ashram de Sri Ramana MÉDITATION

(Sri Ramanasramam ; 04175-237200 ; www.sriramanamaharshi.org ; Chengam Rd ; 5h-21h). Ce paisible ashram, à 2 km au sud-ouest du centre de Tiruvannamalai au sein d'un domaine verdoyant et parcouru par des paons, attire des fidèles de Sri Ramana Maharshi, qui fut l'un des premiers gourous hindous d'envergure internationale ; c'est ici qu'il mourut en 1950, après un demi-siècle de contemplation. Dans ce cadre serein, les visiteurs peuvent méditer ou assister aux pujas et aux chants quotidiens, principalement dans la **salle du samadhi** (fermée 12h30-14h) où se trouve la tombe du gourou.

Arunachala Animal Sanctuary BÉNÉVOLAT

(9442246108 ; www.arunachalasanctuary.com ; Chengam Rd ; 9h-17h30). Ce refuge géré par une association à l'ouest du quartier

LE FORT DE GINGEE

À 37 km à l'est de Tiruvannamalai, les ruines du gigantesque **fort de Gingee** (☎04145-222072 ; Gingee ; Indien/étranger 25/300 ₹ ; ⏲8h-17h), qui comprend trois citadelles distinctes perchées sur des hauteurs, entourées par 6 km de falaises et de murs épais, s'élèvent majestueusement au-dessus des plaines. Construit pour l'essentiel au XVIe siècle par les Vijayanagar, ce fort fut ensuite occupé par les Marathes, les Moghols, les Français, puis les Britanniques, avant d'être abandonné au XIXe siècle.

Si les étrangers sont rares à s'y aventurer, le site, qui servit de décor à plusieurs films, a la faveur des touristes indiens. La route principale entre Tiruvannamalai et Puducherry coupe le fort en deux, juste à l'ouest de Gingee. Des trois citadelles, la plus facile d'accès est **Krishnagiri**, au nord de la route. Au sud, **Rajagiri** est la plus haute des trois. **Chakklidurg**, plus éloignée, est aussi moins intéressante (on ne peut pas y monter). Les billets (plan inclus) s'achètent au pied de Krishnagiri et de Rajagiri.

Au départ de Tiruvannamalai (37 ₹, 1 heure), des bus desservent Gingee toutes les 10 minutes ; descendez au fort pour éviter d'avoir à rebrousser chemin une fois arrivé en ville. Sinon, le trajet en taxi de Tiruvannamalai à Puducherry avec une halte de 2-3 heures à Gingee revient autour de 3 000 ₹.

des ashrams abrite quelques chats et plus de 200 chiens abandonnés et/ou blessés. Il mène des actions de stérilisation, de castration et de contrôle de la rage, et s'efforce d'offrir des traitements abordables et de trouver des familles d'adoption. Les visiteurs peuvent apporter leur aide pour le bain, les repas et les soins – présentez-vous de préférence après 10h30 et attendez-vous à être profondément ému.

Où se loger et se restaurer

Rainbow Guest House GUESTHOUSE $
(☎04175-236408, 9443886408 ; rainbowguesthousetiru@gmail.com ; 27/28 Lakshmanan Nagar, Perumbakkam Rd ; s/d 600/1 250 ₹ ; 📶). Une adresse sympathique et très propre, d'un excellent rapport qualité/prix, à 800 m au sud-ouest de Chengam Rd. L'extérieur aux couleurs vives cache des chambres simples et impeccables, avec ventilateur, eau chaude et sol carrelé. Immenses et parfois pourvues d'une kitchenette, les doubles ressemblent presque à des suites. Fauteuils dans les couloirs et vue splendide sur le mont Arunachala depuis le toit-terrasse spartiate.

Arunaalaya Residency HÔTEL $
(☎8098083062 ; www.arunaalaya.com ; 120 Seshatri Mada St; ch 800 ₹, avec clim 1 960- 3 080 ₹ ; ❄). De grandes chambres fraîches au sol en marbre et aux murs de couleurs gaies autour de deux petits patios végétalisés, dans une ruelle au nord de Chengam Rd. Les climatisées sont un peu trop chères, mais les autres affichent un bon rapport qualité/prix.

Sunshine Guest House GUESTHOUSE $$
(☎04175-235335 ; www.sunshineguesthouseindia.com ; 5 Annamalai Nagar, Perumbakkam Rd ; s/d 1 625/2 350 ₹ ; ❄📶). Dans un coin paisible, à 1 km au sud-ouest du principal groupe d'ashrams, cette pension colorée possède un jardin à l'avant. Les simples ont l'air aussi peu solides que des mobile homes bon marché. En revanche, les doubles de vastes dimensions, toutes inspirées d'une divinité hindoue, ont du cachet à revendre. Elles s'agrémentent de draps imprimés, de tissus à sequins et de rocking-chairs en osier, et disposent de filtres à eau. Pensez à réserver pour un séjour entre novembre et mars.

Hotel Arunachala HÔTEL $$
(Arunachala Inn ; ☎04175-228300 ; www.facebook.com/HotelArunachala ; 5 Vada Sannathi St ; ch 950 ₹, avec clim s 1 500 ₹, d 1 680-2 750 ₹ ; ❄). Juste à côté de l'entrée est du temple d'Arunachaleshwar, l'Hotel Arunachala est un établissement propre et correct, qui lorgne du côté de la catégorie supérieure – sol en faux marbre, bassin avec des poissons dans le hall et service courtois. Préférez les chambres deluxe car les autres paraissent inachevées. En bas, l'**Hotel Sri Arul Jothi** (plats 40-80 ₹ ; ⏲6h-17h30) propose de bons plats d'Inde du Sud (*thali* 80-120 ₹), 100% végétariens.

Shanti Café CAFÉ $
(www.facebook.com/shanticafetiru ; 115A Chengam Rd ; plats 60-200 ₹, boissons 30-90 ₹ ; ⏲8h30-20h30 ; 📶). Ce café décontracté et populaire se trouve dans une ruelle à proximité de Chengam Rd. On s'y régale assis

sur des coussins à même le sol. Au menu : croissants, baguettes, crêpes, jus, diverses variétés de café et de thé, petits-déjeuners, et repas indiens avec une touche diététique. Mention spéciale pour les omelettes. Service aimable et **cybercafé** (www.shantionline.com ; 25 ₹/heure ; ⏲8h30-13h30 et 15h-19h lun-sam) au rez-de-chaussée.

♥ Dreaming Tree CAFÉ $$
(☎8870057753 ; www.dreamingtree.in ; Ramana Nagar ; plats 250-290 ₹ ; ⏲8h30-22h). Sympathique à souhait, le Dreaming Tree sert des assiettes végétariennes diététiques, exquises et copieuses, préparées avec une majorité de produits bio. Vous pourrez vous installer dans de petites cabines garnies de poufs violets, sur le toit-terrasse abrité par des paillages. Goûtez les délicieuses "salades hippies" et le tofu sauté, les petits-déjeuners somptueux, et les jus, lassis, limonades et cafés bio. À 500 m de l'Ashram de Sri Ramana, de l'autre côté de la route (suivez les panneaux).

Tasty Café CAFÉ $$
(Lakshmanan Nagar, Perumbakkam Rd ; plats 100-240 ₹ ; ⏲7h-22h). Dans une paisible cour ombragée avec des tables en bois et des chaises en plastique, l'agréable Tasty Café sert une bonne cuisine indienne et occidentale, avec notamment des pizzas, des pâtes, des crêpes et des salades ; tentez les plats du jour. À 700 m au sud-ouest après Chengam Rd.

Achats

Shantimalai Handicrafts Development Society ARTISANAT
(www.smhds.org ; 83/1 Chengam Rd ; ⏲9h-19h lun-sam). Beaux couvre-lits, sacs, foulards et bracelets, huiles essentielles, encens, bougies et cartes fabriqués par des femmes de villages environnants.

Depuis/vers Tiruvannamalai

La **gare routière** (Polur Rd) est à 800 m au nord du temple d'Arunachaleshwar ; comptez 50-60 ₹ pour vous y rendre en auto-rickshaw depuis le principal quartier des ashrams. Pour Chennai, préférez les bus *ultradeluxe*, qui circulent toutes les heures. Pour les principales liaisons depuis/vers Tiruvannamalai, reportez-vous au tableau ci-dessous.

Comment circuler

Vélos à louer (10/40 ₹ heure/jour) en face de l'Ashram de Sri Ramana (p. 412), dans le sud-ouest de la ville.

Puducherry (Pondichéry)

☎0413 / 1,3 MILLION D'HABITANTS

Le territoire de Puducherry (anciennement Pondichéry, souvent surnommée "Pondy") resta sous domination française jusqu'en 1956 et certaines personnes y parlent encore français (ou anglais avec un accent français). Des hôtels, restaurants et boutiques de décoration vendent une séduisante vision de l'esthétique franco-indienne, renforcée par la présence d'artistes français arrivés dans les années 1970, qui attirèrent à leur tour des créateurs indiens. D'où l'ambiance singulière de Pondy, moins ville coloniale défraîchie que centre bohème et new age, prisé par les visiteurs de toutes nationalités. Il existe aussi une autre facette de la cité, dans la partie moderne, marquée par une frénésie typiquement indienne, avec son concert de klaxons et sa clameur.

L'atmosphère de la ville tient par ailleurs à la présence de l'ashram de Sri Aurobindo, célèbre dans le monde entier, et à l'existence d'Auroville, cité expérimentale créée en 1968 à proximité de Pondy. L'un et l'autre attirent une foule de visiteurs.

Vous apprécierez les boutiques, la cuisine (d'inspiration) française, l'alcool non soumis aux taxes du Tamil Nadu (Puducherry est un territoire de l'Union indienne), l'air marin, et les possibilités de pratiquer le yoga et la méditation.

BUS AU DÉPART DE TIRUVANNAMALAI

DESTINATION	TARIF	DURÉE	FRÉQUENCE
Chennai	120-140 ₹	5 heures	toutes les 10 minutes
Kanchipuram	63 ₹	3 heures	toutes les heures
Puducherry (Pondichéry)	63 ₹	3 heures	toutes les heures
Trichy (Tiruchirappalli)	123 ₹	5 heures	toutes les 45 minutes
Vellore	37-50 ₹	2 heures 30	toutes les 10 minutes

Histoire

En janvier 1673, un militaire français acheta au sultan de Bijapur, au nom de la Compagnie française des Indes, le village de Poudouchéry, sur la côte est du sous-continent. Ainsi débuta l'épopée de la France "aux Indes", aussi fugace que riche en rebondissements, et dont Pondichéry demeure le symbole.

"Je ne puis comprendre à quel dessein les premiers Français qui sont venus ici se sont fixés dans un endroit de si difficile accès du côté de la mer... et si incommode pour la vie", relatait un voyageur de retour du nouveau comptoir vers 1690. La raison en est simple : cette bourgade de pêcheurs offrant un abri médiocre sur une côte marécageuse fut tout ce que put obtenir l'émissaire de Louis XIV.

Cette position française n'en constitua pas moins une excellente base pour le commerce, fenêtre sur l'Orient et ses richesses. Cette fenêtre fut entrouverte par François Martin : véritable fondateur de Pondichéry, nommé en 1685 "directeur de la côte de Coromandel, du Bengale, et des lieux du Sud où la Compagnie porterait son commerce", il établit les assises de la future prospérité du comptoir.

À partir de 1726, la ville devint le siège des établissements français de l'Inde. Sa réussite bénéficia d'un levier inattendu : l'affaiblissement de l'Empire moghol, qui régnait alors sur la quasi-totalité du sous-continent indien. Britanniques et Français se jetèrent dans la brèche et se disputèrent la suprématie commerciale en Inde. Bien introduits auprès des dignitaires locaux, les Français marquèrent des points. Le comptoir commerça avec la France, mais aussi "d'Inde en Inde" – avec le Bengale, l'Arabie, l'Extrême-Orient, la Chine...

C'est à Joseph François Dupleix (voir aussi p. 508) que revint la tâche de gérer les retombées des lointains conflits européens, notamment la guerre de la Succession d'Autriche dans laquelle s'engagea Louis XV. Paris dépêcha une escadre commandée par La Bourdonnais, alors gouverneur des Mascareignes, qui prit la ville de Madras en 1746. La politique de Dupleix porta ses fruits : Pondichéry connut bientôt des heures fastes. En 1753, les ventes de la Compagnie française des Indes égalaient presque celles de sa rivale britannique.

Cependant, la splendeur du comptoir fut éphémère. Non seulement parce que son succès faisait de plus en plus d'ombre au commerce britannique, mais aussi parce que l'ingérence croissante de Dupleix dans les affaires intérieures indiennes irritait les frileux actionnaires de la Compagnie et la Cour. En application des principes selon lesquels "la Compagnie ne doit pas devenir puissance de terre par des possessions trop étendues et trop difficiles à garder" et "la paix, en général, est l'âme du commerce", Dupleix fut désavoué et remplacé par Godeheu. Ce dernier eut pour mission de recentrer le comptoir sur le commerce et de signer des traités avec les Britanniques afin de limiter la concurrence des Compagnies des Indes française et anglaise. Mais cette nouvelle politique se solda par un échec : au-delà du commerce, c'était désormais la suprématie sur les Indes qui opposait Français et Britanniques. Pondichéry fut prise le 16 janvier 1761 et rasée. En 1763, le traité de Paris rendit aux Français les ruines d'un comptoir jadis prospère. Dès lors, Pondichéry ne fut plus qu'une modeste escale sur la route de l'Indochine, avant que d'être tardivement restituée à l'Inde en 1956.

L'influence française perdure aujourd'hui grâce à l'Alliance française, au lycée français et au remarquable Institut français d'indologie (dépendant de l'EFEO, École française d'Extrême-Orient), où sont notamment étudiées la civilisation et les langues indiennes. La bibliothèque Romain-Rolland compte plus de 60 000 livres, dont certains ouvrages français très rares.

À voir

Quartier français QUARTIER HISTORIQUE

Le quartier français se distingue par ses rues pavées, ses bâtiments blanc et ocre plus ou moins défraîchis, et les vestiges de sa splendeur coloniale passée. Il s'étend juste en retrait du front de mer. Pour partir à sa découverte, rejoignez le consulat de France, près de l'extrémité nord de Goubert Salai, la promenade du front de mer. Dirigez-vous vers le sud, passez devant le **phare** (Goubert Salai) de 1836, puis remontez dos à la mer en direction de **Bharathi Park** (rue de la Compagnie ; 6h-19h). GRATUIT La résidence néoclassique du gouverneur, **Raj Nivas** (Rangapillai St), donne sur le côté nord du parc. Regagnez ensuite le front de mer au **mémorial de Gandhi** (Goubert Salai), flânez vers le sud en passant par l'église **Notre-Dame-des-Anges** (Dumas St ; 6h-10h et 16h-19h), puis poursuivez toujours au sud

LES CATHÉDRALES DE PONDI

Les églises de Puducherry sont sans doute les plus belles du pays. Achevée en 1791, la **cathédrale Notre-Dame-de-l'Immaculée-Conception** (Mission St ; ⏲6h-12h et 15h-19h) est un édifice bleu ciel, jaune et blanc, typique du style jésuite d'influence portugaise que l'on retrouve à Goa. Grandiose et magnifiquement restaurée, la **basilique du Sacré-Cœur** (Subbaiah Salai ; ⏲5h30-13h et 18h-20h), aux tons brun et blanc, se distingue par ses éléments gothiques et ses vitraux. Les tours jumelles et la coupole de **Notre-Dame-des-Anges**, une église rose et jaune construite dans les années 1850, deviennent sublimes sous la lumière de la fin d'après-midi. Un mélange de coquille d'œuf et de plâtre confère une grande douceur à ses murs intérieurs. Dans le square juste en face, remarquez la statue de Jeanne d'Arc.

à travers la "ville blanche" – rues Dumas, Romain-Rolland, Suffren et Labourdonnais. À l'extrémité sud de la rue Dumas, jetez un coup d'œil à l'intérieur de la vénérable **École française d'Extrême-Orient** (www.efeo.fr ; 16-19 rue Dumas ; ⏲8h30-12h et 14h-17h30 lun-ven). GRATUIT

De nombreuses restaurations ont été entreprises dans le secteur : si l'histoire et l'architecture ancienne de Pondy vous intéressent, consultez le site INTACH Pondicherry (www.intachpondicherry.org/fr). Des promenades historiques sont détaillées sur le site Internet de l'office du tourisme (www.pondytourism.in).

Front de mer PROMENADE

(Goubert Salai). Bien qu'en bord de mer, Pondy n'est pas une destination balnéaire ; sa plage n'est qu'une étroite bande de sable brun et sale, bordée de rochers déchiquetés. Goubert Salai (Beach Rd) se prête toutefois à une agréable promenade sur le front de mer, en particulier au lever et au coucher du soleil, quand les habitants viennent y flâner. Elle est fermée à la circulation de 18h à 7h30.

Ashram de Sri Aurobindo ASHRAM

(☎0413-2233649 ; www.sriaurobindoashram.org ; Marine St ; ⏲8h-12h et 14h-18h). GRATUIT Fondée en 1926 par Sri Aurobindo (1872-1950) et Mirra Alfassa (1878-1973), une Française appelée "la Mère" (dont le visage est omniprésent), également à l'origine d'Auroville, cette communauté spirituelle compte aujourd'hui quelque 2 000 membres qui travaillent dans les différents départements de l'ashram. L'enseignement d'Aurobindo est tourné vers le "yoga intégral", qui place le travail des fidèles au sein du monde, plutôt qu'en retrait. La visite générale du bâtiment principal de l'ashram est très succincte : on ne voit que le *samadhi* (tombeau) couvert de fleurs de Sri Aurobindo et de la Mère, avant de ressortir par la librairie. Les hôtes des *guesthouses* de l'ashram ont accès à d'autres parties de l'ensemble, ainsi qu'aux activités. Les soirées de méditation collective autour du *samadhi* sont ouvertes à tous.

En semaine, des visites payantes de l'ashram (50 ₹/personne) ont lieu quotidiennement. Elles débutent à 8h30 par un film sur Sri Aurobindo et la Mère, suivi de la découverte de divers ateliers (batik, saris imprimés à la main, tissage...) ; renseignez-vous en ligne (www.sriaurobindoautocare.com) ou au bureau central (p. 423).

Musée de Pondichéry PATRIMOINE

(art.puducherry.gov.in/museum.html ; rue Saint-Louis ; Indien/étranger 10/50 ₹ ; ⏲9h-18h30 mar-dim). Malgré la moiteur du climat, ce joli petit musée réussit à préserver sa collection de meubles et de bibelots de l'époque coloniale française, qui occupe un étage entier. Au rez-de-chaussée, admirez les bronzes des époques Chola, Vijayanagar et Nayak, et les fragments de poteries grecs et espagnols découverts sur le site d'Arikamedu, un port jadis important au sud de Puducherry. Le lit du gouverneur Dupleix est conservé à l'étage.

Institut français BIBLIOTHÈQUE

(☎0413-2231616 ; www.ifpindia.org ; 11 rue Saint-Louis ; 100 ₹ ; ⏲9h-18h lun-ven). Ce majestueux bâtiment du XIXe siècle à l'architecture néoclassique abrite un institut de recherche prospère consacré à la culture, l'histoire et l'écologie de l'Inde. Les visiteurs peuvent feuilleter les ouvrages de la bibliothèque, face à la plage.

Cimetière colonial français SITE HISTORIQUE

GRATUIT Au sud de la ville, ce cimetière aux tombes et mausolées colorés envahis par la végétation conserve le souvenir de la présence française à l'époque coloniale. Cherchez le gardien, qui vous racontera peut-être l'histoire de certaines tombes.

Temple de Sri Manakula Vinayagar TEMPLE HINDOU
(www.manakulavinayagartemple.com ; Manakula Vinayagar Koil St ; ⌚5h45-12h30 et 16h-21h30). Malgré les nombreuses églises catholiques, l'hindouisme prédomine à Pondy. Touristes, pèlerins et badauds viennent se faire caresser la tête par l'éléphant de ce temple dédié à Ganesh, vieux de plusieurs siècles et orné d'une quarantaine de frises délicatement peintes.

Activités

Yoganjali Natyalayam YOGA
(☎0413-2241561 ; www.icyer.com ; 25 II Cross, Iyyanar Nagar ; ⌚9h-18h). Stages d'initiation de 10 leçons particulières (7 000 ₹) dispensés par le renommé International Centre for Yoga Education & Research dans son antenne du centre-ville. Contactez le bureau au moins un jour à l'avance.

Kallialay Surf School SURF
(☎9442992874 ; www.surfschoolindia.com ; Serenity Beach, Tandriankuppam ; cours individuel 1 heure 1 800 ₹, location équipement 1 heure 30 400 ₹ ; ⌚horaires variables). Le surf connaît une popularité grandissante sur la côte du Tamil Nadu. Établie de longue date à 5 km au nord de Puducherry, cette école dirigée par des Espagnols possède de bons équipements et offre diverses formules, des cours pour débutants aux stages intensifs de deux semaines.

La Casita CENTRE CULTUREL
(www.lacasitaindia.com ; 147 Eshwaran Koil St ; cours 250-350 ₹ ; ⌚11h-15h30 et 17h30-21h mar-dim). Un amusant centre culturel d'inspiration latino où suivre des cours ponctuels ou à plus long terme de yoga et de danse Bollywood, mais aussi de tango, salsa, capoeira et zumba. Café cosy pour voyageurs sur le toit-terrasse.

Cours

Sita CULTURE
(☎0413-4200718 ; www.pondicherry-arts.com ; 22 Candappa Moudaliar St ; cours 300-1 200 ₹ ; ⌚9h-13h et 15h-19h lun-sam). Ce centre franco-italien dynamique accueille toutes sortes d'activités ouvertes aux visiteurs, même le temps d'un seul cours : cuisine indienne, *bharata natyam*, danses bollywoodiennes, réalisation de *kolam* ou de *mehndi* (p. 520), yoga, Pilates, ayurvéda, "ateliers" sari... Excellents circuits photo ou à vélo également.

International Centre for Yoga Education & Research YOGA
(Ananda Ashram ; ☎0413-2622902 ; www.icyer.com ; 16A Mettu St, Chinnamudaliarchavady, Kottukuppam ; ⌚10h-14h). Formations rigoureuses de six mois pour les enseignants de yoga à l'Ananda Ashram, au nord de la ville, d'octobre à mars. Formulaire de demande sur le site Internet, à envoyer longtemps à l'avance.

Circuits organisés

Shanti Travel À PIED
(☎0413-4210401 ; www.shantitravel.com ; 44 Vysial St ; ⌚10h-18h). Cette agence organise d'intéressantes promenades à pied de 2 heures dans Puducherry, conduites par des guides francophones notamment.

Storytrails À PIED
(☎7339147770 ; www.storytrails.in ; 551 Kamaraj Salai, 1er ét. ; circuits 1 100-6 000 ₹/pers ; ⌚7h-18h30). Un tour-opérateur plébiscité, originaire de Chennai. Visites thématiques du quartier français.

Où se loger

Les hébergements de Puducherry sont parmi les meilleurs d'Inde du Sud. Les demeures historiques marient le romantisme de l'architecture coloniale au confort moderne. Certaines propriétés ont été superbement restaurées. Si vous arrivez le week-end, mieux vaut réserver et savoir que certains établissements augmentent leurs tarifs.

Park Guest House GUESTHOUSE $
(☎0413-2233644 ; parkgh@sriaurobindoashram.org ; 1 Goubert Salai ; ch sans/avec clim 950/1 500 ₹ ; ❄). Idéalement située sur le front de mer, c'est la *guesthouse* de l'ashram la plus appréciée de Pondy. Et pour cause : ses chambres climatisées offrent un rapport qualité/prix inégalé. Toutes les chambres en façade disposent d'une véranda ou d'un balcon avec vue sur la mer. Jardin pour le yoga ou la méditation, buffet végétarien au déjeuner (150 ₹) et location de vélos (60 ₹/jour). Pas de réservation.

International Guest House GUESTHOUSE $
(INGH ; ☎0413-233669 ; ingh@aurosociety.org ; 47 NSC Bose St ; s 450 ₹, d 550-700 ₹, s/d avec clim 750/1 680 ₹ ; ❄). Dans cette autre *guesthouse* de l'ashram, les chambres nettes et nues, décorées d'une unique photo de la Mère, sont avantageuses. Réservez au moins trois semaines à l'avance car elles ont beaucoup de succès.

Puducherry (Pondichéry)

Kailash Guest House GUESTHOUSE $

(☎0413-2224485 ; kailashguesthouse.in ; 43 Vysial St ; s/d 1 100/1 500 ₹, avec clim 1 250/ 1 750 ₹ ; ❄). Parmi les meilleures options économiques, cette *guesthouse* d'un bon rapport qualité/prix loue des chambres simples et impeccables, avec des moustiquaires aux fenêtres. Bon accueil, salon élégant et douillet à la réception, et terrasse couverte au dernier étage.

♥ **Les Hibiscus** GUESTHOUSE $$

(☎0413-2227480, 9442066763 ; www.leshibiscus.in ; 49 rue Suffren ; s 2 000-2 750 ₹, d 2 250-3 300 ₹, petit-déj inclus ; ❄@📶). À l'abri de murs de couleur mangue, une poignée de superbes chambres hautes de plafond, décorées d'objets d'art et de photos du Pondy d'autrefois, avec des lits en bois anciens et une cafetière. Le tout à des prix incroyablement raisonnables (la simple au dernier étage est une véritable affaire). Les petits-déjeuners frais sont exquis. Service très agréable et attentif. Réservez tôt.

Patricia Guest House GUESTHOUSE $$

(☎0413-2335130 ; patriciaguesthouse.wordpress.com ; 20/28 Francois Martin St ; ch 3 300-4 500 ₹ ; ❄📶). Dans le nord du quartier français, cette maison coloniale orange (sans

Puducherry (Pondichéry)

À voir

1 Bharathi Park ... D2
2 École française d'Extrême-Orient ... D5
3 Mémorial de Gandhi ... D3
4 Institut Français de Pondichéry ... D1
5 Notre-Dame-des-Anges ... D3
6 Phare ... D2
7 Cathédrale Notre-Dame-de-l'Immaculée-Conception ... B2
8 Musée de Pondichéry ... D2
9 Raj Nivas ... D2
10 Basilique du Sacré-Cœur ... A5
11 Front de mer ... D4
12 Ashram de Sri Aurobindo ... D1
13 Temple de Sri Manakula Vinayagar ... C2

Activités

14 Sita ... B3

Où se loger

15 Coloniale Heritage Guest House ... C5
16 Dune Mansion Calvé ... B1
17 Gratitude ... C4
18 Hotel de L'Orient ... C4
19 Hotel de Pondichéry ... C5
20 International Guest House ... C2
21 Kailash Guest House ... C1
22 La Villa ... C4
23 Les Hibiscus ... C5
24 Nila Home Stay ... C4
25 Palais de Mahé ... D4
26 Park Guest House ... D5
27 Patricia Guest House ... D1
28 Promenade ... D2
29 Red Lotus ... C1
30 Villa Helena ... C4
31 Villa Shanti ... C4

Où se restaurer

32 Baker Street ... B4
33 Café des Arts ... C3
Chez Francis ... (voir 18)
34 Gelateria Montecatini Terme ... C5
35 Kasha Ki Aasha ... C3
36 La Pasta World ... C1
37 Le Café ... D3
Le Club ... (voir 19)
Palais de Mahé ... (voir 25)
38 Surguru ... C2
39 Surguru Spot ... D2
Villa Helena ... (voir 30)
Villa Shanti ... (voir 31)

Où prendre un verre et faire la fête

40 L'e-Space ... C4

Achats

41 Anokhi ... D3
42 Auroshikha ... C1
43 Fabindia ... C2
44 Focus ... B2
45 Geethanjali ... C4
46 Hidesign ... C2
47 Kalki ... C1
48 La Boutique d'Auroville ... C1
49 LivingArt Lifestyles ... C4

Renseignements

50 Bureau Central ... C2
51 Consulat de France ... D1

enseigne) a été transformée en une pension vibrante de couleurs à l'atmosphère détendue. Les sept chambres aux teintes vives, rehaussées d'objets d'art et de tissus indiens, ont chacune leur style propre et certaines une sdb séparée. Le "cottage" au dernier étage ouvre sur une terrasse privative couverte d'un toit de chaume. Petit-déjeuner en supplément (200 ₹).

Gratitude GUESTHOUSE $$
(☎0413-2226029 ; www.gratitudeheritage.in ; 52 rue Romain-Rolland ; ch 3 540-7 080 ₹, petit-déj inclus ; ❄📶). Cette demeure du XIXe siècle d'une merveilleuse tranquillité (ni TV, ni chaussures) et d'un jaune lumineux a été superbement restaurée. Les neuf chambres, toutes décorées différemment, se répartissent sur deux niveaux autour d'une cour ombragée à la végétation tropicale. Certaines auraient toutefois besoin de rénovations supplémentaires ; demandez si possible à en voir plusieurs. Terrasse sur le toit pour le yoga et les massages. Délicieux petit-déjeuner. Les enfants ne sont pas admis.

Coloniale Heritage Guest House GUESTHOUSE $$
(☎0413-2224720 ; colonialeheritage.com ; 54 rue Romain-Rolland ; ch 2 950-4 700 ₹, petit-déj inclus ; ❄📶). Ce havre de verdure de l'époque coloniale comprend six chambres confortables (certaines donnent en haut d'escaliers assez raides). L'impressionnante collection du propriétaire (peintures incrustées de joyaux de Tanjore, lithographies de Ravi Varma et autres œuvres d'art des XIXe et XXe siècles) participe pour beaucoup de son caractère. Une chambre possède une balancelle, une autre a son propre balcon. Le petit-déjeuner est servi dans un patio en contrebas, à côté du jardin.

Hotel de Pondichéry HÔTEL HISTORIQUE $$
(☎0413-2227409 ; www.hoteldepondicherry.com ; 38 rue Dumas ; s 2 500 ₹, d 3 000- 5 000 ₹, petit-déj inclus ; ❄📶). Une adresse historique

au charme pittoresque, avec 14 chambres spacieuses, douillettes et tranquilles (certaines ont une sdb semi-ouverte), égayées de quelques touches d'art moderne. Quelques-unes commencent à montrer des signes d'usure. Un excellent restaurant, Le Club (p. 422), occupe la jolie cour à l'avant. Le personnel est particulièrement aimable.

Red Lotus BOUTIQUE-HÔTEL $$
(☎8870344334 ; www.redlotuspondicherry.com ; 48-58 Nehru St ; ch 2 465 ₹ ; ❄📶). Une maison de marchand rénovée donnant sur une rue passante en plein cœur du bazar cache derrière ses portes d'un rouge flamboyant ce boutique-hôtel d'inspiration orientale. Les chambres à la mode arborent des phrases spirituelles et des peintures florales aux murs ainsi que des éléments en bois vernis. Toutes disposent du nécessaire pour préparer thé ou café. Sinon, le toit en terrasse accueille un café-bar avec des canapés garnis de coussins bleus. Personnel enjoué.

Nila Home Stay GUESTHOUSE $$
(☎9443537209 ; www.nilahomestay.com ; 18 rue Mahe-de-la-Bourdonnais ; ch 2 800 ₹ ; ❄📶). Cette *guesthouse* du quartier français simple, pleine de charme et bien gérée est tenue par des hôtes accueillants. Elle possède plusieurs chambres fraîches, colorées et de style historique (certaines ont une cuisine et/ou une terrasse), des cuisines communes pratiques et un modeste salon.

♥ **La Villa** BOUTIQUE-HÔTEL $$$
(☎0413-2338555 ; www.lavillapondicherry.com ; 11 Surcouf St ; ch 13 300-20 500 ₹, petit-déj inclus ; ❄📶🏊). Le prince des hôtels de charme de Pondy occupe une superbe maison du XIXe siècle, remise au goût du jour par l'une des meilleures équipes d'architectes français de la ville. Les six chambres de luxe jouent la carte du blanc et du design audacieux (têtes de lit en bois incurvées, fauteuils "cocons" suspendus, œuvres d'art abstrait...) dans un ensemble au style contemporain très étudié. Le patio abrite un restaurant haut de gamme, et l'on peut prendre le petit-déjeuner au bord de la piscine turquoise sur le toit.

♥ **Villa Shanti** HÔTEL HISTORIQUE $$$
(☎0413-4200028 ; www.lavillashanti.com ; 14 rue Suffren ; ch 8 100-14 000 ₹, petit-déj inclus ; ❄📶). Dans un bâtiment centenaire réaménagé par deux architectes français, la Villa Shanti offre une approche contemporaine du patrimoine du quartier français. Les chambres marient un design ultrachic à des matériaux typiques de la région et à des éléments coloniaux : lits à baldaquin, carreaux du Chettinadu, peintures murales tamoules. La cour semi-enterrée abrite un restaurant très prisé (p. 422) et un bar.

Villa Helena HÔTEL HISTORIQUE $$$
(☎0413-2226789 ; www.villa-helena-pondicherry.com ; 13 rue Bussy ; s 2 500-4 500 ₹, d 4 000-8 000 ₹, petit-déj inclus ; ❄📶). Cette magnifique demeure du XIXe siècle, tenue par des Français a été restaurée avec bonheur, et sublimée d'une touche de charme contemporain. Desservies par des couloirs agrémentés de plantes, les chambres affichent des tons doux et un minimalisme de bon goût, avec linge de lit rayé, coussins imprimés, mobilier ancien et belles sdb modernes. Donnant dans la jolie cour, le **restaurant** sert une savoureuse cuisine occidentale.

Palais de Mahé HÔTEL HISTORIQUE $$$
(☎0413-2345611 ; www.cghearth.com ; 4 rue Bussy ; ch 23 000-28 100 ₹, petit-déj inclus ; ❄📶🏊). Cet hôtel historique imposant s'élève sur trois niveaux, avec colonnades ouvrant sur des chambres très hautes de plafond et meublées dans le style colonial. La belle piscine turquoise est entourée d'un sol en béton ciré. Sur le toit-terrasse, l'excellent restaurant impressionne avec sa cuisine fusion créative et ses petits-déjeuners préparés à la demande. Une bonne affaire de mai à septembre, quand les prix chutent de 30% !

Maison Perumal HÔTEL HISTORIQUE $$$
(☎0413-2227519 ; www.cghearth.com ; 44 Perumal Koil St ; ch 13 300-14 850 ₹, petit-déj inclus ; ❄📶). Des chambres au calme, rehaussées de touches de couleur, avec des lits anciens et de vieilles photos, organisées autour de deux patios à colonnades dans une demeure vieille de 130 ans, nichée dans le quartier tamoul. L'excellent **restaurant** (☎0413-2227519 ; www.cghearth.com ; 44 Perumal Koil St ; plats au déjeuner 350-550 ₹, au dîner 1 200 ₹ ; ⏰12h30-15h et 19h30-21h30) franco-tamoul ne cuisine que des produits frais du marché et fait des démonstrations culinaires. Les hôtes ont accès à la piscine du Palais de Mahé. Circuits historiques à pied proposés.

Hotel de L'Orient HÔTEL HISTORIQUE $$$
(☎0413-2226111 ; www.dunewellnessgroup.com ; 17 Romain Rolland St ; ch 7 700-12 800 ₹, petit-déj inclus ; ❄📶). Cette majestueuse demeure restaurée du XVIIIe siècle comporte

d'agréables vérandas et une gamme de chambres au mobilier ancien, dont souvent des lits à baldaquin, allant de cosy à royale. Service impeccable et atmosphère du Pondy d'antan. Dans la cour, le restaurant Chez Francis (p. 422) prépare des plats français, créoles et d'Inde du Sud.

Dune Mansion Calvé HÔTEL HISTORIQUE $$$
(0413-2970500 ; www.dunewellnessgroup.com ; 36 Vysial St ; ch 6 500-8 850 ₹, petit-déj inclus ;). L'ancien quartier tamoul, qui compte presque autant de villas que le quartier français, connaît une affluence touristique bien moindre. Cette demeure historique, vieille de 150 ans, a entamé une nouvelle vie sous l'égide de ses propriétaires écolos. Installée dans une paisible rue arborée, elle semble encore plus spacieuse qu'elle ne l'est vraiment, avec son atrium à colonnes en teck, ses carreaux du Chettinadu au sol et ses dix belles chambres (baignoires à pieds et eau chauffée par l'énergie solaire).

The Promenade BOUTIQUE-HÔTEL $$$
(0413-2227750 ; www.sarovarhotels.com ; 23 Goubert Ave ; ch 7 670-9 600 ₹, petit-déj inclus ;). Propriété du groupe Hidesign, cette adresse moderne et stylée, bordant le front de mer, loue des chambres haut de gamme, dont la plupart donnent sur le rivage. L'élégant restaurant sur le toit sert une cuisine asiatique et des cocktails de qualité dans un cadre verdoyant éclairé par des lanternes – cette situation privilégiée se traduit par des prix élevés.

Où se restaurer

Puducherry est un haut lieu de la scène culinaire du Tamil Nadu. Outre une excellente cuisine d'Inde du Sud, des restaurants servent des spécialités françaises et italiennes bien préparées, et de savoureux plats fusion. Si vous êtes en manque de fromage ou de croissants, vous serez comblé. Tous les établissements du quartier français servent des crêpes et du bon café. Il existe aussi de fabuleux cafés arty.

Les environs d'Auroville, en particulier le village de Kuilapalayam, recèlent aussi quelques tables intéressantes.

Surguru Spot INDIEN DU SUD $
(0413-4308084 ; www.hotelsurguru.com ; 12 Nehru St ; plats 115-140 ₹, thali 150-220 ₹ ; 6h30-23h). Régalez-vous de *dosa* et de *vada* croustillants, d'*idli* moelleux ou de *thali* relevés entre les piliers jaunes de cette enseigne de chaîne climatisée plus chic que la moyenne, à deux pâtés de maisons de l'ashram de Sri Aurobindo. Autre adresse (0413-4308083 ; 235 Mission St ; plats 70-140 ₹, thali 135-190 ₹ ; 7h-22h40) dans le quartier tamoul.

Gelateria Montecatini Terme GLACES $
(GMT ; Goubert Ave ; glaces 50-80 ₹ ; 11h-23h30). D'authentiques glaces italiennes crémeuses aux parfums tropicaux (mangue, goyave, pastèque...) ou plus originaux tels que caramel salé de l'Himalaya ou "Dubai Cream" (lait, chocolat, amandes et dattes) vous attendent sur le front de mer.

Baker Street CAFÉ $
(123 rue Bussy ; pâtisseries 40-200 ₹ ; 7h-21h ;). Cette boulangerie à la française, haut de gamme et très prisée, vend de délicieux croissants, éclairs, sandwichs et biscuits, à déguster sur place ou à emporter. Également : bonnes baguettes et quiches.

Café des Arts CAFÉ $$
(www.facebook.com/café-des-arts-155637583166 ; 10 rue Suffren ; plats 140-370 ₹ ; 8h30-18h30 mer-lun ;). Abstraction faite du rickshaw dans le jardin, ce café bohème fait très européen. Sur la carte : des plats légers comme des salades croquantes, des sandwichs (baguettes), des omelettes, des croque-monsieur et des crêpes, ainsi que de bons cafés et jus de fruits. Le cadre, un vieil hôtel particulier, est à la fois élégant et décontracté, avec des tables basses et des chaises longues dans plusieurs salles et sur une terrasse dehors.

Kasha Ki Aasha CAFÉ $$
(www.kkapondy.com ; 23 Surcouf St ; plats 150-295 ₹ ; 10h-20h jeu-mar ;). Un sympathique groupe de femmes prépare en un tour de main d'excellents petits-déjeuners à base de crêpes, des déjeuners et des gâteaux, servis sur le toit d'une demeure coloniale transformé en café-boutique d'artisanat. La carte fusion 100% végétarienne inclut des "*thali* européens" et des "*enchiladas* indiennes", un peu cher toutefois pour ce qu'il y a dans l'assiette. Les tissus vaporeux et les sandales en cuir en vente au rez-de-chaussée proviennent directement des fabricants. Musique live le samedi soir.

Le Café CAFÉ $$
(0413-2334949 ; Goubert Salai ; plats 115- 260 ₹ ; 24h/24). Au programme de cette bonne adresse : baguettes, croissants, salades,

gâteaux et café bio d'Inde du Sud (chaud ou frappé). La brise marine et la vue sur le golfe du Bengale ajoutent à l'attrait de ce lieu très couru, où il faut souvent patienter pour obtenir une table – que vous devrez éventuellement partager.

♥ **Villa Helena** CONTINENTAL, INDIEN $$$
(☎0413-4210806 ; www.villa-helena-pondicherry.com ; 13 Rue Bussy ; plats 340-720 ₹ ; ⏲12h-15h et 19h-22h). L'une des équipes culinaires phares de Pondichéry a ouvert en 2016 ce restaurant à la mode dans un ravissant jardin tropical bordé de colonnades blanches et éclairé par des lanternes. La cuisine fait voyager les papilles autour du globe : salades créatives, filet de bœuf, pâtes, planches de fromages, classiques indiens et recettes fusion.

♥ **Villa Shanti** CONTINENTAL, INDIEN $$$
(☎0413-4200028 ; www.lavillashanti.com ; 14 rue Suffren ; plats 250-780 ₹ ; ⏲12h-14h30 et 19h30-22h30). Des tables chics, éclairées à la bougie et dressées dans une cour avec colonnes et palmiers : l'ambiance est branchée dans cet hôtel restaurant doublé d'un bar à cocktails, au nombre des tables les plus tendance de Pondy à l'heure du dîner. Le style franco-indien contemporain du bâtiment va de pair avec la carte mêlant spécialités d'Inde du Nord et cuisine européenne. Les portions sont petites, les saveurs exquises, et la carte comprend quelques délicieux plats végétariens. En-cas et boissons en service continu.

Chez Francis CRÉOLE, FRANÇAIS $$$
(☎9159550341 ; 17 Romain Rolland St ; plats 260-590 ₹ ; ⏲7h30-10h, 12h30-14h30 et 19h30-22h30). Les délices français et créoles, dont un délicieux curry de crevettes, sont à l'ordre du jour dans la cour pittoresque de l'Hotel de L'Orient.

Palais de Mahé FUSION $$$
(☎0413-2345611 ; www.cghearth.com ; 4 rue Bussy ; plats 350-600 ₹ ; ⏲12h30-15h et 19h-22h30). Le superbe restaurant sur le toit-terrasse du Palais de Mahé, juste en retrait de la promenade du front de mer, concocte d'ambitieux plats fusion artistiquement présentés, dont des fruits de mer et pièces de bœuf parfaitement réussies, ainsi que des cocktails inspirés du temps de la prohibition.

La Pasta World ITALIEN $$$
(☎9994670282 ; www.facebook.com/lapastaworld ; 55 Vysial St ; plats 310-500 ₹ ; ⏲17h-22h). Cette petite adresse décontractée du quartier tamoul, qui ne compte que quelques tables recouvertes de nappes à carreaux et une cuisine à l'américaine presque aussi grande que la salle. Tenue par des Italiens, elle propose des pâtes dignes de ce nom accompagnées de sauces authentiques. Pas d'alcool : seule compte la nourriture.

Le Club CONTINENTAL, INDIEN $$$
(☎0413-2227409 ; www.leclubraj.com ; 38 rue Dumas ; plats 370-550 ₹ ; ⏲11h30-15h et 18h30-22h). Dans un jardin à l'éclairage romantique, ce restaurant excelle dans les steaks (accompagnés de sauce béarnaise, au bleu, etc.), les pizzas, les pâtes et les crêpes. Parmi les appétissantes spécialités locales : curry de crevettes, brochettes de légumes, et *paneer* ou poisson à la mode de Malabar. Portions généreuses, à arroser d'un large choix de vins, mojitos et margaritas.

Où prendre un verre et faire la fête

Puducherry est l'un des meilleurs endroits du Tamil Nadu pour sortir prendre un verre – même si les bars ferment à 23h. Malgré les faibles taxes sur l'alcool, seuls les magasins de spiritueux et leurs sombres débits de boissons vendent des bières à petit prix. Les bars-restaurants des hôtels constituent de bonnes options.

L'e-Space BAR
(2 rue Labourdonnais ; cocktails 200 ₹, plats 250-350 ₹ ; ⏲17h-23h tlj et 10h-15h sam-dim). Un petit bar/café insolite, aménagé sur un toit-terrasse semi-ouvert, où siroter de bons cocktails (quand le barman n'a pas disparu) et se restaurer.

Achats

Rendez-vous des bobos attirés par le yoga, Pondy offre des trésors de vêtements, accessoires et souvenirs "indiens chics". Les articles séduisants et originaux en vente dans les boutiques sont souvent produits par l'ashram de Sri Aurobindo ou à Auroville. Nehru Street et MG Rd sont les meilleurs endroits pour faire du shopping ; de nombreuses boutiques sont installées dans le quartier français.

♥ **Kalki** VÊTEMENTS, ACCESSOIRES
(134 Mission St ; ⏲9h30-20h30). De superbes vêtements en coton et en soie aux couleurs chatoyantes, ainsi que des encens, huiles, bougies parfumées et objets en papier

artisanal, presque tous fabriqués à Auroville, où se trouve une **autre enseigne** (centre d'accueil des visiteurs ; ⌚9h30-18h30).

LivingArt Lifestyles MODE ET ACCESSOIRES
(14 rue du Bazar Saint-Laurent ; ⌚10h-14h et 15h-20h mar-sam). Robes fluides à gros imprimés, jupes, pantalons et débardeurs à motifs géométriques ludiques et modernes (tout est cousu main à Auroville), et splendides saris provenant de tout le pays.

Anokhi MODE ET ACCESSOIRES
(www.anokhi.com ; 1 Caserne St ; ⌚10h-19h30). Cette enseigne sophistiquée née à Jaipur est appréciée pour ses superbes vêtements avec de grands aplats de couleurs remettant le traditionnel au goût du jour, ainsi que pour ses jetés de lit, ses nappes, ses écharpes, ses sacs et ses ustensiles et accessoires pour la maison.

Auroshikha ENCENS
(www.auroshikha.com ; 28 Marine St ; ⌚9h-13h et 15h-19h mar-dim). Un choix pléthorique d'encens, de bougies parfumées, d'huiles essentielles et de babioles parfumées fabriquées à l'ashram de Sri Aurobindo.

Geethanjali ANTIQUITÉS
(www.geethanjaliartifacts.com ; 20 Rue Bussy ; ⌚10h-20h30 lun-sam, 10h-19h30 dim). Véritable caverne d'Ali Baba, ce magasin d'antiquités déborde de sculptures, portes ouvragées, coffres en bois, peintures et meubles issus du passé colonial de Pondichéry, voire plus anciens. Expéditions possibles en Europe moyennant 20 000 ₹/m^3 (vérifiez avant que vos achats ne sont pas interdits d'exportation).

Fabindia TISSUS, TEXTILES
(www.fabindia.com ; 223 Mission St ; ⌚10h30-20h30). Forte de son succès depuis les années 1960, la chaîne Fabindia, qui soutient l'emploi dans les campagnes, distribue de remarquables produits artisanaux équitables, faits par des villageois dans le respect des techniques traditionnelles. Cette boutique vend de beaux vêtements indiens contemporains en coton et en soie, ainsi que des tissus de grande qualité, des nappes, des produits de beauté et des meubles.

La Boutique d'Auroville ART ET ARTISANAT
(www.auroville.com ; 38 Nehru St ; ⌚9h30-13h et 14h30-20h). Parfait pour découvrir l'artisanat d'Auroville : bijoux, poteries, vêtements, châles, cartes artisanales et produits de toilette à base de plantes.

Hidesign MODE ET ACCESSOIRES
(www.hidesign.com ; 69 Nehru St ; ⌚9h-21h30). Établi à Pondy depuis 1978, Hidesign vend d'élégants sacs à main, serviettes, porte-monnaie, portefeuilles et ceintures en cuir de créateurs à prix raisonnable. La marque a des enseignes à l'étranger.

Focus LIVRES
(204 Mission St ; ⌚9h30-13h30 et 15h-21h lun-sam). Large choix de livres, notamment sur l'Inde.

Renseignements

AGENCE DE VOYAGES

Parveen Travels (☎0413-2201919 ; www.parveentravels.com ; 288 Maraimalai Adigal Salai ; ⌚24h/24), près de la gare routière, est une option fiable pour les trajets en bus privé.

OFFICES DU TOURISME

Bureau central (☎0413-2233604 ; bureaucentral@sriaurobindoashram.org ; Ambour Salai ; ⌚6h-12h et 16h-18h). Informations sur les hébergements de l'ashram et expositions consacrées à Sri Aurobindo et à la Mère.

Office du tourisme (☎0413-2339497 ; www.pondytourism.in ; 40 Goubert Salai ; ⌚9h-17h). Le site Internet propose des circuits, mais le bureau n'est pas d'une grande utilité. Au moment de nos recherches, il était question que le bureau – qui dispose des horaires de bus vers les destinations touristiques – déménage vers la rue de Bussy.

SERVICES MÉDICAUX

New Medical Centre (☎0413-2261200 ; www.nmcpondy.com ; 470 Mahatma Gandhi Rd ; ⌚24h/24). Un centre médical privé et pluridisciplinaire recommandé.

Depuis/vers Puducherry

AVION

L'aéroport de Puducherry, à 6 km au nord-ouest du centre, n'accueillait lors de nos recherches qu'un vol quotidien depuis/vers Bengaluru et un autre depuis/vers Hyderabad.

TRAIN

Puducherry est mal desservie par le rail, mais le service de réservation de la gare délivre des billets pour des trajets dans tout le pays. Un train à destination de Chennai Egmore part chaque jour à 5h35 (2e classe uniquement, 90 ₹, 4 heures). Sinon, il faut changer à Villupuram, où l'on trouve de nombreuses correspondances.

BUS AU DÉPART DE PUDUCHERRY

La **gare routière** (Maraimalai Adigal Salai) se situe à 2 km à l'ouest du quartier français, mais davantage de liaisons sont assurées depuis Villupuram (35 ₹, 1 heure, toutes les 15 minutes), 38 km à l'ouest de Puducherry.

Des compagnies de bus privées couvrent diverses destinations, le plus souvent de nuit. Elles ont leurs bureaux le long de Maraimalai Adigal Salai, à l'ouest de la gare routière. Nous recommandons en particulier Parveen Travels.

DESTINATION	TARIF	DURÉE	FRÉQUENCE
Bengaluru	270 ₹	8 heures	10h30, 19h30
Chennai	160 ₹ (Volvo AC 300 ₹)	4 heures	toutes les 10 minutes ; Volvo AC 6/jour
Chidambaram	80 ₹	2 heures	toutes les 30 minutes
Kumbakonam	80 ₹	3 heures	6h30, 7h30, 9h30
Mamallapuram	72 ₹	2 heures	toutes les 10 minutes
Tiruvannamalai	88 ₹	3 heures	toutes les 30 minutes

Comment circuler

- Avec ses rues plates, Pondy se prête bien à la marche.
- La ville ne manque pas d'auto-rickshaws. Préparez-vous toutefois à marchander ferme car les conducteurs refusent généralement d'utiliser leur compteur et annoncent des sommes exorbitantes. Comptez 100 ₹ de la gare routière au quartier français et 300 ₹ de Pondy à Auroville.
- Louer un vélo ou une moto est un bon moyen d'explorer Pondy et Auroville. Renseignez-vous auprès des **agences** (Mission St ; vélo 100 ₹/jour, scooter ou moto 250-400 ₹/jour) dans la partie nord de Mission St, entre Nehru Street et Vysial St.

Auroville

☎0413 / 2 953 HABITANTS

Auroville, la "Cité de l'Aurore", est le rêve des adeptes du new age et des idéalistes : cette communauté internationale, fondée sur des idéaux de paix, d'harmonie, de développement durable et de "conscience divine", réunit des personnes venues du monde entier, de toutes croyances, origines et couleur de peau, désireuses d'œuvrer ensemble à l'édification d'une ville universelle, sans liens avec l'argent ni avec aucune religion. Située à 12 km au nord-ouest du centre de Pondy, Auroville fut fondée en 1968 à l'instigation de Mirra Alfassa, une Française qui œuvra aux côtés de Sri Aurobindo (p. 416) – le projet fut confié à l'architecte Roger Anger.

Une centaine de localités disséminées dans ce coin de campagne du Tamil Nadu accueillent quelque 2 500 résidents de 52 nationalités différentes, dont 60% d'étrangers. La visite de ce cadre paisible et du curieux Matrimandir donne un aperçu de leur utopie. Auroville et les villages alentour abritent par ailleurs d'excellents restaurants et cafés. Les Aurovilliens mènent toutes sortes de projets dans des domaines variés : de l'éducation à l'informatique, en passant par l'agriculture biologique, les énergies renouvelables et la production artisanale. Ils emploient entre 4 000 et 5 000 personnes des villages voisins. Pour autant, certains les accusent de se complaire dans une fuite hors du réel.

À voir

Auroville n'est pas développée comme une destination touristique et la plupart des habitants y vaquent à leurs activités. Il n'en existe pas moins un bon **centre d'accueil des visiteurs** (Visitors Centre ; ☎0413-2622239 ; www.auroville.org ; 9h30-13h et 13h30-15h), avec guichets d'information et expositions, et vente de produits locaux. Vous pourrez y acheter un livret et un plan (20 ₹), regarder un film de 10 minutes, et vous procurer un pass (gratuit) pour découvrir de l'extérieur le Matrimandir, l'"âme" d'Auroville, à 1 km de marche à travers bois.

Un réseau de routes et de sentiers accessible aux visiteurs sillonne une zone ombragée de 10 km², où 2 millions d'arbres ont été plantés depuis la fondation du site. Le mieux consiste à louer un vélo derrière le centre d'accueil (30 ₹/demi-journée, plus 500 ₹ de caution).

À quiconque aspire à découvrir Auroville plus en profondeur, les autorités recommandent d'y séjourner au moins dix jours et de s'inscrire à un programme de découverte et d'orientation. Il est aussi possible de venir en tant que bénévole pour six à douze mois. Contactez l'**Auroville Guest Service** (☎0413-2622675 ; guestservice.auroville.org ; Solar Kitchen Bldg ; ⌚9h30-12h30 et 14h-16h lun-ven, 9h30-12h30 sam).

Matrimandir ÉDIFICE REMARQUABLE
(⌚délivrance des pass 9h30-13h et 13h30-16h45 lun-sam, 9h30-13h dim). GRATUIT Le grand Matrimandir, doré et presque sphérique, constitue le site le plus remarquable d'Auroville. Il est souvent comparé à une balle de golf posée sur un tapis de pétales de lotus rouges ou un vaisseau spatial extraterrestre. Cet édifice d'une grande sobriété, entouré d'espaces verts préservés, symbolise la conscience divine. La salle principale, aux murs de marbre blanc, renferme en son centre un globe en cristal qui diffuse les rayons du soleil filtrant depuis un oculus au sommet de la sphère. Il s'agit d'un lieu conçu pour la méditation individuelle. Pour le voir de l'extérieur, procurez-vous un pass gratuit au centre d'accueil des visiteurs (p. 424).

Si vous souhaitez méditer à l'intérieur, vous devrez réserver en personne un à six jours avant auprès du **Matrimandir Access Office** (☎0413-2622204 ; mmconcentration@auroville.org.in ; centre d'accueil des visiteurs ; ⌚10h-11h et 14h-15h mer-lun).

Où se loger et se restaurer

Auroville compte plus de 80 *guesthouses* et hébergements chez l'habitant, qui varient grandement en termes de confort et de budget, des dortoirs à 200 ₹ la nuitée aux bungalows pour deux personnes avec piscine à 5 400 ₹.

Le **Guest Accommodation Service** (☎0413-2622704 ; guesthouses.auroville.org ; centre d'accueil des visiteurs ; ⌚9h30-12h30 et 14h-17h) saura vous renseigner – les réservations s'effectuent directement auprès des hébergements. Mieux vaut passer par le site Internet.

Dreamers Cafe CAFÉ $
(centre d'accueil des visiteurs ; en-cas 80-150 ₹ ; ⌚8h-20h). Une adresse en plein air où boire un excellent café et grignoter de savoureuses pâtisseries, sandwichs et autres en-cas.

Depuis/vers Auroville

De Puducherry, suivez l'East Coast Rd (ECR) jusqu'au village de Periyar Mudaliarchavadi, à 6 km au nord, d'où un embranchement vers l'ouest conduit au centre d'accueil des visiteurs.

L'aller simple en auto-rickshaw depuis/vers Puducherry revient à 300 ₹. Une autre solution consiste à louer un vélo ou une moto à Puducherry (p. 424), dans la partie nord de Mission St.

CENTRE DU TAMIL NADU

Chidambaram

☎04144 / 62 150 HABITANTS

Le temple de Nataraja (incarnation de Shiva en danseur cosmique) justifie à lui seul le voyage jusqu'à Chidambaram. Fleuron de l'architecture dravidienne, il s'agit de l'un des temples les plus sacrés de tous ceux dédiés à Shiva. On peut facilement le visiter à l'occasion d'une excursion d'une journée depuis Puducherry, ou sur le trajet entre Puducherry et Tharangambadi ou Kumbakonam.

La plupart des hébergements sont regroupés près du temple ou de la gare routière (à 500 m au sud-est du temple). La gare ferroviaire se trouve 1 km plus loin, au sud-est.

En face de la gare routière, le sympathique et fréquenté **Saradharam** (☎04144-221336 ; 19 VGP St ; ch 1 150 ₹, climatisée 2 000-2 300 ₹, petit-déj inclus ; ❄📶) dispense des prestations correctes. Un peu défraîchi, il n'en est pas moins confortable et repose agréablement de l'agitation du centre-ville.

À voir

Temple de Nataraja TEMPLE HINDOU
(East Car St ; ⌚enceinte intérieure 6h-12h et 16h30-22h). Selon la légende, Shiva et Kali entamèrent un concours de danse soumis au jugement de Vishnu. Shiva fit tomber une boucle d'oreille et la ramassa avec le pied, un mouvement que Kali fut incapable de reproduire : il obtint ainsi le titre de Nataraja (seigneur de la Danse). Shiva est vénéré sous cette forme dans ce superbe temple qui attire un flux continu de fidèles. Il fut principalement érigé durant la période Chola (Chidambaram fut une capitale Chola) ; toutefois, certains sanctuaires principaux remonteraient au moins au VIe siècle.

L'ensemble architectural de 22 ha est entouré de hauts murs. Il englobe quatre grands gopuras du XIIe siècle, ornés d'une profusion de sculptures dravidiennes en pierre et stuc. À l'entrée principale, marquée par le gopura est (le plus vieux), sont représentées les 108 poses sacrées de la danse classique tamoule. Après le gopura, sur la droite, admirez le **Raja Sabha** (pavillon du Roi ; ouvert les jours de fête uniquement), du XIIe siècle, avec mille piliers et des sculptures d'éléphants, ainsi que le grand bassin de **Sivaganga**.

On pénètre dans l'enceinte centrale (appareils photo interdits) par l'est. Sur la gauche (côté sud), le **Nritta Sabha** (pavillon de Danse), du XIIIe siècle, revêt la forme d'un char aux 56 colonnes finement sculptées. C'est ici même que Shiva aurait surpassé Kali par sa danse.

Au nord du Nritta Sabha, une porte s'ouvre sur une cour intérieure où sont célébrés la plupart des rites du temple. Sur le devant sont accolés le **Kanaka Sabha** et le **Chit Sabha** (pavillon de la Sagesse), tels des huttes au toit doré. Au cœur du temple, le sanctuaire de Chit Sabha abrite l'image en bronze de Nataraja – Shiva le danseur cosmique, achevant un cycle de création, en commençant un nouveau et réunissant les opposés. La forme invisible "spatiale" de Shiva est également vénérée dans ce sanctuaire.

À l'heure des pujas, les fidèles affluent à l'intérieur et autour du pavillon pour assister au rituel pratiqué par les Dikshithar. Ces prêtres appartenant à une classe de brahmanes héréditaires portent un chignon sur le haut du crâne et ont le reste des cheveux rasés, pour incarner à la fois Shiva et Parvati.

Du côté sud des deux sanctuaires intérieurs, le **sanctuaire de Govindaraja** abrite un vishnu couché. Surplombant le bassin depuis l'ouest, le **sanctuaire de Shivakamasundari** se distingue par son plafond orné de belles fresques Nayak du XVIIe siècle, exécutées dans des tons d'ocre et de blanc.

Des prêtres proposeront peut-être de vous faire visiter le temple pour 200 à 300 ₹. Fait inhabituel au Tamil Nadu, ce magnifique temple est entièrement géré et financé par des fonds privés. Vous apporterez donc votre soutien en acceptant cette proposition – il n'y a pas de guides officiels.

ℹ Depuis/vers Chidambaram

Les bus publics partent de la **gare routière** (VGP St). En face de la gare routière, **Universal Travels** (☎044-9842440926 ; VGP St ; ⏲9h-22h) propose des bus climatisés Volvo pour Chennai (500 ₹, 5 heures) à 8h et 16h30.

Tharangambadi (Tranquebar)

☎04364 / 22 500 HABITANTS

Au sud de Chidambaram, le delta de la Cauvery, qui remonte loin vers l'intérieur des terres, étend ses multiples bras sur 180 km le long de la côte. La Cauvery est l'artère nourricière de l'agriculture tamoule. Sa vallée formait le cœur de l'empire Chola. Aujourd'hui, le delta est l'un des secteurs les plus jolis, les plus traditionnels et les plus pauvres du Tamil Nadu.

La bourgade côtière de Tharangambadi, plus connue sous son ancien nom de Tranquebar, constitue le point de chute le plus agréable de la région. Idéal pour reprendre des forces après un passage dans les villes chaudes et surpeuplées de l'intérieur des terres, cet ancien comptoir danois paisible s'étend au bord d'une longue plage de sable où mouillent des bateaux de pêche. Tharangambadi fut vendue à la Compagnie anglaise des Indes orientales par le Danemark en 1845.

Derrière la Landporten Gate (porte) de 1792, la vieille ville et ses bâtiments de l'époque coloniale ont été en grande partie restaurés depuis le tsunami de 2004, qui a tué quelque 800 habitants. Vous trouverez une bonne carte à télécharger sur le site INTACH Pondicherry (www.intachpondicherry.org).

Parmi les bâtiments remarquables figurent la **poste** (1884 ; Post Office St ; ⏲8h30-18h lun-sam), la **New Jerusalem Church** (1718 ; Tamil Evangelical Lutheran Church ; King's St ; ⏲aube-crépuscule) et le petit **Musée maritime** (Queen's St ; Indien/étranger 5/50 ₹ ; ⏲9h30-14h et 14h30-17h, horaires variables)

BUS AU DÉPART DE CHIDAMBARAM

DESTINATION	TARIF	DURÉE	FRÉQUENCE
Chennai	300 ₹	6 heures	toutes les 30 minutes
Kumbakonam	60 ₹	3 heures	toutes les heures
Puducherry	75 ₹	2 heures	toutes les 30 minutes
Thanjavur	120 ₹	3-4 heures	toutes les heures
Tharangambadi	40 ₹	2-3 heures	toutes les 30 minutes

TRAINS AU DÉPART DE CHIDAMBARAM

DESTINATION	TARIF	DURÉE	FRÉQUENCE
Chennai	300 ₹	6 heures	toutes les 30 minutes
Kumbakonam	60 ₹	3 heures	toutes les heures
Puducherry	75 ₹	2 heures	toutes les 30 minutes
Thanjavur	120 ₹	3-4 heures	toutes les heures
Tharangambadi	40 ₹	2-3 heures	toutes les 30 minutes

consacré, entre autres, au tsunami. Sur le front de mer, le **fort de Dansborg** (Parade Ground, King's St ; Indien/étranger 5/50 ₹, app photo/caméra 30/100 ₹ ; 10h-17h45 sam-jeu) couleur pêche date de 1624. Deuxième plus grand château danois au monde du temps de sa splendeur, il fut occupé par les Britanniques en 1801.

Où se loger et se restaurer

Nippon Palace HÔTEL $

(9344440088 ; East Coast Rd ; d 980-1 200 ₹, avec clim 1 500-1 700 ₹ ; @). Dirigé par un gérant efficace qui parle couramment anglais, ce nouveau venu loue des chambres propres et spacieuses d'un intéressant rapport qualité/prix. Sur la route principale, à 300 m de la gare routière.

Bungalow on the Beach HÔTEL HISTORIQUE $$$

(04364-289036 ; www.neemranahotels.com ; 24 King's St ; ch 8 260-11 520 ₹, petit-déj inclus ;). La plupart des hébergements de Tranquebar sont gérés par Bungalow on the Beach, un établissement installé sur le front de mer, dans l'ancienne résidence du XVIIe siècle, magnifiquement restaurée, du gouverneur britannique. Le bâtiment principal compte 17 superbes chambres anciennes. Un charmant **restaurant** (04364-289036 ; plats 250-550 ₹ ; 7h30-9h30, 12h-15h et 19h30-21h30), une piscine de rêve et une superbe terrasse circulaire complètent les installations. Mieux vaut réserver.

Depuis/vers Tharangambadi (Tranquebar)

Tharangambadi est desservie par des bus réguliers (et bondés) depuis/vers Chidambaram (75 ₹, 2 heures, toutes les heures) et Karaikal (16 ₹, 30 minutes, toutes les 30 minutes). Depuis Karaikal, des bus rallient Kumbakonam (55 ₹, 2 heures, toutes les 30 minutes), Thanjavur (75 ₹, 3 heures, toutes les heures) et Puducherry (115 ₹, 4 heures, toutes les 30 minutes).

Kumbakonam

0435 / 170 000 HABITANTS

À première vue, Kumbakonam ressemble à d'autres villes de transit sans intérêt. Puis on remarque, s'élevant vers le ciel, les dizaines de gopuras multicolores de ses 18 temples qui rappellent que la ville fut un important centre spirituel et artistique à l'époque médiévale. À proximité se dressent aussi deux temples Chola inscrits au patrimoine mondial de l'Unesco. Autant de bonnes raisons de passer la nuit sur place !

À voir

Temple de Nageshwara TEMPLE HINDOU

(Nageswaran Koil St ; 6h30-12h30 et 16h-20h30). Fondé en 886 par les Chola, le plus ancien temple de Kumbakonam honore Shiva sous la forme de Nagaraja, le roi-serpent. Trois jours par an, en avril ou mai, les rayons du soleil illuminent le lingam. Le sanctuaire dédié à Nataraja trône sur la droite, devant le saint des saints. Il est de style typiquement Chola, en forme de chariot tiré par des chevaux. À côté, remarquez les éléphants modernes, peints de couleurs vives.

Temple de Kumbeshwara TEMPLE HINDOU

(en retrait de Kumbeswarar East St ; 6h30-12h30 et 16h-20h30). Le plus vaste des temples de Shiva, doté d'un long *mandapa* à portique, est accessible par un gopura sur neuf niveaux et un petit bazar. Érigé aux XVIIe et XVIIIe siècles, il renferme un lingam prétendument façonné par le dieu lui-même, avec le nectar de l'immortalité mêlé à du sable.

Bassin de Mahamaham SITE RELIGIEUX

(LBS Rd ; 6h30-12h30 et 16h-20h30). Cet immense bassin entouré de 17 pavillons compte parmi les sites les plus sacrés de Kumbakonam. Selon la croyance, les eaux des rivières les plus sacrées d'Inde, dont le Gange, le rempliraient une fois tous les douze ans. La prochaine fête marquant

Kumbakonam

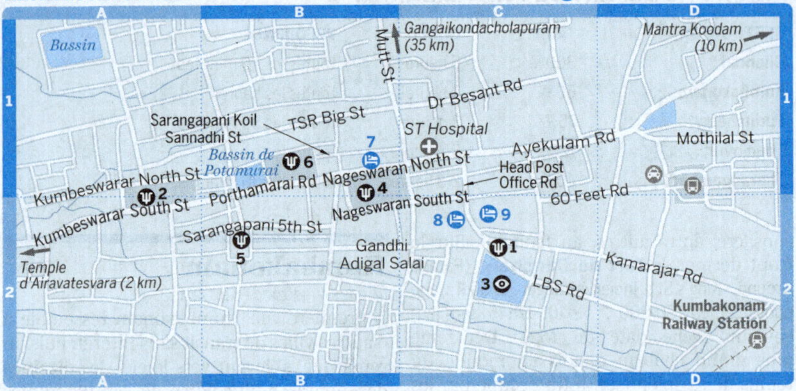

Kumbakonam

À voir
1 Temple de Kashivishvanatha C2
2 Temple de Kumbeshwara A2
3 Bassin de Mahamaham C2
4 Temple de Nageshwara B1
5 Temple de Ramaswami B2
6 Temple de Sarangapani B1

Où se loger
7 Hotel Metro B1
8 Hotel Raya's C2
9 Hotel Raya's Annexe C2

Où se restaurer
Sathars Restaurant .... (voir 8)

l'événement aura lieu en 2028. Du côté nord du bassin, le **temple de Kashivishvanatha** (LBS Rd ; 6h30-12h30 et 16h-20h30) comprend un mystérieux trio de déesses aquatiques ; celle au centre incarne la rivière Cauvery.

Temple de Sarangapani TEMPLE HINDOU
(Sarangapani Koil Sannadhi St ; 6h30-12h30 et 16h-20h30). Sarangapani est le plus grand temple dédié à Vishnu de Kumbakonam. Le gopura à l'est, haut de 45 m et orné de reliefs de danseurs sur sa partie inférieure, marque l'entrée principale. Après l'étable (Krishna le vacher fait partie des avatars de Vishnu), un autre gopura et une salle à colonnes, on atteint le sanctuaire intérieur, édifié par les Chola au XIIe siècle, sous la forme d'un chariot avec des éléphants, des chevaux et des roues sculptés. Les photographies sont interdites à l'intérieur.

Temple de Ramaswami TEMPLE HINDOU
(Sarangapani 5th St ; 6h30-12h30 et 16h-20h30). Édifié en 1620 par les Nayak, ce sanctuaire à l'extrémité sud de la principale artère commerçante présente de beaux chevaux et *yali* sculptés ainsi que de jolies fresques.

Où se loger et se restaurer

Hotel Metro HÔTEL $
(0435-2403377 ; www.thehotelmetro.com ; 19/11 Sarangapani Koil Sannadhi St ; ch 1 300-1 900 ₹ ;). Avec ses chambres modernes et confortables, équipées d'une bonne literie, cet hôtel affiche le meilleur rapport qualité/prix de Kumbakona. Réductions en période creuse.

Hotel Raya's HÔTEL $$
(0435-2423170 ; www.hotelrayas.com ; 18 Head Post Office Rd ; ch 1 290 ₹, avec clim 1 515-1 960 ₹ ;). Parfois très fréquenté, cet établissement accueillant décline une gamme de chambres pour tous les budgets. Celles de catégorie inférieure semblent toutefois assez négligées. Les plus agréables et les plus lumineuses occupent l'**annexe** (ch 1 850 ₹ ;) voisine, mais demandez quand même à en voir plusieurs. Le **Sathars Restaurant** (0435-2423170 ; plats 140-240 ₹ ; 11h30-23h30) sert une cuisine appréciée, végétarienne ou non.

Mantra Koodam RESORT $$$
(0435-2462621 ; www.cghearth.com ; 1 Bagavathapuram Main Rd Extension, village de Srisailapathipuram ; s 8 500-9 720 ₹, d 9 720-10 940 ₹, petit-déj inclus ;). Perdu dans la jungle au bord de la rivière, à 10 km au nord-est de Kumbakonam, le

VAUT LE DÉTOUR

LES TEMPLES CHOLA DE LA RÉGION DE KUMBAKONAM

Deux des trois monuments majeurs de la civilisation Chola – le temple d'Airavatesvara à Darasuram et le temple de Gangaikondacholapuram – se trouvent dans des villages proches de Kumbakonam. Contrairement au temple de Brihadishwara, à Thanjavur, lui aussi inscrit au Patrimoine mondial, ils attirent assez peu de fidèles et de visiteurs. Pourtant, il s'agit de joyaux, qui se distinguent par leur architecture (avec des tours pyramidales qui se dressent au cœur d'une enceinte rectangulaire) et la délicatesse exquise des motifs sculptés dans la pierre brute.

À 3 km à l'ouest de Kumbakonam, le **temple d'Airavatesvara** (Darasuram ; 6h-20h, sanctuaire intérieur 6h-13h et 16h-20h) consacré à Shiva fut édifié par Raja Raja II (1146-1173) à la fin de l'ère Chola. Les marches du pavillon Rajagambhira sont flanquées de superbes reliefs d'éléphants et de chevaux tirant des chariots. Tous différents, les 108 piliers du pavillon sont ornés d'un foisonnement de motifs finement sculptés représentant notamment des danseurs, des acrobates et Yali, créature mythique à tête d'éléphant, corps de lion, cornes de bouc, oreilles de cochon et queue de vache. Vous pourrez pénétrer dans le **sanctuaire principal** (entouré de gardiens) pour rendre hommage au lingam central et vous faire tracer un *tilak* (marque de bon augure) sur le front moyennant 10 ₹. Des niches dans ses murs extérieurs abritent des statues de divinités, dont quatre effigies de Shiva finement sculptées. Enfin, un *mandapa* se dresse à chaque angle de la cour.

À 35 km au nord de Kumbakonam, le **temple de Gangaikondacholapuram** (temple de Brihadishwara ; 12h et 16h-20h) consacré à Shiva fut bâti au XIe siècle par Rajendra Ier, quand le souverain quitta Thanjavur pour établir à Gangaikondacholapuram ("Cité du Chola qui conquit le Gange") sa nouvelle capitale. Le temple présente de nombreuses similitudes avec celui de Brihadishwara, à Thanjavur, qui lui est antérieur. Son superbe *vimana* (tour), haut de 49 m, dessine cependant une courbe légèrement concave, à la différence de celui de son prédécesseur, légèrement convexe, ce qui en fait sa contrepartie "féminine". Fleuron artistique du temple, les sculptures qui ornent l'extérieur de la tour frappent par leur grâce.

Une immense statue de Nandi se tient face au temple, dans les paisibles jardins, tandis qu'un lion monte la garde non loin de là. Le sanctuaire principal, sous la tour, renferme un immense lingam. On y accède en passant par une longue salle sombre du XVIIe siècle. Les belles sculptures à l'extérieur de la tour montrent Shiva comme le mendiant Bhikshatana, juste à gauche de l'escalier sud ; Ardhanarishvara (manifestation androgyne de Shiva) et Shiva en tant que Nataraja, du côté sud ; Shiva avec Ganga, Shiva émergeant du lingam, et Vishnu avec Lakshmi et Bhudevi (les trois images les plus au sud sur la face ouest) ; et Shiva avec Parvati (l'image la plus au nord sur la face ouest). À côté des marches nord, admirez la sculpture la plus célèbre de toutes, un magnifique panneau qui montre Shiva posant une guirlande sur la tête de son disciple Chandesvara.

La plupart des voyageurs visitent ces temples dans le cadre d'une excursion au départ de Kumbakonam. Des bus à destination de Gangaikondacholapuram (20 ₹, 1 heure 30) partent de la gare routière (ci-dessous) toutes les 30 minutes. Au retour, il peut être plus rapide de prendre un bus pour Jayamkondan, puis une correspondance. À Kumbakonam, l'Hotel Raya's propose des circuits en voiture d'une demi-journée incluant les deux sites (véhicule sans/avec clim 2 400/2 700 ₹).

Mantra Veppathur change agréablement du chaos urbain. Les confortables cottages de style chettiar, alliant les styles rustique et moderne, ont des portes sculptées en teck, des vérandas avec des fauteuils suspendus et des douches en plein air. Restaurant indien gastronomique. Cours de cuisine et visites d'ateliers traditionnels de soieries, peinture sur tissu et sculpture à la cire perdue.

Depuis/vers Kumbakonam

BUS

Les bus publics partent de la **gare routière** (60 Feet Rd).

TRAIN

Chaque jour, cinq trains desservent Thanjavur (Tanjore ; 2e classe/3AC/2AC 45/495/700 ₹, 30 minutes-1 heure) et quatre trains se rendent

BUS AU DÉPART DE KUMBAKONAM

DESTINATION	TARIF	DURÉE	DÉPART/FRÉQUENCE
Chennai (AC)	300 ₹	8 heures	13h50
Chidambaram	50 ₹	2 heures 30-3 heures	toutes les 30 minutes
Karaikal	40 ₹	2 heures 15	toutes les 15 minutes
Thanjavur (Tanjore)	30 ₹	2 heures	toutes les 5 minutes
Trichy (Tiruchirappalli)	60 ₹	4 heures	toutes les 5 minutes

à Trichy (Tiruchirappalli ; 60/495/700 ₹, 1 heure 30-2 heures 30). Parmi les cinq trains quotidiens depuis/vers Chennai Egmore figurent le *Chennai Express/Train 16852* (train de nuit ; sleeper/3AC/2AC/1AC 210/560/800/1 335 ₹, 6 heures 30) et le *Chennai Express/Train 16796* (210/555/795/1 325 ₹, 6-7 heures).

Thanjavur (Tanjore)

☎ 04362 / 500 000 HABITANTS

Thanjavur abrite les fondations couleur ocre de ce qui fut peut-être le plus remarquable royaume de l'histoire dravidienne, l'un des rares à avoir répandu l'hindouisme au-delà de l'Inde, berceau d'une esthétique qui se propagea de Madurai au Mékong. Ce fabuleux empire fut jadis administré depuis Thanjavur, l'ancienne capitale du grand empire Chola à son apogée, devenue aujourd'hui une ville indienne moderne et chaotique. Mais le passé est vivace : tous les jours, des milliers de personnes continuent de prier dans le grandiose temple Chola de Brihadishwara. Le labyrinthique palais royal de Thanjavur conserve le souvenir d'autres puissantes dynasties postérieures.

À voir

♥ **Temple de Brihadishwara** TEMPLE HINDOU
(Big Temple ; Big Temple St ; 6h-20h30, sanctuaire central 8h30-12h30 et 16h-20h30). Ce temple mérite deux visites : le matin, quand le granit blond tranche sur l'aube pâle ; et le soir, lorsque le soleil couchant teinte ses pierres de rouge, d'orange, de jaune et de rose. Joyau de l'architecture Chola, ce temple inscrit au Patrimoine mondial fut édifié entre 1003 et 1010 par Raja Raja Ier (littéralement "roi des rois"). Les fortifications extérieures furent ajoutées ultérieurement par les Nayak et les Britanniques.

On pénètre par une porte de la période marathe, suivie de deux gopuras d'origine, richement ornés de sculptures en stuc. L'éléphant du temple se trouve souvent sous l'un des gopuras. À l'intérieur du mur d'enceinte, plusieurs sanctuaires sont répartis sur de vastes pelouses. Une gigantesque statue de Nandi se dresse devant le temple principal. Taillée d'un seul bloc et encadrée de minces piliers, cette création Nayak du XVIe siècle est longue de 6 m. À droite de Nandi en entrant, ne manquez pas les remarquables sculptures du sanctuaire dédié à Lakshmi.

Une longue salle à colonnes, lieu de réunion des fidèles ou de cérémonies publiques, mène au **sanctuaire principal** qui renferme un lingam de 4 m de haut. Il est dominé par un superbe vimana de 61 m de hauteur. Les marches sud de la salle à colonnes sont flanquées de deux énormes *dwarpals* (gardiens du temple). De nombreuses et très gracieuses figures de divinités se dressent dans les niches qui entourent les niveaux inférieurs du vimana : Shiva émergeant du lingam (à côté des marches sud) ; Shiva sous la forme du mendiant Bhikshatana (première statue, côté sud) ; Shiva en Nataraja, le danseur cosmique (extrémité ouest du mur sud) ; Harihara (mi-Shiva, mi-Vishnu) sur le mur ouest ; Ardhanarishvara (avatar androgyne de Shiva et Parvati), appuyé sur Nandi, du côté nord... Les panneaux situés entre les statues représentent des poses de danse classique. Sur la partie supérieure de la façade est du vimana, remarquez Shiva entre trois arches, de la période marathe tardive.

À l'intérieur de l'enceinte, le long du mur sud, on trouve un centre d'information bien conçu. Et sous la colonnade bordant les murs ouest et nord, vous remarquerez d'innombrables lingams, ainsi que de belles fresques Chola longtemps recouvertes par des peintures de l'époque Nayak. Au nord de l'ensemble architectural, toujours dans l'enceinte des fortifications extérieures, on trouve **Schwartz's Church** (en retrait de Big Temple St ; lever-coucher du soleil), une église néoclassique du XVIIIe siècle, ainsi qu'un parc englobant le **bassin de Sivaganga** (en retrait de Big Temple St ; 5 ₹, app photo/caméra 10/25 ₹ ; lever-coucher du soleil).

On peut engager un guide officiel au guichet d'information touristique à l'extérieur du temple (visite de 1 heure 30, 500 ₹).

Palais royal PALAIS

(East Main St ; Indien/étranger 50/200 ₹, photos 30/100 ₹ ; 9h-13h et 13h30-17h30, galerie 9h30-13h et 14h-17h). Mélange de grandeur et de délabrement, cet ensemble labyrinthique à demi restauré réunit de superbes œuvres d'art et tout un bric-à-brac de souvenirs royaux. Construit en partie par les Nayak, qui s'emparèrent de Thanjavur en 1535, il fut complété par une dynastie marathe locale au pouvoir de 1676 à 1855. Ne manquez pas le Saraswati Mahal Library Museum et la galerie d'art.

Le palais compte sept sections ouvertes aux visiteurs. Le billet "complet" comprend la galerie d'art et le Saraswati Mahal Library Museum, ainsi que le Mahratta Dharbar Hall, le clocher et le Saarjah Madi ; il faut un billet supplémentaire pour les autres sections. L'entrée principale est située du côté nord, à l'écart d'East Main St.

Après la billetterie, un passage sur la gauche mène d'abord au **Royal Palace Museum** (2 ₹), où est présentée une petite collection hétéroclite de sculptures, armes, cloches d'éléphant et coiffures de raja. Vient ensuite le **Maharaja Serfoji Memorial Hall** (4 ₹), plus intéressant, qui rend hommage à Serfoji II (1798-1832), roi marathe érudit et éclairé, et donne sur une cour à la splendeur décrépite. On rejoint enfin le **Mahratta Dharbar Hall** (10h-17h), la salle d'audience des souverains marathes ornée de peintures murales colorées – observez les portraits royaux derrière le dais – et de solides colonnes soutenant des arches ornées de divinités.

À la sortie du passage, on trouve sur la gauche le petit **Saraswati Mahal Library Museum**, qui constitue sans doute la contribution majeure de Serfoji II à la postérité. La bibliothèque Sarawasti Mahal témoigne de l'obsession du XIXe siècle pour l'accumulation, ainsi que de l'éclectisme de ce roi qui collectionna aussi bien des estampes de tortures chinoises que des peintures de la flore et de la faune indiennes dans le style d'Audubon, des atlas et des ouvrages rares. Son fonds compte 65 000 livres et 50 000 manuscrits sur feuilles de palmier et sur papier, écrits dans diverses langues, indiennes ou européennes ; la plupart ne sont pas exposés au public. Toutes les heures, des **présentations audiovisuelles** (10h30-16h30) mettent en relief l'histoire, les traditions et les sites majeurs de Thanjavur, dans la salle de cinéma attenante.

En quittant la bibliothèque, prenez à gauche pour accéder à la **galerie d'art**, organisée autour de la cour du palais Nayak, derrière le **clocher**. Elle abrite une collection de sculptures en pierre et de superbes bronzes, principalement Chola, dont de magnifiques nataraja à l'intérieur du New Visitors Hall. Dans la salle principale (Nayak Durbar Hall), une statue de Serfoji II date de 1600. De la cour, un escalier grimpe à mi-hauteur d'une grande tour aux allures de gopura, contenant le squelette d'une baleine qui aurait échoué à Tharangambadi.

Enfin, le **Saarjah Madi** (restauré) aux balcons ornementés s'apprécie mieux depuis East Main Rd.

Où se loger

Cela vaut la peine de passer une nuit à Thanjavur pour admirer le grand temple au coucher du soleil. Vous trouverez dans le centre-ville des *lodges* quelconques et bon marché en face de la gare routière SETC et celle des bus locaux, deux ou trois hôtels corrects de catégorie moyenne et un hôtel historique haut de gamme.

Kasi Inn HÔTEL $

(04362-231908 ; 1493 South Rampart Rd ; s 1 000 ₹, d 1 120-1 650 ₹). L'option la plus avantageuse du centre comporte des petites chambres bien tenues, avec de bons matelas et (parfois) le Wi-Fi. Les gourmands apprécieront le glacier en face.

Hotel Valli HÔTEL $

(04362-231584 ; 2948 MKM Rd ; s/d 610/770 ₹, ch avec clim à partir de 1 090 ₹ ;). À proximité de la gare ferroviaire, cet hôtel peint en vert, d'un bon rapport qualité/prix, possède des chambres impeccables et un restaurant basique. Il occupe un emplacement arboré relativement paisible, dans une ruelle, au-delà d'un petit groupe d'ateliers peu reluisants et d'une échoppe de spiritueux. Service sympathique.

Tanjore Homestay MAISON D'HÔTES $$

(9443157667 ; www.tanjorehomestay.blogspot.in ; 64A Giri Rd, Srinivasa Puram ; s/d 1 800/2 300 ₹, petit-déj inclus ; @). Cette modeste maison d'hôtes est tenue par un couple indien accueillant, qui vous régalera de repas faits maison. Elle compte quatre chambres simples, rehaussées de touches artistiques.

Thanjavur (Tanjore)

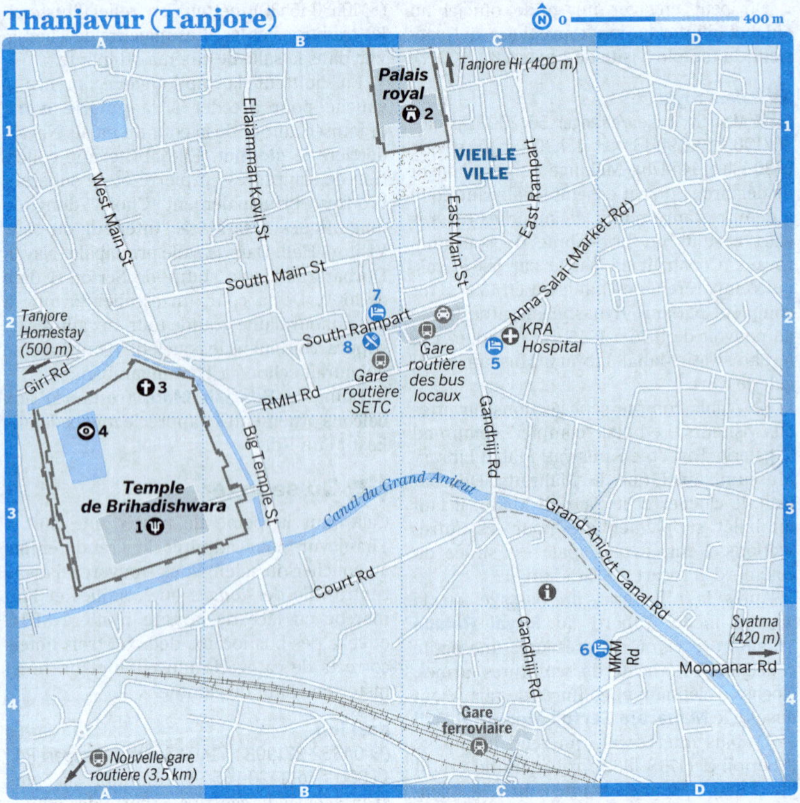

Thanjavur (Tanjore)

Les incontournables

1 Temple de Brihadishwara A3
2 Palais royal C1

À voir

3 Schwartz's Church A2
4 Bassin de Sivaganga A3

Où se loger

5 Hotel Gnanam C2
6 Hotel Valli D4
7 Kasi Inn B2

Où se restaurer

Diana .... (voir 5)
8 Jigarthanda B2
Sahana .... (voir 5)

Le petit-déjeuner est servi dans le joli jardin à l'arrière, et vous apprécierez la terrasse sur le toit, l'eau chaude, la climatisation et le Wi-Fi. Dans un quartier résidentiel, à 1,5 km à l'ouest du temple principal de Thanjavur. Pas d'enseigne.

Hotel Gnanam HÔTEL $$
(☎04362-278501 ; www.hotelgnanam.com ; Anna Salai ; s/d 2 700/3 200 ₹, petit-déj inclus ; ❄📶). Parmi les meilleures affaires de Thanjavur, cet établissement moderne loue des chambres élégantes et douillettes avec sol en marbre et rideaux à pois, certaines dotées d'un balcon. Le tout en plein centre-ville. Ses restaurants **Diana** (☎04362-278501 ; plats 125-350 ₹ ; ⏲11h30-15h30 et 18h30-22h30) et **Sahana** (☎04362-278501 ; plats 120-185 ₹ ; ⏲7h-22h30) sont aussi recommandés l'un que l'autre. Réservez.

♥ **Svatma** HÔTEL HISTORIQUE $$$
(☎04362-273222 ; www.svatma.in ; 4/1116 Blake Higher Secondary School Rd, Maharnonbu Chavadi ; ch 13 440-22 400 ₹, petit-déj inclus ; ❄📶🏊). À 1,5 km au sud-est du centre de Thanjavur, ce splendide hôtel de luxe allie à merveille

élégance épurée et artisanat traditionnel. Il comprend 38 chambres – celles de l'aile historique, rénovée, ont davantage de cachet –, un spa et une piscine paradisiaque. Profitez des spectacles de danse, des cours de cuisine et des démonstrations de moulage du bronze.

Tanjore Hi BOUTIQUE-HÔTEL **$$$**
(☎9487810301, 04362-252111 ; www.dunewellnessgroup.com ; 464 East Main St ; ch 4 720 ₹ ; ❄). Juste au nord du palais royal, cette maison centenaire a été réaménagée dans un style contemporain et le respect de l'environnement. La palette de bleu profond et blanc éclatant, le bois chaud, les peintures murales et les plafonds à motifs illuminés composent un décor original. Un escalier en colimaçon conduit à un bon restaurant avec terrasse au dernier étage, qui prépare de la cuisine indienne et internationale à base de produits bio.

Où se restaurer

Jigarthanda GLACES **$**
(South Rampart Rd ; boule de glace 30 ₹ ; ⏲9h30-22h30). Les meilleures glaces de la ville, aux dires des employés.

Tanjore Hi INTERNATIONAL **$$**
(☎04362-252111 ; www.duneecogroup.com ; 464 East Main St ; plats 210-325 ₹ ; ⏲7h30-10h, 12h30-14h30 et 19h30-22h). Ce restaurant au chic industriel aménagé sur le toit d'un boutique-hôtel est une agréable surprise sur la scène culinaire de Thanjavur, plutôt traditionnelle. Le menu fait voyager dans le monde entier, avec des ingrédients frais et bio cultivés dans l'autre établissement des propriétaires, à Kodaikanal. Dînez en terrasse ou derrière les fenêtres de la salle climatisée !

Ideal River View Resort INTERNATIONAL **$$**
(☎04362-250533 ; www.idealresort.com ; Vennar Bank, Palliagraharam ; plats 200-450 ₹ ; ⏲7h-9h30, 12h30-14h30 et 19h30-21h30). Donnant sur la rivière, le restaurant semi-ouvert de l'**Ideal River View Resort** (☎04362-250533 ; s/d 6 500/7 080 ₹, petit-déj inclus ; ❄), à l'orée de la jungle, propose une carte indienne, sri-lankaise et chinoise.

Renseignements

Office du tourisme (☎04362-230984 ; Hotel Tamil Nadu, Gandhiji Rd ; ⏲10h-17h45 lun-ven). Efficace.

Depuis/vers Thanjavur

BUS

Dans le centre-ville, des bus express quittent la **gare routière SETC** (RMH Rd) toutes les heures à destination de Chennai (265 ₹, 8 heures 15), de 7h30 à 12h30 et de 20h à 23h. Les bus qui desservent la plupart des autres villes partent de la **nouvelle gare routière** (New Bus Station ; Trichy Main Rd), à 5 km au sud-ouest du centre. À l'arrivée, de nombreux bus déposent des passagers dans le centre-ville avant le terminus. Quelques destinations couvertes depuis la nouvelle gare routière : Chidambaram (100 ₹, 4 heures, toutes les heures), Kumbakonam (40 ₹, 1 heure 30, toutes les 5 minutes), Madurai (130 ₹, 4 heures, toutes les 15 minutes) et Trichy (Tiruchirappalli ; 43 ₹, 1 heure 30, toutes les 5 minutes)

TRAIN

La gare ferroviaire est située à l'extrémité sud de Gandhiji Rd.

Chennai quatre trains par jour pour Chennai Egmore (7 heures), dont le *Chennai Express* – train 16852 de 23h20 (sleeper/3AC/2AC/1AC 225/605/865/1 450 ₹).

Kumbakonam douze trains/jour, dont cinq avec réservation (sleeper/3AC/2AC 45/495/700 ₹, 30 minutes-1 heure 15).

Madurai 17 trains/jour (sleeper/3AC/2AC 160/495/700 ₹, 4-5 heures).

Trichy 19 trains/jour, dont six avec réservation (2e classe/3AC/2AC 45/495/700 ₹, 1 heure 30) et 13 sans (15 ₹).

Comment circuler

Le bus n°74 (10 ₹) fait la navette entre la nouvelle gare routière et la **gare des bus locaux**, dans le centre (South Rampart). Comptez 120 ₹ en auto-rickshaw.

Trichy (Tiruchirappalli)

☎0431 / 847 390 HABITANTS

Tiruchirappalli, couramment appelée Trichy ou Tiruchi, est (approximativement) le centre géographique du Tamil Nadu. Outre un bazar effervescent, cette ville-carrefour bondée et frénétique possède plusieurs temples splendides. Certes, la plupart des hôtels sont concentrés autour de la grande gare routière. Ce qui ne joue pas en sa faveur. Mais avec sa forte personnalité et sa longue histoire, Trichy a aussi l'art de vous faire revenir sur vos premières impressions.

L'histoire de Trichy remonte à un lointain passé, antérieur à l'ère chrétienne, quand elle était une forteresse Chola. Par la suite, elle passa successivement aux mains des Pallava, des Pandya, des sultans du Deccan et des Vijayanagar, avant que les Nayak de Madurai n'en fassent leur capitale au XVIIe siècle et construisent le Rock Fort Temple. Sous contrôle britannique, la ville devint un important nœud ferroviaire du nom de Trichinopoly.

À voir

Temple de Sri Ranganathaswamy — TEMPLE HINDOU

(carte p. 435 ; Srirangam ; app photo/caméra 50/100 ₹ ; 6h-21h30). Presque une ville à part entière, le Sri Ranganathaswamy est sans doute le plus grand temple du pays. Il regroupe 49 sanctuaires distincts, tous dédiés à Vishnu. Pour rejoindre le sanctuaire principal depuis le sud, vous devrez franchir sept gopuras. Le premier (le plus au sud), le **Rajagopuram** (carte p. 435), fut ajouté en 1987. Culminant à 73 m, c'est l'un des plus hauts d'Asie. L'accès au sixième gopura est interdit aux non-hindous, qui ne peuvent pas voir le sanctuaire intérieur où Vishnu, sous la forme de Ranganatha, est représenté allongé sur un serpent à cinq têtes.

Avant de pénétrer dans le temple proprement dit, au niveau du quatrième gopura, vous devrez d'abord traverser les trois premières enceintes, au milieu des rues sillonnées par des voitures et des motos, et bordées par des commerces et des restaurants. Au-delà du quatrième gopura, sur la gauche, un guichet d'information vend des billets pour accéder, sur le toit, à un **point de vue** (20 ₹) semi-panoramique sur l'ensemble architectural. Ne prêtez pas attention aux pseudo-guides qui débitent des histoires pour se faire engager. À l'angle sud-ouest, le **sanctuaire de Venugopal**, du XVIe siècle, est orné de sculptures Nayak aux superbes détails représentant des *gopi* (nourrices) aux seins gonflés et Krishna (la huitième incarnation de Vishnu) jouant de la flûte.

Tournez à droite avant le cinquième gopura pour accéder au petit **Art Museum** (carte p. 435 ; 5 ₹ ; 9h-13h et 14h-18h), qui montre de beaux bronzes et une sublime collection de figurines Nayak en ivoire du XVIIe siècle représentant des dieux, des démons, des rois et des reines (certaines dans des postures érotiques). Continuez à gauche après le musée jusqu'au **Sesha Mandapa**, un pavillon du XVIe siècle avec des colonnes et des sculptures monolithiques datant de l'époque Vijayanagar riches en détails, montrant des chevaux se cabrant à la bataille, ainsi que, sculptées sur des piliers, les dix incarnations de Vishnu. Immédiatement au nord, on rejoint le **pavillon aux 1 000 colonnes**, à la base inférieure duquel ont été mises au jour des sculptures de poses de danse classique.

À l'intérieur du cinquième gopura, le Garuda Mandapa contient un énorme sanctuaire dédié à la monture mi-homme mi-aigle de Vishnu, représentée en position semi-assise car toujours prête à rejoindre le dieu à son appel. Remarquez aussi quatre sculptures remarquables de donateurs Nayak portant une dague au côté.

Le bus n°1, depuis/vers la gare routière centrale (Central Bus Station) ou de Rock Fort, s'arrête au sud du Rajagopuram.

Temple de Sri Jambukeshwara — TEMPLE HINDOU

(Tiruvanakoil, Srirangam ; 5h-20h). L'un des cinq temples de Shiva voués aux éléments, le Sri Jambukeshwara est dédié à Shiva, à Parvati et à l'eau. Le thème aquatique s'exprime dans le sanctuaire central (fermé aux non-hindous), qui renferme un lingam réputé produire un filet d'eau continu. La partie nord de l'ensemble architectural est occupée par un sanctuaire dédié à Akilandeswari, la compagne de Jambukeshwara. Venez de préférence vers midi, quand une procession impliquant l'éléphant du temple se déroule entre les deux sanctuaires.

Si vous prenez le bus n°1, demandez à descendre à "Tiruvanakoil" ; le temple est à 350 m à l'est de la route principale.

Rock Fort Temple — TEMPLE HINDOU

(carte p. 435 ; NSB Rd ; app photo/caméra 5/20 ₹ ; 6h-20h). Ce temple perché à 83 m sur un promontoire rocheux surplombe Trichy. Les Pallava et les Pandya furent les premiers à s'attaquer à la roche en creusant des petits sanctuaires dans la face sud. Puis les Nayak, guerriers avisés, prirent possession de cette forteresse naturelle à la position stratégique. On atteint le sommet par quelque 400 marches taillées dans la roche.

En arrivant par NSB Rd, du côté sud, vous devrez passer entre de petites échoppes et traverser une rue avant de pénétrer dans l'enceinte du temple proprement dit – repérez le stand de chaussures. Vous y rencontrerez peut-être l'**éléphant du temple**. Quelque 180 marches conduisent ensuite au **temple de Thayumanaswamy**,

Trichy (Tiruchirappalli)

Trichy (Tiruchirappalli)

Les incontournables
1 Rock Fort Temple B4
2 Temple de Sri Ranganathaswamy A1

À voir
3 Musée d'Art A1
4 Rajagopuram A1
5 St Joseph's College Museum A5

Où se loger
6 Home with a View A2
7 Hotel Royal Sathyam B5

Où se restaurer
8 DiMora A5
9 Vasanta Bhavan B5

Achats
10 Saratha's B5

le plus grand du rocher, sur la gauche (il est réservé aux hindous) ; une tour coiffée d'or en surmonte le saint des saints. Plus haut, vous passerez devant un **temple rupestre** Pallava du VIe siècle, sur la gauche (souvent fermé) ; à l'intérieur, sur la gauche, le célèbre panneau de Gangadhara montre Shiva retenant le Gange à l'aide d'une seule mèche de ses cheveux. De là, il faut encore gravir 183 marches pour accéder au petit **temple d'Uchipillaiyar**, dédié à Ganesh, au sommet. La vue est époustouflante, avec des aigles qui tournoient en contrebas et Trichy qui s'étend dans la plaine.

De retour en bas, admirez le **temple rupestre inférieur** Pandya, du VIIIe siècle, aux piliers sculptés d'une finesse incroyable (tournez à droite en sortant de l'enceinte du temple, longez cinq ou six maisons, puis bifurquez encore à droite dans une ruelle).

Les escaliers de pierre se parcourent pieds nus et deviennent brûlants sous le soleil de la mi-journée ; planifiez l'heure de votre visite en conséquence.

Railway Museum MUSÉE
(carte p. 436 ; Bharatiyar Salai ; adulte/enfant 10/5 ₹, app photo/caméra 20/40 ₹ ; ⏲9h30-17h30 mar-dim). Le musée du Rail de Trichy abrite un joyeux méli-mélo d'équipements ferroviaires (téléphones, horloges, tableaux de contrôle), de photographies d'ouvrages de l'époque britannique, et d'anciennes cartes de lignes ferroviaires (y compris une carte de l'Indian Railway de 1935). Le musée est à 500 m à l'est de Trichy Junction.

St Joseph's College Museum MUSÉE
(carte p. 435 ; College Rd ; ⏲10h-12h et 14h-16h lun-sam). GRATUIT Sur le campus verdoyant à côté de la Lourdes Church, ce musée poussiéreux (en cours de rénovation lors de notre passage) renferme les collections d'histoire naturelle rassemblées par les Jésuites dans les années 1870 lors de leurs excursions dans les Ghats occidentaux. Adressez-vous à la réception, à gauche du musée, pour visiter.

St John's Church ÉGLISE
(carte p. 436 ; près de Rockins Rd ; ⏲aube-crépuscule, horaires variables). Une église du

Quartier de Trichy Junction

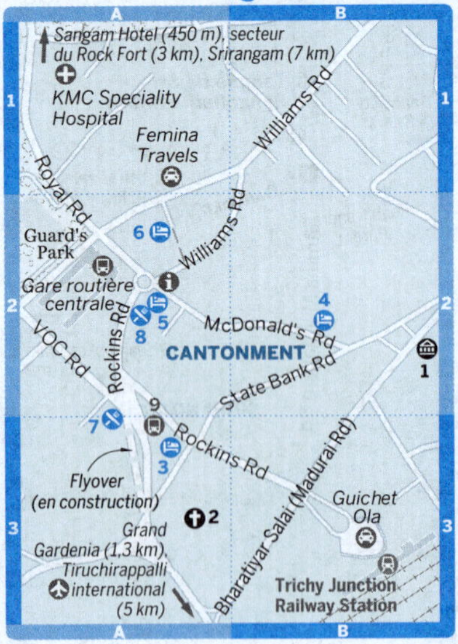

Quartier de Trichy Junction

À voir

1 Railway Museum B2
2 St John's Church A3

Où se loger

3 Ashby Hotel A3
4 Breeze Residency B2
5 Hotel Abbirami A2
6 Ramyas Hotel A2

Où se restaurer

Madras Restaurant .... (voir 4)
Meridian .... (voir 6)
7 Shri Sangeetas A3
Thendral .... (voir 6)
8 Vasanta Bhavan A2

Transports

9 Parveen Travels A3

début du XIXe siècle d'un blanc immaculé, aux portes fermées par des persiennes en bois d'époque.

Lourdes Church ÉGLISE

(carte p. 435 ; College Rd ; 6h-20h30). Le silence de cette église néogothique du XIXe siècle contraste avec la frénésie des temples hindous de Trichy. Les voûtes soulignées de rose bonbon et la rosace à l'extrémité est retiennent l'attention.

Où se loger

Hotel Abbirami HÔTEL $

(carte ci-contre ; 0431-2415001 ; 10 McDonald's Rd ; ch 750-850 ₹, avec clim 1 345-2 360 ₹ ;). La meilleure option en ville, malgré l'agitation qui règne au rez-de-chaussée. Même les chambres climatisées les plus économiques, en bois clair et panneaux de verre coloré, sont attrayantes et dotées de matelas corrects. Les chambres sans clim montrent en revanche des signes d'usure, mais n'en restent pas moins bien tenues.

Hôtel Ashby HÔTEL $

(carte ci-contre ; 0431-2460652 ; 17A Rockins Rd ; s/d 650-900/750-950 ₹, s/d 1 120-1 350/1 680-1 900 ₹ avec clim ;). Dans la rue entre la gare ferroviaire et la gare routière centrale, cet hôtel bon marché établi de longue date se reconnaît à sa façade orange décorée d'éléphants. Les chambres sont propres mais auraient besoin de rénovations, et celles avec clim coûtent un prix exagéré. Toutes s'organisent autour d'une cour ombragée étonnamment calme et presque charmante.

Tranquility GUESTHOUSE $$

(9443157667 ; www.tranquilitytrichy.com ; Anakkarai, Melur, Srirangam ; s/d 3 200/4 000 ₹, petit-déj inclus ;). Cette charmante *guesthouse* rustico-chic s'inscrit dans un petit coin de campagne, à 6 km à l'ouest du temple de Sri Ranganathaswamy. Les chambres, sobres et élégantes, sont décorées de statuettes de chevaux en terre cuite, de coussins brillants, de portes en bois recyclé et de meubles personnalisés. Sur la terrasse, les balancelles ont vue sur un océan de palmiers. Le tarif comprend le prêt de vélos et le transfert depuis/vers votre point d'arrivée. Les propriétaires, bien informés sur la région, proposent aussi une chambre d'hôtes dans leur propre maison à toit de chaume, juste au sud-ouest de l'enceinte extérieure du temple.

Home with a View CHAMBRE D'HÔTES $$

(carte p. 435 ; 9443157667 ; www.tranquilitytrichy.com ; 43C Raghavendra Puram, en face de Raghavendra Mutt ; ch 2 000 ₹, petit-déj inclus ;). Un logement chez l'habitant décontracté, juste à l'extérieur de la septième enceinte du temple de Sri Ranganathaswamy. La chambre de bon goût, coiffée de chaume, comprend un lit double et un lit simple, et les repas traditionnels sont délicieux. Les charmants propriétaires un peu décalés tiennent aussi le joli Tranquility, 6 km à l'ouest dans la campagne.

Grand Gardenia HÔTEL $$
(☎0431-4045000 ; www.grandgardenia.com ; 22-25 Mannarpuram Junction ; s 2 950 ₹, d 3 540-4 720 ₹, petit-déj inclus ;). Cet hôtel d'affaires, l'une des adresses les plus chics de Trichy, loue des chambres élégantes et modernes, avec lits confortables et douches vitrées. Le restaurant **Kannappa** (☎0431-4045000 ; plats 120-220 ₹ ; 11h30-23h30) sert une excellente cuisine (non végétarienne) du Chettinadu, et un **restaurant** international (☎0431-4045000 ; plats 120-240 ₹ ; 11h30-15h30 et 19h-23h) occupe le toit-terrasse. Le confort et les équipements compensent l'emplacement sans intérêt, près de la nationale à 1 km au sud de la gare de Trichy Junction.

Breeze Residency HÔTEL $$
(carte p. 436 ; ☎0431-2414414 ; www.breezeresidency.com ; 3/14 McDonald's Rd ; s 2 075-3 185 ₹, d 2 250-3 775 ₹, petit-déj inclus ; @). Un vaste établissement visant le haut de gamme, dans un endroit relativement calme et verdoyant. Propres et confortables, les chambres ont cependant un côté aseptisé et rien d'exceptionnel. Le **Madras Restaurant** (carte p. 436 ; ☎0431-4045333 ; buffet déj/dîner à partir de 350/450 ₹ ; 12h-15h et 19h30-23h ;) ne propose que des buffets. Il y a aussi un café ouvert 24h/24, un curieux bar sur le thème du Far West et une salle de sport.

Hôtel Ramyas HÔTEL $$
(carte p. 436 ; ☎0431-2414646 ; www.ramyas.com ; 13D/2 Williams Rd ; s 2 100-3 250 ₹, d 2 575-3 850 ₹, petit-déj inclus ; @). L'excellente qualité du service, des équipements et des chambres confortables, dans les tons de blanc, brun et cuivre, justifie le choix de cet hôtel d'affaires, malgré la taille curieusement réduite des "business class". Le **Meridian** (carte p. 436 ; ☎0431-2414646 ; plats 130-250 ₹ ; 12h-15h30 et 19h-23h30), où la couleur turquoise domine, sert une savoureuse cuisine internationale et propose un beau buffet au petit-déjeuner. L'excellent **Thendral** (carte p. 436 ; ☎0431-2414646 ; plats 140-250 ₹ ; 19h-22h30) occupe le jardin sur le toit.

Hotel Royal Sathyam HÔTEL $$
(carte p. 435 ; ☎0431-4011414 ; www.sathyamgrouphotels.in ; 42A Singarathope ; s/d 1 700/2 000 ₹, petit-déj inclus ;). L'adresse à privilégier si vous souhaitez loger près de l'animation du temple et du marché. Petite chambres assez chics, alliant bois et murs blancs. Service avenant.

Où se restaurer

Shri Sangeetas INDIEN $
(carte p. 436 ; www.shrisangeetas.com ; 2 VOC Rd ; plats 95-130 ₹, thali 85-150 ₹ ; 6h-12h30). Ne vous laissez pas rebuter par l'emplacement, derrière la gare routière : le Sangeetas est très apprécié. On s'y attable dans une cour animée, éclairée par des guirlandes lumineuses (ou à l'intérieur, dans une salle climatisée), pour se régaler de plats végétariens d'Inde du Nord et du Sud – *idli*, *dosa*, samosas, *thali*, *paneer tikka*...

Vasanta Bhavan INDIEN $
(carte p. 435 ; 3 NSB Rd ; plats 95-125 ₹, thali 80-150 ₹ ; 6h-23h). Une excellente adresse pour un repas avec vue, à proximité du Rock Fort ! Les tables de la galerie extérieure surplombent le bassin Teppakulam, et il y a une salle climatisée. Côté cuisine : de bons plats végétariens, d'Inde du Nord ou du Sud. À midi, les savoureux *thali* attirent un monde fou. Autre **enseigne** (carte p. 436 ; Rockins Rd ; plats 95-125 ₹, thali 80-150 ₹ ; 6h-23h) dans le quartier de Cantonment.

DiMora INTERNATIONAL $$
(carte p. 435 ; ☎0431-4040056 ; www.dimora.co.in ; 4e ét., Ambigai City Center, B29-30 Shastri Rd ; plats 165-455 ₹ ; 12h-15h30 et 19h-23h ;). Avec ses serveurs tout de noir vêtus qui prennent les commandes sur leur mobile et les tubes du moment en fond sonore, ce restaurant animé au dernier étage donne l'impression d'être à Chennai. La carte fait le tour du monde, mais nous recommandons surtout les pâtes, les pizzas au feu de bois, les plats sautés et les jus de fruits frais, sans oublier les tandooris et autres spécialités indiennes.

Achats

Saratha's VÊTEMENTS
(carte p. 435 ; 45 NSB Rd ; 9h-21h30). Rempli de vêtements en tout genre, Saratha's se veut le plus grand magasin de textiles du pays.

Renseignements

Indian Panorama (☎0431-4226122 ; www.indianpanorama.in ; 5 Annai Ave, Srirangam ; 10h-18h). Basé à Trichy et couvrant tout le pays, ce tour-opérateur est professionnel et fiable.

Office du tourisme (carte p. 436 ; ☎0431-2460136 ; Williams Rd ; 10h-17h45 lun-ven)

Depuis/vers Trichy

Quasiment au centre du Tamil Nadu, Trichy bénéficie de bonnes liaisons en avion, bus et train.

AVION

L'aéroport de Trichy est à 6 km au sud-est de Trichy Junction et de la gare routière centrale.

BUS

Les bus publics partent de la **gare routière centrale** (Central Bus Station ; carte p. 436 ; Rockins Rd), très fréquentée et bien organisée. Les bus UD (*ultradeluxe*) sont recommandés pour les longs trajets – un bureau des réservations est installé à l'angle sud-ouest de la gare.

Bus privés

Les compagnies privées possèdent des bureaux à proximité de la gare routière centrale.

Parveen Travels (carte p. 436 ; ☎ 9840962198 ; www.parveentravels.com ; 12B Ashby Complex, Rockins Rd ; ⏲ 24h/24) propose des bus climatisés pour Chennai (720 ₹, 6 heures, 12/jour), Trivandrum (1 300 ₹, 7 heures, 22h et 23h30) et Kodaikanal (850 ₹, 4 heures 30, 1h30), ainsi que des bus *semi-sleeper* (avec sièges inclinables) non climatisés pour Puducherry (550 ₹, 4 heures, 23h50) et Kodaikanal (550 ₹, 4 heures 30, 2h15).

TRAIN

La gare de Trichy Junction se trouve sur la ligne principale Chennai (Madras)-Madurai. Sur les seize trains quotidiens Express pour Chennai, le plus pratique dans la journée est le *Vaigai Express* (2e classe/chair 145/520 ₹, 5 heures 30), qui part à 9h05. Le train de nuit *Pandian Express* (sleeper/3AC/2AC/1AC 245/630/880/1 470 ₹, 6 heures 15) part à 23h10.

Chaque jour, onze trains desservent Madurai, dont le *Tirunelveli Express* (2e classe/chair 95/345 ₹, 2 heures 15) de 7h05 et le *Guruvayur Express* (2e classe/sleeper/3AC/2AC 80/140/495/700 ₹, 2 heures 45) de 13h35.

Il y a au moins six trains quotidiens pour Thanjavur (2e classe/ sleeper/3AC 45/140/495 ₹, 40 minutes-1 heure 30).

TAXI

- Les agences de voyages et les hôtels fournissent des voitures avec chauffeur.
- **Femina Travels** (carte p. 436 ; ☎ 0431-2418532 ; www.feminahotel.net ; 109 Williams Rd ; ⏲ 6h30-22h), qui pratique des prix raisonnables, demande 2 000 ₹ pour 8 heures et 100 km maximum à bord d'un véhicule climatisé.
- **Kiosque Ola** (carte p. 436 ; ⏲ 24h/24) devant la gare ferroviaire.

Comment circuler

- Le bus n°1 part toutes les quelques minutes de Rockins Rd, devant la gare routière centrale, à destination du temple de Sri Ranganathaswamy (10 ₹). Il circule aussi dans l'autre sens et marque un arrêt en chemin à proximité du Rock Fort Temple et du temple de Sri Jambukeshwara.
- Des auto-rickshaws partent de la gare routière centrale à destination du temple de Sri Ranganathaswamy (200 ₹) et du Rock Fort Temple (150 ₹).

SUD DU TAMIL NADU

Chettinadu

Les Chettiar, une communauté de commerçants basés dans la région de Karaikkudi, à 95 km au sud de Trichy, connurent une grande période de prospérité au XIXe siècle, au Sri

BUS D'ÉTAT AU DÉPART DE TRICHY

DESTINATION	TARIF	DURÉE	FRÉQUENCE/DÉPART
Bengaluru (Bangalore)	450 ₹ (A)	8 heures	20 UD/jour
Chennai	245/340/460 ₹ (B)	6-7 heures	15 UD, 2 AC/jour
Coimbatore	215 ₹ (C)	4 heures 30-6 heures	toutes les 10 minutes
Kodaikanal	400 ₹ (C)	5 heures 30	minuit
Madurai	120 ₹ (C)	2 heures 30	toutes les 15 minutes
Ooty	430 ₹ (A)	8 heures 30	UD 22h15
Rameswaram	185 ₹ (C)	6 heures	toutes les heures
Thanjavur (Tanjore)	45 ₹ (C)	1 heure 30	toutes les 5 minutes
Trivandrum	485 ₹ (A)	8 heures	UD 8h, 19h30, 21h30, 22h30

Tarifs : (A) ultradeluxe (UD) ; (B) standard/UD/AC ; (C) standard
Pour Kodaikanal, on peut aussi changer à Dindigul (70 ₹, 2 heures, toutes les 15 minutes).

Lanka et en Asie du Sud-Est, dans la finance et le négoce. Ils se firent alors bâtir quelque 10 000 (voire 30 000) demeures opulentes, dans les 75 localités de la campagne aride de leur Chettinadu natal. Rien n'était trop beau pour orner leurs "palais" : teck birman, marbre italien, bois de rose indien, acier anglais, sculptures et autres œuvres d'art du monde entier.

Quand leurs affaires s'effondrèrent, après la Seconde Guerre mondiale, de nombreuses familles durent quitter la région. Les demeures abandonnées tombèrent en décrépitude et furent démolies ou vendues par morceaux. Leur valeur remonta au tournant du XXIe siècle, avec l'entrée du Chettinadu sur la Liste du patrimoine mondial de l'Unesco en 2014. Plusieurs demeures ont été transformées en hôtels, qui comptent désormais parmi les meilleurs de l'État.

À voir et à faire

En dehors des villes principales de Pudukkottai et Karaikkudi, la région compte essentiellement des bourgs combinant cadre de vie rural et architecture grandiose. Kanadukathan, qui abrite plusieurs lieux d'hébergement et curiosités, fait une base de choix pour partir à la découverte des environs. On peut également loger à Kothamangalam, siège du remarquable hôtel Saratha Vilas. Athangudi, réputé pour sa Lakshmi House et ses fabriques artisanales de carreaux, mérite aussi le détour. Pour se déplacer d'un site à l'autre, le plus simple consiste à louer une voiture ou un rickshaw sur une demi-journée ou un jour entier.

Vijayalaya Cholisvaram TEMPLE HINDOU
(Narthamalai ; ⏲ lever-coucher du soleil). Ce petit temple remarquable, qui daterait du VIIIe ou du IXe siècle, est juché sur une pente rocailleuse d'une beauté désertique, à 1 km au sud-ouest du village de Narthamalai (à 16 km au nord de Pudukkottai). Il rappelle le temple du Rivage de Mamallapuram, la foule en moins. Deux sanctuaires taillés dans la roche (souvent fermés) ornent la façade rocheuse à l'arrière ; l'un renferme douze immenses bas-reliefs représentant Vishnu. L'embranchement pour Narthamalai est situé à 7 km au sud de Keeranur sur la route Trichy-Pudukkottai, d'où il vous restera à parcourir 2 km vers l'ouest pour rejoindre le village.

Sittannavasal TEMPLE JAÏN
(Sittannavasal ; Indien/étranger 25/300 ₹, voiture 40 ₹ ; ⏲ aube-crépuscule). À environ 16 km au nord-ouest de Pudukkottai, ce petit temple rupestre jaïn recèle de magnifiques fresques peintes à l'huile végétale que vous aurez probablement pour vous tout seul. Notez en particulier les poissons, les monstres marins et les "nymphes" du jardin paradisiaque représenté au plafond. Testez aussi l'acoustique de la salle de méditation, ornée de statues de maîtres jaïns assis en tailleur.

Pudukkottai Museum MUSÉE
(Thirukokarnam, Pudukkottai ; Indien/étranger 5/100 ₹, app photo/caméra 20/100 ₹ ; ⏲ 9h30-17h sam-jeu). À 4 km au nord de la gare ferroviaire de Pudukkottai, ce beau musée réunit une collection hétéroclite de reliques du passé du Chettinadu : instruments de musique, timbres, bijoux, objets funéraires mégalithiques..., ainsi que de remarquables peintures, sculptures et miniatures.

Athangudi Palace Tiles ATELIER
(✆ 9442229331 ; www.athangudipalacetiles.com ; Athangudi Rd, Athangudi ; 100 ₹ ; ⏲ 8h-18h). Si les carreaux aux motifs colorés des demeures chettiar vous ont séduit, faites un tour dans cet atelier d'Athangudi établi de longue date. Les artisans montrent leur technique et vendent des pièces. La fabrication commence tous les jours vers 11h.

Sri Mahalakshmi Handloom Weaving Centre ATELIER
(19/6 KM St, Kanadukathan ; ⏲ 9h30-17h30). GRATUIT Le Chettinadu est connu pour ses saris Kandaangi en soie et coton tissés main aux couleurs contrastées, aujourd'hui de plus en plus rares. Ce petit atelier permet de voir les tisserandes au travail et quantité de beaux tissus.

Où se loger et se restaurer

Les hôtels de luxe du Chettinadu permettent de loger dans de remarquables maisons.

Chettinad Packer AUBERGE DE JEUNESSE $
(✆ 9786396414 ; www.facebook.com/ChettinadPacker ; 30 AR St, Kanadukathan ; 900 ₹/pers ; ❄ 📶). La seule adresse abordable de la région comprend des dortoirs à lits superposés et une chambre privée à quadruple lits simples. Sans prétention, propre et bien entretenue, elle appartient à la même famille que le Chettinadu Mansion. Cuisine commune et agréable coin jardin ombragé.

LES DEMEURES DU CHETTINADU

Les demeures chettiar sont des propriétés familiales, d'où le peu d'informations touristiques disponibles à leur sujet. Plusieurs ouvrent leurs portes au public, mais les horaires peuvent être aléatoires.

Athangudi Palace (Lakshmi House ; Athangudi Rd, Athangudi ; 100 ₹ ; ⏲9h-17h). Dotée de magnifiques plafonds en bois sculpté et peint, cette demeure a servi de décor à de nombreux films. Remarquez les matériaux nobles (marbre belge, acier anglais), les panneaux consacrés à l'histoire des Chettiar, le sol en damier, et les curieuses statues de colons britanniques et de divinités hindoues dans l'entrée.

CVCT and CVR House (CVRMCT St, Kanadukathan ; 100 ₹, app photo 50 ₹ ; ⏲9h-17h). Assortie d'une succession typique de cours à colonnades, la salle de réception impressionnante de cette "maison double" est partagée par deux branches d'une même famille. Contemplez la vue sur les habitations voisines depuis le toit-terrasse.

VVR House (CVRMCT St, Kanadukathan ; ⏲9h-17h, horaires variables). Voici l'une des plus vieilles demeures du Chettinadu (1870). Admirez les colonnes en teck de Birmanie, les motifs sur le sol et les sculptures sur bois élaborées. Un "don" de 50 ₹ est souhaité pour les groupes.

♥ Saratha Vilas BOUTIQUE-HÔTEL $$$
(☎9884936158, 9884203175 ; www.sarathavilas.com ; 832 Main Rd, Kothamangalam ; ch 7 200-12 100 ₹, petit-déj inclus ; ❄@📶≋). À 6 km à l'est de Kanadukathan, cette demeure de 1910 somptueusement restaurée offre une autre image du charme chettiar, mariant architecture tamoule et baroque italianisant. Elle appartient à des architectes français très impliqués dans la préservation du patrimoine local, à l'origine de l'ONG **ArcHeS**. Ils ont apporté à la demeure une note contemporaine et conçu eux-mêmes le mobilier des chambres. La cuisine, exquise, mêle aussi les influences françaises et du Chettinadu. Belle piscine d'eau salée.

♥ Bangala HÔTEL HISTORIQUE $$$
(☎04565-220221 ; www.thebangala.com ; Devakottai Rd, Karaikkudi ; ch 7 640-8 860 ₹, petit-déj inclus ; ❄📶≋). Ce "bungalow" historique aux murs chaulés, restauré avec amour et bien géré, n'est pas un manoir à proprement parler. Il en a toutefois le charme, avec des chambres colorées, des meubles anciens, des vieilles photos de famille et une magnifique piscine aux bords carrelés. L'établissement est également réputé pour sa cuisine : les "repas" de feuilles de bananier (végétarien/non végétarien 900/1 000 ₹) sont de véritables festins de noces chettiar (12h30-14h30 et 20h-22h ; réservez 2 heures à l'avance) !

En prime : atelier de cuisine, retraites de yoga, massages et accès exclusifs à des demeures palatiales.

♥ Visalam HÔTEL HISTORIQUE $$$
(☎04565-273301 ; www.cghearth.com ; Local Fund Rd, Kanadukathan ; ch à partir de 8 140 ₹, petit-déj inclus ; ❄@📶≋). Superbement restaurée et gérée avec professionnalisme par une chaîne hôtelière kéralaise, cette demeure chettiar des années 1930, de style Art déco, n'appartient plus à la famille d'origine, dont elle a conservé de vieilles photos, des meubles et des peintures. Le jardin est exquis, les 15 grandes chambres ont un charme fou et la piscine occupe un cadre magique, avec des bougainvillées luxuriantes et un modeste restaurant au bord.

Chettinadu Court HÔTEL $$$
(☎9585594087 ; www.chettinadcourt.com ; Raja's St, Kanadukathan ; ch à partir de 4 490 ₹, petit-déj inclus ; ❄📶≋). Pour un séjour (relativement) économique dans le Chettinadu, le Chettinadu Court loue huit chambres plaisantes, rehaussées de carreaux d'Athangudi et de quelques antiquités. Sa salle à manger abrite en outre le principal restaurant touristique de Kanadukathan. L'hôtel partage une piscine hors site avec la Chettinadu Mansion, qui appartient aux mêmes propriétaires.

Chettinadu Mansion HÔTEL HISTORIQUE $$$
(☎04565-273080 ; www.chettinadmansion.com ; 11 AR St, SARM House, Kanadukathan ; ch à partir de 6 850 ₹, petit-déj inclus ; ❄📶≋). Accueillante, bien tenue et bourrée de charme, cette demeure centenaire appartient toujours à la famille d'origine, qui y réside à l'année. Elle compte 126 pièces, dont 12 chambres, toutes spacieuses, colorées et dotées de balcons

privatifs donnant sur d'autres demeures. Les propriétaires tiennent également le Chettinadu Court voisin.

Depuis/vers le Chettinadu

Le plus pratique consiste à circuler en voiture. Pour un véhicule avec chauffeur pendant 2 jours au départ de Trichy, Thanjavur ou Madurai, comptez 7 500 ₹ environ. Sinon, prenez un bus jusqu'à la ville où vous souhaitez loger – ou à défaut la destination la plus proche – et louez une voiture pour des excursions (environ 2 500 ₹/jour).

De Trichy, vous pourrez prendre un bus à destination de Pudukkottai (44 ₹, 1 heure 30) et Karaikkudi (90 ₹, 2 heures) – départ toutes les 10 minutes environ – et vous faire déposer en chemin. De Madurai, des bus partent pour Karaikkudi (95 ₹, 2 heures) toutes les 30 minutes. Il y a également des bus au départ de Thanjavur et Rameswaram.

Chaque jour, trois trains assurent la liaison Chennai Egmore-Pudukkottai (sleeper/2AC/3AC 265/720/1 035 ₹, 6-8 heures) et Chennai Egmore-Karaikkudi (280/775/1 085 ₹, 6 heures 30-9 heures 30). Un train relie Chennai à Chettinad, d'où l'on peut rejoindre Kanadukathan (275/745/1 070 ₹, 9 heures).

Madurai

☎0452 / 1,6 MILLION D'HABITANTS

Si Chennai (Madras) est la capitale du Tamil Nadu, Madurai en est l'âme. Ville tamoule par excellence, Madurai est l'une des plus anciennes cités d'Inde, une métropole qui commerçait avec la Rome antique et fut une grande capitale bien avant que Chennai n'existe. Les touristes, indiens ou étrangers, viennent habituellement pour visiter le temple de Meenakshi Amman, un ensemble labyrinthique qui compte parmi les plus beaux temples du pays.

Madurai semble présenter bon nombre des facettes hétéroclites de l'Inde contemporaine : un centre-ville dominé par un temple médiéval, une économie dépendant de manière croissante des nouvelles technologies, le dynamisme et l'effervescence caractéristiques des grandes villes du sous-continent – à une échelle bien plus humaine que Chennai.

Histoire

Selon la légende, Shiva aurait fait couler sur la ville des gouttes de nectar (*madhuram*) de sa chevelure, d'où le nom de Madurai ("cité du nectar").

Des textes tamouls et grecs anciens attestent l'existence de Madurai à partir du IIIe siècle av. J.-C. Cette cité marchande renommée, notamment pour les épices, abritait le troisième *Sangam*, l'académie des poètes et érudits tamouls. Au fil des siècles, elle passa aux mains des Chola, des Pandya, des sultans musulmans locaux, des rois hindous Vijayanagar, puis des Nayak qui la gouvernèrent jusqu'en 1736 et la façonnèrent en forme de lotus. Durant le règne de Tirumalai Nayak (1623-1659), l'essentiel du temple de Meenakshi Amman fut construit et Madurai devint le centre de la culture tamoule ; elle joua un rôle important dans l'évolution de la langue tamoule.

En 1840, la Compagnie anglaise des Indes orientales fit raser les remparts qui entouraient Madurai et combler les douves pour tracer quatre larges artères, les Veli, qui délimitent aujourd'hui la vieille ville.

À voir

Temple de Meenakshi Amman TEMPLE HINDOU

(temple de Sri Meenakshi ; East Chitrai St ; Indien/étranger 5/50 ₹ ; 5h-12h30 et 15h30-22h). Le temple de Sri Meenakshi, demeure de la déesse guerrière Meenakshi Amman aux trois seins et aux "yeux en forme de poisson" (désignant des yeux parfaits dans la poésie classique tamoule), marque pour beaucoup l'apogée de l'architecture sacrée d'Inde du Sud. Plus qu'un simple temple, il s'agit d'un ensemble architectural de 6 ha, entouré de douze hauts gopuras, sculptés d'innombrables dieux, déesses, démons et héros (le gopura sud, haut de 55 m, en compte 1 511).

Selon la légende, Meenakshi (avatar de Parvati) naquit avec trois seins et une prophétie lui prédit que le sein supplémentaire fondrait quand elle rencontrerait son mari. Cet événement se produisit lorsqu'elle fit la connaissance de Shiva, dont elle devint l'épouse. Le temple actuel fut édifié au XVIIe siècle, sous le règne de Tirumalai Nayak. Ses origines remontent toutefois à 2 000 ans, quand Madurai était une capitale Pandya.

Les quatre rues qui entourent le temple sont réservées aux piétons. Les règles vestimentaires sont strictes, tout comme les consignes de sécurité : épaules et jambes couvertes (pour les hommes comme pour les femmes), sacs et appareils photo interdits à l'intérieur. Il n'en règne pas moins dans cet édifice aux plafonds et murs

Madurai

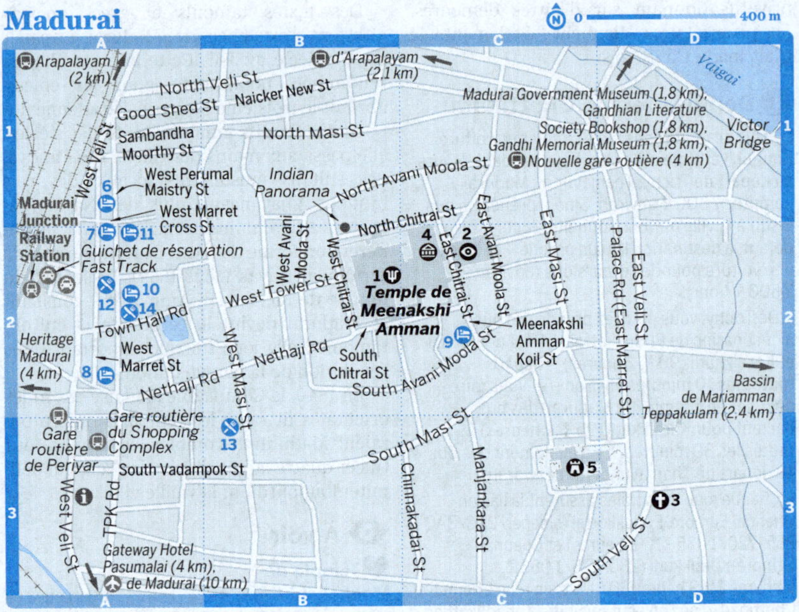

Madurai

Les incontournables

1 Temple de Meenakshi Amman B2

À voir

2 Pudhu Mandapa C2
3 St Mary's Cathedral D3
4 Temple Art Museum C2
5 Palais de Tirumalai Nayak C3

Où se loger

6 Hotel Park Plaza A1
7 Hotel Supreme A2
8 Madurai Residency A2
9 Simap Residency C2
10 TM Lodge A2
11 Treebo Berrys Boutique A2

Où se restaurer

12 Kumar Mess A2
13 Murugan Idli Shop B3
14 Sri Sabareesh A2
Surya .... (voir 7)

particulièrement bigarrés une atmosphère plus joyeuse et moins solennelle que dans d'autres lieux de culte hindous du Tamil Nadu. Chaque soir à 21h, une procession fervente transporte sous une nuée d'encens une effigie de Sundareswarar (Shiva) jusqu'au sanctuaire de Meenakshi, où elle passe la nuit. Les visiteurs peuvent la suivre librement.

Avant ou après la visite, prenez le temps de faire le tour du **Pudhu Mandapa** (⏲ aube-crépuscule). GRATUIT L'entrée principale du temple de Meenakshi Amman, la porte orientale, est marquée par le gopura le plus ancien, du côté est.

En premier, sur votre droite, vous atteindrez le pavillon aux Mille Colonnes (Thousand Pillar Hall), qui renferme l'excellent **Temple Art Museum** (Indien/étranger 5/50 ₹, app photo téléphone 50 ₹ ; ⏲ 6h-14h et 15h-21h). Au-delà, vous déboucherez sur un sanctuaire de Nandi, entouré de colonnes richement sculptées. Vient ensuite le principal sanctuaire de Shiva, flanqué de part et d'autre de *dvarapala* massifs ; et, plus loin sur la gauche dans une enceinte séparée, le principal sanctuaire de Meenakshi. Tous deux sont interdits aux non-hindous ; les abords du **bassin du Lotus d'Or** (Golden Lotus Tank) sont en revanche accessibles à tous. À l'extrémité ouest, un petit pavillon proéminent est orné de fresques au plafond représentant le mariage de Sundareswarar et Meenakshi. Quittez le temple en traversant une salle avec des vendeurs de fleurs, puis l'**Ashta Shakti Mandapa** au plafond voûté, peint de fresques de toute beauté et bordé de reliefs sculptés représentant les huit attributs de la déesse – c'est par ici que la plupart des fidèles pénètrent dans le temple.

Gandhi Memorial Museum HISTOIRE
(www.gandhimmm.org ; Gandhi Museum Rd ; app photo 50 ₹ ; ⏲10h-13h et 14h-17h45). GRATUIT Aménagé dans le palais du XVIIe siècle d'une reine Nayak, cet intéressant musée présente une rétrospective de la vie de Gandhi et de la lutte pour l'indépendance de l'Inde, de 1757 à 1947. Parmi les pièces exposées figure le *dothi* taché de sang que Gandhi portait le jour de son assassinat à Delhi, en 1948 ; il est conservé ici car c'est à Madurai que le Mahatma commença à porter le *dothi*, en 1921, pour montrer sa fierté de son pays natal.

Le petit **Madurai Government Museum** (Gandhi Museum Rd ; Indien/étranger 5/100 ₹, app photo 20 ₹ ; ⏲9h30-17h sam-jeu) se trouve juste à côté, avec la **Gandhian Literary Society Bookshop**. Depuis la **gare routière de Periyar** (West Veli St), les bus n^{os}3, 66, 75 et 700 desservent l'arrêt de bus de Tamukkam sur Alagarkoil Rd, à 600 m à l'ouest du musée.

Palais de Tirumalai Nayak PALAIS
(Palace Rd ; Indien/étranger 10/50 ₹, app photo/caméra 30/100 ₹ ; ⏲9h-13h et 13h30-17h). Ce palais délabré est à l'architecture profane ce que le temple de Sri Meenakshi est à l'architecture sacrée Nayak. Même s'il ne subsisterait aujourd'hui qu'un quart de l'immense édifice d'origine, son échelle et son style dravido-islamique impressionnent et témoignent des ambitions de son bâtisseur. On pénètre dans le palais par l'est. Une vaste cour entourée de hautes colonnes surmontées de stucs mène à la grandiose salle du trône, dont la coupole culmine à 25 m de hauteur. Deux chevaux sculptés dans la pierre flanquent l'escalier.

À l'écart de l'angle nord-ouest de la salle, le Natakasala (salle de Danse) abrite une petite collection archéologique.

St Mary's Cathedral ÉGLISE
(East Veli St ; ⏲6h-18h). Cet édifice néogothique (XXe siècle) blanc et bleu pâle, flanqué de deux flèches, renferme une nef aux voûtes orange éclairée par des vitraux. À l'angle de la rue par rapport au palais de Tirumalai Nayak.

Activités

Sivananda Vedanta Yoga Centre YOGA
(☎0452-2521170 ; sivananda.org.in ; 444 KK Nagar, East 9th St ; cours 400 ₹ ; ⏲6h-20h30 lun-sam, 6h30-17h30 dim). Cours de yoga (réservation un jour à l'avance) et stages de 10 jours (6 000 ₹). D'autres formations plus longues ont lieu à l'ashram du centre, à 22 km au nord de Madurai.

Circuits organisés

Storytrails À PIED
(☎7373675756 ; www.storytrails.in ; 23 Park Ave, Old Natham Rd ; circuits 1 600-6 000 ₹/pers). Cet organisme créé à Chennai organise des visites à pied thématiques des quartiers. Les tarifs dépendent de la taille des groupes.

Foodies Day Out CUISINE
(☎9840992340 ; www.foodiesdayout.com ; 2e ét., 393 Anna Nagar Main Rd ; à partir de 2 500 ₹/pers). Ce fantastique circuit en soirée est idéal pour s'immerger dans la fameuse scène culinaire locale, en compagnie de gourmets. Parcours végétariens et végans possibles.

Où se loger

TM Lodge HÔTEL $
(☎0452-2341651 ; 50 West Perumal Maistry St ; s/d 680/980 ₹, avec clim 1 350-1 570 ₹ ; ❄). Des chambres propres, correctes pour le prix. Les bons matelas et la direction efficace font oublier les murs un peu abîmés.

Treebo Berrys Boutique HÔTEL $$
(☎0452-2340256 ; www.berrysboutique.in ; 25 West Perumal Maistry St ; s/d à partir de 1 600/1 900 ₹, petit-déj inclus ; ❄📶). Cet hôtel récent possède 15 chambres chics, contemporaines et minimalistes portant des noms de fruits. Atmosphère apaisante, accueil chaleureux et restaurant sur place. C'est l'un des meilleurs rapports qualité/prix de Madurai – consultez les promotions en ligne.

Simap Residency HÔTEL $$
(☎0452-2350088 ; www.simapresidency.com ; 12A/1 Meenakshi Amman Koil St ; ch 2 500-2 880 ₹, petit-déj inclus ; ❄📶). Se présentant comme un hôtel pour pèlerins ouvert à tous, le Simap s'inscrit au cœur de l'animation bruyante du temple. Derrière des portes en bois brillant, les chambres de bonne taille, modernes et dépouillées, ont la clim, des draps blancs et de l'eau chauffée à l'énergie solaire.

Madurai Residency HÔTEL $$
(☎ 0452-4380000 ; www.madurairesidency.com ; 15 West Marret St ; s 2 950-3 420 ₹, d 3 300-3 800 ₹, petit-déj inclus ; ❄📶). Cet hôtel remporte tous les suffrages, tant pour son service exceptionnel que pour ses chambres, fraîches et confortables. Il comprend un bureau de transports (pratique) et, sur le toit, l'un des restaurants les plus hauts de la ville ! L'établissement est prisé (surtout des hommes d'affaires indiens) : réservez la veille au plus tard.

Hotel Park Plaza HÔTEL $$
(☎ 0452-4511111 ; www.hotelparkplaza.in ; 114 West Perumal Maistry St ; ch 2 240-4 800 ₹, d 2 700-4 800 ₹ ; ❄📶). Des chambres simples et confortables au mobilier élégant, avec sol en marbre, matelas épais et éclairage bleuté, dont quatre ont vue sur le temple. Sky High Bar au 1er étage.

Hotel Supreme HÔTEL $$
(☎ 0452-2343151 ; www.hotelsupreme.in ; 110 West Perumal Maistry St ; s 2 450-3 060 ₹, d 2 700-3 300 ₹, petit-déj inclus ; ❄📶). D'une certaine tenue, quoiqu'un peu fatigué, et doté d'un service avenant, le Supreme plaît beaucoup aux touristes indiens. Le restaurant Surya (ci-contre) sur le toit-terrasse prépare une savoureuse cuisine végétarienne.

♥ **Heritage Madurai** HÔTEL HISTORIQUE $$$
(☎ 9003043205 ; www.heritagemadurai.com ; 11 Melakkal Main Rd, Kochadai ; ch 6 500-9 600 ₹ ; ❄📶🏊). Dans un havre de verdure à 4 km au nord-ouest du centre, ce bâtiment aux boiseries élaborées accueillait à l'origine le vieux Madurai Club. Il a été impeccablement rénové, avec des décors en bois sculpté comme au Kerala, une piscine somptueuse et des chambres deluxe au sol en terre cuite. Les villas, dotées de petits bassins privés, sont encore un cran au-dessus. Également : **restaurant** gastronomique de cuisine d'Inde du Nord et du Sud, spa, bar et café ouvert 24h/24.

Gateway Hotel Pasumalai HÔTEL HISTORIQUE $$$
(☎ 0452-6633000 ; www.gateway.tajhotels.com ; 40 TPK Rd, Pasumalai ; ch 8 100-12 800 ₹, petit-déj inclus ; @📶🏊). Joli refuge à l'écart de l'agitation urbaine, le Gateway, du groupe Taj, est niché dans des jardins, en haut d'une colline, à 6 km au sud-ouest du centre de Madurai. La vue, la piscine extérieure et les 60 paons en liberté ajoutent à l'attrait des chambres d'un luxe douillet, dotées d'une cabine de douche vitrée et d'un kit de yoga. Le restaurant **Garden All Day** (☎ 0452-6633000 ; www.gateway.tajhotels.com ; plats 300-700 ₹ ; ⏲ 6h30-23h) est excellent.

Où se restaurer

♥ **Murugan Idli Shop** INDIEN DU SUD $
(muruganidlishop.com ; 196 West Masi St ; plats 15-75 ₹ ; ⏲ 7h-22h30). Bien qu'il compte désormais plusieurs enseignes à Chennai, c'est à Madurai que le Murugan a vu le jour. Goûtez à ses *idli* légers et à ses chutneys, et régalez-vous de classiques d'Inde du Sud comme les *dosa*, les *vada* et les *uttapam*.

♥ **Sri Sabareesh** INDIEN $
(49A West Perumal Maistry St ; plats 65-90 ₹ ; ⏲ 6h-23h). Le Sri Sabareesh est un restaurant végétarien bon marché et très réputé, décoré de photos du Madurai d'autrefois. Il prépare de bons *thali* d'Inde du Sud (90 ₹), des *dosa*, des *idli*, des *uttapam* et des *vada*, ainsi que des spécialités plus roboratives.

Surya INTERNATIONAL $
(www.hotelsupreme.in ; 110 West Perumal Maistry St ; plats 80-160 ₹ ; ⏲ 16h-minuit). Sur le toit de l'Hotel Supreme, cette bonne table végétarienne offre une vue splendide sur la ville et un service parfait. Ne manquez pas son café frappé ! Sinon, il y a aussi un restaurant climatisé au rez-de-chaussée, ouvert dès 7h.

Kumar Mess INDIEN DU SUD $$
(96A West Perumal Maistry St ; plats 140-280 ₹ ; ⏲ 12h-16h et 18h30-23h). Une façade quelconque dissimule ce *mess* sans prétention au service impeccable et à la longue carte de plats carnés. Le *dosa* au poulet se distingue.

Banyan Restaurant INDIEN $$$
(☎ 0452-3244187 ; www.heritagemadurai.com ; Heritage Madurai, 11 Melakkal Main Rd, Kochadai ; plats 200-450 ₹ ; ⏲ 7h-22h30). À 4 km au nord-ouest du centre-ville, dans l'enceinte luxuriante du luxueux hôtel Heritage Madurai d'inspiration kéralaise, ce restaurant chic mitonne des plats indiens délicieusement relevés et un buffet déjeuner apprécié.

Achats

Madurai compte d'innombrables stands de vêtements et échoppes de tailleurs ; attendez-vous à être assailli par les rabatteurs. Les chauffeurs et les guides voudront aussi vous conduire dans les boutiques d'artisanat du Cachemire de North Chitrai Street et West Chitrai Street, sous prétexte de vous montrer une vue splendide sur le temple. Le panorama n'est pas mal... et le procédé est malin !

Le Pudhu Mandapa (p. 442) du XVIe siècle renferme quantité d'ateliers de tailleurs capables de réaliser en une heure ou deux la réplique de n'importe quel vêtement. Comptez 350 ₹ pour un haut ou une chemise en coton.

Renseignements

Indian Panorama (☎0452-2525821 ; www.indianpanorama.in ; North Chitrai St ; ⏱10h-19h lun-sam). Une agence couvrant tout le pays.

Office du tourisme (☎0452-2334757 ; www.tamilnadutourism.org ; 1 West Veli St ; ⏱10h-18h lun-ven). Autres antennes à l'aéroport et à la gare ferroviaire.

Depuis/vers Madurai

AVION

L'aéroport est à 12 km au sud de la ville.

SpiceJet (www.spicejet.com) effectue chaque jour un vol à destination de Colombo, Dubai et Hyderabad, et trois vols pour Chennai.

Indigo (www.goindigo.in) assure cinq liaisons quotidiennes avec Chennai, deux avec Bengaluru et Hyderabad.

BUS

La plupart des bus publics arrivent et partent de la **nouvelle gare routière** (New Bus Stand, Melur Rd), à 4 km au nord-est du centre-ville. Ceux qui desservent Coimbatore, Kodaikanal, Ooty et Munnar partent de la **gare routière d'Arapalayam** (Puttuthoppu Main Rd), à 2 km au nord-ouest de la vieille ville. Pour Kanyakumari, changez à Nagercoil. Les billets pour les bus privés, plus chers et généralement plus confortables, s'achètent dans les agences du côté sud de la **gare routière du Shopping Complex** (entre West Veli St et TPK Rd). La plupart circulent de nuit.

TRAIN

Depuis la gare ferroviaire de Madurai Junction, il y a chaque jour douze trains pour Trichy (Tiruchirappalli) et dix pour Chennai (Madras). Le plus rapide est le *Vaigai Express* de 7h (Trichy 2e classe/chair 95/345 ₹, 2 heures ; Chennai 180/665 ₹, 7 heures 45). Le *Pandian Express* de 20h40 (sleeper/3AC/2AC/1AC 315/815/1 150/1 940 ₹, 9 heures) est un train de nuit pratique à destination de Chennai. Le seul train quotidien pour Kanyakumari part à 1h30 (sleeper/3AC/2AC/1AC 210/540/745/1 245 ₹, 5 heures), mais six vont à Nagercoil, à proximité.

Quelques autres villes desservies :

Bengaluru (2/jour, sleeper/3AC/2AC 260/700/1000 ₹, 9 heures 30)

Coimbatore (2/jour, 235/595/830 ₹, 5 heures 30)

Mumbai (lun, mar, mer et ven, 645/1 705/2 505 ₹, 34 heures)

Trivandrum (5/jour, 205/550/780 ₹, 7 heures)

Comment circuler

DEPUIS/VERS L'AÉROPORT

Un taxi entre le centre-ville et l'aéroport coûte 550 ₹. Le même trajet en VTC Ola revient plutôt autour de 400 ₹. Le bus n°10 (15 ₹) circule depuis/vers la gare routière du Shopping Complex.

BUS

➡ Depuis la **nouvelle gare routière**, les bus nos 3, 48 et 700 font la navette avec la ville ; les auto-rickshaws demandent 150 ₹.

BUS D'ÉTAT AU DÉPART DE MADURAI

DESTINATION	TARIF	DURÉE	FRÉQUENCE/DÉPART
Bengaluru (Bangalore)	515-700 ₹	9-10 heures	8 bus 19h-21h35
Chennai	635-975 ₹	9-10 heures	toutes les 30 min, 5 bus AC 16h-22h
Kodaikanal	100 ₹	4 heures	13 bus 1h30-14h50, 17h50, 20h30
Coimbatore	170 ₹	5 heures	toutes les 10 minutes
Ernakulam (Kochi)	325 ₹	9 heures 30	9h, 20h, 21h
Nagercoil	240 ₹	6 heures	toutes les 30 minutes
Munnar	180 ₹	5 heures	5h55, 8h, 10h40
Mysuru (Mysore)	375-490 ₹	9-12 heures	16h35, 18h, 20h, 21h
Ooty	300 ₹	8 heures	7h15, 21h15
Puducherry (Pondichéry)	240-260 ₹	7 heures 30	21h05, 21h30
Rameswaram	140 ₹	4-5 heures	toutes les 15 minutes
Trichy (Tiruchirappalli)	90 ₹	2 heures 15-3 heures	toutes les 5 minutes

- Pour aller de la gare routière d'Arapalayam jusqu'au centre, prenez un rickshaw (100 ₹).
- Les bus n[os]3, 66, 75 et 700 se rendent de la gare routière de Periyar (p. 443) au secteur du musée Gandhi.

TAXI

- Il existe une **station de taxis** à prix fixes devant la gare ferroviaire de Madurai Junction, avec des tableaux tarifaires (une journée à Madurai et dans les environs coûte entre 1 400 et 1 800 ₹).
- Fast Track possède un **guichet de réservation de taxis** (☎0452-2888999 ; ⏲24h/24) au même endroit. Cette société demande 90 ₹ pour les 3 premiers kilomètres, puis 14-16 ₹ par kilomètre.

Rameswaram

☎04573 / 45 000 HABITANTS

Rameswaram marquait jadis la pointe méridionale de l'Inde sacrée : s'aventurer au-delà signifiait abandonner sa caste et tomber plus bas que l'équarisseur de vaches sacrées. Puis Rama (l'incarnation de Vishnu et le héros du *Ramayana*) fit traverser son armée de singes et d'ours à travers un pont bâti par les singes jusqu'au (Sri) Lanka, infligeant une défaite au démon Ravana et sauvant sa femme, Sita. Le prince et la princesse revinrent ensuite à Rameswaram pour rendre grâce à Shiva. Aujourd'hui, des millions d'hindous affluent au temple de Ramanathaswamy pour prier là où un dieu en vénéra un autre.

Pour le reste, Rameswaram est une bourgade de pêcheurs délabrée, nichée sur l'île de Pamban, en forme de conque, reliée au continent par des ponts de 2 km de long. Pour les visiteurs, le temple ne justifie pas à lui seul le détour. Mais le site de Dhanushkodi, à la pointe est de l'île de Pamban et à seulement 30 km du Sri Lanka, possède une beauté naturelle envoûtante. Côté activités, la côte ouest est une destination détendue, appréciée pour les possibilités de sports nautiques.

À voir et à faire

Temple de Ramanathaswamy TEMPLE HINDOU
(East Car St ; ⏲6h-13h et 15h-20h30). Lorsque Rama décida de rendre grâce à Shiva, il estima qu'il lui fallait un lingam à la hauteur. Il envoya alors Hanuman, le dieu-singe, chercher le plus grand lingam qui fut (en l'occurrence, un sommet de l'Himalaya). Mais Hanuman tardant à revenir, Sita confectionna un simple lingam en sable, qui serait aujourd'hui conservé dans le sanctuaire intérieur du temple de Ramanathaswamy, l'un des plus sacrés du pays. Édifié entre le XVIe et le XVIIIe siècle, ce dernier se distingue par ses longues salles aux mille piliers de toute beauté et ses 22 *theertham* (bassins ou puits), dans lesquels les pèlerins se baignent avant d'approcher la divinité. Les préposés jettent des seaux d'eau sur les fidèles (souvent tout habillés), qui se pressent de *theertham* en *theertham*.

Quest Academy SPORTS NAUTIQUES
(☎9820367412 ; www.quest-asia.com ; Pirappan Valasai, près de la route Madurai-Rameswaram). Dirigé par une équipe de Mumbai spécialisée dans les activités de plein air, ce centre de sports nautiques respectueux de l'environnement propose kitesurf, kayak, planche à voile, snorkeling, paddle, voile, camping, nettoyages de plage et marches nocturnes à la rencontre de la faune. Sur le continent, 18 km à l'ouest du pont de l'île de Pamban.

Où se loger et se restaurer

Kathadi South HUTTES $$
(☎9820367412 ; www.quest-asia.com ; près d'Old Dhanushkodhi Rd, île de Pamban ; s/d 2 000/2 750 ₹, petit-déj inclus). Sur un terrain à l'ombre de palmiers, Quest Academy loue trois simples huttes au toit de chaume avec sdb partagée, ainsi que des tentes (s/d 1 250/2 200 ₹), tout près d'une étendue de sable blanc. Électricité solaire et repas maison (350 ₹). Le camp était fermé lors de notre venue et nous ignorons s'il rouvrira.

Kathadi North BUNGALOW $$
(☎9820367412 ; www.quest-asia.com ; Pirappan Valasai, près de Madurai-Rameswaram Hwy ; s/d 3 500/4 000 ₹, petit-déj inclus ;). Faisant partie du centre de sports nautiques Quest Academy, ces quatre bungalows en béton coiffés de chaume et dotés de sdb en plein air se tiennent juste en retrait d'une plage de sable blond, 18 km à l'ouest de l'île de Pamban. Récupération des eaux pluviales, électricité solaire, portes recyclées et barrières en palmiers locaux. Repas en commun préparés dans une cuisine ouverte (450-550 ₹).

Hotel Saara HÔTEL $$
(☎9442700601 ; www.hotelsaara.com ; 25 Mandi St ; ch 1 680 ₹ ;). Ce nouveau venu, dans une rue latérale relativement calme près du

HORS DES SENTIERS BATTUS

DHANUSHKODI, VILLE FANTÔME

La presqu'île qui s'étire sur 22 km au sud-est de Rameswaram se rétrécit, à mi-distance, pour ne plus former qu'une étroite bande de dunes de sable, à l'extrémité de laquelle se dresse la ville fantôme de **Dhanushkodi**. Autrefois port prospère, Dhanushkodi fut dévastée par un gigantesque cyclone, en 1964. Les ruines de sa gare, de son église, de sa poste et d'autres bâtiments se dressent parmi les baraques de pêcheurs ; l'Adam's Bridge (ou Rama's Bridge, pont d'Adam ou de Rama), une chaîne de récifs, d'îlots et de bancs de sable, s'élance vers l'est et relie presque l'Inde au Sri Lanka. Pour beaucoup, il s'agit de l'étape finale d'un long pèlerinage. L'atmosphère est particulièrement magique à l'aube, quand les fidèles font leur *puja*.

Auparavant, on atteignait Dhanushkodi au terme d'un parcours aventureux de plusieurs kilomètres, à pied ou en voiture, à travers les dunes. Désormais, une nouvelle route goudronnée permet de la rejoindre en un éclair et elle a gagné en fréquentation. Le mieux consiste à louer un véhicule avec chauffeur (1 200 ₹ aller-retour) auprès de **Pavan Tours & Travels** (☎9952556605 ; www.pavantoursandtravels.com ; East Car St, Rameswaram). Sur le site, vous pourrez visiter les ruines, observer les pêcheurs qui relèvent leurs filets et vous approcher au plus près du Sri Lanka, avec la mer de chaque côté.

temple, est sans doute la meilleure affaire de Rameswaram. Chambres fraîches aux murs carrelés avec Wi-Fi. Direction serviable.

Jiwan Residency HÔTEL $$
(☎04573-222207 ; www.jiwanresidency.com ; Sangumal, Olaikuda Rd ; ch 3 420-4 110 ₹, ste 5 400-5 900 ₹, petit-déj inclus ; ❄📶). L'une des adresses les plus recommandées de Rameswaram vous attend vers l'extrémité nord-est de la route du front de mer. Il s'agit d'un hôtel d'affaires soigné abritant des chambres modernes et lumineuses dans les tons de crème et de beige. Les "supérieures" spacieuses ont un balcon et les deux "suites" vue sur la mer.

Daiwik Hotel HÔTEL $$
(☎04573-223222 ; www.daiwikhotels.com ; Madurai-Rameswaram Hwy ; ch 4 150-5 000 ₹ ; ❄📶). Éclatant, confortable et accueillant, "le premier hôtel quatre étoiles pour les pèlerins en Inde", situé à 200 m à l'ouest de la gare routière, est l'établissement le plus chic de Rameswaram. Les chambres, spacieuses, sont agrémentées de grands miroirs et de photos de la vie locale. Sur place, spa et bon restaurant végétarien, l'**Ahaan** (plats 160-270 ₹ ; 🕒7h-22h).

Hotel Sri Saravana HÔTEL $$
(☎04573-223367 ; www.srisaravanahotel.com ; 1/9A South Car St ; ch 1 500-4 500 ₹ ; ❄📶). Propre et accueillant, l'hôtel le plus prisé du centre-ville présente un service correct et de grandes chambres d'un style hétéroclite. Celles du haut, immenses, regardent la mer.

Hotel Annapoorna INDIEN $
(West Car St ; plats 70-120 ₹ ; 🕒7h-22h). Un endroit très fréquenté pour ses petits-déjeuners et *thali* d'Inde du Sud.

ℹ Depuis/vers Rameswaram

La **gare routière** (Madurai-Rameswaram Hwy) de Rameswaram est à 2,5 km à l'ouest de la ville. Des bus partent pour Madurai (150 ₹, 4 heures) toutes les 10 minutes et pour Trichy (250 ₹, 7 heures) toutes les 30 minutes. Des lignes *ultra-deluxe* (UD) desservent Chennai (630 ₹, 13 heures, 16h30 et 17h), Kanyakumari (300 ₹, 8 heures, 13h30 et 17h55) et Bengaluru (740 ₹, 12 heures, 16h30), mais les deux dernières ne fonctionnent pas toujours. Il existe aussi un bus climatisé pour Chennai (900 ₹, 16h).

La gare ferroviaire se situe à 1,5 km au sud-ouest du temple. Chaque jour, six trains circulent depuis/vers Madurai (35 ₹, 4 heures) – pas de réservation. Le *Rameswaram-Chennai Express* via Trichy (215/540/745 ₹, 5 heures) part tous les jours à 20h15 (sleeper/3AC/2AC 360/950/1 340 ₹, 11 heures). Le *Rameswaram-Kanyakumari Express* est à 20h50 les lundis, jeudis et samedis – arrivée à Kanyakumari à 4h10 (sleeper/3AC 275/710 ₹).

Kanyakumari (Cap Comorin)

☎04652 / 22 450 HABITANTS

Parvenir à la pointe en "V" du sous-continent indien, après avoir traversé les spectaculaires contreforts des Ghats occidentaux et admiré le vert étincelant des rizières et le lent tournoiement des éoliennes, procure un sentiment d'accomplissement. Kanyakumari vous semblera peut-être irréel. À certains moments de l'année, vous y verrez le soleil se coucher et la lune se lever simultanément sur les trois mers (le golfe du Bengale, la mer d'Oman et l'océan Indien). Le temple de la déesse vierge de la Mer et la force symbolique de ce "bout du monde" attirent des foules de pèlerins et de touristes. Pour autant, Kanyakumari reste une petite ville accueillante, offrant un répit bienvenu après la route poussiéreuse.

À voir

Palais de Padmanabhapuram PALAIS

(04651-250255 ; Padmanabhapuram ; Indien/étranger 35/300 ₹, app photo/caméra 50/2 000 ₹ ; 9h-12h30 et 14h-16h30 mar-dim). Avec ses plafonds en bois de rose sculpté et ses poutres en teck poli, ce palais labyrinthique à 35 km au nord-ouest de Kanyakumari près de la frontière du Kerala, est considéré comme le plus bel exemple d'architecture kéralaise traditionnelle. Plus vaste ensemble palatial en bois du continent asiatique, il fut jadis la capitale du Travancore, un État princier instable qui englobait une partie du Tamil Nadu et du Kerala. Sous l'égide des dirigeants successifs, il s'élargit pour devenir un magnifique assemblage de couloirs, de cours, de toits à pignons et de 14 palais. Les parties les plus anciennes datent de 1550.

Des bus directs partent de la gare routière de Kanyakumari à 7h30, 10h45, 13h30 et 15h20 (33 ₹, 1 heure 30) ; des bus quittent également Kanyakumari toutes les 20 minutes pour Thuckalay (25 ₹), d'où vous pourrez rejoindre le palais en auto-rickshaw ou à pied (15 minutes). L'aller-retour en taxi depuis Kanyakumari coûte 1 200 ₹.

De Thiruvananthapurum, prenez n'importe quel bus en direction de Kanyakumari (80 ₹, 3 heures, 4/jour) et descendez à Thuckalay. La Kerala Tourist Development Corporation (KTDC, p. 309) organise depuis cette ville des circuits d'une journée à Kanyakumari couvrant Padmanabhapuram (990 ₹, 4 personnes au minimum, mar-dim).

Vivekananda Memorial MONUMENT

(20 ₹ ; 7h45-16h). À 400 m du rivage, ce mémorial se dresse sur l'îlot rocheux où le maître hindou Swami Vivekananda médita du 25 au 27 décembre 1892 et décida de transmettre son message au-delà des côtes indiennes. Édifié en 1970, il comprend deux *mandapa* et reflète les styles architecturaux de toute l'Inde. Le *mandapa* inférieur renferme une empreinte de pied tenue pour celle de la déesse Kumari. D'où un afflux de visiteurs qui amènerait sans doute Vivekananda, de nos jours, à aller méditer ailleurs. Des ferries font la navette vers le rocher (50 ₹ aller-retour).

Vivekanandapuram ASHRAM

(04652-247012 ; www.vrmvk.org ; Vivekanandapuram ; 9h-20h). À 1 km au nord de Kanyakumari, ce paisible ashram (qui propose des retraites de yoga) est le siège de l'association spirituelle **Vivekananda Kendra**, qui œuvre à faire connaître les enseignements de Vivekananda. Son exposition **"Arise! Awake!"** (10 ₹ ; 9h-13h et 16h-20h mer-lun, 9h-13h mar), consacrée à la vie du maître, vaut bien un coup d'œil, de même que le **Ramayana Darshanam** (30 ₹ ; 10h-13h et 16h-21h). Vous pourrez aussi vous promener jusqu'à la mer en passant par un beau mémorial bordé de bassins de lotus, dédié au Swami.

Statue de Thiruvalluvar MONUMENT

(7h45-16h). GRATUIT Sur un îlot plus petit jouxtant celui du mémorial de Vivekananda, cette immense statue représente le grand poète tamoul Tiruvalluvar. Érigée en 2000, grâce au travail de plus de 5 000 sculpteurs, elle mesure exactement 133 pieds (40,5 m) de hauteur, en hommage au *Tirukkural*, l'œuvre du poète composée de 133 chapitres (de dix versets chacun). Quand les marées le permettent, les ferrys pour le Vivekananda Memorial (50 ₹ aller-retour) poursuivent jusqu'à Thiruvalluvar.

Temple de Kumari Amman TEMPLE HINDOU

(Sannathi St ; 4h30-12h et 16h-20h30). Selon la légende, la déesse *kanya* (vierge) Kumari, un avatar de Devi, vainquit seule les démons et rendit au monde sa liberté. Des pèlerins viennent la remercier dans ce temple superbement décoré, bercé par le ressac des trois mers. Des bougies votives en forme de vulve éclairent l'intérieur, en référence à la féminité sacrée de la déesse.

La croyance veut que les portes du temple face à la mer restent fermées pour éviter que l'éclat du diamant ornant le nez de la déesse n'égare les navires. On vous demandera sans doute un don de 20 ₹ pour pénétrer dans l'enceinte intérieure du XVIIIe siècle, où les hommes doivent ôter leur chemise et où les appareils photo sont interdits.

Le rivage près du temple comprend deux petites plages et des **ghats** (marches

Kanyakumari (Cap Comorin)

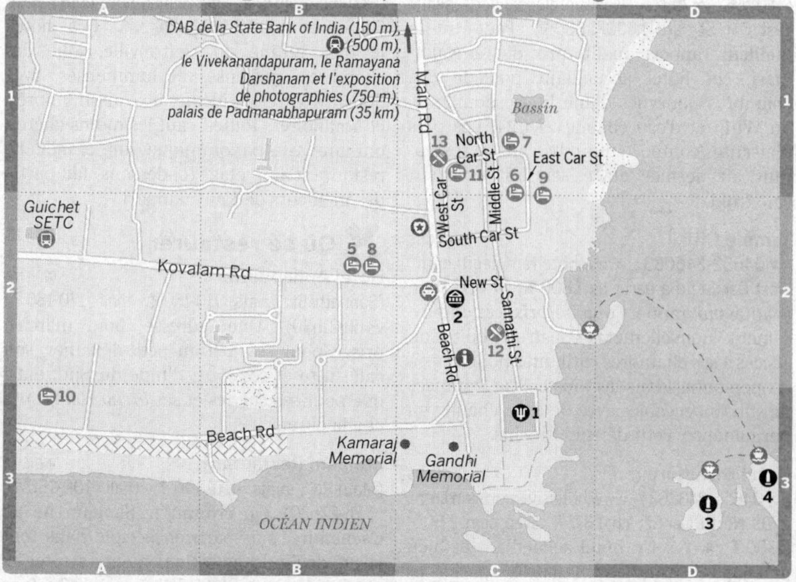

Kanyakumari (Cap Comorin)

À voir
- 1 Temple de Kumari Amman C3
- 2 Swami Vivekananda Wandering Monk Exhibition C2
- 3 Statue de Thiruvalluvar D3
- 4 Vivekananda Memorial D3

Où se loger
- 5 Hotel Narmadha B2
- 6 Hotel Ocean Heritage C1
- 7 Hotel Sivamurugan C1
- 8 Hotel Tri Sea B2
- 9 Seashore Hotel C2
- 10 Sparsa Resort A3
- 11 Temple Citi C1

Où se restaurer
- Auroma .... (voir 10)
- 12 Hotel Annapoorna C2
- 13 Sangam Restaurant C1
- Seashore Hotel .... (voir 9)

construites au bord de l'eau pour en faciliter l'accès), où des pèlerins s'immergent avant de se rendre au temple. Au sud du sanctuaire, un *mandapa* attire les amateurs d'ombre dans la journée.

Swami Vivekananda Wandering Monk Exhibition MUSÉE
(Beach Rd ; 10 ₹ ; 8h-12h et 16h-20h). Aménagée dans un beau domaine verdoyant, cette excellente exposition retrace la vie et la pensée de Swami Vivekananda (surnommé le Wandering Monk, le "moine errant" ; 1863-1902), en rapportant ses dires et en retraçant ses rencontres, avec les humbles comme les puissants, au cours des cinq années qu'il passa à parcourir l'Inde de 1888 à 1893. Le billet donne aussi accès à l'exposition "*Arise! Awake!*" inspirée par Vivekananda, au Vivekanandapuram (p. 448).

Où se loger

Hotel Narmadha HÔTEL $
(04652-246365 ; Kovalam Rd ; ch 500-1 000 ₹, avec clim 1 500 ₹ ;). Tenu par une équipe sympathique, ce long immeuble en béton coloré abrite une gamme de chambres bon marché, dont la qualité varie beaucoup selon le prix. Dans les moins chères, vous devrez vous contenter d'eau au seau. En revanche, les doubles à 1 000 ₹ avec murs turquoise et vue sur la mer offrent de meilleures prestations. Un groupe électrogène pallie les pannes de courant.

Hotel Ocean Heritage HÔTEL $$
(☎04652-247557 ; www.hoteloceanheritage.in ; East Car St ; s/d 1 600/1 800 ₹). Peut-être le meilleur rapport qualité/prix de Kanyakumari, cet hôtel accueillant possède des chambres pourvues d'une literie douillette, du Wi-Fi et d'eau chaude 24h/24. Les plus plaisantes comportent un balcon. Le restaurant au dernier étage sert un excellent café froid.

Temple Citi HÔTEL $$
(☎04652-246083 ; www.hoteltempleciti.com ; West Car St ; d à partir de 1 800 ₹ ; ❄📶). D'un avantageux rapport qualité/prix, cet établissement nouvellement construit doit son succès à ses chambres rutilantes pour deux à six personnes dans les tons crème, équipées de sdb impeccables avec de l'eau chaude en permanence. Petit-déjeuner inclus.

Hotel Sivamurugan HÔTEL $$
(☎04652-246862 ; www.hotelsivamurugan.com ; 2/93 North Car St ; ch 1 375 ₹, avec clim 2 600-3 300 ₹ ; ❄📶). Un hôtel accueillant et bien aménagé. Parmi les chambres spacieuses et impeccables au sol dallé de marbre, les "super-deluxe" bénéficient d'une vue sur la mer par-delà quelques bâtiments. Eau chaude 24h/24 et Wi-Fi gratuit dans le hall. Chose rare à Kanyakumari, les tarifs restent fixes toute l'année.

Hotel Tri Sea HÔTEL $$
(☎04652-246586 ; www.hoteltrisea.in ; Kovalam Rd ; ch 1 000 ₹, avec clim 1 680-3 200 ₹ ; ❄📶🏊). Cet hôtel tout en hauteur, facile à repérer, possède de très grandes chambres impeccables aux couleurs surprenantes, avec vue sur la mer et Wi-Fi gratuit. Les moins chères sont d'une taille inférieure mais parfois plus jolies. La piscine sur le toit (200 ₹/heure) et les plateformes pour contempler le lever/coucher du soleil constituent des atouts supplémentaires.

Sparsa Resort RESORT $$$
(☎04652-247041 ; www.sparsaresorts.com ; 6/112B Beach Rd ; ch 5 300-7 100 ₹, petit-déj inclus ; ❄📶🏊). À l'écart de l'effervescence du temple, à la lisière ouest de la ville, le Sparsa se place largement au-dessus de la moyenne locale. Ses chambres fraîches, aux murs orange, affichent un style oriental contemporain, avec lits bas en bois sombre, fauteuils et éclairage tamisé. Piscine bordée de palmiers et bon restaurant indien, l'Auroma.

Seashore Hotel HÔTEL $$$
(☎04652-246704 ; theseashorehotel.com ; East Car St ; ch 4 100-7 700 ₹ ; ❄📶). Cet hôtel, le plus raffiné du centre-ville, loue des chambres spacieuses et lumineuses, avec douches vitrées, rideaux et coussins dorés, et bouilloires. Toutes, sauf les moins chères, ont une vue panoramique sur la mer. Le restaurant au 7e étage (ci-dessous) fait partie des meilleurs de Kanyakumari.

Où se restaurer

Hotel Annapoorna INDIEN $
(Sannathi St ; plats 110-150 ₹, thali 120-180 ₹ ; ⏲6h-21h30). Une adresse bon marché, prisée pour ses *idli* au petit-déjeuner, son café filtre et ses *thali* d'Inde du Sud, ainsi que pour ses curries et ses *biryanis*. Propre et chaleureux.

Sangam Restaurant INDIEN $
(Main Rd ; plats 110-300 ₹, thali 100-150 ₹ ; ⏲7h-22h30). On croirait le Sangam né au Cachemire, puis parti en périple dans tout le sud de l'Inde, pour finalement s'arrêter ici et proposer des plats délicieux, végétariens ou non, typiques de chaque État traversé en chemin. Nourriture savoureuse... et sièges moelleux !

Seashore Hotel INTERNATIONAL $$
(www.theseashorehotel.com ; East Car St ; plats 190-360 ₹ ; ⏲7h-10h et 12h30-22h30 ; ❄). Étonnant constat : ce restaurant, au 7e étage de l'hôtel, est le seul de Kanyakumari à offrir une belle vue sur la mer. Au menu : poissons grillés et tout un choix de plats indiens, végétariens ou non, ainsi que quelques recettes occidentales et d'excellents petits-déjeuners (buffet 270 ₹). Mention spéciale pour l'*Irani fish tikka*. Service irréprochable.

Auroma INTERNATIONAL $$$
(www.sparsaresorts.com ; Sparsa Resort, 6/112B Beach Rd ; plats 200-700 ₹ ; ⏲7h-10h, 12h-15h, 19h-23h). Le restaurant de l'élégant Sparsa Resort, 1 km à l'ouest du centre de Kanyakumari, sert des plats tandooris et d'Inde du Sud raffinés, tout un choix de fruits de mer et d'honnêtes petits-déjeuners dans un cadre chic aux tons vert pâle.

Renseignements

Office du tourisme (☎04652-246276 ; Beach Rd ; ⏲10h-17h30 lun-ven). Bon accueil mais guère utile.

BUS DEPUIS KANYAKUMARI

DESTINATION	TARIF	DURÉE	FRÉQUENCE/DÉPART
Bengaluru (ultradeluxe)	866 ₹	12-14 heures	16h30, 17h
Chennai (ultradeluxe)	775 ₹	12-14 heures	5/jour
Kodaikanal (ultradeluxe)	360 ₹	10 heures	20h15
Madurai	250 ₹	8 heures	14h, 15h
Nagercoil	22 ₹	1 heure	toutes les 10 minutes
Rameswaram	250-375 ₹	8 heures	7h, 18h tlj, 7h30, 19h30 ven-dim
Thiruvananthapurum (Trivandrum)	90 ₹	2 heures 30	10/jour

Depuis/vers Kanyakumari

BUS

- La somnolente **gare routière** de Kanyakumari (Kovalam Rd) est à 10 minutes à pied à l'ouest du centre. Les bus les plus confortables sont les *ultradeluxe* (UD). Sur place, le **guichet SETC** (12h-19h45) permet d'acheter des billets à l'avance.
- Il existe d'autres services pour de nombreuses destinations. Des bus fréquents desservent notamment Madurai au départ du terminal de Nagercoil, à 45 minutes au nord-ouest de Kanyakumari.

TRAIN

La gare ferroviaire est située à 800 m au nord du centre de Kanyakumari. Le seul train quotidien vers le nord, le *Kanyakumari Express*, part à 17h20 pour Chennai (sleeper/3AC/2AC/1AC 415/1 100/1 565/2 640 ₹, 13 heures) via Madurai (210/540/745/1 245 ₹, 4 heures 30) et Trichy (275/710/1 000/1 675 ₹, 7 heures). Chaque jour, deux trains express rallient Thiruvananthapurum (Trivandrum ; sleeper/3AC/2AC 140/495/700 ₹, 2 heures 15, 6h40 et 10h), avant de continuer jusqu'à Kollam (Quilon ; 140/495/700 ₹, 3 heures 30) et Ernakulam (Kochi ; 205/550/780 ₹, 7 heures). D'autres lignes partent de Nagercoil Junction, à 20 km au nord-ouest de Kanyakumari.

Pour les amoureux du rail, le *Vivek Express* va jusqu'à Dibrugarh, dans l'État d'Assam (aux confins nord-est du pays), soit 4 236 km en 80 heures, le plus long trajet effectué par un seul train en Inde. Il part de Kanyakumari le jeudi à 23h (1 085/2 830/4 265 ₹).

GHATS OCCIDENTAUX

Les montagnes luxuriantes des Ghats occidentaux sont idéales pour échapper à la chaleur. S'élevant tel un rempart infranchissable de forêts persistantes et caduques du nord de Mumbai à la pointe du Tamil Nadu, les Ghats (d'une altitude moyenne de 915 m), qui sont inscrits sur la Liste du patrimoine mondial, abritent 27% des plantes à fleurs du pays et une extraordinaire variété d'animaux et d'autres espèces végétales endémiques. Dans le Tamil Nadu, ils dépassent les 2 000 m dans les Palani Hills autour de Kodaikanal et dans les Nilgiri Hills (voir carte p. 462) autour d'Ooty (Udhagamandalam). L'empreinte britannique reste plus forte qu'ailleurs dans cette région où les colons avaient couvert les versants montagneux de plantations de thé et créé des stations climatiques (*hill stations*) pour s'extraire de la fournaise des plaines. À la fraîcheur de l'air et à la (relative) absence de pollution s'ajoute une grande ouverture à la différence et à l'excentricité : fermes bio, cache-oreilles imprimé léopard dans les bazars – et guides de randonnée aux moustaches en guidon.

Kodaikanal (Kodai)

04542 / 36 500 HABITANTS / ALTITUDE 2 100 M

Petite ville de montagne brumeuse, Kodaikanal est exquise quand on arrive dans la fraîcheur du soir ou du matin, après un trajet en bus depuis les plaines étouffantes. Perchée dans les Palani Hills, à 120 km au nord-ouest de Madurai, elle est plus détendue qu'Ooty – les brochures touristiques la présentent comme la "princesse des stations de montagne", Ooty étant la reine. Dans la journée, la température printanière est très agréable.

Avec, en son centre, un ravissant lac en forme d'étoile, Kodai s'étage sur des flancs de colline couverts de *shola* (un type de forêt vierge spécifique aux Ghats occidentaux du sud de l'Inde), et d'arbres ou arbustes aux grandes feuilles persistantes comme le magnolia, le myrte, le rhododendron et l'acajou. Également endémique de la région, le *kurinji* (*Strobilanthes kunthiana*) est un arbuste qui ne fleurit que tous les douze ans : les prochaines fleurs bleu-violet devraient éclore en 2030.

Kodai est prisée des jeunes mariés et des groupes, qui viennent nombreux admirer les spectaculaires points de vue et cascades. La Kodaikanal International School, une école renommée, ajoute à Kodaikanal une touche cosmopolite. Venez de préférence en milieu de semaine si vous aspirez à la tranquillité.

À voir

Berijam Lake LAC

(9h-18h). GRATUIT Un permis du Forest Department (250 ₹) est requis pour visiter Berijam Lake, un lac bordé par la forêt, à 21 km au sud-ouest de Kodai. Les chauffeurs de taxi peuvent s'en occuper (à condition de le demander la veille). Ils proposent, pour 2 000 ₹, des "circuits forestiers" d'une demi-journée à Berijam, passant par d'autres points de vue.

Sacred Heart Natural Science Museum FAUNE ET FLORE

(Kodaikanal Museum ; Sacred Heart College, Law's Ghat Rd ; adulte/enfant 20/10 ₹, app photo 20 ₹ ; 9h-18h). Sur le domaine d'un ancien collège jésuite, à 4 km à l'est de la ville, le Muséum d'histoire naturelle du Sacré-Cœur possède une collection éclectique de spécimens animaux et végétaux rassemblés durant plus d'un siècle par des jésuites. Elle rassemble aussi bien des serpents dans des bocaux que des papillons de nuit géants et des animaux empaillés. Vous y verrez aussi quelques fleurs de *kurinji* séchées. Ainsi que des embryons humains.

Parcs, points de vue et cascades

Il existe dans les environs de Kodai de beaux sites naturels, prisés des visiteurs indiens – et des vendeurs de souvenirs et d'en-cas. Des chauffeurs de taxi proposent un circuit en 12 étapes de 3 heures, pour environ 1 600-2 000 ₹. Par temps dégagé, **Green Valley View** (lever-coucher du soleil) GRATUIT, à 6 km du centre, **Pillar Rocks** (5 ₹, app photo 20 ₹ ; 9h-16h), à 7 km du centre, et **Moir's Point** (10 ₹ ; 10h-17h), moins fréquenté, à 13 km du centre, tous situés sur la même route à l'ouest de la ville, dévoilent des panoramas spectaculaires des plaines en contrebas.

Parmi les autres lieux attrayants figurent **Bryant Park** (en retrait de Lake Rd ; adulte/enfant 30/15 ₹, app photo/caméra 50/100 ₹ ; 9h-18h), les **Bear Shola Falls** et **Coaker's Walk** (10 ₹ ; 7h-19h).

Activités

Le **tour du lac de Kodaikanal** (5 km) est particulièrement plaisant tôt le matin, avant l'arrivée en masse des touristes. Une promenade le long de Lower Shola Rd vous fera traverser la **Bombay Shola**, la poche de *shola* la plus proche du centre-ville.

Lors de notre passage, les treks et randonnées dans les forêts autour de Kodai étaient interdits à la suite d'un incendie ayant fait 23 victimes en mars 2018. Pour connaître la situation du moment, contactez le **District Forest Office** (04542-241287 ; Muthaliarpuram ; 10h-17h45 lun-ven), sachant que la réouverture des sites demeure incertaine. L'agence Trails & Tracks (ci-dessous) est le meilleur prestataire local pour les circuits de marche. Sinon, le Greenlands Youth Hostel (p. 454) peut vous mettre en rapport avec des guides du cru (600-1 000 ₹ la demi-journée).

Dolphin's Nose Walk RANDONNÉE

Une agréable promenade de 4,5 km (dans chaque sens) part du centre de Kodai, traverse Vattakanal et rejoint Dolphin's Nose (le Nez du Dauphin), un étroit promontoire rocheux s'avançant au-dessus d'un précipice vertigineux. On aperçoit parfois des gaurs (bœufs sauvages) et des écureuils géants dans les parties boisées.

Trails & Tracks TREK

(7598472791, 9965524279 ; thenaturetrails@gmail.com ; randonnée d'une journée 100-500 ₹/heure par pers). Cette agence fiable et réputée organise des marches d'une journée, des randonnées et des treks sur plusieurs jours, avec nuits en *guesthouse*. Le guide qui la dirige, Vijay Kumar, connaît les plus beaux endroits encore accessibles malgré les restrictions en vigueur. Réservation par téléphone ou e-mail. Le prix par personne dépend de la taille du groupe.

Bateau et vélo

Pour une promenade romantique, louez un pédalo, une barque ou un *shikara* (sorte de gondole traditionnelle du Cachemire) au **Kodaikanal Boat & Rowing Club** (Lake Rd ; 30 minutes pédalo 100 ₹, shikara avec batelier 490 ₹ ; 9h-18h) ou à la **TTDC Boat House** (Lake Rd ; 30 minutes pédalo 100 ₹, barque/shikara avec batelier 330/495 ₹ ; 9h-17h30).

LES ETHNIES DES NILGIRI HILLS ET LEUR ENVIRONNEMENT

Les **Nilgiri** ("montagnes Bleues"), aux versants tapissés de forêts et arrosés de cascades, s'élèvent en pente abrupte depuis les plaines environnantes, entre les villes de Mettupalayam (au sud-est) et de Gudalur (au nord-ouest). Les hautes terres, où s'entremêlent vallées et montagnes, avec plus de vingt sommets au-dessus de 2 000 m, constituent un véritable paradis pour les botanistes. Elles recèlent en effet 2 300 espèces de plantes à fleurs, même si une bonne partie du *shola* et des prairies a été remplacée par des plantations de thé, de café et d'eucalyptus, ainsi que par des élevages de bétail.

La zone classée réserve de biosphère par l'Unesco, d'une superficie de 5 520 km^2, englobe aussi des régions du Kerala et du Karnataka. Considérée comme l'un des hauts lieux de la biodiversité dans le monde, elle regroupe plusieurs réserves de tigres, des parcs nationaux et des réserves naturelles d'importance.

Les ethnies montagnardes des Nilgiri ont vécu en quasi autarcie jusqu'à l'arrivée des Britanniques, il y a deux siècles. Depuis, la colonisation, les migrations, les processus d'assimilation et la politique de l'Office des forêts ont pratiquement anéanti les systèmes culturels de nombreux peuples, même si certains ont conservé un mode de vie semi-traditionnel. Les Toda (environ 1 500 personnes) sont les plus connus, grâce à leur proximité avec Ooty. Certains vivent encore dans des hameaux (*mund*) aux huttes traditionnelles en forme de tonneau faites de bambou, de rotin et d'herbe. Les femmes, qui portent leurs cheveux longs, coiffés en anglaises jusqu'aux épaules, excellent traditionnellement dans l'art de la broderie. Hommes et femmes revêtent des châles brodés noir et rouge caractéristiques. Les Toda vouent une véritable adoration au buffle, dont la femelle fournit le lait et le *ghee*. Strictement végétariens, ils ne sacrifient cet animal que pour accompagner les défunts lors des funérailles. Parmi les autres groupes ethniques figurent les Kota (autour de Kotagiri), les Badaga, les Irula et les Kurumba.

Si vous souhaitez en savoir plus sur ces communautés, ne manquez pas le Tribal Research Centre Museum (p. 462), 10 km au sud-ouest d'Ooty. Des organismes comme la Keystone Foundation (p. 461) de Kotagiri font la promotion des activités et de l'artisanat traditionnels.

Des loueurs de vélos (100 ₹/heure) sont installés autour du lac.

Où se loger

En haute saison (avril-juin), les prix peuvent doubler. Outre quelques belles maisons anciennes, la ville compte plusieurs hôtels de catégorie moyenne d'un bon rapport qualité/prix. En saison, la plupart des établissements vous demanderont de libérer la chambre pour 9h ou 10h.

Sri Vignesh Guest House GUESTHOUSE $
(9094972524 ; umaarkrishnan@gmail.com ; Lake Rd ; ch à partir de 800 ₹ ; wifi). Cette maison datant de l'époque du Raj britannique, simple et de caractère, s'inscrit dans un jardin fleuri bien entretenu avec une balancelle, en haut d'une allée en pente raide. Les sympathiques propriétaires, Uma et Krishnan (ce dernier a travaillé comme médecin humanitaire en Afrique), logent leurs hôtes dans des chambres propres et très spartiates ; il faut demander l'eau à l'avance suivant vos besoins.

Snooze Inn HÔTEL $
(04542-240837 ; www.jayarajgroup.com ; Anna Salai ; ch 1 000-1 400 ₹ ; wifi). Si l'extérieur a davantage de cachet que les chambres, celles-ci offrent néanmoins un honnête rapport qualité/prix, avec des sdb propres et des piles de couvertures. Personnel aimable.

♥ **Kodai Heaven** GUESTHOUSE $$
(8754707207, 9994116207 ; www.kodaiheaven.com ; 6 Dolphin's Nose Rd, Vattakanal ; d 2 800-3 800 ₹ ; wifi). Cette *guesthouse* étagée à flanc de montagne jouit d'une vue bien plus spectaculaire que les hôtels de Kodaikanal même. Les chambres amusantes – certaines ornées de peintures murales, d'autres plus discrètes – donnent pour la plupart sur des terrasses d'où contempler le paysage à sa guise. Rabais fréquents.

Altaf's Cafe GUESTHOUSE $$
(9487120846 ; www.altafscafe.com ; Vattakanal ; ch 1 500-3 500 ₹). Associant l'Italie au Moyen-Orient, cette petite *guesthouse* très appréciée loue quelques grandes chambres doubles et des triples pouvant accueillir

Kodaikanal (Kodai)

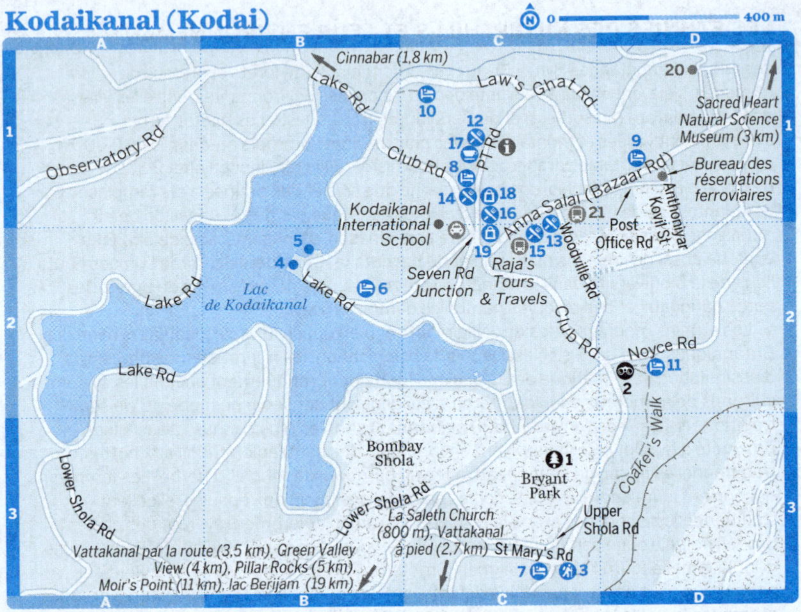

six personnes (ou plus !) avec sdb privative, disséminées sur le flanc de la colline de Vattakanal. Café plaisant (p. 456).

Mount Pleasant HÔTEL $$

(☎9655126023, 04542-242023 ; www.kodaikanalheritage.com ; 19/12-20 Observatory Rd ; d 2 250-2 600 ₹, petit-déj inclus ; wi-fi). Cela vaut la peine de se rendre jusqu'à la lisière de Kodai, 2 km à l'ouest du centre, pour profiter des avantages de cet établissement : situation tranquille, propriétaire kéralais accueillant, déco originale (tentures murales colorées, lits en bois de cocotier, tapis en coco) et cuisine savoureuse. Les chambres manquent toutefois un peu de chic. Réservez.

Greenlands Youth Hostel AUBERGE DE JEUNESSE $$

(☎04542-240899 ; www.greenlandskodaikanal.com ; St Mary's Rd ; dort 600 ₹, d 1 900-3 000 ₹ ; wi-fi). Bien que cette adresse établie de longue date et propice aux rencontres soit passée dans la catégorie moyenne, nombre de ses chambres ne reflètent guère ce changement. Les moins chères, en particulier, restent très sommaires. Par ailleurs, l'eau chaude ne fonctionne que de 8h à 10h. Des dortoirs, destinés aux groupes, sont parfois disponibles. Les chambres *super-deluxe*, plus récentes et plus confortables, se distinguent par leur décoration et leurs balcons. Joli jardin et vue splendide.

Hilltop Towers HÔTEL $$

(☎04542-240413 ; www.hilltopgroup.in ; Club Rd ; d 2 775-3 150 ₹, ste 3 600 ₹, petit-déj inclus ; wi-fi). Des touches rustiques (parquet en teck...), un service sympathique, des nécessaires pour préparer du café/thé dans les chambres et un emplacement central compensent l'aspect extérieur, assez ordinaire, de ce bon hôtel de catégorie moyenne.

♥ **Carlton** HÔTEL HISTORIQUE $$$

(☎04542-248555 ; www.carlton-kodaikanal.com ; Lake Rd ; ch semaine/week-end à partir de 8 820/11 780 ₹, petit-déj inclus ; wi-fi). Plus bel hôtel de Kodai, ce cinq-étoiles occupe une magnifique demeure coloniale surplombant le lac. Les chambres, spacieuses, sont dotées d'une literie offrant un haut niveau de confort et possèdent pour certaines un vaste balcon privatif. Les parties communes et les jardins évoquent les stations climatiques d'autrefois – murs en pierre apparente, billards, loto en soirée, cheminées, Jacuzzi et bar.

Le restaurant (p. 456), spécialisé dans les buffets, est le plus sélect de la ville.

Kodaikanal (Kodai)

À voir
1 Bryant Park C3
2 Coaker's Walk D2

Activités
3 Dolphin's Nose Walk C3
4 Kodaikanal Boat & Rowing Club B2
5 TTDC Boat House B2

Où se loger
6 Carlton B2
7 Greenlands Youth Hostel C3
8 Hilltop Towers C1
9 Snooze Inn D1
10 Sri Vignesh Guest House C1
11 Villa Retreat D2

Où se restaurer
Carlton .... (voir 6)
12 Cloud Street C1
13 Hotel Astoria C1
14 Muncheez C1
15 Pastry Corner C2
16 Tava C1
Ten Degrees .... (voir 8)

Où prendre un verre et faire la fête
17 Cafe Cariappa C1

Achats
18 Potter's Shed C1
19 Re Shop C2

Renseignements
20 District Forest Office D1

Transports
21 Gare routière C1
Station de taxis .... (voir 21)

Cinnabar MAISON D'HÔTES $$$
(☎9842145220 ; www.cinnabar.in ; Chettiar Rd ; ch demi-pension 6 000 ₹ ; wi-fi). Chaleureuses et élégantes, les 2 chambres du Cinnabar se prêtent à une escale idyllique – eau chaude 24h/24, douches vitrées, beaux plafonds et parquet, nécessaires à thé/café. Le fromage, le pain, le muesli, les confitures et les plats de cuisine internationale sont entièrement faits maison par les propriétaires, qui pourront vous recommander des randonnées dans les environs et cultivent tous les fruits et légumes dans leur verger-potager. À 2 km au nord de la ville.

Elephant Valley SÉJOUR À LA FERME $$$
(☎9655439879 ; www.duneecogroup.com ; Ganesh Puram, Pethupari ; ch avec/sans clim 9 500/6 500 ₹, ste à partir de 15 350 ₹, petit-déj inclus ; wi-fi). Au fond de la vallée à 22 km au nord-est de Kodaikanal, près de la route Kodaikanal-Palani, ce gîte écologique tenu par des Français s'étend sur 48 ha de jungle de montagne et de cultures bio. Les cottages confortables (plus une maison dans les arbres), bâtis avec des matériaux locaux, se dressent de part et d'autre d'une rivière. Le restaurant franco-indien prépare de délicieux repas à base de légumes frais du jardin et du café produit sur l'exploitation. Des éléphants et des paons se montrent régulièrement sur le domaine. La période la plus propice à l'observation de la faune se situe d'avril à juillet.

Cardamom House HÔTEL $$$
(☎9360691793, 0451-2556765 ; www.cardamomhouse.com ; près d'Athoor ; ch 4 130-5 550 ₹, avec clim 5 200-6 500 ₹ ; clim, wi-fi, restaurant). À 3 heures de voiture en aval de Kodaikanal, ce charmant établissement de sept chambres se niche dans les contreforts des Ghats occidentaux, à 5 km à l'ouest du village d'Athoor près de la route Dindigul-Batlagundu. Tenu avec amour par un retraité britannique et du personnel local, il donne sur le lac Kamarajar peuplé d'oiseaux, visible depuis la piscine. Les hôtes ont droit à de délicieux repas (400-700 ₹) à base de produits du cru. Réservez longtemps à l'avance.

Villa Retreat HÔTEL $$$
(☎04542-240940 ; www.villaretreat.com ; Club Rd ; ch 4 250-7 660 ₹, petit-déj inclus ; wi-fi). Dans ce bel hôtel en pierre à l'extrémité nord de Coaker's Walk, vous pourrez prendre votre petit-déjeuner dans le jardin en contemplant la vue sur la vallée. C'est une adresse sympathique, aux chambres spacieuses et confortables. Par temps froid, un feu crépite dans la salle à manger. Les prix sont certes élevés, mais le service est soigné. Marches matinales dans la nature pour ceux qui le souhaitent.

Où se restaurer

Hotel Astoria INDIEN $
(Anna Salai ; plats 110-150 ₹, thali 110-155 ₹ ; 7h-22h). Habitants et touristes se pressent dans ce restaurant végétarien, qui doit à ses excellents *thali* à volonté d'être toujours bondé au déjeuner.

Pastry Corner BOULANGERIE $
(3 Maratta Shopping Complex, Anna Salai ; pâtisserie à partir de 80 ₹ ; 10h30-14h et 15h-18h30). Craquez pour les muffins, les croissants, les gâteaux, les roulés à la cannelle et les

sandwichs de cette boulangerie réputée, ou installez-vous sur un banc avec une boisson chaude.

Tava INDIEN $
(PT Rd ; plats 70-140 ₹ ; 11h30-20h45 jeu-mar). Ce restaurant végétarien au service rapide, propre et bon marché, affiche une longue carte : goûtez le *gobi paratha* (pain plat garni de chou-fleur épicé) ou le *sev puri* (pain plat frit croustillant, avec des pommes de terre et du chutney).

Ten Degrees INTERNATIONAL $$
(PT Rd ; plats 260-480 ₹ ; 12h-22h). Le bois couleur miel et les photos en noir et blanc de Kodai plantent le décor pour de savoureux plats indiens et occidentaux joliment dressés. Succulents wraps épicés, sandwichs confectionnés avec du pain maison, burgers, salades, bacon grillé, petit-déjeuner à base d'œufs et pichets de jus de fruits.

Altaf's Cafe INTERNATIONAL $$
(9487120846 ; www.altafscafe.com ; Vattakanal ; plats 70-200 ₹ ; 8h-20h30). Ce café en terrasse prépare des plats italiens, indiens et moyen-orientaux : petits-déjeuners, *sabich* (pains plats garnis d'aubergines et d'œufs), en-cas israéliens... Plusieurs sortes de thés, cafés, jus et lassi également.

Muncheez CONTINENTAL $$
(www.facebook.com/kodaimuncheez ; PT Rd ; plats 80-450 ₹ ; 12h-21h ven-mer). Il y a toujours du monde dans ce lounge de poche au style contemporain et au comptoir recouvert de signatures. Petite carte simple de wraps, burgers, sandwichs et pizzas, avec certaines garnitures aux accents indiens telles qu'*aloo jeera* (pommes de terre au cumin) ou *paneer* très pimenté.

Carlton INTERNATIONAL $$$
(Lake Rd ; buffet 950 ₹ ; 7h30-10h30, 13h-15h et 19h30-22h). Les repas servis sous forme de buffet invitent à piocher à volonté dans un vaste choix de spécialités indiennes et occidentales. Déjeuner à la carte.

Cloud Street INTERNATIONAL $$$
(www.cloudstreetcafe.com ; PT Rd ; plats 290-600 ₹ ; 9h-11h, 12h30-16h et 18h-21h ;). Des pizzas cuites dans un vrai four à bois comme en Italie côtoient ici les pâtes, houmous, falafels et gâteaux maison. Tout est bon et servi dans un cadre simple, décontracté et familial – bougies çà et là, feu crépitant pour les soirées froides. Musique live un samedi sur deux.

Où prendre un verre

Cafe Cariappa CAFÉ
(www.facebook.com/cafecariappa ; PT Rd ; café 80-100 ₹ ; 11h-18h30 mar-dim ;). Voici un endroit de rêve pour les accros au café ! Ce minuscule café rustico-chic aux murs lambrissés concocte de délicieux breuvages avec son propre café bio cultivé sur place. Il sert aussi des gâteaux à la carotte, des crêpes, des sandwichs et des jus de fruits, le tout fait maison. Vente de fromages de Kodai.

Achats

Re Shop ARTISANAT
(www.facebook.com/bluemangotrust ; Seven Rd Junction ; 10h-13h et 14h-19h lun-sam). Beaux bijoux, tissus, cartes et autres articles à prix raisonnables, fabriqués par des villageoises défavorisées du Tamil Nadu (à qui reviennent les bénéfices).

Potter's Shed CÉRAMIQUES
(PT Rd ; 11h-13h et 14h-18h lun-sam). L'endroit où acheter de jolis bols, tasses, assiettes et autres poteries de fabrication locale.

Renseignements

Office du tourisme (04542-241675 ; PT Rd ; 10h-17h30 lun-sam, 10h-14h dim). Assez efficace.

Depuis/vers Kodaikanal

BUS

Pour la plupart des destinations, le plus simple et le plus rapide consiste à prendre un bus à la **gare routière** de Kodai (Anna Salai).

Bus privés

Raja's Tours & Travels (9842142851 ; rajastours.com ; Anna Salai ; 8h-21h). Minibus de 20 places avec sièges inclinables à destination d'Ooty (500 ₹, 8 heures, 19h30) et bus nocturnes climatisés avec couchettes ou sièges inclinables (sleeper ou semi-sleeper) pour Chennai (800-1 200 ₹, 12 heures, 18h30) et Bengaluru (700-1 000 ₹, 12 heures, 18h30). De nombreux autres prestataires sont basés à la gare routière.

TRAIN

La gare ferroviaire la plus proche, celle de Kodai Rd, est située dans la vallée, à 80 km à l'est de Kodaikanal. Chaque jour, quatre trains circulent depuis/vers la gare de Chennai Egmore – le train de nuit *Pandyan Express* (sleeper/3AC/2AC/1AC 295/765/1 075/1 815 ₹, 7 heures 30) part de la gare de Kodai Rd à 21h10 et, en sens inverse, de Chennai à 21h20. La poste

BUS PUBLICS AU DÉPART DE KODAIKANAL

DESTINATION	TARIF	DURÉE	FRÉQUENCE/DÉPART
Bengaluru (Bangalore)	650 ₹	12 heures	17h30
Chennai	600 ₹	12 heures	18h30
Coimbatore	175 ₹	6 heures	8h20, 16h15
Madurai	120 ₹	4 heures	15/jour
Trichy (Tiruchirappalli)	190 ₹	6 heures	13h45, 15h30, 17h40, 18h, 19h

de Kodai comprend un **bureau des réservations ferroviaires** (Post Office Rd ; ⏲9h-16h lun-ven, 9h-14h sam).

Deux bus directs circulent chaque jour entre Kodaikanal et Kodai Rd (55 ₹, 3 heures, 10h20 et 16h25) ; de très nombreux bus relient la gare et Batlagundu, sur la route Kodai-Madurai. Un taxi depuis/vers la gare coûte 1 200 ₹.

Comment circuler

Le centre de Kodaikanal, plutôt compact, est facile à parcourir à pied. Chose surprenante, il n'y a pas d'auto-rickshaws, mais de nombreux taxis. Ils demandent un minimum de 150 ₹ (jusqu'à 3 km). Le trajet depuis/vers Vattakanal revient à 400 ₹.

Location de vélos autour du lac (100 ₹/heure).

Coimbatore

☎0422 / 1,6 MILLION D'HABITANTS

Important centre économique et nœud de transports, la deuxième plus grande ville du Tamil Nadu – parfois surnommée la Manchester indienne en raison de son industrie textile – n'est généralement qu'une brève étape pour les voyageurs pressés de rejoindre Ooty ou le Kerala. Dépourvue de sites touristiques, Coimbatore n'en est pas moins plutôt accueillante et de plus en plus cosmopolite. Si vous devez y passer la nuit, sachez que l'on y trouve de nombreux hôtels et restaurants.

Activités

Isha Yoga Center YOGA, MÉDITATION

(☎8300083111 ; www.ishafoundation.org ; Poondi). Cet ashram connu se tient à 30 km à l'ouest de Coimbatore. La statue noire de Shiva à l'extérieur serait le plus grand buste du monde. L'ensemble comprend une série de temples à l'architecture esthétique, dont l'un renferme le Dhyanalinga incarnant les sept chakras. Les visiteurs peuvent venir méditer, mais il faut réserver pour loger sur place ou prendre des cours de yoga.

Il existe des liaisons directes depuis la gare des bus urbains de Coimbatore (Gandhipuram) – consultez la rubrique *Travel Information* du site Internet pour connaître les lignes et les horaires.

Où se loger et se restaurer

iStay HÔTEL $$

(www.hotelistay.com ; Devi & Co Lane ; s/d 2 100/2 600 ₹, petit-déj inclus ; ❄📶). Plus moderne, plus confortable et moins bruyant que certains de ses voisins, cet hôtel en face de la gare ferroviaire loue des chambres climatisées offrant l'un des meilleurs rapports qualité/prix de Coimbatore.

Corner Stay GUESTHOUSE $$

(☎9842220742 ; www.cornerstay.in ; 4/1 Abdul Rahim Rd, face au DIG office ; ch 2 000-3 000 ₹ ; ❄📶). Dans une petite rue tranquille du quartier de Racecourse, cette *guesthouse* chaleureuse possède trois chambres impeccables et décorées avec goût, un salon commun et un balcon. Deux chambres partagent une cuisine, la troisième a la sienne. Des repas maison sont également proposés. À 2 km au nord-est de la gare ferroviaire.

Hotel ESS Grande HÔTEL $$

(☎0422-2230271 ; www.hotelessgrande.com ; 358-360 Nehru St ; s/d à partir de 2 450/2 900 ₹, petit-déj inclus ; ❄@). D'un accès pratique depuis plusieurs des gares routières de la ville, cet établissement accueillant dispose de petites chambres fraîches d'une propreté irréprochable. Il accorde en outre des réductions substantielles les jours creux. D'autres hôtels des catégories petites budgets et moyenne bordent la même rue.

Residency Towers HÔTEL $$$

(☎0422-2241414 ; www.theresidency.com ; 1076 Avinashi Rd ; s/d à partir de 5 200/5 750 ₹ ; ❄@📶🏊). Avec son hall vertigineux, le Residency Towers est l'option haut de gamme de Coimbatore. Au programme ici : un service professionnel, des chambres bien

Coimbatore

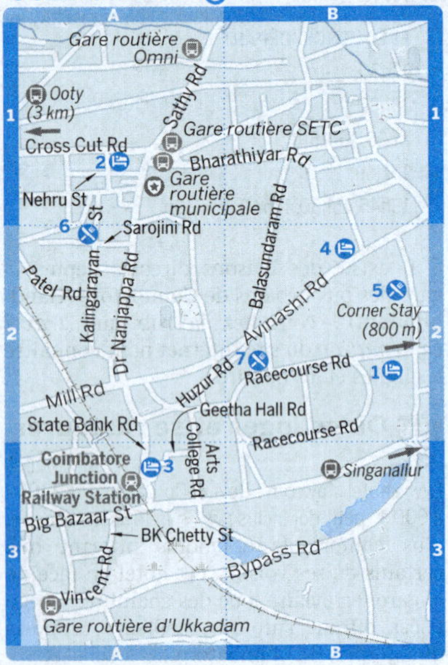

Coimbatore

Où se loger

1 Corner Stay B2
2 Hotel ESS Grande A1
3 iStay A3
4 Residency Towers B2

Où se restaurer

5 Bird On Tree B2
6 Junior Kuppanna A2
7 On The Go B2
Pavilion .... (voir 4)

équipées, une piscine et d'excellents bars et restaurants, dont le **Pavilion** (buffet petit-déj/déj/dîner 650/1 215/1 330 ₹ ; 7h-10h, 12h30-15h et 19h-23h). Consultez le site Internet pour profiter des promotions.

Junior Kuppanna INDIEN DU SUD $$
(☎0422-235773 ; www.hoteljuniorkuppanna.com ; 177 Sarojini Rd, Ram Nagar ; plats 140-200 ₹, thali 140-180 ₹ ; 12h-16h et 18h30-23h). D'une cuisine impeccable, sortent des *thali* présentés sur des feuilles de bananier à la mode traditionnelle et de nombreuses spécialités non végétariennes, essentiellement d'Inde du Sud.

Bird On Tree INTERNATIONAL $$$
(☎9865831000 ; www.birdontree.com ; 23 Kamaraj Rd ; plats 275-550 ₹ ; 12h-15h et 19h-22h30). Composé d'une terrasse en hauteur au milieu des arbres et de plusieurs salles, ce restaurant à la mode affiche une cuisine cosmopolite réussie : plats sautés d'Asie du Sud-Est, curries indiens mijotés dans des pots en terre cuite, pâtes et salades occidentales... À 3 km au nord-est de Coimbatore Junction.

On The Go INTERNATIONAL $$$
(☎0422-4520116 ; www.onthegocbe.com ; 167 Racecourse Rd ; plats 275-560 ₹ ; 12h30-14h15 et 19h30-22h30). Une profusion de couleurs, un style contemporain, des BD, des canapés turquoise : voici un lieu très agréable pour déguster une savoureuse (et onéreuse) cuisine internationale, qui vous fera voyager de l'Italie au Moyen-Orient, en passant par le Sri Lanka et l'Inde du Nord.

Depuis/vers Coimbatore

AVION

L'aéroport, à 10 km à l'est de la ville, est relié quotidiennement à de nombreuses destinations intérieures, comme Bengaluru, Chennai, Delhi, Hyderabad et Mumbai, par les compagnies **Air India** (www.airindia.in) ou **IndiGo** (www.goindigo.in). **SilkAir** (www.silkair.com) propose quatre vols hebdomadaires vers/depuis Singapour.

BUS

Gare routière SETC

Des bus d'État express ou ultrarapides (*superfast*) climatisés partent de la **gare routière SETC** (gare routière de Thiruvalluvar ; Bharathiyar Rd), en face de la **gare des bus urbains** (gare routière de Gandhipuram ; angle Dr Nanjappa Rd et Bharathiyar Rd).

Bengaluru non-AC/AC 460/740 ₹, 9 heures, 12/jour

Chennai non-AC 510 ₹, AC 663-1 020 ₹, 11 heures, 8 bus 17h30-22h30

Ernakulam non-AC 182 ₹, 5 heures 30, 8/jour

Mysuru non-AC/AC 190/420 ₹, 6 heures, 27/jour

Trivandrum non-AC/AC 355/725 ₹, 10 heures 30, 7/jour

Gare routière d'Ooty

De la **gare routière d'Ooty** (Ooty Bus Stand/New Bus Stand ; Mettupalayam Rd), à 5 km au nord-ouest de la gare ferroviaire, des bus partent toutes les 10 minutes pour Ooty (60 ₹, 4 heures) via Mettupalayam (20 ₹, 1 heure) et Coonoor (45 ₹, 3 heures), et toutes les demi-heures pour Kotagiri (34 ₹, 3 heures). Il y a également 28 bus/jour pour Mysuru (188-

420 ₹, 6 heures) et 11 bus/jour pour Bengaluru (460-740 ₹, 9 heures). En période d'affluence, il faut parfois attendre jusqu'à 2 heures avant de pouvoir embarquer pour Ooty/Coonoor.

Gare routière de Singanallur

Des bus partent toutes les 10 minutes de la **gare routière de Singanallur** (Kamaraj Rd), à 6 km à l'est du centre, à destination de Trichy (116 ₹, 5 heures), Thanjavur (180 ₹, 7 heures 15) et Madurai (125 ₹, 5 heures). Le bus n°140 (14 ₹) fait la navette entre cette gare routière et la gare des bus urbains.

Ukkadam

La **gare routière d'Ukkadam** (NH Rd), à 1,5 km au sud-ouest du centre, est reliée à des villes du Sud comme Pollachi (33 ₹, 1 heure 15, toutes les 5 minutes), Kodaikanal (144 ₹, 6 heures, 10h) et Munnar (157 ₹, 6 heures 30, 8h15).

Bus privés

Des bus privés desservent des destinations comme Bengaluru, Chennai, Ernakulam, Puducherry, Trichy et Trivandrum depuis la **gare routière d'Omni** (Sathy Rd), à 500 m au nord de la gare des bus urbains, ou depuis les agences de billetterie sur Sathy Rd.

TAXI

Un taxi jusqu'à Ooty (3 heures) revient à 2 500 ₹ – une option que vous devrez peut-être envisager car les bus sont souvent bondés.

TRAIN

La gare de Coimbatore Junction est située sur la ligne principale Chennai-Ernakulam (Kochi, Kerala) – au moins treize trains par jour, dans les deux sens. Pour rallier Ooty, prenez le *Nilgiri Express* de 5h15 pour Mettupalayam (sleeper/3AC/2AC 170/540/745 ₹, 1 heure), qui assure la correspondance avec le train miniature (*toy train*) Mettupalayam-Ooty de 7h10. Le trajet complet jusqu'à Ooty prend 7 heures environ.

Comment circuler

De nombreux bus relient la gare ferroviaire à la **gare des bus urbains**.

Un trajet en auto-rickshaw entre la gare ferroviaire et la **gare routière d'Ukkadam** coûte 80 ₹ – 100 ₹ jusqu'à la **gare routière SETC** ou la **gare des bus urbains**, et 180 ₹ jusqu'à la **gare routière d'Ooty**.

Coonoor

☎0423 / 46 000 HABITANTS / ALTITUDE 1 720 M

Avec Ooty et Kotagiri, Coonoor est l'une des trois stations climatiques des Nilgiri (carte p. 462) situées à haute altitude, au-dessus des plaines du Sud. Plus petite et plus tranquille qu'Ooty (à 20 km au nord-ouest), elle promet en revanche un programme similaire, entre randonnées, visites des plantations de thé et points de vue superbes. Coonoor possède en outre de beaux hôtels historiques et *guesthouses*. Dans sa partie haute (Upper Coonoor, entre 1 et 3 km au nord-est en montant depuis le centre-ville), on peut contempler la mer des toits de tuiles rouges sur les pentes en contrebas et s'imprégner de la fraîcheur, du calme et de la beauté du paysage. Rien de tout cela n'est possible dans la partie inférieure de Coonoor, dont le centre est chaotique, bruyant et animé.

À voir

Highfield Tea Estate PLANTATION DE THÉ

(Walker's Hill Rd ; 9h-18h). GRATUIT Cette exploitation vieille d'un demi-siècle, à 2 km au nord-est d'Upper Coonoor, fait partie des

PRINCIPAUX TRAINS AU DÉPART DE COIMBATORE

DESTINATION	TRAIN (N° ET NOM)	TARIF	DURÉE	HORAIRE
Bengaluru (Bangalore)	16525 *Bangalore Express*	260/700/1 000 ₹ (B)	8½	10h55
Chennai Central	12676 *Kovai Express*	180/665 ₹ (A)	7½	15h20
	22640 *Chennai Express*	315/815/1 150 ₹ (B)	7½	22h10
Ernakulam (Kochi)	12677 *Ernakulam Express*	105/390 ₹ (A)	3¾	12h55
Madurai	16610 *Nagercoil Express*	235/595 ₹ (C)	5½	19h20
Thiruvananthapuram (Trivandrum)	12695 *Trivandrum Express*	285/735/1 030 ₹ (B)	9	23h10

Tarifs : (A) 2e classe/AC chair ; (B) sleeper/3AC/2AC ; (C) sleeper/3AC

rares fabriques de thé en activité ouvertes au public. Des guides autoproclamés se jettent sur les visiteurs, mais libre à vous de découvrir seul les différentes phases de production. Dégustation et vente sur place. La fabrique ferme le lundi, mais les plantations restent accessibles.

Lamb's Rock POINT DE VUE
(Dolphin's Nose Rd ; 10 ₹, app photo/caméra 20/50 ₹ ; ⌚8h30-18h). Ce lieu de pique-nique apprécié, dans un petit coin de forêt hanté par les singes, dévoile une vue incroyable jusqu'aux plaines, par-delà les plantations de thé et de café. À 6 km à l'est de la partie haute de Coonoor – il est possible de venir à pied.

Dolphin's Nose POINT DE VUE
(Dolphin's Nose Rd ; 10 ₹, app photo/caméra 20/50 ₹ ; ⌚8h30-18h30). À 10 km à l'ouest de la ville, ce point de vue populaire révèle un vaste panorama englobant les Catherine Falls (p. 461), de l'autre côté de la vallée.

Sim's Park PARC
(Upper Coonoor ; adulte/enfant 30/15 ₹, app photo/caméra 50/100 ₹ ; ⌚9h-17h). Dans la partie haute de Coonoor, ce parc de 12 ha, créé en 1874, constitue une oasis paisible. Ses pelouses soignées descendent jusqu'à un petit lac et il abrite plus de 1 000 espèces de plantes, issues de différents continents, dont des magnolias, des camélias, des roses et des fougères arborescentes. Les bus à destination de Kotagiri pourront vous déposer.

Où se loger et se restaurer

Acres Wild SÉJOUR À LA FERME $$
(☎9443232621 ; www.acres-wild.com ; 571 Upper Meanjee Estate, Kanni Mariamman Kovil St ; ch 3 775-4 360 ₹, petit-déj inclus ; wifi). Superbement située à la lisière sud-est de Coonoor, cette ferme écolo utilise l'énergie solaire pour le chauffage, récupère l'eau de pluie et produit du fromage avec le lait de ses vaches. Les cinq chambres, spacieuses et élégantes, se répartissent dans trois cottages avec cuisine et cheminée. Mansoor, le sympathique maître des lieux, a de la conversation et saura vous donner des idées d'activités hors des sentiers battus. Réservez.

Les hôtes peuvent s'initier à la fabrication du fromage (à partir de 8 000 ₹).

YWCA Wyoming Guesthouse GUESTHOUSE $$
(☎0423-2234426 ; www.ywcaagooty.com ; Bedford ; s/d 1 200/1 900 ₹). Grinçante et pleine de courants d'air, cette maison vieille de 150 ans trahit son âge. Elle n'en a pas moins un charme délicieux, avec ses terrasses en bois et sa vue paisible sur la ville à travers les arbres. Les chambres, propres et agréables, sont dotées de chauffe-eau (*geysers*). Des repas simples sont servis sur demande.

♥ 180° McIver HÔTEL HISTORIQUE $$
(☎0423-2233323 ; serendipityo.com ; Orange Grove Rd, Upper Coonoor ; ch 4 720-7 080 ₹, petit-déj inclus ; wifi). Cette maison britannique typique des années 1900, dans les hauteurs de la ville, est devenue un lieu d'exception. Les six belles chambres aérées se distinguent par leur mobilier ancien, leurs cheminées (qui fonctionnent) et leurs grandes sdb. Beaux panoramas depuis la pelouse tout autour du restaurant La Belle Vie (possibilité de dîner en plein air).

Gateway HÔTEL HISTORIQUE $$$
(☎0423-2225400 ; www.tajhotels.com ; Church Rd, Upper Coonoor ; s à partir de 6 780 ₹, d/ste à partir de 7 375/13 400 ₹, petit-déj inclus ; wifi). Prieuré de l'époque coloniale reconverti en un superbe hôtel historique, le Gateway, du groupe Taj, comprend des chambres chaleureuses aux tons doux, entourées de verdure et pour la plupart dotées d'une cheminée. Certaines ouvrent sur une terrasse herbeuse avec vue. Le soir, des feux de joie sont allumés sur la pelouse. Bon restaurant Gateway All Day donnant sur le jardin. Séances de yoga gratuites et massages ayurvédiques kéralais.

Nilgiri's Supermarket SUPERMARCHÉ $
(Upper Coonoor ; ⌚9h-21h). Des rayons bien ordonnés avec tous les produits alimentaires et de toilette dont vous pouvez avoir besoin.

♥ La Belle Vie INTERNATIONAL $$$
(☎0423-2233323 ; serendipityo.com ; 180° McIver, Orange Grove Rd, Upper Coonoor ; plats 320-580 ₹ ; ⌚12h30-15h30 et 19h30-22h30). Le restaurant de l'hôtel 180e McIver occupe un bungalow à véranda du XIXe siècle superbement rénové, d'où la vue embrasse les Nilgiri au-delà d'une jolie pelouse très fleurie. Sa cuisine indo-occidentale remplie de saveurs et sa situation privilégiée attirent la clientèle à des kilomètres à la ronde.

Gateway All Day INTERNATIONAL $$$
(☎0423-2225400 ; www.tajhotels.com ; Gateway Hotel, Church Rd, Upper Coonoor ; plats 400-600 ₹, buffet dîner 1 060 ₹ ; ⌚7h30-10h30, 12h30-14h45 et 19h30-22h30). Cette table d'hôtel historique invite à se régaler d'une cuisine raffinée du monde entier et de

somptueux buffets au petit-déjeuner dans le cadre plein de cachet d'un ancien prieuré vieux de 160 ans, au milieu de jardins impeccablement soignés. En sirotant du thé des Nilgiri, vous aurez l'impression d'être transporté à l'époque du Raj britannique.

Achats

Green Shop ARTISANAT, ALIMENTATION
(www.lastforest.in ; Jograj Bldg, Bedford Circle ; 9h30-19h30 lun-sam). Superbes articles d'artisanat local et équitable, vêtements, tissus, carnets, miel sauvage bio, noisettes, chocolat, savons, thé...

Depuis/vers Coonoor

La **gare routière** (Lower Conoor) assure des liaisons fréquentes depuis/vers Ooty (16 ₹, 1 heure) et Kotagiri (20 ₹, 50 minutes).

Des bus pour Coimbatore (45 ₹, 3 heures) partent toutes les 30 minutes de **l'arrêt** (Coonoor Rd Roundabout), situé au rond-point à l'entrée de la ville.

Coonoor est située sur la ligne du train miniature qui relie Mettupalayam (1re/2e classe 185/25 ₹, 2 heures 15-3 heures 15) à Ooty (150/25 ₹, 1 heures 15). Il y a trois trains/jour entre Coonoor et Ooty, en plus de la liaison quotidienne Mettupalayam-Ooty-Mettupalayam.

Kotagiri

04266 / 28 200 HABITANTS / ALTITUDE 1 800 M

La plus petite et la plus ancienne des trois stations climatiques des Nilgiri (carte p. 462) se trouve à 30 km à l'est d'Ooty, au-delà de l'un des plus hauts cols du Tamil Nadu. Rien d'inoubliable dans le centre-ville, mais les versants verdoyants des montagnes alentour, émaillés de plantations de thé et de villages aux tons pastel, dessinent un cadre de toute beauté.

À voir et à faire

Un circuit d'une demi-journée en taxi comprenant les **Catherine Falls** (Kotagiri-Mettupalayam Rd) et le **Kodanad Viewpoint** (Kodanad ; lever-coucher du soleil) revient à 1 200 ₹ environ.

Sullivan Memorial MUSÉE
(9488771571 ; Kannerimukku ; adulte/enfant 10/5 ₹ ; 10h-17h jeu-mar). À 2 km au nord du centre de Kotagiri, cette demeure, bâtie en 1819 par John Sullivan, le fondateur d'Ooty, a été restaurée dans des tons rouge vif. Elle renferme de nombreux documents et artefacts intéressants : photos et coupures de journaux, et objets liés aux ethnies locales, à la présence européenne dans la région, ainsi qu'à des emblèmes comme le *toy train* ("train miniature"). Le musée accueille par ailleurs le **Nilgiri Documentation Centre** (www.nilgiridocumentation.com), dédié à la préservation du patrimoine et des beautés des Nilgiri.

Keystone Foundation BÉNÉVOLAT
(04266-272277 ; keystone-foundation.org ; Groves Hill Rd). Cette ONG basée à Kotagiri œuvre à la protection de l'environnement des Nilgiri, en impliquant la population dont elle s'efforce d'améliorer le niveau de vie. Elle emploie occasionnellement des bénévoles pour un mois minimum.

Où se loger

La Maison HÔTEL HISTORIQUE $$$
(9585857732 ; www.lamaison.in ; Hadatharai ; s/d à partir de 5 625/6 750 ₹ ;). Ce bungalow écossais des années 1890, tenu par des Français, s'inscrit dans un cadre splendide, au milieu des plantations de thé, en haut d'une colline à 5 km au sud-ouest de Kotagiri. Il se distingue par sa décoration raffinée – meubles anciens, artisanat local, peintures du vieux Ooty –, ses repas maison (900 ₹) et son Jacuzzi avec vue sur la vallée. Randonnée jusqu'à des cascades et visites de villages ethniques en option.

Achats

Green Shop ALIMENTATION, ARTISANAT
(lastforest.in ; Johnstone Sq ; 9h30-19h). La boutique écolo de la Keystone Foundation vend des petites douceurs à emporter en pique-nique (chocolats locaux, miel sauvage), ainsi que de beaux articles d'artisanat ethnique.

Depuis/vers Kotagiri

Des bus circulent toutes les 30 minutes depuis/vers Ooty (26 ₹, 1 heure 30) et toutes les 15 minutes depuis/vers Coonoor (16 ₹, 1 heure) et Mettupalayam (25 ₹, 1 heure 30). Les bus pour Coimbatore (60 ₹, 2 heures 30) partent toutes les 45 minutes. Le trajet en taxi depuis/vers Ooty coûte 1 500 ₹.

Ooty (Udhagamandalam)

0423 / 90 000 HABITANTS / ALTITUDE 2 240 M

Ooty peut paraître trop animée pour certains et son centre-ville n'a pas beaucoup de charme. Mais il suffit de s'éloigner un peu pour trouver la verdure et la tranquillité, sous les grands pins des chemins alentour, au parfum de campagne anglaise. À la ferveur des temples hindous et à l'effervescence indienne, la "reine des stations de montagne" associe le charme des espaces verts et des villas de l'époque du Raj britannique, reconvertis en hébergements de caractère. On y trouve en outre une école internationale.

Affublée du sobriquet de Snooty Ooty ("Ooty la snob"), la ville fut fondée par les Britanniques au début du XIXe siècle, pour servir de villégiature d'été au gouvernement de Madras. Le développement, commencé il y a plusieurs décennies, se poursuit. Pour autant, le vieux Ooty subsiste par endroits. Il suffit de prendre les chemins de traverse pour le découvrir.

Romantique à souhait, le voyage en train miniature jusqu'à Ooty traverse des paysages magnifiques. Même le trajet par la route est impressionnant. D'avril à juin (la haute saison), la fraîcheur de la ville offre un répit bienvenu à la chaleur des plaines. D'octobre à mars, la température peut descendre jusqu'à 0°C la nuit.

À voir

Tribal Research Centre Museum MUSÉE
(Muthorai Palada ; Indien/étranger 5/100 ₹ ; 10h-13h et 14h-17h lun-ven, horaires variables). Ce musée vaguement négligé aux horaires aléatoires traite des groupes ethniques des Nilgiri et du Tamil Nadu en général à travers des objets étonnants (comme les crânes des buffles sacrifiés lors des funérailles toda) et des huttes reconstituées, le tout bien décrit en anglais. Desservi par des bus fréquents, il se tient juste au sud-ouest de Muthorai Palada (M Palada), 10 km au sud-ouest d'Ooty en direction d'Avalanche.

Botanical Gardens PARC
(www.ootygardens.com ; Garden Rd ; adulte/enfant 30/15 ₹, app photo/caméra 50/100 ₹ ; 7h-18h30). Créés en 1848, ces jolis jardins botaniques de 22 ha constituent un musée vivant de la flore naturelle des Nilgiri. Il abrite un *mund* toda et un tronc fossilisé qui daterait de quelque 20 millions d'années. Les touristes viennent ici en nombre.

St Thomas' Church ÉGLISE
(St Thomas Rd ; aube-crépuscule). Un sobre édifice de 1870 parmi les arbres, à l'extrémité est du lac d'Ooty.

Doddabetta POINT DE VUE
(Ooty-Kotagiri Rd ; 10 ₹, app photo/caméra 10/50 ₹ ; 8h-17h). À 7 km à l'est d'Ooty, Doddabetta est le point culminant (2 633 m) des Nilgiri. Par temps clair, il dévoile l'un des plus beaux panoramas de la région. Venez

Nilgiri Hills

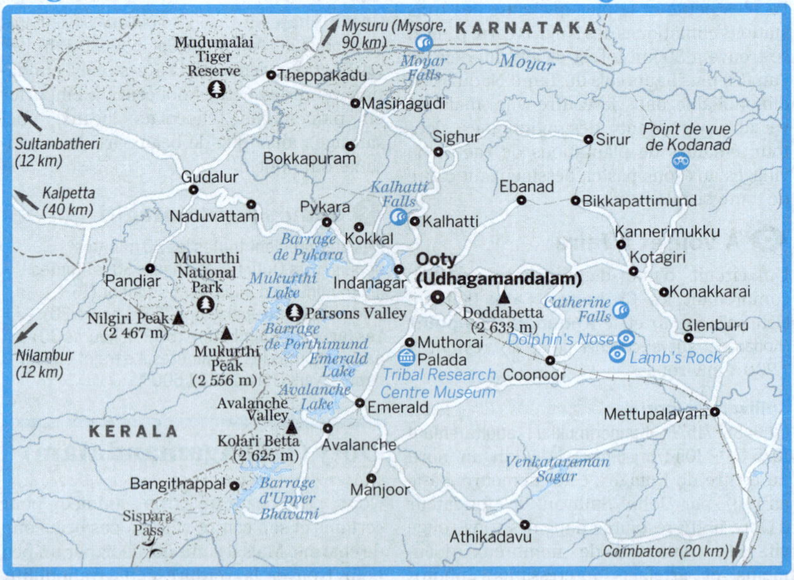

tôt, pour avoir plus de chances d'échapper au brouillard. Tous les bus pour Kotagiri vous déposeront à l'embranchement vers Doddabetta, d'où il vous restera à parcourir 3 km à pied ou en jeep. L'aller-retour en taxi depuis Charing Cross revient à 700 ₹.

Rose Garden JARDIN
(Selbourne Rd ; adulte/enfant 30/15 ₹, app photo/caméra 50/100 ₹ ; 7h30-18h30). Des pelouses en terrasses et plus de 20 000 buissons de roses de quelque 2 000 variétés différentes composent ce ravissant jardin à flanc de montagne avec vue sur Ooty. Période la plus fleurie de mai à juillet.

Nilgiri Library BIBLIOTHÈQUE
(0423-2441699 ; Hospital Rd ; 9h30-13h30 et 14h30-17h30). Cette petite bibliothèque désuète, installée dans un vieux bâtiment à la façade rouge de 1867, rassemble plus de 30 000 livres, dont des ouvrages rares sur les Nilgiri et les ethnies montagnardes, et des revues britanniques du XIXe siècle. Les visiteurs peuvent les consulter dans une salle de lecture, moyennant une inscription valable un mois (500 ₹). Le portrait de la reine Victoria à l'étage fut offert à Ooty en 1887 pour marquer le Jubilée d'or (cinquante ans de règne) de la souveraine.

L'Ooty Literary Festival (www.ootylitfest.com) a lieu ici chaque année en septembre.

St Stephen's Church ÉGLISE
(Church Hill Rd ; 9h30-16h30 lun-sam, 6h30-13h30 dim). La blanche église Saint-Étienne surplombe le centre-ville. Érigée en 1829, il s'agit de la plus vieille église des Nilgiri. Remarquez les beaux vitraux, les énormes poutres qui furent tractées par des éléphants depuis le palais de Tipu Sultan, à 120 km de là, ainsi que les stèles et les ex-voto offerts par les fidèles de l'époque coloniale. Dans le **cimetière** envahi par la végétation, on trouve de nombreuses pierres tombales britanniques – vous remarquerez celles de la femme et de la fille de John Sullivan, le fondateur d'Ooty.

Activités

Le meilleur d'Ooty se cache dans les magnifiques **Nilgiri Hills** ! La plupart des hôtels pourront vous mettre en relation avec des guides locaux qui organisent des randonnées d'une demi-journée pour environ 600 ₹ par personne. Après être sorti de la ville en bus ou en voiture, vous pourrez randonner dans les collines, à la découverte des villages des ethnies montagnardes et au fil des plantations de thé. L'**office du tourisme** (0423-2443977 ; www.tamilnadutourism.org ; Wenlock Rd ; 10h-17h) vous suggérera des itinéraires ruraux à parcourir en indépendant.

Les treks avec nuit en bivouac dans la région d'Ooty sont désormais interdits en raison des conflits croissants entre humains et animaux ; un couple d'étrangers a été piétiné à mort par des éléphants et des villageois ont subi des attaques de tigres parfois fatales. Les autorités se soucient également de l'effet perturbateur des touristes indisciplinés dans la forêt la nuit. Pour savoir si la réglementation en la matière a changé, contactez l'**Office of the Field Director** (0423-2445971 ; fdmtr@tn.nic.in ; Mt Stuart Hill ; 10h-17h45 lun-ven).

Boathouse BATEAU
(North Lake Rd ; 13 ₹, app photo/caméra 25/150 ₹ ; 9h-18h). Location de barques et de pédalos au bord du lac d'Ooty. Comptez à partir de 85 ₹ par personne et 180 ₹ de caution pour 30 minutes de pédalo biplace.

Où se loger

Côté hébergements, Ooty possède de somptueuses résidences datant de l'époque coloniale dans la catégorie supérieure et quelques adresses correctes pour les petits budgets. Le choix s'avère en revanche limité dans le bas de la catégorie moyenne. En haute saison (1er avr-15 juin), les hôtels doublent leurs tarifs et demandent souvent de libérer les chambres à 9h. Réservez tôt pour venir autour d'un jour férié.

YWCA Anandagiri GUESTHOUSE $
(0423-2444262 ; www.ywcaagooty.com ; Ettines Rd ; dort 250 ₹, s 500-3 300 ₹, d 1 200-3 300 ₹). Cette ancienne brasserie a été transformée en un vaste ensemble de maisonnettes réparties dans un jardin fleuri. Avec des chambres propres et de caractère, de grandes parties communes et un bon restaurant (réservez), cet hébergement bon marché offre d'excellentes prestations et un service de qualité. Les chambres les moins chères ont accès à des sdb privatives de l'autre côté du couloir. Du fait de la hauteur sous plafond, il peut faire froid la nuit ; demandez des couvertures supplémentaires.

Reflections Guest House GUESTHOUSE $
(9843637974 ; reflectionsin@yahoo.co.in ; 1B North Lake Rd ; ch 600-1 600 ₹ ;). Cette vieille

Ooty (Udhagamandalam)

institution pour petits budgets fait face au lac d'Ooty. La plupart des 12 chambres, impeccables et d'un bon rapport qualité/prix, ont vue sur le plan d'eau. Les meilleures comportent une sdb refaite récemment et donnent sur une terrasse plantée d'herbe. Les propriétaires, attentionnés, servent des en-cas sur demande et peuvent organiser des treks guidés. Eau chaude disponible.

Wyoming BOUTIQUE-HÔTEL **$$**

(☎0423-2452008 ; www.wyoming.co.in ; 46 Sheddon Rd ; ch 3 200-3 800 ₹, petit-déj inclus). Dans cette splendide demeure historique couleur jaune d'or dominant Ooty, les six chambres simples, parquetées et spacieuses, au style typiquement colonial, ouvrent sur un beau panorama des Nilgiri (bouilloire et bouteilles d'eau dans chacune). Vous pourrez vous attabler dans le jardin pour prendre le petit-déjeuner. Bon accueil.

Lymond House BOUTIQUE-HÔTEL **$$**

(☎9843149490 ; www.serendipityo.com ; Sylks Rd ; ch 4 200-5 470 ₹, petit-déj inclus ; wi-fi). Un cadre douillet façon cottage – avec lits à baldaquin, cheminées, salons meublés d'antiquités et bouquets de fleurs fraîches – classe ce bungalow britannique de 1855 au-dessus de la concurrence. Mais si les chambres les plus chères sont spacieuses et pleines de caractère, les plus abordables n'ont pas autant d'attrait et montrent parfois des signes d'usure. Le charmant restaurant propose des plats savoureux de diverses cuisines. Gestion à la fois professionnelle et décontractée.

Hotel Welbeck Residency HÔTEL **$$**

(☎0423-2223300 ; www.welbeck.in ; Welbeck Circle, Club Rd ; ch à partir de 3 650 ₹ ; wi-fi). Ce bel édifice ancien, entièrement rénové, se distingue par ses chambres confortables, son élégance évoquant le Raj britannique (une Austin de 1920 trône devant la porte

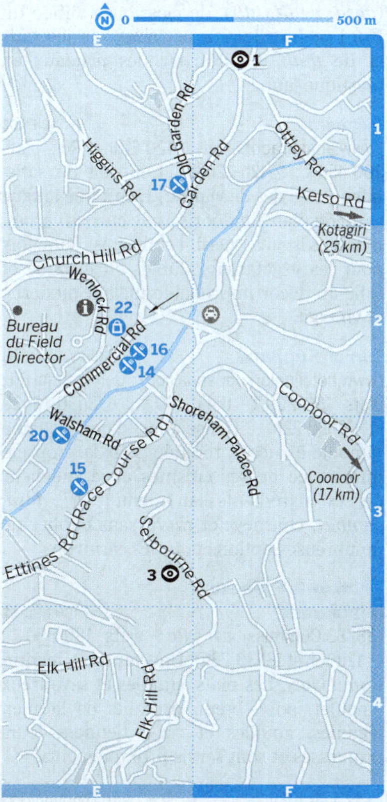

Ooty (Udhagamandalam)

À voir
1 Botanical Gardens F1
2 Nilgiri Library D2
3 Rose Garden E3
4 St Stephen's Church D1
5 St Thomas' Church B4

Activités
6 Boathouse A3

Où se loger
7 Hotel Welbeck Residency C2
8 Lymond House B2
9 Mount View Hotel B4
10 Reflections Guest House B4
11 Savoy B1
12 Wyoming D1
13 YWCA Anandagiri D4

Où se restaurer
14 Adyar Ananda Bhavan E2
15 Angaara E3
16 Junior Kuppana E2
17 Modern Stores E1
18 Place to Bee C2
Savoy .... (voir 11)
19 Shinkow's Chinese Restaurant D2
20 Willy's Coffee Pub E3

Où sortir
21 Hippodrome D4

Achats
Green Shop .... (voir 18)
22 Higginbothams E2
23 K Mahaveer Chand C4
24 Mohan's D2

d'entrée !) et son service attentionné. Restaurant correct.

Mount View Hotel HÔTEL $$
(☎9566410117 ; www.mountviewheritage.com ; Ettines Rd ; ch 1 770-4 130 ₹ ; 📶). En haut d'une allée tranquille (et cahoteuse) non loin des gares routière et ferroviaire, ce bungalow d'autrefois renferme neuf immenses chambres lambrissées et hautes de plafond au confort satisfaisant. Demandez à en voir plusieurs car elles sont toutes différentes ; les meilleures possèdent une terrasse privative. L'eau chaude fonctionne le matin et le soir. Direction attentive.

Savoy BOUTIQUE-HÔTEL $$$
(☎0423-2225500 ; www.gateway.tajhotels.com ; 77 Sylks Rd ; ch à partir de 6 400 ₹, petit-déj inclus ; 📶). Parmi les doyens d'Ooty, cet hôtel date en partie de 1829. Des cottages et des balancelles sont répartis dans le beau domaine avec pelouse. Les chambres, d'un style colonial, possèdent d'immenses sdb en marbre, des cheminées et des baies vitrées. Vous apprécierez le bar à cocktails, le centre ayurvédique et l'excellente cuisine internationale servie dans la salle à manger. Les suites sont nettement plus belles que les chambres standards.

King's Cliff BOUTIQUE-HÔTEL $$$
(☎0423-2244000 ; www.littlearth.in ; Havelock Rd ; ch 3 275-9 410 ₹, petit-déj inclus ; 📶). À l'écart d'Ooty sur Strawberry Hill, cette demeure typique de l'époque coloniale, confortable et raffinée, se distingue par ses boiseries, son mobilier, son salon douillet et la bonne cuisine indo-occidentale du restaurant Earl's Secret, qui compte quelques tables sous la véranda. Si les chambres les plus onéreuses ont le même charme d'autrefois, ce n'est pas vraiment le cas des moins chères.

Fernhills Palace HÔTEL HISTORIQUE $$$
(☎0423-2443910 ; www.welcomheritagehotels.in ; Fern Hill ; ch 12 160-38 400 ₹, petit-déj inclus ; 📶). L'exquise résidence d'été de style anglo-indien du maharaja de Mysore (qui y loge parfois) incarne à l'extrême le faste colonial. Les 19 suites de taille impressionnante, au sol carrelé et aux murs recouverts de boiserie en teck, comportent du mobilier d'époque, une cheminée et un Jacuzzi. Certaines auraient toutefois besoin d'un petit coup de peinture. Les hôtes peuvent jouer au billard, flâner dans le parc à l'orée de la forêt et dîner sous des plafonds en bois sculpté.

Où se restaurer

Modern Stores SUPERMARCHÉ $
(144 Garden Rd ; 9h30-20h30 mer-lun, 11h-20h30 mar). Vend toutes sortes de produits, du monde entier ou des Ghats occidentaux (pain, fromage, chocolat, muesli, confiture...).

Willy's Coffee Pub CAFÉ $
(KCR Arcade, Walsham Rd ; plats 60-120 ₹ ; 10h-21h30 ; 📶). Grimpez l'escalier pour rejoindre les étudiants étrangers qui profitent des jeux de société, du Wi-Fi et de la petite bibliothèque de prêt en grignotant pizzas, frites, croque-monsieur et gâteaux à prix raisonnables.

Place to Bee ITALIEN $$
(☎0423-2449464 ; www.facebook.com/placetObee ; 176A Club Rd ; plats 260-400 ₹ ; 12h30-15h et 18h30-21h30 mer-lun). Partez à la découverte des abeilles des Nilgiri à l'occasion d'un repas dans ce restaurant arty éclairé par des guirlandes, aménagé dans le petit musée de l'Abeille (Bee Museum) de la Keystone Foundation (p. 461) ! Si l'idée peut sembler singulière, elle n'en séduit pas moins. Les ingrédients sont locaux et les plats, frais à souhait, ne vous décevront pas (beaucoup contiennent du miel sauvage). Faites votre choix parmi les pâtes parfaitement préparées, les salades d'inspiration méditerranéenne et les copieuses pizzas au feu de bois à composer soi-même.

Adyar Ananda Bhavan INDIEN $$
(www.aabsweets.in ; 58 Commercial Rd ; plats 130-200 ₹, thali 100-200 ₹ ; 7h30-11h30, 12h-15h30 et 18h-22h30). Ce restaurant récent, très apprécié à Ooty, est invariablement bondé. Habitants et touristes viennent se régaler de délicieux plats indiens servis rapidement (*dosa, vada, idli*), de classiques d'Inde du Nord (goûtez le *paneer tikka*), de jus frais et de *thali* empilés sur des plateaux en plastique jaune.

Angaara INDIEN $$
(www.angaaraooty.com ; 420 Ettines Rd ; plats 200-450 ₹ ; 12h-22h30). L'endroit où satisfaire ses envies de viande grâce à une longue carte de plats tandooris et de curries carnés, même s'il y a aussi l'embarras du choix pour les végétariens. Tables en terrasse et salle au décor improbable mêlant moderne et vintage.

Junior Kuppana INDIEN DU SUD $$
(www.hoteljuniorkuppanna.com ; Commercial Rd ; plats 150-220 ₹, thali 160 ₹ ; 8h30-16h30 et 18h30-22h). L'enseigne d'une chaîne tamoule à succès, réputée pour la propreté immaculée de ses cuisines et la fraîcheur de ses ingrédients. Au menu : *idli, dosa, sambar,* chutneys et *thali,* sans oublier de nombreuses options pour les carnivores.

Shinkow's Chinese Restaurant CHINOIS $$
(38/83 Commissioner's Rd ; plats 180-350 ₹ ; 12h-16h et 18h30-22h). Une véritable institution à Ooty. Les plats, simples et savoureux – poulet, porc, bœuf, produits de la mer, légumes, nouilles et riz –, tiennent leurs promesses et sont servis promptement.

Earl's Secret INTERNATIONAL $$$
(☎0423-2452888 ; www.littlearth.in ; King's Cliff, Havelock Rd ; plats 350-550 ₹ ; 8h-10h, 12h-15h et 19h-22h ; 📶). Cet élégant restaurant d'hôtel historique sur les hauteurs d'Ooty occupe un jardin d'hiver vitré et des salons de l'époque du Raj où brûlent des feux de cheminée par temps froid. La variété culinaire est à l'ordre du jour, avec des plats indiens (essentiellement du Nord), occidentaux et d'Asie du Sud-Est très bien cuisinés, dont des soupes très appréciables dans la fraîcheur du soir.

Savoy INTERNATIONAL $$$
(☎0423-2225500 ; www.gateway.tajhotels.com ; 77 Sylks Rd ; plats 275-650 ₹ ; 7h30-10h, 12h30-15h et 19h30-22h30). Toute en boiseries, avec un éclairage tamisé, des bougies, un piano, la salle de restaurant du Savoy compose un cadre de choix pour déguster une fabuleuse cuisine contemporaine, occidentale, indienne et d'autres pays d'Asie – petits-déjeuners toute la journée, salades gourmandes, pâtes, brochettes et quelques plats inspirés de recettes d'ethnies montagnardes.

VAUT LE DÉTOUR

AVALANCHE VALLEY

Site protégé, connu pour sa quiétude, **Avalanche Valley** débute à quelque 20 km au sud-ouest d'Ooty et s'étend vers le Kerala – c'est une excellente escapade pour fuir la foule. Les terres agricoles et les plantations de thé font place ici à des collines couvertes d'orchidées et de *shola* endémique. Dans cet environnement vivent des léopards, ours lippus, cervidés et langurs, sans oublier quelques tigres, que l'on aperçoit très rarement.

L'accès est limité et, pour explorer la région, vous devrez obligatoirement participer à l'un des **"écocircuits"** officiels (www.ootyavalanche.com ; 150 ₹/pers ; 9h30-15h, 2 heures), en minibus, organisés par le Forest Department ou avoir recours à une jeep privée (2 000 ₹). Plusieurs haltes jalonnent le parcours. Les minibus partent de la rive sud d'Avalanche Lake – officiellement à 9h30, 11h30, 13h30 et 15h30 en semaine, et environ 30 minutes plus tard le week-end. Dans les faits, les horaires ne sont guère respectés et les véhicules démarrent une fois pleins. Si vous en manquez un, vous risquez d'attendre longtemps le suivant. Les taxis d'Ooty demandent 1 600 ₹ (aller-retour, attente comprise) jusqu'au point de départ des écocircuits.

Où sortir

Ooty Racecourse CHAMP DE COURSE
(Ettines Rd ; 100 ₹ ; mi-avr à mi-juin). L'hippodrome domine la vallée entre Charring Cross et le lac. De mi-avril à mi-juin, la ville bourdonne d'animation deux ou trois jours par semaine à l'occasion des courses. Celles-ci se déroulent généralement entre 10h et 13h, mais les horaires varient en fonction du nombre de participants.

Achats

K Mahaveer Chand BIJOUTERIE
(291 Main Bazaar Rd ; 10h-20h). K Mahaveer Chand vend, depuis près de 50 ans, de très beaux bijoux en argent et des parures toda.

Green Shop ARTISANAT, ALIMENTATION
(www.lastforest.in ; Sargan Villa, en retrait de Club Rd ; 9h30-20h45). Cette boutique gérée par la Keystone Foundation (p. 461) de Kotagiri privilégie le commerce équitable et les produits bio. Elle propose du miel sauvage récolté par des communautés montagnardes, ainsi que de l'artisanat et des vêtements ethniques (y compris des broderies toda).

Higginbothams LIVRES
(Commercial Rd ; 9h-13h et 15h30-19h30). Une chaîne réputée, avec un beau choix de livres en anglais.

Mohan's VÊTEMENTS, ANTIQUITÉS
(Commissioner's Rd ; 10h-13h30 et 15h-20h ven-mer). Un curieux bric-à-brac : de vieux téléphones, radios et pendules côtoient des châles, des bijoux et des vêtements chauds.

Depuis/vers Ooty

Le train miniature qui part de Mettupalayam constitue le moyen le plus amusant (et le plus agréable) d'arriver à Ooty. Des bus réguliers sillonnent les routes de montagne au départ d'autres villes du Tamil Nadu, du Kerala, et de Mysuru et Bengaluru, au Karnataka.

BUS

Les compagnies d'État du Tamil Nadu et du Karnataka possèdent des bureaux de réservation à la **gare routière d'Ooty**. Pour Kochi, montez dans un bus pour Palakkad (96 ₹, 6 heures, 7h, 8h, 14h), puis prenez une correspondance.

TRAIN

La ligne du petit train (*toy train*) qui relie Mettupalayam à Ooty est classée au Patrimoine mondial. Il n'y a pas de plus belle manière de rejoindre la station ! Le **Nilgiri Mountain Railway** (chemin de fer des monts Nilgiri) utilise un système à crémaillère pour gravir les pentes les plus fortes. Dans le sens de la montée, entre Mettupalayam et Coonoor, le train est poussé, et non tiré, par une locomotive à vapeur. L'itinéraire traverse des paysages magnifiques de montagne, au fil des cascades et des plantations de thé.

En haute saison, (avril-juin), mieux vaut réserver votre billet de train plusieurs semaines à l'avance ; le reste de l'année, il suffit de s'y prendre avant le départ. Le train miniature part tous les jours de Mettupalayam pour Ooty à 7h10 (1re/2e classe 205/30 ₹, 4 heures 45). D'Ooty, le train est à 14h ; il met 3 heures 30 pour redescendre à Mettupalayam. Trois autres trains circulent tous les jours dans chaque sens entre Coonoor et Ooty (150/25 ₹, 1 heure 15). Les départs et arrivées à Mettupalayam

BUS AU DÉPART D'OOTY (UDHAGAMANDALAM)

DESTINATION	TARIF	DURÉE	FRÉQUENCE/DÉPART
Bengaluru (Bangalore)	520-660 ₹	8 heures	Volvo 7/jour
Chennai	650 ₹	14 heures	16h30, 17h45, 18h30
Coimbatore	80 ₹	4 heures	toutes les 20 minutes 5h50-20h40
Coonoor	20 ₹	1 heure	toutes les 10 minutes 5h30-22h
Kotagiri	26 ₹	1 heure 30	toutes les 30 minutes 6h30-19h, 19h40, 20h20
Mysuru (Mysore)	157-380 ₹	5 heures	Express/Volvo 12/6 par jour

coïncident avec ceux du *Nilgiri Express* vers/depuis la gare de Chennai Central, à Chennai (Madras ; sleeper/3AC/2AC 340/895/1 255 ₹, 9 heures 15).

Notez que sur les horaires des chemins de fer, Ooty figure généralement sous le nom d'Udhagamandalam. Mettupalayam figure sous celui de Metupalaiyam (MTP).

TAXI

Il existe plusieurs stations de taxis en ville, notamment à Charring Cross, Lower Bazaar Rd et Commercial Rd. Quelques exemples de tarifs fixes pour un aller simple : Coonoor (1 200 ₹), Kotagiri (1 500 ₹), Coimbatore (3 000 ₹), Mudumalai Tiger Reserve (1 700 ₹).

Comment circuler

On trouve des auto-rickshaws et des taxis partout en ville. Les tarifs des taxis sont affichés à Charring Cross et à l'extérieur de la gare routière. Vous trouverez ceux des auto-rickshaws notamment devant la gare routière et les jardins botaniques. Un auto-rickshaw de la gare routière ou ferroviaire à Charring Cross coûte 60 ₹.

Il y a des stations de taxis-jeeps à proximité de la **gare routière** (Avalanche Rd) et du **marché municipal** (Hobert Park Cross Rd) : vous paierez environ 1,5 fois plus cher que pour les taxis locaux.

Mudumalai Tiger Reserve

☎0423

Dans les contreforts des Nilgiri, la **Mudumalai Tiger Reserve** (☎0423-2445971 ; www.mudumalaitigerreserve.com ; 400 ₹ ; ⏲parfois fermé en avr, mai ou juin), nouvellement agrandie, couvre désormais 765 km². Elle évoque les paysages indiens classiques représentés dans les peintures, avec des arbres élancés et des feuillages traversés par des rayons de lumières, sous lesquels se cachent chitals et sangliers. Plus d'une soixantaine de tigres vivent dans la région, ce qui représente la plus forte densité de tigres de toute l'Inde. Il est toutefois très rare d'en apercevoir. La Mudumalai Tiger Reserve est le meilleur endroit du Tamil Nadu pour observer des animaux, en particulier des cerfs, des paons, des sangliers, des langurs et des écureuils géants. Vous aurez aussi de bonnes chances d'apercevoir des éléphants sauvages (le parc en compte plusieurs centaines) et des gaurs (bœufs sauvages).

Mudumalai fait partie d'une chaîne ininterrompue de zones protégées, la Nilgiri Biosphere Reserve, à cheval entre le Kerala, le Karnataka et le Tamil Nadu, formant un important refuge faunique. Celui-ci abrite notamment quelque 585 tigres, soit la plus grande population de ces félins au monde.

Mudumalai est parfois fermée pour limiter les risques d'incendie en avril, mai ou juin. Les mois pluvieux de juillet-août constituent la période la moins favorable pour une visite.

À voir et à faire

Les randonnées ne sont pas autorisées dans la réserve. Les véhicules privés ont le droit de circuler sur l'axe principal Ooty-Gudalur-Theppakadu-Mysore et sur les routes Theppakadu-Masinagudi et Masinagudi-Moyar River. Si les **safaris en minibus** (☎0423-2445971 ; www.mudumalaitigerreserve.com ; Indien/étranger 340/2 500 ₹, app photo 53/500 ₹ ; ⏲toutes les heures 6h30-10h et 15h-17h) officiels constituent la formule de visite la plus économique, les **Gypsy/safaris en jeep** (☎0423-2445971 ; www.mudumalaitigerreserve.com ; 4 200 ₹ par véhicule, plus par passager indien/étranger 130/400 ₹, app photo 53/500 ₹ ; ⏲6h30-10h et 15h-17h) offrent une expérience bien plus intéressante. Des prestataires non agréés proposent des randonnées dans la zone tampon, mais elles s'avèrent potentiellement dangereuses à cause des éléphants sauvages qui déambulent.

Elephant Camp SITE REMARQUABLE
(300 ₹ ; 8h30-9h et 17h30-18h). Le matin et le soir, vous pourrez assister au repas des éléphants travaillant dans la réserve à l'intérieur de ce camp situé juste à l'est du **centre d'accueil des visiteurs** (0423-2526235 ; www.mudumalaitigerreserve.com ; Theppakadu ; 6h30-18h), qui vend les billets. La plupart des pachydermes recueillis étaient exploités par l'industrie du bois. Ils ne peuvent retourner à la vie sauvage. Si Lonely Planet n'approuve pas les promenades à dos d'éléphant, sachez néanmoins que le droit d'entrée contribue à nourrir les pensionnaires du camp.

Où se loger et se restaurer

Sylvan Lodge LODGE $$
(réservations 0423-2445971 ; www.mudumalaitigerreserve.com ; Theppakadu ; d 1 700 ₹). Le cadre paisible tout près de la rivière Moyar compense les chambres négligées dignes d'un hôtel à bas prix.

Theppakadu Log House LODGE $$
(réservations 0423-2445971 ; www.mudumalaitigerreserve.com ; Theppakadu ; d 2 600 ₹). Le meilleur des hébergements de Theppakadu gérés par la réserve, avec des chambres en bois bien entretenues et des sdb privatives. Plutôt sommaire malgré tout.

♥ **Jungle Hut** RESORT $$$
(0423-2526463 ; www.junglehut.in ; Bokkapuram ; ch 7 310-9 730 ₹ en pension complète ;). Outre les touches écologiques (énergie solaire, récupération des eaux de pluie) et le salon convivial, vous apprécierez la cuisine du Jungle Hut, sans doute la meilleure de Bokkapuram – si vous venez dîner depuis un autre hôtel, ne rentrez pas à pied de nuit. Des chambres spacieuses, rénovées récemment, et des tentes améliorées se répartissent sur un vaste domaine au pied des Nilgiris, où paissent des chitals. Safaris en jeep, treks et sorties d'observation des oiseaux en option.

Bamboo Banks Farm LODGE $$$
(9443373201 ; www.bamboobanks.com ; Masinagudi ; s/d pension complète 6 570/7 830 ₹ ;). Cette sympathique affaire familiale occupe une parcelle de jungle en friche où déambulent des oies, à 2 km au sud de Masinagudi. La piscine et ses alentours sont paisibles, avec des hamacs, des balancelles et une plateforme d'observation en haut d'un arbre. Les repas sont servis sous forme de bons buffets indiens. Les propriétaires, très efficaces, proposent aussi des promenades à vélo ou à cheval.

Depuis/vers la Mudumalai Tiger Reserve

De petits bus pouvant circuler sur la route de Sighur Ghat relient Ooty à Masinagudi (30 ₹, 1 heure 30, 12/jour), d'où des jeeps et quelques bus rejoignent Theppakadu.

Au départ d'Ooty, les excursions à la journée en taxi jusqu'à Mudumalai coûtent 2 000 ₹ et empruntent généralement la route alternative de Sighur Ghat et ses 36 virages spectaculaires en épingle à cheveux à flanc de colline. L'aller simple revient au même prix.

Comment circuler

Des bus locaux circulent lentement entre Masinagudi et Theppakadu (5 ₹) plusieurs fois par jour. Des taxis collectifs assurent également ce trajet moyennant 15 ₹ par personne ou 150 ₹ par véhicule. Prix similaires pour les jeeps entre Masinagudi et Bokkapuram.

Anamalai Tiger Reserve (Indira Gandhi Wildlife Sanctuary & National Park)

Très en dehors des circuits touristiques habituels, la **réserve de tigres d'Anamalai** (www.atrpollachi.com ; Indien/étranger adulte 30/300 ₹, enfant 20/200 ₹, app photo/caméra 300/500 ₹ ; 6h-16h) couvre 958 km² de jungle tropicale, de *shola* et de prairies montant jusqu'à 2 400 m d'altitude. Elle s'étend jusqu'au Kerala par-delà les Ghats occidentaux, entre Kodaikanal et Coimbatore. Classée réserve de tigres depuis 2007, elle en abrite une trentaine, ainsi que toutes sortes d'animaux exotiques endémiques, rares et menacés pour la plupart, dont des léopards, macaques à queue de lion, paons, langurs, chitals et éléphants.

Le **Reception & Interpretation Centre** (04259-238360 ; Topslip ; 7h-18h) et les hébergements basiques de la réserve se trouvent à Topslip, 35 km au sud-ouest de Pollachi (elle-même à 40 km au sud de Coimbatore). Mieux vaut toutefois adresser vos questions au **Pollachi Reception Office** (9443435583, réservations d'hébergement 04259-238360 ; www.atrpollachi.com ; 365/1 Meenkarai Rd, Pollachi ; 10h-17h45 lun-ven), dont certains employés parlent anglais. Pollachi est également le point d'accès le plus proche pour visiter la Parambikulam Tiger Reserve (p. 341), au Kerala.

La petite ville de Valparai, où l'on cultive le thé, se situe à la lisière de la réserve, 65 km au sud de Pollachi. Son remarquable hôtel historique en fait une base bien plus confortable pour découvrir Anamalai. Bien qu'elle s'inscrive au milieu de terres cultivées, vous aurez autant de chances d'apercevoir des animaux que dans la jungle.

Des **safaris en minibus** (☎9443435583 ; www.atrpollachi.com ; Topslip ; Indien/étranger adulte 200/2 000 ₹, enfant 50/500 ₹ ; ⏲7h30-16h30) officiels de 45 minutes et des **treks guidés** (☎9443435583 ; www.atrpollachi.com ; Topslip ; trek de 2 km/4 km/plus de 4 km 200/500/1 000 ₹ par pers ; ⏲7h-14h) beaucoup plus intéressants partent de Topslip. La réserve propose aussi des promenades à dos d'éléphant, mais nous ne cautionnons pas cette activité, nuisible au bien-être des pachydermes.

Où se loger

Aditya Residency HÔTEL $

(☎04259-233093 ; adityaresidencypollachi@gmail.com ; 27/1 S V V Naidu St ; s/d 1 000/1 300 ₹ ; ❄📶). Une bonne adresse aux chambres climatisées bien tenues, à une courte marche de la gare routière de Pollachi. Personnel serviable.

Forest Department Accommodation GUESTHOUSE $$

(☎réservations 9443435583 ; www.atrpollachi.com ; Topslip ; ch 1 500-4 000 ₹). Si la plupart des gens se contentent d'une excursion à la journée, le Département des forêts gère néanmoins à Topslip des hébergements simples, d'un confort et d'une propreté variables. Réservez plusieurs jours à l'avance sur le site Internet.

♥ **Sinna Dorai's Bungalow** HÔTEL HISTORIQUE $$$

(☎7094739309 ; www.sinnadorai.com ; Valparai ; pension complète s 7 650-8 650 ₹, d 9 750-11 000 ₹ ; 📶). Dans le cadre idyllique d'une vaste plantation de thé, cet établissement comprend six chambres immenses évoquant l'histoire locale du début du XXe siècle. La bibliothèque cosy, les excellents repas maison et le service adorable aident à se sentir chez soi. Des excursions nocturnes en voiture à la rencontre de la faune (éléphants, bœufs sauvages, léopards, macaques à queue de lion...) ont lieu régulièrement et des trekkeurs expérimentés vous guideront sur les sentiers des environs. Bien indiqué depuis le centre de Valparai, 65 km au sud de Pollachi.

Depuis/vers l'Anamalai Tiger Reserve

Des bus relient Pollachi à Topslip (70 ₹, 2 heures, 6h, 10h, 11h15 et 15h15) et Valparai (65 ₹, 3 heures, toutes les 30 minutes). En taxi, comptez respectivement 2 000 et 3 000 ₹ pour rejoindre ces villes, qu'il s'agisse d'un aller simple ou d'un aller-retour. De la gare routière d'Ukkadam à Coimbatore (p. 457), des bus à destination de Pollachi (39 ₹, 1 heure) partent toutes les 5 minutes et il existe une liaison quotidienne avec Valparai (65 ₹, 4 heures, 15h). Depuis Kodaikanal, la plupart des bus pour Pollachi passent par Palani. Si vous devez loger à Pollachi, optez pour l'Aditya Residency, près de la gare routière.

Îles Andaman

Dans ce chapitre ➡

Les plus belles plages

- Radhanagar (p. 483)
- Ross Island et Smith Island (p. 491)
- Butler Bay (p. 493)
- Lalaji Bay (p. 491)
- Merk Bay (p. 491)
- Kalapathar (p. 493)

Le top des hébergements

- Jalakara (p. 485)
- Barefoot at Havelock (p. 486)
- Emerald Gecko (p. 489)
- Taj Exotica (p. 486)
- Ko Hee Homestay (p. 493)

Pourquoi y aller

Avec leur littoral sublime, leur spots de plongée d'exception, leurs terres luxuriantes et leur splendide isolement (le sous-continent est à 1 370 km, l'Indonésie à 200 km et le Myanmar à 300 km), les îles Andaman se prêtent autant à l'exploration qu'au farniente.

Les étendues de mangrove et de forêt vierge sont ourlées d'eau turquoise, tandis qu'au crépuscule, les plages de sable blanc semblent s'embraser. La population, constituée d'ethnies négritos et d'émigrés d'Asie du Sud et du Sud-Est, offre un formidable brassage culturel. Sur les 572 îles de l'archipel, seules 36 sont habitées et un nombre restreint est accessible aux voyageurs. La plus fréquentée, Havelock (Swaraj) recèle des plages et des sites de plongée de toute beauté. La réglementation en matière de permis a été allégée en 2018, une chance pour les voyageurs mais un risque, pour ces territoires jusqu'ici préservés comme pour leur population. Jusqu'alors, les touristes se voyaient refuser l'accès aux îles Nicobar, au sud.

Quand partir

Port Blair

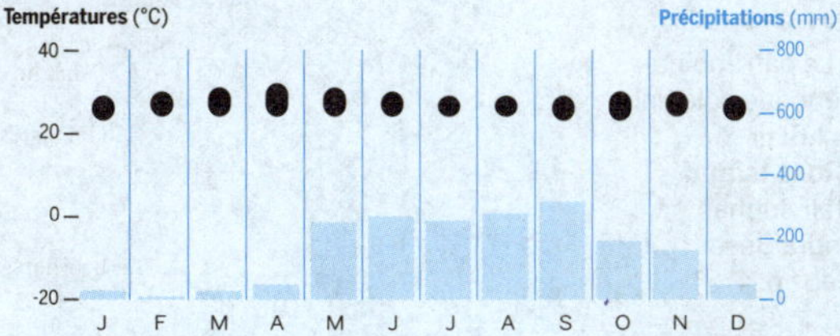

Décembre-mars Journées ensoleillées et conditions de plongée idéales. Saison de ponte des tortues.

Octobre-décembre et de mars à mi-mai Temps mitigé, mais moindre fréquentation et prix en baisse.

Février-avril Belles déferlantes pour les surfeurs expérimentés à Little Andaman.

À ne pas manquer

1 Les rencontres avec les habitants sur **Havelock Island** (Swaraj Dweep ; p. 482), mais aussi la plongée et le snorkeling au large de cette île tapissée de forêt tropicale.

2 La merveilleuse douceur de vivre de **Neil Island** (Shaheed Dweep ; p. 488), ses plages et ses rizières à parcourir à vélo.

3 Les étendues sauvages de North Andaman, les plages, les récifs coralliens et la ponte des tortues à **Kalipur** (p. 491).

4 Le paradis terrestre, version tropicale, à Butler Bay, sur **Little Andaman** (p. 492).

5 Les éblouissantes **Smith et Ross Islands** (p. 491), deux îles du Nord reliées par un cordon de sable blond platine.

6 Le retour à la simplicité sur **Long Island** (p. 491), qui se prête à la randonnée et au farniente sur ses plages splendides.

7 Le patrimoine de l'époque coloniale à Port Blair sur **Ross Island** (Netaji Subhas Chandra Bose Dweep ; p. 478).

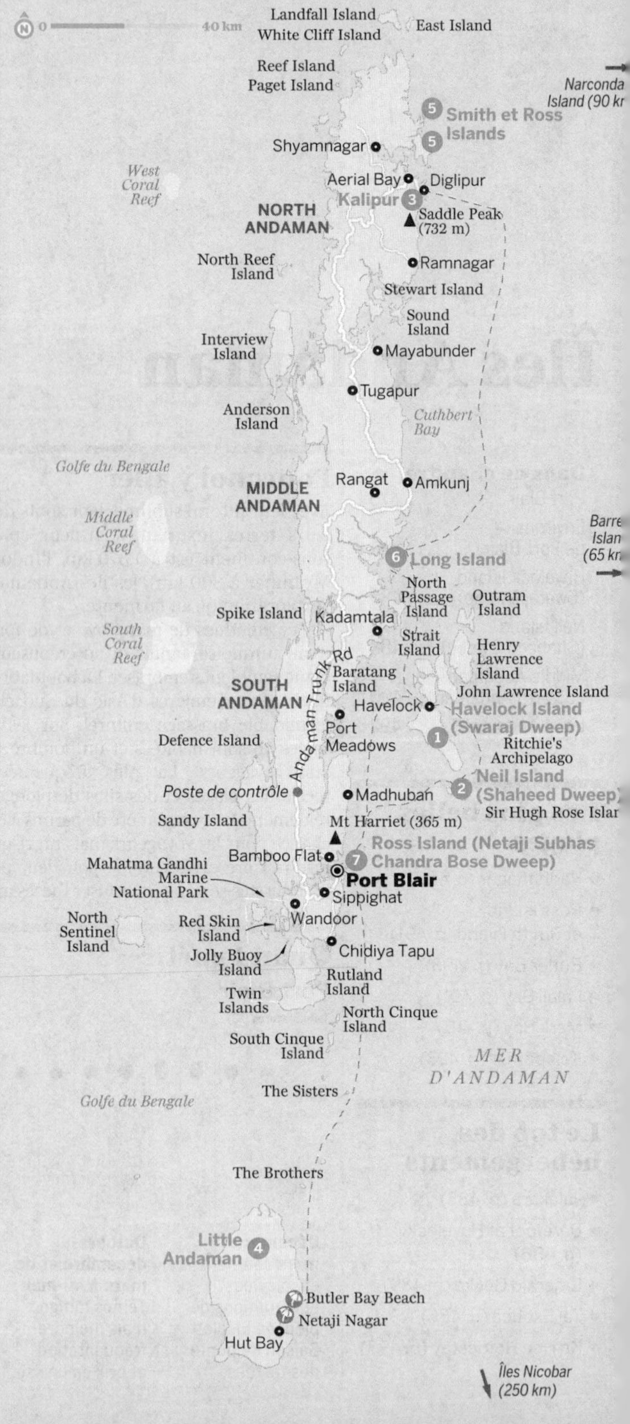

Histoire

On ignore quand débarquèrent les premiers habitants des îles Andaman. Des anthropologues estiment que la présence de groupes humains sur ces îles remonterait à 2 000 ans, et les spécialistes de la migration humaine pensent que les communautés natives viendraient des ethnies négritos et malaises d'Asie du Sud-Est. Il demeure que ces îles ont toujours été sources de légendes.

Buzurg ibn Shahriyar, un Persan du Xe siècle, décrivit un chapelet d'îles peuplées de cannibales. Il fut suivi en cela par Marco Polo, qui romança légèrement l'histoire en décrivant ces populations comme affublées de têtes de chiens (cynocéphales). Sur des tablettes retrouvées à Thanjavur (Tanjore), dans le Tamil Nadu, l'archipel porte le nom de Timaittivu, les "îles Impures". L'archipel n'en demeura pas moins un objet de conquête. Tout comme l'avaient fait les Cholas 600 ans plus tôt, les Marathes intégrèrent ces îles à leurs possessions à la fin du XVIIe siècle. Ils furent suivis, deux siècles en aval, par les Britanniques, qui en firent une colonie pénitentiaire pour dissidents politiques. Durant la Seconde Guerre mondiale, certains insulaires accueillirent à bras ouverts les soldats japonais, perçus comme des libérateurs. Pourtant, en dépit de la nomination de politiciens indiens aux postes d'administrateurs (fantoches), les Nippons se distinguèrent par leur dureté.

Après l'indépendance, en 1947, les îles Andaman et Nicobar (à quelques centaines de kilomètres au sud) furent rattachées à l'Union indienne. Les migrations en provenance du continent vinrent alors grossir la population, qui passa de quelques milliers à plus de 350 000 habitants – bon nombre des nouveaux arrivants étaient des réfugiés bengalis qui avaient fui le chaos lié à la Partition. Pendant cette vague d'immigration, les droits des communautés adivasi (voir p. 480) relatifs à la propriété furent bien souvent bafoués et la protection de l'environnement, négligée. Aujourd'hui, la situation s'améliore un peu à certains égards, mais le déclin démographique des populations natives se poursuit.

Fin 2004, les îles furent dévastées par le séisme qui frappa l'océan Indien, ainsi que par les répliques et le tsunami qui s'ensuivirent. Les îles Nicobar furent particulièrement touchées : on estime qu'un cinquième de la population aurait trouvé la mort. Certains de leurs habitants furent relogés à Port Blair.

Pour autant, la vie a aujourd'hui repris un cours à peu près normal, et le tourisme (surtout venu du sous-continent) a connu un essor important ces dernières années, principalement à Havelock Island (Swaraj) et à Neil Island (Shaheed).

Géographie et environnement

Les îles constituent les pics émergés de l'Arakan Yoma, une chaîne de montagnes qui s'étire dans l'océan depuis l'ouest du Myanmar (Birmanie) jusqu'à l'île de Sumatra, en Indonésie.

Leur isolement a permis l'évolution de nombreuses espèces animales et végétales. Sur 62 mammifères répertoriés dans la région, 32 sont endémiques. C'est notamment le cas du sanglier d'Andaman, du macaque crabier, de la civette palmide à masque et de diverses espèces de toupayes et de chauves-souris. Les mégapodes nichant sur le sol, les salanganes et les pigeons de Nicobar font partie des 270 espèces d'oiseaux présentes sur l'archipel, dont 18 sont endémiques.

Climat

La brise marine maintient les températures entre 23 et 31°C, tandis que le taux d'humidité avoisine les 80% toute l'année. Il pleut abondamment durant la mousson de sud-ouest, peu ou prou de mi-mai à début octobre. La mousson (sèche) de nord-est, en novembre-décembre, apporte aussi son lot de journées pluvieuses.

Renseignements

Quoique situées à 1 370 km à l'est du sous-continent, les Andaman suivent l'heure indienne.

CHANGEMENT DE NOM

Début 2018, le gouvernement indien a rebaptisé plusieurs des îles Andaman dans le cadre d'une politique nationale de "décolonisation". Ross Island s'appelle désormais Netaji Subhas Chandra Bose Dweep, tandis que Neil Island est devenue Shaheed Dweep et Havelock Island, Swaraj Dweep. Quant aux autres territoires de l'archipel ayant officiellement changé de nom, on peut s'attendre à ce que les anciens restent usités encore quelque temps.

Il peut faire nuit dès 17h et jour dès 4h – aussi, tend-on ici à se lever très tôt !

DÉSAGRÉMENTS ET DANGERS

Les crocodiles font partie du paysage dans de nombreux secteurs des îles Andaman, en particulier sur Little Andaman, Wandoor, Corbyn's Cove, Baratang et North Andaman. En 2010, un touriste américain a été tué à Neil's Cove (Havelock Island) par un crocodile marin alors qu'il faisait du snorkeling. En 2017, un jeune Indien a subi le même sort à Wandoor Beach. D'après des études, les attaques seraient à la hausse : on en dénombre officiellement six depuis 2014, mais les médias parlent plutôt d'une quinzaine. Les autorités demeurent extrêmement vigilantes et certaines plages ont été interdites à la baignade. Il est essentiel de se tenir informé et de respecter les avertissements. Évitez de vous baigner à l'aube et au crépuscule.

PERMIS

Afin de stimuler le tourisme, les autorités indiennes permettent désormais aux étrangers d'accéder à 29 îles habitées des Andaman, dont Havelock Island (Swaraj Dweep), Neil Island (Shaheed Dweep), Baratang Island, Long Island, North Andaman, South et Middle Andaman (y compris Port Blair, mais à l'exclusion des "tribal reserves", ou zones communautaires), North Passage, Interview Island, Smith Island et Little Andaman (sauf les "tribal reserves").

Inutile d'avoir une autorisation pour partir en excursion à la journée sur onze îles inhabitées de l'archipel. Les permis restent obligatoires pour visiter Jolly Buoy, Red Skin, North et South Cinque, Ross (nord), Narcondam Island et Rutland Island, de même que les Brothers et les Sisters. L'inconvénient de la plupart des permis relève davantage d'une affaire de coût que de démarches : les étrangers/Indiens doivent par exemple débourser 1 000/75 ₹ pour le Mahatma Gandhi Marine National Park à Wandoor.

L'accès aux îles Nicobar a longtemps été limité aux ressortissants indiens, dans le cadre dûment approuvé d'une mission gouvernementale, commerciale ou de recherche. Great Nicobar, Little Nicobar et Kamorta font désormais exception à la règle et ne sont plus soumises à permis (dit *Restricted Area Permit*, ou RAP). Les conséquences de cette décision sur l'environnement et les populations autochtones restent à mesurer.

> **PHLÉBOTOMES**
>
> Les phlébotomes (mouches des sables, *sandflies* en anglais), de petits insectes piqueurs, font parfois des ravages sur la plage et peuvent être exaspérants. Emportez une crème apaisante et allez chez le médecin en cas d'infection. Pour prévenir les piqûres, prévoyez un répulsif antimoustique et évitez la plage à l'aube et au crépuscule.

Depuis/vers les îles Andaman

Les traversées en ferry et les vols sont souvent annulés pour cause de mauvais temps. Prévoyez de la marge. Aujourd'hui, la plupart des voyageurs préfèrent rallier Port Blair en avion.

AVION

Des vols quotidiens opérés par Air India, IndiGo, GoAir, SpiceJet et Vistara (voir le chapitre *Transports* p. 590) relient Bengaluru (Bangalore), Chennai (Madras), Mumbai (Bombay), Hyderabad, Kolkata (Calcutta), en Inde du Sud, mais aussi Delhi, à l'aéroport Veer Savarkar de Port Blair. À l'heure où nous écrivons, ce dernier n'accueille pas de vols internationaux, mais il est question de mettre en place des lignes directes depuis/vers l'Asie du Sud-Est.

BATEAU

Pour certains, le bateau est le moyen idéal de rallier les îles Andaman ; pour d'autres, il s'agit du pire. Andaman Shipping Office (p. 401), Shipping Corporation of India (www.shipindia.com) et AV Bhanoji Rao, Garuda Pattabhiramayya & Co (p. 268) assurent respectivement des traversées au départ de Chennai (2 825-10 815 ₹, une à deux rotations par mois), Kolkata (2 776-10 766 ₹, départs mensuels réguliers) et Visakhapatnam (2 500-10 000 ₹, mensuel). Tous les ferries arrivent à Haddo Jetty (Port Blair, p. 479).

Attention : entre les retards et les contretemps imputables aux mauvaises conditions météo, le voyage peut prendre un ou deux jours supplémentaires.

Vous pourrez réserver votre retour auprès de la billetterie des ferries à Phoenix Bay Jetty (Port Blair, p. 479). Prévoyez trois photos d'identité ainsi que des photocopies de vos passeport et visa. Les horaires et tarifs actualisés sont disponibles sur www.shipindia.com. Vous pourrez aussi vous renseigner au bureau d'information de Phoenix Bay.

Les classes varient légèrement selon les bateaux. La moins chère correspond à une simple couchette (*bunk* ; 2 500 ₹). On trouve ensuite la 2e classe (6 lits, 5 000-6 500 ₹), la 1re classe (4 lits, 8 000 ₹) et des cabines deluxe (2 lits, 10 000 ₹). Les billets les plus chers coûtent autant, sinon plus qu'un billet d'avion. Si vous choisissez les couchettes, attendez-vous à un manque d'intimité et à des toilettes... en piètre état. Les repas (*tiffin* – en-cas – au petit-déjeuner, *thali* au déjeuner et au dîner) reviennent à environ 150/200 ₹ par jour en classe *bunk*/cabine ; mieux vaut cependant apporter quelques provisions pour compléter. Le linge de lit est parfois fourni ; dans la classe *bunk*, toutefois, vous devrez apporter vos draps ou un sac de couchage.

Il n'y a pas de ligne de ferry entre Port Blair et la Thaïlande, mais des bateaux privés peuvent faire la traversée. Il est interdit de se rendre des îles Andaman au Myanmar (Birmanie) par la mer.

Comment circuler

AVION

Lors de nos recherches, les hydravions ne circulaient plus entre les îles. Leur remise en service demeurait incertaine.

Si l'hélicoptère inter-îles est destiné aux habitants et aux VIP, vous pourrez toutefois tenter votre chance en déposant une demande au bureau de la **Direction de l'aviation civile** (☎ 03192-233601 ; Port Blair Helipad, VIP Rd ; ⏲ 8h30-17h lun-ven), installé dans l'héliport jouxtant l'aéroport. La limite de 5 kg de bagages et les tarifs élevés (19 000 ₹ de Port Blair à Diglipur, par exemple) dissuadent toutefois la plupart des visiteurs de recourir à ce service.

BATEAU

On ne peut gagner la plupart des îles qu'en bateau. Le passage par la billetterie des ferries est une épreuve en soi : apprêtez-vous à subir une longue attente en pleine chaleur (les queues se forment des heures à l'avance), un service lent et une véritable mêlée pour atteindre le guichet. Les files réservées aux femmes sont une aubaine pour les voyageuses, mais il n'en existe hélas qu'à Port Blair. Conservez votre passeport à portée de main et, si requis, votre *ticket form*. Il est parfois possible d'acheter son billet le jour de la traversée en arrivant une heure avant le départ sur l'embarcadère ad hoc. Sachez toutefois qu'il s'agit d'un pari risqué et que mieux vaut s'y prendre le plus tôt possible. Les billets des ferries publics sont mis en vente un à trois jours à l'avance. Les hôtels et les agences de voyages peuvent généralement s'occuper des réservations.

Des lignes maritimes régulières desservent Havelock Island (Swaraj) et Neil Island (Shaheed), ainsi que Rangat, Mayabunder, Diglipur et Little Andaman. Les horaires des bateaux, tous sujets à changements, ne sont actuellement pas consultables en ligne. Renseignez-vous sur place ou au bureau d'information de Phoenix Bay Jetty (p. 479), à Port Blair.

Des compagnies privées, en particulier **Makruzz** (☎ 03192-236677 ; www.makruzz.com ; 1er niv., TCI XPS Building, 100 JN Rd, Delaripur ; ⏲ 9h-17h30) et **Green Ocean** (☎ 03192-230777 ; greenoceanseaways.com ; 1er niv., Island Arcade, Junglighat ; ⏲ 9h-13h et 14h-16h lun-sam, 9h-13h dim), assurent aussi des traversées plus confortables (et plus chères) avec Havelock Island et Neil Island depuis Port Blair. Les billets sont généralement disponibles un mois à l'avance en ligne et au guichet, ce qui en fait les plus commodes à se procurer.

INTERNET ET TÉLÉPHONIE MOBILE

Utiliser Internet ou son portable dans les Andaman est une gageure. Il existe des cybercafés à Port Blair et quelques complexes hôteliers équipés du Wi-Fi dans cette ville, ainsi que sur Havelock Island (Swaraj) et Neil Island (Shaheed), mais les connexions laissent à désirer. Un nouveau câble optique sous-marin reliant Chennai (Madras) à Port Blair, Havelock, Little Andaman, Great Nicobar, Car Nicobar et Kamorta devrait être installé quand vous lirez ces lignes. En attendant, Jio, le plus grand réseau 4G du pays, met en place ses services dans le secteur de Port Blair et espère les étendre aux îles les plus fréquentées dans un futur proche.

Pour passer un appel téléphonique, même local, il faut composer l'indicatif de la région : ☎ 03192. BSNL est l'opérateur le plus fiable.

BUS

Le groupe principal d'îles – South Andaman, Middle Andaman et North Andaman – est relié par des routes, des ponts et des liaisons en ferry. Des bus au départ de Port Blair desservent au sud Wandoor et Chidiya Tapu, et au nord, Baratang, Rangat, Mayabunder et enfin Diglipur.

VOITURE

Louer une voiture avec chauffeur revient à 900-1 100 ₹ par tranche de 35 km ou à 11 250 ₹ environ pour un aller-retour de Port Blair à Diglipur (arrêts en chemin inclus). À la suite de restrictions concernant l'accès des voyageurs aux zones peuplées majoritairement par des Adivasi (p. 480), il est interdit aux étrangers de conduire leur propre véhicule à North Andaman et Middle Andaman.

Port Blair

108 060 HABITANTS

Entourée de forêt tropicale et bordée par un littoral découpé, cette ville animée est la capitale provinciale des îles Andaman.

Difficile de trouver ailleurs un tel brassage de populations de tout l'océan Indien – Bengalis, Tamouls, Télougous, Nicobarais et Birmans. Si la plupart des voyageurs n'y restent en général qu'un jour ou deux, le temps d'organiser leur séjour dans l'archipel ou juste avant de repartir, Port Blair, riche d'histoire, mérite une visite plus poussée. Elle est aussi une bonne base d'excursion, en particulier pour se rendre au Mahatma Gandhi Marine National Park (p. 481) et à Chidiya Tapu (p. 482).

À voir

Cellular Jail National Memorial BÂTIMENT HISTORIQUE

(GB Pant Rd ; Indien/étranger 30/100 ₹, app photo 200 ₹, spectacle son et lumière adulte/enfant 50/25 ₹ ; 8h45-12h30 et 13h30-16h45). Cette ancienne prison britannique a été transformée en mémorial en hommage aux dissidents politiques emprisonnés autrefois derrière ses murs. Construites de 1896 à 1906, ses sept ailes (dont quatre furent détruites par l'armée japonaise pendant la Seconde Guerre mondiale) rayonnaient depuis une tour centrale et comptaient naguère un total de 698 cellules. Comme beaucoup de prisons politiques, Cellular Jail devint pour les combattants de la liberté un lieu d'échange – de projets et d'idées. Le nationaliste hindou Veer (Vinayak) Savarkar, dont la cellule se visite, y fut détenu de 1914 à 1921.

Anthropological Museum HISTOIRE LOCALE

(MG Rd ; 10 ₹, Indien/étranger 20/150 ₹ ; 9h-13h et 13h30-16h30 mar-dim). Ce musée d'Anthropologie dresse un portrait détaillé de ces communautés adivasi de l'île. Certes, les vitrines sont d'un autre âge, mais bien moins lointain que les objets exposés, tels que ce pectoral jarawa gravé de motifs géométriques, cette ceinture de coquillages andamanaise et ces sculptures d'esprits totémiques nicobarais. Photos interdites.

TARIFS HÔTELIERS

Les prix indiqués valent pour une chambre double avec sdb, en saison (novembre-mars), dans l'archipel.

$ moins de 1200 ₹

$$ 1 200-4 000 ₹

$$$ plus de 4 000 ₹

Samudrika Naval Marine Museum HISTOIRE LOCALE

(Haddo Rd ; adulte/enfant 50/25 ₹ ; 9h-12h30 et 14h-17h mar-dim). Géré par la Marine indienne, ce musée, fort d'un petit aquarium, présente les écosystèmes ainsi que les communautés adivasi (voir aussi p. 480) des îles. On y voit notamment des carapaces de tortues à écailles prises à des braconniers et, dehors, le squelette d'une jeune baleine bleue échouée sur un rivage de Kamorta Island (Nicobar).

Où se loger

L'office du tourisme (p. 479) fournit une liste des logements chez l'habitant agréés.

Aashiaanaa GUESTHOUSE $

(03192-234123 ; Marine Hill ; ch avec/sans clim 1 700/850-950 ₹ ;). Une adresse à petits prix fiable, 800 m en amont de l'embarcadère de Phoenix Bay, qui loue des chambres accueillantes et bien tenues, les plus chères avec climatisation et balcon. Direction efficace. Wi-Fi payant (60 ₹ l'heure).

Amina Lodge GUESTHOUSE $

(9933258703, 9474275441 ; aminalodge@ymail.com ; MA Rd, Aberdeen Bazaar ; s 500 ₹, d 700-800 ₹ ;). Les quatre chambres propres, avec TV, de cette *guesthouse* sympathique ont la faveur des voyageurs désargentés, qui y profitent également d'une heure de Wi-Fi gratuit. Emplacement pratique, quoique bruyant, au cœur d'Aberdeen Bazaar. Téléphonez avant d'arriver.

Lalaji Bay View GUESTHOUSE $

(9476005820, 03192-236333 ; www.lalajibayview.com ; RP Rd, Dignabad ; ch 800-1 000 ₹, avec clim 1 400 ₹ ;). Prisé des voyageurs sac au dos, l'endroit propose des chambres basiques d'une propreté irréprochable. Mais c'est surtout le restaurant Excel, aménagé sur le toit, qui séduit par sa convivialité. Wi-Fi payant (60 ₹ l'heure).

Port Vista GUESTHOUSE $$

(03192-241080, 8860427712 ; theportvista@gmail.com ; 10 DP St, Haddo ; ch avec petit-déj 2 800-4 000). Des escaliers drapés de lauriers roses et de bougainvillées mènent à la terrasse panoramique de ce petit établissement, dont les deux chambres colorées ont beaucoup de charme.

Andaman Homestay CHEZ L'HABITANT $$

(9474208233 ; www.andamanhomestay.com ; Khushnaz Bungalow, 13 DP St, Haddo ; ch avec AC

Port Blair

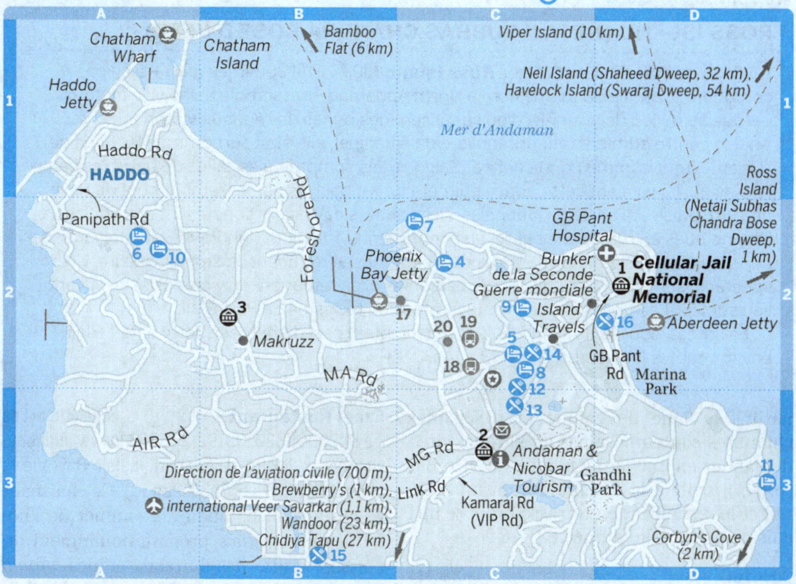

Port Blair

Les incontournables
- 1 Cellular Jail National Memorial D2

À voir
- Aberdeen Bazaar .... (voir 5)
- 2 Anthropological Museum C3
- Tour de l'Horloge .... (voir 14)
- Statue de Gandhi .... (voir 18)
- 3 Samudrika Naval Marine Museum B2

Où se loger
- 4 Aashiaanaa C2
- 5 Amina Lodge C2
- 6 Andaman Homestay A2
- 7 Fortune Resort Bay Island C2
- 8 J Hotel C2
- 9 Lalaji Bay View C2
- 10 Port Vista A2
- 11 Sinclairs Bayview D3

Où se restaurer
- Amaya .... (voir 7)
- 12 Ananda C2
- 13 Annapurna Cafeteria C3
- Bayview .... (voir 11)
- Excel Restaurant .... (voir 9)
- 14 Gagan Restaurant C2
- 15 Icy Spicy B3
- 16 New Lighthouse Restaurant D2

Où prendre un verre et faire la fête
- Nico Bar .... (voir 7)

Renseignements
- E-Cafe .... (voir 14)

Transports
- 17 Bureau d'information des Affaires maritimes C2
- Bureau des ferries .... (voir 17)
- Green Ocean .... (voir 15)
- 18 Gare routière de Mohanpura C2
- 19 Terminal des bus privés C2
- 20 Saro Tours & Travels C2
- Taxis et auto-rickshaws .... (voir 18)

2 500 ₹, s/d sans clim 1 000/1 500 ₹, app avec/sans clim 4 000/2 700 ₹ ; ❄📶). Des chambres impeccables et un appartement en duplex pour quatre personnes dans la chaleureuse maison familiale des Nobles, 1 km au sud du Haddo Jetty. Ces derniers, serviables, organisent des excursions en kayak au départ de Port Blair et sur Havelock Island (Swaraj Dweep).

Fortune Resort Bay Island HÔTEL $$$
(☎ 03192-234101 ; www.fortunehotels.in ; Marine Hill ; ch avec petit-déj à partir de 12 800 ₹ ; ❄📶🏊). L'un des meilleurs hôtels de Port Blair, avec une vue panoramique sur l'océan, de jolis

À NE PAS MANQUER

ROSS ISLAND (NETAJI SUBHAS CHANDRA BOSE DWEEP)

À 1,5 km de Port Blair en bateau, **Ross Island** (30 ₹ ; 8h30-14h jeu-mar) – à ne pas confondre avec l'île du même nom à North Andaman – ressemble à une ville fantôme perdue au milieu de la jungle, d'où surgissent des ruines de l'époque victorienne. Ancien centre administratif britannique de l'archipel, elle était surnommée le "Paris de l'Orient" (tout comme Pondichéry et Saigon). Les somptueuses salles de bal et les beaux jardins qui lui valaient cette douce épithète furent balayés par le tremblement de terre de 1941, puis par l'invasion japonaise. Des sentiers paysagers conduisent aux édifices britanniques en ruine (une église, une imprimerie...), la plupart indiqués, et une harde de cerfs axis peuple les lieux. Il y a aussi un petit musée retraçant l'histoire insulaire. Un bon spectacle son et lumière (335 ₹ par personne, aller-retour en ferry compris) a souvent lieu sur l'île. Les billets sont en vente à l'office du tourisme de Port Blair.

Le bateau pour Ross Island (320 ₹, 20 minutes) part d'Aberdeen Jetty à Port Blair, environ toutes les heures, de 8h30 à 14h.

jardins à flanc de colline et d'élégantes chambres contemporaines au parquet ciré ; demandez-en une face à la mer. Le Nico Bar (p. 479) invite à la détente devant un cocktail et le restaurant en terrasse propose une cuisine du monde raffinée.

J Hotel HÔTEL $$$
(03192-243700 ; www.jhotel.in ; Aberdeen Bazaar ; ch avec petit-déj 5 900-7 080 ₹ ;). Un hôtel moderne au style épuré, tenu avec professionnalisme, au milieu d'Aberdeen Bazaar. Chambres parquetées dans les tons crème et or et restaurant de cuisine cosmopolite sur le toit.

Sinclairs Bayview HÔTEL $$$
(03192-227824 ; www.sinclairshotels.com ; South Point ; d avec petit-déj 12 800-17 920 ₹, qua 17 920-25 600 ₹ ;). Rénové récemment, le Sinclairs, à 2 km au sud-est de la ville, se pose comme l'un des hôtels les plus chics de Port Blair, avec ses chambres spacieuses donnant sur la baie et ses jardins en bord de mer. Un **restaurant** (plats 230-600 ₹ ; 7h30-10h30, 12h30-15h30 et 19h30-22h30), un bar et un spa complètent les installations.

Où se restaurer et prendre un verre

New Lighthouse Restaurant INDIEN $$
(Marina Park ; plats 130-360 ₹ ; 11h-22h30). Si les fruits de mer, sautés, grillés au barbecue ou cuits à la vapeur, occupent la place d'honneur dans ce restaurant sans fioritures mais couru, il y a aussi des *biryanis* végétariens ou aux crevettes, des mets relevés, et une carte impressionnante de plats des quatre coins du globe. À partir de 17h, la terrasse s'anime pour prendre un verre.

Excel Restaurant INTERNATIONAL $$
(9476005820, 03192-236333 ; www.lalajibayview.com ; RP Rd, Dignabad, Lalaji Bay View ; plats 120-350 ₹ ; 7h30-22h30). Ce charmant restaurant en bambou au sommet de l'hôtel Lalaji Bay View prépare notamment du poisson grillé, des burgers et des *momo* (raviolis tibétains). C'est aussi un endroit plaisant pour se relaxer et lier connaissance.

Annapurna Cafeteria INDIEN $$
(MG Rd ; plats 170-250 ₹ ; 6h30-22h30). Sous ses faux airs de cafétéria universitaire, cette excellente adresse végétarienne propose de riches curries à la mode d'Inde du Nord et de savoureux classiques du Sud tels que *dosa*, *vada* et *uttapam*.

Icy Spicy INDIEN $$
(03192-329304, 03192-232704 ; sous-sol, Island Arcade, Junglighat ; plats 150-215 ₹ ; 11h-23h30). Dans un petit centre commercial se cache cette table végétarienne assez chic, souvent remplie de visiteurs indiens. Au menu : *thali* (180-220 ₹), *biryanis*, plats en sauces d'Inde du Nord et gourmandises de la pâtisserie à l'étage.

Gagan Restaurant INDIEN $$
(tour de l'horloge, Aberdeen Bazaar ; plats 150-200 ₹ ; 7h30-22h). La clientèle apprécie ce mouchoir de poche bengali, où l'on savoure une excellente cuisine à prix raisonnables : poisson de Nicobar, curries de crabe et *paneer* accommodé de multiples façons.

Un stand de samosas est ouvert en devanture, et les patrons tiennent également l'**Ananda** (03192-244041 ; Aberdeen Bazaar ; plats 170-330 ₹ ; 7h-22h) voisin.

Brewberry's CAFÉ $$
(☎ 9679596637 ; MG Rd, Lamba Line ; plats 130-260 ₹ ; ⏲ 11h-22h30 ; 📶). Le décor chocolat du seul vrai café moderne – et équipé du Wi-Fi – de Port Blair vous attend en face de l'aéroport, à 2 km au sud du centre-ville. On y sert wraps, pâtes et autres plats rapides bien préparés, sans oublier expressos et brownies.

Amaya INTERNATIONAL $$$
(☎ 03192-242773 ; seashellhotels.net ; Marine Hill, SeaShell Port Blair; plats 340-1 000 ₹ ; ⏲ 11h-22h30 ; 📶). À hauteur de la cime des palmiers, ce lounge sophistiqué, aménagé sur le toit de l'hôtel SeaShell, se distingue pas sa vue sur Ross Island (Netaji Subhas Chandra Bose Dweep), son bar chic (cocktails 415 ₹), sa cuisine à l'américaine et ses musiciens et concerts en saison. L'offre culinaire va du poisson *tikka* aux brochettes de *paneer* épicé.

Nico Bar BAR
(☎ 03192-234101 ; www.fortunehotels.in ; Marine Hill, Fortune Resort Bay Island ; ⏲ 11h-22h45). Ce bar d'hôtel caressé par la brise marine tire avantage d'un incroyable panorama (que vous reconnaîtrez peut-être sur l'ancien billet de 20 ₹). C'est l'endroit rêvé pour se détendre l'après-midi ou par une douce soirée, un cocktail glacé à la main (300 ₹).

ℹ Renseignements

Port Blair est le seul endroit de l'archipel doté de services de change fiables, notamment dans l'Aberdeen Bazaar et sur MG Rd.

Il existe des cybercafés équipés du Wi-Fi et d'ordinateurs dans l'Aberdeen Bazaar, près de la tour de l'Horloge – citons l'**E-Cafe** (Internet et Wi-Fi 40 ₹/h ; ⏲ 9h-21h30 lun-sam).

Andaman & Nicobar Tourism (☎ 03192-232694 ; www.andamantourism.gov.in ; Kamaraj Rd ; ⏲ 9h-13h et 13h30-17h lun-sam). Le principal office du tourisme des Andaman délivre des permis pour visiter la région de Port Blair.

GB Pant Hospital (☎ 03192-233473, urgences 03192-232102 ; GB Pant Rd ; ⏲ 24h/24). L'hôpital public le plus important de l'archipel.

Island Travels (☎ 03192-233358 ; www.islandtravelsandaman.com ; MA Rd, Aberdeen Bazaar ; ⏲ 9h30-18h30 lun-sam). Réservations d'hôtels et de transports.

ℹ Depuis/vers Port Blair

BATEAU

La plupart des ferries inter-îles partent du Phoenix Bay Jetty (embarcadère). Vous pourrez acheter votre billet au **bureau de réservation des ferries** (⏲ 9h-13h et 14h-16h lun-ven, jusqu'à 12h sam) entre un et trois jours à l'avance. Si tous les billets sont vendus, tentez votre chance pour le jour même, une heure avant le départ. Un **bureau d'information** (☎ 03192-245555 ; ⏲ 6h-19h30) se trouve dans la billetterie. À votre arrivée, rejoignez l'embarcadère pour réserver vos billets au plus vite. À défaut, les hôtels et les agences de voyages assurent généralement ce service. Notez que les files d'attente commencent parfois dès 4h et que les billets partent vite. Sachez également que les horaires des bateaux sont susceptibles de changer.

Havelock Island (Swaraj Dweep) et Neil Island (Shaheed Dweep)

Deux ferries publics desservent chaque jour Havelock Island (460-650 ₹, 2 heures 30, aller 6h20 et 14h, retour 9h et 16h30) et Neil Island (460-650 ₹, 2 heures, aller 6h30 et 11h, retour 8h30 et 16h).

Cependant, vu la difficulté d'obtenir des places, la majorité des voyageurs se rabattent sur les bateaux des compagnies privées au départ du Haddo Jetty, dont les billets sont en vente un mois à l'avance. Makruzz (p. 475) assure deux liaisons quotidiennes avec Havelock (1 407-3 118 ₹, 1 heure 30, 8h et 13h30), plus une avec Neil (1 289-2 802 ₹, 1 heure) en haute saison. Green Ocean (p. 475) lève l'ancre pour Havelock (1 050-1 350 ₹, 2 heures 30) à 6h30, 7h et 12h30, et repart en sens inverse à 9h30 et 15h ; d'octobre à mars, le ferry de 7h continue jusqu'à Neil (1 850-2 450 ₹, 3 heures).

Middle Andaman et North Andaman

Il y a au moins deux ferries par semaine depuis/vers Diglipur (1 050-1 470 ₹, 17 heures) via Mayabunder (840-1 260 ₹, 10 heures), et trois ou quatre depuis/vers Long Island (630- 1 050 ₹, 5 heures) via Havelock et Neil.

Little Andaman

Des bateaux naviguent chaque jour entre Haddo Jetty et Little Andaman (500-1 500 ₹, 5 heures 30-8 heures), mais ils affichent régulièrement complet.

BUS

Les bus publics démarrent de la **gare routière de Mohanpura** (MA Rd, Aberdeen Bazaar), dans le centre-ville. Les trajets empruntant l'Andaman Trunk Rd (p. 490) peuvent être réservés jusqu'à neuf jours à l'avance.

Baratang 110 ₹, 3 heures, 6/jour 4h-12h15

Chidiya Tapu 24 ₹, 1 heure, 9/jour 5h50-20h10

Diglipur et Aerial Bay 280-290 ₹, 12 heures, 4h, 7h

Mayabunder 220 ₹, 10 heures, 4h, 9h45

Rangat 160 ₹, 7 heures, 5/jour 4h-12h15

LES ADIVASI DE L'ARCHIPEL DES ANDAMAN

Les peuples natifs, ou Adivasi (voir p. 517), des îles Andaman et Nicobar ne représentent que 7,5% des habitants de ces territoires, et la plupart connaissent une baisse de leur démographie. Les Onge, les Sentinele, les Andamanais et les Jawara sont issus des ethnies négritos, très proches des populations africaines. Plusieurs communautés ont hélas disparu au cours du siècle dernier. La dernière représentante du peuple Bo de Great Andaman est décédée en 2010, emportant avec elle une langue et une culture vieilles de 65 000 ans. Ces groupes vivent dans des zones interdites aux visiteurs étrangers, afin de les protéger et de préserver leur dignité ; des intrusions ont donné lieu à des arrestations.

Sentinele

À la différence des autres populations insulaires, les chasseurs-cueilleurs Sentinele (ils seraient environ 150) ont toujours refusé les contacts avec l'extérieur. Depuis des années, des délégations se sont rendues régulièrement sur les plages de North Sentinel Island, dernier bastion de ce peuple, munies d'offrandes de noix de coco, de bananes, de cochons, de seaux en plastique... Mais, tout aussi régulièrement, elles étaient accueillies par des tirs de flèches. Ces dernières années toutefois, quelques "rencontres" ont été un peu moins hostiles. Pour autant, un touriste/missionnaire américain a été tué par des Sentinele fin 2018 alors qu'il tentait d'aborder illégalement sur leur île.

Jarawa

Les quelque 270 Jarawa subsistant aujourd'hui ont vu leur territoire démembré par l'Andaman Trunk Rd (voir p. 490), la déforestation, l'incursion des nouveaux arrivants et des touristes ; aujourd'hui, ils occupent une réserve de 1 000 km² créée sur South Andaman et Middle Andaman. En 1953, un préfet de police les fit bombarder par un hydravion. Depuis, les Jarawa demeurent hostiles à tout contact avec l'extérieur. En 2012, une vidéo fit le tour du monde : on y voyait une rencontre entre des Jarawa et des touristes, durant laquelle un policier ordonnait aux habitants de danser en échange de nourriture. Une enquête fut ouverte par les autorités, qui mirent fin à ces sinistres circuits qualifiés de "safaris humains". La circulation touristique continue toutefois de poser problème.

Onge

Les deux tiers du territoire des Onge, sur Little Andaman, ont été récupérés par le Forest Department et "colonisés" en 1977. La centaine de survivants est désormais confinée dans une réserve de 25 km² couvrant Dugong Creek et South Bay. Lors du tsunami de 2004, les Onge surent interpréter les signes naturels avant-coureurs de la catastrophe et y échappèrent en se réfugiant sur les hauteurs tapissées de forêts.

Andamanais

Entre 7 000 et 8 000 Andamanais vivaient sur South Andaman et Middlle Andaman au milieu du XIXe siècle, mais leurs échanges amicaux avec les colons firent leur malheur. En 1971, ils n'étaient plus que 19, les épidémies de rougeole, de syphilis et de grippe ayant décimé cette population. Aujourd'hui, on recense seulement 43 Andamanais, établis sur la minuscule Strait Island – à ce titre, la suppression du Restricted Area Permits (p. 474), jadis obligatoire pour visiter cette île, suscite de vives controverses.

Shompen

Seuls 300 Shompen environ vivent encore dans les forêts de Great Nicobar. Chasseurs-cueilleurs semi-nomades établis sur les rives des fleuves, ils ont résisté à l'assimilation et évitent les zones occupées par les immigrants indiens.

Nicobarais

Au nombre de 30 000, les Nicobarais sont les seuls insulaires dont la population ne décline pas. Majoritairement convertis au christianisme, ils descendent sans doute des peuples de Malaisie et du Myanmar et sont partiellement assimilés à la société indienne. Répartis en villages commandés par un chef, ils peuplent certaines îles de l'archipel de Nicobar, au centre desquelles se trouve Car Nicobar, éprouvée par le passage du tsunami en 2004.

Wandoor 24 ₹, 1 heure, toutes les heures 6h-16h45

D'un confort et d'un prix supérieurs, les bus privés utilisent un **terminal** (près de MA Rd) juste au nord de la gare routière principale.

Comment circuler

DEPUIS/VERS L'AÉROPORT

Un taxi ou un auto-rickshaw entre l'aéroport et l'Aberdeen Bazaar revient à quelque 150 ₹. Sinon, gagnez la grand-route à la sortie de l'aéroport et grimpez dans n'importe quel bus (10-20 ₹) à destination de la gare routière principale de Port Blair.

AUTO-RICKSHAW ET MOTO

La course en auto-rickshaw d'Aberdeen Bazaar à l'embarcadère de Phoenix Bay/Haddo coûte 40/60 ₹ environ.

On peut louer une moto à divers prestataires moyennant quelque 500 ₹ par jour. Citons notamment **Saro Tours & Travels** (9933291466 ; Marine Rd, Aberdeen Bazaar ; 7h-19h30).

Environs de Port Blair

Wandoor

À 25 km au sud-ouest de Port Blair, cette minuscule localité, voisine d'une jolie plage, forme une base idéale pour explorer l'intérieur luxuriant de South Andaman. C'est aussi, et surtout, la porte d'entrée du Mahatma Gandhi Marine National Park.

À voir et à faire

Mahatma Gandhi Marine National Park PARC NATIONAL

(mar-dim). Ce parc naturel de 280 km² englobe 15 îles avec des criques de mangrove, des forêts tropicales humides et des récifs occupés par 50 espèces de coraux et d'innombrables poissons colorés. C'est l'endroit rêvé pour pratiquer le snorkeling (location d'équipement 300 ₹). Trois bateaux partent de l'embarcadère de Wandoor pour des excursions d'une demi-journée à partir de 7h30 selon la demande. Il vous en coûtera 885 ₹ et vous devrez solliciter un permis (Indien/étranger 75/1 000 ₹) jusqu'à trois jours à l'avance auprès de l'office du tourisme de Port Blair. Les sacs en plastique n'ont pas droit de cité. Les spots de Jolly Buoy et Red Skin sont accessibles en alternance tous les six mois afin d'en permettre la régénération.

VAUT LE DÉTOUR

CINQUE ISLAND

North Cinque Island et South Cinque Island, reliées par un banc de sable disparaissant à marée haute, font partie des plus belles destinations des Andaman. Entourées de récifs coralliens, elles sont idéales pour pratiquer le snorkeling et la plongée. On peut uniquement les visiter à la journée. À moins de participer à l'une des excursions parfois organisées par les agences de voyages locales, il vous faudra obtenir une autorisation en achetant le permis pour le Mahatma Gandhi Marine National Park à l'office du tourisme de Port Blair (p. 479), voire un permis supplémentaire. Accessibles en bateau, les îles se trouvent à 20 km au sud (2 heures) de Chidiya Tapu et à 30 km au sud-est (3 heures 30) de Wandoor.

Wandoor PLAGE

Au moment de notre passage, cette étendue de sable blond demeurait interdite à la baignade en raison d'une attaque de crocodile survenue en 2017.

ANET BÉNÉVOLAT

(Andaman & Nicobar Environmental Team ; 03192-280081 ; www.anetindia.org ; North Wandoor). Dirigé par une équipe d'écologistes dynamiques, ce centre de protection et de recherche, en activité depuis 1990, recrute parfois des spécialistes bénévoles.

Où se loger et se restaurer

Sea Princess Beach Resort COMPLEXE HÔTELIER $$$

(9609508000, 03192-280002 ; New Wandoor Beach ; ch avec petit-déj 8 260-12 800 ₹ ;). Ce *resort* semé de palmiers donne sur la plage de Wandoor. Ses chambres bien équipées s'organisent autour d'une piscine ; les suites, spacieuses, sont les plus agréables. Bar et restaurant (repas 880 ₹).

Depuis/vers Wandoor

Des bus pour Wandoor (24 ₹, 1 heure) quittent Port Blair toutes les heures, de 6h à 16h45 (au retour, dernier départ à 20h15). Les taxis facturent 1 000-1 800 ₹ l'aller simple.

Chidiya Tapu

Chidiya Tapu, 25 km au sud de Port Blair, est un village bordé de plages et de mangroves. Connu pour Munda Pahar Beach et ses fabuleux couchers de soleil, il voit affluer les excursionnistes.

À voir et à faire

Les centres de plongée de Chidiya Tapu organisent des sorties de plongée sur des sites comme Corruption Rock et l'épave d'un dragueur de mines britannique de la Seconde Guerre mondiale, voire des excursions à Cinque Island et Rutland Island.

Munda Pahar Beach PLAGE

(9h-17h). Cette bande de fin sable argenté a la faveur des excursionnistes pour son cadre naturel splendide et ses couchers de soleil, mais la baignade y demeurait interdite au moment de notre passage, en raison de la présence de crocodiles. Un sentier pédestre indiqué conduit jusqu'à un point de vue (1 km, 20 minutes).

Lacadives PLONGÉE

(9531866304, 03192-281013 ; www.lacadives.com ; plongée seule 3 550 ₹, cours PADI Open Water 29 500 ₹ ; oct-mai). Ce centre de plongée bien établi, respectueux de l'environnement, propose aussi des marches à la découverte de la nature (250-1 000 ₹).

Infinity Scuba PLONGÉE

(03192-281183, 9474204508 ; www.infinityscubandamans.wordpress.com ; Wild Grass Resort ; sortie 2 plongées 4 700 ₹, cours PADI Open Water 25 960 ₹). Une compagnie établie par un ancien capitaine de la Marine et plongeur expérimenté. En dehors de la plongée, quelques sorties de snorkeling figurent au programme.

Reef Watch Marine Conservation BÉNÉVOLAT

(9476073291 ; www.reefwatchindia.org ; Lacadives). Cette ONG dédié à la préservation de l'environnement marin accepte des bénévoles (une semaine au minimum), qui ont, par exemple, pour mission de nettoyer les plages ou d'étudier les poissons. Prenez contact pour déterminer quelle activité correspondrait le mieux à vos compétences.

Où se loger et se restaurer

Wild Grass Resort COMPLEXE HÔTELIER $$$

(9474204508 ; www.wildgrassresorts.in ; ch avec petit-déj 4 500-6 500 ₹ ;). Des maisonnettes modernes et coquettes, à l'atmosphère décontractée – préférez celles en duplex avec terrasse surélevée – sur fond de jungle verdoyante, 1,5 km au nord-ouest du village de Chidiya Tapu. Le complexe comprend également le centre de plongée Infinity Scuba, ainsi qu'un pittoresque restaurant en bambou où manger ou boire une bière.

Depuis/vers Chiriya Tapu

Neuf bus quotidiens relient Port Blair à Chidiya Tapu (24 ₹, 1 heure) entre 5h50 et 20h10 ; dans le sens du retour, le dernier part à 18h. L'aller simple en taxi coûte 1 250-1 750 ₹.

Havelock Island (Swaraj Dweep)

5 500 HABITANTS

Avec ses sublimes plages de sable fin baignées d'eaux turquoise et ses sites de plongée parmi les meilleurs d'Asie du Sud, cette île densément boisée mérite sa réputation de paradis pour voyageurs. C'est elle qui reçoit le plus gros de l'afflux de visiteurs dans cet archipel du golfe du Bengale et beaucoup lui consacrent, d'ailleurs, leur entier séjour.

LE DERNIER ÉLÉPHANT NAGEUR DES ANDAMAN

En 2016, Havelock Island (Swaraj Dweep) a perdu son plus célèbre résident : Rajan, le dernier éléphant nageur des Andaman, est mort à l'âge vénérable de 66 ans et sa dépouille de cinq tonnes a été enterrée sur l'île.

Les pachydermes furent introduits dans l'archipel par les Britanniques au cours des années 1880 pour travailler comme bêtes de somme dans l'industrie forestière. Ils prirent l'habitude de se déplacer entre les îles à la nage en se servant de leur trompe en guise de tuba. Lorsque l'exploitation du bois fut interdite, en 2000, la plupart des 200 éléphants andamanais furent transférés sur le continent indien. Rajan, lui, fut recueilli par le *resort* Barefoot at Havelock (p. 486) à Radhanagar Beach, où il posa pour des photos et joua dans des films comme *The Fall* (2006) jusqu'à sa retraite, en 2014.

Depuis quelques années, Havelock connaît un développement rapide, lequel se traduit par une augmentation du tourisme en provenance du sous-continent et la disparition des huttes de plage en bambou d'origine au profit de complexes hôteliers en béton. Pour autant, la majeure partie de ce territoire de 92 km² (le plus grand de l'archipel Ritchie), émaillé de plages et de spots de plongée envoûtants, demeure intact.

À voir et à faire

Plages

Radhanagar PLAGE

(Beach 7). Ce magnifique croissant de sable blanc, caressé par les rouleaux et adossé à une forêt endémique, sur la côte nord-ouest de l'île à 11 km de l'embarcadère, fait partie des plages les plus célèbres de toute l'Inde. Venez tôt le matin pour éviter la chaleur et l'affluence.

Beach 5 PLAGE

Sur la côte est de Havelock, cette plage de sable crème, frangée de palmiers, dégage une atmosphère typiquement tropicale. On y trouve des zones ombragées et les phlébotomes (voir p. 474) y sont moins nombreux qu'ailleurs. Difficile toutefois de s'y baigner à marée basse, car l'eau est alors peu profonde sur des kilomètres.

Beach 3 PLAGE

Ponctuée de palmiers et de bateaux de pêche, avec des parcelles de jungle en arrière-plan, cette étroite bande de sable doré, la "plage n°3", borde la côte orientale, à 3 km de l'embarcadère. Son fond rocheux la rend peu propice à la baignade.

Neil's Cove PLAGE

Le splendide "lagon" de Neil's Cove est une autre merveilleuse plage de sable abritée, aux eaux cristallines. Il est interdit de se baigner à l'aube et au crépuscule. Ne négligez pas les avertissements relatifs aux crocodiles.

Kalapathar PLAGE

Le spectacle du soleil levant sur cette plage vierge au sable immaculé et aux eaux turquoise attire les touristes. Il vous faudra peut-être marcher un peu pour échapper à la foule et aux boutiques de souvenirs.

Elephant Beach PLAGE

Sur la côte nord-ouest, Elephant Beach a la faveur des adeptes du snorkeling. On l'atteint en 40 minutes de marche par une piste boueuse qu'empruntent les éléphants utilisés pour le transport des troncs d'arbres. Bien indiquée le long de la route traversant l'île, à 7,5 km au sud-ouest de l'embarcadère, cette piste se transforme en bourbier quand il a plu. Arrivez vers 6h afin d'avoir la plage pour vous seul.

Plongée et snorkeling

Havelock est la première destination de plongée des îles Andaman (voir l'encadré p. 486). Comptez entre 6 500 et 7 500 ₹ pour une sortie de plongée à deux bouteilles, avec en option des cours PADI ou SSI d'initiation (4 000-7 000 ₹), Open-Water (4 plongées 26 000-31 000 ₹) et Avanced (3-5 plongées 21 000-23 600 ₹).

Les sites les plus prisés sont **Dixon's Pinnacle** et **Pilot Reef** pour les coraux mous colorés ; **South Button** pour les plongées "macro" et les formations rocheuses ; The Wall pour les coraux mous, les poissons pélagiques et les plongées nocturnes ; Jackson's Bar et Johnny's Gorge pour l'exploration des profondeurs parmi les bancs de vivaneaux, les requins, les raies et les tortues ; et Minerva Ledge pour un peu tout. D'autres sorties permettent de découvrir les épaves du SS *Incheket*, un cargo des années 1950, et du MV *Mars*.

Les clubs de plongée et les hôtels organisent des séances de snorkeling (2 500-5 000 ₹), le plus souvent à Elephant Beach.

Dive India PLONGÉE

(☎8001122205, 03192-214247 ; www.diveindia.com ; Beach 3 ; sortie 2 plongées 7 380 ₹, cours PADI Open Water 30 680 ₹). Le premier centre PADI de Havelock et toujours l'un des meilleurs. Logement dans des huttes de plage basiques.

Barefoot Scuba PLONGÉE

(☎9474263120, 9566088560 ; www.barefoot-scuba.in ; Beach 3 ; sortie 2 plongées 6 785 ₹, cours PADI Open Water 29 740 ₹). Une institution appréciée de longue date, qui propose des forfaits alliant plongée et hébergement (p. 486), ainsi que des sorties de snorkeling (2 500-5 000 ₹).

Ocean Tribe PLONGÉE

(☎9476012783, 9474240746, 03192-282255 ; ocean-tribe.com ; Beach 3 ; sortie 2 plongées 6 490 ₹, cours SSI/PADI Open Water 21 500/24 500 ₹). Tenu par les mythiques plongeurs karen, Dixon, Jackson et Johnny, qui ont donné leur nom à des spots de plongée.

Swaraj Dweep (Havelock Island)

Andaman Bubbles PLONGÉE
(☎03192-282140, 8900936494 ; www.andamanbubbles.com ; Beach 5 ; 2 plongées 6 785 ₹, cours SSI/PADI Open Water 26 550/28 320 ₹). Un centre de qualité, dont le personnel est professionnel et aimable.

Autres activités

Certains *resorts* proposent des **randonnées guidées dans la jungle**. Une incursion dans l'univers émeraude spectaculaire de la forêt tropicale permet d'**observer des oiseaux**, notamment à la lisière des bois. Essayez de repérer le drongo à raquettes bleu et noir ou le loriot de Chine.

Le Flying Elephant (p. 485) dispense parfois des cours de yoga en haute saison.

Andaman Kayak Tours KAYAK
(☎9476051158, 9933269653 ; www.andamanhomestay.com ; sorties 2 heures 30 3 000-3 500 ₹ ; ⏲sept-mai). Circuits à travers les mangroves de Havelock en kayak de mer, formules kayak et snorkeling et excursions nocturnes inoubliables au milieu des nuées d'organismes bioluminescents.

Où se loger

Green Imperial BUNGALOWS $
(☎03192-282004, 9474206301 ; www.greenimperial.com ; Beach 3 ; bungalows 800 ₹, ch avec clim 2 500-4 000 ₹ ; ❄📶). À quelques minutes à pied de la plage, ce repaire de voyageurs sac au dos s'inscrit dans un jardin verdoyant planté de palmiers à bétel. Il offre le choix entre des bungalows en bambou, pourvus de ventilateurs, de vrais lits et de sdb privatives, et des maisonnettes en béton bien tenues avec climatisation.

Coconut Grove Beach Resort GUESTHOUSE $
(☎9538191748 ; Beach 5 ; huttes 1 000-2 200 ₹). Avec ses huttes en bambou un peu brutes de décoffrage (certaines ont des douches en plein air, d'autre des sdb communes), disposées en rond entre des palmiers, cette

Swaraj Dweep (Havelock Island)

Les incontournables
1 Radhanagar Beach ... B3

À voir
2 Beach 3 ... C2
3 Beach 5 ... D2
4 Elephant Beach ... A2
5 Kalapathar ... D3
6 Neil's Cove ... A3

Activités
Andaman Bubbles ... (voir 19)
Barefoot Scuba ... (voir 9)
7 Dive India ... D2
Ocean Tribe ... (voir 9)

Sleeping
8 Barefoot at Havelock ... A3
9 Barefoot Scuba ... C1
10 Coconut Grove Beach Resort ... D2
11 Emerald Gecko ... D2
12 Flying Elephant ... D3
13 Green Imperial ... C2
14 Jalakara ... C2
15 Orient Legend Resort ... D2
Sea View Beach Resort ... (voir 9)
16 SeaShell Havelock ... C1
17 Silver Sand Beach Resort ... D2
18 Taj Exotica ... B3
19 Wild Orchid ... D2

Où se restaurer
20 Anju-Coco Resto ... C2
21 B3 – Barefoot Bar & Brasserie ... C1
Dakshin ... (voir 21)
22 Fat Martin's ... D3
Full Moon Cafe ... (voir 7)
Red Snapper ... (voir 19)
Rony's Restaurant ... (voir 15)

Où prendre un verre et faire la fête
23 Cicada ... D2
Emerald Gecko Bar ... (voir 19)

Achats
24 Seven Heaven ... C2
Wine Shop ... (voir 24)

Renseignements
Havelock Tourist Information Centre ... (voir 21)

Transports
Billetterie des ferries ... (voir 21)
Green Ocean ... (voir 21)
Havelock Jetty (embarcadère) ... (voir 21)
Makruzz ... (voir 21)

humble adresse dégage une sympathique ambiance communautaire.

Sea View Beach Resort COMPLEXE HÔTELIER $
(☎9531829129 ; ocean-tribe.com ; Beach 3 ; ch 1 000-2 000 ₹). Des huttes de plage tranquilles, avec moustiquaires et sdb en béton, ainsi que des bungalows en béton, aux vagues relents de renfermé mais avec ventilateur, le tout adossé au centre de plongée Ocean Tribe (p. 483), à l'écart de la foule.

Orient Legend Resort COMPLEXE HÔTELIER $
(☎9434291008, 03192-282389 ; www.havelock-beachresort.in ; Beach 5 ; huttes 500-600 ₹, ch avec clim 3 000 ₹, sans clim 1 000-1 500 ₹). Ce vaste établissement très fréquenté affiche un choix de logements pour tous les budgets, des huttes en bambou en A (les moins chères avec sdb partagée) aux chambres colorées en béton de front d'océan.

Flying Elephant BUNGALOWS $$
(☎8900920809, 9531861903 ; www.flying-elephant.in ; Kalapathar ; ch avec petit-déj 3 980 ₹). Niché en retrait de la plage de Kalapathar, parmi les rizières, les manguiers et les palmiers à bétel, ce havre de paix compte un *shala* de yoga et des bungalows en bambou sans prétention, dont des duplex, équipés de sdb extérieures dans un jardin de pierre.

Emerald Gecko COMPLEXE HÔTELIER $$
(☎9531860527, 03192-233358 ; www.emerald-gecko.com ; Beach 5 ; huttes/bungalows/lodges 1 890/3 110/3 760 ₹). Huttes à deux niveaux donnant sur l'eau, avec ventilateur, douche individuelle et toilettes communes ; bungalows en bambou aux sdb en plein air ; *lodges* privatifs avec éclairage d'ambiance, terrasse et sdb extérieure, construits à partir de bambou flotté ayant dérivé depuis le Myanmar (Birmanie). Eau potable gratuite.

♥ Jalakara BOUTIQUE-HÔTEL $$$
(www.jalakara.info ; village n°4 ; ch avec petit-déj 17 860-39 620 ₹, villas 35 800-63 950 ₹ ; oct-mai ;). De loin l'hébergement le plus chic des Andaman, ce boutique-hôtel britannique à tendance écolo se tient dans une plantation de bananiers et de palmiers à bétel, 3,5 km au sud de l'embarcadère. Les sept chambres, marquées de l'esprit des tropiques, présentent une décoration originale aux teintes naturelles, rehaussée de béton ciré, de mobilier ancien et de rideaux en saris, et leurs sdb sont en plein air. Piscine

PLONGÉE DANS LES ÎLES ANDAMAN

Première destination de plongée des Andaman, Havelock Island (Swaraj Dweep ; p. 482) est réputée pour ses eaux cristallines, ses coraux abyssaux et sa faune marine, qui compte des tortues, des requins et des raies mantas. Il existe aussi des centres de plongée sur Neil Island (Shaheed Dweep). La saison idéale court de novembre à avril, avec des conditions optimales à partir de décembre, mais des sorties pour tous les niveaux sont organisées toute l'année.

Malgré le blanchiment des coraux, qui constitue un problème majeur depuis 2010 (il serait dû au phénomène climatique El Niño) et une perte estimée à 23% sur les côtes de l'archipel en 2016, Havelock demeure un lieu exceptionnel pour les plongeurs. Les poissons colorés sont toujours présents, et les récifs situés à plus de 16 m de profondeur restent éclatants. Les îles Andaman s'étaient remises d'un blanchiment similaire, remontant à 1998, et l'on assiste aujourd'hui à la même lente rémission.

Vous pourrez aussi faire des sorties plus éloignées, comme celle de **Barren Island**, où se trouve le seul volcan en activité d'Inde, dont les rejets de cendres créent un spectacle sous-marin féerique.

Protection de la vie marine

Ne pratiquez le snorkeling qu'à marée haute. À marée basse, marcher sur les coraux ou les éponges de mer est vite arrivé, ce qui peut provoquer des dégâts irréparables. Dans les zones de coraux en eau très peu profonde, évitez de porter des palmes, pour protéger la faune marine ; le moindre petit coup peut engendrer chez ces fragiles organismes des problèmes de développement pour des décennies. Les plongeurs doivent être particulièrement vigilants lorsqu'ils descendent à proximité de coraux ; heurter un corail à pleine vitesse avec tout l'équipement est souvent catastrophique. Choisissez des centres de plongée écoresponsables et tenez compte de leurs conseils.

Abstenez-vous de toucher les animaux marins. Non seulement, vous leur causez des dommages immédiats et du stress, mais certains peuvent être toxiques. Enfin, emportez tous les déchets que vous trouverez et abstenez-vous de ramasser des coquillages ou des coraux (c'est nuisible à l'environnement, voire illégal).

à débordement face à la forêt, cuisine bio, petit spa et séances de yoga quotidiennes.

Barefoot at Havelock COMPLEXE HÔTELIER $$$
(9731557551, 9840238042 ; www.barefoot-andaman.com ; Radhanagar ; tentes-bungalows 10 500-13 000 ₹, bungalows 14 500-21 500 ₹ ;). Ce *resort* écologique bien conçu loue des bungalows en bois, élégants et confortables, et d'autres avec toit en bambou ou en toile, juste en retrait du sable de Radhanagar. Spa, bar et bon restaurant, servant des festins de fruits de mer à déguster sur la plage privée.

Taj Exotica HÔTEL DE LUXE $$$
(03192-283333 ; taj.tajhotels.com ; Radhanagar ; ch avec petit-déj 43 840-96 380 ₹ ;). Respectueux de la forêt tropicale (qu'il replante), cet hôtel tant attendu de la chaîne Taj apporte le luxe contemporain à Radhanagar. Ses somptueuses villas, bâties sur le modèle des huttes jarawa, décorées de toiles représentant la faune marine locale, comportent une immense sdb traversante et, pour certaines, une piscine privée. On peut contempler la mer depuis l'excellent restaurant donnant sur la piscine à débordement entourée de jungle.

Barefoot Scuba BUNGALOWS $$$
(9474263120 ; www.barefootscuba.in ; Beach 3 ; bungalows avec petit-déj 5 310-8 260 ₹ ;). Installés dans une petite palmeraie à deux pas de la plage, ces jolis bungalows en bois aux murs intérieurs orange ont une terrasse et un brin de style. Les moins chers sont partiellement en toile. Eau potable gratuite.

SeaShell Havelock COMPLEXE HÔTELIER $$$
(9531907001, 03192-242773 ; www.seashellhotels.net ; Beach 3 ; ch avec petit-déj 12 160-27 520 ₹ ;). L'une des adresses les plus sélectes de Havelock, dont les maisonnettes entièrement en bois jalonnent des allées à l'ombre de palmiers débouchant sur une piscine à débordement avec vue sur la mer. Café-pub équipé du Wi-Fi, centre de plongée et yoga sur la plage.

Wild Orchid COMPLEXE HÔTELIER $$$
(☎03192-282472 ; www.wildorchidandaman.com ; Beach 5 ; ch avec petit-déj 8 000-9 000 ₹ ; ❄ 📶). Des maisonnettes en bois moderne de style andamanais dans un jardin tropical, les plus belles arborant des couleurs vives et des lits à baldaquin.

Où se restaurer et prendre un verre

Des *dhaba* (gargotes) se tiennent aux abords de l'embarcadère. On peut aussi déjeuner au bazar principal (village n°3), qui abrite un marché et un supermarché.

Le **magasin** (⏲9h-12h et 15h-20h), près des DAB du village n°3, vend de l'alcool. Hormis quelques bars et le sympathique club **Cicada** (Beach 5 ; ⏲horaires variables), sis dans un coin de jungle et qui devrait avoir rouvert au moment de votre passage, la vie nocturne de Havelock est plutôt du genre balnéaire.

Dakshin INDE DU SUD $
(www.barefoot-andaman.com ; village n°1 ; plats 80-270 ₹ ; ⏲6h30-10h et 12h-15h30). Des *masala dosa*, *uttapam*, *thali* et autres spécialités du Sud, promptement servis à côté de l'embarcadère de Havelock.

Fat Martin's INDIEN $
(Beach 5 ; plats 70-140 ₹ ; ⏲11h30-21h). Fort de son succès, ce café en plein air sert un bon choix de plats indiens, ainsi que des *dosa* impressionnants, comme le *paneer tikka dosa* et celui garni de pâte à tartiner.

♥ **Anju-Coco Resto** INTERNATIONAL $$
(www.facebook.com/pg/Anjucocoresto ; Beach 5 ; plats 200-800 ₹ ; ⏲8h-22h30). Sans prétention et pourtant très couru, ce restaurant en bord de route affiche une carte de recettes familiales, aussi bien indiennes qu'internationales, jalousement gardées (petits-déjeuners, grillades, fruits de mer...). Ne manquez pas l'assiette végétarienne au *paneer* grillé de la maison.

Rony's Restaurant INDIEN $$
(Beach 5 ; plats 160-350 ₹ ; ⏲7h-22h30). Ce café sans chichis ouvert sur les côtés, avec des chaises en plastique rouge et des peintures murales colorées, propose tous les favoris des voyageurs sac au dos : curries de fruits de mer, pizzas au four à bois, *sabich* (sandwich israélien dans un pain plat), pancakes au petit-déjeuner...

♥ **Full Moon Cafe** INTERNATIONAL $$$
(www.facebook.com/fullmoonandaman ; Dive India, Beach 3 ; plats 140-550 ₹ ; ⏲7h-15h30 et 18h-22h). Tenu par un couple indo-irlandais, ce restaurant au toit de chaume partage ses locaux sur la plage n°3 (Beach 3) avec Dive India (p. 483). Fruits de mer, salades, pâtes, wraps, assiettes de falafels, plats indiens, jus de fruits frais et café ne déçoivent pas. Eau à volonté et service d'échange de livres.

B3 – Barefoot Bar & Brasserie INTERNATIONAL $$$
(www.barefoot-andaman.com ; village n°1 ; plats 350-600 ₹ ; ⏲12h-21h30). Voisine de l'embarcadère, face à l'océan, la terrasse en bois du B3 est l'endroit idéal pour attendre le ferry. Rafraîchi par la brise, on vient s'y régaler de fruits de mer extra-frais, de pâtes et de pizzas.

Red Snapper INDIEN $$$
(☎03192-282472 ; www.wildorchidandaman.com ; Beach 5, Wild Orchid ; plats 250-800 ₹ ; ⏲8h-10h, 12h-14h30 et 18h-22h30). Le restaurant habillé de bambou et coiffé de chaume du Wild Orchid présente un cadre romantique à la lumière des bougies. Faites votre choix parmi les copieux plateaux de fruits de mer, le thon en croûte de poivre et le *paneer* ou poisson *tikka*, entre autres délices. Agréable bar en terrasse (⏲horaires variables).

Achats

Seven Heaven MODE ET ACCESSOIRES
(☎9531835632 ; village n°3 ; ⏲horaires variables). Une boutique *lifestyle* (robes, caftans et pantalons, vêtements de plage et bijoux d'inspiration ethnique), qui fleure bon le chic balnéaire.

Renseignements

Plusieurs DAB fonctionnent dans le village n°3. Quelques adresses disposent d'une connexion Wi-Fi, très lente.

Havelock Tourist Information Centre
(☎09474287741 ; Havelock Jetty, village n°1 ; ⏲8h-13h et 14h30-17h)

Depuis/vers Havelock Island

Deux ferries relient chaque jour **Havelock Jetty** (village n°1), dans le nord de l'île, à Port Blair (650 ₹, 2 heures 30, aller 9h et 16h30, retour 6h20 et 14h). Il existe aussi une liaison quotidienne avec Neil Island (Shaheed Dweep ; 650 ₹, 1 heure 15, 14h45) et 3-4 bateaux hebdomadaires passent par Long Island (460 ₹, 2 heures, aller 9h30 lun, mer, ven et parfois sam, retour 7h mar, jeu, sam et 14h ven) en allant à Rangat. Les billets sont en vente à la **billetterie des ferries** (☎03192-245555 ; Havelock Jetty, village n°1 ; ⏲8h-13h et 14h-16h lun-sam) 1 à 3 jours à l'avance (la plupart des hôtels s'occupent de la réservation moyennant une petite commission). Les horaires peuvent changer, et il y a parfois des traversées supplémentaires de novembre à avril.

Makruzz (☎03192-212355 ; www.makruzz.com ; Havelock Jetty, village n°1 ; ⏲8h-16h30) dessert Port Blair (1 407-3 118 ₹, 1 heure 30) et Neil Island (1 289-2 882 ₹, 1 heure) au moins une fois par jour. **Green Ocean** (☎03192-230777 ; greenoceanseaways.com ; Havelock Jetty, village n°1 ; ⏲8h-12h et 13h-17h) effectue aussi deux ou trois traversées quotidiennes depuis/vers Port Blair (1 171-1 407 ₹, 2 heures 15), ainsi qu'une ou deux à destination de Neil Island (876-994 ₹, 1 heures 15), d'où le retour est parfois assuré en haute saison. Réservation en ligne possible jusqu'à un mois à l'avance.

Au moment où nous rédigeons, il est question de mettre en place de nouveaux ferries express entre Port Blair et Havelock.

Comment circuler

De 7h à 17h45, des bus locaux vont de l'embarcadère jusqu'à Kalapathar (12 ₹, toutes les 1 heure 15), via les villages de la côte est, et Radhanagar (toutes les heures). Le trajet en auto-rickshaw entre l'embarcadère et le village n°3/n°5/ Radhanagar coûte 50/90/500 ₹.

Autrement, on peut louer un scooter (400-500 ₹/24 heures) ou un vélo (100 ₹/jour).

Neil Island (Shaheed Dweep)

Certes, ses plages sont moins exceptionnelles que celles de Havelock, sa célèbre voisine. Pourtant, la paisible Neil Island n'en possède pas moins un charme rustique singulier, dont on s'imprègne au spectacle de ses luxuriants paysages de rizières, de vergers et de cocotiers. Le principal bazar se situe à Neil Kendra, dans le centre de l'île, et l'embarcadère, 500 m au nord.

Neil commence à se développer, et l'on constate une poussée du tourisme indien près de l'embarcadère et le long de la côte nord, en particulier sur la plage n°4.

À voir et à faire

Plages

Les plages de Neil Island ont chacune leur attrait. Elles ne se prêtent pas idéalement à la baignade, en raison de la faible profondeur de l'eau et de leur fond rocailleux.

Beach 1 PLAGE

(Lakshmanpur). Cette longue étendue de sable blanc et de mangroves bordant l'extrémité nord-ouest de l'île, à 2 km de l'embarcadère, regarde la pointe sud densément boisée de Havelock. Propice au snorkeling, elle compte des stands de nourriture ; un point de vue permet d'observer le coucher du soleil et les dugongs qui se montrent parfois dans les parages.

Beach 2 PLAGE

Du côté sud-ouest de l'île et indiquée depuis de Neil Kendra (1,5 km), cette crique rocheuse est connue pour le Natural Bridge, une arche de pierre accessible à marée basse.

Beach 3 PLAGE

(Ramnagar Beach). Cette crique isolée, associant sable fin et rochers, sur la côte sud, se prête au farniente et au snorkeling.

Beach 4 PLAGE

(Bharatpur). C'est la meilleure plage pour la baignade, même si la proximité de l'embarcadère est assez dissuasive – tout comme la présence de touristes tapageurs en bateau à moteur, Jet-Ski et *banana boat*.

Beach 5 PLAGE

Cette plage plus sauvage se déploie à la pointe est de l'île, à 5 km de l'embarcadère. De petites grottes calcaires sont accessibles à marée basse. La plage compte des hébergements sans ostentation.

Plongée et snorkeling

Neil possède plusieurs spots de plongée remarquables, où l'on peut observer des poissons colorés, de grands bancs de carangues noires, des tortues, des raies et des requins des récifs, ainsi que des coraux durs et mous, ou de rares dugong. Des cours PADI Discover Scuba (7 000-8 000 ₹) et Open Water (28 300-30 700 ₹) y sont notamment proposés ; une sortie de deux plongées revient à 6 600-7 400 ₹.

Le récif corallien à l'extrémité ouest de la Beach 1 est le meilleur spot de snorkeling de l'île à marée haute. La Beach 3 est également adaptée au snorkeling. Comptez environ 200 ₹ pour louer l'équipement.

India Scuba Explorers PLONGÉE

(☎9933271450 ; www.indiascubaexplorers.com ; Beach 1 ; 2 plongées 6 600 ₹, cours PADI Open Water 28 320 ₹). Le premier centre de plongée de l'île, ouvert en 2007 par un couple, est apprécié pour son service personnalisé. Il loue en outre des chambres propres sans prétention à prix économique (700 ₹).

Dive India PLONGÉE

(☎8001122205, 9679574266 ; www.diveindia.com ; Neil Jetty ; sortie 2 plongées 7 380 ₹, cours PADI Open Water 30 680 ₹). Basée à Havelock, cette compagnie professionnelle possède aussi une antenne à l'est de l'embarcadère de Neil. **Hébergement** (☎9476007249 ; ch 3 500-5 500 ₹ ; ❄) simple et moderne.

Où se loger et se restaurer

Le bazar renferme des restaurants bon marché.

Kalapani BUNGALOWS $

(☎9933225575 ; Beach 3 ; huttes 200-600 ₹). Cette adresse décontractée se compose de bungalows tout simples, les moins chers avec sdb commune, dans un jardin sablonneux soigné. Les sympathiques propriétaires, Prakash et Bina, ne sont pas avares d'informations sur l'île.

Breakwater Beach Resort BUNGALOWS $

(☎9933292654, 9531852332 ; neilbreakwater@gmail.com ; Beach 3 ; huttes 600-2 000 ₹, bungalows avec/sans clim 4 000/2 800 ₹ ; 📶). Les hôtes logent ici dans des huttes au toit de chaume (certaines avec sdb partagée) ou des bungalows blancs, en béton et bien entretenus, en retrait de la Beach 3. Ambiance détendue, joli jardin et restaurant (plats 140-250 ₹).

Sunrise Beach Resort BUNGALOWS $

(☎9474202539 ; Beach 5 ; ch 500-800 ₹). Ces bungalows en béton turquoise, équipés de ventilateurs et de hamacs (les moins chers avec sdb commune) se dressent à 100 m de la plage de Sitapur. Accueil jovial, et charmant petit restaurant parmi les fleurs.

Sunset Garden HUTTES $

(☎9474220472, 9933294573 ; Beach 1 ; huttes 300-800 ₹). Populaires auprès des voyageurs étrangers, ces huttes en bambou basiques (les plus économiques se partagent des sdb) jouissent d'un emplacement assez retiré, accessible à pied en 15 minutes à travers les rizières (chemin indiqué) ou en contournant le Pearl Park Beach Resort par l'arrière.

♥ **Emerald Gecko** BUNGALOWS $$

(☎9020064604, 9820023416 ; www.emerald-gecko.com ; Beach 5 ; ch avec petit-déj 2 700-3 700 ₹). 🍃 Des peintures murales représentant des oiseaux des îles rehaussent le décor de ces bungalows écolo-bohèmes sur un ou deux niveaux, avec ventilateurs au plafond, sdb en béton, moustiquaires et eau filtrée, au cœur d'une cocoteraie derrière des rizières. Agréable café sur place.

Silver Sand Beach Resort COMPLEXE HÔTELIER $$$

(☎03192-244914, 9476019332 ; silversandhotels.com ; Neil Kendra ; ch avec petit-déj 7 260-12 800 ₹ ; ❄🏊). À 600 m au sud de Neil Kendra, un paisible jardin sous les palmiers, à deux pas de l'eau, accueille le *resort* le plus sophistiqué de Neil : piscine, restaurant et maisonnettes cosy dans un style contemporain où le bois et les tons orange dominent.

SeaShell COMPLEXE HÔTELIER $$$

(☎9679587575 ; seashellhotels.net ; Beach 1 ; ch avec petit-déj 8 260-15 360 ₹ ; ❄). Un établissement des plus chics, incluant un centre de plongée, un bar-restaurant (plats 250-600 ₹) stylé et d'élégantes maisonnettes contemporaines qui mènent à une plage bordée par une mangrove. TV et de quoi préparer du thé/café dans les chambres.

Garden View Restaurant INDIEN $$

(plats 80-300 ₹ ; ⏲6h-22h, horaires variables). Dans un pavillon de jardin coloré, à 1 km à l'ouest de la Beach 5, cette petite affaire familiale offre un cadre relaxant où se sustenter de *thali*, *biryanis*, curries de poisson, riz sauté aux crevettes, etc. On peut aussi se contenter d'une bière Kingfisher ou d'un lassi à la papaye.

Blue Sea INDIEN $$

(☎9476013330 ; Beach 3 ; plats 120-500 ₹ ; ⏲6h-22h30). Cette baraque insolite juste en retrait de la plage n°3 se démarque par son côté détendu et bon enfant. On y mange des plats indiens et ocidentaux bien cuisinés, notamment à base de fruits de mer.

Chand Restaurant INDIEN $$

(Neil Kendra ; plats 130-250 ₹ ; ⏲7h30-21h). Reconnaissable à sa façade bleue, cette table familiale dans le bazar de Neil prépare pain perdu, café fumant et *paratha*.

Autre enseigne, le **Sea View Chand** (Neil Jetty ; plats 60-300 ₹ ; ⏲horaires variables), du côté de l'embarcadère.

Renseignements

Si le bazar principal compte plusieurs DAB, mieux vaut néanmoins apporter des espèces.

UNE ROUTE TRÈS CONTROVERSÉE

Construite dans les années 1970 entre Port Blair et Diglipur, l'Andaman Trunk Rd (ATR; NH4) traverse les terres des Jarawa (p. 480), plaçant cette ethnie en contact avec le monde extérieur. Or, la coexistence entre les Jarawa et l'Inde moderne est difficile : les interactions entre ce peuple et les arrivants ultérieurs ont donné lieu à des malentendus qui ont mené à des tensions, à des affrontements et même à des attaques meurtrières. Des anthropologues indiens et des groupes de défense des droits des peuples autochtones, comme Survival International, ont demandé que l'ATR soit fermée. La Cour suprême indienne a statué dans ce sens en 2002, mais sa décision n'a jamais été appliquée et le statut de la route reste en suspens.

Au moment où nous écrivons ces lignes, les véhicules ne peuvent emprunter l'ATR qu'en convoi, à des horaires fixes entre 6h et 15h (des files se forment dès 4h30). Les photos sont strictement interdites, de même que les arrêts en route et les contacts avec les Jarawa, de plus en plus dépendants des biens distribués par les véhicules de passage.

Un service de ferry, l'Alternate Sea Route, reliant Port Blair à Baratang a été lancé en 2017 pour tenter de réduire le trafic automobile dans la réserve des Jarawa de South Andaman, mais cette liaison maritime n'a guère séduit les touristes jusqu'à présent.

Certains hébergements possèdent une connexion Wi-Fi lente et inégale.

ℹ Depuis/vers Neil Island

Des **ferries publics** (Neil Jetty ; ⏲6h30-8h et 10h30-13h) desservent Port Blair (460-640 ₹, 2 heures, 8h30 et 16h), Havelock (Swara j; 650 ₹, 1 heure, 13h) et Long Island (700 ₹, 5 heures, 8h lun, mer et sam).

Makruzz (☎9679536651, 9933265867 ; www.makruzz.com ; Neil Jetty ; ⏲8h-13h et 14h30-16h30) assure au moins une traversée quotidienne depuis/vers Port Blair (1 000-2 300 ₹, 1 heure) et Havelock (900-2 000 ₹, 1 heure). **Green Ocean** (☎03192-230777 ; greenoceanseaways.com ; Neil Jetty ; ⏲8h-12h et 13h-17h) rallie Port Blair (1 290-1 640 ₹, 2 heures), via Havelock au retour ; la compagnie assure parfois des ferries directs pour Havelock en haute saison. Les horaires changent suivant la saison.

ℹ Comment circuler

Louer un vélo (150 ₹/jour) ou un scooter (500 ₹/jour) constitue le meilleur mode de déplacement sur cette île aux distances courtes et aux routes plates ; renseignez-vous au bazar principal ou auprès de votre hôtel. Les auto-rickshaws demandent 75-100 ₹ de l'embarcadère aux plages n°1 ou n°3.

Middle Andaman et North Andaman

Les îles Andaman ne se limitent pas à des plages baignées de soleil : on y trouve aussi une jungle formée par un enchevêtrement luxuriant de forêt primaire, aussi épaisse qu'en Amazonie. Au départ de Port Blair, vous pourrez découvrir cet aspect sauvage des îles à l'occasion d'un long et cahoteux trajet en bus sur la controversée ATR (Andaman Trunk Rd). Vous emprunterez des routes bosselées, bordées d'arbres anciens, et franchirez, au gré du roulis et du tangage des bacs, des rivières pourpres où rôdent des crocodiles. Sur l'itinéraire, des ponts remplacent progressivement les ferries rouliers.

Les **grottes de calcaire de Baratang** (Baratang ; ⏲7h30 et 11h mar-dim) constituent le principal site digne d'intérêt à 90 km au nord de Port Blair. Elles sont accessibles en 45 minutes de bateau (700 ₹/personne aller-retour) au départ de l'embarcadère, via une belle mangrove. Un permis est requis ; adressez-vous à l'embarcadère.

Rangat

En suivant l'Andaman Trunk Rd (ATR) vers le nord, Rangat est la première agglomération notable de Middle Andaman après Baratang Island. Il s'agit pour l'essentiel d'un nœud de transports sans intérêt, par lequel la plupart des voyageurs se contentent de transiter sur le chemin de Long Island, Mayabunder ou Diglipur.

ℹ Depuis/vers Rangat

BATEAU

De Rangat Bay, 7,5 km au sud-est de Rangat, un ferry quotidien dessert Port Blair (630-1 050 ₹, 6 heures, aller 6h15 mar, jeu et dim, retour 6h15 lun, mer et sam) via Havelock (Swaraj), Neil (Shaheed) et Long Island.

Deux ferries pour Long Island (20 ₹, 1 heure, aller 9h et 15h30, retour 7h et 14h) partent aussi chaque jour de Yeratta Jetty, 12 km au sud-est de Rangat, qu'on peut rejoindre en bus local.

BUS

Des bus se rendent à Port Blair (160-190 ₹, 7 heures, 4h30, 5h45, 9h15 et 12h) et à Diglipur (50-100 ₹, 4 heures, 4h30 et 11h30) depuis le bazar principal de Rangat. Des services "express" additionnels depuis/vers ces destinations traversent la ville. Un bus rallie aussi toutes les heures Yeratta Jetty (10-20 ₹), d'où des bateaux lèvent l'ancre pour Long Island.

Long Island

Avec ses habitants chaleureux, ses maisons en bois héritées de l'industrie forestière et sa douceur de vivre, Long Island est un véritable havre de paix. À l'exception de quelques motos, les véhicules à moteur n'ont pas droit de cité et, à certaines périodes, vous ne croiserez que de rares touristes. L'île se situe au large de Middle Andaman, 10 km au sud de Rangat.

À l'heure où nous écrivons, il n'y a pas de centre de plongée, mais le snorkeling est possible à Lalaji Bay et depuis la plage voisine du Blue Planet, qui loue le matériel nécessaire (150 ₹ environ). Sinon, on peut aussi rejoindre en bateau North Passage Island pour profiter du sable éblouissant et des eaux translucides de Merk Bay (5 000-6 000 ₹ pour un petit groupe), propices au snorkeling comme à la baignade.

Un trek de 10 km (1 heure 30) à travers la jungle conduit jusqu'à la belle plage de sable blanc retirée de Lalaji Bay, sur la côte est, qui invite à nager et à enfiler son masque ; suivez les flèches depuis l'embarcadère ou prenez un guide (1 000 ₹) par l'intermédiaire de Blue Planet. Louer un bateau (5 000 ₹ pour un petit groupe) constitue une autre option. L'accès à la plage nécessite un permis (gratuit), délivré par le Forest Office, près de l'embarcadère.

Le **Blue Planet** (☎ 9474212180 ; www.blueplanetandamans.com ; ch 1 680-2 800 ₹, sans sdb 500 ₹), une institution locale sans chichis, loue des chambres aux murs en bambou et au toit de chaume, ainsi que des hamacs disposés autour d'un padouk, un arbre, 1,5 km à l'est de l'embarcadère (15 minutes de marche). Bons repas maison et eau filtrée gratuite. L'établissement dispose aussi d'un "jungle camp", des bungalows en bambou (2 200-3 360 ₹), à proximité.

LES TORTUES DE KALIPUR

Réputée comme la seule plage au monde où des tortues luths, à écailles, olivâtres et vertes viennent nicher sur un même littoral, Kalipur est un lieu magnifique pour observer ce spectacle qui se tient entre mi-décembre et mars-avril. Les visiteurs peuvent y voir des tortues presque tous les soirs, et aider à ramasser les œufs ou à relâcher les petits. Renseignez-vous sur place.

ℹ Depuis/vers Long Island

Chaque semaine, trois ou quatre ferries relient Port Blair à Long Island (630-1 050 ₹, 5 heures) via Havelock (Swaraj) et Neil (Shaheed). Ils quittent Port Blair à 6h15 chaque lundi, mercredi et vendredi, plus habituellement le samedi, pour repartir de Long Island à 7h les mardis, jeudis, dimanches et à 14h le vendredi. Deux bateaux quotidiens pour Long Island (20 ₹, 1 heure, aller 9h et 15h30, retour 7h et 14h) partent aussi de Yeratta Jetty, 12 km au sud-est de Rangat. Des bus circulent toutes les heures entre Rangat et Yeratta (10-20 ₹).

Diglipur et ses environs

Les voyageurs qui poussent jusqu'à North Andaman ne le regrettent pas. Véritable paradis pour les amoureux de la nature, le secteur de Diglipur forme un gigantesque terrain d'aventures en plein air englobant le point culminant de l'archipel, un réseau de grottes calcaires, un célèbre site de ponte de tortues, ainsi que des plages de sable blanc et d'excellents spots de snorkeling.

Toutefois, n'attendez pas trop de Diglipur (43 200 habitants), le second centre urbain des îles Andaman, une vaste ville marchande sans attrait, à 80 km au nord de Mayabunder. Mieux vaut filer tout droit vers le paisible bourg côtier de Kalipur, 17 km à l'est par la route.

Les infrastructures commencent à se développer – un pont a été construit entre North Andaman et Middle Andaman et on parle d'un projet d'aéroport près de Kalipur –, mais l'endroit reste encore retiré.

À voir et à faire

♥ **Ross et Smith Islands** PLAGE

Les belles îles jumelles de Smith et Ross, propices à la baignade et au snorkeling, sont reliée par une étroite bande de sable blanc étincelant.

Inutile d'obtenir un permis pour visiter Smith Island, accessible en bateau (5 000 ₹ l'embarcation, cinq personnes au maximum) depuis Aerial Bay, 4 km au sud-ouest. Pour Ross Island (Indien/étranger 75/1 000 ₹), en revanche, il en faut théoriquement un. Toutefois, on peut venir à pied depuis Smith Island et les contrôles ne sont pas systématiques.

Kalipur Beach PLAGE

Ourlée de jungle et baignée par des flots d'un bleu étincelant, la plage de sable brun de Kalipur, 17 km à l'est de Diglipur par la route, est célèbre comme lieu de ponte des tortues (p. 491), qui la fréquentent de mi-décembre à avril.

Craggy Island ÎLE

Ce confetti au large de Kalipur Beac est réputé pour le snorkeling. Les excellents nageurs chaussés de palmes peuvent s'y rendre par la mer. À défaut, un petit bateau à moteur (3 000 ₹ l'aller-retour) effectue la traversée depuis Aerial Bay, sur la route entre Diglipur et Kalipur.

Excelsior Island ÎLE

Au nord d'Aerial Bay, cette île aux plages magnifiques abrite de bons spots de snorkeling et une population de cerfs axis. Vous aurez besoin d'un permis (gratuit), mais renseignez-vous sur place car il se peut que les conditions de visite changent. Le trajet en bateau au départ d'Aerial Bay coûte (5 000-6 000 ₹, six personnes au maximum).

Saddle Peak TREKKING

(☎ poste de contrôle du Forest Office 9679505917 ; permis Indien/étranger 50/500 ₹). Le point culminant (732 m) des Andaman dévoile un panorama de l'archipel à couper le souffle. De Lamiya Bay, juste au sud de Kalipur, comptez 6 ou 7 heures pour effectuer le trek de 14 km aller-retour jusqu'au sommet à travers la forêt subtropicale. Le permis doit être obtenu le jour même, entre 6h30 et 12h, au poste de contrôle du Forest Office à l'entrée du sentier (apportez votre passeport).

Il s'agit d'une ascension exigeante ; partez tôt et prévoyez suffisamment d'eau (4 l environ). Pour les services d'un guide local (500 ₹), contactez le Forest Office la veille après 14h. Sinon, suivez les flèches bleues sur les arbres.

Où se loger et se restaurer

Saddle Peak View Resort COMPLEXE HÔTELIER $$

(☎ 9434271731 ; www.facebook.com/saddlepeakviewresort ; Kalipur Beach ; ch avec/sans clim 2 500/2 000 ₹ ; ❄). Cinq chambres aux murs bleus bien entretenues et des repas maison vous attendent dans cet établissement plein de simplicité, situé entre les palmiers, en retrait de la plage de Kalipur.

Pristine Beach Resort COMPLEXE HÔTELIER $$$

(☎ 9474286787, 03192-271793 ; www.andamanpristineresorts.com ; Kalipur Beach ; ch avec petit-déj 2 400-5 900 ₹ ; ❄ 📶 🏊). Niché sous les palmiers, entre les rizières et la plage, cet établissement reposant se compose de chambres en bois ou en béton impeccables, avec climatisation, eau chaude et bouilloire. Son restaurant de cuisine du monde sert un délicieux poisson à la mode de Nicobar. Une piscine était en projet lors de notre passage.

Depuis/vers Diglipur et ses environs

Du bazar de Diglipur, quatre bus quotidiens desservent Port Blair (250-410 ₹, 12 heures) en passant par Rangat (65-150 ₹, 4 heures 30, 5h, 7h et 22h ou 22h30) ; certains s'arrêtent aussi à Mayabunder (55-70 ₹, 2 heures). D'autres bus rallient Rangat via Mayabunder à 6h30, 8h30, 8h45, 10h, 13h30 et 17h. Enfin, un bus partant à 4h30 d'Aerial Bay couvre tout le trajet vers le sud jusqu'à Port Blair.

Deux ferries hebdomadaires assurent la liaison avec Aerial Bay-Port Blair (1 050-1 470 ₹, 17 heures, aller 14h mar et dim, retour 21h lun et sam) via Mayabunder.

Comment circuler

Les ferries accostent à Aerial Bay, à 9 km au nord-est de Diglipur et 9 km au nord-ouest de Kalipur. Des bus circulent toutes les 30 à 45 minutes entre le bazar de Diglipur et Kalipur (20 ₹, 45 minutes), via Aerial Bay (20 ₹, 25 minutes).

Little Andaman

Point le plus méridional de l'archipel accessible aux touristes, à tout le moins pour l'instant, Little Andaman se situe à 130 km au sud de Port Blair. Cette île du bout du monde, riche en mangroves, en jungle, en plages baignées d'eau turquoise et en spots de surf, se classe parmi les destinations favorites des visiteurs de l'archipel.

HORS DES SENTIERS BATTUS

MAYABUNDER ET SES ENVIRONS

Dans la partie septentrionale de Middle Andaman, à 70 km au nord de Rangat, plusieurs villages sont habités par des Karen, membres d'une ethnie birmane qui fut déplacée ici sous les Britanniques. Il s'agit d'une destination bien loin des foules, privilégiée par ceux qui aiment sortir des sentiers battus. Mayabunder, en bord de mer, est le principal centre urbain. À 7 km au sud-ouest, Webi, la première localité karen fondée en 1925, abrite des logements chez l'habitant en nombre croissant.

L'excursion à la journée la plus intéressante vous conduira à Interview Island, où vivent 35 éléphants retournés à l'état sauvage après la fermeture, dans les années 1950, d'une exploitation forestière. Interdite aux touristes à l'heure où nous rédigeons, l'île devrait redevenir accessible prochainement sans permis (p. 474). Parmi les autres excursions possibles figurent la **mangrove de Dhaninallah** (près de la NH4 ; 6h-17h), à Rangat, et **Avis Island** (permis 250 ₹, location de bateau 1 000 ₹), dotée de belles plages et de spots de snorkeling.

Saw John et Naw Doris, un couple d'écologistes karen, ont ouvert le **Ko Hee Homestay** (9476090117, 9474215682 ; www.kohhee.wordpress.com ; Webi ; ch sans sdb 1 500 ₹, repas inclus) dans leur maison traditionnelle en bois et palmes, au milieu de vertes et sereines rizières. Ils proposent trois chambres simples et confortables, équipées de ventilateurs, ainsi qu'une maisonnette, toutes avec des meubles en padouk d'Andaman, une sdb commune et de l'eau filtrée. Les repas sont à base de produits bio du cru.

À Mayabunder, la *guesthouse* rose pastel **Sea'n'Sand** (9531877578 ; NH4 ; ch avec clim 1 200-1 400 ₹, sans clim 750 ₹ ;) offre le meilleur hébergement. Les hôtes karen de bon conseil, Titus et Elizabeth, y louent des chambres impeccables, avec eau chaude au seau, et servent une cuisine savoureuse.

Quatre bus relient chaque jour Mayabunder (80-100 ₹, 2 heures, 5h, 9h, 13h et 17h) à Rangat et Diglipur. Trois bus quotidiens desservent également Port Blair (250-300 ₹, 10 heures, 4h30, 6h30 et 7h). Les ferries Port Blair-Diglipur s'arrêtent à Mayabunder (depuis Port Blair 840-1 260 ₹, 10 heures) ; ils quittent Port Blair à 21h le lundi et le samedi pour repartir de Mayabunder à la même heure le dimanche et le mardi.

Sévèrement touchée par le tsunami de 2004, elle s'est peu à peu reconstruite. Une grande partie du territoire est couverte par une réserve de 25 km², interdite au public, qui protège les Onge. Le bourg principal, l'agréable Indira Bazaar, se tient sur la côte sud-est, 2 km à l'ouest de l'embarcadère de Hut Bay. On y trouve des DAB, de même que dans le village au Km 16.

À voir et à faire

Little Andaman Lighthouse PHARE

À 10 km au sud de Hut Bay, le phare de Little Andaman mérite bien une excursion. Un escalier en colimaçon de 200 marches monte jusqu'au sommet, à 41 m de hauteur, d'où la vue splendide embrasse le littoral et la forêt. Le trajet est plus commode à moto ou à vélo.

Plages

Protégez-vous des phlébotomes (p. 474) et renseignez-vous alentour sur les sites fréquentés par les crocodiles.

Butler Bay PLAGE

(Km 14). La plus belle plage de Little Andaman est un merveilleux croissant de sable doré, réputé pour ses vagues de surf.

Kalapathar PLAGE

À 12 km au nord de Hut Bay, le lagon de Kalapathar constitue une zone de baignade fermée très prisée, avec des coins de sable ombragés. Dans la falaise, une grotte facile d'accès offre une vue superbe sur l'océan.

Netaji Nagar PLAGE

Cette vaste plage sauvage de Netaji Nagar, qui s'étend de 8 à 12 km au nord de Hut Bay, concentre la plupart des hébergements.

Surf

Depuis l'ouverture de Little Andaman aux étrangers il y a quelques années, les surfeurs intrépides se repassent le mot sur ses *reef breaks* d'exception, réservés aux plus expérimentés. Le plus accessible est **Jarawa Point**, situé sur la gauche à l'extrémité nord de Butler Bay. Les débutants se cantonneront plutôt aux *beach breaks* situés entre le Km 8 et le Km 11. Les plus belles vagues déferlent de février à avril. Certaines *guesthouses* louent des planches (environ 500/1 000 ₹ la demi-journée/journée) et peuvent parfois organiser des cours (1 500 ₹).

Cascades

Si vous vous lassez de la plage, les chutes d'eau à l'intérieur des terres se prêtent à une plaisante virée dans la jungle. Celles de White Surf coulent à environ 1 km du Km 5. Les cascades de Whisper Wave, dans l'arrière-pays de Kalapathar, impliquent quant à elles un trek de 4 km à travers la forêt (guide recommandé). Les piscines naturelles incitent à la baignade, mais gare aux crocodiles !

Où se loger et se restaurer

Certains hébergements n'ouvrent qu'en haute saison (octobre-avril). Des restaurants de *thali*, savoureux et bon marché, sont installés à Indira Bazaar.

Hawva Beach Resort BUNGALOWS $

(☎9775181290, Whatsapp 9474206130 ; Km 8, Netaji Nagar ; ch 800 ₹). Cet établissement familial à l'ambiance détendue propose quelques bungalows jaunes en béton, sans prétention. Il sert des repas savoureux (550 ₹/jour) et loue des planches de surf (500 ₹/3 heures).

Rainbow Resort BUNGALOWS $

(☎9775274587, 9474204862 ; rainbowresort10km@gmail.com ; Km 10, Netaji Nagar ; ch 300-600 ₹). Cette chaleureuse *guesthouse* tenue par une famille comporte neuf bungalows au milieu des palmiers. Les chambres sont sans fioritures, les moins chères se partageant des sdb. Repas indiens et location de moto/planche de surf en option.

Ieshika Resort BUNGALOWS $

(☎9531861060, Whatsapp 9474222951 ; Km 8, Netaji Nagar ; d/tr 800/1 500 ₹). Bungalows en béton et bambou coiffés de chaume pour deux ou trois personnes (certains avec lits superposés), repas maison (180 ₹) et planches de surf à louer (1 000 ₹/jour).

Depuis/vers Little Andaman

De l'embarcadère de Hut Bay, des bateaux se rendent chaque jour à Port Blair. Les départs ont lieu l'après-midi ou le soir, sur des bateaux allant des gros ferries avec cabines 4/6 lits (6-8 heures 30) à des bateaux publics plus rapides effectuant le trajet en 5 heures 30 ; tous sont climatisés. Les tarifs varient selon la classe choisie : *seat* (siège, 500 ₹), *bunk* (couchette, 900 ₹), 1re classe (1 100 ₹), *semideluxe* (1 300 ₹) ou *deluxe* (1 500 ₹). Le bureau des ferries ferme le dimanche.

Les taxis/auto-rickshaws facturent 700/100 ₹ de l'embarcadère à Netaji Nagar.

Comment circuler

Des bus fréquents coïncidant le plus souvent avec les arrivées des ferries se rendent à Netaji Nagar (17 ₹). Des jeeps collectives plus chères (140 ₹/pers) couvrent aussi la destination.

Pour se déplacer sur l'île, la moto (500 ₹/24 heures) et le vélo (200 ₹) ont la cote. Sinon, les jeeps collectives (20-30 ₹) et les bus (17-30 ₹) sont très pratiques.

Comprendre l'Inde du Sud

L'Inde du Sud aujourd'hui

L'Inde du Sud a beau faire partie intégrante de la nation et dépendre des décisions prises par le gouvernement à Delhi, elle a quelque chose de différent – un côté plus progressiste, diront certains. Les secteurs de l'informatique, du tourisme, du cinéma et de l'automobile y sont en plein essor, tandis que les taux d'emploi et d'alphabétisation, comme l'espérance de vie, se placent au-dessus de la moyenne nationale. Pour autant, les problèmes sociaux et environnementaux (violences faites aux femmes, pollution, conséquences du changement climatique, pénurie d'eau) restent considérables.

À lire

Les Enfants de minuit (1981 ; Folio, 2010), de Salman Rushdie. Une allégorie de l'histoire de l'Inde depuis 1947.

Le Dieu des Petits Riens (Folio, 2000), d'Arundhati Roy. Ce célèbre roman dénonce le système des castes au Kerala.

Annawadi : vie, mort et espoir dans un bidonville de Mumbai (Buchet-Chastel, 2013), de Katherine Boo. Un récit poignant.

L'Équilibre du monde (Albin Michel, 1998), de Rohinton Mistry. La cohabitation de quatre personnages dans un appartement de Mumbai.

La Maison aux mangues bleues (Fayard, 2002), de David Davidar. La saga d'une famille du Kerala avant l'indépendance.

À voir

Gandhi (1982), de Richard Attenborough. Un classique.

Slumdog Millionaire (2008), de Danny Boyle. Le film aux huit oscars.

The Lunchbox (2013), de Ritesh Batra. Une histoire romantique, née d'une erreur dans l'ingénieux système des *dabba-wallah* (livreurs de repas).

Dhobi Ghat (2010), de Kiran Rao. La vie de quatre personnages à Mumbai.

Fire (1996), **Earth** (1998) et **Water** (2005), de Deepa Mehta. Une trilogie sur les questions sociales, controversée en Inde.

L'essor du Sud

Dans les décennies qui suivirent l'indépendance en 1947, de nombreux Indiens du Sud émigrèrent dans le Nord pour chercher un travail. Aujourd'hui, la tendance s'est inversée. Un phénomène que certains experts relient à une meilleure gouvernance et une plus grande stabilité politique des États du Sud (malgré la corruption), et davantage de souplesse dans le système des castes. Les sept grands États d'Inde du Sud se classent désormais au-dessus de la moyenne nationale dans bien des domaines : alphabétisation, emploi, espérance de vie, revenu par habitant et ratio hommes/femmes. Le Kerala possède ainsi le taux d'alphabétisation le plus élevé du pays.

Mumbai (Bombay), qui reste le moteur financier, commercial et industriel du pays, est aussi la capitale du cinéma et de la mode. Un tiers des voitures produites en Inde sont fabriquées à Chennai (Madras) ; tandis que Goa et le Kerala s'enorgueillissent d'un secteur touristique florissant. Mais l'essor du Sud est surtout lié au boom technologique, consécutif à la libéralisation économique de l'Inde en 1991 et alimenté par la mondialisation. Véritable Silicon Valley indienne, Bengaluru (Bangalore) forme, avec Hyderabad et Pune, le "triangle du Deccan", berceau du secteur des technologies de l'information.

Les progrès économiques du Sud sont aussi assortis d'effets négatifs : expansion des bidonvilles (où vivent 60% des habitants de Mumbai), pollution et circulation effroyables. En dépit de ses réussites dans les domaines de l'éducation, le Kerala connaît un fort taux de chômage et se distingue par la plus forte consommation d'alcool du pays. Quant à Chennai et à Bengaluru, elles détiennent régulièrement le triste record national en matière de suicide.

Le paysage politique

Au plan national, 2019 a vu la réélection de Narendra Modi, au pouvoir depuis 2014, après la victoire du BJP (Bharatiya Janata Party – Parti du peuple indien, nationaliste) sur le parti du Congrès (INC). Lors des élections législatives – l'Inde a mobilisé quelque 890 millions d'électeurs durant six semaines pour ce scrutin ! –, le BJP a remporté 303 sièges au Lok Sabha ("chambre du Peuple", ou chambre basse du Parlement), contre 52 pour le parti du Congrès. Mais la situation en Inde du Sud comporte de nombreuses particularités.

La réorganisation des États sur des bases linguistiques a exacerbé le sentiment identitaire des Indiens du Sud, le télougou (Andra Pradesh), le kannada (Karnataka), le malayalam (Kerala) et le tamoul (Tamil Nadu) étant des langues dravidiennes et non indo-européennes comme celles du Nord. Les principaux partis nationaux, Congrès et BJP, ont assez peu de partisans dans cette portion du pays, où des partis régionaux (souvent dirigés par d'anciennes stars de cinéma) dominent la politique. Il s'agit pour beaucoup de mouvements populistes qui ont contribué à réduire les aspects les plus terribles de la pauvreté rurale et urbaine et qui s'adressent à la majorité linguistique dravidienne.

Même au Maharashtra, où le BJP a davantage de succès, celui-ci a dû s'allier au Shiv Sena, un parti réactionnaire opposé à l'immigration en provenance d'autres États indiens. Au Tamil Nadu, la disparition, en 2016 et en 2018, des deux grands rivaux de l'échiquier politique, l'ex-actrice Jayalalithaa Jayaram et l'ex-scénariste Muthuvel Karunanidhi, va peut-être inaugurer une ère nouvelle. Pour autant, les actuels challengers à la tête de nouveaux partis, Rajinikanth et Kamal Haasan, sont eux aussi des célébrités de Kollywood. Dans l'Andhra Pradesh, le ministre en chef Chandrababu Naidu (dont la carrière a été facilitée par son mariage avec la fille d'un réalisateur) se targue d'avoir transformé Hyderabad en pôle des technologies de l'information, mais la séparation du Telangana en 2014 l'oblige désormais à diriger l'État sans son ancienne capitale. De son côté, le Kerala peut s'enorgueillir d'avoir porté au pouvoir, en 1957, le premier gouvernement communiste du monde élu démocratiquement. Depuis les années 1980, l'alternance se fait entre deux principales coalitions, le Left Democratic Front (LDF) et l'United Democratic Front (UDF), menées respectivement par le Parti communiste d'Inde (marxiste) et le parti du Congrès. Le LDF a gagné les élections de 2016. Au Karnataka, le Janata Dal-Secular (JDS) dirige en coalition avec le parti du Congrès. Bien qu'ayant remporté plus de sièges que chacun de ces deux partis, le BJP n'a pas réussi à obtenir la majorité absolue.

POPULATION : **393,7 MILLIONS D'HABITANTS**

SUPERFICIE : **956 000 KM²**

PIB : **3 300 $US PAR HABITANT**

TAUX D'ALPHABÉTISATION : **80,6%**

RATIO FEMMES/HOMMES : **976/1 000**

TAUX DE FÉCONDITÉ : **1,56**

Sur 100 personnes en Inde

16 parlent le tamoul
16 parlent le télougou
15 parlent le malayalam
12 parlent le marathi
11 parlent le kannada
30 parlent une autre langue

Religion

(% de la population)

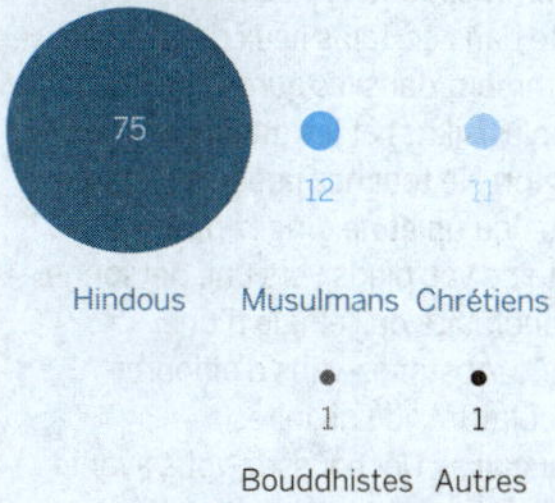

population au km²

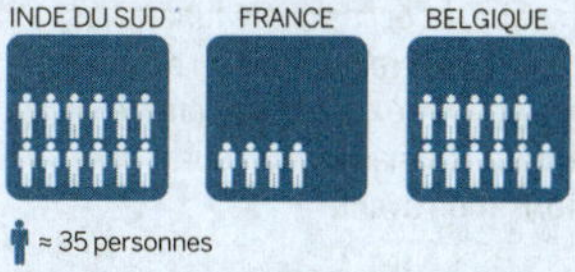

Sairat (2016), de Nagraj Manjule. Ce film réaliste en langue marathi, aux antipodes de Bollywood, fut un gros succès au box-office.

À écouter

Gems of Carnatic Music (Live in Concert 2006), de T. M. Krishna, chanteur carnatique et militant sociopolitique, natif de Chennai.
Popular Melodies of M. S. Subbulakshmi (1971), la reine tamoule de la musique carnatique.
Violin of Southern India (1996), du violoniste virtuose L. Subramaniam, qui fit connaître la musique carnatique sur la scène internationale.
Esperanza (SubraMania, 2016), fusion de flamenco et de musique carnatique par les enfants de L. Subramaniam, Bindu (au chant) et Ambi (au violon).

Pas d'impairs !

Salutation Dites *namaste* en joignant les mains dans un geste de prière. Ce salut hindou respectueux est particulièrement adapté pour des personnes du sexe opposé.
Mains Veillez à saluer (en cas de poignée de mains) et à manger avec votre main droite (la gauche est réservée à des activités moins nobles).
Tenue Ne portez pas de vêtements moulants ; les femmes (et parfois les hommes) devront se couvrir la tête dans certains lieux de culte, notamment dans les *gurdwara* (temples sikhs) et les mosquées.
Religion Ne touchez jamais la tête de quelqu'un et ne dirigez pas la plante de vos pieds vers une personne, un sanctuaire ou l'effigie d'une divinité. Abstenez-vous d'effleurer les sculptures de divinités.
Chaussures Déchaussez-vous avant de pénétrer dans une maison (l'inverse serait impoli) ; vous devrez également ôter vos chaussures à la porte de nombreux temples et sanctuaires.
Photos Prendre des photos dans un sanctuaire, à l'occasion de funérailles, de cérémonies religieuses ou de bains rituels peut être considéré comme un affront ; demandez toujours l'autorisation avant.

La condition des femmes

En septembre 2018, la Cour suprême a pris une décision historique en révoquant l'interdiction faite aux femmes entre 10 et 50 ans (celles en âge d'avoir leurs règles) d'entrer dans un temple à Sabarimala (Kerala), haut lieu de pèlerinage hindou (voir p. 337). Cette mesure a provoqué des marches de protestation, des grèves et des heurts violents entre les manifestants, la police et les médias. Le conflit de Sabarimala met en lumière les nombreux points de tension qui coexistent en Inde du Sud. Il questionne à la fois le droit des femmes (voir aussi le chapitre *Société* p. 516), la primauté de la loi, la politique (le gouvernement du Kerala soutient la décision de la Cour suprême, tandis que le Premier ministre Narandra Modi s'y oppose) et les hiatus entre tradition et progrès social.

Le point positif est que le sujet des droits des femmes est aujourd'hui farouchement débattu. De nombreuses personnes en Inde se penchent maintenant sur les mauvais traitements infligés aux femmes (vingt Indiennes meurent chaque jour pour une histoire de dot), sur le laxisme généralisé de la police et de la justice en la matière, et sur la question plus générale des inégalités entre les sexes. Dans cet esprit, la Cour suprême indienne a rendu illégale, en 2017, la pratique musulmane du divorce par répudiation qui permettait aux hommes de se séparer de leur épouse en prononçant simplement trois fois le mot *talaq* ("divorce").

Le changement climatique

Les conséquences du changement climatique se font de plus en plus lourdement sentir en Inde du Sud – sur la question, le gouvernement Modi a promis d'accroître le recours à l'énergie solaire et de résoudre les problèmes d'alimentation en eau, avec un programme controversé visant à relier entre eux 37 fleuves et rivières. De plus en plus fréquemment, de terribles canicules, cyclones et périodes de sécheresse, sans parler des niveaux de pollution record, sèment le chaos dans la région. En 2015, plusieurs vagues de chaleur, combinées à des inondations, ont fait officiellement 3 000 victimes (sans doute beaucoup plus). Ces dernières années, tous les États du Sud ont été touchés par de graves inondations, le Kerala ayant connu en 2018 la pire de son histoire depuis un siècle (voir p. 319). Parallèlement, les conflits concernant le partage des ressources en eau se multiplient, en particulier entre le Tamil Nadu et le Karnataka, tandis que les îles des Laquedives sont menacées par la montée du niveau de la mer.

Si des actions en faveur de l'environnement, comme l'interdiction en 2018-2019 des sacs plastique jetables dans le Maharashtra, le Telangana et le Tamil Nadu ou les campagnes de nettoyage organisées par des habitants, commencent à répondre aux problèmes écologiques les plus pressants, un long chemin reste encore à faire.

Histoire

Éloignée géographiquement des centres politiques du Nord, l'Inde du Sud a toujours revendiqué sa propre histoire. Berceau de la culture dravidienne, elle possède un riche et long passé marqué par des dynasties rivales, et par les influences des marchands et des conquérants venus par la mer. Tous ont contribué à forger les diverses cultures et traditions de la région, encore bien ancrées dans le monde d'aujourd'hui.

La civilisation de la vallée de l'Indus

La première grande civilisation du sous-continent s'épanouit dans la vallée de l'Indus (dans l'actuel Pakistan) entre 3000 et 1700 av. J.-C. Appelée civilisation de Harappa, elle semble avoir été l'aboutissement d'une période de colonisation commencée plusieurs millénaires auparavant. Certains historiens attribuent son déclin à des crues ou plus vraisemblablement à une sécheresse prolongée qui, ajoutée à un épuisement des sols, aurait affecté cette civilisation agraire. On évoque également une invasion aryenne arrivée par le nord-ouest, mais aucun élément archéologique ni aucun texte indien ancien ne vient la confirmer. En conséquence, des historiens nationalistes proclament que les Aryens (mot sanskrit signifiant "noble" et désignant, non un peuple en soi, mais des populations indo-européennes de langue indo-iranienne) étaient en fait les premiers habitants de l'Inde et que la prétendue invasion aurait été imaginée par des conquérants étrangers pour justifier leurs raids. D'autres affirment que l'arrivée des Aryens fut davantage une migration progressive qu'une conquête brutale. Les partisans de l'invasion estiment qu'à partir de 1500 av. J.-C., les populations aryennes venues d'Afghanistan et d'Asie centrale commencèrent à infiltrer le nord-ouest de l'Inde et finirent par prendre le contrôle de l'Inde du Nord – jusqu'aux monts Vindhya, juste au nord de la Narmada, repoussant alors les populations dravidiennes vers le sud.

Le site Harappa (www.harappa.com, en anglais) donne une vue d'ensemble érudite et illustrée de la civilisation de la vallée de l'Indus.

Petite Histoire de l'Inde (Eyrolles, 2010) est un ouvrage facile à lire d'Alexandre Astier, qui croise les approches chronologique et thématique.

Les influences du Nord

Peu à peu, l'influence aryenne modifia fondamentalement l'ordre social et la culture des habitants de l'Inde du Sud, de la même manière que dans

CHRONOLOGIE

2600-1700 av. J.-C.

Apogée de la civilisation de la vallée de l'Indus, qui inclut une partie du Rajasthan, du Gujarat et de la province de Sindh, dans l'actuel Pakistan, ainsi que des villes comme Harappa et Mohenjodaro.

1500 av. J.-C.

Implantation de la civilisation indo-aryenne dans les plaines fertiles du bassin du Gange et de l'Indus. Son langage est une forme primitive du sanskrit, dont découleront plusieurs langues, dont l'hindi.

1500-1200 av. J.-C.

Rédaction du Rig-Veda, le premier et le plus long des Veda, textes sacrés de l'hindouisme – trois autres Veda suivent. Apparition des premières formes d'hindouisme brahmanique.

le Nord. Les Aryens imposèrent notamment leurs textes (les quatre Veda – textes sacrés de l'hindouisme), leur religion (certains dieux comme Agni, Varuna, Shiva et Vishnu), leur langue (le sanskrit), ainsi qu'une organisation sociale reposant sur des castes, dominée par les brahmanes.

Au fil des siècles, le Sud reçut d'autres influences du Nord, en particulier le bouddhisme et le jaïnisme. C'est à Sravanabelagola, dans l'actuel Karnataka, que Chandragupta Maurya se serait établi avec son gourou vers 300 av. J.-C, après s'être converti au jaïnisme et avoir abdiqué en faveur de son fils Bindusara. La communauté des marchands adopta rapidement cette religion reposant sur l'*ahimsa*, principe de non-violence novateur à l'époque, et la diffusa dans tout le Sud.

L'empereur Ashoka, petit-fils de Chandragupta, et dont le règne dura près de quarante ans (269-232 av. J.-C.), favorisa pour sa part l'essor du bouddhisme (voir l'encadré page suivante). En 260 av. J.-C., profondément ébranlé par la cruauté des combats menés contre le puissant royaume de Kalinga – correspondant à l'actuel Odisha (Orissa) –, il en adopta les principes et renonça à toute forme de violence. Il dépêcha des moines missionnaires dans tout le pays. Ses édits gravés sur des rochers et sur des colonnes ont été découverts dans l'Andhra Pradesh, l'Odisha et le Karnataka. De même, Ashoka ordonna la construction de stupas, essentiellement dans l'Odisha et dans l'Andhra Pradesh, ainsi que plus au sud, à Kanchipuram, dans le Tamil Nadu.

Le jaïnisme et le bouddhisme contestaient les Veda et condamnaient le système des castes. Le bouddhisme perdit peu à peu de l'influence et fut remplacé par une nouvelle forme d'hindouisme privilégiant le culte des dieux, ou *bhakti*. Cette nouvelle religion (qui s'en remettait aux dieux) se propagea en Inde du Sud aux environs de 500. Ses adeptes précipitèrent certainement le déclin du jaïnisme et du bouddhisme dans la région.

Les grands sites bouddhiques

- *Ajanta (Maharashtra)*
- *Ellora (Maharashtra)*
- *Amaravathi (Andhra Pradesh)*
- *Nagarjunakonda (Andhra Pradesh)*
- *Guntupalli (Andhra Pradesh)*
- *Grottes de Karla et de Bhaga (Maharashtra)*
- *Grottes d'Aurangabad (Maharashtra)*

Dans *Nouvelle Histoire de l'Inde* (L'Archipel, 2017), François Gautier démonte les clichés et retrace les périodes marquantes de l'histoire du sous-continent.

L'empire Maurya et les royaumes du Sud

Le premier royaume qui se développa dans le nord de l'Inde fut fondé en 320 av. J.-C. par Chandragupta Maurya ; il prit pour capitale Pataliputra (l'actuelle Patna, dans le Bihar). Le fils de Chandragupta, Bindusara, qui accéda au trône vers 300 av J.-C., étendit sa domination jusqu'au Karnataka. Il mit ensuite un frein à l'expansion de son royaume et semble avoir entretenu des relations pacifiques avec ses voisins plus au sud.

Différentes sources, en particulier les fouilles archéologiques et les textes tamouls anciens, fournissent des indications sur la nature et la culture de ces royaumes du Sud. Les textes évoquent souvent la Dravida Nad, c'est-à-dire le pays des Trois-Royaumes (ou Trairajiya) – le pays tamoul antique –, qui abritait les Pandya à Madurai et alentour, les Chera dans l'actuel Kerala et l'ouest du Tamil Nadu, et les Chola à Thanjavur

599-528 av. J.-C.	563-483 av. J.-C.	321-185 av. J.-C.	300 av. J.-C.-300
Vie de Mahavir, 24e et dernier *tirthankar* (grand maître), considéré comme le fondateur du jaïnisme. Comme le Bouddha, il enseigne à toutes les castes la compassion et la voie de l'Illumination.	Vie de Siddhartha Gautama. Né dans l'actuel Népal, il atteint l'Éveil sous l'arbre de la Bodhi à Bodhgaya (Bihar), devenant ainsi le Bouddha (l'Éveillé).	Empire pan-indien Maurya, fondé par Chandragupta Maurya, avec Pataliputra (l'actuelle Patna) pour capitale. Pendant son règne, Ashoka fait du bouddhisme la religion d'État.	Période du *Sangam*, qui voit naître les textes fondateurs de la littérature tamoule. La région tamoule est dominée par trois dynasties : les Pandya, les Chera et les premiers Chola.

(Tanjore) et dans la vallée de la Cauvery. Décrite dans la littérature du *Sangam* (littérature tamoule classique rédigée entre 300 av. J.-C. et 300), cette région resta à l'écart de la culture sanskrite jusque vers 200 av. J.-C., quand les traditions sanskrites s'imposèrent peu à peu en Inde du Sud.

Des rivalités opposaient régulièrement ces royaumes, confrontés également aux velléités expansionnistes des souverains du Sri Lanka. Les royaumes du Sud tombèrent finalement aux mains des Kalabhra, peuple mystérieux qui surgit du nord des territoires tamouls.

À partir de 180 av. J.-C., l'empire Maurya, qui avait commencé à se morceler peu après la mort d'Ashoka en 232 av. J.-C., subit les assauts de nombreux royaumes rivaux, eux-mêmes en butte à d'incessantes invasions lancées par les peuples du Nord-Ouest, tels que les Grecs de Bactriane. Malgré cette instabilité politique, les rois qui succédèrent à Ashoka marquèrent durablement l'Inde du Sud ; ils favorisèrent le développement des arts et réussirent à préserver une forte cohésion sociale. Les Satavahana (ou Andhra) finirent par prendre le contrôle du Maharashtra, du Madhya Pradesh, du Chhattisgarh, du Karnataka, du Telangana et de l'Andhra Pradesh.

Pendant quatre siècles environ, ils encouragèrent la littérature, la sculpture et la philosophie. Le bouddhisme atteignit alors son apogée dans le Maharashtra. C'est toutefois plus tard, sous les Chalukya et

Les concepts du zéro et de l'infini auraient été inventés par d'éminents mathématiciens indiens durant le règne des Gupta.

ASHOKA, UN EMPEREUR ÉCLAIRÉ

Hormis les Moghols, puis les Britanniques plusieurs siècles plus tard, aucun pouvoir n'a jamais assis sa domination sur un territoire indien plus vaste que celui des Maurya. Il n'est donc guère étonnant que l'empire Maurya ait donné à l'Inde l'une de ses plus importantes figures historiques, l'empereur Ashoka, petit-fils de Chandragupta Maurya.

Le règne de l'empereur Ashoka, entre 269 et 232 av.J.C., marqua une période où les arts, et notamment la sculpture, furent particulièrement florissants. Les préceptes gravés dans la pierre, dont Ashoka se servait à la fois pour instruire son peuple et pour marquer les frontières de son immense territoire (de l'Afghanistan au Népal et à l'Andhra Pradesh), lui valurent une réputation de souverain philosophe.

Le règne d'Ashoka correspondit également à l'apogée du bouddhisme. Après l'avoir embrassé en 260 av. J.-C., l'empereur en fit la religion d'État, ce qui porta un coup sévère à l'influence spirituelle et sociale de l'hindouisme. Il fit construire d'innombrables stupas et monastères dans toute la région. Ashoka, qui dépêcha des missionnaires en Thaïlande, en Grèce, au Moyen-Orient et en Afrique du Nord, est révéré au Sri Lanka pour avoir envoyé son fils et sa fille propager la foi bouddhiste dans l'île.

L'étendard d'Ashoka (quatre lions assis dos à dos sur un abaque orné d'une frise et de l'inscription : "La vérité seule triomphe"), qui surmontait de nombreux piliers, est devenu le sceau de l'Inde moderne et son emblème national.

200 av. J.-C.-200

Les Satavahana, venus de l'Andhra, dominent le plateau du Deccan. Le bouddhisme est en plein épanouissement, tout comme la littérature, la sculpture et la philosophie.

52

Arrivée, selon la tradition, de l'apôtre Thomas sur la côte du Kerala. Ses enseignements au Kerala et au Tamil Nadu auraient introduit le christianisme en Inde.

319-457

Âge d'or de la dynastie Gupta, qui forme dans le nord du sous-continent le deuxième grand empire de l'Inde après les Maurya. Période de création artistique et littéraire intense.

VIe-VIIIe siècle

Apogée de la dynastie des Pallava, qui règne sur l'Andhra Pradesh et le Tamil Nadu, au nord, depuis sa capitale du Sud, Kanchipuram, et réalise de magnifiques sculptures à Mamallapuram.

Les grands édifices Pallava du Tamil Nadu

- *Temple du Rivage (Mamallapuram)*
- *Ascèse d'Arjuna (Mamallapuram)*
- *Cinq Ratha (Mamallapuram)*
- *Temple de Kailasanatha (Kanchipuram)*

les Rashtrakuta, que furent édifiés les somptueux temples rupestres bouddhiques à Ajanta et à Ellora. La région connut à cette époque une formidable prospérité économique. Pour compenser l'insuffisance de sa surface agricole, elle établit un vaste réseau d'échanges commerciaux dans l'océan Indien.

Les Chalukya et les Pallava

Après l'anéantissement des royaumes tamouls par les Kalabhra, l'Inde du Sud éclata en une multitude de petits fiefs rivaux. Les Chola disparurent et les Chera, établis sur la côte ouest, prospérèrent, semble-t-il, grâce aux échanges commerciaux. La confusion politique perdura dans la région jusqu'à la fin du VIe siècle, quand les Kalabhra furent renversés. Au cours des trois siècles suivants, ce furent les Chalukya, à Badami, dans le Karnataka septentrional, les Pallava, à Kanchi (Kanchipuram), et les Pandya, à Madurai, qui laissèrent leur empreinte dans cette partie du pays (l'influence des Pallava et des Padya demeure prégnante dans le Tamil Nadu moderne).

Les Chalukya de Badami, qui contrôlaient presque tout le Deccan, atteignirent leur apogée sous le règne de Pulakesi II, au début du VIIe siècle. La branche des Chalukya orientaux de Vengi, près d'Eluru, dominait l'Andhra Pradesh. Les origines des Pallava restent incertaines. Ils auraient quitté l'Andhra Pradesh pour s'installer à Kanchi. Après avoir chassé les Kalabhra, ils étendirent leur pouvoir jusqu'à la Cauvery. À leur apogée, au VIIe siècle, ils s'illustrèrent par des réalisations architecturales spectaculaires, comme le temple du Rivage ou le bas-relief de l'*Ascèse d'Arjuna*, que l'on peut encore contempler à Mamallapuram (Mahabalipuram). Des conflits incessants les opposaient aux Pandya, qui étendirent leur contrôle au Kerala au VIIIe siècle et se rapprochèrent des Ganga de Mysore (Mysuru). Au IXe siècle, le pouvoir Pallava vacillait sous les assauts répétés des Pandya et des Rashtrakuta de Gulbarga (Kalaburagi, Karnataka), qui s'imposèrent sur les Chalukya et devinrent la première puissance du Deccan entre les VIIIe et Xe siècles.

Les plus beaux sites Chalukya

- *Grottes sacrées d'Ellora (Maharashtra)*
- *Temples rupestres de Badami (Karnataka)*
- *Pattadakal (Karnataka)*
- *Aihole (Karnataka)*
- *Fort de Bhongir (Telangana)*

L'empire Chola

À la même période, une nouvelle dynastie Chola s'apprêtait à fonder ce qui allait devenir un temps l'empire le plus puissant du sous-continent. Exerçant son pouvoir depuis Thanjavur, puis brièvement depuis Gangaikondacholapuram, elle s'empara des derniers territoires Pallava au nord, puis se lança à la conquête du Sud. C'est sous Raja Raja Chola Ier (règne 985-1014) que les Chola imposèrent véritablement leur puissance. Ce souverain écrasa les Pandya au sud, les Ganga de Mysore et les Chalukya orientaux. Il s'engagea également dans des

X^e^-XIIe siècle	XIIIe siècle	Années 1290	1336
L'empire Chola, établi dans la région de Thanjavur, étend son influence à une partie de l'Inde du Sud et de l'Asie du Sud-Est, où il laissera un superbe patrimoine artistique.	Les Pandya, dynastie tamoule remontant au VIe siècle av. J.-C., s'emparent du territoire des Chola et règnent jusqu'en Andhra Pradesh, au Kalinga (Odisha) et au Sri Lanka depuis Madurai, la capitale.	Le sultanat de Delhi entame son expansion vers le sud. Il s'empare d'une partie du Deccan, qui passe pour la première fois sous la domination des musulmans du Nord, avant d'atteindre Madurai, en 1323.	Fondation du puissant royaume de Vijayanagar (hindou), du nom de sa capitale, dont les vestiges subsistent autour de Hampi (actuel Karnataka).

combats par-delà les mers et annexa les Maldives, la côte de Malabar (littoral du Kerala et du Karnataka) et le nord de l'actuel Sri Lanka. Les Chola contrôlaient désormais des ports et des villes de première importance pour les échanges entre l'Inde, l'Asie du Sud-Est, l'Arabie et l'Afrique orientale ; ils bénéficiaient en priorité du commerce des épices avec l'Europe.

Rajendra Chola Ier (règne 1014-1044), le fils de Raja Raja Chola Ier, s'empara du Sri Lanka et remonta la côte orientale, jusqu'au Bengale et au Gange. En Asie du Sud-Est, il imposa sa suprématie au royaume de Srivijaya (Palembang, dans l'actuelle Sumatra), ce qui lui permit de rouvrir une route commerciale avec la Chine. Le règne des Chola fut également notable sur le plan artistique. Outre trois magnifiques temples de Shiva à Thanjavur et près de Kumbakonam, ils produisirent des sculptures en bronze, remarquables tant sur le plan esthétique que technique. La musique, la danse et la littérature s'épanouirent particulièrement au Tamil Nadu. La culture Chola essaima dans les pays d'Asie du Sud-Est, où elle perdure à travers la danse, la religion et les légendes du Myanmar (Birmanie), de la Thaïlande, de Bali et du Cambodge.

Affaiblis par leurs campagnes, les Chola ne purent résister à l'expansionnisme des Hoysala de Halebid (Karnataka) et des Pandya de Madurai, qui les supplantèrent à partir du XIIIe siècle. Les Hoysala furent à leur tour éclipsés par les Vijayanagar au XIVe siècle. La prospérité des Pandya, qui suscita l'admiration de Marco Polo lors de ses voyages en 1288 et 1293, fut de courte durée, puisqu'elle fut ébranlée rapidement par les puissances musulmanes venant du nord. Quant aux Rashtrakuta, ils furent remplacés par les Yadava, à Devagiri (Daulatabad) au Maharashtra.

Où admirer des bronzes Chola

Government Museum, Chennai (Madras)

Palais royal (Thanjavur)

Musée de Pondichéry

L'Inde impériale des grands Moghols (Découvertes Gallimard, 1997), de Valérie Bérinstain, propose une vision très complète de l'histoire du pays sous la dynastie musulmane des Moghols.

L'expansion musulmane et le royaume de Vijayanagar

Les musulmans, qui pénétrèrent en Inde du Nord par le nord-ouest au XIe siècle, fondèrent le puissant sultanat de Delhi en 1206. Ils entreprirent la conquête de l'Inde du Sud dans les années 1290 et s'établirent à Madurai en 1323.

En 1328, le sultan Mohammed Tughlaq, déterminé à s'emparer de tout le sous-continent, déplaça sa capitale à Devagiri (qu'il renomma Daulatabad), dans le Maharashtra, à 1 100 km au sud de Dehli – dont toute la population dut le suivre de force. Deux ans plus tard, en raison d'une grave pénurie d'eau, Daulatabad fut abandonnée et la capitale fut de nouveau établie à Delhi. En 1330, Mohammed Tughlaq contrôlait une grande partie du sous-continent. Mais les rébellions, initiées dès 1327 dans différentes régions, commençaient à peser sur l'empire, dont le

1345
Après une révolte contre les sultans Tughlaq de Delhi, fondation du sultanat des Bahmani (musulman) au Deccan. La capitale sera Gulbarga, dans le nord de l'actuel Karnataka, puis Bidar.

Vers 1480
Le sultanat de Bahmani commence à se disloquer. En 1528, les sultanats du Deccan sont au nombre de cinq : Berar, Ahmadnagar, Bidar, Bijapur et Golconde.

1498
Découverte d'une voie maritime entre l'Europe et l'Inde via l'Afrique orientale par le Portugais Vasco de Gama. Le navigateur débarque sur la côte de l'actuel Kerala et se lance dans le commerce avec la noblesse locale.

1510
Le Portugais Alfonso de Albuquerque s'empare de Goa. Une première offensive avait été contrecarrée par le sultan Adil Shah de Bijapur. Albuquerque parvient à ses fins après la mort du sultan.

déclin s'amorça. En 1335, plusieurs dirigeants musulmans, notamment à Madurai et à Daulatabad, déclarèrent leur indépendance.

C'est également à cette époque qu'émergea le puissant royaume de Vijayanagar, qui aurait été créé par deux frères, faits prisonniers par les musulmans et envoyés à Delhi. Convertis à l'islam, ils furent réexpédiés dans le Sud pour servir l'administration musulmane. Mais, une fois sur place, ils revinrent à leur religion première, l'hindouisme. Vers 1336, ils établirent un royaume englobant la presque totalité du Karnataka et de l'Andhra Pradesh, ainsi que le Tamil Nadu et le Kerala. Aujourd'hui, les ruines et les temples de Hampi, qui formaient le cœur de leur royaume, constituent l'un des grands sites touristiques d'Inde du Sud.

Les Bahmani, musulmans originaires de Daulatabad, choisirent pour capitale Gulbarga, dans le Karnataka, avant de se déplacer à Bidar au XVe siècle. Leur territoire, farouchement défendu, s'étendait jusqu'au Maharashtra, au Telangana et au nord du Karnataka.

Une rivalité sans trêve opposa les Vijayanagar aux Bahmani. Les affrontements portaient surtout sur le contrôle des ports et des terres arables situées entre le fleuve Krishna et son affluent, la Tungabhadra. Les Bahmani réussirent à occuper Goa jusqu'en 1378, avant de capituler face aux Vijayanagar. Des luttes intestines entraînèrent l'éclatement de l'Empire bahmani ; entre 1490 et 1528, on assista ainsi à la formation des cinq sultanats de Bidar, de Bijapur, de Berar, d'Ahmadnagar et de Golconde. En 1565, ceux-ci menèrent des attaques conjointes contre Hampi, la capitale du royaume de Vijayanagar, qui mena à sa chute. Cela marqua la fin de la domination des Vijayanagar.

Au temps de sa splendeur, le royaume de Vijayanagar connut une prospérité extraordinaire, fruit d'une stratégie politique encourageant les échanges commerciaux avec les contrées les plus éloignées, et de la mise en place d'un système administratif efficace et d'un important réseau de transports, qui permettait notamment d'accéder facilement aux ports de la côte occidentale. Très cosmopolite, la capitale accueillait les populations de diverses régions de l'Inde et d'autres pays, qui venaient échanger leurs marchandises dans ses bazars.

Krishnadevaraya (règne 1509-1529) fut l'un des souverains les plus marquants de ce royaume, qu'il conduisit au faîte de sa puissance économique et politique. Sous son règne, le chroniqueur portugais Domingo Paes fut le témoin des succès des Vijayanagar et de leurs réalisations. Il rapporta dans ses écrits leur art de construire les grands bassins sacrés et leur système d'irrigation. Il mentionna également que, pour apaiser les dieux, on sacrifiait des animaux, mais aussi des humains. Il fournit force détails sur les magnifiques demeures des riches marchands, sur les bazars débordant de joyaux (rubis, diamants, émeraudes, perles) et d'étoffes luxueuses (dont la soie).

Joyaux des sultanats du Deccan

Hyderabad *(Telangana). Fort de Golconde, tombeaux des Qutb Shahi, Charminar, Mecca Masjid.*

Vijapura *(Bijapur ; Karnataka). Citadelle, Gol Gumbaz, Ibrahim Rouza, Jama Masjid.*

Bidar *(Karnataka). Fort de Bidar, tombeaux Bahmani.*

1526
Conquête de Delhi par Babur. Originaire d'Asie centrale, il devient le premier empereur moghol. En l'espace d'un siècle, l'Empire moghol s'étend de l'Afghanistan au Bengale, en passant par le nord du Deccan.

1542-1545
Première mission de saint François Xavier en Inde. Il prêche le catholicisme à Goa, au Tamil Nadu et au Sri Lanka. Il revient en 1548-1549 et en 1552, entre ses voyages en Extrême-Orient.

1565
Chute du royaume de Vijayanagar et destruction de sa capitale, Hampi, par les cinq sultanats de Berar, Ahmadnagar, Bidar, Bijapur et Golconde.

1560-1812
Inquisition portugaise à Goa. Procès d'hindous et de musulmans convertis accusés de relaps. Plusieurs milliers d'entre eux sont jugés et torturés, et des dizaines exécutés.

Comme les Bahmani, les Vijayanagar eurent recours à une importante armée pour défendre leurs territoires et leurs intérêts commerciaux. Le roi Krishnadevaraya fit appel à des mercenaires portugais et arabes pour protéger ses forts et ses propriétés. Il s'attacha en outre à entretenir de bonnes relations avec les Portugais, dont il dépendait pour certaines marchandises, ainsi que pour les chevaux arabes de sa cavalerie.

Après le déclin de Vijayanagar, les Nayak, gouverneurs de Gingee, Thanjavur et Madurai au Tamil Nadu, proclamèrent leur indépendance au cours de la seconde moitié du XVIe siècle. Les Nayak régnèrent jusqu'au début du XVIIIe siècle. Leur souverain le plus important, Tirumalai Nayak de Madurai, fut à l'origine de chefs-d'œuvre architecturaux, comme le temple Meenakshi Amman à Madurai.

Entre le XIIe et le XIXe siècle, des esclaves africains furent amenés en Inde du Sud, sur la côte de Konkan, dans le cadre des échanges commerciaux avec le golfe Persique. Appelés Siddi ou Habshi, ils devinrent domestiques, dockers ou soldats. On leur doit notamment la construction du fort de Janjira (p. 105), au Maharashtra.

L'arrivée des Européens et du christianisme

Avec l'arrivée de Vasco de Gama au Kerala en 1498, les relations avec l'Europe prirent un tour nouveau. Succédant à Vasco de Gama, Francisco de Ameida et Alfonso de Albuquerque s'installèrent à Goa en 1510. Albuquerque parvint à vaincre les musulmans de la ville, après de longs combats. Il réussit à s'entendre avec les Vijayanagar, qui jugeaient capital de conserver un accès au port de Goa, et avec le sultan de Bijapur, qui contrôlait une partie de Goa.

L'ARRIVÉE DES PORTUGAIS

Le 20 mai 1498, Vasco de Gama jeta l'ancre au large de la côte sud-ouest, près de la ville de Calicut (Kozhikode, dans l'actuel Kerala), au terme d'une traversée de 23 jours depuis l'Afrique orientale, guidée par un navigateur nommé Ibn Majid que le sultan de Malindi (actuel Kenya) lui avait dépêché. C'était la première fois qu'un Européen traversait l'océan Indien pour se rendre d'Afrique en Inde. Les Portugais recherchaient une route maritime entre l'Europe et l'Orient qui leur permettrait de négocier directement des épices. Ils espéraient aussi trouver des chrétiens coupés de leurs frères européens par la domination arabe au Moyen-Orient et, notamment, le royaume légendaire du prêtre Jean avec lequel ils pourraient s'allier contre les musulmans. Ils découvrirent une communauté syriaque orthodoxe.

Vasco de Gama fut bien reçu par le souverain de Calicut. Les Portugais s'engagèrent donc dans une activité commerciale limitée. Cependant, craignant de plus en plus que les marchands arabes ne retournent contre eux les tenants du pouvoir, ils quittèrent finalement les lieux en août 1498. Quelques années plus tard, les expéditions portugaises en Inde n'avaient plus pour seul objet le commerce mais aussi la conquête. Les Portugais s'emparèrent alors de diverses enclaves sur les côtes indiennes. Leur domination prit fin en 1961, lorsque l'Inde envahit Goa, Daman et Diu.

1639

Francis Day et la Compagnie anglaise des Indes orientales signent un accord pour établir un fort et un comptoir dans le village de pêcheurs de Madraspatnam – future Madras (Chennai).

1661

Le Portugal cède Bombay (Mumbai) aux Britanniques, à la suite du mariage du roi Charles II et de Catherine de Bragance. La Compagnie des Indes orientales déplace son siège à Bombay en 1687.

1673

La Compagnie française des Indes orientales établit un avant-poste à Pondichéry (Puducherry) – les Français, les Hollandais et les Britanniques se le disputeront au siècle suivant.

1674

Fondation par Shivaji du royaume des Marathes (actuel Maharashtra). Shivaji s'attribue le titre de Chhatrapati. En un demi-siècle, les Marathes dominent de vastes pans de l'Inde du Nord et du Centre.

Vasco de Gama est mort à Cochin (Kochi) en 1524. Il fut d'abord enterré à Cochin dans St Francis Church, où vous pourrez encore voir sa tombe, avant que sa dépouille ne soit transférée au Portugal. Il repose désormais dans le Mosteiro dos Jerónimos (monastère des Hiéronymites), à Lisbonne.

Albuquerque sut gagner les faveurs des deux parties ennemies, en livrant des chevaux arabes à chacune des deux cavaleries. Il fallait en importer toujours davantage, car ces animaux ne résistaient pas au climat indien, ce qui favorisait les activités portugaises à Goa.

Goa a conservé de nombreuses traces de la présence portugaise : églises aux façades d'un blanc éclatant, fêtes chrétiennes et spécialités culinaires. L'influence lusitanienne transparaît également au Kerala, en particulier à Kochi (Cochin). Les lusophones accostèrent également à l'endroit qui allait devenir Madras (Chennai) au XVIe siècle, avant les Britanniques. Au milieu du XVIe siècle, Old Goa était devenue une cité prospère rivalisant avec Lisbonne pour sa magnificence, comme en témoignent aujourd'hui encore les édifices de cette époque.

En 1580, l'union des couronnes espagnole et portugaise lia aussi le sort de leurs possessions. Après la déroute de l'Armada espagnole en 1588, les Hollandais et les Britanniques se lancèrent à leur tour sur la route de l'Orient. Les Hollandais furent beaucoup plus intéressés par le commerce que par les affaires religieuses et la création d'un empire colonial. Achetant la majeure partie de leurs épices en Indonésie, ils faisaient halte en Inde du Sud pour se procurer du poivre et de la cardamome. La Compagnie hollandaise des Indes orientales décida d'ouvrir des comptoirs commerciaux afin de gérer l'ensemble de ses échanges commerciaux du golfe Persique au Japon. Elle fonda ainsi un comptoir à Surat, dans le Gujarat, et sur la côte de Coromandel dans le sud-est de l'Inde, et conclut un accord commercial avec le gouverneur de Calicut (actuelle Kozhikode). En 1660, les Hollandais s'emparèrent des forts portugais de Cochin et de Kodungallur, également dans le Kerala.

Vasco de Gama, légende et tribulations du vice-roi des Indes (Points Histoire, 2014), de Sanjay Subrahmanyam, est une œuvre magistrale, qui ravira autant les passionnés d'histoire que les amoureux de récits d'aventure et de voyage !

Les Britanniques entrèrent à leur tour dans l'aventure commerciale avec la Compagnie anglaise des Indes orientales, qui obtint en 1600 de la reine Élisabeth Ire le monopole des échanges avec les pays situés à l'est du cap de Bonne-Espérance. À l'instar des Hollandais, les Britanniques achetaient jusqu'alors leurs épices essentiellement en Indonésie. Pour contrer la concurrence hollandaise, ils choisirent de s'implanter en Inde et ouvrirent un premier comptoir à Madras (Chennai) en 1639. Les Danois s'établirent à Tranquebar, sur la côte de Coromandel au Tamil Nadu, à partir de 1616, et les Français à Pondichéry en 1673 – voir p. 508.

Les Moghols et leurs successeurs

Au XVIIe siècle, l'Empire moghol, installé à Delhi, entreprit des incursions en Inde du Sud, notamment sous le règne de l'empereur Aurangzeb (règne 1658-1707), qui s'empara des sultanats d'Ahmadnagar, de Bijapur et de Golconde, près de Hyderabad, avant de descendre jusqu'au Tamil Nadu. Parmi les ennemis des Moghols, les Marathes étaient des guerriers

1707	1757	1775-1818	1857
Mort d'Aurangzeb, le dernier Grand Moghol. Sa disparition amorce la chute de l'Empire moghol, alors que le pays est livré à l'anarchie.	La Compagnie britannique des Indes orientales, menée par Robert Clive, défait Siraj ud-daula (nabab du Bengale) et ses alliés français à la bataille de Plassey.	Les trois guerres anglo-marathes opposent la Compagnie des Indes orientales aux Marathes, qui sortiront vaincus. L'Inde passe presque entièrement sous domination britannique	Révolte des Cipayes. Les indépendantistes contraignent le souverain moghol à prendre la tête de la rébellion.

hindous de la région de Pune, dans le Maharashtra. En 1680, à la mort de leur premier empereur, Shivaji, ils contrôlaient une grande partie du Deccan. Les Marathes prirent Thanjavur (Tanjore) après une série de raids dans le Sud. Puis, dans les années 1690, ils choisirent pour capitale Gingee, près de Madras. Après plusieurs guerres entre 1680 et 1707, l'avantage était nettement dans le camp des Marathes. Au milieu du XVIIIe siècle, ils dominaient un immense territoire, limité par le Punjab et le Gujarat au nord-ouest, l'Odisha (Orissa) à l'est et le Karnataka au sud, tandis que la puissance moghole n'allait guère au-delà de Delhi.

Mais les Marathes ne manquaient pas non plus d'ennemis dans le Deccan et dans le Sud. La dynastie des Asaf Jahi (futurs *nizam* de Hyderabad), qui s'était séparée de l'Empire moghol en 1724, dominait une grande partie du Deccan, avec pour capitale Aurangabad (Maharashtra), puis Hyderabad à partir de 1763. Mysore constituait également une menace : en 1761, un officier de cavalerie du nom de Haidar Ali décida d'accroître la puissance de ce royaume enclavé dans les terres, en lui adjoignant des territoires sur la côte. Il finit par fonder un royaume qui s'étendait jusqu'au sud de l'actuel Karnataka et au nord du Kerala. Son fils, Tipu Sultan, établit des échanges commerciaux

Amar Chitra Katha, une célèbre maison d'édition de bandes dessinées illustrant l'histoire, la mythologie et le folklore indiens, a publié plusieurs livres sur Shivaji, dont *Shivaji: The Great Maratha, Tales of Shivaji* et *Tanaji, the Maratha Lion*.

SHIVAJI LE MAGNIFIQUE

Révéré dans le Maharashtra, Chhatrapati Shivaji a donné son nom à bien des rues et monuments, et des statues équestres du guerrier se dressent dans de nombreuses villes.

Shivaji est le fondateur du puissant royaume marathe. Cet État hindou, qui régna sur le Deccan et au-delà entre la fin du XVIIe et le début du XIXe siècle, joua un rôle majeur dans le déclin du grand Empire moghol de Delhi, au début du XVIIIe siècle. Ce futur guerrier et dirigeant charismatique naquit à Shivneri en 1627, dans une famille fortunée. À la tête d'une petite troupe, Shivaji prit son premier fort à l'âge de 20 ans. Pendant les trente années qui suivirent, il ne cessa d'accroître la puissance des Marathes en rayonnant depuis Pune. Il repoussa les musulmans du Nord (venus de l'Empire moghol) et du Sud (les armées de Bijapur), et finit par régner sur presque tout le Deccan. Fin stratège, il sut dresser ses ennemis les uns contre les autres ; en 1659, au fort de Pratapgad, il tua le général bijapuri Afzal Khan, dans un duel resté célèbre.

En 1674, Shivaji fut couronné Chhatrapati (empereur ou grand protecteur) des Marathes au fort de Raigad. À sa mort, six ans plus tard, son fils Sambhaji lui succéda sur le trône. Ce dernier fut d'abord victime de sérieux revers face aux Moghols, avant de riposter. Au milieu du XVIIIe siècle, les Marathes dominaient une grande partie du sous-continent.

Shivaji est devenu un emblème du parti régionaliste pro-Marathes et pro-hindous Shiv Sena (l'Armée de Shivaji), qui est notamment hostile à l'immigration des non-Marathes et des musulmans au Maharashtra. Aussi, son nom n'a-t-il pas nécessairement une résonance positive pour tous au sein de l'État.

1858

Le pouvoir est transféré de la Compagnie britannique des Indes orientales à la couronne britannique. Début du Raj britannique.

2 octobre 1869

Naissance de Mohandas Karamchand Gandhi à Porbandar (Gujarat) – connu plus tard sous le nom de Mahatma Gandhi, il sera surnommé "le Père de la Nation".

1885

Fondation du parti du Congrès indien, première formation politique du pays. Il rassemble des Indiens éduqués et joue un rôle-clé dans le long combat du pays vers la liberté.

1891

Bhimrao Ramji Ambedkar, militant, économiste, avocat et écrivain, naît dans une famille d'intouchables (dalits). Diplômé d'études supérieures, il devient bouddhiste et fervent défenseur des droits des dalits.

L'Aventure des Français en Inde (Kailash, 1996), dirigé par Rose Vincent, présente de façon très accessible l'histoire de la présence française en Inde du XVIIe au XXe siècle.

avec le Moyen-Orient depuis les ports de la côte occidentale sous sa domination. Les deux autres acteurs majeurs de cette période furent la Compagnie britannique des Indes orientales, basée à Madras, et les Français, à Pondichéry. Le XVIIIe siècle fut ainsi marqué par une succession d'alliances fluctuantes et d'affrontements entre les puissances européennes rivales. Les Britanniques l'emportèrent sur les Français lors des trois guerres carnatiques (1746-1763), et Hyderabad et Mysore se virent refuser l'accès aux comptoirs de la côte est. Les Portugais conservèrent le contrôle de Goa.

À l'extrémité sud, le royaume de Travancore (qui s'étendait sur l'actuelle moitié sud du Kerala et une partie du Tamil Nadu) tenta également d'asseoir son pouvoir en s'emparant des grands ports commerciaux. Martanda Varma (règne 1729-1758) leva sa propre armée et tenta de s'attirer le soutien de la communauté syrienne locale en limitant les activités des marchands européens. Le commerce de la plupart des marchandises, à l'exception du poivre, devint un monopole royal, surtout sous le règne du fils de Martanda, Rama Varma (1758-1798).

LES FRANÇAIS EN INDE

La Compagnie française des Indes orientales, fondée par Colbert, est basée à Pondichéry depuis 1673. À partir de 1744, la rivalité franco-anglaise, par l'intermédiaire de leurs compagnies marchandes respectives, débouche sur des conflits armés, qui reflètent aussi les guerres européennes. Les deux compagnies vont aussi s'immiscer dans les conflits entre princes indiens pour y gagner de nouveaux avantages, commerciaux et territoriaux.

C'est dans ce contexte qu'apparaît Joseph François Dupleix (1696-1763), arrivé aux Indes en 1722. Vingt ans après, il était devenu gouverneur général des établissements français et s'était attaché à faire du comptoir un territoire riche, en augmentant d'autant sa propre fortune.

Entouré d'officiers talentueux, parmi lesquels Bussy (qui se rendit maître de la forteresse de Gingee, notamment, en 1750), il créa un empire français aux Indes, y gagnant le titre de "nabab blanc" (concédé, dit-on, par le Grand Moghol). Il prit provisoirement Madras aux Anglais en 1746 et devint alors le maître d'une partie du Deccan, obtenant la soumission des princes indiens. Il sut favoriser le commerce et se ménager des concessions territoriales grâce à son contingent de cipayes (des fantassins indiens commandés par des Européens). Il mena une vie fastueuse et excita les convoitises. Défait par les Anglais, il fut discrédité auprès de Louis XV et rappelé en France en 1754, abandonnant toute sa fortune.

En 1763, le traité de Paris qui mit fin à la guerre de Sept Ans eut des répercussions en Inde : la France ne possédait plus que cinq comptoirs, placés sous tutelle anglaise. Ces territoires (Pondichéry, Karikal, Yanaon, Mahé et Chandernagor) restèrent français jusqu'en 1949 pour Chandernagor et 1954, dates auxquelles ils revinrent à l'Union indienne.

13 avril 1919

Massacre de manifestants non armés à Jallianwala Bagh, dans la ville d'Amritsar (Punjab). Gandhi riposte en lançant un programme de désobéissance civile.

1930

Pour braver l'impôt sur le sel qu'imposent les Britanniques, Gandhi part de son ashram de Sabarmarti, près d'Ahmedabad, le 12 mars pour une longue marche de 24 jours jusqu'au village côtier de Dandi.

1940

La Ligue musulmane adopte la résolution de Lahore, en faveur d'une plus grande autonomie des musulmans en Inde. S'ensuivent des campagnes pour la création d'une nation islamique.

1942

Gandhi lance la campagne non-violente "Quit India", enjoignant les Britanniques à quitter le territoire sans délai pour permettre au pays d'accéder à l'autorité souveraine.

La mainmise des Britanniques

À l'origine, les Britanniques ne s'intéressaient qu'au commerce ; les guerres de Mysore les poussèrent à intervenir également sur le terrain politique. En 1780, Haidar Ali s'allia au *nizam* de Hyderabad et aux Marathes pour attaquer les trois bases britanniques (Bombay, Madras et le Bengale). Le plan échoua, mais incita les Britanniques à venir à bout de Mysore. Cette fois, les Marathes et Hyderabad s'allièrent aux Britanniques contre Tipu Sultan : l'île-citadelle de Seringapatam (Srirangapatnam) se rendit finalement en 1793, après un siège d'un an.

Pour les Britanniques, seul le contrôle total de l'Inde pourrait pleinement servir leurs intérêts commerciaux. Ce sentiment était renforcé par la crainte de voir les Français conquérir de nouvelles terres indiennes, après la campagne d'Égypte menée par Napoléon Bonaparte en 1798-1799. Le gouverneur général de la Compagnie anglaise des Indes orientales, lord Richard Wellesley, soutenu par le *nizam* de Hyderabad (qui s'engagea à démanteler son armée entraînée par les Français en échange de la protection britannique), ordonna une nouvelle offensive contre Mysore. Tipu Sultan fut tué lors de la seconde prise de la forteresse de Seringapatam en 1799.

Lord Wellesley plaça les Odeyar (Wodeyar), l'ancienne famille régnante, à la tête de la moitié du royaume de Tipu Sultan. Il partagea le reste avec Hyderabad et s'attacha à la formation de la présidence de Madras. Les Britanniques s'emparèrent également de Thanjavur et du Karnataka, privant leurs dirigeants de tout pouvoir réel.

En 1818, l'empire des Marathes, miné par des luttes intestines, avait périclité. Au sud, la Compagnie avait instauré la présidence de Madras, qui s'étendait de l'actuel Andhra Pradesh à l'extrémité sud du sous-continent, ainsi qu'au nord de la côte du Kerala. Travancore, Hyderabad, Mysore et d'autres petits territoires de l'intérieur restaient des “États princiers” indépendants, faisant l'objet d'une surveillance étroite de la part du résident britannique en place (de facto gouverneur). De même, si la majeure partie du Maharashtra relevait de la présidence de Bombay, de nombreux petits États subsistaient – Kolhapur, Sawantwadi, Aundh et Janjira...

La première guerre d'Indépendance : la révolte des Cipayes

En 1857, un demi-siècle après avoir pris le contrôle du pays, les Britanniques essuyèrent un sérieux revers. Les raisons précises de la Grande Mutinerie, ou révolte des Cipayes, sont encore controversées. Il est toutefois possible d'identifier les principales causes de ce qui fut par la suite considéré comme une guerre d'Indépendance par les historiens

Les plus belles églises de Goa

Basilica de Bom Jesus (Old Goa)

Church of Our Lady of the Immaculate Conception (Panaji ; Panjim)

Église et couvent de San Cajetan (Old Goa)

Church of Our Lady of the Rosary (Old Goa)

Church of the Holy Spirit (Margao)

1947
Accession de l'Inde à l'indépendance, le 15 août, au lendemain de la création du Pakistan. L'exode massif d'hindous, et de sikhs vers l'Inde, de musulmans vers le Pakistan, donne lieu à des massacres.

1947-1948
Première guerre indo-pakistanaise. Signature par le maharaja du Cachemire du traité d'entrée dans l'Union indienne. Le Pakistan conteste la légalité du document.

30 janvier 1948
Assassinat du Mahatma Gandhi à New Delhi par le fanatique hindou Nathuram Godse. Godse et son complice, Narayan Apte, seront condamnés et pendus.

17 septembre 1948
Asaf Jah VII, dernier *nizam* de Hyderabad, se rend au gouvernement indien. La dynastie musulmane, qui avait reçu le soutien du Pakistan, refusait de rejoindre l'une ou l'autre nation.

Si les Britanniques ne tentèrent jamais d'annexer Goa, ils proposèrent, en 1839, un demi-million de livres aux Portugais pour l'acquérir, mais en vain.

indiens : l'afflux de produits bon marché fabriqués en Grande-Bretagne, notamment des textiles, qui privait de nombreuses personnes de tout revenu ; la destitution de nombreux chefs locaux ; les taxes levées sur les propriétaires terriens.

L'épisode qui aurait mis le feu aux poudres se produisit le 10 mai 1857 à Meerut (Uttar Pradesh) dans des baraquements militaires. Une rumeur se propagea, selon laquelle un nouveau type de munitions était lubrifié avec de la graisse de vache selon les hindous, de porc selon les musulmans. Pour charger une arme, il fallait encore à l'époque mordre le bout de la cartouche. D'où l'insurrection qui s'ensuivit.

À Meerut, l'officier aux commandes fit aligner ses hommes et leur ordonna de mordre le bout des cartouches qui venaient de leur être confiées. Ceux qui refusèrent d'obéir furent emprisonnés. Le lendemain matin, la garnison se rebella, tua les officiers et marcha sur Delhi. Sur les 74 bataillons indiens que comptait l'armée du Bengale, sept (dont un de Gurkha) restèrent loyaux, 20 furent désarmés et 47 autres se mutinèrent. À Delhi, les soldats et les paysans se rallièrent à l'empereur moghol Bahadur Shah Zafar, qui devint le porte-étendard âgé (et plutôt réticent) de la rébellion. Ils tinrent Delhi quelques mois et assiégèrent la Résidence britannique à Lucknow pendant cinq mois, avant de baisser les armes. L'épisode laissa des plaies ouvertes de part et d'autre.

Peu après, la Compagnie anglaise des Indes orientales fut liquidée, et le gouvernement britannique assuma directement le contrôle du pays. Il annonça qu'il soutiendrait les dirigeants des États princiers, en s'engageant à ne pas intervenir dans les affaires locales aussi longtemps qu'ils se montreraient loyaux envers lui. La première guerre d'Indépendance, dont les effets furent moins ressentis dans le sud du pays que dans le nord, n'en attisa pas moins partout des aspirations autonomistes.

Gandhi, athlète de la liberté (Découvertes Gallimard, 2008), de Catherine Clément, est un ouvrage passionnant, qui retrace admirablement la vie du Mahatma.

Le chemin de l'indépendance et la Partition

Le désir de se libérer du joug étranger restait fort chez de nombreux Indiens. L'opposition aux Britanniques commença à croître au tournant du XXe siècle, avec à sa tête le parti du Congrès, la plus ancienne formation politique du pays, fondée en 1885. Le combat pour l'indépendance prit de l'ampleur à la suite des émeutes d'Amritsar (Punjab), en avril 1919, au cours desquelles un contingent de Gurkha de l'armée des Indes fut envoyé pour réprimer l'insurrection. L'officier en charge ordonna à ses hommes de tirer sur une foule désarmée qui manifestait pacifiquement, tuant quelque 1 500 personnes. La nouvelle du massacre se répandit comme une traînée de poudre à travers le pays, transformant un nombre impressionnant d'Indiens apolitiques en partisans du Congrès. C'est

novembre 1949
Adoption de la Constitution indienne, après plus de deux ans de rédaction par une Assemblée constituante de 308 membres (parmi lesquels un certain nombre de dalits).

26 janvier 1950
L'Inde devient une république. Cette date commémore la déclaration de Purna Swaraj (déclaration d'Indépendance) présentée par le Congrès national indien en 1930.

1956-1960
Les frontières des États indiens sont redéfinies suivant des critères linguistiques. Création du Maharashtra, de l'Andhra Pradesh, du Kerala, de Mysore (Karnataka) et de l'État de Madras (Tamil Nadu).

1961
Sous le nom de code "Opération Vijay", le gouvernement indien déclenche une offensive militaire à Goa et parvient à mettre fin à quatre siècles de domination portugaise.

LE MAHATMA GANDHI

Mohandas Karamchand Gandhi, l'une des plus grandes figures du XXe siècle, naquit le 2 octobre 1869 à Porbandar, dans le Gujarat. Après des études de droit à Londres (1888-1891), il partit pour l'Afrique du Sud, où il exerça le métier d'avocat. C'est là que le jeune Gandhi prit conscience des réalités politiques et entreprit de lutter contre les discriminations raciales auxquelles il était confronté. Il devint rapidement le porte-parole de sa communauté en Afrique du Sud, où il réclama l'égalité des droits pour tous.

Quand Gandhi rentra en Inde, en 1915, la doctrine de la non-violence, ou *ahimsa*, était déjà au centre de son projet politique. Il s'astreignit à une vie simple et disciplinée, et créa à Ahmedabad l'ashram de Sabarmati, le premier ashram ouvert aux intouchables (appelés aujourd'hui dalits).

Dès la première année, Gandhi remporta une victoire en défendant les paysans exploités du Bihar. C'est alors qu'il aurait reçu d'un admirateur le titre de "Mahatma" (grande âme). En 1919, l'adoption de lois discriminatoires, les Rowlatt Acts (qui autorisaient l'absence de jurés dans certains procès politiques), l'incita à poursuivre son action en lançant un mouvement de protestation national. Dans les jours qui suivirent ce *hartal* (grève), les passions se déchaînèrent dans le pays. Après le massacre de manifestants pacifiques à Amritsar (Punjab), Gandhi, profondément choqué, interrompit le mouvement sur-le-champ.

En 1920, devenu l'un des ténors du parti du Congrès, il coordonna une campagne nationale de *satyagraha* (résistance passive) envers les autorités britanniques, qui fit naître un fort sentiment nationaliste et lui valut l'hostilité durable des Britanniques. Au début des années 1930, il fascina son pays et le monde entier par son fabuleux défi au gouvernement de Sa Majesté : à l'issue d'une longue marche d'Ahmedabad à Dandi (sur la côte du Gujarat) à la tête de milliers de partisans, Gandhi recueillit cérémonieusement, par évaporation, du sel de mer, bravant publiquement l'impôt britannique sur le sel tant honni ; à la suite de quoi il fut incarcéré. Relâché en 1931 afin de représenter le Congrès à la table des négociations à Londres, il conquit une partie du peuple britannique, mais ne put obtenir de concessions significatives de la part du gouvernement.

Las de la politique, Gandhi abandonna le parti du Congrès en 1934. En 1942, il revint de façon spectaculaire sur le devant de la scène avec la campagne "Quit India", qui exhortait les Britanniques à quitter le pays immédiatement. Jugées subversives, ses actions le conduisirent une fois de plus derrière les barreaux, avec la plupart des dirigeants du Congrès.

Gandhi fut laissé à l'écart des âpres marchandages qui suivirent la Seconde Guerre mondiale, spectateur impuissant et désespéré des plans de partition, véritable tragédie à ses yeux. Il demeura presque le seul à prôner la tolérance et le maintien d'un pays unique. Son engagement en faveur des membres de toutes les communautés lui valut inévitablement la haine des extrémistes hindous. Le 30 janvier 1948, alors qu'il se rendait à la prière du soir, il fut assassiné par un fanatique hindou, Nathuram Godse.

Dans l'Inde du XXIe siècle, Gandhi demeure un personnage clé de l'histoire du pays. Il est considéré comme le "Père de la Nation".

1965
Escarmouches au Cachemire et au Gujarat : la 2e guerre indo-pakistanaise est déclenchée. Un cessez-le-feu mandaté par l'ONU met fin au conflit.

1966
Indira Gandhi, fille de Jawaharlal Nehru, devient Première ministre. Elle reste la seule femme à avoir occupé ce poste en Inde.

1971
Le Pakistan oriental revendique son indépendance. Troisième guerre indo-pakistanaise. Le Pakistan occidental capitule ; le Pakistan oriental devient le Bangladesh.

1984
Assassinat du Premier ministre Indira Gandhi par deux de ses gardes du corps sikhs à la suite de sa décision controversée de prendre d'assaut le temple d'Or d'Amritsar, sanctuaire le plus sacré du sikhisme.

à cette époque que le Parti trouva un nouveau chef en la personne de Mohandas Gandhi, le futur Mahatma Gandhi (voir l'encadré p. 511).

Après une trentaine d'années de campagne non-violente en faveur de l'indépendance de l'Inde, Gandhi finit par réaliser son rêve. Cependant, malgré son vœu que le pays demeure uni, celui-ci fut divisé en deux, suivant la demande du chef de la Ligue musulmane, Mohammed Ali Jinnah, qui revendiquait un État séparé pour les musulmans indiens. L'ancien Empire des Indes fut partagé entre l'Union indienne et le nouvel État du Pakistan.

En 1947, la partition de l'Inde se solda par un bain de sang. Au cours d'échanges massifs de population, des trains de musulmans fuyant vers l'ouest au Pakistan furent arrêtés et leurs occupants massacrés par des hindous et des sikhs, tandis que ces derniers subissaient le même sort dans l'autre sens. Lorsque la situation revint à la normale, plus de dix millions de personnes avaient émigré et 500 000 avaient péri.

L'Inde et le Pakistan devinrent des nations souveraines en août 1947. Les violences, les mouvements migratoires et l'intégration conflictuelle de certains États, en particulier le Cachemire, se poursuivirent. Le violent conflit autour du Cachemire – État majoritairement peuplé de musulmans, gouverné par un maharaja hindou et officiellement rattaché à l'Inde en octobre 1947 – perdure. À ce jour, il aurait fait 47 000 victimes. La plupart des actes terroristes visant des lieux touristiques en Inde, comme les attentats de Mumbai en 2008, ont un lien avec le Cachemire.

La Constitution de l'Inde fut adoptée en novembre 1949. Après son entrée en vigueur le 26 janvier 1950, l'Inde indépendante devint officiellement une république.

La transformation du Sud

Les conséquences de la Partition ébranlèrent surtout le Nord, et notamment le Punjab, le Cachemire et le Bengale. Dans le Sud, la plupart des anciens États princiers acceptèrent facilement leur nouveau statut. À l'exception de Hyderabad, où l'armée indienne intervint et prit le contrôle du territoire en 1948. Des dizaines de milliers de musulmans furent massacrés par les hindous avant et après cette opération de "maintien de l'ordre".

Dans les années 1950, les États princiers et les provinces britanniques furent démantelés, et l'Inde du Sud fut divisée selon des critères linguistiques. En 1956, les frontières de l'État de Mysore furent redéfinies, pour donner naissance à un État agrandi, avec pour langue officielle le kannada. Il fut rebaptisé Karnataka en 1972.

Le Kerala, de langue malayalam, fut constitué en 1956 par la réunion des États de Travancore (à l'exception de l'extrémité sud, de langue

Le Moghol blanc (Payot, 2008), de William Dalrymple retrace l'histoire de Hyderabad au siècle des Lumières sur fond de guerre coloniale.

1991
L'ancien Premier ministre Rajiv Gandhi, fils d'Indira Gandhi, meurt victime d'un attentat suicide organisé par le Front de libération des Tigres de l'Eelam Tamoul, à Sriperumbudur, près de Chennai.

1998
L'Inde accède au statut de puissance nucléaire après des tests souterrains menés près de Pokaran (Rajasthan). Le Pakistan fait de même. Sanctions de la communauté internationale.

Décembre 2004
Un tsunami frappe les côtes sud et est de l'Inde ainsi que les îles Andaman et Nicobar, faisant plus de 10 000 morts et des centaines de milliers de sans-abri.

2007
Pratibha Patil est la première femme à prêter serment en qualité de présidente de l'Inde, après avoir été la première femme gouverneur du Rajasthan. Elle restera en fonctions jusqu'en 2012.

tamoule), de Cochin (aujourd'hui Kochi) et de Malabar (qui dépendait auparavant de la présidence de Madras). Aux élections législatives de 1957, il devint le premier État du monde à élire un gouvernement communiste dans un cadre démocratique et constitutionnel. L'intérêt que les maharajas de Travancore et de Cochin avaient toujours montré pour l'éducation et les services a perduré. De nos jours, le Kerala reste l'un des États indiens les plus tournés vers la culture et les plus progressistes.

L'Andhra Pradesh fut également créé en 1956, par le regroupement de l'Andhra (nord de l'ancienne présidence de Madras) de langue télougou et des régions qui parlaient autrefois cette langue dans le giron de Hyderabad. En 2014, ces dernières ont obtenu leur réunion au sein d'un nouvel État, le Telangana (avec Hyderabad comme capitale), après avoir longtemps dénoncé les négligences et l'exploitation dont elles étaient victimes au sein de l'Andhra Pradesh. Il faudra en revanche attendre des décennies avant que la nouvelle capitale de l'Andhra Pradesh, Amaravati, soit entièrement achevée.

L'État de Madras devint le Tamil Nadu en 1968. Il comprenait depuis 1956 les régions de langue tamoule de l'ancienne présidence de Madras, ainsi que le sud de l'ancien royaume de Travancore.

La création du Maharashtra fut l'une des formations sur des critères linguistiques les plus contestées. Après l'Indépendance, le Maharashtra occidental et le Gujarat formèrent l'État de Bombay, qui intégra en 1956 des régions de langue marathe de Hyderabad et du Madhya Pradesh. En 1960, après des heurts provoqués par les Marathes et les Gujaratis, l'État de Bombay fut divisé en deux. C'est ainsi que furent constitués les États actuels du Maharashtra et du Gujarat.

La France abandonna Pondichéry (Puducherry) en 1954, 140 ans après l'avoir récupéré des Britanniques. Ce Territoire de l'Union (Union Territory, sous administration du gouvernement de Delhi) est doté d'une relative indépendance. Le Lakshadweep (qui englobe l'archipel des Laquedives) obtint à son tour le statut de Territoire de l'Union en 1956, tout comme les îles Andaman et Nicobar.

En dépit des multiples remaniements géographiques, Goa demeura longtemps sous contrôle portugais. Malgré l'existence de revendications indépendantistes depuis le début du XXe siècle, le gouvernement indien ne souhaitait pas reprendre l'État de force, comptant sur le départ volontaire des Portugais. Devant leur refus, il finit par envoyer en décembre 1961 l'armée, qui ne rencontra guère de résistance. Goa fut tout d'abord un Territoire de l'Union. Après la scission avec Daman et Diu (Gujarat), en 1987, il devint officiellement le 25e État de l'Union indienne.

Le film *Gandhi*, de Richard Attenborough (1982), avec Ben Kingsley, Candice Bergen, John Gielgud et quelque 300 000 figurants, illustre bien la marche de l'Inde vers l'indépendance.

Nehru, l'invention de l'Inde (Seuil, 2008), de Shashi Taroor, est une bonne biographie de cette figure majeure de l'Inde du XXe siècle.

Octobre 2008

Le 22 octobre, l'Inde lance la mission spatiale Chandrayaan-1, destinée à mettre en place un satellite en orbite autour de la Lune pendant deux ans.

Novembre 2008

Une série de fusillades et d'attentats dans des sites emblématiques de Mumbai fait au moins 163 morts en trois jours.

2010

Un énorme scandale de corruption touche Manmohan Singh et fragilise le parti du Congrès.

2011

Anna Hazare entame plusieurs grèves de la faim anticorruption très médiatisées. Parfois surnommé "le nouveau Gandhi", ce militant soutenu par la classe moyenne est toutefois loin de faire l'unanimité.

L'Inde moderne

Le premier Premier ministre de l'Inde indépendante, Jawaharlal Nehru, tenta d'engager son pays dans une politique de non-alignement, et entretint des relations cordiales avec la Grande-Bretagne et les pays du Commonwealth, tout en se tournant vers l'Union soviétique – des choix guidés en partie par des conflits avec la Chine et le soutien des États-Unis au Pakistan, ennemi juré de l'Inde.

Un ouvrage de référence : *L'Inde contemporaine* (Hachette Pluriel, 2014), sous la direction de Christophe Jaffrelot, l'un des meilleurs spécialistes du sous-continent.

Le très populaire Nehru s'éteignit en 1964 ; sa fille, Indira Gandhi (sans lien de parenté avec le Mahatma Gandhi), devint Première ministre en 1966 – pendant de longues décennies, la dynastie Nehru-Gandhi continua de dominer la politique indienne. Comme son père avant elle, Indira Gandhi jouissait d'un grand prestige en Inde. Toutefois, son action fut très controversée et les historiens continuent d'offrir des analyses contrastées de sa politique.

En 1975, une forte opposition et une situation instable conduisirent Indira Gandhi à déclarer l'état d'urgence. Libérée des entraves parlementaires, elle mit en œuvre de vastes réformes pour relancer l'économie et lutter contre l'inflation. Parallèlement, de nombreux opposants politiques se retrouvèrent en prison, le système judiciaire prit des allures de théâtre de marionnettes et la presse fut muselée. En 1977, le parti du Congrès d'Indira Gandhi perdit les élections, mais celle-ci revint au pouvoir en 1980 avec une majorité encore plus large que précédemment.

Indira Gandhi fut assassinée en 1984 par l'un de ses gardes du corps sikhs, à la suite de sa décision controversée de prendre d'assaut le temple d'Or d'Amritsar, saint des saints du sikhisme, occupé par le leader religieux Sant Jarnail Singh Bhindranwale. Son fils Rajiv lui succéda ; il périt à son tour en 1991 dans un attentat suicide commis par une militante du Front de libération des Tigres de l'Eelam Tamoul (LTTE ; mouvement séparatiste armé sri-lankais). Narasimha Rao hérita de la direction du parti du Congrès et le conduisit à la victoire en 1991. L'économie prit un virage sévère sous la houlette de Manmohan Singh, alors ministre des Finances. Le pays fut ouvert aux investissements étrangers et les multinationales affluèrent, attirées par un vivier de professionnels bien formés et les bas salaires. L'Inde émergea notamment parmi les premiers fabricants mondiaux de logiciels.

Malgré ses rapides succès économiques, le gouvernement de Rao, englué dans des scandales de corruption, ne put endiguer la montée des violences intercommunautaires. Il se maintint tant bien que mal jusqu'en 1996, année où il perdit les élections. Le parti du Congrès revint au pouvoir en 2004 sous la conduite d'un autre membre de la famille Gandhi, Sonia, l'épouse italienne de Rajiv Gandhi. La campagne

Mai 2014

Narendra Modi, issu d'une famille d'épiciers du Gujarat, devient Premier ministre après une victoire écrasante du Bharatiya Janata Party (BJP), parti nationaliste hindou, sur le parti du Congrès.

Juin 2014

Le nord de l'Andhra Pradesh devient le Telangana, 29e État indien, après plusieurs années de troubles et d'allégations de négligence et d'injustices.

2015

Après des signes encourageants donnés par la volonté affichée par l'Inde et le Pakistan de renouer le dialogue, un regain de tensions ternit l'espoir d'une résolution à court terme du conflit au Cachemire.

5 décembre 2016

Mort de Jayalalithaa Jayaram, l'ancienne cheffe du gouvernement du Tamil Nadu – sans doute la femme politique à la fois la plus populaire et la plus controversée du pays.

d'agitation nationale planifiée par le BJP (Bharatiya Janata Party, le parti nationaliste hindou) pour dénoncer les origines étrangères du leader du Congrès fut prise de court par la décision de Sonia Gandhi de s'effacer. L'ancien ministre des Finances, Manmohan Singh, fut alors intronisé Premier ministre. De religion sikhe, il devint ainsi le premier membre d'une communauté religieuse minoritaire à accéder à la plus haute fonction du pays.

Manmohan Singh occupa le poste de Premier ministre jusqu'aux élections fédérales de 2014, qui se soldèrent par une défaite cuisante pour le parti du Congrès, désormais sous la férule de Rahul Gandhi, le petit-fils d'Indira. Une majorité écrasante porta au pouvoir le BJP dirigé par Narendra Modi, ancien ministre en chef du Gujarat. Un personnage aussi charismatique que controversé, qui a été réélu en 2019.

Pour un aperçu de l'histoire récente du pays et un focus sur les particularités de l'Inde du Sud, reportez-vous au chapitre *L'Inde du Sud aujourd'hui* (p. 496).

2017

L'Inde connaît un ralentissement de sa croissance, après la démonétisation des billets de 500 et 1 000 roupies.

Juillet-août 2018

Les pires inondations depuis un siècle frappent le Kerala, provoquant la mort de 400 personnes et des dégâts estimés à 2,5 milliards de dollars, essentiellement dans le centre et le nord de l'État.

Septembre 2018

La Cour suprême lève l'interdiction faite aux Indiennes de 10 à 50 ans d'entrer dans le temple d'Ayyappan à Sabarimala (Kerala) et dépénalise l'homosexualité.

2019

Victoire du BJP aux élections fédérales : Narendra Modi est reconduit comme Premier ministre.

La société indienne

Tout comme la spiritualité, qui imprègne les moindres aspects de la vie quotidienne en Inde, la famille est au cœur de la société. L'une et l'autre jouent un grand rôle dans les cérémonies qui marquent les étapes de l'existence. En dépit du nombre croissant de familles nucléaires, principalement dans les métropoles, la famille élargie demeure la pierre angulaire des sociétés rurales et urbaines indiennes. Les hommes sont considérés comme les chefs du foyer, dont ils assument souvent la charge financière.

Mariage, naissance et mort

Les mariages arrangés sont entrés dans l'ère du virtuel avec des sites tels que www.shaadi.com, www.bharatmatrimony.com et, plus récemment, www.secondshaadi.com, pour ceux qui veulent tenter leur chance une seconde fois !

À chaque religion ses traditions, mais pour chacune d'entre elles, le mariage, la naissance et la mort sont marqués par des rituels. Les hindous sont majoritaires en Inde (80% ; voir aussi p. 523) ; les musulmans forment 14,2% de la population indienne – ce qui représente 176 millions de fidèles, soit l'équivalent de la population du Pakistan. Les chrétiens, toutes confessions mêlées, constituent 2,3% de la population, ce qui fait du christianisme la troisième religion d'Inde.

Le mariage est particulièrement important en Inde : pour une grande majorité d'Indiens, l'idée de ne pas être marié une fois passé la trentaine est inconcevable. Si les "mariages d'amour" sont en augmentation (surtout dans les villes), les unions sont le plus souvent arrangées et ce, que la famille soit hindoue, musulmane, sikhe ou bouddhiste. Des recherches discrètes sont effectuées dans la communauté. Si l'on ne trouve pas de parti convenable, on peut faire appel à des marieurs professionnels ou publier une annonce dans la presse ou sur Internet. Pour les hindous, après vérification de la concordance des horoscopes, une rencontre est organisée entre les deux familles.

La dot, bien qu'illégale depuis 1961, reste un élément clé dans les unions arrangées (surtout dans les milieux conservateurs) et des familles s'endettent lourdement pour fournir l'argent et les biens requis (voitures, ordinateurs, réfrigérateurs, télévisions, appartements...). Chez les musulmans, le marié doit verser un *mehr* à la mariée.

Avec plus de 25 millions d'expatriés, l'Inde possède la deuxième plus importante diaspora de la planète. Les banques indiennes détiennent plus de 70 milliards de dollars US sur les comptes des Indiens expatriés (Non-Resident Indians ; NRI).

Le mariage hindou est célébré par un prêtre et formalisé quand le couple a fait sept fois le tour d'un feu sacré. Les cérémonies musulmanes impliquent la lecture du Coran ; traditionnellement, les époux se voient à travers des miroirs. Malgré l'existence de familles nucléaires, la norme pour une épouse reste de vivre dans la famille de son mari et d'assumer les tâches domestiques sous la tutelle de sa belle-mère. Les relations parfois houleuses provoquées par cette cohabitation forcée sont le sujet de nombreux feuilletons télévisés.

Les divorces et les remariages deviennent plus fréquents dans les grandes villes, même si le divorce reste assez mal vu. Dans les castes supérieures des régions plus traditionnelles, les veuves ne sont pas censées se remarier ; elles doivent s'habiller en blanc et vivre pieusement. En 2017, sous la pression des mouvements pour les droits des femmes, la Cour suprême a interdit le divorce par répudiation qui permettait

LES ADIVASI

L'origine des Adivasi ("tribus répertoriées" ; "habitants d'origine" en sanskrit) est antérieure à celle des Aryens védiques et des Dravidiens du Sud. Les Adivasi, répartis en plus de 400 groupes ethniques (des Gondi des plaines centrales aux Toda du Tamil Nadu), représentent environ 8,6% de la population. Quelque 95% des Adivasi vivent dans les campagnes, surtout dans les régions montagneuses. Nombreux dans les États du Nord-Est, ils vivent aussi en Inde du Sud, en particulier dans l'Odisha (Orissa ; p. 294), dans l'Andhra Pradesh, au Tamil Nadu et dans les îles Andaman (p. 480), où ils sont menacés d'extinction. Leur taux d'alphabétisation se situe bien en deçà de la moyenne nationale.

Par le passé, rares étaient les conflits entre les Adivasi et les villageois des plaines, car ils n'entraient pas en concurrence pour les ressources et les terres. Pourtant, au cours des dernières décennies, de nombreux Adivasi ont été privés de leurs terres ancestrales et sont devenus des travailleurs pauvres. Bien que représentés au Parlement grâce au système des quotas, ils ont parfois été dépossédés et exploités avec la complicité des autorités, une accusation que rejette le gouvernement. La création de réserves naturelles en Inde du Sud, notamment, a également contraint des populations forestières à s'établir ailleurs. Aujourd'hui, à moins d'un effort décisif en leur faveur, l'avenir des Adivasi semble compromis.

Pour en savoir plus sur les Adivasi, reportez-vous p. 530. En guise de bibliographie, citons *L'Inde avant l'Inde* (Hermann, 2007), avec de superbes photos de Ruth Van der Molen et des textes signés Gérard Clot et Jean-Claude Carrière. Pour un aperçu de leur patrimoine artistique, feuilletez *Autres Maîtres de l'Inde* (Somogy, 2010), le catalogue d'une exposition présentée au musée du quai Branly-Jacques-Chirac, à Paris.

aux hommes musulmans de se séparer d'une épouse simplement en prononçant trois fois le mot *talaq* ("divorce").

La naissance d'un enfant est marquée par des cérémonies spécifiques, qui se déroulent au cours des premières années – chez les hindous, elles ont lieu lors du premier horoscope, de l'attribution du prénom, de la première ingestion de nourriture solide et, pour les garçons, de la première coupe des cheveux.

Les hindous incinèrent leurs morts ; les cérémonies funéraires visent à purifier et à consoler le défunt et les vivants. Le *sharadda*, un hommage aux ancêtres à qui l'on offre de l'eau et des gâteaux de riz, se répète à chaque anniversaire du décès. Les cendres sont rassemblées après la crémation ; treize jours après la mort (quand les proches ont retrouvé leur pureté), un membre de la famille les disperse habituellement dans un fleuve sacré comme le Gange ou dans l'océan. De manière similaire, les sikhs lavent puis incinèrent leurs morts. Les musulmans les préparent soigneusement, avant de les enterrer. Les parsis zoroastriens placent leurs défunts dans des "tours du silence" (tours en pierre) pour qu'ils soient livrés aux éléments et aux oiseaux de proie.

Marc Boulet est un journaliste indépendant qui s'est fait passer pour un dalit et a partagé les conditions de vie de cette caste de réprouvés. Une expérience dont il témoigne dans un livre intitulé *Dans la peau d'un intouchable* (Points Essais, 1995).

Le système des castes

Bien que la Constitution indienne ne reconnaisse pas le système des castes, celui-ci conserve une influence considérable, surtout dans les campagnes, où la caste détermine largement la position sociale. Elle peut aussi influencer les perspectives professionnelles et maritales. Les castes se subdivisent en milliers de *jati*, groupes de "familles" ou communautés, parfois liés à une activité. Les hindous conservateurs épouseront uniquement quelqu'un du même *jati*, et c'est souvent un critère affiché dans les annonces matrimoniales. Dans certaines régions traditionnelles, des jeunes hommes et femmes tombés amoureux en dehors de leur caste sont assassinés. En milieu urbain, les unions entre personnes de castes différentes augmentent lentement, même si elles restent rares.

Pour en savoir plus sur le système des castes, procurez-vous *Inde, comprendre la culture des castes* (Aube Poche, 2016), de Sandrine Prévot, qui constitue une excellente introduction à la société indienne contemporaine.

Le site www.tribal.nic.in, géré par le Ministry of Tribal Affairs, vous en apprendra davantage sur les groupes ethniques de l'Inde.

Selon la tradition, la caste est la structure de base de la société hindoue. Mener une vie vertueuse et accomplir son dharma (devoir) augmente les chances de renaître dans une caste supérieure, donc dans de meilleures conditions. Les *varna* (castes) sont au nombre de quatre : les brahmanes (prêtres et érudits), nés de la bouche de Brahma lors de la création du monde ; les *kshatriya* (guerriers et administrateurs), issus de ses bras ; les *vaishya* (marchands), qui viennent de ses cuisses ; et les *shudra* (serviteurs), qui sont sortis de ses pieds.

En dessous de ces quatre castes, les dalits (autrefois appelés intouchables) effectuent les tâches les plus ingrates. Ils représentent environ un sixième de la population. Nombre des codes complexes de pureté rituelle ont été conçus pour éviter tout contact physique entre des hindous de caste supérieure et les dalits. Un système moins rigide divise les communautés musulmanes indiennes en *ashraf* (haute lignée), *ajlaf* (basse lignée) et *arzal* (équivalent des dalits). Le mot paria vient du nom d'un groupe dalit tamoul, les Paraiyar. Certains dirigeants dalits, comme le célèbre Dr Ambedkar (1891-1956), architecte de la Constitution indienne, tentèrent de changer de statut en adoptant une autre foi – le bouddhisme dans son cas. Tout en bas de l'échelle sociale, les *Denotified Tribes* furent appelées "tribus criminelles" (*Criminal Tribes*) jusqu'en 1952, quand une loi reconnut officiellement 198 ethnies et castes. Pour beaucoup nomades ou semi-nomades, elles n'ont d'autre choix que de vivre en marge de la société.

Pour améliorer la situation des dalits, le gouvernement pratique la discrimination positive dans le secteur public et les universités, ainsi qu'au Parlement. Aujourd'hui, ces quotas représentent près de 25% des emplois dans la fonction publique et des places d'étudiants dans les universités. La situation diffère selon les régions et les besoins de voix des politiciens. Bien que considéré plutôt favorablement, ce système de quotas a été accusé de bloquer l'accès à l'enseignement supérieur et aux emplois à ceux qui l'auraient par ailleurs mérité et d'exclure d'autre communautés défavorisées. Les exemples de discrimination envers les dalits restent monnaie courante dans la vie de tous les jours. Les hautes castes leur refusent par exemple l'entrée de certains temples, et l'on dénombre des cas de passage à tabac et même de meurtre. En revanche, une décision prise en 2017 par le Travancore Devaswom Board (TDB), l'une des fondations chargées de la gestion des temples hindous du Kerala, a permis pour la première fois à six dalits d'officier comme prêtres.

LES HIJRA

La communauté "non hétérosexuelle" la plus visible en Inde est celle des *hijra*, une caste de travestis et d'eunuques qui s'habillent en femmes. Certains sont gays, d'autres intersexes, d'autres encore ont été enlevés et castrés. Les *hijra* occupent depuis toujours une place dans la culture indienne, en lien avec l'hindouisme. Ils jouissaient d'un certain respect jusqu'à l'arrivée des Britanniques, qui les criminalisèrent en 1997. Toutefois, la Cour suprême de l'Inde a reconnu, en 2014, les transsexuels et les *hijra* comme un troisième sexe et un groupe ayant droit à des places réservées dans l'éducation et les emplois de l'administration. L'homosexualité a été dépénalisée en 2018.

Les *hijra* gagnent principalement leur vie en animant des mariages et des fêtes pour la naissance d'un enfant mâle. Beaucoup se prostituent également ou mendient, surtout dans les grandes villes. En 2014, Padmini Prakash est devenu le premier présentateur transgenre du journal télévisé indien.

Un nombre croissant d'ouvrages traitent du sujet, parmi lesquels *The Invisibles* de Zia Jaffrey, *Ardhanarishvara the Androgyne* d'Alka Pande, *The Truth About Me: A Hijra Life Story* d'A. Revathi et *Me Hijra, Me Laxmi* de Laxmi Tripathi.

LES VÊTEMENTS TRADITIONNELS

Couramment porté par les Indiennes, l'élégant sari est une longue pièce de tissu (de 5 à 9 m de long sur 1 m de large), ingénieusement drapé et plissé autour de la taille sans épingle ni bouton. Il se porte avec un *choli* (blouse ajustée), sur un jupon retenu par un cordon. Le *palloo* est le pan du sari rejeté sur l'épaule. De nombreuses femmes portent aussi le *salwar kameez*, qui se compose d'une tunique semblable à une robe, d'un pantalon et d'un *dupatta* (longue écharpe).

Traditionnellement, les hommes portent le *dhoti*, ainsi que le *lungi* et le *mundu* dans le Sud. Le *dhoti* est un long pagne que l'on passe entre les jambes. Le *lungi* ressemble à un sarong dont les extrémités sont cousues pour former un tube. Le *mundu* est similaire, mais il est toujours blanc. Une *kurta* est une longue tunique ou chemise, souvent sans col, portée principalement par les hommes (parfois par les femmes). Le *kurta pyjama* est un ensemble en coton, composé d'une chemise et d'un pantalon, que l'on porte chez soi ou pour dormir. Le *churidar* est un pantalon proche du corps, souvent porté (par les deux sexes) avec une *kurta*. Le *sherwani*, une longue veste pour homme, réservé aux grandes occasions, s'inspire du *salwar kameez* et de la redingote britannique.

Le costume varie selon les régions et les religions ; certaines femmes musulmanes, par exemple, revêtent une *jilbab* ou un niqab qui les couvre entièrement.

Dans les grandes villes d'Inde du Sud, comme Mumbai, et dans les régions touristiques, à Goa ou dans le Kerala, les vêtements occidentaux sont assez répandus, surtout parmi les jeunes, tandis que des stylistes locaux s'affirment de plus en plus.

Pèlerinages

Les dévots hindous doivent effectuer au moins un *yatra* (pèlerinage) par an pour implorer les divinités, disperser les cendres d'un parent dans un fleuve sacré, ou accroître leur mérite spirituel. Le pays compte des milliers de lieux de pèlerinage. Les personnes âgées réservent souvent leur dernier voyage à Varanasi, car mourir dans cette ville sacrée mettrait fin au cycle des renaissances. Le pèlerinage à Sabarimala, au Kerala, figure parmi les plus importants. Les femmes entre 10 et 50 ans (en âge d'avoir leurs règles) en étaient traditionnellement exclues jusqu'à ce que la Cour suprême interdise cette discrimination en 2017, provoquant des manifestations violentes dans tout l'État (voir p. 337).

Les musulmans commémorent des jours sacrés, tel l'anniversaire d'un saint, dans les sanctuaires soufis ; nombre d'entre eux font aussi le hadj à La Mecque. La plupart des fêtes indiennes sont liées à la religion et attirent d'innombrables pèlerins. Même pour les plus joyeuses, n'oubliez jamais qu'il s'agit de célébrations spirituelles. Par ailleurs, chaque année, des bousculades survenues pendant des fêtes font des victimes ; tenez-vous à l'écart des foules.

Feuilleter *Le Goût de l'Inde* (Petit Mercure, 2017), des textes choisis et présentés par Jean-Claude Perrier, donne l'occasion d'approcher la culture et l'imaginaire indien à travers la réflexion d'écrivains et d'artistes majeurs (Henri Michaux, Amitav Ghosh, Dominique Fernandez, Rabindranath Tagore ou Catherine Clément)... avant de se forger sa propre opinion !

Être une femme en Inde

Malgré les représentations des films de Bollywood, la société indienne reste prude et conservatrice, et les conservateurs jugeront qu'une femme est dévergondée si elle sort le soir.

D'après le recensement de 2011, la population indienne comprend 586 millions de femmes. Celles-ci ont le droit de vote et de propriété. On estime que 68% travaillent dans l'agriculture, essentiellement comme ouvrières. Si le pourcentage de femmes impliquées dans la politique a augmenté au cours de la période récente, elles restent toutefois largement sous-représentées au Parlement (11%).

Bien que la vie professionnelle demeure dominée par les hommes, les femmes commencent à se faire une place, surtout dans les centres urbains. Le Kerala a été le premier État à s'affranchir des normes sociales en recrutant des femmes dans la police dès 1938 et à mettre en place un

L'ART DU MEHNDI

Le *mehndi* consiste à peindre au henné de fins motifs, souvent d'inspiration florale, sur les mains, les pieds, les jambes ou les avant-bras des femmes lors de grandes occasions. Cette pratique aurait été introduite en Inde au XIIe siècle par les Moghols. Dans les endroits touristiques, des *mehndi-wallah* appliquent des "bandes" de tatouage au henné naturel, issu des feuilles d'un arbuste, sur les bras, les jambes et le dos. Si vous êtes tenté, prévoyez plusieurs heures pour l'application et le séchage. Si le henné est de qualité, le dessin, brun orangé, peut tenir un mois. Demandez à l'artiste de tester d'abord le henné sur votre bras, car certains contiennent des produits chimiques susceptibles de provoquer des allergies. Refusez le "henné noir" (*black henna tattoo*), non naturel, qui comprend des substances potentiellement dangereuses, notamment la paraphénylèdiamine (PPD).

Dans *Inde, la révolution par les femmes* (Picquier Poche, 2010), Dominique Hoeltgen dresse les portraits de femmes, célèbres ou inconnues, dont les destins éclairent l'avenir du sous-continent.

commissariat entièrement féminin à Kozhikode (Calicut) en 1973 – il y en a désormais 500 à travers le pays. Les villageoises ont souvent du mal à s'imposer, même si diverses initiatives ont ouvert la voie en aidant des femmes socialement défavorisées à se regrouper sous forme de syndicats et en accordant des microcrédits.

Dans les familles à faible revenu, en particulier, les filles sont perçues comme une charge non rentable à cause de la dot que les parents doivent constituer pour le mariage. D'après des chiffres officiels, 7 634 femmes (soit 20 par jour), des jeunes mariées pour la plupart, sont mortes en 2015 à cause d'un problème de dot, certaines poussées au suicide, d'autres assassinées. Selon les professionnels de la santé, le taux élevé d'avortements de fœtus de sexe féminin est dû au fardeau financier que représente la dot d'une fille. La détermination prénatale du sexe du fœtus est interdite en Inde depuis 1984, mais il se pratique toujours clandestinement dans le pays, tandis que les plus riches peuvent contourner la loi en se rendant à l'étranger. Chaque année, entre 300 000 et 600 000 fœtus féminins font l'objet d'un avortement illégal, contribuant à un ratio déséquilibré de 112 garçons pour 100 filles.

En général, les citadines de la classe moyenne accèdent facilement aux études supérieures, mais, une fois mariées, elles doivent bien souvent obéir à leurs beaux-parents et être avant tout des femmes d'intérieur. Comme dans les campagnes, celles qui déçoivent ou ne parviennent pas à donner naissance à un fils risquent des représailles terribles, en témoigne la pratique extrême connue sous le nom de *bride burning*, où l'épouse est aspergée de liquide inflammable, puis brûlée vive par son mari ou sa belle-mère. En 2013, le NCRB répertoriait 8 083 cas, soit presque un par heure. Le nombre réel serait encore plus élevé, tandis que le taux de condamnations reste dramatiquement bas. Les agressions à l'acide par un prétendant éconduit sont également tristement fréquentes. En 2012, un rapport de l'Unicef a mis en évidence que 60% environ des adolescents indiens considéraient légitime de battre une femme, et, d'après certaines sources, un tiers des femmes mariées indiennes auraient été victimes de violences domestiques.

Alors que la Constitution permet le remariage des veuves et des divorcées, rares sont celles qui font valoir ce droit, de peur d'être rejetées par la société, en particulier en dehors des grandes villes. Le taux de divorce en Inde, bien qu'en augmentation, reste parmi les plus bas du monde. Les séparations ont surtout lieu dans les grandes villes ; elles sont mieux acceptées au sein des classes aisées.

En octobre 2006, après des campagnes en faveur des droits des femmes, le Parlement indien a adopté une loi historique accordant des droits et une protection accrue aux femmes victimes de violences domestiques. Jusque-là, si les femmes pouvaient porter plainte contre des maris abusifs, elles n'avaient pas systématiquement droit à une partie des biens du foyer ou à une pension. Toutefois, de nombreuses femmes, en particulier à la campagne, renoncent encore à demander une protection légale par crainte d'être mises au ban de la société. Malgré les réformes législatives, le faible taux de condamnations confère aux coupables un sentiment d'impunité. Le viol conjugal, hélas très répandu, n'est toujours pas vraiment reconnu.

À la suite du viol, suivi du meurtre, d'une étudiante de 23 ans par six hommes à Delhi en 2012, il a fallu attendre un an pour que les lois existantes soient modifiées au moyen de qualifications plus claires et de sanctions plus lourdes. La mort de cette jeune fille, rebaptisée Nirbhaya ("celle qui n'a pas peur"), suscita une vague de protestation massive à travers tout le pays. Le gouvernement y a répondu par la mise en place de nouvelles lois destinées à prévenir les violences faites aux femmes. Ces lois ont été durcies en 2018 face à l'augmentation des cas de viols d'enfants (19 000 en 2016) et l'émoi provoqué par celui, suivi de meurtre, d'une fillette musulmane de 8 ans, Asifa Bano, (supposément) perpétrés par des hindous au Jammu-et-Cachemire.

Amartya Sen, Prix Nobel d'économie, mène une réflexion profonde sur la singularité de son pays. Pour apprécier la richesse de sa pensée, lisez notamment son ouvrage *Splendeur de l'Inde* (Flammarion, Essai, 2014), écrit en collaboration avec Jean Drèze

Malgré les mesures prises, la situation ne semble guère s'améliorer. Les agressions sexuelles sur des femmes et des fillettes indiennes, voire des touristes étrangères, ne cessent hélas d'augmenter, y compris dans le Sud. Le National Crime Records Bureau (NCRB) a ainsi enregistré 38 947 viols en 2016, mais seul un infime pourcentage des agressions sexuelles serait dénoncé, principalement à cause de la pression familiale et/ou de la honte ressentie. Dans le même temps, le taux d'inculpation reste très bas (18,9% en 2016). Le gouvernement du Premier ministre Narendra Modi, réélu en 2019, s'est efforcé de faire évoluer la perception des rapports hommes/femmes, mais beaucoup lui reprochent de ne pas avoir obtenu de résultats probants. Les crimes sexuels et les violences faites aux femmes demeurent donc un problème social majeur et omniprésent dans le sous-continent.

Consultez les conseils de sécurité pour les voyageuses dans *Voyager en solo*, p. 570.

Malgré tout, nombre d'Indiennes militent pour que les choses changent et obtiennent quelques avancées. Le premier centre d'accueil pour femmes victimes (Gauravi ; www.actionaid.org.uk) a ainsi ouvert à Bhopal (Madhya Pradesh) en 2014 et la Cour suprême a autorisé l'accès des femmes au temple de Sabarimala (p. 337), au Kerala.

Sports

Le cricket est ancré depuis longtemps dans le cœur de la nation – le premier match officiel remonte à 1721. L'Inde a remporté sa première victoire en test-match en 1952 à Chennai (alors Madras), contre l'Angleterre. Plus qu'un sport, le cricket est une affaire de fierté nationale, surtout quand l'Inde joue contre le Pakistan. Les matchs entre ces deux voisins, aux relations tendues depuis l'Indépendance, déclenchent une ferveur qui frise le fanatisme et les joueurs des deux équipes subissent une pression intense. Sachin Tendulkar, surnommé "Little Master", est

LES RANGOLI

Tracés sur le seuil des maisons ou dans les espaces publics lors des fêtes, ces motifs ornementaux, appelés *rangoli* ou *kolam*, jouent un rôle propitiatoire et symbolique. Ils sont habituellement dessinés à l'aube ou au coucher du soleil avec de la craie, de la poudre colorée ou de la pâte de riz (ce dernier ingrédient, qui peut être mangé par des rongeurs ou des insectes, illustre le respect des hindous pour le moindre être vivant). Censés attirer les divinités et protéger du mauvais œil, les *rangoli* indiquent aussi aux *sadhus* que les habitants du lieu sont disposés à leur faire offrande.

la star indienne du cricket. En 2012, il est devenu le premier joueur de l'Histoire à avoir réalisé 100 *centuries* (scores individuels supérieurs à cent courses inscrites au cours d'une manche) dans des matchs internationaux ; il a ensuite pris sa retraite l'année suivante. Le cricket – en particulier sa variante la plus courte, le Twenty20 – attire de lucratifs financements et procure le statut de célébrité à ses joueurs. Mais il a aussi ses côtés sombres, des joueurs indiens ayant été impliqués dans des scandales de matchs truqués. Des rencontres internationales ont lieu dans différentes villes. Pour suivre l'actualité du cricket, consultez les sites www.espncricinfo.com et www.cricbuzz.com.

Inspirée de l'histoire vraie des championnes de lutte Geeta et Babita Phogat, le film *Dangal* (2016), avec l'acteur Aamir Khan, s'est classé parmi les succès les plus rentables de Bollywood.

La Ligue indienne de football, l'Indian Super League (ISL ; www.indiansuperleague.com), lancée en 2013, a réussi à promouvoir le football comme sport de première catégorie. Avec des matchs attirant les foules et des joueurs internationaux, comme le légendaire footballeur de la Juventus, Alessandro del Piero (qui a signé pour le Delhi Dynamos en 2014 avant de prendre sa retraite l'année suivante) ou Marco Materazzi (connu pour le coup de tête de Zidane lors du Mondial), ancien entraîneur de Chennai, l'ISL a attiré une attention internationale. L'I-League, la plus ancienne ligue nationale, n'a jamais suscité un tel engouement.

L'Inde a également des liens historiques avec le polo, qui prospéra par intermittence dans le sous-continent jusqu'à l'Indépendance, surtout parmi l'aristocratie, avant de décliner faute de fonds. Aujourd'hui, ce sport connaît un regain d'intérêt grâce à un sponsoring renforcé et, tout en restant élitiste, il attire davantage l'attention d'une classe moyenne supérieure en plein essor. Les origines du polo demeurent obscures. Sans doute apparu en Perse et en Chine il y a 2 000 ans, il aurait été pratiqué pour la première fois dans le sous-continent au Baltistan (dans l'actuel Pakistan). Selon certains, l'empereur Akbar (qui régna en Inde de 1556 à 1605) aurait le premier introduit les règles du jeu. Le polo tel qu'il est joué à présent a été largement influencé par un régiment de cavalerie britannique, stationné en Inde dans les années 1870. Une série de règles internationales a été ajoutée après la Seconde Guerre mondiale. Le plus vieux club de polo du monde encore en activité se trouve à Kolkata : il s'agit du Calcutta Polo Club (www.calcuttapolo.com), fondé en 1862. Des matchs de polo ont lieu l'hiver à Mumbai ou à Hyderabad.

Si vous souhaitez assister à une rencontre sportive durant votre séjour en Inde, consultez Internet, les journaux locaux ou les offices du tourisme.

Le hockey sur gazon ne suscite plus la même ferveur qu'autrefois, même si les équipes nationales masculines et féminines se classent respectivement aux 5e et 9e rangs mondiaux. Pendant son âge d'or, entre 1928 et 1956, l'Inde a remporté six médailles d'or olympiques consécutives, suivies de deux autres, en 1964 et en 1980. Les initiatives récentes visant à provoquer un regain d'intérêt pour ce sport ont eu des résultats mitigés. Pour en savoir plus sur le hockey sur gazon en Inde, consultez les sites de Hockey India (hockeyindia.org) et d'Indian Field Hockey (www.bharatiyahockey.org).

Aux Jeux olympiques de Rio de 2016, l'Inde n'a décroché que deux médailles, malgré un chiffre record de 118 athlètes en compétition. P. V. Sindhu est devenue la première femme indienne à obtenir une médaille d'argent (en badminton) et Sakshi Malik a établi un record en devenant la première lutteuse indienne à repartir avec une médaille olympique (bronze).

Le kabaddi est un autre sport d'équipe populaire, en particulier au Tamil Nadu. Deux équipes occupent chacune un côté d'un terrain. Un attaquant court vers le côté opposé, prend une inspiration et tente de toucher un ou plusieurs membres de l'équipe adverse. Il psalmodie "*kabaddi*" pour indiquer qu'il n'a pas repris son souffle, puis retourne dans son camp avant de reprendre son souffle.

Parmi les sports qui font l'objet d'un intérêt croissant, citons le tennis (www.aitatennis.com), dont les vedettes indiennes sont Sania Mirza, Leander Paes et Mahesh Bhupathi, et les courses de chevaux, appréciées dans les grandes villes comme Mumbai, Hyderabad, Bengaluru (Bangalore), et la station d'altitude d'Ooty (Udhagamandalam), au Tamil Nadu.

L'Inde spirituelle

La spiritualité imprègne l'existence de chaque Indien. L'hindouisme, auquel adhèrent près des 80% de la population (un peu moins dans le Sud), prédomine largement. Ses racines remontent à plus de mille ans avant notre ère. Le bouddhisme et le jaïnisme, apparus vers le VIe siècle av. J.-C., sont également fortement ancrés dans l'histoire du pays, alors que l'islam, apparu sur le sous-continent au XIIe siècle, demeure la première religion minoritaire du pays.

Hindouisme

L'hindouisme n'a ni fondateur ni autorité centrale ; il ne fait pas de prosélytisme. Les hindous croient au Brahman, principe invisible, éternel, incréé et infini. Tout ce qui existe émane de lui et revient à lui. Les innombrables dieux et déesses ne sont que des manifestations du Brahman, formes reconnaissables de cette puissance immatérielle.

Le panthéon hindou compterait près de 330 millions de divinités. Chacun choisit celles qu'il vénère, en fonction de ses affinités personnelles ou de la tradition.

Les hindous considèrent la vie terrestre comme cyclique. L'homme est soumis à des renaissances successives, un cycle de réincarnations appelé *samsara*. La qualité de chaque incarnation dépend du karma (conduite ou actes) des vies antérieures. Une vie vertueuse et le respect du dharma (code moral de comportement et d'obligations sociales) accroissent les chances de se réincarner dans une caste supérieure. En revanche, un mauvais karma peut conduire à la renaissance sous la forme d'un animal. Seul l'être humain peut acquérir une connaissance de soi suffisante pour mettre fin au cycle des renaissances et atteindre le *moksha* (délivrance).

Panthéon

Les divinités hindoues sont des manifestations du Brahman, décrit comme une trinité, le Trimurti, constituée de Brahma, Vishnu et Shiva.

Brahman

Le Tout, l'absolu, l'ultime réalité. Principe neutre, sans forme et éternel, il est source de toute forme de vie. On le dit *nirguna* (dénué d'attributs), contrairement aux autres dieux qui sont *saguna* (pourvus d'attributs).

Brahma

Brahma ne joue un rôle véritablement actif que dans la création de l'Univers. Le reste du temps, il médite. Il a pour épouse Sarasvati, déesse de la Connaissance, et pour monture un cygne. On le représente parfois assis sur un lotus émergeant du nombril de Vishnu pour symboliser l'interdépendance des dieux. Généralement représenté avec quatre têtes (couronnées et barbues), Brahma est aujourd'hui le moins vénéré des dieux du Trimurti. Il a été éclipsé par Shiva et Vishnu.

Mythes et dieux de l'Inde. Le polythéisme hindou (Flammarion, coll. Champs essais, 2009), d'Alain Daniélou, présente la conception du monde et du divin dans l'hindouisme contemporain.

Vishnu

Il est le conservateur ou le protecteur, associé à l'"action juste". Il protège et soutient tout ce qui est bon. Il est habituellement représenté avec quatre bras tenant un lotus, une conque marine (dans laquelle on peut souffler comme dans une trompe, aussi symbolise-t-elle les vibrations cosmiques, sources de vie), un disque (chakra) et une massue. Son épouse est Lakshmi, la déesse de la Fortune, et sa monture Garuda, créature

ÔM

L'un des symboles les plus vénérés de l'hindouisme, Ôm est un mantra (mot ou syllabe sacrés) hautement propice. Son aspect en forme de "trois" symbolise la création, la préservation et la destruction de l'Univers, et par conséquent le Trimurti. Le *chandra* (croissant ou demi-lune) renversé représente l'esprit discursif et le *bindu* (point) à l'intérieur, Brahman. Dans le bouddhisme, les fidèles croient que la répétition du Ôm avec une concentration absolue conduit à un état de bienheureuse vacuité.

Shiva est parfois désigné comme le dieu du Yoga, un ascète vivant dans l'Himalaya, aux cheveux emmêlés, au corps recouvert de cendres, avec un penchant pour le chilom (pipe de haschich) et un troisième œil symbolisant la sagesse.

mi-homme, mi-oiseau. Censé émaner de l'océan primordial, créateur de toutes choses physiques, le Gange sacré coule des pieds de Vishnu dans le monde matériel, que la chevelure emmêlée de Shiva l'empêche de détruire.

Shiva

Shiva est le destructeur : il détruit pour sauver le monde à la fin de chaque cycle de l'Univers. Sans lui la création d'un nouveau cycle ne pourrait avoir lieu. Son rôle créatif est symbolisé par le lingam, une représentation phallique vénérée. Doté de 1 008 noms, Shiva revêt une multitude de formes, dont celle de Nataraja, le seigneur du *tandava* (danse cosmique), qui rythme la création ou la destruction de l'Univers.

Parfois, des serpents entourent son cou. Armé d'un trident (représentant le Trimurti), il chevauche Nandi, son taureau symbole de pouvoir, de puissance, de justice et d'ordre moral. Parvati, l'épouse de Shiva, peut prendre de nombreuses formes, dont celles de Durga et de Kali, divinités sanguinaires.

Ganesh

Ganesh, à tête d'éléphant, est le dieu de la Chance, qui écarte les obstacles ; il est aussi le patron des scribes – la défense brisée qu'il tient à la main aurait servi à écrire une partie du *Mahabharata*. Son véhicule, Mooshak, ressemble à un rat. Les légendes diffèrent quant à l'origine de sa tête de pachyderme. Selon l'une d'elles, Parvati le mit au monde en l'absence de son père, Shiva. Un jour qu'il montait la garde pendant que sa mère se baignait, Shiva revint et demanda à voir Parvati, mais Ganesh refusa. Furieux, Shiva lui trancha la tête pour découvrir qu'il avait décapité son propre fils ! Il jura de remplacer la tête de Ganesh par celle de la première créature qu'il croiserait et ce fut un éléphant. La fête de Ganesh Chaturthi est particulièrement importante en Inde du Sud.

Krishna

Krishna, huitième incarnation de Vishnu, est envoyé sur terre pour défendre le Bien et combattre le Mal. Ses badinages avec les *gopi* (vachères) et son amour pour Radha (l'une de ses favorites à l'époque où il était vacher) ont inspiré une multitude de tableaux et de chansons. Représenté avec la peau bleue, il est souvent dépeint jouant de la flûte.

Saviez-vous que Kali la sanguinaire est une autre forme de Gauri, la déesse pourvoyeuse de lait ? Pour découvrir les curiosités de la mythologie hindoue, consultez le *Dictionnaire de l'hindouisme* (Éditions du Rocher, 2002), de Jean Varenne.

Hanuman

Héros du *Ramayana*, Hanuman est le loyal allié de Rama (septième incarnation de Vishnu). Habituellement représenté comme un singe, il personnifie la *bhakti* (dévotion).

Shakti et les divinités féminines

Chez les shivaïtes (adorateurs de Shiva), la *shakti*, la divine puissance créatrice des femmes, est vénérée comme une force à part entière. Le principe de la *shakti* est personnifié par l'ancienne déesse Devi (la mère divine), qui se manifeste également sous la forme de Durga ou de Kali la destructrice. Parmi les autres déesses révérées figurent Lakshmi, la déesse de la Fortune, et Sarasvati, la déesse de la Connaissance.

Murugan

L'un des fils de Shiva, Murugan, est une divinité très importante en Inde du Sud, notamment dans le Tamil Nadu. Il est parfois confondu avec un autre fils de Shiva, Skanda (Kartikiya), qui est vénéré dans le Nord. Murugan a pour rôle principal celui de protecteur : il est représenté jeune et victorieux.

Ayyappan

Autre fils de Shiva, Ayyappan joue lui aussi un rôle de protecteur. Son temple à Sabarimala (p. 337), dans le Kerala, attire chaque année 40 à 60 millions de pèlerins. Il serait né de l'union de Shiva et de Vishnu, deux divinités masculines ; Vishnu aurait prit une forme féminine (Mohini) pour le mettre au monde. Le chaste Ayyappan est souvent représenté chevauchant un tigre et en compagnie de léopards, symbole de sa victoire sur les forces obscures. Son temple le plus connu, à Sabarimala (Kerala), attire chaque année des millions de fidèles, qui doivent s'abstenir de consommer alcool, drogues et cigarettes et éviter toute mauvaise conduite avant d'accomplir le pèlerinage. L'interdiction faites aux femmes en âge de procréer d'entrer dans le sanctuaire a été invalidée en 2018 par la Cour suprême, non sans provoquer des réactions hostiles.

Il est peu de régions où l'on vénère les dieux hindous avec autant de ferveur qu'au Tamil Nadu, où l'architecture sacrée de l'Inde du Sud atteint son apogée. La divinité la plus révérée est ici Shiva, représenté sous des formes extrêmement variées, comme celle de Nataraja. Murugan, son fils chevauchant un paon, est aussi extrêmement populaire.

Textes sacrés

Les textes sacrés de l'hindouisme se répartissent en deux catégories : ceux révélés par les dieux (*shruti*, "entendre") et ceux qui ont été écrits par des humains (*smriti*, "mémoire", "se souvenir"). Les Veda, considérés comme *shruti*, sont les textes fondateurs de l'hindouisme. Les plus anciens écrits védiques furent réunis il y a plus de 3 000 ans dans le Rig-Veda, dont les 1 028 versets comprennent des prières de prospérité et de longévité, ainsi qu'une explication de l'origine de l'Univers. Les Upanishad, les dernières parties des Veda, traitent du mystère de la mort et insistent sur l'unité de l'univers. Les premiers textes furent rédigés en sanskrit védique, une langue proche du persan ancien, et les plus tardifs en sanskrit classique. Beaucoup ont été traduits en langue vernaculaire.

La littérature *smriti* englobe une collection de textes couvrant plusieurs siècles, expliquant en détail le rituel de cérémonies domestiques, et exposant des principes politiques, économiques et religieux. Parmi les plus connus figurent le *Ramayana* et le *Mahabharata*, ainsi que les *Purana*, dix-huit récits sanskrits à vocation encyclopédique qui développent les premiers et promeuvent la notion de Trimurti. Contrairement aux Veda, la lecture des *Purana* n'est pas réservée aux mâles initiés des castes supérieures.

Le Mahabharata

Cette épopée, qui relate les exploits de Krishna, remonterait aux alentours de 1000 av. J.-C. Elle devint beaucoup plus complexe vers 500 av. J.-C., à la suite de substantiels ajouts, dont la *Bhagavad-Gita* (un dialogue entre Krishna et Arjuna avant une bataille). Sur fond de lutte entre deux clans rivaux, les dieux héroïques (les Pandava) et les démons (les Kaurava), le *Mahabharata* contient des enseignements philosophiques et théologiques très développés. Krishna, incarné en cocher au service d'Arjuna, le héros des Pandava, participe à la victoire sur les Kaurava.

Le *Chant du Bienheureux* (la *Bhagavad-Gita*) et le *Ramayana*, les deux textes hindous fondamentaux, ont été traduits en français et sont disponibles chez de nombreux éditeurs. Pour les enfants à partir de 9 ans, Pascal Fauliot a fait paraître une adaptation du *Ramayana* aux éditions Casterman (Lecture poche, 2015).

Le Ramayana

Composé vers le IIIe ou le IIe siècle av. J.-C., le *Ramayana* est attribué en grande partie au poète Valmiki. Comme le *Mahabharata*, il évoque un conflit entre les dieux et les démons. L'histoire raconte que Dasharatha, le roi sans enfants d'Ayodhya, implora les dieux de lui accorder un fils. Rama, l'enfant qu'il obtint, était en réalité une incarnation de Vishnu, qui avait pris forme humaine pour renverser Ravana, le roi-démon de

7, UN NOMBRE SACRÉ

Le nombre 7 revêt une importance particulière dans l'hindouisme. L'Inde compte ainsi sept rivières sacrées : le Gange (Ganga), la Saraswati (identifiée à un cours d'eau aujourd'hui partiellement asséché), la Yamuna, l'Indus, la Narmada, la Godavari et la Cauvery (Kaveri). Il existe également sept villes saintes (Sapta Puri) constituant des lieux de pèlerinage majeurs. Une seule se trouve en Inde du Sud : Kanchipuram (p. 410), au Tamil Nadu, qui abrite 108 temples dédiés à Shiva. Les autres sont (Varanasi, ou Bénarès, associée à Shiva ; Haridwar, l'endroit où le Gange pénètre dans la plaine depuis sa source himalayenne ; Ayodhya, lieu de naissance de Rama ; Dwarka, une cité ancienne considérée comme la capitale de Krishna et dont une partie des vestiges gisent sous la mer d'Oman ; Mathura, le lieu de naissance de Krishna ; et Ujjain, le site d'un grand pèlerinage, le Kumbh Mela, tous les douze ans.

Lanka (actuel Sri Lanka). Devenu adulte, Rama, ayant remporté la main de Sita après être parvenu à bander l'arc de Shiva, fut désigné par son père comme héritier du trône. Mais, au dernier moment, la belle-mère de Rama exigea que cette faveur fût accordée à son propre fils, Barathan. Exilés, Sita, Rama et son frère Lakshmana se réfugièrent dans les forêts, où ils durent affronter les démons. Ravana enleva Sita et l'enferma dans son palais de Lanka. Rama, aidé par l'armée des singes sous la conduite de leur dieu Hanuman, parvint à trouver le palais, tua Ravana et libéra Sita. Tous revinrent victorieux à Ayodhya, où, accueilli par Barathan, Rama fut couronné roi. C'est cette légende que célèbre le temple de Ramanathaswamy (p. 446) à Rameswaram, dans le Tamil Nadu.

Faune et flore sacrées

Les animaux, en particulier les serpents et les vaches, sont depuis longtemps vénérés dans le sous-continent. Pour les hindous, la vache est synonyme de fertilité et d'abondance, tandis que les serpents (surtout les cobras) sont associés à la fertilité et au bien-être. Les *naga* (serpents) en pierre ont pour double fonction de protéger les humains des serpents et d'apaiser les dieux-serpents.

Des plantes sont aussi liées au sacré. Les banians représentent le Trimurti et le manguier symbolise l'amour – Shiva aurait épousé Parvati sous un manguier. La fleur de lotus aurait émergé des eaux primordiales et serait reliée par sa tige au centre mythique de la Terre. Cette fleur, fragile et tenace, souvent présente dans les eaux les plus polluées, parvient à fleurir au-dessus de fonds boueux. Le centre du lotus correspond au centre de l'Univers, au nombril de la Terre ; tout est maintenu ensemble par la tige et les eaux éternelles. Fragile et tenace, le lotus incarne la beauté et la force, et rappelle aux hindous ce que devrait être leur vie. Le lotus est aujourd'hui la fleur nationale de l'Inde.

Le *sadhu* est celui qui a renoncé à toute possession matérielle pour se consacrer à la spiritualité grâce à la méditation, à l'étude des textes sacrés, à la mortification et au pèlerinage. *Sadhus: India's Mystic Holy Men*, de Dolf Hartsuiker, vous en apprendra davantage sur le sujet.

Cultes

Les cultes et rituels tiennent une place prépondérante dans l'hindouisme. La plupart des foyers hindous possèdent un autel, où les membres de la famille prient les divinités de leur choix. Hors de chez eux, les hindous prient dans des temples. La puja, au centre du culte, va de l'invocation silencieuse aux cérémonies grandioses. Elle comprend habituellement le *darshan* (vision de la statue de la divinité). Les dévots quittent souvent le temple en emportant une poignée de *prasad* (nourriture bénie), qu'ils partageront avec leurs proches. Parmi les autres rites figurent l'*aarti* (qui consiste à allumer des lampes ou des bougies propitiatoires) et les *bhajan* (chants religieux).

Islam

L'islam est la principale religion minoritaire de l'Inde ; les musulmans représentent 14,2% de la population. L'islam aurait été introduit dans le Nord par des souverains musulmans et dans le Sud par des commerçants arabes. Sur le plan historique, le legs des grandes dynasties musulmanes de l'Inde médiévale et moderne, sous l'influence des sultanats du Deccan et de l'Empire moghol essentiellement, du XIVe au XVIIIe siècle, est toujours bien vivant, et remarquable. L'islam en Inde du Sud a ainsi donné naissance à une culture indo-musulmane particulière.

L'islam fut fondé dans la péninsule Arabique par le prophète Mahomet au VIIe siècle. Le terme arabe "islam" signifie soumission : les musulmans se soumettent à la volonté d'Allah (Dieu), telle qu'elle est révélée dans le Coran. Dans cette religion monothéiste, la parole de Dieu est transmise par des prophètes (messagers), dont le plus récent est Mahomet. Après la mort de Mahomet, la communauté fut déchirée par des conflits qui aboutirent à la division entre sunnites et chiites. Les premiers, majoritaires en Inde, restent attachés à la voie orthodoxe. Les seconds croient que seuls les imams (guides exemplaires) sont à même de révéler le véritable message du Coran.

Tous les musulmans s'accordent sur les cinq piliers de l'islam : la *shahada* (profession de foi : "Il n'y a de dieu qu'Allah et Mahomet est son prophète") ; la prière, idéalement cinq fois par jour ; la *zakat* (impôt), sous forme d'aumône ; le jeûne pendant le ramadan (sauf pour les malades, les jeunes enfants, les femmes enceintes, les vieillards et ceux qui entreprennent un voyage pénible) ; et le hadj (pèlerinage) à La Mecque, que tout musulman espère accomplir au moins une fois dans sa vie.

Les musulmans représentent plus du quart de la population du Kerala, plus de 10% de celle du Maharashtra et du Karnataka, environ 9% de celle de Goa de l'Andhra Pradesh et des îles Andaman, et environ 6% de celle du Tamil Nadu.

Dans *Fous de l'Inde* (Petite Bibliothèque Payot, 2016), Régis Airault livre une réflexion sur la fascination exercée par l'Inde sur les Occidentaux.

Bouddhisme

Le bouddhisme s'est développé au VIe siècle av. J.-C. en réaction à l'hindouisme tel que pratiqué par les brahmanes. Le prince Siddhartha Gautama (le futur Bouddha, "l'Éveillé" ; 563-483 av. J.-C.) naquit à Lumbini dans l'actuel Teraï népalais. À l'âge de 29 ans, il partit en quête d'un moyen de débarrasser le monde de la souffrance. À 35 ans, il atteignit le nirvana (état de pleine conscience) à Bodhgaya, dans l'actuel État septentrional du Bihar. Critiquant la vénération irréfléchie des dieux, le Bouddha incita ses disciples à rechercher la vérité à travers leurs propres expériences. Les bouddhistes représentent 0,8% de la population indienne.

Situé au Kerala sur fond de conflits de castes et de lutte pour l'indépendance, le roman *La Maison aux mangues bleues*, de David Davidar, raconte la vie d'une famille chrétienne pendant trois générations.

Selon l'enseignement du Bouddha, l'existence repose sur Quatre Nobles Vérités : la vie s'enracine dans la souffrance ; la souffrance est provoquée par la convoitise ; on peut se libérer de la souffrance en éliminant les désirs ; pour cela, il faut suivre "l'Octuple Sentier", formé par la compréhension juste, l'intention juste, la parole juste, l'action juste, le mode de vie juste, l'effort juste, l'attention juste et la concentration juste. Se conformer à ces huit règles conduit au nirvana.

Pour en savoir plus sur le sikhisme, procurez-vous *Les Sikhs. Histoire et tradition des "Lions du Panjab"*, de Denis Matringe (Albin Michel, coll. Planète Inde, 2008).

Le bouddhisme se développa en Inde à la suite de la conversion de l'empereur Ashoka (règne 269-232 av. J.-C.). Entre le IIIe et le Ve siècle de notre ère, les communautés bouddhistes semblent avoir eu une forte influence dans l'Andhra Pradesh. Des missionnaires de cet État aidèrent alors à la construction de monastères et de temples dans des pays tels que la Thaïlande. Puis, environ mille ans après son introduction, le poids du bouddhisme déclina à mesure que l'hindouisme s'étendit en Inde du Sud. Il suscita un regain d'intérêt dans les années 1950, quand le

A South Indian Journey, captivant récit de voyage de Michael Wood, donne un aperçu des spécificités de l'hindouisme tamoul.

Dr Bhimrao Ramji Ambedkar, leader dalit, se convertit au bouddhisme à Nagpur et entraîna près d'un demi-million de dalits à sa suite.

Près des trois quarts des indiens bouddhistes vivent aujourd'hui au Maharashtra, dont ils représentent 5,8% de la population. Leur nombre s'est accru avec l'arrivée des réfugiés tibétains. L'actuel dalaï-lama et le lama reconnu comme le 17e *karmapa* vivent aujourd'hui dans l'Himachal Pradesh, en Inde du Nord. Il existe plusieurs communautés de réfugiés tibétains en Inde du Sud. La plus importante est Bylakuppe, dans l'État du Karnataka, où les bouddhistes ne représentent que 0,2% de la population.

Christianisme

Il existe diverses théories sur les liens du Christ avec le sous-continent. Certains pensent que Jésus aurait passé ses "années perdues" en Inde, d'autres que le christianisme fut introduit dans le Sud, via le Kerala, en 52 par saint Thomas, qui serait mort à Chennai (Madras). De nombreux chercheurs estiment que cette religion arriva dans le pays vers le IVe siècle quand un marchand syrien, Thomas Kanna, s'installa au Kerala avec 400 familles. La communauté chrétienne représente aujourd'hui 2,3% de la population indienne et vit en majorité en Inde du Sud, notamment au Kerala.

Le catholicisme s'implanta durablement dans le Sud après l'arrivée de l'explorateur portugais Vasco de Gama en 1498, et des missionnaires dominicains, franciscains et jésuites, qui s'installèrent dans la région. Des missions protestantes commencèrent sans doute à s'implanter vers le XVIIIe siècle.

Les chrétiens représentent 18,3% de la population au Kerala, 25% à Goa et 21,3% dans les îles Andaman, contre seulement 1% au Maharashtra et 1,9% au Karnataka.

Dans *L'Inde* (Puf, Clio, 2012), Michel Angot traite des traditions religieuses de l'Inde et de leurs représentations, et fournit les clés nécessaires à leur décryptage.

Sikhisme

Le sikhisme fut fondé au Punjab (Pendjab) par Guru Nanak à la fin du XVe siècle, en réaction au système des castes et à la domination des brahmanes sur les rituels. Les sikhs croient en un dieu unique et rejettent le culte des idoles – certains se recueillent cependant devant les portraits des dix gourous. Texte sacré des sikhs, le Guru Granth Sahib contient notamment les enseignements de ces dix gourous. Comme les hindous et les bouddhistes, les sikhs croient en la réincarnation et au karma. En revanche, aucune tradition ascétique ou monastique ne met fin au cycle des renaissances.

Né dans l'actuel Pakistan, Guru Nanak (1469-1539) croyait aux vertus de la famille et du travail. Il préconisait la méditation sur le nom de Dieu pour atteindre l'Éveil, et on lui attribue des miracles. Nanak croyait en l'égalité. Pragmatique, ce gourou désigna pour successeur, non l'un de ses fils, mais son disciple le plus doué. Près de 2% des citoyens indiens sont sikhs ; 75% d'entre eux vivent au Punjab. L'Inde du Sud abrite très peu de sikhs, le plus grand nombre résidant au Maharashtra, où ils ne représentent toutefois que 0,2% de la population.

Dans *Promenade avec les dieux de l'Inde* (Points Sagesse, 2007), Catherine Clément offre une approche de la cosmogonie et des mythes indiens riche en anecdotes étonnantes. Un livre plein d'humour, inspiré d'une série d'émissions diffusées sur France Culture.

Jaïnisme

Le jaïnisme fut fondé au VIe siècle av. J.-C. par Mahavira, un contemporain du Bouddha et le dernier des 24 *tirthankar* (grands maîtres jaïns), en réaction au système des castes et aux rites de l'hindouisme. Les jaïns croient que la délivrance peut être atteinte si l'âme est totalement purifiée. La pureté signifie se défaire de tout *karman*, une matière engendrée par les actions et qui s'attache à

LA BONNE ATTITUDE DANS LES SITES RELIGIEUX

- Pour visiter un site sacré, habillez-vous et comportez-vous avec respect – pas de short ou de haut sans manches (pour les hommes ou les femmes) ; abstenez-vous de fumer. Le bruit, l'absence de discrétion et les démonstrations d'affection seront mal perçus.
- Avant de pénétrer dans un lieu saint, ôtez vos chaussures (donnez quelques roupies au gardien en les récupérant) et vérifiez si les photos sont autorisées. Souvent, vous pourrez garder vos chaussettes, ce qui est appréciable en été quand le sol est brûlant.
- Dans certains lieux de culte (notamment dans les temples sikhs et les mosquées), les femmes et parfois les hommes doivent se couvrir la tête. Prévoyez un foulard.
- Certains sites religieux n'acceptent pas les femmes, d'autres refusent l'accès aux non-croyants, notamment dans le saint des saints des temples hindous, d'autres encore sont parfois interdits aux femmes pendant leurs règles ; renseignez-vous au préalable. Les femmes doivent parfois s'asseoir à l'écart des hommes. Vous devrez ôter tout objet en cuir avant d'entrer dans les temples jaïns.
- Un site sacré bouddhique (stupa, temple, *gompa*) se contourne dans le sens des aiguilles d'une montre. Ne touchez rien avec votre main gauche. Faites tourner les moulins à prières dans le sens des aiguilles d'une montre, en employant la main droite.
- Prendre des photos dans un sanctuaire, à l'occasion de funérailles ou pendant d'autres cérémonies religieuses peut être considéré comme un affront ; photographier des fidèles prenant un bain rituel également ; demandez toujours l'autorisation. L'utilisation d'un flash peut être interdite dans certaines parties d'un temple, voire dans tout l'édifice.

l'âme. Diverses pratiques ascétiques (comme le jeûne et la méditation) peuvent débarrasser du *karman*. La conduite juste est essentielle et son fondement est l'*ahimsa* (non-violence), en pensée comme en acte, envers toute créature vivante. La discipline est plus sévère pour les moines, dont certains vivent nus. D'autres, un peu moins ascétiques, conservent un minimum de biens, dont un balai pour écarter de leur chemin toute créature vivante qu'ils risqueraient d'écraser, et un morceau de tissu sur la bouche pour éviter d'inhaler des insectes.

Aujourd'hui, les jaïns représentent 0,4% de la population indienne. Ils vivent principalement dans le Gujarat et au Rajasthan, en Inde du Nord, ainsi que dans le Maharashtra et à Mumbai. Sravanabelagola, au Karnataka, est un important site sacré jaïn.

Judaïsme

La plupart des quelque 4 500 Juifs indiens résident à Mumbai et dans diverses enclaves du Sud. Ils émigrèrent du Moyen-Orient dès le Ier siècle de notre ère, s'établissant principalement à Kochi (Cochin), au Kerala), où des maisons de commerce et une synagogue témoignent encore de leur histoire.

Le rituel funéraire zoroastrien utilise les tours du silence, où les corps sont déposés afin que les vautours les nettoient, ne laissant que les ossements. On en rencontre notamment à Mumbai et à Hyderabad.

Zoroastrisme

Fondé en Perse par Zoroastre (Zarathoustra) au cours du Ier millénaire av. J.-C., le zoroastrisme repose sur le concept du dualisme, selon lequel le Bien et le Mal sont engagés dans une lutte perpétuelle. Il ne s'agit pas, à proprement parler, d'une religion monothéiste. Le Bien et le Mal coexistent comme deux entités distinctes ; les fidèles ne doivent honorer que le Bien. Une existence agréable attend dans l'au-delà ceux qui l'auront méritée pendant leur vie terrestre.

Le zoroastrisme fut éclipsé en Perse par la montée de l'islam au VIIe siècle. Au cours des siècles suivants, des fidèles émigrèrent en Inde et formèrent la communauté parsie. Les premiers parsis s'installèrent au Gujarat (Inde du Nord) pour cultiver la terre. Durant la période britannique, ils se tournèrent vers le commerce et formèrent une communauté prospère à Bombay (Mumbai). Il y aurait de nos jours quelque 61 000 parsis en Inde, dont 40 000 à 45 000 à Mumbai.

Les religions traditionnelles se sont tellement fondues dans l'hindouisme et d'autres religions que peu d'entre elles demeurent clairement identifiables.

Croyances adivasi

Les religions aborigènes de l'Inde se sont fondues dans l'hindouisme et les autres cultes majoritaires si bien que peu d'entre elles demeurent clairement identifiables. Des préceptes hindous y trouveraient toutefois leur origine.

Certains peuples adivasi d'Inde du Sud possèdent leurs propres croyances et rituels, peu accessibles aux visiteurs de passage. Les divinités du village peuvent être symbolisées par un pilier de pierre dans un champ, une plateforme sous un arbre ou une lance en fer dans le sol. Ces divinités tutélaires sont considérées comme moins lointaines et davantage concernées par le bonheur et la prospérité immédiats de la communauté. Il existe des croyances liées aux esprits ancestraux, notamment à ceux qui ont connu une mort violente.

Délices d'Inde du Sud

La cuisine indienne, qui inclut une impressionnante palette de plats végétariens, n'est pas seulement une fête gustative : c'est un régal pour tous les sens. Les cuisiniers emploient à merveille les ingrédients locaux, pour donner naissance à une symphonie de couleurs, d'arômes et de textures. Un voyage en Inde du Sud promet de goûter une succession de délices, de la cuisine de rue aux *thali*, des créations contemporaines aux spécialités servies depuis plus de cinquante ans dans des enseignes familiales. Aiguisez votre curiosité (et votre appétit !) pour partir à leur découverte.

Un festival culinaire

La cuisine que l'on savoure aujourd'hui dans le Sud reflète la mosaïque de cultures régionales et les influences étrangères qui ont pesé sur le sous-continent, avec quelques variations locales très nettes.

Terre d'épices

Convoitées par les Européens dès le XVe siècle, les épices de la côte de Malabar (Kerala) figurent aujourd'hui encore parmi les meilleures du monde. Bonne nouvelle : elles entrent dans la composition de la plupart des plats indiens. L'État de l'Andhra Pradesh est par ailleurs le plus grand producteur de piments du pays, suivi par le Maharashtra et le Karnataka.

Très apprécié, le curcuma est la base des curries. La coriandre, particulièrement prisée, donne goût et corps à presque toutes les

SUBLIMES THALI

En Inde du Sud, le *thali* est la formule du déjeuner par excellence. À tel point qu'il est synonyme de "repas" (*meal*) ! Bon marché, copieux, sain et savoureux, il offre le meilleur de la cuisine indienne. Le mot *thali* fait référence au plateau en Inox sur lequel le repas est servi. Dans le Nord, celui-ci est généralement compartimenté pour recevoir ses divers accompagnements ; dans le Sud, le *thali* est traditionnellement servi sur un plateau couvert d'une feuille de bananier, ou directement sur une feuille de bananier. Au restaurant, une fois le plateau déposé devant vous, vous pourrez suivre la coutume locale et verser un peu d'eau (minérale ou filtrée) sur la feuille, avant de la répandre avec la main droite. Le serveur commencera par empiler des *roti* (pains ronds) sur votre assiette, avant de vous servir en *dhal*, *sambar* et *rasam* (bouillon de *dhal* parfumé au tamarin), ainsi qu'en légumes, chutneys, pickles et *dahi* (lait caillé/yaourt). Les *roti* à peine terminés, vous verrez les serveurs apparaître avec de grands récipients de riz et le nécessaire pour vous resservir en accompagnements. Avec les doigts de la main droite, mélangez les divers accompagnements avec le riz, pour en faire de petites boulettes formant une bouchée, que vous glisserez ensuite dans votre bouche en la poussant avec votre pouce. Évitez de vous mettre les doigts dans la bouche et de les lécher. Pour mieux comprendre la technique, observez les autres clients. Si votre main est collante, vous devriez trouver un bol d'eau sur la table pour vous rincer les doigts. Les serveurs continueront à remplir votre assiette jusqu'à ce que vous indiquiez d'un geste de la main (ou en repliant votre feuille de bananier) que vous n'en voulez plus. Si un *thali* ne vous suffit pas, des accompagnements sont généralement disponibles, comme du poisson grillé, sur le littoral.

MANGER À L'INDIENNE

Les Indiens mangent généralement avec la main droite, plus précisément du bout des doigts. Dans le Sud, toutefois, ils utilisent tout ou partie de la main. La main gauche est réservée aux gestes moins nobles (comme retirer ses chaussures). Vous pouvez utiliser votre main gauche pour tenir des boissons et vous servir dans un plat commun, mais jamais pour porter de la nourriture à la bouche. Avant et après chaque repas, il est d'usage de se laver les mains. Servez-vous de vos doigts pour mêler les ingrédients. Le *dhal* se mélange avec le riz, mais pas les *sabzi* (légumes), portés à la bouche avec chaque petite bouchée. Pour manger votre curry de poisson ou de viande, mélangez la sauce au riz, puis séparez la chair du reste sur le bord de votre assiette. Formez des bouchées du mélange puis, les doigts tournés vers l'assiette, utilisez votre pouce pour les pousser vers la bouche.

préparations salées. Les graines de cumin, jetées dans de l'huile bouillante, marquent le point de départ de la plupart des sauces que l'on désigne sous le nom de curries en Occident. Le tamarin au goût acidulé, parfois appelé "datte indienne", est très populaire dans le Sud. Considérée comme la meilleure au monde, la cardamome verte des Ghats occidentaux du Kerala est incorporée dans de nombreux desserts, ainsi que dans le *chai* (thé). Quant aux fins stigmates jaune orangé du safran, un crocus, ils sont si légers qu'il faut plus de 1 500 fleurs, cueillies à la main, pour obtenir un gramme de poudre aromatique. La noix de coco, souvent en copeaux, agrémente de nombreux plats du Sud, à l'instar du gingembre, également local.

Dans *L'Inde gourmande. Encyclopédie de la cuisine indienne* (Philippe Picquier, 1999), Jean Papin, grand connaisseur de l'Inde, nous livre le secret des épices (poivre, cardamome, piment, cannelle, cumin, coriandre) qui font la singularité de la cuisine indienne.

Le *masala* est un mélange d'épices grillées à sec puis moulues (le mot signifie "mélange"). Le plus apprécié est le *garam masala*, qui associe jusqu'à quinze épices, utilisées pour rehausser viandes et ragoûts.

Le paradis du riz

Le riz est roi en Inde du Sud. Servi chaud pour accompagner les plats en sauce, notamment avec les *thali*, le riz blanc long grain est le plus courant. Il existe d'innombrables variétés régionales, y compris entre États du Sud, comme le riz rouge du Kerala et le riz noir de l'aride région du Chettinadu, au Tamil Nadu. Le titre de "meilleur riz d'Inde" revient en général au basmati, une variété à long grain parfumé, cultivée dans le nord et le centre du pays, et largement exportée dans le monde entier. Le riz est typiquement servi après les *roti* et accompagné de lait caillé. On en fait aussi de savoureux pilafs et *biryanis*, un plat particulièrement prisé à Hyderabad et sur la côte de Malabar, dans le Kerala.

Pains et galettes

Bien que les pains traditionnels indiens soient davantage associés à l'Inde du Nord, on en trouve dans de nombreux restaurants du Sud. Au terme générique de *roti* se substitue indifféremment celui de *chapati*, qui désigne la variété la plus commune. Il s'agit d'une délicieuse galette à base de farine de blé complet et d'eau, cuite sur une plaque appelée *tawa*. On y ajoute parfois du *ghee* (beurre clarifié) ou de l'huile. Dans certains endroits, les *roti* sont plus grands et épais que les *chapati* et cuisent dans un *tandoor* (four en terre cuite). Le *paratha*, galette feuilletée friable et sans levain, peut se déguster nature ou garni ; il constitue un petit-déjeuner très apprécié ; le *parotta*, typique d'Inde du Sud, est similaire. Le naan, plus large et plus épais, est cuit dans un *tandoor* ; il se mange en général avec des plats en sauce ou des kebabs, tous deux à la mode du Nord. Enfin, le *puri*, un pain sans levain qui gonfle comme un ballon durant la friture, est servi avec des accompagnements comme les *bhajia* (beignets de légumes).

Dhal-icieux !

Le *dhal* (terme qui désigne à la fois les légumineuses et le plat dont elles constituent la base) fait l'unanimité dans tout le pays. On trouve jusqu'à soixante variétés différentes de légumes secs. Les plus courantes sont le *channa* (pois chiche), le *moong* (haricot mungo au petit grain ovale jaune ou vert), le *masoor* (lentille rouge), le *tuvar* (lentille jaune très appréciée dans le Sud, également appelée *arhar*), le *rajma* (haricot rouge), l'*urad* (lentille brune) et le *lobhia* (dolique à œil noir).

Mets carnés

Même si l'Inde est un paradis pour les végétariens, on y trouve un large choix de plats à base de viande, surtout de poulet, d'agneau, de mouton ou parfois de chèvre. Leur religion interdit aux hindous de consommer du bœuf et aux musulmans de manger du porc.

Les plats à base de viande du Chettinad, dans le Tamil Nadu, sont épicés. Certains restaurants d'Inde du Sud préparent une cuisine *mughlai* (moghole), qui fait la part belle à la viande, déclinée en généreux curries, kebabs, *kofta* et *biryanis*. Hyderabad est connue pour sa gastronomie épicée et carnée, dont la tradition remonte à l'empire Moghol. Outre le *biryani*, une autre spécialité de Hyderabad est l'*haleem*, une épaisse soupe, plutôt relevée, à base de blé concassé, de lentilles et de viande (chèvre, poulet ou bœuf), servie uniquement durant le ramadan. Les tandooris, du nom du four en terre cuite dans lequel on cuit la viande marinée, une spécialité carnée d'Inde du Nord, ont tracé leur chemin jusque dans le Sud.

En 2015, le Maharashtra a banni le bœuf de ses assiettes (légalement, la viande importée peut toutefois être consommée). Les restaurants qui en servent indiquent donc souvent sur leur carte "buf" ou "b**f", pour ne pas mentionner le nom du mets honni – puisque les hindous ne mangent pas de viande bovine. Le Kerala, au contraire, est un grand consommateur de bœuf, surtout frit.

Dans les régions côtières, notamment à Goa et au Kerala, vous ne trouverez pas mieux qu'une hutte de plage pour déguster des poissons et fruits de mer frais et bon marché : on vous servira des moules, crevettes et calamars sautés ou bien du poisson, du crabe et de la langouste cuits à la vapeur.

Délices de la mer

Avec quelque 7 500 km de côte, il n'est guère surprenant que les poissons et fruits de mer occupent une place importante dans la cuisine d'Inde du Sud, en particulier sur la côte ouest, de Mumbai (Bombay) au Kerala, où la pêche est très présente et où seul un petit pourcentage de la population est végétarien. Si Goa est réputée pour ses crevettes et ses curries de poisson épicés, les villages de pêcheurs de la côte de Konkan n'ont rien à lui envier en la matière. Les lointaines îles Andaman, mais aussi le Tamil Nadu et l'Andhra Pradesh, sur la côte est, ont de quoi ravir les amateurs de recettes iodées et la pêche du jour figure sur tous les menus.

Le poisson est un élément clé de la cuisine non végétarienne du Maharashtra ; le plat emblématique de l'État est le *bombil* ("canard" de Bombay – en fait un poisson luisant aux allures de brochet), à déguster frais, séché au soleil ou frit.

LE PAAN, DIGESTIF ET EUPHORISANT

Un repas indien se termine souvent par un *paan*, nom donné à un odorant mélange de noix de bétel (appelée aussi arec), de pâte de citron vert, d'épices et de condiments, le tout enveloppé dans une feuille de bétel. Vendu par des *paan-wallah*, qui patientent en général à la sortie des restaurants fréquentés, il est apprécié pour ses vertus digestives et rafraîchissantes. La noix de bétel est légèrement narcotique et l'on peut voir certains Indiens mâcher du *paan* comme un fumeur fume une cigarette. Cette chique finit par donner aux dents une teinte noire rougeâtre, marque des chiqueurs invétérés, qui crachent à intervalles réguliers le jus rouge sombre de la noix – une vision peu ragoûtante. Le *paan* peut être *mitha* (sucré) ou *saadha* (avec du tabac). Une bouchée de *mitha paan* terminera de façon agréable un bon repas. Mettez dans votre bouche la préparation en entier et mâchez-la lentement pour en extraire les sucs. N'en abusez pas : selon certaines études, chiquer du *paan*, même sans tabac, augmenterait le risque de cancer.

COURS DE CUISINE ET CIRCUITS CULINAIRES

Vous craquez pour la cuisine de l'Inde du Sud ? Pourquoi ne pas vous y initier ! Il existe un nombre croissant d'excellents cours de cuisine (en anglais), notamment à Goa, ainsi qu'au Karnataka, dans le Kerala, le Tamil Nadu et le Telangana. Certains sont professionnels, d'autres plus informels. Vous devrez généralement vous inscrire quelques jours à l'avance. Les circuits culinaires sont également de plus en plus prisés des curieux souhaitant mieux connaître l'Inde du Sud.

Goa

- Masala Kitchen, Palolem (p. 161). Cours de cuisine établis de longue date.
- Mukti Kitchen, Vagator (p. 145). Pour vous initier à la préparation de cinq plats (recettes goanaises, indiennes, ayurvédiques).
- Rahul's Cooking Class, Palolem (p. 161). L'une des premières écoles de cuisine à avoir vu le jour à Palolem.

Mumbai

- Flavour Diaries (p. 59). Des cours dispensés par une cheffe et auteure culinaire de renom.

Kerala

- Nimi's Lip Smacking Classes, Munnar (p. 338). Initiation à la cuisine du Kerala, par un spécialiste.
- Cook & Eat (p. 346), Neema's Kitchen (p. 345) et Green Woods Bethlehem (p. 349) organisent des cours intensifs très demandés ; Art of Bicycle (p. 347) propose de bons circuits à pied, sur le thème de la gastronomie.

Tamil Nadu

- Chettinadu (p. 438). Démonstrations et cours dans des hôtels historiques.
- Sita, Puducherry (Pondichéry ; p. 417). Spécialités tamoules, françaises et d'Inde du Nord.
- Storytrails, Chennai (p. 391), Puducherry (p. 417) et Madurai (p. 443). Excellents cours et circuits.
- Foodies Day Out, Madurai (p. 443). Propose des circuits dans une ville connue pour son amour de la cuisine.
- Svatma, Thanjavur (Tanjore ; p. 432). Cours de cuisine dans une demeure historique.

Telangana

- Detours, Hyderabad (p. 249). Formidables circuits culinaires, avec cours de cuisine.

Produits laitiers

Le lait et les produits laitiers sont des ingrédients essentiels de la cuisine indienne. Le *dahi* (lait caillé/yaourt), qui accompagne couramment les repas, est précieux pour atténuer le feu du piment ; le *paneer* (fromage non fermenté, qui entre dans la composition de nombreux plats) est une aubaine pour les végétariens ; le lassi est le roi des breuvages sucrés et salés ; le *ghee* est la matière grasse utilisée pour cuisiner ; enfin, certains délicieux *mithai* (bonbons) sont à base de lait.

Le ghee est le mot hindi pour "graisse". Il est fabriqué en faisant fondre du beurre puis en retirant l'excès d'eau et le petit lait : le *ghee* est ainsi du beurre clarifié. Il est utilisé pour la cuisine et se garde plus longtemps que le beurre, d'où son utilisation fréquente dans la cuisine indienne.

Fruits et légumes de Dame Nature

Les marchés offrent l'occasion de découvrir toutes sortes de fruits et de légumes débordant des étals ou empilés en pyramides bien ordonnées. Les fruits, qui se consomment aussi sous forme de chutneys ou marinés, servent à parfumer les lassis, *kulfi* et autres gourmandises. Le Sud est particulièrement réputé pour sa profusion de fruits tropicaux, tels la papaye, l'ananas (la variété cultivée à Vazhakulam, dans le Kerala, est très prisée), et l'avocat (surnommé "butter fruit", ou fruit à beurre, et cultivé quasi exclusivement sur les coteaux du Sud). L'Inde compte également plus de 500 variétés de mangues, que l'on trouve en été, surtout en avril-mai – la variété Alfonso, la meilleure, est produite dans le Maharashtra. Nasik, dans le Maharashtra, est la capitale indienne du raisin, et ses grappes servent aujourd'hui autant à faire du vin qu'à garnir des paniers de fruits.

Les *sabzi* (légumes) tiennent une place prépondérante dans l'alimentation. Ils peuvent être servis *sukhi* (nature) ou *tari* (en sauce), frits, cuits au four, accommodés en curry ou en purée, fourrés dans des *dosa* ou préparés en *pakora* (beignets à base de farine de pois chiches).

Les pommes de terre sont partout, assaisonnées avec divers *masala*, associées à d'autres légumes, fourrées dans des *masala dosa* ou écrasées et frites pour les *aloo tikki* (boulettes de purée frites) que l'on savoure dans la rue. Les oignons sont sautés avec d'autres légumes, réduits en pâte pour accommoder la viande ou servis crus comme condiment. Les bouquets de chou-fleur sont souvent cuits seuls, mais ils peuvent aussi être associés à des pommes de terre pour l'*aloo gobi* (curry de pommes de terre et de chou-fleur) ou à d'autres légumes (carottes, haricots...). Les petits pois frais sont sautés avec d'autres légumes dans les *pilau* (pilafs) et les *biryanis*. Les *baigan* (aubergines) peuvent être accommodées en curry ou coupées en tranches pour être frites. Les *saag* (nom générique des légumes herbacés) sont également très appréciés – feuilles de moutarde, épinards, fenugrec... Le *karela* (concombre amer), une sorte de courgette à la peau très grumeleuse, est préparé avec des épices comme les *bhindi* (gombos ou *okra*). Le Tamil Nadu est réputé pour sa culture du moringa, dont les longues et fines gousses sont souvent utilisées dans le *sambar*.

Pickles, chutneys et autres condiments

Les condiments (*relish* en anglais) rehaussent les repas et accompagnent presque toujours *idli*, *dosa* et *uttapam*. Ils sont nombreux : du simple oignon mariné aux mélanges les plus subtils de fruits, de noix et d'épices. Le *raita*, à base de yaourt, est l'un des accompagnements les plus appréciés – il permet de calmer le feu des papilles lorsqu'on mange un plat relevé. Le *chatni* se présente sous des formes variées, sucrées ou salées, à base de divers légumes, fruits, herbes ou épices.

Pour les becs sucrés

L'Inde abonde en *mithai* colorés, des douceurs souvent spongieuses et collantes, et pour la plupart extrêmement sucrées. Parmi les plus courantes figurent les *barfi* (sorte de caramels mous à la confiture de lait), les *halwa* (confiseries moelleuses à base de légumes, céréales, lentilles, noix ou fruits) et les *ladoo* (boulettes sucrées à base de farine de pois chiches et de semoule, agrémentées des graines de sésame dans les *til ladoos* du Maharashtra). Citons aussi les boulettes de *chhana* (*paneer* non pressé), telles les fondantes *rasgulla* (à base de fromage frais). Plus simples et tout aussi savoureux, les *jalebi* (serpentins de pâte orangée frits, imbibés de sirop et servis chauds) sont présents dans tout le pays.

Le *payasam* est l'un des desserts favoris en Inde du Sud, souvent servi en période de fête. Cet entremets crémeux au goût délicat est agrémenté d'une combinaison de cardamome, de safran, de pistaches, d'amandes effilées, de dés de noix de cajou ou d'éclats de fruits secs. Les autres spécialités sucrées incluent les *kulfi* (glaces), le *falooda* (boisson à la rose composée de lait, de crème, de noix ou de graines, de vermicelles ou de perles de tapioca) et les *gulab jamun* (boulettes frites imbibées de sirop à la rose). Dans le Kerala, les *unniyappam* (mélange de farine de riz, banane, noix de coco, cardamome, sésame, *ghee* et *jaggery*) sont semblables au *gulab jamun*. Dans les zones montagneuses du Maharashtra, vous trouverez le *chikki*, une sorte de nougat croquant. Madurai, dans le Tamil Nadu, est réputée pour son *jigarthanda* (lait bouilli, extrait d'amande, sirop de rose et glace à la vanille), une boisson

La Colère des aubergines, de Bulbul Sharma (Picquier Poche, 2014), livre une analyse culinaire amusante des relations sociales indiennes, entrecoupée de recettes alléchantes.

Le Curry ou une histoire gastronomique de l'Inde (Petite Bibliothèque Payot, 2009), de Lizzie Collingham, présente l'histoire de tous les curries indiens et de leur influence dans le monde. Une histoire de tout le sous-continent, vue sous l'angle de la gastronomie !

rafraîchissante. La ville de Mysuru (Mysore), dans le Karnataka, est connue pour son *pak*, mélange de *ghee*, de farine de pois chiches, de sucre et de cardamome formant une sorte de caramel mou.

Chaque année, environ 14 tonnes d'argent pur sont transformées en feuilles comestibles pour décorer d'innombrables sucreries indiennes, dont beaucoup sont consommées à l'occasion de la fête de Divali.

Végétariens et végans

Dans un pays où l'on estime que 23 à 37% de la population ne mange pas de viande, le sud de l'Inde est le royaume de la cuisine végétarienne. En revanche, sachez que le véganisme est peu fréquent : des produits d'origine animale comme le lait, le beurre, le *ghee* et le lait caillé entrent dans la composition de la plupart des plats (l'expression "*pure vegetarian*" signifie simplement sans œuf). Si vous êtes végan, la première difficulté consistera à expliquer votre régime alimentaire au cuisinier ; les grands hôtels et les villes importantes, comme Bengaluru (Bangalore), s'adaptent toutefois de plus en plus aux clients végans, à l'instar de nombreuses grandes destinations du Sud. En Inde méridionale, le lait de coco remplace également souvent la crème dans les curries.

Les sites Happy Cow (www.happycow.net) et The Nomadic Vegan (www.thenomadicvegan.com) sont d'une grande aide, même en anglais.

Dans son livre de cuisine *Bolly Cook* (Mango, 2012), Julie Schwob fait un tour de l'Inde à travers des recettes riches en saveurs et en couleurs.

Où se restaurer ?

On mange bien en Inde du Sud, des *dhaba* (gargotes) et "*mess*" (cafétérias) animés à l'heure du déjeuner, aux tables chics des hôtels cinq étoiles. Les restaurants de catégorie moyenne proposent en général un petit choix de plats du Sud (souvent des plats végétariens du Tamil Nadu et du Karnataka) ou du Nord (avec une préférence pour la cuisine punjabie/

LES SAVOUREUX EN-CAS DE L'INDE DU SUD

Spécialité d'Inde du Sud à déguster à tout moment de la journée, le *dosa* est une grande galette de farine de riz, généralement servie avec du *sambar* (sauce épaisse à base de pois d'Angole et de légumes) et un bol de *chatni* (chutney) de coco frais. Outre le plus prisé, le *masala dosa* (fourré aux pommes de terre épicées), il existe de nombreuses déclinaisons, comme le *rava dosa* (avec une pâte à base de semoule), le *Mysuru dosa* (semblable au *masala dosa*, mais avec plus de légumes et des piments) et le *pessarettu dosa* (avec une pâte à base de *dhal* de haricots mungos) du Telangana et de l'Andhra Pradesh. Des créations plus osées voient également le jour et le choix de garnitures, du *paneer* grillé au chocolat fondu, semble aujourd'hui infini.

Le modeste *idli*, un en-cas traditionnel, parfois servi au petit-déjeuner, pauvre en calories, constitue une alternative bienvenue aux spécialités à l'huile, aux épices et au piment. C'est un petit pain rond et spongieux à base de lentilles noires fermentées et de riz, à tremper dans du *sambar* et du *chatni* à la noix de coco, entre autres chutneys. Le *dahi idli*, trempé dans du yaourt légèrement épicé, est excellent pour les estomacs fragiles. Goûtez aussi aux *vada*, des croquettes frites de légumineuses, souvent des lentilles et/ou des pois chiches, associées à des piments verts émincés, des aromates, dont des feuilles de curry, et des épices – il en existe de nombreuses variantes ! Les *vada* souvent servis avec un *chatni* de noix de coco. Autres en-cas : les *uttappam* (galettes épaisses à base de farine de riz, garnies d'oignons émincés, de piments verts, de coriandre et de noix de coco) ; les *iddiyappam* (nouilles de riz), au curry épicé ou au lait de coco et au sucre ; ainsi que les *appam* (fines crêpes de riz soufflées), accompagnés d'un ragoût parfumé à la noix de coco. Le *puttu* du Kerala, très apprécié au petit-déjeuner, est un mélange de noix de coco et de farine de riz, cuit à la vapeur dans un rouleau en métal ou en bambou et servi avec de la banane ou un curry.

MANGER DANS LA RUE

Se régaler sur les stands de rue fait partie des grands plaisirs d'un voyage en Inde du Sud. À condition d'adopter quelques précautions pour éviter les ennuis intestinaux.

- En arrivant, laissez quelques jours à votre organisme pour s'acclimater, surtout si vous n'avez pas l'habitude de la nourriture épicée.
- Si les gens du coin boudent une échoppe, faites de même. Regardez qui fait la queue. Quand il y a beaucoup de familles, c'est que la nourriture est saine.
- Essayez de voir où et comment le vendeur nettoie son matériel et conserve ses produits. Sur un stand de friture, vérifiez que l'huile est propre. Si les marmites sont sales ou si les mouches se pressent autour des plats, partez en courant !
- Ne soyez pas surpris, si vous commandez des beignets, de voir le cuisinier les replonger dans l'huile bouillante. Il est normal de précuire les aliments et d'achever la cuisson à la demande. De plus, ce dernier plongeon aide à détruire tous les germes.
- N'achetez pas de viande dans la rue, à moins que l'endroit, réputé, n'attire du monde.
- Soyez vigilant si vous commandez un jus de fruits à un stand. Veillez à ce qu'ils soient pressés devant vous ; ne buvez rien qui ait séjourné dans un récipient (sauf si vous êtes certain que l'hygiène est irréprochable).
- Veillez à avoir les mains propres (un flacon de gel hydroalcoolique est toujours utile).
- Ne vous laissez pas tenter par les belles tranches de melon ou d'autres fruits, dont l'apparence résulte d'arrosages fréquents, souvent avec une eau douteuse.

mughlai), souvent complétés par des réinterprétations indiennes de plats chinois. Les spécialités d'autres États indiens sont fréquemment au menu pour répondre à la demande des nombreux Indiens ayant quitté leur région d'origine pour des raisons professionnelles.

Les restaurants appelés “fast-food” (à ne pas confondre avec les chaînes de hamburgers ou de pizzas) font partie des meilleurs de toute l'Inde. Ils offrent une grande variété de *tiffin* (en-cas) et disposent souvent d'un comptoir séparé pour les douceurs.

De nombreux hôtels haut de gamme se doublent de tables raffinées, servant des plats indiens et/ou étrangers. Dans les grandes villes du Sud, les restaurants indépendants se multiplient et mettent à la carte aussi bien des plats mexicains que méditerranéens, japonais ou italiens.

Les *dhaba* font le bonheur des innombrables routiers, passagers de bus et *backpackers*. Ils ont vu le jour en Inde du Nord, où ils émaillent le paysage, mais vous en trouverez aussi dans le Sud. La nourriture basique mais correcte servie dans ces échoppes improvisées est devenue un genre à part entière appelé “*dhaba food*”.

Ouvrages primés, les livres de Nimi Sunilkumar, *Lip Smacking Dishes of Kerala* et *4 O'Clock Temptations of Kerala*, forment une appétissante introduction à la cuisine kéralaise. L'auteure, qui partage aussi ses conseils sur son site (nimisrecipes.com), anime un atelier de cuisine très apprécié à Munnar (p. 338).

Cuisine de rue

À tout moment de la journée, des vendeurs de rue s'activent à préparer et à faire frire, bouillir, rôtir ou mijoter toutes sortes de boissons et de plats pour allécher les chalands. Les petits établissements servent en général la même chose toute la journée, alors que les autres proposent des plats différents à chaque repas. Les prix varient en fonction des quartiers, des villes et des régions. On pourra vous servir une simple portion de riz soufflé, des cacahuètes grillées dans du sable chaud, un *chaat*, assortiment d'en-cas, ou des plats plus élaborés.

Chennai (Madras) apprécie l'*idli sambar* (gâteau de riz servi avec une sauce) et les *vada* et les *uttapam*. Mumbai est réputée pour ses *pav bhaji* (légumes épicés et petit pain) et ses *bhelpuri* (beignets plats accompagnés de riz soufflé, de lentilles, de jus de citron, d'oignons, d'herbes et de chutney), tandis que le *misal pav* (germes de soja épicés avec légumineuses) est prisé au petit-déjeuner dans tout le Maharashtra. Le *mirchi bhajji* (beignet pimenté, farci de tamarin, sésame et épices) est une spécialité de Hyderabad, servie avec le thé sur les stands de rue en fin d'après-midi. Les samosas (chaussons triangulaires frits, farcis de légumes épicés) et les *golgappa/panipuri/gup chup* (beignets de pain soufflés à la garniture épicée) sont présents dans toute l'Inde, tandis que les chips de banane frites dans de l'huile de coco sont un classique du Sud.

Arrêts gourmands

En Inde, l'un des plaisirs d'un voyage en train réside dans le grand cirque culinaire qui vous accueille dans presque chaque gare. Des marchands ambulants montent et descendent bruyamment, tendant à travers les barreaux des fenêtres fruits, *namkin* (amuse-bouches salés), omelettes, noix et douceurs. Pendant ce temps, des cuisiniers tentent d'attirer les passagers sur les quais avec des samosas qui rissolent dans l'huile. Les gens qui prennent souvent le train connaissent la spécialité de chaque gare et savent, par exemple, que celle de Lonavla, dans le Maharashtra, est connue pour son *chikki*, tandis que la gare de Chennai Central est renommée pour ses *idli*, *vada* et *dosa*. Certains trains eux-mêmes sont connus pour leur cuisine, tel le *Gitanjali Express*, renommé pour les escalopes de poulet qu'il sert entre Mumbai et Kolkata.

La cuisine goanaise est un délicieux mélange de saveurs du Portugal et d'Inde du Sud, riche en viande et en fruits de mer. Le fameux *vindaloo* (curry épicé mariné au vinaigre et à l'ail) est une spécialité locale.

À table

Les Indiens font généralement trois repas par jour. Dans le Sud, ils prennent un petit-déjeuner assez léger, souvent composé d'*idli* et de *sambar*. Le déjeuner peut être copieux (un *thali* par exemple) ou léger, notamment pour les employés de bureau pressés. De nombreuses personnes prennent aussi des en-cas au cours de la journée. Le dîner, le principal repas de la journée, se compose de larges portions de riz, de *roti*, de légumes, de lait caillé et d'accompagnements épicés (parfois de la viande ou du poisson) ; tout est servi en même temps. Le repas n'est pas forcément suivi d'un dessert (on en mange surtout à l'occasion des fêtes et d'autres occasions spéciales). Dans beaucoup de foyers et durant les mois les plus chauds, on dîne tard (après 21h). Les restaurants commencent à s'animer après 21h dans les grandes villes, plus tôt dans les bourgs, où ils ferment de même.

La nourriture qui est d'abord offerte aux dieux dans les temples, puis partagée parmi les fidèles s'appelle le *prasad*. Mieux vaut ne pas y goûter pour être sûr de ne pas tomber malade.

Nourritures de l'esprit

Pour de nombreux Indiens, se nourrir est aussi important pour l'esprit que pour le corps. Traditionnellement, les hindous évitent les aliments qui sont supposés inhiber le développement physique et spirituel, bien qu'il existe peu de règles strictes. La plus inflexible est l'interdiction de manger du bœuf (viande interdite au Maharashtra), car la vache est sacrée dans l'hindouisme. Les jaïns évitent des aliments tels que l'ail, les pommes de terre et l'oignon, qui non seulement nuisent aux insectes lorsqu'ils sont arrachés de la terre, mais sont aussi censés réchauffer le sang et stimuler le désir sexuel. Certains restaurants végétariens veillent d'ailleurs à indiquer l'absence de ces produits dans leur cuisine. Les hindous très croyants s'abstiennent aussi de ces aliments, qui sont proscrits dans la plupart des ashrams.

Certains produits, notamment laitiers, considérés par essence comme purs, sont consommés à des fins de purification du corps et de l'esprit. L'ayurvéda (voir l'encadré p. 314), une forme de médecine traditionnelle qui puise ses sources dans les textes sacrés de l'Inde antique, influence également les habitudes alimentaires, notamment au Kerala.

Le porc est tabou chez les musulmans, et la plupart des fidèles évitent les stimulants comme l'alcool. Le terme "halal" désigne tous les aliments permis et "haram" ceux qui sont interdits. Le jeûne est considéré comme l'occasion de se rapprocher d'Allah, de s'éloigner du mal et de comprendre la souffrance des plus démunis.

Les bouddhistes et les jaïns souscrivent à la philosophie de l'*ahimsa* (non-violence) et sont végétariens. La doctrine au centre du jaïnisme insiste sur l'ultravégétarisme et impose des règles très rigides afin d'éviter toute blessure à une créature vivante.

Dans les communautés sikhes, chrétiennes et parsies, les interdits alimentaires sont moindres, voire inexistants.

Une petite soif ?

Boissons sans alcool

Boisson la plus répandue, le thé (*chai*) est servi avec beaucoup de lait et de sucre. Rien ne vaut une tasse fumante de thé crémeux pour oublier les tribulations sur les routes indiennes, et il y a fort à parier que la litanie de "*garam chai, garam chai*" ("thé chaud, thé chaud") deviendra l'un des sons les plus familiers et bienvenus de votre voyage ! Le *masala chai* contient de la cardamome, du gingembre et d'autres épices.

Si le *chai* est la boisson traditionnelle du pays, les Indiens du Sud ont aussi depuis longtemps le goût du café. Le très populaire *kaapi* (café filtre) est un mélange de lait chaud, de sucre et d'une décoction bien serrée de café fraîchement moulu, agrémenté souvent d'une pincée de chicorée. Il est généralement versé plusieurs fois d'une tasse à une autre, dans de grands mouvements, afin d'être bien mélangé, puis servi dans une timbale en Inox. Dans les grandes villes, vous trouverez de nombreuses enseignes de chaînes internationales, ainsi qu'une gamme de plus en plus fournie de cafés indépendants et branchés. La "troisième vague" du café suscite un engouement particulier à Mumbai, Bengaluru ou Chennai, où l'infusion à froid, l'expresso et les machines Chemex ont renouvelé la tendance.

La "troisième vague" du café a enfin conquis Mumbai, avec sa déferlante d'établissements spécialisés comme Koinonia Coffee Roasters (www.koinonia-coffeeroasters.com) et Blue Tokai (www.bluetokaicoffee.com).

Typiquement indien, le *masala soda* est un soda aromatisé au citron et aux épices, contenant du sel et du sucre. Vous apprécierez aussi le *lime soda* : une eau gazeuse avec un citron vert frais, servie sucrée, salée ou ordinaire. Tout aussi rafraîchissant, le *jal jeera* se compose d'eau, de jus de citron, de cumin, de menthe et de gros sel. Le lassi, désaltérant, est une boisson sucrée ou salée à base de yaourt battu, consommée partout en Inde. Le *sol kadhi*, une boisson rosée et légèrement amère à base de lait de coco, est un classique de la côte de Konkan entre Mumbai et Goa. Le lait *badam*, chaud ou froid, est aromatisé aux amandes et au safran.

Boissons alcoolisées

En Inde du Sud, l'alcool n'est banni que dans l'archipel des Laquedives (Lakshadweep, p. 371 ; île de Bangaram exceptée), au large du Kerala. Néanmoins, partout dans le pays, des lois régissent la consommation de boissons alcoolisées. Dans chaque État, les magasins ont interdiction de vendre de l'alcool certains jours. Le jour de l'anniversaire de Gandhi, le 2 octobre, il est difficile de se procurer une boisson alcoolisée partout en Inde. En 2014, le Kerala, où la consommation d'alcool serait deux fois supérieure à la moyenne nationale, avait retiré à quelque 700 bars leur licence de vente d'alcool, avant d'annuler cette décision controversée en 2017. Aujourd'hui, les hôtels de catégorie supérieure ont l'autorisation d'y servir des alcools forts, les nouveaux bars peuvent en faire la demande, et les hôtels deux étoiles peuvent servir de la bière. La vente d'alcool est toutefois interdite partout dans l'État le premier jour de chaque mois. À Goa, les taxes sur l'alcool sont moins élevées et la consommation est moins sujette à des restrictions. Dans la plupart des grandes villes – et surtout à Mumbai –, vous trouverez d'excellents bars, particulièrement animés le week-end. Si Bengaluru est la capitale indienne de la bière artisanale, Mumbai, Pune et, plus récemment, Goa sont entrées dans la course, avec des scènes locales très dynamiques.

La mode de la bière artisanale arrive sur les plages de Goa, avec l'ouverture de microbrasseries telles Goa Brewing Co, Susegado Brewing et Arbour Brewing Co (créée à Bengaluru).

Bien que le secteur vinicole du pays soit encore relativement jeune, le vin gagne en popularité auprès des Indiens. Les conditions climatiques favorables et la nature de certains sols, notamment dans le Maharashtra et le Karnataka, ont permis la création de domaines viticoles de qualité, comme Grover Zampa et Sula Vineyards (p. 88), près de Nasik ; Fratelli Wines, au sud-est de Pune, produit aussi des vins de qualité. Nombre de ces vins commencent d'ailleurs à se faire une place au menu des établissements du sud du pays.

Les lois strictes réglementant la vente d'alcool découragent la consommation dans certains restaurants. Des établissements des zones touristiques servent discrètement de la bière dissimulée dans des théières et des verres : pour éviter les impairs, ne tenez pas cette pratique pour acquise. Rares sont les restaurants végétariens à servir de l'alcool.

Boissons locales

On estime qu'environ les trois quarts des Indiens qui boivent de l'alcool consomment des boissons locales comme l'arak (produit de la distillation de la sève de cocotier, de la pomme de terre ou du riz) du pauvre, dont des millions de personnes sont dépendantes. Chaque année, de nombreux consommateurs perdent la vue, sont paralysés ou meurent après avoir bu de l'arak illégal contenant de l'alcool frelaté.

On appelle *mahua* un alcool au parfum entêtant obtenu par distillation de la fleur de l'arbre du même nom. Il est confectionné sur des étals villageois de fortune dans le centre de l'Inde, de mars à avril, à l'époque de la floraison. Le *mahua* ne présente aucun risque tant que son origine est fiable. Toutefois, de nombreuses personnes ont perdu la vue après avoir consommé du *mahua* contenant de l'alcool méthylique.

Le *toddy* (vin de palme) est consommé dans les zones côtières, notamment dans le Kerala. Le *feni*, sa version goanaise, est produit à partir de noix de coco (il est alors léger et n'a rien d'exceptionnel) ou, dans sa version plus appréciée, de noix de cajou (dans ce cas, il mérite une dégustation !).

GLOSSAIRE CULINAIRE

achar	pickles, condiments marinés
aloo (ou alu)	pomme de terre
aloo gobi	curry de pommes de terre et de chou-fleur
aloo tikki	croquette de purée de pommes de terre
appam	crêpe de farine de riz ; spécialité d'Inde du Sud
arak	liqueur obtenue à partir de lait de coco, de pommes de terre ou de riz
baigan (brinjal)	aubergine
barfi	confiserie tendre au lait
bebinca	gâteau goanais à 16 couches
besan	farine de pois chiches
betel	noix du palmier à bétel ; aussi appelée noix d'arec
bhajia	beignet de légumes
bhelpuri	riz soufflé, lentilles, jus de citron, oignons, herbes et chutney, servi avec des beignets
bhindi	gombo
biryani	riz parfumé et épicé, à la viande ou aux légumes
bonda	croquette de purée de pommes de terre
chaat	en-cas salé, parfois assaisonné de *chaat masala*
chach	boisson au babeurre
chai	thé
channa	pois chiches épicés
chapati (ou roti)	pain rond sans levain
chawal	riz
cheiku	petit fruit marron et sucré
dahi	lait caillé/yaourt
dhal	plat épicé aux lentilles
dhal makhani	lentilles noires et haricots rouges, avec de la crème et du beurre
dhansak	viande, généralement du poulet ou de l'agneau, accompagnée de lentilles au curry, de citrouille ou de gourde et de riz ; spécialité parsie
dosa	grande galette d'Inde du Sud
falooda	boisson parfumée à la rose, à base de lait, de crème, de noix et de vermicelles
faluda	longues nouilles à la farine de pois chiches
feni	liqueur goanaise obtenue à partir de lait de coco ou de noix de cajou
ghee	beurre clarifié
gobi	chou-fleur
gulab jamun	boulette frite imbibée de sirop parfumé à l'eau de rose
halwa	confiserie à base de légumes, de lentilles, de noix ou de fruits
iddiyappam	nouilles à base de farine de riz
idli	gâteau de riz fermenté, rond et spongieux ; spécialité d'Inde du Sud
imli	tamarin
jaggery	mélasse de sucre brun (jagré) confectionné à partir de la sève de palmier
jalebi	serpentin de pâte orangée frit, puis plongé dans du sirop et servi chaud
jigarthanda	boisson à base de lait bouilli, avec extrait d'amande, sirop de rose et glace à la vanille
karela	concombre amer
keema	viande hachée épicée
khichdi (khichri)	mélange de riz et de lentilles légèrement épicé

kofta	viande ou légumes hachés, souvent sous forme de boulettes
korma	plat braisé semblable à un curry
kulcha	pain souple indien au levain
kulfi	glace à la texture ferme, parfumée (le plus souvent) à la pistache
ladoo (ladu)	boulette sucrée à base de farine de *gram* et de semoule
lassi	boisson au yaourt battu et à l'eau fraîche
malai kofta	*paneer* cuit dans une sauce crémeuse à base de noix de cajou et de tomate
masala dosa	grande galette d'Inde du Sud (*dosa*) garnie de pommes de terre épicées
mattar paneer	curry de petits pois et de fromage non fermenté
methi	fenugrec
mishti doi	confiserie bengalie ; lait caillé sucré au jagré
mithai	bonbons, confiseries
momo	raviolis salés tibétains
naan	pain plat cuit au *tandoor*
namak	sel
namkin	amuse-bouche salé
pakora	petit beignet de légumes
palak paneer	morceaux de fromage non fermenté dans une purée d'épinards
paneer	fromage mou, non fermenté, à base de lait caillé
pani	eau
pappadam (pappad)	fine galette croustillante à la farine de lentille ou de pois chiches
paratha (parotta)	galette feuilletée (plus épaisse que le *chapati*), souvent garnie
pasayam	riz au lait crémeux ; appelé *kheer* en Inde du Nord
phulka	*chapati* ayant gonflé sur le feu
pilau	riz cuit dans un bouillon épicé ; dit aussi *pulau, pilao* ou *pilaf*
pudina	menthe
puri (poori)	beignet salé qui gonfle quand on le frit
raita	yaourt légèrement épicé (agrémenté de concombre râpé, d'ananas en dés...)
rasam	bouillon de *dhal* parfumé au tamarin
rasgulla	boulette de fromage frais parfumée à l'eau de rose
rogan josh	riche curry d'agneau épicé
saag	légumes verts à feuilles
sabzi	légumes
sambar	sauce épaisse à base de pois d'Angole et de légumes ; une spécialité d'Inde du Sud
samosa	chausson triangulaire frit, farci de légumes épicés
sol kadhi	boisson rosée et légèrement amère, à base de lait de coco
ṣonf (saunf)	graines anisées aux vertus digestives et rafraîchissantes
tawa	plaque chauffante/en fer
thukpa	soupe de nouilles tibétaines
tiffin	en-cas ; désigne aussi les récipients alimentaires en Inox
tikka	morceaux de poulet, de *paneer*, etc., épicés et marinés
toddy	vin de palme
upma	*rava* (semoule) aux oignons, épices, piments rouges et noix de coco
uttapam	galette de riz aux oignons émincés, piments verts, coriandre et noix de coco
vada	beignet salé à base de lentilles ; spécialité d'Inde du Sud
vindaloo	curry très épicé mariné au vinaigre et à l'ail ; spécialité de Goa

Le grand bazar indien

En Inde du Sud, les bazars et les boutiques débordent d'un choix infini de merveilles : bois sculpté, soieries, bijoux ethniques, châles finement brodés, pierres précieuses, artisanat villageois... Les formes d'art et d'artisanat sont très variées, et chaque région, voire chaque village, s'enorgueillit de ses propres traditions, parfois ancestrales. Préparez-vous à découvrir – et à acheter – des pièces spectaculaires lors de séances de shopping mémorables.

Bijoux

En Inde, chaque ville ou presque possède au moins une boutique de bracelets proposant un choix extraordinaire, du bracelet coloré en plastique et en verre au bijou en cuivre, en argent ou en or. Hyderabad (dans le Telangana) est un grand centre de fabrication et de vente de bracelets en laque (résine sécrétée par un insecte), incrustés de perles ou de pierres colorées. De nombreuses pièces peuvent être fabriquées sur commande.

Vous verrez partout de lourds bijoux traditionnels en argent, et des bijoux tibétains en argent (ou en métal blanc) ornés de pierres semi-précieuses. Les bijoux tibétains comportent souvent des motifs bouddhiques ou des textes, dont le fameux mantra *Om Mani Padme Hum* (Hommage au joyau du lotus). Il existe une grande industrie en Inde, au Népal et en Chine spécialisée dans la fabrication de souvenirs tibétains artificiellement vieillis. Des perles en agate, turquoise, cornaline et argent vous permettront de créer vos propres pièces. Dans les Ghats occidentaux, on trouve parfois de magnifiques (et rares) joyaux façonnés dans des communautés adivasi – notamment par des Toda, près d'Ooty (Udhagamandalam).

Les bazars indiens, qui sont l'âme de la vie commerçante du pays, ne sont pas toujours des marchés à proprement parler : il s'agit souvent de rues bordées de boutiques et/ou d'étals.

Produites dans la plupart des États côtiers, les perles sont une autre spécialité de Hyderabad. La ville compte ainsi quelque 30 000 négociants en perles (mais celles qu'ils vendent sont, de nos jours, généralement importées de Chine). Les prix varient selon la couleur et la forme ; vous paierez davantage pour une perle d'un blanc immaculé ou d'une teinte rare, comme le noir. De même, les perles parfaitement rondes sont plus chères que celles de forme irrégulière ou légèrement oblongues. Des perles basiques sont proposées à 500 ₹ le rang ; comptez au moins 1 200 ₹ pour une qualité supérieure (les plus belles atteignent 30 000 ₹ !).

Gare aux escrocs qui vous proposeront d'acheter des bijoux pour les revendre, à l'étranger, à un de leurs contacts : bien souvent, soit les bijoux sont faux, soit l'acheteur ne se présentera jamais.

Bronzes, poteries, sculptures en pierre et sur bois

En Inde du Sud (et dans certaines régions de l'Himalaya), des statuettes de divinités sont réalisées en bronze selon la technique traditionnelle de la cire perdue. L'artisan crée une figurine en cire qu'il entoure d'un moule. L'ensemble est ensuite chauffé pour faire fondre la cire, qui est remplacée

Toujours plus vastes, plus lumineux et plus clinquants, les centres commerciaux modernes font partie intégrante des villes de l'Inde du Sud. La mode indienne et internationale y est bien représentée – à des prix similaires à ceux des pays occidentaux. Le Lulu Mall, à Kochi (dans le Kerala) est le plus grand du pays.

par du métal fondu. Puis le moule est cassé pour dégager la statuette. Outre les très prisées représentations de Shiva en Nataraja, le danseur cosmique (une tradition sculpturale qui date de l'époque médiévale des Chola dans le Tamil Nadu), on trouve de nombreuses autres divinités du panthéon hindou, ainsi que des statues du Bouddha et de divinités tantriques. Ne confondez pas le bronze (un alliage de cuivre et d'étain) et le laiton (un alliage de cuivre et de zinc, meilleur marché).

À Mamallapuram (Mahabalipuram), dans le Tamil Nadu, des artisans perpétuent une tradition datant de la dynastie des Pallava, en utilisant le granit et la stéatite de la région, qu'ils taillent pour certains, comme à l'époque, au burin et au marteau. Les objets vont des petits éléphants aux immenses statues de divinités pesant 500 kg. Le Tamil Nadu est également réputé pour les bronzes de Thanjavur (Tanjore) et de Trichy (Tiruchirappalli).

Diverses localités produisent de beaux objets en terre cuite : coupes et vases, figurines de divinités, jouets... Thanjavur est renommée pour ses poupées de couleurs vives qui hochent la tête, fabriquées en terre cuite ou en bois. Dans le Chettinadu; dans le sud du Tamil Nadu, de grands chevaux et d'autres animaux en terre cuite sont façonnés en guise d'offrandes pour la divinité préhindouiste Ayyanar.

Partout, à proximité des temples, vous pourrez acheter des statuettes de divinités hindoues en argile ou en plâtre.

La sculpture sur bois est pratiquée depuis des siècles dans tout le pays. Les statues en bois de santal de divinités hindoues, l'une des spécialités du Karnataka, sont les plus onéreuses : un ganesh de 10 cm de haut coûte environ 2 500 ₹, contre 300 ₹ pour une statuette en bois de *kadam* (le bois de santal embaumera pendant des années). Dans l'Andhra Pradesh, au Karnataka et au Kerala, de belles figurines de divinités, des boîtes marquetées et des meubles sont sculptés dans du bois de rose.

Les sculptures bouddhiques en bois sont une spécialité des villages de réfugiés tibétains, qui produisent des plaques murales représentant les huit symboles de la chance, des dragons sculptés et des reproductions de masques *chaam* utilisés pour des danses rituelles.

Les carreaux aux couleurs vives et brillantes qui ornent les demeures fastueuses et les hôtels de l'aride région du Chettinadu (dans le Tamil Nadu) sont une spécificité locale ; le village d'Athangudi (p. 439) en produit de superbes exemples.

Cuir

Les vaches étant sacrées en Inde, les articles en cuir sont théoriquement fabriqués avec de la peau de buffle, de chameau ou de chèvre. Dans la plupart des grandes villes, un large choix de chaussures en cuir est vendu à des prix très raisonnables ; certaines sont ornées de dizaines de sequins ! Des boutiques d'Inde du Sud vendent des *jooti*, des chaussures traditionnelles à bout recourbé, typiques du Punjab et du Rajasthan.

Les *chappal* (sandales en cuir) fabriquées à Kolhapur, Pune et Matheran au Maharashtra sont particulièrement réputées. L'État du Tamil Nadu est un grand producteur de cuir. Puducherry est connue pour ses créations inspirées de modèles internationaux.

L'industrie indienne du cuir n'est pas exempte de négligences et de problèmes touchant au bien-être des animaux.

Instruments de musique

Les villes sont les meilleurs endroits pour acheter des instruments de musique de qualité. Les prix varient selon la facture de l'instrument.

Les tablas corrects, avec un tabla en bois (son aigu) et un *dugi* ou *bayan* en métal (son grave), coûtent au minimum 5 000 ₹. Moins chers, ils sont généralement plus lourds, et produisent des sons moins subtils.

Les sitars valent entre 5 000 et 35 000 ₹, voire plus. Essayez-en plusieurs, car le son varie en fonction du bois utilisé et de la forme de la caisse de résonance. Sachez que certains sitars bon marché peuvent se déformer dans des climats plus froids ou plus chauds. Assurez-vous que les cordes émettent un son clair et vérifiez soigneusement la caisse. Pensez aussi à acheter des cordes de rechange, des plectres (médiators) et, éventuellement, un résonateur complémentaire.

Parmi les autres instruments populaires figurent le *shehnai* (sorte de hautbois), le *sarod* (sorte de luth), l'harmonium et l'*esraj* (sorte de violon que l'on tient verticalement). Les violons classiques, d'un excellent rapport qualité/prix, se vendent à partir de 3 500 ₹.

Métal

Les objets en cuivre ou en laiton – bougeoirs, plateaux, bols, cruches, cendriers... – sont particulièrement prisés. On trouve partout des *kadhai* (sorte de wok indien, également appelé *balti*), des ustensiles de cuisine bon marché, des marmites en cuivre, des récipients en métal, des poêles à fond de cuivre, des plateaux à *thali* en Inox...

De nombreux objets religieux tibétains en cuivre sont ornés d'incrustations en argent. Les moulins à prières et les étuis à documents traditionnels sont peu coûteux.

Le *bidri*, une technique de damasquinage consistant à incruster de fils d'argent un alliage à base de zinc, puis à le frotter avec une pâte contenant de la terre de Bidar (Karnataka), est utilisé pour fabriquer des bijoux, des boîtes, des bols et des ornements, notamment à Bidar et à Hyderabad ; ce procédé daterait du XIVe siècle.

Papier mâché et papier artisanal

Les poupées du Tamil Nadu sont des créations typiques en papier mâché. Les artisans du Jammu-et-Cachemire (Inde du Nord) produisent depuis des siècles des objets laqués en papier mâché, vendus dans tout le pays. La forme de base est réalisée en superposant des couches de papier (souvent des journaux recyclés) dans un moule ; elle est ensuite peinte à l'aide de pinceaux fins, et laquée pour protéger l'objet. Le prix dépend de la complexité et de la qualité des motifs et du nombre de feuilles d'or utilisées. Nombre de pièces sont décorées d'animaux, de fleurs ou

Les magasins d'artisanat d'État possèdent généralement plusieurs antennes et pratiquent des prix fixes raisonnables sur une bonne sélection d'objets locaux. Essayez Poompuhar (www.tnpoompuhar.org) au Tamil Nadu ; Lepakshi (www.lepakshihandicrafts.gov.in) dans l'Andhra Pradesh et au Telangana ; le SMSM Institute (www.keralahandicrafts.in) au Kerala ; et le Cauvery Handicrafts Emporium (www.cauveryhandicrafts.net) au Karnataka.

L'ART DU MARCHANDAGE

Les magasins d'État, les coopératives, les grands magasins et les *malls* modernes pratiquent des prix fixes. Partout ailleurs, vous devrez marchander. Les commerçants des villes touristiques, habitués aux voyageurs argentés et pressés, doublent ou triplent facilement les prix. La première "règle" consiste à ne pas manifester trop d'intérêt pour l'article que vous convoitez. Ensuite, n'achetez pas le premier objet qui vous séduit. Faites un tour et regardez les prix sans trop insister : si vous revenez dans la première boutique, le vendeur comprendra que ses prix sont moins chers et la négociation sera plus difficile.

Déterminez le prix que vous êtes prêt à payer et manifestez votre intérêt. Si vous ignorez le coût réel d'un article, commencez par diviser par deux le prix annoncé. Le vendeur prendra un air offusqué, mais le marchandage pourra débuter jusqu'à ce qu'un accord contente les deux parties. Vous obtiendrez souvent un rabais sur le "dernier prix" si vous sortez en disant que vous devez réfléchir.

S'il est largement pratiqué en Inde, le marchandage doit rester cordial. Faites preuve de bon sens et de mesure, et souvenez-vous de la valeur de la roupie dans votre propre monnaie ; le but est d'arriver à un compromis plutôt que de viser un prix inférieur à la valeur de l'article. Si un vendeur annonce un prix ridiculement exagéré, allez ailleurs, tout simplement. Vous obtiendrez souvent des tarifs plus intéressants en achetant plusieurs articles à la fois.

de scènes de chasse inspirées des miniatures mogholes. Bols, boîtes, porte-lettres, dessous-de-verre, plateaux, lampes et décorations de Noël constituent des souvenirs appréciés, à transporter avec précaution.

Vous apprécierez aussi les divers objets fabriqués avec du papier artisanal de qualité (cartes, boîtes, calepins...), en particulier à Puducherry et à Mumbai.

L'ouvrage *Textiles indiens* (Thames & Hudson, 2008), de John Gillow et Nicholas Barnard, présente les techniques permettant la réalisation des magnifiques textiles indiens : *tie-dye*, tissage, impression au bloc, broderie...

Peintures

La scène artistique contemporaine indienne est très dynamique. Dans les grandes villes du Sud comme Chennai (Madras), Bengaluru (Bangalore), Kochi (Cochin) et Hyderabad, de nombreuses galeries et boutiques vendent des œuvres d'artistes locaux.

Miniatures

La qualité des reproductions de miniatures indiennes, proposées dans tout le pays, détermine le prix de vente ; les moins chères sont moins détaillées et réalisées sur des supports moins nobles. Au Kerala et au Tamil Nadu, des miniatures représentant des scènes de la vie familiale et rurale, et des divinités, sont réalisées sur des feuilles séchées.

Peintures de Tanjore

Les peintures de Thanjavur (Tanjore), au Tamil Nadu, dépeignent généralement des divinités hindoues dans des couleurs vives ; elles sont décorées de feuilles d'or et de perles en verre, et parfois de pierres précieuses. Elles peuvent être réalisées sur de la toile, du bois ou du verre. La production d'aujourd'hui est une version quelque peu kitsch d'une tradition remontant au XVIIe siècle. Cherchez les œuvres anciennes authentiques dans des boutiques d'antiquités.

Peintures cheriyal et kalamkari

Au Telangana, les peintures *cheriyal* (illustrations aux couleurs vives, qui ornaient les parchemins des conteurs itinérants) sont une tradition vieille de 500 ans, dont le savoir-faire se perd peu à peu. Les masques *nakashi*, en coque noix de coco ou en ciment, sont une autre forme d'art local.

L'art ancien du *kalamkari*, une technique de peinture sur textile, se perpétue dans l'Andhra Pradesh, ainsi qu'à la Kalakshetra Foundation de Chennai (Tamil Nadu ; p. 389), où des cours sont dispensés. Le tissu en coton est imprégné de résine et de lait de vache, avant que l'on y dessine et peigne des divinités ou des événements légendaires ou historiques, à l'aide d'une tige de bambou pointue (*kalam*) trempée dans du jagré (mélasse de sucre brun) fermenté et de l'eau ; les teintures sont fabriquées à partir de fumier de vache, de graines moulues, d'herbes et de fleurs. Le *kalamkari* de Machilipatnam (Andhra Pradesh) utilise une technique combinant impression au bloc et dessin à main levée.

Les Toda, un peuple adivasi des Nilgiri, Hills au Tamil Nadu, fabriquent, portent et vendent de magnifiques châles brodés noir et rouge.

Tanka

Les boutiques d'artisanat tibétain vendent souvent de magnifiques tankas représentant des divinités tantriques ou des mandalas. Certains reproduisent les peintures murales des *gompa* (monastères bouddhiques), d'autres sont plus simples. Les prix varient. Comptez au minimum 5 000 ₹ pour un tanka de qualité acceptable de format A3 et nettement plus (jusqu'à 50 000 ₹) pour un tanka complexe de grande dimension.

Tapis

Dans tout le pays, des ateliers produisent des tapis en laine ou en soie. Les plus beaux proviennent toutefois d'Inde du Nord. Il existe des coopératives d'artisans dans la plupart des villages de réfugiés tibétains (il y a plusieurs communautés tibétaines en Inde du Sud, dont la plus connue est Bylakuppe, dans le Karnataka). Les tapis "anciens" le sont rarement ; à moins de vous adresser à un marchand de renommée internationale, choisissez un tapis "neuf".

Les *namda* (*numda*), de grossiers tapis en laine feutrée du Cachemire et du Rajasthan, sont nettement moins chers que les tapis noués. Les *dhurri* (sortes de kilims en coton), tissés à plat, sont fabriqués dans plusieurs régions. Warangal, dans le Telangana, est l'un des principaux centres de production. Beaucoup de tapis proviennent également de Puducherry (Pondichéry) ou de Bengaluru (Bangalore).

Les enfants sont employés comme tisseurs depuis des siècles. Le travail des jeunes entretient un cercle vicieux de pauvreté : il prive les enfants d'une éducation, tout en tirant vers le bas les salaires et les possibilités d'emploi chez les adultes. Les tapis produits par les coopératives de réfugiés tibétains sont presque toujours fabriqués par des adultes ; les grands magasins d'État et les coopératives caritatives sont en général les meilleurs endroits pour acheter des tapis.

Soyez prudent si vous achetez des articles qui devront être livrés à l'étranger, et ne vous laissez pas entraîner dans des boutiques par des rabatteurs. Pour le reste, votre plus grand problème sera surtout la place dans vos bagages.

Coût et expédition des tapis

Le prix des tapis varie selon le nombre et la taille des nœuds, les couleurs et les teintures, la complexité des motifs et le matériau. Les tapis en soie sont plus chers et semblent plus luxueux, mais ceux en laine dureront plus longtemps. Comptez à partir de 200 $US pour un tapis en laine de 90 cm sur 1,80 m, et 2 000 $US pour son équivalent en soie. Un tapis tibétain de taille similaire coûte environ 10 500 ₹.

De nombreuses boutiques proposent d'expédier les tapis à l'étranger. Toutefois, mieux vaut le faire vous-même pour éviter toute mauvaise surprise. Pour un tapis de 90 cm sur 1,80 m, les frais de port s'élèvent à environ 4 000 ₹ vers l'Europe et 4 500 ₹ vers l'Amérique du Nord. Il est aussi possible de transporter des tapis dans l'avion (comptez 5 à 10 kg pour un tapis tel que mentionné ci-dessus ; assurez-vous que votre compagnie autorise les bagages volumineux).

Textiles

Le textile demeure la principale industrie de l'Inde et 40% de la production provient des villages, où on l'appelle *khadi* (tissé à domicile). Dans tout le pays, des magasins de *khadi*, soutenus par les autorités,

ACHATS RESPONSABLES

Globalement, seul un faible pourcentage des revenus du tourisme profite aux habitants des campagnes. Vous pourrez augmenter cette contribution en effectuant des achats dans des coopératives villageoises, qui s'emploient à préserver et à promouvoir l'artisanat local, et à fournir aux villageois une éducation, une formation et des emplois durables. De nombreux projets visent en priorité les femmes de basse caste, les communautés adivasi, les réfugiés et d'autres groupes défavorisés.

Les coopératives vendent des produits d'excellente qualité, habituellement à prix fixe. Une part des bénéfices est directement reversée à des écoles, à des dispensaires, à des organismes de formation et à d'autres programmes d'aide aux plus démunis. Vous pourrez également contribuer au développement des villages en effectuant vos achats dans les magasins du réseau Khadi and Village Industries Commission (www.kvic.org.in) ou dans les boutiques de Tribes India (www.tribesindia.com), dont les bénéfices contribuent à soutenir les artisans de communautés adivasi. La grande marque de prêt-à-porter Fabindia (www.fabindia.com) a créé des partenariats durables et équitables avec certains villages. Où que vous alliez, repérez les coopératives de commerce équitable.

L'ÉTOFFE DE GANDHI

Il y a un plus d'un siècle, Gandhi exhorta les Indiens à soutenir le mouvement pour la liberté en troquant leurs vêtements fabriqués à l'étranger contre le *khadi*, une étoffe tissée à la main. Le *khadi* devint un symbole de la lutte pour l'indépendance en Inde ; il demeure étroitement associé à la politique. Organisme gouvernemental à but non lucratif, la Khadi and Village Industries Commission (www.kvic.org.in) œuvre pour la promotion du *khadi*, habituellement en coton, parfois en soie ou en laine.

Les boutiques de *khadi*, présentes dans tout le pays, vendent d'authentiques vêtements indiens : *kurta pyjamas*, foulards, saris... Les prix sont raisonnables et souvent réduits à l'approche de l'anniversaire de Gandhi (2 octobre). Certains magasins ont un service de confection sur mesure.

proposent à petits prix toutes sortes d'articles en *khadi*, notamment des "vestes Nehru" et des *kurta pyjamas* (longue chemise et pantalon large), dont la vente profite aux communautés rurales. Le *khadi* a désormais la faveur des stylistes indiens comme Sandeep Khosla, qui l'intègrent dans leurs collections.

Dans les centres touristiques comme Goa ou le Kerala, les textiles à motifs servent à confectionner bien des articles (sacs, tentures, housses de coussins ou de tapis de yoga, couvre-lits, vêtements...). Au Telangana, les Adivasi brodent les tissus de petits miroirs chatoyants.

La région de Chennamangalam, dans le centre du Kerala, est connue pour ses textiles tissés (p. 355), une industrie traditionnelle gravement touchée par les inondations de 2018.

Châles

Les châles indiens, chauds et légers, remplacent facilement une veste et peuvent servir de couvertures de secours pour les nuits fraîches. Ils sont fabriqués avec toutes sortes de laines et ornés de broderies. Les types de châles les plus connus proviennent des régions du Nord, mais on en trouve dans certaines boutiques du sud du pays. C'est notamment le cas des châles pashminas, principalement produits au Ladakh et au Cachemire à partir du duvet de chèvre, et des châles en laine d'agneau subtilement brodés et sertis de miroirs de la région du Kachchh (Kutch), dans le Gujarat. Un authentique pashmina coûte plusieurs milliers de roupies. Un grand nombre de châles, en réalité fabriqués à partir d'un mélange de pashmina et de soie, sont meilleur marché (environ 1 200 ₹) et néanmoins très beaux.

Saris

India-Craft (www.india-crafts.com) est un bon site pour découvrir en détail la richesse des traditions artisanales du sous-continent, des textiles à la terre cuite.

Souvenirs très appréciés, les saris peuvent servir à confectionner un grand nombre d'articles – des housses de coussins aux vêtements. Ceux en soie véritable sont les plus chers ; il faut généralement les laver pour les assouplir. Kanchipuram, dans l'État du Tamil Nadu, est la capitale indienne de la soie ; on trouve aussi de beaux saris (et des foulards moins chers) dans d'autres villes du Sud comme Mysuru (Mysore). Comptez au moins 3 000 ₹ pour un sari en soie brodé de qualité.

Aurangabad, dans le Maharashtra, est le centre de production traditionnel des châles, des draps et des saris *himroo*, un mélange de coton, de soie et de fils d'argent. Les saris en soie et fils d'or de Paithan, près d'Aurangabad, comptent parmi les plus beaux du pays ; ils valent entre 8 000 et 300 000 ₹. Parmi les autres États réputés pour leurs saris, citons le Madhya Pradesh pour les *maheshwari* (saris en coton) et les *chanderi* (saris en soie), et le Chettinadu (Tamil Nadu), pour les *kandaangi* (saris en soie et en coton, tissés main).

Appliqué et impression au bloc

L'appliqué, à partir duquel des motifs décoratifs sont cousus sur un tissu plus large, est un art ancien en Inde, et chaque État ou presque possède sa propre version, avec des formes souvent abstraites ou anthropomorphes. Les abat-jour et les *pandal* (grandes tentes) des fêtes et des mariages sont habituellement réalisés à l'aide de cette technique.

Des tissus imprimés au bloc, ou tissés, sont vendus à travers toute l'Inde et chaque région conserve sa spécialité. L'impression au bloc consiste à estamper le motif sur le tissu à l'aide de blocs en bois sculptés – un procédé fastidieux et hautement exigeant qui produit de très beaux résultats. Les chaînes de magasins Fabindia (www.fabindia.com) et Anokhi (www.anokhi.com) perpétuent les tissus et les styles traditionnels, employés pour fabriquer des articles de décoration intérieure et des vêtements indiens ou de style occidental.

Bibliophiles amateurs, fréquentez les bonnes librairies des villes d'Inde du Sud. Higginbothams (p. 399), à Chennai (Madras), est la plus ancienne du pays. Elle connaît le même succès depuis 1844, et possède le Writer's Cafe (p. 396) à Chennai et une boutique à Bengaluru. À Kochi, deux librairies renommées sont ouvertes de longue date : l'Idiom (p. 355) et Walton's (www.waltonshomestay.com ; Princess St, Fort-Cochin) qui se double d'une charmante pension.

Autres souvenirs des bazars

Dans presque toutes les villes d'Inde du Sud, boutiques et bazars vendent des **épices** locales à petits prix. Le Karnataka, le Kerala et le Tamil Nadu produisent la plupart des épices qui composent le *garam masala* (mélange relevé qui parfume de nombreux plats). La cardamome et le poivre noir du Kerala sont également des indispensables. Avant d'en remplir vos valises, notez que certains pays ont des règles strictes concernant l'importation de produits d'origine végétale ou animale.

Les échoppes d'*attar* (**huiles essentielles**) sont omniprésentes. Mysuru est renommée pour son huile de bois de santal ; et Mumbai (Bombay), pour le commerce des essences parfumées traditionnelles, tel le précieux *oud*, tiré d'une rare moisissure qui se développe sur l'écorce du bois d'agar (ou *Aquilaria malaccensis*). Dans le Tamil Nadu, Ooty et Kodaikanal (Kodai) produisent des huiles aromatiques et médicinales à partir de plantes, de fleurs et d'eucalyptus.

L'**encens** indien s'exporte dans le monde entier ; Bengaluru et Mysuru en sont les principaux producteurs. L'encens, tout comme les vêtements, les huiles essentielles et les bougies parfumées d'Auroville et de l'ashram Sri Aurobindo (p. 416), à Puducherry, sont également réputés et faciles à trouver sur place.

Spécialité de Goa, le *feni*, un puissant **alcool** distillé à partir de lait de coco ou de noix de cajou, est souvent vendu dans de jolies bouteilles.

On trouve du **thé** et du **café** indien de qualité dans certaines régions du Sud, comme à Munnar, dans le Kerala, et près d'Ooty, ainsi que dans les bonnes boutiques de thé de toutes les grandes villes.

Arts

Les peuples qui coexistèrent, se succédèrent ou s'affrontèrent sur le sous-continent au fil du temps ont laissé à l'Inde un fabuleux patrimoine artistique. Aujourd'hui, l'art s'exprime partout, sous des formes modestes ou sophistiquées, des motifs peints sur des camions aux chants harmonieux psalmodiés dans les temples anciens, en passant par la déferlante de sons et de couleurs des films de Bollywood. Les artistes contemporains mêlent des formes ancestrales aux tendances d'aujourd'hui pour créer de remarquables œuvres picturales, chorégraphiques, littéraires ou musicales.

Parmi les précurseurs de la danse indienne moderne, Uday Shankar (1900-1977), frère aîné de Ravi, le maître du sitar, fut le partenaire de la ballerine russe Anna Pavlova.

Dans la plupart des grandes villes d'Inde du Sud, des représentations de danse ou de musique classiques sont régulièrement programmées. Elles sont particulièrement nombreuses à Chennai et Mumbai, où on en trouve (presque) tous les soirs. Kochi (Cochin) est le meilleur endroit pour assister à des spectacles de kathakali.

Danse

Forme artistique ancienne, la danse indienne est indissociable de la mythologie et de la littérature classique. Depuis l'avènement des films parlants, elle fait aussi partie intégrante du cinéma. Les chorégraphies figurant dans les films – celles que vous verrez le plus souvent – mêlent couramment styles traditionnels, folkloriques et contemporains.

Danse classique

La danse classique, qui repose sur des disciplines traditionnelles bien définies, comprend huit écoles, et notamment :

- Le *bharata natyam*. Originaire du Tamil Nadu, il s'est répandu partout en Inde. Il se distingue par des mouvements gracieux. Jadis réservé à des femmes qui se produisaient seules, il est aujourd'hui dansé également par des hommes et/ou des groupes. Mêlant chansons, poèmes et prières, la représentation est donnée au son de la musique carnatique, propre à l'Inde du Sud.
- Le kathakali. Née au Kerala, autour du XVIIe siècle, cette forme de théâtre dansé est accompagné de percussions et de chants. Voir aussi p. 552.
- Le *kuchipudi*. Cette autre forme de théâtre dansé provient d'un village de l'Andhra Pradesh dont il porte le nom. Les pièces racontent souvent l'histoire de l'épouse jalouse de Krishna.
- Le *mohiniyattam*. Cette gracieuse danse semi-classique du Kerala est basée sur l'histoire de Mohini, la séductrice mythique.

Danses folkloriques

Multiples, les danses folkloriques vont des ballets de chevaux factices du Karnataka et du Tamil Nadu aux rituels *theyyam* du nord du Kerala (voir p. 552). Les participants maquillés à l'extrême et couronnés de hautes coiffes incarnent, dans des danses frénétiques, des divinités et des héros au son de percussions déchaînées.

Musique

Les origines de la musique classique indienne remontent aux temps védiques, lorsque les poèmes religieux psalmodiés par les prêtres furent réunis dans une anthologie intitulée le Rig-Veda. Au fil du temps, de multiples influences sont venues l'enrichir, aboutissant aux deux formes connues aujourd'hui : les musiques carnatique (du Sud) et hindoustanie

FESTIVALS DE DANSE ET DE MUSIQUE CLASSIQUES

- Kollam Pooram, de Kollam (Quilon, au Kerala) avec des spectacles de kathakali
- Festival de danse de Mamallapuram (p. 384), au Tamil Nadu, décembre/janvier
- Chennai Dance and Music Festival (p. 384), à Chennai (Tamil Nadu), décembre/janvier
- Mumbai Sanskruti (p. 47) à Mumbai (Bombay ; Maharashtra), janvier
- Thyagaraja Aradhana (p. 384), à Thiruvaiyuru (Tamil Nadu), janvier
- Festival de danse Natyanjali (p. 384) à Chidambaram (Tamil Nadu), février
- Elephanta Festival (p. 47) à Mumbai, février
- Festival du Deccan (p. 250), à Hyderabad (Telangana), février/mars

(du Nord). Du fait de leurs racines communes, ces musiques partagent certaines caractéristiques ; toutes deux utilisent le raga (mode mélodique) et le tala (séquence rythmique caractérisée par le nombre de temps). Le *tintal*, par exemple, est un tala à 16 temps. L'auditoire suit le tala en frappant dans ses mains aux temps appropriés (premier, cinquième et treizième temps pour le *tintal*). Le neuvième n'est pas scandé, car il s'agit du *khali* (temps mort), que l'on marque d'un mouvement de la main. Raga et tala constituent les éléments de base de la composition et de l'improvisation.

Les musiques hindoustanie et carnatique, interprétées par de petites formations de trois à six musiciens, emploient de nombreux instruments similaires. La différence la plus marquante pour le profane est la présence plus fréquente de la voix dans la tradition carnatique. La musique hindoustanie est davantage imprégnée des canons musicaux persans (transmis par les Moghols) ; la musique carnatique reste plus fidèle à la théorie.

L'un des instruments les plus connus est le sitar (grand instrument à cordes), avec lequel le soliste interprète le raga. Ravi Shankar (1920-2012), grand maître du sitar, fut sans doute le musicien hindoustani le plus influent du XXe siècle. Il a contribué à porter le sitar sur le devant de la scène internationale dans les années 1960. Parmi les autres instruments à cordes figurent le *sarod* (à cordes pincées) et le *sarangi* (joué avec un archet). Les tablas (des tambours jumeaux) marquent le tala. Le *tambura* ou le *shehnai*, qui ressemble au hautbois, assument le rôle du bourdon. L'harmonium, au soufflet actionné à la main, est utilisé pour accompagner la musique vocale.

La musique régionale folklorique est variée et très répandue. Charmeurs de serpents, conteurs, magiciens et musiciens ambulants chantent aussi pour divertir leur auditoire. Les conteurs chantent habituellement les épisodes des grandes épopées.

Vous aurez peut-être l'occasion, notamment à Hyderabad, dans le Telangana, d'assister à un concert de *qawwali* (chants religieux soufis) dans une mosquée ou une salle de spectacle. Datant du XIIIe siècle, ces chants destinés à guider les dévots jusqu'à l'extase mystique durent plusieurs heures. À tour de rôle, des solistes y improvisent un chant, accompagnés d'un chœur et de joueurs d'harmonium et de tablas, tous assis en tailleur sur le sol.

Autre genre radicalement différent, le *filmi* (musiques de films) comprend des chansons d'amour modernes et des airs de danse entraînants aux chorégraphies millimétrées, dont les scènes sont généralement jouées en play-back par les acteurs.

Ravi Shankar (1920-2012) est le maître incontesté du sitar. Écoutez-le sur deux de ses plus grands albums : *West meets East* (avec le violoniste Yehudi Menuhin) et *Concert for Peace* (organisé pour ses 75 ans au Royal Albert Hall de Londres, avec Zakir Hussain au tabla).

Alliez les plaisirs du mélomane à ceux du cinéphile grâce au *Salon de musique* (1958), film de Satyajit Ray qui fait la part belle aux séquences de musique hindoustanie.

LES ARTS KÉRALAIS TRADITIONNELS

Kathakali

Cette forme de théâtre dansé date du XVIIe siècle, mais quelques éléments remontent à des rituels religieux du IIe siècle. Le kathakali met en scène une histoire généralement fondée sur les épopées hindoues du *Ramayana*, du *Mahabharata* et des *Purana*. Les thèmes sont classiques : vice et vertu, fragilité et courage, pauvreté et prospérité, guerre et paix. Des percussions et des chants accompagnent les acteurs, qui content l'histoire avec des gestes précis, particulièrement des mudras (gestes des mains) et des expressions du visage. La longue préparation obéit à des règles strictes. Maquillage, costumes somptueux, coiffures très ornementées et méditation transforment les acteurs, physiquement et mentalement, en dieux, héros et démons. Les représentations peuvent durer plusieurs heures. Des versions abrégées sont données dans les lieux touristiques comme Kochi, Munnar et Kumily. Les écoles de kathakali de Thiruvananthapuram (p. 308) et celle proche de Thrissur (p. 361) accueillent volontiers les visiteurs.

Kalarippayat

Le *kalarippayat* (ou *kalari*), toujours enseigné au Kerala, est une discipline, proche d'un art martial, dont les racines remonteraient aux affrontements entre principautés dans le Kerala du XIIe siècle. Les maîtres, appelés *gurukkal*, enseignent leur art dans une arène nommée *kalari*. Il y a souvent des spectacles de *kalarippayat* dans les lieux accueillant du kathakali. Il existe trois styles différents. Ceux du Nord et du Centre, pratiqués dans la partie septentrionale de l'État et la région de Malabar, et celui du Sud. Outre les combats à mains nues et les prises, le *kalarippayat* comprend la maîtrise d'armes comme le sabre et le bouclier, le bâton court et le bâton long.

Theyyam

Art rituel le plus populaire du Kerala, le *theyyam*, qui aurait précédé l'hindouisme, trouve son origine dans les danses traditionnelles qui célébraient la fin des récoltes. Il se pratique souvent dans les *kavu* (bosquets sacrés), dans tout le nord du Kerala. Le *theyyam* fait à la fois référence à la forme de la divinité ou du héros représenté et au rituel lui-même. Il en existe environ 450 sortes ; chacune a un costume distinct – avec maquillage, bracelets, ornements de poitrine, jupes, guirlandes et coiffes exubérantes pouvant atteindre 6 ou 7 m de haut. Pendant la représentation, chaque interprète perd son identité physique dans une sorte de transe. C'est alors la divinité qu'il incarne qui parle, bouge et bénit les fidèles. Les danses et percussions effrénées contribuent à créer une atmosphère paroxystique, propice à la manifestation d'une divinité sous une forme humaine.

De novembre à avril, chacun des centaines de *kavu* accueille des rituels. Les *theyyam* servent également à attirer la chance lors d'événements importants, comme les mariages et l'entrée dans une nouvelle maison. Les meilleurs endroits pour y assister sont les temples villageois de la région de Kannur, au nord du Kerala. En saison, de décembre à février, un *theyyam* se déroule quelque part presque chaque soir.

Si les touristes sont les bienvenus, n'oubliez pas qu'il s'agit d'un rituel religieux et non d'un spectacle. Respectez les mêmes règles de conduite que dans les temples : habillez-vous décemment, ne troublez pas les participants et les villageois, évitez les démonstrations publiques d'affection. Les photos sont permises, mais évitez les flashs.

Peinture

Les plus anciennes œuvres picturales d'Inde du Sud furent peintes sur des parois de grottes ou sculptées sur des rochers (ou dans le sol, comme c'est le cas des pétroglyphes récemment découverts sur la côte de Konkan (Maharashtra). La peinture rupestre atteignit son apogée il y a quelque 1 500 ans, quand des artistes couvrirent les murs et les plafonds des grottes d'Ajanta (p. 98), dans le Maharashtra, de peintures figurant les vies antérieures du Bouddha : les personnages y sont d'une grâce et d'une liberté remarquables. Plus tard, des peintres décorèrent les murs des temples et des palais, mais il reste peu de traces de ces œuvres antérieures au royaume de Vijayanagar (XIVe-XVIe siècle), dont il subsiste de belles fresques au temple de Virupaksha (p. 224), à Hampi.

Le style indo-persan, caractérisé par des motifs géométriques associés à des formes fluides, se développa dans les cours royales musulmanes, en conservant la tradition locale de l'œil allongé. L'esthétique persane, introduite par des artisans réfugiés en Inde après l'attaque de Herat (aujourd'hui en Afghanistan) par les Ouzbeks en 1507, s'épanouit grâce au commerce et aux échanges entre la ville persane de Chiraz, grand centre de production de miniatures, et les sultans des provinces indiennes. Le style indo-persan le plus admirable vit le jour à la cour moghole, dans le nord de l'Inde, à partir du milieu du XVIe siècle, et en particulier sous le règne de l'empereur Akbar (1556-1605). Le style moghol s'illustre souvent par des miniatures colorées dépeignant la vie à la cour, l'architecture, des batailles et des scènes de chasse, ou par des portraits détaillés.

La peinture de miniatures s'épanouit également dans les sultanats du Deccan, aux XVIe et XVIIe siècles. Les paysages et les arrière-plans floraux reflétaient alors l'influence persane – avec des thèmes typiques du Deccan, des personnages allongés rappelant les traditions de Vijayanagar et des couleurs riches, dans lesquelles dominaient l'or et le blanc.

Les peintures murales illustrant des thèmes historiques et mythologiques continuèrent à se développer dans le Sud. On trouve notamment de belles fresques de l'ère Nayak à Thanjavur (p. 430), à Kumbakonam (p. 427) et à Chidambaram (p. 425), au Tamil Nadu. D'admirables fresques inspirées de mythes hindous furent réalisées au palais de Mattancherry, à Kochi (Cochin ; p. 344), au XVIe siècle.

Les peintures de Tanjore, qui résultent d'un style unique né à Thanjavur (Tanjore) au XVIIe siècle, dépeignent Krishna et d'autres divinités hindoues dans des couleurs vives. L'arrière-plan composé de trônes, de rideaux et d'arches, et les vêtements des divinités sont rehaussés de feuilles d'or parsemées de pierres précieuses ou de perles en verre. Cette tradition se perpétue aujourd'hui, souvent sous une forme quelque peu dégradée et kitsch.

Ravi Varma (1848-1906), qui était originaire du Kerala, a popularisé en Inde l'art de la peinture à l'huile, qu'il employait dans des tableaux colorés marqués par une approche très européenne, en peignant des scènes de la mythologie et de la littérature indiennes dans lesquelles les déesses hindoues étaient représentées sous les traits de femmes d'Inde du Sud. Le style de Ravi Varma a plus tard influencé l'art religieux et les affiches de films. Maqbool Fida Husain (1915-2011), qui venait du Maharashtra, est l'artiste indien le plus important de la période post-indépendance. Il est notamment connu pour ses œuvres cubistes controversées, représentant des divinités hindoues nues.

Le Madras Movement a été le pionnier de l'art contemporain en Inde du Sud dans les années 1960. Vous pourrez visiter sa coopérative au village d'artistes de Cholamandal (p. 403), près de Chennai (Madras). Aujourd'hui, les ventes de peintures d'artistes indiens modernes et contemporains battent des records (tant par leur nombre que par leur prix) dans le monde entier. Delhi et Mumbai (Bombay) sont les hauts lieux de l'art contemporain en Inde. Il existe des galeries dans la plupart des grandes villes.

Cinéma

L'industrie cinématographique indienne est née en 1899 avec *Panorama of Calcutta*, le premier film tourné en Inde. La première fiction indienne, *Raja Harishchandra,* date de 1913 – en pleine ère du muet. Ce film est considéré comme l'ancêtre du cinéma indien.

La Biennale de Kochi-Muziris (kochimuziris-biennale.org) connaît un succès grandissant. Cet événement réputé fait entrer l'art contemporain dans les édifices historiques de Kochi.

Produit à Hyderabad et tourné en tamoul et en télougou, le film d'*heroic fantasy*, *La Légende de Baahubali – 2e partie*, a pulvérisé tous les records du box-office indien en 2017, devenant le film le plus rentable de l'histoire du pays avec 250 millions de $US de recettes. Écrit par K.V. Vijayendra Prasad et réalisé par son fils, S. S. Rajamouli, il a permis de mettre en valeur le cinéma du sud de l'Inde.

RABINDRANATH TAGORE : UNE LÉGENDE LITTÉRAIRE

Poète, écrivain, artiste brillant et prolifique, Rabindranath Tagore eut une influence inégalée sur la culture bengalie et, plus largement, indienne. Né dans une famille aisée de Kolkata (Calcutta) en 1861, il commença à écrire très jeune et ne s'arrêta plus ; il aurait dicté son dernier poème quelques heures avant sa mort, en 1941.

Il lui revient d'avoir fait découvrir la richesse culturelle et historique de l'Inde à l'Occident. Il reçut le prix Nobel de littérature en 1913 pour son recueil de poèmes mystiques *Gitanjali* (*Offrande lyrique*, traduit par André Gide). Par la suite, il diffusa son message humaniste lors de conférences en Asie, en Europe et en Amérique.

Tagore demeurait très attaché à sa terre natale, comme en témoignent ses nombreuses chansons populaires et les textes des hymnes nationaux d'Inde et du Bangladesh dont il est l'auteur. Fait chevalier par les Britanniques en 1915, il rendit ce titre en 1919, en signe de protestation, après le massacre de Jallianwala Bagh à Amritsar (Punjab).

L'Inde produit plus de films qu'aucun autre pays, avec une moyenne située entre 1 500 et 2 500 films par an. Outre les centaines de millions de spectateurs locaux, fans de Bollywood, Tollywood et Kollywood, les millions d'Indiens expatriés (Non-Resident Indians ou NRI) jouent un rôle significatif dans le succès du cinéma indien à l'étranger.

Aujourd'hui, l'industrie cinématographique indienne est la première de la planète. Mumbai, la capitale des films en hindi, surnommée Bollywood, est la principale productrice, mais d'autres grandes villes – Chennai (Kollywood), Hyderabad (Tollywood), Bengaluru (Sandalwood) ou même Goa – accueillent également des studios prolifiques. Les films à gros budget sont souvent tournés, entièrement ou partiellement, à l'étranger. Certains pays courtisent d'ailleurs activement les productions indiennes, alléchés par le tourisme généré par ces œuvres.

On peut, en gros, diviser les films indiens en deux catégories. La plus importante englobe les films grand public "*masala*" – avec un "mélange épicé" d'éléments. Conçus pour toucher tous les membres de la famille, ces films mêlent thématiques sentimentales, scènes d'action, humour potache et valeurs morales. Ce sont des mélodrames de 3 heures ou plus, avec de multiples rebondissements et ponctués de chants et de danses. Les films destinés au marché national ne comportent aucune scène de sexe ; même les baisers y sont rares. L'absence de nudité est compensée par des flirts intenses et de lourds sous-entendus, et par les déhanchements lascifs des héroïnes, en tenue étriquée ou moulante.

La seconde catégorie englobe les films d'art et d'essai. En général, ils donnent, ou tentent de donner, une image fidèle de la vie sociale et politique. Généralement tournés avec des budgets infiniment plus petits que leurs cousins commerciaux, ce sont ces films qui remportent les prix dans les festivals à l'étranger. Le metteur en scène bengali Satyajit Ray (1921-1992), surtout connu pour ses films tournés dans les années 1950, est le père des films d'art et d'essai indiens. Il a remporté de nombreux prix – *Pather Panchali* (La Complainte du sentier), qui dépeint la pauvreté d'une famille du Bengale, a été primé à Cannes en 1956.

Conçu avec un budget dérisoire, *Sairat* (2016), du réalisateur Nagraj Manjule, issu de la caste des dalits, se démarque totalement de Bollywood. Réaliste et déchirant, il évoque l'histoire d'amour, condamnée d'avance par la tradition, d'une jeune fille d'une caste supérieure et d'un fils de pêcheur. C'est, à ce jour, le film en marathi à avoir connu le plus de succès au box-office.

Littérature

Parallèlement aux textes anciens en sanskrit, les ouvrages en langues vernaculaires ont contribué à constituer un patrimoine littéraire d'une richesse prodigieuse. Il y aurait même, en Inde, autant de littératures qu'il y a de langues écrites. Les Sangams, des œuvres poétiques tamoules écrites entre le IIIe siècle av. J.-C. et le IIIe siècle de notre ère, représentent la plus ancienne forme de littérature de l'Inde du Sud.

On attribue généralement au Bengale la production de la meilleure littérature indienne. Rabindranath Tagore (1861-1941) a été le premier écrivain indien à avoir propulsé la richesse culturelle indienne sur la scène internationale (voir l'encadré).

Dans les années 1930, R. K. Narayan (1906-2001) fut l'un des premiers auteurs indiens écrivant en anglais à bénéficier d'un lectorat international. Par un style faussement simple, en réalité très subtil, et souvent drôle, il décrit la vie quotidienne dans une petite ville – à découvrir notamment *Dans la chambre obscure* (1938 ; Zulma, 2014).

Originaire du Kerala, auteure de poèmes et de mémoires en anglais, Kamala Das (Kamala Suraiyya ; 1934-2009) a ouvert la voie à l'écriture au féminin avec son approche sans détour de l'amour et de la sexualité dans les années 1960-1970. *L'Histoire de ma vie* (1976 ; Kailash, 1999) a été traduit en français.

L'Inde revendique un nombre croissant d'écrivains contemporains reconnus internationalement. Parmi les plus grands, citons Vikram Seth (né en 1952), auteur notamment d'*Un garçon convenable* (Grasset, 1995) et de *Deux Vies* (LGF, 2009), et Amitav Ghosh (né en 1956), qui a remporté en Inde le Sahitya Akademi Award (le plus prestigieux prix littéraire indien) pour *Les Lignes d'ombre* (Seuil, 1992) et en France le prix Médicis étranger pour *Les Feux du Bengale* (Points, 2009). Au cours des deux dernières décennies, plusieurs auteurs indiens ont remporté le prestigieux Man Booker Prize : en 2008, Aravind Adiga (né en 1974) pour *Le Tigre blanc*, (10/18, 2010) et, auparavant, en 2006, Kiran Desai pour *La Perte en héritage* (Ldp, 2009). Kiran Desai (née en 1971) est la fille d'une autre romancière indienne, Anita Desai (née en 1937), dont on peut notamment lire en français *Le Jeûne et le Festin* (Folio, 2002). En 1997, la Kéralaise Arundhati Roy (née en 1961) a obtenu le Booker Prize pour *Le Dieu des Petits Riens* (Folio, 2000). Le second roman de Roy, *Le Ministère du bonheur suprême* (Gallimard, 2018) a été présélectionné en 2017 pour le Booker Prize.

Originaire de Mumbai, Salman Rushdie (né en 1947) a quant à lui reçu le Booker Prize en 1981 pour *Les Enfants de minuit* (Folio, 2010), qui a ensuite remporté le Booker of Bookers en 1993. Tous les ouvrages de ce remarquable écrivain ont été publiés en français, dont *Les Versets sataniques* (1988) – œuvre qui a suscité d'innombrables manifestations dans le monde musulman et forcé Rushdie à entrer dans la clandestinité, *Shalimar le clown* (Plon, 2005), son autobiographie intitulée *Joseph Anton* (Folio, 2013), *Deux Ans, huit mois et vingt-huit nuits* (Actes Sud, 2016), un conte philosophique inclassable ou *La Maison Golden* (Actes Sud, 2018).

Jhumpa Lahiri, une Bengalie née au Royaume-Uni en 1967, a été récompensée en 2000 par le prix Pulitzer pour *L'Interprète des maladies* (Folio, 2003), un recueil de nouvelles. Son roman *Longues distances* (Robert Laffont, Pavillons Poche, 2017) est également disponible en français. Deux autres auteurs méritent attention : Vukram Chandra (né en 1961) pour *Le Seigneur de Bombay* (Pocket, 2009), qui raconte l'ascension et la chute d'un caïd des bidonvilles à Mumbai, sur fond de corruption et d'indolence policières et de compromissions avec le monde de Bollywood ; et Anita Nair (née en 1966 au Kerala), pour *Compartiment pour dames* (Albin Michel, 2016), dans lequel des femmes partagent un compartiment lors d'un long voyage en train et, au fil de la nuit, se racontent leur vie, leurs frustrations et leurs révoltes.

Rohinton Mistry, un écrivain canadien originaire de Mumbai, révélé par le succès de son roman *L'Équilibre du monde* (LGF, 2001), fait partie des grands noms de la littérature anglo-indienne d'aujourd'hui.

Chaque année, le festival de littérature de Bengaluru (Bangalore) réunit des auteurs et musiciens indiens et internationaux dans la très high-tech capitale du Karnataka.

Auteur indien né à Trinidad, V. S. Naipaul (1932-2018) a beaucoup écrit sur l'Inde et a reçu le prix Nobel de littérature en 2001.

Splendeurs architecturales

L'héritage architectural de l'Inde du Sud est aussi riche que varié, des maisons de village, cubiques et chaulées, aux porches sombres des temples, ornés de fines sculptures représentant des divinités. Perchés sur de hauts rochers ou nichés dans les ruelles de villes bouillonnantes, les temples sont souvent mis en valeur par leur environnement. Les bungalows prolongés de grandes vérandas sont typiques des stations d'altitude de l'époque du Raj. D'admirables édifices, comme le palais des maharajas de Mysore, mêlent des éléments architecturaux indiens et européens.

L'association des Amis du patrimoine pondichérien (www.lesamisdu-patrimoine-pondicherien.org), constituée d'Indiens et de Français, œuvre pour la sauvegarde de Puducherry et du patrimoine français en Inde.

Architecture sacrée

Temples hindous, bouddhiques et jaïns

En Inde, les plus anciens monuments d'envergure ne furent pas édifiés, mais excavés. Des temples, sanctuaires et monastères hindous, bouddhiques et jaïns furent sculptés dans la roche des falaises ou à partir de grottes existantes, à différentes époques entre le IIIe siècle av. J.-C. et le Xe siècle. Parmi les exemples d'architecture rupestre les plus remarquables d'Inde du Sud, figurent les saisissantes grottes d'Ajanta (p. 98) et d'Ellora (p. 95), dans le Maharashtra ; les temples et sculptures de Mamallapuram (Mahabalipuram ; p. 404), dans le Tamil Nadu, classés au Patrimoine mondial ; les grottes sacrées d'Elephanta Island (p. 57), à Mumbai ; les temples des falaises de Badami (p. 232), dans le Karnataka ; et le monastère bouddhique de Guntupalli (p. 266), dans l'Andhra Pradesh.

Les premiers temples érigés furent construits entre le IVe et le VIe siècle par les Gupta, en Inde du Nord, pour servir de sanctuaires aux divinités hindoues. Puis les Chalukya Badami édifièrent des temples à Aihole et Pattadakal, au Karnataka, entre le IVe et le VIIIe siècle ; les Pallava firent de même à Kanchipuram et Mamallapuram, au Tamil Nadu, au VIIIe siècle. Certains temples d'Inde du Sud possédaient des tours appelées vimana, qui étaient l'équivalent des shikharas du Nord. Les trois grands temples Chola érigés entre le XIe et le XIIe siècle à Thanjavur (Tanjore ; p. 430) et près de Kumbakonam, avec des vimana monumentaux s'élevant au-dessus des sanctuaires principaux, marquèrent l'apogée des débuts de l'architecture en Inde du Sud. De nombreux temples hindous postérieurs se distinguent non par un vimana, mais par de hautes tours sculptées typiques de l'Inde du Sud, appelées gopuras. Le temple de Meenakshi Amman, à Madurai (p. 441), au Tamil Nadu, avec ses douze gopuras, est considéré comme la perle des temples du Sud. Le *mandapa* est également caractéristique de ce qui allait devenir l'architecture dravidienne : ce pavillon orné de colonnes souvent richement sculptées sert de salle de réunion ou d'introduction au sanctuaire central.

L'empire Hoysala, qui s'établit dans le sud du Karnataka aux XIIe et XIIIe siècles, développa un style singulier, avec des temples pourvus de sculptures très détaillées et de vimana assez bas, comme on en voit à Belur, Halebid et Somnathpur. Entre le XIVe et le XVIe siècle, les Vijayanagar firent ériger de fins gopuras et *mandapa*, à Hampi, leur capitale (actuel Karnataka), ainsi qu'au temple de Sri Ranganathaswamy (p. 434) à Trichy (Tiruchirappalli), au Tamil Nadu.

Temples hindous, carrés sacrés et eaux purifiantes

Pour les hindous, le carré est la forme parfaite. Les temples du Sud sont souvent formés de plusieurs carrés (ou rectangles) de tailles différentes, imbriqués les uns dans les autres. Les règles complexes qui régissent l'emplacement, le plan et la construction de chaque temple, représentation de l'univers, reposent sur la numérologie, l'astrologie, l'astronomie et les principes religieux. Au centre de l'édifice, un espace dépourvu d'ornementation, le *garbhagriha* (sanctuaire intérieur), symbolise la grotte matricielle qui aurait engendré le monde. C'est le lieu de résidence de la divinité à laquelle le temple est dédié.

Couramment utilisés pour les bains rituels et les cérémonies, les bassins des temples sont un élément fondamental de l'activité religieuse ; ils contribuent par ailleurs à la beauté des lieux. Souvent vastes et angulaires, parfois alimentés par l'eau de pluie ou par des rivières grâce à un système complexe de drainage, ces réservoirs remplissent des fonctions sacrées et séculières. Certains contiendraient une eau aux vertus curatives ou dotée du pouvoir d'effacer les péchés.

Les palais de Chowmahalla et de Falaknuma (le second a été transformé en hôtel de luxe) témoignent par leur splendeur de l'incroyable richesse des anciens souverains de Hyderabad, les *nizam*.

Architecture islamique

Des souverains musulmans régnèrent sur une grande partie du nord de l'Inde à partir de la fin du XIIe siècle, avant d'étendre leur influence au Deccan. Les tombeaux des Bahmani (p. 238) de Bidar (Karnataka), qui datent du XVe siècle, furent les premiers édifices islamiques du Deccan. Suivirent ensuite les magnifiques monuments érigés par les Qutb Shahi aux XVIe et XVIIe siècles au fort de Golconde et à Hyderabad – de superbes mausolées royaux coiffés de dômes (p. 248), en lice pour l'inscription au Patrimoine mondial, une immense mosquée et un monument unique, à quatre minarets, le Charminar (p. 243) – ainsi que le splendide mausolée du XVIIe siècle de Vijapura (Bijapur), le Gol Gumbaz (p. 235), qui fut achevé quelques années après la construction du Taj Mahal, joyau inégalé de l'architecture moghole en Inde du Nord. À Aurangabad (Maharashtra), le Bibi-qa-Maqbara (p. 91), surnommé "le Taj Mahal du pauvre" fut également érigé au XVIIe siècle.

Splendeurs mogholes. Art et architecture dans l'Inde islamique (Gallimard, 2007), de George Michell, est un bel ouvrage témoignant de la finesse et de la beauté des différentes formes artistiques de la culture moghole.

Églises et cathédrales

L'Inde compte 27,8 millions de chrétiens, qui vivent pour la plupart dans le sud du pays. Les colons européens ont initié la construction de nombreuses églises, souvent superbes. Selon la légende, le christianisme aurait été introduit au Kerala en l'an 52 par l'apôtre Thomas, qui fut livré au martyre sur le mont qui porte aujourd'hui son nom, à Chennai (Madras), et enterré là où se dresse désormais la San Thome Cathedral (p. 389), érigée au XIXe siècle dans le style néogothique. Luz Church (p. 385), qui fut construite à Chennai par les Portugais, compte parmi les églises les plus anciennes du sous-continent.

Goa, qui resta sous domination portugaise du XVIe siècle jusqu'à 1961, possède les plus belles églises d'Inde du Sud (de style Renaissance tardive ou d'inspiration baroque). Souvent blanchies à la chaux, elles se distinguent en outre par des intérieurs somptueux. Les exemples les plus remarquables se trouvent à Old Goa, à l'image de la célèbre Basilica do Bom Jesus (p. 130), qui date de 1605. Goa est également connue pour son architecture manuéline – vous admirerez notamment la **Church of Our Lady of the Rosary** (⌚8h-17h), à Old Goa.

Inde, rêve de pierre (Les Météores, 2005) dévoile la beauté des temples indiens et de leurs statues de pierre à l'aide de photos somptueuses signées Olivier Barot. Avec des textes d'André Malraux et de Rabindranath Tagore.

Au Kerala (qui fut contrôlé tour à tour par les Portugais, les Néerlandais et les Britanniques), la ville de Kochi (Cochin) possède un impressionnant ensemble d'églises anciennes, comme la Santa Cruz Basilica qui date du XIXe siècle et St Francis Church, qui date du XVIe siècle. Considérée comme la première église européenne en Inde, elle accueillit la première sépulture de l'explorateur portugais Vasco de Gama, avant que sa dépouille ne soit déplacée à Lisbonne.

L'ancien comptoir français de Puducherry (Pondichéry) recèle de belles églises, telles Notre-Dame-des-Anges, du XIXe siècle, et la cathédrale Notre-Dame-de-l'Immaculée-Conception (p. 416), qui évoque celles de Goa et fut achevée en 1791. Les églises construites par les Britanniques furent principalement de styles néoclassique ou néo-gothique, comme en témoigne St Andrew's Church (p. 385), à Chennai. La plupart des stations d'altitude, telles Ooty (Udhagamandalam) et Munnar, ont hérité d'austères églises de style britannique.

Architecture profane : forts et palais

Les guerres fréquentes entre les royaumes et les empires indiens, puis l'implication des puissances coloniales ont naturellement conduit à la construction d'imposantes citadelles. Traditionnellement, les forts de l'Inde du Sud sont situés au sommet d'une colline ou d'un affleurement rocheux. Protégés par de solides remparts, au pied desquels s'étend une ville, ils sont souvent gardés par des portes hérissées de piques pour se prémunir des éléphants. Gingee (p. 413), dans le Tamil Nadu, en est un parfait exemple, tout comme Bidar (p. 237) et Vijapura (p. 237), dans le Karnataka, et Golconde (p. 247), près de Hyderabad.

À Mumbai (Bombay), les élégantes réalisations de l'époque victorienne, associant néo-gothique, Art déco, traditions mogholes et hindous sont inscrites sur la Liste du patrimoine mondial de l'Unesco depuis 2018 – une promenade à pied décrite p. 51 leur est consacrée.

Daulatabad (p. 94), au Maharashtra, est une magnifique forteresse perchée au sommet d'une colline et entourée par 5 km de remparts. Le chemin qui permet d'entrer dans la forteresse est protégé par une ingénieuse série de défenses, comprenant de faux tunnels. Le Maharashtra possède bien d'autres forts, dont plusieurs furent construits ou utilisés par Shivaji, le héros marathe du XVIIe siècle ; c'est notamment le cas de ceux de Raigad (p. 106) et Pratapgad (p. 119). Le fort de Janjira (p. 105), au large de la côte de Konkan, au Maharashtra, fut érigé au XVIe siècle sur une île par des descendants d'esclaves africains. Ses murs de 12 m de haut, sa porte et ses bastions sont impressionnants. Le fort Aguada (p. 132) de Goa, du XVIIe siècle, est presque aussi spectaculaire.

Peu d'anciens palais subsistent en Inde du Sud, car les conquérants avaient pour habitude de détruire ceux de leurs prédécesseurs. Les vestiges du palais royal de Vijayanagar, à Hampi (Karnataka), révèlent que les ingénieurs locaux avaient recours aux techniques de construction et aux traditions architecturales (tels les coupoles et les arcs) des Bahmani, leurs ennemis musulmans. Le palais de Padmanabhapuram (Tamil Nadu ; p. 448), qui date de 1550, est le plus grand ensemble palatial en bois associé à l'architecture traditionnelle du Kerala. Le palais de Mattancherry (p. 348) à Kochi, le palais royal de Thanjavur, le palais de l'Aga Khan (p. 112), à Pune (Maharashtra), où Gandhi fut emprisonné, et le palais d'été de Tipu Sultan (Daria Daulat Bagh ; p. 183), à Srirangapatnam, méritent également une visite.

En vogue dans les dernières années du Raj, le style indo-sarracénique, qui associe des éléments européens inspirés de l'art néogothique à des traditions islamiques (mogholes) et hindoues, a donné naissance à de somptueux édifices, comme le Chhatrapati Shivaji Maharaj Terminus (p. 49) à Mumbai et la Madras High Court (p. 385) à Chennai, ainsi qu'à d'extravagants palais royaux. Véritable merveille du Sud, le palais de Mysore (p. 195) présente une myriade de vitraux, de miroirs et de mosaïques au sol.

Vie sauvage et environnement

Aussi riche que fascinante, la faune de l'Inde du Sud est un véritable melting-pot d'animaux venus de l'ancien supercontinent du Gondwana, d'Europe et d'Asie. Ces créatures profitent d'une fantastique variété d'habitats, depuis les mangroves et forêts tropicales jusqu'aux vastes plaines, aux collines envahies de fleurs sauvages et aux récifs coralliens. Cette diversité trouve ses lointaines origines dans un morceau de croûte terrestre entré en collision avec la plaque eurasienne il y a environ 40 millions d'années, après avoir dérivé pendant presque 100 millions d'années depuis le Gondwana.

Faune et flore

Espèces emblématiques

Les éléphants d'Asie (p. 562) – très différents des éléphants d'Afrique, plus gros – sont vénérés dans la religion hindoue : un bien, sinon la chasse les aurait décimés depuis longtemps, comme ce fut le cas dans la Chine voisine. En 2017, la population des pachydermes a été estimée à 27 312 individus, contre 30 000 en 2012. À l'heure actuelle, le Karnataka, le Kerala et l'Assam en abritent le plus grand nombre. Parce qu'ils peuvent parcourir de grandes distances à la recherche de nourriture, ces animaux de plusieurs tonnes nécessitent des parcs immenses ; des problèmes surviennent parfois lorsque des troupeaux essaient de suivre des itinéraires ancestraux désormais occupés par des fermes et des villages. Abstenez-vous d'acheter des souvenirs en ivoire, dont le commerce encourage le braconnage de ces créatures magnifiques – le commerce de l'ivoire est d'ailleurs interdit en France et interdit d'exportation en Inde (voir p. 577).

L'Inde possède l'une des biodiversités les plus riches de la planète : quelque 400 espèces de mammifères, 1 250 espèces d'oiseaux, 500 espèces de reptiles, 340 espèces d'amphibiens et 3 000 espèces de poissons – soit près de 7% des espèces animales de la planète concentrées sur à peine 2,5% de sa superficie, dans un pays où vivent tout de même 18% de la population humaine mondiale.

Les tigres sont gravés dans le subconscient du sous-continent comme la monture mythologique de Durga, la puissante déesse tueuse de démons ; dans l'imaginaire occidental, ils rôdent en Inde tel Shere Khan poursuivant Mowgli dans la jungle. Cet animal est extrêmement menacé. Officiellement, la population de tigres est passée de 1 706 individus en 2010 à 2 226 en 2014 ; toutefois, l'exactitude de ces statistiques est sujette à débat. Avec de la chance, il est parfois possible d'observer des tigres dans certaines réserves (p. 562).

L'Inde compte une quinzaine d'autres espèces de félins. Les léopards sont assez répandus dans différents types de forêts, et plusieurs parcs et sanctuaires du Sud. Ils sont difficiles à apercevoir même si, paradoxalement, ils tendent à se rapprocher de plus en plus de certains centres urbains, où ils se nourrissent de chiens, de chats et de rongeurs (des cas de victimes humaines ont été déplorés).

Espèces courantes

Les animaux les plus nombreux dans le pays sont de loin les cerfs (neuf espèces), les antilopes (six espèces), les caprins (dix espèces) et les primates (quinze espèces). Les espèces que vous apercevrez le plus souvent dans les parcs et les réserves du Sud sont le chital (cerf axis), le sambar (grand cerf), le nilgaut (antilope), le langur gris (singe), aux oreilles et visage noirs caractéristiques, et le macaque à bonnet, qui rôde autour des temples et des sites touristiques. On voit aussi fréquemment des gaurs (bœufs sauvages) et des sangliers. Vous aurez peut-être la chance d'apercevoir un ours lippu, au long museau blanc, un chacal doré ou un écureuil géant.

Malgré les efforts apparents des autorités pour préserver l'espèce, 95 tigres ont été tués en 2018 selon la National Tiger Conservation Authority, victimes du braconnage, de querelles internes, d'une pénurie de proies, de la perte de leur habitat, d'accidents causés par des véhicules ou de rapports de force entre humains et animaux.

Espèces en danger

Si l'Inde jouit d'une extraordinaire biodiversité, elle subit également une énorme pression démographique. La faune est largement menacée par le braconnage, la destruction de son habitat naturel et les dommages causés par l'homme. En 2019, l'Union internationale pour la conservation de la nature a ainsi inscrit quelque 1 092 animaux sur sa liste des espèces dangereusement menacées, pour l'Inde seulement. Parmi elles, 175 espèces entrent dans la catégorie des “espèces en danger critique d'extinction”, 384 sont classées “espèces en danger” et 551 ont été désignées “espèces vulnérables”.

La National Tiger Conservation Authority, qui bénéficie de fonds importants, doit affronter des obstacles quotidiens. Bien que le nombre de réserves de tigres soit en augmentation, la superficie de leur territoire diminue. Chaque bonne nouvelle semble suivie d'une mauvaise : braconnage ou attaque de villageois par des tigres ou des léopards. En 2018, la mise à mort controversée de la tigresse T1 – qui avait tué treize villageois du Maharashtra en l'espace de deux ans – est le dernier épisode en date du rapport de force entre l'homme et l'animal. La Société indienne de protection de la faune sauvage (www.wpsi-india.org) a dénoncé les massacres perpétrés par les braconniers entre 1994 et 2017 et prouvé la mort de 1 110 tigres et 4 539 léopards (les chiffres effectifs sont certainement bien plus élevés).

Parmi les espèces en danger critique d'extinction dans le Sud, figurent également l'outarde à tête noire, un grand et lourd oiseau dont

LE PROJECT TIGER

Lorsque le naturaliste Jim Corbett tira la sonnette d'alarme pour la première fois dans les années 1930, personne ne croyait que les tigres viendraient un jour à disparaître. Leur nombre en Inde était à l'époque estimé à 40 000. Vint ensuite l'indépendance, qui mit des armes entre les mains des villageois. Ceux-ci pénétrèrent alors dans des réserves de chasse anciennement hors de leur portée pour chasser le tigre et récupérer sa peau, un commerce très lucratif. Lorsque l'on procéda à un comptage officiel en 1972, il ne restait plus que 1 800 individus. Face au tollé international, Indira Gandhi fit de cet animal le symbole national de l'Inde et fonda le **Project Tiger** (www.projecttiger.nic.in), sous l'autorité duquel ont été créées 50 réserves, couvrant plus de 72 000 km^2. Ces réserves ne protègent pas seulement les tigres, mais aussi les animaux qui partagent leur habitat. D'autres devraient bientôt être créées. Après quelques premiers succès, la négligence, la destruction des habitats naturels, la corruption et le braconnage incessant – motivé notamment par le commerce illégal de peau et la médecine traditionnelle chinoise qui utilise différentes parties du corps de l'animal – eurent raison de nombreux individus. Ils n'étaient ainsi plus que 1 411 en 2006, année du premier recensement fiable, réalisé à l'aide de pièges photographiques. Cette même année, le Project Tiger est devenu la **National Tiger Conservation Authority** (projecttiger.nic.in, www.tigernet.nic.in), un organisme statutaire doté de davantage de moyens humains et financiers pour lutter contre le braconnage et le commerce des organes. Le nombre de tigres est remonté à 1 706 en 2010 et à 2 226 en 2014 – une remontée encourageante, même si le braconnage se poursuit, si l'habitat en dehors des réserves se réduit et si les chiffres font débat. Environ 70% de la population mondiale de tigres vit en Inde, sur un habitat assez réduit.

LA DISPARITION DES VAUTOURS EN INDE

De toutes les histoires d'animaux luttant pour leur survie en Inde, celle des vautours est peut-être la plus édifiante. En particulier celle du vautour chaugoun, qui comptait près de 80 millions d'individus dans les années 1980, contre quelques milliers seulement aujourd'hui – une forte disparition liée à l'utilisation vétérinaire du Diclofénac, un anti-inflammatoire provoquant une insuffisance rénale chez les animaux qui se nourrissent de carcasses de vaches ayant été traitées avec ce produit. Le Diclofénac vétérinaire a depuis été interdit en Inde et remplacé par un autre produit, qui a les mêmes effets thérapeutiques sur les bovins et ne présente pas de danger pour les vautours. Leur population s'est à peu près stabilisée depuis l'interdiction de ce médicament en Inde, au Népal et au Pakistan en 2006 puis au Bangladesh en 2010, mais l'espèce reste en danger d'extinction. La disparition des vautours a conduit à une prolifération des chiens errants porteurs de maladies, se nourrissant de carcasses qui auraient auparavant été nettoyées par les rapaces.

la population ne dépasse pas 250 individus, vivant dans des régions isolées du sud et du nord de l'Inde ; la civette à grandes taches (dont il ne resterait pas plus de 250 individus dans les Ghats occidentaux et qui pourrait même avoir disparu) ; et quatre espèces de vautours.

Les tigres, les éléphants, les dholes (canidés sauvages d'Asie ; environ 2 000 survivants), les macaques à queue de lion, à la splendide crinière argentée (entre 3 000 et 3 500 survivants, dans les Ghats occidentaux), et les tahrs des Nilgiri, des caprins sauvages (environ 1 800 survivants), font partie des "espèces en danger".

Les textes ayurvédiques présentent en détail quelque 2 000 espèces de plantes.

Oiseaux

Avec plus de 1 250 espèces extrêmement variées (dont 925 se reproduisent dans le pays), l'Inde est un paradis pour les amoureux des oiseaux. Les poches d'habitats préservés au milieu des centres d'activité humaine accueillent une forte concentration d'oiseaux. L'hiver constitue une saison privilégiée pour les observer : les marécages de tout le pays hébergent alors les espèces migratrices venues du nord pour profiter de la chaleur et de la végétation subtropicale de la péninsule indienne. Les réserves ornithologiques (p. 562) feront plus particulièrement le bonheur des amateurs. De nombreux autres espaces naturels protégés se prêtent également à l'observation.

À cheval sur le Karnataka, le Kerala et le Tamil Nadu, les zones protégées de Bandipur, de Nagarhole, du Wayanad, de Sathyamangalam et de Mudumalai, comme plusieurs autres dans les Ghats occidentaux, accueillent 585 tigres sur leur territoire – un chiffre inégalé ailleurs dans le monde.

Plantes

Jadis, l'Inde était boisée sur la quasi totalité de sa superficie. Aujourd'hui, le couvert forestier est estimé à 20%. En 2016, l'Union internationale pour la conservation de la nature a recensé 77 végétaux en danger critique d'extinction, et 172 végétaux en danger. Néanmoins, le pays compte plus de 45 000 espèces végétales recensées, dont plus de 4 000 espèces endémiques.

Des arbres de valeur, comme le bois de rose indien, le kino (*Pterocarpus marsupium*) et le teck, ont pratiquement disparu des Ghats occidentaux. Le bois de santal est victime de coupes illégales pour la fabrication d'encens et de sculptures sur bois. L'exploitation des forêts pour le bois de chauffage est une menace bien plus grande encore. Elle est souvent le fait de paysans sans terre occupant illégalement des territoires gouvernementaux. De vastes zones boisées ont en outre été rasées pour laisser place à des plantations de thé et café.

Plusieurs arbres indiens ont une importance religieuse particulière, à l'image de l'imposant kapokier, avec son tronc épineux et ses grandes fleurs rouges, à l'ombre duquel Brahma, créateur du monde, vint s'asseoir après son dur labeur. Deux espèces connues de figuiers, le banian et le pipal, poussent jusqu'à des hauteurs vertigineuses en produisant des racines aériennes depuis leurs branches. Celles-ci se développent lorsqu'elles touchent terre, formant un enchevêtrement de tiges et de troncs. Le Bouddha aurait atteint l'Éveil alors qu'il était assis sous un pipal (aussi appelé, pour cette raison, arbre de la Bodhi, ou encore figuier des pagodes).

En Inde, l'animal national est le tigre, l'oiseau national le paon et la fleur nationale le lotus. L'emblème du pays est une colonne surmontée de trois lions d'Asie.

Parcs nationaux et réserves naturelles

Avant 1972, le pays ne comptait que cinq parcs nationaux. Le Wildlife Protection Act (loi de protection de la faune), promulgué cette année-là, visait à augmenter leur nombre et à réduire l'exploitation abusive de la faune. Il a été suivi par d'autres lois ambitieuses similaires, qui n'ont eu pour la plupart qu'une portée limitée.

L'Inde compte aujourd'hui près de cent parcs nationaux et 500 réserves naturelles, qui couvrent environ 5% du territoire. À cela s'ajoutent cinquante réserves de tigres et dix-huit réserves de biosphère (conçues pour protéger les écosystèmes et la biodiversité, tout en permettant les activités humaines), qui chevauchent souvent d'autres zones protégées. L'État envisagerait de créer trois à cinq nouvelles réserves naturelles pour les tigres dans les années à venir. Bon nombre de parcs et de réserves des Ghats occidentaux constituent de précieux couloirs de migration pour les animaux.

Mais la création de parcs et de réserves a également eu des conséquences tragiques. Près de 1,6 million d'Adivasi (voir l'encadré p. 517) et d'autres habitants des forêts ont été expulsés de leurs terres. Beaucoup ont été relogés dans des villages et forcés d'abandonner leur mode de vie séculaire. Aujourd'hui, le Forest Rights Act de 2006 interdit l'expulsion des populations des forêts situées dans les parcs nationaux (sauf dans les zones classées "habitats critiques pour la faune"), pour protéger les quelque 4 millions de personnes qui y vivent encore.

Sites Web

Sanctuary Asia (www.sanctuaryasia.com)

Wildlife Trust of India (www.wti.org.in)

Birding in India (www.birding.in)

À LA RENCONTRE DES ANIMAUX SAUVAGES

Tigres

Dans le Maharashtra, la Tadoba-Andhari Tiger Reserve (p. 102) et la Pench Tiger Reserve dans le Madhya Pradesh (à laquelle on accède aisément depuis Nagpur (p. 102) dans le Maharashtra) comptent parmi les meilleurs sites d'observation du pays. Le tigre se montre parfois aussi dans les parcs nationaux de Nagarhole (p. 208) et de Bandipur (p. 208) dans le Karnataka, au sein de la Periyar Tiger Reserve (p. 333) du Kerala ou de la Mudumalai Tiger Reserve (p. 468) du Tamil Nadu.

Éléphants

Privilégiez le Nagarhole National Park (p. 208) dans le Karnataka, le Wayanad Wildlife Sanctuary (p. 364) au Kerala et la Mudumalai Tiger Reserve (p. 468) dans le Tamil Nadu.

Oiseaux

Le Kumarakom Bird Sanctuary (p. 333) au Kerala et le Vedanthangal Bird Sanctuary (p. 408) au Tamil Nadu sont des sites judicieux pour observer les oiseaux aquatiques migrateurs, de novembre à février. Quelque 300 espèces d'oiseaux, principalement forestiers, ont été recensés dans leThattekkad Bird Sanctuary (p. 342), au Kerala.

Autres animaux

La Parambikulam Tiger Reserve (p. 341), au Kerala, permet d'observer éléphants et gaurs au milieu d'une forêt de tecks, tandis que l'Anamalai Tiger Reserve (p. 469), au Tamil Nadu, accueille des éléphants, des macaques à queue de lion et des crocodiles.

Visiter des régions protégées

De nombreux parcs et réserves encouragent les visites. On n'oublie jamais une rencontre, même fugace, avec un éléphant, un ours lippu voire, pour les plus chanceux, avec un léopard ou un tigre. Les plus beaux peuvent être difficiles d'accès, mais vous trouverez généralement un choix d'hébergements sur place, à l'intérieur de l'enceinte ou à proximité immédiate, du *lodge* luxueux à la cabane dans les arbres. Parfois, des randonnées guidées et des safaris en 4x4 sont proposés ; ailleurs, vous devrez vous contenter de circuits rapides en minibus. Des prestataires indépendants organisent des safaris en 4x4 ou des treks guidés aux abords de certains parcs, qui peuvent être tout aussi riches en animaux que les parcs eux-mêmes. Pour des raisons de sécurité, il est généralement interdit de marcher sans guide à l'intérieur des parcs et réserves.

La mousson (juin-août dans la plupart des régions) est la période la moins propice aux visites ; pendant les vacances et les jours fériés, les parcs et leurs hébergements sont parfois vite bondés. Quelques parcs ferment durant les mois secs et chauds précédant la mousson, bien qu'il s'agisse souvent de la saison idéale pour l'observation, les animaux étant plus visibles dans une nature moins fournie et où l'eau se fait rare.

Certaines réserves proposent encore des balades à dos d'éléphant, mais Lonely Planet ne cautionne pas cette pratique, contraire aux principes du bien-être animal.

Géologie et géographie

Plus haute chaîne montagneuse du monde (le point culminant de l'Inde, le Khangchendzonga, s'élève à 8 598 m), l'Himalaya constitue une frontière inexpugnable qui sépare l'Inde de ses voisins plus au nord. Cette majestueuse muraille naturelle se forma lorsque le sous-continent indien se détacha du Gondwana, supercontinent de l'hémisphère Sud issu de la Pangée qui englobait l'Afrique, l'Antarctique, l'Australie et l'Amérique du Sud. La plaque indienne dériva seule vers le nord jusqu'à ce qu'elle heurte la Laurasia, dans l'hémisphère Nord, il y a près de 40 millions d'années. Sous le choc de la collision, les fonds marins se plièrent et s'élevèrent pour donner naissance à l'Himalaya et à d'autres chaînes montagneuses de moindre envergure qui s'étendent sur 2 500 km de l'Afghanistan au Myanmar (Birmanie).

L'Inde recèle 238 espèces de serpents, dont 50 venimeuses. Le cobra royal est le plus grand serpent venimeux au monde : il peut mesurer jusqu'à 5 m.

Au sud de l'Himalaya, les plaines alluviales de l'Indus et du Gange forment les terres fertiles de l'Inde du Nord. Plus au sud, le plateau du Deccan constitue le cœur de la péninsule méridionale de l'Inde. Il est délimité par les collines des Ghats occidentaux et orientaux. Les Ghats occidentaux, qui s'étendent du nord de Mumbai (Bombay) jusqu'à l'extrémité sud de l'Inde, ou presque, perdent brutalement de l'altitude pour rejoindre une étroite bande côtière, formant un luxuriant versant de forêt humide. Leur point culminant, l'Anamudi (2 695 m), se trouve au Kerala. Habitat de nombreuses espèces endémiques, ils figurent parmi les trésors de la biodiversité à l'échelle mondiale. L'Unesco ne s'y est pas trompé en inscrivant 39 territoires des Ghats occidentaux au Patrimoine mondial en 2012. Les Ghats orientaux, moins élevés, s'étendent du Bengale-Occidental au centre sud du Tamil Nadu. Ils sont traversés par les quatre grands fleuves et rivières de l'Inde péninsulaire, qui coulent d'ouest en est à travers le plateau du Deccan : la Mahanadi, la Godavari, la Krishna et la Cauvery.

Au large de la côte indienne, plusieurs archipels appartiennent à l'Inde sur le plan politique, tout en étant géographiquement reliés au bloc continental du Sud-Est asiatique et aux îles de l'océan Indien. Dans la mer d'Andaman, les lointaines îles Andaman et Nicobar sont les pics d'une chaîne de montagnes submergée qui s'étire sur près de 1 000 km entre le Myanmar (Birmanie) et Sumatra. Les atolls coralliens des Laquedives (Lakshadweep), un archipel de 36 îles à 300 km à l'ouest du Kerala, sont une extension septentrionale des îles Maldives.

Pour en apprendre davantage sur les défis écologiques auxquels l'Inde doit faire face, consultez le magazine en ligne *Down to Earth* (www.downtoearth.org.in), qui traite de sujets souvent ignorés par les grands médias.

Enjeux environnementaux

Avec une population de près de 1,37 milliard d'habitants (qui devrait atteindre 1,51 milliard d'ici à 2030), des centres urbains et industriels en perpétuelle expansion et un usage croissant des produits chimiques pour les cultures intensives, l'environnement indien est très fortement menacé. On estime que 65% du territoire seraient pollués d'une manière ou d'une autre. Un grand nombre des problèmes actuels résultent directement de la "Révolution verte" des années 1960, durant laquelle la production agricole connut une immense croissance grâce à l'utilisation massive de pesticides et d'engrais chimiques, au détriment de l'environnement.

De nombreuses lois environnementales ont certes été adoptées. Pourtant, la situation ne fait qu'empirer, sous l'effet de la corruption en particulier – le mépris des lois par des compagnies impliquées dans les secteurs de l'hydroélectricité et des exploitations minières constitue un exemple flagrant. Les premières victimes sont généralement les fermiers de caste inférieure et le peuple adivasi. La production agricole pâtit de la dégradation des sols, provoquée par une agriculture intensive, une élévation du taux de salinité, une diminution du couvert forestier et une irrigation insuffisante. Le coût humain est considérable. La pollution sonore et celle de l'air posent de nombreux problèmes dans tout le pays.

D'après l'OMS, quatorze des villes les plus polluées de la planète se trouvent en Inde. En 2017, Delhi a déclaré l'état d'urgence sanitaire : le niveau de pollution y était 70 fois supérieur au seuil recommandé.

Premier ministre depuis 2014, réélu en 2019, Narendra Modi envoie des signaux contradictoires. Il s'est d'abord engagé à nettoyer 80% des eaux du Gange, souillées tant et plus, avant avril 2019, a lancé – en grande pompe – la mission Swachh Bharat (Nettoyer l'Inde) avec pour ambition de réduire la pollution par les déchets à l'échelle nationale et a promis de réduire la pollution de l'air de 20 à 30% d'ici à 2024 dans 102 villes du pays, Delhi, Mumbai, Bangalore et Pune en tête. En ratifiant l'Accord de Paris sur le climat, il s'est engagé à produire 40% de l'électricité nationale à partir de sources d'énergie propres d'ici à 2030. Mais, parallèlement, son gouvernement a promis d'accroître l'extraction de charbon et d'en doubler l'utilisation. Ce qui risque d'augmenter considérablement les émissions de gaz à effet de serre du pays (actuellement responsable de 4,5% des émissions de la planète). Concernant le Gange, les résultats sont loin des chiffres annoncés, avec, en avril 2019, seulement 63 sites traités sur les 236 prévus.

En mars 2018, le Maharashtra a été le premier État indien à interdire le plastique à usage unique, bientôt suivi par le Télangana et le Himachal Pradesh puis le Tamil Nadu en 2019. La majorité des États indiens pratique aujourd'hui cette règle. Une démarche prometteuse, certes, mais dont l'application peine à convaincre. La population reste en demande de solutions de remplacement.

En Inde comme ailleurs, les touristes ont un rôle ambigu, puisqu'ils servent de catalyseurs au changement, tout en contribuant à la détérioration de la situation. La dégradation de l'environnement à Goa est ainsi la conséquence directe d'une mauvaise gestion du flux touristique, quand le tourisme de masse rogne un peu plus chaque jour la beauté sauvage et les ressources limitées des îles Andaman.

Changement climatique

Les bouleversements climatiques, auxquels contribuent les émissions de CO_2 à l'échelle de la planète, se traduisent par l'apparition de conditions climatiques extrêmes en Inde. Le pays est loin derrière les États-Unis, la Chine et l'Europe pour ce qui est du volume de CO_2 émis par habitant. Toutefois, du fait de l'importance de sa population, il participe pour une large part à la pollution mondiale.

Le changement climatique, dont témoignent les vagues de chaleur sans précédent, les cyclones, la pénurie d'eau potable, les conflits autour de l'eau (qui se raréfie) de manière générale et d'autres désastres, est un sujet inquiétant dans le sud du pays, tout comme la pollution sonore et celle de l'air. En 2015, une vague de chaleur aurait causé la mort de près de 2 500 personnes, pour l'essentiel dans le Telangana et l'Andhra Pradesh. En 2018, des inondations, les plus violentes depuis un siècle, on dévasté le Kerala et fait plus de 400 morts. Un million de personnes ont été déplacées et les dégâts s'élèvent à plus de 2 milliards d'euros. Ce type d'épisode se produit de façon répétée en Inde du Sud : Goa, Mumbai, Delhi et le Tamil Nadu sont régulièrement touchés depuis quelques années.

La **Wildlife Protection Society of India** (www.wpsi-india.org), fondée par Belinda Wright (grande amie des tigres), milite pour le bien-être animal à travers l'éducation et le lobbying ; elle mène des actions en justice contre les braconniers.

Déforestation

En trente ans, plus de 14 000 km^2 de forêts indiennes ont été rasées au profit de l'industrie du bois, de l'agriculture, de l'expansion urbaine, de l'industrie minière (et autres industries) et de barrages fluviaux. La forêt ne recouvre aujourd'hui plus que 21,3% du territoire. Les mangroves ont été réduites de moitié depuis les années 1990, diminuant les zones de frai des poissons qui peuplent l'océan Indien et le golfe du Bengale.

Dès 1951, le premier plan quinquennal avait reconnu le rôle majeur des forêts dans la préservation des sols. Diverses lois ont depuis été introduites afin d'accroître les superficies boisées. Elles ont bien vite été bafouées, par les autorités comme par les civils. Citons par exemple Veerappan (1952-2004), célèbre bandit de grand chemin ayant financé ses crimes et méfaits dans le Karnataka, le Kerala et le Tamil Nadu avec l'argent du braconnage et de la contrebande de bois de santal. D'autres ne défraient pas la chronique mais pillent les ressources forestières pour vendre du bois de chauffage ou créer des pâturages. L'exploitation sauvage et illégale des ressoures en bois continue de sévir.

On estime que, depuis 1947, 35 millions de personnes en Inde ont été déplacées à la suite de la construction de barrages, destinés principalement à fournir de l'hydroélectricité. Les populations déplacées reçoivent rarement des compensations adaptées.

Ressources en eau

Un accès à l'eau potable insuffisant et des installations sanitaires de piètre qualité sont les plus grandes menaces pour la santé publique. Avec une population en constante augmentation, la consommation d'eau – industrielle, agricole et domestique – devrait atteindre des sommets. Les installations ne peuvent traiter qu'environ un quart des eaux usées produites. Le reste est déversé tel quel dans les fleuves, où l'on dépose aussi les dépouilles des morts après une crémation partielle. Déféquer librement est encore fréquent parmi les populations rurales. Une habitude que Narendra Modi vise à faire disparaître d'ici fin 2019 et qui aurait baissé de moitié entre 2014 et 2018.

Les fleuves sont également pollués par les eaux de ruissellement et les activités industrielles. Au bas mot, 70% des réserves d'eau douce du pays sont aujourd'hui souillées. Une situation qui affecte trois Indiens sur quatre. L'Inde du Sud est également le théâtre de conflits autour de cette ressource en voie de raréfaction. Une âpre bataille (parfois violente) a récemment opposé le Karnataka et le Tamil Nadu, victimes de la sécheresse, au sujet du partage des eaux de la Kaveri qui coule sur leur territoire.

Inde du Sud pratique

Escroqueries fréquentes

Certes, les escroqueries ne sont pas rares en Inde, mais la plupart des ennuis peuvent être évités avec du bon sens et de la prudence. Le problème se pose surtout dans les métropoles (comme Mumbai) et les endroits très touristiques. Renseignez-vous sur les dernières escroqueries en date en discutant avec d'autres voyageurs et en consultant la rubrique Inde du forum de Lonely Planet (www.lonelyplanet.fr/forum).

PRÉCAUTIONS ESSENTIELLES

- Souscrivez une bonne assurance voyage (p. 574).
- Envoyez-vous par e-mail des copies de votre passeport, de votre visa et de vos billets d'avion et gardez des photocopies avec vous.
- Gardez argent et passeport dans une ceinture porte-monnaie cachée ou dans une pochette sous vos vêtements.
- Conservez au moins 100 € dans un endroit à part.
- N'exhibez pas de liasses de billets quand vous payez.
- Prévoyez un cadenas pour les hôtels premier prix.
- Si vous ne pouvez pas fermer votre chambre de l'intérieur, changez d'hébergement.

Alimentation et boissons contaminées

- Quand vous achetez une bouteille d'eau, vérifiez que le sceau du bouchon et le fond de la bouteille sont intacts.
- Lors d'un déplacement, emportez si possible de la nourriture emballée. Dans les bus et les trains, refusez poliment toute nourriture ou boisson offerte par un étranger en raison d'éventuels risques sanitaires, mais aussi parce que des touristes ont déjà été drogués à leur insu.
- Bien que ce type d'incident n'ait pas été signalé récemment, des touristes sont morts à la fin des années 1990 après avoir consommé des aliments contaminés dans des restaurants associés à des cliniques malhonnêtes. Dans d'autres cas, des cliniques ont prescrit des soins abusifs pour percevoir de l'argent.

Cartes bancaires

Soyez prudent lorsque vous payez par carte bancaire. Si les magasins d'État sont habituellement sûrs, des boutiques relèvent plusieurs empreintes de carte, qui sont ensuite utilisées pour des transactions par téléphone. Insistez pour que le commerçant réalise l'opération devant vous. Gratter le code de sécurité au dos de la carte après l'avoir mémorisé peut permettre d'éviter les utilisations frauduleuses. Au restaurant, refusez que le serveur emporte votre carte et exigez d'utiliser vous-même le terminal de carte bancaire.

Drogues

Au risque de paraître impoli, n'acceptez pas d'aliments et de boissons offerts par des inconnus. Les femmes doivent se montrer particulièrement prudentes. Il arrive que des touristes, surtout en solo, soient dépouillés dans le train ou le bus après avoir été drogués, le plus souvent avec une boisson – mais aussi parfois avec un en-cas ou même un repas maison.

Pierres précieuses

Une vieille escroquerie consiste à proposer à des voyageurs de s'enrichir en emportant ou en expédiant des pierres précieuses chez eux, pour les revendre à des représentants à l'étranger en prélevant une commission. Au bout du compte, les pierres, quand elles arrivent, ne valent qu'une fraction du prix demandé et les "représentants" ne se manifestent jamais.

Cette escroquerie peut aussi concerner les tapis, les antiquités ou les pashminas (articles en cachemire)...

Photographies

Demandez la permission avant de photographier des habitants. Si vous prenez une photo sans permission, on vous demandera peut-être un peu d'argent.

Rabatteurs

➡ Des chauffeurs de taxi et d'auto-rickshaw tenteront de vous conduire dans l'hôtel de leur choix pour recevoir une commission (qui viendra s'ajouter au prix de votre chambre).

➡ Dans la mesure du possible, réservez votre hôtel (au moins pour la première nuit) et demandez que l'on vienne vous chercher. Vous entendrez souvent que votre hôtel est "complet" ou "fermé" ; vérifiez par vous-même. Confirmez et revérifiez votre réservation la veille de votre arrivée.

➡ Les phrases du genre "la boutique de mon frère" ou "un ami qui vous fera un prix" doivent éveiller vos soupçons. De nombreux escrocs sont de mèche avec des échoppes de souvenirs.

➡ Évitez les gens trop amicaux et les "officiels" dans les gares qui proposent spontanément leur aide, et vous guident vers une agence de voyages – qui leur versera une commission. Si l'on vous demande s'il s'agit de votre premier séjour en Inde, répondez que vous êtes déjà venu plusieurs fois et que vos déplacements sont déjà organisés.

Surfacturation

Quand il n'existe pas de tarif officiel, mettez-vous toujours d'accord sur un prix au préalable, notamment avec les guides locaux et les vendeurs d'en-cas des sites touristiques, ainsi que dans les auto-rickshaws et les taxis sans compteur.

Transports locaux

➡ En arrivant dans une gare ou un aéroport, si vous n'avez pas prévu votre transfert, prenez les transports publics, appelez un véhicule Uber ou l'équivalent, ou rendez-vous aux comptoirs des taxis prépayés ou des navettes. Ne montez jamais dans un taxi errant, surtout pas de nuit.

➡ Lorsque vous réservez un circuit touristique de plusieurs jours, faites des recherches sur l'itinéraire.

➡ Si vous achetez un billet de bus, de train ou d'avion en dehors du bureau agréé de la compagnie, vérifiez qu'il correspond à la classe pour laquelle vous avez payé. Réservez en ligne lorsque c'est possible.

➡ Dans les gares, des escrocs (parfois vêtus d'un uniforme ou portant un badge "officiel") pourront affirmer que votre train est annulé/complet/en panne, que votre billet n'est pas valide ou que vous devez payer pour valider votre billet électronique sur le quai. Ne tombez pas dans le piège.

Vols

➡ En Inde comme partout, on peut être victime d'un vol. Gardez constamment un œil sur vos bagages dans les transports publics. N'hésitez pas à les fermer à clé et même à les attacher avec un antivol dans les bus et les trains de nuit. Redoublez d'attention juste avant le départ : les voleurs profitent souvent de la confusion et de la foule ou agissent quand vous n'avez plus le temps de vous lancer à leurs trousses.

➡ Soyez particulièrement vigilant dans les dortoirs et ne laissez jamais vos affaires de valeur sans surveillance. Lorsque c'est possible, déposez-les au coffre.

➡ N'oubliez pas de verrouiller votre porte le soir ; il arrive que des voleurs "visitent" les chambres d'hôtel pendant que les occupants dorment.

AUTRES ESCROQUERIES COURANTES

➡ Une tache (crachat, excrément, peinture) apparaît sur vos chaussures et, comme par magie, un cireur surgit et propose de les nettoyer pour un prix exorbitant !

➡ Des boutiques vendent des cartes SIM hors de prix, sans les activer. Rendez-vous dans une enseigne bien établie (Airtel, Vodafone, etc.) et vérifiez que la carte SIM fonctionne avant de quitter la ville.

➡ Des boutiques et des restaurants "empruntent" le nom d'un concurrent plus réputé.

➡ Gare aux rabatteurs qui se prétendent "guides agréés" ou "tour-opérateurs". L'office du tourisme local vous renseignera sur les guides officiels. Sinon, demandez à voir leur carte professionnelle ou un certificat.

➡ De soi-disant "offices du tourisme" sont en réalité des agences de voyages qui vendent beaucoup trop cher des circuits, billets et autres produits touristiques.

Voyager en solo

En Inde comme ailleurs, les femmes seules et les autres voyageurs en solo pourront être confrontés à certains problèmes spécifiques, tant au niveau des tarifs que de la sécurité. Mieux vaut anticiper.

Femmes seules

L'Inde reste un pays très conservateur. Les voyageuses doivent savoir que leur comportement et leur tenue vestimentaire risquent d'être observés avec attention, surtout en dehors des centres touristiques. Les agressions sexuelles visant les femmes sont en augmentation en Inde, et ce malgré le durcissement de la législation.

Attention non sollicitée et harcèlement

De la part des hommes, l'attention non sollicitée pose souvent problème. Le harcèlement sexuel, ou *Eve-teasing* ("taquiner Ève"), est courant en Inde. De nombreuses voyageuses ont rapporté avoir été victimes de discrimination sous une forme ou une autre en Inde : commentaires obscènes, gestes provocateurs, bousculade ou attouchement "accidentels".

Précautions utiles

- Attendez-vous à être dévisagée.
- Ne répondez pas aux regards insistants, au risque de laisser croire à un encouragement.
- Des lunettes noires, un téléphone, un livre, une tablette ou des écouteurs aident à marquer la distance.
- Porter une fausse alliance et prétendre être mariée (en disant que votre conjoint ne va pas tarder) vous aidera aussi à éloigner les importuns.
- Les problèmes surviennent souvent au milieu de la foule, lors de festivités, dans les transports en commun ou sur les marchés. Méfiez-vous ou évitez ces lieux.
- Soyez attentive à votre environnement. S'il semble peu sûr, suivez votre instinct. Il ne s'agit pas d'avoir peur de manière déraisonnable, mais de faire attention.
- Lors de vos déplacements, faites en sorte d'arriver à destination avant la nuit.
- Écourtez les conversations avec des inconnus.
- Si vous avez l'impression qu'un homme vous suit de près, dites-lui fermement de vous laisser tranquille. N'hésitez pas à être impolie si nécessaire.
- Suivez l'exemple des Indiennes : au lieu de serrer la main, dites *namaste*, la salutation traditionnelle.
- Des femmes ont été importunées par des masseurs et d'autres thérapeutes. Si vous vous sentez mal à l'aise, partez. Avant de vous rendre à une séance privée, renseignez-vous sur l'enseignant ou le praticien (prenez conseil auprès d'autres voyageuses).
- Il est préférable de payer plus cher pour un hôtel de qualité dans un bon quartier. Ayez un spray au gaz poivre sur vous.
- Dans les hôtels, fermez votre porte à clé. Certains employés (surtout dans les établissements petits budgets ou de catégorie moyenne) entrent sans attendre l'autorisation.
- Évitez les endroits isolés, même dans la journée, les allées et les routes désertes.
- Ayez l'air sûre de vous en public ; évitez de sembler perdue (et donc vulnérable) ; consultez les cartes à l'hôtel ou dans un restaurant plutôt que dans la rue.
- Beaucoup d'auberges de jeunesse comptent aujourd'hui des dortoirs réservés aux femmes.
- Certains lieux touristiques et grandes villes disposent d'un service de police dédié à la sécurité des femmes, comme la **Pink Police Patrol** (☎15150), au Kerala.

Tenue vestimentaire

Dans les régions les plus touristiques comme Goa et dans les grandes villes cosmopolites (Mumbai, Kochi...), l'attitude envers les tenues vestimentaires est moins conservatrice qu'ailleurs, en particulier dans les bars, les hôtels ou les restaurants fréquentés par les jeunes Indiennes. Partout ailleurs, les femmes s'habillent selon la tradition. En vous conformant aux usages locaux, vous éviterez d'attirer l'attention sur vous.

- Bannissez les hauts sans manches, les shorts, les minijupes et tout vêtement moulant ou transparent.
- Une *dupatta* (longue écharpe) drapée sur un tee-shirt est pratique pour éviter les regards ; elle servira aussi à vous couvrir la tête dans certains temples.
- Porter un *salwar kameez* (ensemble tunique-pantalon) aide à passer inaperçue. Vous pouvez aussi opter pour une *kurta* (longue chemise) sur un pantalon.
- Ne sortez pas vêtue d'un *choli* (corsage porté sous le sari) ou d'un jupon de sari (que beaucoup d'étrangères prennent pour une jupe) ; cela reviendrait à vous promener à demi habillée.
- La plupart des Indiennes portent un bermuda et un tee-shirt pour se baigner ; mieux vaut se draper d'un sarong pour revenir de la plage à l'hôtel.
- Si vous portez un collant de yoga en public, ajoutez un haut couvrant les fesses (grand tee-shirt ou *kurta*).

Transports

Être une femme a des avantages. Les femmes peuvent passer devant tout le monde pour acheter un billet de train ou de bus. Dans les trains, des wagons leur sont réservés. Certaines gares sont équipées de salles d'attente destinées aux voyageuses.

- Si votre avion arrive en soirée, arrangez-vous avec votre hôtel pour qu'on vienne vous chercher à l'aéroport.
- Ne prenez pas de taxi tard le soir et n'acceptez jamais la présence d'un autre homme que le chauffeur.
- Certaines villes disposent de services de radio-taxis prépayés – plus chers que les taxis prépayés standards, ce système est considéré comme sûr grâce à des chauffeurs triés sur le volet.
- Les appli Uber et Ola Cabs sont très pratiques ; les tarifs sont fixes et on vous fournit à l'avance la plaque d'immatriculation du chauffeur, ce qui vous permet de vérifier que vous montez dans la bonne voiture. À Goa, utilisez le service Goa Miles (p. 123) de Goa Tourism ou le **Women's Taxi Service** (☎0832-2437437). Quelques grandes villes du Sud possèdent aussi des services de taxis réservés aux femmes.
- Dans le train, les classes les plus chères sont plus tranquilles mais ertaines femmes estiment que les wagons où il y a beaucoup de monde sont plus sûrs. Voyager en classe 2AC ou 3AC évite d'être coincée dans un compartiment 1AC avec peut-être uniquement des hommes. En classe sleeper, préférez la couchette supérieure.
- Asseyez-vous de préférence à côté d'autres femmes ou près de familles. Pour les longs trajets, réservez des sièges à l'avant.
- Dans les grandes villes, pour vérifier si un taxi ou un rickshaw prend le bon chemin, consultez votre localisation avec le GPS d'un Smartphone.

Santé et hygiène

On trouve facilement des serviettes hygiéniques. Les tampons ne sont disponibles que dans les pharmacies des grandes villes et des centres touristiques.

Voyageurs en solo

En voyageant seul, vous aurez plus de chances d'être "adopté" par une famille, surtout au cours de longs périples en train. Pour rencontrer d'autres voyageurs, visez les centres touristiques comme Goa et le Kerala. Vous pouvez aussi trouver des compagnons de voyage par l'intermédiaire de plateformes Internet.

Sécurité

Si la plupart des voyageurs en solo ne rencontrent aucun problème, mieux vaut rester sur ses gardes.

- Certaines personnes mal intentionnées considèrent les touristes solitaires comme des cibles faciles.
- Il est arrivé que des hommes seuls se promenant dans des coins isolés soient agressés, même de jour, y compris à Goa.
- Évitez les treks en solitaire (engagez plutôt un guide).
- Si vous partez hors des sentiers battus, faites-le savoir autour de vous.

Tarifs

- Les voyageurs en solo bénéficient rarement de prix avantageux, mais il vaut toujours la peine d'essayer de négocier.
- Certaines excursions et forfaits sont prévus pour deux personnes partant ensemble : les voyageurs en solo peuvent se voir facturer un supplément.

Transports

- Pour faire des économies, trouvez quelqu'un avec qui partager taxis, auto-rickshaws ou circuits organisés. Les applications Uber et Ola permettent des services partagés.
- Dans les bus, les personnes seules peuvent parfois prendre la place du copilote (près du chauffeur) – elle est pratique pour déposer un gros sac !

Carnet pratique

Alimentation

Reportez-vous au chapitre *Délices d'Inde du Sud* (p. 531) pour la cuisine indienne, et au chapitre *Santé* (p. 599) pour des conseils sanitaires.

Ambassades et consulats

Représentations de l'Inde à l'étranger

France Ambassade (☎01 40 50 70 70 ; www.eoiparis.gov.in ; 13-15 rue Alfred-Dehodencq, 75016 Paris) ; consulat (☎01 40 50 71 71 ; 20-22 rue Albéric-Magnard, 75016 Paris)

Belgique Ambassade (☎02-6409140 ; www.indianembassybrussels.gov.in ; 217 chaussée de Vleurgat, 1050 Bruxelles) ; section consulaire (☎02- 02-6451866 information sur les visas ; même adresse)

Canada Haut-commissariat (☎613-7443751 ; www.hciottawa.gov.in ; 10 Springfield Rd, Ottawa, Ontario K1M 1C9) ; consulat général de Toronto (☎416-9600751/52 ; www.cgitoronto.gov.in ; 365 Bloor St (East), Suite 700, Toronto, Ontario, M4W 3L4) ; consulat général de Vancouver (☎604-6628811 ; www.cgivancouver.gov.in ; 201-325 Howe St, Vancouver, B.C. V6C 1Z7)

Suisse Ambassade (☎031-3501130 ; www.indembassybern.gov.in ; Kirchenfeldstrasse 28, 3005 Berne) ; consulat général (☎022-9068686 ; 7-9 rue du Valais, 1202 Genève)

Représentations étrangères en Inde

La plupart des ambassades et des missions diplomatiques étrangères sont installées à Delhi, dans le nord de l'Inde. Certains pays possèdent des consulats dans d'autres villes.

Bangladesh Ambassade Delhi (☎011-24121394 ; www.bdhcdelhi.org ; EP39 Dr Radakrishnan Marg, Chanakyapuri ; ⓜChanakyapuri) ; consulat Kolkata (☎033-40127500 ; 9 Circus Ave)

Belgique Ambassade Delhi (☎011-42428000 ; india.diplomatie.belgium.be/fr ; 50-N Shantipath, Chanakyapuri) ; consulat général Mumbai (Bombay ; ☎022 265 210 16 ; TCG Financial Centre, 7e ét., C-53, G-Block, Bandra Kurla Complex, Bandra East). Autre consulat général à Chennai (Madras).

Canada Haut-Commissariat Delhi (☎011-41782000 ; www.international.gc.ca/world-monde/india-inde/new_delhi.aspx?lang=eng ; 7/8 Shantipath, Chanakyapuri) ; consulat général Mumbai (☎022-6749 4444 ; 21e ét., Tower 2, Indiabulls Finance Centre, Senapati Bapat Marg, Elphinstone Rd West). Autre consulat général à Bengaluru (Bangalore).

France Ambassade Delhi (☎011-24196100 ; in.ambafrance.org/-Ambassade-de-France-a-New-Delhi- ; 2/50E Shantipath, Chanakyapuri ; ⓜChanakyapuri) ; consulat général Mumbai (☎022-66694000 ; in.ambafrance.org/-Consulat-de-Bombay ; Wockhardt Towers, East Wing, 5e ét., Bandra Kurla Complex, Bandra East). Autres consulats généraux à Bengaluru et Puducherry (Pondichéry).

Malaisie Chennai (☎044-24334434 ; www.kln.gov.my ; 7 1st St, Cenotaph Rd, Teynampet) ; Delhi (☎011-24159300 ; www.kln.gov.my/web/ind_new-delhi/home ; 50M Satya Marg, Chanakyapuri) ; Mumbai (☎022-26455751 ; www.kln.gov.my/web/ind_mumbai/home ; 5e ét., Notan Classic Bldg, en retrait de Turner Rd, Bandra West)

Myanmar Ambassade Delhi (☎011-24678822; www.myanmedelhi.com; 3/50F Nyaya Marg) ; Kolkata (☎033-24851658 ; mcgkolcg@gmail.com ; 57K Ballygunge Circular Rd)

Népal Ambassade Delhi (☎011-23476200 ; in.nepalembassy.gov.np ; Mandi House, Barakhamba Rd)

Singapour Chennai (☎044-28158207 ; www.mfa.gov.sg ; 17A North Boag Rd, T Nagar) ; Delhi (☎011-46000915 ;

L'INDE DU SUD PRATIQUE

Poids et mesures L'Inde utilise le système métrique. Certains nombres sont aussi exprimés en lakh (un lakh vaut 100 000) et en crore (un crore vaut 10 millions).

Journaux et magazines Parmi les quotidiens en anglais, citons l'*Hindustan Times*, le *Times of India*, l'*Indian Express*, l'*Hindu*, le *Statesman*, le *Telegraph*, le *Daily News & Analysis* (*DNA*) et l'*Economic Times*. Les publications régionales en anglais et en langue locale sont diffusées dans tout le pays. Pour les magazines d'actualité en anglais, voyez *Frontline*, *India Today*, *Week*, *Open*, *Tehelka*, *Outlook* et *Motherland*.

Radio Le groupe public All India Radio (AIR) compte 220 stations d'informations régionales et nationales. Parmi la myriade de stations de radio FM, citons Private FM, qui diffuse de la musique, des actualités et des débats, ou encore Mirchi FM.

Télévision La télévision nationale, Doordarshan, compte plusieurs chaînes ; les programmes diffusés par le câble et le satellite sont davantage regardés. La chaîne française France 24 (www.france24.com) est disponible via le câble et le satellite. TV5 Monde (www.tv5.org) est également accessible par le satellite. Renseignez-vous dans les hôtels.

www.mfa.gov.sg/newdelhi ; E6 Chandragupta Marg, Chanakyapuri) ; Mumbai (✆022-22043209 ; www.mfa.gov.sg/content/mfa/overseasmission/mumbai.html ; Maker Chambers IV, 10e ét., 222 Jamnalal Bajaj Rd, Nariman Point)

Sri Lanka Chennai (✆044-28241896 ; www.sldhcchennai.org ; 56 Sterling Rd, Nungambakkam) ; Delhi (✆011-23010201 ; 27 Kautilya Marg, Chanakyapuri) ; Mumbai (✆022-22045861 ; www.mumbai.mission.gov.lk ; Mulla House, 34 Homi Modi St, Fort, Mumbai)

Suisse Ambassade Delhi (✆011-4995 9500 ; www.eda.admin.ch/newdelhi ; Nyaya Marg, Chanakyapuri) ; consulat général Mumbai (✆022 2285 8161 ; 102 Maker Chambers IV, 10e ét., 222 Jamnalal Bajaj Marg, Nariman Point). Autres consulats à Bengaluru et à Chennai.

Argent

La devise nationale est la roupie indienne (₹), qui se divise en 100 *paise* (*paisa* au singulier). Il existe des pièces de 50 *paise*, mais elles sont rares. On trouve des pièces de 1, 2, 5 et 10 ₹ (celles de 1 et de 2 ₹ sont presque identiques), ainsi que des billets de 5, 10, 20, 50, 100, 500 et 2 000 ₹ (ce dernier, pratique pour les grosses dépenses, peut en revanche poser problème pour les petits achats). La roupie indienne est rattachée à un panier de devises ; sa valeur a connu des fluctuations ces dernières années.

Cartes bancaires

- Elles sont acceptées dans de nombreux commerces, restaurants haut de gamme et hôtels des catégories moyenne ou supérieure. On peut également les utiliser pour payer les billets d'avion ou de train.
- Certaines banques dépourvues de distributeur de billets délivrent des espèces sur présentation d'une carte bancaire.
- Les cartes Visa et MasterCard sont les plus couramment acceptées.

Certificats d'encaissement

- La loi indienne impose de changer les devises étrangères dans des banques ou des bureaux de change officiels.
- Un certificat d'encaissement (reçu) vous sera remis à chaque transaction. Il vous permettra de changer vos roupies excédentaires lorsque vous quitterez le pays.
- Le montant des espèces en roupies à changer ne devra pas excéder celui des certificats.
- Les reçus des DAB sont également acceptés comme preuves de transactions par la plupart des banques.

Change

- On trouve presque partout des bureaux de change privés, qui restent généralement ouverts plus longtemps que les banques. (Certains font aussi office de cybercafé ou d'agence de voyages.)
- En cas d'urgence, sachez que certains hôtels haut de gamme peuvent changer de l'argent, mais à des taux bien moins intéressants.

Distributeurs automatiques de billets (DAB)

- On trouve des distributeurs de billets dans la plupart des villes.
- Les cartes Visa, MasterCard, Cirrus, Maestro et Plus sont les plus couramment acceptées.
- Les DAB Axis Bank, Citibank, HDFC, HSBC, ICICI et State Bank of India

TARIFS DES RESTAURANTS

Les fourchettes de prix suivantes valent pour un plat principal.

$ moins de 150 ₹

$$ 150-300 ₹

$$$ plus de 300 ₹

fonctionnent avec des cartes étrangères. D'autres banques n'acceptent que les cartes les plus courantes (Visa et Mastercard).

➡ Dans la plupart des DAB, il n'est pas possible de retirer plus de 10 000 à 20 000 ₹ en un seul retrait – le plafond est de 20 000 ₹ dans les distributeurs Citibank, ce qui permet de réduire les frais de transaction (de 250 ₹ en moyenne).

➡ Avant de partir, assurez-vous que votre carte vous permettra d'accéder au réseau bancaire indien et renseignez-vous sur les frais auprès de votre banque.

➡ Pour éviter que votre carte soit bloquée, prévenez votre banque que vous allez l'utiliser en Inde ; notez les coordonnées de votre agence, au cas où.

➡ En dehors des grandes agglomérations, prévoyez toujours du liquide.

Espèces

➡ Le paiement en espèces est la norme dans la plupart des petits commerces.

➡ Il est facile de changer des euros ou des dollars. Certaines agences acceptent aussi les dollars canadiens et les francs suisses.

➡ Les bureaux privés changent davantage de devises. Les monnaies pakistanaise, népalaise et bangladaise peuvent être difficiles à convertir ailleurs qu'à la frontière.

➡ Si vous voyagez hors des sentiers battus, prévoyez une réserve de roupies.

➡ Prenez le temps de vérifier soigneusement chaque billet. N'acceptez pas les coupures trop usées, sales ou déchirées, car vous aurez du mal à les écouler.

➡ Conservez toujours une réserve de billets de 10, 20 et 50 ₹, car tout le monde semble toujours à court de petite monnaie.

➡ Avant de quitter le pays, vous devrez théoriquement changer toutes vos roupies, ce qui peut se faire dans les aéroports. Certaines banques dans les aéroports n'effectuent pas les transactions en deçà de 1 000 ₹. On pourra vous demander de présenter des certificats d'encaissement (voir p. 573) ou des reçus de carte bancaire, votre passeport et votre billet d'avion.

Marché noir

➡ Les bureaux de change officiels sont si répandus que vous n'aurez aucune raison de recourir au marché noir.

Porte-monnaie électronique

La plus importante société dans ce domaine est PayTM (www.paytm.com), qui permet aux Indiens de régler leurs achats via leur téléphone mobile, relié à leur compte bancaire. Il est impossible pour l'instant d'utiliser ce service avec un compte bancaire étranger, mais les choses pourraient changer.

Pourboires

Restaurants La taxe pour le service (4 à 10%) est souvent incluse dans l'addition, ce qui rend le pourboire facultatif.

Hôtels De 20 à 50 ₹ pour les grooms et les employés.

Porteurs Dans les gares et les aéroports, les porteurs s'attendent à recevoir 50 ₹ environ.

Taxis et rickshaws Arrondissez à la dizaine de roupies supérieure.

Voitures de location Prévoyez un pourboire de 10% environ pour une prestation de qualité.

Virements internationaux

➡ Si vous vous retrouvez à court d'argent en Inde, vous pourrez obtenir un transfert de fonds auprès de bureaux de change affiliés à **Moneygram** (www.moneygram.com) ou à **Western Union** (www.westernunion.com), moyennant une commission.

➡ Pour encaisser l'argent, munissez-vous de votre passeport et du numéro de référence qui vous aura été communiqué par la personne qui aura effectué le virement.

Assurance

➡ Il est conseillé de souscrire une police d'assurance qui vous couvrira en cas d'annulation de votre voyage, de vol, de perte de vos affaires, de maladie ou encore d'accident.

➡ Lisez avec la plus grande attention les clauses en petits caractères : c'est là que se cachent les restrictions. Vérifiez notamment que les "sports à

ATTENTION ! CIGARETTES ÉLECTRONIQUES

Depuis septembre 2019, les cigarettes électroniques ainsi que tout instrument de vapotage sont interdits sur le territoire indien, y compris pour les voyageurs en transit, sur soi ou dans les bagages en soute. Vous risquez une amende de 1 300 €, au minimum, assortie d'une peine de prison d'un an, en cas d'infraction.

risques", comme la moto, la randonnée, l'escalade ou la plongée, ne sont pas exclus de votre contrat, ou encore que le rapatriement médical d'urgence, en ambulance ou en avion, est couvert.

- Certaines agences de trekking n'acceptent que les clients dont l'assurance prévoit le rapatriement sanitaire par hélicoptère.
- Si vous louez une moto en Inde, vérifiez bien que vous possédez au minimum une assurance responsabilité civile (reportez-vous aussi p. 590).
- En cas de vol, faites une déclaration auprès de la police indienne, car celle-ci vous sera demandée par votre assureur.
- Attention ! Avant de choisir une police d'assurance, vérifiez que vous ne bénéficiez pas déjà d'une assistance par votre carte bancaire, votre mutuelle ou votre assurance automobile. C'est bien souvent le cas.
- Reportez-vous également à la rubrique *Assurance* du chapitre *Santé*, p. 599.

Bénévolat

Consultez le chapitre p. 35.

Cartes et plans

En France, l'**IGN** (www.ign.fr) publie une carte *Inde* au 1/2 500 000. Vous pourrez également vous procurer la carte *Inde, Pakistan, Népal* au 1/4 000 000 publiée par Berlitz, ou la carte *Inde, Népal, Bhoutan, Bangladesh, Sri Lanka* au 1/2 500 000 éditée par Marco Polo. Les cartes imprimées en Inde ne sont pas toujours fiables. Vous trouverez des cartes touristiques basiques dans les différents offices du tourisme des États. Les publications des éditeurs suivants, disponibles dans les bonnes librairies indiennes ou à l'étranger, sont de qualité :

Nelles (www.nelles-verlag.de)

Survey of India (www.surveyofindia.gov.in)

TTK (www.ttkmaps.com)

CONSEILS AUX VOYAGEURS

La plupart des gouvernements possèdent des sites Internet qui recensent les dangers possibles et les régions à éviter. Consultez notamment les sites suivants :

Ministère des Affaires étrangères français (www.diplomatie.gouv.fr)

Ministère des Affaires étrangères de Belgique (diplomatie.belgium.be)

Département fédéral des Affaires étrangères suisse (www.eda.admin.ch/eda/fr/dfae.html)

Ministère des Affaires étrangères du Canada (www.voyage.gc.ca)

Désagréments et dangers

Les voyageurs peuvent être la cible de la petite délinquance et de crimes opportunistes. Toutefois, la plupart des problèmes seront évités avec du bon sens (lisez aussi les chapitres p. 568 et p. 570).

- N'hésitez pas à consulter les forums du site Internet de Lonely Planet (www.lonelyplanet.fr), dans lesquels des voyageurs publient des mises en garde.
- Les agressions sexuelles sont en hausse ; les femmes devront faire preuve d'une vigilance accrue (p. 570).
- Consultez toujours les avertissements aux voyageurs de votre gouvernement (voir l'encadré ci-dessus).
- La pollution et les nuisances sonores posent des problèmes croissants dans tout le pays ; prévoyez des bouchons d'oreilles et/ou un masque.
- La sécurité dans les aéroports est stricte ; vous devrez présenter votre passeport et votre billet pour y accéder.

Risque terroriste

L'Inde est un pays relativement sûr, même s'il existe des groupes de dissidents (parfois armés) qui emploient des méthodes violentes pour défendre diverses causes – assassinats et attentats à la bombe, visant en priorité les forces de l'ordre et les infrastructures publiques. Consultez les conseils officiels aux voyageurs mis en ligne par les autorités de votre pays (voir l'encadré ci-dessus).

Le terrorisme international représente un risque aussi important en Europe ou en Amérique du Nord : il n'y a donc pas de raison de se priver de visiter le sous-continent.

Douane

- À votre arrivée, vous devez déclarer les sommes supérieures à 5 000/10 000 $US en espèces/espèces plus chèques de voyage, etc.
- Il est interdit de quitter le pays en possession de roupies mais les contrôles sont rares.
- L'importation d'articles de valeur, comme les caméras vidéo et les ordinateurs portables, peut faire (très rarement) l'objet d'une déclaration spéciale, sur un formulaire intitulé *Tourist Baggage Re-export*,

et par laquelle les visiteurs s'engagent à ne pas les laisser sur le territoire indien.

➡ Faire sortir certains objets anciens du pays est interdit ou limité (p. 577) ; consultez le site **Archaeological Survey of India** (ASI ; asi.nic.in) pour plus de détails.

➡ Pour de plus amples détails, consultez le site des **douanes indiennes** (www.cbec.gov.in/index).

Électricité

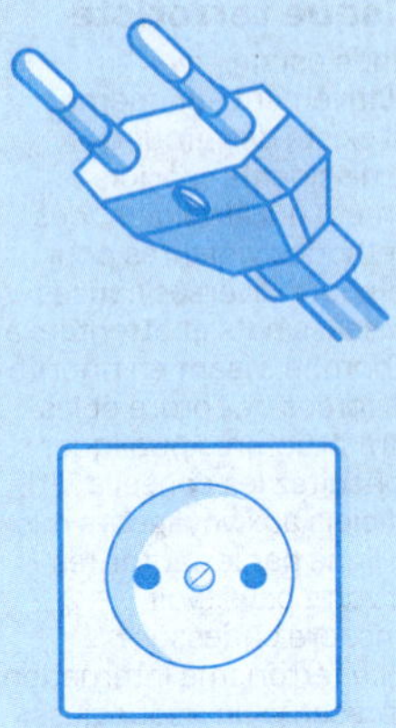

Type C
230 V/50 Hz

Type D
230 V/50 Hz

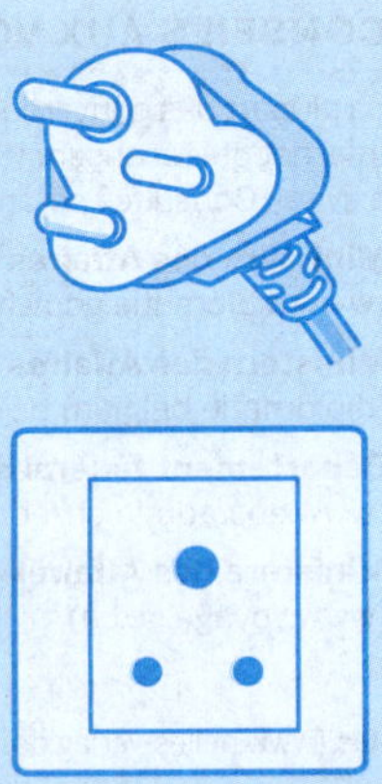

Type M
230 V/50 Hz

Formalités et visas

Avant le départ, il est impératif de contacter les ambassades et les consulats (p. 572) pour s'assurer que les modalités d'entrée sur le territoire n'ont pas changé. Nous vous conseillons de scanner ou de photocopier tous vos documents importants (pages d'introduction de votre passeport, cartes bancaires, police d'assurance, billets de train/d'avion/de bus, permis de conduire, etc.). Conservez ces copies à part des originaux. Vous remplacerez ainsi plus aisément ces documents en cas de perte ou de vol.

Visa électronique

➡ Les Français, les Belges, les Suisses et les Canadiens doivent avoir un visa pour se rendre en Inde. Ils sont éligibles au visa touristique électronique (e-Tourist Visa), pour lequel les formalités ont été allégées en 2019.

➡ La demande se fait en ligne sur le site **www.indianvisaonline.gov.in/evisa**, avec paiement des frais par carte bancaire. Il faut ensuite imprimer l'autorisation délivrée à la suite de la demande pour la présenter avec son passeport à l'arrivée en Inde.

➡ La demande doit être faite au minimum 4 jours avant la date prévue d'arrivée en Inde, et au maximum 120 jours avant.

➡ Vous devrez scanner (ou en fournir un pdf) les premières pages de votre passeport.

➡ Le passeport doit être valide au minimum six mois après la date d'entrée sur le territoire, et comporter au moins deux pages vierges.

➡ L'e-Visa, à double entrée, est délivré pour 30 jours après la date d'entrée sur le territoire indien, sans prorogation possible.

➡ Lors de nos recherches, les autorités indiennes avaient établi deux tarifs selon que le séjour se situe en avril-juin (quelque 9 €) ou en juillet-mars (23 €).

➡ Il existe également des e-Visa d'une durée d'un an et de cinq ans.

➡ En Inde du Sud, ce visa est réservé aux personnes qui pénètrent dans le pays par l'un des 28 aéroports listés sur le site **indianvisaonline.gov.in/evisa/, rubrique Authorized Immigration checkposts**. Il s'agit notamment de Delhi, Mumbai, Chennai, Bengaluru, Kochi, Goa, Hyderabad, Tiruchirappalli, Pune ou Madurai.

➡ Vous pouvez également arriver par la mer, via les cinq grands ports suivants : Mumbai, Goa, Kochi, Mangalore et Mormugao.

➡ Vous pouvez quitter le pays par l'un des postes d'immigration officiels également répertoriés sur le site.

➡ Il n'est pas possible de demander plus de trois visas électroniques par année civile.

Autres visas

Il est toujours possible d'obtenir un visa classique.

➡ Les services consulaires des ambassades de l'Inde à l'étranger ne se chargent pas de délivrer les visas, mais délèguent ce service à des sociétés extérieures.

➡ Les demandes des ressortissants français, belges et suisses sont traitées par la société britannique **VFS Global** France (☎33 157 329 413 ; www.vfsglobal.com/india/france) ; Belgique (in.vfsglobal.be/) ; Suisse (☎0900-0000 18 ; in.vfsglobal.ch/Geneva/) ; celles des ressortissants canadiens sont gérées par **BLS International** (blsindia-canada.com).

➡ En France, quel que soit le lieu de résidence du demandeur, les demandes de visa peuvent être déposées dans un **centre de demande VFS / India Consular Passport and Visa Application Centre (ICPVAC)**. Il en existe un près de **Paris** (16 bd du Général-Leclerc, 6e ét., 92110 Clichy), qui peut centraliser les dossiers émanant de tout le territoire ; à **Lyon** (20 rue de la Villette, 5e ét., Le Bonnel, 69328 Lyon Cedex 03) et à **Marseille** (165 av. du Prado, 13008 Marseille). Les demandes peuvent aussi être souscrites par courrier adressé à **India Consular Passport and Visa Application Centre (ICPVAC) / VFS Global** (16 bd du Général-Leclerc, 6e ét., 92110 Clichy).

➡ En Belgique, il existe un **centre de demande à Bruxelles** (19 av. Émile De Mot, 8e ét., 1000 Bruxelles).

➡ En Suisse, vous pourrez vous adresser au **centre de demande à Genève** (70 rue de Lausanne, 1202 Genève).

➡ Au Canada, il existe une dizaine de centres de demande, dont un à Montréal (1000 Sherbrook St West, Unit n°701) et un à Toronto (1448 Lawrence Avenue East, Unit 6A).

➡ Pour de plus amples détails, consultez les sites de VFS Global ou de BLS International.

➡ Votre passeport doit être valide au minimum six mois et comporter au moins deux pages vierges.

➡ La plupart des voyageurs peuvent obtenir un visa touristique de six mois, valable pour plusieurs entrées – toutefois, sa délivrance n'est pas automatique.

➡ Les visas touristiques sont valables à compter de leur date d'émission et non de la date de votre arrivée en Inde.

➡ Les visas pour étudier ou travailler en Inde sont assortis de conditions strictes. Renseignez-vous auprès d'un consulat indien dans votre pays.

➡ Pour accompagner votre demande, vous devrez fournir deux photos d'identité, en couleurs, de 5 x 5 cm – ce qui est supérieur aux dimensions des photos d'identité habituelles.

➡ Vous devrez théoriquement présenter un billet aller-retour ou une preuve de la poursuite de votre voyage – dans la pratique, ils ne sont pas toujours demandés.

➡ Les visas sont facturés en devise locale ; des frais supplémentaires peuvent être appliqués.

➡ Les personnes d'origine indienne qui détiennent un passeport d'un autre pays (à l'exception des ressortissants du Pakistan et du Bangladesh) peuvent obtenir des visas de longue durée.

➡ Pour les visas d'une durée supérieure à six mois, il n'est plus nécessaire de s'enregistrer auprès du Bureau d'enregistrement des étrangers à Delhi ; il suffit de le faire en ligne via le système e-FRRO (indianfrro.gov.in), lancé en 2018.

Entrées multiples

La majorité des voyageurs sont autorisés à se déplacer librement entre l'Inde et ses pays frontaliers.

ARTICLES INTERDITS À L'EXPORTATION

Afin de protéger le patrimoine indien, l'exportation de certaines antiquités est interdite, notamment celle des objets qui ont plus de cent ans. Les antiquaires de bonne réputation peuvent produire des certificats d'exportation pour les pièces autorisées. Vous trouverez des informations détaillées sur le site Web de l'**Archaeological Survey of India** (ASI ; asi.nic.in). La législation est stricte. Et pour cause : la perte d'objets d'art anciens a connu des proportions alarmantes. Cherchez plutôt des reproductions de qualité.

L'Indian Wildlife Protection Act interdit tout commerce d'animaux sauvages. N'achetez pas de souvenirs dont la fabrication menace les espèces et les habitats en voie de disparition – vous vous exposeriez en outre à une lourde amende, voire à une peine de prison. Cette réglementation s'applique à l'ivoire, aux châles *shahtoosh* (en laine d'antilope tibétaine) et à tout objet réalisé avec la fourrure, la peau, les cornes ou la carapace d'une espèce en danger. Les produits à base de certaines plantes rares sont également interdits à l'exportation.

Permis spécifiques

Même avec un visa, certaines régions sont soumises à restrictions en Inde du Sud. Certains parcs nationaux et réserves forestières nécessitent un permis. Un document spécifique est également requis pour visiter l'archipel des Laquedives (Lakshadweep), ainsi que pour randonner dans la région du Wayanad (Kerala).

➡ En 2018, ces restrictions ont été levées dans une grande partie des îles Andaman. Il faut toujours un permis pour accéder à certaines zones, mais la situation évolue (p. 474).

➡ Dans l'Odisha, le permis n'est plus nécessaire pour visiter les régions où vivent les Adivasi (voir p. 275 et p. 294) et rien n'empêche les voyageurs de prendre un bus ou un taxi pour rejoindre les marchés régionaux. En revanche, certains villages sont interdits de séjour en raison de la présence de militants naxalites, ou supposés tels. Renseignez-vous sur place ou sur le site du ministère des Affaires étrangères (p. 575).

➡ L'obtention d'un permis est souvent une simple formalité, mais les agents de voyages doivent présenter une demande en votre nom pour certaines zones, y compris certains itinéraires de trekking s'approchant des zones frontalières.

Prorogations de visa

➡ L'Inde a toujours été stricte concernant les prorogations de visa. Au moment de la rédaction de ce guide, elles n'étaient accordées que dans des circonstances exceptionnelles, telles qu'une urgence médicale ou un vol de passeport survenus juste avant que le voyageur quitte le pays (avant la date d'expiration du visa).

➡ Si vous avez besoin de proroger votre visa pour l'une de ces raisons, vous pouvez désormais le faire via le portail Web du Bureau régional d'enregistrement des étrangers, ou FRRO (e-FRRO ; indianfrro.gov.in). Vous devez fournir une photo d'identité, une photocopie de votre passeport (page indiquant votre identité et celle portant le visa et le tampon des services d'immigration) et d'autres documents, parmi lesquels généralement votre billet d'avion retour. Lors de nos recherches, ce site offrait 27 types de services, notamment le remplacement de visa en cas de perte ou de vol de passeport (indispensable pour quitter le pays). Pour d'autres questions, contactez le FRRO de Delhi ; les autres bureaux régionaux sont encore moins enclins à accorder une prorogation.

➡ En admettant que vous répondiez aux critères d'attribution drastiques, le FRRO délivre gratuitement des prorogations pour une durée de 14 jours. Notez que ce système vise surtout à vous permettre de quitter promptement le pays en respectant la procédure officielle. En aucun cas il n'est destiné à vous octroyer deux semaines de vacances supplémentaires.

Handicapés

Les transports en commun bondés, la foule omniprésente des grandes villes et les infrastructures parfois rudimentaires mettent à l'épreuve les voyageurs les plus résistants. La situation se complique encore avec un handicap. Si votre mobilité est très restreinte, nous vous conseillons de vous faire accompagner par une personne valide.

Depuis quelques années, des organismes comme Planet Abled (planetabled.com) et Cox & Kings' Enable Travel (www.enabletravel.com) s'efforcent de faciliter les voyages en Inde pour les handicapés.

Si vous lisez l'anglais, vous pourrez télécharger le guide gratuit de Lonely Planet, *Accessible Travel*, à l'adresse suivante : lptravel.to/AccessibleTravel.

Hébergement Les hôtels équipés pour accueillir les personnes en fauteuil roulant appartiennent presque exclusivement à la catégorie supérieure. Renseignez-vous avant le départ. Dans les hôtels non aménagés, réservez une chambre au rez-de-chaussée.

Accessibilité Si certains restaurants et bureaux sont équipés de rampes, la plupart sont accessibles par au moins une marche. Les escaliers sont souvent raides ; beaucoup d'ascenseurs s'arrêtent à l'entresol entre les étages.

Transports La location d'un véhicule privé avec chauffeur pourra faciliter grandement vos déplacements. Si vous êtes en fauteuil roulant, assurez-vous que la société de location vous donne un véhicule pouvant le transporter.

L'**APF France handicap** (☎01 40 78 69 00 ; www.apf-francehandicap.org ; 17 bd Auguste-Blanqui, 75013 Paris) peut fournir des informations utiles sur les voyages accessibles. **Yanous** (www.yanous.com), **Hizy** (hizy.org), **Handicap.fr** (www.handicap.fr) et **Tourisme et Handicaps** (www.tourisme-handicaps.org) constituent également de bonnes sources d'information.

Désormais, les principales plateformes d'hébergement que sont **Abritel** (www.abritel.fr), **Airbnb** (www.airbnb.

fr), **Booking** (www.booking.com) et **Hotels.com** (fr.hotels.com) ont intégré des critères d'accessibilité à leur moteur de recherche. **Mobee Travel** (www.mobeetravel.com) est une start-up qui regroupe des hébergements accessibles et qui propose aussi des séjours sur mesure. Plus modeste, **Wilengo** (www.wilengo.com) fonctionne sur le modèle d'Airbnb. Les agences de voyages **Yoola** (www.yoola.fr) et **Comptoir des Voyages** (www.comptoir.fr) organisent des voyages adaptés aux personnes à mobilité réduite.

Hébergement

Les possibilités d'hébergement sont très variées en termes de cachet, de qualité et de prix. D'une manière générale, il est préférable de réserver (en ligne ou par téléphone) – c'est même impératif en haute saison.

Catégories

La catégorie petits budgets (indiquée par un $) regroupe les auberges de jeunesse, hôtels et *guesthouses* spartiates en ville, et les hébergements chez l'habitant dans les villages. Les hôtels de catégorie moyenne ($$), dont les chambres sont souvent plus grandes et plus propres, offrent des commodités supplémentaires, comme la TV satellite et la climatisation ; les *homestays* entrent souvent dans cette catégorie. La catégorie supérieure ($$$) va des chaînes de luxe aux palais historiques somptueux en passant par les boutique-hôtels chics.

Tarifs

Les tarifs hôteliers changent grandement d'un endroit à l'autre. Ils sont plus élevés en bord de mer et dans les agglomérations, surtout Mumbai (Bombay). Ils varient également selon les périodes et peuvent chuter de 20 à 50% en basse saison. La plupart des établissements revoient leurs tarifs à la hausse chaque année – ce qui peut conduire à des décalages avec les prix indiqués dans ce guide.

Réservations

- Il est préférable de réserver, sur Internet ou par téléphone, a fortiori dans les endroits les plus touristiques. Certains hôtels exigent un dépôt par carte bancaire lors de la réservation.
- Des adresses pour petits budgets n'acceptent pas les réservations. Dans ce cas, téléphonez pour connaître les disponibilités ou présentez-vous directement à l'heure du *check-in*.
- D'autres demandent le versement d'une caution ou le paiement intégral à la remise des clés. Exigez alors un récépissé et ne signez en aucun cas un reçu de carte bancaire vierge. Si le personnel de l'hôtel insiste, payez en liquide.
- Certains hôtels imposent une heure de départ (généralement 10h ou 12h, quelquefois plus tôt) ; d'autres louent les chambres pour 24 heures à compter de votre heure d'arrivée. Il est parfois possible d'arriver plus tôt ou de partir plus tard si la chambre est libre (moyennant parfois un supplément).
- En réservant en ligne, on peut bénéficier de fortes réductions qui rendent d'excellents hôtels de catégorie moyenne à peine plus chers que ceux pour petits budgets ou permettent d'envisager un établissement haut de gamme.

Saisons

- Les prix indiqués dans ce guide correspondent aux tarifs pleins en haute saison, qui coïncide avec le meilleur climat pour les activités privilégiées dans une région donnée : printemps dans les montagnes (avril-juin) et mois les plus frais (novembre-février) dans les plaines.
- Dans les régions prisées par les touristes étrangers, les prix flambent à nouveau pendant la période de Noël et du Nouvel An ; réservez longtemps à l'avance.

SALLES DE BAINS : MODE D'EMPLOI

En Inde du Sud, la plupart des hôtels de la catégorie moyenne et tous ceux de la catégorie supérieure sont équipés de toilettes à l'occidentale, avec papier et savon. Les progrès sont sensibles et les meilleurs établissements possèdent des salles de bains modernes avec douche à effet pluie et accessoires de toilette.

Dans les hôtels très bon marché, dans les gares routières/ferroviaires et en dehors des circuits touristiques, les toilettes à la turque (appelées "*Indian style*", "*Indian*" ou "*floor*" – par opposition aux toilettes "*Western style*", "*Western*" ou "*commode*") sont la norme et le papier est rarement fourni.

Toutes les chambres n'ont pas l'eau chaude. Les indications "*running water*", "*24-hour water*" ou "*constant water*" sous-entendent que l'eau est disponible 24h/24 (ce qui n'est pas toujours le cas dans la réalité). "*Bucket hot water*" implique que vous n'aurez droit qu'à des seaux d'eau chaude (moyennant éventuellement un petit supplément). Les douches vitrées sont rares dans les hébergements bon marché.

INTOXICATION AU MONOXYDE DE CARBONE

Dans certaines régions montagneuses, on se chauffe au poêle à charbon ou à bois, un type de chauffage à éviter car il peut entraîner des intoxications au monoxyde de carbone fatales. Pour passer une nuit bien au chaud, il vous suffira de vous glisser sous les épaisses couvertures couramment fournies. Si vous avez quand même froid, faites-vous une bouillotte avec une bouteille remplie d'eau chaude recouverte d'une chaussette.

- À d'autres périodes, ils peuvent baisser considérablement ; si l'hôtel ne vous semble pas complet, demandez une réduction ou cherchez les offres spéciales en ligne.
- Certains établissements ferment durant la mousson, notamment à Goa.
- Dans les villes de pèlerinage, les prix s'envolent lors des grandes fêtes. Là encore, réservez tôt.

Taxes et service

- Souvent, les taxes ne sont pas comprises dans les tarifs affichés par les hôtels ; vérifiez au préalable.
- Créée en 2017, la taxe sur les biens et services (*Goods & Services Tax* – GST) varie en fonction du prix de la nuitée. Nulle pour les chambres facturées jusqu'à 999 ₹, elle est de 12% entre 1 000 et 2 499 ₹, de 18% entre 2 500 et 7 499 ₹ et de 28% à partir de 7 500 ₹.

Types d'hébergement

AUBERGES DE JEUNESSE

- L'Inde du Sud – en particulier à Mumbai et dans les États de Goa, du Kerala, du Karnataka et du Tamil Nadu – compte un nombre croissant d'auberges de jeunesse de style contemporain, avec des dortoirs propres (certains réservés aux femmes), le Wi-Fi gratuit, des casiers, des cuisines et salons communs et quelques chambres privatives. Certaines auberges sont indépendantes, d'autres sont gérées par une chaîne.
- Il existe de bonnes auberges dans la plupart des lieux touristiques, comme Goa, Mumbai, Mysuru, Bengaluru, Chennai, Kochi et Alleppey, mais aussi dans des endroits plus inattendus, comme le Wayanad et le Chettinadu.
- Au moment où nous écrivions ces lignes, les chaînes les plus appréciées comprenaient Zostel (www.zostel.com), Lost Hostels (www.thelosthostels.com), Hostel Crowd (thehostelcrowd.com) et Backpacker Panda (www.backpackerpanda.com), mais les choses évoluent rapidement.
- La YWCA, la YMCA et l'Armée du Salut possèdent quelques auberges. Parfois appelés *guesthouses*, ces hébergements proposent des chambres propres, confortables (parfois climatisées) et/ou des dortoirs, à des tarifs situés dans le haut de la catégorie petits budgets ou dans le bas de la catégorie moyenne.

CAMPING

- Il existe très peu de campings publics. Vous risquez de ne dormir sous la toile que dans quelques *resorts* sur la côte et dans les *lodges* des réserves naturelles, où les tentes permanentes sont souvent aussi grandes et confortables que des chambres d'hôtel, et dotées de salles de bains.

CHEZ L'HABITANT

- Connues sous le nom de *homestays* (ou B&B), ces pensions familiales s'adressent à ceux qui recherchent un cadre à taille humaine, une cuisine maison et des prix corrects.
- De la hutte villageoise en pisé, avec toilettes à la turque, aux confortables maisons des classes moyennes citadines, le choix est vaste.
- Ce type d'hébergement est très répandu dans le Kerala. Kochi (Cochin) est la capitale indienne du séjour chez l'habitant, devant Alappuzha (Alleppey), Munnar, la région du Wayanad, Kumily et Kannur.
- Les offices du tourisme locaux fournissent souvent des listes d'hébergements chez l'habitant.

HÉBERGEMENTS ET BUNGALOWS TOURISTIQUES D'ÉTAT

- L'État indien administre un réseau de pensions (*guesthouses*) connues sous des appellations diverses : *rest houses*, *dak bungalows*, *circuit houses*, PWD (Public Works Department), bungalows, *forest rest houses*... En théorie réservées aux fonctionnaires, elles acceptent rarement les touristes – parfois sous réserve d'une autorisation délivrée par les autorités locales.
- La plupart des États gèrent des chaînes hôtelières entrant dans les catégories petits budgets et moyenne, qui visent avant tout une clientèle de touristes indiens. Certains établissements occupent de beaux bâtiments historiques ; la plupart sont avant tout fonctionnels et sans charme. Les offices du tourisme d'État vous renseigneront.

HÔTELS POUR PETITS BUDGETS ET DE CATÉGORIE MOYENNE

➡ Vous aurez parfois la chance de tomber sur de ravissantes maisons anciennes ou sur des bâtiments historiques. Toutefois, la plupart des hôtels des catégories petits budgets et moyenne occupent des blocs de béton modernes au confort variable. Certains sont charmants, propres et d'un bon rapport qualité/prix ; d'autres laissent à désirer.

➡ La qualité de l'hébergement peut varier considérablement au sein d'un même hôtel : demandez à voir plusieurs chambres avant de vous décider. Dans les hôtels bon marché, évitez la moquette, qui favorise le développement de moisissures.

➡ D'ordinaire, seules les options les plus économiques ont des salles de bains communes (souvent avec toilettes à la turque).

➡ La plupart des chambres possèdent un ventilateur au plafond ; certaines sont équipées d'un dispositif antimoustique électrique ou d'une moustiquaire ; les chambres les moins chères n'ont pas toujours une fenêtre.

➡ Si vous prévoyez de fréquenter des établissements bon marché, apportez un "sac à viande" ou un sac de couchage, une serviette et du savon. Dans les hôtels bas de gamme, la literie est parfois tachée, usée ou d'une hygiène douteuse, et les serviettes et les accessoires de toilette sont rarement fournis.

➡ Vous aurez aussi souvent besoin d'un antimoustique et d'une lampe torche.

➡ Le bruit peut poser problème, surtout en ville ; prévoyez des bouchons d'oreilles et demandez, dans la mesure du possible, une chambre ne donnant pas sur une rue fréquentée.

➡ Il est conseillé de garder votre porte fermée à clé à tout moment : le personnel (surtout dans les hôtels petits budgets) a tendance à entrer directement après avoir frappé, sans attendre d'y être invité !

➡ Les pannes d'électricité sont fréquentes, surtout l'été et pendant la mousson. Assurez-vous que votre hôtel possède un groupe électrogène, surtout si vous êtes censé bénéficier de la climatisation, de la TV et du Wi-Fi, par exemple.

➡ Certains hôtels ferment leurs portes la nuit. Des employés dorment parfois dans le hall, mais il n'est pas toujours facile de les réveiller. Prévenez la réception si vous prévoyez d'arriver tard ou de partir très tôt.

➡ La propreté des murs laisse parfois à désirer, même dans les hôtels de catégorie moyenne.

➡ En dehors des zones touristiques, les adresses très bon marché n'acceptent pas toujours les étrangers, car elles ne disposent pas du formulaire requis.

HÔTELS DE CATÉGORIE SUPÉRIEURE, LODGES

➡ Les établissements haut de gamme sont légion : grands hôtels modernes, superbes palaces, luxueux complexes en bord de mer, petits boutique-hôtels, bungalows historiques ou encore *lodges* de rêve à l'intérieur et à proximité des réserves naturelles.

➡ Les adresses dites "historiques" offrent l'occasion unique de dormir dans d'anciens palais et demeures princières, parfois encore habités.

HUTTES DE PLAGE

➡ Hébergement typique de Goa, également courant dans les îles Andaman, la hutte de plage, parfois appelée *coco-hut* ou *treehouse* (maison sur pilotis), est une cabane en bambou et feuilles de palmier, dotée d'un balcon (ou patio), de toilettes et d'une douche avec eau froide. Certaines ont considérablement augmenté leur standing et leurs prix.

➡ Elles ouvrent mi-octobre/mi-novembre et sont prises d'assaut à la fin du mois d'avril et en mai. Pour le choix le plus varié et les meilleurs tarifs, visez novembre, mars ou avril.

RETIRING ROOMS DES GARES FERROVIAIRES

➡ Dans la plupart des grandes gares (référencées sur www.irctctourism.com), les voyageurs en possession d'un billet de train ou d'un forfait Indrail Pass peuvent bénéficier d'un hébergement spartiate, avec possibilité de *check-out* 24 h/24, ce qui peut constituer une solution pratique pour un départ matinal. Ces chambres et dortoirs, défraîchis ou très agréables selon l'endroit, sont, on s'en doute, souvent bruyants.

➡ De nombreux hébergements offrent un choix de chambres ou de dortoirs correspondant à la classe de votre compartiment.

➡ Les plus petites gares ne disposent parfois que de salles d'attente (elles aussi divisées par classes), avec des espaces séparés pour les hommes et les femmes.

TEMPLES ET HÉBERGEMENTS POUR PÈLERINS

➡ Certains ashrams (lieux de retraite spirituelle), *gurdwara* (temples sikhs) et *dharamsala* (gîtes pour pèlerins) hébergent les visiteurs moyennant un don ou des frais peu élevés.

➡ Ces endroits sans prétention sont destinés aux pèlerins ; faites preuve de bon sens et n'abusez pas de leur hospitalité.

➡ Conformez-vous aux usages en vigueur. Il est strictement interdit de fumer et de boire dans ces hébergements et la plupart appliquent un couvre-feu.

Heure locale

➡ L'heure de référence, appelée Indian Standard Time (IST), avance de 5 heures 30 sur l'heure GMT/UTC. La demi-heure a été ajoutée pour maximiser les heures de jour dans ce vaste pays.

➡ L'Inde ne pratique pas de changement d'heure. Quand il est midi à Paris, il est 16h30/15h30 à Mumbai (Bombay) en hiver/été.

VILLE	DÉCALAGE HORAIRE
Paris (France)	+3 heures 30 (été)
Montréal (Canada)	+9 heures 30

Heures d'ouverture

Voir p. 15.

Homosexualité

➡ En septembre 2018, la Cour suprême indienne a dépénalisé l'homosexualité, qui était interdite depuis 2013 après une première dépénalisation en 2009. En 2014, elle a également reconnu les transgenres en tant que troisième genre.

➡ La société reste cependant conservatrice, surtout en dehors des grandes villes. Les voyageurs LGBT devront faire preuve de discrétion. Les marques d'affection en public sont mal perçues, y compris venant des couples hétérosexuels.

➡ On trouve une scène gay (et des marches des fiertés) dans différentes villes, comme Mumbai, Chennai, Bengaluru, Pondichéry, Hyderabad, Delhi et Goa.

Ressources

Bombay Dost (www.bombaydost.co.in). Magazine LGBT basé à Mumbai.

Gaylaxy (www.gaylaxymag.com). Un bon site gay indien – actus, blogs, articles, chroniques et section mode.

Gaysi (gaysifamily.com). Site et magazine influent, autour de la littérature et des questions LGBTQ ; organise aussi des événements.

Indian Dost (indiandost.com). Infos et groupes de contact.

Indja Pink (www.indjapink.co.in). La première "boutique du voyage gay" en Inde, fondée par un célèbre créateur de mode.

LGBT Events India (www.lgbteventsindia.com.). Vie nocturne et autres sorties.

Nomadic Boys (nomadicboys.com). Blog de voyage gay, avec notamment des articles sur l'Inde.

Orinam (orinam.net). Ce site de Chennai, qui apporte conseils et soutien, répertorie les événements gays. Son fil Twitter (@chennaipride) est également utile.

Queer Azaadi Mumbai (www.queerazaadi.wordpress.com). Blog gay de Mumbai ; actus.

Queer Ink (queer-ink.com). Conçoit, promeut et vend des livres et films LGBTQ axés sur l'Inde.

Internet (accès)

➡ Le Wi-Fi est disponible dans la plupart des hébergements, ainsi que dans de nombreux cafés, bars et restaurants des grandes villes. L'accès est souvent gratuit.

➡ Environ 700 gares ferroviaires à travers le pays offrent désormais le Wi-Fi gratuit.

➡ Le signal Wi-Fi est partout susceptible de disparaître temporairement, à cause de coupures de courant et de serveurs capricieux.

➡ Une carte SIM indienne (recommandée) permet d'accéder à la 3G/4G à des prix très raisonnables, grâce à l'arrivée sur le marché en 2016 de Jio, premier fournisseur d'accès mobile à fonctionner entièrement en 4G, qui facture par exemple 149 ₹ pour un forfait d'un mois avec 1 Go/jour.

➡ Il existe aussi des hotspots mobiles (pour Smartphones et ordinateurs portables, autorisant la connexion de dix appareils). Ceux de Jio coûtent de 999 à 1 999 ₹, avec une carte SIM Jio (gratuite avec un forfait d'un montant minimal). Comme pour toute carte SIM locale, vous devrez fournir une pièce d'identité et une adresse en Inde, et l'activation peut prendre jusqu'à 24 heures.

➡ Les cybercafés sont en voie de disparition. Ils offrent une connexion généralement assez rapide, sauf dans les régions les plus reculées.

Jours fériés

Il existe trois jours fériés nationaux officiels : la fête de la République, la fête de l'Indépendance et l'anniversaire de Gandhi (Gandhi Jayanti). Il y a par ailleurs d'autres jours fériés, célébrés dans le pays entier ou dans certaines régions. La plupart marquent des fêtes religieuses (de différentes confessions) ; leur date varie.

Dix-huit fêtes (les "*gazetted holidays*"), les plus importantes, sont marquées par les administrations de tout le pays – consultez les dates sur www.india.gov.in/calendar. Ces jours-là, la plupart des entreprises (bureaux, boutiques, etc.), des banques et des sites touristiques sont fermés, mais les transports fonctionnent normalement. Si vous prévoyez de séjourner en Inde pendant des festivités importantes, il est conseillé de réserver tôt les transports et les hébergements.

Lisez aussi le chapitre *Mois par mois* p. 20.

Fête de la République 26 janvier

Maha Shivaratri Février/mars

Holi Février/mars

Mahavir Jayanti Mars/avril

Vendredi saint Mars/avril

Buddha Jayanti Avril/mai

Aïd al-Fitr Mai/juin

Fête de l'Indépendance 15 août

Janmastami Août

Aïd al-Adha (Id ul-Zuha) Juillet/août

Mouharram (Achoura) Août/septembre

Dussehra (ou Dasara) Septembre/octobre

Gandhi Jayanti 2 octobre

Divali Octobre/novembre

Eid-Milad-un-Nabi Octobre/novembre

Guru Nanak Jayanti Novembre

Noël 25 décembre

Offices du tourisme

Avant toute chose, consultez le site officiel du tourisme indien : **Incredible India** (incredibleindia.org), très complet. Les sites des offices du tourisme de chaque État (voir p. 15) contiennent aussi des informations utiles.

Offices du tourisme à l'étranger

L'Office national indien du tourisme (India Tourism) possède des bureaux à l'étranger, dont les suivants :

France (☎01 45 23 30 45 ; 13 bd Haussmann, 75009 Paris)

Canada (☎416-962 3787/88 ; 60 Bloor St, West Suite 1003, Toronto, M4W 3B8)

Offices du tourisme en Inde du Sud

Chaque État possède son propre réseau d'offices du tourisme (State Tourist Offices), qui vient compléter l'Office national du tourisme (Government of India Tourist Office, ou India Tourism) de l'État fédéral. Les bureaux varient considérablement en efficacité. Certains ne sont guère plus que des points de vente pour les circuits organisés par la State Tourism Development Corporation.

Les autorités ont mis en place une hot line gratuite à destination des touristes : ☎1800-111363.

Quelques offices du tourisme en Inde du Sud :

Bengaluru (GITO ; ☎080-25585417 ; indtourblr@dataone.in ; 2e ét., 48 Church St ; ⏲9h30-18h lun-ven, 9h30-13h sam ; Ⓜ MG Rd)

Chennai (☎044-28460285, 044-28461459 ; incredibleindia.org ; 154 Anna Salai ; ⏲9h15-17h45 lun-ven)

Kochi (☎0484-2669125; www.incredibleindia.org ; Willingdon Island; ⏲9h-18h lun-ven)

Mumbai (Government of India Tourist Office ; ☎022-22074333 ; www.incredibleindia.com ; Western Railways Reservation Complex, 123 Maharshi Karve Rd ; ⏲8h30-18h lun-ven, jusqu'à 14h sam)

Panaji (☎0832-2438812; www.incredibleindia.com ; Paryatan Bhavan, Dr Alvaro Costa Rd ; ⏲9h30-13h30 et 14h30-18h un-ven, 10h-13h sam)

Photo et vidéo

➡ Il est interdit de photographier les installations militaires, les gares ferroviaires, les ponts, les aéroports et les zones frontalières sensibles.

➡ Il est généralement permis de prendre des photographies depuis un avion, à moins que le décollage (ou l'atterrissage) n'ait lieu dans un aéroport partagé avec l'armée.

➡ Il est interdit de prendre des photos dans de nombreux lieux de culte comme les monastères, les temples et les mosquées ; il est par ailleurs inapproprié de photographier les bains rituels, les crémations et les cérémonies religieuses.

➡ L'utilisation du flash est interdite dans certains sanctuaires ou sites historiques.

➡ Avant de photographier des personnes, sollicitez leur permission.

➡ Il n'est pas rare que des habitants des régions touristiques demandent de l'argent pour être pris en photo. Faites preuve de bon sens dans ces situations. Dans tous les cas, demandez toujours avant de prendre la photo pour éviter tout malentendu.

Poste

➡ **India Post** (www.indiapost.gov.in) possède le plus grand réseau postal du monde. Les services de courrier et de poste restante sont généralement bons, bien que la rapidité d'acheminement varie d'un bureau à l'autre. Les envois par avion sont plus rapides et plus fiables que par la mer ; pour expédier ou recevoir des articles de valeur, il est conseillé de recourir à une société internationale comme DHL ou TNT – comptez environ 3 500 ₹/kg pour un colis de petite taille à destination de l'Europe ou de l'Amérique du Nord. Des messageries privées facturent moins cher, mais regroupent parfois les paquets pour réduire les frais, si bien que certains peuvent se perdre en route.

UN FIL D'ARIANE EN VOYAGE

Le **portail Ariane** (pastel.diplomatie.gouv.fr/fildariane), mis en place par le Centre de crise du ministère des Affaires étrangères, est un service gratuit permettant au voyageur français à l'étranger d'être contacté par le service consulaire, sur son téléphone portable ou par e-mail, au cas où des événements graves (crise politique, catastrophe naturelle, attentat...) se produiraient dans le pays durant son séjour, ou de contacter rapidement sa famille ou ses proches en France en cas de besoin.

La procédure d'inscription se réalise en ligne, où vous donnez des informations sur votre voyage (date de départ, de retour, numéro de téléphone portable, coordonnées d'éventuels contacts sur place, adresses de séjour et itinéraire prévu, etc.).

Grâce à ce service, vous recevrez en outre, avant votre départ, des recommandations de sécurité par e-mail si la situation dans le pays le justifie.

Il existe une application pour les Smartphones et les tablettes, intitulée *Conseils aux voyageurs*.

Envoyer du courrier

LETTRES

- Envoyer une lettre/carte postale par avion à l'étranger coûte 25/12 ₹.
- Un supplément de 70 ₹ s'applique aux lettres en recommandé pour l'étranger.
- Pour les cartes postales par avion, collez de préférence les timbres *avant* de rédiger vos cartes postales, car il pourra vous en falloir jusqu'à quatre par carte.

COLIS

- Selon les cas, l'expédition d'un colis peut soit se faire facilement, soit demander un passage par plusieurs guichets. Allez de préférence à la poste le matin.
- Le tarif dépend du poids (emballage inclus).
- Les paquets envoyés via les services postaux publics doivent être enveloppés dans du tissu blanc et scellés avec de la cire – des agents exerçant à proximité de la poste offrent ce service pour un prix modique.
- Envoyer un colis par avion (non recommandé) à l'international revient à environ 600-1 000 ₹ (jusqu'à 250 g), quelle que soit la destination, auxquels s'ajoutent 50-270 ₹ par tranche de 250 g supplémentaire.
- Le poids maximal autorisé est compris entre 20 et 30 kg, selon la destination.
- L'envoi prend entre 1 et 3 semaines par avion, de 2 à 4 mois par bateau, et environ 1 mois en Surface Air-Lifted (SAL) – une combinaison des deux.
- L'EMS (courrier express, livré en 3 jours) coûte environ 30% de plus que le tarif normal par avion.
- On vous remettra au bureau de poste le formulaire de déclaration en douane, à agrafer ou à coller sur le paquet. Si le contenu du colis est un "cadeau" dont la valeur n'excède pas 1 000 ₹, le destinataire n'aura pas à payer de droits de douane.
- Prévoyez un marqueur indélébile pour écrire sur le colis les informations requises par le guichetier.
- Vous pouvez envoyer des documents imprimés en "Bulk Bag" pour 600 ₹ (maximum 5 kg, plus 100 ₹ par kilo supplémentaire). Le paquet doit être fait de manière à pouvoir être ouvert par les douanes pour vérification.
- India Post possède un calculateur en ligne pour les tarifs nationaux et internationaux.

Recevoir du courrier

- Demandez à vos correspondants de rédiger votre adresse en mentionnant d'abord votre nom de famille en lettres capitales, souligné, puis "poste restante", GPO (poste centrale) et le nom de la ville. Beaucoup de lettres "perdues" sont en fait classées sous le prénom. Vérifiez toujours à vos nom et prénom, et demandez à l'expéditeur d'indiquer son adresse au dos du courrier.
- Lors du retrait, vous devrez présenter votre passeport.
- Les lettres envoyées en poste restante sont en général conservées un ou deux mois, puis retournées à l'expéditeur.
- Pour les paquets, préférez un envoi en recommandé.

Problèmes juridiques

Si vous vous trouvez dans une situation fâcheuse, contactez immédiatement votre ambassade (voir p. 572). Sachez cependant qu'elle pourra seulement veiller à ce que vous soyez bien traité en garde à vue et vous fournir un avocat. Dans le système judiciaire indien, la nécessité de la preuve incombe souvent à l'accusé et il n'est pas rare que ce dernier fasse de la prison avant son jugement.

Drogues

- La loi indienne ne fait pas de distinction entre drogues "dures" et "douces" ; la possession illégale de stupéfiants est un crime passible d'emprisonnement.

- La peine peut aller d'un an pour possession d'une petite quantité à usage personnel, à dix ans au minimum si on juge qu'elle était destinée à la vente ou à la distribution. Une amende conséquente s'ajoute en général à toute condamnation.
- La détention préventive peut durer des mois, voire plusieurs années, le temps que l'affaire passe en jugement.
- Des étrangers se sont fait prendre dans des entourloupes destinées à leur soutirer des pots-de-vin dans des enclaves pour *backpackers* comme Goa.
- La police est particulièrement intraitable dans les cas impliquant des étrangers.
- Le chanvre pousse à l'état sauvage partout en Inde. Toutefois, en cueillir et en fumer n'en constitue pas moins un délit, sauf dans les villes où le *bhang* est légalement en vente pour les rituels religieux.
- Des produits pharmaceutiques interdits dans d'autres pays peuvent être en vente libre (ou disponibles sur ordonnance) en Inde. Attention, il peut être dangereux de les prendre sans avis médical.

Incivilité

- Il est interdit de cracher (et de jeter des détritus !) dans de nombreuses villes indiennes. Mais, là encore, la loi est appliquée de manière variable.

Police

- Veillez à avoir toujours votre passeport sur vous, car des policiers peuvent vérifier votre identité à tout moment.
- Si on vous arrête pour une prétendue infraction et que l'on vous réclame un pot-de-vin, sachez que cette pratique est illégale en Inde. De nombreux voyageurs négocient une amende payable sur-le-champ pour éviter de faire face à de fausses accusations.
- La corruption étant monnaie courante, mieux vaut avoir aussi peu de contacts que possible avec la police locale. Commencez par éviter les situations à risque.
- Les contrôles routiers se sont durcis à Goa ces dernières années (y compris pour les étrangers roulant à scooter).

GARE AU BHANG LASSI !

Bien qu'ils le mentionnent rarement sur leur carte, certains restaurants installés dans des zones touristiques concoctent clandestinement du *bhang lassi*, une boisson à base de yaourt et d'eau glacée additionnée de *bhang* (un dérivé de cannabis) et parfois d'autres stupéfiants. Cette préparation souvent puissante peut engendrer des délires prolongés, des hallucinations, des nausées ou un sentiment de paranoïa, le tout à des degrés divers. Certains voyageurs ont été malades pendant plusieurs jours, dépouillés ou victimes d'accidents après avoir ingéré ce breuvage. Il existe dans quelques villes des adresses (contrôlées) qui vendent légalement du *bhang*.

Tabac et cigarettes électroniques

- Les cigarettes électroniques et tout instrument de vapotage sont interdits en Inde (voir l'encadré p. 574).
- Il est interdit de fumer dans les lieux publics. Même si cette loi est rarement appliquée, les contrevenants s'exposent à une amende de 200 ₹ (elle pourrait passer à 1 000 ₹).
- Naturellement, chacun est libre de fumer chez soi, tout comme dans la plupart des lieux ouverts (par exemple dans les rues). Les interdictions sont indiquées par des panneaux.

Téléphone

Les touristes peuvent désormais se procurer des cartes SIM locales à très bas prix – elles simplifient grandement la vie !

Appels internationaux

- Pour appeler l'Inde depuis l'étranger, composez l'indicatif international en vigueur dans votre pays (☎00 en France, en Belgique et en Suisse, ☎011 au Canada), puis le ☎91 (l'indicatif de l'Inde), l'indicatif régional (sans le 0 initial) et le numéro de l'abonné. Pour les téléphones mobiles, l'indicatif régional et le 0 initial ne sont pas requis.
- D'Inde, pour téléphoner dans un autre pays, faites le ☎00 (le code d'accès international), puis l'indicatif du pays (☎33 pour la France, ☎32 pour la Belgique, ☎41 pour la Suisse et ☎1 pour le Canada) et le numéro de votre correspondant sans le 0 initial.

Téléphones mobiles

La connexion est excellente dans les villes et médiocre dans les zone rurales et montagneuses. On trouve un peu partout des cartes SIM prépayées locales ; la procédure est assez simple mais l'activation prend 24 heures.

- Les numéros des portables indiens comportent 10 chiffres. La plupart commencent par un 9 (parfois par un 7 ou par un 8).
- Les mobiles indiens utilisent le réseau GSM 900,

qui est la norme en vigueur dans une bonne partie de l'Europe (notamment en France, en Belgique et en Suisse). Ce réseau n'est pas compatible avec la plupart des téléphones nord-américains, même si certains appareils multiréseaux fonctionnent partout. Renseignez-vous auprès de votre opérateur.

➡ Les portables occidentaux sont parfois bloqués sur un réseau spécifique. Pour utiliser une carte SIM indienne, vous devrez faire débloquer le vôtre ou vous procurer un téléphone sur place (à partir de 500 ₹).

ACCÉDER AU RÉSEAU INDIEN

➡ Accéder au réseau mobile indien ne coûte pas cher, mais la procédure est plus longue que dans d'autres pays. On trouve facilement des cartes SIM locales dans les grandes villes et les centres touristiques – ou mieux encore, directement dans les aéroports à l'arrivée. Les démarches sont plus ou moins compliquées en fonction des régions.

➡ Les étrangers doivent fournir d'une à cinq photos d'identité, ainsi qu'une photocopie de leur passeport (pages d'identité et de visa). Les boutiques de téléphonie se chargeront souvent des formalités. À défaut, demandez à votre hôtel.

➡ Vous devrez fournir une adresse, qui peut être celle de votre hôtel. La compagnie de téléphonie appellera en principe votre hôtel (prévenez qu'un appel va arriver pour vous) à tout moment jusqu'à 24 heures après votre demande, pour vérifier que vous y séjournez effectivement.

➡ Mieux vaut prendre une carte SIM à un endroit où vous resterez au moins un jour ou deux, pour pouvoir la rapporter au vendeur en cas de problème. Choisissez impérativement une boutique de téléphonie aux marques reconnues, pour éviter les escroqueries.

➡ Une autre solution consiste à demander à un habitant d'enregistrer le téléphone en utilisant sa carte d'identité.

➡ Les cartes SIM vendues sont de taille standard. La plupart des établissements sont équipés de machines permettant de les couper au format requis, si nécessaire.

➡ Des forfaits prépayés sont disponibles un peu partout. Les SIM sont souvent gratuites, avec un forfait minimal pour les données et les appels. Jio (www.jio.com), le premier opérateur mobile à fonctionner entièrement en 4G, a révolutionné le marché. Lancé en 2016, il comptait plus de 150 millions de clients au bout de 18 mois. Il propose des packs de 28 jours à 149 ₹ (1,5 Go/jour) ou 509 ₹ (4 Go/jour). Airtel (www.airtel.in) offre quant à lui 1,5 Go/jour pendant 28 jours à 199 ₹. La plupart des opérateurs offrent des forfaits de 28 jours à des prix relativement similaires.

➡ On peut acheter des données supplémentaires ou un nouveau forfait dans de nombreuses boutiques (repérez les logos des compagnies téléphoniques). Une fois l'achat effectué, les crédits sont basculés directement sur votre compte.

TARIFS, COUVERTURE ET FOURNISSEURS D'ACCÈS

➡ Les appels en Inde sont généralement inclus dans le forfait que vous prenez avec votre carte SIM locale. Les appels internationaux démarrent aux alentours de 1 ₹/minute.

➡ Envoyer un message à l'étranger revient à 5 ₹. Les SMS entrants sont gratuits ; les appels entrants coûtent 1 ₹.

➡ Des voyageurs ont rencontré des difficultés avec leur mobile, notamment avec les SMS internationaux (messages et réponses retardés ou perdus).

➡ Les principaux opérateurs sont Jio (une filiale de Reliance), Airtel, Vodafone, Idea et BSNL. La couverture varie d'une région à l'autre ; Vodafone, Idea, Jio et Airtel ont les couvertures les plus larges, tandis que BSNL est le plus présent dans les îles Andaman.

➡ L'industrie de la téléphonie mobile se développe. Les tarifs, couverture et fournisseurs d'accès devraient évoluer.

Téléphones publics

Il y a peu de téléphones publics en Inde du Sud (en dehors des aéroports), mais les kiosques privés STD/ISD/PCO assurent le même service, avec des appels locaux, inter-États et internationaux bon marché ; ils sont cependant moins répandus qu'autrefois. Ces kiosques sont équipés d'un compteur numérique indiquant le prix de l'appel et délivrant généralement un reçu.

Toilettes

➡ On trouve plus facilement des toilettes publiques dans les grandes villes et les centres touristiques. Les plus propres sont celles des restaurants modernes, des hôtels, des centres commerciaux et des cinémas.

➡ En dehors des centres urbains, on trouve surtout des toilettes à la turque. La coutume veut que l'on utilise de l'eau et la main gauche. Il est vivement conseillé de prévoir du papier hygiénique et une solution hydroalcoolique.

➡ Lisez aussi l'encadré p. 579.

Transports

DEPUIS/VERS L'INDE DU SUD

L'Inde du Sud est facilement accessible depuis l'étranger via les aéroports internationaux de Bengaluru (Bangalore), Chennai (Madras), Mumbai (Bombay) et Kochi (Cochin). Depuis certains pays, quelques vols charters rejoignent Goa, où un nouvel aéroport international devrait ouvrir en 2020 à Mopa.

À l'échelle nationale, le Sud est bien desservi par le vaste réseau ferroviaire indien, ainsi que par les bus, nombreux et bon marché.

Pour une liste de tour-opérateurs proposant des séjours, des circuits et parfois des vols secs, consultez la rubrique *Voyages organisés*, p. 589.

Entrer en Inde du Sud

Vous devrez vous procurer un visa *avant* d'arriver en Inde. Les Français, les Belges, les Suisses et les Canadiens, ainsi que les ressortissants de nombreux autres pays, sont éligibles au visa électronique. Pour des renseignements détaillés sur les formalités et les visas, reportez-vous au *Carnet pratique*, p. XXX.

Voie aérienne

L'Inde du Sud possède quatre aéroports internationaux, à **Bengaluru** (Bangalore ; ☎1800 4254425 ; www.bengaluruairport.com), **Chennai** (Madras ; ☎044-22560551 ; Tirusulam), **Mumbai** (Bombay ; ☎022-66851010 ; www.csia.in ; Santa Cruz East) et **Kochi** (Cochin ; ☎0484-2610115 ; cial.aero ; Nedumbassery), mais d'autres villes reçoivent aussi des vols au départ de l'étranger, comme Thiruvananthapuram (Trivandrum), Hyderabad, Pune, Kannur et Kozhikode (Calicut). Des vols charters directs en provenance de pays européens atterrissent à l'**aéroport de Dabolim** (Goa International Airport ; ☎0832-2540806 ; NH566), à Goa ; la plupart des vols réguliers transitent par Mumbai. Un nouvel aéroport en site vierge à Mopa, dans le nord de Goa, devrait ouvrir en 2020.

Le transporteur national, **Air India** (☎1860-2331407, 011-24667473 ; www.airindia.com), affiche depuis plusieurs années un assez bon bilan en matière de sécurité ; si des études récentes l'ont classé parmi les compagnies les moins sûres au monde, Air India a fermement contesté ces conclusions et AirlineRatings (www.airlineratings.com) lui attribue six étoiles sur sept.

Depuis la France

Au départ de Paris-Charles-de-Gaulle, **Air France** (☎36 54 ; www.airfrance.fr) propose des vols directs, 6 jours sur 7, à destination de Mumbai (8 heures 50 au minimum ; aller-retour à partir de 650 € environ) et Bengaluru (9 heures 25 ; à partir de 700 € environ). Air France assure également de nombreux vols avec escale au départ de la province et à destination d'autres villes d'Inde du Sud.

En partenariat avec la **SNCF** (www.oui.sncf), **Air India** (☎01 76 54 57 41 ; www.airindia.fr/tgv.php) propose des billets TGV Air combiné train + avion,

AVERTISSEMENT

Les informations contenues dans ce chapitre sont particulièrement susceptibles de changements. Vérifiez directement auprès de la compagnie aérienne ou de l'agence de voyages les modalités d'utilisation de votre billet d'avion. N'hésitez pas à comparer les prestations. Les détails fournis ici doivent être considérés à titre indicatif et ne remplacent en rien une recherche personnelle attentive.

VOYAGES ET CHANGEMENTS CLIMATIQUES

Tous les moyens de transport fonctionnant à l'énergie fossile génèrent du CO_2 – la principale cause du changement climatique induit par l'homme. L'industrie du voyage est aujourd'hui dépendante des avions. Si ceux-ci ne consomment pas nécessairement plus de carburant par kilomètre et par personne que la plupart des voitures, ils parcourent en revanche des distances bien plus grandes et relâchent quantité de particules et de gaz à effet de serre dans les couches supérieures de l'atmosphère. De nombreux sites Internet utilisent des "compteurs de carbone" permettant aux voyageurs de compenser le niveau des gaz à effet de serre dont ils sont responsables par une contribution financière à des projets respectueux de l'environnement. Lonely Planet "compense" les émissions de tout son personnel et de ses auteurs.

qui comprennent un vol international précédé ou suivi d'un trajet en TGV (au départ ou à l'arrivée de 19 villes de province). Air India propose de très nombreux vols entre Paris et différentes villes d'Inde du Sud via Delhi. Les prix pour un Paris-Mumbai (une escale) démarrent à 600 € environ.

Voici les coordonnées françaises de quelques transporteurs et agences :

Etihad (☎01 57 32 43 43 ; www.etihad.com)

Turkish Airlines (☎0825 800 902 ; www.turkishairlines.com)

Voyageurs du Monde (☎01 42 86 16 00 ; www.voyageursdumonde.fr)

Depuis la Belgique

Brussels Airlines (☎0902 51 600 ; www.brusselsairlines.com) propose des vols directs Bruxelles-Mumbai (8 heures 35, à partir de 450 € environ).

Air India (www.airindia.fr) assure des vols directs quasi quotidiens entre Bruxelles et Mumbai (à partir de 700 € environ). Le programme TGV Air (voir la rubrique *Depuis la France*) fonctionne aussi au départ de Bruxelles.

Quelques adresses utiles :

Airstop (☎070 233 188 ; www.airstop.be)

Connections (☎070 23 33 13 ; www.connections.be)

Gigatours Voyages Éole (Éole à Bruxelles ☎02 672 35 03 ; www.voyageseole.be)

Depuis la Suisse

Swiss (☎0848 700 700 ; www.swiss.com) et **Air India** (www.airindia.fr) assurent des vols directs entre Zurich et Mumbai (8 heures 25, à partir de 600 ou 700 FS environ).

Vous pourrez également consulter les offres de :

Lufthansa (☎0900 900 922 ; www.lufthansa.com)

STA Travel (☎058 450 49 49 ; www.statravel.ch)

Turkish Airines (☎0848 444 849 ; p.turkishairlines.com)

Depuis le Canada

Air Canada (☎1 888 247 2262 ; www.aircanada.com) assure des vols directs entre Toronto et Mumbai (14 heures 40, à partir de 1 100 $C environ). Toutefois, la plupart des vols pour l'Inde du Sud au départ du Canada transitent par l'Europe.

Air India (☎1800 625 6424 ; www.airindia.in) ne propose pas de vols directs entre le Canada et l'Inde du Sud.

Consultez notamment :

Travel Cuts – Voyages Campus (☎1 800 667 2887 ; www.travelcuts.com)

Travelocity (www.travelocity.ca)

Voie terrestre

La plupart des visiteurs prennent l'avion, mais il est possible de rallier l'Inde du Sud par la voie terrestre après un long périple à travers le nord du sous-continent. La route classique des hippies entre l'Europe et Goa passe par la Turquie, l'Iran et le Pakistan, itinéraire devenu risqué en raison de la situation géopolitique ; on peut aussi transiter par le Bangladesh ou le Népal. Si vous arrivez en Inde par le bus ou le train, vous devrez descendre à la frontière pour les formalités de douane et d'immigration.

Vous devrez *impérativement* posséder un visa indien en cours de validité à l'arrivée : aucun visa ne sera délivré à la frontière ; les visas électroniques ne sont valables que pour les voyageurs qui arrivent en avion. Reportez-vous à la rubrique *Formalités et visas* p. 576.

Pour plus de détails sur l'arrivée en Inde depuis les pays frontaliers, consultez le guide *Inde du Nord* de Lonely Planet et/ou le forum des voyageurs de Lonely Planet (www.lonelyplanet.fr/forum).

Voiture et moto

En plus de leur permis national, les conducteurs de voiture et de moto devront présenter les papiers du véhicule, une assurance responsabilité civile et un permis de conduire international. Ils auront également besoin d'un carnet de passage en douane, un document qui permet de faire entrer temporairement un véhicule sur le territoire, sans payer de taxes ; sinon, il leur faudra déposer une caution dans une banque indienne, un processus long et compliqué.

Voie maritime

Des bateaux circulent entre le sous-continent et les îles environnantes, notamment les îles Andaman, mais aucun ne sort des eaux territoriales indiennes. Un projet de ferry entre l'Inde du Sud et Colombo (Sri Lanka) est depuis longtemps à l'étude. Renseignez-vous sur place sur son avancement.

VOYAGES ORGANISÉS

De nombreux voyagistes ont mis l'Inde du Sud à leur catalogue. Beaucoup proposent des circuits accompagnés clés en main et offrent également la possibilité de voyages à la carte. Qu'il s'agisse de formules en groupe ou en individuel, les tarifs restent assez élevés ; ils descendent rarement en dessous de 1 500 € pour un séjour de dix jours. En outre, ils varient grandement en fonction des prestations et des distances parcourues. Les circuits pour explorer les destinations phares de la région (*backwaters* et plantations de thé du Kerala, temples du Tamil Nadu, anciens comptoirs...) sont très prisés. Certains jouent la carte de la nature et des activités de plein air et programment des randonnées (plus ou moins nombreuses) dans leur itinéraire ; d'autres privilégient la détente, la spiritualité ou la médecine traditionnelle (yoga, ayurvéda, etc.). Il est aussi possible de sortir des sentiers battus en partant par exemple à la rencontre des peuples de l'Odisha. Dans tous les cas, face à une offre d'une telle richesse, un seul mot d'ordre : comparez et faites jouer la concurrence !

Voyages culturels et généralistes

Arts et Vie (www.artsetvie.com) ; Paris (☎01 40 43 20 21 ; 251 rue de Vaugirard, 75015 Paris ; autres agences à Lyon, Grenoble, Marseille et Nice)

Asia (☎01 56 88 66 75 ; www.asia.fr ; agences à Paris, Lyon, Nice, Toulouse et Marseille)

Clio (☎01 53 68 82 82 ; www.clio.fr ; 34 rue du Hameau, 75015 Paris)

Comptoir des Voyages (www.comptoir.fr ; Agences à Paris, Bordeaux, Lille, Lyon, Toulouse et Marseille)

La Maison des Indes (☎01 56 81 38 38 ; www.maisonsduvoyage.com/asie/inde ; 76 rue Bonaparte, 75006 Paris)

La Route de l'Asie (☎01 42 60 60 90 ; www.lesroutesdelasie.fr/destinations/inde/ ; 7 rue d'Argenteuil, 75001 Paris)

Le Monde de l'Inde et de l'Asie (☎01 53 10 31 00 ; www.mondeasie.com ; 15 rue des Écoles, 75005 Paris)

Orients – Sur les Routes de la Soie (☎01 45 61 90 90 ; www.orients.com ; 10 rue de Mézières, 75006 Paris)

Rencontres au bout du monde (☎04 90 49 97 40 ; www.boutdumonde.eu)

Voyageurs du Monde (www.voyageursdumonde.fr) ; Paris (☎01 42 86 16 00 ; 55 rue Sainte-Anne, 75002 Paris ; douze autres agences en France) ; Belgique (☎02 543 95 50 ; 23 chaussée de Charleroi, 1060 Bruxelles) ; Suisse (☎022 519 12 10 ; 19 rue de la Rôtisserie, 1204 Genève) ; Canada (☎1-514 789 0101 ; 555 boulevard René-Lévesque O., Montréal (QC) H2Z 1B1)

RÉSERVATION EN LIGNE

Trouvez un vol, un séjour ou un hôtel en quelques clics dans la rubrique "Réservation" de www.lonelyplanet.fr.

AGENCES EN LIGNE

Vous pouvez réserver votre vol via une agence en ligne ou vous renseigner auprès d'un comparateur de vols :

- www.bourse-des-vols.com
- www.ebookers.fr
- www.expedia.fr
- www.govoyages.com
- www.illicotravel.com
- www.kayak.fr
- www.opodo.fr
- www.oui.sncf
- www.partirou.com
- www.skyscanner.fr
- voyages.kelkoo.fr

Randonnées, croisières et voyages alternatifs

Akaoka/Compagnie du trek (☎01 83 62 19 68 ; www.compagnie-du-trek.com). Cette agence affiliée à The International Ecotourism Society organise de nombreux treks, parfois accessibles aux familles.

Allibert (☎04 76 45 84 84 ; www.allibert-trekking.com) ; France (☎01 44 59 35 35, 37 bd Beaumarchais, 75003 Paris, autres agences à Chamonix, Chapareillan, Lyon, Nice et Toulouse) ; Belgique (☎02 318 32 02) ; Suisse (☎022 519 03 23). Un spécialiste du voyage à pied propose de nombreux circuits en Inde.

Atalante (www.atalante.fr) ; Paris (☎01 55 42 81 00 ; 18 rue Séguier, 75006 Paris) ; Lyon (☎04 72 53 24 80 ; 36 quai Arloing, 69009 Lyon). Circuits plus ou moins sportifs, à choisir selon son niveau. Culture et rencontres ne sont pas oubliées.

Evaneos (☎01 82 83 36 36 ; www.evaneos.com). Circuits sur mesure concoctés par des agents locaux et soutenant le tourisme responsable.

Fleuves du Monde (☎01 44 32 12 85 ; www.fleuves-du-monde.com ; 28 bd de la Bastille, 75012 Paris). Plusieurs croisières dans les *backwaters*.

Huwans Club Aventure (www.huwans-clubaventure.fr) ; Paris (☎01 44 32 09 30 ; 18 rue Séguier, 75006 Paris) ; Lyon (☎04 96 15 10 52 ; 38 quai Arloing, 69009 Lyon) ; Marseille (☎04 96 15 10 20 ; 4 rue Henri-et-Antoine-Maurras, 13016 Marseille)

Karavaniers (☎514-281-0799 ; www.karavaniers.com ; 4035 rue St-Ambroise, local 220 N, Montréal, Québec, H4C 2E1). Agence de trekking.

La Balaguère (☎05 62 97 46 46 ; www.labalaguere.com ; 48 route du Val d'Azun, 65400 Arrens-Marsous). Spécialiste des voyages à pied.

Nomade Aventure (☎01 46 33 71 71 ; www.nomade-aventure.com) ; agences à Paris, Lyon, Toulouse et Marseille.

Rencontres au bout du monde (☎04 90 49 97 40 ; www.boutdumonde.eu). Voyages en petits groupes, conçus dans une optique de développement durable.

Tamadi France (☎09 53 52 61 48 ; tamadi.org ; Pôle associatif Désiré Colombe, 8 rue Arsène-Leloup, 44100 Nantes), autre agence à Gaillac ; Belgique (☎0478 97 03 58 ; 1 rue Elie Delire, 5150 Floreffe). Ce spécialiste des voyages solidaires agit en partenariat étroit avec des organisations paysannes impliquées dans des actions de développement rural. En Inde du Sud, il propose des voyages au Kerala.

Tamera (☎04 78 37 88 88 ; www.tamera.fr ; 26 rue du Bœuf, 69005 Lyon). Spécialiste des voyages d'aventures et culturels.

Terre d'Aventure (☎01 70 82 90 00 ; www.terdav.com ; 30 rue Saint-Augustin, 75002 Paris) ; plusieurs autres agences en France, en Belgique (☎02 543 95 60) et en Suisse (☎022 518 05 13). Des circuits accompagnés et des treks.

Zig Zag (☎01 42 85 13 93 ; www.zigzag-randonnees.com ; 54 rue de Dunkerque, 75009 Paris)

Agences locales

Ces agences indiennes, francophones pour la plupart, ont une connaissance intime du pays et peuvent organiser un voyage depuis l'Europe.

Acme Voyages (en France ☎09 75 22 36 24 ; www.acmetours.com). Une agence basée à New Delhi.

Darshan Travel (en France ☎09 53 19 80 40 ; www.darshan-travel.com). Agence francophone basée à Kottayam (Kerala).

Indian Panorama (☎0091 431 422 61 22 ; www.indianpanorama.in). Cette agence implantée au Tamil Nadu propose des circuits à la découverte des temples, de la vie sauvage, de la cuisine...

India Wildlife Tours (☎0091 11 415 86 840 ; www.tours-india.com). Des circuits classiques mais aussi axés sur la nature, avec safaris en jeep ou à cheval d'observation de la faune.

Shanti Travel (☎0091 114 607 78 00 ; www.shantitravel.com). Agence francophone, fondée par deux Français amoureux de l'Inde et installés à Puducherry.

COMMENT CIRCULER

Avion

L'Inde possède un secteur aérien bien établi et très concurrentiel. AirlineRatings (www.airlineratings.com) attribue six étoiles (sur sept) à la plupart des compagnies intérieures – à l'exception de SpiceJet (trois étoiles) et d'Air India Express (cinq étoiles).

Au moment de la rédaction de ce guide, les compagnies suivantes desservaient des destinations en Inde du Sud.

Air India (☎1860-2331407, 011-24667473 ; www.airindia.com)

GoAir (☎18602-100999 ; www.goair.in)

IndiGo (☎011-43513200 ; www.goindigo.in)

SpiceJet (☎0987-1803333 ; www.spicejet.com)

Vistara (☎9289-228888 ; www.airvistara.com)

La concurrence faisant rage, le prix des billets peut varier de manière spectaculaire. Les vacances, les fêtes et la saison ont également un impact sur les tarifs.

La sécurité dans les aéroports est draconienne. Au moment de pénétrer dans un aéroport, vous devrez présenter votre billet d'avion et votre passeport. Tous les bagages doivent être passés aux rayons X avant l'enregistrement. Les bagages à main doivent porter une étiquette, qui sera tamponnée dans le cadre des contrôles de sécurité (pensez à prendre des étiquettes au guichet à l'enregistrement).

Bateau

➡ Des bateaux desservent régulièrement Port Blair, dans les îles Andaman, au départ de Chennai (Madras), mais aussi de Kolkata

(Calcutta)et Visakhapatnam, dans le golfe du Bengale, en Inde du Nord. Les liaisons sont toutefois devenues moins fréquentes avec l'apparition des compagnies aériennes low cost.

➡ De mi-septembre à mi-mai, des bateaux relient Kochi au Lakshadweep (Laquedives), mais les billets sont vendus presque exclusivement dans le cadre d'un circuit organisé.

➡ Une nouvelle compagnie de luxe, Angriya Cruises (p. 82), propose depuis fin 2018 des croisières entre Mumbai et Goa.

Bus

➡ Les bus vont presque partout en Inde du Sud et sont souvent la seule option dans les régions montagneuses. Ils offrent généralement le mode de transport le plus économique. Les liaisons sont rapides et fréquentes.

➡ Certaines routes sinueuses sont périlleuses, et la conduite est souvent musclée.

➡ Évitez les bus de nuit, à moins de ne pouvoir faire autrement. Les conditions de circulation sont plus dangereuses et les chauffeurs risquent de s'assoupir.

➡ S'ils permettent de se dégourdir les jambes et de se restaurer, les arrêts rallongent les temps de parcours (tenez-en compte).

➡ Beaucoup de bus longue distance circulent de nuit – prévoyez des bouchons d'oreille pour couvrir la musique souvent assourdissante ou la bande-son du film diffusé.

➡ Les embouteillages peuvent perturber fortement les horaires – prévoyez large.

Classes

➡ Les compagnies publiques et privées proposent des bus de catégorie "ordinaire" et "deluxe". De nombreux offices de tourisme d'État gèrent leurs propres compagnies de bus deluxe.

➡ Les bus "ordinaires" sont en général de vieux véhicules bringuebalants. Les "deluxe" vont de la version ordinaire légèrement améliorée aux bus Volvo flambant neufs, avec climatisation et rangées de deux sièges inclinables.

➡ Les bus des compagnies d'État sont en général plus fiables (en cas de panne, un autre bus prendra le relais). Ils peuvent être réservés jusqu'à un mois à l'avance.

➡ Les bus privés sont souvent plus chers (et plus confortables) et peuvent aussi être réservés, mais ils sont parfois conduits par des casse-cou qui roulent pied au plancher et prennent le plus de passagers possible pour maximiser les bénéfices.

➡ Dans les villes touristiques, les agences de voyages proposent des autocars privés qui partent de/s'arrêtent à des points stratégiques.

➡ Sachez que certaines agences malhonnêtes réservent des places dans un bus "ordinaire" à un tarif "superdeluxe" – si possible, réservez directement auprès de la compagnie de bus.

➡ Les horaires et les destinations sont parfois affichés dans les agences de voyages et les offices de tourisme, mais rien ne le garantit.

➡ Afin d'être moins secoué, asseyez-vous si possible à l'avant et évitez les sièges au-dessus des essieux.

Tarifs

➡ Les moins chers sont les bus publics ordinaires. Les prix varient selon les États.

➡ Les bus deluxe reviennent environ 50% plus cher que les ordinaires. Les prix doublent pour les bus climatisés, et triplent ou quadruplent pour les bus superdeluxe équipés de rangées de deux sièges.

Réservations

➡ Il est généralement possible de réserver sa place à bord d'un bus deluxe (jusqu'à 30 jours à l'avance pour les bus d'État) dans les gares routières ou les agences de voyages locales. RedBus (www.redbus.in) est le meilleur site de réservation, avec une application mobile ; voyez aussi MakeMyTrip (www.makemytrip.com). Certains bus d'État peuvent être réservés en ligne sur le site de la compagnie concernée. Les cartes bancaires étrangères ne sont pas toujours acceptées.

➡ Souvent, il n'y a pas de réservations pour les bus ordinaires et la ruée vers les sièges peut être épique.

➡ Si vous voyagez à deux, élaborez une stratégie d'embarquement : pendant que l'un garde les bagages, l'autre se précipite dans le bus pour retenir les places. Une autre méthode consiste à glisser un livre ou un vêtement par une fenêtre et à le poser sur un siège vide. Ce mode de "réservation" échoue rarement.

➡ Si vous montez à un arrêt intermédiaire, il vous faudra sans doute attendre debout qu'une place se libère.

➡ Souvent, les bus ne partent que quand ils sont pleins – les passagers quitteront peut-être le vôtre pour monter dans un autre semblant plus proche du départ.

➡ De nombreuses gares routières disposent d'une file d'attente réservée aux femmes. Toutefois, elle est rarement bien indiquée, et des hommes s'y mêlent parfois. Les voyageuses ne devront pas hésiter à jouer des coudes pour arriver en tête de file, comme le font les Indiennes. Ne soyez pas timide !

Bagages

- Les bagages sont entreposés dans les soutes (moyennant parfois une somme modique) ou bien transportés sur le toit du bus.
- Arrivez au moins une heure avant le départ – parfois, les bagages placés sur le toit sont recouverts d'une grande bâche, ce qui rend très malaisé, voire impossible, tout ajout de dernière minute.
- Si vos bagages sont placés sur le toit, vérifiez qu'ils sont fermés avec un cadenas et solidement arrimés à la galerie – sous peine de les perdre sur les routes accidentées.
- Sans tomber dans la paranoïa (le risque de vol est peu élevé), gardez un œil sur vos bagages pendant les arrêts ; ne laissez *jamais* vos affaires sans surveillance à l'intérieur du bus.

Circuits organisés locaux

Les offices du tourisme, les compagnies de transport locales, les agences de voyages et des prestataires indépendants (généralement meilleurs et moins chers) organisent des circuits dans toute l'Inde du Sud. D'un bon rapport qualité/prix, ils permettent de visiter plusieurs lieux à la fois, à une cadence parfois effrénée. Pour bénéficier de plus de liberté quant aux lieux et au rythme de visite, optez pour un circuit sur mesure (voir aussi p. 590).

Les chauffeurs servent souvent de guides, mais vous pouvez aussi louer les services d'un guide privé. Dans les villes touristiques, ne vous laissez par berner par les rabatteurs se prétendant professionnels

Les circuits thématiques (à pied, à vélo, historiques, culinaires) connaissent un succès grandissant dans toute l'Inde du Sud.

En stop

Le stop n'est sûr dans aucun pays du monde et nous ne le recommandons pas. Nous le déconseillons même fortement aux femmes seules.

De plus, vu le coût très faible des transports publics, il n'a pas vraiment lieu d'être en Inde du Sud. Sachez enfin qu'il n'est pas rare que des chauffeurs de poids lourds conduisent sous l'emprise de l'alcool.

Moto

Les motos-taxis ne sont officiellement autorisées qu'à Goa. Elles prennent un passager à l'arrière et offrent un moyen de transport rapide et peu cher pour les courts trajets (environ la moitié du prix d'un taxi). Elles sont cependant moins nombreuses qu'autrefois.

Malgré les affres de la circulation, l'Inde du Sud est une destination formidable pour les longs périples à moto. Les nids-de-poule sont généralement plus faciles à négocier qu'en 4x4 et on peut s'arrêter à sa guise. Si vous ne souhaitez pas voyager seul, sachez qu'il existe d'excellents circuits organisés. Renseignez-vous bien sur les conditions météorologiques – voyager à moto pendant la mousson n'est probablement pas la meilleure idée qui soit.

Pour pénétrer sur le territoire indien par voie terrestre depuis les pays voisins, renseignez-vous sur les dernières réglementations en vigueur, les papiers nécessaires et les démarches à effectuer auprès des représentations indiennes (voir la rubrique *Ambassades et consulats* du *Carnet pratique*, p. 572).

Vous trouverez des conseils utiles sur le site de l'**Automobile Club Association** (www.automobile-club.org).

N'oubliez pas qu'en Inde, on roule à gauche !

Pour des circuits organisés à moto, voir page suivante.

Achat

- Pour les séjours prolongés, l'achat d'une moto est envisageable – même si la location est à privilégier. Officiellement, les étrangers ne résidant pas en Inde ne sont pas autorisés à en acheter une. Toutefois, les failles juridiques existent et on trouve aisément des véhicules d'occasion (les papiers s'obtiennent beaucoup plus facilement que pour une moto neuve). Renseignez-vous autour de vous, auprès de mécaniciens ou d'autres motards, et consultez les panneaux d'annonces utilisés par les voyageurs.
- Une Enfield 350 cm^3 d'occasion bien entretenue coûte entre 60 000 et 120 000 ₹, et une 500 cm^3 entre 90 000 et 120 000 ₹. Comptez l'assurance en sus.
- Avant de prendre la route, il est conseillé de faire réviser toute moto d'occasion.
- À la revente, attendez-vous à en tirer entre la moitié et les deux tiers du prix que vous aurez payé, à condition qu'elle soit dans un état correct.
- Attendez-vous à débourser entre 500 et 5 000 ₹ pour un casque. Les accessoires (sacoches, porte-bagages, barre de protection, rétroviseur, bouchon de réservoir, filtre à essence et outils) sont faciles à trouver. Pratique, un réservoir sur mesure vous permettra d'allonger les distances entre deux haltes à la pompe. Une Enfield 500 cm^3 consomme 4 litres/100 km – et la 350 cm^3, légèrement plus.

Assurance

➡ Vérifiez que les motos de location sont bien couvertes par une assurance au tiers, essentielle en cas d'accident corporel. Les bonnes agences la proposent ; celles qui ne le font pas manquent de sérieux.

➡ L'assurance est aussi obligatoire en cas d'achat. Voyez avec le concessionnaire.

➡ L'assurance au tiers constitue la couverture minimale. Moyennant environ 700 ₹ par an, elle couvre les frais médicaux dont vous pourriez vous rendre responsable, ainsi que les réparations sur les autres véhicules ou toute autre propriété que vous pourriez détériorer en cas d'accident. En revanche, les frais sur votre propre véhicule ne sont pas pris en charge. Il est recommandé d'opter plutôt pour une assurance tous risques – de 1 400 à 1 500 ₹ par an.

Circuits organisés à moto

De nombreuses agences proposent des circuits à moto en Inde du Sud, avec guide et voiture d'assistance. Les agences suivantes jouissent d'une bonne réputation.

Classic Bike Adventure (www.classic-bike-india.com ; Assagao)

Enfield Riders (www.enfieldriders.com)

Indiabikes (www.indiabikes.com)

Kerala Bike Tours (☎9446492382, 9388476817 ; www.keralabiketours.com ; 42/2252B St Benedict Rd North, Kacheripady, Ernakulam)

Live India (☎0845-2241917 ; www.liveindia.co.uk)

Vintage Rides (www.vintagerides.travel)

État des routes

Vu les risques encourus sur les routes indiennes, la moto est réservée aux conducteurs chevronnés. Le danger peut prendre des formes diverses : animaux traversant la route, véhicules en panne, circulation intense, nids-de-poule ou ralentisseurs non signalés, mais aussi piétons surgissant de nulle part. À la campagne, les récoltes sont parfois abandonnées sur la chaussée pour être battues par le passage des véhicules, un système dangereux pour les motards.

Évitez les trop longs trajets en une journée et la conduite de nuit – de nombreux véhicules circulent sans lumière et les phares des motos alimentés par une dynamo ne sont pas assez puissants pour naviguer au milieu des nids-de-poule.

Sur les nationales, toujours chargées, comptez une moyenne de 40 à 50 km/h ; sur les petites routes et les chemins de terre, cela peut descendre à 10 km/h.

Essence et pièces détachées

➡ Dans les plaines, on trouve sans problème de l'essence et de l'huile moteur ; les stations-service sont plus rares en montagne. Pour voyager dans des régions reculées, prévoyez une réserve de carburant suffisante. Lors de nos recherches, l'essence coûtait en moyenne 69-75 ₹/litre.

➡ Si vous partez dans des régions reculées, prévoyez aussi des pièces détachées (valves, tuyaux de carburant, segments de pistons, etc.). On en trouve facilement dans les villes pour les motos indiennes et japonaises.

➡ Contrôlez fréquemment le niveau d'huile du moteur et de la boîte de vitesses (au moins tous les 500 km) ; nettoyez le filtre à huile régulièrement (tous les quelques milliers de kilomètres).

➡ Vous aurez sans doute recours plusieurs fois aux services d'un *puncture-wallah* (réparateur de crevaison). Mais commencez tout de même le voyage avec des pneus neufs et procurez-vous les outils nécessaires pour démonter les roues.

➡ Apportez vos propres équipements de protection (veste, gants, etc.).

Location

➡ Le modèle classique pour voyager en Inde est l'Enfield Bullet, construite suivant les mêmes caractéristiques techniques depuis les années 1940. Ces motos au ronflement agréable se réparent facilement (vous trouverez des pièces détachées presque partout). Néanmoins, elles se révèlent souvent moins fiables que les marques japonaises plus récentes. De plus, une pénurie d'Enfield sur le marché tend à faire grimper les prix.

➡ De nombreuses enseignes louent des motos pour des trajets dans un secteur donné ou au-delà. Les japonaises et les indiennes de 100 à 220 cm^3 sont moins chères que les grosses Enfield de 350 à 500 cm^3.

➡ Comptez environ 10 000 ₹/semaine pour une Enfield de 350 cm^3 ; le loueur vous donnera de bons conseils et vous dispensera un cours accéléré sur la mécanique et les réparations éventuelles.

➡ À Goa, dans les îles Andaman et d'autres zones très touristiques, comme certaines parties du Keraka, on trouve facilement des scooters à louer pour 250 à 400 ₹/jour.

➡ Les loueurs de motos de tourisme comprennent

Kerala Bike Tours (☎9446492382, 9388476817 ; www.keralabiketours.com ; 42/2252B St Benedict Road

North, Kacheripady, Ernakulam), Rent a Bike (www.rentabike.in) et Ziphop (www.ziphop.in).

- Vous devrez laisser une somme importante en liquide comme dépôt de garantie (faites-vous remettre un reçu stipulant le montant remboursable). On vous proposera aussi de laisser votre passeport ou votre billet d'avion. Nous déconseillons fortement de laisser ces documents, surtout votre passeport, que vous aurez besoin de présenter dans les hôtels ou à la police en cas de contrôle.
- Avant de partir, prenez en photo les rayures et dégâts éventuels pour éviter qu'on vous en impute la responsabilité et qu'on vous demande de payer les réparations.

Permis de conduire

Pour circuler à moto en Inde, vous devrez posséder un permis de conduire international en cours de validité, en plus de votre permis de conduire national. Dans les zones touristiques, il peut arriver que des prestataires louent des motos sans permis. Sachez toutefois qu'aucune assurance ne vous couvrira en cas d'accident et que vous serez en outre passible d'une amende.

Train

Reportez-vous également au chapitre p. 29.

Un périple en Inde ne serait pas complet sans un voyage en train. Souvent plus confortables que les bus, les trains sont plus adaptés aux longs voyages dont une partie se fait de nuit. Le réseau ferré indien est l'un des plus étendus et des plus fréquentés du monde et Indian Railways, le plus gros employeur du genre sur la planète, avec environ 1,5 million de salariés. Le pays compte environ 7 170 gares fréquentées quotidiennement par 23 millions de passagers.

Le meilleur moyen d'avoir accès à des informations actualisées est de se renseigner en ligne, sur des sites comme Indian Railways (www.indianrailways.gov.in/railwayboard), Erail (erail.in) et le très pratique Seat 61 (www.seat61.com/India).

Réservation en pratique

Réservez très à l'avance, surtout pour les trajets de nuit ou en période de vacances scolaires ou de fêtes. Il est déconseillé d'attendre le jour même.

- Les réservations sont ouvertes jusqu'à 120 jours avant le départ. Il est obligatoire de réserver pour les classes chair car, sleeper, 1AC, 2AC et 3AC (voir p. 28). Inutile de réserver pour les compartiments classiques de 2e classe. Les trains sont souvent bondés. Réservez le plus tôt possible, surtout pour les trajets de nuit. Des services supplémentaires sont mis en place pour certaines destinations en période de fêtes, mais mieux vaut s'y prendre suffisamment à l'avance.
- Si vous souhaitez réserver à distance, via Internet, reportez-vous p. 29. Sachez que de nombreux voyageurs ont signalé des difficultés liées à l'utilisation de cartes bancaires étrangères. Un numéro IRCTC peut être nécessaire pour passer par d'autres sites de réservation. Un téléphone muni d'une carte SIM indienne peut vous simplifier la vie. Il est malgré tout possible de consulter votre compte IRCTC en entrant un numéro de téléphone étranger. Vous recevrez alors un e-mail de l'IRCTC qui vous permettra de saisir un code de vérification sur votre téléphone (moyennant une somme modique) après avoir soumis le formulaire d'enregistrement. Pour toute question, adressez-vous à care@irctc.co.in.
- Les billets indiquent les numéros de la place/couchette et de la voiture. Ce dernier est inscrit sur le côté du train (demandez au personnel de la gare ou du train en cas de doute). Une liste des noms et des couchettes est parfois affichée sur les voitures avec réservation, mais ce n'est pas toujours le cas. Dans beaucoup de gares, des panneaux indiquent l'endroit où s'arrête chaque voiture (adressez-vous au personnel si vous avez besoin d'aide).
- Tous les billets sont remboursables, même après le départ, moyennant une

TARIFS DES TRAINS EXPRESS

DISTANCE	1AC*	2AC*	3AC*	CHAIR CAR (CC)**	SLEEPER**	2ND (II)**
100 km	1 203 ₹	706 v	498 ₹	205 ₹	77 ₹	47 ₹
200 km	1 203 ₹	706 ₹	498 ₹	282 ₹	136 ₹	73 ₹
300 km	1 356 ₹	798 ₹	561 ₹	378 ₹	181 ₹	103 ₹
400 km	1 678 ₹	978 ₹	687 ₹	467 ₹	222 ₹	128 ₹
500 km	2 054 ₹	1 209 ₹	846 ₹	577 ₹	276 ₹	151 ₹
1 000 km	3 362 ₹	1 949 ₹	1 352 ₹	931 ₹	446 ₹	258 ₹
1 500 km	4 320 ₹	2498	1708	1189	573	334
2 000 km	5 272 ₹	3025	2057	1443	698	412

* Trains Rajdhani/Duronto ; ** Trains Mail/Express

pénalité – les règles sont complexes, renseignez-vous au moment de réserver.

➡ Les trains peuvent être retardés à toute étape du trajet ; prévoyez une bonne marge de manœuvre dans vos projets.

Si le train qui vous intéresse affiche complet, renseignez-vous sur les options suivantes :

➡ **Réservation sous réserve d'annulation** Même quand un train est complet, Indian Railways vend quelques places dans chaque classe sous l'appellation *Reservation Against Cancellation* (RAC ; réservation sous réserve d'annulation). Si vous détenez un billet RAC et qu'un passager annule son voyage avant le départ, on vous attribuera son siège (ou sa couchette). Vérifiez la liste des réservations à la gare le jour du départ pour voir si on vous a attribué un siège ou une couchette. Même si personne n'annule, le détenteur d'un billet RAC peut monter dans le train et voyager debout.

➡ **Billets Taktal** Indian Railways garde un très petit nombre de places sur les principaux trains et les met en vente à 10h (pour les classes AC) et 11h (pour les voitures non climatisées) la veille du départ. Des frais compris entre 90 et 500 ₹ s'ajoutent au prix du billet. Ce système ne s'applique pas aux billets des 1AC et Executive Chair.

➡ **Quota pour les touristes** En plus du quota général (GN), un (petit) nombre de places est attribué aux étrangers sur les lignes très fréquentées. On peut les réserver jusqu'à 365 jours à l'avance via le site ou l'application IRCTC, avec une carte bancaire étrangère (en théorie tout du moins ; lors de nos recherches, les cartes étrangères n'étaient pas acceptées, mais cela pourrait changer). Avec beaucoup de chance, vous pourrez effectuer votre réservation directement auprès des comptoirs dédiés dans les grandes villes. Vous devrez montrer votre passeport et votre visa et payer en roupies (en présentant le reçu du distributeur de billets), en livres ou en dollars. Les réservations en ligne, soumises à un supplément de 200 ₹ et à des frais de réservation de 100 ₹ par billet, ne sont possibles que pour les classes 1AC, 2AC et Executive Chair.

➡ **Liste d'attente (WL)** Si les trains sont souvent bondés, de nombreux passagers annulent ou ne se présentent pas. En achetant un billet sur liste d'attente (*waiting list* ; WL), vous avez de bonnes chances d'obtenir une place, même si vous êtes loin sur la liste. Vérifiez l'état de votre réservation sur www.indianrail.gov.in/pnr_Enq.html en entrant le numéro de votre billet (PNR). Si vous ne pouvez pas monter, le billet vous sera remboursé – renseignez-vous à la billetterie sur les modalités et vos chances d'obtenir le sésame.

Pour réserver en Inde

Vous pourrez réserver votre billet par l'intermédiaire d'une agence de voyages ou d'un hôtel (moyennant une commission), ou tout simplement à la gare. Dans les grandes gares, vous trouverez toujours un employé parlant anglais pour vous aider à effectuer vos réservations. Notez toutefois que de nombreux trains affichent très vite complet du fait des réservations en ligne. Le numéro national des renseignements ferroviaires est le 139 (avec assistance par SMS).

Pour savoir quels trains circulent entre deux destinations, avec les prix et les horaires, consultez les sites IRCTC (www.irctc.co.in), Cleartrip (www.cleartrip.com), Erail (erail.in), 12Go (www.12go.asia) ou Make My Trip (www.makemytrip.com).

À LA GARE

À Chennai, Mumbai, Bengaluru et Hyderabad, des comptoirs destinés aux touristes étrangers (*International Tourist Bureau*) permettent de réserver son billet dans un calme relatif – plus de détails sur www.indianrail.gov.in/international_Tourist.html.

➡ Pour effectuer une réservation en gare, il suffit de remplir un formulaire retiré au guichet des renseignements en précisant les gares de départ et d'arrivée, la classe dans laquelle vous souhaitez voyager, le nom du train et son numéro. Vous n'aurez plus ensuite qu'à prendre place dans la longue file d'attente, pour faire imprimer votre billet. Une queue spécifique est en principe réservée aux femmes. Si ce n'est pas le cas, les femmes peuvent passer en tête de la file d'attente classique.

➡ Ces dernières années, Indian Railways a installé sur l'ensemble de son réseau quelque 10 000 bornes automatiques, permettant l'achat de billets par carte bancaire. Elles sont cependant peu utiles pour les étrangers car elles nécessitent une carte bancaire indienne.

Sécurité

➡ Un cadenas et une chaîne vous permettront de fixer votre valise aux porte-bagages pour les longs trajets et de vous prémunir contre les vols.

➡ Voir également le chapitre *Escroqueries*, p. 568.

➡ RailYatri (www.railyatri.in) est pratique pour suivre le trafic en temps réel.

APPLICATIONS DE VTC

- Des applications comme Uber (www.uber.com), Ola Cabs (www.olacabs.com) et Goa Miles (goa-tourism.com), de Goa Tourism, ont bouleversé le secteur des déplacements urbains. Uber est actuellement implanté dans 31 villes indiennes. Ola opère dans 110 villes, souvent là où Uber n'est pas présent, et propose aussi un transport en auto-rickshaw.
- Ola Outstation, lancé en 2016, permet de ne payer que le tarif aller sur les longues distances – et pas le trajet retour du chauffeur. Lors de nos recherches, ce service était disponible dans plus de 80 villes, dont Mumbai, Bengaluru, Chennai, Hyderabad, Kochi et Pune. On peut réserver entre une heure et sept jours à l'avance et le tarif démarre à 8 ₹/km.

Tarifs

- Les prix sont calculés en fonction de la distance et de la classe ; les trains express Rajdhani et Shatabdi coûtent un peu plus cher, mais les repas y sont fournis. Un service de restauration est souvent prévu dans les compartiments climatisés (où les repas sont servis à votre place). Pour les autres, prévoyez des en-cas.
- Les réductions pour les seniors (40% pour les hommes de plus de 60 ans et 50% pour les femmes de plus de 58 ans), pour toutes les classes et tous les trains, ne sont plus accordées aux étrangers depuis 2016 ; seuls les Indiens y ont désormais droit. Les enfants de moins de 5 ans voyagent gratuitement ; ceux de 5 à 12 ans paient moitié prix à condition de ne pas occuper de couchette – sinon, le plein tarif s'applique.
- En 2016, Indian Rail a introduit un système de tarification en fonction de la demande (*surge pricing*) sur les trains express Rajdhani, Shatabdi et Duronto, qui a depuis été abandonné sur certaines liaisons. Le prix augmente de 10% chaque fois qu'un dixième des couchettes est vendu.

Transports urbains

Les villes d'Inde du Sud sont desservies (selon les cas) par des bus, des rickshaws, des auto-rickshaws, des taxis, des bateaux, des trains et/ou des métros.

- Pour tout type de transport sans tarif fixe, la règle est de s'entendre sur le prix *avant* de monter. Assurez-vous que le prix s'applique à l'ensemble des passagers et aux bagages.
- Même quand le chauffeur a un compteur, il refuse parfois de l'utiliser et réclame un tarif "fixe" plus élevé. Marchandez dur.
- Les tarifs augmentent la nuit (ils peuvent doubler). Certains chauffeurs demandent quelques roupies de plus pour les bagages.
- Prévoyez suffisamment de petites coupures car les conducteurs ont rarement la monnaie.
- Certains conducteurs de taxi/auto-rickshaw, qui opèrent comme rabatteurs pour toucher des commissions (p. 569), pourront vous inciter à vous rendre dans l'hôtel de leur choix. Ne vous laissez pas faire et changez de conducteur le cas échéant.
- Les applications de VTC, comme Uber et Ola Cabs, ont transformé le marché, avec un accès facile par Smartphone et des prix calculés électroniquement.

Auto-rickshaw, tempo et vikram

- Typiquement indien, l'auto-rickshaw (semblable au *tuk-tuk* d'Asie du Sud-Est) est un triporteur couvert d'une capote en toile ou en métal. Il comporte deux places à l'arrière (mais accueille parfois beaucoup plus de monde !) et un espace limité pour les bagages. On l'appelle parfois auto, scooter ou *rik*.
- Il a l'avantage de coûter moins cher qu'un taxi. La plupart des auto-rickshaws sont équipés de compteurs, mais décider certains chauffeurs à le mettre en marche peut relever du défi.
- Vous pouvez commander une voiture via l'application Ola Cabs, qui ne facture qu'environ 10 ₹ de plus que le prix au compteur sur le même trajet.
- Semblables à de grands auto-rickshaws, les *tempo* et les *vikram* font office de minibus sur des itinéraires déterminés (à prix fixe).

Bateau

Les cours d'eau d'Inde du Sud sont sillonnés par toutes sortes de bateaux, des ferrys aux canoës, en passant par les frêles coracles. Les vélos et les motos peuvent généralement être transportés sur les gros bateaux moyennant un supplément. Le Kerala est particulièrement réputé pour ses merveilleuses croisières au fil des *backwaters*. Le bateau est le principal moyen de transport pour circuler entre les îles Andaman.

Bus

Les bus urbains comprennent aussi bien des véhicules bondés roulant à tombeau ouvert en crachant une fumée noire que d'autres plus récents, climatisés et adoptant une conduite plus souple. Il est souvent beaucoup plus pratique, rapide et confortable de prendre un auto-rickshaw ou un taxi, bien que certains aéroports soient aujourd'hui desservis par de bonnes navettes.

Rickshaw

Les rickshaws (*cycle-rickshaws*), ou cyclo-pousse, sont des vélos à deux ou trois roues équipés d'un siège pour les passagers.

- Ils tendent à disparaître (partiellement ou totalement) dans de nombreuses grandes villes, mais demeurent un moyen de transport important dans de nombreuses petites villes.
- Les courses doivent être négociées à l'avance. Discutez avec les habitants pour avoir une idée du prix normal par rapport à la distance parcourue.
- Vu la difficulté de ce travail, un pourboire sera toujours bienvenu.

Taxi

- Dans la plupart des villes, vous trouverez des taxis, souvent équipés d'un compteur – obtenir sa mise en marche est une autre affaire. Le chauffeur vous demandera un tarif "fixe" souvent très élevé en prétextant que son compteur est cassé. Menacer de prendre un autre taxi règle souvent miraculeusement le problème.
- Pour éviter les mauvaises surprises, préférez, dans la mesure du possible, les taxis prépayés ou ayez recours à des applications de VTC (voir l'encadré ci-contre).
- La plupart des aéroports et de nombreuses gares importantes possèdent un guichet de taxis prépayés, situé habituellement juste devant le bâtiment. Vous pourrez y commander un taxi à prix fixe (bagages compris) et ainsi éviter les escroqueries. Conservez bien votre coupon de paiement jusqu'à votre arrivée à destination. Les petits aéroports et gares ferroviaires disposent parfois de guichets d'auto-rickshaws prépayés.

Train

Mumbai et Chennai, entre autres villes, possèdent un réseau de trains de banlieue qui partent des gares ferroviaires.

Vélo

L'Inde du Sud offre une foule de possibilités pour les cyclistes, du joli itinéraire côtier à la route sinueuse bordée d'odorantes plantations d'épices et de cocoteraies.

Il n'existe aucune restriction sur l'importation d'un vélo dans le pays, mais sachez que les vélos envoyés par bateau peuvent rester bloqués à la douane quelques semaines. Mieux vaut donc les faire voyager par avion. Cela dit, il est sans doute plus économique (et plus facile) d'en louer ou d'en acheter un sur place.

Pratique

- Un VTT est particulièrement approprié aux routes indiennes qui comportent de nombreux nids-de-poule.
- Les réparateurs ne manquent pas en bordure de route. Toutefois, mieux vaut prévoir des pneus, des câbles de frein de rechange, de l'huile lubrifiante, un kit de réparation pour la chaîne et de nombreuses rustines.
- La plupart du temps, les vélos sont transportés gratuitement ou pour quelques roupies sur le toit des bus publics.
- Renseignez-vous auprès de votre compagnie aérienne pour connaître les modalités de transport de votre vélo et les formalités douanières.

Sur la route

- En Inde, on conduit à gauche. Pour le reste, il n'existe pratiquement aucune règle. La circulation en ville et sur les grandes routes peut être périlleuse. Préférez le calme des routes secondaires.
- Soyez réaliste quant aux distances. Un cycliste expérimenté parcourt en moyenne 60 à 100 km par jour en plaine, 40 à 60 km en montagne sur route goudronnée et moins de 40 km sur des chemins de terre.

Location

- On trouve facilement des vélos à louer dans les centres touristiques et les lieux fréquentés par les voyageurs – renseignez-vous sur place.
- Les prix varient : comptez environ 100-200 ₹ par jour pour un vélo indien fiable. Les VTT, quand on en trouve, coûtent de 200 à 700 ₹ par jour (consultez le site www.rentomo.com).
- Certains loueurs demandent une caution en espèces (ne laissez pas votre billet d'avion ou votre passeport).
- Des systèmes de vélos en libre-service ont fait leur apparition en Inde en 2019 mais ils sont difficiles d'accès pour les étrangers en raison de difficultés pratiques liées au paiement (cela pourrait changer).
- Les circuits guidés à vélo se développent ; comptez par exemple environ 4 900 ₹ pour une excursion d'une demi-journée de Kochi à Alappuzha (Alleppey), au Kerala.

Achats

- Les marques de VTT fiables, comme Hero Cycles (herocycles.com) et Atlas www.atlascycles.co.in), proposent des modèles à partir de 3 500 ₹.

- Revendre un vélo est généralement assez aisé – adressez-vous à un loueur ou à une boutique spécialisée ou mettez une annonce sur les tableaux d'affichage.

Voiture

Il est possible de louer une voiture mais vu la circulation chaotique, beaucoup de voyageurs optent pour une location avec chauffeur (une solution abordable, surtout à plusieurs). Les ceintures de sécurité sont inexistantes ou tellement enfoncées sous le siège arrière qu'il est très difficile de les en extraire. Si vous voulez quand même prendre le volant, Hertz (www.hertz.com) est l'une des rares compagnies internationales présentes en Inde du Sud.

Location avec chauffeur

- Dans la plupart des villes, il existe des stations de taxis ou des agences de location, où vous pourrez réserver un circuit ou une excursion ; sinon, demandez à votre hôtel.
- Certaines voitures ne sont pas autorisées à quitter leur État. Celles qui le peuvent paient une taxe (souvent élevée) qui s'ajoute au prix de la location.
- Demandez un chauffeur parlant anglais et connaissant la région que vous souhaitez visiter. Essayez de le rencontrer et de voir la voiture avant de payer quoi que ce soit.
- Les voitures Hindustan Ambassador ont fière allure mais peuvent se révéler lentes et inconfortables sur les longues distances. Ces véhicules indiens classiques sont en voie de disparition, la production ayant pris fin en 2014.
- Si vous partez pour plusieurs jours, obtenez par écrit la confirmation que le tarif inclut bien les frais de gîte et de couvert du chauffeur – qui se chargera de trouver un endroit où dormir et se restaurer.
- Il est *impératif* d'établir les règles dès le départ ; faites preuve de fermeté, tout en restant courtois, afin d'éviter des désagréments ultérieurs.

Tarifs

- Les prix varient selon la distance et le terrain (la conduite en montagne consomme plus de carburant, ce qui se répercute sur le tarif).
- Un aller peut coûter aussi cher qu'un aller-retour, pour couvrir les frais du retour.
- Les tarifs varient aussi selon les États. Certains syndicats de taxis fixent un forfait horaire ou kilométrique journalier ; son dépassement entraîne un supplément.
- Afin d'éviter tout malentendu, faites mentionner par écrit le détail des prestations (carburant, arrêts touristiques, destinations desservies, repas et hébergement du chauffeur). Si, en route, un chauffeur vous demande de payer l'essence parce qu'il est à court de liquidités, exigez un reçu afin de vous faire rembourser ultérieurement. Évitez de payer d'avance l'intégralité du tarif.
- Pour un circuit touristique d'une journée en ville, comptez au moins 1 500 ₹ pour une voiture sans/avec climatisation, avec un maximum de 8 heures et de 80 km (supplément en cas de dépassement). Les véhicules sans climatisation sont légèrement moins chers. Pour les excursions de plusieurs journées, comptez de 2 400 à 4 000 ₹ pour une voiture climatisée, avec un maximum de 250 km par jour ; le stationnement et les péages sont généralement inclus, mais pas toujours. Certains prestataires imposent une limite de 100 km par jour et facturent de 12 à 20 ₹ le kilomètre supplémentaire.
- Le pourboire est d'usage à la fin du voyage ; prévoyez 200 ₹ par jour ou 100 ₹ pour un court trajet (davantage si vous êtes vraiment satisfait du service).

Santé

Les conditions environnementales varient fortement en Inde et peuvent se répercuter sur la santé des voyageurs (coup de chaleur, pollution...). Les conditions d'hygiène sont généralement mauvaises, et les affections liées à la nourriture et à l'eau sont courantes, de même que les maladies propagées par les insectes. Les soins médicaux dispensés sont parfois rudimentaires. Aussi est-il impératif de bien préparer son départ.

Les voyageurs redoutent souvent les maladies infectieuses. Or, celles-ci provoquent peu de troubles graves. Les problèmes médicaux préexistants et les accidents de la route sont en revanche à l'origine de la plupart des cas sérieux. Et, même si certaines personnes seront indisposées ou tomberont malades à un moment ou un autre de leur voyage, la plupart des troubles peuvent être prévenus avec du bon sens et une trousse à pharmacie bien pourvue.

Les conseils de base qui suivent ne remplacent en aucun cas l'avis d'un médecin.

AVANT LE DÉPART

Médicaments

En Inde, certains médicaments s'achètent sans ordonnance ; d'autres produits et traitements sont difficiles à trouver (antidépresseurs, antihypertenseurs et pilules contraceptives notamment). Mieux vaut emporter ce dont vous pourriez avoir besoin.

➡ Conservez vos médicaments dans leurs emballages d'origine.

➡ Si vous suivez un traitement de façon régulière, n'oubliez pas votre ordonnance (avec le nom du principe actif).

➡ Si vous emportez des seringues, demandez à votre médecin de vous fournir une lettre pour en attester l'utilisation à des fins médicales.

➡ Si vous portez des lunettes, apportez une paire de rechange et votre ordonnance.

➡ Si vous souffrez de problèmes cardiaques, prenez une copie de votre dernier électrocardiogramme (ECG).

Assurance

Il est vivement conseillé de souscrire une police d'assurance avant de partir pour l'Inde (voir également la rubrique *Assurance* p. 574).

➡ Vous aurez peut-être besoin d'une couverture supplémentaire pour les sports considérés comme à risque, comme l'escalade, le trekking ou la plongée.

➡ En Inde, les médecins demandent généralement un paiement immédiat en espèces. Vous pouvez contracter une assurance qui réglera directement les hôpitaux et le praticien, ce qui vous évitera de devoir avancer des sommes qui ne vous seront remboursées qu'à votre retour. À défaut, conservez précieusement les reçus et les factures, afin de pouvoir prouver le montant des dépenses engagées.

Vaccins

Aucune vaccination n'est obligatoire pour entrer en Inde, excepté pour les voyageurs en provenance d'une zone infectée par la fièvre jaune, qui devront fournir une preuve de vaccination anti-amarile.

Plus vous vous éloignez des circuits classiques, plus il faut prendre vos précautions. Faites inscrire vos vaccinations dans un carnet international de vaccination que vous pourrez vous procurer auprès de votre médecin ou d'un centre.

Planifiez vos vaccinations à l'avance (au moins six semaines avant le départ), car certaines demandent des rappels ou sont incompatibles entre elles. Les vaccins ont des durées d'efficacité très variables ;

certains sont contre-indiqués pour les femmes enceintes.

Voici une liste de centres de vaccination, y compris contre la fièvre jaune :

Centre médical de l'Institut Pasteur (☎01 45 68 80 88 ; www.pasteur.fr/fr/centre-medical/vaccination ; 211 rue de Vaugirard, 75015 Paris ; ⏲lun-sam, vaccinations sans rdv)

Centre de vaccination Air France (☎01 43 17 22 00 ; www.vaccinations-airfrance.fr ; 38 quai de Jemmapes, 75019 Paris ; ⏲lun-sam sans rdv)

Groupe Hospitalier Pitié-Salpêtrière – Pavillon Laveran (☎01 42 16 01 14 ; 47-83 bd de l'Hôpital, 75013 Paris ; ⏲mer-jeu sur rdv)

Hôpital Bichat-Claude-Bernard – Service de vaccinations internationales et de conseils aux voyageurs (☎01 40 25 88 86 ; 46 rue Henri-Huchard, 75018 Paris ; ⏲lun-sam sur rdv)

Vous pouvez obtenir la liste complète des centres habilités à vacciner contre la fièvre jaune sur le site du **ministère des Solidarités et de la Santé** (solidarites-sante.gouv.fr/)

Santé sur Internet

Il existe de très bons sites Internet consacrés à la santé en voyage. Avant de partir, vous pouvez consulter les conseils en ligne du **ministère des Affaires étrangères** (www.diplomatie.gouv.fr), qui effectue une veille sanitaire et met régulièrement en ligne des recommandations sur les vaccinations, de l'**Organisation mondiale de la santé** (OMS ; www.who.int/fr) ou le site très complet du **ministère des Solidarités et de la Santé** (solidarites-sante.gouv.fr/). Vous trouverez, par ailleurs, plusieurs liens sur le site de **Lonely Planet** (www.lonelyplanet.fr).

Vous trouverez aussi denombreuses informations sur les sites Web des centres de vaccinations indiqués à larubrique *Vaccins*.

PENDANT LE VOYAGE

Vols long-courriers

Les trajets en avion, principalement du fait d'une immobilité prolongée, peuvent favoriser la formation de caillots sanguins dans les jambes (provoquant par exemple une phlébite). Plus le vol est long, plus le risque est élevé.

Généralement, l'un des premiers symptômes est un gonflement ou une douleur du pied, de la cheville ou du mollet. En prévention, buvez en abondance des boissons non alcoolisées, faites jouer les muscles de vos jambes lorsque vous êtes assis et levez-vous de temps à autre pour marcher dans la cabine.

Décalage horaire et mal des transports

Le décalage horaire est fréquent quand on traverse plus de trois fuseaux

VACCINS RECOMMANDÉS

Si vous venez d'une zone touchée par la fièvre jaune, une preuve de vaccination vous sera demandée à votre arrivée en Inde.

Diphtérie, tétanos, poliomyélite À mettre à jour systématiquement.

Encéphalite japonaise Pour les personnes expatriées ou devant séjourner en zone rurale pendant la période de transmission (pour les enfants : à partir de 2 mois).

Hépatite A À faire pratiquer systématiquement ; il existe un vaccin combiné hépatites A et B.

Hépatite B Pour des séjours longs ou répétés.

Rage Vaccination préventive pour un long séjour ou dans des zones reculées.

Rougeole, oreillons, rubéole Recommandé chez l'enfant.

Tuberculose Le BCG n'est plus obligatoire en France depuis 2007, mais il reste recommandé, en particulier pour un voyage en Inde.

Typhoïde En cas de séjour prolongé, dans des conditions d'hygiène précaires.

Méningite Des cas de méningite bactérienne ont été rapportés Inde. Une vaccination à jour est conseillée. Les piscines publiques sont à éviter.

Rage En cas de séjour prolongé, en situation d'isolement. Un traitement reste obligatoire en cas de contact avec un animal enragé ou dont le comportement paraît suspect (rappel : un an après les trois premières injections, puis cinq ans).

horaires. Il se manifeste par des insomnies, de la fatigue, des malaises ou des nausées. En prévention, buvez abondamment (pas d'alcool) et mangez léger. En arrivant, exposez-vous à la lumière naturelle et adoptez les horaires locaux aussi vite que possible (pour les repas, le coucher et le lever).

Les antihistaminiques préviennent efficacement le mal des transports, qui se caractérise principalement par une envie de vomir, mais ils peuvent provoquer une somnolence. Il existe aussi des traitements à base de plantes ou homéopathiques.

TROUSSE MÉDICALE DE VOYAGE

Veillez à emporter avec vous une petite trousse à pharmacie contenant quelques produits indispensables. Certains ne sont délivrés que sur ordonnance médicale. Attention, les liquides et les objets coupants sont interdits en cabine et doivent obligatoirement être placés en soute.

- des antibiotiques, à utiliser uniquement aux doses et aux périodes prescrites. Il n'est pas absurde de demander à votre médecin traitant de vous en prescrire pour le voyage
- un antidiarrhéique, en cas de forte diarrhée, surtout si vous voyagez avec des enfants
- un antihistaminique en cas de rhumes, allergies, piqûres d'insectes, mal des transports
- un antiseptique ou un désinfectant pour les coupures, les égratignures superficielles et les brûlures, ainsi que des pansements gras pour les brûlures
- de l'aspirine ou du paracétamol (douleurs, fièvre)
- une bande Velpeau et des pansements pour les petites blessures
- une paire de lunettes de secours (si vous portez des lunettes ou des lentilles de contact) et la copie de votre ordonnance
- un produit contre les moustiques, de l'écran total
- une pommade pour soigner les piqûres et les coupures et des comprimés pour stériliser l'eau
- une paire de ciseaux à bouts ronds, une pince à épiler et un thermomètre à alcool
- une petite trousse de matériel stérile comprenant une seringue, des aiguilles, du fil à suture, une lame de scalpel et des compresses
- des préservatifs (norme CE)

EN INDE DU SUD

Précautions élémentaires

Faire attention à ce que l'on mange et à ce que l'on boit est la première des précautions à prendre. Les troubles gastriques et intestinaux sont fréquents, même si, la plupart du temps, ils restent sans gravité. Ne soyez cependant pas paranoïaque et ne vous privez pas de goûter la cuisine locale, cela fait partie du voyage. Lavez-vous les mains fréquemment.

Dans tous les cas, demandez conseil aux habitants : si l'on vous dit par exemple qu'il ne faut pas vous baigner ici ou là, ne le faites pas.

Problèmes de santé et traitement

L'autodiagnostic et l'automédication sont risqués ; aussi, chaque fois que cela est possible, adressez-vous à un médecin. Ambassades et consulats (voir coordonnées p. 572) pourront en général vous en recommander un. Les grands hôtels également, mais les honoraires risquent d'être très élevés.

Si vous achetez des médicaments en pharmacie, contrôlez la date de péremption, et vérifiez que les boîtes sont bien fermées et qu'elles ont été conservées convenablement.

Disponibilité des soins médicaux

Le système de santé indien est marqué par d'importantes disparités. Certaines villes disposent de cliniques spécialement destinées aux touristes et aux expatriés. Généralement plus chers que les structures locales, ces établissements offrent en revanche des standards de soins supérieurs.

Vous trouverez la liste de ces cliniques à la rubrique *Renseignements* des chapitres régionaux de ce guide.

En zone rurale, il est souvent difficile de trouver des services médicaux fiables.

Affections liées à l'environnement

Coup de chaleur

Dans de nombreuses régions indiennes, il fait chaud et humide toute l'année.

Dans bien des cas, il faut environ deux semaines pour s'acclimater.

De longues périodes d'exposition à des températures élevées peuvent vous rendre vulnérable au coup de chaleur. Cet état grave survient quand le mécanisme de régulation thermique du corps ne fonctionne plus : la température s'élève alors de façon dangereuse. Évitez l'alcool et les activités fatigantes lorsque vous arrivez dans une région à climat chaud.

Symptômes : malaise général, transpiration faible ou inexistante, forte fièvre (39 à 41°C) et céphalée lancinante, difficultés à coordonner ses mouvements, signes de confusion mentale ou d'agressivité. Il faut absolument hospitaliser le malade. En attendant les secours, installez-le à l'ombre, ôtez-lui ses vêtements, couvrez-le d'un drap ou d'une serviette mouillés et éventez-le continuellement.

Coup de soleil et insolation

En Inde du Sud, les coups de soleil sont fréquents, même par temps couvert.

Utilisez un écran solaire haute protection et pensez à couvrir les endroits habituellement protégés, les pieds par exemple. Les lunettes de soleil sont indispensables.

Sur la plage, un parasol est vivement recommandé, de même que le port d'un chapeau. Évitez de vous exposer aux heures les plus chaudes et privilégiez l'ombre.

Une exposition prolongée au soleil peut provoquer une insolation. Symptômes : nausées, peau chaude, maux de tête. Dans ce cas, il faut rester dans le noir, appliquer une compresse d'eau froide sur les yeux et prendre de l'aspirine.

Plongée et surf

Si vous comptez pratiquer la plongée ou le surf en Inde du Sud, prenez l'avis d'un spécialiste avant le départ. Il vous conseillera des traitements spécifiques à mettre dans votre trousse à pharmacie pour soigner les coupures de coraux et les infections des oreilles propres aux climats chauds.

Pour la plongée, vérifiez que votre assurance couvre bien les accidents de décompression. Si nécessaire, vous pourrez contracter une couverture spéciale par le biais d'une organisation comme le **Divers Alert Network** (DAN ; www.daneurope.org). Avant le départ, passez un examen médical afin d'être sûr de ne présenter aucune contre-indication à la pratique de cette activité.

Pollution atmosphérique

La pollution atmosphérique, en particulier celle créée par les véhicules, et son corollaire, la pollution sonore, sont des problèmes croissants dans les grands centres urbains. Apportez avec vous des bouchons d'oreilles et des masques filtrant les particules fines (vérifiez que le masque répond aux normes établies). Si vous souffrez de problèmes respiratoires graves, parlez-en à votre médecin avant le départ.

Maladies infectieuses et parasitaires

Diarrhée du voyageur

C'est le problème de santé le plus fréquemment rencontré par les voyageurs en Inde. Le changement de nourriture, d'eau ou de climat suffit à la provoquer ; si elle est causée par des aliments ou de l'eau contaminés, le problème est plus grave. En dépit de toutes vos précautions, vous aurez peut-être la turista, mais quelques visites aux toilettes sans aucun autre symptôme n'ont rien d'alarmant.

La déshydratation est le danger principal lié à toute diarrhée. Le premier traitement consiste donc à boire beaucoup. Quand vous irez mieux, continuez à manger légèrement. Lorsque la diarrhée persiste au-delà de 48 heures ou s'il y a présence de sang dans les selles, il est préférable de consulter un médecin.

Quelques conseils pour limiter les risques :

- Ne consommez que de la nourriture fraîchement cuisinée.
- Évitez les coquillages et les buffets.
- Pelez tous les fruits.
- Cuisez les légumes.
- Faites tremper les salades au moins 20 minutes dans une solution iodée.
- Choisissez toujours des restaurants très fréquentés.
- Lavez-vous les mains soigneusement avant et après les repas, au besoin avec un gel hydroalcoolique

Choléra

Des épidémies de choléra surviennent occasionnellement en Inde. Elles sont généralement signalées à grande échelle dans les médias, ce qui permet d'éviter les régions concernées. La protection conférée par le vaccin n'étant pas fiable, celui-ci n'est pas recommandé. Prenez toutes les précautions alimentaires nécessaires, le choléra se transmettant par une bactérie. Symptômes : diarrhée soudaine, selles très liquides et claires, vomissements, crampes musculaires et extrême faiblesse. Il faut consulter un médecin ou aller à l'hôpital au plus vite, mais on peut commencer à lutter immédiatement contre la déshydratation, qui peut être très forte. Une boisson à base de cola salée, dégazéifiée et diluée au 1/5 ou encore du bouillon bien salé seront utiles en cas d'urgence.

Dysenterie

Affection grave, due à des aliments ou à de l'eau contaminés, la dysenterie se manifeste par une violente diarrhée, souvent accompagnée de sang ou de mucus dans les selles. Une analyse des selles est indispensable pour diagnostiquer le type de dysenterie. Il faut donc consulter rapidement.

Giardiase

Ce parasite intestinal est présent dans l'eau souillée ou dans les aliments infectés par l'eau. Symptômes : crampes d'estomac, nausées, estomac ballonné, selles très liquides et nauséabondes, et gaz fréquents. La giardiase peut n'apparaître que plusieurs semaines après la contamination. Les symptômes peuvent disparaître pendant quelques jours puis réapparaître, et cela pendant plusieurs semaines.

Hépatites

L'hépatite est un terme général qui désigne une inflammation du foie. Elle est le plus souvent due à un virus. Les formes les plus habituelles se manifestent par une fièvre, une fatigue qui peut être intense, des douleurs abdominales, des nausées, des vomissements, associés à la présence d'urines très foncées et de selles décolorées presque blanches. La peau et le blanc des yeux prennent une teinte jaune (ictère). L'hépatite peut parfois se résumer à un simple épisode de fatigue sur quelques jours ou semaines.

Hépatite A C'est la plus répandue. Il existe un vaccin, recommandé pour les voyageurs en Inde. La contamination est alimentaire : l'hépatite A se transmet par l'eau, les coquillages et, d'une manière générale, tous les produits manipulés à mains nues. Il n'y a pas de traitement médical ; il faut simplement se reposer, boire beaucoup, manger légèrement et s'abstenir totalement de toute boisson alcoolisée pendant au moins six mois.

Hépatite B Elle est très répandue, mais la vaccination (recommandée pour des séjours longs ou répétés en Inde) est très efficace. Elle se transmet par voie sexuelle ou sanguine (piqûre, transfusion). Évitez de vous faire percer les oreilles, tatouer, raser ou de vous faire soigner par piqûres si vous avez des doutes quant à l'hygiène des lieux. Les symptômes de l'hépatite B sont les mêmes que ceux de l'hépatite A.

Hépatite E Elle se transmet par la nourriture et l'eau contaminées. Ses symptômes sont similaires à ceux de l'hépatite A, mais elle est beaucoup moins fréquente. Les complications peuvent être graves, notamment pour les femmes enceintes.

EAU POTABLE

- L'eau du robinet n'est pas potable en Inde. N'en consommez jamais, même sous forme de glaçons.
- Préférez les eaux minérales et les boissons gazeuses, tout en vous assurant que les bouteilles sont décapsulées devant vous.
- Évitez les jus de fruits, souvent allongés à l'eau.
- Attention au lait, rarement pasteurisé. Pas de problème pour le lait bouilli et les yaourts.
- Thé et café sont sûrs, puisque l'eau doit bouillir.
- Par prudence, évitez également les crudités, qui sont bien souvent lavées avec de l'eau.
- Pour stériliser l'eau, la meilleure solution est de la faire bouillir durant 15 minutes. N'oubliez pas qu'à haute altitude, elle bout à une température plus basse et que les germes ont plus de chances de survivre.
- Si vous ne pouvez faire bouillir l'eau, traitez-la chimiquement avec des comprimés ou des gouttes, comme le Micropur (vendu en pharmacie), très efficace. Brossez-vous les dents avec de l'eau traitée.

Rage

La vaccination préventive contre la rage est recommandée en cas de séjour prolongé dans des zones reculées du sous-continent. La rage est transmise par un animal contaminé (souvent un chien ou un singe). Morsures, griffures ou même simples coups de langue d'un mammifère doivent être nettoyés immédiatement et à fond. Frottez avec du savon et de l'eau, puis nettoyez avec de l'alcool. S'il y a le moindre risque que l'animal soit contaminé, allez immédiatement voir un médecin. Même si l'animal n'est pas enragé, toutes les morsures doivent être surveillées de près pour éviter les risques d'infection.

La vaccination préventive ne dispense pas de la nécessité d'un traitement antirabique immédiatement après un contact avec un animal enragé ou dont le comportement peut paraître suspect.

Tuberculose

De nombreux cas de tuberculose parfois multirésistante sont signalés à Mumbai (Bombay) et dans sa région. La vaccination est vivement conseillée. La tuberculose se propage par la toux ou par des produits laitiers non pasteurisés faits avec du lait de vaches tuberculeuses. On peut boire du lait bouilli et manger yaourts ou fromages sans courir de risques.

Typhoïde

La fièvre typhoïde est une infection du tube digestif. Elle se transmet directement de personne à personne par les mains contaminées ou indirectement par de l'eau ou de la nourriture contaminées par des matières fécales humaines. La vaccination est recommandée en cas de séjour prolongé et dans des conditions d'hygiène précaires en Inde, même si elle n'est pas entièrement efficace.

Fièvre, maux de tête et de gorge parfois accompagnés de vomissements, de diarrhée ou de constipation, puis une éruption rose sur l'abdomen sont généralement les premiers symptômes, qui s'accompagnent parfois d'une septicémie. S'il n'y a pas d'autres complications, la fièvre et les autres symptômes disparaissent peu à peu la troisième semaine. Cependant, un suivi médical est indispensable, car les complications sont fréquentes, en particulier la pneumonie et la péritonite. De plus, la typhoïde est très contagieuse.

VIH/sida

On estime qu'entre 2,3 et 2,4 millions de personnes seraient infectées par le virus du sida en Inde. La transmission de cette infection se fait : par rapport sexuel (hétérosexuel ou homosexuel – anal, vaginal ou oral), d'où l'impérieuse nécessité d'utiliser des préservatifs à titre préventif ; par le sang, les produits sanguins et les aiguilles contaminées. Il est impossible de détecter la présence du VIH chez un individu apparemment en parfaite santé sans procéder à un examen sanguin.

Évitez, s'ils ne sont pas stérilisés, tous les instruments de chirurgie, les aiguilles d'acupuncture et de tatouage, ainsi que les instruments utilisés pour percer les oreilles ou le nez.

SE PROTÉGER DES MOUSTIQUES

Hormis les traitements préventifs, la protection contre les piqûres de moustique est le premier moyen d'éviter de contracter le paludisme. Les mêmes mesures de protection valent également pour d'autres maladies transmises par les moustiques, comme l'encéphalite japonaise et la dengue. Dès le coucher du soleil, couvrez vos bras et vos chevilles, et mettez de la crème antimoustique. Sachez que les moustiques peuvent être attirés par le parfum.

En dehors du port de vêtements longs, l'utilisation d'insecticide ou de répulsif à base de DEET (de type Cinq sur Cinq) sur les parties découvertes du corps est à recommander.

En vente en pharmacie notamment, les moustiquaires constituent une protection efficace, à condition qu'elles soient imprégnées d'insecticide. De plus, elles sont radicales contre les insectes à sang froid (puces, punaises, etc.) et permettent d'éloigner les serpents. Vous pourrez notamment vous en procurer par correspondance auprès de **SMI Voyage Santé** (☎07 69 19 10 90 ; www.smi-voyage-sante.com). Dans les hôtels, vérifiez bien que les moustiquaires n'ont pas de trous.

Le risque de contamination est plus élevé en zone rurale et pendant la saison humide.

Affections transmises par les insectes

Dengue

La dengue se transmet par les moustiques de la famille *Aedes*, qui piquent la journée et se trouvent souvent près des habitations, ou à l'intérieur. Ils pondent dans les réserves d'eau artificielles (citernes, barils, tonneaux, pots à eau, conteneurs en plastique ou pneus jetés aux ordures). En conséquence, la dengue est surtout répandue dans les environnements urbains densément peuplés.

Il n'existe pas de traitement prophylactique contre cette maladie. Poussée de fièvre, maux de tête, douleurs articulaires et musculaires précèdent une éruption cutanée sur le tronc qui s'étend ensuite aux membres puis au visage. Au bout de quelques jours, la fièvre régresse, et la convalescence commence. Les complications graves sont rares. Les cas les plus sévères touchent généralement les enfants de moins de 15 ans qui contractent la dengue pour la deuxième fois. La meilleure prévention est de suivre les protections d'usage

ZIKA : DANGER POUR LES FEMMES ENCEINTES

Transmis par les moustiques, le virus Zika ne s'exprime que rarement par la maladie (seul un patient sur cinq présente des symptômes, similaires à ceux de la grippe). Le virus est en revanche responsable de cas de microcéphalie (croissance anormalement faible de la boîte crânienne pouvant causer des lésions cérébrales) chez des bébés nés de femmes porteuses du virus pendant leur grossesse. L'infection par le virus Zika peut également entraîner plusieurs formes du syndrome de Guillain-Barré, une affection plutôt rare caractérisée par une faiblesse, voire une paralysie progressive des nerfs périphériques. De rares cas de transmission par voie sexuelle avec une personne infectée par le virus Zika ont également été rapportés. Si les cas de contamination sexuelle restent rares et souvent bénins, le risque pour les fœtus d'une femme enceinte s'avère en revanche considérable.

Les CDC (Centres pour le contrôle et la prévention des maladies) recommandent aux femmes enceintes de reporter tout voyage dans les pays où le virus représente un risque. La protection contre les piqûres de moustique est essentielle dans la mesure où il n'existe pas de traitement, ni de vaccin actif sur ce virus.

contre les moustiques (voir l'encadré p. 604).

Encéphalite japonaise

Un moustique nocturne (le *Culex*) est responsable de la transmission de cette maladie virale, surtout dans les zones rurales. La vaccination est recommandée pour les personnes expatriées en Inde du Sud ou devant séjourner à la campagne pendant la saison des pluies.

Symptômes : fièvre soudaine, frissons et maux de tête, suivis de vomissements et de délire, aversion marquée pour la lumière vive et douleurs aux articulations et aux muscles. Les cas les plus graves provoquent des convulsions et un coma. Chez la plupart des individus qui contractent le virus, aucun symptôme n'apparaît. Les protections d'usage contre les moustiques s'imposent.

Paludisme

Le paludisme, ou malaria, est transmis par un moustique, l'anophèle, dont la femelle pique surtout la nuit, entre le coucher et le lever du soleil. Il existe un risque faible toute l'année dans presque tout le pays. Le paludisme n'est pas présent au Kerala ; le risque est en revanche plus élevé dans les îles Andaman, au Karnataka (en dehors de Bengaluru), au Madhya Pradesh, au Maharashtra (en dehors de Mumbai, Nagpur, Nasik et Pune) et dans l'Odisha.

Le paludisme survient généralement dans le mois suivant le retour de la zone d'endémie. Symptômes : maux de tête, fièvre et troubles digestifs. Non traité, il peut avoir des suites graves, voire mortelles. Il existe différentes espèces de paludisme et le traitement devient de plus en plus difficile à mesure que la résistance du parasite aux médicaments gagne en intensité. Tout voyageur atteint de fièvre ou montrant les symptômes de la grippe doit se faire examiner. Il suffit d'une analyse de sang pour établir le diagnostic. Contrairement à certaines croyances, une crise de paludisme ne signifie pas que l'on est touché à vie.

En plus du traitement préventif (uniquement sur ordonnance), qu'il faut en général poursuivre après le retour, il est indispensable de se protéger des moustiques, (voir l'encadré).

Zika

Au moment de la rédaction de ce guide, l'essentiel du territoire d'Inde du Sud présente un risque modéré concernant le virus Zika ; de récents cas de contamination ont été avérés au Tamil Nadu. Consultez les sites Internet spécialisés pour plus d'information.

Coupures, piqûres et morsures

Guêpes et abeilles

Les piqûres de guêpe et d'abeille sont généralement plus douloureuses que dangereuses. Une lotion apaisante ou des glaçons soulageront la douleur et empêcheront la piqûre de trop gonfler. Si vous êtes allergique, consultez un médecin avant de partir.

Punaises et poux

Les punaises affectionnent la literie douteuse. Si vous repérez de petites taches de sang sur les draps ou sur les murs autour du lit, cherchez un autre hôtel. Les piqûres de punaise forment des alignements réguliers. Une pommade calmante apaisera la démangeaison.

Les poux provoquent des démangeaisons. Ils élisent domicile dans les cheveux, les vêtements ou les poils pubiens. On en attrape par contact direct avec des personnes infectées ou en utilisant leur peigne, leurs vêtements, etc. Poudres et shampooings détruisent poux et lentes ; il faut également laver les vêtements à l'eau très chaude.

Sangsues et tiques

Les sangsues, présentes dans les régions de forêts humides, se collent à la peau et sucent le sang. Les randonneurs en retrouvent souvent sur leurs jambes ou dans leurs bottes. Du sel ou le contact d'une cigarette allumée les feront tomber. Ne les arrachez pas, car la morsure s'infecterait plus facilement. Une crème répulsive peut les maintenir éloignées. Utilisez de l'alcool, de l'éther, de la vaseline ou de l'huile pour vous en débarrasser.

Vérifiez toujours que vous n'avez pas attrapé de tiques dans une région infestée.

Serpents

Portez toujours bottes, chaussettes et pantalons longs pour marcher dans la végétation à risque. Ne hasardez pas la main dans les trous et les anfractuosités, et faites attention lorsque vous ramassez du bois. Les morsures de serpent ne provoquent pas instantanément la mort, et il existe généralement des antivenins. Il faut calmer la victime, lui interdire de bouger, bander étroitement le membre comme pour une foulure et l'immobiliser avec une attelle. Trouvez ensuite un médecin, et essayez de lui apporter le serpent mort. N'essayez en aucun cas d'attraper le serpent s'il y a le moindre risque qu'il morde à nouveau. On sait désormais qu'il ne faut absolument pas sucer le venin ou poser un garrot.

Problèmes cutanés

Coupures et égratignures

Les blessures s'infectent très facilement dans les climats chauds et cicatrisent difficilement. Coupures et égratignures doivent être traitées avec un antiseptique et du désinfectant cutané. Évitez si possible bandages et pansements, qui empêchent la plaie de sécher.

Les coupures de corail sont particulièrement longues à cicatriser, car le corail injecte un venin léger dans la plaie. Il est recommandé de ne pas toucher à cet organisme très fragile mais, en cas de blessure, il convient de la nettoyer à fond.

Infections fongiques

Deux infections fongiques affectent principalement les voyageurs. La première intervient sur les parties moites du corps, telles que l'aine, les aisselles et entre les doigts de pied. L'infection commence par une tache rouge qui s'étend progressivement et, en général, qui gratte. Veillez à conserver la zone touchée au sec. N'appliquez pas de crème antifrottement, mais utilisez une crème antifongique.

Santé au féminin

Pour des problèmes gynécologiques Inde même, consultez de préférence un médecin femme.

➡ **Grossesse** La plupart des fausses couches ont lieu pendant les trois premiers mois de la grossesse. C'est donc la période la plus risquée pour voyager. Pendant les trois derniers mois, il vaut mieux rester à distance raisonnable de bonnes infrastructures médicales, en cas de problème. Les femmes enceintes doivent éviter de prendre inutilement des médicaments. Cependant, certains vaccins et traitements préventifs (contre le paludisme, par exemple) peuvent être nécessaires. Avant de prendre quoi que ce soit, consultez un médecin.

➡ **Problèmes gynécologiques** Une nourriture pauvre et une résistance amoindrie par l'utilisation d'antibiotiques contre des problèmes intestinaux peuvent favoriser les infections vaginales dans un climat chaud. Respectez une hygiène intime scrupuleuse, et portez jupes ou pantalons amples et sous-vêtements en coton. Les champignons, caractérisés par une éruption cutanée, des démangeaisons et des pertes, peuvent se soigner facilement. En revanche, les trichomonas sont plus graves ; pertes blanches et sensation de brûlure lors de la miction en sont les symptômes. Le partenaire masculin doit également être soigné. Il n'est pas rare que le cycle menstruel soit perturbé lors d'un voyage.

➡ **Protections hygiéniques** On trouve facilement des serviettes ; les tampons sont plus rares.

Voyager avec des enfants

Les personnes voyageant avec des enfants doivent pouvoir soigner des affections mineures, et savoir quand avoir recours aux services médicaux. Bien avant le départ, assurez-vous que les vaccinations des enfants sont à jour, et sachez que certains vaccins ne conviennent pas aux enfants de moins d'un an.

Dans les zones chaudes et humides, la moindre

égratignure peut s'infecter. Toute blessure doit être parfaitement nettoyée et tenue au sec.

Soyez particulièrement vigilant avec l'eau du robinet et avec la nourriture. Pensez à emporter des poudres réhydratantes à utiliser avec de l'eau bouillie si votre enfant est sujet à des vomissements ou à des diarrhées. Demandez conseil à votre médecin.

Afin d'éviter les risques de rage ou d'autres maladies, les enfants doivent être tenus à l'écart des chiens et des mammifères en général – lisez les recommandations sur la rage p. 603.

Il convient également de prévoir un traitement antipaludéen adapté.

Langues

Soixante-dix ans après l'indépendance de l'Inde, l'anglais est encore très largement parlé dans le pays et demeure la langue officielle de la justice. La Constitution reconnaît 22 langues régionales. Mais, au total, plus de 1 600 idiomes sont en usage sur l'ensemble du sous-continent.

Prédominant dans le Nord, l'hindi a peu de liens avec les langues dravidiennes d'Inde du Sud, où il n'est guère parlé. Les langues présentées dans ce chapitre sont le tamoul, le kannada, le konkani, le malayalam, le marathi, l'oriya et le télougou. La plupart appartiennent à la famille des langues dravidiennes, même si elles ont été influencées à des degrés divers par l'hindi et le sanskrit. En tant que langues principales de telle ou telle région, elles ont servi à déterminer les frontières des États du Sud.

L'anglais est la première langue de nombreux Indiens cultivés. Il arrive aussi en deuxième position chez une bonne part des habitants du sous-continent. Vous n'aurez donc aucun problème à vous déplacer en Inde si vous parlez anglais, bien qu'il soit toujours préférable de connaître quelques mots dans la langue de la région visitée.

Prononciation

Les systèmes de prononciation de toutes les langues présentées dans ce chapitre comprennent un certain nombre de consonnes "rétroflexes" (pour lesquelles la langue se courbe vers l'arrière). Dans ce chapitre, nous n'observons pas ces distinctions : prononcez les mots tels qu'ils sont écrits et l'on vous comprendra. Toutes les langues, sauf le tamoul, ont également des consonnes "aspirées" (prononcées avec un souffle). Dans ce chapitre, les sons aspirés sont indiqués par une apostrophe (') après la consonne. Les syllabes accentuées sont indiquées en italique pour les langues qui utilisent l'accent tonique ; les autres se prononcent sans accentuation particulière.

POUR ALLER PLUS LOIN

Indispensable pour mieux communiquer sur place : le *Guide de conversation hindi, ourdou et bengali* de Lonely Planet. Pour réserver une chambre, lire un menu ou faire connaissance, ce manuel permet d'acquérir des rudiments dans ces trois langues. Inclus : un minidictionnaire.

TAMOUL

Le tamoul est la langue officielle de l'État du Tamil Nadu, ainsi qu'une langue nationale au Sri Lanka, en Malaisie et à Singapour. C'est l'une des principales langues dravidiennes d'Inde du Sud ; son existence remonte à plus de 2 000 ans. En Inde, le tamoul est parlé par 62 millions de locuteurs.

Mots et expressions utiles

Bonjour	வணக்கம்.	va·*nak*·kam
Au revoir	போய்.	*po*·i
	வருகிறேன்.	va·*rou*·ki· rèn
Oui/non	ஆமாம்./இல்லை.	*aa*·maam/*il*·laï
Excusez-moi	தயவு செய்து.	ta·ya·*vou* seï·*dou*
Pardon	மன்னிக்கவும.	*mane*·nik·ka·voum
S'il vous plaît	தயவு செய்து.	ta·ya·*vou* chè·*tou*
Merci	நன்றி.	*nane*·dri

Comment allez-vous ?
நிங்கள் நலமா? — *ning*·kal na·*la*·maa

Bien, merci. Et vous ?
நலம், நன்றி. — na·*lam* *nane*·dri
நீங்கள்? — *ning*·kal

Quel est votre nom ?
உங்கள் பெயர் என்ன? — *oung*·kal pè·*yar* *èn*·na

Je m'appelle...		
என் பெயர் ...		èn pè·yar ...
Parlez-vous anglais ?		
நீங்கள் ஆங்கிலம் பேசுவீர்களா?		ning·kal aang·ki·lam pè·chou·vir·ka·la
Je ne comprends pas.		
எனக்கு விளங்கவில்லை.		è·nak·kou vi·lang·ka·vil·laï

Hébergement

Où est le/l'/la... le/la plus proche ?	அருகே ஒரு ... எங்கே உள்ளது?	a·rou·kè o·rou ... èng·kè oul·la·tou
pension	விருந்தினர் இல்லம	vi·roun·ti·nar il·lam
hôtel	ஹோட்டல	hot·tal
Avez-vous une chambre... ?	உங்களிடம் ஓர் ... அறை உள்ளதா?	oung·ka·li·tam or ... a·raï oul·la·taa
simple	தன	ta·ni
double	இரட்டை	i·rat·taï
Combien est-ce par... ?	ஓர் ... என்னவிலை?	or ... èn·na·vi·laï
nuit	இரவுக்கு	i·ra·vouk·kou
personne	ஒருவருக்கு	o·rou·va·rouk·kou
salle de bains	குளியலறை	kou·li·ya·la·raï
lit	படுக்கை	pa·touk·kaï
fenêtre	சன்னல	chane·nal

Directions

Où est le/la ?...		
எங்கே இருக்கிறது?		... èng·kè i·rouk·ki·ra·tou
Quelle est l'adresse ?		
விலாசம் என்ன?		vi·laa·cham èn·na
Pouvez-vous me montrer (sur la carte) ?		
எனக்கு (வரைபடத்தில்) காட்ட முடியுமா?		è·nak·kou (va·rai·pa·tat·til kaat·ta mou·ti·you·maa
Est-ce loin ?		
எவ்வளவு தூரத்தில் இருக்கிறது?		èv·va·la·vou tou·rat·til i·rouk·ki·ra·tou
C'est ...	அது இருப்பது ...	a·tou i·roup·pa·tou ...
derrière	... க்குப் பின்னால	... koup pin·naal
devant ...	... க்கு முன்னால	... kou moun·naal
près (de)	(... க்கு) அருகே	(... kou) a·rou·kè
au coin	ஓரத்தில	o·rat·til
tout droit	நேரடியாக முன்புறம்	nè·ra·di·yaa·ha moun·pou·ram
Tournez à	... புறத்தில் திரும்புக.	pou·rat·til ti·roum·pou·ka
gauche	இடது	i·ta·tou
droite	வலது	va·la·tou

Repas et boissons

Pouvez-vous me conseiller un ...?	நீங்கள் ஒரு ... பரிந்துரைக்க முடியுமா?	ning·kal o·rou ... pa·rin·tou·raïk·ka mou·ti·you·maa
bar	பார்	paar
plat	உணவு வகை	ou·na·vou va·kaï
restaurant	உணவகம்	ou·na·va·ham
Je voudrais... (une(e)/le (la))..., s'il vous plaît.	எனக்கு தயவு செய்து ... கொடுங்கள்.	è·nak·kou ta·ya·vou chè·tou ... ko·toung·kal
l'addition	விலைச்சீட்டு	vi·laïch·chit·tou
la carte	உணவுப்–ழ பட்டியல்	ou·na·voup·pat·ti·yal
ce plat	அந்த உணவு வகை	an·ta ou·na·vou va·haï
(une tasse de) café/thé	(கப்) காப்பி/ தேனீர் ...	(kap) kaap·pi/ tè·nir ...
avec du lait	பாலுடன்	paa·lou·tan
sans sucre	சர்க்கரை–இல்லாமல	chark·ka·raï·il·laa·mal
une bouteille/ un verre ... de vin	ஒரு பாட்டில்/ கிளாஸ ... வைன்	o·rou paat·til/ ki·laas ... vaïn
rouge	சிவப்பு	chi·vap·pou
blanc	வெள்ளை	vèl·laï
Avez-vous des plats végétariens ?		
உங்களிடம சைவ உணவு உள்ளதா?		oung·ka·li·tam chaï·va ou·na·vou oul·la·taa
Je suis allergique aux (noix).		
எனக்கு (பருப்பு வகை) உணவு சேராது.		è·nak·kou (pa·roup·pou va·kaï) ou·na·vou chè·raa·tou
petit-déjeuner	காலை உணவு	kaa·laï ou·na·vou
déjeuner	மதிய உணவு	ma·ti·ya ou·na·vou
dîner	இரவு உணவு	i·ra·vou ou·na·vou
boisson	பானம்	paa·nam
bière	பீர்	pir
eau	தண்ணீர்	tan·nèr

fruit	பழம்	pa·zam
jus	சாறு	chaa·rou
lait	பால்	paal
légume	காய்கறி	kaï·ka·ri
nourriture	உணவு	ou·na·vou
poisson	மீன்	min
soda	குளிர் பானம்	kou·lir paa·nam
viande	இறைச்சி	i·raïch·chi

Urgences

Au secours !	உதவ!	ou·ta·vi
Partez !	போய் விடு!	po·i vi·tou

Appelez un médecin !
ஐ அழைக்கவும் ஒரு மருத்துவர்! — i a·zaï·ka·voum o·rou ma·rout·tou·var

Appelez la police !
ஐ அழைக்கவும் போலிஸ்! — i a·zaï·ka·voum po·lis

Je suis perdu.
நான் வழி தவறி போய்விட்டேன். — naane va·zi ta·va·ri pow·i·vit·tèn

Je dois téléphoner.
நான் தொலைபேசியை பயன்படுத்த வேண்டும். — naane to·laï·pè·chi·yaï pa·yan·pa·tout·ta vèn·toum

Où sont les toilettes ?
கழிவறைகள் எங்கே? — ka·zi·va·raï·kal èng·kè

Achats et services

Où est le marché ?
எங்கே சந்தை இருக்கிறது? — èng·kè chan·taï i·rouk·ki·ra·tou

Puis-je voir cet objet ?
நான் இதைப் பார்க்கலாமா? — naane i·taïp paark·ka·laa·maa

Combien ça coûte ?
இது என்ன விலை? — i·tou èn·na vi·laï

C'est trop cher.
அது அதிக விலையாக இருக்கிறது. — a·tou a·ti·ka vi·laï·yaa·ka i·rouk·ki·ra·tou

Il y a une erreur dans l'addition.
இந்த விலைச்சீட்டில் ஒரு தவறு இருக்கிறது. — in·ta vi·laich·chit·til o·rou ta·va·rou i·rouk·ki·ra·tou

banque	வங்கி	vang·ki
Internet	இணையம்	i·naï·yam
poste	தபால் நிலையம்	ta·paal ni·laï·yam
office du tourisme	சுற்றுப்பயண அலுவலகம்	chout·roup·pa·ya·na a·lou·va·la·kam

Nombres

1	ஒன்று	one·drou
2	இரண்டு	i·ran·tou
3	மூன்று	moun·drou
4	நான்கு	naan·kou
5	ஐந்து	aïn·tou
6	ஆறு	aa·rou
7	ஏழு	è·zou
8	எட்டு	èt·tou
9	ஒன்பது	one·pa·tou
10	பத்து	pat·tou
20	இருபது	i·rou·pa·tou
30	முப்பது	moup·pa·tou
40	நாற்பது	naar·pa·tou
50	ஐம்பது	aïm·pa·tou
60	அறுபது	a·rou·pa·tou
70	எழுபது	è·zou·pa·tou
80	எண்பது	èn·pa·tou
90	தொன்னூறு	tone·nou·rou
100	நூறு	nou·rou
1000	ஓராயிரம்	ao·raa·yi·ram

Heures et jours

Quelle heure est-il ?
மணி என்ன? — ma·ni èn·na

Il est (2) heures.
மணி (இரண்டு). — ma·ni (i·ran·tou)

(2) heures et demie.
(இரண்டு) முப்பது. — (i·ran·tou) moup·pa·tou

matin	காலை	kaa·laï
soir	மாலை	maa·laï
hier	நேற்று	nèt·trou
aujourd'hui	இன்று	in·drou
demain	நாளை	naa·laï
lundi	திங்கள்	ting·kal
mardi	செவ்வாய்	chèv·vaï
mercredi	புதன்	pou·tan
jeudi	வியாழன்	vi·yaa·zan
vendredi	வெள்ளி	vèl·li
samedi	சனி	cha·ni
dimanche	ஞாயிறு	nyaa·yi·rou

Transports

Est-ce le/l' pour (New Delhi) ?	இது தானா (புது–டில்லிக்குப்) புறப்படும் ...?	i·tou taa·naa (pou·tou til·lik·kou oup) pou·rap·pa·toum ...

bus	பஸ்	pas
avion	விமானம்	vi·*maa*·nam
train	இரயில்	i·ra·*yil*

Un billet... (pour Madurai), s'il vous plaît.
(மதுரைக்கு) தயவு செய்து ... டிக்கட் கொடுங்கள்.
(ma·tou·raïk·*kou*) ta·ya·*vou* chè·*tou* ... tik·*kat* ko·toung·*kal*

aller	ஒரு வழிப்பயண	o·*rou* va·*zip*·pa·ya·na
aller-retour	இரு வழிப்பயண	i·*rou* va·*zip*·pa·ya·na

À quelle heure est le premier/dernier bus ?
எத்தனை மணிக்கு முதல்/இறுதி பஸ் வரும்?
èt·ta·naï ma·*nik*·kou mou·*tal*/i·rou·*ti* pas va·*roum*

Combien de temps dure le trajet ?
பயணம் எவ்வளவு நேரம் எடுக்கும்?
pa·ya·*nam* èv·*va*·la·vou nè·*ram* è·*touk*·koum

De combien est le retard ?
எவ்வளவு நேரம் அது தாமதப்படும்?
èv·*va*·la·vou *nè*·ram a·*tou* taa·ma·*tap*·pa·toum

S'il vous plaît, dites-moi quand nous arrivons à (Ooty).
(ஊட்டிக்குப்) போனவுடன் தயவு செய்து எனக்குக கூறுங்கள்.
(out·tik·*koup*) po·na·vou·*tan* ta·ya·*vou* chè·*tou* è·*nak*·kouk *kou*·roung·kal

S'il vous plaît, conduisez-moi à (cette adresse).
தயவு செய்து என்னை இந்த (விலாசத்துக்குக்) கொண்டு செல்லுங்கள்.
ta·ya·*vou* chè·*tou* *èn*·naï *in*·ta (vi·*laa*·chat·touk·kouk) *kone*·tou *chèl*·loung·kal

S'il vous plaît, arrêtez/attendez ici.
தயவு செய்து இங்கே நிறுத்துங்கள்/காத்திருங்கள்.
ta·ya·*vou* chè·*tou* *ing*·kè ni·*rout*·toung·kal/*kaat*·ti·roung·kal

Je voudrais louer une voiture (avec chauffeur).
நான் ஒரு மோட்டார் வண்டி (ஓர் ஓட்டுநருடன்) வாடகைக்கு எடுக்க விரும்புகிறேன்.
naane o·*rou* *maot*·taar *van*·ti (or o·*tou*·na·rou·tane) vaa·ta·*haïk*·kou è·*touk*·ka vi·*roum*·pou·ki·rèn

Est-ce la route de (Mamallapuram) ?
இது தான் (மாமல்லபுரத்துக்கு) செல்லும் சாலையா?
i·*tou* taan (maa·mal·*la*·pou·rat·*touk*·kou) *chèl*·loum chaa·laï·*yaa*

aéroport	விமான நிலையம்	*vi*·maa·na *ni*·laï·yam
bicyclette	சைக்கிள்	*chaïk*·kil
bateau	படகு	pa·ta·*kou*
arrêt de bus	பஸ் நிறுத்தும்	pas ni·*rout*·toum
classe économique	சிக்கன வகுப்பு	*chik*·ka·na va·*koup*·pou
1re classe	முதல் வகுப்பு	mou·*tal* va·*koup*·pou
moto	மோட்டார் சைக்கிள்	*maot*·taar *chaïk*·kil
gare ferroviaire	நிலையம்	ni·*laï*·yam

KANNADA

Langue dravidienne parlée par 38 millions de locuteurs, le kannada est la langue officielle de l'État du Karnataka.

Mots et expressions utiles

Bonjour	ನಮಸ್ಕಾರ.	na·mas·kaa·ra
Au revoir	ಸಿಗೋಣ.	si·go·na
Oui/non	ಹೌದು./ಇಲ್ಲ.	hao·dou/il·la
S'il vous plaît	ದಯವಿಟ್ಟು.	da·ya·vit·tou
Merci	ಥ್ಯಾಂಕ್ಯೂ.	t'ank·you
Excusez-moi	ಸ್ವಲ್ಪ ದಾರಿ ಬಿಡಿ.	sval·pa daa·ri bi·di
Pardon	ಕ್ಷಮಿಸಿ.	ksha·mi·si

Quel est votre nom ?
ನಿಮ್ಮ ಹೆಸರೇನು? nim·ma hè·sa·rè·nou

Je m'appelle ...
ನನ್ನ ಹೆಸರು ... nan·na hè·sa·rou ...

Parlez-vous anglais ?
ನೀವು ಇಂಗ್ಲೀಷ್ ಮಾತಾಡುತ್ತೀರ? ni·vou ing·li·chou maa·taa·dout·ti·ra

Je ne comprends pas.
ನನಗೆ ಅರ್ಥವಾಗುವುದಿಲ್ಲ. na·na·gè ar·t'a·aa·gou·vou·dil·la

Combien est-ce ?
ಎಷ್ಟು ಇದು? èch·tou i·dou

Où sont les toilettes?
ಟಾಯ್ಲೆಟ್ಟುಗಳು ಎಲ್ಲಿ? taaï·lèt·tou·ga·lou èl·li

Urgences

Au secours !	ಸಹಾಯ ಮಾಡಿ!	sa·haa·ya maa·di
Partez !	ದೂರ ಹೋಗಿ!	dou·ra hoh·gi
Appelez ...!	... ಕಾಲ್ ಮಾಡಿ!	... kaal maa·di
un médecin	ಡಾಕ್ಟರಿಗೆ	daak·ta·ri·gè
la police	ಪೋಲೀಸಿಗೆ	po·li·si·gè

Je dois téléphoner.
ನಾನು ಫೋನ್ ಬಳಸಬೇಕು. naa·nou fo·nou ba·la·sa·bè·kou

Je suis perdu.
ನಾನು ಕಳೆದುಹೋಗಿರುವೆ. naa·nou ka·lè·dou·ho·gi·rou·vè

Nombres

1	ಒಂದು	one·dou
2	ಎರಡು	è·ra·dou
3	ಮೂರು	mou·rou

4	ನಾಲ್ಕು	naa·kou
5	ಐದು	aï·dou
6	ಆರು	aa·rou
7	ಏಳು	è·lou
8	ಎಂಟು	èn·tou
9	ಒಂಬತ್ತು	om·bat·tou
10	ಹತ್ತು	hat·tou
20	ಇಪ್ಪತ್ತು	ip·pat·tou
30	ಮೂವತ್ತು	mou·vat·tou
40	ನಲವತ್ತು	na·la·vat·tou
50	ಐವತ್ತು	aï·vat·tou
60	ಅರವತ್ತು	a·ra·vat·tou
70	ಎಪ್ಪತ್ತು	èp·pat·tou
80	ಎಂಬತ್ತು	èm·bat·tou
90	ತೊಂಬತ್ತು	tom·bat·tou
100	ನೂರು	nou·rou
1000	ಸಾವಿರ	saa·vi·ra

KONKANI

Langue officielle de l'État de Goa, le konkani est une langue indo-aryenne, parlée par 2,5 millions de locuteurs. L'alphabet devanagari (également utilisé pour l'hindi et le marathi) est le système d'écriture officiel du konkani à Goa. Toutefois, de nombreux locuteurs konkani du Karnataka utilisent l'écriture kannada, employée dans cette section.

Mots et expressions utiles

Bonjour	ಹಲ್ಲೋ.	*hal*·lo
Au revoir	ಮೆಳ್ಯಾಂ.	*mèl*·yaang
Oui/non	ವ್ಹಯ್./ನಾಂ.	*wèou*·i/naang
S'il vous plaît	ಉಪ್ಕಾರ್ ಕರ್ನ್.	*oup*·kaar keurn
Merci	ದೇವ್ ಬರೆಂ ಕರುಂ.	*daï*·ou *bo*·reung *ko*·roung
Excusez-moi	ಉಪ್ಕಾರ್ ಕರ್ನ್.	*oup*·kaar keurn
Pardon	ಚೂಕ್ ಜ಼ಾಲಿ, ಮಾಫ಼್ ಕರ್.	ts'ouk *zaa*·li maaf keur

Quel est votre nom ?
ತುಜೆಂ ನಾಂವ್ಂ ಕಿತೆಂ? — *tou*·jeung *naang*·oung *ki*·teung

Je m'appelle ...
ಮ್ಹಜೆಂ ನಾಂವ್ಂ ... — *m'eu*·jeung *naang*·oung ...

Parlez-vous anglais ?
ಇಂಗ್ಲಿಶ್ ಉಲೈತಾಯ್ಗೀ? — *ing*·lish *ou*·leuï·taaï·gi

Comprenez-vous ?
ಸಮ್ಜಾಲೆಂಗೀ? — *som*·zaa·leung·gi

Je comprends.
ಸಮ್ಜಾಲೆಂ. — *som*·zaa·leung

Je ne comprends pas.
ನಾಂ, ಸಮ್ಜೊಂಕ್-ನಾಂ. — naang *som*·zonk·naang

Combien est-ce ?
ತಾಕಾ ಕಿತ್ಲೆ ಪೈಶೆ? — *taa*·kaa *kit*·lè *peuï*·shè

Où sont les toilettes ?
ಟೊಯ್ಲೆಟ್ ಖೈಂಚರ್ ಆಸಾತ್? — *toï*·lèt *k'eu*·ing·ts'eur *aa*·saat

Urgences

Au secours !	ಮ್ಹಾಕಾ ಕುಮಕ್ ಕರ್!	*m'aa*·kaa *kou*·meuk keur
Partez !	ವಸ್!	weuts'
Appelez... !	... ಆಪೈ!	... *aa*·paï
un médecin	ದಾಕ್ತೆರಾಕ್	*daak*·tè·raak
la police	ಪೊಲಿಸಾಂಕ್	*po*·li·saank

Je dois téléphoner.
ಮ್ಹಾಕಾ ಫೊನಾಚಿ ಘರ್ಜ್ ಆಸಾ. — *m'aa*·kaa *fo*·na·chi g'eurz *aa*·saa

Je suis perdu.
ಮ್ಹಜೀ ವಾಟ್ ಚುಕ್ಲ್ಯಾ. — *m'eu*·ji waat *ts'ouk*·lyaa

Pourriez-vous m'aider, s'il vous plaît ?
ಮ್ಹಾಕಾ ಇಲ್ಲೊ ಚೊ ಉಪ್ಕಾರ್ ಕರ್ಶಿಗೀ? — *m'aa*·kaa *il*·lo·ts'o *oup*·kaar *keur*·shi·gi

Nombres

1	ಏಕ್	aïk
2	ದೋನ್	dohn
3	ತೀನ್	tin
4	ಚಾರ್	chaar
5	ಪಾಂಚ್	paants'
6	ಸೊ	so
7	ಸಾತ್	saat
8	ಆಟ್	aat'
9	ನೋವ್	nao
10	ಧಾ	d'aa
20	ವೀಸ್	wis
30	ತೀಸ್	tis
40	ಚಾಳೀಸ್	*ts'aa*·lis
50	ಪನ್ನಾಸ್	*pone*·naas
60	ಸಾಟ್	saat'
70	ಸತ್ತರ್	*seut*·teur
80	ಐಂಶಿಂ	*euïng*·shing
90	ನೊವ್ವೋದ್	*no*·wod
100	ಶೆಂಭರ್	*shèm*·bor
1000	ಹಜ಼ಾರ್	*ha*·zaar

MALAYALAM

Langue de la famille dravidienne, le malayalam est la langue officielle de l'État du Kerala. Elle est parlée par 33 millions de locuteurs.

Mots et expressions utiles

Bonjour	ഹലോ.	ha·*lo*
Au revoir	ഗുഡ് ബൈ.	goud baï
Oui	അതെ.	a·*t'è*
Non	അല്ല.	al·*la*
S'il vous plaît	ദയവായി.	da·ya·va·*yi*
Merci	നന്ദി.	nan·*n'i*
Excusez-moi	ക്ഷമിക്കണം.	ksha·mi·ka·*nam*
Pardon	ക്ഷമിക്കുക.	ksha·mi·kou·*ka*

Parlez-vous anglais ?
നിങ്ങൾ ഇംഗ്ലീഷ് സംസാരിക്കുമോ? — ning·*al* in·*glish* sam·*saa*·ri·kou·*mo*

Je ne comprends pas.
എനിക്ക് മനസ്സിലാകില്ല. — è·ni·*kou* ma·na·*si*·la·ki·la

Qual est votre nom ?
താങ്കളുടെ പേര് എന്താണ്? — t'ang·a·lou·*tè* pè·*rou* èn·t'aa·*nou*

Je m'appelle ...
എന്റെ പേര് ... — èn·*tè* pè·*rou* ...

Combien est-ce ?
എത്രയാണ് ഇതിന്? — èt'·ra·yaa·*nou* i·t'i·*nou*

Où sont les toilettes ?
എവിടെയാണ് കക്കൂസ്? — è·vi·dè·yaa·*nou* ka·kou·*sou*

Urgences

Au secours !	സഹായിക്കൂ!	sa·ha·yi·*kou*
Partez !	ഇവിടുന്ന് പോകൂ!	i·vi·dou·*nou* po·*kou*
Appelez... !	... വിളിക്കൂ!	... vi·li·*kou*
un médecin	ഒരു ഡോക്ടറെ	o·*rou* dok·ta·*rè*
la police	പൊലീസിനെ	po·li·si·*nè*

Je dois téléphoner.
എനിക്ക് ഈ ഫോൺ ഒന്നു വേണമായിരുന്നു. — è·ni·*kou* i fone o·*nou* vè·na·maa·yi·rou·*nou*

Je suis perdu.
എനിക്ക് വഴി അറിഞ്ഞുകൂട. — è·ni·*kou* va·*ji* a·ri·*nyou*·kou·*da*

Nombres

1	ഒന്ന്	*one*·na
2	രണ്ട്	*rane*·d'a
3	മൂന്ന്	*mou*·na
4	നാല്	*naa*·la
5	അഞ്ച്	*ane*·ja
6	ആറ്	*aa*·ra
7	ഏഴ്	è·zha
8	എട്ട്	è·t'a
9	ഒമ്പത്	*one*·pa·t'a
10	പത്ത്	*pa*·t'a
20	ഇരുപത്	i·*rou*·pa·t'a
30	മുപ്പത്	*mou*·p'a·t'a
40	നാൽപത്	*naal*·pa·t'a
50	അമ്പത്	*an*·ba·t'a
60	അറുപത്	a·*rou*·pa·t'a
70	എഴുപത്	è·*zhou*·pa·t'a
80	എൺപത്	è*n*·pa·t'a
90	തൊണ്ണൂറ്	t'one·*nou*·ra
100	നൂറ്	*n'ou*·ra
1000	ആയിരം	*aa*·yè·ram

MARATHI

Le marathi est la langue officielle de l'État du Maharashtra. Il appartient à la famille des langues indo-aryennes et est parlé par quelque 71 millions de locuteurs. Le marathi s'écrit avec l'alphabet devanagari.

Mots et expressions utiles

Bonjour	नमस्कार.	na·mas·*kaar*
Au revoir	बाय.	baï
Oui	होय.	hoï
Non	नाही.	naa·*hi*
S'il vous plaît	कृपया.	kri·pa·*yaa*
Merci	धन्यवाद.	d'ane·ya·*vaad*
Excusez-moi	क्षमस्व.	ksha·mas·*va*
Pardon	खेद आहे.	k'èd aa·*hè*

Quel est votre nom ?
आपले नांव ? — aa·pa·*lè* naa·*nav*

Je m'appelle ...
माझे नांव ... — maa·*j'è* naa·*nav* ...

Parlez-vous anglais ?
आपण इंग्रजी बोलता का ? — aa·*pane* ing·rè·*ji* bol·*taa* kaa

Je ne comprends pas.
मला समजत नाही. — ma·*laa* sam·*jat* naa·*hi*

Combien est-ce ?
याची काय किंमत आहे ? — yaa·*chi* kaaï ki·*mat* aa·*hè*

Où sont les toilettes ?
शौचालय कुठे आहे ? — sho chaa·*laï* kou·*t'è* aa·*hè*

Urgences

Au secours !	मदत !	ma·*dat*
Partez !	दूर जा !	dour jaa
Appelez... !	कॉल करा ... !	kaal ka·*raa* ...
un médecin	डॉक्टरांना	dok·ta·raan·*naa*
la police	पोलिसांना	po·li·saa·*naa*

Je dois téléphoner.
मला फोन वापरायचा आहे. — ma·*laa* fone vaa·pa·raa·ya·*chaa* aa·*hè*

Je suis perdu.
मी हरवले आहे. — mi ha·ra·va·*lè* aa·*hè*

Nombres

1	एक	èk
2	दोन	done
3	तीन	tin
4	चार	chaar
5	पाच	paach
6	सहा	sa·*haa*
7	सात	saat
8	आठ	aat'
9	नऊ	na·*ou*
10	दहा	da·*haa*
20	वीस	vis
30	तीस	tis
40	चाळीस	chaa·*lis*
50	पन्नास	pan·*naas*
60	साठ	saat'
70	सत्तर	sat·*tar*
80	ऐंशी	aïn·*shi*
90	नव्वद	nav·*vad*
100	शंभर	sham·*b'ar*
1000	एक हजार	èk ha·*jaar*

ORIYA

D'origine indo-aryenne et langue officielle de l'État d'Odisha (Orissa), l'oriya est parlé par 31 millions de locuteurs.

Mots et expressions utiles

Bonjour	ଆହେ.	aa·hè
Au revoir	ବିଦାୟ.	bi·daa·ya
Oui	ହଁ.	hane
Non	ନା.	naa
S'il vous plaît	ଦୟାକରୀ.	da·yaa·ka·ri
Merci	ଧନ୍ୟବାଦ.	d'ane·ya·baa·da
Excusez-moi	କ୍ଷମା କରନ୍ତୁ.	k'ya·maa ka·rane·tou
Pardon	ଦୁଃଖିତ.	dou·k'i·ta

Comment allez-vous ?
ଆପଣ କେମିତି ଅଛନ୍ତି? — aa·pa·na kè·mi·ti a·chane·ti

Bien, merci
ଉତ୍ତମ, ଧନ୍ୟବାଦ. — ou·t'a·ma d'ane·ya·bad

Quel est votre nom ?
ଆପଣଙ୍କ ନାମ କ'ଣ? — aa·pa·na·ka naa·ma ka·na

Je m'appelle...
ମୋ ନାମ ହେଲା ... — mo naa·ma hè·laa ...

Parlez-vous anglais ?
ଆପଣ ଇଁରାଜୀ କୁହନ୍ତି କୀ? — aa·pa·na èng·li·sha kou·hane·ti ki

Je comprends.
ମୁଁ ବୁଝେ. — mou bou·j'è

Je ne comprends pas.
ମୁଁ ବୁଝେ ନାହିଁ. — mou bou·j'è naa·hi

Combien est-ce ?
ଏହା କେତେ? — è·ha kè·tè

Où sont les toilettes ?
ଶୌଚାଗାର କେଉଁଠାରେ ଅଛି? — so·ou·cha·gaa·ra kè·oun·t'aa·rè aa·chi

Urgences

Au secours !	ରକ୍ଷା କର!	rak·hya ka·ra
Partez !	ଏଠାରୁ ଚାଲିଯାଅ!	è·t'aa·rou cha·li·jaa·a
Appelez... !	ଡାକ ... କୁ!	daa·ka ... kou
un médecin	ଡାକ୍ତର	daak·ta·ra
la police	ପୋଲିସ୍	po·li·sa

Je dois téléphoner.
ମୋର ଦୂରଭାଷ ବ୍ୟବହାର କରିବାର ଅଛି. — mo·ra dou·ra·b'aa·sha bya·ba·haa·ra ka·ri·baa·ra aa·chi

Je suis perdu.
ମୁଁ ହଜିଯାଇଛି. — mou ha·ji·jaa·è·chi

Nombres

1	ଏକ	è·ka
2	ଦୁଇ	do·è
3	ତିନ	ti·ni
4	ଚାରି	cha·ri
5	ପାନ୍ଚ	pane·cha
6	ଛଅ	cha·a
7	ସାତ	saa·t'a
8	ଆଠ	aa·t'a
9	ନଅ	na·aa

10	ଦଶ	da·sa
20	କୋଡ଼ିଏ	ko·di·è·a
30	ତିରିଶ	ti·ri·si
40	ଚାଳିଶି	cha·li·si
50	ପଚାଶ	pa·cha·sa
60	ଷାଠିଏ	sha·t'i·è
70	ସତୁରି	sa·tou·ri
80	ଅଶୀଏ	a·si·è
90	ନବେ	na·bè
100	ଶହେ	sa·hè
1 000	ଏକ ହଜାର	è·ka ha·ja·ra

TÉLOUGOU

Langue officielle du Telengana et de l'Andhra Pradesh, le télougou est une langue dravidienne parlée par 70 millions de locuteurs.

Mots et expressions utiles

Bonjour	నమస్కారం.	na·mas·kaa·ram
Au revoir	వెళ్ళొస్తాను.	vèl·lo·staa·nou
Oui/non	అవును./కాదు.	a·vou·nou/kaa·dou
S'il vous plaît	దయచేసి.	da·ya·chaï·si
Merci	ధన్యవాదాలు.	d'an·ya·vaa·daa·lou
Excusez-moi	ఏమండి.	aï·an·di
Pardon	క్షమించండి.	ksha·min·chane·di

Quel est votre nom ?
మీ పేరేంటి? — mi paï·raïn·ti

Je m'appelle ...
నా పేరు ... — naa paï·rou ...

Parlez-vous anglais ?
మీరు ఇంగ్లీషు మాట్లాడుతారా? — mi·rou ing·li·chou maat·laa·dou·taa·raa

Je ne comprends pas.
అర్థం కాదు. — ar·t'am kaa·dou

Combien est-ce ?
అది ఎంత? — a·di èn·ta

Où sont les toilettes?
బాత్రూములు ఎక్కడ ఉన్నాయి? — baat·roum·lou èk·ka·da oun·naa·yi

Urgences

Au secours !	సహాయం కావాలి!	sa·haa·yam kaa·vaa·li
Partez !	వెళ్ళిపో!	vèl·li·po
Appelez...	... పిలవండి!	... pi·la·vane·di
un médecin !	డాక్టర్ని	daak·tar·ni
la police !	పోలీసుల్ని	po·li·soul·ni

Je dois téléphoner.
నేను ఫోను వాడుకోవాలి. — naï·nou p'oh·nou vaa·dou·ko·vaa·li

Je suis perdu.
నేను దారి తప్పి పోయాను. — naï·nou daa·ri tap·pi po·yaa·nou

Nombres

1	ఒకటి	oh·ka·ti
2	రెండు	rèn·dou
3	మూడు	mou·dou
4	నాలుగు	naa·lou·gou
5	ఐదు	aï·dou
6	ఆరు	aa·rou
7	ఏడు	aï·dou
8	ఎనిమిది	è·ni·mi·di
9	తొమ్మిది	tohm·mi·di
10	పది	pa·di
20	ఇరవై	i·ra·vaï
30	ముప్పై	moup·p'aï
40	నలభై	na·la·b'aï
50	యాభై	yaa·b'aï
60	అరవై	a·ra·vaï
70	డెబ్భై	dèb·b'aï
80	ఎనభై	è·na·b'aï
90	తొంభై	tohm·b'aï
100	వంద	van·da
1000	వెయ్యి	vè·yi

GLOSSAIRE

Adivasi – "tribus répertoriées", "habitants d'origine" en sanskrit

Agni – divinité majeure dans les Veda ; intermédiaire entre les hommes et les dieux ; désigne également le feu

ahimsa – doctrine de la non-violence

air-cooler – bruyant système de ventilation par évaporation de l'eau

Ananta – serpent sur les anneaux duquel repose Vishnu

apsara – nymphe céleste

Arjuna – chef militaire et héros du *Mahabharata*, qui épousa Subhadra, la sœur de Krishna, et terrassa de nombreux démons ; son dialogue avec Shiva constitue la *Bhagavad-Gita*

Aryens – "nobles" en sanskrit ; désigne les populations indo-européennes venues de Perse et d'Asie centrale qui s'établirent dans le nord de l'Inde à partir de 1500 av. J.-C.

Ashoka – empereur du IIIe siècle av. J.-C., qui répandit le bouddhisme en Inde du Sud

ashram – communauté ou retraite spirituelle

attar – huile essentielle ; utilisée comme base dans les parfums

auto-rickshaw – triporteur motorisé servant à transporter des passagers ou du bétail, notamment, sur de courtes distances ; présents dans tout le pays, ils sont moins chers que les taxis

avatar – incarnation, généralement d'une divinité

ayurvéda – médecine indienne traditionnelle

azad – libre (en ourdou), comme dans *Azad Jammu & Kashmir* (Front de libération du Jammu-et-Cachemire)

baba – maître religieux ou père ; terme indiquant le respect

bagh – jardin

bakchich – pourboire, don (aumône) ou pot-de-vin

banian – figuier d'Inde ; arbre sacré pour de nombreux Indiens

Bhagavad Gita – le "Chant du Bienheureux", partie centrale du *Mahabharata*, enseigne la philosophie de la *bhakti* à travers les dialogues de Krishna et d'Arjuna

bhajan – chant religieux

bhakti – dévotion aux dieux ; foi

bhang – feuilles séchées et fleurs de marijuana

bhavan – maison, bâtiment (s'écrit également *bhawan*)

bindi – arque sur le front, souvent ronde, portée par les femmes

BJP – (Bharatiya Janata Party) parti nationaliste hindou

bodhisattva – littéralement "celui dont l'essence est la sagesse parfaite". Dans le bouddhisme primitif, désigne le Bouddha entre le moment où il décida d'atteindre l'Éveil et celui où il y parvint ; dans le bouddhisme mahayana, celui qui renonce au nirvana pour aider les autres à y parvenir

Bollywood – industrie cinématographique de Mumbai (Bombay)

Brahma – dieu hindou ; vénéré comme le créateur dans la Trimurti (trinité hindoue)

brahmane – membre de la caste des prêtres/érudits, la plus haute caste hindoue

Bouddha – l'Éveillé ; à l'origine du bouddhisme, il est considéré par les hindous comme la neuvième incarnation de Vishnu

cantonment – quartier administratif et militaire d'une ville à l'époque du Raj

carnatique (musique) – musique classique d'Inde du Sud

caste – système héréditaire hindou qui définit le statut dans la société. Il existe quatre castes principales : les brahmanes (la caste la plus élevée), les *kshatriya* (guerriers et administrateurs), les *vaishya* (commerçants) et les *shudra* (serviteurs, paysans, artisans et ouvriers) ; si la Constitution indienne ne reconnaît pas le système des castes, il conserve malgré tout une grande importance dans la société

chaitya – forme sanskrite de "cetiya", qui signifie sanctuaire ou relique. Le mot désigne aujourd'hui un temple, et plus spécifiquement une salle comportant une nef centrale et deux ailes délimitées par une colonnade, avec un stupa à l'extrémité

chappal – sandales en cuir

charas – résine de marijuana ; haschisch

chital – cerf axis

choli – corsage serré

chowk – place, carrefour ou marché

dagoba – voir *stupa*

dakhma – "tours du silence" dans le *zoroastrisme* ; les Parsis déposent leurs morts en haut de ces tours pour que le cadavre disparaisse peu à peu sous l'action des vautours et des éléments

dalits – autrefois appelés intouchables ; "hors caste", ils effectuent les tâches les plus dégradantes. Les membres des castes supérieures évitent de les toucher de peur d'être souillés (d'où le nom d'"intouchables").

dargah – sanctuaire ou sépulture d'un saint musulman

darshan – offrande ou audience ; vision (de bon augure) d'une divinité ; au sens populaire, il s'agit du bienfait retiré par la contemplation d'une statue divine, lorsque le pèlerin passe devant elle

darshini – café traditionnel d'Inde du Sud

Deccan – littéralement "Sud" ; se réfère au plateau central d'Inde du Sud

Devi – épouse de Shiva ; déesse

dhaba – restaurant sommaire ou snack-bar, prisé des routiers

dharamsala – auberge pour pèlerins

dharma – code de conduite ou devoir social pour les hindous ; pour les bouddhistes, il s'agit de respecter les lois de la nature ou de suivre le sentier tel qu'enseigné par le Bouddha

dhobi – celui qui lave les vêtements ; communément appelé *dhobi-wallah*

dhobi ghat – endroit où les vêtements sont lavés par les *dhobi-wallah*

dhoti – vêtement porté par les hommes ; semblable au *lungi*, cette pièce d'étoffe qui arrive aux chevilles est passée entre les jambes

dhurrie – tapis

dowry – dot en argent et/ou en marchandises remise par les parents de la mariée à la famille de son époux ; bien qu'illégale, cette pratique a toujours cours lors des mariages arrangés

Dravidien – terme général désignant à la fois des groupes linguistiques (tamoul, malayalam, télougou et kannada) et des cultures d'Inde du Sud

dupatta – longue écharpe que portent habituellement les femmes avec un *salwar kameez*

durbar – cour royale ; désigne aussi un gouvernement

Durga – "l'Inaccessible" ; l'une des formes de Devi, l'épouse de Shiva ; cette superbe et redoutable déesse chevauche un tigre/lion

filmi – terme argotique s'appliquant à tout ce qui touche au cinéma indien

Ganesh – dieu hindou de la Chance, fils de Shiva et de Parvati, Ganesh (ou Ganpati) supprime les obstacles ; il arbore une tête d'éléphant et chevauche un rat ; il est très populaire

Ganga – déesse hindoue représentant le Gange, fleuve sacré qui serait né d'un orteil de Vishnu

Garuda – homme-oiseau, monture de Vishnu

gaur – bœuf sauvage

ghat – marches ou degrés en bord de rivière ; massif montagneux ou route de montagne en lacet

giri – colline

gopura – haute tour-portail d'un temple dravidien, de forme pyramidale

gourou – maître religieux ; vient du sanskrit *goe* ("obscurité") et *roe* ("dissiper")

gurdwara – temple sikh

Hanuman – dieu-singe fidèle à Rama et personnage important du *Ramayana*

haveli – demeure traditionnelle, richement décorée ; aujourd'hui restaurées les *haveli* sont souvent transformées en hôtel de charme

hijra – communauté "non hétérosexuelle" ; la Cour suprême de l'Inde a reconnu, en 2014, les transexuels et les *hijra* comme un troisième sexe et un groupe ayant droit à des places réservées dans l'éducation et les emplois de l'administration

indo-sarracénique – style d'architecture coloniale qui associe des influences occidentale (notamemnt le néogothique britannique), musulmane (moghol), hindoue et jaïne

Indra – importante divinité védique ; dieu de la Pluie, du Tonnerre, de la Foudre et de la Guerre

intouchables – voir *dalits*

Jagannath – seigneur de l'Univers, avatar de Krishna

jali – écran treillissé, souvent sculpté dans le marbre

jataka – récits des vies antérieures du Bouddha

ji –titre honorifique pouvant être ajouté à la fin de n'importe quel nom – *babaji*, *Gandhiji*, etc. – en signe de respect

Kailash (mont) – montagne sacrée de l'Himalaya, demeure de Shiva

kalamkari – motifs peints sur du tissu à l'aide de teintures végétales

Kali – très impressionnante forme de Devi, souvent représentée avec la peau sombre, dégoulinante de sang et portant un collier de crânes

kameez – longue tunique de femme

kannada – langue officielle du Karnataka

karma – principe hindou, bouddhiste et sikh d'une justice punitive pour les méfaits passés

khadi – étoffe tissée dans les foyers ; Gandhi encouragea les Indiens à tisser leur *khadi* plutôt que d'acheter des tissus anglais

khan – titre musulman honorifique

kolam – dessin élaboré à la craie, à la pâte de riz ou aux pigments colorés, également appelé *rangoli*

konkani – langue officielle de Goa

Krishna – huitième incarnation de Vishnu, souvent de couleur bleue ; il révéla la *Bhagavad-Gita* à Arjuna

kshatriya – caste hindoue des guerriers et des administrateurs ; la deuxième dans la hiérarchie

kurta – longue chemise, avec un petit col droit ou sans col

lakh – 100 000

Lakshmana – demi-frère et aide de Rama dans le *Ramayana*

Lakshmi – épouse de Vishnu, déesse de la Richesse ; elle sortit de l'océan en tenant une fleur de lotus

lama – prêtre ou moine bouddhiste tibétain

lingam – symbole phallique de Shiva, de bon augure ; devient *linga* au pluriel

lungi – pièce d'étoffe colorée semblable à un sarong, nouée à la taille et portée par les hommes

maha – préfixe signifiant "grand"

Mahabharata – grand poème védique épique de la dynastie Bharata ; comprenant quelque 100 000 versets, il décrit la bataille entre les Pandava et les Kaurava

mahal – maison ou palais

maharaja – littéralement "grand roi" ; souverain ou prince

mahatma – littéralement "grande âme"

Mahavir – le dernier *tirthankar*

mahayana – bouddhisme du Grand Véhicule

mahout – maître ou cornac d'un éléphant

maidan – esplanade (souvent herbeuse) ; champ de parade

malayalam – langue officielle du Kerala

mandapa – pavillon à piliers devant un temple

mandir – temple

Marathes – peuple de l'Inde centrale qui a contrôlé à plusieurs reprises la majeure partie de l'Inde et combattu les Moghols et les Rajput

marg – route

masjid – mosquée

mehndi – henné ; motifs peints sur les mains (et souvent) les pieds des femmes à l'occasion de certaines fêtes ou cérémonies (comme le mariage)

mela – foire ou fête

Moghols – dynastie musulmane d'empereurs indiens, de Babur à Aurangzeb

moksha – délivrance du cycle du *samsara*

mudra – mouvement rituel des mains dans les danses religieuses hindoues ; geste du Bouddha

naga – serpent mythique capable de prendre une forme humaine

namaste – salut hindou traditionnel (bonjour ou au revoir), qui s'accompagne souvent d'une légère inclination avec les mains jointes à hauteur de la poitrine ou de la tête

Nandi – taureau, monture de Shiva

Narasimha – homme-lion, incarnation de Vishnu

Narayan – incarnation de Vishnu le Créateur

Nataraja – Shiva, le danseur cosmique

nizam – titre héréditaire des souverains de Hyderabad

NRI – *Non-Resident Indian* (littéralement "Indien non-résident" ; Indien travaillant à l'étranger)

Ôm – invocation sacrée qui représente l'essence du principe divin ; pour les bouddhistes, elle mène à un état de vacuité quand elle est répétée avec suffisamment de concentration

parsi – adepte de la religion zoroastrienne

Partition – division officielle de l'Inde britannique en deux pays distincts, l'Inde et le Pakistan, en 1947

Parvati – une forme de Devi

PCO – *Public Call Office* ; téléphone public pour des appels locaux, nationaux et internationaux

Pongal – fête tamoule des moissons

pradesh – État

pranayama – contrôle du souffle ; pratique de méditation

prasad – offrande de nourriture bénie dans un temple

puja – littéralement "respect" : offrande ou prière

Purana – les 18 récits sanskrits à vocation encyclopédique, rédigés en vers et relatifs à la trinité hindoue ; ils datent du Ve siècle

qawwali – chants dévotionnels étroitement liés au soufisme, un courant mystique de l'islam

Radha – maîtresse favorite de Krishna sous son incarnation de Govinda, le vacher

raga – tout thème rythmique et mélodique servant de base à des compositions improvisées

raj – loi ou souveraineté ; le Raj britannique correspond à la période de souveraineté britannique

raja – roi ; parfois appelé *rana*

Rajput – caste de guerriers hindous, qui régnait jadis sur le nord-ouest de l'Inde

Rama – 7e incarnation de Vishnu

Ramayana – l'histoire de Rama et de Sita, et de leur conflit avec Ravana, fait partie des épopées indiennes les plus connues

rana – roi ; parfois équivalent de *raja*

rangoli – voir *kolam*

rani – souveraine ou épouse d'un roi

ratha – temples rupestres dravidiens

Ravana – roi-démon de Lanka (ancêtre de l'actuel Sri Lanka)

rickshaw – petit cyclo-pousse à deux ou trois roues servant à transporter des passagers

sadhu – ascète, celui qui essaie d'atteindre l'Éveil ; souvent appelé *swamiji* (*swami*) ou *babaji*

sagar – lac, bassin

sahib – terme de respect pour s'adresser à un homme

salwar – pantalon habituellement porté avec un *kameez*

salwar kameez – ensemble tunique-pantalon traditionnel, porté par les femmes

sambar – cerf

samsara – les hindous, les bouddhistes et les sikhs croient que la vie est un cyle de renaissances conditionnées par le *karma* des vies antérieures

Sangam – littéralement, "confluent de deux cœurs" : ancienne académie de littérature tamoule

Saraswati – épouse de Brahma, déesse de la Connaissance ; elle est représentée sur un cygne blanc

Sati – épouse de Shiva qui devint *sati* ("femme honorable") en s'immolant ; interdit depuis plus d'un siècle, le *sati* se pratique encore (très) rarement

satyagraha – "recherche de la vérité" en sanskrit : manifestation non-violente accompagnée d'une grève de la faim, rendue populaire par Gandhi

Scheduled Castes – "castes répertoriées" ; terme officiel désignant les *dalits*

shivaïte – disciple de *Shiva*

shakti – énergies créatrices perçues comme divinités féminines ; le shaktisme est le culte correspondant

shikhara – tour surmontant un sanctuaire hindou

Shiv Sena – parti politique nationaliste hindou

Shiva – le Destructeur, mais aussi le Créateur, la forme symbolisée par le *lingam*

Shivaji – grand dirigeant marathe du XVIIe siècle

shola – un type de forêt vierge spécifique aux Ghats occidentaux du sud de l'Inde

Shudra – caste des travailleurs

Sita – déesse hindoue de l'Agriculture, souvent associée au *Ramayana*

sitar – instrument à cordes

sivaganga – bassin d'un temple dédié à Shiva

soufi – mystique musulman, adepte du soufisme

stupa – édifice religieux bouddhique composé d'une structure hémisphérique surmontée d'une flèche, qui contient des reliques du Bouddha ; également appelé *dagoba* ou pagode

Surya – soleil ; divinité majeure dans les Veda

swami – titre de respect signifiant "seigneur du soi", accordé aux moines hindous initiés

tabla – tambour double, percussion

tamoul – langue du Tamil Nadu ; peuple d'origine dravidienne

tandava – danse cosmique de Shiva célébrant la victoire

tank – réservoir ou large bassin d'eau bénite, présent dans certains temples

tempo – bruyant tricycle à moteur qui transporte des passagers ; plus grand qu'un auto-rickshaw

theravada – littéralement "habitation" ; bouddhisme orthodoxe pratiqué au Sri Lanka et en Asie du Sud-Est, caractérisé par l'adhésion au canon pali

tilak – marque de bon augure portée sur le front par les hommes hindous pratiquants

tirthankar – titre donné aux 24 grands maîtres jaïns

Trimurti – trinité hindoue : Brahma, Shiva et Vishnu

vaishya – membre de la caste hindoue des commerçants

Veda – livres sacrés hindous ; ensemble d'hymnes composés en sanskrit préclassique au IIe millénaire av. J.-C. et divisés en quatre livres : Rig-Veda, Yajur-Veda, Sama-Veda et Atharva

vihara – monastère bouddhique, généralement avec une cour ou une salle centrale sur laquelle ouvrent les cellules des moines, et un sanctuaire dédié au Bouddha à une extrémité

vikram – *tempo* ou variante plus grande du *tempo* standard

vimana – partie principale d'un temple hindou ; tour surplombant un sanctuaire

vipassana – technique de méditation du bouddhisme theravada, dans laquelle le corps et l'esprit sont observés comme des phénomènes éphémères

Vishnu – l'une des trois divinités de la Trimurti, Vishnu est le Préservateur et le Restaurateur ; il compte neuf avatars : le poisson Matsya, la tortue Kurma, le sanglier Naraha, Narasimha, Vamana, Parasurama, Rama, Krishna et Bouddha

wallah – homme ; "celui qui fait" ; personne exerçant une tâche spécifique : *dhobi-wallah*, *chai-wallah*, *taxi-wallah*, etc.

yali – lion mythique

yatra – pèlerinage

zenana – partie d'une demeure réservée aux femmes

zoroastrisme – religion dualiste fondée en Perse par Zoroastre (Zarathoustra) au cours du Ier millénaire av. J.-C. ; les membres de cette communauté, les parsis, vivent essentiellement à Mumbai (Bombay)

En coulisses

VOS RÉACTIONS ?

Vos commentaires nous sont très précieux et nous permettent d'améliorer constamment nos guides. Notre équipe lit toutes vos lettres avec la plus grande attention. Nous ne pouvons pas répondre individuellement à tous ceux qui nous écrivent, mais vos commentaires sont transmis aux auteurs concernés. Tous les lecteurs qui prennent la peine de nous communiquer des informations sont remerciés dans l'édition suivante, et ceux qui nous fournissent les renseignements les plus utiles se voient offrir un guide.

Pour nous faire part de vos réactions, prendre connaissance de notre catalogue et vous abonner à notre newsletter, consultez notre site Internet : **www.lonelyplanet.fr**

Nous reprenons parfois des extraits de notre courrier pour les publier dans nos produits, guides ou sites Web. Si vous ne souhaitez pas que vos commentaires soient repris ou que votre nom apparaisse, merci de nous le préciser. Notre politique en matière de confidentialité est disponible sur notre site Internet.

À NOS LECTEURS

Merci à tous les voyageurs qui ont utilisé la dernière édition de ce guide et qui nous ont écrit pour nous faire part de leurs conseils, de leurs suggestions et de leurs anecdotes :
Antoine Asie, Gérard et Marie-Agnès Berg, Anna Bernhardt, Jean-François Berthe, Daniel Biau, Claire Broussal, Clément, Françoise Dupe, Ambar Duree, John Francis, Olivia Francis, Pierre Flener, Serge et Chantal Gauthier, Katrin Glöckle, S. Guisnel, Andy Hughes, Noël Hussler, Jaroslav Ledvina, Ricardo Losa Begue, Camilla Malvestiti, John Marshall, Bob Put, D. Steele, Olivia Veliyath, Peter Van Elsen, Luke Wingfield-Digby.

UN MOT DES AUTEURS

Isabella Noble

Dans le Kerala, un immense merci à Paul, John, Roy, Lee, Kumar, Mariann et Philip, Johnson, Daniel, Roy Joseph, Dileep et Tomy, Beena et Varghese, Ajay, Suresh et Sulekha, Debra, Joseph, Yazer, les yogis français, et Mr Babu du Vyttila Mobility Hub de Kochi. Je remercie également Samit, Ashish, Sanjay, Rahul, Mark, Atalanta, Pawan, Jocelyn, Abnash et Shakti, dans les îles Andaman. De tout mon cœur, merci à mes formidables coauteurs, ainsi qu'à Jack, Dan, Andrew et "Paps".

Michael Benanav

Pour ses conseils sur le Tamil Nadu, merci à Isabella Noble, l'une de nos spécialistes maison sur l'Inde du Sud. Comme toujours, merci à Luke et Kelly pour leur patience et leur compréhension lors de mes déplacements.

Paul Harding

Tout d'abord, merci aux personnes que j'ai retrouvées à Goa et à celles dont j'ai fait la connaissance lors de ce voyage. Je remercie aussi Jack, Ajit et leur famille, à Panaji ; Ravi, à Vagator ; John, Jack et Kate, à Palolem ; et Joanna et Xavi, à Patnem. Merci également à mes amis de Kochi et d'Alappuzha (Alleppey), Philip, Maryann, Johnson, Shibu et Niaz, et à Joe, de Lonely Planet, de m'avoir confié Goa pour destination. Un immense merci, enfin, à mes camarades de voyage, Hannah et Layla.

Kevin Raub

Merci à Joe Bindloss et à tous mes acolytes de LP. Merci à ceux qui m'ont aidé au fil de ce voyage : Anil Whadwa et Bagpacker Travels, Pankil Shaw, Jas Charanjiva, Khaki Tours, Priyanka Jacob, Roxanne Bamboat, Sanil Kapse, Sudakshina Banerjee, Ashok Tours & Travels, Sakshi Chari, Sheetal Waradkar, Chirag Rupani, Zaid Purkars et Amrut, et Aditya Dhanwatay.

Iain Stewart

Merci à Jonty, à Hyderabad, pour ses bonnes idées et ses conseils. Prakash, à Bengaluru (Bengalore), m'a été d'une grande aide grâce à sa connaissance des brasseries artisanales et des nouvelles tables de la ville. À Mysuru (Mysore), l'équipe de Gully Tours a été de très bonne compagnie, tout comme les milliers de pèlerins hindous auxquels je me suis joint à Tirumala. Enfin, merci à toute l'équipe de LP, et tout particulièrement à Joe Bindloss et à mes coauteurs sur cet ouvrage.

REMERCIEMENTS

Données des graphiques climatiques adaptées de Peel MC, Finlayson BL & McMahon TA (2007) "Updated World Map of the Köppen-Geiger Climate Classification", Hydrology and Earth System Sciences, 11, 1633-44.

Illustration p. 190-191 de Michael Weldon.

Photographie de couverture : Cueilleurs de thé, Munnar, Kerala © Peter Adams Photography Ltd/ Alamy Stock Photo

À PROPOS DE CET OUVRAGE

Cette 8e édition française du guide *Inde du Sud et Kerala* est une traduction-adaptation de la 10e édition du guide *South India & Kerala*, publiée en anglais par Lonely Planet, et écrite et actualisée par Isabella Noble, Michael Benanav, Paul Harding, Kevin Raub et Iain Stewart. Les deux éditions précédentes avaient également été rédigées par Isabella, Paul, Kevin et Iain, ainsi que par Abigail Blasi, Trent Holden, John Noble et Sarina Singh.

Traduction
Giuseppe Ardiri, Naomi Defays, Frédérique Hélion-Guerrini, Sophie Lecoq

Direction éditoriale
Didier Férat

Coordination et adaptation
Bénédicte Houdré

Responsible prépresse
Jean-Noël Doan

Maquette
Laurence Tixier

Cartographie
Cartes adaptées en français par Nicolas Chauveau

Couverture Laure Wilmot pour l'adaptation française

Merci à Olympe Richez et Basile Mariton pour leur préparation du manuscrit, à Rose-Hélène Lempereur, Michel MacLeod et Jean-Victor Rebuffet pour leur précieuse contribution au texte, ainsi qu'à Dolores Mora pour sa relecture attentive. Merci à Christian Deloye pour son aide au bouclage. Enfin, et comme toujours, merci à Dominique Spaety pour son aide sans faille, ainsi qu'à Clare Mercer et Imogen Harrison du bureau de Londres, Glenn van der Knijff, Jacqui Saunders et Brad Smith du bureau australien.

Index

Référence des cartes
Référence des photos

C

D

E

F

Référence des cartes
Référence des photos

INDEX C-F

Référence des cartes
Référence des photos

Référence des cartes
Référence des photos

Q

R

S

Référence des cartes
Référence des photos

Référence des cartes
Référence des photos

Légende des cartes

À voir
- Château
- Monument
- Musée/galerie/édifice historique
- Ruines
- Église
- Mosquée
- Synagogue
- Temple bouddhiste
- Temple confucéen
- Temple hindou
- Temple jaïn
- Temple shintoïste
- Temple sikh
- Temple taoïste
- Sentō (bain public)
- Cave/vignoble
- Plage
- Réserve ornithologique
- Zoo
- Autre site

Activités, cours et circuits organisés
- Bodysurfing
- Plongée/snorkeling
- Canoë/kayak
- Cours/circuits organisés
- Ski
- Snorkeling
- Surf
- Piscine/baignade
- Randonnée
- Planche à voile
- Autres activités

Où se loger
- Hébergement
- Camping

Où se restaurer
- Restauration

Où prendre un verre
- Bar
- Café

Où sortir
- Salle de spectacle

Achats
- Magasin

Renseignements
- Banque
- Ambassade/consulat
- Hôpital/centre médical
- Accès Internet
- Police
- Bureau de poste
- Centre téléphonique
- Toilettes
- Office du tourisme
- Autre adresse pratique

Géographie
- Plage
- Refuge/gîte
- Phare
- Point de vue
- Montagne/volcan
- Oasis
- Parc
- Col
- Aire de pique-nique
- Cascade

Agglomérations
- Capitale (pays)
- Capitale (région/État/province)
- Grande ville
- Petite ville/village

Transports
- Aéroport
- Poste frontière
- Bus
- Téléphérique/funiculaire
- Piste cyclable
- Ferry
- Métro
- Monorail
- Parking
- Station-service
- Station de métro
- Taxi
- Gare/chemin de fer
- Tramway
- Métro et U-Bahn
- Autre moyen de transport

Les symboles recensés ci-dessus ne sont pas tous utilisés dans ce guide

Routes
- Autoroute à péage
- Voie rapide
- Nationale
- Route secondaire
- Petite route
- Chemin
- Route non goudronnée
- Route en construction
- Place/rue piétonne
- Escalier
- Tunnel
- Passerelle
- Promenade à pied
- Promenade à pied (variante)
- Sentier

Limites et frontières
- Pays
- État/province
- Frontière contestée
- Région/banlieue
- Parc maritime
- Falaise
- Rempart

Hydrographie
- Fleuve/rivière
- Rivière intermittente
- Canal
- Étendue d'eau
- Lac asséché/salé/intermittent
- Récif

Topographie
- Aéroport/aérodrome
- Plage/désert
- Cimetière (chrétien)
- Cimetière (autre)
- Glacier
- Marais/mangrove
- Parc/forêt
- Site (édifice)
- Terrain de sport

Paul Harding
Goa En tant qu'auteur et photographe, Paul arpente le globe depuis près de vingt ans, avec un faible pour les lieux, les îles et les cultures sortant des sentiers battus. Il a contribué à plus de 50 guides Lonely Planet sur l'Inde, l'Islande, le Belize, le Vanuatu, l'Iran, l'Indonésie, la Nouvelle-Zélande, la Finlande, les Philippines ou l'Australie, son pays natal. Suivez-le sur son compte Twitter (@phtravel) et sur son site (paulharding.contently.com).

Kevin Raub
Mumbai, Maharashtra Né à Atlanta, Kevin a commencé sa carrière comme critique musical à New York, avant de délaisser son mode de vie rock'n'roll pour l'écriture de voyage. Il a depuis participé à l'écriture de plus de 70 guides Lonely Planet, avec un intérêt particulier pour le Brésil, le Chili, la Colombie, les États-Unis, l'Inde, les Caraïbes et le Portugal. Kevin a aussi contribué à divers magazines de voyage nord-américains et britanniques. Fou de cervoise, il est en quête perpétuelle des bières locales les plus amères, mais il parcourt surtout le monde avec une idée en tête : intégrer, avant ses 50 ans, le Travelers' Century Club, réservé aux personnes ayant visité 100 pays… et Kevin en est déjà à 93 ! Suivez-le sur Twitter et Instagram (@RaubOnTheRoad).

Iain Stewart
Karnataka et Telangana et Andhra Pradesh Journaliste de formation, Iain a travaillé comme reporter et critique culinaire à Londres dans les années 1990. Depuis ses débuts dans la littérature de voyage en 1997, il a rédigé plus de 60 titres sur des destinations aussi variées qu'Ibiza et le Cambodge. Pour Lonely Planet, il a contribué à de nombreux titres dont les guides *Mexique*, *Indonésie*, *Croatie*, *Vietnam*, *Bali et Lombok* et *Asie du Sud-Est*. Il écrit aussi régulièrement pour les journaux britanniques *The Independent*, *The Observer* et *The Daily Telegraph*, et tient le compte Twitter @iaintravel. Il est prêt à travailler n'importe où, pourvu qu'il y ait quelques palmiers et une plage de sable à proximité. Iain vit à Brighton (Royaume-Uni), à un jet de pierre de la magnifique grève qui borde la ville au sud.

Contributions
Daniel McCrohan a écrit les chapitres *Les trains indiens* et *Escroqueries fréquentes*.

LES GUIDES LONELY PLANET

Une vieille voiture déglinguée, quelques dollars en poche et le goût de l'aventure, c'est tout ce dont Tony et Maureen Wheeler eurent besoin pour réaliser, en 1972, le voyage d'une vie : rallier l'Australie par voie terrestre via l'Europe et l'Asie. De retour après un périple harassant de plusieurs mois, et forts de cette expérience formatrice, ils rédigèrent sur un coin de table leur premier guide, *Across Asia on the Cheap*, qui se vendit à 1500 exemplaires en l'espace d'une semaine. Ainsi naquit Lonely Planet, dont les guides sont aujourd'hui traduits en 13 langues.

NOS AUTEURS

Isabella Noble

Kerala et îles Andaman Anglo-australienne sur le papier et espagnole de cœur, Isabella arpente la planète depuis son premier tour du monde, à l'âge d'un an. Spécialiste de l'Espagne – elle a grandi dans un village andalou –, cette auteure de guides de voyages écrit notamment sur l'Inde, la Thaïlande et le Royaume-Uni. Pour Lonely Planet, elle a contribué à des guides consacrés à l'Espagne, ainsi qu'aux guides *Thaïlande, Thaïlande, îles et plages, Asie du Sud-Est – grands voyages, petits budgets* et *Angleterre et pays de Galles*, et rédigé *Phuket en quelques jours*. Isabella travaille aussi pour le *Daily Telegraph*. Suivez-la sur Twitter et Instagram (@isabellamnoble). Isabella a aussi écrit les sections *Préparer son voyage*, *Comprendre l'Inde du Sud* et *Inde du Sud pratique*.

Michael Benanav

Tamil Nadu Voyageur chevronné, écrivain et photographe, Michael adore explorer des destinations hors des sentiers battus. Il a écrit trois livres documentaires (non traduits en français) : l'un retrace son voyage de 1 600 km avec l'une des dernières caravanes de dromadaires au monde (*Men Of Salt: Crossing the Sahara on the Caravan of White Gold*), un autre (*Himalaya Bound: One Family's Quest to Save Their Animals & an Ancient Way of Life)* suit un groupe d'éleveurs de buffles d'eau nomades dans l'Himalaya indien. Michael est aussi le fondateur du Traditional Cultures Project, qui documente les cultures indigènes du monde entier. Lorsqu'il ne parcourt pas la planète, il aime randonner dans les collines du nord du Nouveau-Mexique, où il habite. Découvrez son travail sur le site www.michaelbenanav.com.

PAGE 639 AUTEURS (suite)

Inde du sud et Kerala
8e édition
Traduit et adapté de l'ouvrage *South India & Kerala, 10th edition, October 2019*

12 avenue d'Italie, 75627 Paris cedex 13

Dépôt légal Janvier 2020
ISBN 978-2-81618-413-6

Imprimé par Grafica Veneta, Trebaseleghe, Italie
Réimpression 02, octobre 2023

En Voyage Éditions | un département édi8